建築大百科事典

編集

長澤　泰
神田　順
●
大野秀敏
坂本雄三
松村秀一
藤井恵介

朝倉書店

編集委員

長澤　泰　工学院大学教授　東京大学名誉教授

神田　順　東京大学教授

大野秀敏　東京大学教授

坂本雄三　東京大学教授

松村秀一　東京大学教授

藤井恵介　東京大学准教授

序

　20世紀から21世紀にかけて世界人口は爆発的に増加し，現在の60億人が半世紀後には100億人に及ぶと推定されている．かつて1992年にリオ・デ・ジャネイロで開かれた「環境と開発に関する国際連合会議（UNCED）」で採択された「アジェンダ21」では，21世紀半ばには地球人口の約60％が都市に居住することを予想していた．これは今後多数の人口を抱える都市環境の整備が，グローバルに必須なことを物語っている．一方，わが国では今後人口の減少があるものの，大都市は高密度化し，人口の偏在や過疎も予想される．したがって，いまのうちに都市再生に向けた魅力あるまちづくりを目指す必要がある．

　近年，大地震や大水害など世界各地での自然災害の発生が顕著である．地球環境の劣化とともに，人類がこれまで開発という名で行ってきた自然破壊への警告として，これらの災害をみることもできよう．航空機や列車の大規模な事故，国際的な武力紛争やテロなど人為災害も目立つ．これらのなかには，現代の人間社会の構造に根ざしたものが多く見受けられる．

　本書は，建築用語の単なる解説書ではない．上記のような地球的観点からみた建築・都市環境に関して，さまざまな方面から考えるための，ヒントとなる内容を盛り込んである．執筆者の方が意見・主張を前面に出して論じたものも多く，それを批判的に見るか同意して読むかは読者の判断にゆだねている．すなわち，今後の都市を考察するにあたって，多様な視点の可能性を提供しようとするものである．

　最終的には，全330項目を九つのセクションに分類した．そのセクションは，「安全・防災・耐震」，「保存・再生・資源」，「都市・景観・法規」，「構造・構法・生産」，「計画・空間・情報」，「意匠・設計・歴史」，「教育・文化・医療」，「住居・家具・インテリア」，「環境・地域・地球」といったように，それぞれに三つのキーワードをあてて構成してある．

　各項目は，基本的にはテーマが示す建築や都市の専門分野の内容に応じてまとめているが，やや意図的にほかの分野の内容も関連付けて並べてある．読者の方々が興味のある項目を読んだ後，「なぜこんな項目が近くに入っているのだろう」と疑問を抱きながら目を通すと，結果的に視野が広がるといった効果を期待している．

　朝倉書店の方が東京大学の長澤研究室と神田研究室に，今回の大百科構想を

相談に来られたのは，数年前のことである．その後，編集委員として新たに4名の先生方に加わっていただき，企画の構想を固め，最終的には延べ233名の執筆者の方々にご寄稿いただくことができた．

この間，ご多忙のところ厳しい日数の中で完成に向けて最大限の努力をなされた編集委員，執筆者の方々に深く敬意を表したい．また，貴重な図版や著作物の転載・提供・参照に応じていただいた関係方面の方々にも厚く感謝の意を表したい．そして，出版の労を取られた朝倉書店の方々に厚く御礼を申し上げる．

この事典が，21世紀の良好な都市や，まちの環境の形成に少しでも役立つことがあれば幸いである．

2008年10月

編集委員代表　長澤　泰

神田　順

執筆者

青木　　仁	東京電力(株)
秋元　孝之	芝浦工業大学
秋山　哲一	東洋大学
浅川　滋男	鳥取環境大学
浅見　泰司	東京大学
芦原　太郎	芦原太郎建築事務所
安達　俊夫	日本大学
アニリール・セルカン	東京大学
新谷　眞人	早稲田大学
在塚　礼子	前 埼玉大学
安藤　忠雄	安藤忠雄建築研究所
石井　　敏	東北工業大学
石原　弘明	一級建築士事務所石原設計所
石山　祐二	北海道大学名誉教授/(株)NewsT研究所
市之瀬敏勝	名古屋工業大学
伊藤　俊介	東京電機大学
伊藤　大介	東海大学
稲川　直樹	中部大学
稲田　達夫	(株)三菱地所設計
今井　正次	三重短期大学
今村　　聡	大成建設(株)
伊山　　潤	東京大学
入江　正之	早稲田大学
岩永　敬造	(株)日本設計
岩村　和夫	武蔵工業大学（東京都市大学）
上野　佳奈子	明治大学
上野　邦一	奈良女子大学
植松　貞夫	筑波大学
鵜飼　哲矢	東京大学
内田　保博	京都府立大学
海老澤模奈人	東京工芸大学
遠藤　和義	工学院大学
円満　隆平	金沢工業大学
及川　清昭	立命館大学
王　　琦慧	積水ハウス(株)
太田　浩史	デザイン・ヌーヴ一級建築士事務所
大月　敏雄	東京大学
大幢　勝利	(独)労働安全総合研究所
大西　　隆	東京大学
大野　秀敏	東京大学
大野　隆造	東京工業大学
大原　一興	横浜国立大学
岡田　威海	近畿大学
岡部　明子	千葉大学
岡本　和彦	東京大学
尾島　俊雄	早稲田大学
小田　信治	清水建設(株)
小野田泰明	東北大学
小見　康夫	武蔵工業大学（東京都市大学）
海道　清信	名城大学
垣野　義典	東京理科大学
筧　　淳夫	国立保健医療科学院
河西　良幸	前橋工科大学
柏木　裕之	サイバー大学
甲藤　正郎	(株)アークブレイン
角　　幸博	北海道大学
加藤　信介	東京大学
金澤　雄記	飯田市歴史研究所
蟹澤　宏剛	芝浦工業大学
金箱　温春	(有)金箱構造設計事務所
金行　信輔	千葉大学
鎌田　宜夫	(財)住宅産業研修財団
苅谷　哲朗	空間・計画研究所
川井　敬二	熊本大学
川合　廣樹	(合)アール・エス・アイ
川口　和英	武蔵工業大学（東京都市大学）
川本　重雄	京都女子大学
神田　　順	東京大学
喜々津仁密	(独)建築研究所
菊地　成朋	九州大学
菊池　　誠	放送大学
岸田　省吾	東京大学

北尾 靖雅	京都女子大学
北沢 猛	東京大学
北村 春幸	東京理科大学
木本 健二	芝浦工業大学
工藤 一嘉	日本大学
黒木 勝一	(財)建材試験センター
黒木 正郎	(株)日本設計
桑村 仁	東京大学
小出 治	東京大学
小澤 紀美子	東京学芸大学名誉教授
輿石 直幸	早稲田大学
腰原 幹雄	東京大学
小菅 健	(株)竹中工務店
小菅 哲	(株)アルク総合研究所
小菅 瑠香	(株)現代建築研究所
古瀬 敏	静岡文化芸術大学
後藤 治	工学院大学
小林 克弘	首都大学東京
小林 勝已	(株)フジタ
小林 健一	国立保健医療科学院
小林 秀樹	千葉大学
小堀 徹	(株)日建設計
小松 幸夫	早稲田大学
小谷部 育子	日本女子大学
近藤 宏二	鹿島建設(株)
齊木 崇人	神戸芸術工科大学
斎藤 知生	清水建設(株)
齊藤 広子	明海大学
酒井 寛二	中央大学
坂上 恭助	明治大学
榊原 信一	(株)織本構造設計
坂口 彰	(株)竹中工務店
坂本 成弘	大成建設(株)
坂本 慎一	東京大学
坂本 雄三	東京大学
佐久間 哲哉	東京大学
佐々木 誠	(株)プレイスメイキング研究所
佐々木 睦朗	法政大学
佐藤 考一	佐藤建築計画室
佐藤 正章	鹿島建設(株)
澤 良雄	鳥取環境大学
澤岡 清秀	工学院大学
澤地 孝男	(独)建築研究所
柴田 明徳	東北文化学園大学
清水 重敦	奈良文化財研究所
清水 裕之	名古屋大学
陣内 秀信	法政大学
水津 秀夫	水津建築事務所
菅原 進一	東京理科大学
鈴木 香菜子	国土交通省都市局
鈴木 広隆	大阪市立大学
鈴木 博之	東京大学
須田 眞史	宮城学院女子大学
清家 剛	東京大学
関 栄二	明海大学
瀬口 哲夫	名古屋市立大学
瀬田 史彦	大阪市立大学
千田 光	住友金属工業(株)
仙田 満	(株)環境デザイン研究所
髙橋 儀平	東洋大学
高橋 鷹志	東京大学名誉教授
高橋 徹	千葉大学
高山 峯夫	福岡大学
寶 馨	京都大学
太記 祐一	福岡大学
竹宮 健司	首都大学東京
武村 雅之	鹿島建設(株)
田中 淳夫	宇都宮大学名誉教授
田中 禎彦	文化庁
谷村 秀彦	北九州市立大学
田村 伸夫	(株)NTTファシリティーズFMアシスト
田村 幸雄	東京工芸大学
壇 一男	(株)清水建設
崔 恒	(株)GS建設
角田 誠	首都大学東京
角田 真弓	東京大学
土居 義岳	九州大学
藤堂 正喜	戸田建設(株)
時松 孝次	東京工業大学
内藤 廣	東京大学
直井 英雄	東京理科大学
長澤 悟	東洋大学

長澤　　泰	工学院大学
中島　智章	工学院大学
長島　雅則	(株)インフォマティクス
中野　恒明	芝浦工業大学
中村　　勉	(株)中村勉総合計画事務所
中村　良夫	東京工業大学名誉教授
中山　純一	鹿島建設(株)
名取　　発	東洋大学部
奈良　利男	(有)奈良研究所
西田　雅嗣	京都工芸繊維大学
西出　和彦	東京大学
西野　達也	広島大学
西村　幸夫	東京大学
似田貝　香門	東京大学名誉教授
野口　貴文	東京大学
野原　　卓	東京大学
橋本　都子	千葉工業大学
橋本　健一	北海道工業大学名誉教授
橋本　雅好	椙山女学園大学
長谷川　麻子	熊本大学
長谷見　雄二	早稲田大学
畑　　聰一	芝浦工業大学
初田　　亨	工学院大学
花里　俊廣	筑波大学
羽生　修二	東海大学
濱田　信義	濱田防災計画研究室
原田　　豊	科学警察研究所
半澤　重信	半澤重信研究室
樋口　忠彦	広島工業大学
肥田　大祐	(株)首都圏総合計画研究所
日端　康雄	慶應義塾大学
平沢　岳人	千葉大学
深尾　精一	首都大学東京
深見　奈緒子	東京大学
福川　裕一	千葉大学
藤井　　明	東京大学
藤井　恵介	東京大学
藤井　　衛	東海大学
藤江　和子	(株)藤江和子アトリエ
藤川　昌樹	筑波大学
藤田　盟児	広島国際大学
藤森　照信	東京大学
藤森　正純	(株)日本設計
二木　幹夫	(財)ベターリビング
布野　修司	滋賀県立大学
古谷　誠章	早稲田大学
堀田　久人	東京工業大学
前　　真之	東京大学
増田　彰久	増田彰久写真事務所
松隈　　洋	京都工芸繊維大学
松原　弘典	慶應義塾大学
松村　秀一	東京大学
丸山　　茂	跡見学園女子大学
三谷　　徹	千葉大学
光井　　純	ペリ クラーク ペリ アーキテクツ ジャパン/光井純&アソシエーツ
光井　　渉	東京芸術大学
南　　泰裕	一級建築士事務所アトリエ・アンプレックス
南　　雄三	(有)南雄三事務所
宮崎　　浩	(株)プランツアソシエイツ
村田　あが	跡見学園女子大学
面出　　薫	(株)ライティングプランナーズアソシエーツ
本江　正茂	東北大学
本杉　省三	日本大学
森　　保宏	名古屋大学
森川　泰成	大成建設(株)
八束　はじめ	芝浦工業大学
柳澤　孝彦	(株)柳澤孝彦＋TAK建築研究所
柳原　隆司	東京大学
山下　哲郎	工学院大学
山之内　誠	神戸芸術工科大学
厳　　爽	宮城学院女子大学
横手　義洋	東京大学
横堀　　肇	崇城大学
吉田　鋼市	横浜国立大学
吉村　　彰	東京電機大学
渡辺　邦夫	(株)構造設計集団SDG
渡辺　武信	(株)渡辺武信設計室
渡辺　真理	法政大学
渡部　和生	(株)惟建築計画

(五十音順)

目　次

1　安全・防災・耐震　　　編集：神田　順

1-1	安全を定量化する	【安全係数】	神田　順	2
1-2	地域防災計画	【地域防災】	川合廣樹	4
1-3	建築の高層化と都市の安全	【安全計画】	濱田信義	6
1-4	災害時の危機管理	【危機管理】	川合廣樹	8
1-5	過去の災害から学ぶ	【自然災害】	小出　治	10
1-6	風水による都市のリスクマネジメント	【風水（風水思想）】	村田あが	12
1-7	日本の地震環境を眺める	【地震ハザード】	坂本成弘	14
1-8	建物の壊れ方いろいろ	【崩壊モード】	桑村　仁	16
1-9	地震の予知と防災	【地震予知】	工藤一嘉	18
1-10	関東大震災に学ぶ	【関東大震災】	武村雅之	20
1-11	阪神・淡路大震災に学ぶ	【兵庫県南部地震（阪神・淡路大震災）】 神田　順		22
1-12	新潟地震に学ぶ	【新潟地震】	時松孝次	24
1-13	地震災害と都市病院	【病院の地震対策】	小林健一	26
1-14	地震に耐える建築	【耐震設計】	堀田久人	28
1-15	地震力からの解放を求めて	【免震】	高山峯夫	30
1-16	既存建物の耐震性能を診断する	【耐震診断】	田中淳夫	32
1-17	地震の起こす力	【層せん断力】	石山祐二	34
1-18	地震はいつ起こるか	【活断層】	壇　一男	36
1-19	キラーパルスの正体	【断層モデル】	壇　一男	38
1-20	地下室は地震に強い	【地盤構造物相互作用】	藤堂正喜	40
1-21	建物を支えてくれる地盤	【地盤】	安達俊夫	42
1-22	人工的に地盤を作る	【地盤改良】	小林勝已	44
1-23	崖が崩れる	【土砂崩れ】	二木幹夫	46
1-24	擁壁が崩れる	【(宅地)擁壁】	藤井　衛	48
1-25	杭は強いか	【杭基礎】	小林勝已	50
1-26	台風と強風のハザード	【強風危険度】	近藤宏二	52
1-27	性能設計と強風の発生確率	【風】	崔　　恒	54
1-28	台風を分解する	【台風被害】	田村幸雄	56
1-29	竜巻とダウンバーストを分解する	【突風被害】	田村幸雄	58
1-30	都市に強風が吹く	【ビル風対策】	森川泰成	60
1-31	風を再現する	【風洞実験】	喜々津仁密	62
1-32	風や水の流れを解く	【ナビエ-ストークス方程式】	加藤信介	64
1-33	風に押される	【ベルヌーイの定理】	斎藤知生	66
1-34	都市の大火	【火災】	菅原進一	68
1-35	建物の燃えやすさ，燃えにくさ	【耐火性能】	長谷見雄二	70

1-36	建築火災と人命安全	【避難】	長谷見雄二	72
1-37	豪雪に対する設計を考える	【雪】	高橋　徹	74
1-38	記録破りの大雨とその確率	【雨】	寳　馨	76
1-39	防護構造としてのシェルター	【シェルター】	河西良幸	78
1-40	事故は世につれ	【日常安全】	直井英雄	80

2　保存・再生・資源　　　　　　　　　　　　　　編集：松村秀一

2-1	建物の寿命	【寿命推計】	小松幸夫	84
2-2	伊勢神宮 VS 法隆寺	【建築の寿命】	藤井恵介	86
2-3	減価償却と歴史的建築物の保存	【建物の評価】	後藤　治	88
2-4	歴史的建築物の保存を助ける維持管理	【維持管理】	後藤　治	90
2-5	解体と周期性―建造物修理の手法	【文化財修理】	清水重敦	92
2-6	遺跡復元とデザインの境界	【遺跡の復元】	清水重敦	94
2-7	復旧志向の日本	【修復】	清水重敦	96
2-8	城下町は負の遺産か	【城下町】	藤川昌樹	98
2-9	タウンハウスの伝統はどこに消えたか―町家	【町家】	大野秀敏	100
2-10	既存の住宅に移り住む	【中古住宅流通】	松村秀一	102
2-11	都市ストックとしての明治の洋風建築	【明治の洋風建築】	田中禎彦	104
2-12	「200 年住宅」の社会的意味は何か	【超長期耐用性】	松村秀一	106
2-13	建物に必要な医療行為	【建物診断】	関　栄二	108
2-14	構造計画におけるサステイナビリティ	【構造設計者】	神田　順	110
2-15	古い建物はどこまで強くなるか	【耐震改修】	腰原幹雄	112
2-16	修復建築家が未来を予言する	【ヴィオレ・ル・デュク】	羽生修二	114
2-17	密集市街地での再生工事を支える技術	【改修工法】	関　栄二	116
2-18	変化に対応しつつ長持ちする SI 建築	【スケルトン・インフィル】	小林秀樹	118
2-19	コンバージョンによる都市再生	【コンバージョン】	松村秀一	120
2-20	鍵を握る 3 R 技術	【リデュース，リユース，リサイクル】	角田　誠	122
2-21	ファシリティマネジメントから見た都市再生	【ファシリティマネジメント】	田村伸夫	124
2-22	都市生活基盤としてのマンション管理	【建物の管理】	齊藤広子	126
2-23	ソフト面での高層住宅団地再生―助け合いの会立上げへの援助　【団地再生】			横堀　肇	128
2-24	保存・再生はすべての建築にかかわる主題である　【保存・改修のデザイン】			安藤忠雄	130
2-25	創造的再利用のすすめ	【歴史保存】	澤岡清秀	132
2-26	ヨーロッパの都市開発から何が見えるか	【都市開発】	岡部明子	134
2-27	「都市再生」政策を超えて	【民間ディベロッパー】	青木　仁	136
2-28	最適な都市とはどんなものか	【都市解析】	浅見泰司	138
2-29	コンパクトシティは日本でも可能か	【コンパクトシティ】	海道清信	140
2-30	企業・市民・大学のコラボレーションによる街の活性化　【酒蔵再生】			横堀　肇	142
2-31	競技場はほかに何に使えるか	【スポーツ施設】	川口和英	144

2-32	ホスピタルストックの活用	【病院】	長澤　泰	146
2-33	ナショナルトラストという公のかたち	【ナショナルトラスト】	西村幸夫	148
2-34	ビオトープが都市を救う	【ビオトープ】	小田信治	150
2-35	生き物と共生する建築・まちづくり	【生態系保存】	円満隆平	152
2-36	減築が生み出す価値	【減築】	清家　剛	154
2-37	資源循環に必要なグランドプラン	【マテリアルフロー】	野口貴文	156
2-38	資源循環を促進する法制度	【建設リサイクル法】	清家　剛	158
2-39	都市の静脈産業	【廃棄物処理】	清家　剛	160
2-40	建物を壊すとこんなゴミが出る	【建設廃材】	鈴木香菜子	162
2-41	持続的な都市再生のための材料—土	【土】	輿石直幸	164
2-42	都市再生のための木の使い方	【木】	腰原幹雄	166
2-43	地域の森林と木質都市の再生	【木・林・森】	北尾靖雅	168
2-44	鉄の都市への貢献	【鉄】	千田　光	170
2-45	成形の技術と機能のインテグレーション	【プラスチック】	太田浩史	172
2-46	世界の都市環境とシーリング材	【シール材】	奈良利男	174
2-47	世界の都市の屋根—陸屋根の防水	【屋根防水材料】	奈良利男	176
2-48	居住環境と断熱材	【断熱材】	黒木勝一	178
2-49	素材を組み合わせる	【建築材料選定】	野口貴文	180
2-50	電気エネルギーが都市を支える	【電気エネルギー】	柳原隆司	182
2-51	美しい夜を取り戻すために	【照明】	面出　薫	184

3　都市・景観・法規

編集：大野秀敏

3-1	モダニズムが作り上げた都市の行方	【モダニズム】	松隈　洋	188
3-2	近代都市はその役割を終えたのか	【近代都市】	藤川昌樹	190
3-3	初めの田園都市「レッチワース」	【ガーデンシティ】	齊木崇人	192
3-4	ガーデンシティ・レッチワースにおける固有価値の創造 【ガーデンシティ】	齊木崇人	194
3-5	新首都はいつ生まれるか	【首都移転】	大西　隆	196
3-6	建築家の夢と現実と射程—メガストラクチャー 【メガストラクチャー】	鵜飼哲矢	198
3-7	広場が与えてくれるもの	【広場】	陣内秀信	200
3-8	都市に人間性回復の広場を	【総合的設計】	岩永敬造	202
3-9	近代の繁華街とその変遷	【繁華街】	初田　亨	204
3-10	日本の都市には道があった	【道】	中野恒明	206
3-11	路地のデザイン	【路地】	岡田威海	208
3-12	路地の多義性	【路地】	大月敏雄	210
3-13	都市社会学入門	【都市社会学】	似田貝香門	212
3-14	犯罪の起こりやすい町，起こりにくい町	【犯罪】	原田　豊	214
3-15	都市は今日も眠らない	【深夜都市】	長澤　泰	216
3-16	ドイツのBプラン，日本の地区計画	【地区計画】	日端康雄	218
3-17	アーバンビレッジ—ミックストユーストプランニング 【ゾーニング】	北沢　猛	220

3-18	都市空間をマネージメントする—アーバンデザインマネージメント……【タウンマネージメント】	野原 卓	222
3-19	建築計画におけるマスタープランの寿命………【マスタープラン】	山下哲郎	224
3-20	大型店立地と都市計画………【規制緩和】	大西 隆	226
3-21	ショッピングモール—差異と反復………【ショッピングモール】	本江正茂	228
3-22	薄まり閉じるロードサイドの地方都市………【郊外・ロードサイド】	本江正茂	230
3-23	外食が演出する都市生活………【レストラン】	山下哲郎	232
3-24	都市らしさとは何だろうか………【都市景観】	西村幸夫	234
3-25	歴史的街並みをめぐる潮流………【街並み】	及川清昭	236
3-26	景観論争とは何であったか………【景観論争】	中村良夫	238
3-27	環境はいかにして景観になるか………【自然景観】	中村良夫	240
3-28	景観を工学的に操作する………【景観工学】	樋口忠彦	242
3-29	町並み保存は都市再生の原点—川越で考える【川越】	福川裕一	244
3-30	妻籠宿………【妻籠】	上野邦一	246
3-31	近代化遺産と都市景観—小樽………【小樽】	角 幸博	248
3-32	宮崎駿の町並み………【テーマパーク】	藤森照信	250
3-33	一丁倫敦………【一丁倫敦】	藤森照信	252
3-34	水と共生する町—ヴェネツィア………【ヴェネツィア】	陣内秀信	254
3-35	サウンドスケープのある都市生活………【サウンドスケープ】	川井敬二	256
3-36	都市と条坊の萌芽—古代中国………【古代中国都城】	浅川滋男	258
3-37	都市と宮殿の中華世界—古代日本………【古代日本都城】	浅川滋男	260
3-38	都市の中の城郭………【城郭】	金澤雄記	262
3-39	首都の景観—大名屋敷………【大名屋敷】	金行信輔	264
3-40	江戸の遺産—大名庭園………【別荘】	金行信輔	266
3-41	形態規制は何をもたらすか………【形態規制】	西村幸夫	268
3-42	なぜ日本の街並みスカイラインは混乱しているのか……【日影規制】	青木 仁	270
3-43	都市の合意形成の手法としてみた日照権問題…【日照権】	似田貝香門	272
3-44	建築の法律と基本ルール………【建築法規】	神田 順	274

4 構造・構法・生産　編集：神田 順・松村秀一

4-1	老いてなお美しき組積造………【組積造】	柏木裕之	278
4-2	煉瓦—積み方の工夫………【煉瓦】	深尾精一	280
4-3	軸力で荷重を伝達するアーチ構造………【アーチ】	小堀 徹	282
4-4	鉄が先かコンクリートが先か………【複合構造】	稲田達夫	284
4-5	鉄骨の座屈とコンクリートの座屈………【座屈】	内田保博	286
4-6	地震に強いコンクリート建物………【RC構造】	市之瀬敏勝	288
4-7	より高くを目指して—エッフェル塔から超高層へ……【鋼構造】	伊山 潤	290
4-8	構造工学としての超高層建築………【超高層建築】	北村春幸	292
4-9	溶接欠陥を探す………【超音波探傷】	橋本健一	294
4-10	脆性破壊はなぜ怖いか………【脆性破壊】	桑村 仁	296

4-11	進化するトラス	【トラス構造】	渡辺邦夫	298
4-12	曲面が屋根を作る	【シェル構造】	佐々木睦朗	300
4-13	システムを診る	【システム同定】	斎藤知生	302
4-14	振動方程式の魅力	【振動解析】	柴田明徳	304
4-15	建築物の減衰性能	【減衰評価】	田村幸雄	306
4-16	応力度で設計する	【許容応力度設計】	森　保宏	308
4-17	限界を意識して設計する	【限界状態設計】	森　保宏	310
4-18	性能を意識して設計する	【性能設計】	榊原信一	312
4-19	構造システムの創造的な構築	【構造計画】	新谷眞人	314
4-20	工業化された在来構法の時代	【工業化構法と在来構法】	松村秀一	316
4-21	多様な構工法をもつ鉄筋コンクリート造	【鉄筋コンクリート造の構法】	王　瑋慧	318
4-22	タイル外装は煉瓦造の夢を見るか	【タイル外装】	小見康夫	320
4-23	建物評価と建築構法	【性能評価】	田村伸夫	322
4-24	建設時の労働災害	【労働安全】	大幢勝利	324
4-25	ゼネコンの未来を考える	【ゼネコン】	遠藤和義	326
4-26	サブコンの存在理由のゆくえ	【サブコン】	遠藤和義	328
4-27	21世紀のものづくりと職人	【技能者】	蟹澤宏剛	330
4-28	現代の職人と大学設計教育	【職人と大学教育】	中村　勉	332
4-29	脱「商品化住宅」—21世紀の住宅産業	【住宅産業】	松村秀一	334
4-30	21世紀の部品産業	【部品産業】	佐藤考一	336
4-31	建築生産における透明性とは何か	【コスト，コストプランニング】	小菅　健	338
4-32	建設業法は時代の要請に応えられるか	【建設業法】	小菅　健	340
4-33	多様化する発注方式	【発注方式，契約方式】	小菅　健	342
4-34	建築生産では何をマネジメントするか	【品質管理，安全管理，原価管理，工程管理】	木本健二	344
4-35	建築生産の情報戦略	【情報共有】	甲藤正郎	346

5　計画・空間・情報

編集：長澤　泰

5-1	建築計画学はもう不要か	【建築計画学】	長澤　泰	350
5-2	建築計画学は自然科学か	【建築計画学】	長澤　泰	352
5-3	動線で考える	【動線計画】	今井正次	354
5-4	建物はどこまで大きくできるか	【規模計画】	金箱温春	356
5-5	建築の構造計画とは何か	【構造計画】	佐々木睦朗	358
5-6	建築をコンピュータで設計する	【CAD】	長島雅則	360
5-7	膨大な情報を整理する	【データベース】	及川清昭	362
5-8	建築をコンピュータで3次元に扱う	【モデリング】	長島雅則	364
5-9	建築プログラミングを支援する	【ブリーフィング】	平沢岳人	366
5-10	ワークショップは建築の質を上げるか	【参加のデザイン】	小野田泰明	368
5-11	地域空間の質を持続的に維持する計画技術とは何か 【地域計画】			谷村秀彦	370
5-12	機能主義は死んだか	【機能主義】	吉田鋼市	372
5-13	均質さを超える不均質さはあるか	【ユニバーサルスペース】	松原弘典	374

5-14	デフレ時にも施設の財務評価で儲け	【採算計画】	小菅　哲	376
5-15	都市の協働設計	【機能主義】	北尾靖雅	378
5-16	発注者の期待にこたえる設計事務所とは	【設計業】	秋山哲一	380
5-17	建築士制度の改革―高度化・国際化・情報化への対応 【建築士法】		鎌田宜夫	382
5-18	世界各国の建築家資格の類似性と差異	【資格の相互承認】	瀬口哲夫	384
5-19	建築家業務は国際市場で通用するのか	【国際競争力】	光井　純	386
5-20	監理はなぜいるのか	【検査制度】	水津秀夫	388
5-21	生活する人体	【人間工学】	西出和彦	390
5-22	高齢社会のユニバーサルデザインは若者にこそ恩恵 【ユニバーサルデザイン】		古瀬　敏	392
5-23	建築物のバリアフリー化をたどる	【バリアフリー，ユニバーサルデザイン，法制度】 高橋儀平		394
5-24	空間を感じる―環境心理学/環境行動研究	【行動科学・認知科学】	西出和彦	396
5-25	人間と環境との一体的移行	【人間-環境系研究】	高橋鷹志	398
5-26	「それぞれの空間」という主題	【空間の文化】	南　泰裕	400
5-27	自然共生思想の原理―間（ま）	【間（ま）】	大野秀敏	402
5-28	空間感覚をとらえる	【空間感覚】	橋本雅好	404
5-29	個人空間の容積単位―包（パオ）の大きさ	【パーソナルスペース】	橋本都子	406
5-30	多感覚による都市の把握	【環境心理学】	大野隆造	408
5-31	イメージを描く	【空間認知】	須田眞史	410
5-32	場所の記憶―ゲニウス・ロキ	【地霊（ゲニウス・ロキ）】	鈴木博之	412
5-33	情報通信技術と場所性	【場所性】	本江正茂	414
5-34	人間は何を見ているか	【視覚，視環境，視覚芸術】	苅谷哲朗	416
5-35	写真な建築	【建築写真家】	増田彰久	418
5-36	建築写真は何を伝えるのか	【建築写真】	角田真弓	420

6　意匠・設計・歴史

編集：藤井恵介・大野秀敏

6-1	建築意匠学は何を教えるのか	【建築意匠学】	小林克弘	424
6-2	神々の住まう館	【神殿】	太記祐一	426
6-3	建築の五つのオーダー　その多様性と体系性	【オーダー】	土居義岳	428
6-4	様式の氾濫	【日本建築の様式】	光井　渉	430
6-5	日本の宮殿建築の空間と歴史	【京都御所】	川本重雄	432
6-6	寺院建築の伝来と展開	【寺院建築（古代・中世）】	山之内　誠	434
6-7	神社と神社建築―古代・中世・近世	【神社建築（古代・中世・近世）】	丸山　茂	436
6-8	組物のもつ意味	【組物】	光井　渉	438
6-9	天井は宇宙である	【天井】	内藤　廣	440
6-10	建築家はなぜ塀が嫌いか	【塀】	内藤　廣	442
6-11	床構法の変遷と改修	【床構法】	名取　発	444
6-12	置く床，盛る床	【床】	大野秀敏	446
6-13	「写し」と「移し」―茶室	【茶室・茶屋】	金行信輔	448
6-14	信者が集う神の家―教会堂	【教会】	西田雅嗣	450

6-15	都市の世俗建築	【バシリカ，パラッツォ，宮殿，市庁舎】	稲川直樹	452
6-16	古代都市と古典建築	【古代ギリシャ建築，古代ローマ建築】	太記祐一	454
6-17	ビザンチン建築—過去の継承と創造	【ビザンチン建築】	太記祐一	456
6-18	「神の家」の形—ロマネスク建築	【ロマネスク】	西田雅嗣	458
6-19	「まことの光」の空間—ゴシック建築	【ゴシック】	西田雅嗣	460
6-20	再生・継承・創造	【ルネサンス，マニエリスム】	稲川直樹	462
6-21	装いこそ真実—バロック建築とロココ装飾	【バロック，ロココ】	中島智章	464
6-22	建築・自然・時間	【新古典主義】	横手義洋	466
6-23	異種混合の力	【折衷主義】	横手義洋	468
6-24	アール・デコ—目と手の愉悦	【アール・デコ】	吉田鋼市	470
6-25	19世紀からのメッセージ	【ジョン・ラスキン】	鈴木博之	472
6-26	力学と装飾	【アントニオ・ガウディ】	入江正之	474
6-27	ディテールに息づく寡黙な想い	【ディテールのデザイン】	宮崎　浩	476
6-28	近代建築運動の出発点	【アール・ヌーヴォーなど】	伊藤大介	478
6-29	近代建築運動の到達点	【バウハウス】	伊藤大介	480
6-30	日本におけるモダニズムの受容と伝統意識	【分離派】	田中禎彦	482
6-31	形に生命を吹き込む—吉阪隆正	【吉阪隆正】	古谷誠章	484
6-32	近代建築家の職能倫理と環境問題	【職能倫理】	仙田　満	486
6-33	CIAM—近代建築運動の中核	【CIAM】	八束はじめ	488
6-34	建築界の国連—UIAとは	【UIA】	芦原太郎	490
6-35	有機的建築はライトのパテントか	【有機的建築】	吉田鋼市	492
6-36	タウンアーキテクトの可能性	【建築家】	布野修司	494

7 教育・文化・医療

編集：長澤　泰

7-1	こどもの成育環境	【教育全般】	仙田　満	498
7-2	豊かな保育空間をつくる	【幼児園・保育園】	小澤紀美子	500
7-3	地域社会のセンターとしての学校	【小学校】	吉村　彰	502
7-4	複線化する就学コース，フリースクール—都市が校舎になる 【フリースクール】	垣野義典	504
7-5	広場としての養護学校—ノーマライゼーションの最前線 【養護学校】	渡部和生	506
7-6	地域と育てあう養護環境をつくる	【児童養護施設】	石原弘明	508
7-7	子どもが校舎から学ぶこと—学校建築のかくれたカリキュラム 【学校建築】	伊藤俊介	510
7-8	中学校の計画と運営方式	【中学校・高等学校】	長澤　悟	512
7-9	21世紀のキャンパス計画	【大学，キャンパス計画】	岸田省吾	514
7-10	情報拠点としての公共図書館	【公共図書館】	植松貞夫	516
7-11	ミュージアム—都市の記憶継承の場として	【美術館・博物館】	海老澤模奈人	518
7-12	都市美術館の正体を覗く	【美術館】	柳澤孝彦	520
7-13	エコミュージアム—破裂した博物館	【博物館】	大原一興	522

7-14	万国博覧会―仮設の祝祭都市	【博覧会】	菊池　誠	524
7-15	「祭る・祀る・政つ」の都市空間	【祭り】	北尾靖雅	526
7-16	神と人をつなぐ空間―能舞台	【能舞台】	澤　良雄	528
7-17	歌舞伎・文楽（人形浄瑠璃）劇場―建築計画のための予備知識 【歌舞伎・文楽】	半澤重信	530
7-18	見る・見られる関係	【劇場】	清水裕之	532
7-19	オペラ劇場の舞台裏	【オペラハウス】	本杉省三	534
7-20	シューボックスは一番か	【コンサートホール】	上野佳奈子	536
7-21	映画館の将来像	【映画館・ビデオシアター】	渡辺武信	538
7-22	無機的空間から有機的空間へ	【生産施設のデザイン】	坂口　彰	540
7-23	これからの医療に必要なもの―大都市と地方都市における医療施設 【包括医療サービス】	筧　淳夫	542
7-24	都市のER（Emergency Room）	【救急病院】	岡本和彦	544
7-25	地理的環境としての病院	【療養所】	長澤　泰	546
7-26	再生する環境	【リハビリテーション施設】	山下哲郎	548
7-27	健康でいるための環境	【予防・保健施設】	小菅瑠香	550
7-28	ヘルシーピープル，ヘルシーシティ	【健康増進施設】	中山純一	552
7-29	精神病院はなぜ必要か	【精神病院】	岡本和彦	554
7-30	みんなで住もう―障害者，高齢者のすみか	【精神障害者施設】	岡本和彦	556
7-31	高齢期の暮らし―施設の「住宅化」＋住宅と地域の「施設化」 【高齢社会と建築】	石井　敏	558
7-32	超高齢社会×都市再生＝民家リバイバル	【高齢者施設】	西野達也	560
7-33	「なじみ」を支える環境要素	【高齢者施設】	厳　爽	562
7-34	ホスピス―患者と家族を支えるケア，もうひとつの住まい 【ホスピス】	竹宮健司	564

8　住居・家具・インテリア

編集：長澤　泰

8-1	20世紀には住宅は「住むための機械」だった	【住宅】	渡辺真理	568
8-2	憧れから郷愁へ	【中廊下型住宅】	在塚礼子	570
8-3	壁の少ない開放的な日本住宅はどのようにして成立したか 【壁】	川本重雄	572
8-4	変わるものと変わらないこと	【住宅建築（古代・中世）】	藤田盟児	574
8-5	畳はどこへ行くのか	【畳】	藤田盟児	576
8-6	世界は中庭型住居で満ちている	【中庭建築】	及川清昭	578
8-7	田園に住まうという夢	【ヴィラ】	太記祐一	580
8-8	第三の住宅タイプ	【コレクティブハウジング】	小谷部育子	582
8-9	住宅の自由と制約から生まれる価値	【コーポラティブ住宅】	佐々木　誠	584
8-10	同潤会アパートは長寿か	【同潤会アパート】	大月敏雄	586
8-11	マンションが崩壊する日は来るか―分譲マンションの未来 【マンション】	肥田大祐	588
8-12	超高層居住の現在・過去・未来	【高層住宅】	花里俊廣	590
8-13	健康住宅で本当に健康になれるか	【健康住宅】	坂本雄三	592

8-14	建築と健康障害	【シックハウス】	長谷川麻子	594
8-15	インフラフリー居住モデル—21世紀の新しい建築モデルとして 【インフラフリー】		アニリール・セルカン	596
8-16	集合住宅の音環境	【音響工学】	佐久間哲哉	598
8-17	住宅のユニバーサルデザイン—ゆりかごから墓場までは可能か 【ユニバーサルデザイン】		古瀬 敏	600
8-18	空襲と都市住宅	【歴史資産】	藤井恵介	602
8-19	集まって住むことの意味—テリトリーと共用サービス 【住居集合計画】		小林秀樹	604
8-20	集まって住むこと—その課題	【都市生活空間】	藤森正純	606
8-21	スラムとは何か	【スラム】	布野修司	608
8-22	象徴としての住まい	【もやい】	畑 聰一	610
8-23	密集市街地VSニュータウン—どちらが勝者か 【公的ディベロッパー】		青木 仁	612
8-24	「タウンハウス」という都市住宅の建築型を再評価すべきではないか 【タウンハウス】		渡辺真理	614
8-25	茅葺き民家は消えてしまうのか	【民家】	菊地成朋	616
8-26	対立と循環—陰陽五行をまちづくりに活かすには 【陰陽】		村田あが	618
8-27	家相による住まいづくりのアドバイス	【家相】	村田あが	620
8-28	建築と人とインターフェースとしての家具	【家具】	藤江和子	622

9 環境・地域・地球

編集：坂本雄三

9-1	サステイナブルな未来の建築	【サステイナビリティ（持続可能性）】	岩村和夫	626
9-2	サステイナブル建築のデザインプロセス	【サステイナブルデザイン】	岩村和夫	628
9-3	環境とは自分以外のすべて	【環境エンジニアリング】	佐藤正章	630
9-4	建築が及ぼす環境負荷はどのくらいか	【環境負荷】	酒井寛二	632
9-5	室内の環境と都市の環境	【環境エンジニアリング】	佐藤正章	634
9-6	都市の未来ビジョンはどのような形式で語られてきたか 【都市の未来ビジョン】		鵜飼哲矢	636
9-7	巨大化するアジアの都市	【巨大都市】	瀬田史彦・大西 隆	638
9-8	ハイテックサステイナビリティ	【ノーマン・フォスター】	太田浩史	640
9-9	環境時代における省エネルギー建築の役割	【省エネルギー施策】	坂本雄三	642
9-10	地球環境に優しい建物とは	【ライフサイクル評価】	秋元孝之	644
9-11	汚染土壌を自然に還す	【環境汚染防止対策技術】	今村 聡	646
9-12	ブラウンフィールド再生—シナリオ・プランニング 【工業地の再整備】		北沢 猛	648
9-13	住まいの換気—自然換気と強制換気	【空気環境】	澤地孝男	650
9-14	暑さ寒さを適正に制御するには	【熱環境】	秋元孝之	652
9-15	自然光を楽しむ建築	【光環境】	鈴木広隆	654
9-16	水・人・建築	【衛生工学】	坂上恭助	656

9-17	環境騒音の制御と対策	【音響工学】	坂本慎一	658
9-18	大都市の中で環境と共生する家	【環境共生住宅】	南　雄三	660
9-19	超高層建築の21世紀	【超高層建築】	黒木正郎	662
9-20	最後のフロンティア―大深度地下	【大深度地下】	尾島俊雄	664
9-21	植物から問うランドスケープの近代	【ランドスケープデザイン】	三谷　徹	666
9-22	空間デザインから環境デザインへ	【環境デザイン(学)】	仙田　満	668
9-23	グローバリゼーション時代の風土	【風土】	中村良夫	670
9-24	世界に広がるイスラーム教徒，そしてその建築	【イスラーム建築】	深見奈緒子	672
9-25	土の摩天楼	【ヴァナキュラー建築】	藤井　明	674
9-26	地球温暖化―人類の喉元に突きつけられた脅威	【気候変動】	前　真之	676

索　引 ……………………………………………………………………………………… 679
資料編 ……………………………………………………………………………………… 693

1

安全・防災・耐震
［編集：神田　順］

1-1　安全を定量化する

【テーマ】安全係数　　　　　　　　　　　　　　　　　　　　　　　　　　1　安全・防災・耐震

●安全係数とは

　安全係数とは構造物を安全に設計するために，荷重や耐力の評価にあたって計算上用いる係数のこと．安全率あるいは荷重係数や耐力係数と称されることもある．しかし，安全係数1.5とか3.0という数値にどのような意味があるかについては設計法のなかで安全係数をどのように定義したかによるので，注意する必要がある．

　「建築構造は安全率1である」といわれることがある．これは，想定した風力や地震力に対して，鋼材の材料としての降伏限界をそのままの値で検討している状況を説明している．しかし降伏限界を超えたからといってすぐに壊れるわけではない．

　一方で，佐野利器が市街地建築物法の時代に定めた耐震設計のための地震力の算定根拠は安全率として3としたとの説明もある．当時の地震力算定のための水平震度は0.1を採用していたが，これは，許容応力度で設計された建物の耐力は許容応力度限界の3倍程度は期待できるとの判断からで，関東大震災の被災状況からの予想として水平震度0.3程度に耐えることを条件とすればよいとの判断があったと伝えられている．

　コンクリートの圧縮破壊限界，ケーブルの引張破壊限界などに対して，常時作用している応力状態に対し3倍程度の安全性をもたせるという設計上の判断も経験的にある．

　いずれもきわめて大雑把な話であるが，構造設計における判断のためには，安全性を定量化する必要があり，安全係数なり安全率なりの数値は一つの尺度としての工学的意味をもつので重要な概念である．

●そもそも安全とは

　建築に安全は基本的な理念として求められているが，それを工学的にどのように扱うかということは必ずしも容易ではない．一般の要求としては，安全とは壊れなければよいので，その程度を定量化することにあまり興味はない．現実に地震が起きて，問題となるのは，壊れたか否かで，どの程度余裕があったかは，直接的には問われない．

　もっとも，壊れることの意味が，倒壊するあるいは上の階の床が落下するという最終的な段階から，柱が壊れてもかろうじて倒壊は免れるとか，壁にクラックが入る，あるいはドアが開かなくなるといった程度まで，さまざまある．このことについては，設計の時点で，どのような限界を想定して，それがどの程度起きないようにするかという条件設定が大切であることを断っておくが，ここで問題にしたいのは，その「どの程度起きないようにするか」という部分である．

　現実に，将来の地震や台風を考えると，どのようなことが起きるかを100%の確からしさで推定することはできない．したがって，設計で想定する荷重の大きさが安全を決めるという見方は自然である．法律でも構造性能を規定して，耐震等級や耐風等級は，建築基準法で定められた荷重を割り増しして定めるようになっている．たとえば，耐震等級では，1.25倍すると等級2，1.5倍すると等級3となり，耐風等級では1.2倍して等級2と評価される．

　これらの倍数もある意味で安全係数である．安全が白か黒か，安全か危険かという見方で扱うのでなく，基本的にグレーであるということが広く認識されるべきである．法的に最低基準を満足しないと建設が許可されないという状況が，あたかも基準を満足したら安全であるかのごとき印象を与えてしまっていることをもっと重大な誤解として，専門家が解きほぐす役割をもっているといえよう．

　将来の自然現象であるがゆえの不確実さ，施工における品質管理の不確実さ，いずれも工業製品で考えられる不確実さのばらつきとは，本質的に異なるものゆえに，安全の定量化といったときの精度に対して，科学技術的にのみ数値を出しても目安でしかないという見方はなかなか取り除けないのが実情でもある．

　しかし，自然現象そのものもだんだん解明され，

ある特定の地面がどのくらい揺れるかとか，特定の地表面でどのくらいの風が吹くかとか，統計データの評価を自然のメカニズムの解釈も加えることでモデル化の研究は進んできている．施工精度に関しても，コンクリートの施工実態，鉄鋼の製品誤差など，不確実さが定量化されるとき，安全に対する要求も定量的な設定が可能となる．

●限界状態設計での安全の定量化

機械や容器の場合は，荷重条件が定まっているので，主に耐力の評価のばらつきが安全性を決めるところがあるが，建築の場合は風力や地震力の評価の不確定性がきわめて大きく，耐力の評価のばらつきをあわせて総合的に扱うことが，安全性を定量的に論ずる際には重要である．ばらつきの度合を定量的に評価したうえで安全係数を決めると，以下のような展開が可能である．

ここで荷重のもたらす力，荷重効果を S，建築物の耐力を R とし，それぞれの評価にはばらつきがあるとする．そのとき，建築物の供用期間において壊れる確率 P_f を求めると，その間の最大の荷重効果が耐力を上回る確率として，

$$P_f = \mathrm{Prob}[R < S]$$

R も S も正規分布する確率変数だと仮定すると，

$$P_f = \Phi(-\beta)$$

なる信頼性指標 β を導入することにより，破壊確率の式を荷重効果の設計値と耐力の設計値が等値された式に展開することができる．ここで $\Phi(\cdot)$ は標準正規分布関数を示す．すなわち，平均値がゼロで標準偏差が1の正規分布の変数として，そのような関数に $-\beta$ を代入するとき破壊確率を与える．

R や S に対して平均値 μ と標準偏差 σ が求まっているとすると，上記の定義に基づいて信頼性指標としては，

$$\beta = \frac{\mu_{R-S}}{\sigma_{R-S}} = \frac{\mu_R - \mu_S}{\sqrt{\sigma_R^2 + \sigma_S^2}}$$

の形で求められる．そのとき，分離係数 α を導入することにより

$$\mu_R - \alpha_R \beta \sigma_R = \mu_S + \alpha_S \beta \sigma_S$$

が荷重効果と耐力の設計値として等値された形である．さらに

$$\phi = 1 - \alpha_R \beta \frac{\sigma_R}{\mu_R}, \quad \gamma = 1 + \alpha_S \beta \frac{\sigma_S}{\mu_S}$$

なる係数を導入することで，荷重・耐力係数形式で表現でき，さらに等号を設計耐力が設計荷重を上回る形に書きかえると，

$$\phi \mu_r \geq \gamma \mu_s$$

となる設計条件式が得られる．そのときの ϕ あるいはその逆数や γ が安全係数である．■1にそれらの関係を模式的に示す．それらの安全係数は不確定な荷重や耐力のばらつきと信頼性指標という安全性を確率的に定量化した指標両方に対応しており，その値の意味の合理的な説明が可能である．このような枠組の設計方式を限界状態設計法とよんでいる．

さらに，複数の変数が設計条件式にあるとき，それぞれの変数に応じて，そのばらつきと信頼性指標に対して係数を設定することもあり，そのような係数を部分安全係数とよぶ．

●確率による尺度

安全を定量化するにあたり，確率を基本とした尺度の意味について解説した．建築物の構造安全性を評価するには，荷重や材料，モデル化，計算などの不確実さがあり，それらに関する情報が工学的に整理されることで，確率的な定量化が可能となってきた．国際規格[3]においても，ここで示した破壊確率に対応する信頼性指標の定義が示されている．確率そのものは，万人に共通の概念として理解されているので，安全を要求条件としたり，安全を安心のための基本要素とするために，このような尺度が社会のなかでうまく使われることが期待される．

[神田　順]

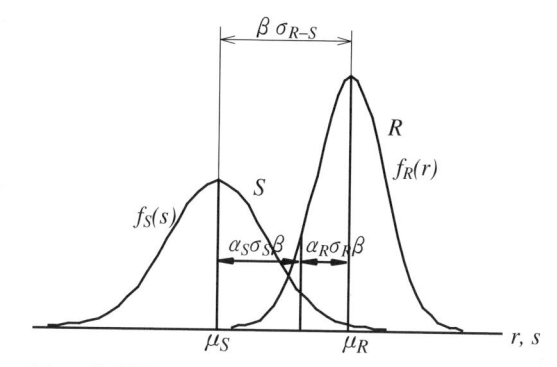

■1　荷重効果，耐力の確率密度分布と荷重係数，耐力係数の関係

文献
1) 日本建築学会 (2002)：建築物の限界状態設計指針，日本建築学会．
2) 神田　順監修(2004)：限界状態設計法の挑戦，建築技術．
3) ISO 2394 (1998)：構造物の信頼性に関する一般原則 General principles on reliability for structures, 第3版．

1-2 地域防災計画

【テーマ】地域防災　　　　　　　　　　　　　　　　　　　　　　　　　　1　安全・防災・耐震

●防災計画とは

「防災計画」とは，もたらされる災害を最小限度に食い止める計画を行うことで，地域の防災計画は，行政単位（市区町村）の防災取組がどのように計画されるかを意味する．同義語の「リスクマネージメント」は広義の防災で，防災の基本は減災すなわち災害を防止し被害を最小限に止めることにある．リスクという言葉は日本語といってもよいが，本来不確実な事態とその結果の組合せ，すなわちきわめてまれな（たとえば1万人に1人）事態で，交通事故死することを意味している．これに対して「防災」は災害を防ぐことで，災害を軽減するのか，損失を転嫁するのか，あるいは不確定な要因による災害を防ぐことなのか，言葉として曖昧であるといえる．本項では，リスクを管理することを防災計画と考えて，以下，都市の減災（ミティゲーション），江戸の地域防災および近代都市としての晴海トリトンスクエアの緊急対策の取組についてふれる．

●ミティゲーション

あまり聞き慣れない言葉で，ミティゲーション（mitigation）という英語がある．緩和，鎮静あるいは軽減という訳語である．防災は災害のミティゲーションといえる．地震のような自然災害は発生確率を人為的に動かすことはできないから，結果である損失を軽減するしかない．災害をもたらす主因をハザードという．リスクマネージメントは自然のハザードばかりでなくヒューマンハザードも対象とする．ハザードがどうあれ，リスクマネージメントでは，ミティゲーションが重要になる．2001年のニューヨーク・ワールドトレードセンター「9.11」のようなテロリズムや自然災害は依然として目の前にある．また，地球環境は悪化の方向にあり，防ぎようがないのが実情である．今後の経済社会に対して，自然ハザードとヒューマンハザードはより強力に作用してくる．一方，18世紀末～19世紀に進展した産業革命は，第2次産業人口を増大させ都市化をもたらした．その結果，都市の環境問題，自然災害問題あるいはテロリズムが発生している．グローバルにみて地域の減災は都市におけるリスクマネージメントのあり方が中心となりつつある．長期，広域にわたる都市災害のミティゲーションが現代社会の大きなテーマである．

●地域防災計画の歴史的考察としての江戸の防災計画

17世紀初頭，政治・商業の中心地として中核都市江戸が開発された．当時の江戸は，日本最大の平野である関東平野の中心に位置し，気候も比較的温和な地域といえる．300年を超える都市発展の過程で多くの自然災害や都市固有の火災が繰り返し発生した．現在もなおこのような災害に対し防災・減災に「人」と「もの」と「金」が投入されている．

江戸の「定火消し」と「大名火消し」（■2）：「火事と喧嘩は江戸の華」といわれたくらい江戸では大火が頻発した．このために公的に幕府直轄の「定火消し」とよばれる消防団が形成されていた．組織はおおよそ130～150人で構成されるユニット（組）で，最盛期には江戸全体で15組が存在した．組織の長は「与力」で，いわゆる旗本であった．与力の下に「同心」がつき実権をもっていた．この火消し組織は，事前対策として，火の見やぐらからの監視，消火用水の整備などが施策として実施され，かなり潤沢な予算をもっていた．江戸も中期以降になると予算が払底し，15組を数えた「定火消し」は10組にリストラされている．同様に江戸中期になると公的消防団の財政が逼迫し，自衛団的民営の「町火消し」「店火消し」が組織されている．また，江戸には300を超える大名が参勤交代で居住し，大名屋敷は一種の治外法権域であった．このため各大名は固有の火消しが必要であり，いわゆる自営組織としての「大名火消し」が存在していた．組織は大名の扶持すなわち石高により，1万石当たり30人体制で運営されていた．江戸の地域防災は組織，消火能力とも当時の体制としてはかなり先進的なものであった．

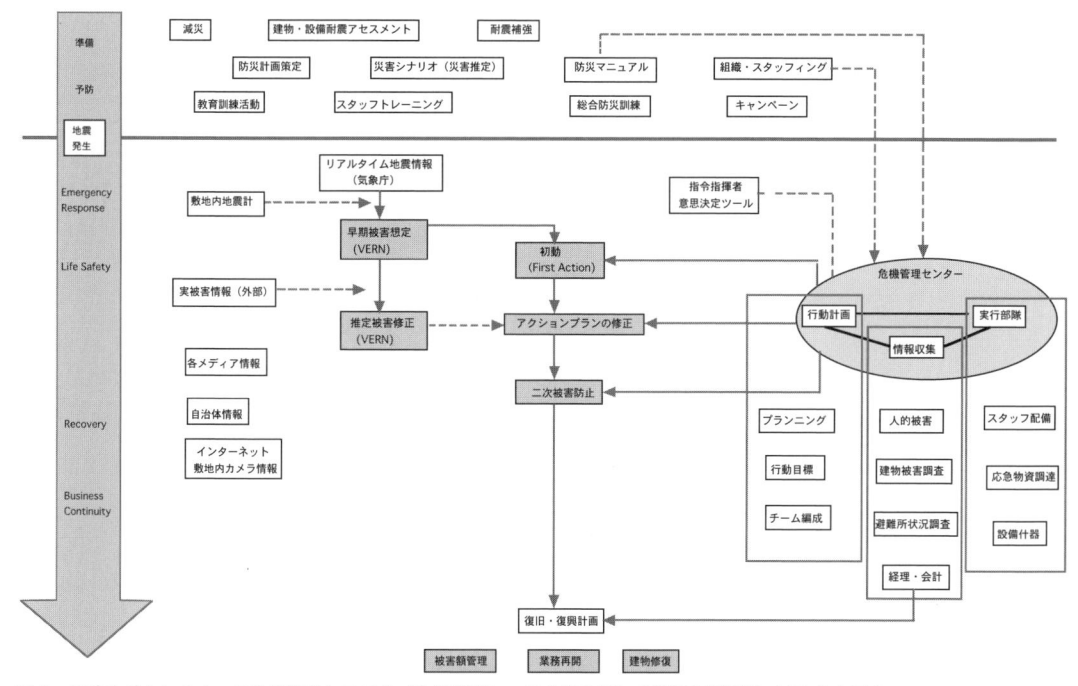

■1 晴海トリトンスクエア地震防災システム（危機管理システム概念図） VERN は情報の統合化を司る

●晴海トリトンスクエアの地域減災計画

　晴海トリトンスクエアは阪神・淡路大震災後，東京都中央区晴海1丁目地区の約47 ha の地域に再開発された．住居，オフィス，商業施設から構成される街区である．建物全体面積は約67万 m² で，昼間人口2万人，居住人口5000人の規模で2001年4月にオープンした．この地域は計画当初から安全と安心の街をめざした．この目的のために，大型台風と震度5を超える大地震に対して，街区全体の「危機管理支援システム」を中央防災センターに設置している（■1）．この支援システムは，①危機的状況の把握，②危機的状況回避・軽減の方策，③回避・軽減のための組織と資源の確認，④回避・軽減のための誘導と指示，⑤復旧のための指揮統制，の五つの段階に分けて構成されている．システムの構成は VISMAP（Visual Incident Management and Planning）とよばれるユーザーインターフェースのシステムソフトから起動される．このソフトは訓練されたオペレーターがビジュアルなインターフェースで操作し迅速かつ的確な判断を支援する．状況把握は VERN（Virtual Emergency Response Network）によってリアルタイムにシミュレーションされて，結果をオペレーターに知らせる．オペレー

■2 江戸の消火活動（消防博物館所蔵）

ターは状況に応じてさまざまな指示を出す．このシステムが有効な理由は，GIS データの密度が高く，都市を構成する道路，橋梁，建物，地下構造物，各種インフラなど地震の影響を受ける受容体（エクスポージャー）の影響度（刺激関数）を設定しておくことによって，精度の高いシミュレーションを行うことが可能になったことである．危機的状況が把握されたら，すみやかに最適な指示を組織的に与え，迅速な対応がなされる必要がある．このために，あらかじめこの支援システムによる訓練が必要となる．また，復旧のための資源はなるべく事前に用意されている必要がある．正に，21世紀の防災都市といえる．

[川合廣樹]

1-3 建築の高層化と都市の安全

【テーマ】安全計画　　　　　　　　　　　　　　　　　　　　　1　安全・防災・耐震

●高層建築と安全計画

　構造技術の発展により地震国の日本でも超高層建築が実現可能となったのは1960年代のことである．建築基準法にも1961年に特定街区，次いで1963年には容積地区の制度が新設され，それまでの建築物の絶対高さ制限（一般に31m）を突破する道が開けた．このことは建築計画の研究者や設計者に新たな課題を与えることとなり，日本建築学会に高層建築小委員会が設置された．

　この委員会で高層建築の防災・安全に関して，それまでの法令規定では対応し切れないことが指摘された．一方，当時頻発したいわゆる「ビル火災」への対策と建築物の高層化への対処をあわせて，1970年に建築基準法令の防災関係規定の大改正が行われた．これを契機にこの委員会は安全計画小委員会と改称して再発足し，建築の総合的安全性の追求に積極的に取り組むこととなる．

　1970年の法改正では防災関係規定のほか，絶対高さ制限の廃止と容積制限制度の全面適用という大きな変更があった．これによって，敷地の条件さえ整えば全国どこにでも超高層建築が可能になり，安全計画の重要性はさらに増すこととなった．いまや日本の大都市には高層建築が林立する状況となっているが，これまで幸いにして建物全体が炎上するような超高層ビル火災は生じていない．それは80〜90年代に実施されていた「建築防災計画評定」の制度によって，それらの高層建築の火災安全性が一定の水準に保たれてきた結果といえる．

　しかし建物の経年劣化や防火管理の不備などが原因で，予想外の災害が発生しないともかぎらない．ストックとなった多くの高層建築の安全性の維持は，法令の性能規定化（1998）にともなう安全性検証方法の問題とともに，今後の大きな課題である．

●安全計画の考え方

　安全は建築に求められる基本的な性能の一つである．安全の定義はいろいろあるが，ここでは建築における安全とは「生活行為が定常的に保たれている状態」とする（日本建築学会編（1981）：安全計画の視点，彰国社）．

　安全でない状態とは危険・事故・災害であり，それらをひき起こす要因には地震・強風・積雪などの自然現象から，火災・犯罪・テロなど人間の行為に起因するもの，さらには日常生活のなかで発生する転落・転倒・衝突なども含まれる．このなかで地震や火災などの非常災害を対象としたものが一般に防災計画とよばれているが，狭義には建築の火災安全計画を建築防災計画と称している．

　建築防災計画は，設計内容に対して単に安全・防災に関する法令規定の条文に適合させるだけではなく，その建物の用途・規模・構造や実際の使われ方に対応した個別の特性に合わせて，最も適切な火災安全計画を行うものである．たとえば多目的スポーツホールでは「体育館」としてだけでなく，フィールドで多数の人を集めたコンサートが行われる場合や，多くの可燃物が並ぶ展示会に使われるケースなども想定し，それぞれの場合に対応した火災安全設計を行うこととなる．

●災害から何を守るか

　人命安全が防災の究極の目標であることはいうまでもない．耐震設計では，きわめてまれな大地震に対しても建物が倒壊せず人命を守る，という考え方に立っている．しかし構造躯体の損傷が大きくなくても，天井の落下や壁の破損によって人身被害が生じる可能性もある．構造躯体だけでなく2次部材・仕上げ材も含めた総合的な耐震性能が求められる所以である．

　火災安全性についても人命安全は第一の目標であり，避難計画と避難施設の設計は建築防災計画のなかで最も重要な位置を占めている．ただ守るべき対象は人命に限らない．種々の災害から守るべきものとしては人命のほかに財産（建物と収容物）があげられるが，そのなかには電子データや美術品など守る方法に特別な工夫を要するものもある．また現代の都市生活においては間接的損害，たとえば企業活

図1 かつてのニューヨーク世界貿易センター（筆者撮影，1987）

動の停止や企業としての信用低下，さらには環境汚染の発生なども防止の対象として視野に入れておく必要がある．

● **建築における安全計画の限界**

大地震時には電気・ガス・上下水道・通信などの都市設備の被害が都市・建築の安全性に大きな影響を及ぼすことはいうまでもないが，個々の建築でも地震で設備機器や配管などが損傷すると，その機能を支えてきたシステムが破綻する．地震被災後の火災安全は安全計画の新たな課題といえる．

高層建築には不可欠のエレベーターは，強い地震動を感知すると構造躯体や2次部材が大きな損傷を受けない段階でも最寄りの階に自動的に停止する（地震時管制運転）仕組みになっている．その結果，たしかに人命安全は確保されるであろうが，その後は専門技術者の点検と安全確認を受けなければ運転が再開できない．大地震の場合，大都市では何千何万ものエレベーターが停止する事態もありえる．そのような事態では専門技術者の数も不足するから，何日間もあるいは何週間もエレベーターの運転ができないことになりかねず，日常生活の定常性が失われてしまう．これはエレベーターという垂直輸送システム全体に共通する問題であって，個々の建築の計画だけでは解決できない．

建築の安全にかかわる外的な要因には，地震などの自然現象のほか犯罪・テロなどの人間の行為もある．火災原因でもその第1位は放火もしくは放火の疑いとされている．

2001年9月11日，ニューヨークの世界貿易センター（WTC）では，二つの超高層ビルがテロリストに乗っ取られた大型旅客機の衝突によって大きく破損，多数階が同時に炎上して全体崩壊にいたり，多数の犠牲者を出す結果となった．被害は2本のタワーにとどまらず，周辺の多くの建物も衝撃や火災で大破あるいは倒壊した．この事件は日本の建築関係者にも大きなショックを与え，大型旅客機が衝突しても安全な建築は作りえるかという素朴な議論さえ生まれた．しかし，これもまた個々の建築が対応できる問題ではないことは明らかである．テロや悪質な犯罪行為によって建築の安全が脅かされるのを防ぐためには，社会全体としてテロや犯罪そのものの発生を抑制する努力を続けるほかはない．

原因が何であれ，災害により建築に内包される社会的な機能が損なわれた場合に備えて，今後は生産・流通・通信・情報・金融などさまざまな社会システムにおけるバックアップの仕組みを構築しておく必要がある．建築の安全計画に加えてこうした社会システムの安全対策が整ったとき，はじめて本当に安全な都市が生まれるといえるであろう．

［濱田信義］

1-4　災害時の危機管理

【テーマ】危機管理　　　　　　　　　　　　　　　　　　　　　　　　1　安全・防災・耐震

●災害の歴史

災害（disaster）は dis（悪い）と astrum（星）が語源で，生命財産などを失わせる突然の災厄を意味している．リスクという言葉と災害という言葉は混同しがちであるが，「リスク」については，日本工業規格 JIS Q 2001「リスクマネジメントシステム構築のための指針」によれば，「事態の確からしさとその結果の組合せ，又は事態の発生確率とその結果の組合せ」となっている．また，天災に対して人災という言葉があるように，自然災害と人為的な災害に分けられる．いずれにしても「いつ」「どの程度」「どこで」が不確定で，いわばある日突然に災害は降りかかるのである．

1995年1月16日夜，阪神・淡路地域で就寝した人のうち，だれが翌朝自らの生命を奪われると予感していたか．災害の発生は予測がつかない．2004年9月11日午前10時頃，アメリカ・ニューヨークの上空を飛行していた UA 93便は 400 m を超える超高層ビル，ワールドトレードセンタービルに激突し，大火災が発生した．ツインタワーの巨大なビルは1時間40分後相次いでわずか4, 5秒で完全に崩壊した．1657年，江戸の大火は，振袖に象徴される若い女性の死を悼む行事として遺品を焼却する習慣が出火原因となって，強風にあおられ江戸城天守閣まで焼失した．焼死者は10万人を超え，「振袖大火」とよばれている．この大火によって江戸の都市構造が防災都市として改造された．1347年，シチリアの港でそれまでにない病気が発生した．リンパ腺がはれ，のどが渇き皮膚が黒紫に変色して数日で死んでしまうことから，黒死病とよばれた．ペストである．1350年に一応の終結をみるまでヨーロッパの人口の25％がこの病気で死亡したといわれている．この影響で都市と経済は大きな影響を受けた．ペストはその後も250〜300年サイクルで流行した．1910年の大流行以来，防疫技術の進歩によってペストの流行はない．紀元79年8月24日ベズビオ火山が大噴火を起こした．降り注ぐ火山灰は10 m 近く積もり，2000人の人々はその時のまま死んだ．1500年後埋もれた町と死者が発掘された．瞬時の事態で日常生活の状態のまま，凍結されていた．住宅の台所にはシチューの鍋やその中身まで，発掘されている．いわゆるポンペイ最後の日である．

●危機と管理

危機（crisis）は決定的段階，重大局面の意味のギリシャ語で，「決定」「転機」が語源である．運命の分かれめ的な状況をいう．日本の最大の危機的状況は第2次世界大戦といえる．

第2次大戦の太平洋における戦争の端緒である真珠湾攻撃開始に際して二度の御前会議が開催された．1回目の会議は1941年9月6日に開かれて「帝国国策遂行要領」が決議された．これは，「大日本帝国が対米戦争を辞さない決意で，10月下旬までに開戦準備を行う」，「それと平行して，米英との外交手段を尽くす」，「外交手段が10月上旬までにめどが立たなければ，対米開戦を決定する」というものであった．そして，同年12月1日に2回目の御前会議が開かれて，対米戦争が決定された．4年にわたる大戦で250万人を超える軍人と一般市民が戦死した．広島，長崎への原子爆弾投下を機とした1945年ポツダム宣言に対して，内閣は受諾するか否かで分裂していたが，天皇が終戦する決断（聖断）を下したため，受諾することとなった．危機的状況での方針決定が危機管理といえる．

● IT による危機管理

危機管理で重要なのは，危機的状況における管理，すなわち渦中対策としての管理といえる．1994年1月17日アメリカ・ロサンゼルス市近郊で発生したノースリッジ地震では，EPEDAT（Early Post Earthquake Damage Assessment Tool）とよばれる早期被害予測システムが有効なツールだったという評価がある．このシステムはあらかじめ設置した多数の地震計からリアルタイムで地震動の情報を採取し，高速コンピュータで広域に認識された GIS データによる都市の形状機能情報に地震情報を

作用させて，被害状況などの応答をシミュレートして，都市の地震被害を早期に予測するシステムである．このシステムから得られるシミュレーションの結果の事態をもとに，渦中対策を迅速に行う．このシステムが緊急対策としてきわめて有効であったとの評価がある．衛星，多機能携帯電話，その他通信デバイスと早期被害予測システムが一体となって，時々刻々拡大する被害を抑止する IT 技術の開発・適用が期待されている．

●事業継続計画

巨大地震災害に対して，国，自治体の企業に対する支援には限界がある．一方，経済社会の活動の大半は民間の企業が担っている．この点で，企業の自助努力を促すために，内閣府は事業継続計画（business continuity planning：BCP）のガイドラインを 2003 年 3 月制定した．この BCP によれば，まずは地震などの大災害に対して日本の企業は事後対策としての業務継続性に関心がうすく，事業を継続するハードとソフトに脆弱性があるとしている．企業が大地震発生直後から，業務継続のためにあらゆる方策を講ずるために，①重大被害を想定し，その企業にとってどのような事態が発生するかを認識する，②継続すべき業務の優先度を明確にする，③それぞれの部署ごとに事業継続を阻害する要因を把握する，④ボトルネックすなわち事業継続困難な主因を洗い出し重点的に対策を行う，⑤BCP のための組織，資源を点検しておく，などが示されている．さらに，日本政策投資銀行から「防災対策促進事業」として BCP に積極的に取り組む机上向け「防災格付け融資」がなされる．また，「環境会計」にならって，「防災会計」の基準が提案されており，企業の社会的責任（corporate social responsibility）の一環としてつねに危機管理に取り組む標準が示されている．

●カタストロフィカル災害と今後

「災害は忘れた頃にやってくる」という慣用表現は寺田寅彦の言葉であるが，英語の災害を意味する，"catastrophe" は突然というギリシャ語 "katasrophe" が語源である．2007 年 7 月 16 日の新潟県中越沖地震では，地震の作用力によっては，原子炉本体の損傷が発生し，いわゆる炉体融解（メルトダウン）が発生するケースも考えられた．この場合，災害は想像を絶する災害になることが明らか

■1 2004 年 9 月 11 日，ニューヨークのワールドトレードセンタービル（Flickr サイトより）

である．幸い，想定地震外力の 2.5 倍（想定加速度 273 ガルに対して 680 ガルを記録）を超える力が作用したにもかかわらず，原子炉は緊急停止し，メルトダウンは起きていない．もし発生していれば，ポンペイと同様のカタストロフィカルな大災害になったものと思われる．1986 年 4 月 26 日，チェルノブイリ原発は，炉体制御ミスから，発電用ボイラーが加熱爆発事故を起こした．事故の直接，間接被害による死者は 4 万人ともいわれている．現在の科学的知見と 100 年を超える航空機，船舶などの工学的実績から考えて，このような災害は起こしてはならない災害である．19 世紀から 100 年以上の間に，人間は自然災害，ペストなどの疫病を克服してきた．一方では，航空機事故や原発事故など科学・工学の進化によって新たなカタストロフィカル災害も発生している．このような災害は，「減災」ではなく「滅災」にしなければならない．確率的には 100 万分の 1 あるいは数百万分の 1 の範囲になる．それでもゼロにならないのは，ヒューマンファクターといわれる事故要因が存在するからで，人間の心理，熟練，意欲などきわめて制御しがたいファクターが存在するからである．ヒューマンファクターのようにバラツキのあるリスクを軽減するために，高度なセンサーとコンピュータ制御，しかも学習効果が付与されたシステムが必要である．

［川合廣樹］

1-5 過去の災害から学ぶ

【テーマ】自然災害　　　　　　　　　　　　　　　　　　　　　　　　1　安全・防災・耐震

● 戦後の災害対策は台風災害から始まった

　戦災から十分な復興がなされず，消防など対応力も十分整わなかった1945（昭和20）年から1955（昭和30）年にかけて，特徴的な都市災害は都市大火が連続して発生したことである．〈昭和21年〉新潟県村松町（2），福島県田島町，飯田市，青森県五所川原町，〈昭和22年〉新潟県両津町，飯田市，茨城県那珂湊町，北海道三笠町（2），宮崎市，〈昭和23年〉北海道喜茂別村（1），〈昭和24年〉能代市，北海道古平町（3），山梨県谷村町（2），〈昭和25年〉熱海市，長野県上松町（18），秋田県鷹巣町，〈昭和26年〉山形県温海町，松阪市，〈昭和27年〉鳥取市（3），〈昭和29年〉北海道岩内町（33），〈昭和30年〉大館市（1），新潟市（1），名瀬市，〈昭和31年〉能代市，福井県芦原町（1），大館市，魚津市（5）（カッコ内は死者数．『消防白書』）．

　その後，住環境の改善，行政組織の充実に伴い急速に減少していった．連続した都市大火の後，甚大な被害を与えたのが台風である．事前対策を含む総合的な防災対策が望まれ，伊勢湾台風（1959）を契機に災害対策基本法（1961）として制定され，自治体の責務の明確化と防災計画の義務づけがなされた．

● 建築物の大型化と法律整備のはざまでの建物火災

　1960年以降の経済成長は建物の大型化，高層化が進み，不特定多数が利用するものが増加し，これら近代的建物への規制と普及のはざまでの多数の被害者を出す建物火災が続発した．菊富士ホテル（1966），磐光ホテル（1969）は新建材への内装制限や避難施設の充実が教訓となった．1972年の千日デパート，1973年の大洋デパートでは100名を超す死者を出した．防災設備の維持管理が問題となり消防設備の遡及適応がなされるようになった．酒田大火（1976）は例外ともいえる都市大火であったが，その迅速な復興は災害復興のモデルともなった．その後，川治プリンス（1980），ホテルニュージャパン（1982）は法律強化の影響を受け，非常ベルを停止しておく，防火区画の形成を怠るなどの問題が指摘された．1987年の特別養護老人ホーム松寿園，2006年のグループホーム「やすらぎの里さくら館」の火災は高齢社会の対応の未熟さを示している．

● 地震災害の推移と教訓

　地震災害対策基本法の成立と新潟地震（1964）を契機に地震防災対策が開始された．同時並行的に進められた地震予知計画は東海地震対策として大規模地震特別措置法（1978）を生み出した．その後，平成以降，都市直下型地震が着目され，阪神・淡路大震災を迎えるに至った．その後，活断層調査を契機に海溝型地震を含め，地震の長期評価がなされるとともに，南海・東南海地震，日本海溝・千島海溝周辺の地震への特別措置がとられはじめている．

　1964年の新潟地震は信濃川沿いの地区の液状化被害が顕著であり，県営住宅など鉄筋コンクリートの建物への被害や昭和大橋の橋桁の落下などをひき起こした．その後の日本海中部地震（1983）や北海道南西沖地震（1993）などでも大きな被害を出している．河川や埋立地に市街化が進んでいる日本の地震被害の特徴ともいえる．1968年の十勝沖地震は函館大学の校舎が倒壊するなど，鉄筋コンクリート製の公共建築物の被害がめだち，問題となった．その後の宮城県沖地震（1978）の教訓をも生かし，現在の新耐震設計法が採用されることとなった．また，この地震では石油ストーブからの出火が著しく，大火災には至らなかったものの，その後石油ストーブの転倒防止対策および自動消火装置の開発がなされた．1978年の宮城県沖地震は都市型災害という教訓を与えた．大都市仙台近郊で発生した地震災害であり，丘陵部の開発地での被害や復興過程での電気・ガス・水道など都市機能被害が深刻となり，ライフラインという言葉が定着した．とくにガスの供給停止は再開まで長期を要し，その後の復旧体制の確立へ大きな影響を与えた．

　関東大震災以来，最も大きな被害をもたらしたのが阪神・淡路大震災（1995）である．この地震の教

■1　1945年以降のおもな自然災害（『防災白書』2007年より作成）

年　月　日	災　害　名	お　も　な　被　災　地	死者・行方不明者数
1945. 1.13	三河地震（M 6.8）	愛知県南部	2306人
9.17〜18	枕崎台風	西日本（とくに広島）	3756人
1946.12.21	南海地震（M 8.0）	中部以西の日本各地	1443人
1947. 8.14	浅間山噴火	浅間山周辺	11人
9.14〜15	カスリーン台風	東海以北	1930人
1948. 9.15〜17	アイオン台風	四国〜東北（とくに岩手）	838人
6.28	福井地震（M 7.1）	福井平野とその周辺	3769人
1950. 9.2〜4	ジェーン台風	四国以北（とくに大阪）	539人
1951.10.13〜15	ルース台風	全国（とくに山口）	943人
1952. 3.4	十勝沖地震（M 8.2）	北海道南部，東北北部	33人
1953. 6.25〜29	大雨（前線）	九州，四国，中国（とくに北九州）	1013人
7.16〜24	南紀豪雨	東北以西（とくに和歌山）	1124人
1954. 5.8〜12	風害（低気圧）	北日本，近畿	670人
9.25〜27	洞爺丸台風	全国（とくに北海道，四国）	1761人
1957. 7.25〜28	諫早豪雨	九州（とくに諫早周辺）	722人
1958. 6.24	阿蘇山噴火	阿蘇山周辺	12人
9.26〜28	狩野川台風	近畿以東（とくに静岡）	1296人
1959. 9.26〜27	伊勢湾台風	全国（九州を除く，とくに愛知）	5098人
1960. 5.23	チリ地震津波	北海道南岸，三陸海岸，志摩海岸	139人
1963. 1〜2	豪雪	北陸地方	231人
1964. 6.16	新潟地震（M 7.5）	新潟県，秋田県，山形県	26人
1965. 9.10〜18	台風第23，24，25号	全国（とくに徳島，兵庫，福井）	181人
1966. 9.23〜25	台風第24，26号	中部，関東，東北（とくに静岡，山梨）	317人
1967. 7〜8	7,8月豪雨	中部以西，東北南部	256人
1968. 5.16	十勝沖地震（M 7.9）	青森県を中心に北海道南部・東北地方	52人
1972. 7.3〜15	台風第6,7,9号および7月豪雨	全国（とくに北九州，島根，広島）	447人
1974. 5.9	伊豆半島沖地震（M 6.9）	伊豆半島南端	30人
1976. 9.8〜14	台風第17号および9月豪雨	全国（とくに香川，岡山）	171人
1977. 8.7〜78.10	有珠山噴火	北海道	3人
1978. 1.14	伊豆大島近海地震（M 7.0）	伊豆半島	25人
6.12	宮城県沖地震（M 7.4）	宮城県	28人
1979.10.17〜20	台風第20号	全国（とくに東海，関東，東北）	115人
1982. 7〜8	7,8月豪雨および台風第10号	全国（とくに長崎，熊本，三重）	439人
1983. 5.26	日本海中部地震（M 7.7）	秋田県，青森県	104人
7.20〜29	梅雨前線豪雨	山陰以東（とくに島根）	117人
10.3	三宅島噴火	三宅島周辺	―
1984. 9.14	長野県西部地震（M 6.8）	長野県西部	29人
12〜1985.3	豪雪	北陸地方を中心とする日本海側	90人
1985.12〜1986.3	豪雪	北陸，東北地方	90人
1986.11.15〜12.18	伊豆大島噴火	伊豆大島	―
1990.11.17〜	雲仙岳噴火	長崎県	44人
1993. 7.12	北海道南西沖地震（M 7.8）	北海道	230人
7.31〜8.7	8月豪雨	全国	79人
1995. 1.17	阪神・淡路大地震（M 7.3）	兵庫県	6436人
2000. 3.31〜	有珠山噴火	北海道	―
6.25〜	三宅島噴火および新島・神津島近海地震	東京都	1人
2004.10.20〜21	台風第23号	全国	98人
10.23	平成16年（2004年）新潟県中越地震（M 6.8）	新潟県	67人
2005.12〜2006.3	平成18年豪雪	北陸地方を中心とする日本海側	152人

訓は多く，現在の地震対策に大きな影響を与えている．大都市の直下での地震であり，活断層への注目がなされ，その後の調査は長期評価という成果を生んでいる．建物倒壊による死者の大量発生は耐震補強対策に結びついてきている．災害時の行政依存体質は行政能力を超す大災害に対し，「自助・共助・公助」による対応の必要性が主張され，とくに地域社会の共助の重要性が意識された．　　［小出　治］

1-6 風水による都市のリスクマネジメント

【テーマ】風水（風水思想）　　　　　　　　　　　　　　　　　　1　安全・防災・耐震

●風水とは何か

　気候風土に最も適合した居住スタイルをみつける手法，それが風水である．「背山面水」，「蔵風得水」などと表現される地形や水勢を整えた，住みやすい敷地選定の手がかり，といい直すこともできる．陰陽五行説をもとに古代中国で発生した風水思想は，上記の標語に沿う町，集落，住まい，墓を整えることにより，そこに生活する住民や家族，墓に眠る祖先が「居心地よく」過ごすことができる，と考えるものである．

　自然地形の中からこのような条件を探すことのみならず，多少の不足は，川の流れを変え，山に植林し，高い塔を造営し，池を掘るなど，人為的に補うことにより理想型に近づけるというところに，風水の真骨頂はある．

　単純な自然礼拝だけではなく，「理想型に近づけるよう，人為的に整える」ことを含むがゆえに，都城の都市計画なり住まいの計画に反映され，古代中国の昔から現代の日本やヨーロッパ諸国にも受け入れられる思想なのである．

●風の流れ，水の流れ

　「背山面水」，「蔵風得水」とは，どのような地形をいうのだろうか．それはおもに南面した緩斜面であり，後ろを高い山が支え，左右を低い丘が取り巻き，川が流れる，眼前に土地が広がり，前方の低い山を巡って川は流れてゆく，そんな土地である．このような土地には，「気」が流れてきてゆっくりとたゆたい，やがて流れ出ていく，という．

　この，「気」とは何か．気は目に見えない「大地のエネルギー」のようなものと説明される場合が多い．具体的には山脈が連なる姿や，その裾を蛇行して流れる河川の姿をもって，山脈に沿って風が，蛇行に沿って水が流れくる，流れ去る様を表していると解釈できる．風水とは，「風」と「水」がバランスよく流れるような場所が住みやすい，ということを示すものととらえることができる．

　中国では，最も高い山脈である北西部の崑崙山脈から発生した気が，山脈を伝いながらそれぞれの土地によい気を運ぶ，と考えられている（■1）．

●有情のまちづくり

　古来，風水思想が生まれ育まれた中国の中央部および東南部では，変化に富んだ地形により，山並みの形や川の蛇行の具合などの自然の形状を読み取り，そこに吉凶禍福の意味を見いだす手法である「形派」が発展した．

　しかし，風水の解釈はそれだけにとどまらず，易や陰陽五行の思想と習合し，方位や時間のファクターを加味した複雑な羅盤（■2）を用いて方位や日時の吉凶を占う手法である「理派」も生まれた．後者はしだいに専門職にしか扱えない複雑なものとなり，職能として発展した．

　ここでは，住みやすい場所をみつける手法としての風水について記述するため，前者の「形を読み取る手法」の説明を続ける．山並みや川筋が気を運んでくるという概念が共通認識として理解されるほど景色が変化に富んだものであったことがうかがわれるが，遠い山並みの姿のみならず，周囲の山や丘の微地形，住まいの場所から目視される岩や石の形状にも意味を見いだし，それが自分にとって吉相であるか，凶相であるかを判断することも形派の風水判断に含まれる（■3）．また，この姿勢は現代にも受け継がれている．

　香港では，香港上海銀行（1986）と中国銀行（1992）が並び立った際に，それぞれの政治的なパワーバランスの意味づけもあいまって，二つの銀行とそれらの間に位置する総督府との間に，「風水戦争」が起きていると地元紙が報じた．中国銀行の鋭利な三角形のエッジが総督府に突き刺さる，あるいは香港上海銀行に悪い気を放っている，などと地元庶民が噂したという．中国返還前の不安な世情も後押ししているが，現代建築を吉凶の意味性をもって眺め，一般庶民があれこれと噂するという現象は，連綿とした形派の風水解釈がある土壌ならではの話である．

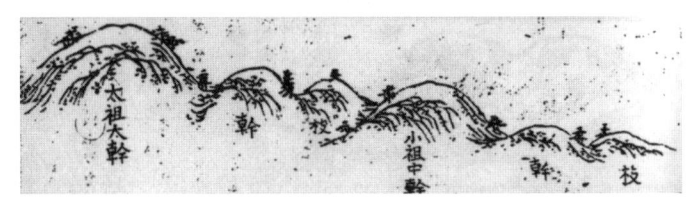

■1 江戸時代の風水書に表される山脈の図（西岡玉全（1816）：風水秘録，九州大学図書館桑木文庫所蔵より）

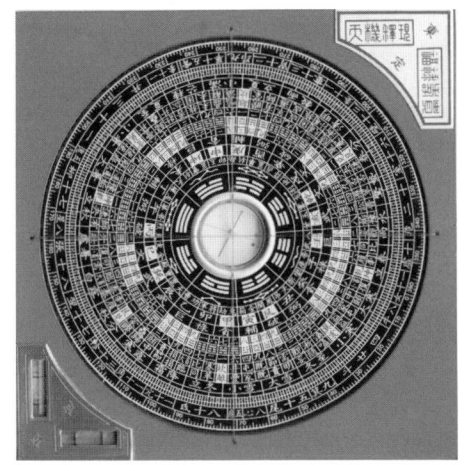

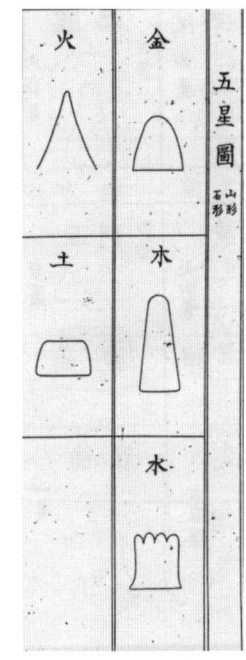

■2 台湾土産の羅盤

■3 山の形を五行になぞらえた図（西岡玉全（1816）：風水秘録，九州大学図書館桑木文庫所蔵より）

無機質であるはずの建造物を「情」のあるものとしてとらえるその姿勢は，形の意味性が人の気持ちに与える影響を素直に表しており，見習いたいものである．風水を現代の都市再生に活かすためには，日本の都市部にしばしばみられる無情の町の姿を有情のものに変革する視点の導入，建物の形への関心の喚起から始めるべきではなかろうか．美しい町並みや住まいは，建築や都市計画の専門職のみが従事してできるものではなく，町や住まいの美醜を論じる視点を一般市民がもち，美しい町や住まいの基準が形成されて実現に近づくものであろう．

●防災，減災に土地の記憶を役立てる

風水の手法は，その土地，その場所における最適な居住スタイルの提案である．地球規模の気候変動により台風などの災害規模が増大する近年，さらに地震国でもある日本においては，土地ごとの伝承や地名の意味するところ，旧川筋などの土地の履歴の検証という，歴史学のアプローチによる防災の視点も必要になろう．

無理な開発を行った場所がしばしば台風などによる風水害で大きなダメージを受ける例が近年多くみられ，土砂災害を記憶に留める地名であり，毎年のように被害を受ける土地でありながら対策が後手に回る例が後を絶たない．土地の歴史性を無視したことがもたらす災害があるとすれば，それは計画の際に土地の記憶に敬意を払わなかったことのつけであるといえよう．

道路や橋梁，河川の流路調整などは人為的な行為ではあるが，その場所の歴史的な地勢を読み取り，風と水の流れをシミュレーションし，それに沿った補強を行うという姿勢を確認したい．現代の都市再生における風水的アプローチとは，風水の原点に立ち返るとみえてくるものであり，風と水がゆっくりと流れる景観を作ることにほかならない．

●都市の気候をデザインする

汐留の高層ビル群の出現により東京都心のヒートアイランド現象が進み，暖められた空気が海風により運ばれるため，関東地方の内陸部では最高気温の記録を更新する事態となっている．関東地方全域の気温上昇問題を風水で解決することはできないが，汐留地域の風通しのシミュレーションならばできたはずである．地域全体の季節ごとの風の流れを読み取り，超高層ビルの過密集中というかつてない都市計画に対して，風の流れがどのように変化するのかはまったく計算しえないことではなかった．

今後，都市部の気温上昇緩和を図り，風の流れを再検討するにあたっては，水と緑のバランスよい配置を，地域レベル，都市レベルで見直し，風と水の流れを活性化させる視点が必要であり，それは風水の現代的解釈につながるものである．　　　［村田あが］

1-7 日本の地震環境を眺める

【テーマ】地震ハザード　　　　　　　　　　　　　　　　　　　1　安全・防災・耐震

●ハザード曲線とハザードマップ

地震ハザードは対象とする地点・地域の地震による危険性の程度を表すもので，襲来する地震動の強さと一定期間内にその強さを上回る確率（超過確率）の関係を表すハザード曲線や，一定期間内における一定の超過確率の地震動強さ分布（あるいは一定の地震動強さの超過確率分布）を表すハザードマップがある．■1はハザード曲線とマップの例であり，ハザード曲線では東京における今後30年の間での地震動の最大加速度の超過確率を，マップでは今後30年の間に26％の確率（再現期間100年に相当）で超える最大加速度をそれぞれ示している．ここでは，地震動の強さを表す指標を工学的基盤上の最大加速度としているが，このほかにも最大速度，震度，応答スペクトル等があり，目的によって使い分けられる．たとえば，一般の人に説明するには震度を指標とし，危険度の分布をマップ上で見るには地表面の最大速度を指標とする場合が多い．ここで示している工学的基盤での最大加速度あるいは応答スペクトルは構造設計において地震荷重を与える場合の指標となる．

●現在までのハザード評価

地震ハザードの初期の研究としては「河角マップ」（1951）があげられる．歴史地震資料に基づいて再現期間別の最大加速度分布を示した地図であり，建築基準法における地震荷重の地域係数を決めるための基礎資料となっているものである．この後にもハザード評価に関する研究が行われるが，その多くは河角マップの場合と同様に地震動強さを統計量として歴史地震資料に基づいて評価するものであった．つまり，歴史地震資料に基づいて集計した地震動強さの分布になんらかの確率分布を当てはめてハザードを評価するのであるが，歴史資料として記録されている地震は古くとも1500年前程度であるため，これより長い活動間隔，すなわち，低い頻度で強い地震動を生じる地震をハザード評価に取り込むのは難しかった．ここで，1980年代以降ではCornell（1968）による地震活動の確率モデルを用いる方法が主流となってくる．この手法は地震発生の源である震源をモデル化してハザード評価に取り込もうとするものであり，これによって歴史地震資料だけでなく地震活動特性の違いによる領域（地帯構造）分けや活断層情報といった地質学的な研究成果をハザードに反映できるようになった．この後も，地帯構造の区分，活断層の調査，地震発生モデルの開発，距離減衰式（地震が対象地点に及ぼす地震動強さを評価するための経験式）の構築といったハザード評価の各要素の高度化が進められて現在に至る．地震ハザード評価の現状を示したものが2005年に文部科学省の地震調査研究推進本部が公表した「全国を概観した地震動予測地図」である．そこではハザードマップが提示されているだけでなく，活断層等の震源情報がとりまとめられており，日本の地震環境を表した資料ともなっている．

●日本の地震環境

日本の地震環境を概観すると■2のようになる．地震調査研究推進本部が公表した資料に基づいておもな震源を示したものである．日本列島とその周辺には，日本列島が載っている陸側のプレート（ユーラシアプレートと北米プレート）と，太平洋プレート，フィリピン海プレートがあり，海側の二つのプレートが陸側のプレートの下に沈み込んで海溝（トラフ）を形成している．この沈み込みはゆっくりとした速度で進んでおり，各プレートの中や境界に歪が蓄積され，歪が限界に達して解放される（破壊する）ときに地震が発生する．地震は，陸側のプレートの中で生じる浅い地震とプレート境界付近で生じる地震の二つに大きく分けられ，前者の代表的なものが活断層による地震であり，後者が東海～東南海～南海地震や宮城県沖地震のように海溝付近で発生する地震である．両者を比較すると，活断層地震の発生間隔は1000年以上から数万年と長いのに対して，海溝型地震の発生間隔は数十年から数百年と短い．■2ではおもな海溝型地震の今後30年での地

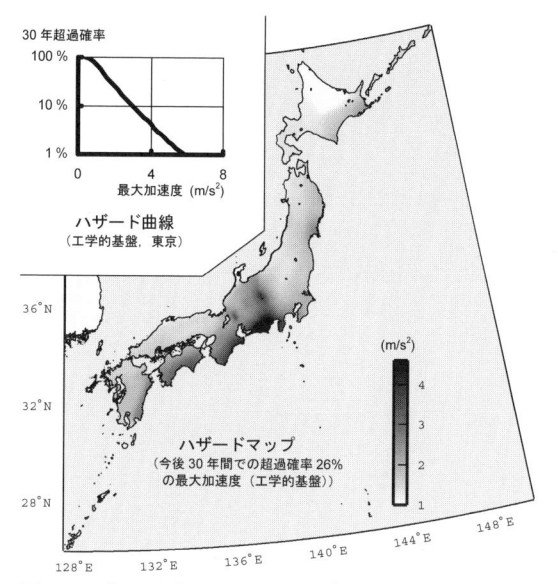

■1 ハザード曲線とハザードマップ（著者作成）

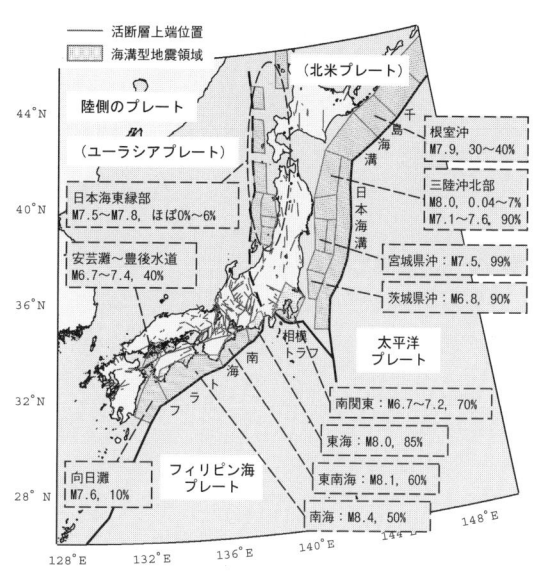

■2 おもな海溝型地震の領域と活断層（著者作成）

震発生確率を示しており，発生確率が10%から数十%以上となる震源が多いことがわかる．図には示していないが，活断層の地震発生確率は高いものでも10%程度である．また，海溝型地震は活断層地震に比べてマグニチュードの大きい大地震となる可能性の高いものが多い．図に示しているハザードマップからもわかるように海溝型地震の影響により太平洋側，とくに東海から南海にかけての危険度が高くなる．

地震環境を概説すると以上のようになり，海溝型地震の影響の強い東海〜南海の地域で地震に注意を払うべきであるということになる．しかしながら，他の地域においても，震源を特定できている海溝型地震や活断層地震のほかにどこで起きるかわからない地震があり，地震が発生して強い地震動に見舞われる危険性がある．ハザード評価ではこのような震源を特定していない地震も考慮しているが，ハザードマップ上にはこの影響は明確には現れてこない．マップでは地域間の差が目立ってしまい，「他の地域と比べて相対的に危険度が低いから地震は発生しない」といった誤解を招く可能性があるので注意が必要である．

●今後のハザード評価

近年，さまざまな調査・研究が精力的に行われるようになり，地震ハザードに関する資料が蓄積され，評価手法が構築，高度化されて「全国を概観した地震動予測地図」がまとめられた．しかしなが

ら，これによって日本の地震危険度評価値を確定できたわけではない．どの程度の大きさの地震をどのくらいの頻度で生じる可能性があるのかといった特性が不明な震源がまだ多く残されており，今後の継続的な調査によって明らかになっていくことが期待される．また，対象地点に達する地震動強さを評価するための距離減衰式についても評価値のバラツキや上限の設定に課題を残している．現在の評価では，低い超過確率において予測される地震動強さが非常に大きくなってしまうのである．このような課題を解決する努力を今後も続け，ハザードマップを改善していくことになろう．

このように地震ハザード評価にまだ課題はあるものの，以前よりはハザードを精度よく定量化できるようになってきている．ハザードがわかれば，耐震性能との比較によって対象建物が供用期間内に地震で被災する確率を算出することができ，地震被災による損失額や再建・補修で生じる環境負荷量等を予測できる．そして，これらをさまざまな耐震グレードについて建築コストと比較すれば最適な耐震性能を選択することができるようになる．「供用期間，すなわち建物寿命を長く想定すれば地震によって被災する可能性が高くなり，建物に必要な耐震性能が高くなる」と定性的に感じていたことが，具体的にどの程度の耐震性能が必要なのかを定量的に示すことができるようになってきているのである．

[坂本成弘]

1-8 建物の壊れ方いろいろ

【テーマ】崩壊モード　　　　　　　　　　　　　　　　　　　　　　　　1　安全・防災・耐震

● **建物はなぜ壊れるのか**

建物に加わるさまざまな力学的外乱（荷重や外力）は建物を形づくっている材料に応力とひずみをもたらす。しかし，材料が耐えることのできる応力とひずみには限界があり，それを超えると材料は壊れる。材料が壊れると，その材料が直接使われている柱や梁などの部材あるいはその接合箇所が壊れる。部材や接合部が壊れると，それ以外の壊れていない部分がもちこたえられないかぎり，床や屋根が崩落したり，建物全体が倒壊したりすることになる。

建物に住んでいる人からみると，建物が壊れるということは，壊れ方が軽少な場合は財産を失い，壊れ方が甚大な場合は生命を失うという被害を受ける。したがって，建物は壊れないようにしておかなければならない。しかしながら，これを完全に満足させることは容易なことではない。なぜなら，仮に，設計や施工の誤りを完全に排除することができたとしても，地震や台風，豪雪，地滑り，洪水などの自然の猛威，あるいはテロや戦争による破壊的行為がもたらす力学的外乱は人知を超えたものがあるからであり，また，壊れ方がすべて学術的に解明されているわけではないからである。建物を外乱から守るための防衛策はいまだ不完全である。

● **建物の壊れ方**

建物の壊れ方はさまざまである。荷重や外力の種類，用いる構造材料の種類，建物の規模と形態，注目する部分（柱や梁，筋交いや壁，屋根や床，あるいは建物全体など）によって壊れ方は異なってくるので，それを網羅するのは紙面の制約上無理がある。そこで，地震による柱の崩壊に限定して壊れ方をいくつか紹介することにする。地震による慣性力は建物全体に及ぶので，建物の弱点がさらけ出される。さしたる弱点がなければその建物は地震を耐え抜くことができる。もし，柱に看過できない弱点があれば，鉄筋コンクリート構造，鉄骨構造，木構造にかかわらず，致命的である。なぜなら，柱の破壊が誘発する層崩壊によって，建物が補修不可能となるばかりか，人命が危険にさらされるからである。

コンクリートは破壊までのひずみ能力が小さいので，比較的小さいひずみでひび割れが生じる。コンクリートの柱を地震に耐えられるようにしておくには，ひび割れたコンクリートが粉々になって飛散したり，分離したりしないように鉄筋で補強しておく必要がある。そうしておけば，コンクリートが破壊した後も建物の自重を支えることができる。■1はそれが成功した例で，■2は失敗した例である。■1は曲げ崩壊型とよばれ，破砕したコンクリートが帯筋の拘束によって辛うじて鉄筋篭の中に留まっている。一方，■2はせん断崩壊型とよばれ，破壊したコンクリートが上下で横方向にずれてしまい，層崩壊を起こしてしまったものである。いずれも1995年兵庫県南部地震で起きた実際の被害である。

鋼材は，コンクリートと反対に，延性が高く，破壊までのひずみ能力が大きいので，粉々に割れるということはない。しかし，応力が集中する接合部の破壊とスレンダーな部材の圧縮による座屈の2点が重要な壊れ方である。■3は柱の溶接接合部が破壊して大きく傾いた例で，層崩壊を起こす寸前で地震の揺れが止まっている。■4は，地震直後の火災によって加熱された柱が剛性を失う過程で柱が座屈した例である。右の柱はオイラー座屈を起こしており，左の柱は上部に局部座屈が起きている。

木造建築の柱が地震で壊れる場合，木材そのものの性質よりもむしろその接合形態が大きく関与する。木造部材は，コンクリートや鉄骨と異なり，接合部の力学的連続性を確保することが難しく，ここが弱点になることが多い。■5は在来構法の木造住宅が倒壊した例であるが，その残骸をつぶさに観察すると，柱の接合部が抜け出していることがわかる。

● **地震で建物が壊れないようにする方法**

地球上に立つものはすべて重力に逆らって立っている。重力に耐えられなくなると自壊する。地震は

■1（上左） 鉄筋コンクリート柱の曲げ破壊（筆者撮影，以下同じ）　■2（上中） 鉄筋コンクリート柱のせん断破壊
■3（上右） 鉄骨柱の破壊　■4（下左） 鉄骨柱の座屈　■5（下右） 木造住宅の倒壊

建物を揺らすが，倒壊させる直接の力は重力である．人のからだに骨格があるように，建物にも骨組がある．重力に耐える骨格や骨組が損傷を受けると自立できなくなる．そのときになったら，人は松葉杖や車椅子などのバックアップを購入するが，健常なときは不必要である．建物の場合は，最初からバックアップをなんらかの形で折り込んでおく必要がある．それは装置であるとは限らず，骨組の余力や冗長性といわれるものであったりする．これをフェイルセーフという．■6は，軸組筋交いがすべて破断したにもかかわらず，柱の脚部が剛強であったためフェイルセーフとなって，大地震で倒壊しなかった例である．想像を超える自然の猛威に立ち向かうには，経済原理だけでは到底無理であって，技術者のフェイルセーフの手腕に期待しなければならない．

［桑村　仁］

文献
1) 日本建築学会（1997）：阪神・淡路大震災調査報告，建築編-1・2・3・4，丸善．
2) マッシス・レヴィ，マリオ・サルバドリー著，望月重・槇谷栄次訳（1995）：建物が壊れる理由，建築技術．
3) 桑村　仁（2004）：建築の力学―塑性論とその応用，pp. 141-143，井上書院．

■6　フェイルセーフの例

1-9 地震の予知と防災

【テーマ】地震予知　　　　　　　　　　　　　　　　　　1　安全・防災・耐震

●地震予知とは

　地震予知は今村明恒による日本初の地震学書（1905）にも記述がみられ，古くから地震研究者の目標の一つであり，社会からもその実用化は地震安全性に大きく寄与するとして期待されてきた．一方で，20世紀初頭に行われた今村・大森論争にみられるように，地震予知・予測は社会や地震学界に大きな影響も与えてきた．地震予知は，地震の発生時間，震源の位置，地震の大きさ（マグニチュード）の3要素を揃えて地震発生前に判断することである．国の施策として実施されてきた地震予知計画は，大地震の前兆現象をとらえ，直前（2, 3日前〜1カ月程度）予知の実現に向けた観測研究が行われてきた．しかし，この方針は，関東地震に次ぐ大被害をもたらした1995年の兵庫県南部地震の後で大きく変更された．地震予知計画を建議した文部省（当時）測地学審議会は地震予知計画に関する自己評価を行い（1997），一定の場合に可能と考えられる想定東海地震を除き，実用的な地震予知についてはめどや道筋が立っていないと結論し，これまでの地震予知計画の見直しを行い，「地震予知のための新たな観測研究計画」（第1次，第2次）を建議した．前兆の監視と直前予知を目的とした前計画から，地震発生全過程の把握のための観測研究，長期的地震活動の評価にシフトした．

●地震予知研究計画の開始

　歴史的に繰り返し発生している大地震については震源の位置とマグニチュードにある程度見当がつくことから，地震予知とは発生時間（時期）を予知することに期待と重きがあった．すべての地震ではないが，前兆現象（前震，地殻の変動など）の例が知られているので，観測を密にすれば前兆をとらえる可能性があるとの観点から，1965年に国の予算の下で地震予知研究計画が開始された．この時点では地震予知の実用化に向けた可能性を探る研究であったが，1969年からの第2次地震予知計画から「研究」の文字が消えた．

●想定東海地震と地震対策特別措置法

　駿河湾と内陸部を震源域とする想定東海地震説が発表され，災害を防止・軽減することを目的とした大規模地震対策特別措置法が1978年に施行された．この地震に関しては，地震予知ができることを前提に「地震防災対策強化地域判定会」が気象庁に設置され，常時監視データから前兆と「判定」されたときに，内閣総理大臣から警戒宣言が発せられるシナリオとなっている．この時点で，地震予知が研究段階から実用化を可能にしたという印象を国民に与えたことは否めない．法律は改正されておらず，現在でもこの方針に基本的に変更はない．気象庁がこの地震に限って予知できる可能性として三つの理由をあげている．それらは，①前兆現象を伴う可能性が高いこと，②前兆現象をとらえるための観測・監視体制が震源域直上に整備されていること，③とらえられた異常な現象が前兆現象であるか否かを判断するための「前兆すべりモデル」に基づく基準がある，である．「東海地震」の近未来の発生が指摘されて（1976）から，ほぼ30年になる．

●兵庫県南部地震と地震予知計画のレビュー

　1995年兵庫県南部地震の大災害を経験し，地震予知計画への批判が少なからずあった．文部省測地学審議会は1997年7月に第7次までの地震予知計画の自己評価（レビュー）を行い，30年にわたり地震予知の実用化を検討してきたが，見通しが立っていないことを明言した．1965年の第1次建議以来，主として国の研究・業務機関，大学等によって地震予知計画が実施されてきたが，観測の整備に伴い，地震学の知見が飛躍的に進歩をとげた．前兆現象であることが地震後に判断できても，定常的地殻活動から予知・予報として発信できる学術的根拠や判断基準を示すことはきわめて難しいこと，「前兆」が発見された地震はそれほど多くないこと等がわかってきた．

●地震調査研究推進本部と地震の長期評価

　兵庫県南部地震の後に議員立法で「地震防災対策

```
┌─────────────────────────────────────────────────────────────────────┐
│                    短期・直前の地震予知は当面難しい                 │
│  ┌──────────────────────────────────┐  ┌────────────────────────┐  │
│  │ 地震予知の可能性を求めて（第7次までの地震予知計画）│  │ 地震予知とは「いつ」，「どこで」，「どの程度│  │
│  │ 巨(大)地震の空白域（例：1974年根室半島沖地震，2003 │  │ の規模」の情報をそろえて，地震発生前に│  │
│  │ 年十勝沖地震，想定東海地震）                      │  │ 伝達すること．「いつ」の予測が最も難しい．│  │
│  │   根拠：大地震の繰返し性→長期予測，             │  └────────────────────────┘  │
│  │     一時的地震活動の低下，周りの活性化→中・短期予知│                              │
│  │ 前兆現象の把握：地殻変動率の変化，前震活動，地球電│ 兵庫県南部地震 ┌────────────────┐ │
│  │ 磁気・地下水（量・化学組成など）の変化など（監視│ ────→│ 長期評価（予測）への重心移動│ │
│  │ 体制をとっている東海地域では，1994年東南海地震と│       │（地震調査研究推進本部設立）│ │
│  │ 同程度の前兆現象があれば予知できるとしている）．そ│       └────────────────┘ │
│  │ の他，宏観の異常現象（科学的因果性は不明）        │                ↓               │
│  └──────────────────────────────────┘  ┌────────────────────────┐  │
│  ┌──────────────────────────────────┐  │ 地震発生確率の評価：    │  │
│  │ 現在の地震予知研究のスタンス                      │  │  内陸の活断層，海溝型地震，その他に分けて評│  │
│  │ 認識：地震予知の実用化は達成されていない．前兆現象は│  │ 価（規模・形状・活動度→固有地震，地震サイク│  │
│  │ あるとしても信号が小さく信頼できるデータが少ない．前│  │ ルの考え方に基づく）．発生確率の評価．│  │
│  │ 兆のための観測（経験）重視から脱却．              │  └────────────────────────┘  │
│  │ 方針：日本列島全体の地殻構造の不均質性と状態のゆらぎ│                ↓               │
│  │ を把握し，地下の物理過程として（理論的・実験的に）理│  ┌────────────────────────┐  │
│  │ 解し，地殻活動の推移の予測，地震発生予測につなげる．│  │ 全国を概観した地震動予測地図の作成│  │
│  └──────────────────────────────────┘  │（2005年3月）           │  │
│                                                                     │
└─────────────────────────────────────────────────────────────────────┘
```

■1　地震予知から長期評価へ

特別措置法」が可決・制定され（1995年7月），総理府（後に文部科学省）に地震調査研究推進本部が設置された．これまでの国の地震に関する調査研究（地震予知計画をさす）の成果が広く伝達され活用される体制ではなかったので，行政施策に直結する地震の調査研究を政府として一元的に推進する目的の特別機関として位置づけられた．ここでは「地震予知」ではなく「地震を調査し，地震活動や地震動強さなどを『評価』する」こととしている．兵庫県南部地震が投げかけたものは，マグニチュード7程度でも大都市の直下であれば大災害をもたらすことである．活断層の存在とその活動度の把握が急務とされ，全国の主要活断層および海溝型地震（プレートの沈み込みに伴う地震）の調査と活動度の評価が行われている．「地震予知」から数十年以上の将来を見据えて，長期的な発生可能性を確率で表している．その手法およびすでに評価された活断層・海溝型の地震の発生可能性は，地震調査研究推進本部のホームページ（http://www.jishin.go.jp/main/index.html）に記されている．

●防災情報としての地震予知

前兆があれば予知が可能と考えられている想定東海地震の静岡県による被害想定で，予知情報が出された場合と，情報なしの場合の違いが推定されている．人的被害は地震発生時刻に依存するが，予知情報が出された場合は情報無しに比べ，1/4～1/6に激減するので予知情報が出ることはきわめて重要である．しかし，地震予知情報の内容や情報が発せられるタイミング（発生時刻と情報の時間差）や予知情報の誤差によっても大きく変わりうる数字であり，あくまでも参考値であろう．また，現在の地震予知の不確実性を考慮し，予知情報なしの防災対策も準備せざるをえない．

●地震予知の議論

地震予知の可能性について学界のなかでも否定的意見は少なからずあり，そのなかには「原理的に予知できない」とするものから技術的課題が多すぎるとするものまでさまざまであり，また日本だけの議論ではない．「原理的に不可能」とする意見を別にすれば，作業仮説を立て，その実証のための観測・実験を行う，あるいは新たな事実を論理化する作業などは，人類に許された真理の追究にほかならず，地震予知の課題もその部類といえる．問題は，論争も含めて，地震予知情報が社会に大きな影響を与えることで，「想定東海地震」に限っては国が責任をもって情報を伝達する仕組みを確立しており，世界に例をみない．ただし，先にも述べたように，現在の能力で判断できる「前兆」が観測される場合に限定されるので，いわゆる「不意打ち」も十分考慮しなければならない．過大な期待はできず，不意打ちであっても被害を最小限に止める普遍の防災対策を追求していく必要がある．

［工藤一嘉］

1-10 関東大震災に学ぶ

【テーマ】関東大震災　　　　　　　　　　　　　　　　　　　　1　安全・防災・耐震

● 地震の概要

　1923（大正12）年9月1日土曜日，午前11時58分32秒，小田原の北約10 kmの松田付近を震源として，地下の断層がすべりはじめた．その後の約50秒間に，神奈川県西部から相模湾，さらには千葉県の房総半島の先端部にかけて，長さ130 kmもの範囲にすべりが広がり，震源断層が形成され，それに伴って強い揺れが広範囲に伝播した．関東地震（M 7.9）である．

　同じ地域には，類似の地震として1703年に元禄地震（M 7.9～8.2）があり，関東地震はその再来と考えられている．本震発生後も，3分後，4分半後にM 7クラスの大きい余震が次々に発生した．M 7を超える余震の総数は6地震にも達した．

● 被害の特徴

　被害は，住宅の全潰，火災，土砂崩れ，津波など多岐にわたり，南関東地域を中心に，その範囲は東海，甲信地方から北関東にも広がり，全体で約10万5000人もの死者を出した．全潰・焼失などで完全に失われた住宅は29万棟にも及んだ．とくに火災の被害は深刻で，死者数は東京市や横浜市を中心に9万2000人に達した．

　被害が最も大きい東京市を例にとると，延焼火災に発展した火元数は77カ所といわれ，焼失地域は市域の47％に相当する約38 km²に及んだ．この火災が完全に鎮火したのは，9月3日の午前10時頃といわれている．このような大火災になった要因として，昼食時の火を使う時刻に地震が発生したことをあげる場合が多い．しかしながら，1855年に，同じ人口密集地の江戸を襲った安政江戸地震（M 6.9）の発生時刻は午後10時であるにもかかわらず，火元数は66カ所もあったが，一方で延焼面積は約1.5 km²と，関東地震の際の1/25程度におさまっていた．

　ほかに考えられる大火災発生につながる要因としては，地震当日の気象条件がある．日本海沿岸を進む台風崩れの低気圧によって，東京地方は，前夜来の雨はあがっていたが，朝から10 m/sにも達する南風が吹いていた．ちなみに安政江戸地震の際の天気は薄曇り，風は微風であったといわれている．

　東京市における詳しい時間ごとの延焼状況をみると，地震発生後4時間以内の延焼地域は，木造住宅の全潰率が高い地域とよい相関がある．このことは，住宅が全潰した地域では，それによって初期消火が妨げられ，結果として延焼火災につながったことを示唆している．つまり地震火災を防ぐ有効な手段は，住宅の不燃化とともに耐震化であることを示している．

　木造住宅の全潰率が高い地域は，隅田川の東の本所区や深川区の下町低地と，皇居を取り囲むように水道橋から神田神保町，大手町，日比谷と続く，神田川の旧河道から旧日比谷入江につながる低地などである．これらの地域は，江戸時代の初め頃までに埋め立てられた土地であり，地震による揺れが，地盤によって増幅されたものと考えられる．

● 地震調査

　関東大震災に際しての学術的調査は，大学，研究所，役所などから専門の委員を集めて組織された震災予防調査会が中心となって行われた．会長事務取扱は，東京帝国大学地震学教室教授の大森房吉であったが，海外出張中であり，留守を預かっていた助教授の今村明恒が代行した．震災予防調査会は，1891年の濃尾地震（M 8.0）の後に，理学・工学を横断し，震災予防を目的として文部省につくられた組織である．

　調査は地震，地変，気象，建築，鉄道，河川，道路，橋梁，火災など多岐にわたり，震災予防調査会報告第100号として6冊にまとめられている．建築関係の調査に従事した委員としては，曽根，佐野，内田，内藤，竹内，堀越，笠原，柴垣などの名前がみえる．佐野利器は東大建築学教授で，1916年に家屋耐震構造論を著し，いわゆる震度法を提案したことで有名である．関東地震の翌年1924年に市街地建築物法のなかで採用された日本初の耐震規定

■1　関東大震災の被害集計[1]

府県	住家被害棟数								死者数（行方不明者含む）				
	全潰	（うち）非焼失	半潰	（うち）非焼失	焼失	流失埋没	合計（除半潰）	合計（含半潰）	住家全潰	火災	流失埋没	工場等の被害	合計
神奈川県	63577	46621	54035	43047	35412	497	82530	125577	5795	25201	836	1006	32838
東京府	24469	11842	29525	17231	176505	2	188349	205580	3546	66521	6	314	70387
千葉県	13767	13444	6093	6030	431	71	13946	19976	1255	59	0	32	1346
埼玉県	4759	4759	4086	4086	0	0	4759	8845	315	0	0	28	343
山梨県	577	577	2225	2225	0	0	577	2802	20	0	0	2	22
静岡県	2383	2309	6370	6214	5	731	3045	9259	150	0	171	123	444
茨城県	141	141	342	342	0	0	141	483	5	0	0	0	5
長野県	13	13	75	75	0	0	13	88	0	0	0	0	0
栃木県	3	3	1	1	0	0	3	4	0	0	0	0	0
群馬県	24	24	21	21	0	0	24	45	0	0	0	0	0
合計	109713	79733	102773	79272	212353	1301	293387	372659	11086	91781	1013	1505	105385
（うち）東京市	12192	1458	11122	1253	166191	0	167649	168902	2758	65902			68660
横浜市	15537	5332	12542	4380	25324	0	30656	35036	1977	24646			26623
横須賀市	7227	3740	2514	1301	4700	0	8440	9741	495	170			665

住家被害棟数の合計は重複を避けるために，非焼失分と焼失，流失・埋没の合計とする．

は，この提案に基づいている．また内藤多仲は早稲田大学建築学教授で，彼が耐震設計した日本興業銀行ビルは関東地震でほぼ無被害であったため，耐震構造の有効性を実証した人物といわれている．

建築構造物の被害調査は，おもに東京市およびその周辺部を対象として詳細に行われた．その際には，委員のほかに嘱託員も任命され，木造，煉瓦造，RC造など構造種別ごとに全域にわたる調査が実施された．調査の主体は，警視庁保安部建築課が担い，委員の竹内六蔵はその課長である．調査の結果，煉瓦造の被害が大きく，新しく建設が始まったばかりのRC造には被害が少ないことがわかった．そのことが，関東地震後，急速にRC造が煉瓦造にとって代わるきっかけとなった．

● 帝都復興事業

関東大震災はちょうど内閣の変わり目に起こり，地震の翌日誕生した第2次山本権兵衛内閣は，その日から復興が至上命題となった．その中心が臨時震災救護事務局で，内閣総理大臣を総裁に，内務大臣を副総裁にして，内務省を中心に関係各省の職員が総動員されて組織された．内務大臣の後藤新平は，東京市長時代に計画した帝都の大改造計画を下敷きに，矢継ぎ早に帝都復興に向けた政策を打ち出してゆく．9月12日には，地震後台頭した遷都論をうち消すべく，「帝都復興」の詔勅を出すことに成功した．

しかしながら復興の道のりは平坦なものではなく，各方面からの反対にあって，計画は当初の1/5近くに削減された．それでも当時の国の年間予算の1/3規模で事業が展開され，1930年までに焼失地域を中心に，東京は近代都市へと生まれ変わった．下町一帯の区画整理，昭和通り，日比谷通り，晴海通りなどの幹線道路の整備，隅田，錦糸，浜町の三大公園など多数の公園整備，相生，永代，清洲，駒形，言問，両国，厩，吾妻など隅田川の新架橋建設など，今日でもその姿をとどめているものが多い．

その後の東京は，帝都復興事業を継承発展するどころか，その成果に甘んじながら今日に至っている．昭和通りのグリーンベルトの撤去，隅田公園の遊歩道を潰した首都高速道路の建設などは，その代表例である．皮肉なことに，現在東京が首都機能をまがりなりにも維持できているのは，関東大震災とその後の復興事業のお陰であるといっても過言ではない．

［武村雅之］

文献
1) 諸井孝文・武村雅之（2004）：関東地震（1923年9月1日）による被害要因別死者数の推定，日本地震工学会論文集，4(4)：24-45.
2) 武村雅之（2003）：関東大震災—大東京圏の揺れを知る，139 p，鹿島出版会．
3) 島崎邦彦ほか（2003）：関東大震災80年「THE 地震展」図録，155 p，読売新聞社．

1-11 阪神・淡路大震災に学ぶ

【テーマ】兵庫県南部地震（阪神・淡路大震災） 　　　1　安全・防災・耐震

　1995年1月17日未明，兵庫県南部地震によってもたらされた阪神・淡路地区の大震災は，建築のあり方を問う大きな契機となっている．従来，地震被害の発生は，地震工学の発展の基礎資料となり，日本の建築構造学研究にとって被害実態を学ぶことが研究者の真摯な態度とされ，一方で構造学以外の分野にとって，地震は単に避けたいものでしかなかったという状況があった．

　しかし，阪神・淡路大震災は，構造物の破壊以上に，生活の破壊の意味を問うものとなり，分野を横断して建築のあり方を論ずることが可能になったともいえるものである．それは，単に構造技術者の被害の把握から，建築関係者すべてにとっての被害の把握の見直しを求めるものになったといえる．

●地震発生の確率

　日本の建築基準法で規定される耐震基準においては，定められた地域係数は東京や東海地方と変わりなく，大阪府，兵庫県も1.0である．しかしながら，関東では，1923年の関東地震が今日の耐震基準の目安を与えていること，75年周期説が唱えられたり，また震度5程度の揺れをもたらす地震は毎年のように発生していることから，一般的に地震を現実のものとしてとらえていたのに対して，関西では，1596年慶長伏見地震以来，大きな被害地震は経験がなかった．

　統計的に300年程度の地震資料から確率を推定すると関東に比べてはるかに小さな揺れの予測となるが，資料を400年程度以上に拡大すると，まれに発生する地震としては関東も関西もあまり差がないことがわかる．また，活断層の存在からも，この地域の地震発生の確率は小さくないことが知られている．

　とはいうものの，確率的評価としては，この地震による揺れは，きわめてまれに発生するレベルといえる．年超過確率では1/1000〜1/2000のレベルと考えられている．現に東京で南関東地震（1923年の地震と同程度のもの）による揺れが，建築基準法の耐震基準のレベルに当たり，年超過確率として1/500程度と考えられていることからも，強い地震動であったことはよくわかる．

●被害の実態

　6000名を超える死亡の発生は，おもに■1に見られるような老朽化木造家屋の倒壊による圧死を主因としている．圧死・窒息死は全死亡原因の2/3を占める．火災も発生し，被害を拡大したが，焼死者の占める割合は多くなく12％程度である．地震発生時間が大半の人にとって自宅で睡眠中であったことにより，人的被害が住宅に集中したことが特徴である．事務所，商店などの被害も少なくなく，震度7（地表加速度では600ガルを超える）の地域では，大破・倒壊の建物は，鉄筋コンクリート，鉄骨造に対しても平均的に5％程度に達し，もし，中に多くの人がいたら惨事はさらに拡大していたことが予想される．この被害を多いと考えるか少ないと考えるかは，人によって意見が分かれる．しかし，1981年に保有耐力設計の考え方（通称，新耐震）が導入されたが，それ以前に建てられた建物の被害は，大破・倒壊の率でみると3倍程度となっており，またピロティの建物に被害が多い．現行の耐震基準を満足しない建物の存在がクローズアップされ，いろいろ対策が取られてはいるものの，なかなか実効が上がっていない．また，専門家の間では，このような地震にあっては倒壊しないことで，設計の目的は達せられたと解釈しているが，住民にとっては，小さな被害であっても被害が生じたことに対しては，受け入れがたいという印象をぬぐえない．専門家と一般の国民との間の耐震目標に関する認識の溝が明らかとなった．

　超高層ビルでは，ほとんど無被害といわれるものの，いくつかのビルで残留変形が生じたということも伝えられている．また，5階か6階あたりで1層にわたって崩れた中間層崩壊の建物がめだったのも特徴である．柱断面が不連続であったのがおもな原因と考えられるが，1981年以前の基準において地

震せん断力係数が地上16mまで一定でそれ以上で漸増するという具合に，不連続になっていたことも影響していると考えられる．

鉄骨の脆性破断は，少なからず生じており，ディテールの設計や材料の靭性などが設計にあたり十分に注意を必要とすることをあらためて認識させた．芦屋浜の高層集合住宅では，板厚40mmを超える箱型柱が上下に引張り破断するなども予期せぬ被害であったが，幸い大変形や倒壊を生ずることなく，鉄骨の補修という形で対応可能であった．

● 災害救助

地震直後の対策本部設置とその機動性，地震災害とマスコミの役割などについても地震後に大いに論じられた．地震被害の全貌がとらえられるのに時間がかかり，政府が対策本部を設置して動き始めるのに時間がかかりすぎた批判がある．情報がマスコミからしか入らないことも問題として指摘された．

最近では，被害予測シミュレーションが試みられており，ある規模の地震が発生するとどの程度の被害分布になるかを瞬時に計算で求めることにより，局所的な情報からでも全体を想定することが可能となり，消防や救出の初動体制への指示が改善されていることが期待される．もっとも体制作りは，県レベル，市町村レベルでの充実が不可欠で，国の対策本部は直ちに必要となる救助活動を支援こそすれ直接左右するものではない．

倒壊家屋の中から救出する最大の力は地域住民であったし，今後も地域の力を期待できるような体制作りが欠かせない．しかし，消防や自衛隊による救出がより短時間でスムーズに配置できれば，さらに多数の救出が期待できる．また，災害時の拠点病院の配置やその耐震性能の確保などは，地域にとって重要な要素である．

● 災害復興

まちが破壊された後に，仮設の住宅が公的に作られたものの，以前のまちとは異なり，とくに高齢者などの弱者にとってつらい災害復興の期間が延長するという状況をつくった．ボランティアの活躍もこの地震以後，自然災害の対応として重要な役割を果たしている．1世帯300万円の公的補助も，住宅のような形での個人財産への支出はできないということで議論された．その後の鳥取県西部地震では，県でそのような補助を可能にした．しかしながら，こ

■1　木造家屋の倒壊例（筆者撮影）

のような議論は事前に取り決めておいて初めて意味がある．自治体としても国としても大規模自然災害にどのような仕組みで復興補助をするかについては，保険制度の活用も含めた対策がとられなくてはいけない．

● 地震後の対応

地震大災害が具体的な形で現れたこともあり，強震動の性質を調べる意義が強調され，観測網が充実した．全国1000カ所以上の地点に強震計が配置され，防災科学研究所にインターネットで配信されるように整備された．建築構造物の最低基準としては，十分であったと判断され，政策的には既存の不十分な耐震強度をもつ建物の補強が優先課題となった．土木構造物にあっては，既存の高架橋などの補強は進められているが，事前に保有耐力を確保する議論が十分でなかったこともあり，地震動そのものを見直すという形で対応することとなった．すなわち，プレート境界型の大規模な地震による地震動（タイプI）と，発生頻度のきわめて低い内陸直下の地震による地震動（タイプII）を想定し，後者では，応答加速度が1種地盤の0.3〜0.7秒の構造物で応答加速度2Gを設定しており，これは建築で設定している値の倍である．建築構造物と土木構造物では要求安全性が異なるというのであれば，そのような差も理解できるが，そのあたりはあいまいである．今後とも同じ工学を扱う立場から整理されるべきで，耐震基準のあり方はまだまだ未完成である．

日本建築学会でも，地震後数年にわたり，膨大な被害報告書を刊行したり，提言をまとめたり，さらには，委員会としての活動が続けられた．既存木造家屋の耐震問題と地震災害低減のための保険制度のあり方は，とくに大きな問題として取り上げられたが，実効が上がるには時間を要する．　　［神田　順］

1-12 新潟地震に学ぶ

【テーマ】新潟地震　　　　　　　　　　　　　　　　　　　　　1　安全・防災・耐震

● 新潟地震の構造物被害

　1964（昭和39）年6月16日午後1時2分，新潟県粟島南方沖を震源とするマグニチュード7.5の「新潟地震」が発生した．被害を見た専門家がまず驚いたのは，地盤から砂と水が吹き出して建物が無残に沈下傾斜していたことである．その代表例が，信濃川の旧河道を埋め立てた川岸町の鉄筋コンクリートアパートである．4,5階建ての8棟が軒並0.5～3 mほど沈下傾斜し，1棟は，基礎が見えるまでになった．同様の被害は市内の鉄筋コンクリート造建物の半数以上にも及んだ．

　さらに専門家が驚いたのは，沈下傾斜した建物の上部構造には，ほとんどひび割れもなく，転倒したアパートでさえ，戸や窓が開閉できたことである．横倒しになったビルが壊れなかったという事実は，はからずもその上部構造が，設計で意図していたより優れたものであったことを実証する一方で，基礎の設計には大きな手抜かりがあったことを浮彫りにした．

　同様の被害は，土木構造物にも見られた．市内で信濃川にかかっていた昭和大橋，八千代橋，万代橋の3橋すべてが被害を受け，新潟駅付近をわたる跨線橋も落ち，電車の上に覆い被さった．

● 新潟地震の基盤施設とライフラインの被害

　市内の至る所で，道路が亀裂でずたずたになり，一部は盛り上がり，一部は陥没沈下した．鉄道線路は各所で上下または左右に波打って，電車は脱線．新潟空港のエプロンは膝まで水に浸かるほどになり，滑走路も大きな裂け目ができ，使用不可能となった．港では，埠頭の大部分が水際方向に滑り出して，その機能を喪失した．

　信濃川に沿う河川堤防・護岸も各所で崩壊した．津波が信濃川を遡上し，崩壊した堤防より大量の水があふれ出し，川沿いの市街地は津波と地面から吹き出した水により冠水した．電柱は軒並倒れ，埋設物やマンホールが浮き上がり，電気，水道，下水道，ガス，電話などすべてのライフラインが麻痺して，地震後の復旧活動をさらに困難にした．

● 液状化のメカニズム

　被害の要因は，地盤を構成している砂と水で，後に，「砂地盤の液状化」とよばれるようになる．通常，砂は粒子と粒子がくっつきあってその構造を保っているが，強い地震動を受けると，その構造が崩れ，沈下して締め固まり，新たな構造を形成する．粒子と粒子の隙間が空気で満たされた状態であれば，新たな構造へは瞬時に変化できる．しかし，粒子と粒子の隙間が水で満たされた地盤（地下水位の浅い地盤）では，沈下量に見合う量の水が出ていくまでの間，構造を失った砂粒子が水中に浮遊するため，その間，地盤は水と砂粒子が混合した泥水のようになる．その結果，重い構造物は支持地盤を失って，沈下，傾斜する．水際線などでは，地盤全体が標高の低い方に流れ出し，その上にある構造物や地盤内のライフラインをずたずたにして，大きな被害を引き起こす．また，液状化した地盤は，水と土粒子の混合体で，水の約2倍の比重を持つため，液状化前に比べて，浮力が増し，地盤内にある比重の小さい埋設物を浮き上がらせることになる．

● 液状化対策

　液状化は，①水で間隙が飽和された，②緩い砂地盤が，③強い地震動を受けると生じやすい．緩い飽和砂地盤に液状化対策なしに建設された構造物は，地震時の液状化により甚大な被害を受ける可能性が高い．そこで，現在では，これらの地盤に構造物を建設する際には，液状化対策について検討する．対策の基本的な考え方には，次の2通りがある．

　(a) 液状化の発生を防止または液状化の程度を軽減する．

　(b) 構造物を丈夫にし，液状化に抵抗できるようにする．

　(a)は，上記①，②の地盤条件を改善することで，以下のような方法が提案されている．

　1）排水ポンプを用いて地下水位を低下させ地盤を不飽和にする．

■1 川岸町アパート3号棟の沈下 背後は昭和石油の火災による黒煙

■2 昭和大橋の被害

2）転圧，締固めなどにより地盤を密にする．
3）液状化する地盤を取り除き液状化しない材料に置換する．
4）セメントを混合したり，薬液を注入して化学的に地盤を固める．

（b）は，シートパイルを打って液状化後の地盤のせん断変形や側方流動を抑える方法，剛性の高い杭や壁杭を使って液状化に抵抗する方法，さらに，基礎を深くして強固な地盤の上に直接構造物を建設して液状化の影響を避ける方法など，構造物の種類，基礎形式，新設か既設，周辺環境の違いによって，さまざまな方法が提案されている．

個々の構造物は，以上のような対策で被害軽減が可能であるが，それだけで，地震後の構造物の機能維持は確保できない．すなわち，現在の都市では，個々の構造物が，交通網，電気，ガス，上下水道などのライフラインで有機的につながれて初めて用をなす．したがって，ライフラインなどの耐震性も同時に向上させなければ，構造物の機能維持が図れない．しかし，都合の悪いことに，ライフラインは液状化の影響を受けやすい地盤表層部を縦横に走っているため，その被害をゼロに抑えることが大変難しい．被害を低減する技術の開発とともに，被害が出たときのことを予想して，被害箇所の早期発見と復旧，被害影響域の極小化などについての対応を用意しておくことが都市防災の観点から重要である．

● 新潟地震の教訓

じつは，新潟地震以前の地震でも，地盤から砂と水が吹き出した液状化の事例がたくさん報告されている．それにもかかわらず甚大な液状化被害が生じたのは，当時は，5階建てのアパートが「高層ビル」とよばれていた時代で，それ以前にはこれほど重いビルが存在しておらず，新潟地震が「地震」と「ビル」との初めての出会いであったということが一因と考えられる．「砂上の楼閣」という格言があったにもかかわらず，当時，専門的には砂地盤は建物を支持するのに良い地盤とされ，この高層ビルも杭なしの直接基礎で支持され，地盤改良などもされていなかった．

日本の歴史を振り返ると，1923年の関東地震の1年後に初めて耐震規定ができ，1948年福井地震の2年後に建築基準法が制定され，1968年十勝沖地震，1978年宮城県沖地震，1995年兵庫県南部地震のそれぞれ3年後に基準法施行令または基準法が改正されるなど，いつも基準の制定が被害の後追いになっているのである．

2007年新潟県中越沖地震の原子力発電所の停止も，原子力発電所と地震の初めての出会いであった．首都圏に目を向けると，いまだ大地震に遭遇していない構造物や社会基盤システムがたくさんある．大都市圏の震災を軽減するためには，既成概念の枠をこえるような災害，2次災害，複合災害をも適切に予知して，先手を打って，その被害軽減まで配慮することが必要と考えられる． ［時松孝次］

1-13 地震災害と都市病院

【テーマ】病院の地震対策　　　　　　　　　　　　　　　　　　　　　1　安全・防災・耐震

● はじめに

　病院は，地震のような自然災害が発生した際には，被災した負傷者に対する医療提供の拠点となることが期待される重要な施設である．しかし地震災害は，被災地域一帯の建物に面的に被害をもたらし，ライフラインに対してもダメージを与えるという特徴があるため，被災した病院では平常時と同レベルの医療提供機能を発揮できない可能性があることから，火災や事故など他の災害とはまったく異なるものとして考えなければならない．

● 病院における地震への備えの考え方

　建物が地震に耐えうる構造強度をもっていることは，地震への備えの大前提であるが，「建物自体は壊滅的な被害を免れたが，ライフラインが停止したために，十分な医療提供活動が行えなかった」という事例が，過去の大規模地震で数多くあったことに注意が必要である．つまり，地震発生後も機能維持を期待される病院の場合，「耐震基準を満たした構造強度である」ことはあくまでも必要条件にすぎず，地震災害の特性を踏まえて「いかに医療提供機能を維持するか」までを視野に入れて，対策を考えておくことが重要だといえよう．

　地震発生から数時間〜数日たてば，外部からの救援活動が本格化することが期待されるが，それまでのあいだ，被災地内の各病院は，医療品や生活物資などは限られ，ライフラインや通信手段が途絶え，外部から断絶された条件下での対応が求められる．病院が平素より講じておくべき地震対策は，この「地震発生から数時間〜数日までの初期段階」をいかに切り抜けるかを目標におくべきだと思われる．

　以下では，病院の医療提供機能を低下させる要因について，過去の大地震でみられた被害のなかから，地域的な被災によるものと，病院の建物自体の被災によるものとに分けて整理をし，各病院で行うべき地震への備えのあり方について考える．

● 地域的な被災による機能低下

　病院における診療行為は，数多くの医療機器や建築設備により支えられているが，これらは基本的に水道・電気・ガスなどのライフラインが正常に供給されることを前提としている．つまり地震災害の特徴であるライフラインの損壊は，病院の診療機能を大きく低下させる要因となる．

　水はあらゆる診療行為に欠かせないが，過去の地震では水道管や受水槽の破損により給水が停止したために洗浄・滅菌・検査・手術・透析などが行えず，診療機能に支障をきたす事態が多く生じた．診療以外においても，水は一般手洗いやトイレ洗浄など多くの生活行為に不可欠であるため，受水槽の確実な設置などによる水の供給確保は重要である．

　電気は，送電線の破損により供給停止することがあるが，多くの医療機器・検査機器は電力により作動するため，電気の停止は医療提供機能を著しく低下させる直接の要因となる．現在ほとんどの病院では非常用発電機を備えており，停電時には手術部門やICUなどの主要部門へ電力が供給されるが，非常用発電機が水冷式である場合には，冷却水の不足により使用不能となる可能性があるため，注意が必要である．また近年，カルテなど医療情報の電子化が推進されているが，地震発生時には各種の情報検索機能がダウンすることが懸念される．

　ガスの復旧は電気と比べて遅くなるため，入院患者への給食に支障をきたすこととなる．心身の衰弱した患者にとっては，温かい食事を提供することが非常に重要であるため，カセットコンロなど簡易な調理器具を備えておくことが望ましい．

　これらのほかにも過去の事例では，通信設備が被害を受けたために，負傷者の搬送など医療提供活動に必要な情報が伝達されず，病院間の連携が円滑に行われなかった例があった．地震発生直後の初期段階では，他の施設と十分な連携をとることが難しいため，個々の病院ではライフラインの寸断に対して，復旧するまでの有効な代替手段を確保するなどの対策が求められる．

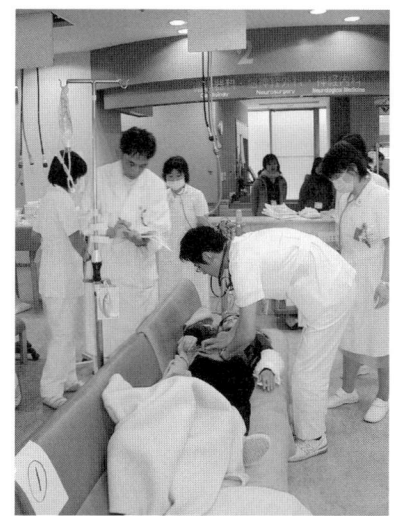

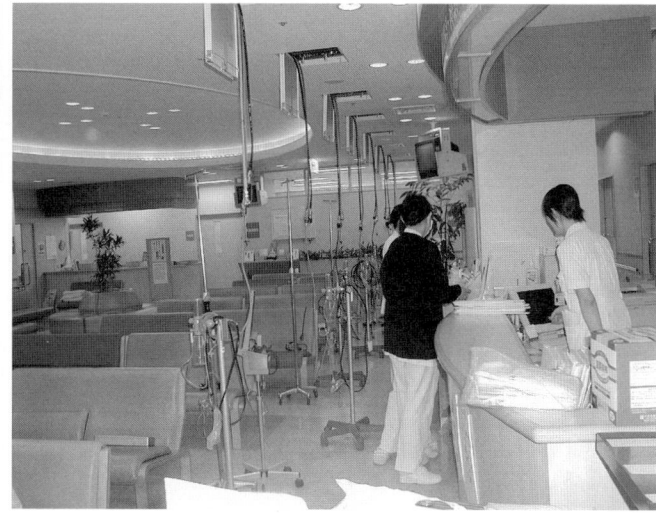

■1 傷病者が同時多発した場合，診察室・処置室だけでは対応しきれない事態も想定される　待合室に酸素などの医療配管を備え，ロビーチェアは簡易ベッドに転用することが可能な計画例（日本赤十字社提供）

●病院自体の被災による機能低下

　過去の大地震においては，病院の構造体そのものの破壊が直接的に診療機能低下につながったケースは少なかったことが報告されている．しかし現行の耐震基準の施行よりも前に建てられた建築では被害が発生しており，既存建物については耐震診断・補強工事を実施することが望ましい．

　また構造体が地震に耐えても，カルテやレントゲンフィルム等を保管するラック，本棚，薬品棚などが転倒して収納物が散乱することにより，診療行為に支障が出た事例が多い．とくに病院に多くある薬品瓶などのガラス製品が散乱した部屋は使用不可能となる．設置方法における工夫など，病院職員による平常時の運営段階での対策が求められる．

　医療設備については，固定据付式の医療機器では，アンカーボルトで床や壁に固定されていない場合，CTなどの重量装置ですら移動する可能性がある．また可動式の医療機器は重心が高く転倒しやすいため，精密機器の場合は故障の危険性がある．また医療機器自体が無傷であっても，ライフラインの停止により使用できない状況も予測される．

●行政の取組

　各病院が地震対策を実施するに当たっては，財政面をはじめ多くの困難があり，限界がある．それでは地震発生時の医療提供を確保するために，行政はどのような対策を立てているのだろうか．

　厚生労働省は，災害発生時に医療提供の拠点となる「災害拠点病院」の指定整備を進めている．

　災害拠点病院に指定された病院は，災害時に多発する重篤救急患者に救命医療を行う高度診療機能や，被災患者の受入れ・搬出のための広域搬送機能，医療救護チームの派遣機能，応急用器材の貸出し機能などをもち，24時間対応可能な緊急体制をとるものとされている．地震発生時には，この災害拠点病院が広域的に連携することで，被災地域の各病院を支援したり，被災地の外へ重篤患者を搬送するなどの役割が期待されている．

●病院における取組

　それでは，災害拠点病院に該当しないほとんどの病院では，地震への対策を積極的に講じる必要はないのだろうか？　いや，そうではない．地震発生から間もない初期段階においては，すべての病院では，患者・職員を含め院内にいるすべての人間の安全をまずは確保し，病院建物内と周辺地域の被害状況に関する情報を正確に把握することが，第一の任務となる．その際，先に述べたような医療提供機能を低下させる要因を考え，院内の患者に行っている診療行為が継続可能かどうかを判断しなければならない．そののち，医療提供活動が十分に行えると判断された場合においてのみ，周辺地域で負傷した被災患者に対応することを検討するべきだといえる．

　病院の建物が被害を受け，ライフラインが損壊した場合，どのような活動が可能であるのか，シナリオによるシミュレーション訓練などを通じて，さまざまな事態を想定しておくことが，あらゆる病院に求められる地震対策だといえよう．　　　［小林健一］

1-14 地震に耐える建築

【テーマ】耐震設計　　　　　　　　　　　　　　　　　　　　　1　安全・防災・耐震

●孔子は中庸の途を説くけれど

　日本は世界でも稀有な地震国であり，建築物には，それが本来的にはいかようであっても自由な私有財でありながら，公共性を理由に法令によってある一定の耐震安全性が求められている．地震によって建築物が破壊する本質は，地震の揺れ，すなわち地震波と建築物の共振現象である．建築物の固有の振動数が地震波の中で大きな振幅をもつ周波数と一致すると，建築物の変形は共振によって増幅し，ついには限界変形を上回り建築物は破壊する．したがって，建築物が耐震的であるかを判断する，あるいは耐震的であるようにするためには，まず，地震波の周波数特性と建築物の固有振動数を知ることが重要である．

　地震波の周波数特性（加速度応答スペクトル）は，過去の大地震の強震記録から経験的に，概略1 Hzから6 Hz，周期に直せば0.2秒から1秒に棚状のピークをもち，それより短周期側も長周期側も漸減する，ちょうど富士山のような形状であることがわかってきた．そして，残念ながら，超高層建築や原子力発電所建屋など一部の建築物を除く大方の建築物が，ちょうど棚状のピークの範囲の固有振動数をもつ．過去，耐震に関して「柔剛論争」があった．建築物を軽く，固くして短周期側にピークを外す剛構造，逆に建築物を重く，柔らかくして，長周期側にピークを外す柔構造，いずれも正解である．かつて中国の偉人は何事も「程々」がよいという中庸の途を説いたが，建築物は耐震的には極端に固いか，極端に柔らかいほうがよく，「程々」はよろしくない．

●原理的に耐震的でない鉄筋コンクリート造

　そもそも地震のない国の産物である鉄筋コンクリート（以下RC）構造は，原理的にあまり耐震的ではない．なにより重い．単位面積当たりの重量を鉄骨造と比較すると大雑把にいって2倍程度にもなる．地震力は建物質量×地動加速度であるから重いことは耐震にとっては致命的である．また，地盤にも影響が大きく，長期的な沈下の問題もさることながら，地震時にも地盤変形を考慮しなければならないなど問題をより複雑化する．重量が嵩む理由は，まずコンクリートのクリープや乾燥収縮を考慮すると剛性確保（たわみの制限）に相当の床版厚を要し，床版自体がそもそも重くなることと，それを支える大梁，小梁の断面をせん断強度を確保するために矩形とせざるをえないことによる．しかしながら，このことは圧倒的な部材剛性を生む．同じ高さの鉄骨造とRC造の建築物の固有周期を比較すると重量はRC造のほうが重いにもかかわらず，1.5倍ほど鉄骨造のほうが周期が長い．すなわち部材剛性で比較すればRC部材は鉄骨部材の4～5倍も固い．重量，剛性は地震以外の外乱，たとえば台風，積雪，異常な積載荷重に対する安全性に寄与するので地震のない国ではRC構造の合理性は認められるものの，地震国では前述のように決して合理的な構造形式ではないのである．

●「耐える」メニュー

　そこで，RC構造こそなんらかの地震対策が必要になる．方法は耐震を「地震に対する安全性を確保する」と広義に解釈すれば，すでに述べた「剛構造化」，「柔構造化」に加えて，「高減衰化」の3通りに集約される．

　RC構造は現場で一体施工され剛接合が容易なことから梁柱構造（ラーメン構造）を基本とする．ラーメン構造は大きな開口面をとれることが利点であるが，反面，変形に対しては柱梁部材の曲げで抵抗するため，三角形を基本とするトラス，筋交い（ブレース）といった軸力で抵抗する構造に比して柔らかく，かつ弱い．壁は力の流れがトラスやブレースと同様になるので，ラーメンに比して相当固い．そこで「剛構造化」は壁によって成される．固くなると結果強度も高くなる．したがって，「剛構造化」はほぼ「強度型設計」と同義であると考えてよい．「柔構造化」は免震構造として実現している．

　振動する物体も加振外力がなくなればいつかは止

まる．別のいい方をすれば運動エネルギーが熱エネルギーに変換される．この機構を減衰という．非減衰振動では共振によって応答は無限に増幅するが，減衰振動の場合，共振で1周期に外部から投入されるエネルギーと熱エネルギーとして逸散するエネルギーがある振幅で釣り合うのでそれ以上振動は増幅しない．具体的には加振振幅に対する増幅率は1/（減衰定数×2）倍で頭打ちとなる．したがって，「高減衰化」すれば応答変位を建築物が破壊する限界変位以下に抑えることも可能になる．これを構造体とは別に付加減衰装置を組み込み，意図的に行うものが制振構造である．一方，特別な装置を付加しない，すなわち一般の建築物では，コンクリートのひび割れや一部の鉄筋の降伏等，軽微で修復可能な破壊を許容して，この破壊に要するエネルギー消費によって応答変位を建築物が大破・崩壊に至るような変形に至らないようにする．降伏即破壊では上記の意図は満たされないので，せん断破壊などの脆性的な破壊は避け，破壊は延性的な曲げ破壊を許容する．いわゆる「靭性型設計」である．また，多層構造物では破壊を軽微に抑えるためにはなるべく全層に均等に許容する破壊部位をばら撒くほうがよいことから，柱を強くする，あるいは連層耐震壁を設けて梁崩壊型の全層崩壊型で設計することが理想である．

● いまなお経験則──想像力の限界

　日本の近代以前の高層建築といえば，寺社の塔，あるいは城郭天主が思い浮かぶ．東寺の五重の塔は1641年再建，姫路城天主は1610年築城であるから，いずれも約400年を生き長らえている．そして，いずれもほぼ全層を貫く心柱，大通し柱を有し地震の揺れを全層に分散させる構造になっており，現在の耐震建築に通じ大変興味深い．経験則を侮る

■1　特定中間層の柱崩壊によって大破したオフィスビルの例（阪神・淡路大震災）（撮影：神田順）

なかれである．

　そして現代，電算機の発達によって骨組の非線形立体振動解析なども難なくこなせるようになった．しかし解いているのはあくまでもモデル化した構造物の挙動である．有限要素法などのミクロモデルは，材料構成側から全体挙動を追おうとしているのでまだよいが，多数の非線形ばねで構造物をモデル化するマクロモデルでは，壊れると仮定した部位でしか構造物は壊れない．実験を通じてモデル化の適否を判断できる目を養うことが重要である．そして，大地震に見舞われるたびに新たな課題が突きつけられるのが常である．われわれは依然経験則の中にいる．

　過去，現在に至るまで「経済性」の名のもとにいわゆるギリギリの設計がなされてきた．しかしながら，その「経済性」はきわめて短期的な見通しによるものでしかない．今後「持続性」や「都市再生」などのキーワードのもと，もう少し「過剰な安全性」を許容する社会合意を形成する世の中を期待する．

［堀田久人］

1-15 地震力からの解放を求めて

【テーマ】免震　　　　　　　　　　　　　　　　　　　　　　　　1　安全・防災・耐震

●地震の被害

　世界でも有数の地震国である日本にとって，耐震建築の歴史は地震との戦いの歴史であるといっても過言ではない．現代の科学技術をもってしても，将来発生する地震動を正確に予測することはできない．

　運良く構造体には損傷がなくても，家具や電気製品などは転倒・散乱し，非構造部材にも損傷が出る可能性がある．2005年福岡県西方沖地震の際，比較的新しい建物で非構造部材の損傷が著しく，多くの居住者が避難するに至った．加えて，通信やコンピュータが急速に発達した現代の高度情報化社会において，地震がもたらす被害，社会に与える影響は計り知れない．

　現在の耐震設計では，地震エネルギーを十分吸収するために構造体をねばり強く変形できるようにする．そのため建物の層間変形が大きくなりがちである．層間変形が大きいと外壁や内装，非構造部材に損傷が発生する可能性が高くなり，地震後の継続使用を難しくする．耐震設計の基本は，できるだけ建物全体で均等に地震のエネルギーを吸収するためにはどうすればよいかを追求することにある．ただ，計算どおりに損傷が分散すればよいが，設計で考えていなかった要因で特定の層（階）に損傷が集中し，その層が崩壊するという事態もありうる．阪神・淡路大震災の際，このような被害は多くみられた．

●免震の歴史

　建物を地盤から免震（絶縁）する方法としては古くからいろいろな提案がなされてきている．文献のうえでとくに免震をうたったものは，1891年の河合浩蔵が提案した「地震ノ際大地震ヲ受ケザル構造」である．これは，振動に対して鋭敏な機器を収納する建物の構造について述べたものである．また，海外では1909年のイギリス人医師 J. A. Calantarients による特許が最も古い．彼の特許は，構造体を滑石（雲母）の層を介して基礎から隔離するというものであった．関東大震災の翌年（1924）には山下興家のバネ付き柱や鬼頭健三郎のボールベアリング装置等が提案されている．また，1928年以降，岡隆一は免震基礎（両端ピンの免震柱）を提案し，いくつかの建物に適用している．その後，昭和初年から約10年間にわたる，いわゆる柔剛論争では耐震工学の未成熟もあり，剛構造思想による設計法が法律に裏打ちされて主流となる．

　振動理論と耐震設計が結びつき始めるのは，1960年代からである．1964年に高さ制限（31m）が撤廃され，1970年代には，コンピュータや構造解析手法の発達により，地震時の建物挙動をある程度推定することができるようになる．動的解析手法の普及に伴う1981年新耐震設計法の施行により，一応の体系化が終了する．

　免震構造を成立させるために必要なアイソレータ（積層ゴム部材）の開発が1980年代から始まり，日本初の積層ゴムを使った免震建物が八千代台免震住宅（千葉県八千代市）として1983年に完成した．現在では免震建築普及の時代に入っている．免震技術は戸建住宅から超高層建築にまで採用されており，現在までに累積で約3000棟の実績があるものの，全建築数に比べればまだまだ少ない．

●免震のしくみと性能

　耐震構造では建物を地盤に固定するのに対し，免震構造は地盤から建物（上部構造という）を浮かせた状態にして守る発想である．建物と地盤を「絶縁」することで，建物の揺れ方はゆっくりとなり，構造体だけでなく家具や備品類の転倒・破損の心配もなくなる．

　建物と地盤を絶縁するために，建物の基礎部分（免震層という）にアイソレータとダンパーを設置する．アイソレータは建物を支え，地震時には建物を水平方向にゆっくり移動（変位）させる．現在ではアイソレータとして最も信頼性が高く，経済的な「積層ゴム」が多く用いられている．ダンパーは車でいえばブレーキの役割であり，地震時の建物の揺れ幅を小さくしたり，強風時に建物が揺れるのを防

■1　日本初の実用的積層ゴム（1982）　積層ゴムは薄い鉄板とゴムシートを積層した構造．写真は圧縮荷重をかけたままで水平方向に強制的に変形させた状態（福岡大学提供）

ぐ．耐震構造が建物全体で地震のエネルギーを吸収しているのに対して，免震構造は免震層でほとんどすべての地震エネルギーを吸収するため，上部構造へ地震エネルギーは伝達されない．よって，上部構造に作用する地震力も非常に小さくなり，損傷も発生しないことになる．

アイソレータには積層ゴムのほかにすべり支承や転がり支承といったものもある．ダンパーには鋼材や鉛の塑性変形を利用するタイプ，粘（弾）性体の粘性抵抗を利用するタイプなどさまざまなものが目的にあわせて，単独であるいは組み合わせて使用される．アイソレータやダンパーは工場で製造され性能も検証できるため，免震建物は高い精度でモデル化可能であり，地震時の応答を正確に予測できる明快な構造システムといえる．

免震建物の地震時性能は免震層（アイソレータ＋ダンパー）の設計に大きく依存している．アイソレータの水平剛性を小さくすればするほど，免震建物の周期が長くなり建物への地震入力は低減され，応答加速度（あるいは層せん断力）は非常に小さくなる．逆に，免震層の応答水平変形は増加する傾向にある．ダンパーの特性（減衰量）を適切に付与することで，応答加速度を低減し，かつ応答変位も適切な範囲内に納めることが可能となる．

免震構造の性能は地震観測でも確認されてきている．1995年兵庫県南部地震の時には大型の計算機センターで免震効果が確認された．基礎部分で約300ガル（Gal）の入力に対して，上部構造では約1/3以下の応答となった．また，新潟県中越地震や福岡県西方沖地震の時には基礎部で500 Gal以上の加速度が観測されているが，上部構造の加速度応答は200〜250ガルと大幅に低減されている．

● 免震の展開

免震構造は，居住者にとっては地震の恐怖感が軽減され，耐震構造より格段に高い安全性により地震から資産を守り，かつ経済的である．建築の設計者にとっては，地震力を考えないで，重力だけ考慮して自由に建築の設計に取り組むことを可能とし，新しいデザインや形態の追求を促される．

免震構造は地震時の建物の変形（ひずみ）が非常に小さく，ひび割れなどの発生も抑制される．大地震に遭遇しても建物の損傷がないので，補修や建替えをする必要がない．すなわち免震建物は耐久性が高く（長寿命），ライフサイクルコストを減少させ，地球環境にとっても優しい建築となる．

免震建物は単独で建設されることがほとんどであるが，都市の再開発などにあわせて，街区全体を免震人工地盤とすることで，街全体の耐震安全性を確保することが可能となる．免震地盤の上にはさまざまな建物を構築することが可能であり，建替えなども容易となる．また人工地盤の下の免震層は共同溝としてライフラインの敷設や駐車場として利用することができる．これからの都市再生にあたって，免震技術を有効活用することが大地震時の被害を低減し，地震災害に強いまちづくりを達成する有力な方法となる．より高い性能をめざした技術開発や3次元免震など，今後も免震性能の向上に対する努力が必要である．

免震は，地震力から建築を解放することで新しい建築デザインを可能とし，さらに地震被害をなくし，耐久性も高く，環境にやさしい建築をつくる近道である．

［高山峯夫］

1-16 既存建物の耐震性能を診断する

【テーマ】耐震診断　　　　　　　　　　　　　　　　　　　　　　1　安全・防災・耐震

● 背　景

建物の耐震設計は，基本的に建築基準法に定められた耐震規定を満たすように行われる．しかし，この耐震規定は，大きな地震が発生するとその被害状況を考慮して適宜改訂されている．最近の大きな改訂をみると，1971 年に RC 構造の柱のせん断補強の規定が強化され，1981 年にはいわゆる新耐震設計法とよばれている耐震規定の大改訂がなされている．1998 年にも仕様規定から性能規定への改訂がなされ，関連していくつかの耐震規定も改訂されている．当然のことながら耐震規定が改訂されると，それ以前に建設されている建物の耐震性能は，改訂後の規定が要求している条件を満たしていない場合が多い．このような建物は，法的には既存不適格として扱われる．既存不適格の建物を増・改築する場合は，新しい耐震規定を満たすことが要求される．その場合に建物の耐震診断が必要となる．増・改築しない場合には，既存不適格の建物はそのまま使用してもかまわない．しかし，新しい耐震規定から判断すると，そのような建物の耐震性能は，必要な条件を満たしていないことが多いので，都市全体の耐震安全性を低下させていることになる．近年，都市全体の耐震性能を向上させることが社会的な要請となってきており，その意味で増・改築の有無にかかわらず既存不適格の建物の耐震診断の必要性が高まっている．

1995 年の阪神・淡路大震災の後，学校，官庁建物，不特定多数が利用する劇場，百貨店などを対象として，耐震改修を促進する法律が制定され，これらの建物については耐震診断とその結果に基づいた耐震改修が進められている．2006 年には，この法律が改訂され，耐震改修のペースがさらに加速されている．

● 耐震診断の方法

既存の建物の耐震診断は，基本的に日本建築防災協会が刊行している木造，RC 造および鉄骨構造の各種構造別の「耐震診断基準・耐震改修指針」に基づいて行われる．いずれも構造設計の専門家が行うことが原則であるが，木造住宅については，建築の専門家でない住宅の所有者，居住者でも簡単に扱える「誰でもできるわが家の耐震診断」法も用意されていて，その結果が悪ければ専門家に依頼して，一般診断，精密診断に進む方式となっている．RC 構造や鉄骨構造の建物については，専門家しか扱えない．これらの建物では，耐震診断の精度を確保するために，構造計算書を含む設計図書の有無に関係なく，診断する構造体についての現地調査を実施し，その情報をもとに耐震診断を行うことになっている．

RC 建物に関しては，現地調査でひび割れ状況を中心とした外観状態，構造体のコンクリート強度，中性化，鉄筋の配筋状態とその径などを調査する．柱のせん断補強筋については端部のフックが 90 度か 135 度かまで調査し，その結果を耐震診断に反映させている．耐震診断の方法としては，柱と耐震壁の水平断面積のみから診断する 1 次診断法，柱と耐震壁の力学性能に基づいた 2 次診断法，さらに梁の耐震性能を考慮した 3 次診断法がある．診断の次数が上がるにしたがって，診断結果の精度は向上する．しかし，一般的には 2 次診断法によっていることが多い．これは耐震診断がある程度効率的に実施でき，かつ診断結果に基づいて建物ごとの耐震性能を比較するのに便利であるためである．

鉄骨建物に関しては，現地調査で建物のスパン，高さなどの基本寸法に加え，柱・梁の断面寸法，柱・梁接合部，ブレース端部の接合部，柱脚などの各種の接合部の詳細な調査が不可欠である．既存不適格の建物では，これらの接合部については多くの設計不良，施工不良が存在することがこれまでの地震被害から推定され，それらの状況が建物の耐震性能に大きな影響を及ぼしているからである．

RC 建物の耐震診断では，基本的に建物の層 (i)，方向（桁行き，梁間方向）ごとに骨組を構成する各部材の耐力を示す強度指標 C_i と塑性変形能

■1 耐震性能の判定

I_s値の範囲	耐震性能
$I_s<0.3$	地震の震動および衝撃に対して倒壊し，または崩壊する危険性が高い
$0.3\leq I_s<0.6$	地震の震動および衝撃に対して倒壊し，または崩壊する危険性がある
$0.6\leq I_s$	地震の震動および衝撃に対して倒壊し，または崩壊する危険性が低い

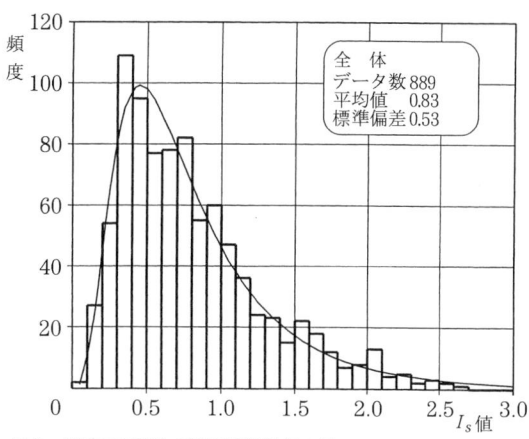

■2 既存RC建物の耐震診断結果の例

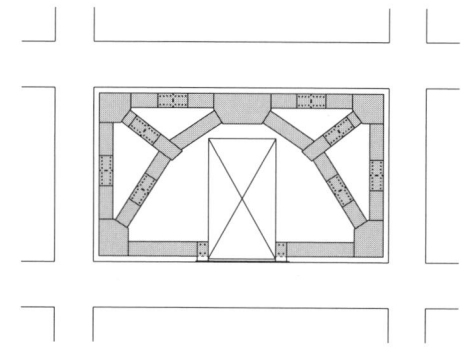

■3 RC造ラーメン架構に鉄骨ブレースを耐震壁として付加した例

力を示す靱性指標 F_i を求め，それらの積を累計して，保有性能基本指標 E_{0i} を求め，これに建物の平面形状，立面形状，エキスパンションジョイントの間隔などによって決まる形状指標 S_{Di}，建物全体として決まる建物の建設後の経過時間，ひび割れの状況などから判断される経年指標 T を掛け合わせた構造耐震指標 I_{Si} を算定する．

鉄骨建物の耐震診断では，各層，各方向ごとに部材・接合部の耐力に基づいて保有水平耐力 Q_{ui} と部材・接合部の塑性変形性能から決まる靱性指標 F_i の積をその層が支える建物重量 W_i と建築基準法に定められた層せん断力の高さ方向の分布を表す係数 A_i の積で除した値をその層の耐震性能を表す指標 E_{0i} として求める．この値を建築基準法に定められた剛性率・偏心率によって決まる係数 F_{es} と地域係数 Z および振動特性係数 R_t で除して構造耐震指標 I_{Si} を求める．したがって，これらの計算は，靱性指標 F が構造特性係数 D_s の逆数であると考えれば，建築基準法に基づいた構造設計における2次設計のための計算と基本的に同じものとなっている．

●診断結果の判定

このようにして求めた I_s 値によって診断した層の耐震性能は，一般に■1に示すように判断される．なお，この表に示した閾値0.6は，ほぼ新築の建物について建築基準法で定めている耐震安全性の最低基準値に相当すると考えられている．なお，この閾値については，構造物の用途，地域の特性を考慮して0.7ないしそれ以上の値を採用しているケースもある．

■2は，関東地方のある県で実施された校舎が大多数を占めるRC建築物に関する耐震診断結果をまとめた例である．横軸に I_s 値，縦軸に頻度を示してある．この図にみるように耐震診断結果は，かなり広範囲にばらついており，かつ0.6より小さいものが多数存在していることがわかる．この結果は，かなり一般的な傾向を示していると考えられる．

●耐震補強

耐震診断の結果，I_s 値が所定の値（一般には0.6）以下の場合には，しかるべき耐震補強が必要となる．耐震補強の方針としては，耐震強度（E_0）を大きくする方法，大地震時の変形能力（靱性指標 F）を増す方法およびこれらを組み合わせる方法がある．耐震強度を大きくする方法は，耐震壁を増設することが基本となる．■3は，RC造のラーメン架構に鉄骨造のブレースを耐震壁として付加した例であるが，補強部材が軽量であること，必要に応じて開口もとれることからかなり広く利用されている．靱性指標を増加させるには，RC構造では柱に炭素繊維や鉄板を巻くこと，柱とこれに接続している雑壁の間にスリットを設ける方法などがある．鉄骨構造では接合部を含めてブレース材を改修・増設したり，柱梁接合部の溶接部を補修する方法を採用することが多い．

［田中淳夫］

1-17　地震の起こす力

【テーマ】層せん断力　　　　　　　　　　　　　　　　　　　1　安全・防災・耐震

●地震力とは

　地震の時に建物に生じる力，すなわち地震力とは，地面が動くことによって建物の各部に発生する慣性力である．慣性力は（加速度×質量）または（震度×重量）で与えられる．

　地震によって地面は水平方向にも上下方向にも揺れるが，上下方向の揺れに対しては建物に余力が十分ある場合が多く，耐震規定では主として水平方向の地震力について規定している場合が多い．ここでは，水平方向の地震力について考える．

●地震力と地震層せん断力

　建物が剛体として地面と水平方向に同一の動きをするならば，■2のaのように地震力（震度）は建物の上から下まで一様に分布する．この建物に作用する地震力は，上階から下階へ順次伝達され，最終的には地盤へと伝達される．このため，建物の各階に作用する地震層せん断力はdのように，建物の上から下へと直線的に大きくなる．このような地震力の分布を，①震度一様分布という．

　しかし，建物は剛体ではなく，上部の方ほど揺れが大きくなる．建物の揺れが，bのように逆三角形とすると，地震力もそのように作用する．そして，上階から下階へと伝達される地震層せん断力は，eのように，放物線を横にした形となる．これが通常の建物の地震力の場合に近く，②震度逆三角形分布とよばれる．

●建物の揺れ方と地震力

　地震時の地面の揺れはきわめて複雑で，それによる建物の揺れも複雑である．たとえば，■1の下の波形は30秒間の地震動による建物1階の水平加速度の時刻歴を表しており，上は最上階である9階の加速度で，縦軸の加速度の単位はガル（Gal，cm/s^2）である．1階では加速度波形のギザギザが多く複雑な動きをしているが，9階では揺れが大きく，ほぼ同じ間隔で山と谷が繰り返されていることがわかる．この場合は山と山の間がおよそ1秒で，これが建物の固有周期とよばれるものである．地震時に

建物が揺れるときには，いつでもその建物固有の周期で振動するという性質がある．地震動の大きさやその継続時間によって，建物の揺れ方はもちろん変化するが，固有周期で振動するという特徴は変わらない．これが「固有」といわれるゆえんである．建物の固有周期は階数とほぼ比例しており，建物の階数に0.1を掛けるとおよその固有周期が秒で求まる．たとえば，2階建ての住宅の固有周期はおよそ0.2秒，10階建てのビルは1秒，50階建ての超高層は5秒となる．

　実際の建物が地震動を受けると■3に示すようないろいろな振動形状（これを振動モードとよぶ）が組み合わさって振動する．各振動モードごとに揺れるときの周期があり，いちばん大きくゆっくりと揺れる場合を1次（または基本）固有周期，それ以降を2次，3次，…とよぶ．地震時には各固有モードの大きさが変化しながら，その周期によって振動し，建物全体としてはそれらが組み合わさって複雑に振動する．しかし，一般には1次振動モードがいちばん大きいので，■1の9階のように1次モードの固有周期が顕著に現れる．

　建物が高層になると，高次（2次以上）のモードの影響がしだいに大きくなり，建物の頂部が鞭の先のように大きく揺れるホイッピング（鞭振り）現象が生じる．この現象によって建物頂部のペントハウス（塔屋）や水槽などが被害を受けることもよくある．この場合の地震力は■2のcのように，建物の頂部で非常に大きくなり，地震層せん断力は■2のfのように頂点が上の放物線となる．建物のある階以上の重量を建物全体の重量で除した値（これを基準化重量という）をaで表すと，地震層せん断力が$\sqrt{a}$に比例した形となるので，これを③$\sqrt{a}$分布とよぶこともある（なお，地震力の分布は$1/\sqrt{a}$に比例する）．

　■2に示した上述の①，②，③いずれの場合も，建物に作用する地震層せん断力は1階で最大となる．さらに，1階を駐車場や店舗に用いると，地震

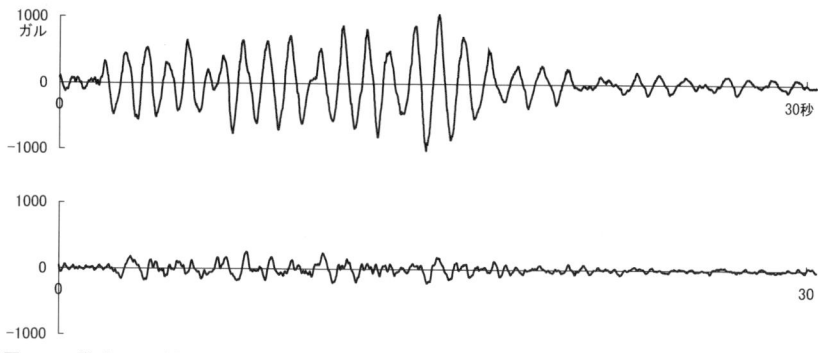

■1 9階建ての建物の最上階（上）と1階（下）の加速度時刻歴（ガル）（1978年宮城県沖地震）（筆者作成）

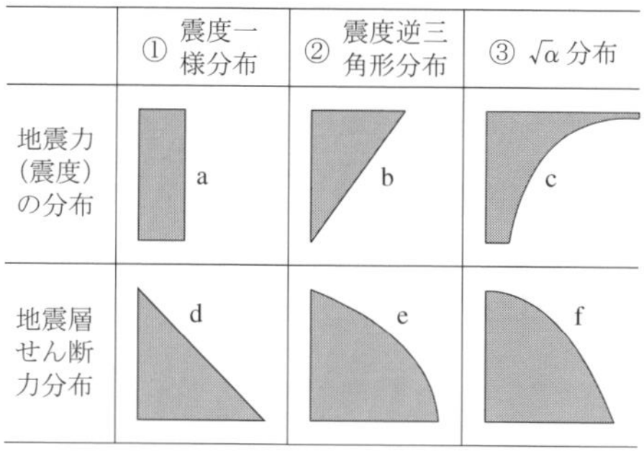

■2 地震力と地震層せん断力の分布（筆者作成）

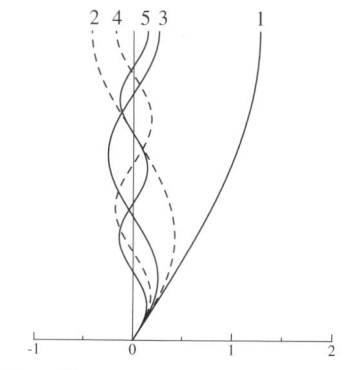

■3 固有振動モードの例　基礎固定均一せん断棒の場合，実線は1,3,5次，破線は2,4次モード（筆者作成）

■4 1階が崩壊した典型的な地震被害（1978年宮城県沖地震）（筆者撮影）

■5 1階駐車場の崩壊（1995年兵庫県南部地震）（筆者撮影）

に対する1階の強度が他の階よりも小さくなることが多い．このため，地震被害として1階の崩壊が最も起こりやすい（■4，■5）．

建物のある階の層せん断力をその階以上の建物重量で除したものを層せん断力係数という．1981年から用いられている建築基準法による耐震規定では，この層せん断力係数の分布が次式のいわゆるA_i分布で表されている．

$$A_i = 1 + \left(\frac{1}{\sqrt{a_i}} - a_i\right)\frac{2T}{1+3T}$$

ここで，a_iはi階の基準化重量，Tは建物の1次（基本）固有周期（s）である．

A_i分布は■2の①，②，③の三つの場合の地震力を組み合わせたもので，建物が低層の場合は①の場合に近似し，建物が高層になるにつれて②と③の影響がしだいに大きくなるようになっている．

［石山祐二］

1-18 地震はいつ起こるか

【テーマ】活断層　　　　　　　　　　　　　　　　　　1　安全・防災・耐震

●地震の原因

　日本にこれまで大きな被害をもたらしてきた地震は，大きく分けて二つのタイプがある．ひとつは，1923年の関東地震（関東大震災）をはじめとするM8クラスのプレート境界地震，もうひとつは，1995年兵庫県南部地震（阪神・淡路大震災）をはじめとするM7クラスの内陸地震である．

　われわれの生活する社会に大きな被害をもたらしてきた地震であるから，その原因についても，古来，さまざまなことが考えられてきた．火山の噴火をはじめ，地下の大爆発や大規模な地すべりなどである．もちろん，これらの現象が地震の原因となる場合もあるが，そのほとんどは，急激な断層運動である．このことがわかったのは，およそ100年前のことである．

　地震と断層運動の関係を，世界で初めて提唱したのは，アメリカの地震学者リード（H. F. Reid）である．リードは，1906年のサンフランシスコ地震で現れたサンアンドレアス断層を調べて，地震と地震の間の期間では，広域に作用する力をうけて，地殻にひずみがたまり，断層がそのひずみに耐えられなくなると一瞬のうちにずれて，ひずみを解放する，この一瞬のずれが，地震であるとの学説を提唱した．いわゆる弾性反発説である．

●断層の調査

　弾性反発説によれば，地震は，ある期間をおいて，同じ断層で繰り返すことになる．一回の地震での断層のずれがたとえ数mであっても，何十回，何百回の地震のあとでは数十mや数百mのずれとなり，地形を変えてしまう．このような地形をさがしていけば，地震の震源が特定できるのである．

　断層の調査は，航空写真の判読から始めるのが一般的である．これは，断層運動による地形の変化が，長さ数kmから数百kmの広域にわたることによる．つまり，いきなり現地におもむいても，人が実感できるスケールを大きく越えているため，全体像を把握しにくいからである．航空写真の判読の一番の着眼点は，直線状の地形の変化である．まっすぐな崖や複数の河川の曲がりがめやすになる．このような直線状の地形の変化をリニアメントとよぶ．

　航空写真の判読で，断層の候補がでると，現地調査を行うことになる．現地調査では，とくに地層が露頭している箇所を観察することにより，リニアメントの成因が，断層によるものか，河川の浸食などによるものかを区別する．また，地表からの観察だけではよくわからないときには，数m掘って地層を調べることもある．これをトレンチ調査とよぶ．

　地層には，特定の年代の火山灰や放射性炭素が含まれているので，これで地層の年代を決めることができる．これを頼りに，おおよそいつごろ断層運動があったかが推測できる．また，現在までの断層運動をもとに，将来も断層運動があるかどうかを判定することもできる．この判定は，必ずしも学説が一定していないが，過去約100万年間に繰り返しずれている断層を活断層とよび，現在も活動中と考えられている．

●地震発生の確率評価

　断層の弾性反発説にもとづけば，地震は，ある期間をおいて，同じ断層で繰り返すことになるので，これまでの断層運動の履歴を調べると，つぎの地震の発生が確率的に評価できる．地震予知の一種であり，ちょうど，あすの天気を確率的に予測するのと同じである．アメリカでは，このような地震発生の確率評価が1990年頃から行われてきているが，日本では，1995年の兵庫県南部地震のあとに本格化した．これは，活断層による都市直下の地震の脅威をまざまざとみせつけられ，活断層に対する備えが再認識されたからである．

　活断層がひき起こす地震の発生確率は，断層運動の履歴から算定される平均繰返し時間とそのばらつき，および最新活動時期（いちばん最後の地震の時期）によって求められる．最近，最もよく用いられる確率分布は，BPT（Brownian passage time）分布とよばれるもので，地震は，おおよそ一定間隔で

■1 1891年の濃尾地震のときの断層　岐阜県根尾村の中（なか）地区で出現した7mの水平変位（左横ずれ）で，いまでも，茶畑の列の曲がりが当時のまま残っている．根尾村（現在の本巣市根尾）には，地震断層観察館もあり，活断層の専門家なら，一度は訪れるべき地域となっている（村松郁栄ほか（2002）：濃尾地震と根尾谷断層帯─内陸最大地震と断層の諸性質，340 p，古今書院より）

起こり，一度地震が起こると，つぎの地震の発生確率はゼロになるが，その後，時間の経過とともに増加するという確率モデルである．このように，確率が一度ある値にリセットされる時系列を更新過程という．また，断層の調査を行っても，最新活動時期が決められない場合も多く，このときは，更新過程ではなく，時間が経過しても発生確率が変化しない定常過程を採用する．

一方，プレート境界地震については，平均繰返し時間が100年程度であるため被害記録が残っている場合が多く，平均繰返し時間とそのばらつき，および最新活動時期が記録から直接求められている．

現在では，政府の地震調査研究推進本部により，糸魚川－静岡構造線断層帯などの主な活断層や宮城県沖地震などの主なプレート境界地震について，地震発生の確率が評価されている．

● これからの地震対策

これまで述べてきたように，内陸地震では断層を調べることにより，プレート境界地震では被害記録を調べることにより，それぞれのタイプの地震の発生確率が評価できるようになった．

日本の建物は，震災の経験や耐震理論にもとづき，現在では，かなり耐震性能が上がってきている．とくに，1995年の兵庫県南部地震では，倒壊建物の多くが古い木造建物であったこと，高層建物も，層崩壊の被害をうけたのが建築基準法が1981年に改正される前の建物であったことから，もはや，現行の法規に従っていれば，建物が被害をうけることによって人命を危険にさらすことはないだろうといわれるようにもなってきている．

しかしながら，兵庫県南部地震でも，2004年の新潟県中越地震でも，人命にかかわる建物の被害だけではなく，住めなくなったマンション，操業ができなくなった工場など，人命には直接かかわらない被害ではあるが，生活の基盤を失う人々が大勢いた．さらに，2003年の十勝沖地震では，震源から200 kmも離れた苫小牧で，継続時間の長い長周期のゆれで石油タンクが被害をうけ，東海地震や南海地震に対する首都圏や名古屋圏，阪神圏の超高層ビルや大型タンクの挙動が真剣に議論されている．

ひとつひとつの地震に，過去の履歴をもとに発生確率が評価される現在，最低基準である法規を遵守するだけではなく，どの地震にどう備えるかを，建築にかかわる技術者ひとりひとりが，そして，生活を営む国民ひとりひとりが考える時代にさしかかっている．

［壇　一男］

1-19　キラーパルスの正体

【テーマ】断層モデル　　　　　　　　　　　　　　　　　　　　　　　　1　安全・防災・耐震

●耐震設計と地震動

　建物を地震から守るには，二通りの方法がある．ひとつは，木造建物や鉄筋コンクリート造建物に多いが，実際の地震で被害をうけた建物と被害をうけなかった建物を比べて，違いを調べ，対策をとる方法である．木造建物に筋交いを入れたり，鉄筋コンクリート造建物の壁の量を多くしたりすることがこれにあたり，耐震工学上，きわめて重要な役割を果たしている方法である．もうひとつは，超高層建物のように，これまで，強い地震を経験したことがない建物，あるいは経験したことが少ない建物の場合で，地震のときに建物に生じる地震力を計算し，それを上回る耐力をもつように建物をつくる方法である．計算を主体にした二番目の方法の場合，重要となるのが，地震のときの地面のゆれ，すなわち地震動を，正確に見積ることである．

　地震動を正確に見積るにも，二通りの方法がある．ひとつは，地震動を，地震のマグニチュードと震源距離の関数で表し，別途，敷地や周辺の地盤の影響を考慮する方法である．もうひとつは，断層運動と地下構造を実体に即した物理モデルで表して，地震動を算定する方法である．いずれの方法も，地震の観測記録を基本的な情報として使うが，前者は，最大加速度や最大速度などを算定する比較的簡便な方法であり，後者は，時々刻々，地面のゆれ方を算定する詳細な方法である．

●断層運動の解明の変遷

　簡便な方法は，震源の近くでの強震記録が得られはじめた1950年代から現在にいたるまで，研究や実務への応用がつづけられている．一方，詳細な方法は，断層運動がどのように起こり，そこから放出された地震波が地中をどのように伝わってくるかを知る必要があり，このうち，断層運動の解明については，おおよそ，下に述べる変遷をたどって現在にいたっている．

　1910年代に，地震が断層運動であることがわかると，その後，断層運動を，物理モデルを使って，数学的に記述する研究が続けられた．そして，第2次世界大戦後，東西冷戦のもと，地下核実験の探査のため世界中に地震計が設置されると，この観測網で得られた記録をもとに，1960年代には，地球の表面を伝わって進む周期100秒前後の地震波（マントルレーリー波とマントルラブ波）が，断層モデルを用いて計算で求められるようになった．これにより，断層の長さや向き，くい違いの量，破壊の進展の速度がわかるようになった．1970年代には，地球の中を伝わって進む周期数十秒の地震波（実体波）の解析から，断層破壊は，必ずしも1回ではなく，何回かが連続して起こる場合があることがわかるようになった．このような震源を多重震源とよんでいるが，大地震の場合，この多重性が顕著で，10回以上の断層破壊が連続していることもある．さらに，1980年代には，震源の近くで地震が観測されることが増え，周期数秒の地震波（実体波と表面波）の解析から，断層破壊は，断層面上で一様ではなく，不均質であることが定量的にわかるようになってきた．このような震源モデルを，非一様すべり破壊モデルとよんでいる．このように，地震記録を使って，震源における断層運動を解明することを，震源インバージョンとよんでいる．

●キラーパルス

　1990年代には，震源インバージョンにより求められた非一様すべり破壊モデルをもとに，地震動の予測が本格化した．その代表的な事例が，アメリカ・ロサンゼルス市の直下に地震を想定した科学雑誌サイエンスの記事であった．この記事は，1995年1月13日に発刊されたもので，その内容は，毎秒150 cmをこす大振幅の地震波，いわゆるキラーパルスが超高層建物や免震建物を直撃し，建物の倒壊をひき起こすというものであった．そして，その4日後（時差を考えれば3日後），1月17日に兵庫県南部地震（阪神・淡路大震災）が起こり，毎秒150 cmの大振幅のキラーパルスが神戸市をおそったのである．

■1 キラーパルスの破壊力　左：1948年福井地震（小林啓美（1998）：福井地震50周年特集，日本地震学会，なゐふる，第9号，p.1より），右：1995年兵庫県南部地震（大木本美通（1995）：神戸大学付属図書館ホームページより）

　兵庫県南部地震では，1948年の福井地震で新設した震度7が，初めて阪神地域と淡路島で認定された．阪神地域では，震度7の領域が海岸線にそって帯のように連なっていたことから，これを震災の帯とよぶようになった．

　キラーパルスとは，周期1秒前後の大振幅の地震波で，木造建物や鉄筋コンクリート造建物，鉄骨造建物など，どのような種別の建物に対しても，破壊力がきわめて大きく，兵庫県南部地震の場合，エッジ効果とよばれる地形の影響による地震波の干渉効果により，振幅がさらに大きくなり，神戸市に壊滅的な被害を与えた．そして，キラーパルスは，断層面のアスペリティで生成されることがわかった．

●アスペリティ

　アスペリティとは，本来，でこぼこを意味し，岩石の破壊実験を研究する分野では，デコとデコが噛みあっている部分をさしていた．つまり，岩石の破壊強度は，岩石の断面が一様に力を負担するのではなく，ある限られた断面が負担し，そこが破壊することで決まるのである．

　1980年代に，震源の近くでの地震波の解析から，断層破壊は，断層面上で一様ではなく，不均質であることが，定量的にわかるようになってきたと述べたが，この不均質性を説明するために，アスペリティとそれ以外の背景領域とから構成されるアスペリティモデルが提唱された．アスペリティモデルでは，地震と地震の間の期間では，アスペリティがしっかりと固着していて，断層の両側からうける力に耐え，この力に耐えられなくなると一気にひずみを解放し，大きくすべって，強い地震波を放出する．

また，固着していない背景領域は，アスペリティ部分ですべりが生じると，それにひきずられてすべると考えられるようになったのである．

●強震動評価の現状

　このように，アスペリティがすべりの大きな領域として定義されると，兵庫県南部地震をはじめ，最近では，2007年の新潟県中越沖地震など，大きな地震が起こるたびにつぎつぎと震源インバージョンが行われ，アスペリティの位置と大きさがわかってきた．そして，アスペリティの応力状態とすべりの関係やアスペリティから放出される地震波について，力学的な特性が物理的に解明されるようになった．

　さらに，プレート境界地震についても，アスペリティの位置と大きさがわかってきた．その結果，1952年の十勝沖地震のアスペリティと2003年の十勝沖地震のアスペリティが同じであること，1968年の十勝沖地震のアスペリティと1994年の三陸はるか沖地震のアスペリティが同じであることがわかった．つまり，アスペリティは繰り返し破壊することがわかったのである．これは，弾性反発説が，アスペリティで成り立っていることを示したものである．

　日本では，現在，このようなアスペリティモデルが震源モデルとして主流をなし，政府の中央防災会議や地震調査研究推進本部により，活断層で起こる内陸地震や海溝付近で起こるプレート境界で，どのくらいの地震波が放出され，地面がどのようにゆれるかが予測され，順次，公表されるようになっている．

［壇　一男］

1-20 地下室は地震に強い

【テーマ】地盤構造物相互作用　　　　　　　　　　　　1　安全・防災・耐震

●地下室と地震被害

　地下室がある建物の地震被害は，ない建物よりも小さい．これが筆者が地震被害調査結果，とくに1995年兵庫県南部地震の調査結果を調べて得た教訓である．統計的にいえるほど多くの調査結果があるわけではないが，同規模の建物を比べると地下室がある建物の被害が軽かったのである．ここで述べている被害は，建物全体のことである．地下室そのものの被害報告はみたことがない．つまり，地下室は地震に強いばかりでなく，建物全体の揺れを減らす役割があるといえる．地震に対して地下室は有効である，耐震研究に携わっている人たちの多くはそう考えていよう．この理由を解く鍵は，地盤震動と相互作用にある．

●地盤震動

　地震によって震源で発生した地震波は，硬い岩石で構成される地殻を伝播して堆積地盤からなる表層地盤に入って地表に達する．現在の地震工学では，堆積地盤との境界付近の地殻上面を表層地盤に対する地震基盤，表層地盤を地表に近い地盤とその下の硬質な地盤に分けてそれらの境界下を工学的基盤と称して，地震波への地盤の影響を評価している．ちなみに地震波を波動として伝える地盤のおもな性質であるS波速度は，地震基盤で3000 m/s，工学的基盤で400〜600 m/s程度であり，地表に近くなるとさらに遅くなる．日本の大都市がある平野の地震基盤の深さは1000〜3000 mである．震源で発生した地震波は四方八方に拡散するので振幅を減じながら伝播する，つまり震源から遠くなるほど揺れ（震度を考えてもらえばよい）は小さくなる．

　一方，地震基盤から地表への間では，地盤のS波速度（剛性の平方根に比例）が遅くなる変化が大きいので，ひずみエネルギーが保存されるごとくに地震波の振幅は大きくなってゆく．地震波は建物の支持地盤付近で変化が大きく「波として伝わる」ことがキーポイントである．

●相互作用

　地盤-基礎（建物）間の動的相互作用のことである．地震の際，支持地盤の揺れが基礎を経て建物に慣性力を起こして変形させ，建物応力は支持地盤に伝わる．その反力は建物近傍の地盤を付加的に変形させるので，地盤には建物を支持するばね効果と波として振動エネルギーが遠方に逸散する現象が生じる．この現象がさらにフィードバックされて建物の揺れに影響し，相互作用が起こる．この現象は，建物に生じる慣性力によって生じるので「慣性の相互作用」とよび，剛性が高い建物で地盤が軟らかいほど顕著となる．地盤が接している基礎を経て，つまり基礎が揺れることによって地盤の揺れが建物に伝わることがキーポイントである．

●地下室は建物の揺れを減らす

　地盤中に埋め込まれている地下室のある基礎と近くの地盤の揺れ（地盤震動）の模式図を■1に示す（実際に撮れないので）．図の地盤の揺れは，基礎がない地盤（更地）の揺れである．土圧に抵抗するように設計するので，地下室の外壁は厚く地盤に比べて十分に剛性があり，剛体的に挙動すると考えてよい．すると，もし周辺の地盤が一定の振幅で揺れていれば基礎の揺れも地盤と同じ振幅で揺れる．ところが，地盤震動は地中深くでは振幅は小さく，そもそも波なので同じ時間では■1の例のように深さによって揺れが異なっている．地盤の揺れが深さ，つまり基礎の上下で異なっていても，剛体基礎は一体に揺れようとする．基礎近傍の地盤の動きが基礎によって拘束されるともいえる．いってみれば基礎は地盤の揺れを平均化したように揺れるのである．その結果，地下室がない地表に直接建設される基礎に比べて，揺れが小さくなる．このような現象を「入力の相互作用」とよんでいる．

●相互作用の実証

　相互作用の研究分野は，地震工学の範疇に属す
る．相互作用を実証する方法は，一つは建物または地盤上に作成した試験体を加振機によって振動させ

■1 地下室のある基礎と地盤の揺れの模式図（筆者作成，以下同じ）

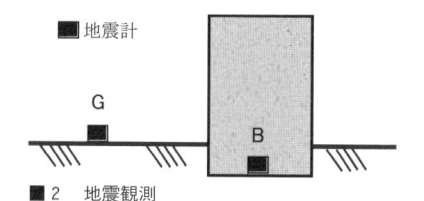

■2 地震観測

■3 観測記録のスペクトル比（B/G）

■4 国立国会図書館新館の外観（国立国会図書館ホームページより）

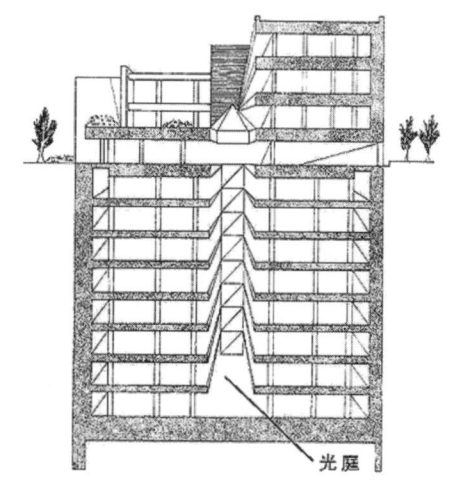

■5 国立国会図書館新館の断面図（国立国会図書館ホームページより）

る方法である．これによって慣性の相互作用を検討できる．入力の相互作用には下方からくる地震波が影響するので，それを検討するために地震観測を行っている．観測は，■2のように更地の自由地盤（建物から離れた地盤）のG点と建物内で行う．建物基礎で観測するB点の地震記録とG点の記録との違いは，慣性の相互作用の影響が小さい場合，入力の相互作用による影響である．B点の地震記録は，建物の地震時応答を直接に支配するので，有効入力または実効入力とよばれている．

相互作用の影響がみられた地震観測結果の一例をあげる．2003年の十勝沖地震（マグニチュード8.0，最大震度6弱）の時に，釧路市内で観測された結果である．建物は，おおよそ高さ40mで地下室の基礎下端までの深さは10mである．地震計は建物内と自由地盤に設置されていた．建物は免震構造なので，地下室の観測記録（B）への慣性の相互作用の影響は比較的小さいと考えられる．地下室記録と地表記録（G）のスペクトルから比を求めた結果を■3に示す．2本の線は，直交した水平2成分の観測記録による．この例では，約1Hz以下ではほぼ同じであるが，1Hz以上ではBのスペクトルがGよりも低下している．このように振動数が高くなると，地震波の波長（S波速度/振動数）が短くなり，地表よりも地下室でスペクトルが小さくなるのが，入力の相互作用の特徴である．

このような現象の解明が進んできたこともあって，2000年の建築基準法施行令改正の際，慣性の相互作用および入力の相互作用の効果もようやく導入された．

● 代表的な建物

国立国会図書館新館の書庫は地下8階の地下室にある（■4）．これは地下室が温度・湿度を一定に保つ，紙資料の保存に適した環境から設計されている．この地下室は，■5の断面図のように深く設置されており，本稿で説明したように耐震性にも優れた構造であるといえる．他にも，耐震に対する地下室の有効性を十分に活かした構造物に，地中深く埋め込まれた形式の原子力発電所施設などがある．

［藤堂正喜］

1-21 建物を支えてくれる地盤

【テーマ】地盤　　　　　　　　　　　　　　　　　　　　　　　　　　1 安全・防災・耐震

● 土の生成と地質年代

　地盤を形成している土は，一般に岩石が物理的および化学的な風化作用により細かく砕かれ分解されて生成されたものである．岩石が風化してできた土は，そのままの位置で堆積した定積土（残積土）と，重力，流水，風力，火山，氷河などの物理的作用によって運ばれて堆積した運積土（堆積土）に分けられる．これ以外に植物が枯死し堆積してできた土を植積土（有機質土）という．

　堆積した土は長い年数をかけて地層を形成する．一般に深い所に堆積した地層は，古い年代のものであり比較的固い．浅い所の地層は，堆積した年代が新しく軟弱である．地層構成を歴史的に区分した年代を地質年代という．日本の平野部の地層構成は，形成された地質年代によって，洪積層と沖積層に分けられる．洪積層は地質年代における新生代第四紀の前期である更新世（200万年前〜1万年前）の時代に堆積した地層である．これより新しい第四紀の後期である完新世（1万年前〜現代）の時代に堆積した地層を沖積層という．第四紀の更新世は氷河時代ともよばれている．洪積層は堆積時間が長くかつ氷河の影響を受けているため比較的固く，大規模建物の支持層とされることが多い．地形的には台地や丘陵地に分布している．

　完新世は，更新世の最後の氷河期が過ぎた後から現代までの時代である．沖積層は堆積時間が約1万年未満と短いため，一般に粘土層は軟弱であり砂層はゆるい状態であって，地盤工学上とくに注意を要する地層である．地形的には平野部や台地の谷間などの表層部に広く分布している．

● 土の種類

　土は大小さまざまな土粒子が集合してできたものである．土粒子は過去に受けた風化作用の程度によって非常に広い範囲の粒径を有している．土粒子は粒径によって区分され，粒径の小さい方から粘土，シルト，砂，礫とよばれる．粘土の粒径に対し，シルトは数十倍，砂は数百倍，礫は数千倍の大きさである．

　粒径の小さな粘土やシルトを細粒土といい，粘着性があるため粘性土とよばれる．一方，粒径の大きな砂や礫を粗粒土といい，砂が多い場合は砂質土，礫が多い場合は礫質土とよんでいる．土の力学特性は粒径によって大きく異なる．たとえば，粒径の大きい礫を主体とする礫質地盤は建物を支える力が大きい．一方，粒径が小さいほど土粒子間の間隙が大きくなるため，粘性土地盤上の建物は沈下や変形を起こしやすく，建物を支える力が小さい．

● 地盤調査

　建物を建設する前に地盤の性質や地下水の状態を把握するため地盤調査が行われる．地盤調査とは，地盤の成層状態を調べ，各地層の厚さや土質性状，地下水位などを調査することをいう．地盤調査としては，中規模以上の建物には標準貫入試験が一般的に実施される．なお戸建住宅などの小規模な建物には，より簡便な地盤調査としてスウェーデン式サウンディング試験が行われる．

　標準貫入試験はボーリング孔を利用して行う．標準貫入試験用サンプラーをボーリング孔底に設置し，質量 63.5 ± 0.5 kg のハンマーを落下高 76 ± 1 cm で自由落下させることでサンプラーに打撃を与え，30 cm 貫入するまでに要したハンマーの打撃回数 N を測定する．その回数 N をその深度の地盤の N 値とよび，この値から地盤の強さや締まり具合を推定することができる．また N 値は，土のせん断強さや液状化特性などとの関係が多く調べられている．さらにサンプラーの中の土試料から土の種類（土質）が判別できる．

● 砂地盤の液状化

　砂を入れた箱を振動すると乾燥砂の場合，密に詰まって表面が沈下する．間隙が水で飽和された砂の場合，振動により砂が密に詰まろうとして間隙水を圧縮するため間隙水の水圧（以後，間隙水圧とよぶ）は上昇する．地震のように短時間の振動を受けると，砂地盤のいたるところで間隙水圧が上昇し，

■1　砂地盤の液状化による建物の傾斜・転倒（毎日新聞社提供）

間隙水が排水できなくなる．そうすると間隙水圧は上昇しつづけ，やがて上部の砂の重量より間隙水圧が大きくなり，砂の粒子間のかみ合わせがはずれる．そのため砂粒子が水に浮いた泥水状態となり，砂のせん断強さは完全に失われる．この現象を液状化という．液状化が発生すると地盤上の重い建物は沈下し大きな傾斜が生じ，極端な場合建物は転倒する．一方，地盤中の軽い浄化槽やマンホールなどは浮き上がる．さらに高い間隙水圧により，地表付近の弱いところに砂と間隙水が噴き出す．その痕跡としてクレータ状の噴砂孔が地表に現れる．

砂地盤の液状化による建物の被害の代表的なものとしては1964年の新潟地震がある（■1）．また1995年の兵庫県南部地震ではポートアイランドや六甲アイランドなどの埋立て地盤において，液状化による広範囲な地盤沈下や側方流動が生じ建物に大きな被害を与えた．

●粘土層の圧密沈下

地盤上に建物が建設されると地盤内の土は圧縮応力を受けて圧縮変形する．土は土粒子と間隙（空隙）からなるが土粒子自身の固体の圧縮率は非常に小さいので，圧縮変形は間隙の体積の減少によるものである．しかし間隙が水で飽和されていると水は非圧縮性であるため間隙から排水されなければ圧縮変形が起きない．

■2　粘土層の圧密沈下による建物の沈下・傾斜（筆者撮影）

粘土層の場合，透水性が低いため間隙水の排水に時間がかかる．このように地下水位以深の粘土層が圧縮応力を受けて，その間隙の水を徐々に排水しながら時間の経過とともに長期間にわたって圧縮変形する現象を圧密とよんでいる．なお，土の圧縮変形は原地盤では沈下に対応するので，圧密による粘土層の圧縮変形を圧密沈下とよんでいる．粘土層の圧密沈下による建物の沈下・傾斜としてピサの斜塔が有名である（■2）．

［安達俊夫］

1-22 人工的に地盤を作る

【テーマ】地盤改良　　　　　　　　　　　　　　　　　　　　1　安全・防災・耐震

●現代の人工地盤

　都市に建物を建てるためには，よい地盤ばかりを選んではいられない．当然，埋立て地盤や軟弱地盤に都市を建設していく必要がある．この場合には，地盤を改良して人工的に良質地盤に作り変えるか，杭を用いて深く良質な地盤に支持させるか，のいずれかを選択する．現代の人工地盤は地盤改良によって作られる．

　地盤改良には，支持力増大を目的とした表層地盤改良，深層混合処理工法，圧密沈下対策を目的としたプレロード工法，サンドドレーン工法，液状化対策を目的とした締固め工法などがある．

●支持力増大

　支持力増大を目的とした表層地盤改良には二つの方法がある．ひとつは，表層の軟弱な表土を良質な砂や砂利と置換する工法であり，もうひとつは，軟弱な表土とセメントあるいは石灰系の固化材を混ぜて固化させる工法（浅層混合処理工法）である．これらの二つの方法は，いずれもユンボなどの建設機械で掘削できる深さまで（2〜3m程度）の表層地盤に適用可能である．

　なお，置換工法は確実ではあるが悪い土を敷地外へ搬出するという欠点がある．悪い地盤を他へ移すことは，都市の持続性を考えるとあまりよい方策ではない．それに比べて浅層混合処理工法は，残土の排出もなく都市の持続性に対する効果が大きい．さらに，セメントや石灰を通してCO_2を地盤に定着する環境にやさしい工法である．

　深さ3mを越す軟弱地盤を改良するには，深層混合処理工法が用いられる．この工法は攪拌翼のついたロッドを回転させながら，所定の深さまで固化材と土を混合して，軟弱地盤を固化する工法である．固化材をスラリー状にしてロッドの先端から噴出し，土と混合攪拌する．攪拌径は600〜1200mm程度のものがあり，深さは10m程度までが可能である．改良形式は，杭状に配置する形式から，接円配置してかなり全面的に改良する形式まで，さまざまなケースがある．

●圧密沈下対策

　軟弱な粘土地盤に建物を建てたり，盛り土により敷地の造成を行うと，長い間沈下が進行することがある．たとえば関西国際空港では，海を埋め立てて人工島を作ったが，開港後100年間かけて11mの沈下が生じると考えられている．これは，粘土中の水が絞り出されて生じる圧密現象である．井戸によって地下水位を下げても同じ現象が起きる．東京江東区のゼロメートル地帯は，大正末期からの工業用水の汲み上げにより，広域的に約4m沈下してしまった．

　圧密が生じる可能性がある地盤に対しては，直接基礎ではなく杭によって，それより下の地盤に支持する方法と，あらかじめ，建設前に圧密を終わらせておく方法がある．圧密は非可逆的な現象であり，一回粘土中から絞り出された水は，粘土中に戻ることはない．そのため荷重がなくなっても沈下したまま，今度は，それよりも大きな荷重が作用しなければ，沈下は進まないという特徴がある．この性質を利用した圧密沈下対策が，プレロード工法である．プレロード工法は，建設前に建物と同程度の重さの盛り土を作用させて，圧密沈下を終わらせ，その後，盛り土を除去して建物の建設を始める工法である．盛り土と同時に圧密地盤中に砂杭等でドレーンを造っておけば，粘土から水が抜けるスピードが速くなり，圧密終了までの時間を短縮することができる（サンドドレーン工法）．プレロードの期間は，圧密層の厚さによるが，数カ月から数年かかることもある．

●液状化対策

　常時においてあまり軟弱ではない地盤が，地震時に突然液体のように振る舞う地盤がある．これはゆるい砂地盤や埋立て地盤であり，その上に建物を直接支持すると，地震時に支持力を失って転倒する危険性がある．そのため杭で深い地盤に支持するか，液状化対策を行うことが必要である．杭を用いた場

合でも，液状化の力によって杭が破壊され，建物が傾く可能性があるため，慎重に設計を行うことが重要である．

現在，日本で行われている液状化対策は約85％が締固め工法である．締固め工法とは，地盤中に砂を杭状に圧入し，地盤の密度を高めることによって液状化抵抗を増大させる方法である．サンドコンパクション工法ともよばれ，振動機を用いて締め固める振動式サンドコンパクション工法と，圧入による静的締固め砂杭工法がある．改良の効果は，ほぼ同じであるが，市街地では低騒音・低振動の静的締固め砂杭工法が用いられることが多い．最近では，砂の代わりに砕石やリサイクル材（再生砕石，転炉スラグ）なども用いられている．地盤内に造成される砂杭は，径700 mmで1.2～2.5 mピッチで，改良深度が最大20 m程度までとなっている．1995年兵庫県南部地震等の大規模な地震において，改良の効果が実証されている．

● 人工地盤の品質管理

地盤改良には，工法ごとに品質管理方法が定められており，実際の工事にあたっては，設計で要求される品質を検証しながら施工が行われる．とくに固化工法の実施においては，かなり厳しい品質管理が行われている．

コンクリートには設計基準強度があり，鉄には規格降伏点があるが，地盤には設計の基準となる強度がない．その理由は，地盤にはばらつきがあり，敷地によってばらつきが異なること，ばらつきの程度を表す指標や，ばらつきを設計に反映する方法が現段階では不明なことであろう．このような材料を扱うための設計法として限界状態設計法があるが，指針などは刊行されているものの，実際の設計においては設計者が個別に判断しているのが実情である．

ところが，セメント系固化材で地盤を改良する際には，改良地盤を人工材料として扱い，設計基準強度を設定するとともに，それを満足するような配合管理を行っている．日本建築センターの「建築物のための改良地盤の設計及び品質管理指針——セメント系固化材を用いた深層・浅層混合処理工法」には，以下のような設計基準強度，配合強度の設定方法が示されている．

設計基準強度　　$F_c = q_{uf} - m\sigma$

ただし，q_{uf}は現場平均強度，mは設定された不

■1　高度な品質管理を実施する深層混合処理工法の施工（筆者撮影）

良率から決まる定数，σは現場強度の標準偏差である．現場平均強度q_{uf}の設定法は，現場の改良体からの抜取りコアの試験によって設定する方法や，土質サンプルを用いた室内土質試験から推定する方法がある．不良率は10％程度とし，$m = 1.3$程度とすることが多い．

この設計基準強度を満足するための配合強度X_iは，原地盤の土質，土質のばらつき，施工条件などを考慮してF_cに割増し係数α_tを乗じて，所定の合格確率が得られるように設定される．

配合強度　　$X_i = \alpha_t \cdot F_c$

α_tには1.5～3程度の値が用いられる．このように，現場平均強度の数倍の調合強度を設定することになるが，必ずしも過大な安全率をもたせているわけではない．地盤改良を実施するような地盤は，軟弱であることのほかに，埋立てなどで非常に土質や強度にばらつきが大きいという特徴をもっている．そのような地盤を人工地盤として作り変えるには，上記のような慎重な設計基準強度の設定と品質管理が必要である．このように自然地盤の品質はコントロールできないが，現代の人工地盤の品質はある程度コントロールされており，都市再生のための品質確保に重要な役目を果たしている．　　［小林勝已］

1-23　崖が崩れる

【テーマ】土砂崩れ　　　　　　　　　　　　　　　　　　　　　　　　　　　1　安全・防災・耐震

　「崖」という言葉は土砂崩れなどの災害に関連して，急峻な傾斜した斜面地形をさすことが一般的であるが，地盤の災害を対象とする法律のひとつ（宅地造成等規制法）に法律の対象としての定義が示されている．この定義に従えば，崖とは，「地表面が水平面に対し30度を超える角度をなす土地で硬岩盤以外なもの」とあり，安定した岩盤斜面などは含まない．

●崖の形成

　崖には，経年的に形成される自然崖が多く，このほか，盛土や切土によって人工的に造られた崖がある．自然崖は，機械的，化学的あるいは熱的な風化作用などによって地形が形づくられる過程で出現し，地質学的あるいは地形学的には，現在もその変化を継続させている．急峻な地形であっても地盤の性質が，固い岩盤などのような場合には崖とは呼ばないように，崖はいわゆる風化が進んだ岩やさらに劣化が進んだ土からなる．土は，岩から生成されて同じ場所で移動しない場合と，一度流水によって流されて堆積し，地殻変動による隆起や海水面の後退で標高が高くなった後，再度浸食や崩壊などで崖を形成する場合のほか，火山性の堆積物が崖を形成している場合もある．

●崖と地盤の性質

　地盤は，基本的にはばらばらになった小さな土粒子の集合体であり，その隙間を空気と水が埋めている．この隙間の状態は，降雨，地下水，乾燥などの作用により日々変化しており，これらの環境の変化に伴って，土の強度も一定ではないことが特徴である．つまり，この土によって成り立っている斜面の安全性も少なからぬ影響を受けていることになる．崖の安全性に強く関係する地盤の強度は，土の粒状体としての摩擦特性に支配されており，基本的に大小の粒子の割合と集合体としての密度（土の締まりの程度）の影響を受け，土の摩擦角は，土質の違いにより幅があるが，おおむね締まりの緩い25度から，よく締まり粒径の大きな土の45度程度の範囲にある．また，過去の経験から，崖の定義である30度を超えると被害の発生がみられることから，おおむね安定が崩れ始める傾斜であることが類推される．したがって，人工的に生じた崖の場合には，その安全性を確認した切土を除いて，擁壁の設置が義務づけられる宅地造成工事規制区域が指定されている．また，土の強度は地盤に作用する圧力（拘束圧）によって支配されていることが知られている．土に作用する圧力は，地盤中の間隙圧（間隙を埋める液体，気体の圧力である地下水圧，空気圧，サクション）の影響を受け，これらの間隙圧は日々の気象，地象の影響を受けて変動している．このほか，土には，拘束圧に依存しない強度があり粘着力と呼ばれている．これらは，粒子間に存在する酸化鉄などの化学物質，粒子間の電気化学的な結合，不飽和状態でのサクション（粒子間の水分による表面張力）が知られており，土の種類，含水状態などにより大きく異なり，崖の安全性にも影響する．

●崖地の安全性

　土砂崩れには，急峻な斜面が崩壊する場合（敷地が崩れる場合と敷地へ斜面が崩れてくる場合があるが，現象は同じである），比較的規模が大きく斜面地全体が滑動する場合，斜面の上方から流動化した土砂が流れ落ちる土石流の場合，あるいは，単純な落石などいくつかの崩壊パターンがあるが，それぞれの境界が判然としない点も多い．また，多くの崖地の崩壊が日常的に発生するわけではなく，豪雨，地震，融雪期などの通常の環境条件とは違った異常時に発生することがほとんどあるが，地滑りについては，その発生規模，発生原因，発生場所などからここでいう崖地の安全性の対象としては社会通念上からも別の範疇に入るものと考えられる．土砂崩れが発生すると，崩壊する土砂の量と移動する距離，速度等と建築物の位置や構造種別・規模などとの関係によって被害の形態は異なるのが一般的である．

　■2は，斜面が不安定な状態に至る経緯を，崖の強度低下，外力の作用と時間との関係について模式的

■1　急傾斜地崩壊危険区域危険度判定基準

要　因		点　数		備　考
		自然斜面	人工斜面	
高さ	10 m 以上	7	7	崖上に奥行き 10 m 以上の平坦地がある場合を含む．人為的工事によって各要因による危険が消滅しているものはその要因がないものとして計算する．
	10 m 未満	3	3	
傾斜度	45°以上	1	1	
	45°未満	0	0	
オーバハングの有無	あり	3	3	
	なし	0	0	
表土の厚さ	0.5 m 以上	1	1	
	0.5 m 未満	0	0	
湧水等の影響	あり	1	1	
	なし	0	0	
崩壊の有無	あり	3	3	
	なし	0	0	
急傾斜地崩壊防止工事の技術的基準	満足		0	
	不満足		3	
構造物等の異常の有無	あり		3	
	なし		0	
計				

ランク	点　数	
	自然斜面	人工斜面
A	9 点以上	15 点以上
B	6 点〜8 点	9 点〜14 点
C	5 点以下	8 点以下

に示したものである．斜面は，地質学的な時間スケールで風化による劣化を受け，降雨などの日常的な作用のほか，集中豪雨や地震による短期的に強い作用を受ける．しかし，豪雨による作用は，地震の再現期間からみると比較的短くまた影響する範囲も広いので，その地域からみれば，地震に比べると比較的災害発生の頻度が高い事象である．斜面にとって豪雨と地震とでは，斜面に与える影響の相違は簡単には比較はできないが，発生する場所については，水が集まりやすい地形（谷地形）と地震動による揺れを受けやすく被害を受けやすい地形（尾根部分）の傾向があり，これらの被害は，互いの現象を繰り返しながらしだいになだらかな地形へと変化する過程で発生しているものと考えられる．崖が不安定になる基本的原因は，低い確率で発生する豪雨や地震の作用（荷重）が，低下した崖地盤の強度を短時間の間超過することによって発生する．崖地の崩壊には，基盤に岩を有している場合などのように，表面の比較的浅い風化表土が滑落する場合や岩の層理，節理の影響，堆積土の崩壊のように比較的深い滑りとなる場合など，地盤条件，地下水環境などとの関係が深いと考えられるが，崩壊が発生する場所や時間を精度よく特定することは現在でも困難であり，崖地付近の住宅は，危険と隣り合わせである認識は必要である．しかし，豪雨時や地震後の降雨の場合のように，崩壊が予想される条件やその兆候を勘案して事前に避難勧告を行うことの重要性が認識され

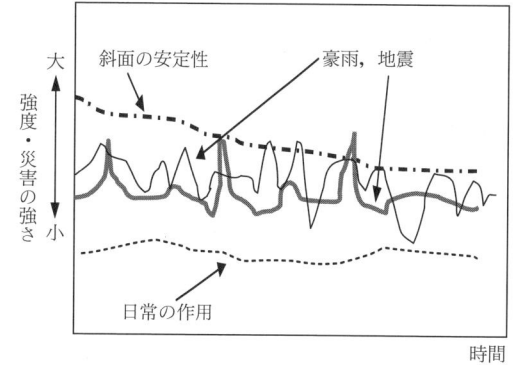

■2　斜面の安定性の変化（筆者作成）

つつある．斜面の安定性を評価する方法は，学問的には，地盤の土質力学的な評価に加えて豪雨による間隙圧（空気圧，地下水圧，浸透力など）や地震時の地震力・地震動の評価を加味した斜面の安定解析が必要であるが，一般的に地盤の評価が簡単でないこと，地域ごとの豪雨や地震の大きさなどの影響評価が困難なことから，比較的簡単な指標と過去の被災履歴などから斜面の危険度を評価して実務に生かしている．■1の例は，急傾斜地崩壊危険区域における危険度を判定する基準である．ここでは，斜面の安定性に影響すると考えられる要因に点数を付与し，総合点数によって危険度を評価する方法が用いられているほか，斜面調査の専門家が過去の経験，斜面断面形状，土質などを総合的に関連づけて危険度を判定する方法も提案されている．　　　　［二木幹夫］

1-24 擁壁が崩れる

【テーマ】（宅地）擁壁　　　　　　　　　　　　　　　　　　　　　1　安全・防災・耐震

●擁壁の種類と目的

擁壁は，材料により練積み造，無筋コンクリート造，鉄筋コンクリート造に大別され，さらに形状・形態により6種類に分類される（■1）．

①練積み擁壁：コンクリートブロックあるいは間知石（角錐台状に加工した花崗岩などの堅い石）を積み重ねた簡易な擁壁．

②重力式擁壁：擁壁自体の重みにより土圧に抵抗させる擁壁．

③もたれ式擁壁：おもに切土（所要の高さの面を出すために，原地盤や地山を掘削すること）に用いられ，石積み擁壁と同様に自立ができない重力式の無筋あるいは鉄筋コンクリート造擁壁．

④半重力式擁壁：コンクリート量を節約するため，重力式擁壁の肉厚を薄くしたもの．

⑤控え壁式擁壁：片持ちばり式擁壁のたて板の背面と底版との間に三角形の壁体を補強したもの．

⑥片持ちばり式擁壁：たて板と底版から構成され，逆T型とL型などがある．

このうち，宅地地盤でよく用いられるのは①の練積み擁壁と⑥の片持ちばり式擁壁である．擁壁はがけ面の崩壊を防止するとともに，背面地盤を安定に支持する役目をもつ構造体である．とくに，練積み擁壁の場合は，コンクリートブロックまたは間知石が相互に固着され，背面のコンクリートと一体化されてはじめて機能を発揮する．そうでない擁壁は，単なるみせかけであり，がけの仲間といったほうが正しい．

●擁壁の災害事例

過去，擁壁にみられた災害の多くは，擁壁上端に続く地盤からの雨水の浸透によるものが多い．水抜き孔や裏込めの透水層の施工が不十分な場合，地表面が沈み雨水の浸透によって土圧が増加し，擁壁を崩壊させることもある．また，これまでの地震では，空石練積み擁壁（石を積み重ねただけのもの）や「床版付き張出し擁壁」，「二段擁壁」，「増積み擁壁」など，いわゆる不適格擁壁に多く被害がみうけられた．その他，水抜き孔が設置されていない2m未満の擁壁にも被害が多かった．いわゆる欠陥擁壁に圧倒的に被害が多い．

●擁壁の設計上の留意点

新規の擁壁の設計にあたっては，以下のことに留意する必要がある．

①擁壁を設置する地域の過去の降雨量や擁壁の事故例を調査する．

②擁壁の裏込め土や底版周辺の土の諸性質を明らかにする．

③擁壁背面部の埋戻し土に関しては，材料の指定，埋戻し方法，締固め方法を明確にしておく必要がある．たとえば敷地の掘削土を再利用するのか，あるいは砕石を用いるのか，地盤改良するのか，設計の段階において十分に検討しておく必要がある．

④プレキャスト擁壁は2次製品であるから品質的には問題はないが，既設構造物とのからみやコーナー部には現場打ち擁壁が必要である．

⑤擁壁の裏込め土の表面および排水処理方法を検討し，豪雨時でも十分に排水できるようにする．

⑥適当な間隔ごとに目地や控壁を設ける．

⑦土圧や滑出し，転倒などに対し，十分な検討を行っておく．

⑧擁壁完成後は必ず背面部において地盤調査を実施し，地盤の許容支持力度を確認しておくことが望ましい．

⑨新規擁壁と建築物との位置関係上，建物荷重が擁壁に作用する恐れがある場合には，地表面に上載荷重を見込む必要がある．

以上のほか，軟弱地盤の場合は，沈下やはらみ出しが生じる恐れがあるため，擁壁の不同沈下やはらみ出しに対する検討は十分に行っておく必要がある．また，施工時には，擁壁背面の埋戻し土の転圧には十分に留意し，雨水の浸透や地盤沈下が生じないよう適切な管理が大切である．既存の擁壁の断面が不足するときには，コンクリートで増し打ちしたりする．土圧に対して不足しているときには，アン

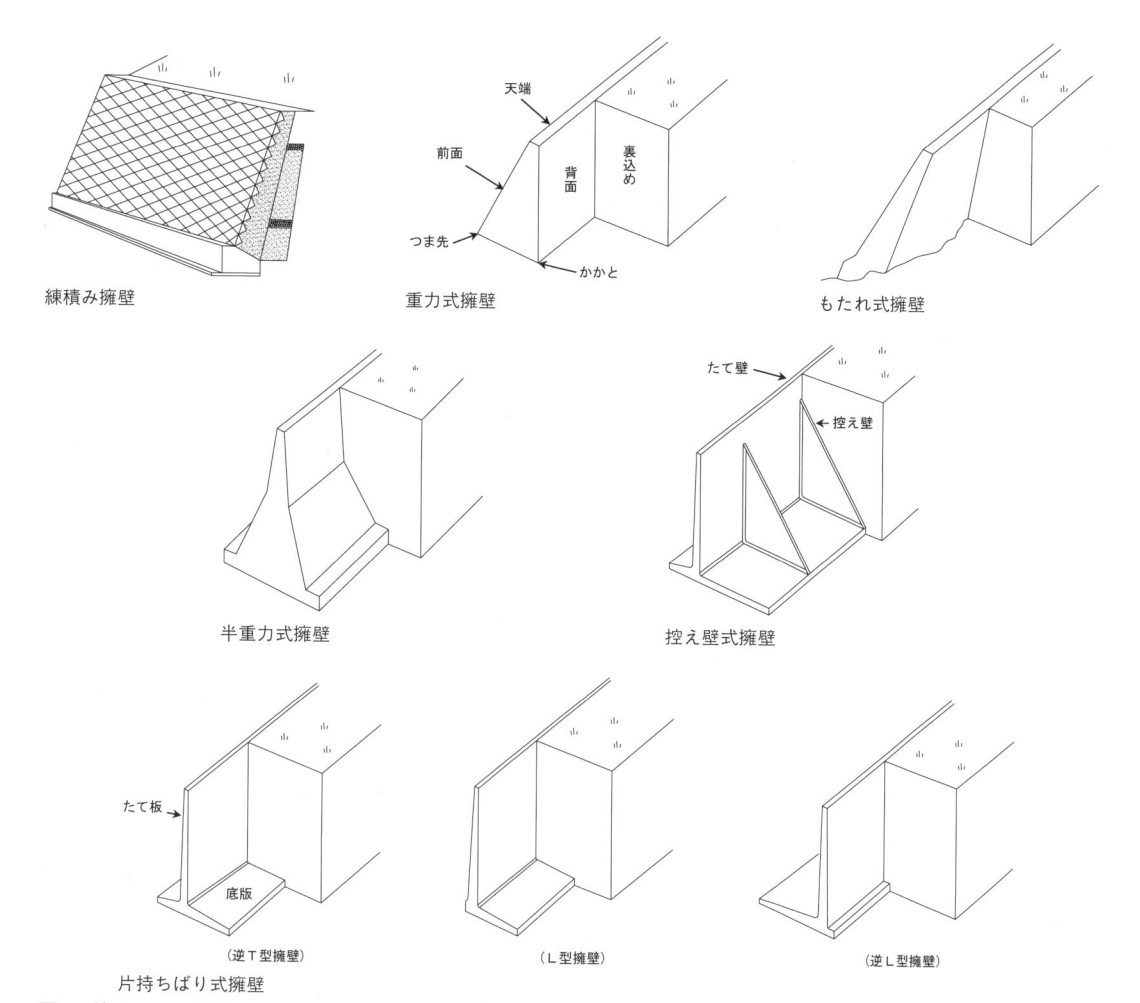

■1 擁壁の種類（住都公団編（1984）：土木工事設計要領（案）整地編，一部加筆修正）

カーを設置したり，擁壁の背面を地盤改良することもある．さらに，水抜き孔が詰まっているときには裏込めの砂利を取り替えることも考える．擁壁に欠陥が発見された場合，それはその宅地全体が欠陥であることを暴露したことになる．この点を十分に認識して，技術者は性能の優れた擁壁の設計・施工を心がけるべきである．

とくに，先にも述べたように，高さ2m以下の擁壁で水抜き孔の存在しないものについては注意を要する．このような小規模な擁壁については，これまで法的なしばりを受けなかったこともあり，水抜き孔を設けないこと自体が手抜きであることを証明しているようなものである．擁壁が崩壊すれば，当然建物も無事では済まない．小規模な擁壁については，あまり気にすることもなかったが，これからは擁壁の健全性も建物と同じくらい重要であることを認識してほしい．

［藤井　衛］

■2 擁壁もどきのがけ（筆者撮影）

1-25 杭は強いか

【テーマ】杭基礎 　　　　　　　　　　　　　　　　　　　　　　　　　1　安全・防災・耐震

●ウォーターフロントの建物の下

　海に面して船の行き来を眺めながら暮らすことのできるウォーターフロント．都市再生の一環で，多くの高層住宅が建つ．ところが，このような場所のほとんどは軟弱地盤か埋立て地盤である．たとえば東京湾周辺では軟弱地盤が20〜60mの深さまであり，建物はその下の固い地盤に杭で支持されている．地上60m，20階建物の，目に見えている部分は60mであるが，目に見えない地中には60mの杭があり，実は120mの建物であることが多い．このような建物において，健全な杭，耐震性の高い杭を構築することは，上部構造を健全に構築することと同じくらい大切なことである．

●杭の地震被害はどのようなものか

　■1は1995年兵庫県南部地震で被災した，芦屋市のウォーターフロントに建つ高級住宅である．上部構造はほとんど無被害であったが，じつは杭が破壊して建物が大きく傾いてしまった．杭は既製コンクリート杭（PHC杭）であり，■2のように圧壊とせん断破壊を生じて建物を支持することが不可能になった．

　上部構造はほとんど無被害であるから，新たに杭を造成し建物の傾斜を修正すれば再使用することができる．しかし，住民の多くが建物の資産価値の低下を問題とし，取り壊して同じ所に新築した．取壊しによる廃棄物，新築によるエネルギー負荷等，杭の被害は環境負荷の増大をももたらす．

　このように建物の杭の地震被害の特徴は，以下のとおりである．

①建物の杭が破壊しても，ほとんどの場合，建物が傾斜するだけで，建物の崩壊には直接影響しない．そのため，「人命の安全」にはあまり関係がないことが多い．

②建物の杭が破壊して建物が傾斜すると，そのままでは住めなくなるので補修するか建直しが必要となる．その際上部構造に比べて大きな費用が必要となる．また，補修しても資産価値が低下したと判断されることもある．

●杭の耐震設計は妥当か

　現行の耐震設計にかかわる法律（建築基準法）では，杭の設計において，大地震時の安全性を確認することを義務づけていない．すなわち，法律では大地震時に杭が壊れて，建物が傾くことを許容している．この理由は，法律の目的が建物の最低限の性能を確保することであり，大地震時の最低限の性能は，「人命の安全」を確保することだからである．

　したがって，大地震時の杭の設計を行わなくても法律違反とはならないため，ほとんど行われていないのが現実である．その結果，■1のような被害を防止することができない．

　大地震時の杭の設計が行われているのは，建築主や設計者がこの問題を認識し，大地震後も継続して使用したい，資産価値を確保したいと考える場合だけである．なおほとんどの建築主は，このような問題があることを認識していないと考えられるため，設計者はよく説明し了承を得ておくことが重要と考える．

　今後の都市再生においては，「人命の安全」のみを目標とした性能が最低限の建物を多く建てるよりも，資産価値の高い建物を多く建てたいものである．それによって，建物の取壊し・建替えによる環境負荷の増大を避けるべきである．

●どのような場合が危ないか

　ウォーターフロントや埋立て地盤，軟弱な田や沼に盛り土したような地盤では，液状化やそれに伴って地盤が数メートルも流動してしまう現象（側方流動）が発生する危険性がある．このような場合には，大地震時に大きな力が杭に作用して，杭が破壊して建物が傾斜する可能性が高い．液状化対策を行って，液状化そのものを防止するか，詳細な解析により杭の耐震性を確認することが望ましい．

　1995年兵庫県南部地震では，杭の破壊と大きな変形によって上部構造が破壊した，以下の二つのケースがあった．これらは，いずれも液状化と側方流

■1　1995年兵庫県南部地震で被災した建物　上部構造は無被害（筆者撮影）

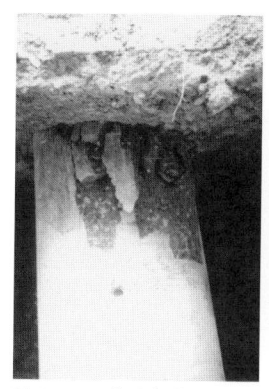

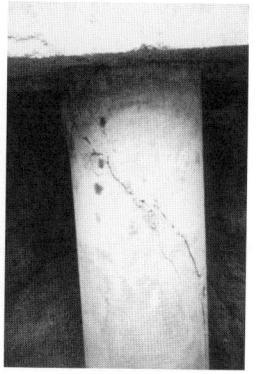

■2　1995年兵庫県南部地震で被災した建物の杭の被害（筆者撮影）

動が原因である．地震発生がたまたま朝で建物内に人がいなかったため，人命喪失には至っていないが，設計上は「人命の安全」を確保することが困難な状況であり，設計に配慮するべきである．

①地山と埋立て地盤にまたがって建っていた市立西宮高校では，埋立て地盤中にある杭が側方流動によって破壊して，大きな沈下を生じた．地山の中の杭は沈下しなかったため，大きな不同沈下が生じ，地山と埋立て地盤の境界において，基礎梁や梁，1階柱を破壊して，建物を層崩壊させた．

②ポートアイランドなどの埋立て人工島に建つ倉庫では，海側の杭が側方流動によって大きく水平移動し上部構造のブレースや梁を破壊していた．このような建物では，海岸線と直角方向に基礎梁がつながっていないことが多く，杭の水平変位が上部構造を破壊する原因となる．

●場所打ちコンクリート杭は強いか

場所打ちコンクリート杭は，コンクリートの断面が大きいため大きな圧縮力に耐え，さらに鉄筋によって大きな引抜き力にも耐えられる．超高層建物に最も多く用いられ，都市再生の杭の主役になっている．最近まで場所打ちコンクリート杭の地震被害は報告されていなかったが，1995年兵庫県南部地震において，初めて場所打ちコンクリート杭の被害が報告された．その原因は，液状化による側方流動，施工不良による劣悪な杭頭コンクリート，大きな引抜き力による鉄筋の破断等であった．

場所打ちコンクリート杭の施工の良し悪しは，杭の品質を左右する最も大きな要因である．施工法には3種類あるが，建物に用いられているのはアースドリル杭工法である．アースドリル杭工法は，ドリリングバケットを回転させて地盤に孔を掘削し，その孔に鉄筋かごを挿入し，コンクリートを打設する工法である．地盤に孔を掘削する際に孔が崩れないように，安定液（水よりも少し比重が大きく，かつ少し粘性が大きい液体）を孔の中にはることが特徴である．トレミー管（口径250〜300 mmの鋼管）を安定液の中に挿入して，それを用いてコンクリートを打設する．安定液や地盤の削りかす（スライム）と混ぜないように，通常はバイブレーターをかけていない．

したがって，上部構造の柱や梁のコンクリート打設と異なり，施工管理を確実に行わないと，コンクリート強度が確保できない．なお設計においては，杭頭部のコンクリート強度が出にくいことを考慮して，許容圧縮応力度を，上部構造の柱や梁の値の1/1.5に低減して用いている．

また上部構造では考えられないことではあるが，場所打ちコンクリート杭の鉄筋かごを作製する際に，主筋とフープ，スペーサー，補強バンドなどを溶接（フレアー溶接あるいはスポット溶接）することが多い．これらの溶接が鉄筋の靭性を低下させることは明らかである．とくに最近では高強度の太径鉄筋が用いられるが，それらの鉄筋では溶接による靭性の低下が著しいので，避けるべきである．無溶接工法がいくつか提案されているので，とくに地震時の応力が大きい杭頭部にはそれらを用いて耐震性を確保するべきである．

［小林勝已］

1-26 台風と強風のハザード

【テーマ】強風危険度　　　　　　　　　　　　　　　　　1　安全・防災・耐震

●頻発する強風災害

室戸台風（1934），枕崎台風（1945），洞爺丸台風（1954），伊勢湾台風（1959）のような1000人を超える死者を出す台風被害が数年おきに発生していた時代は，台風の予報精度が十分ではなかった．これに対して，気象衛星が発達した現在は，台風の規模・進路さらに降雨量の予報が逐次配信されるため人的被害は激減した．また，建物の強度も昔に比べて向上しており，1991年の台風19号（台風9119号）とそれ以前の顕著な台風を比べると，建物の全壊率が1桁以上低くなっている[1]．それでも台風9119号では5679億円，2004年の台風18号では3823億円など，高額の損害保険金が支払われており，観測史上最多の10個の台風が上陸した2004年の損害保険金の支払額は，過去最高の7000億円を超えた[2]．将来的には，地球温暖化の影響で巨大台風が増えるという予測もあり，強風災害低減への取組がますます重要となる．

●強風災害の特徴

台風9119号による住家の被害調査結果によると，建物被害全体の7～8割が屋根被害で，その他が外壁，窓ガラス，開口部などの被害であり，ほとんどが外装材の被害である[3]．この傾向は，住家以外の建物でも同様であり，外装材の耐風設計がきわめて重要であることを示す．屋根の強風被害を低減するためには，屋根葺き材を構造部材にきちんと緊結する必要がある．とくに屋根端部では，軒先からの剥離流の影響で大きな負圧が作用するため注意が必要である．当然のことながら，これは建築基準法告示や建築物荷重指針[4]に反映されているが，小規模な建物では十分な対応がとられていない場合も多い．

耐風設計が行われている建物でも被害が生じる場合がある．大規模金属屋根の強風被害をみると，屋根葺き材の緊結部が日射による部材の熱伸縮の影響で疲労損傷を起こし，耐力低下したことで強風時に破損した例が報告されている[2]．このような経年劣化による影響についても耐風設計時に考慮する必要

がある．また，ドーム屋根膜材の破損事故では，テフロン膜とテフロンコーティングされた押さえケーブルの接触部に砂などの微粒子が挟まり，それが長年擦れ続けたことでテフロンコーティングが剥げ，膜材の強度が低下したことが原因と報告されている[2]．この要因も設計当時は想定されていなかったものであるが，現在では接触部に当て布を設置することで耐力低下を防いでいる．

●飛散物による被害

屋根葺き材，ガラス，看板，立木などが強風で破損するとそれが飛散物となって2次災害を発生させる．2005年にアメリカ・ニューオリンズを襲ったハリケーンカトリーナでは，■1のように高層ビルのガラスが大規模に破損した．現地の被害調査結果によれば，ガラスが破損した部屋では，必ず小石のような飛散物が発見されている．このため，風荷重による破損ではなく，隣接する建物の屋上に設置されていた屋根葺き材の押さえ石が強風で飛散し，その衝突によってガラスが破損したと考えられている[5]．日本では，屋根葺き材の押さえとして小石を使うことは少ないが，十分注意が必要である．

住家の場合，飛散物で風上面のガラスが破損し，大きな開口が生じると建物の内圧が瞬時に上昇し，屋根面の負圧と相まって屋根全体が飛散する場合がある．また，一般のビルでも上昇した内圧と側壁面の負圧が相まって，大規模なガラスの破損が生じる恐れがあるので注意が必要である．このように飛散物対策は重要であるが，いまのところ設計にかかわる規定はないため，飛散物の被害が懸念される場合は，雨戸などの防護策を講じることが望ましい．

●台風以外の小規模気象擾乱による被害

2005年12月に発生したJR羽越本線特急列車の脱線転覆事故は，寒冷前線帯の発達した積乱雲に伴う非常に小規模な竜巻あるいはダウンバーストによるものと考えられている[5]．竜巻やダウンバーストによる強風災害は毎年のように報告されているが[2]，残念ながら現在の気象観測網では，これらの

小規模気象擾乱を事前に予測することは困難である．強風に関して，気象庁が試験配信をはじめた緊急地震速報のような直前予報を行うためには，上空風速を広範囲にとらえることができるドップラーレーダーによる観測網を高密度に配備する必要がある．しかし，小規模気象擾乱の特性は未解明な部分が多く，観測網の整備にも多大な予算が必要であるため，国家的な取組が不可欠である．このため，国や自治体の主導で気象学，風工学などをはじめとする各分野の研究者による横断的な研究が行われることが望まれる．このような強風観測網が整備され，きめ細かな予報が配信されるようになれば，強風災害の低減に大いに役立つと期待される．

● 今後の耐風設計の課題

外装材の耐風設計は，建築設計者と構造設計者の狭間で，建材メーカーや施工者に任せきりになってしまうことがある．しかし，外装材は建物内部の財産や環境を保全する重要な要素であり，建設コスト的にも多くの割合を占めるため，事業者，研究者，建築設計者，構造設計者，建材メーカー，施工者が一体となって耐風安全性の確保に努める必要がある．たとえば，ダブルスキンファサードでは，アウタースキンの開口部の設置状況によって風荷重が複雑に変化する．また，室内への通風を目的としてインナースキンを開閉可能としている場合，その開閉状態によっては室内圧が大きく変化し，設計で想定しているものより過大な風荷重が作用する場合があるため，慎重な耐風設計と運用規定が求められる．

建築物荷重指針[4]では，限界状態設計が推奨されているが，ほとんどの場合，従来の許容応力度設計に基づいて設計が行われている．これは，風荷重評価時の各種パラメータや建物強度のばらつきの情報が十分でないことに起因する．風荷重の予測精度を向上させるためには，風工学分野における継続的な研究が必要であり，とくに，ばらつきの主要因である強風ハザードの予測精度向上に関しては，自然風観測と数値シミュレーションによる新たな取組が期待される．限界状態設計の普及が遅れているもうひとつの要因としては，限界状態設計への理解がいまひとつ高まっていないことがあげられるが，これについては，設計者，事業者，ユーザーなどへの地道な啓蒙活動が必要であろう．

兵庫県南部地震や新潟県中越地震では，工場やオ

■1 ハリケーンカトリーナによるニューオリンズのハイアットホテルの強風被害（撮影：Bill Haber [AP Photo]）

フィスビルが大きな被害を受け，企業活動に多大な影響が生じた．災害時の企業活動の継続性は大変重要な課題であり，BCP (business continuity plan) あるいは BCM (business continuity management) に対する取組が行われている．BCP を構築し BCM を遂行するためには，災害に対する企業全体としてのリスクアセスメント，リスクマネージメントが必要となる．地震災害リスクに関しては，かなり研究が進んでいるが，強風災害リスクにかかわる研究は少なく，まだその緒についたばかりである．今後の研究に期待したい．

耐風設計に携わる技術者として，過去の強風災害に学び，同じ被害を繰り返さないことを心に銘じたい．

［近藤宏二］

文献
1) 日本建築センター（1993）：台風9119号被害調査研究報告書，日本建築センター出版部．
2) 日本建築学会災害委員会強風災害調査 WG（2006）：2004年の強風被害とその教訓―強風被害が残したもの，日本建築学会．
3) 日本風工学会風災害研究会（2000）：強風災害の変遷と教訓，日本風工学会．
4) 日本建築学会（2004）：建築物荷重指針・同解説，丸善．
5) 日本風工学会ホームページ：http://wwwsoc.nii.ac.jp/jawe/research/index.html

1-27　性能設計と強風の発生確率

【テーマ】風　　　　　　　　　　　　　　　　　　　　　1　安全・防災・耐震

●性能設計と再現期間

一般的に構造物の安全性を議論するためには二つの要素を同時に議論する必要がある．一つは「何をもって安全と判断するか」といった判断基準の設定であり，もう一つは「判断基準を構成する荷重レベルはどの程度のものにすべきか」である．原則的にこれらの内容は社会のコンセンサスをもとに決める必要があるが，設計者はじめ専門家集団と施主など一般消費者との間にコミュニケーション手段（共通言語）がないため，必要最低限度を規定した法令のみが判断基準として用いられているのが現状である．一方，最近提唱された「性能設計」においては必要最小限の条件は法令に規定し，それ以上の安全性は基本的に設計者と施主（消費者）とのコミュニケーションによって決めるものとしており，消費者が異なる文化的背景や経験をもった場合は多様なレベルの安全性が要求されることも予想できる．

一方，建築物の耐風設計の場合は大別して使用性設計と構造安全性設計とに分けることができ，それぞれ異なる荷重レベルに対して検討が行われるが，荷重レベルの設定にはある程度の幅が存在する．たとえば，使用性設計における居住性評価のためには平均して1回/年〜1回/10年の頻度で発生する強風を対象としており，構造安全性設計では1回/50年〜1回/500年の頻度で発生すると予想される強風を対象に設計が行われる．ここでいう再発生するまでの平均時間，すなわち1〜500年などを再現期間といい，現行規基準類に取り入れられている．設計者と消費者とが強風の再現期間の設定に合意を得ることも強風に対する性能設計への一歩である．

●再現期待値と極値分布

合意に達した再現期間に見合う荷重レベルを決めるためには荷重の原因となる物理量，たとえば風速や地震の最大加速度等の確率分布を知る必要がある．風の場合，1年間の10分間平均風速のなかの最大値を基本データと考え，これを年最大平均風速とよび，年最大平均風速のようにある一定の期間における最大値や最小値の確率分布が極値分布である．極値分布を推定する統計的推定方法としてはいくつかの方法があり，専門家の間で活発な議論が行われているものの，すべての場合に適した方法はまだ存在しない．したがって，極値分布の統計的推定は推定を行う側の経験や知識などに大きく依存するものといってよい．また，正確な推定を難しくするもうひとつの要因はデータの数である．たとえば，ある事象 X に対する確率をその発生頻度で定義すると，任意の閾値 x を超えない確率，すなわち非超過確率 $F(X \leq x)$ は次のように定義される．

$$F(X \leq x) = \lim_{N \to \infty} \frac{1}{N} \sum_{i=1}^{N} I\{x_i \leq x\} \quad (1)$$

ここで，N は基本データの数であり，x_i はそれぞれの基本データを表す．また，$I\{x_i \leq x\}$ は括弧のなかの条件を満たす場合は1，そうでなければ0を与える指標関数である．この式は正確な確率を知るためには無限に多い基本データが必要であることを意味し，これを広義の大数の法則という．

一方，再現期間 T に対する非超過確率 P_T はおおよそ $P_T \approx 1 - 1/T$ となり，$F(X \leq x) = P_T$ を満たす x を再現期待値とよぶ．再現期間 T に見合う荷重レベルはこの再現期待値をもとに評価される．これが適当な再現期間を決めることが性能設計への一歩といったゆえんである．

●極値分布の種類

極値分布の種類は，基本データを生み出す現象の統計的特性が時間に対して独立であれば三つの種類に限られ，それぞれ次の式で表される．

I型（Gumbel）：$F_{\mathrm{I}}(X \leq x) = \exp(-e^{-x})$,
$$-\infty < x < \infty \quad (2)$$

II型（Fréchet）：$F_{\mathrm{II}}(X \leq x)$
$$= \begin{cases} 0, & x \leq 0 \\ \exp(-x^{-c}), & x > 0 \end{cases} \quad c > 0 \quad (3)$$

III型（Weibull）：$F_{\mathrm{III}}(X \leq x)$
$$= \begin{cases} \exp(-(-x)^c), & x \leq 0 \\ 1, & x > 0 \end{cases} \quad c > 0 \quad (4)$$

式からわかるようにⅠ型分布は確率変数 x の上下限をもたない分布であり，Ⅱ型およびⅢ型分布はそれぞれ下限と上限をもつ．年最大風速の場合Ⅰ型とⅢ型が適するといわれているが，議論はまだ続いている．■1にⅠ～Ⅲ型分布を二重指数確率紙にプロットしたものを示す．

一方，統計的特性の時間に対する独立性は強風のような自然現象においてはなかなか満たされなく，そのような場合，極値分布の種類はもっと多くなるため，特定の分布に基づく推定には限界がある．それゆえ，近年では式(2)～(4)のような個別モデルを使わず，次式で表される一般化極値分布を用いた検討が多く行われている．

$$F(X \leq x) = \exp\left\{-\left(1+k\left(\frac{x-\mu}{\sigma}\right)\right)^{-1/k}\right\} \quad (5)$$

ここで，μ は位置パラメーターであり，σ はスケールパラメーターである．また，k は形状パラメーターとよばれるものであり，その値によって極値分布の種類が決まる．すなわち，$k=0$ の場合Ⅰ型分布となり，$k>0$ の場合はⅡ型分布，$k<0$ の場合はⅢ型分布となる．

● 大数をめざして

正確な極値分布を推定するためには式(1)からわかるように無限に多いデータが必要であるが，年最大値のみを用いた場合は現実にそのような数のデータは存在せず，100前後の少ない数の年最大平均風速データを用いて極値分布を推定するのが現状である．このように少ないデータをもとに極値分布を推定した場合推定誤差が大きくなり，適当な再現期間を決めたとしても評価される荷重レベルに大きな不確定性が残ることになる．このような問題点を解決するためにいくつかの手法が検討されており，大きく分けて二つのカテゴリーに分類することができる．すなわち，観測記録のみに基づく方法と，少ないデータを補足するためにモンテカルロシミュレーションを利用する方法である．強風を対象とした前者の例としては Peaks Over Threshold（POT）モデルに基づく方法[1]と Method of Independent Storms（MIS）や修正MIS[2]が試されている．一方，モンテカルロシミュレーションを用いたものとしては台風シミュレーション[3]とマルコフ連鎖モンテカルロシミュレーション手法[4]などがある．

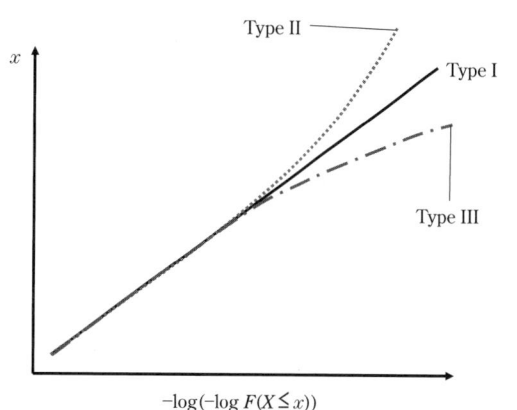

■1 二重指数確率紙にプロットした極値分布の形状

● 非定常性の取扱い

自然現象の統計的特性は厳密には時間とともに変化し，このような統計的特性の時間依存性を専門用語では非定常性という．非定常性を有する現象の極値分布は多くの場合式(5)の一般化極値分布モデルで近似できるといわれているが，非定常性の強い場合はモデルの適用に限界があり，モデルの限界を乗り越えるためいくつかの試みが行われている．これらの試みを大別すると，一般化極値分布モデルに基づく方法と，モンテカルロシミュレーションに基づく方法に分けられる．前者は式(5)における位置パラメーター μ とスケールパラメーター σ の推定に時間に依存する助変数（covariate）を導入する方法であり[5]，後者の場合は母集団の分布特性の多様性をモンテカルロシミュレーションで再現する方法で，極値分布を推定には式(1)を用いる．その一例として一般化ブートストラップ法を用いた手法[6]がある．

〔崔 恒〕

文献
1) Simiu, E. and Hackert, N. A. (1995)：Extreme wind distribution tails：A "Peaks Over Threshold" approach. *J. Struct. Eng., ASCE*, **122** (5)：539-547.
2) Harris, R. I. (1999)：Improvements to the Method of Independent Storms. *J. Wind Eng. Indust. Aerodyn.*, **80**：1-30.
3) ASCE (2005)：Minimum Design Loads for Buildings and Other Structures.
4) Dukes, M. D. G. and Plautikof, J. P. (1995)：Estimation of extreme wind speeds with very long return periods. *J. Appl. Met.*, **34**：1950-1961.
5) Coles, S. (2001)：An introduction to statistical modeling of extreme values, Springer.
6) Choi, H. and Kanda, J. (2005)：An approach to the extreme value distribution of non‐stationary process. *Proc. Cherry Bud Workshop 2005*：90-98, Keio Univ., Japan.

1-28 台風を分解する

【テーマ】台風被害　　　　　　　　　　　　　　　　　　　　　1　安全・防災・耐震

● 台風の発生

　台風は熱帯性低気圧の一種である．熱帯性低気圧は，強い旋回性の強風で，熱帯地方の海上で主として温暖季に発生する．地球が回転しているため，コリオリ力によって北半球では左回転の，南半球では右回転の渦巻が形成される．北西太平洋では台風，南太平洋やインド洋ではサイクロン，北東太平洋，中部北太平洋，北大西洋，カリブ海ではハリケーンとよばれ，風速の定義が若干異なるが，同じ仲間である．台風は中心付近の最大風速（10分間平均）が17 m/s以上になったものをいう．台風の大きさは風速15 m/s以上（強風域）の半径で定義し，50 kmから1000 kmにも及ぶ．500 km以上を大型，800 km以上を超大型という．ちなみに，強風域の中の平均風速25 m/s以上の領域を暴風域とよぶ．台風の強さは最大風速で分類し，33 m/s以上を「強い」台風，44 m/s以上を「非常に強い」台風，54 m/s以上を「猛烈な」台風とよんでいる．中心付近はホットタワーあるいは眼とよばれ，その中の空気は乾燥して軽く，眼の周辺でゆっくり上昇している．眼の外側は大きな渦をなしており，湿った暖かい空気が周辺から集まり，上空で外側に向かって流出する対流をなしている．このため，眼の周辺には高い積乱雲が生じ，レインバンドとよばれる螺旋状の雲群が形成される．台風の高さは10～12 km程度であり，直径と高さの比を考えると，コンパクトディスクのような薄っぺらな渦であることがわかる．

　日本では毎年1月1日以降に発生した台風から順に1号，2号と番号を付けてよんでいる．国際的には，Damreyから始まりSaolaで終わる140個の名前があらかじめ用意されており，2000年から順に用いられることとなった．台風の年間発生数は平均27個であるから，ほぼ5年ごとに同じ名前が繰り返すことになる．

● 台風の風速記録

　台風でどのくらいの風速が吹くのであろうか．日本の平地で公式に記録された最大（平均）風速は室戸岬の69.8 m/s（台風23号，1965）であり，最大瞬間風速は宮古島の85.3 m/s（第2宮古島台風，1966）である．風速85 m/sはじつに時速300 kmに相当し，仮に85.3 m/sの強風に大人の人間が曝されたとすると，体重の3倍以上の力が作用する．つまり3 G以上の地動加速度を受けたと同じこととなる．

　瞬間風速が30 m/sを超えると，屋根瓦などの屋根葺材や看板，あるいは軽微なトタン屋根などの飛散が始まる．瞬間風速が50 m/sを超えるような状況では，重い御影石でできた墓石すらも転倒し，屋根瓦，鉄板，角材，石礫などおびただしい飛散物が，ほぼ風速と同じ速さで飛び交う凄まじい状況となる．

　飛散物対策が，建物や人命を守る重要な鍵となる．

● 大きな災害をもたらした台風

　昭和以降に1000人以上の死者を出した台風は七つある．しかし，1959年の伊勢湾台風以来，1000人を超える死者数は出ていない．死者が激減した理由は，気象予報技術やテレビなどによる情報伝達手段の進歩と普及である．経済成長による住宅等の建築物の質の向上も与っている．しかし，経済的損失が減ったわけではない．1991年の台風19号での損害保険支払額は5679億円に達し，一つの自然災害で支払われた損害保険金額の史上最高を記録した．2004年も台風18号では3823億円が支払われ，計10個の上陸台風による総支払額は7274億円にも達した．世界的には，自然災害による経済的損失の85 %以上が風によるものといわれており，インドなどでは，サイクロンで10万人，20万人に及ぶ死者がいまだに頻出している．熱帯低気圧の人類に与えるインパクトはきわめて甚大である．

　日本では大方の関心が台風より地震に向けられる．2004年10月20日の台風23号では多数の死者が出て，多くの家が失われた．しかし，わずか3日

■1　昭和以降のおもな台風と被害例

台風	年	死者不明	全半壊	浸水
室戸	1934	3036	92740	401157
周防灘	1942	1158	102374	132204
枕崎	1945	3756	89839	273888
カスリン	1947	1930	9298	384743
洞爺丸	1954	1761	207542	103533
狩野川	1958	1269	16743	521715
伊勢湾	1959	5098	833965	363611
19号	1991	63	14538	23325
23号	2004	98	8655	55409

■2　台風によって飛散した折板屋根による2次被害（筆者撮影）

後に新潟県中越地震が発生すると，マスコミの関心は地震一色となり，台風23号の被災者はすっかり忘れ去られた．ちなみに，死者行方不明者は，新潟県中越地震の48名に対し，台風23号では98名であり，台風23号の方が多いのである．台風は予報が可能なため心理的インパクトが小さく，地震災害に較べてその怖さを過小評価されがちであるが，経済的側面だけでなく，国家安全保障などの面でも，風災害の社会に与える影響はきわめて甚大なのである．

●台風による建物被害の特徴

　風力は建物の表面から作用する．風による建物被害の特徴は，この事実に起因している．多くの被害は外装材の局部的破損に端を発する．外装から引き剝がされていくようなプロセスをとることがほとんどである．窓などの開口部や屋根の軒先など局部的な被害により，室内あるいは屋根裏の圧力が上昇して，屋根全体を持ち上げる大被害に発展することもある．風被害の特徴は，軒先での局所的な被害から建物全体にわたる大きな被害まで，それぞれが強い「被害の相関」をもつことである．また，瓦や鉄板などの屋根葺材や屋根骨組が破損した場合，それらが飛散物となって風下側の建築物に衝突したり人にぶつかるなど，2次被害の発生する恐れもある．飛散物によって風下側の建築物のガラス窓などが破壊すると，さらに全体被害につながり，新たな飛散物となって風下側を襲うというシナリオも考えられる．つまり，「被害の連鎖」を生じるのである．看板などの付属物の被害も数多い．外装材と同様，耐風設計では，たとえ付属物であっても軽々に考えてはいけない．鉄板や看板等の飛散物が電柱や電線に引っかかり，受圧面積を増加させて，それらの被害を助長することもある．

　強風時はおびただしい飛散物が飛び交っている状況を想定しなければならないが，法令に定められていないため，構造設計者はこのことをほとんど考慮しない．飛散物に対する考慮をより強く意識し，雨戸やシャッターの重要性に目が向けられなければならない．

　台風が接近すると，風速が徐々に上がり，種々の被害が風速段階ごとに発生し，最大風速に達して最大の被害が生じる．眼が通過する場合は，風速がいったん収まり，再び上昇して最大風速と同程度の風速値を記録し（吹き返し），やがて収まる．台風の通過は数時間に及ぶことがあり，徐々に破壊されていった建物は，その都度，建物形状も構造特性も変化していく．おびただしい飛散物が地上や屋上に散布しており，2次被害のポテンシャルは高まっている．2度目の風速上昇時は，建築物は空力的にも耐力的にも悪化した状態で強風を迎えることとなり，被害はより甚大となる．人的被害も一時的な静穏時に屋根の修理に上がったり，船の舫いを確かめに行ったりして発生することが多い．

　台風被害の報告書によれば，被害の最も多い箇所は屋根周辺部や開口部であり，飛散物の影響，地形の影響なども重要であることが述べられている．仕上げ材緊結やメンテナンスの重要性も強調されている．結論だけをみると，いつ書かれたものか区別がつかないくらいに，同じことが繰り返し指摘されている．防災の重要なポイントは，原因の究明や耐風設計マニュアルの整備もさることながら，何よりもそれらの「履行，実行」である．　　　　［田村幸雄］

1-29　竜巻とダウンバーストを分解する

【テーマ】突風被害　　　　　　　　　　　　　　　　　　　　1　安全・防災・耐震

●積乱雲に起因する小規模気象擾乱

　地表面や海面付近の空気の温度が上空よりも高い場合，下層の空気のほうが上層の空気よりも軽いため，不安定な状況となる．これを補償すべく，下層の空気が上層に向かって上昇し，上層の空気は外に拡がり，対流が発生する．下層から上層に向かった空気は凝結して積乱雲となり，成長，成熟，減衰する．成長期は強い上昇流をもち，上昇する空気中の水蒸気が凝結するときの凝結熱による浮力が上昇流を維持する．成熟期には激しい降水と冷たい下降流が発現し，減衰期には上昇流や降水が弱まり，やがて消滅する．成長期の上昇流により，雲の頂部が対流圏上部付近に達すると，霰，雪などの氷粒や，雨粒を形成する．成熟期の始まりでは，形成された大きな雨粒や氷粒が上昇流に打ち勝って下降し始め，周囲の空気を引きずり降ろす結果，対流圏中層から下降流が始まる．落下中の氷粒が溶けて水粒に変わるとき周囲の熱を奪うため，下降流が強まる．水粒も，雲底より下に達すると，空気が未飽和のため蒸発し，気化熱によって周囲の熱を奪い，下降流はさらに強まる．このため，冷たい空気の塊が雲底下に溜まり，これが地表に向かって強く流れ出すことによって地表付近で突風が発生する（小倉義光(1984)：一般気象学，東京大学出版会）．ダウンバーストである．冷たい空気が暖かい空気の中に突っ込んでいくことから，小規模な寒冷前線ともみなせ，強く吹き出す気流の先端部分をガストフロントとよぶ．水平に拡がる吹出し半径がおよそ4 km以下の小型のものをマイクロバースト(microburst)，それ以上のものをマクロバースト（macroburst）と呼んでいる．積乱雲の移動速度が大きいと，これと重なってより大きな突風が吹くことになり，吹出し風速は70 m/sにも達する．突風前線の進む速さよりも突風の速さが速いため，気流は前線の上に巻き上がり，リング状の渦が形成される．このような突風が吹くと，上空の冷たい空気が地表に落ちてくるため，急激に気温が下がる．降雹を伴うことも多い．

　積乱雲は，多くの場合複数が同時に発生し，メソ対流系を形成する．メソ対流系にもいくつかの種類があり，気団性雷雨，マルチセル型雷雨，スーパーセル型雷雨などがある．対流圏下層の上昇気流域で低気圧性の強い回転がみられることがあり，スーパーセル型のメソ対流系の強い降水部分のレーダーエコーには，この回転によって水平面内でフック状をなす部分が観察される．竜巻は，このフックエコー付近で起きることが多い．上昇気流に伴って，なんらかの理由で空気が中心に向かって収縮すると，角運動量保存の法則に従って，上記の回転が強い竜巻の回転となって凝縮することが考えられる（小倉，前掲書）．

　これら竜巻やダウンバーストの研究はアメリカでさかんであり，その発生メカニズムなども比較的大型のアメリカでの事例をもとにするものである．必ずしも日本の竜巻やダウンバーストに当てはまるわけではなく，その発生メカニズムに関しては未解明なことが多い．

　竜巻もダウンバーストも積乱雲に起因し，被害の規模もほぼ同程度である．被害の痕跡だけから両者を区別することは難しい．台風などの低気圧や強い季節風に伴うことが多いので，竜巻であっても，必ずしも渦状の被害痕跡を残すわけではないからである．積乱雲は雷雲でもあり，現象的には雷を伴っている状況が多く，これらに起因する突風をサンダーストームとよぶことも多い．

●フジタスケール

　竜巻やダウンバーストの地上付近での風速が，風速計で計測されるケースはきわめて少なく，観測データとして十分なものがあるわけではない．被害の状況から判断されるのが普通である．その指標とされているのが，シカゴ大学のフジタ（Tetsuya Theodore Fujita, 1920-1998）の研究になるフジタスケール（1971）で，一般にF0〜F5の六つに分類されている．当初のフジタスケールは風速のみ

■1 フジタスケール (Fujita-Pearson scale)

スケール	強さの表現		風速 m/s
F 0	Gale	Weak	18～32
F 1	Moderate		33～50
F 2	Significant	Strong	51～70
F 3	Severe		71～92
F 4	Devastating	Violent	93～116
F 5	Incredible		117～142
F 6	Inconceivable	ありえない	143～169
～F 12	—		170～音速

■2 2004年6月佐賀の竜巻による木造建物の被害（撮影：東京工芸大学・松井正宏）

を区分するものであったが，National Severe Strom Forecast Center のピアソン (Allen Pearson) との論文 (1973) で，竜巻の経路の長さや幅を区分する要素を加味し，フジタ-ピアソンスケールとよばれるようになり，一般に普及した．

F 0 の Gale はいわゆる「強風」という表現であり，F 4 が「破壊的」，F 5 が「信じられない」というような表現である．フジタスケールは主観的な指標であって，完全なものではないが，容易に竜巻の強さや被害の程度を表現することが可能であり，広く用いられている．なお，フジタスケールは，さらに F 6 から，音速に相当する F 12 まで存在しているが，F 6 以上は実際の竜巻ではありえないとされている．

● 日本での竜巻やダウンバースト

日本では，年間 15 個程度の竜巻発生が報告されており，ほとんどが民家等の被害を伴っている．多くが海岸沿いの地域で発生しており，海上で発生したものが上陸するケースが少なくない．地域別にみた場合，沖縄が最も発生数が多く，鹿児島，北海道，高知，宮崎，静岡，富山，秋田，千葉，新潟と続く．日本での竜巻の 30％程度が台風に伴って発生するものであり，上陸台風の 40％が竜巻を伴っている（文字信貴 (1988)：日本の竜巻．気象のはなし，光田寧編著，技報堂出版）．沖縄，鹿児島で最も多いのは，台風によるものと考えられる．富山，秋田，新潟に関しては，冬季に日本海上で急激に発達する爆弾低気圧に伴う寒冷前線や強い北西季節風によって発達する積乱雲に起因するものである．

近年の日本での竜巻被害としては，1990 年の茂原の竜巻，2004 年の佐賀の竜巻が有名である．日本での竜巻はほとんどの場合 F 3 以下にランクされるが，茂原と佐賀の竜巻に関しては，フジタスケールでは F 4 程度であったともいわれている．

● JR 羽越線特急列車脱線事故

2005 年 12 月 25 日，JR 羽越本線・北余目駅と砂越駅の間，第 2 最上川鉄橋の南 300 m 付近の山形県庄内町榎木において，秋田から新潟に向かう 6 両編成の特急列車「いなほ 14 号」が，強風を受けて脱線した．折からの暴風雪のため，通常の速度 120 km/h より減速した 105 km/h 前後での運転中ではあったが，6 両すべてが脱線し，3 両が転覆し，死者 5 名，負傷者 33 名を数える大惨事となった．原因は，冬季の北日本日本海側に特有の竜巻あるいはダウンバーストであった．日本海上で急速に発達した低気圧から南に延びた寒冷前線に沿って形成された積乱雲列の移動に伴って，建物等の突風被害が長さ 12 km 以上にわたって直線状に発生しており，個々の被害は幅数十 m 程度のスポット的なものであった．被害の程度からは F 1 程度の突風と推定された．点在するすべての被害が竜巻であれば，タッチダウンを繰り返したものと考えられる．列車の脱線転覆は，この被害の直線が羽越本線を横切る場所で発生しており，列車の通過と突風の発生が時空間的にきわめて不幸な一致をした結果でもある．

竜巻やダウンバーストは，このように局所的で短期間の出来事であり，一般の構造物等では，陽な形では設計対象とされていない．台風などの強風と違って，特定地点での発生を事前に予報することもきわめて難しい．とくに，通常の気象観測のような地上付近の風の状況をとらえているだけでは，不可能といってよい．ドップラーレーダーなどによる地表から上空にかけての立体的な情報が不可欠である．

［田村幸雄］

1-30　都市に強風が吹く

【テーマ】ビル風対策　　　　　　　　　　　　　　　　　　　　1　安全・防災・耐震

●強風発生

　都市・建築と風とのかかわりは膜構造，吊構造，超高層建築などに代表される構造的問題と，ビル風に代表される都市環境問題がある．主として後者の環境的立場から都市の強風問題について述べる．

　都市に流れる自然の風が高層建築物の影響を受けることによって生じる強風発生のメカニズムは，風洞実験等による流体力学的視点からほぼ解明されているといってよい．さらに，そこで生じる強風エリアの範囲や増速率もほぼ検証されている．しかし，これらの知見は建物が単体あるいは少数の場合であり，かつアプローチフローも理想化されたものである．現実の都市は複雑な建物，地物などで構成されており，相互に複雑な影響を及ぼしあっているため，上述の知見がそのまま適用される状況はむしろ少ない．

　風は建築物と接するすべての箇所でなんらかの影響を受け，さらにその影響は後流に伝わり，新たな建物によって受ける影響も重なりあってきわめて複雑な挙動をする．したがって広域の都市空間を対象とする場合はもちろん，ある単体建物周りの強風を検討する場合にも，その建物高さの少なくとも2～3倍程度の周辺エリアの建物・地物群を考慮して風環境を検討する必要がある．

●建物による強風発生の代表例

　強風をもたらす流れの多くは建物風上角の剥離に伴うものである．建物の風上側の壁面にぶつかった流れは両側にあふれでるが，風上側の角では流線が込み合って増速し，これが地上に到達して地表で強風が発生する．とくに高層ビルでは一般に上空ほど強い風が吹くため，高層ビルの上方にぶつかった風は下方部に引きおろされ，上述のように下部の両サイドに強い速度をもって流れる．

　さらに建物による強風発生例としては狭い空間を吹きぬける縮流現象がある．これは，たとえば風上側と風下側に開口をもつ建物では，正圧側（風上面）から負圧側（風下面）への流れがこの狭い部分に集中するため強風が発生する．また，建物風上面に流れが衝突した結果，強い逆流が生じるという現象もある．

●強風による障害

　風による障害は環境的立場からみれば，①建築外装材に及ぼす影響，②歩行者障害，③一般生活障害，に大別される．最近では外装材耐風設計の重要性があらためて認識されている．

　歩行者障害については，従来より高層建築物周辺街路でのビル風発生が相変わらず問題となっている．近年は一般生活障害事例が増え，アーケード，ピロティ，場合によれば一般住宅への強風吹込みや，逆に換気・通風阻害，高層マンションのベランダや住戸の扉の開閉障害が問題になっている．さらに近年では風騒音の問題がクローズアップされる傾向にある．これは強風時にルーバー，バルコニー手摺，パンチングメタルなどの建物付属物から発生する音の問題であり，クレームや仕様変更の事例がいくつか報告されている．

●風環境評価の基本的考え方

　一般に高層ビル建設に伴う風環境の変化，あるいは，その場所・地域の風環境の評価を行うには強風の発生確率を考慮するのが通例である．「風が強い，弱い」は風速値の大小を意味しているが，「風の強い場所，弱い場所」という表現は確率・統計的な意味合いをもった表現であり，「強風の吹く頻度の大小」を表していると考えられる．地上付近では「風の強い場所」でも年中強風が吹き続けているわけではない．どちらかといえば，風の弱い時間帯のほうが多い．また「風の弱い場所」でも，年に数回から数十回は強風が吹くはずである．すなわち風環境評価問題は強風の発生頻度の問題に帰着されることがわかる．

　日本ではこの確率を考慮した風環境評価基準として，たとえば村上・岩佐・森川の評価基準がある（■1）．この基準は空間の使用目的に応じて風の影響を受けやすい順番にランク1～3の分類を行い，

■1 強風の出現頻度に基づく風環境評価尺度（村上・岩佐・森川（1983）：居住者の日誌による風環境調査と評価尺度に関する研究．AIJ論文報告集，No.325，pp.74-84 より）

強風による影響の程度		対応する空間用途の例		評価する強風のレベルと許容される超過頻度		
				日最大瞬間風速（m/s）		
				10	15	20
				日最大平均風速（m/s）		
				10/G.F.	15/G.F.	20/G.F.
ランク 1	最も影響を受けやすい用途の場所	（住宅地の商店街）	（野外レストラン）	10 % (37日)	0.9 % (3日)	0.08 % (0.3日)
2	影響を受けやすい用途の場所	（住宅街）	（公園）	22 (80)	3.6 (13)	0.6 (2)
3	比較的影響を受けにくい用途の場所	（事務所街）		35 (128)	7 (26)	1.5 (5)

注：1) 日最大瞬間風速：評価時間 2～3 秒 ┐ ここで示す風速値は地上 1.5 m で定義
　　　日最大平均風速：10 分間平均風速 ┘
　　2) G.F.：ガストファクター（地上 1.5 m，評価時間 2～3 秒）｛風の強い場所では 1.6～3.0 程度／風の弱い場所では 2.0～3.5 程度｝
　　3) 日最大瞬間風速 ｛10 m/s……ごみが舞い上がる．干し物が飛ぶ／15 m/s……立看板，自転車等が倒れる．歩行困難／20 m/s……風に吹き飛ばされそうになるなどの現象が確実に発生する｝
　　4) 本表の読み方　たとえば，ランク 1 の用途では，日最大瞬間風速が 10 m/s を超過する頻度が 10 %（年間約 37 日）以下であれば許容される

それぞれに対して許容される確率を提示したものである．たとえばランク 1 は風の影響を最も受けやすい用途の場所で，たとえば常時表戸を開放して営業する店舗街などがこれに相当する．店舗の営業者や住宅の居住者の場合，風害が発生したとき，一過性の歩行者と異なって簡単に回避することが難しいという意味で被害は深刻になる．逆にランク 3 は最も風の影響を受けにくい用途の場所で，事務所街の歩道などがこれに相当する．許容値が緩和されているのは被害が発生してもそれが一過性であるという理由に基づくものである．

● 風環境予測・評価手法

上述のように，風環境を予測・評価する場合には，予測すべき地点や地域の風速値をなんらかの方法で求める必要がある．このためには，従来より多く実施されてきた風洞模型実験のほか，近年ではCFD（数値流体力学）等が用いられている．それらの手法で得られる風速値に，対象地域の気象統計資料を併せることにより，特定の場所における強風発生頻度を予測することができ，前述の尺度に基づいて評価することが可能となる．いずれの手法においても現実の市街地では建物，地形，地物の再現精度が重要である．

● CFD による予測・評価

近年 CFD による強風の予測・評価が幅広く行わ

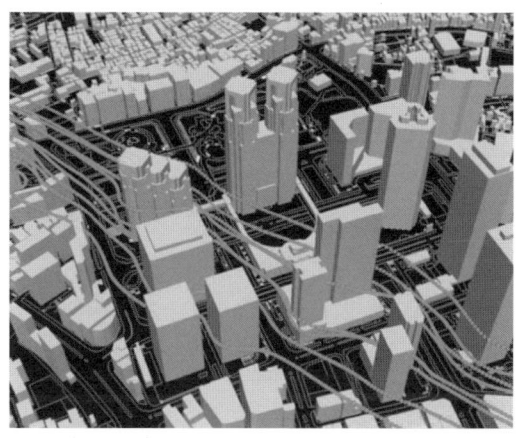

■2 東京・新宿付近の風の流れのCG（大成建設(株)エコロジー本部ホームページより）

れ始めた．しかし，市街地における気流性状は数多くの要因に影響され，すべてを計算体系に取り込むことは不可能である．そこでは評価地域ごとに解析範囲や計算スキーム，境界条件を設定することが必要である．さらにビル風の実用問題では，建物群の再現に時間・手間がかかることが多いが，近年では 3 次元 CAD と数値地図情報から自動的にメッシュ生成と境界条件設定を行って CFD を簡易にできるようなシステムも開発されている．この一例を■2 に示す．これは東京・新宿付近の風の流れを CFD で解析し，CG 化したものである．

［森川泰成］

1-31 風を再現する

【テーマ】風洞実験　　　　　　　　　　　　　　　　　　　　　　　1　安全・防災・耐震

●風洞実験とは

　近年では，台風接近時に大規模建築物の屋根葺き材がめくり上げられたり，突風によって列車が横転するなど，強風による建築物等の被害事例が多く報告されている．このような建築物の強風に対する安全性を評価したり被害防止策を検討するためには，まず実際に風を当ててみてその影響を確認することが近道であるが，実物大の建築物に強風を人為的に吹かせることは現実的ではない．そこで，風洞（wind tunnel）とよばれる文字通り筒状の限定された空間内に実物大の建築物に代わる縮尺模型を設置し，それに風を吹かせることによって生じるさまざまな影響を調べる実験を「風洞実験」とよぶ．

　毎年のように国内外で発生している台風等による構造物被害から中高層建築物周辺のビル風問題等にいたるまで，都市域での風影響に関する事象は風速の大きさや影響を及ぼす範囲がそれぞれ異なり，さまざまな様相を呈している．このような都市域で認められる風影響評価にあたり，風洞実験は欠かせないツールとなっている．以下では，風洞実験を行う際に必要となる条件やおもな実験の種類について概説する．

●風洞実験の前提条件

　風洞実験の前提条件として，風洞内でいかにして実際の現象を模擬するか検討する必要があるが，そのためには「相似則」という考え方が重要となる．相似則は一言でいえば，評価対象の建築物と同じ形状の縮尺模型に実際の風と同じ性質をもつ実験気流を作用させるために前提となる条件であり，以下の三つのポイントがあげられる．

　幾何学的相似条件：縮尺模型の形状と縮尺に応じた寸法を実際の対象とする建築物と一致させるということであり，風洞実験の最も基本的な条件となる．さらに風環境実験等の場合は，単体の建築物の形状だけでなく，その周囲の地形地物の幾何学的な状況も縮尺模型に反映させる必要がある．その他の幾何学的な相似パラメーターとして，接近流の乱れのスケールや境界層高さなどがあげられる．

　運動学的相似条件：縮尺模型に作用させる実験気流を，縮尺率に応じて実際の風の性状と合わせるための条件である．代表的な相似パラメーターとしては，平均風速，乱れの強さおよび乱れのスケールの鉛直分布ならびに変動風速のパワースペクトルの分布があげられる．建築物を対象とした風洞実験では，住宅が散在するような地域から密集市街地にいたるまでさまざまな地表面上を吹く風を対象とするので，この地表面の凹凸具合（粗度）に応じた実験気流を模擬する必要がある．具体的には，風上側にスパイアとよばれる障害物を置いたり床面上にブロックを敷き詰めるなどして乱れの度合を調節し，上記の相似パラメーターを考慮する．実務設計上は「建築物荷重指針・同解説」等の規基準類に規定された地表面粗度区分に応じて，鉛直分布のべき指数を定めて実験気流を模擬することが多い．

　力学的相似条件：空気力学的な現象を支配する物理量に関する比率を，実際の現象と風洞実験との間で合わせるための条件であり，代表的な相似パラメーターとしてはレイノルズ数，質量比，減衰定数等がある．

●風洞実験の種類

　建築物を対象とした風洞実験にはさまざまな種類があり，評価の目的に応じた実験方法を選択しなければならない．おもなものとしては以下のものがある．

　風圧実験：風圧実験では，多くの圧力測定孔を設けた模型表面に作用する風圧力を導圧チューブを介して圧力計によって測定を行う．各点で得られた風圧力は，基準高さ（通常は模型の屋根平均高さとする）での速度圧で規準化した風圧係数のかたちで屋根葺き材や外装材（カーテンウォール，サッシ，ガラス等）の耐風設計に供される．外装材等の設計用風圧係数は，すべての風向を考慮した最大値で規定されるのが一般的である．

　風力実験：風力実験は，おもに中高層建築物の

■1　風洞実験の例（筆者撮影）

構造骨組用風荷重を設定する際に実施される．風洞床面の下に固定した風力天秤とよばれる測定機器に剛体模型を取り付けて，X，Y軸方向の力とX，Y，Z軸回りのモーメントを測定する．ここで得られた風力データは，建築物の応答予測のための解析に用いることが可能である．

空力振動実験：たとえば，煙突のような軽量でアスペクト比が大きな建築物や減衰定数が比較的小さい中高層建築物等では，建築物自身が振動することによって生じる付加的な空気力の効果により風直角方向の振動が空力的に不安定な状態にいたる可能性がある．しかし上記の風力実験では，付加的な空気力による応答を詳細に評価することができないので，このような応答性状まで評価の対象として空力不安定振動の発生の有無を検討する場合は，建築物の減衰定数や質量比といったパラメーターを実際の建築物と合わせた弾性模型を用いて空力振動実験を行う必要がある．

風環境実験：たとえば低層建築物が密集する地域に中高層建築物が新たに建設されると，その建設地の周囲で風が吹く状況（風速の大きさや風向）は程度の差こそあれ変化することが容易に予想される．したがって，このようないわゆる「ビル風」問題等を対象とした風環境実験は，建設による問題や障害の発生を未然に予測したり防止策を講ずるために実施される．風環境実験の実施にあたっては，まず対象となる建築物を含む周辺の市街地の実況を幾何学的相似条件に基づいて模型に忠実に反映させる必要がある．そして，サーミスター風速計などを用いて風速を測定し，さらに測定点に旗などを立てて風向を把握することによって，建設前後による風環境の変化や障害防止策の効果を確認する．

気流可視化実験：以上の風洞実験を行うなかで，たとえば中高層建築物の壁面隅角部に隅切等を施すことで応答低減を図るといった流体力学的な制振方法の検討であるとか複雑な地形地物が影響する風速増大可能性の検討のように，建築物周りの気流を対象とした可視化実験を併用すればさらに効率よく応答性状や風環境を評価することが可能となる．一般の気流可視化実験は暗くした風洞内に分布する煙やトレーサー粒子等にレーザー光を照射することによって，2次元的（面的）な気流分布を視覚的に把握できるという利点があるが，従来の実験手法では定性的な評価が限界であった．そして近年では，面計測手法の一つとしてPIV（Particle Image Velocimetry）システムを用いた粒子画像流速測定法の開発が進んでいる．これは，レーザーの発光タイミングと高速度ビデオカメラのフレームレートとを同期させて可視化実験を行い，得られた画像にデジタル処理を施すことで面的な流速ベクトルを得るというものであり，定量的な評価まで可能になるという点で今後の展開が期待される．　　　［喜々津仁密］

文献
1) 日本建築学会（2004）：建築物荷重指針・同解説，丸善．
2) 日本建築センター（1994）：実務者のための建築物風洞実験ガイドブック，日本建築センター出版部．

1-32 風や水の流れを解く

【テーマ】ナビエ-ストークス方程式　　　　　　　　　　　　　　　　　　　　　　1　安全・防災・耐震

●流れは環境の基本

　地球上のどんな生命も流れる水や空気がないと命を保てない．空気や水など生命体の環境としての流れは，単にあればよいというものではない．流れが生命体の周りで移動し入れ替わることが，命の基本である代謝の絶対条件となっている．密封された流体中に閉じ込められた生命は必要な成分を環境たる流れから取り尽くし老廃物質で埋め尽くされてしまうと生命活動を停止する．陸上で暮らす人間にとっても，陸上の上の空気が移動し，生命活動に必要な酸素が供給され，排出した二酸化炭素などの老廃物が除去されることは，生命活動を維持していくための絶対条件である．空気の流れである風は，陸上で暮らす生命体の生存と活動の絶対条件であり，これを合理的に行うためには，風の流れ方を予測し，制御することが必要となる．

●陸上生命体の環境である流れる大気

　大気はきわめて薄い．大気の循環にかかる対流圏の高さは，飛行機の飛ぶ高さ，地上約 10 km 程度である．大気の重さ，圧力は，水銀柱で約 76 cm，水柱で約 10 m．地球の半径は約 6300 km である．大気の厚みは地球の半径に比べていかに薄いことか．海の平均的な深さは約 4000 m．空気の海の深さを水で測ると 10 m しかないのに比べてはるかに深い．大気の海は海水の海に比べてその容量は極端に少ない．人が大気の海を変えてしまうことも容易である．地球型生命体の一大勢力である葉緑素をもつ生命体は，この少ない大気の組成を数億年というスピードで，原始大気から大きく異なる組成に変えてきた．その大気の組成は，いま，人によりわずか数百年の年月という 100 万倍近いスピードで変えている．「地球温暖化」や「オゾンホール」による紫外線増加という地球型生命体の命さえ脅かす問題をひき起こすに至った．

●人や建物の周囲の流れの特徴

　人や建物の周囲の流れの工学的特徴を書き出すと以下のようになる．①非圧縮性（流れが向きを変える程度の圧力の変化で空気は実質的に膨張したり圧縮されたりしない）の乱流（大きなスケールの渦からきわめて小さなスケールの渦が不規則に重なり合っている），②ほとんどが 3 次元の複雑流れ，③定常流れも多いが非定常もある，④流体の密度変化による浮力を考慮する場合もある，などの特徴があげられる．

　建物や人にかかわる具体的な流れの解析としては，①強風時に建物に働く風荷重の解析，②ビル風の解析，③風による建物内の通風の解析，④建物周辺から排出される汚染質拡散解析，⑤ビル周辺で生じる風きり音の解析，⑥火災時の建物内の煙流動解析，⑦火災伝播解析，⑧スプリンクラー散水と煙の 2 相流解析，⑨飛び火などの小物体飛翔の解析，⑩空調される室内の温度，気流分布の解析，⑪衛生陶器（便器）や排水管内の水と空気の 2 相流解析，⑫水タンク内のスロッシングを利用した制振装置の解析など，さまざまな分野がある．これらは建物内もしくはその周辺の流れに関するものであるが，建物周辺の環境解析のためには都市スケール，さらには気象学的なメソスケールの流れ場解析も必要となっている．これら具体的な流れの多くは乱流である．乱流は平均流と不規則に変動する乱れ成分で特徴づけられる．

●ナビエ-ストークス方程式と乱流のモデル方程式

　流れは，古典力学の基本である，質量保存則と運動量保存則に支配される．流れは粘性をもっているので，粘性における変形と応力の関係も必要となる．運動量保存則に応力と変形の線形性の仮定（ニュートン流体の仮定）を組み入れた運動方程式をナビエ-ストークス方程式という．質量保存則から得られた連続の式とナビエ-ストークス方程式を組み合わせれば，流れは流れの初期値と境界条件を与えれば確定して解くことができる．ただしナビエ-ストークス方程式は，非線形方程式であり，解の存在条件がいまだ数学的に明らかにされていない．現在は，実現象に対応する境界条件を与えれば，解が得

られるものと信じて解析が行われている。またナビエ-ストークス方程式が非線形方程式のため，初等関数や級数展開を用いた解析的方法で解くことはほとんどの場合かなわない。現在は時間や空間を細かく解像して数値的に解くことで流れの解析が行われている。

ナビエ-ストークス方程式は，乱流現象も記述すると考えられている。乱流は空間的にきわめて細かく，また時間的に不規則に変動する無数の渦運動を含むため，数値的に解く際の時間や空間解像をこれら細かい渦運動まで適応して解析することは莫大な計算機演算量を必要とし，実質的に不可能なことも多い。流れの平均的な性状のみを表す乱流のモデル方程式をナビエ-ストークス方程式から導いて，これを数値的に解くことが多く行われている。

● 建物周囲や人の周りの流れの解析

建築工学で扱う流れ場には，①室内や建物内のように閉鎖空間内の空気流動と，②建物周辺の気流のように大気境界層内の物体周りの空気流動，の二つに大きく分類される。①の閉鎖空間の流れ場に関しては，さまざまな形態の循環流が生じる複雑な3次元流れを形成していることが多い。②の建物周辺の流れ場に関しては，建物の隅角部や煙突のような曲面部で流れが剝離し，その内側で3次元の循環流が形成されるような複雑な剝離流が解析対象となることが多い。

実務で用いられる流れ場解析は，設計の妥当性の確認の目的で使用されることも多い。建築分野で求められる流れの解析精度は，機械分野など他の流れを扱う工学分野に比べそれほど高くないと評価されることがある。建物などの複雑な形状と比較的固体境界面による流れの拘束がゆるいことから生じる複雑で予測の難しい3次元の複雑乱流が生じているので，この複雑乱流の定性的な特徴が把握できるだけでも流れ場の解析を行う意義があると評価されることもある。これは，建築分野で行われる多くの実務における流れ解析では，入力となる境界条件に他の工学分野などとは次元の違う多様性，不確定性があり，流れのシミュレーションの入力条件に関して，多くのモデリングが行われることに関連している。シミュレーション結果を実現象に対応させる際には，その実行精度のみならず入力条件のモデリングの精度も問題となる。シミュレーションの実行精度

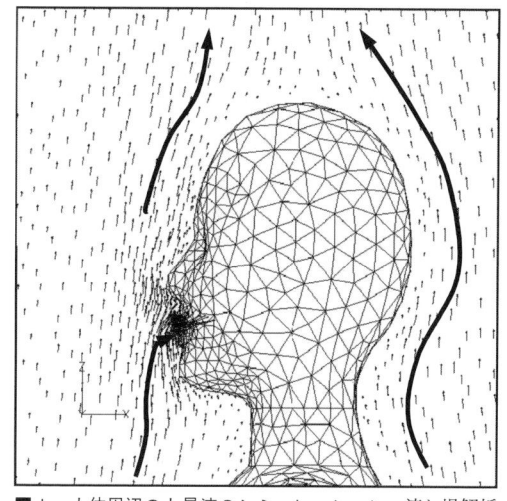

■1 人体周辺の上昇流のシミュレーション　流れ場解析は，低レイノルズ数型の k-ε モデルによる（東京大学 加藤・朱提供）

は高いに越したことはないが，入力条件のモデリングの精度が低ければ実務へのフィードバックという観点からは，シミュレーションの実行精度が高いことが必ずしも合理的な結果の解釈の必要条件とはならない場合もある。

● 流れの解析例

以下，建築に関連する流れの解析例を建物周辺および室内の流れ場に関して紹介する。

ビル風のシミュレーション：1-30項の■2は，高層ビル周辺のビル風のシミュレーション結果を示す。高層ビルは，風の障害物となって周辺の地表付近に強風による環境障害をひき起こす可能性がある。このため，高層ビル建設前には，このような環境障害の可能性を検討し，事前に防風植栽や防風フェンスの配置もしくは建物の形状を変更するなどの対策を講じることが必要とされる。

人体周辺の流れ場のシミュレーション：■1は，室内における人体周辺の上昇流のシミュレーション結果を示す。人体は代謝による顕熱放散をしており，成人で約50W程度の顕熱が人体表面から周辺空気に対流熱伝達されている。この対流熱伝達により人体周辺には上昇流が生じている。上昇流の最大風速は，人体直上の頭上20cm程度のところで生じ，約20～30cm/s程度の風速になる。人体はこの上昇流に取り囲まれており，呼吸により吸引する空気もこの上昇流の一部を吸引している。

［加藤信介］

1-33 風に押される

【テーマ】ベルヌーイの定理　　　　　　　　　　　　　　　1　安全・防災・耐震

●なぜ風が吹くと建物は力を受けるのか

地上にある物体はすべて大気圧を受けている．風がない場合，建物の表面の圧力は四方とも大気圧に等しく釣り合っており，建物表面に関して圧力を積分すれば建物にかかる力が0であることがわかる．風が吹くとその表面の圧力が変化し，その合力として建物は風力を受けることになる（■1）．

ここで圧力と風速との基本的な関係を与えるのがベルヌーイ（Bernoulli, 1700-82）の定理である．

●ベルヌーイの定理

ベルヌーイの定理は理想流体の定常な流れにおけるエネルギー保存則であり，一つの流線上で以下のように表される．

$$P + \rho g z + \frac{1}{2}\rho U^2 = 一定$$

ただし，P は圧力，ρ は空気密度，g は重力加速度，z は基準位置からの高さ，U は風速である．ここで第1項が圧力のした仕事，第2項が位置エネルギー，第3項が運動エネルギーに対応する．空気は密度が小さいので重力項 $\rho g z$ の影響は小さく，P とともに静圧

$$P_s = P + \rho g z$$

としてまとめられることも多い．これに対して

$$q = \frac{1}{2}\rho U^2$$

は動圧とよばれる．

いま，建物から十分風上で建物の影響を受けない基準点を考え，基準点における風速を U_0，静圧を P_{s_0} とする．基準点における動圧

$$q_0 = \frac{1}{2}\rho U_0^2$$

はとくに速度圧とよばれる．また，建物の受ける風圧力 p を風の中に建物があることによる静圧の P_{s_0} からの変化

$$p = P_s - P_{s_0}$$

と定義する．

さて，建物に正面から風がぶつかると風はそこで上下左右に分かれて流れていくため，ある場所で流速が0となる点が存在する．この点をよどみ点という．するとベルヌーイの定理から，よどみ点の風圧力は

$$p = \frac{1}{2}\rho U_0^2$$

であり，速度圧に等しいことがわかる．同様に建物表面の他の点における流速 U がわかっていれば，その点での風圧力は

$$p = \frac{1}{2}\rho(U_0^2 - U^2)$$

で得られる．この式を速度圧で基準化すると以下のような表現となる．

$$C_P = \frac{p}{q_0} = 1 - \left(\frac{U}{U_0}\right)^2$$

C_P は風圧係数とよばれる．式からわかるように，その最大値は1である．

●風には押されない？

理想流体の一様流中に円柱がある場合を考える．この円柱表面の流速分布は以下であることが知られている．

$$U = 2U_0 \sin\theta$$

ただし，θ は円柱の中心からみた風上を0とした角度．すなわち風速は，風上のよどみ点で0，側面になるほど高くなりちょうど90°で基準点の風速の2倍，背面に行くとまた小さくなり風下180°ではふたたび0となる．

このとき，円柱表面の風圧係数分布はベルヌーイの定理から，

$$C_P = 1 - 4\sin^2\theta$$

となる（■2）．ところがこの分布は円柱の中心に対して，風方向にも風直角方向にも対称であり，トータルとして円柱にはまったく力が働かないことになる．風の中にあっても風に押されることがない．これをダランベール（d'Alembert, 1717-83）の背理という．

■1　風の中にある建物（筆者作成）

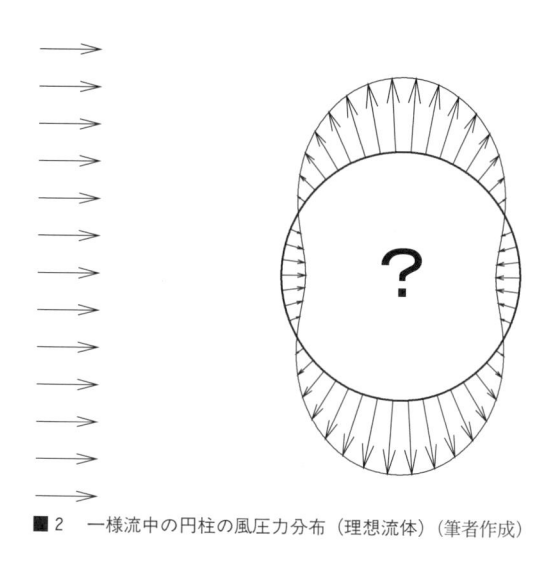

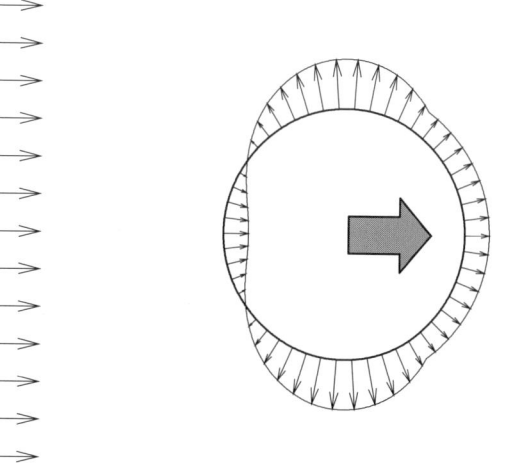

■2　一様流中の円柱の風圧力分布（理想流体）（筆者作成）

■3　一様流中の円柱の風圧力分布（実際の空気流）（筆者作成）

● 実際の風圧力分布

　現実にはダランベールの背理のようなことが起こらないのは，実際の空気流は理想流体ではなく粘性をもっていることによる．

　粘性の存在によって建物表面付近にはごく薄い境界層が存在し，そこで流れの速度は急激に遅くなる．さらに境界層外の圧力勾配が流れの方向に向かって上昇している場合，境界層内ではしだいに運動エネルギーが消費されつくして，ついには流れが止まってしまう．この点で境界層は壁面から剥がれ，それより後方には風上からの流れが入り込むことができなくなる．これを境界層の剥離といい，剥がれる点を剥離点，後方の流れが入り込めない領域を後流，境界層外の理想流体に近い流れの部分を主流とよぶ．

　後流領域の圧力はほぼ一定で負圧となるため，実際の風圧力分布は■3のようになる．すると風上側の正圧と風下側の負圧との合力によって，建物は風に押されることになるわけである．

● ベルヌーイの定理の応用

　ベルヌーイの定理は流体力学の最も基本的な定理であるが，前述のようにその導出における仮定が実際の空気流，とくに建物周辺の気流には適合しないため，その適用には限界がある．しかし，日常生活に目を転じてみれば，直接的な応用例をいくつも見いだすことができる．

　たとえば，ゴルフにおけるスライスやフック，野球におけるカーブやシュート，テニスにおけるトップスピンやスライスなど，高速で回転しながら飛翔するボールの軌道が変化するのは，回転によってボールの両側に速度差が生じ，ベルヌーイの定理によって流速の大きい側の圧力が低下して，そちら側に引っ張られるからである．また，私たちが使う霧吹きやエアーブラシの原理も同様で，高速な気流がベルヌーイの定理によってその部分の気圧を低下させ，その結果容器から水や塗料を吸い上げて，空気流と共に霧状に飛散させるという仕組みである．

　ベルヌーイの定理は，このように身近に起こる現象の中にも隠れているのである．

[斎藤知生]

1-34 都市の大火

【テーマ】火災　　　　　　　　　　　　　　　　　　　　　　　　1　安全・防災・耐震

●大火は都市化の証だった

　日本の街ほど大火を繰り返した例は世界になく，江戸では徳川幕府265年の間に15町（約15万m²）以上焼けた大火が96回を数え，3年に1回の発生率であった．なかでも明暦の大火（1657），行人坂の火事（1772），車芝坂の火事（1806）は，三大大火といわれ北西あるいは南西の強風下で発生し，江戸の中枢部を焼き尽した．明暦の大火では3カ所から火の手が上がり，3日間燃え続けて10万人近い犠牲者を出した．街に粗略な木造が密集していたことが，その大きな原因の一つであった．明治になって文明開化・殖産興業を旗印に大火の撲滅も図られ，東京防火令（1879公布）では，主要幹線沿いを煉瓦造，石造あるいは土蔵とし，中枢3区にある家の外壁と屋根は不燃質の材料とすることが義務化された．また，近代工業の発達に伴い，鉄鋼やセメントが大量に供給されるようになり，鉄筋コンクリートや鉄骨のビルが増加し都市の不燃化が進展した結果，東京では明治期まで頻発していた大火も大正時代には急減し，昭和に入ってからは500戸以上焼失したのは大島町大火1件のみである．しかし，近代化が遅れた地方都市では，経済の高度成長期を迎えるまで各所で大火が発生した．函館大火（1934），静岡大火（1940），鳥取大火（1952）などがその代表例である．

　消防白書の統計では焼損面積3万3000m²以上の火災を大火と称しているが，規模が小さく複数の建物が燃えた場合を集団火災，街区を越えて拡大した市街地火災を都市大火と称することもある．戦後の大火発生回数をみると，昭和20年代が最も多く20件，昭和30年代が13件，40年代が4件，50年代は1件となっている．最大焼損面積は，飯田市大火（1947）の48万m²で，江戸明暦大火の約2倍である．最後の大火といわれる酒田市大火（1976）では15万m²が焼失した．もっとも，北海道南西沖地震や阪神・淡路大震災にみるように地震後に大火が発生する懸念は，依然として払拭されてはいない．

●都市の防火対策

　大火史をたどると，日本と欧米との火災性状の違いをみることができる．その代表例の一つが，江戸明暦の大火（1657）とロンドン大火（1666）である．ほぼ同時代に起こり，風が強く消防力が弱いという状況の下で発生したが，前者は，延焼速度が約400m/hで3日間燃え，約20km²を焼失させた．後者は概略，延焼速度が明暦の1/10，1週間炎上し，焼失地域は0.2km²，死者は数名であった．当時のロンドンは，4，5階建ての瓦葺木造で占められ，それらは，太い柱・梁，厚い床板，石積みの外壁，小さい窓で構成されていた．あいにく，火事は週末に発生し，消火活動に長けた知識階級は市中を留守にしており，消火も大型の水鉄砲が頼りであったため，大火に至ったという．この大火では国王が神の啓示により木造の禁止を命じたが，大火後の市街地の区画整理は，パリのような幾何学的造形美を追求するのではなく，1657年に制定された実生活重視の共和国法（Commonwealth Act）に基づいて実施された．建築物の構造も同法に則り，街路の幅員に応じた階数の煉瓦造や石造で建てられた．ロンドンの都市不燃化は，行政官が違反を摘発しながら法を執行した成果であり，近代市民社会が着実に形成されつつあった証左でもある．1755年にリスボンで大津波と大火を伴う地震が発生し世を混乱に陥れたが，多くの市民が神の祟りだと恐れおののくなか，ジャン・ジャック・ルソーは都市の過密化こそが根本的原因だと喝破した．アメリカでは，シカゴ，ニューヨーク，ボストン，サンフランシスコなどの諸都市が近代化の過程で大火を頻発した．シカゴ大火（1871）では，これを契機にシカゴ派（Chicago School）の建築家たちが活躍し近代的オフィスビル街が構築された．

　欧米では，早くから都市に防火地区制を採り入れ，木造禁止を図ってきたが，日本では，1919年に都市計画法と市街地建築物法が抱き合わせで公布され，広く耐火建築物の普及をめざしたが徹底せ

図1 阪神・淡路大震災における焼け止まり状況　長田区菅原市場付近の火災と焼け止まり（神戸市消防局資料より作成）

ず，空襲では全国の都市が焼け野原となり，大火は経済の高度成長期まで続いた．その後は，阪神・淡路大震災の例にみるように，木造住宅を主とした老朽建築物の密集地域で大火が発生しても，図にみるように周囲に幹線道路，耐火建築物，駐車場などの焼け止まり要素が増えたため，都市火災は発生しにくくなっている．

● これからの都市防火

従来の認識から敷衍すれば，大火は，大地震あるいは強風が原因で，老朽化した木造の密集地域で発生する恐れがある．現在，市街地の大部分は，防火地域や準防火地域に指定され，耐火建築物や準耐火建築物で構成されているが，全国約4700万戸の住宅のうち耐震改修を必要とする住宅は，その約25％を占め，それらは市街地化区域に従来から建てられ，約半数は1980年以前の建築である．毎年約100万戸が新築され，これらも漸次老朽化していくことを考えると，大地震で木造密集地域が大火になる可能性は高いといえよう．

このことに加えて，建築基準法の性能規定化による木骨の耐火建築物が急速に普及し始めていることは注目に値する．建築物の内外で予想される通常の火災に対して，当該火災が終了するまで倒壊しないことが要求性能であるから，これを満たせば構造材料の種類に関係なく耐火建築物が建築可能である．現在，大断面集成材の内部に鋼材を入れたハイブリッド耐火構造の柱や梁，木製枠材を石膏ボードで被覆した耐火構造のパネル式壁や床が国土交通大臣の認定を得ている．これらを組み合わせれば木骨の耐火建築物が市街地のどこにでも建築が可能であるから，組み合わせ方や耐火・耐久性を保持する方法を十分に検討しておかないと，今後に禍根を残す恐れがある．

また，大地震時における超高層ビル内での同時多発火災も懸念されている．阪神・淡路大震災では，住宅の出火率は戸建ても共同もほぼ同じであったと報告されている．東京消防庁火災予防審議会の調査では，地盤との連成で，揺れが激しい階が想定され，従来の地表面加速度に対応した住宅の出火率をこれに当てはめると，出火件数の68％が4〜10階，18％が1〜3階，4％が11階以上となっている．

2003年十勝沖地震では，大型石油タンクが火災を起こし消火に手間どった．もし，津波が押し寄せて，炎上した油がこれに乗って市街地へ流れ込むようなことがあるとすれば，大規模な被害が発生する可能性がある．あらかじめ火災危険度に関するハザードマップを全国的に作成しておく必要があろう．

国際的政情不安や原子力施設から生じる万が一の核災害による火災も配慮しておくべきかもしれない．

また，脱石油社会における水素やバイオなどの新エネルギー源に起因する都市火災の可能性についても，今からチェックしておく必要があろう．[菅原進一]

1-35　建物の燃えやすさ，燃えにくさ

【テーマ】耐火性能　　　　　　　　　　　　　　　　　　　　　　　1　安全・防災・耐震

「建物が燃える」と一言でいっても，メカニズム，対策から見た燃焼物の性格，影響は多様である．ここでは，「建物の燃え方」を■1のように分類して，主なものを解説する．

●出　火

コンロ，タバコ，暖房器具等から，室内の可燃物・内装・カーテン等に引火して火災が始まる．引火は，可燃物表面が熱せられて引火温度に達したとき，口火となる火炎・火の粉等によって表面から発生する可燃性ガスの燃焼が始まるという現象で，その起こりやすさは次の二つの条件に支配される．

①可燃物表面が受ける熱の強さ・継続時間
②可燃物表面温度の上昇しやすさと引火温度

固体表面は，加熱されても，同時に対流・放射で放熱するため，加熱が長時間続くと，表面温度はある値で一定になるが，可燃物では，この温度が引火温度に達しなければ，出火には至らない．無限に加熱を続けても引火温度に達しない限界の加熱強度を着火限界等といい，木材では $10\,\mathrm{kW/m^2}$ が目安となる．厨房出火が多いのは，火気の使用頻度が高いのに加えて，加熱強度は弱くても，加熱が長時間続くことが多いためである．

表面温度の上昇しやすさは，物質の熱的特性と形状によって決まる．物質の熱伝導率 k，密度 ρ，比熱 c の積 $k\rho c$ を熱慣性と呼ぶが，厚い物体が加熱されたときの表面温度は，熱慣性が小さいほど上昇しやすい．日常的な可燃物の引火温度はおおむね180〜400℃の範囲であるが，熱慣性は物質によって何桁もの違いがあり，引火しやすさに及ぼす影響は非常に大きい．またカーテン等は，質量は小さくても，薄かったり，隙間が多かったりして表面積が大きい．このため，高温に曝露されると温度が上昇しやすく，引火したり，引火直後に急激に燃え広がって，他の可燃物に延焼させるなど，燃焼拡大の媒体になりやすい．カーテン，衣類等に繊維の表面を難燃化した「防炎製品」があるのは，このような燃え方を抑制するためである．

●火災と建築構造

木造は構造自体が可燃物であり，適当な防火対策を行わなければ，火災で建物自体が炎上・崩壊する可能性がある．1930年代に多数の木造家屋の火災実験が行われたが，いずれも，室内で点火後，おおむね10分で炎上し崩壊し始めている．これほど早く炎上すると消防活動も困難で，近隣に著しい延焼危険を及ぼす．都市大火の基本的な原因も，木造家屋のこのような火災性状にあると考えられ，その後の都市・建築防火規制では，小規模木造は，近隣火災による類焼を免れるため，外壁を不燃被覆し，周囲に対する延焼危険が大きい大規模建築は不燃化を促進するという路線になった．

一方，鉄筋コンクリート造等の不燃建築も，火災で大きな被害を受けることがあり，構造部材が高温にある程度曝露されると，力学的性能が低下したり，コンクリートが爆裂することがある．火災は基本的には酸素の供給を必要とするため，火災性状は，可燃物だけでなく，自然換気特性にも支配される．火災で室全体が高温になったときの温度差による換気量は，窓・扉等の高さ H，面積 A に対し，$AH^{1/2}$ に比例し，燃焼発熱速度 RHR はほぼ下式となる．

$$RHR = 1500\,AH^{1/2}\quad(\mathrm{kW}) \qquad(1)$$

$AH^{1/2}$ は，室火災性状を支配する基本的なパラメータで，開口因子（または換気因子）という．この状態の火災室温を代表するものとしては，一般にISO 834標準耐火加熱曲線が使われる．室内の総可燃物量を発熱量換算した値（木材はほぼ $16\,\mathrm{MJ/kg}$）を(1)式で割ると，火災継続時間が得られる．

柱，壁，梁，床，屋根等，建築物を支える主な部位を主要構造部といい，火災の無制限な拡大や崩壊を防ぐため，大規模建築や中高層建築等ではこれを耐火構造等とする．部材の耐火性能は，

①遮熱性：裏面が可燃物の引火温度に達しない
②遮炎性：隙間，亀裂等で火炎貫通させない
③非損傷性：部材が崩壊しない

I 現象の機構・対策の考え方から見た「建物の燃え方」の分類

分類	器具類	家具類			仕上げ・模様替え対象部位		開口部	主な主要構造部			
部位・物品の種類	火気・発熱器具	家具・寝具	カーテン	カーペット・畳・床仕上げ	内装	パーティション、非耐力壁	扉、窓、シャッター	柱、耐力壁、床	外壁	屋根
考慮すべき火災時の現象	出火、火傷	出火・燃焼拡大	燃焼拡大	燃焼拡大	燃焼拡大	脱落・燃抜けによる延焼・煙拡大	閉鎖障害・脱落・変形・伝熱による延焼・煙拡大	崩壊	周囲からの類焼	飛火による内部への類焼、内部からの燃抜け・炎上
部材・製品で考慮すべき性能	周囲に及ぼす加熱強度、加熱時間、故障率、誤操作のしやすさ	引火防止性能、発熱速度	引火防止性能、火炎伝播性	火炎伝播性	引火防止性能、火炎伝播性	遮熱性、遮炎性	遮炎性、閉鎖障害防止性	非損傷性	遮熱性、遮炎性、非損傷性	火炎伝播性(対飛火)、遮炎性(対飛火・内部火災)
想定される一般的火災の段階	出火	初期火災				初期火災〜盛期火災		盛期火災		飛火、盛期火災	
一般的な火災加熱条件		弱い加熱、小口火	弱い加熱	小口火	煙等による面的加熱	弱い加熱〜耐火加熱	耐火加熱	耐火加熱	隣接建物の盛期火災	飛火(外部)、耐火加熱(内部)
性能を高めるための主な対策	器具の安全性改良、防炎衣類の使用	防炎製品の使用	防炎製品の使用	火災拡大・人命安全への影響は小さい	防炎材料の使用	不燃間仕切り、防火区画壁	不燃扉、防火設備、特定防火設備	耐火被覆	防耐火被覆、散水設備	外表面の難・不燃化、耐火・準耐火構造

の三つの要素を、標準耐火加熱下で維持できる時間（1時間耐火等）で表されるが、これが、部材周辺の火災継続時間より長くなる必要がある。ただし、どの要素性能が必要かは部材によって異なり、遮熱性・遮炎性は、防火区画壁等、延焼防止のための部材が対象であり、非損傷性が必要なのは、柱や梁等の荷重支持部材である。

なお、建築基準法には、耐火構造と準耐火構造が規定されているが、耐火構造は、規定の時間、火災加熱が続き、自然鎮火した後も、部位に必要な要素性能を維持できる構造であり、準耐火構造は規定時間、火災加熱を受ける間、要素性能を維持できる構造で、規定時間加熱後までは保証していない。

高層建築が耐火構造に限られるのは、主として、低層部の火災で建物全体が崩壊しないようにするためである。木造建築の主要構造部の防火性能は長い間、研究されなかったが、1970年代後半から枠組壁工法を先導役として、主要構造部の燃焼性状を制御し、炎上崩壊を遅延させる方法が研究され、準耐火構造、木質系耐火構造が実現した。こうした緩燃型木造には、鉄骨系耐火構造と同様に、不燃断熱材で部材を保護する不燃被覆型と、木材が炭化して断熱層になることを利用して木材を露出させて使う燃えしろ型がある。大規模建築や高層建築では、火災から構造を守るだけでなく、火災、煙が及ぶ範囲を限定することも重要である。大空間、階をまたがる竪穴（吹抜け、階段、各種シャフト等）、窓を通じた延焼・煙拡大を防止する対策として、防火戸・シャッター等の防火設備、外壁の腰壁等が用いられる。延焼防止には、本来、遮熱性と遮炎性が必要であるが、開口部材で遮熱性を確保するのは困難である。開口部は人間の通行、採光等のため、前後に可燃物が常時置かれることはないとして、防火設備には一定時間の遮炎性のみが要求される。

なお、建築部材に対する火災加熱の根源は、可燃物であるが、可燃物量が少ないと、火災は室内の一部に留まって、盛期火災には至らない。この特質を活かして、体育館等では無被覆の木材や金属を小屋組等に使用する設計が行われることがある。

●内装の燃え方

用途・階等によっては内装材料を規制する内装制限が適用される。内装は、可燃物量は家具よりはるかに小さいが、火炎には浮力が強く働くため、壁・天井の表面が引火すると、表面に沿って急速に燃焼拡大する傾向がある。内装制限の主旨は、火気使用室の出火防止とともに、火災拡大が避難を上回る速さで起こるのを防ぐことで、燃え広がりが遅い床面等は内装制限から除外されている。　　［長谷見雄二］

1-36 建築火災と人命安全

【テーマ】避難　　　　　　　　　　　　　　　　　　　　　　　　　1　安全・防災・耐震

　死亡火災の約8割は住宅火災によるが，一度に多数の死亡者を出す火災の大半は，雑居ビル，ホテル・旅館，店舗，福祉施設で起こっている．住宅火災による死者のほとんどは出火原因者が巻き込まれたもので，建物の工夫では防止困難なのに対し，多数の死者を出す火災では，一般に建物に火災や煙を拡大させる要因があり，出火に関係のない人が巻き込まれているのである．防災規制の重点が，不特定の人が利用するいわゆる特殊建築物におかれているのはこのためである．

　多数の死者を出す火災は，1960年頃までは木造の福祉施設・病院，集会場が目立ったが，1960年代以後，都市の不燃化・高層化の進行とともに耐火構造のホテル・商業ビル中心になる．多数の死者を出した木造火災は，低層でも利用者密度や避難困難者の割合が多く，避難に時間がかかる施設が，避難・消防活動中に炎上した場合が多い．これに対し，耐火建築物の死亡火災の大半は中高層建築で，煙拡大が被害拡大の原因である．

●火災時の人命安全のための建築計画

　火災時の人命安全計画としては，煙が無制限に広がるのを防ぐ防煙区画の確立と二方向避難の確立が最も基本的である．防煙区画には不燃間仕切り壁と防煙垂れ壁とがあるが，防煙垂れ壁は，煙が高温で天井面下に層状に蓄積する（「煙層」という）のを利用し，煙を一時的に堰きとめようとするものである．一般的な避難計画では，居室と廊下を間仕切り壁で防煙区画し，出火室で煙層が人間の高さまで降下する前に廊下に避難させ，さらに廊下に漏出した煙が避難者の高さに降下する前に出火階の全員を階段室に避難させる．階段室への漏煙防止と，階段への流入を待つ避難者の煙からの保護を目的に，階段室・廊下間に付室を設け，廊下・付室間を防火防煙区画することがある．この場合，避難計画上，廊下を1次安全区画，付室を2次安全区画という．

●避難のための煙制御

　避難経路には長時間，避難者が滞留する場合がある．避難経路への煙の侵入を防止・遅延するには，出火室等，煙で汚染された部分で排煙して減圧するか，避難路側を加圧給気する．

　排煙には，窓等で煙・外気の温度差によって生じる差圧を利用する自然排煙と，送風機を使う機械排煙がある．自然排煙は，風の影響を受けずに外部に面する開口を取りやすい比較的低層の建物に適している．機械排煙では，建物全体の排煙機能の維持等を目的に，各階の水平ダクトが竪ダクトに接続する部分等に防火ダンパーを設けるので，一般的な機械排煙では，火災盛期になった室の排煙は期待しない．避難路の加圧は，階段付室等，煙制御対象が限られるため，ダクト配置が容易な点等に利点があり，ダクト・送風機を通過するのが排煙と違って常温の外気であるため，火災盛期も加圧を維持しやすい．ただし，加圧防煙が効果的なのは給気する避難経路が気密で出火危険もない場合で，その計画・施工には注意を要する．

　なお，天井が高い空間では煙層降下が遅れ，避難に有利になる．アトリウム等で煙制御なしで避難を成立させる計画手法を蓄煙という．

●性能的避難計画と避難安全検証

　性能的避難計画では，煙降下前に全員が避難できることを，出火室，出火階，全館の各段階で検証する．避難時間の主な構成要素は，出火から避難開始までの時間，避難出口までの歩行時間，出口を通過する扉通過時間である．歩行時間は，家具等が歩行障害となる場合を考えて，出口から最遠位置より壁沿いに歩行すると仮定し，歩行距離を歩行速度で割って算定する．扉通過時間は，扉幅1m当り単位時間内通過能力を表す有効流動係数（扉より先に滞留がなく，円滑に通過できる場合，1.3〜1.5人/秒m）に扉幅を乗じた人数が単位時間に扉を通過すると考えて避難者数から算定する．出火室では，扉付近の人はただちに室から出られるので，歩行時間と扉通過時間の大きい方に避難開始時間を加えたものが避難時間となるが，建築基準法告示の避難安全検

■I　多数の死傷者を出した主な建築火災

被災建物名称(用途)	出火年月日	死者	負傷	構造・階数	被災建物名称(用途)	出火年月日	死者	負傷	構造・階数
戸山脳病院(病院)	1929. 2.15	12		木造	菊富士ホテル(旅館)	1966. 3.11	30	28	RC, 木造, 6+1
東大久保脳病院(病院)	1929. 2.25	12		木造	池之坊満月城(温泉ホテル)	1968.11. 2	30	44	RC, S, 木造, 4+2
東島牧村特設会場(仮設映画館)	1931. 5.12	16		木造	磐光ホテル(温泉ホテル)	1969. 2. 5	30	35	RC, 4+0
金古町繭糸市場(仮設映画館)	1931. 5.16	13		木造	両毛精神病院(病院)	1970. 6.29	17	1	木造, 1+0
白木屋(デパート)	1932.12.16	14	40	RC, 8+2	寿司由楼(観光ホテル)	1971. 1. 2	16	15	S, 木造, 4+1
大富市場・アパート(共同住宅)	1932.12.23	20		木造	千日デパート(複合用途)	1972. 5.13	118	81	RC, 7+1
衆楽市場(市場)	1934. 9. 2	11		木造	済世会八幡病院(病院)	1973. 3. 8	13	3	RC, 5+1
割烹「銀栖鳳」(飲食店)	1937. 3. 6	10		木造	大洋デパート(デパート)	1973.11.29	100	123	RC, 9+1
同情園育児部(福祉施設)	1937. 6.30	10		木造	池袋朝日会館(複合用途)	1975. 3. 1	5	17	RC, 7+2
南冨田小学校(映画会)	1937.12.20	81		木造	三沢ビル(複合用途)	1976.12.26	15	8	RC, 4+0
映画館布袋座(映画館)	1943. 3. 6	205		木造	スナック・エルアドロ(複合用途)	1978. 3.10	11	2	S, 3+0
貞光寺(疎開小学校)	1945. 1.29	16		木造	ゴールデン街第一ビル(複合用途)	1980. 8.16	15	223	RC, 6+1
岡山県立聾学校(寄宿舎)	1950.12.20	16		木造	川治プリンスホテル(温泉ホテル)	1980.11.20	45	22	S, 木造, 5+0
大原劇場(映画館)	1951. 5.19	39		木造	ホテルニュージャパン(都市型ホテル)	1982. 2. 8	32	34	SRC, 10+2
近江絹糸彦根工場(映画会)	1951. 6. 3	23		木造	蔵王観光ホテル(温泉ホテル)	1983. 2.21	11	2	4+0
見晴館(旅館)	1951.11.24	10		木造	ヤマハレクリエーションセンター(レストラン)	1983.11.22	14	27	S, 1+0
市立釧路病院(病院)	1951.12. 2	18		木造	熱川温泉ホテル大東館(温泉旅館)	1986. 2.11	24		木造, 3+0
加茂中学校倉見分校(映画会)	1953. 6.25	14		木造	松寿園(福祉施設)	1987. 6. 6	17	24	RC, 3+0
国立肥前療養所(病院)	1954. 4. 5	12		木造	長崎屋尼崎店(スーパー)	1990. 3.18	15	6	RC, 5+1
聖母の園養老院(福祉施設)	1955. 2.17	99		木造	明星56ビル(複合用途)	2001. 9. 1	44	3	RC, 5+2
式場精神病院(病院)	1955. 6.18	18		木造	やすらぎの里さくら館(グループホーム)	2006. 1. 8	7	1	RC, 木造, 1+0
美幌銀映座(映画館)	1959. 1.27	12		木造	檜ビル(複合用途)	2008.10. 1	15	11	RC, 7+0
多良木病院(病院)	1959. 1.28	12		木造					
衣笠病院(病院)	1960. 1. 6	16		木造					
国立療養所久留米病院(病院)	1960. 3.19	11		木造					
西武池袋店(デパート)	1963. 8.22	7	7	SRC, 8+3					
米海軍戸塚基地(軍事施設)	1965. 9.24	12		木造					
金井ビル(複合用途)	1966. 1. 9	12	14	RC, 6+1					

死傷者数は出火後24時間以内．空欄は不明．階数は（地上＋地下）で表示．

証法では，危険側を想定し，避難開始時間，歩行時間，扉通過時間の合計としている．階避難時間も同様に算定するが，出火室以外は避難が出火室より遅れて始まると仮定する．ただし，不特定の人が使う施設では，避難計画とは別に，災害時に利用者を円滑に避難誘導できるよう，従業員の訓練を含む管理体制を整備しなければ円滑な避難は成就しない．

●ビル火災頻発期以後の人命安全

1990年代以降，大きな施設では目立った火災は起こりにくくなったが，死亡火災が目立つのは，個室やそれに近い単位の空間が集積する施設である．住宅火災による死傷者数も，高度成長期以来ほぼ一定か漸減傾向にあったが，21世紀に入って増加に転じた．高齢化や世帯構造の変化がその背景とみられ，2006年にはグループホームで居住者の大半が犠牲となる火災も発生した．高齢者率，とくに火災の被害を受けやすい後期高齢者の割合は21世紀半ばまで増加が予想されるが，住宅は住戸・居室を超えるレベルの防災管理が困難で，密集地区や団地等の住民が高齢化するなど，地域・建物の高齢者率がさらに高くなると，災害の発生抑止・初期対応基盤が脆弱化する可能性が高い．火災被害の軽減には，出火防止，早期覚知・消火の拡充，近隣関係の再構築など，従来の建築防火を超えた取り組みが待たれるゆえんである．

［長谷見雄二］

1-37 豪雪に対する設計を考える

【テーマ】雪　　　　　　　　　　　　　　　　　　　　　　　　　　　1　安全・防災・耐震

●豪雪の確率

　21世紀初頭の現在，地球温暖化が懸念され，CO_2排出削減目標の達成が危ぶまれているなかで，建築物の設計になぜ雪を考慮する必要があるのか，疑問をもつ向きもあるかもしれない．しかし，2006年寒候期はほぼ20年ぶりの豪雪となり，3月末までの死者が152名と，過去60年間の豪雪のなかでも2番目に死者が多い災害となった．同年はヨーロッパでも大空間構造物が複数倒壊し，やはり140名を超える死者が出ている．体育館や展示場のような大空間構造物にとっては雪が最も厳しい荷重となるので，この機会に過去の記録にさかのぼり，この豪雪がどの程度と位置づけられるのかを考えることには十分意義がある．

　とくに豪雪が報じられた新潟県中越地方の3地点について，従来建築物の設計に用いる指標としてよく用いられてきた年最大積雪深の推移を，手元に資料のあった1950年以降についてプロットしてみると■1のようになる．これをみると確かに2006年の津南の値は4.16m（2月5日に記録）と非常に大きいが，観測点が設置されたのが1990年寒候期と比較的最近のことで，それ以前にどのような雪が降っていたのかはこれだけではわからない．他の地点についてみてみると，平野部の長岡では1963年の豪雪が第1位で，2006年の値は過去50年間の平均値程度にすぎない．長岡よりも津南に近い十日町では（欠測もあるが）1981年の豪雪が第1位で，2006年の記録は過去8位に相当している．これらを比較すると，長岡→十日町→津南と山間部に入るにつれて積雪深が深くなる傾向がみえ，津南の積雪量はおしなべて長岡の4倍程度，十日町の1.3倍程度になっている．■1の結論として，2006年の豪雪は史上最大というよりは文字通りほぼ20年ぶりの豪雪，という位置づけが正当な評価といえそうである．

●極値統計解析

　これらを別の観点からプロットしたのが■2である．この図では各地点の年最大積雪深が何年に一度，どの程度の値となるのかを推定することができる．長岡の図（左端）を見ると，プロットされた点がほぼ直線に分布しており，このことは，この年最大積雪深の統計的性質がGumbel分布とよばれる確率分布形に非常によく一致していることを意味している．これは右端の津南のデータに対しても当てはまる．他方，中央の十日町のデータは上に凸のような分布形となっており，Gumbel分布とはいいがたい．この図では横軸が1年間の非超過確率（言い換えれば再現期間（年））となっており，その値と交差する縦軸の値を読み取ることによって，再現期間r年に対する最大積雪深の値を推定することができるようになっている．

　この図によれば，長岡における2006年寒候期の最大積雪深1.1mはほぼ平均値，十日町の3.23mは約10年に一度の値，津南の4.16mはほぼ30年に一度の値とみなされることがわかる．ただし，上述のように津南では1990年以降の値しかなく，90年代は少雪傾向にあったこと，十日町との相関が高いことを考え合わせれば，もう少し割り引いて考えるべきであろう．

●豪雪と災害との関連性

　では，なぜ2006年寒候期は43年ぶりに「平成18年豪雪」と命名されるほどの災害となったのであろうか．これにはまず降雪の時期が関係していると考えられる．すなわち，12月中旬から間断なく寒波に見舞われた結果，滑雪型の屋根でも一時的に雪が固着して滑らず，また通常の屋根においても例年よりも1カ月以上も早く屋根の雪下ろしをする必要に迫られ，「この時期でこんなに積もったのだから，この先例年のように降ったらどこまで積もるのか」という意識から，無理をして屋根に上がった高齢者が滑落事故や急性疾患の発病に遭い命を落とすという結果に至った可能性を否定できない．

　この傍証として，2006年寒候期における建築物本体の倒壊件数は過去の雪害に比べれば少なく，倒

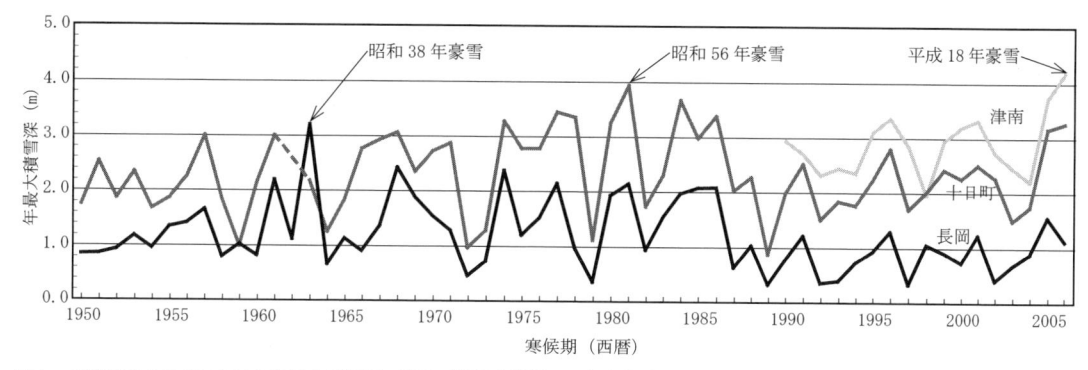

■1　中越地方3地点における年最大積雪深の推移（気象庁記録より筆者作成）

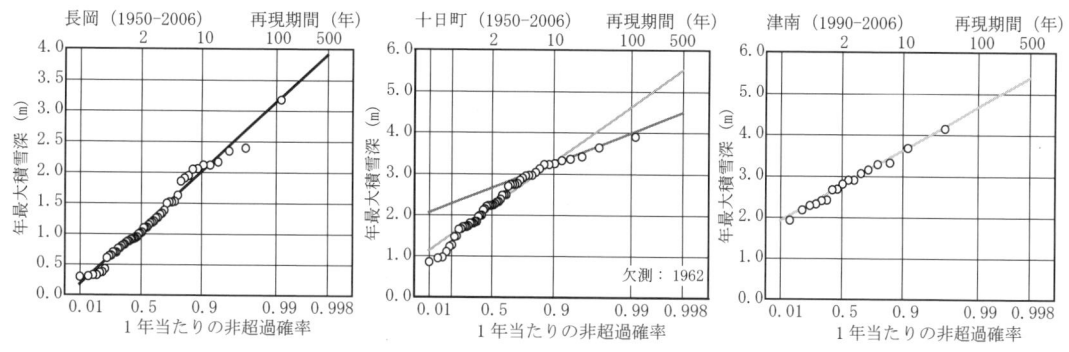

■2　年最大積雪深のGumbel確率紙へのプロット（筆者作成）

壊件数と人命の喪失の割合が大きく異なっていることも指摘できる．たとえば，「戦後最大の豪雪」といわれる1963（昭和38）年豪雪の場合，死者231名，住家全壊705棟[1]であるのに対し，2006（平成18）年豪雪の場合は死者152名，住家全壊18棟（3月末まで）であり，全壊棟数と死者数の比率が逆転している．住家被害が少ないことは，筆者が以前，短期間の降雪量が再現期間50年の値を超えると建築物の被害率が大きくなるという傾向を指摘している[2]こととも符合する．死者に占める高齢者の割合が非常に大きいことも合わせると，前述のような降雪時期の問題に加えて，積雪地域での高齢化の進展という社会的な問題が関連していると考えざるをえない．

●社会構造の変化と豪雪への備え

20世紀半ばまでは公共建築物においても雪下ろしを前提とした設計が当然のように行われており，また積雪地域においては豪雪時にもそれに対応できるような互助社会が形成されていた．1963年豪雪では公共建築物にも多数の被害が出たが，その教訓のもとで近年では公共建築物での雪下ろしを前提とした設計荷重の低減はほとんど行われなくなってきている．また，一般住宅においても，とくに郊外では滑雪型の屋根形式をもつ住宅が多数を占めるようになってきている．しかしながら，滑雪はある程度気温が高くないと発生しないので，豪雪時のように低温が続くと一時的に屋根に雪が固着して屋根上積雪量が増える．耐力にある程度の余裕があれば雪下ろしをせずとも気温が上昇したタイミングで滑雪が起きることは2006年の豪雪で実証されている．この場合，棟に雪が残らないように雪切棟を付け，単純な屋根形状とすることが重要である．また，滑り落ちてきた雪で命を落とすこともあるので，軒先に人が入らないような動線計画を行うことや，豪雪時には滑雪後の地上雪を掘り起こして採光を確保することが重労働となることにも気をつける必要がある．

［高橋　徹］

文献
1) 豪雪調査研究会（1963）：豪雪被害概報．建築雑誌，**78**（927）：333-359．
2) 和泉正哲，三橋博三，高橋　徹（1989）：年最大積雪深・積雪強度と豪雪による住戸被害の関係について．日本建築学会東北支部研究報告集，**52**：251-254．

1-38　記録破りの大雨とその確率

【テーマ】雨　　　　　　　　　　　　　　　　　　　　1　安全・防災・耐震

●日本と世界の豪雨記録

記録は破られるためにある．2004年の台風10号によって徳島県那賀町海川では，8月1日に日雨量の日本新記録1317 mmを記録，7月31日から8月2日までの間には，2048 mmという物凄い豪雨があった．この地域では，多数の山腹崩壊・土砂災害が発生した．じつは，24時間雨量の日本記録は，上記の1317 mmが発生するまでは1114 mmで，これは1976年9月11日に同じ地域の徳島県木頭村日早で記録されたものである．じつに200 mm以上の雨量の更新がなされた．この事例のように，きわめて大きな雨量が頻発しており，今後も次々と記録破りの豪雨が発生する可能性がある．ちなみに，世界記録ははるかに凄くて1869.9 mmである．アフリカ・マダガスカル島の東，インド洋に浮かぶレユニオン島で1952年5月15～16日に記録された．年降水量（12カ月雨量）が更新されたのも最近である．大台ヶ原の8517 mmや屋久島の1万216 mmが最大とされてきたが，1998年10月から1999年9月の間に屋久島淀川登山口（標高1380 m）で1万2160.5 mmが記録された．

■1は，横軸に降雨継続時間（分単位），縦軸にその時間内の総雨量の日本記録と世界記録をプロット（両軸とも常用対数をとっている）したものである．世界記録の各点を包絡する線を描くと，それは世界各地での最大値を上回る線なので，可能最大降水量（probable maximum precipitation：PMP）の統計的な推定線であるとみなせる．■1の包絡線は，豪雨記録の系列に対して両対数で回帰式を求め，そのべき数を傾きとする対数回帰線を上方に平行移動して，いずれの点も雨量が下回らないように切片（係数）を定めたものである．世界記録として収集されたデータに対して包絡線を求めると $R = 50 D^{0.499}$ となる．また，日本記録に対する式は $R = 30 D^{0.529}$ である．これによれば24時間雨量で $R = 1405$ mm，1時間雨量では262 mmとなる．ちなみに，日本の1時間雨量の記録は1982年7月23日の長与（長崎）の187 mmであり，世界記録には15分で198.1 mmという記録（1916年5月12日，ジャマイカ）がある．

なお，■1に示したのはすべて地点雨量であり，降雨域の大きさ（面積）については考慮していないので，地点あるいは狭い範囲で起こりうる最大の降雨量であることに注意しなければならない．降雨量（depth），期間（duration）のみならず，面積（area）もあわせて，これらの関係を定量的に調べることをDAD解析とよぶ．世界気象機関（WMO）によれば，「長期的な気候の傾向変動（トレンド）がないとしたときに，年内のある時期ある場所において与えられた降雨域の大きさと期間に対して気象学的に可能な最大の降雨量」を可能最大降水量（PMP）と定義している．すなわち，DAD解析は，PMPを推定する技術であるともいえ，また，単にPMPや最大級豪雨を推定するのみならず，最大級洪水流量の統計的予測，洪水防御計画の基本となる情報を提供することができる．

●豪雨の確率

降雨データの年最大値系列を収集し，ある値を超える確率（超過確率）を求める手法を頻度解析という．データ年数 N がある程度長いとき（通常 $N = 30$ 年程度以上のとき），極値雨量データ x の N 個の年最大値に適当な確率分布関数 $F(x)$ をあてはめ，その分布関数の値（これが非超過確率 q に相当する）を，危険な豪雨の生起の指標とする．T 年に1度起こるような規模の豪雨は，$T = 1/(1 - q)$ となるような値として分布関数から求められるのである．たとえば，$T = 100$ の場合は $q = 0.99$ で，100年確率雨量 $x_{0.99} = F^{-1}(0.99)$ で求められる．

1年間の雨量のデータを長期間にわたって集めると，そのデータの集合はある値を中心として左右対称形の釣り鐘状の確率分布，いわゆる正規分布（ガウス分布）に従うことが知られている．月別の雨量についても同様である．しかしながら，日雨量系列はゼロに近い値が多く，大きな値になるほど頻度が

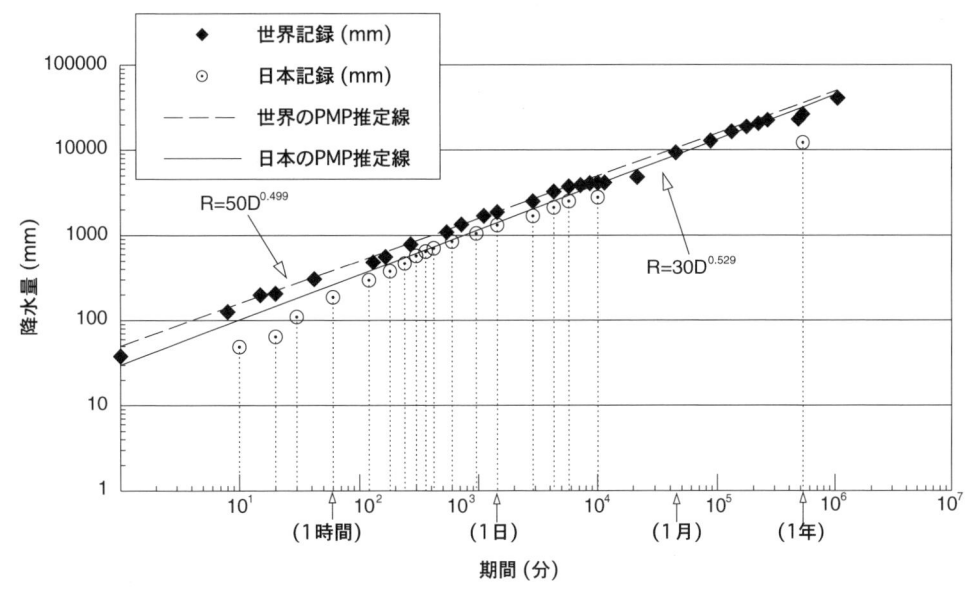

■1　世界および日本のPMPの推定線（筆者作成）

少なくなる指数分布の形状を示す．時間単位の雨量も同様である．

　毎年最大の1日雨量を考えると「年最大日雨量」，m時間雨量を考えると「年最大m時間雨量」などという．こうした極値の系列を年最大値系列とよぶ．極値データを長期間にわたって集めると，それは，正規分布でもなく指数分布でもない，右の方に長く尾を引くような非対称な山形の分布になる．このような右に歪んだ確率分布として，対数正規分布，ガンマ分布（Pearson III型分布），極値分布（Gumbel分布）などが用いられてきた．近年では，次式で示される一般化極値分布（generalized extreme-value distribution：GEV分布）がよく用いられる．

$$F(x) = \Pr\{X \leq x\}$$
$$= \begin{cases} \exp\left\{-\left[1 - \dfrac{k(x-c)}{a}\right]^{1/k}\right\} & (k \neq 0) \\ \exp\left\{-\exp\left[-\dfrac{(x-c)}{a}\right]\right\} & (k = 0) \end{cases}$$

ここに$F(x)$は変量Xがある値xを超えない確率（非超過確率）を表す確率分布関数，a，c，kは母数である．$k=0$のときはGumbel分布である．なお，前述のPMPは豪雨の上限値に相当するので，上限値をもつ確率分布として地震動や風速の最大荷重強度の解析のために提案された両側有界極値分布[1]を，豪雨の頻度解析に用いることも試みられている[2]．

　こうした確率分布を用いて頻度解析を行い，小規模な排水施設や水路の設計には，5年確率や10年確率に相当する雨量を求める．大きな河川の計画においては，50〜200年確率の雨量を求め，その雨量に基づいて洪水流量の計算をして河道の大きさや形状を決める．このように，豪雨の確率はわれわれの生活環境にかかわる水工施設や防災調節池などの設計に重要な役割を果たしている．

　日本の洪水防御計画は，雨量の頻度解析を基にして計画洪水を定めることが基本となっている．なぜ雨量を用いるかというと，河川流量の記録に比べて，雨量記録が長年にわたって存在すること，観測精度が比較的良いことによる．洪水データが直接利用されない理由は，記録年数が降雨に比べて短いこと，観測精度に問題があること，流域変化の影響が大きいことなどである．したがって，降雨のDAD解析および頻度解析が日本の豪雨・洪水災害防止に大きな役割を果たしている．ただし，近年，地球温暖化や気候変動の影響がある状況のもとで，豪雨の確率が正しく評価できるのかということが新しい課題になりつつある．

［寶　馨］

文献
1) Kanda, J. (1981)：A New Extreme Value Distribution With Lower and Upper Limits for Earthquake Motions and Wind Speeds. Theoretical and Applied Mechanics, **31**：351-354, University of Tokyo Press.
2) 寶　馨（1998）：水文頻度解析の進歩と将来展望．水文・水資源学会誌，**11**(7)：740-756.

1-39 防護構造としてのシェルター

【テーマ】シェルター　　　　　　　　　　　　　　　　　　1　安全・防災・耐震

●シェルターとは

シェルター（shelter）の単語の意味を研究社の英和辞典で調べると，避難所（refuge）；隠れ場，雨宿り場所，えん護物；(退避)小屋（shed, hut）；防空壕（air-raised shelter）と記されている．シェルターとは「覆う」「外部から保護する」が本来の意味であり，住宅のような建築も外部からの雨，雪，風などから守るということで，シェルターの一種である．

しかし，近年，自然災害の火山噴火，竜巻，暴風，地震，土石流，火砕流，雪崩，落石，また2001年9月11日のアメリカ同時テロの際の航空機の建物への衝突をはじめとして自動車や列車の建物への衝突，航空機や宇宙ロケットからの落下物，ガス爆発，爆弾テロ，爆弾，原子爆弾など過酷な荷重に対して建物を強固にして内部の人間や機能を守る防護構造物の建設や設計の必要性が高まり，防護構造物に関する国内シンポジウム，国際会議も活発に開催されている．この場合の防護構造物はシェルターと同義語である．また，最近では地震による建物の崩壊時に人命を守るための建物内部のシェルターも開発されている．

これらの防護構造物（シェルター）の特徴として，その荷重が通常の雨，雪，風などの荷重に比べて非常に過酷であり，一度その事象が発生すると，大災害になる可能性が大きいこと，設計のための荷重を設定することが非常に難しく，また荷重スピードが非常に速く，従来の静的な方法をベースにした構造設計の方法では必ずしも適切ではないことなどがあげられる．

シェルターというと一般的には爆弾や核攻撃に対する防護施設がイメージされるので，シェルターの建設基準やシェルターの例を紹介したい．

●シェルターの建設基準

スイスをはじめとして，イギリス，スウェーデン，フィンランドにはシェルターの建設基準がある．建設の考え方，設計の方法，事例などが示されており，この基準に則れば設計・建設することが可能なようにとりまとめられている．日本でも個人用住宅にシェルターが建設される事例があるが，これらの基準が参考にされていると思われる．スイスは永世中立をかかげた平和で美しいアルプスの国というイメージであるが，個人用防空シェルター建設のための技術指針（1971）が他国に先駆けて作成されている．その理由として，自らの国は自ら守ることが必要であり，いかなる戦いにおいても一人でも生き残ることにより，民族は存続していくという歴史の教訓によるものとのことである．今後発生が予想される核戦争においても全国民が避難可能な収容能力が保たれているのである．

スイスの基準では，平和時にあってはシェルターは地下室や貯蔵庫として使用される．避難施設としての要求事項は，とくに入口，照明，防湿，衛生設備，備品，家事室および自然換気について配列や設計に十分考慮しなければならないこととされている．攻撃段階では，シェルターは熱と閃光，1次放射線，圧力と衝撃，崩壊物の落下，爆弾の破片，火災やガスのような兵器の影響を実際に受けることになる．シェルターには，耐圧1気圧と3気圧のシェルターがあり，耐圧1気圧とは大気の過圧（爆発時に発生する衝撃波の圧力，over pressure）が1気圧になる地点で核爆発の威力に耐えうるものである．また核兵器のエネルギーはTNT火薬1000 tと同等な威力を示すキロトン（kt）とTNT火薬100万tと同等なメガトン（Mt）がある．比較の目安としていえば，1945年に広島と長崎に投下された爆弾は，それぞれ12および22 ktであった．たとえば，10 ktの核爆弾が低高度で爆発した場合，1気圧の地点は0.6 km，3気圧の地点は0.3 kmとなる．

小型シェルターの例として収容人員25人未満の1気圧シェルターが紹介されているが，壁の厚さは，屋根35 cm，地下壁25～50 cmとなっている．日本国内で建設されている個人用住宅のシェルタ

■1　国内の個人用シェルターの工事中の状況（左）と完成内部（右）（織部精機製作所提供）

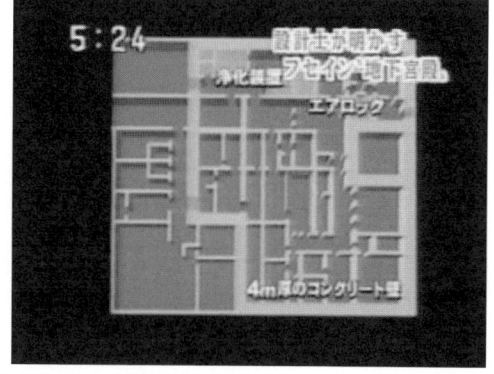

■2　フセイン元大統領の地下宮殿の模式図（左）と平面図（右）（テレビ朝日，2003年より）

ーの写真（■1）を示す．

●大規模シェルターの例

最近では，イラクのフセイン元大統領の地下宮殿の模様がテレビで放映されている（■2）．地下の巨大宮殿を設計した西ドイツの設計士カール・エッサー氏によると，地下室は1982年に計画・着工され，1984年に完成したもので，敷地面積約1800 m²（テニスコート8面分），建設費用約142億円，原爆にも耐える外壁4 mの鉄筋コンクリート製の頑丈な地下室である．250 kgの爆弾が直撃したことを想定してたくさんの鉄筋を使用したとのことである．原爆の直撃は計算していないが，12 m離れた場所での爆発は想定され，その場合は，地下室はもちこたえるであろうとしている．その地下室では，フセイン大統領ほか60～70人のスタッフが生活できる厨房，食堂，食糧貯蔵倉庫，空気や水の換気装置も完備され，原爆や生物化学兵器が使用されてもこの地下室の中で生き延びることができるように設計されているとのことである．

●その他の例

シンガポールでは，地下鉄16駅中の13駅をシェルター兼用駅とし，所要の構造と機械電気施設を備えるような設計がなされている．韓国の地下鉄は有事の際，防空壕に転用できるようにできており，そのため駅構内の無断撮影は禁止されている．ノルウェーでは冬季オリンピックのアイスホッケーのために，幅61 m，長さ91 m，高さ25 mの地下競技場兼シェルターが構築されている．このように，地下構造物が有事の際のシェルターを兼ねる事例がみられるようになり，かなりの事例があると推定される．また，シェルターには分類されないが，原子力発電所では，旧西ドイツのように軍用機の衝突を考慮した設計がなされており，日本でも原子力関連施設に航空機の衝突を考慮した設計がなされるようになっている．

●シェルターの今後

アメリカ同時多発テロ以降は，高層建物や公共性の高い建物等の重要な構造物がテロのような人為的行為による爆破・爆発や飛来物の衝突を受けた場合の有効な防止対策の研究や耐衝撃・耐爆性能を評価する研究が活発になされるようになった．建物にシェルター機能をもたせるかどうかは今後の建築設計の重要課題になっていくと思われる．　　［河西良幸］

1-40　事故は世につれ

【テーマ】日常安全　　　　　　　　　　　　　　　　　　　　　　1　安全・防災・耐震

●建築における事故の問題

　事故は災害とともに，建築の安全性を脅かす二大元凶である．人的被害に限れば，むしろ事故のほうが圧倒的に多い．かつて筆者は，この両者に軽重をつけて取り扱うべきではないとの思いを込めて，前者を日常災害，後者を非常災害と，対等に区分する考え方を提唱した．この日常災害の問題は，建築のなかでもとりわけ住宅において重い問題であるため，本項では，住宅に焦点を当てて日常災害の経年的推移を展望する．

●住宅で生じた事故・災害による被害実態の経年的推移のグラフ

　■1は，家庭（住宅およびその敷地）で生じた日常災害と，比較のため非常災害も含め，事故・災害種類別の人的被害（死亡者数で代表）の経年的推移をグラフにしたものである．被害者像を明らかにするため，それぞれの事故・災害種類ごとに，0～4歳，5～64歳，65歳以上という，三つの年齢層に細区分して表示してある．なお，この元データは，厚生労働省の「人口動態統計」である．

●事故・災害種類に着目した経年的推移

　グラフを眺めて，最も目につくのは1995年の突出であろう．これは，いうまでもなく阪神・淡路大震災によるものである．その他の年は，若干のうねりはあるものの，4000～7000人の範囲で推移している．そのほとんどが「日常災害」によるものである．

　事故・災害の種類ごとに増減をみると，著しく減少したのは「中毒」「火傷」，逆に著しく増加したのは「溺水」である．その他の事故・災害は，上述した阪神・淡路大震災を除けば，極端な経年的変化はみせていない．

●「中毒」「火傷」の減少と「溺水」の増加の原因

　それではこの増減の原因はいったいどのあたりにあるのだろうか．

　まず，「中毒」だが，この大半はガスの不完全燃焼による一酸化炭素中毒事故である．1970年くらいから急激な減少傾向に転じたのは，この事故の怖さが広く認識され，法的にも不完全燃焼を起こさないための規制が設けられたこと，ガス自体が一酸化炭素を含まない天然ガスに切り替えられたこと，危険性の高い燃焼排気を屋外に出してしまう半密閉式・密閉式燃焼器具が普及したことなど，ソフト面，ハード面で相当な改善が加えられた結果ではないかと考えられる．

■1　家庭における事故・災害による死亡者数（0～4歳，5～64歳，65歳以上に区分）の推移

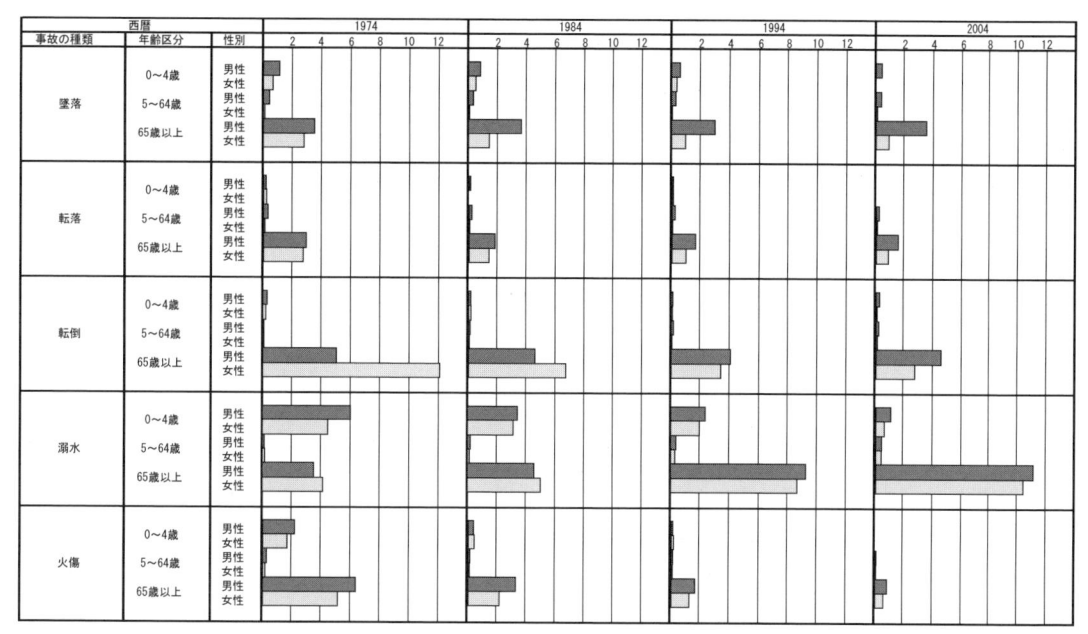

■2 家庭における「墜落」「転落」「転倒」「溺水」「火傷」による死亡率の経年的変化　年齢層別・性別に区分(人/10万人・年)

また、「火傷」の減少は、台所や浴室など、火を扱う場所の環境改善が進んだことと、この事故の犠牲者予備軍である幼児の数が減ってきたことの相乗効果であろう。

「溺水」の増加は、いうまでもなく高齢者人口の増加に対応したものと考えられる。すなわち、循環器系などの持病をもつ高齢者の増加に伴い、入浴を引き金にして病気が発症し、結果として溺れてしまう人が増えてきているということである。

何か画期的な手が打てればよいのだが、考えてみれば、入浴するという動作は溺れる一歩手前の状態ともいえる。危険きわまりないのはわかっているのだが、建築的にその危険を回避するような手だてをとることは、現実的にはなかなかむずかしいのである。かといって、入浴という習慣は、いわばわれわれ日本人の先祖代々からの生活文化であるから、回数を減らすことも、ましてややめることも、できるわけはない。ちなみに、ほかの国の統計を調べてみても、予想どおり、これほど入浴による犠牲者を出している国はみあたらない。

●被害者の年齢層に着目した経年的推移

被害者、とくに弱者とされる幼児・高齢者に着目すると、幼児・高齢者とも被害に遭いやすい事故は「墜落」「溺水」「火傷」、ほぼ高齢者のみが被害者となる事故は「転落」「転倒」である。

そこで、この五つの事故について、すこし詳しく、年齢別・性別死亡率の時代変化をみたものが■2である。元データはやはり「人口動態統計」である。これを見ると、幼児の事故は、「墜落」「溺水」「火傷」とも大幅に減少している。これは、建物の側の改善も若干は関係しているだろうが、それよりは、少子化に伴い、保護者の監視が行き届くようになってきたことが大きな理由と思われる。

一方、高齢者については、男女の増減傾向の違いがおもしろい。「墜落」では、男性が変化がないのに、女性が大幅に減少しており、「転落」では、男女とも若干減少といったところ。「転倒」では、男性は変化なし、女性は男性の倍以上であったのが、大幅に減少して、いまや男性より少なくなっている。「溺水」は、男女とも増加が著しく、「火傷」では男女とも減少が著しい。ということで、男女の比較では、どうやら女性のほうが男性よりますます元気になってきているようなのである。ただ、生物学的な差なのか、ジェンダー差、すなわち社会的な役割からくる差なのかは、いまのところ定かではない。

●事故は世につれ

以上のように、事故も時代とともに大きく変わってきている。この変化は、住宅の変化もさることながら、居住者像と暮らし方の変化によるところが大きい。そこに着目し、改めてこの30年のグラフをにらんでみれば、事故の将来像も、ある程度は見通せるのではないかと思われる。

[直井英雄]

2

保存・再生・資源

[編集：松村秀一]

2-1 建物の寿命

【テーマ】寿命推計　　　　　　　　　　　　　　　　　　　　　　　　2　保存・再生・資源

● 材料の耐用年数と建物

建物が何年もつかという場合，その構成材料，とくに構造部分を構成している材料がどのくらいもつかという点に還元して考えることがある．この議論の当否は後で論じるとして，まず材料が「もつ」，「もたない」とはどういうことであろうか．「もたない」という状況は，その材料が期待されている働きをしなくなることであり，厳密な議論をするにはその材料の働きと，働きを失った状態を明確に定義しておかなくてはならない．実際にはそこまで踏み込んだ話ではなく，経験的な年数や，ある材料の特定の劣化現象進行に注目した年数をその材料が「もつ」年数，すなわち耐用年数とみなしていることが多い．鉄筋コンクリートでは，コンクリートの中性化進行により鉄筋発錆の危険を生じる年数が耐用年数として考えられている．鋼材であれば，表面からの錆の進行により部材としての断面性能が一定限度以下になるまでの年数を耐用年数とすることが考えられるし，木材の場合は腐朽の進行により部材の耐力が一定限度以下になるまでの年数を考えることになる．しかしながらコンクリートの中性化を除けば，構造材料の耐用年数に関する研究は例が少なく，耐用年数推計式等についての提案も非常に少ない．

構造材料が建物の根幹を形成していることは事実であるが，その機能低下が建物の使用価値の喪失に直結しているわけではない．材料劣化が生じても，それなりの修復を行えば建物の継続使用は可能となる．問題は経済性を含めた価値判断であり，一般的には修復費用が修復によって得られる建物の価値の向上分より多ければ，経済的判断として建物は使用停止となり寿命を終えることになる．建物に単なる経済性以上の価値，たとえば文化財のような価値が認められている場合は，修復費用の多寡は問題とはならないことが多い．建物が何年もつかという問いは，建物の使用や所有を予定している人々から日常的に発せられるものであるが，それに的確に答えることは非常にむずかしい．たとえば電球などのように，もともと修理は考えず機能（光を発すること）を失えば廃棄というようなものとは違い，建物の場合は適切な維持管理や修繕が行われれば長持ちするであろうし，使いっぱなしで面倒をまったくみないのであれば短期に使用困難な状況に至るであろうというしかない．

● 建物の寿命

材料の耐用年数と建物のもつ・もたないは直接関係しないといっても，建物は無限に使い続けられるわけではない．実際にはある年数を経過すれば解体され，次の建物にその敷地を譲る例は日常的に存在する．ここで，ある建物が竣工してから解体されるまでの存在期間をその建物の寿命とよぶことにする．寿命と耐用年数は同じような意味で使われることも多いが，耐用年数は将来の存続を期待する年数として寿命とは区別することにしたい．前述のように建物としての耐用年数を推計することはむずかしいが，寿命については各種の方法で知ることができる．もっとも単純な場合は，特定の建物について竣工年と解体（除却）年を調べ，その差を寿命とすることである．個別の建物の寿命はこのようにして知ることができるが，一般性をもった寿命の数値を知るには統計的な方法によることが必要である．以下にいくつかの方法を紹介する．

サイクル年数：建築ストックの総数を年間の新築建物数で割った値をサイクル年数とよぶことにする．現在のペースで新築を続けると，ストックすべてが入れ替わるのに何年かかるかをもって，建物の平均的な寿命とみなすという考え方である．ある試算（建築解体廃棄物対策研究会編（1998）：解体・リサイクル制度研究会報告——自立と連携によるリサイクル社会の構築と環境産業の創造を目指して，大成出版社）では日本30年，アメリカ103年，イギリス141年という値が示されているが，日本の住宅が他国に比較して，短期間で壊されていることの証となろう．簡便な方法で国や建物種類の違い等を

比較したい場合には目安として十分使える．

滅失建物の平均年齢：除却された建物個々の年齢を調べて，その平均値をもって平均寿命とみなすという考え方である．1996年度の『建設白書』では，日米英の住宅の「平均寿命」について言及している．これは「過去5年間に除却されたものの平均」となっており，日本は約26年，アメリカで約44年，イギリスで75年となっている．この方法は一見合理的にみえるが注意すべき点がある．このような調査の結果を，統計的に有効な平均寿命とみなしてよい場合の条件をあげると，①調査対象とする資料が，建物の最長寿命と考えられる年数以上にさかのぼった時点から整備されていること，②調査対象とした建物の新築年次（年度）における新築建物の総数が判明しているか，新築数が毎年ほぼ一定とみなせることである．

まず①について，たとえば調査対象が30年以上はさかのぼれない資料であったとすると，調査結果の平均値が必ず30年以下になるのは明白である．こうした場合には，まだ取り壊されていない建物を評価していないことが結果を狂わせると考えればわかりやすい．日本の場合，各種の統計資料や行政関係の資料は，終戦を境としてそれ以前にはさかのぼれないことが多いため，こうした資料に基づく調査の場合には注意を払う必要がある．

また②であるが，もしある時期だけ新築数が極端に多いとすると，取り壊された建物には新築数の多かった時期のものが多く含まれることになり，結果に偏りを生じる．この場合には得られた個々のデータを，新築年に応じて新築数の逆数でウエイト付けする必要がある．

区間残存率推計法：人間の平均余命は人口動態統計から年齢別の生存確率を求めて推計されるもので，その一部が一般には人間の平均寿命とされている．この考え方を展開していくと，システムの寿命推計に関連した研究分野としての信頼性理論につながっていく．これらの方法を応用して建物の平均寿命を推計する方法に区間残存率推計法がある．これによる具体的な推計の手順は次の通りである．

まず建物を経年（年齢）別の集団に分けて一定の観察期間（たとえば1年間）後の残存率（一定期間後に生き残っている建物の割合）を観察する．寿命

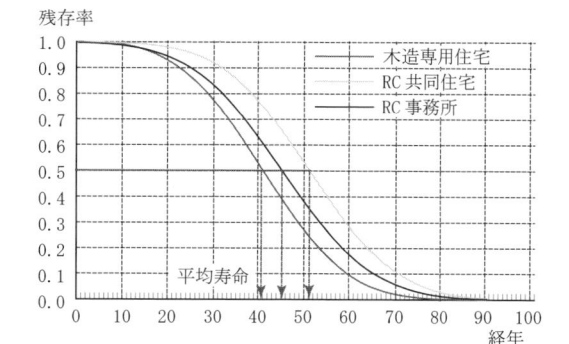

■1　1997年データによる全国（東京を除く）の残存曲線（著者作成）

推計のためには，本来ならば長期間にわたる観察が必要であるが，経年別のデータを年齢順に並べることで長期間の観察の代わりとする．次に観察期間前後における経年別の残存確率を求め，それらを掛け合わせることで経年を通した全体としての残存率の推移を求める．得られる残存率は当初（経年0年）はすべてが存在しているので当然ながら1であり，経年の増加にしたがって減少し最後は0となるはずのものである．

■1に調査によって得られた建物残存率の例を示す．これは固定資産税の台帳データを利用して建物種類ごとの経年別の残存確率を求め，残存率曲線を描いたものである．なおグラフに示したものは直接の分析結果に理論曲線を当てはめたものである．このときの調査対象は全国の都道府県庁所在地であるが，東京都の分は事情によりこの分析からは除いている．ここでは平均寿命を残存率が50％となる時点として定義しているが，木造専用住宅で40年強，鉄筋コンクリート造の共同住宅で50年強という値になっている．なお平均寿命の定義はこれが唯一絶対というわけではなく，別の定義をすれば数値も変わる．

このデータからは，建物の構造材料により大きく寿命が異なるということはないということがわかる．建物を使い続けるか建て替えるかは，結局は所有者の判断によるものであり，所有者に長く使い続けようとする意志があれば，建物の寿命は長くなる．都市の中でどうすればそうした意識を共有できるかが，建物寿命延長への今後の課題であろう．

［小松幸夫］

2-2　伊勢神宮 VS 法隆寺

【テーマ】建築の寿命　　　　　　　　　　　　　　　　　　　2　保存・再生・資源

●伊勢神宮 VS 法隆寺

　伊勢神宮が日本建築の特質を体現している，という誤解が今でもまことしやかにヨーロッパで流されているらしい．要するに，日本の建築は，形には古い伝統が維持されているらしいのだが，部材は新しいものに入れ替えてしまう，というのである．当初の古い部材の保持を前提とするヨーロッパの文化財保存学からの強烈な批判である．

　この言い様は，戦後一世を風靡したメタボリストたちにもいいように使い回された．建築はつねに代謝するものである，と．

　さらに最近では，こんな説まで聞こえてくる．日本人は住宅を世代を超えた資産として丁寧に維持し次の世代に引き継いでいくカルチャーが育たなかった．だからヨーロッパのような都市を造ることがなかった．これからは長寿命の住宅を造って大切にしようではないか．

　伊勢神宮では20年に一度，正殿以下の建築をすっかり建て替える式年造替という制をもっていて，それは7世紀末からずっと維持されてきた．しかし，日本には法隆寺という世界で最も古い木造建築が存在していることも事実である．7世紀後半から現在までおよそ1300年あまり地上に立ち続けてきた建築なのである．日本には，極端に異なる2種類の寿命をもつ建築が同時に存在しているのである．

　いったい建築の寿命についてどう考えればよいのか．寿命20年というのは現在のわれわれの住宅の平均寿命より少し短い程度だが，1300年となると想像を絶するほど長い．

●神社建築の寿命

　伊勢神宮では，式年造替の制度は7世紀末，天武天皇の頃に決められた．それ以来，この制度は神事に組み込まれ厳格に維持されたのである．しかしながら，なぜ30年でなくて20年間隔であるのかはわかっていない．掘立柱や屋根の茅葺が傷む頃という材料の耐用年限説，工匠の技術の伝承のためにちょうど良いという工匠世代交替説などがあるが，どれも「20年」という間隔を決定的に説明するものではないようだ．ただ，8世紀の平城京では，掘立柱の住宅や役所建築の場合，築20年ほどで建築は更新されたことがわかってきたから，伊勢神宮の20年というのは，同時代の建築寿命の常識に近いことは確かなようだ．

　じつはこの式年造替という慣行は伊勢神宮に限ったものではなく，全国各地の有力神社に広く見られるのである．住吉大社，香取神宮，鹿島神宮，宇佐神宮，春日大社などはかつて20年前後の間隔で造替されていた時期があって，伊勢神宮の方式を倣ったと推定されている．これらの神社はかならずしも掘立柱ではなかったから，伊勢で創始された方式が神社建築の寿命を強く規定していたのである．

　このような慣行があったことは，古い神社建築が残っていない理由の一つにあげられるのだが，しかし式年遷宮によって社殿が即刻取り壊されて廃棄されたのではない．最古の春日造社殿である奈良の円成寺春日堂・白山堂は鎌倉時代初期に建てられたとみられているが，春日大社の式年遷宮時にもともとの社殿を移したものという．円成寺の境内社には式年造替の制度がなかったから，そのまま維持されて800年ほどの寿命を永らえてきた．現在は国宝だから，今後はさらに半永久的な寿命をもつことになるだろう．なお，足元は掘立柱ではなく，井桁に土台を組んでその上に柱を立てる形式である．土台は傷んだら取り替えればよい．

●寺院建築の寿命

　一方，法隆寺をはじめとして，国内には1000年以上の寿命をもつ建築が多数存在している．こちらは超長寿命というべきである．伊勢神宮との決定的な違いは，柱が礎石の上に立っていることである．礎石は6世紀末の飛鳥寺創建時に朝鮮半島から入ってきた技術であり，頑丈な基壇，礎石，太い柱，梁，屋根の瓦などが一セットとして国内に持ち込まれた．この新技術は中国において開発されたもので，皇帝のための宮殿に最も高級な意匠が集中して

いた．それが寺院建築に転用され，朝鮮半島を経由して6世紀末には日本まで伝わってきたのである．この技術は国内ではまず寺院用の技術として普及し，宮殿に用いられるようになったのは7世紀末の藤原宮大極殿（694）からである．藤原京が初めて本格的な中国の都市制度を国内に実現させたものであるから，当然といえば当然である．

この系統の建築の最も古い現存建築が法隆寺の西院伽藍――金堂・五重塔・中門・回廊――である．法隆寺のものが残っているのだから，他にも多数残っていてもよさそうなのだが，ほとんどが火災で焼けてしまった．柱，梁が太いからそう簡単に着火しないのだが，内部の供養道具には布など燃えやすいものも少なくないから，燈明皿から火がこぼれると出火する．また戦乱に巻き込まれて焼き払われた建築も少なくない（世界最大の木造建築とされる東大寺大仏殿も二度焼失している．1180年，1567年，そのいずれも兵火である）．また，落雷も火災の大きな原因であった．

それでも，鎌倉時代以降の建築も多数残っている．その多くは天台・真言両宗派の寺院の本堂・塔・門である．鎌倉時代中期以後，全国各地に徐々に立派な建築が建てられるようになっていった．それらが多数残されているという事実は，全国的な経済力の上昇を反映するだろうし，また逆に，その経済力の大きな部分が立派な寺院建築に向けられたことも意味するのだろう．柱と梁などの主要な構造材が太ければ，火事にさえ遭わず，適切なタイミングで修理を重ねれば建築は長持ちするのである．

以上，神社と寺院の建築について触れたが，次に住宅建築について検討してみよう．

● **住宅建築の寿命**

現存する最も古い住宅建築とみなされているのは，1486年建設の慈照寺東求堂である．慈照寺はもともと第8代の室町将軍足利義政の東山山荘であり，義政没後に寺院にされたので，銀閣と東求堂の二つの建築が残った．

そもそも住宅は寿命が短い．所有者が次々と変更されるし，生活の様式も変化していく．必要のなくなった建築は移転，改築，廃棄されるのである．そして，高級住宅は都市にあったから，出火，延焼の危険にさらされていたし，戦乱に巻き込まれることも少なくなかった．だから，平安時代の寝殿造の住宅が室町時代まで残ったはずはないし，江戸の中心部を占めた大名の邸宅建築も，わずかに数棟の門が移築されて残存しているだけである．

それでは，庶民住宅はどうだったろうか．最も古いと思われているのは，箱木家住宅（神戸市）であって，15世紀に遡るのではないかと推定されている．土壁，茅葺であって現在の農家の祖形とみなされている．その地域の小領主の家で，江戸時代には農村の庄屋として維持されてきたのである．足元に礎石を使っているのが，わずかな高級な要素であって，また500年という長寿命住宅となった秘訣でもある．

先に触れたように，古代の掘立柱の住宅は20年ほどで建て替えられていたらしい．庶民の家も江戸中頃までは掘立柱だったらしいから，その程度の寿命だったのではないだろうか．現在各地に残されている重要文化財の農家や町家は，庄屋クラスのとくに高級な住宅だったはずである．

庶民の住宅が，農家，町家ともに礎石を使うようになって長寿命になったのは，幕末から明治期ではなかったかと推定している．そこで実現した都市の姿はアメリカ軍の空襲で爆撃されるまで，農村の姿は昭和40年代の高度成長期まで維持されたのであった．

● **社会変動の大小と建築の寿命**

以上，神社，寺院，住宅という3種類の建築について検討してきた．住宅が近代になると長寿命になったのは，立派な家を求め続けた庶民の限りなき欲求を具体化したためであったろう．

神社と寺院については，相当に人為的に操作されてきたというべきだろう．寺院に限れば，廃絶を逃れればかなりの建築は維持されたのである．戦国時代における戦乱，明治維新後の廃仏毀釈といった大きな危機にもかかわらず，寺院建築の多くが生を永らえてきた．日本国内は，中国・朝鮮半島に比べるならば，相対的に社会変動が小さい社会であったということも同時にいえそうである．　　　　［藤井恵介］

2-3　減価償却と歴史的建築物の保存

【テーマ】建物の評価　　　　　　　　　　　　　　　　　　　　2　保存・再生・資源

●減価償却費

　建物は，税法上，減価償却資産として扱われる．税法上の建築物の資産としての価値は，建物や設備の老朽化や劣化にともない，年数を経るとしだいに失われていく．このため，資産となるものの多くは，税法で耐用年数が定められており，耐用年数に至るまでに，価値が徐々に下がっていくという考え方がとられている．

　法人が所有する建物の場合には，建設したり購入したりする場合には，その費用は資産取得のための費用ということになる（「取得費」という）ため，法人にとっての収益とみなされ，所得上の益金に算入される．一方，年数が経って失われる価値については，価値の低下分の費用を法人の所得上の損金に算入してよいことになっている．この損金に含んでよい費用が，減価償却費である．減価償却費が認められる期間は，税法で定めた建築物の耐用年数に応じて決まっている．減価償却費は，建物の価格が毎年一定の割合で下がっていくという計算法（定率法）と，毎年一定の価格が下がるという計算法（定額法）がある．

●法定耐用年限

　建物の耐用年数については，「減価償却資産の耐用年数等に関する省令（財務省令）」の別表第一において定められている（■1）．たとえば，鉄筋コンクリート造の事務所は50年，木造の住宅は22年となっている．また，建物の付属設備についても，それぞれ独自に耐用年数が定められている．たとえば，給排水衛生設備は15年，エレベーターは17年である．日本建築学会では，このように法律によって定められた耐用年数を法定耐用年限とよんでいる．耐用年限には，このほかに，物理的耐用年限，性能的耐用年限がある．

　この減価償却に関する省令の別表で定める耐用年数については，公共機関が自らつくる建物の耐用年数や，国の補助を受けて建設した建物の耐用年数についても準用されている．この場合の耐用年数は，減価償却との関係ではなく，むしろ，税を使って建設されたものが，一定の年数を迎える前に，むやみに改造を受けたり，取り壊されたり処分されたりすることがないように使われている．

　建物の固定資産税上の評価額も，法人税における減価償却資産と同じ考え方によっている．すなわち，建設後，経過年数とともに評価額が下がっていくという形である．なお，税法上の建物の評価額は，法人税，固定資産税ともに，長期の年数を経過した場合でも，価格は一定の価格でとどまることとなっていた．これが，平成19年度の税制改正により，評価額1円までの償却が可能になった．

●法定耐用年限と歴史的建築物

　建物の寿命や価値は，法定耐用年限や税の評価とは一致しない．一方，法定耐用年限は，あたかも建築物の寿命を意味しているかのような誤解を招きやすい．また，減価償却や固定資産税上の評価は，年数の経過とともに，建物の価値が減るという考え方に基づいている．このため，こうした税制が，建物の寿命を短くしたり，年数を経た建物への評価を低くしたりしていて，それがひいては，歴史的建築物の保存を困難にさせているという批判もある．

　とはいえ，減価償却や固定資産税上の評価は，日本に限らず多くの国で採用されている．欧米の先進諸国では，にもかかわらず歴史的建築物の保存が進んでいる．したがって，保存が困難な理由を，税の制度だけに求めるのはいきすぎである．

　近年は，法人による設備投資を活発化するために，減価償却の償却期間を短くしようという声も聞かれる．償却期間が短くなると，それと建物の寿命が一致しないことが明確化するので，耐用年数に基づく減価償却という考え方自体の再考を迫られることになる．なかでもとくに，建物には減価償却とは別の固定資産としての評価が必要になるように思われる．建物の長寿命化を図るなら，その議論が必要だろう．減価償却期間の短縮が，さらに建物のスクラップアンドビルドを助ける事態を生むことは防ぐ

必要がある．

●歴史的建築物に対する特別償却

欧米では，法人による建物への投資が，スクラップアンドビルドではなく，歴史的建築物の改良保全に向かうような税制の措置がとられている．

代表的なものに，アメリカにおける法人税の特別償却制度がある．先にみた通り，通常は，法人による建物の取得費は，所得上の益金に算入される．アメリカの措置は，この取得にかかる費用を，歴史的建築物（国家歴史保護法によって登録された建築物）を改良保全する場合には，一定額について特別に所得上の損金に算入することを認めるというものである．これを特別償却という．

特別償却の制度は，日本においても，租税特別措置法によって，いくつかの事例がある．たとえば，法人が行う IT 関連の設備投資等に特別償却が認められている．けれども，歴史的建築物に関する特別償却は存在しない．

●歴史的建築物の固定資産税

アメリカでは，固定資産税の評価についても，類似の特例措置がみられる．代表的なものに，歴史的建築物の改良保全を行った場合に，固定資産税上の評価を据え置くという措置がある．年数を経た歴史的建築物の固定資産税の評価額は，通常低いものとなっている．一方，改良保全を行うと，耐用年数が延びることになるため，一般的には，固定資産税上の評価額が上がり，それにともない固定資産税額も上昇する．このため，改良後の固定資産税上の評価を据え置くことは，所有者の税額負担を減らすだけでなく，投資意欲も向上させる．ただし，固定資産税は地方税で，地方によって措置が異なるため，この措置はアメリカ国内全域にみられるわけではない．

歴史的建築物の固定資産税については，日本においても特例措置がとられている．国宝・重要文化財に指定された建築物については，土地，建物ともに固定資産税が非課税である．登録有形文化財に登録された建築物については，建物の固定資産税の評価額が 1/2 に軽減される．

登録有形文化財の固定資産税の優遇措置については，土地を含まず，建物の評価額も低くなっているため，その有効性が疑問視されることが多い．けれども，建物の改良保全が行われ，課税評価の見直し

■ 1　減価償却資産である住宅（構造別）の耐用年数

構　　　　造	耐用年数
鉄骨鉄筋コンクリート造または鉄筋コンクリート造	47
煉瓦造，石造またはブロック造	38
金属造（骨格材の肉厚が 4 mm を超えるもの）	34
金属造（骨格材の肉厚が 3 mm を超え 4 mm 以下のもの）	27
金属造（骨格材の肉厚が 3 mm 以下のもの）	19
木造または合成樹脂造	22
木造モルタル造	20

「減価償却資産の耐用年数等に関する省令（財務省令）」別表第一によって作成

が行われるようなときに，その効果が発揮される優遇措置であることを認識する必要がある．

●歴史的建築物の評価

先進諸国では，異なる観点による歴史的建築物の評価も行われている．それは保険上の評価である．

災害保険による加入者への補償額は，対象となる財産の評価額によって異なってくる．日本のように減価償却に応じて建物の評価額が下がるという考え方だと，歴史的建築物のような古い建物は，保険加入の意味は低くなる．ところが，先進諸国では，対象物の再調達価格を原則とするため，歴史的建築物に対して，減価償却による評価とは異なる評価額の算定と補償が行われている．

たとえば，英国では，建物の評価額については，建物の新旧とは無関係に計算される．すなわち，評価する建物と酷似する建物を新たに建設する費用が，再調達価格とされる．歴史的建築物の場合，希少な材料や手間のかかった彫刻等が使われていれば，それだけ価額が高くなる．一方，建設費用なので，事件・人物との関係といった由緒や来歴は，評価の対象には含まれない．年数を経て老朽化したものについては，老朽化による被災は保険で補償されないことに加え，再調達価格も低く見積もられる．反対に，年数を経ていても良好に管理されているものの評価額は下がらない．このため，保険会社は加入者の建物の管理状況を適宜査察することになる．

日本の保険も，再調達による算定を原則としているが，評価は減価償却を見込むことが多く，歴史的建築物の再調達価格の判断は不能とされることが多い．日本と先進諸国の違いは，歴史的建築物を含む古い建物の市場価格の違いと深く関わっている．

［後藤　治］

2-4 歴史的建築物の保存を助ける維持管理

【テーマ】維持管理　　　　　　　　　　　　　　　　　　　　　　　2　保存・再生・資源

● 建築基準法と維持管理

　通常，維持管理とされるものは，建築学の分野では，「保全」行為のなかの「維持保全」に分類される．そして，維持保全には，建築の本体に対して行われる比較的小規模な建築工事である「修繕・更新」のほかに，「運転・清掃」，「保守・点検」，「調査・劣化診断」が含まれる（日本建築学会編 (1988)：建築物の耐久計画に関する考え方，丸善）．近年は，建築物に使用される機械設備の増加等にともない，維持保全の重要性が高まっている．また，建築本体の耐用年限よりも設備の耐用年限が短いことから，歴史的建築物のような寿命を長くしていく必要がある建物については，設備の修繕・更新の方法にも工夫が必要となってきている．

　建築基準法では，建築物の維持保全について，所有者・管理者等が，建築物の敷地，構造，建築設備を常時適法な状態に維持するよう努めなければならない（第8条第1項），と規定している．また，一定の建築物については，必要に応じて維持保全に関する準則や計画を作成し，その他適切な措置を講じなければならない（同条第2項），としている．この規定に関係するものとして，日本建築学会では，『建築物の調査・劣化診断・修繕の考え方（案）・同解説』(1993) を出版し，保全計画の作成や，調査・劣化診断，修繕の計画とその実施および記録の方法についての具体的な考え方をまとめている．

　このほかにも建築基準法では，エレベーターや防火・排煙設備についても，定期的な検査を義務づけている．また，建築基準法以外の消防法，電気事業法，ビル管理法等によっても，消防・電気設備の点検や衛生関係の清掃・検査等が義務づけられていたり，防火管理者の選任が義務づけられていたりするなど，法に基づく維持管理行為は多い．

● 税法と維持管理

　税法上にも維持保全，改良保全と類似の区分がある．法人税法においては，法人が所有する建築物に対して，耐用年限を延ばしたり，価値を上げたりするような建築工事を行った場合，工事費用またはその一部は，法人の資産を増やした「資本的支出」とみなされ，通常は益金に算入される．たとえば，耐震補強工事や各部を高価な仕様に変更する工事は，資本的支出になる．これに対して，建築物の耐用年数に関係しない小規模な工事の費用は「修繕費」として，損金に算入できる．たとえば，ペンキの塗り替えや落下の恐れのある壁面タイルの補修費用は，修繕費になる．このため，完全に一致はしないが，改良保全は「資本的支出」に，維持保全は「修繕費」に該当すると考えておおむね問題はない．

　実際には，適性かつ良好な維持保全を心がけた建築物の寿命は延びる．たとえば，大地震などのときに建築物が被災する原因のひとつに，維持管理の不良がある．税法上は，法に定める耐用年限まで建物を使い続けるには，適正かつ良好な維持保全が必要なため，経費の損金算入を認めているという解釈になるのだろう．

● 文化財の管理と修理・現状変更

　歴史的建築物の維持管理のために何を行うのかといえば，原則として，通常の建築物の維持管理との違いはない．ただし，劣化や破損は，建築物の意匠，構造，材料，構法，仕様等によって，出現しやすい箇所やその現れ方が違ってくる．このため，歴史的建築物に特有の破損・劣化を知ることが，良好な維持管理を行うための第一歩となる．たとえば，歴史的建築物は，基礎の構造が簡便なことが多いため，地耐力の不足や基礎の不良による不陸が生じやすい．また，落葉の堆積などによって建物周辺の地盤が高くなっていて，排水上の問題を抱えていることも多い．

　文化財保護法によって国宝・重要文化財に指定された建築物については，建築基準法の適用が除外される．一方，所有者等には，文化財保護法による管理義務が生じ（31条），文化庁長官は管理に対して必要な指示ができる（30条）ことになっている．また，所有者等の管理が著しく困難または不適当な

ことが明らかに認められる場合に，文化庁長官は管理団体を指定し，文化財保存のために必要な管理を行わせることができる（32条）ことになっている．このほかに，所有者変更の届出，滅失・毀損した場合の届出といった義務がある．つまり，国宝・重要文化財には，管理行為に一般の建築物とは異なる制約がある．

　文化財保護法によって登録有形文化財に登録された建築物についても，国宝・重要文化財に準じた形になっているが，文化庁長官による指示の規定はない．また，登録有形文化財については，建築基準法の適用除外措置もなく，同法が適用される．

　国宝・重要文化財に対する建築行為については，文化庁長官に対して，「修理」が事前の届出（43条の2），「現状変更」が事前の許可（43条）を要するとされている．修理と現状変更の違いは，前者は，仕様や構造に変更をきたさない場合，後者は，仕様や構造の変更をともなう場合，と考えるとおおむねまちがいない．たとえば，茅葺の屋根の葺替えは「修理」に，瓦葺の屋根を茅葺に復元するような場合は「現状変更」になる．

　建築学上，「維持保全」に含まれる修繕・更新といった建築行為は，基本的には，文化財保護法上の「管理」行為に含まれるので，文化庁長官に対する事前の届出や許可は必要ない．よく，文化財は「釘を1本も打ってはいけない」，「畳や障子の張替えにも文化庁の許可が必要」とされるが，これは誤りである．こうした行為の大半は，管理に該当するので，文化庁長官から指示を受けることはありえても，事前の届出や許可は必要ない．

● 重要文化財（建造物）保存活用計画策定指針

　建築物によって破損・劣化の箇所が異なるのと同様に，建築物によって維持保全に該当する修繕・更新の中身は異なる．たとえば，貸し店舗を営む商業建築では，店舗部分の修繕・更新は，日常的に発生する行為である．また，住宅建築において，障子の張替えは日常的に発生するが，これが障壁画を描いた襖の張替えとなると，事情は違ってくる．

　このため，細かくみていくと，何が文化財保護法上の「管理」行為にあたって，何が「修理」や「現状変更」行為に該当するのかは，それぞれの建築物によって違ってくる．

　「修理」，「現状変更」といった規制の対象となる

■1　中越地震で被害にあった土蔵造の建物　足元に部材の腐朽がみられる．維持管理の不良が，建物の被害を大きくしている（筆者撮影）

行為を具体的に明らかにすることは，所有者等の負担を軽くするだけでなく，建物の利活用や再利用，転用等を容易にする．このため，文化庁では「重要文化財（建造物）保存活用計画策定指針」（1999）を発行し，所有者等が，建築物の活用にあたってあらかじめ計画をつくることによって，現状変更の認められる範囲や管理行為に含まれる建築工事を明らかにすることができるようにしている．

　また，こうした計画を策定しない場合でも，文化財保護法では，国宝・重要文化財，登録有形文化財である建築物の所有者等は，文化庁長官に管理，修理に関して技術的な指導を求めることができることになっている．このため，維持管理に含まれる修繕・更新といった建築行為が，管理，修理のどちらに該当するか具体的に明らかにしたい場合には，この技術的指導の求めによって明らかにすることも可能である．

　このほかに，文化財保護法では文化財の保護の万全を期すために，都道府県が非常勤の公務員として文化財保護指導委員を置くことができる（191条2）としている．地域によっては，この制度によって適切な管理への技術的指導が行われている．

　　　　　　　　　　　　　　　　　　［後藤　治］

2-5 解体と周期性―建造物修理の手法

【テーマ】文化財修理　　　　　　　　　　　　　　　　　　2　保存・再生・資源

　文化財建造物の修理というと，現代の建築行為からかけはなれた，古色蒼然たる地味な補修行為，と受け取られる向きが多いだろう．しかし，ここには日本の建築的伝統の本質が濃縮されている．理解を容易にするために，西洋における建造物修理手法と比較することで，その建築的本質を抽出してみよう．

● 解体と非解体

　日本の木造建築修理における最も顕著な特徴が，解体修理の手法である．建築を一旦，個々の部材に解体し，補修を施し，あるいは欠損部材を補った上で，再び組み直す．小部材の組み合わせからなる木造建築を主体とする日本では，ごく当たり前の手法に思われよう．しかし，この手法，西洋の感覚では，異様なものと受け取られるらしい．建物を一旦解体すると，建物の生命が絶たれるのではないか，という認識があるようなのである．

　西洋の石造建築では，一部を解体することがあっても，石造の構造体を全解体することは一般的ではない．構造の傾斜も，傾斜している現状なりに，補強を加えた上，修理されることが多い．木造建築ですら，つっかえ棒を入れてまでも，解体せずに現状のまま修理を施すことがある．

　日本の文化財修理では，建造物の価値を損ねず，あるいは見えにくくなっている価値を引き出しつつ，構造的健全性を回復する目的で解体修理が実施される．そこでは学術的密度の高い調査がおこなわれ，建造物の意匠，構造，技法が詳細に明らかにされる．解体という方法ゆえに濃密な情報を得る好機となるのである．

　建築は解体可能である．こうした考え方は，永続性が求められる西洋の石造建築においては決して当たり前ではない．

● 周期性と一回性

　解体修理を施される建物は，構造的な健全性を完全に回復し，また新たな命が吹き込まれる．けれども，このことは逆に，木造建築の脆弱性をも示している．比較的短期間に変形，破損が進みやすいからこそ，抜本的な解体修理も必要となるのである．

　これを長い目で見てみよう．木造建築は，建てられた後，部分修理，根本修理が何度も施されて現在に至っている．たとえば，屋根葺材についていえば，茅や檜皮などの植物性材料は，そもそも長期間の使用が想定されておらず，25年程度で葺き替えが必要となる．長期の耐久性が期待される瓦でも70年程度で修理時期が訪れる．部分修理だけでなく，根本修理も200年に一度は施されてきた．古代，中世の建造物の修理履歴をたどった伊原惠司の研究によれば，建造物修理には一定の周期が見いだせるという（伊原惠司（1990）：古建築の修理周期．普請研究，No.32）．言い換えれば，木造建築ははじめから周期的修理を前提として設計，建設されていることになる．修理が周期的に施されるということは，材料の部分的な更新が避けられないということでもある．

　一方，西洋ではギリシャ神殿が木造から石造へと転化した例を引くまでもなく，半永続性が建築に求められてきた．その修理も，一定の期間をあけてのクリーニングは必要であるにせよ，一回切りの個別対応に近いものがある．

● 日欧間の理念的差異

　日本の建造物修理の特徴は，気候・地理的条件と，木造としての建築特性から導かれた面が大きい．ここから西洋における手法との差異が生まれてくるわけだが，物理的な条件差は理念の差をも生む．それはラクーナ（lacuna：欠損）の問題と，改造痕跡の残存度合い，の2点に整理できるように思われる．

　西洋の概念であるラクーナとは，建物に生じる部分的な欠損を意味している．これは装飾や壁画の一部といった微細な部分から，屋根の欠損や壁体の崩壊も含む．石造建築は，構造材や空間を覆う主要部材の欠損があったとしても，全体の崩壊に至らない場合があるため，存在しない部分であるラクーナが

■1 ジャッキアップで修理可能な木造建築—室生寺五重塔（奈良県教育委員会：国宝室生寺五重塔（災害復旧）修理工事報告書）

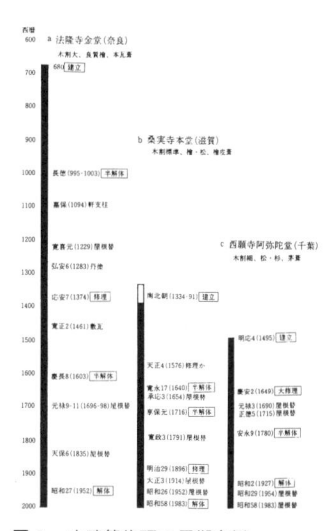

■2 古建築修理の周期実例
（伊原惠司：古建築の修理周期）

存在意義をもつことになる．このラクーナをいかに扱うかという問題が，18世紀以降のロマンティシズムの一つの淵源となり，一方では修復への欲求を駆り立て，他方では廃墟礼賛の趣味を生み，現状を改変することへの嫌悪という志向を生んだ．この相対する両者が，修復の是非を巡る議論をも導いていく．

一方，日本の木造建築の場合，西洋的な意味でのラクーナは存在しえない．木造建築は部分的な欠損が容易に全体の破壊に結びつくためである．ゆえに，修理工事では構造的完結性の回復が主要目的となり，そこでは適用範囲の大小はあれ，復旧が不可避となる．

もう一点の改造痕跡であるが，木造，石造ともに建造物は幾多の改造を受けている．ただ，改造に際しての旧形式の残存具合に大きな違いがある．木造の場合，改造時に不要となった部材が小屋裏等に転用されることが多い．また，部材を相互に切り欠いて組むため，一方の仕口が残れば，他方が想定可能となる．

石造では，木造に比して壁体の構造強度ゆえか，大規模な改造を許容し，また仕口なく石材を積み重ねることが多く，一旦原位置から移動すると，どこに使われていた部材かわからなくなることが多い．木造の方が旧形式を伝える情報源が残りやすいわけである．それだけにいっそう，解体の上，各部材を詳細に調査することが求められていく．

●建築行為としての修理

日本の修理が露にする建築的特徴は，西洋の伝統の延長上に組み立てられてきた近代の建築観とは異質なものであろう．しかし，日本の建築，都市のあり方は，ここに見られた特質と呼応する状況を見せているように思う．日本の修理の特質から見いだし得た建築的特徴は，次のごとく，建築行為一般に接続することができる．

第一が移築を容易にすることである．茶室のように移築を重ねながら意味を付加していく建築があれば，移築を前提として建てられる建築すらある．これは都市内で建築が移動しうることを示唆するものであり，土地と建物の関係が緩やかな日本の特性の一因をなしていよう．第二が建築のライフサイクルのあり方が特異な点で，元来，周期的修理が建築そのものにプログラムされていた日本の建築は，メンテナンスフリーとは正反対のベクトルをもつ．第三が部分を更新しながら，全体を保つ建築のあり方である．

以上の特質は，いずれも都市の本質とアナロジカルな関係にあるといえないだろうか．取替え可能な部分が，全体を大きくは変えない範囲で更新される．他の場所への移築により，その意味が変えられる．そして，それはつねに変化を続けながら，全体性を保ち続けている．

建造物修理は，文化財という閉じた世界の手法と受け取られがちだが，建築・都市の本質を濃密に凝縮した世界といえるのかもしれない． ［清水重敦］

2-6 遺跡復元とデザインの境界

【テーマ】遺跡の復元　　　　　　　　　　　　　　　　　　　　2　保存・再生・資源

●〈復元〉という問題設定の歪み

　遺跡における失われた建物を再現する事業である遺跡復元が，ここ10年ほどかなり積極的におこなわれるようになってきている．ブームは日本に留まらず，中国，韓国，ベトナムなど，東アジア各国で同時併発している．むしろ日本の状況が火付け役になっている面もあろう．

　遺跡復元という行為の意味は，歴史空間の体験，過去の技術の実験的追体験，地域のランドマークなど，種々ある．けれども，それが無数に考えられる可能性を一つに限定し，歴史像の固定につながるとして批判の対象となることも事実である．復元行為の意味をいかにとらえるか，あるいは復元をどのように説明すべきか．この問いへの納得できる回答は，いまだに見あたらない．

　近年，遺跡をいかに活用するか，という視点からの議論が生じつつある．これは，遺跡空間をいかにデザインするか，という問いに置き換えられるように思う．復元をこの遺跡のデザインという発想に据え直した上で，その意味を考えてみたい．

●復元志向の根底にあるもの

　日本における復元ブームの根底には，第一に，木造を主体とする建築構造ゆえ，地表面上に痕跡を残しにくい，という遺跡の特性がある．石造を主とする西洋の遺跡は，遺跡と建築物の境界が明確でなく，遺跡が地上に突出し，遺構を露出しても気候条件にある程度耐える．日本の遺跡はその対極にある．

　地上に何もない日本の遺跡は，宅地化，都市化により破壊の危機にさらされやすく，何よりまず，発見され，保護される必要があった．次いで，その遺跡がいったい何なのか，わかるように表示し整備することが求められた．日本各地の遺跡では，かつて存在した建物の規模が，土盛り，芝張り，基壇の再現といった各種手法で表示されている．その表示の究極の手法として，かつての形の実物大再現，すなわち遺跡復元がある．

　第二に，遺跡の理解の仕方があげられる．遺跡は文化財保護法に規定される「史跡」として守られるものであるため，その場所が歴史上の意義を有したある一定の期間に対して価値が評される．すなわち，史跡としての価値は主に痕跡の刻まれた地下遺構にある，という考え方である．一応，構えとしては地上も含め，そこに遺跡らしい景観が求められるが，あくまでも主体は地下遺構である．だから，地上にはかつてあったものが欲される．

　遺跡保存における復元は，まるで遺跡保存の頂点のように見えるが，決してそうではない．上記のような日本ならではの遺跡保護および理解の文脈の延長上に設定された，特異な問題なのかもしれない．

●復元批判と復元無批判

　ヨーロッパに目を向けると，遺跡復元は長年にわたり強い批判にさらされてきた歴史をもつ．そのきっかけは，19世紀中期のフランスにおいて，ヴィオレ・ル・デュクがゴシック期の建築を徹底して当初形態に復する修復を実施し，それを正当化するかに読める理論を自著『中世建築辞典』にものしたことにあった．修復における復旧行為の是非が大々的に議論された結果，復旧に際して憶測を挟まざるをえないケースについて，慎重な態度をとることが求められるようになった．建造物修復にもまして，遺跡復元という行為は憶測なしには成立しないわけで，憶測を排除する原則に従うかぎり，遺跡復元はその行為自体が否定される対象となる．あくまでも理念の上ではあるが，ヨーロッパでは復元行為自体が放棄されることとなった．

　一方，日本では復元に対する批判があまり重ねられてこなかった．本格的な批判が寄せられるようになったのはここ十数年の間である．日本における復元でも，必然的に憶測が多分に含まれることは変わらない．にもかかわらず復元の信憑性の低さに批判が集まらなかったのは，一方では地上に何もない遺跡の特性ゆえであり，他方では遺跡景観のデザインが，復元の背後に取り残されてしまったからであ

■1 復元建物と景観の現実―復元工事中の平城宮第一次大極殿院の現地へのモンタージュ
（奈良文化財研究所許可済み）

る．

　日本の遺跡において復元が求められることには，理由がないわけではないが，かといって，ヨーロッパにおける復元批判の論理が，日本でまったく意味をなさない，とも考えるべきではない．ここに立てるべき問題設定こそ，何もない遺跡の地上景観をいかにデザインすべきか，という視点だと考える．

● 遺跡のデザインと復元の建築的意義

　遺跡のデザインは，学術的調査，研究成果を積み上げる作業の延長上に自動的に立ち上がってはくれない．優れて建築的かつ現代的な問題なのである．

　遺跡の地上景観のデザイン方法として，これまでわれわれは，何も手を入れないか，復元するかのいずれかの方法しか持ち合わせていなかった．せいぜい，復元の範囲，規模に差異があった程度である．まず，ここに付け加えるに，歴史的変遷を含み込んだ，現代的手法によるプレゼンテーションないし機能の付加，という選択肢があってしかるべきだろう．この第三の選択肢をいかに豊かにしていくかは，これからの重要な課題である．

　では，復元行為自体の建築的意義を，新たにとらえ直すことは可能だろうか．そもそも大前提として，復元建物は現代建築である，ということを踏まえる必要がある．竪穴住居であろうが，大極殿であろうが，建築基準法に則って建てねばならない．この前提が，数々の矛盾を生む根源であることはいうまでもないが，それゆえに発生する可能性もある．

　復元された建物は，現代建築としては明らかに異様である．まず，機能をもたない．展示機能を与えられたとしても，あくまでも二次的に読み替えただけである．そして，ある時点の形を想定して造られたものであるため，改造を受け付けない．いわば時間が固定されている．こうした建物を現代建築とよぶのには躊躇せざるをえないが，遺跡デザインの一手法として復元をとらえるとき，今後扱いを十分に議論すべき問題であろう．

　最後に，再び信憑性の問題を取り上げたい．史跡における復元は，復元設計の妥当性，信憑性の確保を理由に，許可される．けれども，復元は憶測を多分に含みこむから，その設計には，不明な部分についての思い切ったジャンプが不可欠なのである．この部分は，復元の許可内容から一番遠いところであろう．信憑性の確保は当然であるが，復元建物を現代建築として見たときの本質はおそらくここにある．

　遺跡のデザインという視点からすれば，復元建物は，現代建築としての意味をもちうるかどうかで評価されるべきかもしれない．このとらえ方は通常考えられる復元建物の価値とは対極にある．けれども，復元という歪みを孕んだ問題を掘り下げると，ここに行き着かざるをえないのである．［清水重敦］

2-7　復旧志向の日本

【テーマ】修復　　　　　　　　　　　　　　　　　　　　　　　　　　2　保存・再生・資源

●廃墟か修復か

「廃墟」という概念がある．西洋では崩れた古城やら，柱のみが自立する神殿やらが至る所にある．日本で廃墟といえば，城跡に屹立する石垣や，放棄され朽ち始めた工場などを指そうか．このことばのイメージの中に，木造の建築物は含まれない．いずれ朽ちていくにせよ，相当期間，崩れたまま安定を保つことが廃墟には期待されるからである．

廃墟趣味発祥の地である西洋では，改造に改造を重ねた状態をそのままに，修理が施されている建築がままある．崩れた建物を，その状態のまま補強したり，覆いをかけたりした修理もよくみかける．歴史を重ねた襞のごとき時間の堆積が高い価値をもち，特定の時代に価値を限定する見方は二の次である，ということなのだろう．廃墟を許容する価値観と歴史的建造物の評価基準とは，共通している．

日本の木造建築では，このような修理方法は一般的ではない．建設当初の形態こそが最も価値があるとみなされてきた．古い形態がわかるならば，復旧してしかるべき，ともいわれる．

なぜ日本では復旧修理，すなわち修復 (restoration) がなされるのか．そして，この考え方は現在的意味をもちうるのか．復旧志向形成の歴史を追いつつ，考えてみたい．

●復旧志向の歴史

日本における復旧修理は近代以降に登場した行為である．しかし，近世以前においても，考え方の上では復原行為と共通性を有する種々の行為が存在した．神社における式年造替，御所等における復古造営がそれである．一定の年隔をおいて建物を同形で新築し続ける式年造替は，祓いを目的とした刷新という意味もあろうが，常に原型を再現し続けることにより，起源を振り返ろうとする，原点回帰の体現である．これは思想の永続性の象徴でもあろう．

対して復古造営は，いわば一回限りの原点回帰である．失われた過去への回帰という点では式年造替との間に大きな差異があるが，建物の価値を尊重した再現だけでなく，儀式等，その使い方を含めて原点に回帰する点では，やはり式年造替と同根の部分もある．

建築行為を通して，過去の理想とする時代と現在とを同一視する，という点において，これらの行為は修理における復旧と思想的な基盤を共有している．

建築物の復旧修理は，1897（明治30）年に制定された古社寺保存法下の古社寺修理の中で実施されるようになった．古社寺修理には，関野貞，松室重光，武田五一といった建築家が監督技師として関与し，西洋流の歴史主義建築観をベースに，修復を意識的に実施するようになっていく．建物の価値を，機能や実際の使用から切り離し，独立して抽出している点で，近世までの復古思想とは断絶がある．

そもそも西洋では，18世紀以降のロマンティシズムに端を発する古代憧憬やゴシック回帰の延長上において，建造物の修復が求められた．その復原志向は美学的嗜好の積み重ねの先に生まれた．

ただし，19世紀半ば以降，いきすぎた修復に対する批判が巻き起こり，修復と反修復をめぐる激論が交わされ，結果として，復旧に対する一定の留保，すなわち，復旧を修理の前提とはせず，現状維持修理と復旧とのバランスを考える態度が，建物への介入の基本姿勢となった．

一方，日本では，近代以降も復旧が基本的志向であり続けた．その理由には，修理の際，復旧をしなければ構造的健全性が回復できないという，木造と湿潤な気候に由来する建築特性があっただろう．しかし，その範囲を超えて修復は多数実施された．ここには近世以来の復古思想が尾を引いている，と考えざるをえない面がある．

●不可避的な復旧──日光の塗装・彩色修理

日本における復旧志向の形成のもう一つの要因を，日光の事例をあげて考えよう．日光では明治中期に開始された二社一寺の大修繕が，1907年から大江新太郎により指揮されるようになった．大江

■1 式年造替中の皇大神宮（伊勢神宮内宮）（櫻井敏雄（1982）：伊勢と日光，名宝日本の美術第18巻，小学館）

■2 日光東照宮唐門（日光二社一寺文化財保存委員会：国宝東照宮唐門・透塀修理工事報告書）

は，木部の表面にほどこされた漆塗と彩色を中心に，大胆な修復を実施した．外観の印象を一変させる修理には多くの批判が浴びせられたが，建物の外部に施された漆塗は，そもそも20年程度しか耐久性がない．放置すれば滅失してしまうこうしたものをいかに保存すべきか．

大江は，旧塗装を下地まで剥ぎ落とした上で，塗り直す修理方法を選択した．在来仕様および当初仕様の調査研究により，仕様を把握した上で，その仕様で塗り直しておけば，後世の人が，たとえ後の仕事になっているにせよ，そこからかつての仕様を知ることができる，と大江は考えた．滅失が不可避な材料は，材料それ自体ではなく仕様の継承により保存すべき，と考えた末の方法選択であった．

この方法は，結果としては塗装が復旧されることになる．しかし復旧しなければこの建物の価値を守ることができないために選ばれた方法だった．必ずしも復旧それ自体を目的とはしていないのである．

しかし，この方法が確立すると，追随者は仕様踏襲の意味よりも復旧それ自体を目的化してしまう，という危険も合わせもっていた．日光の塗装修理は，日本の塗装修理に大いなる影響を与えたようで，以降，塗装修理は塗り直しによる修復が主流となった．

建築自体のもつ耐久性の低さと，復古思想への揺り戻しとの間を相互に往復しながら，日本における復旧志向は生きながらえてきたわけである．

●復旧の現在的意味

復旧は，いわば近代化された伝統思想である．これに現在的意味を与えることは可能か．

そもそも完全にかつての姿に戻すということ自体，不可能であることはいうまでもない．戻せたとしても，たとえばその建築が建つ周辺環境は，あくまでも現代のものである．そして，復旧がなされたとしても，それは一回限りの修理として完結してとらえることはできず，周期的修理の認識が必要となる．つまり復旧とはいえ，時間を固定することはできないのである．このことは，建築・都市空間が，時間の層が折り畳まれた襞として存在するものであることを再認識させる．

復旧と時間の層の関係は，たとえば，都市における復旧という例から考えるととらえやすい．都市というスケールの場合，すべてを復旧することは不可能で，必然的に一部分の復旧に限らざるをえない．それは周囲が刻一刻と変化していく中で，時間の楔を打ち込むような行為となる．もちろん，周囲の変化を止めるために復旧がなされるわけではなく，復旧という方法で環境変化に一つの道筋を与える，ということになるのだろう．歴史が失われつつある場に打ち込む楔であれば，復旧も今日的意味をもちえよう．

復旧に時間軸を組み込めるかどうか．相反するものにも見えるが，時間軸を組み込める場面においてこそ，それは活きてくるはずだ．　　　　［清水重敦］

2-8 城下町は負の遺産か

【テーマ】城下町　　　　　　　　　　　　　　　　　　　　　　　　2　保存・再生・資源

●近世初頭の国土再編と城下町

　近世の初頭，16世紀末から17世紀の初期にかけて，日本では数多くの城下町が建設された．これは，当時の日本列島全体で進展していた空前の国土開発の一環であり，宿場町・港町などの他のタイプの都市建設，街道の整備，新田開発，治水・利水のための工事など，国土全体のインフラ整備と一体に進められた．そしてそのなかで，城下町には政治・軍事・経済・文化・交通等の側面における地域の中心としての役割が与えられた．

　爾来約400年の歳月を経た現在，多くの城下町は何度目かの再生の必要性に直面している．ここでは，城下町の成立から現在までを振り返りながら，城下町の再生をめぐる問題について考えたい．

●城下町の成立と構成

　城下町は，15世紀後半から戦国大名の本拠として建設され始めた戦国期城下町をその淵源とするが，一般に単に「城下町」とよぶときは，近世になって新たに生まれ，あるいは再生された「近世城下町」を意味することが多い．

　このように成立した近世の城下町は，規模が大小さまざまであるし，立地した場所の地形の影響もあってその形態も一つずつ異なっていた．しかし，一方でほぼ定型化したゾーニングのルールを有していたことも知られている．それは，①中心をなす城郭，②家臣たちの居住地である武家地，③町人たちの居住地である町人地，④寺院の建ち並ぶ寺町，を主要な構成要素とし，①を中心として②から④の順に同心円的に配置するというものであった．

　①城郭は大名あるいは将軍の居所であり，政治・軍事上の中心であった．複数の郭から構成され，堀によって防御されるとともに，内部には塔状の建築である天守を備えて町の景観上の中心をなしていた．②に設けられた個々の武家屋敷では，屋敷地周囲が塀・生け垣などで囲繞され，主屋は門の背後にやや後退した位置に建てられた．これに対し，③の町人地では表の通りに接道して主屋を建てる町屋（町家）型の住宅が建てられ，経済・交通の中心を担った．農山漁村に広く展開した「村」と対応するように，城下町の町人地内部には，「町」という住民の地縁的共同体が形成され，自治・行政の単位となっていた．一方，④寺町には多くの寺院が計画的に配置され，本堂・庫裏の建築に加え，都市民たちの墓地も作られた．

●城下町の近代化

　明治維新から廃藩置県へと続く一連の改革は上述の城下町の構成に大きな変化を与えた．城下への入口をはじめ要所要所に設けられていた枡形・門・木戸が取り払われ，城下町は外部に開かれた空間へと変貌した．そして，中心である城郭とその周辺の上級家臣の屋敷群の大半の建築が取り壊され，近代的な施設の受け皿となった．具体的には軍用地，公園，官公庁舎，学校等の公共施設などに使用された．また順次，鉄道，道路，上下水道などの近代的なインフラストラクチャーも整備され，近代都市へと改造された．これに伴い，都市域は格段に大規模化した．一方，旧町人地や中・下級の武士たちの居住地は相対的に変化が少なく，近代以降も商業地・住宅地としての性格を保持することが多かった．

　幕藩体制下の政治的・軍事的中心という機能を失ったにもかかわらず，多くの城下町は近代社会のなかでも依然として地域の中心としての役割を担い続けた．たとえば，1932年に市制を敷いていた112都市のうち67都市（59.8％）は近世に城下町だったというデータがある．こうしておおむね第2次世界大戦前まで，すなわち20世紀の半ば頃までの段階では，多くの城下町が依然，一定度の活力を維持していたものと考えられる．

　このため，近代以降も都市内の建設活動は活発で，洋風の近代建築のみならず，伝統的な様式をベースとした建築群が建設され，優れた建築ストックが形成された．いわゆる土蔵造の町家のように，近代に入ってから広く各地に普及した伝統的様式の建築物もある．旧城下町に残された，一見古そうにみ

える歴史的建造物も，明治時代以降に建てられたものが多くを占める．概して戦前期までは，城下町としての過去が共存する形で近代化が進展したといえるだろう．

戦後になると，それぞれに与えられた近・現代都市としての役割の相違により，各旧城下町の実態は大きく異なっていく．一般に大都市へと変貌した旧城下町（仙台，東京，名古屋，大阪，広島，福岡など）においては，旧城下は都市のごく一部であり，しかも戦災や戦後の再開発の結果，大半の歴史的建造物が失われた．したがって現在では，城下町としての過去は都市の古層として意識されることはあっても，表面的にはわかりにくくなっている．これに対し地方の城下町では，土地利用や街路構成などの都市構造，都市内部の歴史的建造物，さらには周辺環境でさえも比較的よく残されている．ただし，都市としての活力は徐々に失われており，現在では県庁所在都市の旧城下町ですら衰退は著しい．

● 城下町の現代的評価と再生

地方の旧城下町の疲弊がだれの目にも明らかになるとともに，日本の経済的成長が頭打ちとなった20世紀末以降，旧城下町をはじめとする歴史的都市の評価は大きく変更されつつある．このなかで城下町のもつ「近代的」「合理的」「有機的」「環境共生的」な側面が再評価されるに至った（宮本雅明（2005）：都市空間の近世史研究，中央公論美術出版，佐藤滋（1995）：城下町の近代都市づくり，鹿島出版会）．タイトルの問いに対しては，「負の遺産ではない」との意見が増えつつあるのが現状である．しかし一方で，城下町に残された多くの歴史的建造物には「既存不適格」のレッテルが貼られたままであるし，主要街路のなかには都市計画道路として幅員の拡大が予定されているものも多い．また，再開発が計画されている歴史的街区も枚挙にいとまがない．都市の改造・更新が前提であることは明治時代初頭から現在まで基本的に変わっておらず，言説上の再評価とは裏腹に，制度上・実態上の再評価が行われているにはほど遠いのが現状である．

近代化をほぼ終えた現在の日本において必要なのは，これらの歴史的都市を根本から造り替えることではない．もとは城下町であったという歴史的経緯自体を肯定的に受け入れ，現時点でのストックを大切に継承して，本当に必要なものだけを慎重に付け

■1 弘前市仲町伝統的建造物群保存地区（筆者撮影）

加えていく行為こそが求められる．したがってその手法は，再開発のような過去否定型の再生手法ではなく，現存する歴史的環境をなんらかの形で保全するものとなるだろう．だが，現時点ではまだその手法は確立されているとはいえない．

● 城下町再生の手法

たとえば，いわゆる町並み保存も旧城下町では行われている．旧町人地や中・下級の武士たちが住んだ武家地，寺町の一部には，いまでも歴史的建造物が多く立地し，近世・近代の景観をよく残している場所があり，これらのうちいくつかが文化財保護法による重要伝統的建造物群保存地区として保存が図られているのである．都市内の一定の広がりを面として保存する制度だが，個別の建築の修理・修景に加えて，街路舗装，電線地中化，排水施設整備などのインフラの再整備を伴うことが多いので，都市再生のひとつの手法と位置づけることもできるだろう．弘前の保存地区（旧武家地，■1）のように，歴史的建造物の残存が限られていても，新築建物の規模・様式の制限，生け垣による街路景観の整備により，魅力的な都市居住環境を生み出しているケースもある．

しかし，やはりこの手法は比較的集中して過去の歴史的要素が残存する地区に向いた手法である．現在，旧城下町内の圧倒的多数の地区では，ある程度は建造物などの歴史的要素が存在し落ち着いた雰囲気を醸し出しているものの，各要素の残存密度は高くないのが一般的である．このような地区でいかに歴史的環境を保全しつつ再生していくことができるであろうか．社会全体で今後取り組んでいくべき課題であろう．

［藤川昌樹］

2-9 タウンハウスの伝統はどこに消えたか―町家

【テーマ】町家

2 保存・再生・資源

●都市の基本単位

　現代都市では，住宅とオフィスはまったく別種の専用の建物が作られるのが普通である．現代都市では，用途ごとに専用の建物類型があるという考えが定着しているが，近世までに成立した都市では，住宅でもオフィスでも商店でも基本的には一つの建築類型が使われていた．郊外ができるまでは，住居は仕事場でもあったから，現代の専用住宅に相当する建築類型は近代以前にはなかったというのが正しい．専用住宅は近代の発明である．

　そもそも，近世以前の都市では，社会全体でみたときにも，建物の類型が非常に限られていた．繰り返されて都市全体を面的に覆う基本的類型と数では少ない特別扱いの類型，たとえば王宮や宗教施設と二分できた．前者が都市の基本単位であり，人が住み，都市の地模様を作る．後者はモニュメントとして都市の顔を作る．都市の基本単位は，地域ごとあるいは時代ごとに個性的であるが，地域内では一様であった．この2分類があったがゆえに近世都市の景観は調和的で，かつ地方ごとには個性を発揮していたのであるが，ある種の階級社会の産物であった．近代建築は階級社会を否定して成立した．市民社会の都市では，どんな建物も個性的になれるようなシステムをもっている．つまり，すべての建物がモニュメントになれるから都市景観は賑やかになる．

　話を，都市の基本単位に戻そう．代表的な都市の基本単位をいくつかみてみよう．地中海をとりまく地域には，中庭型の単位が広く用いられている．敷地は正方形に近く，敷地のなかに一つあるいは複数の中庭をもち，中庭の周りに部屋が並び，中庭は間取りの幾何学的中心であり，活動の中心である．各部屋の通風も，採光も，そして部屋へのアクセスも中庭からとるシステムである．歴史も古くローマ時代のアトリウム型住宅から現代までにおよび，規模も小さな住居から巨大な多層の宮殿まで用いられる万能の基本単位である．中国の穴居住宅ヤオトンなども同じ部類である．

　イギリスやオランダのタウンハウスや日本の町家や東南アジアに広がるショップハウスは，日本でうなぎの寝床とよばれる間口が狭く奥行きのある敷地に建つ．そのために，1列あるいは2列に部屋が奥に向かって並ぶだけでは，採光通風が得られない部屋ができてしまう．そこで，部屋と部屋の間に中庭がとられるが，敷地が細長いので，中庭が全体の空間組織の中心にはならない．また，敷地のいちばん奥に，中庭とは別に，開放的な裏庭がとられ，作業場や菜園などにあてられることが多いが，手入れされた庭園であることも多い．街区単位でみると道路に沿って母屋が壁状に並び，街区の中央部に行くにしたがって建蔽率が下がってゆく．日本の町家はせいぜい2階建てであるが，多層のタイプも多い．

　中庭型や町家型などのように隣地境界に沿って建物を建て，隣家と接して建つ都市の単位ではなく，敷地境界に沿って塀を建て，建物の周りには庭をとる都市の単位もある．たとえば日本の武家住宅や北京の四合院である．四合院は中庭型の性格をもあわせもつ．

　以上あげたいくつかの都市の基本単位の具体例が共通してもつ特徴は，①ひとつひとつの単位のなかに環境を調整する自律的な仕掛けを有している，②スケールの大小に適用できる柔軟性をもち，住宅だけでなく多様に使われる．

　日本の近世都市には，基本単位としての武家住宅，町家と裏長屋，そして城や寺社などのモニュメントがあった．町家は，店舗併用住宅だけでなく，職人の仕事場付き住宅などのほか，江戸で最大の市民娯楽施設である芝居小屋にも用いられた．長屋は，町家の裏に借家経営のために建てられたり，大きな武家住宅に家臣を住まわせるために作られた．複数の住戸が私道に面して並び，私道へ入るところになんらかの結界がある．一種の集合住宅である．近世都市では，社会を構成する市民としてみると彼らは大家や主人に従属した存在であった．一方，武

家住宅は一部の領主の家屋が行政庁舎として用いられたが大半は専用住宅であった．平和な時代になると武士はサラリーマン的生活を送り，妻は専業主婦であった．それゆえ，近世都市の市民の住まいという意味では，町家がもっとも都市の単位とよぶのにふさわしい類型であった．

建築としてみたときの町家の特徴的な要素は「通り庭」と「坪庭」と「みせ」である．通り庭は入口から奥まで伸びる通路状の土間である．この土間に沿って勝手や厠があった．土間が裏まで続く理由は，厠の汲取りといちばん奥に置かれた蔵への出入りのためだともいわれる．近代になって，水洗便所になり，ダイニングキッチンが求められると，土間に床がはられるようになる．

坪庭の特徴は，地中海や四合院の中庭のように活動的な場ではなく鑑賞を目的としたものが多く，キリスト教の修道院の中庭のように中心性をもたず，奥性の強い空間である．

道に面した部屋は町家では特別の部屋で「みせ」とよぶ．商店では店舗として使い，職人の家では仕事場として使う．専用住宅である仕舞屋でも同様に「みせ」とよぶ地方が多い．「みせ」を取り払えば，町家の間取りは農家の間取りと似ている．農家に「みせ」を付加すれば町家になるといえる．

●「みせ」は往来見物の桟敷に由来する

町家の発生を，都市の高密化と店頭での商いと関係づける説明に対して，野口徹は，町家の姿が絵画資料に登場する12世紀後半にはまだ店頭での商いは一般的でなかったという．では，何が町家を成立させたのか．野口徹は，古代都市の宅地を囲っていた築地垣を代替する付属屋がもとにあるのではないかという（『中世京都の町家』，東京大学出版会，1988）．この道沿いの付属屋は往来での行列を見物する桟敷として使われた様子が絵巻に描かれている．

町家を特徴づける「みせ」が往来見物の桟敷であったという仮説は都市の本質を示唆して刺激的である．実際に祭礼時にみせの格子をはずす町家は多いし，「みせ」から練り歩く行列を見物する使い方も残っている．また，西欧都市でも街路を練り歩く祭礼は多い．道を自動車に占拠されてしまった現代都市の住民には想像の範囲を超えることである．

町家は近世までに全国に広がり日本の都市を構成する標準単位になり，各地で明治維新後も作られ，明治になって質量ともピークを迎えた．

●二つの建築形式の出合うところ

町家の建築史的・意匠的意味は，高床の系列と縦穴の系列が出合うところにあると思われる．奈良県佐味田宝塚古墳から出土した家屋文鏡とよばれる銅鏡の背面にも描かれているように，日本には，二つの相容れない建築形式が併存していた．高床式と土間床式である．この二つの建築形式の背後にある自然観は大きく異なるが，対比はそれにとどまらず，屋根架構の違いに起因して高床式は水平方向に開放的であり，土間式は垂直方向に上昇的である．前者は南方由来で後者は北方由来といわれている．この二つは日本建築史を通貫して交わることなく平行に流れてゆくのだが，2回合流する．最初の合流は16世紀に草庵茶室で起こる．草庵茶室は支配階級の建築である高床の建築に大変革を起こし，その後の数寄屋風意匠の源を作る．2回目の合流は町家や農家で起こる．町家や農家は縦穴住居の末裔にある．封建体制の末期になると上層の農家や町家に座敷構や式台が作られるようになるが，これらは高い床でなければありえない意匠であり，階級的表象として武家に独占されてきた．対立する形式をうちに抱え込みながら，それを原動力に芸術的完成にまで高めた高山の吉島家住宅のような名作を生むことになる．

町家は，第2次大戦後になるとほとんど建てられなくなる．日本の都市の単位であった町家が再生産されなくなることは近世の都市風景の消滅を意味する．一般的に，長く続いた支配階級は長年の間に独自の建築類型を発展させ，それを独占し階級の表象とする．明治維新で実質的に社会の主導権を握ったのは日本のブルジョワジーたる商人たちである．彼らは地方都市で町家が芸術的洗練を遂げている時期に，町家を棄て，過去の支配階級の住宅形式を選択した．それに歩調を合わせて，市民的文化施設も武家住宅的空間構成をよしとし，周りに木々や池を配する．明治維新がいかに西欧市民社会を範として行政機構から文化までまねても，真の市民革命ではなかったからであろうか．

[大野秀敏]

2-10 既存の住宅に移り住む

【テーマ】中古住宅流通　　　　　　　　　　　　　　　　　　　　　2　保存・再生・資源

● 日本の中古住宅市場

　日本の住宅市場が新築に偏った市場であることはよく知られている．とくに戸建住宅の場合，その傾向は顕著である．たとえば，アメリカの中古住宅流通戸数が，新築住宅戸数の 2～4 倍であるのに対して，日本の中古住宅流通戸数は新築住宅戸数の 1 割にも満たない（■1）．

　こうした日本の住宅市場の特殊性は，主として二つの事実との関係から説明できる．

　一つ目は，これまでの日本の住宅の寿命，すなわち取壊しまでの年数が短かったという事実．1990 年代には，取り壊された住宅の築後年数の国際比較調査結果が建設省から公表されたが，アメリカの 50 年に対して日本のそれは 26 年にすぎなかった．存続している年数の短さはそのままそれらが中古で流通する確率の低さにつながる．

　二つ目は，不動産評価上，既存建物（上物）が正当な評価を受けていないという事実．まず，日本は建設費に対して地価が高く，中古住宅の売買は土地の売買としての色彩を強く帯びている．さらに，これまで住宅の取壊しまでの年数が短かったこととも関連して，築後 15 年も経過すれば上物の評価額がゼロになるような不動産評価が慣例化していた．そのため，自家を中古住宅として売却するインセンティブが働きにくくなっていたと考えられる．

　持ち家世帯の引越しの少なさと中古住宅市場の小ささとは，鶏と卵の関係にあるが，たとえば，単身赴任の慣行が定着している事実等も，中古住宅市場の小ささの理由の一つに数えられるかもしれない．

● 近年中古住宅市場が注目され始めた理由

　そうした日本にあって，近年，中古住宅市場の活性化の必要性が議論されるようになった．その直接のきっかけとなったのは，1990 年代前半の住宅価格の高さに関する議論である．

　当時，日本の住宅建設費がアメリカのそれの 2 倍以上であるという調査結果が公表され，その原因を住宅産業の構造や体質に求めようとする動きがみられたが，他方で，それが価格形成メカニズムの違いに求められるべきだという指摘もみられた．その一つは，地価の異常な高さのため上物価格に鈍感な市

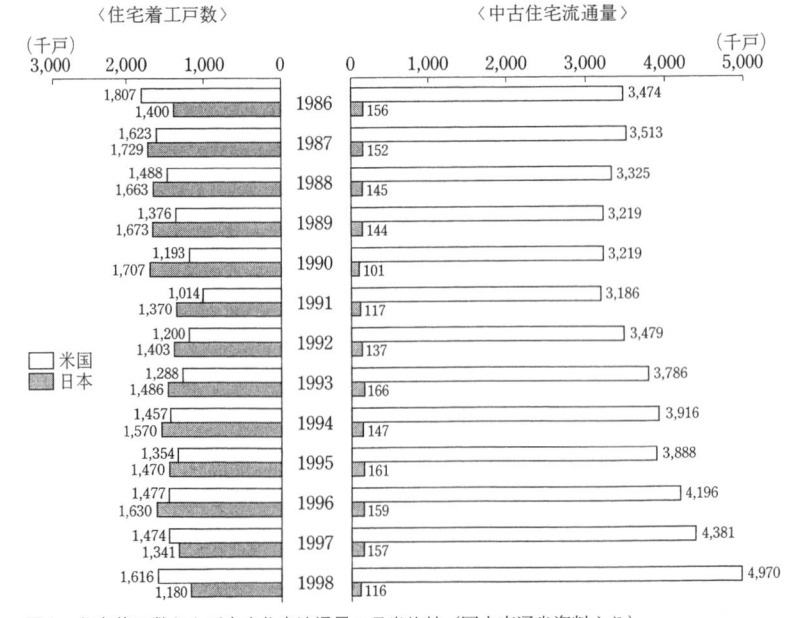

〈住宅着工戸数〉		〈中古住宅流通量〉
(千戸)		(千戸)
米国 / 日本	年	
1,807 / 1,400	1986	156 / 3,474
1,623 / 1,729	1987	152 / 3,513
1,488 / 1,663	1988	145 / 3,325
1,376 / 1,673	1989	144 / 3,219
1,193 / 1,707	1990	101 / 3,219
1,014 / 1,370	1991	117 / 3,186
1,200 / 1,403	1992	137 / 3,479
1,288 / 1,486	1993	166 / 3,786
1,457 / 1,570	1994	147 / 3,916
1,354 / 1,470	1995	161 / 3,888
1,477 / 1,630	1996	159 / 4,196
1,474 / 1,341	1997	157 / 4,381
1,616 / 1,180	1998	116 / 4,970

■1　住宅着工数および中古住宅流通量の日米比較（国土交通省資料より）

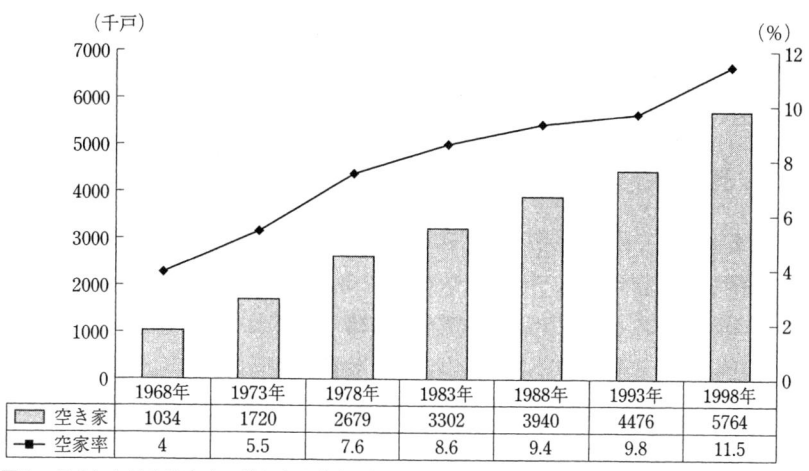

■2 日本における空き家の数と空き家率の推移（国土交通省資料より）

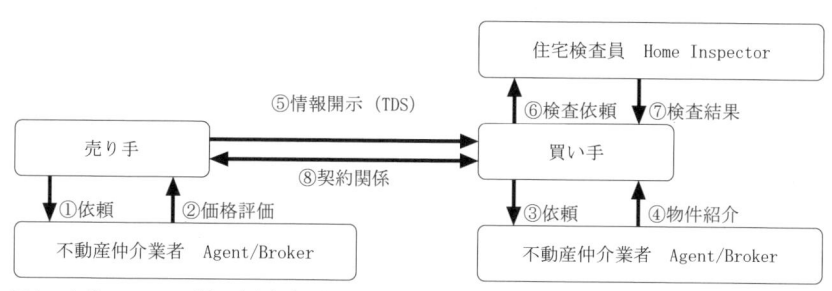

	1968年	1973年	1978年	1983年	1988年	1993年	1998年
空き家	1034	1720	2679	3302	3940	4476	5764
空家率	4	5.5	7.6	8.6	9.4	9.8	11.5

■3 カリフォルニア州の中古住宅インスペクター制度

場ができているという指摘であり，いま一つは，アメリカでは新築住宅の2〜4倍も供給されている中古住宅こそがプライスリーダーであり，それが結果的に新築住宅の価格を抑えているという指摘であった．

もちろん，中古住宅市場の活性化の必要性が議論されるようになった背景には，既存住宅ストックの量的な充実がある．1998年時点で，日本の住宅の空き家率はすでに1割を優に超えていた（■2）．

●中古住宅流通市場と建物評価の仕組み

さて，日本の中古住宅市場が活性化し，人々の豊かな住環境形成に寄与できるようにするためには，ブレークスルーしなければならないことがらがある．それは，日本の中古住宅市場が小さかった理由の二つ目に述べた既存建物（上物）評価のあり方の改革である．

たとえば，中古住宅市場が活性化しているアメリカでは，上物を細かく評価し査定をする民間のインスペクター制度が広範に活用されている．彼らによる評価書（■3）は，上物価格の交渉に根拠を与え，資産価値向上を動機として所有者自身が行うストック改善工事等の需要創出にもつながっている．

日本でも，ようやくいくつかの住宅メーカー，不動産業者がそうした査定制度を立ち上げ，部分的に動かし始めているし，2003年，国土交通省は，品質確保促進法の性能表示制度のなかに，既存住宅の性能評価と性能表示の仕組みを盛り込んだ．今後の展開が期待されるところである． ［松村秀一］

2-11 都市ストックとしての明治の洋風建築

【テーマ】明治の洋風建築　　　　　　　　　　　　　　　　　　　　2　保存・再生・資源

● 明治時代の洋風建築をどう考えるか

19世紀の半ば，西洋文化の波が極東の島国まで打ち寄せ始めた．それは，政治体制から食べ物にいたる新しい文物，情報の到来を意味し，全国的な動乱は，ついに明治維新という革命を生む．

日本の場合（多くの非西洋諸国と同様），近代化はすなわち西洋化を意味したから，建築の近代は，日本の伝統的な建築の土壌のうえに，西洋の建築をいかに受容したかをベースに語られる．西洋の建築は，日本の伝統建築と意匠，構造，材料のあらゆる点で異なっており，この完全な異物を自らのものとするため，困難な努力が積み重ねられた．

土木，機械，造船等すべての工学分野と同様，西洋建築の受容は，見よう見まねや，細部の引き写しにはじまり，海外留学，外国人教師の招聘，整備された教育システムの構築へと展開されていく．

しかし建築は，単なる技術にとどまらず，芸術的創造という厄介な側面をもつがゆえに，その取得にはさらなる困難が待ちかまえていた．美的表現ばかりは和魂洋才とはいかず，つねに自らの美学と西洋の美学との対立を孕んでいたのである．

かように，建築の近代化とは，技術と精神の双方の西洋化であり，またそこからの離反であった．

明治維新によって権力者となった者の幾人かは，こうした近代化の軋轢を無視し，無理やり西洋テクノロジーをまとった建築を導入しようとした．欧化政策の推進者だった井上馨は鹿鳴館で夜会を開き，官庁集中計画という国会議事堂，裁判所や諸官庁を建設する計画を立てたが，その成果は芳しくなかった．伝統的な日本の社会システムとはまったく異なる都市，社会のありようを，そのまま持ち込もうとしたからである．軋轢を無視した皮相な文化の輸入に実体は伴わなかった．

いまでも全国各地に残る明治の西洋館に，いかにも厳つい，大仰なものがあるのは，その地方に文明開化をもたらす，地方の鹿鳴館の役割を果たしたものが多いからである．なかには中央の西洋館にくらべて正統的でないものもあったが，これらすべては地方の近代化を示す記念碑である．

● 明治洋風建築の系譜

こうして各地に建てられた明治の洋風建築は，その出来も，担った用途もさまざまである．

まずは，開国期に外国人建築家（必ずしも正統な建築家でない場合も多いが）がもたらしたオーソドックスな洋風建築がある．著名な人物としてウォートルスをあげよう．上海などをへて幕末に来日し，政府の御雇となった彼は，長崎のグラバー邸といった居留地の商人住宅から，大阪の造幣寮，銀座の煉瓦街など，政府の要衝を設計した．彼も正規の建築教育を受けた建築家ではなく，むしろ建築土木，都市計画にたけたシビルエンジニアであった．

そして，そんな居留地などの洋風建築をみた大工が，見よう見まねで西洋風の建築をつくったのが擬洋風というわけだ．大半は木造で，外壁は漆喰や下見板張である．本格的な石造建築は建てられないが，色漆喰を用いて目地を切り，いかにも組積造風に見せたものもある．柱頭や軒飾りは寺院建築からそれらしいものをもってくる．伝統的なかたちをベースに，本物に似せようとした職人技がここにある．

しかし，明治も半ばを過ぎるとこうした擬洋風建築はかげをひそめ，正規の西洋の様式建築を学んだ日本人建築家が登場する．イギリス人建築家コンドルに教育された辰野金吾ら工部大学校造家学科（後の東京大学建築学科）の卒業生が，各地に本格的な洋風建築を建てはじめ，名実ともに明治建築の立役者となっていく．

当時，19世紀後半，西洋の建築は様式建築時代の末期をむかえ，ルネサンス，バロックといった古典主義の様式，ゴシックを主としたロマン主義の様式を中心に，これら過去の建築様式を選択したり折衷することで建築をつくる方法をとっていた．したがって極東日本で洋風建築を学びはじめた彼らも，これらロマン主義/古典主義の様式建築を適宜，

■1 東京駅（設計：辰野金吾，1913）　現在，戦災で失われたドームおよび3階部分の復原が進行中（撮影：小野吉彦）

選択，折衷することで建築をつくる必要があった．

代表的な事例をたとえば辰野金吾の代表作，日本銀行本館と東京駅でみてみる．日銀は，全面に御影石を貼り，ルスティカ積みの基壇上に大オーダーを並べてバロック風とする．全体的に堅牢かつ重厚な古典様式でまとめられた大作である．一方，東京駅は，赤煉瓦の壁面に御影石の横縞が幾筋も走り，屋根にはドーム，円塔，屋根窓と，めまぐるしくモチーフがつめこまれる．この，ルネッサンスの骨格にゴシックの要素を加えたロマン主義につらなるスタイルは，世に「辰野式」とよびならわされた．

今日，われわれが洋風建築として真っ先に思い出すのは，東京駅をはじめとする赤煉瓦の建築であろう．じつに辰野は，そのキャリアの大半を投じてロマンチックな辰野式の赤煉瓦建物を各地に建設し，洋風建築を世に知らしめた．

●都市景観のなかの明治建築

しかし，こうした明治の洋風建築は，1920年代頃からはじまったモダニズムの導入以降，過去の様式として乗り越えの対象となっていく．

明治の洋風建築がふたたび脚光をあびるのは戦後のことである．すなわち，保存すべき歴史的建造物として洋風建築は再発見された．

1960年代頃から建築学会でも全国調査に着手していたが，なんといっても明治建築をなつかしく振り返る風潮は，明治百年，すなわち1967年頃を起点として全国的な広がりをみせた．1970年代になると明治の洋風建築を重要文化財に指定して保存することもおおむね定着してきた．

さらに近年では，歴史的建造物の保存という学術的な思惑を越え，都市環境のなかに重層的な歴史＝記憶を蘇生する重要な要素として，明治洋風建築が脚光をあびつつあるように思える．

注目されるのが，やはり東京駅の復原であろう．現役の駅舎でありながら重要文化財に指定されたこの建物は，現在，戦災で失われた3階や左右のドームを復原する計画が進行中である．これは，駅前広場の整備や周辺街区の開発といった，より上位の都市計画に基づく．すなわち建物単体の保存という命題を越え，都市再開発の重要拠点として，明治の洋風建築が位置づけられているのである．

洋風建築を都市景観，再開発の核にすえようとする動きは，全国的にも広がっている．これらは，歴史の生き証人である明治建築を都市のなかに刻印し，従来の画一的な再開発では得られなかった，より豊潤な都市環境の創出をもくろむものだ．

都市に，都市の記憶を散りばめていくような手法が，本当の意味での都市ストックの蓄積につながっていく．明治洋風建築をいかに活かすかは，きわめて現代的な課題として私たちの前に開かれている．

［田中禎彦］

2-12 「200年住宅」の社会的意味は何か

【テーマ】超長期耐用性　　　　　　　　　　　　　　　　　　　　　2　保存・再生・資源

● 2007年10月，内閣総理大臣の所信表明演説

　2007年後半，めずらしく住宅に関して二つの大きな話題があった．一つはアメリカのサブプライムローンの焦げつきによる世界経済への打撃の話題．そしてもう一つがいわゆる「200年住宅」である．

　安部首相の退陣を受け，秋に内閣総理大臣に就任した福田康夫氏は，第168回国会（10月1日）で行った所信表明演説において「200年住宅」に言及した．「従来の，大量生産，大量消費を良しとする社会から決別し，つくったものを世代を超えて長持ちさせて大事に使う『持続可能社会』へと舵を切り替えていかなければなりません．住宅の寿命を延ばす『200年住宅』に向けた取組は，廃棄物を減量し，資源を節約し，国民の住宅に対する負担を軽減するという点で，持続可能社会の実現に向けた具体的な政策の第一歩です．地球環境に優しく，国民負担も軽減できる暮らしへの転換という発想を，あらゆる部門で展開すべきです」．

　内閣総理大臣の国会における所信表明演説の中に住宅政策に関わる発言が含まれるのはきわめて異例であるうえ，それが持続可能社会の実現の第一歩として取り上げられたのだから，住宅業界の話題にならないはずはない．当然，「200年住宅」の推進に向けて，税制優遇や国費を投入したモデル事業等，さまざまな施策が講じられることが確実に予想されるからである．

● 「200年住宅」の本当の課題は何か

　「200年住宅」は住宅の長寿命化という課題を象徴的に示そうとした言葉である．しかし，これを主として新築における新たな技術課題と捉えるとしたら，時代錯誤の誇りを免れないであろう．私見ではあるが，住宅が量的に充足した今日の日本で「200年住宅」を標榜するならば，その主たる課題は以下のようになると考える．

　「今日本にある5000万戸以上の住宅のうち過半を占める十分な質をもつ住宅を，人々の快適で豊かな生活の場として，長く有効に利用し続けることに寄与できるように，産業と技術を方向づけること」．もしもこの方向づけがうまくいけば，その結果として今ある住宅は「超100年住宅」となり，これから建てる住宅は「200年住宅」となる．

　そもそも，長らく建築界では耐久性や長寿命化を中心的な課題として強く意識してきたが，実態としてそうなってはいない．その主因は，建築の設計や施工の状態にではなく，経済，法制度，生活文化等社会状況の変化にこそある．したがって，長寿命化を技術的な問題としてのみ捉える議論に実効性を求めるのはかなり的外れである．むしろ議論すべきは，現在あるストックをどうすれば長く使い続けられるか，それを支える社会的な仕組みである．

　その仕組みが整わないまま物理的に200年もつ住宅を建て続けた場合には，福田首相の意図に反して，環境負荷を増やす結果にすらなりかねない．なぜなら，それらの「200年住宅」が30年や40年で壊されてしまう可能性を否定できないからである．建物が壊されずに200年もつのならば，廃棄物量，資源消費量ともに少なくてすむだろうが，長寿命化のためにはより多くの資源を投入しなければならず，仮にそれが従来と変わらない年数で壊されるならば，当然の結果として従来よりも環境負荷が大きくなる．要は，物理的に長寿命化の策を講じても，それを支える社会的な仕組みがなければ逆効果にすらなりうるということである．

● これからの住宅の寿命はある程度自然と延びる

　短い年数で取り壊された住宅の事例を見ると，その主な理由の一つに手狭になったためというものがある．住む側の要求水準が上がり，30年前であれば我慢できたものが，30年経つと我慢できなくなったということである．しかし，取壊し理由に関していえば，今後は事情が異なってくると思われる．

　今の住宅ストック約5500万戸の内訳を見ると，1980年代以降に建ったものが7割程度を占めている．しかも，1980年の新築住宅の平均延床面積は，2005年のそれよりもわずかではあるが広い．つま

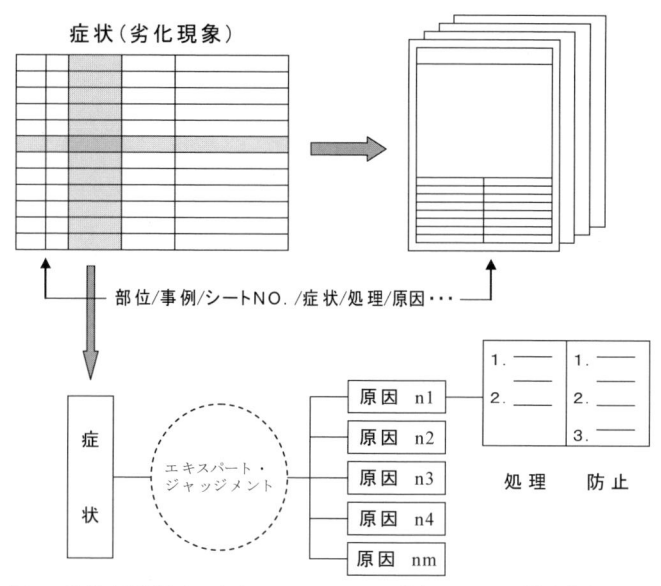

■1　建築病理学確立のためのナレッジベース構築イメージ（筆者作成）

り，今日から見て30年前の住宅が手狭かというと決してそうではない．無論設備の仕様等は相応に変わってきているものの，それだけでは建替え動機として強くない．その上，今後，少子高齢化，人口減少が確実視され，社会全体に建替えを積極的に行う活力が減退し，今ある住宅を長く使い続ける時代になると考えられる．そこで課題となるのは，新築時の長寿命化設計ではなく，長く建て替えられない住宅をいかに快適な状態に保てるか，あるいはいかにより価値の高い空間に仕立て上げられるかである．

● 産業の核となる技術と人材教育

今後，上記の問いに答える形で，住宅等の建物を長く使い続けることをサポートする産業が確立されるとすれば，その核になるのは間違いなく診断・評価の技術だと思われる．今ある建物の快適性を減じているのはどこなのか，また，その部分をどのようにすれば快適になるのか，それを的確に示せる技術が欠かせないものになるだろう．ただし，現状では，診断や評価の技術が健全に育ち適用されるのに十分な人材が揃っていない．

日本の建築教育は，新しく建てるものに関してはその体系ができあがっており，長くもつ建物を新築するうえでの設計の考え方やそれをサポートする技術を教え学ぶのは比較的容易なことなのだが，今ある建物をより長期にもたせ快適な生活環境として維持し続けるための診断や評価，さらにはそれに基づいた改修設計や改修工事に関する教育はほとんどなされてこなかった．このままでは，診断・評価の専門家の育成は遅々として進まないだろう．

比較的簡単な例として，既存建物の価値を維持するための塗装改修について考えてみよう．塗装が改修を必要とするほどに劣化していることは容易に判断できるが，これに対してどのような処置を施せばよいかの判断はさほど容易ではない．新築のように，高価でもとにかく長くもつ塗装を施しておけばよいというものではない．他の部位の劣化状況から見て，約5年後に足場を架ける改修工事が予想できるのであれば，応急処置的に5年はもつ程度の安価な塗装を施す方が得策かもしれない．もし今後20年間足場を架けるような改修工事が必要なさそうであれば，20年間メンテナンスを要しないような仕様を選択した方がよいかもしれない．

このようにケースバイケースの判断が求められるうえに，その判断に至った理由を論理的にわかりやすく発注者に説明できる能力も必要になる．ところが，そうした能力を身に付けるためには，さまざまな築年数，さまざまな仕様の既存建物についての知識の習得が必須になる．現在の改修設計の専門家は，そうした知識を自らの経験から得ているのが一般的であり，かつその数は決して多くない．

今後は，これらの専門家の経験を，誰でもアクセス可能な知識として体系的に蓄積・整理し，人材教育の基礎となるいわば「建築病理学」のようなものを確立する必要がある．

［松村秀一］

2-13 建物に必要な医療行為

【テーマ】建物診断　　　　　　　　　　　　　　　　　　　　　　　　　　　2　保存・再生・資源

● 医療行為の必要性

　一見堅牢に思える鉄筋コンクリート造の建物も時の経過とともに劣化が始まり，外壁が剥離したり，雨が漏り始めたりすることがある．これらのことを放置しておくと快適な生活が営めなくなるだけではなく，外壁の落下などにより事故を招きかねない．
　このようなことを防ぎ，快適に生活を営むためには，建物にも人間と同じような検査（調査）と診断，そしてその診断に基づいた医療行為（修繕）が必要である．

● 長期修繕計画と調査・診断

　現在もっとも維持管理の仕組みが確立されている建物は，マンション（マンションの定義は「マンション管理適正化法」第2条第1項による）であろう．そこで，ここではマンションを中心に述べることとする．
　マンションは一棟の建物を複数で所有しているため，建物に不具合が生じても修繕のための意思決定に時間がかかることがある．ましてや建替えとなると，その合意形成に相当な時間と労力が必要となる．また，マンションの各区分所有者は，自分の資産をできるだけ高めておきたいと考えている．これらマンション独自の事情もあいまって，83.0％の管理組合が長期修繕計画を作成しており，96.7％の管理組合が修繕費用の積立てを行っている（2003年マンション総合調査による）．
　長期修繕計画は修繕のための積立金算出の根拠としては，ある一定の意味はあるが，あくまでもひとつの目安と考えるべきである．多くの場合，長期修繕計画は，マンションの供給元が販売時に机上にて作成したものである．建物はその形状，立地，施工精度などにより劣化具合が異なる．必要な修繕工事を適切な時期に行うため，また，不必要な工事を行わないためには，調査・診断が必要である．診断に基づき医療行為を決定し，長期修繕計画を見直していく必要がある．

● 検査・診断による医療行為

　マンションのように維持管理の仕組みが整っている建物においても，本格的な調査・診断を行うのは大規模修繕の実施を決定した後がほとんどである．工事箇所，工事内容を決定するためには調査・診断は欠かせないが，そもそも本当に大規模修繕の必要があるのか，必要があるとすればその時期はいつか，修繕が必要な箇所はどこかを決定するために調査・診断が必要である．
　先の人間の例でいくと，手術ありきではなく，初めに検査をし，それにより診断がくだされ，治療行為が決定されるのである．建物もこの過程は同様と考えられる．

● 定期診断

　人間の場合，毎年健康診断を受ける．診断で異常が認められると，再検査が行われ，必要に応じ医療行為が施される．また，その診断項目は年齢を経ると多くなる．
　建物についても同様に考えられ，定期診断，それに基づき必要に応じ詳細調査，処置が施される．また，築年数を経過した建物は診断項目を増やす必要がある．

● 定期診断の時期

　定期診断は，販売時のアフターサービス，民法および住宅の品質確保等の促進に関する法律（以下「品確法」という）の瑕疵担保期間の期限前に行う必要がある．
　(社)不動産協会は「中高層住宅アフターサービス基準」において，マンションのアフターサービス期間を部位ごとに1，2，5，7，10年（植栽のみ1年保証）と定めている．民法では瑕疵について，発見したときから1年以内に権利を行使することと規定しているが，この権利は債権のため10年とされている．品確法は瑕疵担保責任を最低10年としている．
　定期診断はアフターサービスと品確法（品確法適応以前の建物については民法）の瑕疵担保期間を活

用し 2，5，7，10 年を目安に実施するのが合理的である．大規模修繕実施後は，やはりアフターサービスがあるのでその期間に合わせて行えばよい．

●経年劣化と施工不良など

診断を行う際は，建物の構法，仕上げ，診断の実施時期などさまざまな条件によって診断項目は異なるので，専門家の意見を聞き，実態に即したものにする必要があるが，大きく経年劣化によるものと，施工不良，設計配慮不足によるものの二つに分けて診断をする必要がある．

建物は工事中，竣工後に関係各署の検査を受け，図面，仕様書の通りに施工されていることの確認を受けているが，現場生産などの事情もあり，不具合があることがある．また，建物を使用し始めると，防犯上の問題など設計時には気がつかなかった問題が発生することがある．

これらの不良はできるだけ初期に発見し，対応することが望ましい．また，経年による劣化とは異なるので，補修に際しては瑕疵担保責任などとの関係も発生する．

●2年目診断

最初の診断は築2年目に行うのがよい．

植栽を除くと最短の保証期間は2年である．また保証項目の多くはこの2年で切れる．そこで，2年目にアフターサービス期間が終了する部位の診断がまず必要となる．

診断に際しては，不具合事象をよく吟味し，診断結果を下す必要がある．単に補修しただけでは再発するものもあるし，裏に大きな不具合が潜んでいることがあるので，些細な不具合でも慎重に診断する必要がある．

アフターサービスが2年間の部位の点検を行うと，建物のほぼすべての点検を行うことができるので，まだ保証期間のあるものについても不具合を発見した場合は，その原因等を診断し，補修時期および方法も検討しておく必要がある．

また，建物は図面通りにできているはずであるが，実際は図面と異なっていることもある．設計変更が図面に反映されていないだけのこともあるが，施工ミスによるものであることもある．施工ミスによる場合は，建物の構造安全性にかかわる場合もあるので慎重に診断し，対策を講ずる必要がある．設計変更が図面に反映されておらず，実際と異なる場

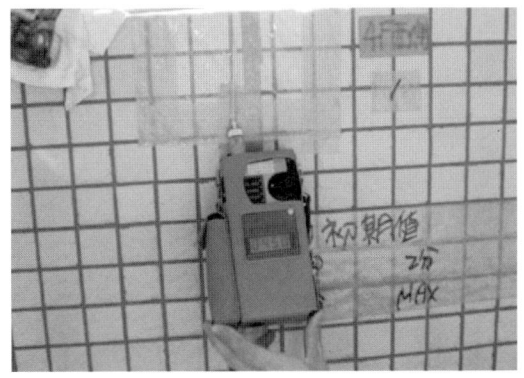

■1 漏水調査診断装置（撮影：アワーブレーン環境設計（株））

合は，今後の大規模修繕などのことも考えると，図面を直しておく必要があるので，修正を行う．

その際，必ず居住者に室内の不具合についてのアンケート調査を実施する．とくに重要な調査項目は結露，カビに関する事項である．外壁に面するガラス面以外に結露，カビ，シミなどがある場合は，壁などからの漏水が原因ということもある．実際，当初結露といわれていたものが，壁などからの漏水によるものであり，その漏水が施工不良によるものに起因しており，それが元で建替えとなった事例もある．

結露などが発生している場合は，必ず現場確認をし，必要に応じ漏水診断を行い，原因の追究および対策を講ずる．

築2年目の診断は，早期に建物に対する不安材料を払拭するという目的がある．また，販売後あまり時間が経過していないので，供給元の対応が速いという利点もある．

●診断と医療行為

2年目診断の結果，建物が良好であると判断された場合は，次の診断はアフターサービス・瑕疵担保期間を目安に行えばよい．しかしながら，2年目診断の結果，建物に大きな補修を行った場合は補修経過を観察する必要があるので，その不具合，補修内容に応じた診断を実施することになる．

完成後早い時期（2年目）に施工不良等を是正しておけば，その後の診断は経年劣化に絞って行えばよい．基本的には目視検査を中心とし，必要に応じ非破壊検査，破壊検査などを実施する．そして，その診断に基づき，小・中・大規模修繕等の必要な医療行為を決定する．

[関 栄二]

2-14　構造計画におけるサステイナビリティ

【テーマ】構造設計者　　　　　　　　　　　　　　　　　　　　　　　　　2　保存・再生・資源

●新しい規範として

サステイナビリティ（sustainability）という用語は、21世紀の社会のあり方にとって新しい規範を与えるものとして登場してきた。エネルギー不変の法則のある一方で、エントロピーが必ず増大するという法則もあって、地球が太陽からエネルギーの供給を受け、現実的な不可逆性のあるなかで、完全に持続可能で100％循環する社会ということはありえないことは承知している。そのうえで、先進諸国における資源の大量消費をいかに縮小しつつも生活水準を向上させられるかということが課題となっている。もちろんその評価は、生活の質をどのように認識し計測するかにかかっている。単に経済活動の大小ではないことは明らかであるが、それに代わる指標は必ずしもみえていない。

建築構造として考えてみると、端的には、耐用期間の伸張がサステイナビリティに寄与するし、建築そのものにとって構造体の存在は本質的であることから、構造体そのものがサステイナブルであることは、建築にとって重要な価値である。そこで、「安全確保」が構造計画の単一の使命という視点からライフサイクル評価を視点に加えた計画のあり方が問われるようになってきた。寿命20年というような建築を壊しては造るということで経済成長を支えてきた構造のあり方を基本から見直す必要がある。

建築構造におけるサステイナビリティに直接貢献するキーワードとしてあげられるものは、たとえば、LCA（ライフサイクルアセスメント）、リサイクル、リユース、省資源、耐久性、物質循環などである。以下では、それらについて考えてみる。

●ライフサイクルアセスメント

単に初期建設費の削減でなく、建物寿命を通しての評価が、地球環境への影響を考えるときはより重要になる。とくに運用コストとしての光熱水の消費やコスト評価は建物に限らず、施設、電気製品、自動車でも同様な視点で検討されるようになっている。しかし、建物の場合は期間が長いことによる不確定要因も大きく、評価にあたっては使用にあたってのシナリオを十分に吟味する必要がある。

構造計画の視点で考えるライフサイクル評価は期待損失費の算入である。いわゆる過剰設計という表現は必要以上な安全性をもたせることと考えられているが、適当な安全のレベルをどのように考えるかが重要である。安全性を高めると初期建設費が増大するが、被害を受ける確率が減少するので、期待損失費は小さくなる。両者の和、期待総費用が最小になるような構造計画が望ましいし、環境負荷も低減できることとなる。

コスト指標の代わりに、たとえばCO_2排出量で同様な評価が可能である。環境負荷をより直接的に評価できる。コストの場合に比べると、躯体は重量で建物全体に占める割合が50％程度あり、コスト比の25％程度に対して大きいということから、期待総CO_2排出量の最小化を与える安全レベルは、期待総費用の最小化から求まるレベルより小さめとなる。

最適な構造安全のレベルを設定するということは、最低基準により効率的に建設するという行き方からの根本的見直しを図ることであり、個人のみならず、社会として最適解を求める意思決定問題に、構造の専門家としての役割が求められているということである。

また、構造計画において将来の被害想定を行うことは、比較的頻度の高い軽微な被害に対する備えを設計で考慮することになり、また建物群としての災害時の役割を検討することにもなり、安心につながる大切な検討である。

●リサイクル

材料の需要は、単純な性能指標とコストだけから決まるものでもないが、一般にリサイクル材は性能が低下する傾向にあり、技術的にいかに性能劣化をさせないかが開発目標となる。アルミニウムなど純度の高い金属材料として使用されるものは、自然鉱石から作られる場合との区別なく、エネルギー消費

量削減に寄与する．コンクリートの場合は，同等の強度を期待することは難しく，多くの場合は路盤材など用途も低品質の形でのリサイクルとなる．鉄やガラスも再利用が進んでいるが，仕様に関しては品質に制限がある．一般的に技術開発は，ますますリサイクルの範囲を拡大する方向で進んでおり，その意味で，環境負荷低減に直接的に寄与している．

一般に工業製品に関しては，生産主体にとって材料調達をリサイクルのしくみの中で構築していくことは，社会的にも見えやすく環境負荷低減についてもわかりやすい．自動車やカメラ，パソコンなど複雑な製品であっても，付加価値の高いものだけに，貴重な資源の分別など経済的にも十分成立する．一方で，紙やペットボトルなど必ずしも付加価値の高くない場合には，ちょっとした社会システムの変化で経済的にひずみが現れたりすることも少なくない．建築資材の場合は，一品生産で多品種を扱うという難しさがあり，建築主，設計業，元請建設業，専門業など，関係者のどの部分が主体的にリサイクルを促進しようとするかによって具体的なしくみもさまざまな形をとりうる．

● リユース

ある範囲のものをそのまま別の形で使用するわけであり，リサイクルよりもさらに環境負荷低減に貢献しているといえるが，材料そのものに寿命がある場合は，必ずしもサステイナブルとはいえない面もある．

建物用途を変更する例は，コンバージョンとよばれて，一般に躯体のリユースである．改築されるときに，地下部分をそのまま再利用する例も増えてきている．

建築部材のリユースは，あらかじめ意図されたものと，建物解体時に，再使用可能な部材，部品を取り出して使う場合とがある．タイルや瓦などは，建物寿命をはるかに超えた長時間の再使用が物理的には可能であるが，現実には，需要に応じた供給のしくみが確立していないと廃棄物になってしまう．

鉄骨構造物などで，再使用を前提として設計される例は少なくないが，まだ，試みの域を出ない．在来木造建築などの解体時に梁や柱部材が再使用されるケースが増えてきているが，情報流通が適切になされると，質の高い建築構造が次世代に引き継がれることが期待される．

● 耐久性

日本の建築物の寿命は，諸外国に比べて短く，スクラップアンドビルドを繰り返してきた．要求性能の著しい変化や，急な経済成長などがその原因であったが，いまや先進諸国はどこも経済成長は安定状態で，ストック社会になってきており，建築の長寿命化は共通の課題である．寿命が倍に延びれば，構造材としての資源もエネルギー消費も1/2に削減できるわけで，いかに長寿命の建築を作るかが，サステイナビリティに寄与する．

構造的には脆弱な土や日干し煉瓦を主材料として用いても，地震のないところでは長寿命建築が存在している．世界遺産になっているイエメンのシバームでは，30mを超える日干し煉瓦構造の集合住宅の寿命がなかには500年を超えるものもあるという．気候に適した構造で，社会文化的に安定した生活が営まれるときには，構造の寿命は長くなることが，社会的にも最適な選択となりうるのであろう．

● 物質循環

リサイクルが100%達成されると，完全なサステイナブルとなる．しかし，金属材料などでは，リサイクルの過程で電気や熱を使用するので，完全ではない．

木の場合は，加工の過程でエネルギー消費はあるものの，腐食して土に帰ったり，焼却されて空気に戻り，それがまた太陽エネルギーにより木に育つということで，原理的にはサステイナブルが完結している．しかし，スギやヒノキなどの日本の構造用木材が適切なサイクルで循環するためには，100年程度を視野においた大規模な社会実験として取り組むようなことでないと，市場経済原理のなかでは廉価な輸入材の利用が国内の林業をさらに枯渇させており，食糧自給の問題と似た側面がある．建築を通して社会システムをサステイナブルなものに変えていくには，どのようなことができるか，われわれの直面する課題そのものである．

設計だけを論ずる，生産だけを論ずるという20世紀型の工学原理から，維持保全を考えた設計，ライフサイクルを考えた設計，建築の寿命を終えた後の資材の行方を社会の中で大切な循環システムとして位置づける建築のあり方に，これからもさまざまな取組が試されることが期待される．　　［神田　順］

2-15 古い建物はどこまで強くなるか

【テーマ】耐震改修　　　　　　　　　　　　　　　　　　　　　　　　2　保存・再生・資源

● 既存建物の耐震性

　日本で耐震性が不十分な住宅・建築物は，住宅総数約4700万戸のうち1150万戸（25％），住宅以外の建築物の総数340万棟のうち120万棟（35％），特定建築物（学校，病院，百貨店など多数利用の建築物）の総数36万棟のうち9万棟（25％）と推計されている（2006年現在）．ストックの耐震性能を向上させることは，都市再生に不可欠な問題となっている．

　既存建物の耐震性が不十分である理由には，大きく二つの問題がある．ひとつは，耐震基準の変化であり，もうひとつは経年変化による建物性能の低下である．

　日本の耐震設計法は，1950年に建築基準法で耐震基準（旧耐震）が定められたあと，1968年十勝沖地震の被害を踏まえ1971年に改正され，1981年には，1978年宮城県沖地震の被害を踏まえ新耐震基準として2次設計が導入され，大幅に改正された．さらに，1995年兵庫県南部地震後の2000年には，性能規定が導入された．こうした耐震基準が改正されるごとに，建物に要求される耐震性能は高くなってきている．この結果，古くに建築された建物は，建設当時の耐震基準を満足していたとしても，現行の耐震基準の要求性能を満足しているとはかぎらないことになる．このように，その後の法規の改正により現行の法規を満足しなくなってしまった建物は，「既存不適格建築物」とよばれ，建設時の耐震基準を満足していない「違反建築物」とは区別される．

　また，既存建物の耐震性能は新築時の性能から年月が経過するとともに変化する．どのような大きさの地震を経験したかはもちろんであるが，地震を受けていなくても，建築材料自体の経年変化による性能低下，増改築の影響などにより建物の耐震性能が変化する．

● 建物の耐震性能を知る

　こうした既存建物の現在の耐震性能を評価する方法として耐震診断法がある．これは，既存建物を実際に調査し，その耐震性を計算，現在の要求耐震性能と比べてどの程度の性能をもっているかを診断するものであり，鉄筋コンクリート造，鉄骨造，木造など構造種別ごとにその診断法は確立されている．

　既存建物の現在の耐震性能を評価するため建物調査は不可欠である．古い建物には，構造図などの図面が保管されておらず，建物の基本寸法を測量したり，部材寸法を測定したりする必要がある場合が多い．構造性能を知るためには，建物の外観だけでなく，内部にある鉄筋の太さ・本数，使用している材料の規格・材料強度など部分的に建物を破壊して調査をする必要も出てくる．こうした耐震調査により建物の情報の精度が上がれば上がるほど，既存建物の耐震性能を評価する精度は向上し，さらには，耐震補強設計の精度も向上することになる．

● 建物を強くする

　耐震診断を実施した結果，その建物の性能が現在の耐震基準の性能に満たない場合には，耐震補強を実施することで，不足した耐震性を補い現行の耐震性能と同等の建物とすることができる．耐震補強は，耐震診断によって既存部位の評価がきちんとできれば，新築建物の設計手法と同様に行うことができる．このため構法も多種多様で，強度の高い耐震壁を増やすことにより，建物全体の耐力を大きくして強くする強度抵抗型，建物の粘り強さを増して変形に伴うエネルギー吸収によって倒壊を防ぐ靱性確保型，地震のエネルギーを制震装置などによって吸収し応答を低減する制震構法，地震動の周期特性と建物の周期特性の違いを利用して地震入力自体を小さくする免震構法などがある．しかし，耐震補強構法は万能ではないので，対象建物の性質にあわせてその建物にふさわしい構法を選択する必要がある．また，新築の建物同様に同じ耐震基準を満たしていても使用する耐震補強構法によって，コスト，外観，地震時の損傷は異なってくる．既存建物の価値は，耐震性だけではないので，外観，文化財性，居

■1　実大震動台実験　耐震補強した建物（左）とそうでない建物（右）（大大特木造建物実験チーム提供）

住性，工事期間と工事中の使用の可否，コスト，博物館・美術館などではその収蔵品の安全性などの価値とのバランスを保つ耐震補強構法を選択し，ストックの価値を総合的に向上させる必要がある．

■1は，築30年以上（新耐震以前）の実際に建っていた同一間取りの木造住宅を震動台上に移築し，片方をそのまま，片方を耐震補強して兵庫県南部地震で震度7の地域であるJR鷹取駅で観測された地震動を入力した実験である．耐震補強を施さない住宅は倒壊したが，耐震補強した住宅は倒壊を免れた．耐震補強の効果は，設計理論だけでなくこうした実大震動台実験，地震被害調査などでもその効果が実証されている．

技術的には，古い建物でも耐震補強によって耐震性能を向上させることは可能になっている．

● 耐震改修促進法

既存不適格建物は，そのまま使う分には問題はないが，用途変更あるいは一定規模以上の増改築をする場合は現行の法規に合わせなければならない．耐震補強を実施する場合もこれに該当する場合がある．建設当時の基準が変化するのは，耐震性能に関する部分だけではなく，採光・換気などの居住性・防火などの要求性能も変化するため，既存建物を改修して現行の建築基準法の規定をすべて満足させることは非常に困難になってしまう．そこで，耐震化を促進するために，1995年に「建築物の耐震改修の促進に関する法律」（耐震改修促進法）が制定された．この法規に従うことにより，耐震規定以外の不適格事項の存続がやむをえないと認められる場合には既存不適格の制限や耐火建築物にかかる制限が，建築基準法の特例により緩和されることになっている．

● 劣化とメンテナンス

ストックとしての建物の価値を向上させるために，耐震補強によって耐震性能を向上させることは可能であり，非常に重要である．しかし，耐震補強は，あくまで後から追加された耐震性能であり，耐震補強された古い建物が，新築の建物とまったく同じというわけにはいかない．古い建物で使用している材料は，経年変化によって性能が低下しているのは確かである．経年変化による劣化は鉄筋コンクリート造ではコンクリートの中性化やひび割れ，鉄骨造では腐食，木造では蟻害や腐朽などである．こうした劣化は，今現在は軽微でも，今後の進行の度合によっては，構造性能を低下させる原因となる可能性があるものもある．構造性能を低下させる劣化の早期発見のためにも，メンテナンスとしてこうした部位の監視体制を整えておく必要がある．また，耐震診断調査でみつかった劣化部位は，部材の交換・補修をすることは当然であるが，その原因を究明し，除去しておくことが大切である．原因を除去できない場合には，将来，ふたたび同じ劣化を生じる可能性が高くなる．

古い建物が高い構造性能を維持するためには，新築の建物以上に十分な配慮をしたメンテナンスが重要であり，その結果，健全なストックとしてあり続けることができる．

［腰原幹雄］

2-16 修復建築家が未来を予言する

【テーマ】ヴィオレ・ル・デュク　　　　2　保存・再生・資源

● 修復建築家としての出発

　19世紀フランスの建築家ウジェーヌ・エマニュエル・ヴィオレ・ル・デュク（Eugène Emmanuel Viollet-le-Duc, 1814-79）は，パリのブルジョワ家庭に生まれ，当時の著名な文芸家が出入りするサロンを開いていた母や伯父の影響を受けながら，少年時代を育った．17歳になって，家族の薦めるエコール・デ・ボザールの入学を断り，「ボザールなんて建築家の型にはめる鋳型だ．僕の学校は，この手で触れ，空間を体験できる建築そのものさ！」といって，旅に出る．そして，フランス各地の歴史的建造物を巡り歩いているうちに，すっかり中世建築の虜になっていた．フランス大革命以後廃墟と化していたたくさんの中世建築に対して，中世建築を野蛮な建築とみなしていた当時の建築界からは，それらを修復できる建築家を輩出することはなかった．ヴィオレ・ル・デュクは，そのような時代背景から修復建築家として登用されることになり，26歳の若さでヴェズレーのラ・マドレーヌ教会堂の修復を任されることになる．倒壊寸前だった，この哀れな中世建築を目の前にして，建築についてほとんど未経験であり，構造力学の知識もないヴィオレ・ル・デュクは，構造への異常な関心を抱き始め，それがきっかけで建築の総体まで構造合理主義的に解釈する理論的研究を開始するのである．

● 『中世建築事典』

　ヴィオレ・ル・デュクの偉大な業績の一つに『中世建築事典』全10巻（1854-68）の出版がある．第1巻が発表された1854年から最後の第10巻が出版される1868年までの14年間は，ヴィオレ・ル・デュクにとっておそらく毎日が修復現場を巡回する日々だったに違いない．仕事の合間を縫って現場で得られた情報を事細かに日誌に記し，それをもとにこれだけの大著を著したわけであり，ヴィオレ・ル・デュクのエネルギッシュな著作活動は，計り知れないものがある．そして，この『事典』を手にとって建築を思索し，独創的なアイディアを発想するきっかけを見いだした建築家は少なくない．たとえば，アントニ・ガウディは，サグラダ・ファミリア聖堂の構想を練っていた机にこのヴィオレ・ル・デュクの『事典』が座右の書として置かれていたといわれている．また，鉄筋コンクリート造建築のパイオニアとして名高いオーギュスト・ペレは，少年時代に父親の書棚に飾ってあった『事典』全10巻を一気に読破したともいわれ，そのペレの事務所でドラフトマンをしながら建築を学んでいたル・コルビュジエが初めてペレからもらった給料で，この『事典』を買ったなど，近代建築の巨匠たちと『事典』のかかわりを伝える話題は多い．

● 『建築講話』における「真実なる建築」

　『事典』全10巻の執筆が間もなく終わろうとしていた頃，エコール・デ・ボザールの彼のアトリエで学ぶ学生に対して講義する目的で書かれた『建築講話』（第1巻：1863，第2巻：1872）を出版し始める．そのなかで，ヴィオレ・ル・デュクは19世紀の建築があまりに模作や独創性のない建築ばかりが蔓延していることを批判し，若き建築家の卵たちに，これから目指すべき建築とは何かを訴えようとした．彼によれば，まず歴史的建造物の傑作を分析することを学ぶことであり，そして過去の傑作から学びとった原理を自分の時代にふさわしい材料を用いて総合させる手法を学ぶことから始めるとして，以下のように述べる．

　「私たちがある建築物を眺めるとする．まず最初に私たちはうっとりとして，〈これはすばらしい建造物だ〉と思う．しかし私たち芸術家には，この本能的な判断では十分ではなく，〈この建造物はなぜ美しいのか〉を自問する．私たちはそれが私たちに与えた印象の原因を知ろうとし，そこで推論の力に頼る必要に迫られる．私たちは私たちを魅了した建物のすべての部分を分析するが，この分析は将来，私たちが設計する立場になった時，設計をまとめ上げられるようになるための訓練である」（飯田喜四郎訳，中央公論美術出版，p.24）．

■1 パリ大聖堂の尖塔基部に自分をモデルにしてつくられた聖トマ像（Les Monuments Historiques de la France, 1965, No. 1-2, p. 50 より）

そして，独創性の欠如している19世紀の建築にいま求められているのは，真実なる建築だと主張し，建築が真実であるためには，「設計課題に対する真実」と「建設方法に対する真実」の二つを目標とすべきだとしている．とりわけ後者の「建設方法に対する真実」は，材料をその材質と特性に従って使用すべきだとするものであり，鉄の建築こそが新しい建築だと予感していた近代の建築家たちを大いに鼓舞することとなり，近代建築の偉大な理論家として評価されるきっかけとなった．

● ヴィオレ・ル・デュクによる修復理論の現代的意義

ヴィオレ・ル・デュクが上述のような近代建築の先駆をなす評価を受けた一方で，彼の修復建築家としての評価はあまり芳しくない．フランス全土の歴史的建造物を保存・修復するために生涯をかけて奔走していたにもかかわらず，彼の修復が創造的復元や様式統一を積極的に行ったという理由で非難されることが多い．とりわけ現在の歴史的建造物に対する国際的な修復指針である『ヴェニス憲章』における当初材をできるだけ尊重する「材料のオーセンティシティ（真正な価値）」という観点からすると，まったく許しがたい修復を行った代表者とされている．しかし，彼の修復理論を偏見なしで読んでみると，「堅牢性の保証」，「歴史的または美的価値の表明」，「実用性の重視」という3要点を提示して，いきすぎた修復を非難するものであり，大部分が今日でも通用する修復理論といえる．そのなかでも，第一の「堅牢性の保証」は，日本における阪神・淡路大震災後の文化財建造物修理で大きな問題となった構造補強を考えるうえで参考になるであろう．

「修復を担当する建築家は，各建物の全体あるいは各部分を外見上だけではなく，構造面からもそれに固有の様式で修復すべきである．……彼はまず考古学者である前に，巧妙で経験豊かな構造家でなければならない」（『中世建築事典』第8巻，p. 24）．

そして，第三の「実用性の重視」も，建物の再生やコンバージョンがさかんに叫ばれている今日にあって，その理論に古さを感じさせない．

「現在では使えないような当初の配置を設計し直す修復建築家が任務を完璧に果たす際，実用性という側面をなおざりにすることはできない．それゆえ建築家の手が下された建物が，修復前より不便になってはならないのである」（前掲書，p. 31）．

このように，ヴィオレ・ル・デュクの修復理論は，歴史的建造物の活用を重視した修復を目指す場合に，今日でも色あせることなく，指針を示してくれるに違いない．そして，この理論は修復の分野のみに通用するのではなく，スクラップ・アンド・ビルドの時代に別れを告げようとしている未来の建築を予言することにもなるに違いない． ［羽生修二］

2-17 密集市街地での再生工事を支える技術

【テーマ】改修工法　　　　　　　　　　　　　　　　　　　　　　2　保存・再生・資源

●臭気・振動・騒音対策

　密集市街地で再生工事を実施する場合，隣棟間隔や，接道道路幅員が狭いなどのことがあり，臭気，騒音，振動，足場の設置スペースの確保などに関してさまざまな問題がある．

　マンション（マンションの定義は「マンション管理適正化法」第2条第1項による）の大規模修繕は居住者がいながら工事を行わなければならないので，臭気・振動・騒音を極力抑えて行う必要がある．そのため大規模修繕においては，臭気・振動・騒音対策に考慮した技術が進んでいる．これらの技術は，密集市街地での再生技術への応用が可能である．

●環境配慮型塗料

　外壁塗装には溶剤型塗料が使用されることが一般的であった．溶剤型は耐久性，施工性が優れているので好んで使用されてきた．しかしながら，臭気の問題があるので，マンションの大規模修繕などのように，生活の場が工事現場となるような場合は，あまり好まれない材料である．

　臭気などの環境への配慮から水性塗料の使用量が増えている．水性塗料は耐久性，施工性，価格などの面で問題もあったが，現在ではいずれについても溶剤型にひけをとらなくなってきている．

　また，塗布に際してはスプレーガンを使用せず，ローラーを使用すれば周囲への飛散防止も行えるので，密集市街地での改修工法としては最適である．

●超音波振動剥離

　外壁の再塗装は，脆弱部を高圧水洗などにより除去し，施工する．3回目，4回目の塗装を行う場合は，旧塗膜の劣化も進行しているので，塗膜の全面撤去をする必要が生じる場合がある．経済性などを考えるとサンダーなどを使用し剥離することになるが，騒音，振動，粉塵などの問題が生じる．薬品による剥離は作業性が比較的よいが，有害物質の人体への悪影響，薬品の処理などに問題を残すため，密集市街地での使用は避けるべきである．

　超音波振動剥離装置を使用すると，騒音・粉塵・振動を発生させることなく旧塗膜を撤去することができる（■1）．剥離面の損傷が少ないため，下地処理が簡単に行えるようになるなどのメリットもある．超音波は，人間の可聴周波数以上で振動するため，人間には，騒音・振動が感じられない．また，剥離した塗膜などは空気中に飛散せず，ある程度まとまった形で下に落ちる．機械は小型軽量なため持ち運び可能で，作業性がよく，作業スペースが十分に確保できないところでも比較的容易に作業が行える．

　本工法は，外壁塗膜の撤去以外にも，防水塗膜の撤去，床・Pタイルの撤去，鉄骨塗膜剥離およびケレンなどにも採用でき汎用性もある．

●破砕剤によるタイル剥離

　外壁タイルは剥離してほしくないときに剥離することがあるが，意図的に剥離しようと思うとかなりの労力を必要とする．そのため既存タイルがなんらかの理由で不要となった場合は，既存外壁タイルを撤去せずに，ネットアンカーなどを使用し新たに仕上げ面を構築することが多い．

　既存外壁の上に新たに外壁を構築する方法は2度，3度と繰り返すには不安がある．また部分的には撤去したほうがよい場合もある．そのような場合は，静的破砕剤を使用して無騒音で剥離する方法が

■1　超音波振動剥離装置による塗膜除去（撮影：(株)アール・エヌ・ゴトー）

■2　養生ネット付ゴンドラ（日本ビソー(株)資料より）

ある．

　この工法は，超音波振動ドリルなどの騒音・振動の少ないドリルを使用し，タイル目地部に穴を開け，その穴に破砕剤を入れる．ドリルを超音波振動させると刃先が高速で振動し，切削抵抗低減効果が顕著に働き，騒音・振動がほとんど発生せず粉塵も発生しない．従来のドリルでは，騒音・振動・粉塵が問題になっていたが，超音波振動をドリルに与えることにより，低騒音・低振動を実現した．また，粉塵を低レベルに抑えられるため，作業環境も大幅に改善できる．超音波振動ドリルは耐震改修などにおいても使用されており，実績のある工具である．

　静的破砕剤は岩石などを砕く際によく使用される．酸化カルシウムを主成分とする無機化合物で，水と練り混ぜると水和反応により膨張することにより，躯体コンクリート層とタイルの貼付けモルタル層をずらし，タイルを剥離する．破砕剤の膨張によりタイルを剥離するため，騒音，振動，粉塵の発生も少ない．

　超音波振動ドリルと静的破砕剤を使用する工法は，建具詰めモルタルの撤去や，アスファルト防水のシンダーコンクリートの撤去などにも応用でき，密集市街地における再生工法としては利用価値がある．しかしながら，コスト面などに問題があるため，今後の改良に期待される面もある．

● ゴンドラ足場による外壁改修

　外壁改修を行う際は，足場を架けるのが一般的である．足場を架けて工事を行うのは，経済的要因が最も大きいが，足場を使用して施工を行うと，施工性，監理などの面で品質がよくなるという理由もある．

　外壁改修工事には単なるシーリングの打替えから，コンクリート躯体の改修まで各種工事がある．

シーリングの打替え程度なら，条件によっては高所作業車で行うこともできるが，外壁等の鉄筋が発錆してコンクリートが押し出されている場合や，コンクリート躯体不良を改修する場合は，脆弱部等をはつり取らなければならないことがある．そのようなときは，どうしても反力がかかるので，確固たる足場が必要となる．そのため，足場があると工事は行いやすくなる．

　建物が道路に面している場合に足場を架けると，足場が道路を占有することになる．道路の幅員が十分確保されている場合は問題ないが，密集市街地では足場を道路に設置すると，通行に支障をきたすことがある．そのような場合，部分的にゴンドラ足場などを利用する方法がある．

　先に述べたように，反力を必要とする工事は足場を仮設するのがよいが，壁面吸着措置などを使用すれば，ゴンドラの揺れをある程度抑えられるので，躯体改修工事も可能となる．

　塗装工事等を行う場合は，養生ネットを足場に設置し飛散防止を行うが，ゴンドラのなかには養生ネット付き（■2）のものもあるので，工事内容によって適切なゴンドラの選択を行えば，足場を仮設しなくても工事は行える．

　足場は建物の居住者らにとってうっとうしい．ゴンドラを使用するとうっとうしさが軽減できるという利点もある．

● 今後の課題

　低騒音，無振動，無足場による改修工法は，現在マンションなどの改修工事の場でかなり使用されており，その実績も増えている．しかしながら，コスト面で問題がある．今後は，経済性の面での改善が期待される．

〔関　栄二〕

2-18 変化に対応しつつ長持ちする SI 建築

【テーマ】スケルトン・インフィル　　　　　　　　　　　　　　2　保存・再生・資源

● SI 建築とは

近年，SI（スケルトン・インフィル）建築が注目を集めている．その理由はさまざまだ．

マンションやオフィスでは，内装の自由設計を可能にする方式として，あるいは長寿命建築として期待されている．また，スケルトンを公的主体が保有する都市基盤として位置づけ，都市再生の切り札とする試みもある．さらに，建物改修の場面では，内装リフォームの一般化とともにインフィル部品産業への期待が語られている．

その全体像を理解するために，まず SI 建築の定義例を紹介しよう．SI 建築とは，建物を骨格部分（スケルトン）と内装部分（インフィル）を明確に分離し，前者は長持ちする耐用性を，後者は利用者の要望や時代変化に対応しやすい可変性を重視して計画した建物のことである．

いいかえれば，建物は一つではなく，「変わらない部分」としてのスケルトンと，「変わる部分」としてのインフィルに明確に分離するという主張であり，それがもたらす意義を生かす建築を総称して，SI 建築であるといってよかろう．

● 人工土地構想とオープンビルディング

ところで，インフィルという言葉は，オランダのハブラーケン（N. J. Habraken）教授らに始まるオープンビルディング（OB）思想に出てくる専門用語だ．この思想は，住宅の大量供給への批判から，建物を二つの領域に分け，インフィル部分は居住者の要求に従った多様性をもつべきだとした．加えて，それを実現するための設計・生産技術を示した．ところが，この思想では，スケルトンではなく「サポート」とよぶ．また，教授が繰り返し主張したことは，サポート・インフィルは，建築物を表す言葉ではなく，コミュニティの領域に属するもの，個人の領域に属するものという「レベル」を表すことだ．さらに，都市の領域に属するレベルを加えて，ティシュ・サポート・インフィルという 3 段階のレベル理論を提唱した．

それが，なぜ，日本ではスケルトン＆インフィルになったのだろうか．

じつは，建物を「変わらない部分」と「変わる部分」に分ける思想は，コルビュジエらに始まるといわれる．このため，1960 年代にハブラーケンらと同時発生的に，世界各国で類似の思想が提唱されている．日本ではメタボリズム運動であり，大高正人らの「人工土地構想」につながる．そこでは，人工土地をスケルトンとよぶ例がみられた．その後，1970 年代に OB 思想が日本に紹介された時に，両者をミックスする形で，スケルトン・インフィルの言葉が生まれた．その発祥は，京大巽研究室による 2 段階供給方式のようだ．

つまり，同じ根をもつ人工土地構想とオープンビルディングが，日本でふたたびミックスされて生まれたのが，スケルトン・インフィルというわけだ．

● SI 建築という言葉の知恵

もちろん，日本と西欧の建築事情の違いも，スケルトンという言葉に込められている．第一は，日本では柱梁によるラーメン構造の建物が多く，「骨組＝スケルトン」の語感が適していたことだ．石造り等による壁構造が主流の西欧では，こうはいかなかったろう．もうひとつは，地震国かつ木造建築が一般的であったため，頑丈な骨組を連想させる言葉が適していたこともあったと考えられる．

これに対して，非地震国かつ石造りのオランダでは，建物の構造躯体は長持ちするのが当たり前であり，主要な関心事はインフィルの多様性の実現にあった．つまり，主人公がインフィルであり，それを「支えるもの」としてサポートが位置づけられたと考えられる．

とはいえ，OB 理論への共感から「サポート」の言葉に愛着をもつ専門家も多い．そこで登場したのが「SI 建築」という呼び名だ．スケルトンもサポートも頭文字が「S」だ．SI と呼べば，どちらにも顔が立つ．日本の知恵である．

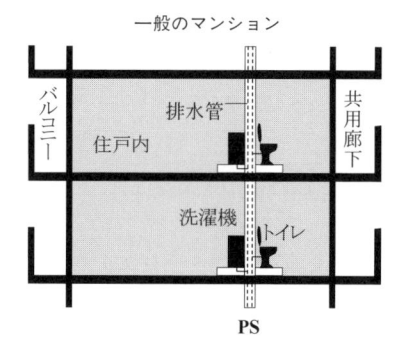

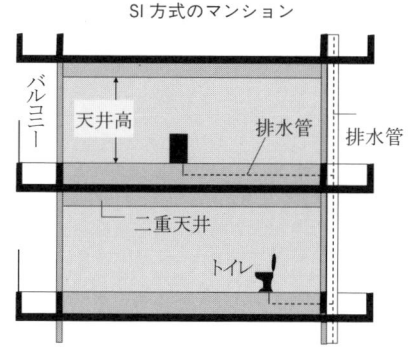

■1 SI建築の具体的例（集合住宅）（建設省（1999）：スケルトン住宅って何—長持ちする集合住宅づくりを考える，より）

● SI建築の普及阻害因を解決する試み

以上のようにSI建築は半世紀近い歴史をもつが，なかなか普及しなかった．躯体の耐久性の向上や二重床・二重天井等によるコスト高がひとつの理由だが，さらに，高い階高の確保の難しさや，内装の自由設計を難しくする諸制度の影響が大きかった．

とくに，マンションでは，日影規制がかかる立地が多いため，階高を高くすると階数が減り戸当たり土地費負担を上昇させる．これは事業性を大きく悪化させる．これに対処するため，SI住宅と定期借地権を両立させて土地費負担を軽くできる「スケルトン定借」（つくば方式）も発明されたが，依然として試行錯誤が続いている．

● 規制緩和の推進

一方，マンションとオフィスに共通する課題として，内装の自由設計を進めると，各区画によって内装の完成時期が異なるという問題がある．現行法制度は，この状態を想定しておらず，内装が全部完成していないと建物完成と認められなかった．この問題に対して，建築基準法の仮仕様承認制度の弾力的運用（1997），消防法のスケルトン状態が残る建物の使用許可（2001），不動産登記法の「居宅（未内装）」という新用途名の導入（2002）などの見直しが進んだ．その結果，スケルトン売りの事例も登場しており，今後の発展が期待されている．

● ストック重視時代における構造転換への期待

ストック重視時代では長期耐用性をもつ建築が求められるとともに，既存建物の改修が一般化する．これらの場面では建物は一つではなく，「変わらない部分」と「変わる部分」の分離が重要になる．

しかし，日本の不動産関連諸制度は，建物は一つであり，スケルトンとインフィルに分離するという

■2 本格的SI建築をめざした実験集合住宅 NEXT 21（大阪ガス NEXT 21 パンフレットより）

概念をそもそも有していない．そのなかで，前述したような法律の運用改善がはかられてきたが，不十分な点も多々指摘されている．

SI建築が求める最終目標は，ストック重視時代を迎えて建築を二つに分離できるように，設計・建設・所有等の関連諸制度の構造転換をはかることにある．たとえば，建築基準法ではスケルトン竣工を認め，内装の新設・リフォームは建主の自己責任を徹底するような法体系へと転換することが一案である．また，立体基盤所有法という，建物をスケルトンと2次構造物に分離して所有権の対象とする法体系を提案する試みもある．これらの課題は，まだ緒についたばかりである．

「変わらない部分」と「変わる部分」の分離は，都市の持続可能性を担保する最も重要な概念のひとつである．近代日本では，その区分が土地と建物の境界にあった．しかし，省資源の時代は，その区分を「土地＋スケルトン」と「インフィル」の境界に定めることが適切だ．それを具体化する鍵が，SI建築のさらなる発展にあるといえる． ［小林秀樹］

2-19 コンバージョンによる都市再生

【テーマ】コンバージョン　　　　　　　　　　　　　　　　　　　　　　　2　保存・再生・資源

●コンバージョンとは何か

「コンバージョン」．建物の用途を変更することを称してこうよぶ．日本語では「転用」，「用途変更」という語が該当する．

建築空間に対する需要の構成は，地域社会の構造変化や人々の暮らし方の変化に伴って変わる．その一方で，建物は寿命の長い財である．需要の構成の大きな変化が，建物の寿命のうちに起こるならば，当然のこととしてコンバージョンへの要求が生ずる．日本でコンバージョン事例がめだたなかったのは，建物の寿命が短かったからにほかならない．需要の構造が変わると，それに合わなくなった建物を簡単に取り壊し，新たな用途の建物に建て替えてきたのである．しかし，日本の経済情勢，資源・環境問題，既存建物の質の向上などからすれば，いままでのような気軽なスクラップアンドビルドは許容されにくくなる．そうなると，いよいよコンバージョンによる既存建物活用の必要性が本格化することになる．

近年世界中でよくみられるコンバージョンとして，既存のオフィスビルを居住用建物に改造するコンバージョンがある（■1）．近年の都心部でのオフィスの過剰供給と，都心居住を指向する人の増加という二つの現象を考え合わせると，既存のオフィスビルを居住用建物に改造するコンバージョンが大いなる可能性を秘めていることを認めざるをえないと思う．実際，ロンドン，パリ，ニューヨーク，シカゴ，シドニーをはじめ，世界の大都市では同様の背景からオフィスを住宅に改造するコンバージョンが数多く行われ，ビジネスとして定着するとともに都市のあり方そのものを大きく変えつつある．

●コンバージョンの社会的な意義

ここで，二つの側面からコンバージョンの社会的な意義について考えてみたい．第一の側面は，ストックの有効活用という側面である．

よく日本の建物の寿命は短いといわれるが，取壊しの理由を調べた複数の調査結果が物語っているのは，多くの建物が，その物理的な耐久年数を全うすることなく，主として機能上の原因や経済的な理由で取り壊されているという事実である．

一方で，これからは放っておいても，主として経済的な理由から建物の取壊しまでの年数が伸びるというとらえ方もある．たとえば，分譲マンションを例にあげると，取壊し・建替えには大半の区分所有者の合意が必要であるが，容積率に余裕があり，建替え後新たに増える床面積で得られる収入が建替え資金を補うケース以外では，合意形成は容易に進まないと予想されている．

このように，建物が物理的な耐久年数を全うすることなく取り壊されることを回避するうえでも，またなかなか取り壊せなくなった建物の居住環境を良好に保ち続けるうえでも，既存建物を変化する時代の要請に応ずる形で効果的に再生する行為が重要性を増してくる．コンバージョンは，そうした再生行為のメニューを増やすものとして意義がある．

第二の側面は，都市再生の方法という側面である．

今日，新しい時代の要請に相応しい形で都市を再生する方法がさかんに議論されているが，ある地区

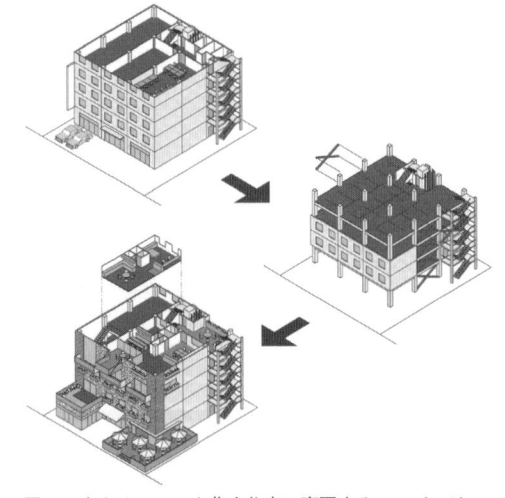

■1　空きオフィスを集合住宅に変更するコンバージョンのイメージ（筆者作成）

■2 パリのコンバージョン例 奥のオフィスビルと同じものが手前では住宅にコンバージョンされている（筆者撮影）

の既存建物をすべて取り壊し，容積を拡大した大規模建物を建設する都市再開発の方法以外に発想が広がりにくい．ただ，再開発手法では，それが適用できる地区も限定されるし，一般的には既存の地域環境がもっていた空間特性やそこに蓄積されてきた地域固有の歴史を引き継ぐことが難しい．

これに対して，コンバージョンは一棟一棟の既存建物を対象としてはいるが，その行為がある地域のなかで面的に展開されていくことになれば，やはり新しい時代の要請に相応しい形で都市を再生することにつながる．しかも，既存建物を取り壊さず中身を一新することでストックの再編をはかりえる方法であるため，既存の都市の組織を引き継ぐ形で地域環境の再生が進められる可能性がある．また，コンバージョンは一棟単位での事業を基本とするため，長期にわたる地区内の合意形成過程等を待つことなく進められる．

これらのコンバージョンの特性を考えると，コンバージョンを一棟一棟の独立した再生工事の一種としてのみとらえるのではなく，都市再開発を補う有力な都市再生手法の選択肢としてとらえ，都市経営の責任を負う主体が戦略的に活用すべきだと考えられる．実際，ロンドン，パリ，ニューヨーク，シド

■3 ロンドンのコンバージョン例 厚生省の庁舎がいまでは集合住宅として使われている（筆者撮影）

ニーなどでは，都市再生戦略としてオフィスから住宅へのコンバージョンが政策的に推進されている（■2，■3）．

［松村秀一］

2-20 鍵を握る3R技術

【テーマ】リデュース，リユース，リサイクル　　　　　　　　　　　　2　保存・再生・資源

● "Re" 技術の内容ととらえ方の変容

　循環型社会形成推進基本法では，廃棄物等のうち有用なものを「循環資源」と位置づけ，その循環的な利用促進のための処理の優先順位を定めている．処理技術はすべて "Re" 技術としてとらえることができ，その優先順位は，①発生抑制（reduce），②再使用（reuse），③再生利用（recycle），④熱回収（recovery），⑤適正処分（return）である．

　資源循環に対する取組姿勢は時代や社会情勢によって変化しており，ゴミの発生を仕方がないものと容認していた時代では，正しく，きれいに捨てること（⑤）が最優先された．省エネが叫ばれ始めた頃には，ゴミからエネルギーを回収する方法（④）が推奨されるようになった．しかし，焼却主義による発生ゴミの減量にも限界があることに気づき，資源のより積極的な活用策としてリサイクルが注目を浴び，さまざまな技術が開発された．いわゆるリサイクル法が制定され，ゴミ問題解決の万能薬という雰囲気も出始めたが，ゴミによってはリサイクルのしやすさが大きく異なり，リサイクルのみ（1R）ではやはり限界があることが認識された．そこで，ゴミ処理が必要なのはゴミが出るからであるという原点に立ち返り，そして出たゴミの有効活用に段階性をもたせるという，3R（①～③）の取組へと変容した．

● リデュース技術の基本的な考え方

　建築生産において廃棄物の発生を抑制するための最も近道は，建築物を壊さないことである．しかし，戦後早い時期に建てられた多くの建築物では，その物理的耐用年限を超えており，解体が免れない状況となっている．また，建設後間もない建築物でも，ニーズに対応できないといった機能的劣化，陳腐化により，すでに廃棄物発生源候補となっているものもある．

　前者の場合，解体時に発生する廃棄物の量を極力抑えることがリデュースの目的となり，最終的に廃棄される量を減らす方法が必要となる．廃棄物の混合化はその後の再資源化を著しく低下させるものであり，後続の処理方法に適合した解体（たとえば分別解体）を実施することが，リデュースにおける大きな目標となる．

　一方，後者の場合，解体対象物とならないような対策を講じることで，リデュースに貢献することにつながる．具体的には建築物の延命化をめざすことであるが，いたずらな延命化はかえって解体時期を早めることもある．さらに，延命化にも限界があることは十分に理解しなければならない．リデュースは建築物の終焉時に求められる技術としてとらえがちであるが，建築物の誕生時のあり方も大きく影響することに注意する必要がある．

● リユースの適用範囲と実現可能性

　狭義に定義づければ，リユースは一度使われた材料・部品をそのまま，あるいは補修・清掃を経て，ふたたび同じ材料・部品として使用することである．リユースでは再使用する部材・部品の修理やクリーニングなどのエネルギーが必要となるが，その量は再生利用のリサイクルに比べ少なくてすむ．しかし，建築物においては部材・部品の取出しに多くの労力がかかるため，解体のしやすい構法で建設されていることがリユース実現の基本的な条件となる．

　これ以外にもリユース実現のためには，リユース対象物の生産供給形態や用いられる建築物の構造形態が大きく影響する．対象物が一般建築物のようなオープンな生産供給方式をとる場合ではリユース先が広く想定できるが，一品生産であるため他の建築物において活用するためには再加工などを施さなければならない．一方でシステム建築のようなクローズドな生産供給方式では規格化・標準化がなされているため，清掃や補修などの軽微な手入れによりリユースが可能となるが，他システムへの展開はほとんど不可能となる．リユース対象物のものとしてのまとまり方でみると，柱や梁といった単一品では，その一品性によりリユース対象先は限定的になる．

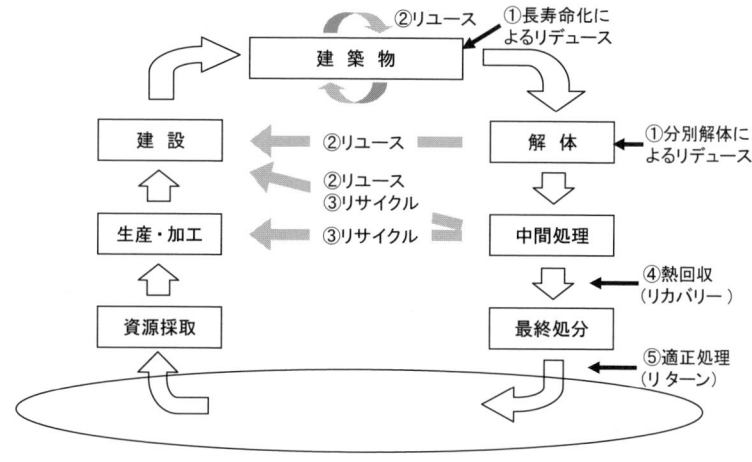

■1 資源の流れとRe技術

それらがフレームとして一体化された場合は空間対応力が高まり，さらにパッケージ型のボックスユニット等では空間が自立的に構成されるため，限定的な使用となりがちではあるがリユースの可能性はかなり高くなる．

●循環手段としてのリサイクル技術

当然のことながら，リサイクルは資源有効活用を目的として行われるが，リサイクル製品の市場への普及に対する検討が伴わないとその目的は達成されない．リサイクル製品に使い道がなければ，リサイクルすることが目的化しているにすぎない．「何が何でもリサイクル」という考え方ではなく，開発されるリサイクル技術を資源有効活用の手段としてとらえる必要がある．

一方で，製造段階におけるリサイクル原料についても十分な注意が必要である．物性や人体の健康安全性の面でクリーンである原料であればかまわないが，少しでも疑義の残るものは（たとえそれが膨大な量であったとしても）排除する姿勢を崩してはならない．また，現状で適切な最終処理方法がないものについても安易なリサイクルは厳禁である．

リサイクルの目的化＝捨てないでなんとかして使うという行動は，往々にして起こりがちであり，正当のように受け入れられてしまう．それゆえ，長期的視点に立った手段としてのリサイクル技術の開発が求められるのである．さらに，リサイクル技術の進歩によってリサイクル製品に依存した生産システムが構築されることにも十分注意する必要がある．今後リデュースの進展によってリサイクル原料が少なくなることは，資源循環の面では好ましいことであるが，リサイクル依存型生産システムの運用の阻害を招く．このように，リサイクル技術は入口（リサイクル原料）と出口（リサイクル製品）とともに，それらの循環を支える手段も含めた総体として検討すべきである．

●ストック活用と3R技術

資源としての建築の循環性を考えるとき，物質的側面からの再資源化の重要性はすでに述べてきたとおりである．一方で，建築の効用，とくに建築の社会的役割に着目すれば，建築が生み出す空間資源の循環性が重要になることは自明であり，現在注目されている「ストック活用」は，まさに空間資源の持続的発展の一方策といえる．

「空間資源の循環性」とは，建築の所有者，使用者，用途，敷地条件などの変化に対して，物理面，機能面，経済面で合理的に対応可能な空間の実現を意味する．内装の模様替えから他の場所への移設まで，その指し示す範囲は広く，状況に応じたハード技術である3R技術の効果的な援用により合理性をもった循環が可能となる．ここで重要となるのは，空間資源が循環すべきものであるかどうかの判断である．既存の空間資源の何に価値を見いだすかによっても，循環の方法は変化する．ストック活用では，持続にあたってのライフサイクルの設定が求められることになり，そのための既存価値の評価および価値の持続/向上を推定するためのソフト的技術が不可欠である．物質資源を循環する3R技術と空間資源を循環する技術の両輪によって，真の建築の循環が実現される．

[角田　誠]

2-21 ファシリティマネジメントから見た都市再生

【テーマ】ファシリティマネジメント　　　　　　　　　　　　　　　　　　　　2　保存・再生・資源

この項では，都市についての筆者の持論にファシリティマネジメント（FM）の視点を加味して，主として「持続するための造り方」という観点から，わが国の都市の現状や今後のあり方について考察する．最初にFMについて簡潔に述べ，続けてその応用という形で本論を展開する．なお，FMの詳しい解説については専門書を参照いただきたい．

● FMについて

FM（facility management：施設経営）は1960年代にアメリカで生まれ，1980年代以降のIT（情報技術）の急速な進歩や事業環境変化を背景に各国に普及した企業等のマネジメント手法であり，日本には1987年に導入された．その特質は次の3点に要約され，建物の本来目的に深く関わっている．

①企業等が保有するファシリティ（土地・建物・設備・環境などの総称）を，人・物・金・情報に続く第五の経営資源とみなし，ライフサイクル全体にわたって最適状態（機能を満足し収益にも貢献する状態）に維持することを目標とする．

②建設・保全という従来の二分法から脱却し，全使用期間にFMサイクル（戦略・計画，プロジェクト管理，運営維持，評価の四つの段階で構成されるPDCAサイクル）を適用し，ファシリティの現状評価と最適化施策へのフィードバックを繰り返す．

③IT・投資評価などの各種技術・手法を活用し，劣化状況だけでなく，各時点における要求条件へのファシリティの適合性や収益性を総合的に評価し最適化する．

FMは建物を発注し本業に使用する側の手法であるが，供給側も無関係ではあり得ない．たとえば，ファシリティの生涯費用のなかで建設費をはるかに上回る比率を占める光熱水費の低減の程度は，節約よりも新築時の省エネ性能に依存する上，竣工後の性能向上には多額の改善費用を要する．また，企業の環境はファシリティの使用期間中に変動するため，当初の設計・施工が適切であっても要求条件が変化し，不適合が発生する．物理的寿命を全うせずに取り壊される建物のなかには，こうした不経済や不適合に起因するものが少なくない．

保有コストが妥当で変化への対応も容易な建物を実現するためには，一定の設計・施工・運営維持手法があり，FMの視点に立って初めて理解できる．また，そのようにして実現した優良なストックとしての建物は，健全な都市の構成要素としても不可欠のものである．

● 歴史的にみた都市の変質と課題

近代以前の都市は，程度の差はあれ自治に基づく住人の主体的な経済活動を基盤としていた．しかし，工業化に伴う農村人口流入や居住環境悪化の時代を経て，今日多くの人々は，居住地と勤務地とに分化した二つの都市への帰属と移動を生活の条件としている．このような一連の過程で伝統的な都市の完結性や独自性は衰微し（Authier, J-Y., et al. (2001)：Du Domicile à la Ville-Vivre en guartier ancien（住居から都市へ——伝統的街区で暮らす（日本語名は筆者訳），133 p, Anthropos），グローバル化がこの傾向を加速させている．

都市の変質はまた，街造りの主体や意思決定ルールを不明確にした．そして，その結果であるところのマネジメントの不在は，今日の都市に混乱をもたらす元凶になっている．

● わが国の都市の現状

わが国の大都市では，大規模再開発ビルの増殖と中古ビルの空き室増加とが同時進行している（片や地方都市では，郊外開発の結果，旧市街地の大半が空洞化し荒廃が進む一方，最近全国で頻発している凶悪犯罪の多くがこの種の新郊外地に集中しているという気がかりな調査結果もある）．

上述した大都市の状況は，国際競争力向上を標榜した「都市を利用した再生」であり，「都市の再生」を保証するものではない．とくに，都心居住を大義名分とする業務用建物と居住用建物の大規模な併置や一棟化は，短絡の観を免れず，都市景観を醜悪に

■1 老朽化したリヨン郊外の塔状住宅　築後わずか20年ほどで老朽化し，住民抗争のあげく1983年に取り壊された．大規模団地再開発の失敗を象徴している（Duby, G., *et al.* (1985)：Histoire de la France urbaine 5. La ville aujourd'hui（フランス都市の歴史5，今日の都市），352 p, Seuil より）

している．

　また，ここで多用されている複数敷地の集約と住宅の建替えによる高層化・区分所有化という不動産再開発の常套手段は，地価上昇に依存する危うさがあるだけでなく，「次の時期にどうするのか」という長期的な視点が欠けている．「次の時期」とは，再開発ビルの再度建替えの時期であり，建物寿命以上に深刻な問題がある（■1は外国の類似事例である）．

　①大規模・高層の共同住宅は建設費・維持費ともに負担が大きいほか，年数を経れば区分所有権が足枷となって，修繕も売却も退去も停滞する恐れがある．「住戸内に孤立する老人の多数入居する老朽化した超高層マンション」という姿である．

　②大規模化に比例して関係者が増える区分所有建物は，不慮の災害にも対応困難である．阪神・淡路大震災被災建物で，処分方法の合意形成に難航したことは周知の通りである．

　なお，高層住宅に生活する子育て期間中の母子は外出が減る傾向にあることが指摘されており，人間形成面でも懸念があるほか，非常時の階段の避難も人によっては困難である．

●持続可能な都市と住宅

　巨視的にみれば，すでに住宅供給が需要を上回り，今後人口の増えない日本で，いま以上に土地の高度利用を進める理由はない．むしろ地球環境保護や高齢化対策の観点から，機械力に頼らない低層・中層の建物を基本とした街造りが相応しい．さらに，土地と建物とが一対一に対応する町家型の所有形態とし，共同住宅は単独所有者による賃貸に限定すべきである．その上で，都市景観に配慮した建築・街路・緑地・空地などの共通ルールが必要である．この条件の下で店舗や仕事場を適切に併設して造られた建物は，新築・改築・修繕・流通や世代交代を円滑にし，その集積は，持続可能な職住近接の街造りの基本となる．そして，敷地の徒な統合や用途・容積制限の撤廃は，街区を破壊するだけであることを強調したい．

　なお，規模・所有・運営・資金力の点で町家型建物とは異なる業務用建物の街区に対しては，都市機能全体の観点から，立地に関する総合的な視点に基づく規制が求められる．

●おわりに

　地球という有限な空間で量的拡大を無限に続けることは所詮不可能であり，地球環境問題も元来はこの認識が背景にある．今日の日本の再開発の発想が当たり前でなくなることを念願する．　　　［田村伸夫］

2-22 都市生活基盤としてのマンション管理

【テーマ】建物の管理　　　　　　　　　　　　　　　　　　　　　　　　2　保存・再生・資源

●都市におけるマンション

　都市において，非木造の集合住宅，とくに共同住宅であるマンションが主要な住宅形式になってきている．マンションには，賃貸マンションとよばれる単独所有（所有者が1人あるいは1会社）のものと，分譲マンションとよばれる区分所有のものがある．日本では都市部の土地の効率的な利用の推進，持ち家政策から，区分所有のものが増加している．しかし，一つの建物を複数人でもつがゆえに，そこには独自のルールが必要となる．

●マンション管理とは何か

　分譲マンションでは，住戸部分は各住戸の所有者（区分所有者）により所有される．各住戸部分を専有部分という．専有部分は基本的にはその住戸の所有者が管理する．そのほかに皆で使う廊下，階段，エレベーター，建物の外壁，屋上，駐車場，駐輪場，集会所などを共用部分という．共用部分は区分所有者全員が共同で管理を行う．そのために，区分所有者全員で管理組合をつくる．管理を行うための基本的なルールは，建物の区分所有等に関する法律（区分所有法）に従い，かつ各マンションでは独自のルールとして管理規約をつくる．また，重要な事柄は区分所有者が全員参加する総会で決める．

　マンションの管理には三つの側面がある．第一は，維持管理（メンテナンス）である．マンションの共用部分として廊下や階段，エレベーター，駐車場，集会所，駐輪場，バイク置き場などがあり，これらの日常的な清掃，設備の点検，修繕等である．とくにマンションという建物は長期にわたり計画的に修繕をする必要がある．修繕を行うには，区分所有者が全員費用負担をし，かつそれも含めて合意しなければならないからである．そのために，建物の修繕についての長期修繕計画を立て，それにもとづいて修繕積立金を積み立て，修繕を実施する．さらには，専有部分のリフォームのコントロールがある．専有部分は各区分所有者が所有しているのだからと，自由に勝手なリフォームを許すと，上下階の音のトラブル発生や建物自体を傷めることにもなりかねない．そこで専有部分のリフォームのコントロールもマンション管理の重要な行為である．

　第二の側面は，生活管理（コミュニティライフ）である．共同生活にかかわること，たとえばマンションではペットの飼育の問題，ピアノなど近隣間の音の問題，路上駐車の問題など，共同生活にかかわる問題が多くある．これらの問題は実際に生活すると深刻な問題であり，かつなかなか解決しにくい問題でもあり，裁判をしても簡単に解決できるものでもない．そこでトラブルが発生しないようにルールをつくり，居住者が守るように啓発活動を行うことも必要である．また，官公署・町内会との渉外業務，風紀・秩序および安全の維持に関する業務，防災に関する業務，広報および連絡業務などもある．

　第三の側面は，運営管理（マネージメント）である．建物をメンテナンスする，共同生活のためのルールを決める，そのために必要な話合いをする，必要なお金を集める，そのお金を運営する等，組織の経営的な側面である．

　各マンションでは，各マンションにあったルールをつくり，費用を準備し，組織体制を整える．これをマンション管理の内部システムの整備という．

●マンションのメンテナンスとは

　建物を長持ちさせるには，修繕は見た目で色をきれいにするだけでなく，場当たり的にするのでもなく，傷んだところを適切に，また建物の大きな損傷の予防のためにも計画的に行う必要がある．これを計画修繕という．修繕には，あそこが故障したから急いで修繕しようといった，日常的に行う経常修繕と，長期の計画をもって行う計画修繕がある．

　修繕は長期修繕計画に従って行う．長期修繕計画とは，建物を，いつ，どこを，どんなふうに，いくらの費用をかけて修繕を行うのかといった長期の展望を区分所有者が共有するための修繕の計画書である．具体的には，将来25〜30年の間に想定される修繕工事の内容と，そのための収支（修繕積立金

1 経常修繕と計画修繕

保守点検と経常修繕	計画修繕（おもに大規模修繕）
・共用部分電灯の電球などの取替え ・共用部分の小修理 ・受水槽の清掃，雑排水管の清掃 ・芝刈，樹木の剪定，病害虫駆除 ・エレベーターの点検　　など	・躯体改修工事，シーリング改修工事 ・防水改修工事，金物・ボード改修工事 ・建具改修工事，タイル・モルタル改修工事，外壁塗装改修工事 ・鉄部など改修工事　　など

を検討し，資金計画を定めたものである．計画的に修繕を実施することで，劣化による日常的生活への悪影響を防ぎ，無駄な工事も排除できる．

最近のマンションでは，分譲会社が長期修繕計画付きで販売することが多くなった．しかし，それでもある程度時期がくれば計画内容に見直しが必要である．それは計画どおりに建物が傷むとは限らず，逆にそんなに修繕を急がなくてもよい場合もある．また逆に，計画よりも急いで行ったほうがよい場合もある．計画内容の見直しのためには，建物の傷みぐあいを診断することが，人間の体と同様に必要である．つまり人間でいう健康診断である．これを建物の劣化診断，調査・診断，建物診断という．

建物の修繕すべき時は，その建物の建てられた状態，その後の経過によって異なる．しかし目安としては，3～5年で鉄部の塗装，9～15年で外壁の塗装や屋上防水のやり直し，築20年を過ぎると，設備関係の工事等が必要である．こうした外壁や屋上，設備の大規模な修繕を大規模修繕とよぶ．

●マンション管理の社会システム

建物の大規模な修繕をはじめとし，マンションの管理には専門的な地域や技術の対応が必要である．しかし，管理組合は専門家集団ではなく，かつ日常は別の仕事をもつ区分所有者の集合体である．ゆえに，マンションで清掃や会計業務，設備の点検等を，日常的に現地で業務を遂行し，専門的な管理行為に対応する体制を整える必要がある．管理組合を支援するこの体制をマンション管理の社会システムとよぶ．

支援体制のひとつに管理会社がある．管理会社は，一定の要件を満たし国に登録する必要がある．管理会社の登録制度，区分所有者，管理組合に対して適正なアドバイスを行うことを業とするマンション管理士，地方自治体や国は管理組合を支援する必要があることが，マンションの管理の適正化の推進に関する法律で定められた．これは，マンション居

■2　マンションの大規模修繕（撮影：関　栄二）

住者の生活基盤を支えるため，かつマンションは区分所有ゆえに，所有者の合意形成が円滑に行えない場合には修繕が実施できず，老朽化が進み，外部不経済を引き起こすことを予防するためである．

●マンションが抱える課題――再生に向けて

いま，マンションが抱える課題に再生がある．大規模修繕だけでは，時代にあったマンションにはならない．具体的には，専有部分に関しては，住戸が狭い，住戸内に洗濯機置き場がない，各部屋の独立性が低い，電気容量が低いなどがある．共用部分に関しては，エレベーターがない，オートロックシステムがない，駐車場が足りないなどがある．時代にあった快適なマンションにするには，再生が必要となり，マンションを建て替える，あるいは大規模な改修工事を行うなどが検討されている．

しかし，マンションの建替えは区分所有者の4/5以上の賛成を必要とし，合意形成が難しいのが現状である．そのため，マンション建替え事業を円滑に行うため法律（マンションの建替えの円滑化等に関する法律）も整備されたが，人々の合意形成にあわせ，私法・公法・登記・税・金融など，建築技術だけで解決できない課題であるがゆえに，その取組には総合的に建築・不動産に精通する新たな専門家が必要となっている．

　　　　　　　　　　　　　　　　　　　［齊藤広子］

2-23　ソフト面での高層住宅団地再生－助け合いの会立上げへの援助

【テーマ】団地再生　　　　　　　　　　　　　　　　　　　　　　　　　2　保存・再生・資源

●居住者の生き甲斐づくりによる団地再生

　近年，1960～70年代に大量供給された集合住宅の老朽化から，おもに物的な再生方策が各面から検討されている．高齢化対応についてはバリアフリー化，デイケア施設などで対応している．阪神・淡路大震災後の独居老人の孤独死をきっかけに，コレクティブ住宅（共同居住）も取り入れられてきている．ここでは，そうした流れとは別のソフトな住宅団地再生事例として，高島平団地での居住者相互扶助組織立上げ背中押し（ちょっと背を一押しする協力）の例を紹介する．ここで紹介する既設団地での相互扶助システムは，小さな事務コーナーがあれば，実現可能である．家主である都市公団（現都市再生機構，以下当時の名称で公団と称する）による3年間の背中押しから相互扶助組織が立ち上がった．助ける側も「頼られる喜び」が得られ，役立つことによる生き甲斐の向上にもなっている．「助ける喜びを与える団地再生手法」ともいえる．

●最終的に決定されたサービスの内容

　2001年9月の委員会で最終決定したサービス内容は，①家事援助サービス（洗濯，掃除，買物，食事など），②付添いサービス（買物，病院，役所など），③介助サービス（散歩，車椅子など），④代行サービス（薬の受取り，役所の手続きなど），⑤保守・修理サービス（簡単な大工，電球・パッキン交換），⑥子育て支援サービス（保育園送迎，産前産後の手伝い），⑦OAアドバイスサービス，⑧その他（粗大ゴミ出し，家具の移動など）である．

●相互助け合いの仕組み

　会員は「利用会員（助けを求める側）」，「活動会員（助ける側）」，「賛助会員（趣旨に賛同し，会費を納める会員）」の3タイプとした．年間会費は1000円である．

　支援を受けたい利用会員は助け合いの会事務局へ扶助の依頼を要請する．あわせて，事務局からチケットを購入する．事務局は登録された活動会員のなかからマッチした人を探し利用会員に紹介する．支援活動が終わったら，30分間につき250円分のチケットを活動会員に支払う．活動会員は，このチケットを事務局に持参し，現金に換金する．ただし，事務局運営経費として50円/30分を引くので，200円/30分が現金で支払われる．これが助け合い支援制度の仕組みである．会の運営は，この30分単位に入る収入50円と，会員の年会費で賄う．

●正式な「助け合いの会」の発足

　2002年2月24日に設立総会が開催され，助け合いサービスが開始した．設立総会当時の登録会員は183名（うち利用希望者は59名，賛助会員は63名）であった．ちなみに，3年後の2005年では，登録会員は240名へと増加している．また，このサービスの利用者は，設立直後2002年では15件/月，2005年には25件/月となっている．絶対数としては決して多い数ではない．しかし，こうした制度があること自体が，孤独になりがちな団地生活での安心感（生活の質）の向上につながっている．

●助け合い制度の背景と「ちょっと一押し」

　2001年から介護保険制度が発足した．しかし当時のアンケートによると，この制度を利用するほどではないが，日常生活でちょっとした不便を感じている多くのお年寄りの存在が浮き彫りになった．また高齢者の大半は元気であり，社会参加意欲も高い．こうした高齢者の活躍の場を確保するソフトな仕組みが必要であることが明らかになった．自治会は，すでに1995年に「助け合いシステム委員会」を設立していた．しかし，具体化には至らないまま5年以上が経過していた．

　相互支援システムの立上げに向けた公団の具体的な協力は，①事例の紹介（おもに自治会メンバーへの先進事例紹介），②アンケートの企画・実施（アンケートでPRを兼ねた住民意識の確認），③先進団地の視察（相互支援活動を行っていた先進団地・なぎさニュータウンのバス視察）などである．

　バス見学会実施に先立ち，なぎさニュータウン「助け合いの会」からヒアリングした．だれが立ち

■1 高島平団地は大量供給時代の2DK中心の典型的な団地である（都市公団資料より）

所在地	東京都板橋区高島平2丁目，三田線「高島平」駅下車
敷地，入居	約23 ha（平均敷地面積28 m²/戸），1962年1月入居開始
戸数，人口	7741戸（26～33街区全29棟），1万4447人
階数，戸数	11～14階建，1DK 2759戸，2DK 4676戸，3DK 306戸
団地内施設	賃貸施設90カ所（スーパー2，銀行1，店舗79，診療所8），公益施設5（派出所1，保育園4），管理施設9（集会所6，Eラウンジ1），駐車場率14.1%
自治会	加入世帯（率）3900世帯（50%），発足1972年11月

■2 家主公団職員と自治会メンバーとの定例の話し合い（筆者撮影）

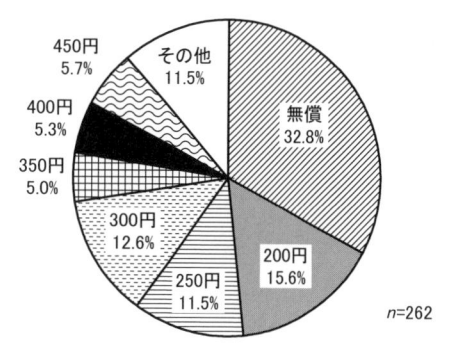

■3 アンケートによるサービスの単価（30分当たり）（都市公団資料より）

上げるか？　住民意識は？　住民ニーズの把握と広報・普及活動は？　準備会結成と仕組みづくりは？　情報公開と住民からの信頼感の醸成は？　「助け合いの会」の団地内での位置づけ・活動拠点は？　などの指摘を受けた．このバス視察により，高島平関係者の事業意欲の気持ちを高め，公団と自治会の関係間の信頼を強化することに大きく役立った．

●最終的なツメとしての協力者の存在の確認

先進事例見学などを通じて，役員レベルでの意識は高まったが，とくに支援に協力してくれる「支援会員」の存在が重要である．そこで自治会の要請を受け，参加可能性アンケート調査（援助内容，参加意欲，利用の場合の料金など）を，自治会の有償ボランティアの手で全7000世帯を対象に実施した．期間は2001年6月12日～30日．回収状況は，345票（回収率は4.4%．うち294名が協力を表明）．回答率は低いが，300名近い参加意向のある者の存在を確認できた意義は大きい．

調査項目は，①助け合いサービスの理解度，②助け合いサービスの必要性，③提供できるサービス，④サービス提供回数（週・月），⑤サービス提供可能日時，⑥サービス単価（有料か無料か．有料の場合いくらぐらいか），⑦「助け合いの会」手伝い意向（会の運営への参加形態），⑧資格・特技など，⑨サービス利用希望，⑩「助け合い事業」への意見，⑪基本属性（性別，年齢），⑫記名・無記名別のサービス提供意思確認，であった．

●会の立上げ協力プロセスの総括

3年間に及んだが，調査費の枠内での「助け合い事業」支援が実現した意義は大きい．その過程は，①ホップ（準備期）：互いに意図を理解し，先行事例を一緒に視察することなどにより共通の基盤を形成する段階，②ステップ（転進期）：アンケートなどを通じて関係者の意識を高めつつ，協力者や運営主体などの可能性を探る段階，③ジャンプ（立上げ期）：事務局体制を確立し正式に会を立ち上げ，運営を開始する段階，の3ステップがあった．高島平に焦点を当てた，「ソフトな団地再生の立上げ（背中押し）」という実践的調査からは，①自治会の自主性の尊重の重要性（autonomy），②その意思決定を辛抱強く待つこと（patience），③ここというときにサポートすること（timing），の重要性が確認できた．非物的な団地再生として今後のさらなる発展が期待される．

［横堀　肇］

2-24　保存・再生はすべての建築にかかわる主題である

【テーマ】保存・改修のデザイン　　　　　　　　　　　　　　　　　　　　2　保存・再生・資源

●再生の時代

　21世紀は再生の時代だといわれる．すべてを新しく作り変えるのではなく，すでにあるものを活かして，段階的に都市を再編していく——建築，都市を文字通りの消費物として扱ってきた，これまでのスクラップアンドビルドの傾向とは対極にある考え方だ．

　建築界でも，近年は，旧い建物の保存・再生プロジェクトが注目を集めている．おもしろいのは，その対象が文化的価値の高い歴史的建造物だけではなく，住宅や工場といった日常の建造物にも及んできていることだ．若い世代の建築家を中心としたリノベーション，コンバージョンといった草の根的活動は，建築単体ではない，群としての建物＝街並みのあり方を考える上で，非常に重要な意味をもっている．つくる創造からつくらない創造へ，建築に求められるものが，いま大きく変わろうとしている．

●保存・再生の論理

　手法の分析的研究等はほかにまかせるとして，ここではなぜ旧いものを残すのか，何を残すべきかという主題の根幹を考えてみる．

　最も重要なのは，人間は自身のかかわる場所と時代にまつわる記憶を頼りに生きているという事実だ．建築とは，そうした都市の記憶を刻む装置であり，その存在は都市の広場と同じ，公共の財産である．そこに新たにモノをつくろうとするのであれば，既存の環境に対し何らかの形で応えるのはつくり手として当然の責任だ．どんな建物，敷地にも，必ず場所に固有の歴史が潜んでいる．その意味では保存・再生は，すべての建築にかかわる主題だといえる．

　これを即座に建物の形態，ディテールの直接的な継承といった，学術的，技術的な議論に収束させてしまうのは閉じた発想だろう．考えるべきは，その建築がいかなる意図をもってつくられたか，いかなる時を刻んできたかという，モノの背後にある精神性，場所に刻まれたコンテクストである．その対話から，歴史的意匠の凍結的な保存，あるいはかつての平面の再現，形態言語の直接的な導入といった従来の形とは異なる，現代のための新たな保存・再生の論理が見えてくる．

●同潤会青山アパート建替え計画

　一例として，1994年から十余年，私がかかわった同潤会青山アパート建替え計画のプロセスを紹介しよう．同潤会青山アパートは，関東大震災の復興事業として1927年につくられた，日本初の本格的鉄筋コンクリート造集合住宅である．中庭を中心にたくみにコミュニティ施設を組み込んだ構成，都市景観を配慮したファサード，きめ細やかなディテールの工夫など，質の高い住空間は，集合住宅建築のすぐれた先駆けとして高い評価を受けていた．だが，それ以上に重要だったのは，アパートのつくり出す街並みの風景が，道行く人々の心象風景としてずっと生き続けてきた事実だった．

　この都市遺産をどのような形で〈残していくか〉．計画をスタートした当初は，現状保存の前提で考えていた．しかし現実の問題として，水道，ガスなどすべての生活設備はほとんど機能不全に陥っており，コンクリート自体の耐久年数も限界を迎えていた．一方で都心部にあって高地価の立地は，商業施設と集合住居の複合体というプログラムと，それに相応しい大量の空間供給が要求される．現状のままでの修復・再生は不可能というよりほかなかった．

　完全に建て替える方向に計画が固まった段階で，私たちは，新たに誕生する商業スペースと住戸スペースのコンプレックスに対し，旧アパートの建築のエッセンスを継承すべく，いくつかの目標を定めた．都市居住の場であることを明快に表現する建築構成，参道沿いに連続する建物の表情，またその高さがケヤキ並木を大きく超えないこと，さらにはケヤキ並木と連続する屋上植栽の導入——．

●風景の継承——再生のプロセス

　計画をまとめていくのは，たやすい仕事ではなかった．事業計画としての採算性から要求される容積

■1　建替え後の同潤会青山アパート（表参道ヒルズ）（撮影：松岡満男）

とのせめぎ合いから，デザインの問題を含め，数十人の地権者との話合いは延々と終わらなかった．また，今回の計画以前に何度も建替え構想が持ち上がりながら中断してきたという経緯の示すとおり，東京の都市光景の一つのシンボルとなっていたアパートの建替えについては，建築界だけでなく一般の関心も高く，当初から賛否両論，さまざまな意見が交錯していた．

　このような状況に対し，私たちは妥協案を探るのではなく，徹底的に対話を重ねることで問題を一つ一つクリアしていくやり方を選んだ．結果，具体的な建築に至るまでのプロセスに，膨大な時間とエネルギーが費やされることになったが，一方で，この対話の時間が〈建築〉を育てることとなった．中央の吹抜け空間を表参道と同勾配のスロープが巡る構成，参道沿いを流れる疎水など，建物と街路とをより深く関連づけるアイディアのいくつかは，地権者との話合いの中で生まれたものだ．また，当初は強い反対を受けていたアパートの一部をそのまま再現するというアイディアも，対話を積み重ねるなかで関係者の理解を得て，ついに，南東の端の一棟は外壁からディテールまで，かつての青山アパートそのままの姿を復元して残すことが計画に盛り込まれた．過去から未来へ，風景が連続する――建築家として何も手を加えていない，この復元部分の有無

■2　南東の端に復元された一棟（撮影：松岡満男）

が，今回の再生計画の核であったことに，私は完成後，気づいた．

　人々の生活や経済といった現実の諸条件と深くかかわる建築の保存・再生には，通常の新築とは異なる次元での，困難なプロセスが伴う．だが，環境とのかかわりを問われている今日の建築にとって，それがきわめて普遍的な主題であることは間違いない．乗り越えるべき価値のある，困難である．

［安藤忠雄］

2-25　創造的再利用のすすめ

【テーマ】歴史保存　　　　　　　　　　　　　　　　　　　　　　　　　　　　2　保存・再生・資源

●再利用が注目される状況

　20世紀の近代主義建築は何もない白紙のような敷地に新しい建築を構想することで世界を変えることを意図していたといわれる．そのような立場を象徴するように，ル・コルビュジエが1920年代に描いたパリ改造プロジェクトは，古いパリの町並みを根こそぎ打ち壊して近代的なビルで置き換える提案であったことはよく知られている．

　しかし20世紀も後半になって歴史的環境保全が各国で制度化され，歴史的建築物に対する人々の意識が変化してくるとともに，限られた地球資源に対するエコロジカルな意識も醸成されて，いわゆるスクラップアンドビルドによる都市の更新に対する反省が根づいてきた．欧米では現在すでに建築設計実務のなかで，「改修」の占める割合は新築と同じくらい大きいといわれている．

　日本においても膨張する経済のなかで供給されつづけてきた建物が需要を上回り，過剰なストックとして現れてきている．2003年問題といわれた首都圏のオフィスの過剰供給は記憶に新しい．都市周辺において大量に供給された住宅や公共施設も，やがて人口の減少に伴って供給過剰になるであろう．また工場や倉庫などの産業用建築も，生産システムの構造的変化や合理化によって不用になるものが後を絶たないであろう．

　こうした余剰の施設に対して，すべて取り壊して建て直しつづけることは，現実的ではなくなりつつある．欧米のように古い建物を過去の文化として継承する意識，廃棄物の総量を抑制しようとするエコロジカルな意識や，既存のストックを有効利用すべきだとする経済的観点もあいまって，古い建物と共存しながら新しい建築を考えなければならない状況が訪れているといえる．

●再利用をめぐる新しい視点＝創造的再利用

　日本では古い建物の再利用を議論する場合に，大きく二つの視点に基づく議論がある．第一は歴史的建築物の保存修復活用という視点であり，第二は古い空きオフィスビルなどのストックを有効活用するためのコンバージョンという視点である．

　第一の視点は，建物の歴史的文化的価値の保存を目的とし，「文化財」保存の基準である「築後50年」をひとつの目安として，専門家によって認められた歴史的文化的価値の高い建物をいかに「保存」しつつ「活用」するかが問題とされる．そこでは「保存」と「活用」はしばしば対立するベクトルとして理解され，「保存」を第一とする識者にとって，既存建物の大胆な改変を行う「活用」は避けるべきだとされてきた．

　第二の視点は，大量に供給されて不用になったオフィスや産業用建築などを取り壊すことなく再利用することの社会経済的意義を重要視する．スクラップアンドビルドに対抗する軸として古い建物の経済的価値や資産価値を高めることを目的とする．

　しかしここで近年欧米において行われている改修・転用の事例をみると，これらの視点からだけではとらえきれない，建築家たちの新たな創造行為としての事例をみることができる．ベルリンのライヒスターク議事堂（設計：ノーマンフォスター，1998）やロンドンのテイト・モダンギャラリー（設計：ヘルツォーク＆ド・ムーロン，2000）のようなヨーロッパの国家的なプロジェクトは，過去の建築物を再利用しながら新しい意欲的な建築を創造する方向性のあることを世に示した．またウィーンのガスタンクを住居と商業施設の複合体にコンバージョンした例（ガソメーター．設計：ジャン・ヌーベル他，2001）やニューヨークの教会を中学校校舎にコンバージョンした例（パッカー・カレジエイト学園．設計：ハーディー・ホルツマン・ファイファー・アソシエイツ，2003）をみると，そこには新築では得られないまったく新しい空間が創出されていることに気づく．古い建物を再利用するからこそ生まれてきた独特の空間が不思議な魅力を放っている．これは「保存活用」や「有効利用」という枠組みを超えて，建築家が既存建築のもつ造形的特徴に

触発されて，そこにみずから介入することによってユニークな空間を創ることを楽しんでいる行為といえる．つまりそれは「創造的再利用」とよぶにふさわしい新たな視点ではないだろうか．

それではこのような「創造的再利用」が成立するための要件にはどのようなものがあるだろうか．

●社会的価値観の変化

まず新しい建物のみが進歩を意味するのではなく，古い建物も同じように尊重すべきだと考える社会的コンセンサスが，一部の建築専門家に限らず一般の人々の間に醸成されることが必要であろう．

また歴史的保全の定石である様式重視や創建形態重視にこだわらず，「文化財」とは認めにくいような身の回りのありふれた建物にも目を配り，創建後に加えられた改変にもそれを過ぎ去った時間の形跡として受け入れるおおらかな観点も大切である．

さらに再利用の効用によって，価値のないと思われていた建物に新たな経済的価値を賦与することが十分に可能であり，ニューヨークのロフトコンバージョンの例のように人々にとって新たなライフスタイルを生み出し，古い建物に住むことがむしろ先進的であるというような価値観の転換を起こすこともできることは認識されてよい．ニューヨークのソーホー地区のようにそれは地区全体のアップグレードを導くこともまれではない．

●行政制度の対応

古い建物を再利用しやすくするためには，再利用行為に対する行政制度の整備も必要である．歴史的環境保全を目的とする保存対象建築物に対しては，どこまで改変できるかについてのわかりやすい原則を設けるべきである．たとえばニューヨークの保存行政では，原則として保存すべきは外部の「表現」であるとされ，内部の改変は自由である．特定の内部を保存する場合は「インテリアランドマーク」として指定することで対応する．このような「内外分離」といえる原則はひとつの参考になるであろう．

また建築申請に際して，改修時にどの程度現行法

■1 パッカー・カレジエイト学園（ニューヨーク） 教会を中学校校舎に再利用した例（筆者撮影）

規に適合させるべきかについても，改修の度合に応じた明快な原則を設けることが必要であろう．

さらに現行法規上は既存不適格となる建物も，安全性や防災上の問題については現行法規をクリアするように設備を付加する必要はあるが，建物の大きさや用途に関する集団規定に関しては，既存不遡及とする原則もニューヨークやチューリヒでは有効に機能している．

●建築家の意識の変化

創作者としての建築家の意識にも新しい変化が必要であろう．それはあたかも演奏家が過去の譜面から自分の解釈を生み出して演奏するように，あるいは演出家が過去の戯曲を解釈して独創的な演出プランを構想するように，既存建築を与えられたテクストとして「解釈」しようとする意識である．

それは歴史的建築物の保存修復つまり古美術の博物館展示的作業でもなく，既存建築の物理的骨格だけを廃品利用的に利用して思いのまま今日の用途へ変更してしまうのでもない．既存建築を「対話」の相手と考え，新築とは異なるまったく思いもかけない作品を生み出すことのできる創作の機会ととらえる意識である．

20世紀の近代主義建築が何もないところから言葉を発する「モノローグ」の建築であったとすれば，21世紀の創造的再利用による建築は，既存建築と対話する「ダイアローグ」の建築であり，その表現上の可能性は未知数のまま大きく開かれているといえよう．

［澤岡清秀］

2-26　ヨーロッパの都市開発から何が見えるか

【テーマ】都市開発　　　　　　　　　　　　　　　　　　　　　2　保存・再生・資源

●ブランド化する都市開発

　20世紀末から，大型都市施設を核にした開発がめだってきた．文化知識社会にふさわしい都市の看板である．ビルバオ（スペイン）は，かつての工業都市の暗いイメージを払拭すべく，世界的なコレクションであるグッゲンハイム美術館を誘致して，その設計をアメリカ人のスター建築家F. ゲーリーに依頼した．

　ヨーロッパ各国の首都では，都市間競争が熾烈化するなか，高層化解禁の動きが顕著になっている．N. フォスター設計による紡錘形の超高層がロンドンのスカイラインを変えた．今日のヨーロッパの都市高層化は，単純に世界一の高さを希求するのと異なり，魅力的で調和のとれた都市を実現することに主眼がある．

　都市により事情は異なるが，いずれも，地域らしさを内側から熟知している建築家よりブランドバリューを確立したグローバルな建築家を起用し，建築家の個性に自都市の洗練された文化的イメージをだぶらせることを狙っている．世界中どこへ行っても一流グローバルブランド店がメインストリートに軒を連ねるように，大都市にはブランド建築家たちの作品が散りばめられている．

　しかし，たとえ文化が21世紀を通じて都市の揺ぎない基盤となり続けたとしても，劇場・コンサートホール・競技場など多勢の市民が集団的に高揚する空間創出が，現在の勢いで21世紀を通じて持続するとは考えにくい．これらの潮流は，20世紀末的都市開発の余韻とみなすのが適切であろう．また，ブランド化する都市開発はヨーロッパ都市にのみ特徴的な傾向ではなくグローバルな風潮である．

　市民が質の高いブランド空間に集い昂揚し末世の悲哀をまぎらわせている陰で，近代を脱した都市再生の試みが現れ始めている．以下，取り上げるバルセロナとライプチヒの例はその萌芽といえよう．

●公共空間で疲弊地区再生――バルセロナ

　スペイン第二の都市で人口150万人の地中海都市バルセロナ（約100 km²）は，一流ブランドのハコモノを効果的に都市に挿入していくことにいち早く成功し，まちがいなくヨーロッパブランドシティのトップランナーのひとつである．

　だが，フランコ圧政から解放されて民主化の始まった直後，1980年代に着手した都市再生手法の原点には，ブランドシティを超える発想があった．バルセロナに限らずヨーロッパ都市は一般的に，都市の病理が疲弊地区問題としてエリア限定で生じやすい構造をもっている．多くの場合，産業革命に不意打ちされて町工場や工場労働者を受け入れたインナーシティが今日の疲弊地区に継承されている．バルセロナでこれに相当するのが歴史地区に隣接する1.1 km²のラバル地区（人口3.5万人）である．通常，疲弊の要因として老朽化した建設ストックによる環境の悪さが槍玉にあがる．都市再生では，質の高いストックへの更新を促す制度整備が行われてきた．これは建設業界の利益に合致し政治的に採用されやすい．ところがバルセロナは少し異なる視点から疲弊地区を分析した．空室・廃屋が増えることは，まちを構成する細胞が癌に侵されていくようなものである．次々と正常な機能を失い暗転する細胞が加速的に増え，地区全体が死にかけている状況ととらえた．そこで，良質な都市ストックを整備する以前に，老朽化した建物を壊して取り除くことを優先させ，そこに広場を創出していった（■1）．つまり，建物をより多く創出するのではなくて，戦略的に減らすことによって疲弊地区再生に挑んだ．

●人口減少過程の都市再生――ライプチヒ

　旧東ドイツの工業都市は，東西統合後，基幹産業の失速で西側への急激な人口流出に歯止めのかからない極限状況で都市を再生しようと尽力している．ベルリンに次ぎ旧東ドイツで第二の都市ライプチヒ（約300 km²）では，戦前70万人を数えた人口が1990年代には50万人以下に落ち込み，失業率は18％を上回った．都市衰退は，中心部を挟んで東西2地区のインナーシティを直撃した．東地区の20世

(撮影：Antonio Lajusticia)

■2 ライプチヒ東地区で空家となった建物を撤去し，暫定整備された緑地（筆者撮影）

■1 バルセロナの疲弊地区ラバルに創出された1.5万m²の広場通り，既存5街区を撤去した（Illa i Rambla del Raval, Foment Ciutat Vella より）

紀最後の10年間の人口減少率は全市の倍の30％，空家率は40％に及んだ．経済的にゆとりのある人が大量転出する一方，若年貧困層が流入してきた．

東地区（3.4 km²）は，19世紀中葉に印刷出版関連の町工場の多い職住混在の市街地に始まり，2002年時点で，2.7万人の人口を抱える．人口増加による浮揚効果に期待できない条件下，減少と縮小を前提とした東地区再生に実験的に取り組んでいった．

まず，地区の現状を正確に把握したうえで，地区の構造上，緊急かつ重点的に介入すべき場所を2種類に限定した．第一は，通りに沿って連続した家並みを保持していくべき一帯である．中心商店街が歯抜けになることを食い止め，通りという公共空間を堅固にするためである．第二は建物を撤去して緑地に還元するのが望ましい場所である．周辺の緑地ネットワークと連続させることで，緑地や公園という緑の公共空間を充実させるためである．地区に林立していた立枯れ状態の建物は，このように地区全体の空間の質の観点から，ふたたび人の暮らす建物に生まれ変わらせるか，緑地として地区の憩いの場に

するか，どちらかに振り分けられていった．

前者の場所に立地する建物については，現居住者がおらず廃屋同然でも，そこに住むつもりで建物を改修する用意のある人が所有者になりやすい制度を導入して民間による再生を促した．他方，後者の場所に立地する建物については，市が撤去費用を一部または全額補助するのと引き換えに，所有者が跡地を緑地として暫定的に整備する契約を交わすことで市の継続的負担なく緑地を維持するしくみをつくった（■2）．これによって東西インナーシティを中心に1999年以降今日まで全市で13.8 haの緑地が増え，同時期に都市公園として創出された緑地に匹敵する量にのぼっている．所有者の多くは旧東ドイツ時代に西側に移住しており，彼らにとってこれらの建物は，統合後，降って湧いた負の資産だったために，重荷を軽減する縮小再生プランにおおむね協力的であった．

●「穴を開けていく」という21世紀型都市開発

20世紀末の大規模開発は，都市のトポグラフィーに沈んだ穴を再開発して「埋める」発想であり，既存の低質なストックを一掃して高度利用を実現し建物の山を築くことであった．他方，バルセロナとライプチヒの例は，既成市街地に穴を「開ける」開発行為である．穴を開けることによって魅力的な広場や緑地などの公共空間を創出し，地区を再生の途につかせる都市開発のアプローチである．これらは，特異な政治状況の産み落とした過酷な条件下で実験的に試みられた事例である．しかし，21世紀に人口減少を受け入れる覚悟をするなら，「穴を埋める」から「穴を開ける」へ都市開発の理念をシフトさせる必要があろう．

[岡部明子]

2-27 「都市再生」政策を超えて

【テーマ】民間ディベロッパー　　　　　　　　　　　　　　　　　　2　保存・再生・資源

●はじめに

　日米両国間の貿易不均衡問題が顕在化した1980年代は，1985年のプラザ合意を生み，さらに日本の産業構造を輸出主導型から内需主導型へ転換することを求めた．その一環として，民活と規制緩和による都市整備手法が開発され，定着することになる．それは，平成バブル崩壊後の国と地方の財政逼迫を経て，2000年以降「都市再生」政策へと発展してゆく．2002年には都市再生特別措置法が制定され，東京都心では超高層のオフィスタワー，住宅タワーが陸続と建設され，東京の都市のスカイラインは大きく変貌し，景観や眺望をめぐる論争も巻き起こっている．ここで，この規制緩和と民活を機軸とした都市再生政策の構造について評価を行ってみたい．

●都市再生特別措置法の構造

　都市再生特別措置法の目的は，「近年における急速な情報化，国際化，少子高齢化等の社会経済情勢の変化に我が国の都市が十分対応できたものになっていないことにかんがみ，これらの情勢の変化に対応した都市機能の高度化及び都市の居住環境の向上（＝都市再生）を図るため」であるとされている．傍点を付けた箇所に端的に表れているように，都市再生施策の主要目的は，平成バブル崩壊後の失われた10年からの脱出と国際的な都市間競争における生き残りである．これに対して2年後の2004年に制定された景観法は，「美しく風格のある国土の形成，潤いのある豊かな生活環境の創造及び個性的で活力ある地域社会の実現」を目的としており，大きなコントラストをみせている．

　都市再生特別措置法の構成は，まず，都市の再生の拠点として，都市開発事業等を通じて緊急かつ重点的に市街地の整備を推進すべき地域として国が「都市再生緊急整備地域」を定め，その地域内で民間事業者が行う「都市開発事業」（都市における土地の合理的かつ健全な利用および都市機能の増進に寄与する建築物およびその敷地の整備に関する事業のうち，①道路，公園，広場などの公共施設の整備を伴うもので，②事業区域面積1ha以上のもの）について，「民間都市再生事業」として計画認定を行い，必要があれば，「都市再生特別地区」の都市計画決定によって，建築物の用途，容積率の最高限度および最低限度，建ぺい率の最高限度，建築面積の最低限度，高さの最高限度および壁面の位置の制限などを定め直すことができるようになっている．要するに，民間事業者に対して規制緩和を与えることによって，都市における不動産投資を活性化しようとする仕組みであり，民活施策そのものである．

　そして，この規制緩和を行うことの正当性の根拠が，まずは①のように道路，公園などの公共施設の整備を行うものであること，そして②のように区域面積1ha以上の大規模なものであることとされている．

　さらに，敷地内に公共的な空地を確保する手段として壁面の位置の制限を設けることとなっており，これらの諸点は，他の総合設計制度等のさまざまな規制緩和措置と同様の論理構成をとっている．道路整備を代表とする都市の整備改善に対する貢献を行っているので，容積率等の割増ボーナスなどの規制緩和を行うに値するという論理構成である．

●規制緩和の根拠としての道路整備の妥当性検証

　以上のように，都市再生特別措置法を含む規制緩和制度は，民間事業者，民間建築主による道路などの公共空間整備を「社会貢献」とみなし，それに対する反対給付として容積率の割増ボーナスなどを与える論理構成をとっているが，道路整備等が必ず社会貢献になるといえるのかという疑問は払拭しえない．

　たとえば，■1は東京都心周辺部の市街地再開発事業エリアで整備された道路である．広幅員の外周道路が整備されたものの，この道路は結局は来街車両あるいは休憩ドライバーのための駐車スペースとしてしか機能しておらず，周辺地域の交通利便性や市街地環境の向上には直結していないように思え

■1　市街地再開発事業エリアで整備された道路
　　（筆者撮影）

る．にもかかわらずこの種の再開発事業には，道路整備などにより大きな社会貢献を行ったとして，容積率の割増に加え公的な補助金が投入されている．このエリアで整備された巨大なオフィスタワーは民間不動産投資ファンドに売却されている．公共事業の利益の一部が不動産投資ファンドに提供されたことになる．道路整備の有無を判断するのではなく，その整備の効果が地域住民を含む都市生活者全体に裨益するものであるのかどうかについての判断がなされなければならない．事業上当然必要とされる道路，あるいはたんにアリバイとして整備された道路をもって規制緩和の根拠とすることには問題がある．

● 道路整備至上主義の問題点

　20世紀は急速な都市化の時代であったと同時に，とくに後半の50年はモータリゼーション急進の50年であった．その過程で，道路整備を機軸にすえた都市計画論理，都市整備手法が確立した．

　土地利用を行う際にはその基礎条件として道路の有無が問われ，またさらに高度な土地利用を行おうとする際には，それに見合った道路の整備が求められることになった．

　そして，より高規格の道路が整備されれば，①経済も含め都市機能全体が向上する，②都市防災問題は解決する，③居住環境や街並み景観は向上する，④交通利便性が増し生活全体の利便性は向上する，という道路整備万能論が確立することになる．

　しかし，道路整備には多くの副作用がともなっていることも事実である．

　①国土全体が交通結節点となる大都市，中核都市へ従属・依存する傾向を高めた．②地方都市では，郊外ロードサイド型諸施設の整備による中心市街地の衰退をもたらした．③道路整備済み地域においても大規模地震による建物の倒壊・出火によって多くの犠牲者を生じる事例が発生した．④道路整備によって大気汚染，騒音問題，交通事故などの環境悪化が起こった．⑤道路整備によってさらにモータリゼーション依存が進み，バス路線の廃止，近隣店舗の廃業撤退などが起こり，生活の利便性は低下した．とくにマイカーの運転のできない，高齢者と子供たちの利便性が奪われた．

　このように喧伝されている道路整備の効果とはまったく逆の効果が生じてしまっているケースが多いにもかかわらず，都市計画や都市再生の議論のなかではあえてそれに言及されることは少ないのが実情である．

● 都市再生特別措置法 vs 景観法

　都市再生議論の追い風のなか，東京都心とその近傍では，従来のスケール感をはるかに超えた超高層オフィスや住宅タワー等が出現している．しかし一方では，街並みや生活環境の変化ではなく，その安定持続を志向する傾向が強まっている．「景観法」の制定は，この安定持続を求める時代精神の直接的な表れであると考えられる．

　街並みの変容を加速する「都市再生特別措置法」とその安定持続を志向する「景観法」という相反する法制度が同じ一つの国の中にあるという街づくり基本理念の分裂状態を解消する必要がある．歴史観に立って考えれば，向かうべき方向は，さらなる変容ではなく安定持続である．

［青木　仁］

2-28 最適な都市とはどんなものか

【テーマ】都市解析　　　　　　　　　　　　　　　　　　　　　2　保存・再生・資源

●都市解析

　都市解析とは，都市の諸現象を解析するための手法開拓およびそれを用いた分析について探究する分野である．重視されるのは，論理性であり，数式演繹を多用した研究が多い．この分野の研究者は，どちらかといえば，新たな手法の開発に興味があり，都市現象そのものへの興味よりも手法の新規性への興味のほうが強くなりがちでもある．応用数学的分野との相性はよく，統計学，オペレーションズリサーチ，理論経済学，数理生物学などでも使われる手法をベースにした研究も数多い．

　一方，都市再生とはきわめて実学的な課題であり，必ずしも都市解析の主要な関心と合致するトピックではない．にもかかわらず，都市再生に資する都市解析上の研究例も多い．とくに最適な都市のあり方を見すえた都市解析上の研究は参考になる．ここではそのような研究例について概観してみたい．

●最適都市構造

　都市再生のなかでも，重要性が声高に叫ばれているのが，都市のグランドデザインの構築である．グランドデザインといっても，論者によってその内容のイメージはまちまちだが，主要な機能のひとつは都市構造の将来像であろう．この点で，都市解析が貢献できるのは，最適都市構造分析である．その原型は，交通トリップの総延長を最小化させる都市構造を探るというものである．Hamilton[1]にはじまる通勤交通の最小化という関心から，Merrimanほか[2]は東京圏の通勤交通を最適な職住割当てによってどのくらい節約できるかを論じている．また，3次元に拡張したものとしては鈴木勉の研究[3,4]があり，交通の効率性から考えると面的には広がらないコンパクトな都市構造がよいこと，超々高層建築は必ずしも効率面では寄与しないことを示している．建設省建築研究所の「省資源・省エネルギー型市街地計画ガイドライン」(1997) は省エネルギー型市街地のあり方を論じ，都市解析分野の当時の知見から，面的整備のあり方，交通需要抑制，エネルギー活用のあり方，緑地整備のあり方など市街地のあり方を定石としてまとめている．

●最適都市規模

　最適都市規模分析も行われている．中井[5]や吉村[6]は行政支出を効率化するためには，人口10万人強から30万人程度までぐらいが最適な都市規模としている．ただし，行政支出は地域面積とも大きく関連するため，人口規模だけで議論することは適切でない．小林ほか[7]は，人口だけでなく面積も含めて1人当たりの行政経常支出を最小化する最適規模を考え，また，区内で完結する交通量の割合を増やすような地域内のつながりも加味して東京23区の最適な合区導出に適用した．■1は経常経費を最小化する合区案，■2は地域のつながりを最適化する合区案である．もとより，最適な都市構造も都市規模も，単一の尺度だけで最適化しきれるものではない．しかし，市町村合併や広域自治体の適否を論じる際に，たんに民意に基づくだけでなく，このような客観的な知見を斟酌して論じることが，持続可能な都市のあり方を考えていくうえで必要だろう．

●外部経済効果の定量化

　最適な市街地のあり方を考えるには，土地利用行為に起因するさまざまな外部経済効果を定量化する必要がある．外部経済効果がわかれば，補助金や課徴金という形でそれを当事者にフィードバックすることによりその効果を内部化でき，個々の土地利用活動を通してより適切な市街地形成に誘導できる．これは，最適な土地利用コントロールのあり方を論じていくうえで，きわめて重要な知見となりうる．ミクロな住環境にかかわる日照，敷地内緑地，老朽建物放置などの経済的な効果をヘドニック分析を適用して求めた研究例としてはGaoとAsami[8]が，また，景観形成の経済的な効果を求めた研究例としてGaoとAsami[9]がある．現在，これらを契機として，研究者のみならず，国・地方自治体においても外部経済効果を定量化し，それを都市行政に活かしていこうという機運が高まっている．

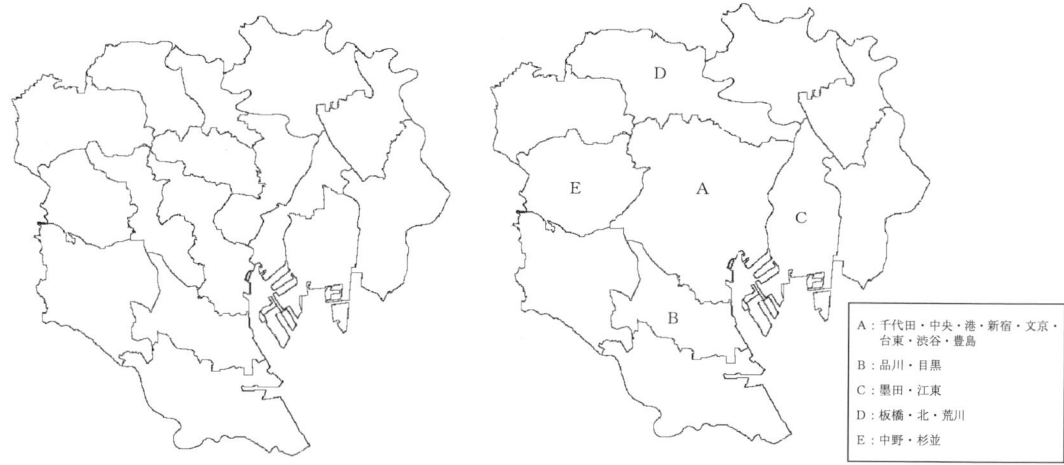

■1　経常費用を最小化する区の再編案[7]　　■2　地域のつながりを最適化する区の再編案[7]

A：千代田・中央・港・新宿・文京・台東・渋谷・豊島
B：品川・目黒
C：墨田・江東
D：板橋・北・荒川
E：中野・杉並

●都市成長予測

都市解析は都市の調査法を開発する分野であるから，将来予測手法についても研究がなされている．都市再生という面で考えると，今後の都市成長が再生事業によってどう変わるかが主要な関心となる．都市成長予測として，主要な分野は，人口予測，土地利用予測の二つであろう．人口予測については，浜・山口[10]，栗田[11]が簡潔にまとめているため，ここでは土地利用予測について述べる．

土地利用予測をマクロにとらえる方法としては，Lowryモデルが有名ではあるが，近年の詳細な土地利用データの整備から，ミクロにとらえる方法が発達してきている．そのなかでも，個々の地点における土地利用遷移を確率過程として定式化し，それを予測するというマルコフ型のモデルがある（石坂[12]，大佛・倍田[13]，大佛・栗崎[14]，宇都・浅見[15]）．さらに発展させて，伊藤・村田[16]は，それぞれの地点における土地利用カテゴリーの10年度の変化をニューラルネットワークを用いて推計した．その土地に関するさまざまな条件などを加味した結果として，個々の遷移の3/4程度が推定できることが判明した．

これらのモデルを，都市再生プロジェクトの効果分析として応用するには，若干の工夫が必要であるが，プロジェクトがなかった場合の都市成長パスを予想できれば，プロジェクトの正当な評価を行うことができ，今後の都市再生施策のあり方を検討する重要な知見となる．

［浅見泰司］

文献

1) Hamilton, B. W. (1982)：Wasteful Commuting. *Journal of Political Economy*, 90：1035-1053.
2) Merriman, D., *et al.* (1995)：Excess Commuting in the Tokyo Metropolitan Area: Measurement and Policy Simulations. *Urban Studies*, 32：69-86.
3) 鈴木　勉 (1993)：コンパクトな立体都市空間形態に関する考察．日本都市計画学会学術研究論文集，28：415-420．
4) 鈴木　勉 (1998)：職住複合形式に着目した最適職住配置パターンに関する研究．日本都市計画学会学術研究論文集，33：55-60．
5) 中井英雄 (1988)：現代財政負担の数量分析，有斐閣．
6) 吉村　弘 (1999)：最適都市規模と市町村合併，東洋経済新報社．
7) 小林庸至ほか (2002)：都市部における行政区域の再編に関する研究：東京23区部を対象として．地理情報システム学会講演論文集，11：195-198．
8) Gao, X. and Asami, Y. (2001)：The External Effects of Local Attributes on Living Environment in Detached Residential Blocks. *Urban Studies*, 38：487-505.
9) Gao, X. and Asami, Y. (2007)：Effect of Urban Landscapes on Land Prices in Two Japanese Cities. *Landscape and Urban Planning*, 81：155-166.
10) 浜　英彦・山口喜一編 (1997)：地域人口分析の基礎，古今書院．
11) 栗田　治 (2004)：都市モデル読本，共立出版．
12) 石坂公一 (1994)：土地利用変化の方向と地域特性との関連分析．日本建築学会計画系論文集，No. 459, pp. 79-88．
13) 大佛俊泰，倍田賢一 (1995)：マルコフ連鎖型土地利用予測モデルの改良．地理情報システム学会講演論文集，4：71-74．
14) 大佛俊泰・栗崎直子 (1996)：効用概念に基づく土地利用遷移確率モデルの構築とその応用．GIS—理論と応用，4(2)：7-14．
15) 宇都正哲・浅見泰司 (2001)：地価や周辺地域の状況が土地利用遷移に与える影響に関する研究：東京23区を対象として．都市住宅学，33：101-110．
16) 伊藤史子・村田亜紀子 (2000)：千葉県流山市南西部における土地利用変化NNモデルの構築：細密数値情報を用いた変化要因分析．日本都市計画学会学術研究論文集，35：1129-1134．

2-29 コンパクトシティは日本でも可能か

【テーマ】コンパクトシティ　　　　　　　　　　　　　　　　　　　　　　　　　　2　保存・再生・資源

●コンパクトシティとは

　コンパクトシティは，自動車交通に支えられた拡散的市街地空間に対置して，持続可能な都市を実現するために有効な都市形態として提示されている．EU・欧州連合による『都市環境緑書』(1990)で提起され，ヨーロッパを中心として世界の多くの国の都市政策に取り入れられてきている．

　コンパクトシティは中世都市をモデルとしており，高密度，複合機能用途，明確な市街地輪郭が特徴とされる．これにより，交通面では日常生活での自動車利用の必要性が低減し，徒歩や自転車利用が有効となり，公共交通の成立可能性が高まる．資源・環境面では，化石燃料の消費に伴う汚染の低減やエネルギーの有効利用，都市拡大による自然・農地の侵食の低減，社会面では住民の居住融合と活気のある都市センター，経済面では活発な都市経済や効率的な都市インフラの形成と運営，生活面では歩いて暮らせる生活環境や歴史的・文化的な市街地の維持，といった効果が期待される．

●コンパクトシティの形成方策——欧米

　イギリスにおけるコンパクトシティ政策は，①グリーンベルトなどによる分散的郊外開発の規制，②アーバンビレッジなどによる高密度住宅地開発，③既成市街地開発の優先，衰退した近隣居住地の再生，既存建築物のコンバージョンなどのストック活用，④各都市のデザインガイド，政府の分野別計画指針などによる計画的な高密度・複合機能開発の促進，⑤再生・再開発によるにぎわいと活気のある都市中心部や駅周辺の複合機能再開発，⑥自動車混雑課金による自動車の都心流入抑制，パークアンドライド，路面電車復活，自転車・歩行者空間の整備などの交通政策，⑦参加型・パートナーシップによる計画の実施プロセス，などが代表的な手法である．

　ヨーロッパでは，郊外鉄道駅周辺の集中開発というフィンガープランのコペンハーゲン（デンマーク），都市内に複数の中心核を形成するストックホルム（スウェーデン），広大なグリーンスペース周辺に拠点都市を形成しているランドスタット（オランダ）といった事例が知られる．こうした都市開発規制や計画的開発は，ドイツのBプランなどの計画システムと公的保有土地の多さがベースにあるが，国民，市民の支持が背景にある．

　アメリカにおいても，広域的なスプロール抑制のスマートグロース政策や，高密度・複合機能・公共交通指向のニューアーバニズムが，多くの地域で適用されている．売上税などによる公共交通システムの維持や，複合機能の新タイプの巨大ショッピングセンター，「地域主義商業運動」などによるさまざまな市民活動や商店主たちの戦いも行われている．

●EUの新たなコンパクトシティ概念

　欧州連合EUは2004年11月に，新たな都市環境政策案「都市環境に関するテーマ戦略に向けて」を発表した．主要テーマは都市マネージメント，都市交通，都市建設，都市デザインである．この政策に関連して作成された「持続可能な都市デザインに関する報告書」(2004)で，従来のコンパクトシティが再検討され，次のような結論がまとめられている．

・都市環境問題に対処するためには，自動車利用を削減して市街地スプロールを克服することが必須で，コンパクトシティ戦略は継続する．

・コンパクトシティとショートサイクル（資源・エネルギーの地域循環・エコロジカルな手法）との統一は可能である．

・コンパクトシティの発展として，グリーンコンパクトシティ，持続可能なシティリージョン（分散的集中，ポリセントリックパターン），土地利用と交通との結合が重要である．

●日本におけるコンパクトシティへの期待

　都市計画法と中心市街地活性化法が，2006年に改正された．ショッピングセンター（延床面積1万m^2以上）等大規模集客施設の立地規制強化，調整区域・白地地域での開発抑制強化といったスプロール対策，民間主導の多様な機能の導入による中心市街地活性化が柱となっている．日本の都市計画で，

1980年代以降顕著であった規制緩和政策からの転換として注目される．こうした政策転換のねらいは，地方都市でとくに深刻化している中心市街地の衰退，公共施設の効率的な整備運営，さらには人口減少，高齢社会への対応である．こうした政策がどれほどの成果をあげられるかはまだ明確ではないが，スプロール的な市街地形成を抑制するというメッセージは明確である．

こうした政策転換のコンセプトとして，「課題対応型都市計画運用指針」(2002)，「2005年度中小企業白書」，2006年度予算要求（経済産業省，国土交通省）などの政府施策でコンパクトシティ，あるいは集約型都市構造が位置づけられている．従来の公共基盤整備と規制緩和による民間活力の導入といった手法では，成熟期から衰退期に移行しつつある日本の都市が抱える「新しい都市問題」に対応できないためだが，コンパクトシティ概念のわかりやすさ，説明のしやすさが有効に働いているといえよう．政府の方針を受けて，府県や市町村の都市計画マスタープランでも，将来都市像としてコンパクトシティをめざす傾向が強まっている．

● 日本型コンパクトシティの実現可能性

持続可能な都市像として位置づけられているコンパクトシティであるが，これに対する批判・論争は欧米では提起の当初からあった．それは，たとえば効果（CO_2削減効果），実現可能性・実現手法（分散市街地の集約手法，自動車利用の利便さから離れられるのか），反作用（過密に伴う問題），国民の支持などである．

日本でも政府の方向性が明確になったことを反映して，次のような議論が出始めている．①郊外や農山村の切捨て，②自由な立地，自由な経済活動の阻害，③消費者・利用者の選択肢の排除，④中心市街地問題は既存商店街自体の問題，⑤居住地の低密度化による環境改善効果，⑥都市構造よりも市民の交通態度変更が自動車交通量削減に有効など．

こうした批判にも対応しうる日本型コンパクトシティは可能だろうか．市街地のスプロールを防ぎ，にぎわいのある中心市街地を取り戻し，質の高い生活を享受でき高齢者も元気に暮らせる都市の実現という目標への異論はほとんどないだろう．ただし，コンパクトシティを中心市街地活性化と郊外化の抑制に単純化してしまうと，広範な市民の支持を得る

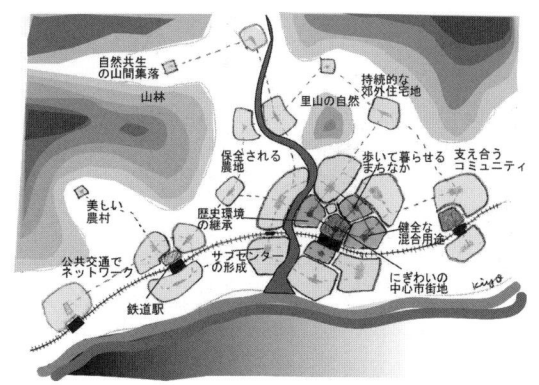

■ 1　日本型コンパクトシティのイメージ図（筆者作成）

ことが困難な地域もある．EUの新たな提起である高密度・複合（混合）用途・自然共生（循環）といった，日本の都市空間の特徴でもあるグリーンコンパクトシティの要素を活かすデザインが求められる．

● 日本型コンパクトシティの実現手法——シュリンキングシティ（縮退都市）

日本におけるコンパクトシティの実現のためには，計画システムの改革と市民・国民の支持がかかせない．高齢社会への対応や地球温暖化の克服には，自動車交通への依存度が低いコンパクトな都市形態が重要であるとの社会的合意が形成されつつある．しかし，すでにスプロールしている現実の都市，地域空間を再編するのは，成長・拡大プロセスよりも人口減少・住宅市場の縮小過程でははるかに困難である．ヨーロッパの旧工業都市における都市空間の縮小手法（シュリンキングシティ）は，参考になると考えられるが，土地・住宅の保有形態などの違いからただちに応用しがたい面も多い．しかし，日本においても1990年代以降の都市空間では，急速な地価の低下，中心部やまちなかにおけるマンション建設と人口回復，駅周辺の複合機能再開発といった新たな現象がみられ，従来の拡散的拡大型市街地形成からの変化と理解できる．

具体的な手法としては，次のような点が重要である．①都市計画システムと一体化した農地・農業，②郊外居住地の持続的再生，③公共交通の維持と多様化，④衰退した市街地の複合機能再生，⑤計画の立案・実施過程へのコミュニティと市民の参加，⑥アーバンデザイン・計画技術の質向上のための人材育成．

日本におけるコンパクトシティのイメージを■ 1に示す．

［海道清信］

2-30 企業・市民・大学のコラボレーションによる街の活性化

【テーマ】酒蔵再生　　　　　　　　　　　　　　　　　　　　　　　　　2　保存・再生・資源

●衰退する参勤交代の宿場町・酒蔵の街

建築の集合体である街で，個々の建物が地域のアイデンティティにいかに寄与しうるかは，重要な課題である．広島大学の北5kmに位置する東広島市西条地区にある旧山陽道沿いには江戸時代に参勤交代の宿場町として発達した街並みが残っている．その宿場との関連から江戸末期から明治にかけて酒蔵も並ぶようになった．

しかし近代化の波のなかで，街並みばかりでなく昔からのコミュニティも失われつつある．これまでも広島大学計画系研究室では，酒蔵ツーリズムなど酒蔵，旧山陽道の街並み再生計画を課題として取り上げてきた．

学生の旧市街再生計画のなかに，お酒図書館をという提案が含まれていた．折しも賀茂鶴本家筋の古民家を解体するなかから，お酒に関する書籍が多数みつかり，こうした資料を保存したいという声が持ち上がった．大学の建築学教師である筆者と酒・喫茶を切り回している酒蔵会社の娘さんとの雑談のなかから，店の一角にお酒図書館を作ってみようということになった．この酒泉館という名の酒・喫茶は，2003年に賀茂泉酒造が始めたものであるが，1929年の木造建物（元は県の酒造研究所）を修復し再生利用しているものである．

施主の了解のもと，大学内で，古建築の内装改造を前提としたお酒図書館再生計画コンペを行った．図書館の管理，運営はオーナーが負うこととし，2005年5月の現地説明会からプロジェクトははじまった．6月には酒泉館2階の広い和室で，公開審査が実施された．酒泉館館長である賀茂泉の娘さんが審査委員長である．この審査会は，市民にも公開して実施した．図書館を一酒造会社のモノとしたくなかったからである．コンペへの参加を通じて市民全体の文化的財産としたかった．A～Fの6グループから提案があり，プレゼンテーションを行った．最終的に採用されたBチーム案は，倉庫に残されていた酒造り関係の古材の再利用を重視した案だ．そのポイントは以下の通り．

①基本コンセプトとしては古材を利用し，新旧が並立した空間を構成する．②内装フレームは既存の柱に合わせて作る．そこに，棚やベンチなどを加える．③棚の高さは調整可能なものとし，収納棚など現存家具はフレーム内に収める．

さらに7月には，市のコミュニティ施設（コラボスクエア）で，6チームの公開プレゼンテーションを行った．市民のまちづくり意識向上をめざした，市民向けPRである．この公開講評会で出された市民の意見は，次のとおりで，カッコ内は学生の回答．①どこに古材を使うのか？（棚やベンチ），②古材の大きさ，強度などは？，③空調はどうするのか？，④どんな古材があるのか？（リスト作成し再チェック），⑤ディテールは？（工費など配慮し，現場合わせとする）．

酒蔵地区の一大イベントであり，25万人の来場者のある10月の酒祭りを目標に，9月から施工を開始した．施工は，広島市横川地区でレトロバスなどによる街の活性化活動を行っている任意組織「おやじ活性化委員会（通称「おやかつ」）」のセミプロ大工さんの指導のもとに，当選した学生らを主に施工に参加した．工事は，①できるだけ現況を生かす，②倉庫に眠っている昔の酒づくりで使われた古材を活用し，伝統の再生に努める，③構造的に必要な部材は，新材を購入する，ことで実施した．計画から施工まで大学と地元のコラボレーションが実現したのは，当大学では初めてである．徹夜状態で，なんとか酒祭り前夜の10月7日に仮完成した．

●セミプロ組織と学生のコラボレーション施工，そこでの課題

改修工事は現場合わせが多い．ここでは酒造会社に残されている酒樽などの古材の再利用が，重要なテーマだ．2005年7～8月にかけて実施されたセミプロ組織と学生との施工打合せ記録から，いくつかを拾ってみた．

基本的にすべて木材（家具を含む）で構成/鏡な

■1 お酒に関する図書館が開設された昭和初期の木造建築・酒泉館（筆者撮影）

■2 酒・喫茶，酒泉館の2階で実施された公開審査会（筆者撮影）

ど既存フレームはそのまま残す/東側のベンチは，工事終了後つくる/新規本棚の色は，既存の色と合わせる/仕上げは，オイルステインとワックス/酒で磨く方法もトライ/古材はそのままの色/ベンチの下部は収納に/設計者と施工調整し古材と新材のバランスに注意．

● 40年間塩づけになっていた区画整理を原点から掘り起こす（岩国建築大学校）

山口県岩国市の川下地区では，区画整理事業が40年塩づけになっていた．国（都市再生機構が受託実施機関）と自治体とは，あらためて住民が自分たちの街のあり方を原点から再考する機会を提供することとなった．行政と住民のみでは，利害関係が直接的すぎる．40年経過しても，しこりが残っている．そこで立場が中立で，しがらみのない緩衝材としての大学生の参加が求められた．中立といえば聞こえがよいが，「素人感覚と無責任のメリット（？）」が評価されての参加要請である．

若いフレッシュな目での観察や提案も期待できる．高齢化している地元住民と，孫世代との通常ではありえない触れ合いによる新鮮さもある．街は，年取った居住者だけのもので終わっては将来がない．これは住民も認識している．

役所の提案は，住民からは初めから予断と偏見をもってみられがちである．若者の眼やセンスを通過すれば受け入れる土壌がある．これも変則型だが大学と地域とのコラボレーションの一例といえよう．都市計画・建築計画で最も重要な「クライアント・地域住民・学生」との対話を通じながら街並みとコミュニティ再生に参画していくことは，大学にいては体験できない．学生にとってもきわめて有意義なことである．

● まちづくり緩衝材としての大学の活用と実践的な建築教育

とくに都市・建築分野では，地域へ参画する意義は大きい．具体事例を通じ，実社会とかかわり，街や建物の再生を考える機会を得ていく．今回のお酒図書館も岩国の区画整理の事例も，そうした実践的教育の一環として位置づけられる．

地元企業と大学のコラボレーション西条プロジェクトの第二弾としては，酒蔵が所有していた旧山陽道沿いの古い建物の改造プロジェクトを開始した．古民家「転生」プロジェクトと称する．再生でないところがミソだ．このプロジェクトは，旧山陽道側のファサード転生をメインに昔の仕込み水の井戸を取り囲む外構整備，蔵の再生などで，大学の演習の一環として学生に提案させた．それを倉敷の古民家再生分野で実践している超ベテランの方に来ていただき，市民公開講座の形で講評会を行った．この転生レストランがお酒図書館と同様に西条市民のレストランとなることを期待している．自分たちの街の重要な構成要素の誕生に加わるということが，わが町意識につながることを希望している．今後も，大学，市民とのワークショップ，公開コンペ，そして学生の施工参加という有機的コラボレーションが普及していくことを願ってやまない．　　　［横堀　肇］

2-31 競技場はほかに何に使えるか

【テーマ】スポーツ施設　　　　　　　　　　　　　　　　　　　　　2　保存・再生・資源

●競技場と地域連携

　都市の中で競技場はスポーツ観戦を中心とした地域の文化・情報の発信の場として独特の意味をもっているといえるだろう．それは，施設の立地する都市の活力構築や人的交流機能と関係があり，市街地の活性化に寄与する．競技場にはある意味で，熱狂や人々を惹きつける非日常的な世界があり，多くの人を集客し，ビジネスの場としての機能ももつ．

　ここでは，競技場が本来のスポーツ競技機能としてのみではなく多目的に使用されることによって地域のためにどのような機能を担うことができるのか，また，他の機能として使用することができるのかを考察してみる．

●競技場と関連機能

　近年，競技場空間の使用目的として注目されているのはスポーツ興業のみならず，大型コンサート，さらにはイベントやコンベンションといった機能である．こうした機能が取り入られるようになったのは日本武道館（1964，設計：山田守）でのビートルズ公演（1966）あたりからと考えられている．当時読売新聞社社主，日本武道館館長であった正力松太郎氏が「ベートルなんとかというのは一体何者だ？そんな連中に武道館を使わせてたまるか」と発言した逸話が残っている．

　当時1万人規模で人々を収容できる大規模室内会場がなかったことから，東京オリンピックの開催時に建設された日本武道館（収容1万4951人）に白羽の矢が立ったものだが，これ以降アーティストが武道館を使用することにステータスが生まれ，むしろ武道館でのコンサートがビッグアーティストをめざすうえでも目標となる現象も生まれた．同時期に建築された国立代々木競技場（1964，設計：丹下健三）が現在でも競技中心の建築物として使用されているのと比較すると対照的である．

　その後，旧後楽園球場や横浜スタジアムなども，1980年代にコンサートやイベント会場として本来の競技機能以外に注目が集まるようになってくる．競技場にさまざまな機能が加わるにしたがい，関連機能も複合的になった．競技場機能とそれをとりまく関連業種，市内市外在住者との関係などを表したものが■1である．

●全天候型対応への動き

　しかしこうした事態を大きく変化させる要因となったのが，東京ドーム（1988）の登場であるともいえるだろう．東京ドームは都心部にあり，エアドーム型式で5万5000人の収容人員をもつ（建築面積4万6755 m²，容積124万 m³）．日本初の全天候型多目的スタジアムであり，年間約80試合のプロ野球公式戦を開催している．そのほかにも，コンベンション，格闘技やアメリカンフットボールなどのほか，国内外の有名アーティストによるコンサートが開催され，90％近い高い稼働率を誇っている．

　こうしてビッグアーティストにとっての目標は武道館コンサートから東京ドームコンサートへ変化していった．

●ドーム化する競技場

　その後，政令指定都市クラスのプロ野球球場においてドーム化が大変進んだ．この理由はなんといっ

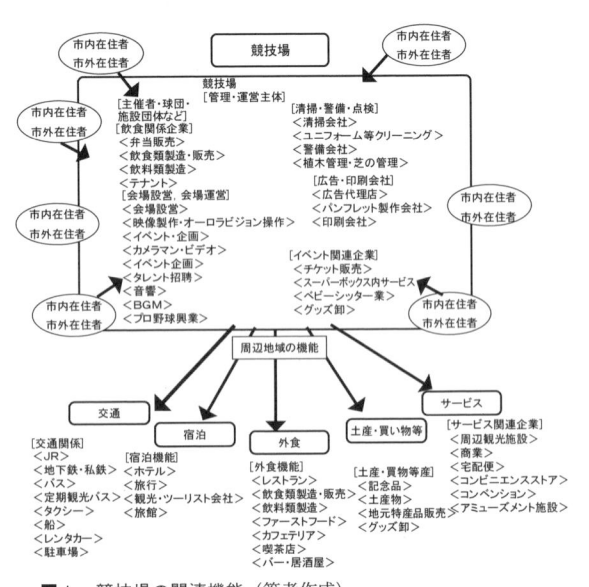

■1　競技場の関連機能（筆者作成）

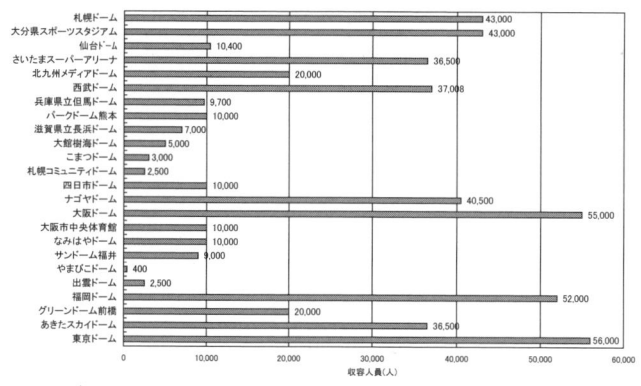

■2 代表的なドーム施設の収容人数（筆者作成）

■3 大阪ドーム（筆者撮影）

てもドーム化による全天候性の確保である．大型イベントの場合，悪天候による興業中止のリスクは経営的には大きなものである．全天候型施設は興業側，利用者側の双方にとりメリットとして歓迎され，同様の施設が増加した（■2，■3）．

●サッカースタジアムの特徴

またワールドカップが韓国と共催された2003年には，日本全国にサッカースタジアムが次々とできあがった．しかし同じ人気スポーツのための競技施設でありながら，サッカースタジアムは野球スタジアムとは若干異なる事情を抱えている．たとえばメインとなるサッカーコートは国際サッカー連盟（FIFA）によって規格が厳密に決められており，天然芝を用いることが絶対的条件である．このため人工芝も使用可能な野球に対して，サッカースタジアムの場合には養生という問題も派生してくる．一旦使用すると数日間にわたって養生のために，サッカー場の最も中枢部であるメインコート部分を多目的に使用することができなくなる問題などがある．

●新機構・新機軸の導入

こうしたなか，ユニークな施設として登場してきたのが札幌ドーム（2001，設計：原広司，アトリエ・ファイほか）である．この施設の天然芝移動式サッカーフィール（ホヴァリングサッカーステージ）は最も大きな特徴である．1万3800（125×80×1.38）m²ある芝生の施設自体がスライドすることによって，使用しにくいとされていた芝生のピットを可変することができる．クローズドアリーナとオープンアリーナを組み合わせる方式は，これまでにも類をみない技術である．

一方，さいたま市にある「さいたまスーパーアリーナ」（1997）の場合にはレイアウトサイズフレキシブルな可動設備が導入されている．約9000席の客席と数々の施設もろとも70m水平移動し，メインアリーナは最大約3万7000席の観客席のスタジアムに早変わりする．

●防災拠点としての機能

このように競技場がハイテク機能化する一方で，1995年の阪神・淡路大震災の際，被災者が仮設住宅に移るまでの間，体育館などの大空間の中で一時的に避難生活を送っている．雨風をしのぎ耐震性のある空間として，競技場を含めた大空間がしばしば防災拠点として注目される傾向が近年顕著である．また，緊急食料，水，燃料の備蓄機能などもあわせて要求されるようにもなってきている．

●さらに変化していく競技場

以上みられるように，競技場施設の利用のされ方が時代の要請のなかで大きく変化してきているともいえるだろう．大規模の人数を収容することのできる競技場にはさまざまな現代的ニーズが付加され，これからも変化していくと考えられる．　［川口和英］

文献
1) 通商産業省大臣官房調査統計部・日本リサーチセンター（1967）：地域間産業連関表による万国博覧会の経済効果の測定．
2) 九州経済調査会（1994）：福岡ドームの地域経済への影響，p.5．
3) 横浜市・浜銀総合研究所（1994）：2002年W杯開催に伴う横浜市の経済波及効果．
4) 川口和英・川口荘介・横浜市企画推進局プロジェクト推進室（1996）：大規模集客施設基本構想検討調査．
5) 川口和英（2000）：需給モデルからみた大規模球場型集客の魅力係数に関する研究－集客施設の入場者数予測手法に関する基礎的研究．日本建築学会計画系論文集，No.534，p.123．
6) 李　鎮勉（韓国開発研究院）（1999）：2002ワールドカップ世界大会の韓日共催の経済効果．イノベーション＆テクニック産業連関，vol.9，環太平洋産業連関分析学会．

2-32 ホスピタルストックの活用

【テーマ】病院　　　　　　　　　　　　　　　　　　　　　　　　　　2　保存・再生・資源

●ホテルがホスピタルに

最近，ホテルがホスピタルに改修転用される例が出現した．ふれあい横浜ホスピタル・シニアホテル横浜（設計：伊藤喜三郎建築研究所）である．上階は高齢者用住宅であるから全部が病院ではないが，ホスピタル（病院）はきわめて複雑で特殊な建築物なので，ほかからの転用はないと考えていたが，ホテルの宴会場がさまがわりして，日本初のシャンデリアつき機能訓練室になった．

●六つ目の波

ヘルスケア建築の歴史をみれば，ホテルとホスピタルは元来ホスピタリティ（おもてなし）に連なる同じ語源であることがわかる．ホスピタルの変遷では過去五つの波があった．第一は古代ギリシャ・ローマのアスクレピオス神殿で転地療法型病院，第二は中世の修道院収容型病院，第三はルネサンス期の宮殿転用型病院，第四は19世紀にF.ナイチンゲールの提唱した療養環境型病院，第五は20世紀の巨大治療工場型病院（メガホスピタル）である．そして第六波が21世紀型ホスピタルとなる．

ホスピタルの将来展望研究では，①病気の診療だけでない健康社会での多様なシステムモデルの構築，②患者・介護者の経験を重視した家庭的環境での患者中心の問題解決，③たんに快適なだけではなく治療効果のある建築環境デザインの模索，④社会・経済・地球環境を総合化した持続性の探求，⑤インターネットによる医療提供者と医療受容者との新しい関係，⑥病院中心の集中型システムから在宅で自己の健康状態を管理できる分散型システムへの移行，⑦機能を特化した施設の協力ネットワーク拠点，家庭・職場・地域型外来クリニック，最重症患者の救急センターの発生，⑧膝上のラップトップコンピュータを通して健康相談が可能なヴァーチャルヘルススケープ（virtual health scape）の成立が予想されている．

●分散化

IT社会では，自宅トイレで健康状態をチェックできる装置を医療保険の費用でまかなう．尿をカプセルに入れてコンビニから宅配便で病院に運び，結果は携帯電話にメールで戻る．そうすれば，わざわざ病院に行く必要はない．退院後に患者の体温・血圧などをデータ管理会社が医師に常時送って回復状況を観察するシステムが沖縄で始まっている．

大勢が一カ所に集まることが，待ち・迷い・ストレス・感染の原因になる．今後の医療へのアクセシビリティとは，来院しやすいことではなく来院しないで情報が得られることである．

●パッケージ化

予防と健康増進に気をつけても，急病や事故は発生する．また阪神・淡路大震災やニューヨークの9・11事件など都市の大災害での医療の確保は必須．アメリカでは災害現場で使える高性能緊急医療パッケージを開発し，また船舶病院（mercy ship）や飛行機病院（flying eye hospital）で，医療の届かぬ地域をなくそうと試みている．マルチ方向のテレメディスン（遠隔医療）も夢ではない．地球規模の医療サービス展開はすでに可能である．

アメリカのCCC（critical care center）のような救命救急機能はどんな時代でも必要なので，救急とICUの施設は，将来さらに高度化・小型化・装置化・パッケージ化する．小規模でパッケージ化すれば分散化もしやすい．たとえば学校，公民館などの既存施設を基点にして高度医療も展開できる．

●二極化

厚生労働省の施策で，病院病床は，2003年8月末で急性期用と非急性期用とに明確に区分された．今後，急性期患者用の病院は重症患者を集中的に扱う小型ハイテク施設に変貌し，その他は健康増進・予防・リハビリテーション・長期慢性疾患そして認知症や精神疾患を対象とした形態に二極化する．

●急性期病院

日本には約8800の病院があり，約161万床を擁する．アメリカは，約7000病院，約133万床である．日本の人口は約1億3000万人でアメリカの約

■1 ホテルがホスピタルに改装され，宴会場はシャンデリアつきの機能訓練室になった　ふれあい横浜ホスピタル・シニアホテル横浜，設計：伊藤喜三郎建築研究所

2億6000万人の半分であるから，人口1000対病床数では，アメリカは3.7，日本は12.3で人口当たり多くの病床をもっている．一方，平均在院日数は，アメリカは7.5日，日本では34.7日（一般病床19.2日）である．つまり個室主体のアメリカは短い入院期間により，ベッド回転率を上げているが，日本は入院期間が長いので病床数を多く必要とする．

日本の経済状況がこの状態を許容し，患者も医療関係者も疑問視しなかった．しかし状況は変化した．急性期病院は入院期間短縮が最優先になり，職員増員と管理機構の抜本的改革，個室が必須となる．個室と4床室で構成されている多くの病棟が，将来4床室から個室への改修が予想される．

●非急性期病院

非急性期病棟では，「癒しの環境」として治癒的療養環境の向上を図ることになる．

既存ストックのインテリア，ヒーリングアートやカラーセラピー，ミュージックセラピーなど，ハードとソフト両面でのデザインが要求される．

これは，病院建築工事がこれまでのスクラップアンドビルドから，今後は既存ストックのリノベーション（改修）とイノベーション（転用）になるという方向転換が発生することを意味している．

●ライフサイクルコスト

工業製品とは異なり，建築は一度建てられると数十年使用が続く．このことから前者をフロー型製品，後者をストック型製品とよぶ．冒頭のホスピタルへの改修事例はストック活用時代を象徴している．

建築物の一生に費やされるコストをライフサイクルコスト（LCC）とよぶが，その値は各段階で異なる．

約6000 m^2のオフィスビルの実質的な耐用年数を50年として試算すると，〈企画・計画・設計〉には全体の約0.5％，〈申請・発注・施工・検査・調整〉では約24％，〈使用・維持保全〉では約75％，〈解体・廃棄・再利用〉では約0.5％となる．病院の場合には順に約0.5％，約19％，約80％，約0.5％となる．いかに施設を使用する段階でのコストが大きい割合を占めるかがわかる．

●持続可能性（サステイナビリティ）

病院は24時間酷使されるので，このランニングコストのもつ意味は大きい．また，竣工直後から増改築が発生する．成長と変化の激しい建物である．

ホスピタルの持続可能性をイギリスのノースウイックパークホスピタルと日本の千葉ガンセンターにみることができる．前者は病院を集落に模した「無限定型」，後者は典型的「多翼型」であるが，すでに30年の激しい成長と変化に耐え，現在でもみごとに機能している．今後は，このように，時代の変化に応じて修正が利く，しぶといマスタープランを余裕のある床面積と階高を確保して創出することが必要である．

情報技術はその利用者の場所を特定可能であるが，逆に場所と無関係な活動をも可能にする．今後のストックの活用では情報技術のもつこの特性を十分に活用することがポイントである．　　［長澤　泰］

2-33　ナショナルトラストという公のかたち

【テーマ】ナショナルトラスト　　　　　　　　　　　　　　　　　　　　　　　　　　　2　保存・再生・資源

●ナショナルトラストとは何か

歴史的な建造物や豊かな自然環境をほこる景勝地など，だれもが保存すべきだと考える遺産であっても，その不動産の所有者が必ずしも保存の世論に従うかどうかは定かではない．建造物の場合は維持管理の費用がかさむうえ，ほかにより収益のあがる土地利用の形態があるとすると建物の建替えも視野に入ってくる．相続税などの課税が負担となる場合も少なくない．

このような場合にどのような救済策が可能であるか．

もちろんだれしもが考えるのは国や地方自治体に買収してもらい，公有財産として保存をはかるのが永続的なやり方だということだろう．そして現実にそのようにして守られた建造物も洋の東西を問わず多いのも事実である．

しかし，公有化は万能の解決策ではない．公有化後の使途が公益的なものに限定される傾向が強いこと，したがって他の用途と比較して財政的な自立が困難であることのほか，行政組織の首長や政権政党の交代によって公有化された建造物がそのまま保存され続けるという保証がないことや，そもそも公共団体に財政的な余裕がない場合には公有化自体が選択されないという事態が起きかねないからである．

また，小さくて効率のよい政府をよしとする世論のただなかで，市民の保存の要求を政府にばかり押しつけるのは説得力をもちにくいという事情もある．

それでは，公有化以外に歴史的建造物を守るためにどのような選択肢があるのだろうか．

もちろん地元の素封家や篤志家が私財をなげうって郷土の誇りとすべき建造物を守るという例はあるだろうが，そうした善意に期待するだけでいいはずがない．民間の非営利団体が歴史的な建造物や自然の豊かな景勝地を自ら保有してその保存を確実にするという方策をとることがひとつの方策として有力である．これこそナショナルトラストとよばれるNPOの設立目的であった．

●ナショナルトラストはどのようにして生まれたか

世界初のナショナルトラストはアメリカ・マサチューセッツ州で生まれた．1891年5月21日に設立されたトラスティーズ・オブ・パブリック・リザベーションズ（のちにトラスティーズ・オブ・リザベーションズと改称）がそれである．「公共のための特別保留地の受託者たち」という意味のこの団体は，その名称どおり公共の福祉のために自然景勝地の信託を受けた者たちの集団として世界で初めて構想された．行政組織に頼らず，公益信託の形態をとって地域の資産（この場合は自然遺産に限られていたが）を保全する非営利の仕組みを民間によって立ち上げるという新しい思想がここに生まれたのである．

トラスティーズ設立4年後の1895年，このアイディアをさらに歴史的建造物保存にまで拡げた組織としてナショナルトラスト（正式名称は歴史的土地および自然的景勝地のためのナショナルトラスト）がイギリスで生まれた．ナショナルトラストの目的は，「景勝地もしくは史跡地の土地および保有財産（建造物を含む）を，国民の利益のために永久に保全すること……そしてこの目的のために資産の個人的な所有者から史跡地ならびに景勝地を受け入れ，土地建物および他の獲得した資産を国民の利用と享受のために委託されて，保持していくこと」（ナショナルトラスト第1回年次報告書より，1895）である．イギリスのナショナルトラストは現在では会員350万人を擁するヨーロッパでも最大規模の歴史的環境および自然環境の保全団体であると同時に，所有する資産24.8万ha，210以上の歴史的建造物，1130kmを超す海岸線を保有する大土地所有者でもある．

こうしたナショナルトラストの理念はイギリス連邦諸国を中心に多くの国で受け入れられ，現在では，アイルランド，フランス，カナダ，オーストラリア，ニュージーランド，フィジー，ジンバブエ，マレーシア，日本などの国にナショナルトラスト類

■1 イギリスのナショナルトラストが最初に取得したアルフリストン牧師館の修復のようす（1896）（Waterson, M. (1994)：The National Trust—The First Handred Years, p. 41, BBC Books より）

似団体が生まれている．

● **日本でのナショナルトラスト運動**

日本における全国規模でのナショナルトラスト運動の嚆矢として，棚田嘉十郎らによる奈良平城宮址の保存顕彰運動をあげることができる．棚田らが設立した平城宮址保存会（1906）および奈良大極殿址保存会（1913）はひろく募金活動を展開し，平城宮跡地の買取りを進めた．取得した約9.6 ha はのちに国へ献納され，現在の平城宮跡史跡公園の中核部分となっている．

戦後は，1960年代，鎌倉の鶴岡八幡宮の裏山の開発問題に端を発した御谷の保存運動がもっとも早期のナショナルトラスト運動である．1964年に設立された鎌倉風致保存会は1966年に御谷の山林約1.5 ha の買取りを行い，宅地造成による開発を未然に防止することに成功した．一連の運動は古都保存法（1966）成立の契機となった．

このほか初期のナショナルトラスト運動としてよく知られたものとして，知床国立公園内に残された開拓地跡の民有地を開発から守るために，1977年から開始された斜里町による買取り保存基金を応援するための「しれとこ100平方メートル運動」や和歌山県田辺市内の景勝地，天神崎を別荘開発から守るために天神崎の自然を大切にする会（1974）によって開始された天神崎市民地主運動やその後の買取り保存活動などがある．

全国組織として，各地の運動の連携をはかる（社）日本ナショナル・トラスト協会，資産の保有とまちづくり運動の推進をすすめる（財）日本ナショナル・トラストがある．

● **新しい公としてのナショナルトラスト**

近代以前においては，歴史的建造物となるべき建物の創建や維持管理は王権や封建領主，世俗のブルジョワジーや強力な宗教権力などによって担われてきた．前近代的な秩序のもとに歴史的な建造物もそれなりに守られてきたといっていい．

しかし，近代の市民社会においては，こうした絶対的な富や権力よる建物の保存は当然ながら期待できない．民主的な国民国家に絶対君主の役割を肩代わりすることはできない．

そこで民間の非営利組織が主体となった信託による土地建物の新たな共有の可能性が脚光を浴びることとなった．ちょうどイギリスのナショナルトラストがコモンズ（共有地）の保存運動の延長線上に生まれたように，都市の新たなコモンズを模索する運動のひとつとして今日のナショナルトラスト運動があるといえる．それは新しい公のかたちを模索する脱近代主義の運動のひとつなのである．　[西村幸夫]

2-34　ビオトープが都市を救う

【テーマ】ビオトープ　　　　　　　　　　　　　　　　　　　　　　　　2　保存・再生・資源

●生き物からみた都市

　都市では，中・大型哺乳類（イノシシやクマ等）や猛禽類（オオタカやイヌワシ等）などの広い生息空間を必要とし，生態系ピラミッドの高次に位置する生き物が生息することは難しい．一方，ハシブトガラスやドバト，クマネズミ，ゴキブリ等の都市型動物が多く生息し，ヒトのすみかである建築をすみかとして繁栄している．さらに，国際化で外国から持ち込まれた植物や動物が，競争相手や天敵がいなくなった環境に容易に侵入し，残された在来種を絶滅に追い込む．このように都市の生態系は，本来の自然生態系と比較すると生物の種数や個体数が少なく，生物多様性が貧弱で，生態系の構造にゆがみを生じているのである．

　この原因は，都市開発による樹林地や池沼等の生息地の消失，分断化，孤立化とヒトの活動（車，工場等）がひき起こす大気汚染・土壌汚染・水質汚濁・騒音・乾燥化などによる生息環境の悪化にある．また，このように，生き物にとって厳しい都市の環境は，ヒトにも優しくはなく，ストレスや健康障害などの原因ともなっている．

●ビオトープと都市の自然再生

　都市の生態系を健全なものとするには，上記のゆがみの原因を取り除くことが必要である．その方策としては，生息環境の改善とともに，ビオトープの保全・創出とビオトープネットワークの形成が課題となる．ビオトープ（Biotop，ドイツ語）は，生態学では「特定の生物群集が生存できる条件を備えた地理的な最小単位」と定義され[1]，語源はラテン語とギリシャ語のbio（いのち）とtopos（場所）の合成語で，「生物が生息できる場所」を意味する．

　都市では，公園緑地，寺社林，工場や学校の樹林地，ビル屋上の植栽等の緑と河川や池の水辺などがビオトープとして機能する．ビオトープは生物種の遺伝子資源のプールであり，できるだけ大面積を確保することが望ましい．また，都市では並木や連続した緑地帯，水路等が生き物の通路として機能する．それぞれのビオトープが孤立して，遺伝子資源が枯渇しないように積極的に通路で連結し，生き物が移動できるようにすることが必要である．こうした通路は生態回廊（エコロジカルコリドー）といい，ビオトープを連結することをビオトープネットワークという．都市内に現存するビオトープを保全し，失われた箇所は新たに創出して，都市全体にビオトープネットワークを張り巡らせていくことが，都市の自然再生であり，持続可能な都市づくりには必要である．

●ビオトープの計画・設計

　ビオトープを創出するための計画・設計では，環境調査から始めて，■1に示すステップで検討することが望ましい．目標とする誘致生物の生息環境条件をランドスケープデザインに反映させるとともに，ビオトープは，工事完成後がスタートであることを認識して，維持管理プログラムを検討しておくことも必要である．また，創出型ビオトープのような2次的な自然は，ヒトの関与がなくては生物多様性を維持することは困難であるため，「ヒトに愛される」ことが必要であり，ランドスケープデザインの役割は重要である．

　ビオトープ設計上の留意点は，以下をあげることができる．

　土地ポテンシャルの活用：　地歴などを調べ，かつて湿地だった箇所には池を配置するなど，その土地がもつ自然的ポテンシャルに沿った環境要素の配置を行う．維持管理上も無理がない．

　既存樹木の活用や郷土種による植栽：　ビオトープの植栽は，できるだけ外来種は避け，地域のもの（郷土種）を用いることが望ましい．

　エコトーンの形成：　二つの異なる環境の間にみられる連続的な移行帯のことをエコトーンという．水辺からの距離に応じて植生が変化するため，より自然に近い環境（景観）が形成され，多種の生き物が生息できる空間となる．

　ヒトと生き物との非干渉距離の確保：　生き物に

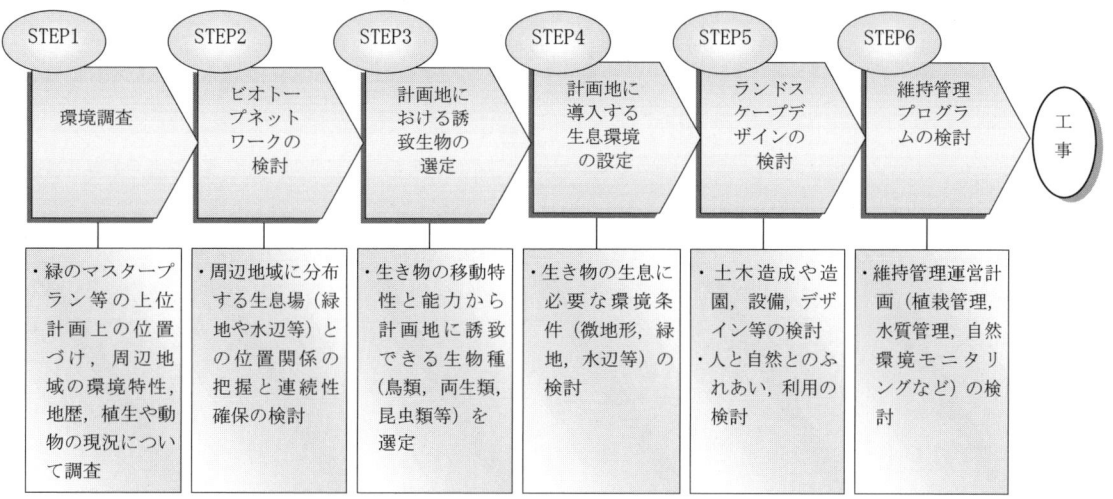

STEP1	STEP2	STEP3	STEP4	STEP5	STEP6	
環境調査	ビオトープネットワークの検討	計画地における誘致生物の選定	計画地に導入する生息環境の設定	ランドスケープデザインの検討	維持管理プログラムの検討	工事
・緑のマスタープラン等の上位計画上の位置づけ，周辺地域の環境特性，地歴，植生や動物の現況について調査	・周辺地域に分布する生息場（緑地や水辺等）との位置関係の把握と連続性確保の検討	・生き物の移動特性と能力から計画地に誘致できる生物種（鳥類，両生類，昆虫類等）を選定	・生き物の生息に必要な環境条件（微地形，緑地，水辺等）の検討	・土木造成や造園，設備，デザイン等の検討 ・人と自然とのふれあい，利用の検討	・維持管理運営計画（植栽管理，水質管理，自然環境モニタリングなど）の検討	

■1 ビオトープ計画・設計のフロー[4]

とって最大の脅威はヒトである．生き物が生息するためのゾーンとヒトが観察などで利用するゾーンを分け，できるだけ生息場との距離を確保する．また，生息場へは立入りも制限する．

ビオトープ装置（エコスタック）の配置：伐採木積みや石積みなどのエコスタックを適宜配置し，昆虫等の小動物のすみかを用意する．

● ビオトープの効果と展開

生き物であるヒトは生活のなかに自然を求め，都市化が進むほどその傾向は強くなる．数百万年に及ぶ人類進化史のなかで，そのほとんどは大自然の中での狩猟採取生活であり，高度な都市を形成し，そこに住み始めたのはこの数百年にすぎないのである．

ビオトープは都市生活のなかで，ヒトと自然をつなぐ接点となる．植物には疲労回復やリラックス感の向上など生理的・心理的効果が知られており，鳥や昆虫などの生き物は，癒しや感動をもたらす．とくに，子供には自然とのかかわりをもつことが，発育・発達のうえで必要であり，ビオトープは，子供たちに身近な自然とのふれあいの機会を提供する．また，ビオトープづくりを通じた地域での取組は，ヒトとヒトをつなぐ接点ともなる．

ビオトープの導入先としては，学校，工場，共同住宅，ビル，公園等があげられる．学校では環境教育，工場では企業の環境の取組の具現化，共同住宅，ビルではヒートアイランド緩和策，公園では生き物とふれあえる場，等々それぞれの用途と目的に応じた取組が可能である．こうした取組をうまく誘導し，都市環境の改善に結びつけるための戦略的な都市計画が必要であり，都市の再生には欠かせない．

● 課題・生き物とのかかわり

ビオトープは生き物を扱うため，計画どおりにならないこともあり，状況にあった対応（順応的：adaptive）が求められる．ある程度の不確実性を許容し，いかに設計や維持管理に活かすか．ビオトープづくりでは従来の工学的アプローチと違った技術の確立が課題である．

ビオトープに訪れる生き物は，ヒトに癒しや感動をもたらす反面，ハチや蚊などのようにヒトに危害や嫌悪感をもたらすものもある．マラリアなどの媒介や害虫による農業被害など，生き物との戦いのなかで，ヒトは彼らとのつきあい方を学んできたのである．生き物とのつきあいが希薄になった都市では，居間にハエが侵入しただけで大騒ぎとなる．生き物とのつきあい方をどのように学ぶかは，都市でのビオトープにおいて避けて通れない課題である．

［小田信治］

文献
1) 巖佐 庸ほか編：生態学事典, pp.477-478, 共立出版.
2) 亀山 章 (2002)：連載「緑」—都市の景観生態学. 土木学会誌, 87：68-69.
3) 唐沢孝一 (2002)：都市動物の生態をさぐる—動物からみた大都会（ポピュラー・サイエンス241），裳華房．
4) 小田信治・小松裕幸 (2003)：建築設計資料集成—地域・都市I（プロジェクト編），pp.178-179, 丸善．

2-35　生き物と共生する建築・まちづくり

【テーマ】生態系保存　　　　　　　　　　　　　　　　　　　　　　　　　　　　2　保存・再生・資源

●コンセプト

　建築やまちづくりのように多くの人々が参加するものづくりにはコンセプトが重要である．建築やまちづくりでのコンセプトとは，わかりやすくいうと多くの人がかかわってひとつのモノをつくるときの関係者の共通のイメージであり，一言でいえる短いキーワード，場合によってはひと目でわかる図やイラストで表される．これが明確でない場合には多数の関係者の考えや行動がまとまらない．また，明確なコンセプトは，建築やまちづくりのプロセスの各段階において，ものごとの判断の基準ともなりえる．コンセプトに合わない選択肢は排除されるべきである．コンセプトは，場合によってはテーマと同じ意味で使われる場合もある．

　コンセプトは思いつきから生まれることもあるが，通常は綿密な調査から生まれる．建築やまちづくりでいえば，敷地，立地，利用者，市場，技術などあらゆる角度からの調査が必要である．思いつきから生まれたコンセプトが，綿密な調査から生まれたコンセプトより優れている場合は少ない．

●生き物との共生

　筆者らは自然環境と調和した建築やまちづくりに取り組むにあたって，「生き物との共生」をコンセプトとしている．建築やまちづくりの実務で自然環境の保全に取り組み，そのための技術開発も試みる間に，つねに課題であったことに，各種の保全対策や技術の効果測定がある．たとえば，水と緑，緑地率，潜在自然植生に配慮した計画などといっても，それが実際に何にどのような効果があるのか測定が困難であるため，厳しい事業計画のなかでは，各種の提案や予算獲得の説得が困難であることが多い．

　この問題への回答を模索するなかで辿りついたのが「生き物との共生」のコンセプトである．だれもが目にしたことがある生態系ピラミッドの図の頂点にある生物が生息しているということは，その下位にあるすべての生物が生息しており，水系・植生・土壌等それらの生物の生息環境が保全されているこ

とにほかならない．したがって生態系ピラミッドの頂点にある動物が生息し続けられるか否かによって，各種対策の総合的な効果判定を行おうという考え方である．

　こうした考え方は生態系分野の研究者からは必ずしも支持されないが，建築設計者，まちづくりの計画者やランドスケープデザイナーには大きなヒントとなる．どのような樹種をどこにどれほど植栽すべきか，どのような水辺をどのような規模で作るべきかなどを検討するにあたって，ミミズ，昆虫，水生生物から小動物や鳥類まで，もとからそこに生息していた生物たちの生息環境を保全するという目的があれば，各種の判断基準が明解となる．

●ニホンリスと共生するまちづくり

　生き物と共生するまちづくりの実践として，筆者らは山梨県大月市の1000戸の戸建住宅団地開発で，そこに生息している野生動物であるニホンリスを保全することを試みた．

　この住宅団地は山地に大規模な土地造成工事によって開発されたもので，それ自体の是非への疑問があることは事実である．筆者らは開発事業着手後に，山梨県との間で環境影響評価の折衝にあたっていた開発担当者から，総合的な環境保全対策の相談を受けた．そのなかで，造成工事着工前に調査・作成された環境影響評価書に，ニホンリスの生息があることを示すフィールドサイン（糞，餌の食べ残しなど）があった旨の記述を発見し，植生図等もあわせて検討した結果，ニホンリスの保全を指標として総合的な自然環境の保全対策が可能と判断した．

　その後，ニホンリスの生態の研究者らの協力も得て，フィールドサインの追加調査，巣箱の設置，環境省の許可を得ての捕獲後，電波発信機をとりつけてのテレメトリー調査による生息範囲調査など，地道な調査を積み重ねた．そのうえで，住宅団地の外周と中央部の林帯を利用してのリス回廊を形成することをコンセプトとする総合的な保全計画を作成した．そのなかで，リスの橋の設置，法面(のりめん)緑化，小段(こだん)

植栽，表土保全など各種の対策をニホンリスの保全を目標として実施した．

とくにニホンリスの橋は，テレメトリー調査による生息範囲調査と植生調査の結果から，ニホンリスの営巣林と餌場であるオニグルミ群落の間を分断した新設道路のうち，リスが通行すると推定される場所に設置した．橋の構造は，造成工事担当者らと協議の結果，建設費，安全，維持管理・更新のしやすさなどから，2本の電柱を新たに設置し，その間を2本のワイヤーとネットで結び，ニホンリスが移動によく使うスギの樹皮のついた木片を渡したものとした．またニホンリスの天敵であるカラス除けに，橋の上部にテグスを張った．その後，ビデオカメラ等でニホンリスの通行を確認し，定期的に橋の劣化診断・保全も行い，現在に至っている．

このほか，この間の調査を通じて得られた，ランドスケープデザイン等に有効と思われる知見として，以下のようなものがある．

ニホンリスはオニグルミ，アカマツの種子などの木の実を主食とし，これらの実を地中に貯食するが，これらが発芽，成長，成木になることがあることから「森をつくる動物」といわれている．したがって，各生物の生態系内での役割，位置づけを知ることが重要である．

動物からみると森林の機能には，餌場となる給餌林，巣を作る営巣林，子どもを育てる繁殖林，天敵から逃げ込む逃避林などがある．ニホンリスでは，給餌林・繁殖林はアカマツ・オニグルミ林，営巣林はスギ林，逃避林は常緑林がこれらにあたる．植栽計画にはこうした視点も求められることがある．

● 生物指標

生物やその反応により環境をはかる方法であり，たとえば，「ホトトギスが鳴いたら田植えをする」などの農業暦に古くから用いられている．科学的にはアメリカの生態学者F. E. クレメンツが確立した．生態系保全の見地からの指標動物には，R. ノスらによると以下のような分類がある．

生態的指標種：同様な生育場所や環境条件要求をもつ種群を代表する種．

キーストーン種：その種が失われると他の種や生態系が変化する種．

アンブレラ種：生育地面積要求が大きいもので，その種の生存を保障することにより多数の種の生存が確保される種．

象徴種：その美しさや魅力でその生育地の保護をアピールすることに役立つもの．

危急種：稀少種や絶滅の危険が高い種．

筆者らがニホンリスを指標動物とした理由は以下のとおりである．

① 人に害を及ぼさない．

② 森林生態系を代表する動物種のひとつであり，生息状況から環境質の変化の把握が可能となる．

③ 種子を貯食して種子散布を行うことが知られており，良好な森林環境の形成につながる．

④ 生息するためには，樹林のまとまりと連続性が必要であり，緑化の目標となる．

⑤ 身近な野生動物のなかで人気が高くレクリエーションや環境教育の対象になり，継続的な環境保全・創出活動のための関係者の合意形成や住宅地のイメージづくりに寄与する．

建築・まちづくりにおいて，ニホンリスのような小動物を指標動物とした環境保全を行う機会は少ないが，蝶，トンボ，ホタルなど身近な生物を生物指標とすることが可能な機会は少なくない．

近年，工学的手法を駆使して，人類と共存できる生態系を維持しようとする生態工学の研究が進みつつあり，建築・まちづくりにおいてもこうした分野との連携が求められる．

[円満隆平]

文献
1) 塚原成樹ほか（1999）：大規模宅地開発におけるニホンリスに着目したエコロードの取り組み，土木学会第54回年次学術講演会講演概要集第7部，pp.188-189．

2-36 減築が生み出す価値

【テーマ】減築　　　　　　　　　　　　　　　　　　　　　　　　　2　保存・再生・資源

●有名建築解体現場での衝撃

　近年数多くの有名な建築が解体される場面に遭遇し，いくつかを見る機会があったが，そのうち二つの現場で衝撃を受けた．

　一つは前川國男建築設計事務所設計の晴海高層アパートの解体現場である．1958年に建設されたこの集合住宅は，さまざまな空間のアイデアが詰まった名建築であったが，老朽化のため1990年代に解体されることとなった．そもそも階高が低く，現在の住宅のレベルに改修することは不可能とされていたのだが，現場の配慮で床を一部撤去して内部に2層分をつなぐ吹抜け空間を試しに造っていた．その住戸を見ると，手狭に感じていた内部空間が吹抜けによって広がりのあるものに感じられ，まったく異なる新たな魅力を感じることができた．

　もう一つは，1930年に完成した同潤会大塚女子アパートメントである．この建物は同潤会の中でも唯一の女子専用アパートで，共同の食堂や風呂を備えた都市型住宅の先駆的な事例であった．長く都営アパートとして運営されていたが，反対運動のあるなか解体されることになり，その過程で解体時の廃棄物を敷地外に効率よく搬出するため，建物の一部を2層ほど撤去して，中庭と外部の間に大きな穴が開くことになった．この建築は静かな中庭が印象的で，住棟全体に落ち着いた雰囲気を醸し出していたが，それが外部とつながった状態で訪れてみると，中庭は開放的なものに生まれ変わり，住棟全体の雰囲気も明るいものに一変していたのである．

　このように，建築の一部を撤去することで，つまり「減築」することで，新たな価値を創出する可能性を，有名建築の寿命の尽きる解体現場で垣間見ることができたのである．

●減築による再生が行われる時代

　これまでの建築物は，機能を満たさなくなったときに増築し，それでも不十分となったときには解体して新たに建設するというスクラップアンドビルドを繰り返してきた．しかし現在は，環境に配慮して，できるだけ廃棄物を出さないように改修工事によって長く使い続ける時代になりつつある．その中で，これまではほとんど行われてこなかった減築によって価値を高めるという手法が，着目されつつある．

　減築とは，建物の一部を撤去することによって新たに魅力のある，あるいは価値のある空間を創出する手法である．これら減築という手法は，戦後の住宅不足の時代に大量に建設された集合住宅団地の再生手法として，ヨーロッパで積極的に用いられたことで着目された．また，近年の建築物の再生にとっても重要な手法となってきている．

　減築という手法は，建築が不足している時代にはあまり見られないが，現在は十分に建築が造られた時代，あるいは造りすぎた時代となったため，有効になったといえる．さらに建築をできるだけ長く使い続けるということが重視される時代となり，再生の手法の一つとなってきた．

●減築による価値創出

　減築の手法としては，建築物単位での減築と，内部空間の要素の減築の二つがあげられる．

　まず建築物単位の減築としては，建築を棟単位で解体することや，建築の一部を解体することがあげられる．具体的には，高密度な集合住宅団地で棟を間引くものや，棟を半分にしたり，低層部に数フロアにわたる穴をあけるように解体するもの，そして高層住宅の上部を撤去するという手法などがあげられる．これらは土地の有効活用を重視して高密度に建設された建築群が魅力を失った場合に，建築物単位の減築によって，見通しのいい広場を造ったり，開放的な通路を造ったり，広々と空の眺められる空間を造ることで，密度の低い開放感のある空間に変えて地域全体を再生しようとするものであり，ヨーロッパの団地再生事例で数多く見られる．

　一方日本では同様の手法で，上階の一部を撤去してセットバックさせるという事例も見られる．これは建築物を改修する際に，斜線制限に対して既存不

■1 ベルリンの集合住宅の再生事例（筆者撮影）

適格状態にあったものを改善するために行われるものであり，結果として周辺の土地の開放感が高まるという効果がある．

このように，上部撤去にしろ，セットバックにしろ，建築物単位での減築によって，周辺の外部空間が豊かになるという新たな価値を創出しているのである．

次に内部空間の要素の減築としては，壁や床の一部を撤去する方法があげられる．具体的には，古い集合住宅の狭い2住戸を，壁の一部を撤去することで1戸にして使う場合のように，壁を撤去することで広々としたスペースを創出したり，古い建物を商業施設へ転用する場合などに，床の一部を撤去して吹抜けのある豊かな空間を造ることなどがあげられる．このように狭いスペースや広がりの感じられない内部空間が豊かになるという新たな価値が創出されているのである．また，壁の撤去や上部撤去の場合には，重量のある部材を撤去することで，構造的な負担が小さくなるというメリットもある．

● 団地再生の事例

具体的な事例を一つ紹介する．ドイツはベルリンの旧東ドイツ側の集合住宅では，プレキャストコンクリートのパネル工法による同じ間取りの集合住宅が，十数階建ての板状の建物として高密度に建設されていた．この地域を再生するために公共交通機関として電車を導入し，高層棟のいくつかを撤去して，一部は4階建て部分まで残して壁の撤去や増築を行い，中層集合住宅として蘇らせている（■1）．ここでは一部高層棟は残っているものの，中層中心の豊かな外部空間をもった団地に地域全体を生まれ変わらせることに成功している．改修された住棟は，内部に古い躯体を使いながらも一部は増築して間取りも工夫が凝らされ，最新の高気密高断熱住宅に生まれ変わっていた．このように半分以下の高さになるほどの減築を行ってさらに一部増築も行うのならば，4階建てを新築した方が効率が良かったのではないのかと思われるが，あくまで減築して再生という手法を選択している点が，「もったいない」という精神にほかならないと感じた．

● 再生手法としての減築

減築は建築物を長く使い続けるために，床面積にこだわらない新たな価値を創出する有効な手法である．一部には既存不適格の解消や，構造的負担の軽減といったメリットもあるが，本来地域の再生や建築物の再生をスクラップアンドビルドでやらない，という強いメッセージが込められたものである．こうした減築による好例が多数実現することで，減築がこれからより一般的な手法となっていくことが期待される．

［清家　剛］

2-37　資源循環に必要なグランドプラン

【テーマ】マテリアルフロー　　　　　　　　　　　　　　　　　　　　　2　保存・再生・資源

●建築への投入資源，建築からの排出廃棄物

　日本の物質投入総量は年間約 20 億 t であり，その約 50％に相当する約 10 億 t が建築物や土木構造物の形で蓄積されている．建築物と土木構造物の建設比率は定かではないが，生コンクリートの建築分野への使用割合が近年約 50～60％であることから考えると，建築物への資源投入量は少なくとも毎年 5 億 t はあるといえる．材料別にみると，コンクリートは年間約 5 億 t の使用量であり，日本の物質投入総量の約 25％を占めている．鉄鋼および木材の年間使用量がそれぞれ約 3000 万 t および約 1.7 万 t であることを考えると，コンクリートの使用量は際立っている．

　また，日本の廃棄物排出総量は年間約 6 億 t であるが，その 2/3 に相当する約 4 億 t が産業廃棄物であり，土木分野と建築分野を合わせた建設廃棄物は，産業廃棄物の約 20％，最終処分量（廃棄物の埋立量）の約 20％を占めるとともに，不法投棄量の約 90％を占めている．近い将来，高度経済成長期に建設された建築物が更新期を迎え，その解体によって発生する廃棄物が急増することが予想されている．一方，その受入れ先となる最終処分場は年々減少傾向にあり，現在，その残余年数は 5～6 年しかないという逼迫状態にある．

　このように，建築産業への資源投入量は他産業と比較して圧倒的に群を抜く多さであり，廃棄物排出量の面でも他産業より数段多いため，資源循環型社会の形成における建築産業の動向は注視されている．枯渇が危惧される化石系資源の消費を抑制することは他産業と同様に重要であるが，建築産業の場合には資源投入量の多さが見込まれ，他産業の副産物・廃棄物の受入れ先としての役割を担うことがとくに期待されている．

●マテリアルフローとマテリアルバランス

　マテリアルフローとは，特定の分野に投入される資源やエネルギーと，そこから産出される製品，副産物，廃棄物，汚染物質などの流れを，その総量やそこに含まれる特定物質の量とともに示したものであり，その流れに伴う経済活動と環境影響を的確に把握するうえで有益な資料となり，環境政策の企画・実施段階では，それをもとに物質の収支バランスなどの定量分析を行う．2003 年に閣議決定された循環型社会形成推進基本計画では，マテリアルフローに，

①入口：資源生産性＝GDP/資源投入量
②出口：最終処分量
③循環：循環利用率＝循環資源量/資源投入量

という三つの指標が定められ，それぞれに目標を設定して産業活動の誘導が進められている．

　建築産業で最も資源投入量の多いコンクリートのマテリアルフロー（■1）を例にとってこの三つの指標の現状について考えてみる．コンクリートの利用が日本の GDP にどの程度貢献しているのか詳細は不明であるが，建設産業の GDP への寄与率が約 10～15％であることを考えると，コンクリートの資源生産性は高くないということになる．しかし，道路，橋，建築物などのコンクリート構造物は，社会経済活動を行ううえで必要不可欠な施設であり，将来にわたり建設し続けられると考えられるため，「入口」の評価を高めるためには，資源投入量を極力抑える必要がある．一方，「出口」に関しては，建設リサイクル法等の施策が功を奏し，コンクリートの再資源化率は 98％にまで高められたため，最

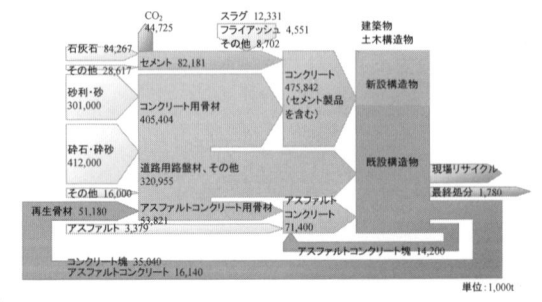

■1　コンクリートのマテリアルフロー（漆崎　昇（2003）：コンクリートの資源循環と建築，2003 年度日本建築学会大会地球環境部門研究協議会資料「循環型社会が求める建築の資源循環」，pp.3-11 をもとに筆者修正）

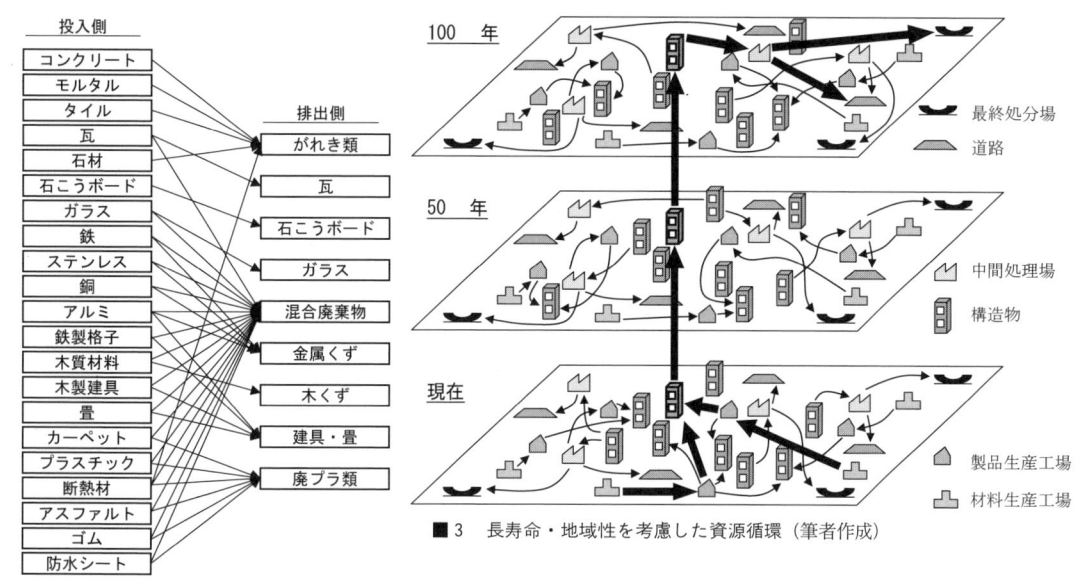

■2　建築材料の種類と廃棄物の区分（筆者作成）

■3　長寿命・地域性を考慮した資源循環（筆者作成）

終処分量は非常に少なくなっている．ただし，その用途のほとんどが道路建設用の路盤材であり，ふたたびコンクリートにリサイクルされているわけではないため，コンクリートに限定したマテリアルフローにおいては，「循環」の評価は高いとはいえない．また，物質の収支バランスの面でも，投入量の多さに比して排出量はかなり少なく，日本ではまだなおコンクリート構造物が蓄積し続けられている状況にある．

一方，建築物における投入資源・排出廃棄物の種類に目を向けると，投入資源（建築材料）の種類は多種多様であるが，廃棄物は品目が非常に限定された形となっており，質的にもバランスが悪いことがわかる（■2）．しかも廃棄物のほとんどが，がれき類，混合廃棄物といった複合組成状態のものであることが多いため，そのまま元の建築材料にリサイクルすることができない．

このように，建築産業は，量的にも質的にもアンバランスな資源循環のうえに成り立っており，単独での資源循環システムの構築は不可能に近い．したがって，建築産業は他産業との連携を密にして社会全体のマテリアルバランスを保つことが重要である．

●長寿命・地域性を考慮した資源循環

建築産業全体のマテリアルフローは，物質の収支バランスおよび化石系資源の保護の観点からは，必要な社会経済活動を確保したうえで「入口」および「出口」を小さくし，「循環」を大きくすることが望ましく，加えて建築物は他の製品と比較して寿命がきわめて長いという特徴を考慮する必要がある．そのため，厳密には建築物のライフサイクル（100年以上の場合もある）における社会情勢の変化や技術の変革なども考慮して，投入される資源・エネルギーや排出される廃棄物・環境負荷物質の変動をマテリアルフローに組み込むことが望ましい．また，建築材料の多くは，質量，体積ともに大量に生産され，利用されるのが一般的であるため，輸送に伴い消費される資源・エネルギー（生産場所，利用場所，廃棄場所などの地域性）についても，マテリアルフローに反映する必要がある（■3）．さらに，各種活動に伴い発生する環境負荷の総和ができるかぎり小さくなるようなマテリアルフローとすることが望ましく，「循環」を行う場合には，品質の劣らない再生品を製造することが肝要であるとともに，場合によってはインバース・マニュファクチャリングの概念*を導入し，リサイクルしやすい建築材料を用いることや分別解体しやすい建築物をつくることも一考に値する．

（*：これまでの「設計→生産→使用→廃棄」という順工程生産システムでは，廃棄物を自然環境に放出することにより浄化を期待していたが，資源の有効利用および廃棄物の削減という観点から，「回収→分解・選別→再利用→生産」という逆工程も重視したモノ作りの体系が提唱されている．）

[野口貴文]

2-37　資源循環に必要なグランドプラン　｜　157

2-38 資源循環を促進する法制度

【テーマ】建設リサイクル法　　　　　　　　　　　　　2　保存・再生・資源

●循環型社会形成基本法

　近年の地球環境問題解決に向けた世界的な流れの中で，日本がサステイナブル社会を形成していくために，さまざまな法整備が必要になってきた．このような状況の中で，その基礎となる法律として「環境基本法」が制定され，1994年8月より施行された．その基本理念は「持続可能な社会の構築」にあり，それを実現するための「環境基本計画」によってさまざまな施策が展開されるようになった．さらに2001年1月には「循環型社会形成推進基本法」が施行され，「循環型社会」の実現が持続可能な社会づくりの基本になることを明確に示すこととなった．この法律には循環型社会を，①廃棄物などの発生の抑制，②循環資源の循環的な利用（再利用，再生利用，熱回収）の促進，③適正な処分の確保により，天然資源の消費を抑制し，環境への負荷が低減される社会，としている．とくに「廃棄物の適正処理」と「リサイクルの促進」の二つが大きな柱で，2001年4月施行の「廃棄物処理法」と「資源有効利用促進法」によって裏づけられている．この「循環型社会形成推進基本法」のもとに，「容器包装リサイクル法」「家電リサイクル法」「食品リサイクル法」「自動車リサイクル法」，そして，「建設リサイクル法」という各種リサイクル法が制定されているのである．

●建設リサイクル法

　2002年5月施行のいわゆる建設リサイクル法は，正式には「建設工事に係る資材の再資源化等に関する法律」という名称であり，建設分野において資源循環を促進する基本となる法律である．

　建設リサイクル法の要点としては二つある．まず解体工事の届出を義務づけ，解体工事業者についての登録制度を創設したことにより，適切な解体工事を法律上義務づけたことである．そしてもう一つは，特定建設資材（現時点ではコンクリート，木材，アスファルトなど）の分別と再資源化を義務づけ，大量に発生する建設廃棄物のリサイクルを促進したことである．

　建設リサイクル法の施行によってある程度の分別解体が義務づけられたため，重機による不適切なミンチ解体は激減した．さらにコンクリートと木材はリサイクルが義務づけられたので，リサイクル率が大幅に上昇した．しかし，解体工事の内容についてはまだまだ課題が多く，現状では建設リサイクル法で決められた最低限のことを行っている場合がほとんどである．リサイクルのための特定建設資材を順次増やすことも検討されているが，塩ビ管や石膏ボードなど今後追加される可能性のある資材のリサイクルの現状は，技術的にも未成熟な部分があり，コストもまだまだ高く，そう容易に追加できる状況ではない．

　今後資源循環をさらに促進するには，解体工事の発展とリサイクル産業の育成の双方が欠かせないのである．

●解体工事の課題

　解体工事の課題を考えると，まずは，解体工事を実施する現場での技術の発展が重要であり，これに対応して解体の計画ができることと，適正な価格が見積れるようになるという状況が整わなければならないであろう．そのためには，解体時に発生する廃棄物のリサイクルの義務づけを強化したり，有害物質の除去の徹底などによる規制を強化するという法整備が一つの方向となる．

　しかし解体に関してはまだまだ情報や知見が未整備である．たとえば日本建築学会では，解体工事施工指針が出版されてはいるが，現在のところ鉄筋コンクリート造と木造の二つだけであり，鉄骨造については未着手である．さらに解体に関する一般的な仕様書までは作られておらず，手本となるべき書類がまだまだ少ない．これらの充実が今後求められるところである．

●リサイクルの課題

　リサイクルにも課題がある．そもそも建築の解体現場から排出される廃棄物は，主要な構造に使用さ

■1 オランダのガラスの回収箱（筆者撮影）

れる鉄，コンクリート，木材の三つの材料が70〜90％程度を占めているのが通常である．このうち鉄は銅やアルミニウムなどの金属と同様にスクラップとして取引きされてリサイクルされるが，コンクリートと木材はこれまであまりリサイクルされてこなかった．これらが建設リサイクル法の特定建設資材として指定され，リサイクルが義務づけられたことによって，コンクリートは95％以上，木材も60％以上がリサイクルされるようになってきているのである．率だけを見れば，建設リサイクル法施行の効果は十分に果たせている．ただし，コンクリートのリサイクルについてはほとんどが道路の下に敷く路盤材としての利用であり，再生コンクリートへの活用などさらに質の高いリサイクルの促進が課題として残っている．木材についても，さらなるリサイクル率の向上が求められており，バイオマスなどの利用方法が模索されているのが現状である．

●資源循環を促進させる方策

建設リサイクル法も規制の一つであるが，そのほかにもいくつか手だてはある．その代表的なものの一つは，公的機関を中心に一定量のリサイクルされた製品を購入することを義務づける「国等による環境物品等の調達の推進等に関する法律」，いわゆるグリーン購入法であろう．リサイクル産業を育成するためには，廃棄物を排出する側にリサイクルを義務づけるだけでなく，リサイクルされた製品が購入され，市場が形成される必要がある．その根幹を支えるのがグリーン購入法なのである．しかし現時点で量的にリサイクルが進むという成果はあげられるが，質の高いリサイクルを誘導するという点で，課題が残っている．

EUではもう少し進んだ取組みも見られる．オーストリアの無機系廃棄物のリサイクルでは，安価なリサイクル品を有効活用して少しでも利用の場を増やすために，細かなリサイクル品の表が作られ，路盤材利用一辺倒ではなく，さまざまな品質のリサイクル品の製造を促進していた．たとえば配管の埋戻しや捨てコンのような低品質で安価なものからブロックなどに利用できる高品質なものまで用意され，これを公共工事で，ある程度の値段で購入してもらえるという仕組みである．リサイクル産業側は，そのためできるだけ高いものを作ろうとする．つまり質の高いリサイクルを誘導する方策になっているのである．

またデポジットに近い方法も見られた．オランダでは，新築または改修工事の複層ガラス1m²当たりに0.5ユーロの課金をして集めた金で，解体現場からガラスを回収するシステムが2003年4月から施行されている．回収方法はシンプルで，ガラスの廃棄物の集まる場所や解体現場に無償でガラスの回収箱を置いて，いっぱいになると交換する仕組みである．通常購入時にお金を集めてリサイクルにまわすというデポジットのような手法は，寿命の長い建築物には向かないと考えられているが，ガラスはほとんどの建築物に採用されるため，解体あるいは改修時の破棄にともなう廃棄物のリサイクル費用の一部を新規購入時に徴収するという先進的な取組みが可能となっているのである．

このように，日本にはない資源循環に資する取組みがEUなどで見られるということは，まだまださまざまな方策の可能性があるのではないだろうか．今後に期待したい．

［清家　剛］

2-39 都市の静脈産業

【テーマ】廃棄物処理　　　　　　　　　　　　　　　　　　　　　　　　　　2　保存・再生・資源

●都市は資源である

　大量に発生する建設廃棄物をリサイクルして活用することは，資源が不足している日本にとって非常に重要な課題である．一方でこのようなリサイクルが可能になれば，建設廃棄物は一転して資源となる．そうすると，資源が最も多く蓄積されているのは都市部であり，都市におけるリサイクルを行う仕組みを整備することが，重要となってくる．

　建築を造ることに関わる産業を動脈と見立てると，リサイクルに関わる産業は「静脈産業」とよぶことができる．そして，解体行為の多い都市部においては，こうした静脈産業の発達が期待されている．建築分野における都市の静脈産業は，主として解体工事と廃棄物輸送とリサイクルまたは廃棄物処理という組合せで構成される．リサイクルや廃棄物処理の前に，これらを分別する施設も存在することが多い．こうした産業が充実することで，都市の資源が有効活用されるのである．

　しかし，そこには一筋縄ではいかない課題も残されている．都市部における解体の難しさ，リサイクル施設の立地の難しさ，建築物の規模による課題などである．これらを解決するためには，廃棄物の回収方法が重要となってくる．

●都市部における解体の難しさ

　都市部においては建設活動が盛んで，解体工事も同様に数多く見られる．しかし，都市部は建築物が密集しており，解体工事そのものが，ほこりや騒音など周辺環境への配慮が必要となる．また，解体現場のスペースが十分確保できず，現場での分別や廃棄物の保管が難しいことが多い．そのため解体した廃棄物をたびたび搬出する必要がある．しかし，都市部においては交通量が多いので頻繁な搬出は効率が悪く，また都市への交通負荷も増やすことになる．このような課題が都市部での解体には存在している．

●リサイクル施設の立地の問題

　都市部やその近郊では，リサイクルする場所の確保が難しいという条件もある．こうした施設の立地には付近の住民から厳しい目を向けられるし，工場の立地に対する厳しい規制もあり，搬入する廃棄物の粉塵などがないことや有害物質がないことなども条件とされて，設置が難しい．さらに廃棄物処理施設が生み出す利益は新しい製品を生産する工場に比べてそう高いものとはならないため，都市部近郊の地価の高いところに立地することは難しい．

　一方で廃棄物は一般の製品に比べて重量あたりの価値の低いものである．価値の低いものを輸送するとそれだけコスト増になるので，遠くに運ぶことは不利となる．また，環境負荷の面から見ても，リサイクルそのものの負荷が伴うだけでなく輸送の負荷が大きくなってしまうことは，適切ではない．したがって，できるだけ都市部近郊にリサイクル施設が立地することが望ましいのである．

●戸建住宅の解体の課題

　さらに建築物の解体現場で見ると，大規模建築と小規模建築においても違いがある．大規模建築では，大量に廃棄物が発生する．したがって，同じ種類の材料がある一定量以上搬出される．一方で小規模な建築では，ひとつひとつの材料の発生量が少なく，たとえば同じ材料がトラック1台にも満たない量となることもあり，輸送効率が悪い．さらに大量に同じ条件の廃棄物が排出される大規模建築と比べると，小規模建築物では1件当たりの量が少ないため，個別物件ごとにものの状態や細かな条件が異なる可能性があるので，リサイクルする側から見ると安定した材料となるとはいえない．このように小規模建築では，リサイクルには不利な条件が多いのである．

　たとえば，できるだけ詳細な分別解体を実行した戸建住宅の実験プロジェクトにおいては，分別したものを保管する場所がなく，頻繁に廃棄物を搬出しなければならない状態になっていた（■1）．さらに廃棄物の量を見てみると，全体で48tの廃棄物に対して，重量比率でコンクリート塊50％と木材

■1 小規模戸建住宅における分別解体実験　浦和S邸，2002年2月，(独)建築研究所・東京大学ほかが実施
（筆者撮影）

20％はそれなりの量がまとまったが，それ以外は石膏ボードやガラスでも5％の2t程度にしかならず，そのほかはさまざまな材料が少量ずつ含まれる状態だった．これらを個別の解体現場ごとに分けるのは難しく，効率からいえば別の施設に持ち込んで分ける方が望ましいだろう．

しかし都市部には，中心部においても郊外においても大量の小規模建築物が存在するので，こうした課題を克服しなければ，都市における静脈産業は成立しないことになる．その解決のための一つの方法は，輸送による工夫である．廃棄物をリサイクルする場合には，輸送費を抑えることが重要である．そのためには，ものを運んだ帰りのトラックなどを使用して効率よく輸送する方法などがある．しかし廃棄物の輸送は法律で厳しく制限され，登録された車両でしか運ぶことができない．こうした廃棄物の回収に関しては，小口の巡回による回収方法が有効といわれている．小規模建築物の解体は，ひとつひとつは課題が多いが，都市部全体で見るとある地域である一定量同時に解体されており，これを巡回して回収することで，輸送に対する不利な条件を緩和しようというものである．戸建住宅の解体においては，こうした巡回の仕組みが模索されている．

●静脈産業とコンパクトシティ

このような条件はあるものの，これらがすべてうまくいくと，都市部の周辺の適切な距離の近郊に，リサイクル施設が多数立地することになる．そこで造られるリサイクルされた製品は，再び都市部で大量に採用されることになる．このように都市の資源を近郊でリサイクルして再び都市が使用するというコンパクトシティに近い状況が生まれることになる．これは建設廃棄物という重量の大きなものの輸送が少なくなるので，交通負荷が減り，かつリサイクルに伴う環境負荷が小さくなり，歓迎されるべき状態となるのである．

一方で，これまで都市部に建築を造るための建設資材は，日本中のさまざまなところで造られたものを集めるという形で成立している．これを都市から都市近郊へ運び，そこでリサイクルした製品を都市へ還元するという循環がうまくいくようになると，ますます都市部へ産業が集中するということになる．それが日本全体の産業の立地として適切といえるのかと考えると，必ずしも正解とはいえないのではないかと思う．こうしたリサイクル産業の立地がどうあるべきかは，日本全体の戦略として計画し，合意されなければならない事項であろう．環境の分野の産業については，現在のところ問題に対する解決策を探る範囲の議論にとどまっているが，そろそろこうした産業としての立地の戦略を議論する時期にきているのかもしれない．

[清家　剛]

2-40　建物を壊すとこんなゴミが出る

【テーマ】建設廃材　　　　　　　　　　　　　　　　　　　　　2　保存・再生・資源

●建物と廃棄物

　地球環境問題が顕在化し，持続可能な循環型社会の構築が進められているなかで，建築分野においても資源の有効利用や廃棄物対策などによって，環境負荷を低減することが求められている．

　建物は大量の資源やエネルギーを投入してつくられており，資材の製造や建設に伴ってさまざまな廃棄物が排出されている．そして建物がその一生を終えたとき，それは大量の廃棄物となる．その後，廃棄物は資源循環の流れにのってふたたび資源として活かされるか，それとも最終処分されるか，いずれかのルートを辿ることになる．最終処分場の残余容量が逼迫している現在，廃棄物の発生抑制と再資源化の促進が急務とされている．

　日本において2002年に排出された建設廃棄物の量は約8300万tである．これは産業廃棄物全体の約2割を占めており，このうち建築分野からは約2700万tの廃棄物が排出されている．その内訳は，新築・改築現場から約1100万t，解体現場から約1600万tである．

　建物は他の工業製品と比べて重量や体積が大きく，多種多様な資材をアセンブルしてつくられており，そして寿命が長い．そのため，建物に由来する廃棄物をふたたび資源として利用するときには，建物に特有のさまざまな困難が生じる．たとえば，重量や体積が大きいために排出現場において搬出可能な状態に解体しなければならないこと，多種多様な資材を再資源化施設の受入れ条件に合うように分別しなければならないこと，寿命の長い製品について生産者が責任をもって取り組むのが難しいことなど，建物にはクリアしなければならない課題が非常に多いといえる．

　また，建物の解体時に排出される廃棄物は，異物が混入する可能性がとくに高く，部材の接合・接着部分の分別にも手間がかかることから，資材の製造時や建設時に排出される廃棄物よりも再資源化が難しいとされる．そこで本項では，おもに建物の解体に伴って排出される廃棄物について取り上げる．

●建物の解体と廃棄物

　建築物の解体は，まず有害物質を除去し，内外装や開口部，設備などを撤去し，それから躯体や基礎を解体する，という手順で行われる．以下に建物の解体に伴う廃棄物について，排出される順に説明する．

　まず，有害物質に関しては，アスベスト，PCB，フロンなどの有害物質を含有している建材が用いられていることがある．そのため解体工事の事前調査の段階で，有害物質の有無について調査や分析が行われる．そして，有害物質を含む建材は専門工事業者の手で除去され，特別管理産業廃棄物処分場にて処分される．

　次に内外装や開口部，設備に関しては，石こうボード，木質材料，金属，ガラス，陶磁器，プラスチックなど，さまざまな種類の仕上げ材料が使用されている．これらの材料は手作業で分別解体される．仕上げ材料のうち，金属は分別して排出し，ふたたび金属にリサイクルされる．また，石こうボードや木質材料は排出量が多く，分別すると処理コストが安くなるなどの理由から，分別して排出することが多い．その他の仕上げ材料も，以前と比べると分別の実施が進みつつあるが，種類が多くて品目ごとの排出量が少なかったり，複数の材料が接合・接着していたりすることから，分別せずに混合廃棄物として排出することも多い．

　それから躯体や基礎に使われている大量のコンクリートや鉄，木などの材料は，機械や手作業を併用して解体し，分別して排出する．現在，コンクリートや鉄は大部分がリサイクルされており，木のリサイクル率も上昇している．

●建物の特徴と廃棄物

　建物を解体する前の計画段階では，排出される廃棄物の搬出や処理について検討したり，搬出や処理にかかる費用の見積りを出したりするために，廃棄物の種類や量を予測する必要がある．

■1 住宅の解体工事に伴う建設廃棄物の発生量と品目別の割合（筆者作成）

集合住宅			戸建住宅		
RC造5階建，1964年竣工，総量6761 t			木造2階建，1980年竣工，総量48.6 t		
	重量（t）	割合（％）		重量（t）	割合（％）
コンクリート	6375.0	94.3	がれき類	24.5	50.4
金属くず	233.2	3.4	金属くず	1.3	2.7
木くず	83.8	1.2	木材	9.5	19.5
畳	24.5	0.4	石こうボード	2.3	4.7
混合廃棄物	19.0	0.3	ガラス陶磁器	2.1	4.3
その他	25.4	0.4	焼却物	1.0	2.0
			混合廃棄物	6.8	14.0
			その他	1.1	2.3
計	6760.9		計	48.6	

建物の解体に伴う廃棄物の種類や量は，建物の規模や構造，用途などの特徴によって大きく異なっている（■1参照）．また，建物は個別性が非常に高いため，似たような規模，構造，用途の建物どうしであっても，廃棄物の排出量や組成は大きく異なっている場合がある．よって，廃棄物の種類や量を予測するときには，過去の排出量データなどから作成した原単位（排出量を延床面積で除した値）を用いて算出するだけでは精度に限界がある．そこで，建物を解体する前には，現地における調査や設計図書などの情報収集が必要となる．

●再資源化に向けて

建物を解体した後でふたたび資源として利用するためには，解体して排出された廃棄物を，再資源化可能な状態，すなわち再資源化処理施設の受入れ条件に合った状態に分別しなければならない．

受入れ条件のなかで最も重要なポイントは，異物の混入がないことである．異物が混入していると，その除去に手間とコストがかかり，再生品の品質が下がるばかりでなく，処理施設や機器の故障といった損害を及ぼすこともある．よって，解体する際には異物を分別し，解体現場での保管や処理施設への輸送の際にも，異物が混入しないように徹底した管理を行う必要がある．

解体現場で廃棄物を分別し保管するには，作業スペースや保管スペースを確保しなければならない．また，廃棄物がたまると作業スペースに支障が出ることがあるため，搬出計画も重要である．廃棄物の再資源化を促進するために，解体現場で徹底的に分別すると，廃棄物が小口化・多品目化し，運搬回数が大幅に増加する．そこで現在，複数の建設現場を巡回して共同搬送を行うことによって運搬効率を上げる，小口巡回共同回収システムの構築が検討されている．

●解体廃棄物のこれから

今後は，高度経済成長期に大量に建てられた建物が解体の時期を迎えるなどの理由から，建物の解体に伴って排出される廃棄物の量は増加すると予測されている．そのため，廃棄物の増加に対応した処理ルートを整備する必要がある．また，建築物の解体によるアスベストの排出量は，2020年から2040年頃にピークを迎えると予測されている．アスベストなどの有害物質を適正に除去し，処理するための仕組みや機関，施設など，さまざまな対応策について検討しなければならない．

現在使用されている建物には，分別処理が困難な複合材料が利用されていることがある．また，石こうボードの利用量が増加し，壁材，合板，プラスチックなど，多様な材料の利用が増加している．建材の多様化や複合化などの発展は豊かな住環境を実現し，その一方で処理の困難な廃棄物を生んでいる．これらの廃棄物の再資源化や適正処理を促進することも必要である．

また，廃棄物の排出量を減らすには，建物の寿命を延ばし，建物ストックを改修・補修して長く使い回すことが最も効果的である．そして，建物の分別解体と建材の再資源化に関しては，設計や工法，建材供給のシステムなど，さまざまな方面に対策の余地がある．排出された廃棄物をどう扱うかという視点だけではなく，このように建物の設計や建設，運用にまで視野を広げること，そして関係する各主体が協同して取り組むことが，これから資源循環の構築を進めるにあたって重要であるといえよう．

［鈴木香菜子］

2-41 持続的な都市再生のための材料—土

【テーマ】土 　　　　　　　　　　　　　　　　　　　　　　　　　2 保存・再生・資源

●建設材料としての土の利用

　建設材料としての土の利用は，世界各国で長い歴史がある．その利用形態には，①圧密地盤を利用する，突き固める（土間，版築），②塗り付ける，隙間を埋める，物を据えて安定させる（壁，屋根），③成形して乾燥または焼成する（煉瓦，タイル，瓦），などがある．地球上にはいまなお多くの人々がこのような土を利用した住居で暮らしている．

　日本にも木舞土壁という木，竹，土，わらなどの天然素材を用いた伝統的な壁構法（■1）があり，近年，持続的な都市再生のための建築技術として注目されている．

●木舞土壁への期待

　木舞土壁は，身近な素材を用いた壁構法であり，城閣，土蔵，一般住居などに広く使用されてきた．

　近年では工事量が激減し，技能の伝承すら危ぶまれている一方で，地球環境問題が深刻化し，ふたたび，木舞土壁への期待が高まっている．そのおもな理由としては下記があげられる．①資源枯渇の心配がない，②環境負荷（二酸化炭素の排出量）がきわめて少ない，③解体材の再利用が可能，④調湿機能を有する（例として土蔵），⑤揮発性有機化合物（VOC）などの室内汚染物質の吸着が期待できる．

●木舞土壁の復興に向けた取組

　地球環境保全の点で優位でありながら，現行の建築法規のもとでは制限を受ける場面が多い．これは決して性能が劣っているからではなく，従来，工学的な性能検証がなされてこなかったことによる．

　近年，木舞土壁の復興に向けた種々の学術的な取組が展開している．たとえば，構造耐力に関しては，実大の木舞土壁を用いた面内水平加力試験が重ねられ，先般，建築基準法関連告示における「壁倍率」の評価が上方に見直された．また，防耐火性能に関しても，同様の載荷加熱試験が行われ，柱・梁の軸組が露出した真壁構造であっても，適切な防耐火補強を施せば，法規制をクリアできることが確認されている．

　しかしながら，土壁に用いる壁土の品質については，「粘性のある砂質粘土」という程度の条件しか規定されていない．木舞土壁の構造耐力や防耐火性能，さらにそれらの持続性（耐久性）に対し，壁土の性質や施工品質の影響が無視しえないことを認めながらも，この点については未解明な部分が多い．

●木舞土壁の成立条件

　木舞土壁が所要の性能を実現するためには，①鏝塗り等の作業が容易に行えること，②乾燥ひび割れが適切に制御されていること，③下地から仕上げ面まで一体化していること，が前提となる．

　これを達成するためには，構法，材料および工法におけるそれぞれの原理の整合が求められる．

●木舞土壁の構法原理

　木舞土壁を構成する部材・材料はそれぞれ下記の機能を分担している．

　軸組：柱・梁はおもに鉛直荷重を支持する．柱・梁構面に差し込んだ貫は水平力を負担する．

　木舞下地：間渡し竹は，両端を柱または梁に差し込み，貫との交点を釘打ちとし，面外方向の力を貫に伝える．木舞竹は，間渡し竹と縄で結束し，面外方向の力を間渡し竹に伝える．木舞竹の端部は，柱や梁に差し込まずに隙間をあけ，軸組の層間変形を壁面に伝えないようにする（変形追従機構）．

　壁土：木舞の隙間を埋め，連続した壁面を形成し，雨水，風，熱，光，視線，火炎などを遮断，もしくはその浸入・透過・流出入を調整する．

●壁土の材料原理

　壁土は，粘土（固結材），スサ（繊維補強材），砂（骨材）からなる複合材料であり，壁土の性質はこれらの組合せ・調合によって異なる．

　壁土原土の品質条件：壁土の粒度が細かいほど，粘性・保水性は高いが，塗付け時の水量は多くなる．乾燥収縮は塗付け時の水量が多いほど著しい．乾燥固化後の強度は粒度が細かいほど大きい．

　スサの役割：スサは乾燥収縮に伴うひび割れを抑制する．スサの強度・剛性は大きくないが，土と

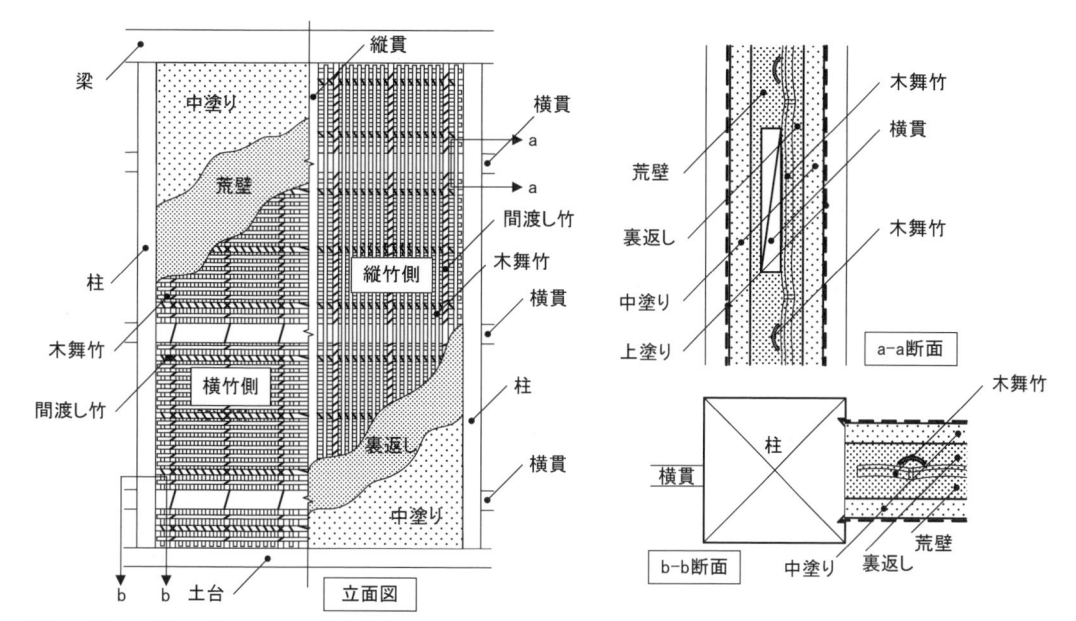

■1　木舞土壁構法の概要の一例（筆者作成）

馴染みよく付着してひび割れを防ぎ，ひび割れを分散する効果がある．長いスサは木舞竹に絡み，脱落を防止する．また，長いスサは幅広のひび割れを架橋し，短いスサはヘアークラックを抑制する．

一方，スサが長く，剛直な場合ほど，塗付け作業性は低下する．また，スサは中空のパイプ状構造であり，また長いスサほど絡みやすく，乾燥固化後の圧縮強度の低下に起因する空隙を生じやすい．

これを改善するため，壁土とスサを事前に練り混ぜておく「水合せ」という伝統技術がある．スサの外皮が腐敗・分解し，細くしなやかになる．

砂の役割：砂は寸法安定性が優れているため，その混合量を増せば壁土の乾燥収縮は小さくなる．原土の粘性が強すぎる場合に砂を加えれば除粘効果もあるが，過剰に加えると垂れ下がりやすくなる．

混合比（調合）：水量は塗付けが可能な軟らかさとなる範囲で極力少なくする．水量が多い場合は，乾燥収縮が著しくなる．スサ量はひび割れ防止に必要十分な量とするが，過剰な場合は作業性や強度の低下を招く．砂量を増やすと，乾燥収縮が低減され，塗付け時の粘性が低下するため，水量を少なくできる．逆に，粘度・保水性が低下し，砂量が過剰な場合は強度低下も生じる．砂量はこれらのバランスを考慮して決定する．

● 土壁の工法原理

荒壁・裏返し塗り：鏝均しの容易性よりも木舞下地との一体性を優先すべきである．土蔵では塊状の粘土を手で押し付けて施工することもある．幅広のひび割れが生じるが，ひび割れが落ち着くまで十分に乾燥し，次工程の「むら直し」でひび割れを埋める．壁が厚い場合ほど，粒度の細かい腰の強い壁土を用いる．木舞下地を両面から完全に包み込む．壁土の粒度が細かいほど，塗厚が大きいほど，乾燥に長期間を要す．

中塗り：荒壁・上塗りとの調和・連続性を図る．荒壁と上塗りは役割が異なるため，多くの特性において異質である．異質な層の塗り重ねは肌分かれが生じやすいため，工程数を増やして急激な材質の変化を軽減し，連続性を図る．上塗り直前の中塗り層は完全にひび割れのない平滑面とし，吸込みを均一にする．荒壁と上塗りの材質差が大きい場合ほど，中塗りの工程数は多くなる．

上塗り：美装性や壁体の保護（とくに雨水の浸入防止）を目的とした種々の材料がある．

● 今後の課題

木舞土壁は徒弟制度のもとで継承されてきた優れた伝統技術であるが，材料学的には未解明な部分が多い．安易な改良・標準化は慎むべきであるが，深刻化する地球環境問題に歯止めをかけるひとつの突破口として，木舞土壁の復興にかける期待は大きい．

［輿石直幸］

2-42　都市再生のための木の使い方

【テーマ】木　　　　　　　　　　　　　　　　　　　　　　　　　2　保存・再生・資源

●木で建物をつくる

　日本では，大昔から木材を建築材料として使用してきた．法隆寺に代表される伝統的木造建築は，1300年以上その姿を保ち続けている．もちろん，木材は，その加工性のよさから用いられてきたが，それ以上に，現在でも国土の2/3を占める森林資源が身近に存在している点も大きい．

　木材は自然材料であり，植樹することにより生産可能な建築材料である．近年，世界的に非難されている森林伐採は，再生が困難とされている熱帯雨林や北方天然林から産出する木材を使用している点であり，適切な再生が可能な生産林で生産される木材を使用することは，環境面からみても是となるものである．むしろ，建築で木材を使用するということは，京都議定書に示されているCO_2削減量を日本が達成するためにも，国内で生産される木材の有効活用とあわせて重要な問題である．なぜなら，建築で木材を使用するということは，建物がCO_2を固定していることを意味するからである．

　木材は，それ自身にCO_2のもととなるCを固定していて，木材が燃やされたり，腐朽して土に帰って初めてCO_2を，空気中に発生することになる．もちろん，森林では木は光合成によりCO_2を吸収し酸素を放出している．つまり，木を建築で使用すると，山と都市に二つのCO_2を固定する森をつくることになるわけである．さらに，環境負荷を小さくするためには，木を建築物の状態で可能な限り使用し続けることである．理想的には，使用した木材の樹齢以上使用し続けることである．この場合，建替え時に同じグレードの木材を資源の枯渇を心配せずに使用することができ，環境負荷は低減することになる．しかし，これまでの日本では，建築に用いられる国産材の使用量は頭打ちであり，新規開拓が必要とされてきた．

●木質材料

　これまで，木材は自然材料であり，その性能のばらつきという点で工学に向かない建築材料と考えられてきた．しかし，木材も単なる製材だけではなく，集成材・LVL・合板などのさまざまな木質材料が開発され，性能のばらつき，部材寸法の限界など木材のもつ短所を克服するとともに，質感・外観などの長所をより際立たせた木質建材が使用できるようになった．構造的にコントロールされた部材はEW（エンジニアードウッド）とよばれ，ヤング率・強度・含水率などが規定され構造的に扱いやすい材料となりつつある．

●耐火木質構造建築

　2000年の建築基準法改正において防火の規定が見直され，木質構造建築でも耐火建築物とすることができるようになった．耐火建築にできることで，木質構造建築物の可能性は大きく広がることになった．学校・病院・福祉施設といった低層でも平面的に広い建築物，あるいは中高層の商業施設などが，都市部でも木質構造建築で建築可能になったのである．これまで木質構造建築は，3階建てまでの戸建住宅，あるいは大断面集成材を用いた大空間ではあるが1層の体育館・美術館といった建築物しか建築可能ではなかった．建築できる建物の種類が増えることは，そのまま木質構造建築物の需要拡大，さらには，木材の消費拡大につながることになる．

　こうした，耐火木質構造建築の実現にあたっては，木質材料を用いた耐火部材の開発が必要とされる．鋼材・鉄筋コンクリートなどの不燃材と異なり，木質材料は，それ自身が燃えるためこれまでとは異なる防火の考え方が必要になる．3階建ての準耐火木造建築・大断面集成材建築では，「燃えしろ設計」という設計法が開発された．これは，木材が炭化することによりそれ自身が耐火被覆の役割を果たす性質を利用したものである．つまり，耐火性能を要求される時間内に燃える深さをあらかじめ想定し，それ以外の燃え残る部分で建物を支持することができることを確認する設計法である．

　しかし，耐火建築と準耐火建築では要求性能が異なり，耐火性能では，放置火災（消火活動ができな

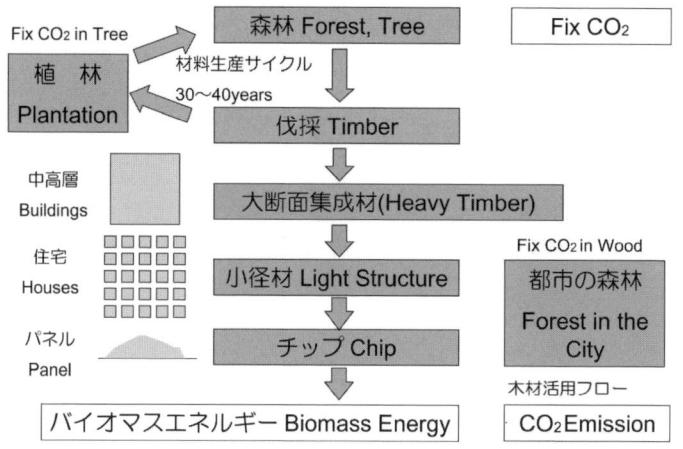

■1 森林の生産サイクルと木材の活用サイクル（筆者作成）

い場合）でも，自然に鎮火する性質が要求される．そこで，新しく登場したのが「燃え止まり部材」である．木材の外側に石膏ボードなどで被覆するもの，木材の中間部に不燃材料を挿入するもの，内部に鋼材を挿入した木材などが認定されている．こうした部材を組み合わせて建築することにより，耐火木質構造建築が建築可能になる．鋼材挿入型の部材を用いた日本初の木質複合構造建築物は2005年に竣工している（■2）．

●森林資源と建物のサイクル

環境面からみると，木質構造建築の需要を拡大して木材を大量に使用し国内森林資源の有効活用をするとともに，木材を長期間使用することが望まれる．都市再生を考える場合には，建物の長寿命化が話題になるが，環境面からみる場合，木材を長期間使用するというのは，単純に，建物を長寿命化させなくてはいけないということにはならない．木材の状態で使用していれば，CO_2はその中に固定されているわけである．また，過剰に長寿命化させると，また木材の需要を減らしてしまう可能性がある．木材の需要つまり建物サイクルと，森林での木材の生産のサイクルをうまく調整する必要があるわけである．このサイクルがきちんとできれば，環境にやさしいスクラップアンドビルドの世界も実現できる可能性がある（■1）．

これまで住宅は，その耐久性というよりは，社会背景，生活によって建て替えられる場合が多い．技術的に建物の寿命を延ばしても必ずしも長く建物が使用されるとは限らないのである．たとえば，伐採した木を大断面の集成材に加工しEWとして大型

■2 木質複合構造5階建てビル（筆者撮影）

の建築物にまず使用し，数十年後に建物を解体，このとき大断面の材を細かく分けて，住宅あるいは小規模建築に用いる．このとき，この部材はEWとしてコントロールされていた部材のため，その品質は保証されている．さらに，住宅・小規模建築を解体したあとには，木材をチップ化しバイオマスなどに利用する．つまり，建物自体を長寿命化するのではなく，使用する木材にCO_2を固定した状態で長期間使用するのである．

こうした木材を使用するサイクルと生産するサイクルを量・期間ともにうまくコントロールできれば，新しい都市再生手法も生まれる可能性がある．

［腰原幹雄］

2-43　地域の森林と木質都市の再生

【テーマ】木・林・森　　　　　　　　　　　　　　　　　　　　　　　　　2　保存・再生・資源

●二つの京都問題

　日本には木の建築の文化があり，都市は木造家屋で構成されてきた．伝統的な木造都市は第2次世界大戦を機に不燃化建築の都市へと大きく変化してきた．しかし木造住宅に対する人々の関心は高く，木造家屋で構成される都市や集落も少なくない．木造都市である京都の都市環境の大切さは，木造家屋により構成された都市に共通するさまざまな課題をもつからである．

　一方，京都は地球環境保全を世界的に取り組む京都議定書がとりまとめられた都市である．京都議定書とは大気中のCO_2を減少させるために第3回締約国会議で採択された議定書で，先進国などに対し，温室効果ガスを1990年比で2008〜2012年に一定数値削減することを義務づけるものである．削減を達成するために京都メカニズムが導入される．CO_2の排出量の建設産業の全産業に占める排出量の割合は1/3といわれている．環境問題に対応する建築産業の役割はきわめて大きい．

●森林による大気浄化作用

　地球環境の保全をめざす建築的な取組には二つの方向性があるといえる．ひとつは建築の運用時/使用時における環境負荷を低減する建築の方法である．もうひとつが，森林の育成と関連する木造建築産業を整備する方法である．森林の育成による大気浄化作用を活用し大気中のCO_2を削減するという考え方である．京都メカニズムにおける吸収源活動では，木材資源の環境的循環方法の項目があり，それは森林経営の概念となっている．森林経営では「森林の関連する生態的（生物多様性を含む）・経済的・社会的機能を持続可能な方法で満たすことをめざした，森林である土地の経営と利用に関する一連の行為」が，吸収源活動として定義されている（環境省，2003年4月）．京都議定書に約束された6%削減のうち，3.9%に相当する1300万t程度を森林の吸収による確保が目標となっている．現在のまま推移した場合には，確保できる吸収量は3.9%を下回る（農林水産省，2002）．世界的にみればCDM造林（クリーン開発メカニズム）という方法があるが，熱帯雨林などの乱伐への対応とされているが，日本国内での吸収源としての森林の位置づけは不明確である．

●林業と木造建築産業

　CO_2の吸収源として認知されていない国内の森林だが，木の生長で大気浄化が行われるのは事実であり，森林の大気浄化作用の研究も進められている．林野庁は国内の森林資源情報を管理するシステムを整備するなどし，CO_2の吸収量を報告・検証するデータづくりに活用される．しかし戦後の急速な造林から半世紀がたち，大量の国産材が利用できるが，国産材の価格は低迷している．日本で利用されている木材の約8割は輸入で，国内の林業は衰退している．その結果，山林の維持管理が持続できず，森林は危機的状況である．そこで，国内の森林資源を有効に管理することを方式化して，実質的な森林の育成を行い地球環境保全への貢献を評価する動きも出てきた．トレーサビリティ，ウッドマイレージ，大気浄化作用などの環境指標が木造建築の評価に用いられ始めている．

●産地の姿の見える住宅づくり

　こうした環境意識の向上は地域の林業や建築産業に変化をもたらしている．「産地の姿の見える住宅づくり」の運動の全国的な展開である．この方法は，林業家，材木商，建築設計者，工務店などがグループを結成し，山林から一貫して建築資材を調達し，建築生産を進める方法，といえる．林野庁によれば，2003年度には日本国内では150団体が5000軒/年程度の割合で住宅を生産しているという．たとえば，CO_2を軸に木材の供給方式を展開する兵庫県では集落が所有する森林を対象に，立木を1本ずつ分譲販売する方法が考案された．販売方法の特色は立木の価格にある．価格はCO_2の吸収コストと関係している．立木の体積に比重を掛けて木材の重量を出し，その重量に相当する炭素の量を計算し，

■1　資源管理をする森林　　■2　地域の伝統工法の評価

■3　森林経営　　■4　産地での建築部材の生産

■5　地域の森林を育成する京町屋の建築方法の現代化

そのCO₂を吸収するために化学的に必要な費用を木材価格の根拠としている。CO_2を化学的方法にとって代わり木が吸収したものと置き換えて販売する仕組みとなっている。この方法によって原木価格が安定し、計画的な森林経営を促進し、住み手に対して安心感の高い建築価格の提示が可能になった。農林水産省は独自性の高い試みとして評価した。山林を育成する木造建築の方法の模索が続いている。

●長寿命型木造住宅と「京町家」

環境型の木造建築を推進する動きも国土交通省で始まった。長寿命木造住宅整備指針（2002）である。長寿命化を図るために、①継承性・持続性の確保、②物理的長期耐用性の確保、③維持保全性・更新の容易性の確保、④可変性の確保、を必要としている。指針ではCO_2の放出量削減と固定量の拡大等を図ることも意図されている。

こうした現代の建築に求められる環境性能を京都の伝統的な都市住宅の「京町家」に見つけられる。近年、防火、構造に関する水準を現代的に引き上げる研究や実験が展開している。建築基準法では京町家の建築的性能は評価できないが、100年以上も使い続けられてきた実績を、現代の一般住宅の寿命が30年程度といわれることとを比較すれば、明らかに長寿命型の木造住宅である。オープンビルディングであることや、構造部材の再利用性、構法の地域的な定着など、現代建築がめざす方向をすでに備えている。近年、木材の産地の資源管理と京町家の建築方法の現代化による住宅づくりの開発研究が産学連携で行われた。研究者、工務店、設計者、木材コーディネイターが協働して京都市内の狭小宅地における木造住宅を実現した。この開発研究で靭性と剛性を兼ね備えた貫式の構造体が開発された。地域の伝統的な建築方法を森林資源の管理と結び付け、構造性能と環境性能をもつ建築方法が提案された。

●森林の再生による都市再生

木造建築の生産体系は社会システムとして日本の都市や農村の風景を形成してきた。生産体系を蘇らせ、森林経営と木造建築生産を関連づけることで、森林側でのCO_2の吸収と木造建築の建設で総合的に空気中の空気を浄化させる。諸産業の混合化による環境型産業が提案できる。都市や集落の再生に活用することで地球環境保全へ貢献できるといえよう。京都には風致地区が制定され森林破壊がくい止められ、同時に近代の都市の乱開発から古都の環境を総合的に守った歴史がある。森林が都市の成長を制御したように、森林から都市の再生の道筋を考えることはきわめて現代的な問題であるといえる。

［北尾靖雅］

2-44 鉄の都市への貢献

【テーマ】鉄　　　　　　　　　　　　　　　　　　　　　　　　　　　　2　保存・再生・資源

●鉄と生命の密接な関係

　宇宙に存在するさまざまな元素は，恒星の中の核融合反応により，軽い元素から順番に作られた．このため，一般的に原子核が大きいものほど宇宙全体での存在量は少なくなるが，鉄だけは突出して多くなっている．これは，鉄の原子核がすべての原子核の中で最も安定していることによる．とくに，地球においては，鉄はもっとも多い元素であり，地球の質量の32〜40％が鉄で占められていると見積られている．

　地球上の鉄の大部分は中心の核に存在しているが，地殻にも5％程度は含まれている．このため，太古の地球の海には鉄が2価イオンとして大量に溶けていた．しかし25億年前から二酸化炭素と水で光合成を行うシアノバクテリアが大繁殖すると，大量に発生した酸素のために鉄イオンは水酸化鉄として沈殿し，石英粒子と交互に積み重なって縞状鉄鉱層となった．世界中の古い地層に分布するこの鉄鉱石の量は100兆t以上といわれている．人類は生物が濃縮してくれた鉄を利用しているのである．

　一方，鉄は生命に欠かせない元素である．鉄は2価と3価の陽イオンになり両者の安定度の差が小さいという，他の元素にはみられない特性をもっている．生命は，呼吸や光合成の電子の受渡しにおいて，この特性を巧みに利用しているのである．

●文明を支える鉄

　人類が人工的に鉄を作ることができるようになったのは，紀元前1500年頃のヒッタイト帝国までさかのぼる．以来，鉄を手にした民族が強大な文明を発展させることになったが，製鉄のためには大量の木炭が必要とされ，森林資源が枯渇すると文明もまた衰退していった．

　しかし，18世紀にイギリスで石炭から作られるコークスを利用する製鉄技術が開発され，この製鉄革命が産業革命につながることになる．このことにより，人類は森林資源の制約から解放されて，鉄を大量に使うことができるようになる．

それ以降，鉄は基礎材料としてあらゆる産業に広く使われるようになった．現在の都市を支える構造材料としても，鉄は欠かせない存在となっている．

●構造材料としての鋼の特長

　鉄の中に含まれる炭素の割合を0.02〜2.14％の間に調整したものを鋼という．鋼には，他の材料と比べてヤング率と強度（降伏点）が高く，かつ塑性変形能力が大きいという大きな特長がある．アルミは同じ金属材料として塑性変形能力には富んでいるが，ヤング率と強度は鋼の1/3程度しかないので，構造材としては使いづらい．コンクリートは，その圧縮強度とヤング率の低さを大断面にすることで補っているが，引張強度と塑性変形能力がほとんどない．このため，鉄筋による補強が不可欠になる．

　自動車，船舶，機械等の鋼が使用される多くの製品は，主として鋼の高いヤング率と強度を活用している．また，金属疲労が問題となるので，構造物としては疲労限度以下の低い応力で設計される．

　一方，建築鋼構造においては，100年に一度来るような大きな地震に対して，応力を弾性範囲内に抑えることは現実的でないので，鋼の塑性変形能力で地震の巨大な入力エネルギーを吸収することとしている．これは，鉄筋コンクリート構造でも同じであり，柱や梁の塑性変形能力は鉄筋の塑性伸びによって確保される．最近普及の著しい免震構造や制震構造においても，ダンパーとして鋼の塑性変形能力を利用するものが主流である．つまり，建築構造は，とくに耐震設計の領域において，鋼の特性を最大限に活用しているということができる．

●何度でも美しく生まれ変わる鉄

　構造性能以外の鉄の大きな特長は，主要な構造材料のなかで唯一リサイクルが完全に行われているということである．

　ここに示す日本の鉄鋼循環図（■1）は，自動車や建築の形で国内に出た鉄鋼製品は，時間の差はあれ，いずれ老廃スクラップとして製鉄所に戻ってくることを表している．現状では全体の鉄源の約1/3

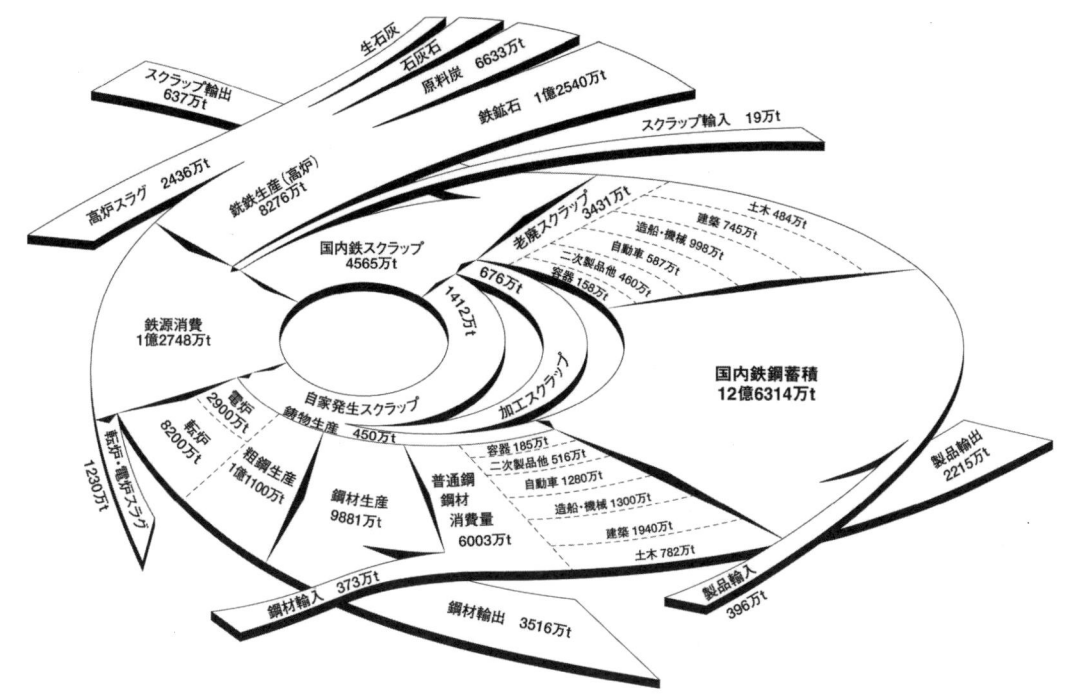

■1 日本の鉄鋼循環図（2003年度）（(社)日本鉄鋼連盟（2005）：アイアンサイクル―鉄の命は無限です，より）

がスクラップで賄われている．建設用鋼材は，自動車用鋼板等のような高性能が要求されないため，約2/3がスクラップから作られている．逆に，建設用鋼材のスクラップは板厚が厚く不純物の混入も少ないため，高級スクラップとして扱われ，電炉で特殊鋼に化けることもある．つまり，鉄は基幹材料としてあらゆる産業に浸透しながら，全体として大きな閉じた循環系をなしているといえる．

このように，鉄のリサイクルが成り立っている理由は，鉄の素材としての特性に拠るところが大きい．まず，金属材料のため，プラスチックや木材のような材料自体の劣化の心配がない．金属材料のなかでも，磁石に付くので分別しやすい．また鉄はアルミ等と違って合金元素を添加しなくても，炭素と熱処理によって高い強度が出せるので，スクラップ原料を使って元と同じ材料はもちろん，種々の材料を作ることができる．

さらに，リサイクルが産業として成り立つためには，リサイクルのコストが天然資源から作るコストと同等以下でなければならないが，鉄の場合には豊富なスクラップの供給がそれを可能にしている．現在，日本国内に各種の製品の形で蓄積されている鉄の量はおよそ12億6000万tだが，そのうちの約半分は都市を構成する建築物や土木構造物からなると推定される．つまり，都市は大量の資材を集めて作られてはいるが，そのなかの鉄は今後の重要な人工資源であるとみなすことができる．

●都市再生に向けて

都市が地球に対して及ぼす環境負荷を小さくするためには，建物の解体時に出る廃棄物を減らし，材料をリサイクルすることが必要である．しかし，鉄を除けば完全にリサイクル可能な建設材料は少ない．むしろ重要なことは，できるかぎり解体と新築のサイクルを長くし，リユース，コンバージョン，リノベーションなどの手法により建物を長く使うことである．

鉄はこれらの手法に対しても十分に対応できる特性を備えている．他の材料と違って鉄にはガス切断，溶接，ボルト接合，ドリルねじ接合などのさまざまな加工方法がある．鋼構造の場合，設計当初から部材を標準化し，接合部をボルト接合としておけば，将来の解体と再利用が容易となる．一方，そのような設計がされていない既存の鋼構造建築についても，たとえば梁のH形鋼などはガス切断の後に多少の溶接補修を施すだけで，そのまま再利用することができる．

都市再生を進めるうえでは，このような鉄の特性を最大限に活用すべきである．

［千田　光］

2-45 成形の技術と機能のインテグレーション

【テーマ】プラスチック　　　　　　　　　　　　　　　　　　　　　　2　保存・再生・資源

●インテグレーションの文化

　文字通りに考えれば，プラスチックとは「可塑性をもつ物質」の総称であり，決して石油から生成された有機ポリマーのみを表す用語ではない．塩化ビニルやポリエチレンが発明された 1930 年代以前は，プラスチックとは昆虫由来のシェラックであり，牛乳由来のカゼインであり，繊維質を加工したセルロイドであった．現代においても，セラミックはエンジニアリング・プラスチックを凌駕する成形可能な素材として重宝されているし，炭素結合をフッ素によって置き換えたテフロンや ETFE などのフロン系ポリマーは，強い化学的安定性をもつ素材として馴染みが深い．つまり，プラスチックとは，素材の名称というよりも，可塑性を前提とした生産技術，加工技術を示す言葉なのであり，それは 20 世紀の最も重要な文化のひとつとして，私たちの人工世界を支えているのである．

　では，プラスチックの文化とは何か．現代の素材論を大きく先導したエツィオ・マンツィーニは次のように述べている．

　「オブジェクトを構成するパーツの数は減りつつある．そしてその一方で，パーツに求められる機能は増えつつある．アセンブリに要するコストがこの傾向を生み，それは工程の削減という効果をもたらしている．1 回の操作で，複数の機能が統合されたアイテムを作り出す．そのためには異なった素材が集成されて発揮される機能を，形態の複雑度だけで実現するような材料とプロセスが必要となる．まず，プラスチックによってその方向性が拡げられた．プラスチックの可塑性が，技術分野において成功をおさめたのだ．」[1]

　複数の部品を組み合わせていくアセンブリの文化に対して，物質自体に機能性を統合していこうというインテグレーションの文化がある．プラスチックはその最初の担い手だったのだ．その初期段階においては，たとえばカメラやラジオの筐体のように，複雑な形態を金型で一気に成形することで機能の一体化が試みられた．しかし 1950～60 年代，エンジニアリング・プラスチックの時代（ポリカーボネート 1955 年，ポリアセタール 1960 年，ポリイミド 1964 年など）の頃には，耐熱性，耐薬品性，自己消化性などの特性が素材の方に付与されることになる．高度の潜在力を素材に準備させようという考えが現れ始めたのだ．物質の情報量はいよいよ増え始め，潜在力を発現させるための加工・成型方法も高度化する．セラミック，金属，複合材料など，他の材料分野もこの傾向に同調し（形状記憶合金 1951 年，調光ガラス 1969 年，超伝導セラミックス 1986 年など），われわれは「新素材」の時代，複数の機能がインテグレートされた物質の時代を迎えたのだった．

　これらの文化に対して，設計者はどのように反応しただろうか．1960 年代にプラスチックデザインの名作を次々と発表したデザイナー，アンナ・カステッリ・フェリエーリはプラスチックの登場を次のように証言している．

　「明るさとともに家庭に浸透しはじめたプラスチックに，誰もが興奮していた．新しい生活の雰囲気，モダニティ，原色と光沢のある表面，そして完璧な均質性．プラスチックのそれぞれが，新しい可能性を約束していた．」[2]

　プラスチックは，自由の象徴だったのだ．家事からの解放や，ポップカルチャーの伝播を担う物質として，プラスチックが新しい時代を予感させたことは偶然ではない．プラスチックは既存の材料がもっていた物理的な制約を取り払い，デザインに多くの自由度を与えたからである．まず，形態の自由．そして色彩とテクスチャーの自由．その軽さによる可搬性や，耐久性がもたらす使用条件の自由．いかなる物質とも似つかないプラスチックの変幻自在ぶりが，デザイナーの想像力を挑発し，数え切れない種類と量のオブジェを 20 世紀にもたらしたのだ．

●プラスチックの夢

　同じ頃，『有機体の学』（1960）を著した建築家，

ウィリアム・カタヴォロスは，建築はもはや「構成」というよりも「出来事」として捉えられるべきだと述べながら，20世紀最大の新素材となったプラスチックをこのように賞賛した．

「……空中に投げられた合成樹脂が，そこでただちに触媒作用を起こして硬化し，その放物線状の合成樹脂によって巨大なヴォールトがつくられるだろう．望みの堅固さ，あらかじめ決められた方向，あらかじめ計算された時間的感覚などに関係しながら，たえず変わりゆくことの可能な直接的建築の，爆発するように生成する形態．」[3]

形状がプレデザインされたプラスチックを投げるだけで展開する建築．軽さ，知的さ，そしてダイナミズムが同居するこのイメージに続いて，彼はプラスチックの特徴である機能のインテグレーションにも言及する．

「……化学薬品でみたされた二重壁の容器から成る便所を考えてみよう．これは，まず最初には，使用者がすわるのに適当な高さにまでもち上がり，次に完全な排泄にとってきわめてよいと思われるほどに沈む．その後装置は，圧力によりふたたびもち上がり，そうして使用者は快適に出てゆくことができる．一方，排泄物は化学的に中和され，溶解する．それは，完全な排出装置を不必要とするものである．このようにして，新しい家を好みの場所に建てることができるようになる．」[3]

きっと，既存の素材を軽々と飛び越える想像力こそ，建築家の武器であり，素材技術の推進力であり，未来を導き出すものなのだろう．構想可能なことがらに関しては，技術はその歩みを確実に実現へと向かわせるから，カタヴォロスの夢想もいつかは叶えられると私は思う．大事なのは，それだけの自由度をもって素材を捉える視点であり，それに向かって建築の組成を更新し続けることである．その作業はそれで十分に興奮的なのだけれど，それをしなければならない理由を，私たちはもっている．それは私たちの現在の，量的問題に関わるものである．

2008年現在，私たちは1日当たり20万人，都市域においては14万人という人口増加の時代を生きている．簡単にいえば，私たちは1週間ごとに100万人都市を造らなくてはならないのだが，こうした状況の量的変化は，自ずと質的変化をもたらすだろうと私は考える．変化の方向は明確で，素材の質量あたりのパフォーマンスを高め，使用量を縮減させる効率論が，ますます看過できないものとして私たちの人工世界を規定していくと思われる．そもそも質量あたりのパフォーマンスの向上とは，構造の視点から見れば軽量化であり，機能の視点から見れば複数の機能のインテグレーションであり，たとえば強度と軽量化，吸湿性と通気性を同時に実現するスニーカーに見られるように，20世紀の素材の進化の基本的特質でもある．そして鉄筋コンクリートが象徴したように，20世紀の建築技術も切った貼ったのアセンブリの技術だけではなく，型によって一気に形態を実現させる成形の技術にも支えられるようになったから，すでに私たちは素材と形態，もしくは部分と全体の論理に関して，まったく新しい出発点に立っている．マンツィーニが述べたように，複数の機能が統合されたひとつの素材から，部分部分に応じたパフォーマンスを1回の成形プロセスによって引き出すような方法が，21世紀には建築の分野でもさかんに実現されていくのではないだろうか．そう考えていくと，私もカタヴォロスのように，想像もつかないふるまいを見せる建築を夢想したくなってくる．

たとえば，断熱と蓄熱，軽さと遮音性，透明さと日射遮蔽など，まったく矛盾する特性を発揮するような素材は可能であろうか．それらの特性は素材の中に埋め込まれていて，電子的操作によって，もしくは周囲の環境要因によって，発現する特性を一転させる．当然ながら，その素材を使った建築は軽く，しかし強度があり，1回の押出成形によって構造とディテールが与えられる．人口増加はアジア，南米，アフリカの温帯～亜熱帯で起きているから，通風と日射に対しては選択的でなくてはならないし，日射熱の取得も可能でありたい．それは「2001年宇宙の旅」のモノリスのように単純性と複雑性が同居する建築で，朝日を浴びるたびに透明度を変え，夜には取得した熱を吐き出しながら輝き，人工と自然の境界を曖昧にしながら新たな都市の風景を構成する．そのように複雑な建築を私たちが目にするのはいつになるだろうか． ［太田浩史］

文献
1) Ezio Manzini (1989)：Material of Invention, MIT.
2) Florian Hufnagl (1997)：Plastics＋Design.
3) U. コンラーツ (1964)：世界建築宣言文集，彰国社．

2-46 世界の都市環境とシーリング材

【テーマ】シール材　　　　　　　　　　　　　　　　　　　　2　保存・再生・資源

●都市の景観

　世界のおもな都市には，再開発などでビルの建設がさかんな地域がある．最近のビルはガラスカーテンウォールがめだつ状況である．ガラスカーテンウォールが主流になるまでの歴史をみると，その発展にはシーリング材の進歩が密接に関係している．そこで，都市の景観を形成している建築を，シーリング材を中心に概観してみることにする．

　ガラスカーテンウォールは，いうまでもないが防水性が重要である．日本のような地震国において，防水性よりさらに重要なのは，層間変位でガラスが割れないようにすることである．漏水では社会問題にならないが，地震時にガラスが割れて降ってくるようなことがあると，社会問題化する．この問題を解決したのはシーリング材である．

　いわゆるシーリング材のほかにガスケットを使用することもあるが，ガスケットも広い意味でシーリング材と考えてよい．日本では，シーリング材を油性コーキング材と弾性シーリング材に分類している．類似しているものとして，ガラスパテもあるが，シーリング材には含めていない．

　外壁に使用する防水材は世界的にみるとシーリング材だけである．日本にはJIS A 6021「建築用塗膜防水材」が制定されて，この規格に外壁用が含まれている．年間数千 t が使用されているが，この種の材料を使用しているのは日本だけである．

●油性コーキング材の時代

　日本では，シーリング材の歴史は戦後に始まっている．油性コーキング材が初めてアメリカから輸入されたのは1950年頃のことであり，国産化されたのはそれから5年後のことである．その頃からRC造が大量に建設され始め，たとえば，旧住宅公団のアパートのサッシ廻り目地の防水材として，油性コーキング材が使用されたのが代表的な例である．当時のサッシはスチールサッシであった．

　油性コーキング材は空気に触れると酸化して付着性が失われる．コンクリートやモルタルを被着体とすると，それらは通気性があるため，被着面も酸化して剥離する．したがって，耐久性に限界がある．場合によっては，4～5年で剥離することがあった．油性コーキングの時代は1970年頃までであり，その後は弾性シーリング材の時代になった．

●アルミカーテンウォールとポリサルファイド系シーリング材

　戦後，アメリカでは鉄とガラスの時代が始まった．モダニズム建築の幕開けである．これを成り立たせたのがポリサルファイド系とシリコーン系シーリング材である．ポリサルファイドを日本では多硫化ゴムとよぶこともある．まもなく，アルミサッシも登場し，アルミカーテンウォールが世界的に普及して，ポリサルファイド系シーリング材がさかんに使用され始めた．その代表例が国連本部ビル（設計：ウォーレス・K・ハリソン，原案：ル・コルビュジエ，1953）である．

　物質特許を認めているアメリカではポリサルファイドは特許物質であった．1940年代初めに開発され，耐油性の高いゴムとして航空機に使用されて，当時は軍事機密物資であった．ゼロ戦と戦ったグラマンのオイルタンクにもコーティングされ，機銃を受けても炎上しない効果があったという．

　日本でも，本格的なオフィスビルが建設されるようになった1958年に，初めてポリサルファイド系シーリング材が輸入されている．国産化されたのは1963年である．

●ガラスとシリコーン系シーリング材

　シリコーンは，ポリサルファイドと同じ頃開発され，電気絶縁材として使用され始めた．低分子シリコーンが高性能のエンジンオイルになり，航空機の航続距離を長くしてもエンジンが焼け付くことがなくなった．航続距離2000 km以上のB-29などの爆撃機は，シリコーンオイルを使用して初めて成り立ったものである．

　シリコーンはケイ素を主成分とする高分子であり，ケイ素のアモルファスであるガラスとの相性が

よい．シーリング材としての性能はポリサルファイドよりはるかに優れている．フランク・ロイド・ライトのジョンソンワックスビルは，竣工直後からガラスチューブのトップライトの漏水が続いていたが，シリコーン系シーリング材で初めて漏水が解決したというエピソードが残されている．

1成分形シリコーン系シーリング材が，日本で国産化されたのはポリサルファイドの国産化と同じ1963年であり，この頃になると世界中のガラス廻りのシーリング材として普及した．2成分形が国産されたのは1971年である．

シーリング材としての性能は抜群によいが，含まれているシリコーンオイルが遊離して壁面に広がり，埃を吸着して汚れを生じる欠点がある．この問題がいまだに解決せず，普及にブレーキがかかった状態である．

●ポリウレタン系シーリング材

昭和40年代になって，旧住宅公団はPCaパネルによるアパートのプレハブ化を推進した．油性コーキングの性能の限界が表面化して，対策が検討され始めた頃，ポリウレタン系シーリング材が実用化した．ポリサルファイド系やシリコーン系よりローコストであるため，急速に普及した．ポリウレタン系は露出状態で使用すると劣化しやすいが，表面を塗料または吹付け材で保護した状態にすると，かなり長期の耐久性がある．日本独特の材料であるが，最近までトップシェアを占めるシーリング材であった．

●変性シリコーン系シーリング材

ポリサルファイド系は目地の伸縮幅が目地幅の30％程度になると，数年のうちにひび割れが進行しやすく，剥離も生じやすくなる．シリコーン系は汚れの問題が解決しない．

そこで，日本で開発されたのが変成シリコーン系である．生産開始は1978年であるが，その後急速に普及し，最近はポリウレタン系をしのいで，トップシェアを占めるまでになっている．

ガラスは接着しにくいことが欠点とされており，ガラス廻りにも使用できる材料として，ポリイソブチレン系とよばれる新しいシーリング材も開発され，普及し始めている．

●シーリング材の展望

シーリング材は航空機で実用化し，10年ほど経つと乗用車などの車両に使用され始め，さらに10年ほど経つとローコスト化して建築で使えるようになるといわれてきた．シーリング材が建築で実用化しておおむね50年が経過して，いまや，世界の近代建築でシーリング材を用いないものはないといってよい．

国連本部ビルをはじめとするニューヨークの初期のカーテンウォールの建築で，老朽化がめだつものがあるといわれている．戦前の様式的な建築に比較して老朽化がめだつようである．初期のカーテンウォールは防水性能をシーリング材に頼りすぎたきらいがあった．

現在のカーテンウォールは，シーリング材に故障が生じて雨水が侵入しても，すみやかに外部に排出するディテールとするのが常識になっている．これはシーリング材の実用化から50年にして得た，学習の成果ということができる．かくして，世界の都市の景観は，ガラスカーテンウォールを中心にした近代建築の景観へと変化しつつある．　　［奈良利男］

■1　ガラスカーテンウォールのビル群　東京・シオサイト（筆者撮影）

2-47 世界の都市の屋根—陸屋根の防水

【テーマ】屋根防水材料　　　　　　　　　　　　　　　　　　　　　2　保存・再生・資源

●勾配屋根と陸屋根

建築の屋根を大別すると，勾配屋根と陸屋根になる．歴史的にみると，19世紀まで屋根といえば勾配屋根であり，陸屋根はゼロといってよい．その理由は，まず，陸屋根を造る技術がなかった．次に，デザイン上の理由があげられる．

屋根の形には，雨露をしのぐ機能と同時に，デザイン的な要素が大きく関係する．最近の脳科学研究の成果によれば，マカク属のサルの脳に斜めの線に反応するニューロンの存在が確認されており，ヒトの脳にも存在すると考えられている．勾配屋根の斜めの線をみると，ヒトの脳は「快」と出力するメカニズムが働いていることが考えられる．

●陸屋根の成り立ち

1800年代の終わりごろから建築のデザインに変化が生じた．アメリカで高層ビルが建て始められると，様式にとらわれず屋根をフラットにしたものが出現したのである．当初は，木造で下地を造り，アスファルトを塗布して屋根とした．1880年代には，石油アスファルトが天然アスファルトと同様に使用できることがわかり，材料はふんだんに供給され始めていた．やがて，陸屋根は近代建築の要素のひとつになった．この流れを決定的にしたのが，鉄筋コンクリート（RC）である．まず，1900年代初めにフランスでRC造が実用化した．当初，RC造は古典的な様式を踏襲していたが，1930年代になると，ドイツのバウハウスの影響もあって近代建築運動がさかんになり，変化は大きな流れになった．

近代建築の特徴を簡単にいえば，横長の窓と陸屋根ということになる．組積造では窓の大きさに制約があり，屋根は勾配屋根の様式があった．RC造ではまず窓の制約がなくなり，屋根は勾配をつけるよりフラットにしたほうが造りやすく，ローコストにできる．

●アスファルト防水の始まり

天然アスファルトはエジプトのミイラに使用されていることが知られている．ミイラを包んでいる麻布に防腐剤として塗布する，あるいは布の端末を留めるための，いわばホットメルト接着剤として使用されていたことがわかっている．ミイラを作る風習は約5500年前に始まり，約2500年前に廃れた．したがって，天然アスファルトは少なくとも2500年以前から使用されている．いつごろ防水材として使用され始めたかは定かでないが，組積造の防湿材として，基礎部分に塗布する，あるいは地下室の床および外周壁に塗布する方法が，かなり古くからあったと考えられる．

日本の陸屋根はアメリカの影響を受けて，木造下地に石油アスファルトを塗布する方法で始まっている．1905年竣工の大阪瓦斯本社ビルの屋根に，部分的に使用されたのが記録に残る最初の例である（小池迪夫（2005）：日本の防水，（社）全国防水工事業協会）．

● RC造とアスファルト防水

本格的な陸屋根は本格的なRC造とともに始まった．1911年竣工の「三井物産横浜ビル」（設計：遠藤於菟）は，現存する最古のRC造として知られている（■1）．このビルには倉庫が付属していて，外壁は煉瓦造であるが，柱と屋根スラブはRC造である．ビル竣工の1年前（1910）に竣工している．日本の本格的な陸屋根はこの倉庫の屋根から始まっている．

倉庫もビルも防水材はアスファルトである．倉庫については，残されている断面図にアスファルトと記載されている．また，ビルについては，1912年の『建築雑誌』（第305号）に，屋根は「アスファルトコンクリート敷き砂利置き」と紹介されている．しかし，いずれも詳細はわかっていない．

当時，すでに石油アスファルトおよびルーフィングが輸入販売されており，残されている見積書などの「三井物産横浜ビル」関係資料によれば，それらが使用された可能性が高い．現存しているのであれば屋根を調べればわかるはず，ということになるが，現状は防水改修の結果，塩ビ鋼板の瓦棒葺勾配

■1 三井物産横浜ビル　左側が1911年竣工，右側は1927年の増築（筆者撮影）

■2 三井物産横浜ビル屋根　左側は倉庫（筆者撮影）

屋根になっている．過去何回か防水改修されていると推定され，オリジナルの防水層が残っているかどうか不明である（■2）．

●欧米の陸屋根

ヨーロッパの近代建築の陸屋根は，日本の陸屋根と同じ時期に始まっているが，例外なくアスファルト防水層の上に砂利置きである．日本のように，アスファルト防水層の上にコンクリートを打設することはない．

パリの防水材メーカーの技術担当者に，なぜ砂利置きなのか質問してみると，「防水材は有機材であり，太陽光線で劣化する．これを遮断するためには無機材で覆うのがよい．砂利は万一漏水したときに片方に寄せて防水補修するのに都合がよい無機材である」と答えた．ヨーロッパではアスファルト防水層の上にコンクリートを打設するといった，補修が困難な造り方はしないのである．

●防水工法の変化

1970年代から，ヨーロッパではイタリアおよびフランスを中心にして，急速に防水工法が変化した．それまでのアスファルト熱工法からトーチ工法に転換したのである．

欧米の熱工法はアスファルトを釜で溶融したものを下地にモップで塗布しながら，ルーフィングを張り付け，これを何回か繰り返し積層する．日本の流し張りとよばれる工法とは少し異なっている．トーチ工法は改質アスファルトルーフィングシートをトーチバーナーで加熱溶融して張り付ける．イタリアとフランスは，現在では97％以上がトーチ工法であり，ほぼ完全に転換が終わった．そのほかの国もこれに続いている．転換した理由は，いわゆる3Kを解消し，若年労働者を確保するためである．

改質アスファルトルーフィングシートは，表面に天然スレートの粉末（扁平の砂）を付着させたものが主流である．これを張れば，表面は無機材で保護されているため，あらためて砂利置きにする必要はないという考え方が定着しつつある．ヨーロッパの陸屋根も変化している．一方，アメリカではヨーロッパとは異なり，1960年代から合成ゴムや塩ビのシート防水がかなり普及したが，シート防水の上にも砂利置きとすることが多い．

●日本の防水工法

日本の陸屋根の防水は，モルタル防水を除いて，明治末から昭和40年（1965）頃まで，世界と共通して防水材といえばアスファルトが唯一のものであった．

昭和40年代になって，防水材として高分子系材料が使用されるようになった．合成ゴム系シート，塩ビ系シートおよびウレタンゴム系塗膜防水材がその代表的なものである．

アスファルト防水に保護コンクリートを打設した日本独特の屋根が漏水し始めると，現実にはコンクリートを撤去するのは困難である．保護コンクリートの上にそのまま新たな防水層を設ける方法が求められ，その材料としてウレタンゴム系塗膜防水材が定着してきた．保護コンクリートが日本独特のものであり，これを補修する材料も独特のものが必要であった．ある意味，日本の陸屋根は世界最先端を走っている．日本の都市の屋根は世界の都市の屋根に比較して，きわめてユニークなものがあるといえる．

[奈良利男]

2-48 居住環境と断熱材

【テーマ】断熱材　　　　　　　　　　　　　　　　　　　　　　　　2　保存・再生・資源

●断熱材の役割

　建築に用いられる断熱材の役割は，建物内外を隔てる壁や屋根などの部位（これを建物外皮という）に施工し，日射や冷暖房などの熱エネルギーの流出入を遮断することである．断熱施工された建物の居住環境は，適度な冷暖房機器を導入することにより快適な温熱環境が形成される．また，同時に冷暖房エネルギーの損失を低減させ，省エネルギーが図れる．太陽熱などの自然エネルギーを利用する場合は，暖房エネルギーがゼロ（無暖房）となることもあるが，建物を適切に断熱化することが前提条件となる．気候変動という環境問題の対応が急務となっているが，少ないエネルギーで快適な居住性が得られる材料として断熱材の果たす役割は大きい．

●断熱材の種類

　建築用断熱材を分類すると表1のようになる．大別すると繊維系断熱材と発泡系断熱材に分けられる．さらに無機系と有機系に区分できる．最近は，有機系の繊維断熱材には木繊維，綿花や羊毛といった天然の素材による環境影響の少ない，健康安全な材料も注目されている．形状でみると，フェルト（綿状）のものやボードに成型したもの，未成型のばら状のもの，および現場発泡タイプのものとに分けられる．

　このように，材質や形状がいろいろあるので，それぞれの特性を生かした断熱工法が考えられている．

●各種断熱材の特性

　建築用として使用されている主な断熱材について取り上げる．

　①グラスウール：住宅に用いられる最も代表的な断熱材．4～6 μm 径の短繊維のガラスを綿状にして繊維間に空気を閉じこめ，軽量で高性能の断熱性が得られる．また，素材がガラスなので不燃材料となる．製品の種類としては，密度と厚さおよび外被材（袋）の組合せで多様なものがある．住宅用は，密度が10，16 kg/m³の製品で，防湿性のある外被材で被覆されたフェルト状製品が使われる．これより密度の高いもの（24，32 kg/m³）はボード状製品として用いられる．熱伝導率は密度により変化し，建築用の10 K で 0.048 W/mK，16 K で 0.040 W/mK および 24 K で 0.035 W/mK 程度である．

　②ロックウール：グラスウールと同様従来から工業用断熱材として使用されている．鉱物を高温で溶融し，遠心力で吹き飛ばして繊維化した耐熱性の高い繊維質断熱材．不燃性断熱材でもある．建築用では密度が 20～70 kg/m³のフェルト状製品や密度 40～100 kg/m³のボード状製品が使用される．熱伝導率は，密度が 40～80 kg/m³で約 0.035 W/mK である．

　③セルローズファイバー：新聞故紙を再利用して粉砕し，これに難燃化のためのホウ素化合物を添加しながら，さらに細かく粉砕して繊維状にする．現場では，専用の吹込み機で綿状にほぐし壁や天井に吹き込んで施工する．リサイクル材料を使用していることから環境にやさしい材料として注目されている．熱伝導率は，密度が 55 kg/m³程度で約 0.038 W/mK である．吹込みによる工法は，容易に隅々まで隙間なく充填できるという特徴がある．また，吸音性が高い．

　④ビーズ法ポリスチレンフォーム（EPS）：ビーズ法ポリスチレンフォームは，発泡性のポリスチレンフォームビーズ原料をあらかじめ加熱して1次発泡させ，これを板状またはある形にした金型に詰め，再加熱して2次発泡させることにより成型する．発泡にはブタン，ペンタンなどの炭化水素を用いているが，製造直後の短期間で大気に放出され，空気に置換するので熱伝導率の経時的な変化はほとんどない．熱伝導率は，密度により変わり，20 kg/m³で 0.035 W/mK 程度，30 kg/m³では 0.032 W/mK 程度である．

　⑤押出法ポリスチレンフォーム（XPS）：押出法ポリスチレンは，ボード状で軽く，比較的剛性の

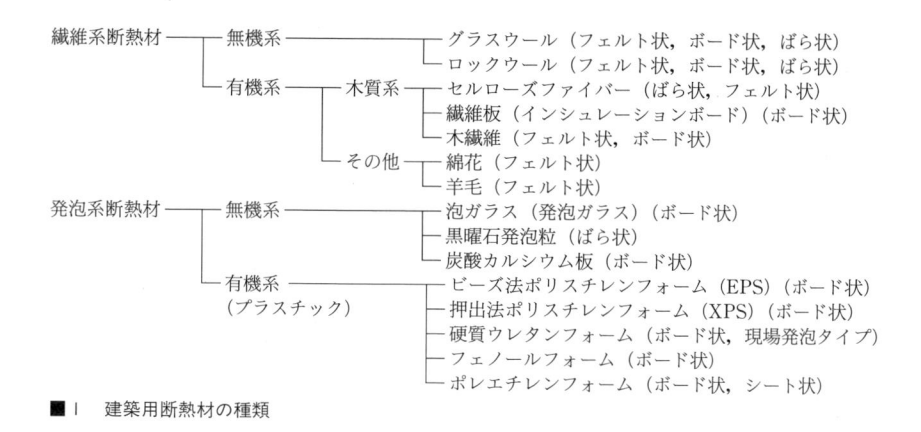

```
繊維系断熱材 ─┬─ 無機系 ─┬─ グラスウール（フェルト状，ボード状，ばら状）
              │          └─ ロックウール（フェルト状，ボード状，ばら状）
              └─ 有機系 ─┬─ 木質系 ─┬─ セルローズファイバー（ばら状，フェルト状）
                        │          ├─ 繊維板（インシュレーションボード）（ボード状）
                        │          └─ 木繊維（フェルト状，ボード状）
                        └─ その他 ─┬─ 綿花（フェルト状）
                                   └─ 羊毛（フェルト状）

発泡系断熱材 ─┬─ 無機系 ─┬─ 泡ガラス（発泡ガラス）（ボード状）
              │          ├─ 黒曜石発泡粒（ばら状）
              │          └─ 炭酸カルシウム板（ボード状）
              └─ 有機系 ─┬─ ビーズ法ポリスチレンフォーム（EPS）（ボード状）
                 (プラスチック) ├─ 押出法ポリスチレンフォーム（XPS）（ボード状）
                        ├─ 硬質ウレタンフォーム（ボード状，現場発泡タイプ）
                        ├─ フェノールフォーム（ボード状）
                        └─ ポリエチレンフォーム（ボード状，シート状）
```

■1　建築用断熱材の種類

ある断熱材で，熱伝導率が小さい．耐水性や耐吸湿性にも優れている．ポリスチレンを主原料とし，発泡剤，難燃剤などとともに押出機で溶融，混合し，尖端ノズルから大気中に押し出して圧力を解放することにより連続的に発泡させ，ボード状にして切断する．最近は，発泡剤にオゾン層破壊物質として規制されたフロンガスは使用していない．熱伝導率は，密度が 30 kg/m³ で約 0.030 W/mK，35 kg/m³ になると 0.025 W/mK 程度になる．

⑥硬質ウレタンフォーム：独立した微細な気泡による構造となっており，気泡に熱伝導率の小さいガスを含んでいるので優れた断熱性をもち，長期的にも安定している．プラスチック製品では熱硬化性なので耐熱性がある．プラスチックフォームの中で最も使用量が多い．ウレタン樹脂のポリオールとポリイソシアネートおよび発泡剤を主原料とした液体原料を混合して，短時間で高分子化と成型を同時に行い，ボード状に製造する．最近は，発泡剤はノンフロン化している．また，原液（ポリオール，ポリイソシアネートのそれぞれに発泡剤を配合したもの）を現場に持ち込み，ノズルから吹き付ける現場発泡品がある．この製品は，鉄筋コンクリート造（RC）の壁や天井に吹き付けて断熱する工法として多用されている．熱伝導率は，密度が 30〜40 kg/m³ で約 0.020 W/mK である．

⑦フェノールフォーム：発泡プラスチック断熱材の中では防火性に優れ，煙や有毒ガスの発生がほとんどない．耐熱性が比較的よく 130℃ 程度の使用に耐える．熱性能が長期的にも安定である．フェノール樹脂，発泡剤および硬化剤を主原料とした液状混合物を発泡硬化させてボード状にする．最近は，発泡剤をノンフロン化している．熱伝導率は，密度が 30 kg/m³ で約 0.020 W/mK である．

●断熱性に及ぼす影響因子

断熱材は，空気を閉じ込めるか気孔の中に空気より熱伝導率が小さいガスを閉じ込めるかで熱遮断を図るため，密度の軽い材料となる．このような材料は，断熱性を表す熱伝導率が一定ではなく，温度や密度あるいは水分によって影響されることに注意しなければならない．温度や密度による影響は，主に材料内部のガスの放射や対流による．温度が高くなると放射や対流が生じて一般に熱伝導率は大きくなる．また，密度があまりに小さい場合も同様である．密度が高くなると固体の伝導により熱伝導率も大きくなる．内部が微細構造であれば放射や対流の影響は小さくなる．材料中に含水して水分があると熱伝導率は大きくなる．ガス発泡の場合は，ガスの放散により長期間にわたって熱伝導率が変化するいわゆるエイジング（経時変化）がある．このようなことから，実際に断熱材を使用する状態を考慮して断熱性能を決定する必要がある．この熱性能値を設計値と称している．メーカー保証の熱伝導率は標準状態の値（宣言値）であるので，影響因子を考慮して安全をみる必要がある．

●断熱材と断熱工法

断熱材には材質や特性があるので，それぞれに適した断熱施工をとる必要がある．また，断熱施工する建物本体の構造にもよるので，これらを勘案して最適な工法とすることが重要である．断熱材の性能がいくらよくても施工が悪ければ熱遮断にはならないので，連続した隙間のない断熱層が建物外皮に形成されるような断熱施工が望まれる．　　[黒木勝一]

2-49 素材を組み合わせる

【テーマ】建築材料選定　　　　　　　　　　　　　　　　　　2　保存・再生・資源

●建築物に要求される機能・性能

　建築物は，個々の要求・制約に応じてさまざまな機能・性能を有していなければならない．すなわち，建築物を設計する際には，その用途および立地環境に応じて，個人的要求，社会的要求，法規的制約，環境的制約，経済的制約など，建築物に課されたさまざまな条件を満足するように設計しなければならない．建築物の用途（住宅，学校，事務所，倉庫など）と立地場所は，建築主によってあらかじめ設定されており，それらに付随して発生する法規的制約（建ぺい率，容積率，構造種別など）や環境的制約（気温，風向・風速，降雨・降雪など）に関しては変更の余地はない．一方，関東大震災を超えるクラスの地震に対しても被害をまったく発生させたくないとか，年間を通して室内気温を$22±2℃$に保ちたいとか，内外装をアール・ヌーヴォー調に仕上げたいとかといった個人的要求は，法規的制約・環境的制約を享受したうえで，経済的制約（イニシャルコスト，LCCなど）を勘案して変更される場合がある．また，建築物は，個人の所有物であることが多いが，社会を構成する重要な施設・資本であるため，文化歴史的に調和していること，景観を破壊しないことといった社会的要求は非常に重要である．

　建築物の設計に際しては，上記の要求・制約を満足するように，さまざまな性能が定義され，その目標レベルが定められる．たとえば，地震時に崩壊しないこと（構造安全性），火災時に安全に避難できること（火災安全性），冬季に寒さを感じないこと（熱的快適性），静かに就寝できること（音的快適性），大規模修繕が100年間不要であること（耐久性），高齢者が容易に歩行できること（バリアフリー性）などである．

●建築物の構成

　建築物は，さまざまな用途を有する空間の集合であり，空間は，壁・床・柱・梁といった部位・部材によって構成されている．さらに，各部位・各部材は，複数の製品・材料の組合せによって成り立っており，各製品・各材料はさまざまな素材から作られている．すなわち，建築物はさまざまな素材の集合体であり，さまざまな細胞の集合体である人間と同様に考えることができる．人間の基本的特性を決定しているのはヒトゲノム（細胞の核の中にある遺伝情報の総称）である．建築物では，素材を細胞に相当するものと考えれば，素材の性質・属性を「建築ゲノム」と定義することもできる．

●最適化問題

　建築材料的には，建築物を設計するということは，複数の目標性能を同時に達成できるように，無限に近い選択肢の中から適切な素材・材料を選択・作製して，適切に組み合わせる作業であるといえる．優れた設計者は，最適な素材・材料を最適な組合せで用いて，すべての性能を過不足なく満足する建築物を経済的に設計できるであろう．これは，数学的には，離散的要素の組合せに対する多基準最適化問題にほかならない．すなわち，建築物の設計では，複数の目的変数（要求性能）があり，個々の目的変数は複数の説明変数（素材・材料の種類）の関数となっており，複数の制約条件（法規制，コスト，素材・材料の入手可能性）が課されたうえで，複数の目的変数が最適な状態となるような説明変数の値（具体的な素材・材料）を求めるのである．

●遺伝的アルゴリズムによる外壁の最適化設計

　外壁は，外部環境に対する調節・遮断機能を必ず有していなければならない．また，耐力壁の場合には構造機能も必要となり，一般的にその断面は多種多様な材料で構成される（■1）．多基準最適化問題の解法に多用される遺伝的アルゴリズム（GA）を用いて外壁の設計を行った例の概略を以下に示す．

　GAの適用に際しては，外壁を8層の製品・材料の組合せで構成されるものとして単純化する．各層は製品・材料の種類を示す9ビットの識別子（材料ID）からなり，外壁は合計72ビットの遺伝子型として表現され，遺伝子型は材料データベースを介して，具体的な形状・性能を有する表現型に変換され

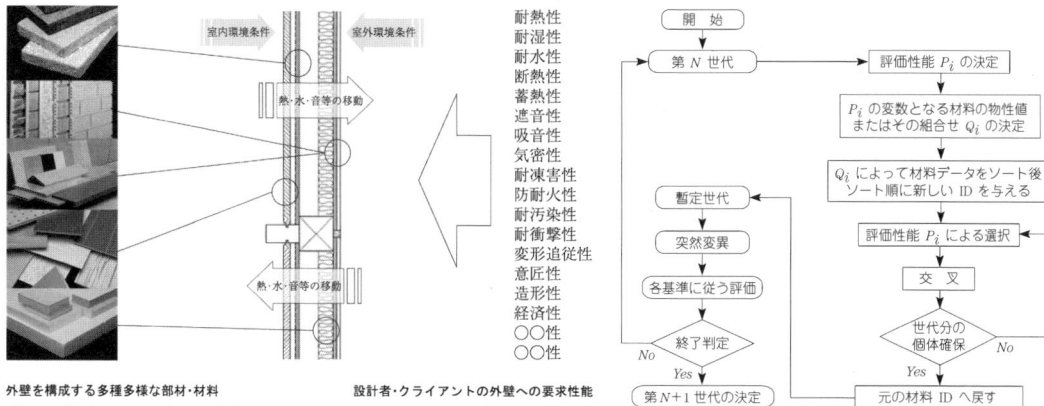

■1 外壁のさまざまな構成材料とさまざまな要求性能（筆者作成）

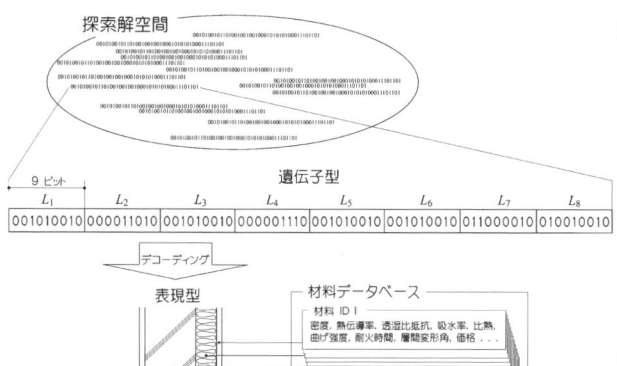

■2 GAにおける外壁の遺伝子型と表現型[1]

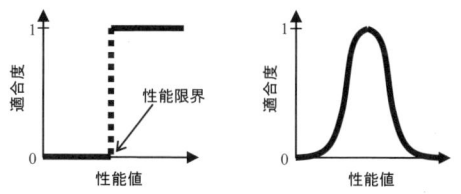

■3 性能値と適合度（筆者作成）

る（■2）．外壁のさまざまな性能の値は，下記のように，理論式や実験式を用いて予測される．

断熱性能（熱貫流抵抗 R，m²K/W）

$$R = \frac{1}{1/\alpha_i + \Sigma(d_j/\lambda_j) + 1/\alpha_0}$$

α_i：表面熱伝達率（室内側，W/m²K）
α_0：表面熱伝達率（室外側，W/m²K）
d_j：材料 j の厚さ（m）
λ_j：材料 j の熱伝導率（W/m²K）

そして，予測された性能値は要求に対する適合度という観点で評価される（性能値は絶対に要求値以上でなければならないという場合や，性能値は要求値に近ければよいという場合など（■3），さまざまなケースがある）．

■4 GAによる最適解導出の流れ[1]

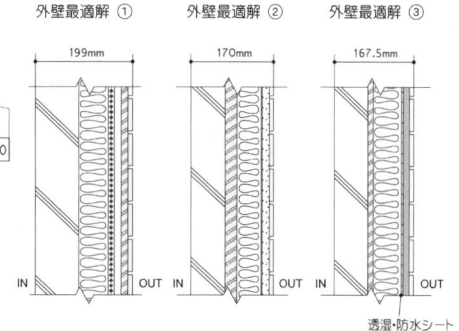

■5 GAにより得られた最適な外壁[1]

GAの実行においては，現世代の個体（72ビットの遺伝子型）を M 個生成し，適合度の高い個体を二つ選択して遺伝子の一部の入替え（交叉）を行ったり，個体を一つ選択して遺伝子の一部を変化（突然変異）させたりして，次世代の個体を M 個生成する（■4）．この操作を数世代繰り返した後，最終世代で最も適合度の高い個体が最適解として得られる（■5）．

将来的には，製品・材料を遺伝子とするのではなく，製品・材料を構成する素材または化学物質を遺伝子として表現してGAによる最適解導出を行うことで，いままで想像もできなかったような新製品・新材料の開発へとつながることが期待される．

［野口貴文］

文献
1) 長井宏憲ほか（2005）：建築外壁材料の性能指向型選定手法に関する研究．日本建築学会学術講演梗概集，vol. A-1, pp. 1095-1098．

2-50 電気エネルギーが都市を支える

【テーマ】電気エネルギー　　　　　　　　　　　　　　　　　　　　　2　保存・再生・資源

●電力化率
日本の1次エネルギー総投入量に占める電気向けエネルギー投入比率（電力化率）は■1に示すように年々上昇しており，すでに40％を超えている．

●用途別電力消費量
住宅等の単相100 V，200 V（これを電灯用とよぶ），商店等の3相200 V（低圧電力とよぶ），ビル等の3相6600 V，2万2000 V，6万6000 V（業務用電力とよぶ）およびその他を合わせた民生用部門の電力消費量の伸びが大きく，全体の60％を占めている．

●電力系統の構成と受電電圧
■2に示すように火力発電所，原子力発電所，水力発電所で発電された電気は超高圧変電所（50万V，27万5000 V→15万4000 V），1次変電所（15万4000 V→6万6000 V），中間変電所（6万6000 V→2万2000 V）や配電用変電所（6万6000 V→6600 V）を経由して各需要家にその使用量にふさわしい電圧で供給されている．

●広域運営のための連携設備の状況
各電力会社間の需給のバランスをとるため，沖縄電力を除く9電力会社間で広域運営のための連携設備を構築している．富士川の以西（60 Hz）と以東（50 Hz）の電源周波数の違いを吸収するため北陸電力と中部電力間，中部電力と東京電力間に交直変換設備を設けている．また電力系統の安定性向上のため，四国電力と関西電力間，東北電力と北海道電力間に直流地域間連携設備を設けている．

●電源構成（発電能力）
電源構成とは全発電能力に対する各エネルギー源の比率を表したものであるが，1965（昭和40）年当時は水力，石炭火力，石油火力がほぼ均等に発電を担っていた．現在では水力，ガス火力，石油火力，原子力とさまざまなエネルギー源により構成されており，今後，経済性，社会情勢，エネルギーセキュリティなどの制約条件により変化していくものと考えられている．

●最大電力（送電端）に占める冷房等夏期需要
最近では需要調整用の蓄電池（2次電池）が導入されているが，基本的に電気は貯蔵できない．そのため電源設備はその最大値（最大電力）を考慮して建設されている．この最大電力のなかで最も大きな比率を占めている用途が冷房等夏期需要である．その比率は最大電力の約40％を占めており，この夏期需要を抑えるため蓄熱式空調システム等，各種の施策（電力負荷平準化対策）が講じられている．

●発電電力量構成（発電量）
年間に実際，発電する量（発電電力量）の構成は，電源構成とは異なり運転費の安価な原子力や石炭火力の比率が上昇していることが特徴である．近年の石油価格の高騰やCOP3（地球温暖化防止京都会議）に代表されるCO_2発生量の削減要求から，世界的に原子力発電が見直される傾向にある．

●熱効率と送配電ロス率の推移
エネルギーの有効利用のため，発電における熱効率の向上や送電，配電に伴う電力損失の軽減は非常に重要である．■3に火力発電所の熱効率および送配電ロス率の推移を示すが，日本は世界的にみてもかなり効率的な状況となっている．

●CO_2排出量・排出原単位の推移
これまで述べてきたような各種対策により，日本の発電に伴うCO_2排出量やその原単位は■4に示すようにきわめて優れた値となっていることがわかる．

●地下式変電所（配電用）
都市部における変電所は，都市の高密度化や配電設備の地中化に伴い地下式となっている．こうした配電用の変電所は1カ所につき約1000〜1200 m²の面積を必要としているが，建築基準法上は公益施設として容積の緩和が認められている．配電用の変電所は都市部では1カ所につき半径700〜1000 mの範囲を供給エリアとしている場合が多い．

●分散電源
近年いろいろな意味で注目を集めている分散電源

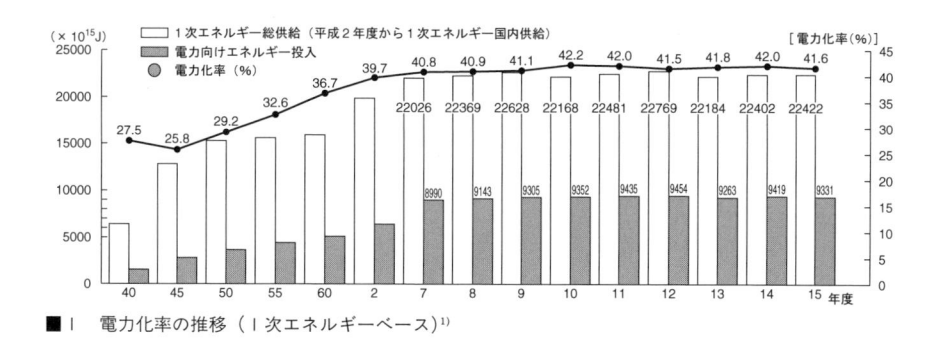

■1 電力化率の推移（1次エネルギーベース）[1]

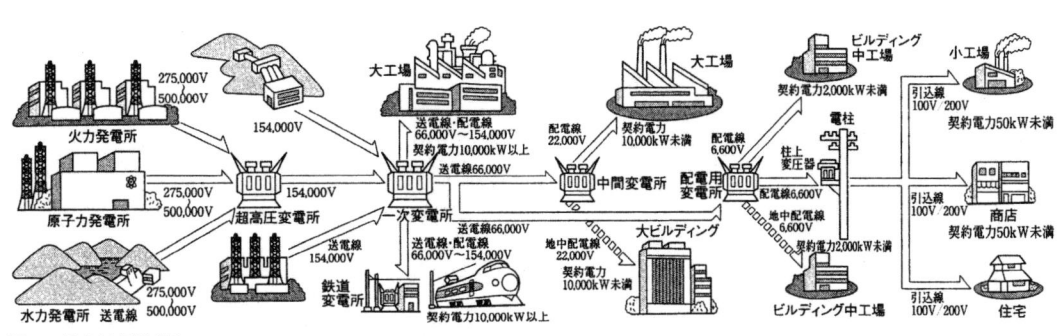

■2 電力流通設備[2]

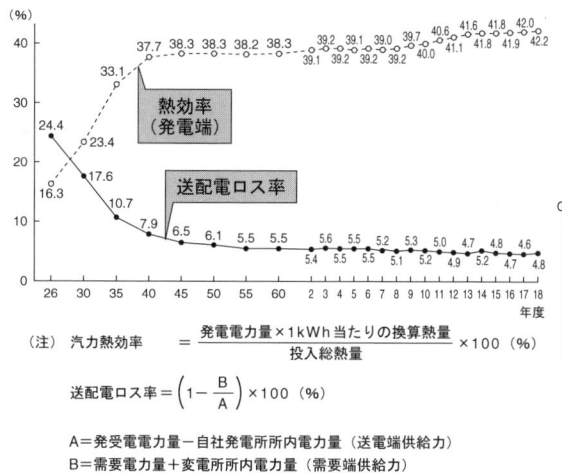

■3 熱効率と送配電ロス率の推移[1]

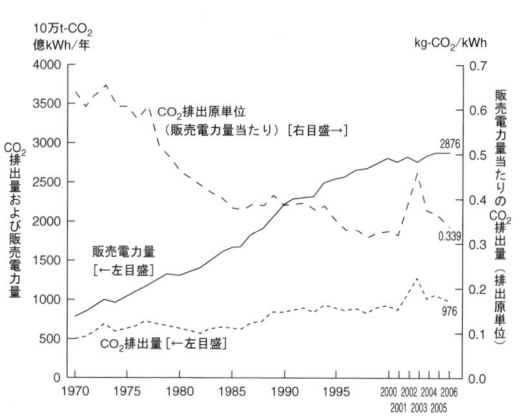

(注) 汽力熱効率 $= \dfrac{発電電力量 \times 1\,kWh当たりの換算熱量}{投入総熱量} \times 100\ (\%)$

送配電ロス率 $= \left(1 - \dfrac{B}{A}\right) \times 100\ (\%)$

A＝発受電電力量－自社発電所所内電力量（送電端供給力）
B＝需要電力量＋変電所内電力量（需要端供給力）

■4 CO_2排出量，排出原単位の推移（東京電力）[1]

であるが，その明確な定義はいまだ定まっていない．現在のところでは，次の三つのキーワードで整理できる．

- 再生可能エネルギーの利用が可能であること
- 比較的小容量な発電設備であること
- 生産と消費が近接しているオンサイト型であること

●電力流通システムの将来像とその課題

電力流通システムの将来像としては，供給信頼性や省エネルギー性，環境性などを犠牲にすることなく，各種の分散電源が柔軟に連携できることが重要であり，IT化による統合的な最適制御などを十分に考慮する必要がある．

[柳原隆司]

文献
1) 数票で見る東京電力（平成19年度）.
2) 日本建築学会編（2004）：建築設計資料集成―地域・都市2 設計データ編, p.75, 丸善.

2-51 美しい夜を取り戻すために

【テーマ】照明　　　　　　　　　　　　　　　　　　　　　　　　　　　　2　保存・再生・資源

● はじめに

　私たちはいま，美しくない夜を嘆いている．20世紀後半に光の増量にのみ勤しんできたからである．明らかに質より量だった．かつて灯火を用いるしか夜を明るくする手段のなかった時代には，建築設計者も非の打ちどころのない巧妙な光のデザインに腐心していた．とりわけ日本の建築は四季折々の自然光を建築内部に取り込み，わずかな灯明に映えるインテリア空間でのドラマを演出してきた．ところがこれもこの半世紀あたりの科学技術に翻弄されて，設計者は無防備に夜を昼に近づけ，美しい陰影を排斥し，時の移ろいのない生活シーンをつくり上げた．日本の住宅にみられる蛍光灯照明による真っ白で影のない空間や，まぶしさだけが闇夜に浮かぶ屋外環境は，美しくも快適でもありえない．やっといま，そのことを私たちは頭の中で理解できるまでになってきた．建築設計者の知恵と技術は，明らかに複雑で難しくなった現代の照明技術をもって，再度「光の建築設計」に取り組むべき時を迎えた．20世紀につくり上げた光の価値をいま一度再起動することから始めるべきだ．

● 20世紀の狂乱——光の過食症から逃れる方法

　過食症は深刻な現代病である．ハンバーガーやフライドチキンや巨大なアイスクリームに走ったアメリカ社会のみならず，急速に経済発展する中国の子供たちもこの病理に悩まされる時代を迎えているらしい．こうした現象をみると，この病理は余剰利益を生む社会にしか起こりえないことがわかる．貧困な国には訳もなく命を絶つ子供はいても過食症は発生しない．

　光の過食症もそのようにして生まれてきた．つまりたくさんの電気エネルギーを消費する国力があって都市や生活空間は必要以上に明るくなりうる．必要限度の光の量はどのようにして判断されるのか．JISの推奨照度規準が示す光の仕事量は何を意味するのか．視作業を優先すべき労働環境と心身をリラックスさせるべき生活環境で必要な明るさとを同一視した感がある．

　光の過食症にかかるとダイエットが叫ばれるが，減量は口でいうほど容易ではない．頭の中で論理的に理解している闇や陰影の精神効果も，わが家に煌々と点く蛍光灯を消すには至らないという大学教授にもよく出会う．彼は部屋全体を照らす蛍光灯を消して白熱ランプのスタンドの光だけで読書するのが嫌いなのだ．白熱電球の発する光は侘しい感じがするらしい．一度得た明るさの快感を修正するのは難しい．どうすれば20世紀末に得た光の既得権を放棄し，光の過食症と訣別できるのだろうか．光の過食症が治らないと次世代の光環境の質に迫ることはできない．つまり腹いっぱい食いたいだけの人に，わずかな食材を工夫した美味い光のデザインを示す意味がないのだ．光の断食道場でも流行らせるべきなのか．

● 快適な光——生理と心理を満足させる

　照明というとさまざまな形をもつ照明器具をイメージすることが多い．古代から照明器具のデザインには多くの趣向がみられて楽しいが，私たちが最も正確に理解しなくてはならないものは照明器具の容姿ではなく，光が空間を飛び交い，床・壁・天井などに複雑にぶつかり，反射し透過し吸収され，そして私たちの眼球を通じて脳を刺激し，たくさん生理や心理的な作用をひき起こすというメカニズムにほかならない．どんな光の現象が私たちを不快にするのかさえ，じつは正確に理解していないことが多い．

　たとえば眩しさだ．コンビニの天井に取り付いた剥き出しの蛍光ランプを平均的な日本人は眩しいといわない．欧米人は明らかにこれをグレアとよび，眩しく貧しい照明環境だと認識している．日本人は時に眩しさを明るさと同一視することさえある．オフィス照明で完璧に眩しさを制御した目に優しい天井照明を設置すると，「天井が暗く見えてイヤだ」と反論されることもある．私たちの目は等しく眩しい光のために眼精疲労や視力低下を招いているとい

■1　東京俯瞰夜景（東京タワーより） 　　　　　■2　2050年東京夜景展（HOMEのコンセプトモデル）

う事実をまったく認識していないのだ．このような現象は，色温度，照度，光源の高さ，そして光と影のバランスなど，すべての照明要素に当てはめて語ることができる．

現代に指摘される不快な光の現象は100％，20世紀の人工照明によってもたらされたものである．快適な人間と自然光のルールを逸脱した現代病のようなものなのだ．この現代病を治癒するには20世紀以前の美しき光とあかりの時代に回帰しなければならない．つまり電気エネルギーの存在しない江戸時代以前に学ぶことだ．都市も建築も太陽の光や灯火と一緒に生きてきた．太陽の光を軒や建具を用いて繊細に制御して建築に招き入れる工夫や，わずかな量の灯火を室内照明として丁寧にデザインした心．私たちは快適な光を探し当てるために，その辺りまで遡って照明環境をリセットしなければならない．

● 2050年の都市光を考える

さて21世紀に都市の光はどのような展開をみせるのであろうか．新光源や光の先端技術は生活に加速度的な利便性を与える．一方では地球環境はエネルギー危機や温暖化による破壊が危ぶまれ，その意味からはもちろん照明デザインは量より質の時代に向かうはずだ．ますます混迷の時代を迎えている．

私たちは2004年に「TOKYO NIGHTSCAPE 2050——21世紀の東京夜景」と題する展覧会を東京で開催した．私の大学のゼミ生と一緒に50年後の都市がどのように変貌すべきかを問題提起したものだ．人と光との接点はさらに進化し，照明器具から光を与えるのではなく，建築や都市やモノや人間自体が自ら光を発するのではないか．それぞれのモノが輝きだすと，これまでの照度計算などは役目を失うかもしれない．また，エネルギー事情もあって都市自体は全体に少し暗くなるだろうが，一部の繁華街や施設に限ってさらに明るく刺激的な光環境ができあがるのではないか．つまり東京の夜景は全体にはいまより輝度が消失し，俯瞰夜景も光のトーンを落とすが，それゆえに明暗のコントラストが極端に強く二極化して見えるのではないか，というような議論だった．

私たちはこの展覧会のために「街CITY・街路STREET・住宅HOME」という3種類の光のコンセプトモデルを製作した．HOMEモデルでは天井にはいっさい照明がなく，壁やカーテンやテーブルそのものがモニター画面のように輝いている．もちろんテレビやパソコンや新聞などもその光壁に取り込まれているので室内には姿が見当たらない．またSTREETモデルでは歩車道に街路灯がまったく見当たらない．将来的には自動車の安全性能が飛躍的に高まるので道路灯が不要になるのだ．街を闊歩する人々は自ら発光するコスチュームを身にまとっているため，路面を明るく照らす必要はない．立ち並ぶ建築ファサードも夜景をつくる要素として優しく弱々しく発光している．さらにCITYモデルでは道・住宅・商業・緑などの諸機能を光のレイヤーとして重ね合わせた発光アクリル板を製作した．それぞれのレイヤーのスイッチを操作すると都市の光が構造的に明滅して，光のオブジェを見るかのような魅力的なTOKYO夜景を創造させてくれた．これは私たちの夢の一部なのだ．はたして私たち人類は2050年に光の過食症から逃れて，このモデルのような美しい夜を取り戻すことができるのだろうか．

［面出　薫］

3

都市・景観・法規

［編集：大野秀敏］

3-1 モダニズムが作り上げた都市の行方

【テーマ】モダニズム　　　　　　　　　　　　　　　　　　　　　　　　3　都市・景観・法規

●モダニズムとは何か

「モダニズム」とは，工業化を前提として，1920年代から60年代にかけて，世界的なスケールで展開された建築デザインの新しい潮流のことである．その生まれた背景には，産業革命以降の急激な都市化による都市への人口集中や貧困の拡大，戦争や地震などの自然災害によって破壊された生活環境の劣悪化という厳しい時代状況があった．

モダニズムは，こうした事態を受けて始まった社会改革的な志向をもつ建築運動であり，具体的には，それまでの石や煉瓦からできていた組積造，あるいは木造ではなく，当時，最新の建築材料だった鉄とガラスとコンクリートを用いた合理的で近代的な構法を用いることによって，生活空間を機能的な形で再編成し，安全で健康的な都市と住まいを築こうとする革新的な試み，として理解することができるだろう．

さらに，そこには，科学技術の進歩に対する楽観的な信頼感もあって，当初は，風土や伝統を超えた世界共通の普遍的な方法の獲得が目的にされていた．そして，美学的な目標としては，様式建築がもっていた彫刻的な形態や装飾ではなく，構造体によって生み出される空間そのもののあり方をテーマ化し，最小限の構造体によって最大限に使用可能な自由度に富む空間の実現がめざされたのである．

同時に，忘れてはならないのは，モダニズムが，それまでの王侯貴族の邸宅や国家的な施設ではなく，住宅，集合住宅，オフィスビル，学校，病院，図書館など，人々にとってごく身近な生活空間そのものをはじめて設計の対象にしたことであり，その特質は，いわば生活のための空間デザインにあったのだといえる．だからこそ，そこにみられるのは，高価なものではなく，どこにでも手に入る簡素な素材によって生み出されたシンプルな空間だった．

●モダニズムの切り開いたものとその限界

こうして，その草創期から，第2次世界大戦をはさんでおよそ50年間続いたモダニズムの考え方によって，私たちの暮らす現代の都市や住宅地の景観の大半が形づくられてきたといっても過言ではないだろう．また，その後，1970年代に始まるポストモダニズムの考え方によって，デザイン上の大きな変化はあったものの，工業化された素材によって生活空間を組み立てるという意味で，基本的な建築の造り方そのものは，現在においても，依然として，このモダニズムが切り開いた方法の延長線上にあることがわかる．

それでは，この工業化以降の新しい建築デザインの方法によって，都市と住宅は何を得たのだろうか．それは，経済状態に見合う安全で快適な生活空間であり，ある意味で，世界のどんな気候風土にも適合する効率的な建築の造り方だった．おそらく，そのことを象徴するのが，ニューヨークや東京などに代表される，超高層ビルが作り出した都市的な景観である．そこには，つい100年前には想像もできなかった，均質な工業製品で作られた人間のスケールをはるかに超えた，技術の勝利とでもよべる人工物の姿がある．

しかし，その一方で，モダニズムには，新たに抱えざるをえなくなった限界と，いくつかの問題点もあった．それは，その土地で採れる石や煉瓦，木造といった，自然素材から造られていた近代以前の建築と比べてみると，明確な形でみえてくる．すなわち，風土や伝統といった歴史的な文脈との乖離であり，時間性の喪失と経年的な変化への脆弱性である．モダニズムでは，効率と普遍性が追求されたために，その土地のもつ固有の特性や，伝統的な建築との連続性は失われてしまった．また，工業化された素材は，時間の流れのなかで美しく古びることはむずかしく，その均質な表情は，建築に時間性を付与させることを阻み，むしろ，完成した時点が最も美しく，時間の経過とともに朽ち果ててしまう弱さを抱えていたのである．けれども，このような問題点も，つい最近に至るまで，おそらく，ほとんど自覚されていなかったに違いない．それは，モダニ

■1 フィンランドのポルヴォー旧市街の街並み　運河沿いの14世紀からの木造集落と大聖堂．長い時間の中で培われた変わらない風景は，工業化以前の建築のもつ意味を現代の私たちに問いかけている（筆者撮影）

■2 エンパイアステートビル（1931年竣工，高さ381m）の屋上から見たニューヨークの街並み　およそ100年の間に築かれたモダニズムによる都市の景観．今後，工業化以降の生活空間は，時間の中でどのような形で成熟を遂げていくことができるのか．この街並みの行方は現代の課題に直接連なっている（筆者撮影）

ムが，つねに新しく前に進もうとする意識によって突き動かされていたためだと考えられる．

●未完としてのモダニズムという視点

モダニズムについては，近年，その見直し作業が世界的にもさかんに進められており，再評価の光も当てられ始めている．そうした動きには，どんな理由があるのだろうか．ここで問われているのは，モダニズムがその初発の時点で描いたイメージと，現実に進んだ道筋との乖離をいかに理解するかだと思う．つまり，当初，生活のためのデザインをめざしてスタートしたモダニズムが，その推進力とした工業化というより大きな産業構造にいつの間にか飲み込まれ，その産業の急激な成長によって変質を余儀なくされたことを，あらためて自覚しなおす必要があるのではないだろうか．

おそらく，モダニズムをすでに乗り越えられた過去の建築デザインの潮流とみなすのか，あるいは，未完のままでさらなる追求が必要とされる長いプロジェクトとみなすのかによって，その判断が分かれるだろう．モダニズム再評価の動きは，後者の立場の優位性をさし示している．はたして，風土，伝統，時間を含んだ建築と都市の構築はできるのか．広く工業化を前提にした建築が，成熟していく方法はあるのか．モダニズムは，現代都市を照らし出す意味をもち始めていると思う．　　　　　　［松隈　洋］

3-2 近代都市はその役割を終えたのか

【テーマ】近代都市　　　　　　　　　　　　　　　　　　　　　　　　　3　都市・景観・法規

　近代都市とは，近代社会に対応した形式の都市を意味する．産業革命に伴う工場の都市への立地により，多数の労働者が都市に集中する過程で，19世紀前半に西ヨーロッパで出現した．近代化の達成度や選択された社会体制が国によって異なるため，それぞれの国での近代都市の成立時期や過程，また現在置かれている状態はさまざまである．このため近代都市の正確な描写は容易ではない．だが，下記のような空間的特質はおおむね共通するであろう．

●空間的特質

　大規模に連続する市街地：　急激に膨張した都市人口を吸収するため，近代都市は前近代都市とは比較にならないほど大規模に拡大した．東京を例にとると，幕末段階の広さが約 56 km² であったのに対し，現在では特別区23区の面積だけでも約 621 km² と 10 倍以上に達している．この結果，居住の場として，都市は前近代に比して格段に重要性を増しており，日本では都市圏に住む人口が 70 %を超えるに至っている．このような大規模化は，技術的には鉄道・上下水道・通信・エネルギー等の近代的インフラストラクチャーの導入によって初めて可能であった．そして，20世紀以降にはモータリゼーションが近代都市の大規模化に拍車をかけた．

　都心と郊外の成立：　大規模化した市街地は，都心と郊外という二つの対照的な場をもっていた．都心には初め工場が，のちにはオフィスが作られた．オフィスは，鉄・ガラス・コンクリートなどの建築素材，エレベーターなどの機械を用いることによって高層化し，20世紀初頭には，都市の中心部に高層建築が林立する近代固有の都市景観を生み出した．以上が都市住民の職場であったのに対して，郊外には生活の場である郊外住宅地が成立した．労働と生活の空間的分離によって両者は同時に成立したことになる．都心とよぶべき中心性をもつ場は前近代都市にも存在したが，専用住宅がまとまって立地する場としての郊外が成立し，新たな意味が与えられた点は近代特有の現象である．

　開放性：　都市の拡大に伴って，前近代都市がもっていた城壁，街区境の門などの境界装置が取り払われ，外部に対して開放的な都市空間が作られた．城壁の跡地に環状道路が形成されることもあった．ウィーンやパリの環状道路が有名だが，北京のようにアジア都市でも同様の道路が形成された例がある．日本では城壁は作られていなかったが，枡形・木戸・門などの境界装置が取り払われ，城下町では周囲に廻らされていた外堀が埋められた．

　住空間の分節化・独立化：　ミクロにみると住空間がさまざまなレベルで分節化・独立化した点も近代の特徴である．近代家族の器として機能純化させるべく，住宅から生産の場としての機能が分離され，また使用人や非直系の家族といった人々が分離された．こうして住宅は小家族の生活のためだけの「専用住宅」となった．さらに住宅内部では家族の成員個人の個室が独立する傾向にある．近年ではこの個室が都市内部に浮遊していわゆる「ワンルームマンション」となったとの解釈も提出されている．

●都市形成のルール

　以上の特質を生み出した社会上の基本的なルールをいくつか想定できるであろう．

　都市空間にかかわる自由：　まず，都市空間のさまざまな側面にかかわる行為に大幅な自由が認められたことが大きな特徴のひとつである．たとえば，生前に決定された身分・職業や属する社会集団によって居住地やその住宅の形式が強制されることがなくなった点がそうした自由のひとつの現れである．日本の城下町であれば，「武家地」「町人地」という身分的なゾーニングが都市内に存在し，それぞれで身分と対応した住宅の形式が決められていた．しかし，近代都市ではこのような種類のゾーニングや住宅の形態・様式の指定が行われないのが一般的である．このほか，土地・建物の売買や都市空間内の人々の移動などにも大幅な自由が認められるようになった．そして，種々の自由が認められることに伴い，市場原理が都市空間のあり方に大きな影響を与

えるようになった．

法治的都市計画の成立：市場原理によって成形された初期の近代都市には，過密・不衛生・悪臭・騒音など問題のある劣悪な環境が生まれ，また郊外へ無秩序な開発が進展した．こうした都市問題を背景に，19世紀後半から徐々に近代的な都市計画手法が錬磨されていった．複雑な法律体系により都市空間の細部のあり方までが制御されているのがこの近代的都市計画の特質のひとつである．前近代にもさまざまな都市計画に関する法律は存在したが，近代の法体系の複雑さは前近代のそれの比ではない．

● 20世紀後半の動き

上に述べた近代都市の空間的特質は，20世紀後半に顕著になった次の二つの都市現象により崩れつつあるかにみえる．

ひとつは，ゲーティッドコミュニティの出現である．ゲーティッドコミュニティは，周囲を壁で囲い警備員により出入りが管理される住宅地である．19世紀末にはすでにアメリカで出現していたが，20世紀後半にアメリカ内で普及するとともに，発展途上国を中心に世界中にも広まっている．都市内都市ともいえる閉鎖的なこの住宅地の出現・普及は，近代都市が空間的には前近代都市へと回帰しているかのような印象さえ与える．そして，近代の開放的な都市空間は，公共空間の安全が確保されることが前提だったことを浮き彫りにしている．

もうひとつはエッジシティの出現である．エッジシティとは，大都市の縁辺部に成立したオフィス・商業施設・住宅からなる郊外の多機能都市をさす．アメリカで1990年代に概念化されたもので，事象自体は80年代から顕著になっていたとみられるが，現在では同様の現象あるいは都市開発が世界中に広がりつつある．大規模化しつつも，都心と郊外で機能分担を行っていたのが近代都市だったとすると，エッジシティは機能的な完結性の高い都市であり，郊外に位置しながらも旧来の都心への依存度が低いという特徴がある．また，エッジシティの登場により「連続する市街地」という近代都市の特徴も崩れつつある．これらは，既存の都心からは離れて立地することも可能であり，全体として広い地域にまばらに立地する方向に向かっている．

二つの現象はいずれも近代都市を自壊させる作用をもっており，一見歴史的産物としての近代都市は

■1 エッジシティに作られたゲーティッドコミュニティ（クアラルンプール）（筆者撮影）

その役割を終えて次の段階に移りつつあるかにみえる．しかし，一方で二つの現象は，同様に近代固有の都市形成ルールのもとで生まれたということもできるので，その意味ではこれらも近代都市の後発的な空間的特徴とみなすこともできる．正確な理解と評価は後世に委ねられることになるだろう．

● 近代都市の破綻とその再生

先進国で近代化がほぼ達成された20世紀後半から末に至って，都市の規模拡大は鈍化・停滞するに至った．そして，都心・郊外のいずれにおいても深刻な都市問題が発生している．

先に問題が顕在化したのは都心部であり，モータリゼーションに伴う郊外化の進展の陰で都心が空洞化した．日本でも80年代後半以降，地方都市の商業地の衰退が顕著となって社会問題化するに至っている．一方，20世紀末以降は，郊外部の衰退も問題化している．郊外住宅地において居住者が高齢化する一方で，住宅建築も老朽化・放棄がめだつようになってきたからである．このような問題を背景に，コンパクトシティなどの都市構造に関する概念の提案が行われる一方，老朽化した建築の再生事例も少しずつ増えつつある．近代都市はようやくメンテナンスの方法論を身につけつつある段階であるというべきかもしれない．

［藤川昌樹］

3-3 初めの田園都市「レッチワース」

【テーマ】ガーデンシティ　　　　　　　　　　　　　　　　　　　　　　　　3　都市・景観・法規

●ガーデンシティ「レッチワース」の概要

　世界初のガーデンシティ「レッチワース」は1903年に建設が始まった．イギリスの産業革命の末期，過密で汚染された工業都市と農業の荒廃への不満を解決するために，都市と農村の双方の社会構造を一体化する新しい定住形態をエベネザー・ハワード（1850-1928），レイモンド・アンウィン（1863-1940），バリー・パーカー（1867-1941）たちが提案した．

●ハワードの田園都市論

　1898年に出版されたハワードの著作『明日――真の改革に至る平和な道』で提案された田園都市論は，ルイス・マンフォード（1895-1990）の著作"The Story of Utopias"（1922）や，ピーター・ホールがハワードの著作に注釈を加えた"To-morrow, A Peaceful Path to Real Reform"（2003）で述べられているように，19世紀までの計画論を集約した代表的計画思想である．そのなかには20世紀における，ニュータウン計画，住宅地計画に活用された主要原則が数多くみられる．たとえば，マスタープラン，土地利用区分，近隣住区，住宅地計画，近隣住区，ショッピングモール，工業団地，道路計画のヒエラルキー，地域計画，計画的分散，グリーンベルトなどがある．

●田園都市論が生まれた背景

　田園都市論が生まれた背景には，イギリスの産業革命にともなう人口の都市集中と，労働環境や住環境の悪化がある．これらを改革しようとした人々の中に，指導的な役割を果たしたウィリアム・モリス（1834-1896）がいた．時代が求めた工業化への反発と，地域共同化や自然と一体化した生活を大切にする運動の波が起こった．この運動は「アーツ・アンド・クラフツ」と呼ばれた．

●「田園住宅」の提案から始める

　1895年パーカー著『私達の家』，ついで1901年9月田園都市協会のボーンヴィル大会でアンウィンの『田園都市における住宅建築について』が発表され，同年の1901年パーカー＆アンウィン著『住宅建築の芸術』，1902年アンウィン著『コテッジのプランと常識』が発表される．これらは，アーツ・アンド・クラフツのデザイン思想と，ハワードの田園都市思想を「田園住宅」の形に置き換えたものであった．その後，田園都市運動は，1902年にはニュー・イヤーズウイック，ついで1903年には，アンウィンとパーカー，そしてハワードの三人の出会いが田園都市レッチワースの計画へと展開していく．

●基礎コミュニティのモデルは「ハムレット」

　アンウィンとパーカーは，中世からつづくイングリッシュビレッジ（集落）と住宅デザインの精緻な調査を行い「ハムレット計画」と名づけられたモデル計画を提案している．

　南向きのスロープをもつヴィレッジグリーンを囲み，35戸の家がコの字形に集まる．一つ一つの住宅配地と敷地の形態はすべて異なる．そして，北西の隅のハムレットの入口に塔をもったヴィレッジホールがある．

　レッチワースの計画の中に，このイギリスの集落の風景が取り込まれ，とくに1905年から1906年に相次いで設計された，レッチワースの「ウエストホルム」，「イーストホルム」さらには「バーズヒル」にそのデザインを確認できる．

●リースホールド（定期借地）による土地の共有

　住民は共有化された土地を99年のリースホールド（借地）で契約し，地代の価格の40〜50％の権利金を支払い，年間1〜2ポンドの借地料で借り受け，それぞれが住宅を建設した．計画の理念として，「コミュニティ形成」と「開発利益の住民還元」にその特性があり，世界に多くの田園郊外住宅地を誕生させた．とくに戦後のニュータウン建設にはモデルになり大きな影響を与えた．

　現在はリースホールドとフリーホールド（所有）の選択ができるが，新たに999年のリースホールドも設定され，契約更新されている．

■1 レッチワースの都市軸ブロードウェイの上空からノートンコモンを見る（筆者撮影，1998）

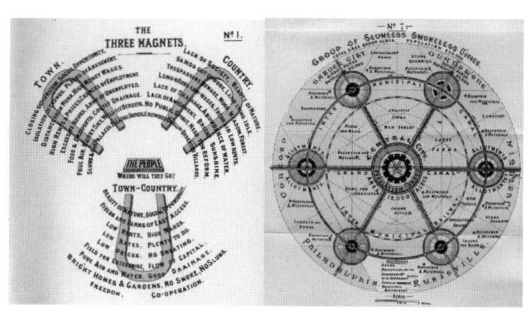

■2 「都市」，「農村」，「田園都市」を示す三つのダイアグラムとソーシャブルシティの概念図（Howard (1898): Tomorrow, A Peaceful Path to Real Reform）

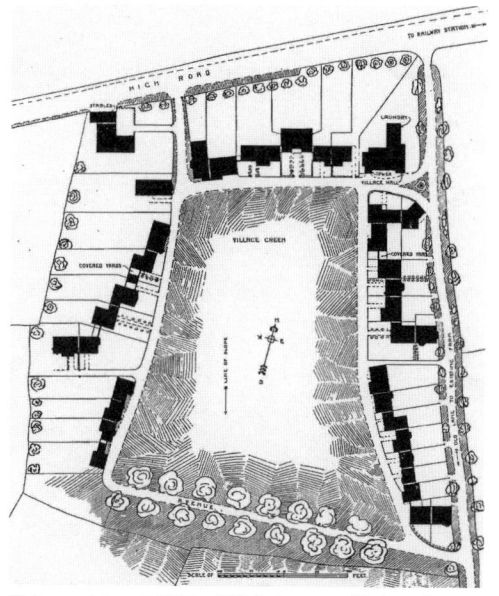

■3 ハムレット計画　南向きのスロープをもつヴィレッジグリーンをコの字に囲む35戸の住宅（Parker & Urwin (1901): The Art of Building a Home, London）

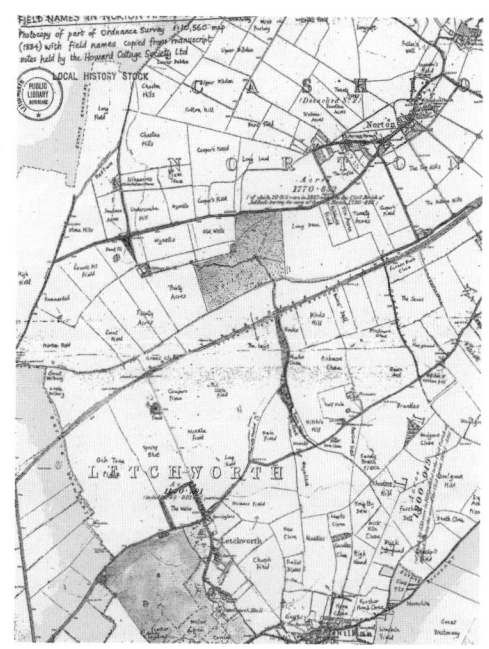

■4 田園都市建設以前の敷地　中央部にノートンとピックスの小川の流れが確認できる

● 開発利益の住民還元

ハワードが望んでいたのは，都市開発の結果もたらされる地価の上昇の恩恵を住民が共同で享受し，豊かなコミュニティライフを築く地域民主主義の基盤づくりであった．しかし，ハワードが最も重要とした土地の共同所有を通じて社会変革を達成しようとした「開発利益を住民へ還元する」というメッセージは，第二次世界大戦の多くのニュータウン建設ではほとんど無視され，形態的，物理的な整備計画が優先され実現した．

● レッチワース建設前の地域特性

調査地図（1877～88年測量）をみると，計画敷地のほぼ中央を，南西から北東に伸びるグレイトノーザン鉄道（ロンドンから34マイル）が走り敷地を二分している．この鉄道とほぼ平行に，北側にノートンとウイバリー，南側にヒッチンとバルドックを結ぶ幹線道路がある．そして敷地の中央を南から北の入会地ノートンコモンに向けてピックスの小川が流れて骨格をつくっている．この土地が，1903年に15人の地権者から買収された．田園都市建設の領域1547 haの中に含まれる，既存の3集落，ノートン，レッチワース，ウイリアンの人口は，わずか529人（1901年センサス）であった．［齊木崇人］

3-4 ガーデンシティ・レッチワースにおける固有価値の創造

【テーマ】ガーデンシティ　　　　　　　　　　　　　　　　　　　　3　都市・景観・法規

●レッチワースのマスタープラン

　アンウィンとパーカーは，6週間現場に泊まり込み，計画敷地の自然条件と景観条件をくまなく調査する．鉄道，道路，水系を骨格にし，加えて微地形を読み取り，西南から東北に向かう凸形地形上に都市軸をとり，既存の樹木を残すことが示されている．とくに，現在のブロードウェイの軸線上に既存の3本の樫の木を位置づけ，レッチワースの都市軸を形成している．

●レッチワースの八つの空間形成原理

　レッチワースの住民が100年の時を経て町に参加していくためにつくってきた生活のルールと，アン

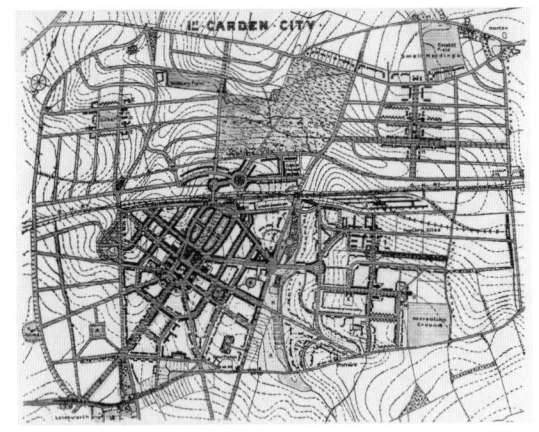

■1　パーカー＆アンウィンのガーデンシティマスタープランオリジナル案（1904年4月）

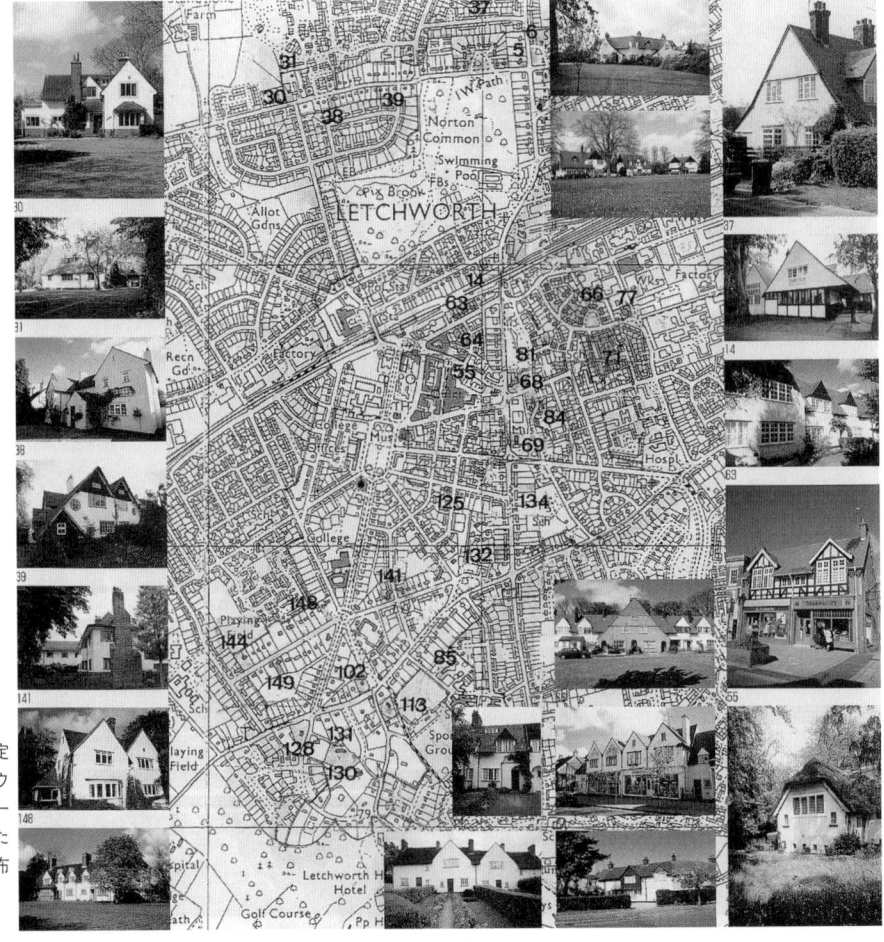

■2　保存地域の指定ゾーンとアンウィン，パーカーたちが設計した指定建築の分布（筆者撮影，1998）

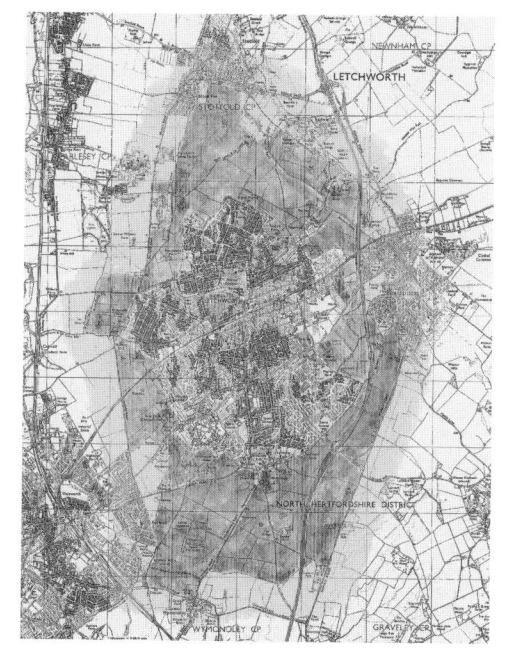

■3 レッチワースのグリーンベルトに囲まれた約4km四方の居住域に約3.4万人が住む（筆者作成，1998）

■4 ウエストホルムのヴィレッジグリーンとノートンコモンの樹林（筆者撮影，1998）

ウィンとパーカーたちが町を形成するために考えた空間デザインの原理がある．

①緑や地形を生かすエコデザイン：計画前に，計画地の自然植生や，尾根線や谷線，そして水系や微地形を詳細に調査しその特性を計画に生かした．

②地域の歴史的経験を生かす：既存集落（ノートン，ウイリアン，レッチワース）の土地利用とコミュニティを巧みに取り込んだ多様な街路空間を構成．

③場所に敬意を払う植栽と街路計画：わかりやすい固有性のある住居集合の空間単位を導くために，旧集落の地名や人名を通り名に用い，それぞれに56種類の異なった花が咲く樹木を植えている．

④集落規模が基礎コミュニティ：中世から存在するイングリッシュヴィレッジから学んだ住宅デザインと集合形態．共用空間であるヴィレッジグリーンやクルドサックを活用したコミュニティを形成．

⑤多様な家族が選択できる住宅規模：多様な敷地規模と形状が，多様な住宅規模と住居集合を生み出した．結果的にライフステージにあわせたレッチワースの中での住み替えを可能とした．

⑥豊かな緑の風景と緑地の共有：居住地を取り巻くグリーンベルト（農地），住宅地内のアロットメント（家庭菜園），各敷地の前後の庭が，花が咲く街路樹と連携した緑地帯を形成している．

⑦共有財産の活用プログラムの開発：「第一田園都市株式会社」から「公社法人」，そして「レッチワース田園都市財団」へと，ハワードの提案した田園都市の理念を失わずに時代の要請に呼応し組織は変化し，新しい都市経営の仕組みを生み出している．

⑧歴史的建築と経験を生かすデザインガイドの誕生：1914年以前の開発地域は保存地域に指定（1974）．また，約400件の住宅が重要文化財建築に指定され（1979），建物と土地と共有財産の容姿と快適さを維持し，さらなる建物の美観と資産価値を向上させるために，増築に際しての詳細なルールを生み出す．

●いまも続くガーデンシティ・レッチワースの建設

2003年，レッチワースは100周年を迎えた．財団は現在，タウンセンターの再開発を進めている．1950年代に建設された近代建築が取り壊された跡には，イングリッシュヴィレッジスタイルのスーパーマーケットが建設された．今後，1960年代に建てられた既存建築のリニューアルなどが行われる．

2005年にはテニスコート跡地において，おもに55歳以上の夫婦を対象とした住宅「ヴァージニアプレイス」（27世帯）の開発が進められている．

このようにレッチワースは「田園都市思想」を持続させつつ，必要に応じて更新し，さらなる質の向上をめざしている．

［齊木崇人］

3-5 新首都はいつ生まれるか

【テーマ】首都移転　　　　　　　　　　　　　　　　　　　　　　3　都市・景観・法規

● 首都機能移転の現状

　現在はやや潮が引いたようになっているが，1990年代の後半には日本でも首都機能移転論が盛り上がった．国会等の移転に関する法律に基づいて，候補地の選定作業が進み，1999年末には，栃木・福島地域，岐阜・愛知地域，および条件つきで三重・畿央地域の3カ所が移転候補地として選ばれた．あとは国会でこれらから1カ所が選定され，法律によって新首都と定める手続きを残すばかりとなったのだが，それが議論のピークであった．結局，国会では1カ所に候補地を絞らず，2003年6月に両院協議会（国会移転に関する政党間両院協議会）が設置され議論が継続されている．小泉首相（当時）は，自身は首都機能移転論者と語りながら，首都機能移転を当面の政治課題としなかったために，結論の先送り状態になったといえよう．

● 首都機能移転論の目的と経緯

　首都機能移転は三つの目的，すなわち，①諸機能の東京への一極集中を是正，②地震など大規模災害に対する脆弱性の克服，③地方分権や行財政改革など諸改革の契機，をもつとされてきた（国会等移転法前文）．当初は，これらのうち一極集中是正がもっとも強調されていたが，やがて，阪神・淡路大震災が起きると防災性強化が強調され，最近では種々の改革実施が政治課題になってきたので，首都機能移転が諸改革の契機になるという視点が強調されているというように，時代とともに目的の重みには変化が生じている．

　日本の首都機能移転論は戦前における首都機能疎開的な議論などを含みながらさまざまに論じられてきたが，戦後は1960年代にさかんになった．現在の首都機能移転論議の始まった直接のきっかけは，1977年に策定された第3次全国総合開発計画でかなりの紙幅を費やして首都機能の移転再配置が国土計画の重要課題であるとしたことによる．その後ただちに議論が活発になったわけではなかったが，1987年に策定された第4次全国総合開発計画でもその重要性が再確認されると，ちょうどバブル経済下での東京への一極集中が社会問題として取り上げられるようになったために，その解決手段として注目を集めることになった．1990年に衆参両院で「国会等の移転に関する決議」が行われ，1992年には，これを受けて移転先の選定基準等を調査することを目的とした「国会等の移転に関する法律」が公布・施行された．調査結果が報告された1996年に法改正が行われ，法定の国会等移転審議会が設置され移転候補地の本格的な選定が始まった．審議会は1999年末に前述の3候補地を答申した．国会等移転法によれば，新首都は法律によって定めることになっているが，いまだそこには至っていない．

　首都機能移転政策を，東京の過密状態を緩和するために政府関係機能を東京から移転する政策という観点からみると，戦後では3番目の政策となる．最初に行われたのは，政府系の試験研究機関や教育機関の分散で，筑波研究学園都市が建設された．2回目は1省庁1機関をスローガンにして行われた国の行政機関移転で，関東地方を管轄区域とする国のブロック機関がさいたま市に移転したり，都市基盤整備公団（当時）が横浜市に本部を移した．首都機能移転はこれらに続くものといえる．

● 候補地の選定方法

　東京に代わる新首都の候補地はどのように選ばれたのであろうか？　審議会は3段階にわたる選定を行った．第1段階では，誘致の表明などを行っている北海道から奈良県にわたる15道府県に含まれる16地域を検討対象地域として，現首都の東京からおおむね60 kmから300 km程度の範囲，地震・火山に対する安全性など，定量化できる14条件を設定して候補地を評価した．この結果，11府県にわたる北東地域，中央地域（東海地域，三重・畿央地域）の3地域が第2段階の調査対象地域となった．第2段階では，定量的項目に加えて，文化的形成の方向，景観の魅力，自然環境との共生の可能性などの定性的な項目を加えて関係府県からの意見聴取，

■1 国会都市の遠望（イラストはすべて国土交通省公開資料より）

■2 対話式の開かれた国会議事堂

■3 開放的な国会とのどかな周辺風景

現地調査，公聴会などを行った．第3段階では，評価項目ごとに評点を与え，上位2地域（栃木・福島地域，岐阜・愛知地域）と，現段階では点数は低いものの将来新たな高速交通体系（リニア新幹線）が整備されれば候補地として有力となる三重・畿央地域が候補地となったのである．

●新首都のイメージと建設

候補地の選定に当たっては，新首都のイメージを想定することが必要となる．新首都には，中心機能として，国会，中央省庁，最高裁判所等三権の中枢機関が立地する．人口規模は，これらの関係者やその家族，さらに民間等を含めて最大規模で56万人とされ，新首都の面積は同じく8500 haとされている．しかし，移転は段階的に行われるため，新首都の建設開始後10年目とされる国会移転時には人口10万人，面積1800 haの都市になる．

新首都は，いくつかのクラスターから構成され，それらは緑地などに囲まれ，公共交通機関や高速道路で相互に結ばれている．■1にあるように，新首都の内部では緑や水をふんだんに取り入れた自然環境共生型の佇まいが強調されている．建物のイメージとして特徴的なのは新国会議事堂で，透明感と開放感が強調されている（■2，■3）．

また建設費は，人口10万人の第1段階には総額4兆円，うち公的負担2.3兆円，最終段階では12.3兆円，うち公的負担4.4兆円と試算されている．

●諸外国の先例と今後の展望

日本の首都機能移転が議論の段階で停滞しているうちに，諸外国ではさまざまな動きが進んでいる．ドイツでは東西ドイツの統合によってベルリンに首都機能が移り（ボンにも一部が残った），国会議事堂をはじめとする新たな施設が建設された．韓国では，大統領府や国会はソウルに留まるものの，行政首都を新たに整備することになり，すでに事業が始まっている．また，イギリスやスウェーデンでも中央政府機能の一部が地方都市に立地して，地域振興を支える試みが継続されている．

21世紀に入って日本の人口は急速に減少していくと予測されており，一極集中是正という目標はやや小さくなるかもしれないが，地方都市の衰退を防ぐための種々の政策は今後より重要となり，政府機関の地方分散がその先駆けとなる必要性も高まる．また，首都機能を複数の地域で支えることによって地震など自然災害時の安全性を高めることも引き続き重要である．このように首都機能移転の必要性は決して薄らいでおらず，新時代にふさわしい首都機能移転をめざすべきである．

［大西　隆］

3-6　建築家の夢と現実と射程―メガストラクチャー

【テーマ】メガストラクチャー　　　　　　　　　　　　　　　　　　　　3　都市・景観・法規

●究極の統合としての建築，メガストラクチャー

建築家の職業的な思考方法のひとつとして，統合することを善とみなす傾向がある．すなわち，建築とは機能や美の統合であり，そこには，合理的な解決方法としての論理が内在するはずであるし，なければならないと．

だから，建築家が都市をイメージするとき，それがそのまま拡大されてゆく．一方でその反対に，実際に社会で都市計画の実務を担っている官僚的思考というのは，統合よりも各論における整合性を求める．統合は政治的判断に委ねる，あるいは放棄することで，価値観のなるべく入らないシステムを運用する機械となるのを職務とする．

そこで，執行責任のない自由な建築家の統合への憧れの極致が，都市を究極に建築化した，メガストラクチャーに向かうのだろう．

メガストラクチャーの定義とは，菊竹清訓によれば，「建築を都市的スケールで統合化（インテグレート）しようとする構造を言い，また同時に都市を人間的レベルの生活空間システムとして捉えようとする環境システムのことである」．

●1960年代の日本のメガストラクチャーの特徴

世界のどの国よりも，1960年代前後の日本の建築界にはその強い憧れがあった．それは，逆にみれば，当時の既存の都市に対するフラストレーションでもある．

当時，日本の都市はまだ貧相であった．戦後の荒廃を知り，そこから脱出してゆくのに高度経済成長を大きな動力とすることで，建築家たちは，都市に対する積極的な提案を行ってきた．その時代に提案されたメガストラクチャーの多くには共通性がある．

技術志向の傾向：問題を新しい技術で解決しようという思想である．問題としては，時には都市の拡張だったり，人口過密だったり，自然環境だったり，ターゲットがはっきりしている．技術は問題設定がクリアになっているときには有効な解決手段となりうる．しかし，都市には，新しい問題は次々にやってくる．しかも，予想されえぬ問題も起こる．問題設定が現在の予測可能なものであればあるほど，その射程と解決方法は短距離なものにならざるをえない．いつの時代も，メガストラクチャーを構想するとき，それは，現在の状況と少し先の予測範囲内の未来という限界は免れない．一方で，解決手段の技術にしても，1960年代には当時において最先端の技術を構想に駆使していたが，21世紀においては現在の技術のほうがはるかに簡単に解決できる場合もある．しかし，これらのことは，非難されるべきことというよりも，メガストラクチャーを構想する者の宿命である．現在の問題と現在の技術で，未来の大部分を決定するということのジレンマがそこにある．

成長という概念：都市は，成長してゆく．あるいは，成長してゆかねばならないという倫理的な強迫観念がある．この高度経済成長の時代には，それがとくに顕著にあるいは最も直截的な形で表現されることになる．もちろん，生物学的新陳代謝イメージをもった日本発の建築運動，「メタボリズム」がそれに強烈な形を与えた．それは，きわめてストレートな引用であり，生物と建築がまったく異なるにもかかわらず，論理の飛躍をイメージの強さで凌駕した熱狂的なブームでさえあった．とくに，その成長を許容するという概念が，巨大さをもったメガストラクチャーのまったくいちばん大きな欠点（変化のしにくさ）を補填し，巨大さの存在の正当化を担保しようというものであった．

メガストラクチャーは，この，成長と巨大さといういちばん解決しにくい矛盾をつねにかかえているがゆえに，野心的であるとともに，フィクションとしての強さをもつ．そして，実現されないからこそ，そのフィクションは新しく再生産された．

歴史性の消去：この時代の進歩主義的な思想は，既存の都市を否定することに軸足を置いているため，敷地は既存の都市の影響を受けにくい場所が多

く選定されている．レイナー・バンハムが1964年を「メガイヤー」とよんだように1960年代には諸外国でも多くのメガストラクチャーの提案があったが，メガストラクチャー自らが都市を移動するアーキグラムを除けば，ハンス・ホラインやバックミンスター・フラー，アーキズーム，スーパースタジオなど，既存の大都市のうえに批評的にオーバーレイするオブジェ的な事例が多い．一方，日本の場合，海上が新しいパラダイスとして選ばれることが多かった．歴史をもった都市を継承してゆくことを拒否し，メガストラクチャー自らが新しい都市そのものになろうとする考え方である．自らが都市になろうとするとき，既存とは切り離された都市になることは，自らに強い輪郭を与えることになる．したがって，すべてのメガストラクチャーは強い形態を伴ったヒロイックな形で構想されることになる．それが，歴史を織り込んできた実際の都市にとってきわめて異物であったとしても．

　メガであること——超越性： スケールにおいては，都市の一部であろうとするよりも，自ら都市であろうとする概念は，圧倒的な優越性を誇示することになる．それは，かつて歴史上では全知全能の神に迫ろうとすることや自ら神になろうとすることに類似するものであり，バベルの塔やピラミッドなどがあった．また，現世においての権力を誇示しようとするときにも，万里の長城や，ローマの水道のような，巨大構造物が絶大なる権力の集中のもとで生まれた．それらは，その時代に求められた機能を純化したものであるといえる．

　しかし，現代の建築家の夢想するメガストラクチャーでは機能は純化できない．

　自由で民主的な現代社会では，建築に対するひとつの究極の憧れとしての形がそこに現れるとき，新しく現代の絶対権力なり宗教となるものは，科学技術であり，資本であろう．そのどちらが欠けてもメガストラクチャーは成り立たない．メガストラクチャーは，それらを肥大化させることによって自らを神話化し，メガである必然性を得ようとしている．

　一人あるいは少数で考えるということ： メガストラクチャーは，巨大さを，一人であるいは少数の

■1　菊竹清訓の海上都市（菊竹清訓（1978）：菊竹清訓構想と計画，美術出版社より）

グループで構想するところに，特徴をもつ．それは，論理の首尾一貫性である．多様性さえも，論理のなかに組み込まれる．こうした行為は，実際の建築や都市では起こりえない．だからいっそう，建築家たちに，より自由で魅力的に映るのであろう．多大な要求を出すクライアントのいない建築．無数の利害関係のない都市．この，自らが問題を設定し，自らが問題を解決するという，ひとつの思考サイクルのなかで，建築家は自己を最大限に表現したいと思うのだろう．たとえ，それがどんなに客観的な装いをまとっていたとしても，表現されているのは，その構想する人そのものの人格なのである．

●繰り返される夢としてのメガストラクチャー

　おもに1960年代のメガストラクチャーの特徴を述べてきたが，しかし，都市は統合されないからこそ都市でもある．人間の本性のどこかには，統合から逃走しようとする本能が隠されている．だから人は矛盾を孕んだ都市を求める．矛盾のない都市を創るということ自体が大きなパラドックスでもある．

　メガストラクチャーはしかし，今後も人間の想像力をかき立て続けるだろう．建築家にとって，この最大限の欲望は自らの構想力の限界を試す最大の物語になるのだから．　　　　　　　　　　［鵜飼哲矢］

3-7 広場が与えてくれるもの

【テーマ】広場　　　　　　　　　　　　　　　　　　　　　　　　　　　3　都市・景観・法規

　まわりを華麗な建物で囲われ，大勢の人々が集う象徴的な広場．それは西欧都市，とくにイタリア都市の特徴といえる．日常的にも多目的に使われ，祝祭の日には野外劇場のような雰囲気となり，都市に活力を与える．

　日本にも戦後，それを憧れ多くの広場ができたが，成功した例は少ない．だが，日本にもそれとは違う広場の伝統があった．われわれの身体感覚に合った規模と役割をもつ交流の場がたくさんある．

　地域の神社や寺の境内の一角にベンチが置かれ，老人たちが寛ぎ，のんびり会話を楽しむ光景をよく見かける．児童遊具が置かれ，子供たちが飛び回っていることもよくある．日本の典型的広場シーンのひとつだ．一方，巣鴨の「とげ抜き地蔵」の周辺には，縁日の日には動的な広場が出現する．高岩寺の境内から門前の商店街にかけて，露店がぎっしり並び，おばあちゃんたちの熱気に包まれる．日本的な広場の原型を見る思いがする．

　都市の中心に広場ができる構造は日本にはない．むしろ，都市内での人の流れの結節点に賑わいに満ち，象徴性をもつ広場的な場所が形成された．辻の空間がその典型であり，近代にも銀座4丁目の和光の交差点などが人気を集めてきた．

　舟運の活発な江戸時代には，橋のたもとの空間がさらに重要だった．陸と水の交通の結節点で，しかも火除地として計画的に大きな空地がとられた橋のたもとは，やがてその地の利を活かし，大勢の人々の集る盛り場となった．その代表が両国橋の西のたもとの広小路だった．堂々たる建築で囲われる西欧の広場と対照的に，仮設の茶屋や芝居小屋が並び，辻芸人，物売りがひしめいて，猥雑な活気に満ちた日本的広場を形づくっていたのだ．

　水の都市から陸の都市に転換した近代の東京では，橋のたもとの代わりに，駅前が交通上重要になり，そこに広場が誕生した．駅は街の顔でもある．渋谷のハチ公の銅像のある広場など，近代日本の生んだ典型的な広場である．レトロ風に機関車が置かれ，いつも何をするともなく男どもが集まり賑わっている新橋駅烏森口の広場には，地中海世界の都市

■1　水辺の広場　犬の散歩コミュニティ（筆者撮影，以下同じ）

■2　とげ抜き地蔵の縁日（左・右）

■3　お台場海浜公園

■4　晴海トリトンスクエア

■5　聖路加ガーデン前の広場

■6　恵比寿ガーデンプレイス

の広場と相通ずるおもしろさがあるし，ベンチと植え込みで囲われ人々がのんびり寛ぐ阿佐ヶ谷駅の南口広場には，現代日本の公共空間の新たな可能性が現れている．効率や便利さばかりを考えず，車の侵入を抑制すれば，人々が集まり，交流の場となる駅前広場が実現する可能性が開けるに違いない．

近年，東京の水辺空間の復権とともに，隅田川やベイエリアに，水に開いた気分のよい広場がいくつか生まれているのが注目される．まず，江戸の橋のたもとの広場を現代に蘇らせたかのように，歩行者専用の「桜橋」のたもとに，親水広場ができている．花見の時期に行われる早慶レガッタの日には，ここに両校の応援団が陣取り，祝祭気分は最高潮に達する．大川端近くの聖路加タワーの足下の親水テラスでは，昼食時には，階段状広場のまわりで食事をする大勢のOLらの姿がある．夕方には犬の散歩のコミュニティが出現し，水辺が蘇ったことを物語る．

感動的な新時代の広場の雰囲気が，近年のお台場に登場している．週末ともなると，昼間は浜辺でアサリの潮干狩りをする子供連れの家族やピクニック気分の大人たち，夕暮れになると，若いカップルがたくさん集まり，沖に浮かぶ屋形船がまた幻想的な気分を演出する．現代日本の水辺ならではの広場がここにある．

跡地利用の大規模な再開発とともに，魅力的な広場が生まれた例も少なくない．新宿サザンテラスは，全長350 mの歩行者空間に店舗が巧みに置かれ，ブリッジを経て対岸のプロムナードまで至る魅力的な回遊性のある遊歩道であり，一種の広場となっている．夜は，下の軌道を通る電車が光の川を生み，幻想的な雰囲気に包まれる．

都心回帰の流れを受けて，都心にマンション人口が増えたこともあり，恵比寿ガーデンプレイスや晴海トリトンスクエアの広場には，高齢者も乳母車を押した若い母親も集まり，日常的な生活感をもった広場の情景が生まれている．日本にもいよいよ本当の広場が成立し始めたという実感がある．

経済性ばかり追求される日本の都市開発のなかで，真の公共性を考えた広場を適切に生み出していく努力はきわめて重要である．

[陣内秀信]

3-8　都市に人間性回復の広場を

【テーマ】総合的設計　　　　　　　　　　　　　　　　　　　　　　　　3　都市・景観・法規

　「総合的設計」，これは1961年に創設された特定街区に関する通達での言葉である．この特定街区に代表される「街区を形成する規模で建築物と公共空間とを一体的かつ総合的に計画設計すること」を，ここでは「総合的設計」とする．同様な制度には「総合設計」や「再開発等促進区を定める地区計画」などがあり，いずれも都市広場などの空地を設け，市街地環境の改善度に応じて容積緩和が行われるしくみを備えている．本項では，この「総合的設計」などで，現代の都市につくられている都市広場のあり方を記述し，次に「総合的設計」がめざしたこと，およびこれから求められることについて記述する．

●都市広場のあり方

　広場は都市にとって欠かすことのできない特別な場である．それはだれもが訪れることができ，思い思いにすごせ，自由に集まることができ，自由な表現が可能な場だからである．またともにすごす人々と同じできごとを体験し共有することができる場だからでもある．これらは都市広場が備える貴重な性質のひとつである．こうした都市広場のあり方においてとくに大切だと思われることを以下にあげる．

　広場の中心的な場所が人に開放されていること：広場の主役は人である．ゆえに広場の中心的な場所は，広場に集まるすべての人に開放されているべきである．また広場全体として，多様な人々を受け入れる開放性と，多様な活動を可能とする寛容さを備えることが，都市広場の基本的なこととして，最も考慮されるべきことだと思う．

　固有の場であること：都市広場は，その都市や地域に暮らす人々の姿が感じられる固有の場であって欲しい．広場に訪れれば，自らが暮らしている都市や地域の歴史や文化を感じることができる，あるいは未来に向けたこれからの姿，希望を感じることができる，そのような広場をもつ都市市民は幸福だと思う．

　適度な大きさであること，適度に囲まれていること：広すぎず狭すぎず，人の活動に応じた適度な大きさであることが望まれる．まず広場空間の質を考え，それにあわせて場の広がりをデザインすることが大切である．さらに広場を居心地のよいものとするには，騒音や強風などの好ましくない外部環境から守るように適度に囲いこむ工夫が求められる．また適度に囲まれていることは，特別な場として，視覚的な効果をもたらす．

　複数の建物，多くの人が利用する店舗などの用途に面していること：広場は周りの建物群などと一体的に一つの空間をつくるものであり，面する建物および用途は大切である．できれば複数の建物および多様な用途に面することが望ましい．このことで，広場空間には多様性が生まれるし，何よりさまざまな人々がその広場に訪れ，さまざまに利用することとなる．また建物の付属物としてとらえるのではなく，広場を設けようとする土地の，その都市におけるポジションを尊重することが重要である．

　日の当たり方，影の落ち方に配慮すること：日当たりがよければ緑豊かな木が育つし，四季など自然を体感する場ができる．緑豊かな巨木は，広場を固有の場とする一要素になりうるし，光，風，緑など自然に親しむ場は都市において貴重である．四季を通した日の当たり方や影の落ち方，木の種類と配置および成育環境，人の活動の質や量およびその位置などを総合的に考える必要がある．

　以上に述べた都市広場を創出するには，広場を取り囲む建物群と広場とを一体的，総合的，継続的にデザインすることが求められる．その一手法として「総合的設計」がある．

●「総合的設計」がめざしたこと

　「総合的設計」が備える建物の垂直展開によって空地を創出し開放する考え方は，1933年の「アテネ憲章」にみられる．日本では1960年代に絶対高さ制限の解除，容積地区制の導入，「総合的設計」の原点ともいえる特定街区の創設が相次いで行われ，建物の垂直展開と空地による形態が法的に可能となった．そこには「アテネ憲章」と同様に，近代

■1　新宿三井ビル55広場（2001年1月）（撮影：建設通信新聞社）

化に伴う人口の都市への集中と混乱に対し，建物の立体化，高層化によって解決をはかるという考え方がある．その考え方をもとに，日本で最初に特定街区によって，超高層建物と広場を生み出したプロジェクトは霞ヶ関ビルである．そのめざしたところとして，霞ヶ関ビル建設委員会の氷室捷爾会長は，「"山林に自由存する"とすれば，広場には人間性がある．はなはだしく人間疎外的な大都市の，一般市民に開放された広場は，人間性回復の場として，珠玉の存在である」とし，「大都市における人間性の回復」が委員会一同の基本的モチーフであったと1968年竣工時の建設レポートに記している．その後，特定街区を全面的に適用し，都市づくりが行われたのが西新宿である．西新宿ではグリッド状に整然と区画された街区に，他と適度に間をとりながら多数の超高層が峻立し，各街区には思い思いの都市広場が設けられている．この西新宿では「生き生きとしたヒューマンスペースの創造」が基本コンセプトとされ，それぞれの都市広場はまさにこのコンセプトを実現するために設けられたものである．これらに共通することは，高層化の技術を，都市市民の人間性回復の場創出に活用しようという考え方である．都市への集中を受け入れ，かつ人間性に配慮した都市としていくために高層化と空地による形態が考えられ，制度化され，現実化されたのである．

● 「総合的設計」に求められること

　都市に人間性回復の場を創出するには，これからは環境と地域という視点が欠かせない．超高層建物は他を圧倒するボリュームと活動密度を都市にもたらす．それゆえ地球環境への配慮が他に増して求められる．また超高層建物が都市および経済のグローバル化の表れであればあるほど，その土地はグローバルな活動と地域の活動をつなぐ接点として，地域への眼差しがより求められる．これらに応えるには街区を越えた他との連携が必要であり，総合的設計運用のベースとなる地域全体のビジョンと都市デザインのあり方が重要となる．地域全体の都市デザインのなかで位置づけられ創出される都市広場は，より強く地域とつながる存在となり，さらに，その都市や地域の固有の風景となることで，都市にともに暮らすことを楽しむ場となる．
[岩永敬造]

文献
1) 建設省（1961）：建築基準法の一部を改正する法律の公布について，発住第47号．
2) ル・コルビュジエ著，吉阪隆正編訳（1976）：アテネ憲章，p.79, p.119, 鹿島出版会．
3) 大河原春雄（1991）：都市発展に対応する建築法令，pp. 132-136, 東洋書店．
4) 氷室捷爾ほか（1968）：霞ヶ関ビルディング，5p, 三井不動産株式会社．
5) 新宿新都心開発協議会（1973）：LIVE! SHINJUKU 新宿　この新しいヒューマンスペース創造への出発，15p, 新宿新都心開発協議会．

3-9　近代の繁華街とその変遷

【テーマ】繁華街　　　　　　　　　　　　　　　　　　　　　　　　　　　3　都市・景観・法規

●土蔵造の街並みの誕生

　都市の中でも，商業施設や娯楽施設が集積した華やかな場所，あるいは賑わいのある街並みを繁華街という．明治以降，繁華街には洋風の外観をもった店舗がみられるようになったが，このような店舗が急速に広まっていったわけではない．

　江戸時代以来，年中行事のように起きていた大火から東京を守るため，1882年に東京府知事と警視総監とによって，防火令「甲第二十七号」が布達されている．「甲第二十七号」は，東京の中心地区の主要な道路と運河を「防火ノ線路」に指定し，ここに面する家屋に対して，煉瓦造か石造，土蔵造の建物にすることを定めた部分と，現在の千代田区と中央区の家屋に対して（一部を除く），瓦などの不燃物質で屋上を葺くことを定めた部分からなる．計画は1887年に完了している．

　この時にはすでに，明治初期につくられた銀座煉瓦街もあったが，煉瓦造，石造，土蔵造の3種類のうち，ほとんどの人が建てた建物は土蔵造で，東京に土蔵造の街並みが出現したのである．もちろん，江戸時代に土蔵造の店舗がなかったわけではないが，街並みの中に占める数は2，3割にすぎなかった．明治中期になって初めて，土蔵造の街並みが出現したのである．また店舗形式も江戸時代と同じように，商人が畳の上に座って顧客を待ち，訪れた顧客の求めに応じて，商品を店の奥や蔵から出してきて見せるという，座売り方式がとられていた．

●自己主張の強い建物が並ぶ街並み

　その後，繁華街が大きく変わっていくのは，明治末期になってからである．

　閉鎖的な封建都市であった江戸の街を，道路・運河・上下水道の改良や築港・公園などを整えた，近代都市につくり変える目的をもった「東京市区改正条例」が公布されたのは1888年である．その後委員会によって計画案が決定されるが，財政的困窮などからなかなか実施へと進まなかった．東京への人口の集中，地価の高騰などから都市改造の必要性はますます高まり，日露戦争後の1906年に速成計画の実施を決定し，英貨150万ポンドの事業公債を発行して，道路の拡幅改修などを進めている．

　当時の東京で最も賑やかな場所であった，万世橋から京橋の日本橋通りの道幅が，10間（18 m）から15間へと広がったのは第1期速成事業によってである．なお，この通りに続く京橋から新橋までの銀座通りでは，煉瓦街がつくられた時に15間の道幅になっている．

　日本橋通りでは，西側の街並みを削って道路が広げられることになり，この位置にあたる建物は，建て替えるか移築をすることになったのである．工事が終わりに近づいた1909年7月に，建築家・田辺淳吉が建物の調査を行っている．調査した時点ではまだ工事中の建物もあったが，192軒が工事を終えている．調査によれば，192軒の建物のうち，「土蔵」および「和風木造」といった和風の建物が99軒あったのに対して，「木造漆喰塗」，「洋風下見」，「木骨張付」，「煉瓦もしくは石造」といった洋風の建物が93軒と，洋風と和風の建物がほぼ半分ずつ街並みの中にあったことがわかる（田邊淳吉(1909)：東京市区改正建築の状態と建築常識．建築学会『建築雑誌』8月，p.342）．

　明治末期に建設された洋風の建物の多くは「木造漆喰塗」で73軒あり，塔屋をもつなど，自己主張の強い派手な外観をもっている点に特徴がある．また3・4階建ての建物が建設されるようになり，192軒のうち52軒ある．それまでの，2階建て黒漆喰の土蔵造の街並みから，2～4階建ての建物が混在した，洋風の建物がめだつ不ぞろいな街並みへと，景観が大きく変わっていったことがわかる．

●座売り方式から陳列販売方式の店舗へ

　木造漆喰塗の建物のもうひとつの特徴は，現在の商店と同じように，店舗が商品を陳列して販売する方式をとっていた点である．大火が頻繁に起きていた時代，商人は火災から商品を守るためにも，商品を店先に並べておくことはできず，蔵の中にしまっ

■1　ウィンドーショッピングを楽しむ昭和初期の銀座（『震災復興大東京絵はがき』より）

ておかざるをえなかった．陳列販売方式の店舗の出現は，都市から大火が少なくなったことをも示している．東京では，明治中期の防火令によってそれが可能になったのである．

商店の座売り方式と陳列販売方式の違いは，たんに店舗形式の違いにとどまらず，店舗が対象とする客の層が異なってきたことをも示している．前者が特定の顧客をおもな相手としていたのに対して，後者は通りすがりの不特定の客を相手とすることを前提にした店舗形式でもある．商店が不特定の人を相手にし始めたとき，建物が広告としての役割を果たすことが認識され，「木造漆喰塗」の建物にみられたような，自己主張の強い建物が建設されるようになり，その結果，街並みは不ぞろいになっていった．

●ウィンドーショッピングを楽しむ街並み

売手と客が一対一で対応し，客の求めに応じて蔵から商品を出してきて見せる座売り方式では，商品の購入を目的としない人々が店舗を訪れることはできなかった．しかし，陳列販売方式の店舗はそれを可能にしたのである．陳列販売方式の店舗は，客自身が気に入った商品を探し出すことを前提にしている．人々は，商品を購入しなくても商店のもつ華やかさに浸ることができるようになり，ウィンドーショッピングともいうべき行為を楽しみ始めるようになったのである．ウィンドーショッピングを楽しむという人々の行為は，やがて大正時代の「銀ブラ」へと受けつがれ，さらに昭和初期には，全国の繁華街に見られるようになっていった．

●遊興空間を取り込んだ商店街

数多くの劇場や映画館，カフェ，喫茶店，ダンスホール，料理屋や食堂などが繁華街につくられていったのも昭和初期である．都市の中心にある商業空間に，娯楽性をもった遊興空間が組み込まれていったといえよう．

江戸時代においては，日本橋界隈など商店や問屋が集まった場所が都市の中心部にあっても，遊興施設は，両国橋など橋のたもとの広小路や，寺社境内，遊郭，芝居町など，都市の周縁に配されていた．昭和初期には，このような遊興施設が商店街に取り込まれることによって，都市の中心部につくられていったのである．

そこでは，かつて遊興空間がもっていた「悪所」のイメージもうすれ，あるいはなくなっていった．家族連れやサラリーマンなどが夜遅くまで楽しむことのできる，明るい遊興空間を取り込んだ，新しい繁華街がつくられていったのである．繁華街から近代の都市をみていくと，不特定の人々を相手にする近代では，近世のように整然と統一された街並みがつくられていくのではなく，自己主張の強い建物が並ぶ，不ぞろいな街並みが必然的につくられていく特性をもっていることが指摘できる．そしてこのことが，刺激的な賑わいをもつ近代都市の魅力をもつくりだしてもいたのである．

［初田　亨］

3-10 日本の都市には道があった

【テーマ】道　　　　　　　　　　　　　　　　　　　　　　　　3　都市・景観・法規

●都市空間における「道」と「広場」

われわれの身の回りの都市空間は人々の生活や活動の場となる建築空間と，それを連結する道や水面などの公共のオープンスペースとで構成されている．そのなかでも「道」は現代都市においては物や人の移動の場として，人体でいえば血管のように，都市的活動を支える重要な役割を果たしている．

都市論で有名なケヴィン・リンチの『都市のイメージ』（The Image of the City, 1960）に「ノード（節目）」と「パス（通路）」という考え方がある．ノードは広場，パスは道と読み取ることができるが，古今東西の都市を概観したときに「広場」を強く意識するのは西欧都市であり，東洋とりわけ日本では「道」が意識されることが多い．

●西欧の広場

西欧の「広場」は歴史的な事象の舞台に登場する．その歴史は「市民集会」を表す古代ギリシャの「アゴラ」，「公開討論会」の語源の古代ローマの広場「フォロ」にまで遡ることができ，商業活動，政治，裁判，宗教儀式，社交の場となり，市民の都市生活の中心的役割を果たしてきた．その長い歴史のなかで西欧都市は広場を核として成立し，街並みを形成してきた．西欧の都市の名所には必ず広場があげられ，そこでの故事などの解説がなされている．つまり広場こそが，都市のレファレンスポイントなのである．

●日本の広場

それに対し，日本の「広場」は駅前の交通広場に代表されるように機能的な空間をさすことが多く，まして観光名所としての広場はあまり聞かない．しいてあげれば，現代都市の公開空地広場だが，そこにはペイブ，緑，街具が置かれ，巧みにデザインされているものの，なにかしら白々しさを感じる．どうも広場の使い方にしろ，広場を構成する街並みにしてもよそよそしい．これは日本人の広場観が西欧人のそれとは根本的に異なることに起因するようである．

●西欧の広場に対する日本の道

西欧の広場に対し，日本は「道空間」という説がある．1970年前後に雑誌『建築文化』の特集号「日本の都市空間」，「日本の広場」にその論点が解説されている．伊藤ていじ，磯崎新，川上秀光らの当時の東京大学高山・丹下研究室の面々の「都市デザイン研究体」によるものである．前者は単行本となりいまも書店で目にすることができる．

これによると，日本にも古代の集落単位での広場，そして商いの「市」の広場が成立していた．中世以降は西欧のような確たる広場は存在せず，その機能が社寺境内や，ある時は河川敷の催事的な使い方に代替されたという．社寺の門前には市が立ち，都市の商いや社交の場となる．それが定着するのは武家社会の到来する鎌倉・室町期以降，その理由は，庶民の娯楽は都市内では厳しく規制され，宗教の庇護地においてのみ許されたこと，そこに信心や参詣によって現世利益・請願成就を望む庶民の姿が重なったのである．その習慣は江戸期の大山参りや江の島詣でにみられるように数百年にもわたって継続する．それが門前町の形成であり，道空間を媒介した都市空間へとつながる所以ともなっている．

江戸に関しても四社といわれた神田明神，愛宕神社，市谷八幡宮，日枝山王神社には境内の広場化と門前町の形成の姿が『江戸名所図会』に明確に読み取ることができる．なお，江戸期にみる唯一広場らしい空間は明暦の大火（1656）後に火除け地として設けられた広小路だが，これも基本的には道の変形である．

明治の文明開化期に東京銀座や横浜関内において西欧人の設計による街づくりが進められたが，ここにおいても広場ではなく，伝統的な道を軸とした街が形成されている．近代都市計画で広場が初めて出現するのは，鉄道の発達に伴う駅前広場だが，先の銀座中央通りは汽笛一声の新橋駅正面の停車場線，つまり日本初の駅前通りといわれるが，その延長線はお江戸日本橋である点がいかにも日本らしい．

■1　葛飾柴又帝釈天の参道（撮影・加工：アプル総合計画事務所）

● 祝祭空間としての仲見世・参道

　現代の東京における外国人の訪れる観光名所の筆頭格は浅草寺，ここは江戸の鬼門として上野寛永寺とともに幕府の庇護のもとに権勢を誇った由緒ある寺である．ここの魅力は寺院境内だけでなく，それに連なる仲見世の雰囲気がセットとなっている．

　最近若者の街として注目される原宿表参道のケヤキ並木の道も明治神宮への参道として近代に造られたものである．いま表参道ヒルズの出現によって，その注目度が増しつつあるが，これも観光名所となり，地方から上京する人々にとっては，まさに都会の祝祭空間として認識されるにちがいない．

　浅草雷門の前にしても，また，神宮の延長線は青山通りの交差点であり，ともに大きなノードとはなりえていない．つまり一つの焦点への明確なベクトルを有している，それが参道や仲見世なのである．

　庶民の信仰を集める寺としては，フーテンの寅さんで知名度が上がった東京・葛飾の柴又帝釈天がある．ここもお寺さんとそれに続く参道も含めた全体が魅力要素となっている．むしろ参道の下町らしい風情のほうが，国内外の来街者には好まれているとも聞く．この寺は江戸期に起源をもち，自然発生的に連なった参道のお店が縁日的な空間を形成する．微妙に折れた参道で，近づくにしたがって帝釈天の山門が見えるシークエンスの技法が読み取れる．参

■2　浅草寺門前町[2]

道の道幅は公称5.5mだが，各個店の木造の伝統家屋から庇が迫り出し，陰影のある庇下空間を作り，出幅，高さ，意匠もそれぞれ異なり，路上にはみ出た店台，看板，のぼりの類がその風景を特徴づけている．

　西欧の固い建物で構成される都市景観とは異なる，わが国独特ともいわれる柔らかい薄い皮膜の重なり合いが，線状の縁日的な祝祭空間を形成する．このように，「道」には格別の意味がある．全国各地には名所としての「道」が存在する．これが「日本の都市には道があった」という主張の原点なのである．

［中野恒明］

文献
1) 都市デザイン研究体（1971）：日本の都市空間，彰国社．
2) 都市デザイン研究体（1971）：日本の広場．建築文化，8月号，No.298，彰国社．

3-11　路地のデザイン

【テーマ】路地　　　　　　　　　　　　　　　　　　　　　3　都市・景観・法規

●路地をとりあげる

　路地は，現在の街においては，見かける機会が少なくなってしまっている空間である．この路地を，環境を構成するという観点から継承していくためには，路地を相対化してとらえる必要がある．一般に，路地は，道（街路）という表向きの空間に対して，裏，あるいは内向きの空間である．他方，庭に対しては外であり，また，表の面ももつ．つまり，道と庭との中間的な性格をもつ空間といえよう．そこに路地としての小宇宙がある．したがって，路地をとりあげるにしても，それだけを強調するのは錯誤であり，環境全体の中でそれを位置づけ，生かしていくことが大切である．そうしたときに，路地の可能性が最大限に発揮されるだろう．

●路地のなりたち

　われわれは，日常，集落（村落や都市）という地表上でも人工化の度合の高い環境の中で暮らしている．路地は，その中の，ブロックという環境の単位レベルに生じる空間である．ブロック内の敷地は，通常はその外側の道の空間から出入りし，また相互の連絡も道によってなされるが，路地の場合は，それがブロックの内部でなされる現象である．

　ブロックの中に接道しない孤立敷地がある場合には，必ず路地が生じるが，敷地がすべて接道していても路地が生じる場合がある．また通り抜けのための路地もある．

　路地は，ブロックの境界のある部分が道に対して開き，そこから歩行用の幅の狭い通路状の空間が，ブロックの内部に通されたものである．自然発生的な路地は，敷地の一部が私的に提供されて生じる場合も多い．共有の路地もある．また，ブロック内の敷地境界が全面的に開かれて，家屋まわりの狭い庭が相互に通り抜けされて生じるいわゆる道庭も，広い意味での路地と考えてよいだろう．

　いずれにしても路地が形成されるためには，ブロックや敷地の境界が閉じていてはだめで，なんらかのかたちでそれらが開かれる必要がある．

●民家集落の路地

　町家ブロックでは，家屋がきびすを接して建ち並び，また敷地境界が閉鎖的であるので，路地も物理的な限定性の強い空間となる．路地の床は，タタキや石畳などのハードな仕上げになっていて，路地の両側には，表屋の側壁や庭を囲う板塀，裏屋の瓦屋根の軒先や庇あるいは格子窓が間近に面している．また，路地の入口に門をもつものもみられる．こうした路地の空間には，つい引き込まれてしまいそうな懐かしさがある．

　漁家ブロックの路地は，通常われわれが路地としてイメージする町家ブロックの路地などとはかなり様相を異にするものである．漁家の場合，接道しない敷地をブロックの中に数多くもち，また，各戸の敷地も狭い．そのため，相互の庭先が通り抜けされて，先に述べた道庭が形成され，これがブロック内に網の目のように広がるという現象が生じる．この空間には，家財道具や洗濯物，あるいは盆栽などがはみ出していて，町家ブロックの路地とはまた別の，人間臭い魅力を漂わせている．

●路地の二面性

　しかし，以上のような魅力をもつ既存の路地には，一方で，その行止まり性や迷路性から，とくに建物が過密な部分において，災害時の危険性が指摘されている．このような路地の負の面には，つねに注意が必要であろう．そのためこれまでに，たとえば，京都西陣地区の町家ブロックにおいては，裏庭が集中するブロックの中央部に歩行者のための細道を通し，それに既存の路地を接続させることによって安全性を図る提案などがなされている．

　また，漁家ブロックにおいても，たとえば，千葉の浦安では，漁業の廃止後，道庭はふさがれて消滅するか，最小限出入りに必要な部分に寸断されてしまっている．また，防災のために家屋が所々抜かれて，そこが公園や広場として空地化されている．

●路地の境界性

　一般に，ある段階の環境の単位内部にはより内側

■1　西陣の路地（筆者撮影）　　　　　　　　　■2　浦安の道庭（筆者撮影）

の単位をつくろうとする力がはたらき，両単位の間に境界の空間が生じる．ブロックという環境の単位においては路地がこの境界の空間に当る．そしてこの路地の境界性が路地に様々な意味をもたらす．

人はこの路地を，敷地よりも内側の単位である敷地の専用部分の出入りや行き来のための通路に使い，つき合いの場や子供の遊び場としてきた．また採光や通風のための空地として，あるいは家財を置くための余地として用いてきた．スケール面においても路地は表の道に比べて幅が狭いために人間の身体により密着している空間である．こうした路地の性質が集積されて，心理的にも親密感や懐かしさをかもし出してきたといえる．

いいかえれば，こうした路地の境界性が，ブロックの内外を調整することによって，ブロックという環境の単位を成立させ，それを内部化するためにはたらいてきたといえよう．

デザインには種々の局面で単純性と複雑性の対立がみとめられる．路地においてもこの観点から京都の町家ブロックの路地に代表される直線的で比較的見通しのよい単純な形態と，千葉浦安の漁家ブロックの路地（道庭）に見られる曲折し凹凸のある複雑な形態の対立がある．路地はもともと表の道の空間に対して裏であるが，路地の中では浦安よりも西陣の方に表を感じる．これは真直で平滑な面の方が，曲折し凹凸のある面より強い表性をもつためではないかと考えられる．

●現代的な環境の路地

近年の戸建住宅についてみると，ブロックの背割ラインに路地を通して，そこを緑化し，車が通る表の道を補完する提案などがなされている．この路地には，裏どうしのつき合いが形成される可能性がある．この場合，電柱などもこの路地に移設して，表の道の美観にも配慮している．また，駐車場をブロック内部に取り込み，舗装や緑化を施して，車の不在時に遊び場にするというボンエルフ広場の提案なども，路地によるブロックの活性化の延長上にある考え方であろう．

また，立体化され，大規模化や複合化が進行する建築のレベルにおいても，建築内部に路地的な空間の活用が予想される．たとえば，郊外のショッピングセンターや都心の複合ビル，あるいは地下街の通路に，路地的な空間を演出することが考えられる．とくに，店舗環境においては，建物内の店舗ブロックの背割ラインや店舗間に，路地裏的な空間を挿入することによって，商業空間を活性化させることができるかもしれない．その場合，環境をトータルに構成しようとするならば，当然そこには，表としての道的な空間や内としての庭的な空間ももち込まれているはずである．

●結び

路地は，冒頭にも述べたように，それ単独では本来の役割が十分に発揮されない．あくまでもそれに対立する庭や道との関係のなかで，その形式の特性を建築や街の構成に生かしていかなければならない．適材適所という言葉があるが，環境構成の領域においても，環境のさまざまなレベルにおいて，それぞれに形式の特性を生かしたデザインを引き出していくことが必要であろう．

［岡田威海］

文献
1) 材野博司 (1989)：都市の街割，鹿島出版会．

3-12　路地の多義性

【テーマ】路地　　　　　　　　　　　　　　　　　　　　　　　　　3　都市・景観・法規

●ロジの意味

　建築の領域で，ロジといえば「路地」のことを指す場合が多いが，茶室や数寄屋建築の世界に近づくと「露地」の語を目にする機会が多くなる．露地とは，覆いがなく露出した地面のことをいう．だから「露地栽培」などという言葉がある．数寄屋建築では，門から茶室に続く通路に沿って展開する庭園を露地とよび，逆に，屋敷内の庭園内に造られた通路を露地という場合がある．通路沿いの庭も露地だし，庭沿いの通路も露地なのである．そもそも露地とは，人為的に創出された地面で，その上に覆いがないものの総称のようである．

　同じロジでも路地のほうは，露地の部分集合ともいえるが，通路の意味合いが強い．それに加え，路地は，その両脇に建物が並んでいるという物理的イメージを伴っている．同じロジでも，露地は空間的な広がりのイメージをもち，路地は空間的に両脇から囲まれているイメージをもつ．

　さて現在，われわれが路地と聞いたときに連想できるのは，落語に出てくる熊さん八っあんの世界だろう．路地を挟んだ長屋に住む庶民の生活が，家の内外におもしろおかしく展開する世界である．現在も，このような路地で有名な町としては，東京では，木造2階建ての長屋が建ち並ぶ月島．永井荷風がさまよい歩いた向島．地理的には山の手であるが，震災や戦災の難を逃れたために豊かな江戸的情緒が残る路地と坂の町，谷中・根津・千駄木地域などをあげることができよう．なかでも谷中・根津・千駄木では地域誌『谷根千』の特別号として『谷根千路地事典』[1]なども出版されている．ところが，昔ながらの狭い路地と路地をとりまく垣根や板塀，門，家々が織りなす，ヒューマンスケールの空間は，高度経済成長とともに，徐々に姿を消してきた．

●路地消滅の原因

　なぜ，戦後路地は姿を消してしまったのか．それは，1950年に制定された建築基準法に大きく起因していると思われる．近代日本における建築物は，条例や規則（大阪府長屋建築規則など）によって地方公共団体単位で規制を受けてきた．全国一律に法律として規制をかけ始めたのは，1919年の市街地建築物法からであった．同法の適用範囲は，勅令で指定する市街地だけであったが，当時は建築物の建つ敷地に関する条件をきめ細かく規定することはなかった．敷地に面する道路が狭くても建物を建築できたのである．だから路地は江戸時代に引き続き，次々と形成されていったのである．

　ところが，市街地建築物法を大幅改訂して1950年に制定された建築基準法では，都市計画区域内で適用される規定（集団規定という）として，建物の建つ敷地に関する条件が定められた．これが，「敷地の接道義務」とよばれるものである．建築物を建てる敷地は原則として幅員4mの道路に2m以上接しなければならない．戦後日本では，都市計画区域はおおむね市街地とよべそうな地域を有する市町村ごとに設定されていったので，町中の建築物のほとんどがこの規制の適用を受けることとなる．この規制の主たる目的は，「緊急車両の通過」や「延焼防止」にあった．米軍による大空襲の記憶がまだ生々しかった頃だからだろう，この規定は集団規定の最初に掲げられることになった．

　基準法制定以降に建築する建物は，幅員4mの道路に接してないと建築確認が下りないので建築不可能なのだが，基準法制定以前に建っていた建物には適用されなかった．こうした建物を既存不適格といい，既存不適格建物の敷地に接する4m未満の道については，行政が特別に道路として認定する措置がとられた．この措置は第42条第2項に記載されているので，こうした狭い道路を「2項道路」という．ただし，既存不適格建物でも，建替え時にはその時点の基準法が適用されるので，敷地に接する狭い道の中心線から2m以上後退して建築しなければならない．こうして，長い年月をかけて日本の町中から，狭い路地が消えゆく仕組みになっているのである．

■1 汐入のお花畑（筆者撮影）

●インフラを収納する路地

　幅員何m以下が路地であるという定義はないが，2項道路のような道が，路地とよばれているようだ．そうした道では車がほとんど通らないので，道の主役が車ではなく，日常生活となるのだろう．

　広い道路にはたしかに，緊急車両の通過や延焼防止の機能がある．さらに電線，ガス管，上水道管，下水道管，雨水配水管，最近だとCATVや光通信のケーブル，こうしたいわゆるインフラストラクチャーとよばれるものは，道路の上下空間を伝って各戸に到達することが一般的なので，いろんな方面から，道路を広げる方向の圧力が強まることも事実である．だから，路地の多い町は防災性が低く，生活基盤が不充分とみなされ，小は道路拡幅事業から，大は土地区画整理事業や市街地再開発事業まで，各種都市整備事業の出番となる．

　たしかに，狭い路地は社会が提供する諸々のサービスを個々の家にもたらすには不充分な点があるかもしれない．しかし，路地が提供する安全な子供の遊び場や，路地を介して形成される目に見えない人間関係をも，重要な生活基盤と捉え直す視点も重要なのではないだろうか[2～4]．

●お花畑をつくる路地の機能

　たとえば，ここに掲げた写真（■1）は路地の町として有名であった汐入とよばれていた町（荒川区南千住八丁目）の，ある路地沿いの風景であるが（1990年撮影），中央のお花畑がフェンスで囲まれているのがわかる．汐入は江戸から続く町であったが，東京都の主導する防災再開発によって，町ぐるみ高層住宅街に建て替えられ，現在はない．このお花畑は，路地沿いにあった建物が再開発によって買収された跡地の周囲に，都がフェンスを張っていたのだが，その隣のおじさんが，管理事務所に「このまま空き地を放っておくと草ぼうぼうになるから，私が管理してあげよう」といって鍵を借り出し，合鍵をつくり，それを路地沿いの家々に配った結果，ここが路地沿いの人びとのポケットパークとなった，という風にしてできた．路地がコミュニティを育み，そのコミュニティが路地沿いに「露地」をつくったのである．こんなコミュニティを育める，生活に密着した道としての路地の性格はどのようにしたら残せるのだろうか．

　そうした意味で，1970年代のオランダで実験的に生まれたボンエルフ[5]（「生活の庭」の意）は歩車共存をコンセプトに，個々の住宅の庭の延長として道路を捉えなおし，町を形成していく手法である．幅員4m以上の道ばかりで形成される新規の市街地では，路地の精神を活かした道と住宅の関係性づくりにこそ，計画・設計のエネルギーを注ぐべきだろう．

[大月敏雄]

文献
1) 江戸のある町・上野・谷根千研究会編（1989）："東京の地方"叢書(1)谷根千路地事典，谷根千工房．
2) バーナード・ルドフスキー（1973）：人間のための街路，鹿島出版会．
3) J・ジェイコブズ（1977）：アメリカ大都市の死と生，鹿島出版会．
4) 鈴木成文ほか（1984）：「いえ」と「まち」，鹿島出版会．
5) 住宅生産振興財団編（2001）：日本のコモンとボンエルフ，日本経済新聞社．

3-13 都市社会学入門

【テーマ】都市社会学　　　　　　　　　　　　　　　　　　　　　　　　　3　都市・景観・法規

●都市とは

都市社会学とは，都市，都市社会，都市化，都市的生活様式，地域社会，都市生態，都市問題等を主たるテーマ・対象とした社会学の一専門分野である．

都市は文明の所産といわれている．マンフォード（L. Mumford）は，都市は生物のように生成・発展・死滅をしていくので，すべての都市の発展段階を一つの定義で総括するのは困難であるといっている（邦訳『歴史の都市・明日の都市』）．社会学者のウェーバー（M. Weber）は有名な『経済と社会』所収の「都市の類型学」で，さまざまな学問や実務上の都市の定義を列挙し，これらの定義の中で共通しているのは，「まとまった定住」という点のみであると指摘している．

●経済社会的定義

倉辻平治は，ゾンバルト，ケネー，A. スミス，チューネン，マルクスの都市形成の議論を整理し，非農業人口の集住地を都市とし，形成された都市は社会的生産力の発展の契機と把握した．こうした生産力の視点から都市を規定すると，次の3点があげられるとする．

第一規定：工業生産者の集住地＝工業の中心地．

第二規定：生産力の発展にともない増大する余剰生産物の交換地点，すなわち市場地．

第三規定：余剰生産物に依存して発展する権力的支配層とその従属者，科学・美術・宗教・思想等の精神文化の担い手たちの集住地，すなわち，上部構造の中心地．

●権力的定義

都市形成過程において権力的支配関係の果たす役割に注目したのはゾンバルト（W. Sombart）である．彼は，都市は経済的には他人の農耕労働の生産物に依拠して自己の物質的生活を維持する人々の比較的大きな定住地であると定義する．つまり非農業人口が集住し定住している集落というのであるが，それではこのような過程を生み出す要件は何であるか．

ゾンバルトは，余剰農産物を都市人口に供給するための社会的諸関係として，経済的要件以外に政治的・権力的要件を重視する．そこで彼が指摘したのは，「本源的都市創設者」（第一次都市形成者）としての，租税徴収権をもつ国王，貢租を収受する領主，異邦人との交易により利益を得る商人，都市外の地域へ自己の生産物を販売する手工業者・製造業者など，自ら生計をたてるとともにあわせて他の人々の生計機会をもつくり出す人々である．これにたいして，生活手段を自ら調達することができず，「第一次都市形成者」の分配によって生計をたてる人々を「第二次都市形成者」と呼ぶ．ゾンバルトはこの典型として中世都市の成立過程に適用したが，ウェーバーもほぼ同じような考え方を，「都市論」において「都市の経済的創設」図式で展開し，消費者都市，生産者都市，商人都市という都市類型をあげている．

●都市の生態学的定義

シカゴ学派のパーク（R. E. Park）は「都市は文明人の自然の居住地である」と定義して，都市社会学の課題は都市的環境における人間行動・生活の考察にあるとした．その上で都市を人口の集中と資本主義経済という二つの要因の組み合わせによって把握しようとした．こうした産業化・都市化のもとで，都市はその内部空間に特異な地域分化や，第二次的社会関係の発展を進展させ，その結果，都市社会の道徳秩序の解体と再編，社会不安と集合行動の発生，マス・コミュニケーションや広告の急速な発達をもたらすとしている．

パークは，地理学や生態学の視点から「人間生態学」（human ecology）を都市社会の空間内において作用する諸力や諸要素を分離して把握することを論じた．都市空間内の諸力は，都市居住者と都市諸制度に秩序を与え，あるいは一定のかたちをとる傾向をもたらすと考え，そこからこのような諸力の協同によってつくり出される，人々と諸制度のさまざまな典型的集群の記述こそが都市研究の中心である

とした．

●アーバニズム論

こうした都市把握はやがてワース（L. Wirth）の「生活様式としてのアーバニズム」（Urbanism as a Way of Life）論で，人間生態学的現象を社会構造と社会意識の次元に関連させ，より一般的に体系化した．

近代都市の発展・拡大という現象を，F. エンゲルスは，産業革命後の都市の中に経済，階級，搾取，貧困を読み取り，マンチェスターを事例に労働者階級の生活実態について詳細な記述をし，19世紀初頭の工業の発展と移民による「都市化」＝「人口異質性」の都市の特性を「実験室であり，臨床講義室」と捉えた．

パーク，バージェス，L. ワースらのシカゴ学派は，コミュニティと人間的自然（human nature）が形成する，人種の競争と連帯と解体の交錯するモザイク世界を読み取った，都市社会学の研究を行った．

●ウェーバーの都市社会学

ヨーロッパの古典社会学においては，都市社会学は，近代都市と近代社会との関係を都市の人間像や性格を論ずるものであった．とりわけ，近代都市の人間類型とその性格をテーマとした．ウェーバーは，「近代」は何よりも西ヨーロッパにのみ独自な「合理化」をへて形成されたものである，と捉えた．その際，西ヨーロッパにのみ独自な「市民」に注目し，東洋の都市と異なる西ヨーロッパ都市の都市研究を行った．東洋の都市との決定的な差異は，都市が団体的性格を欠くということにある．それは東洋の都市が何らかの範囲の自律権をもつ団体，特別の政治的・行政的制度を備えた「ゲマインデ」としての要件をもっていない，ということを意味した．

●テンニスの大都市論

近代都市はこのようにそこに集住する住民を，自立性を有する市民として陶冶する容器として把握された．テンニスは，大都市をゲゼルシャフト的（利害中心的）空間として捉え，そこでは，人々が「本質的に」結合しておらず，むしろ逆に「本質的に分離」している人間の集団の集住地，としている．近代都市，とりわけ大都市は，「機械的な集合体で人工物」として捉えられ，開放的で自由人からなる．これは全く異質的な交易や交際，相互交通の発展によって形成されたものとする．

●ジンメルの都市社会学

こうした都市生活者たる住民や市民の社会的性格や心理的態度を都市の人間行動として特徴として把握したのは，G. ジンメルである．彼は，都市生活者の人間像を貨幣経済との関係で捉えた．都市住民は貨幣によって支配され，そこからソフィスケイト（皮相的）された性格，飽きっぽい態度，自制する態度，自己保存の態度がある，という．

大都市生活の人間的接触は，一時的，断片的なものにすぎない．そこから都市の人間は，合理的，時間厳守，計算可能性，正確性を期待され，主観的個人的感情や非合理性は排除される．大都市の特徴に，移動性という性格が親族，地域性，職業の確立等により，人々の連帯を妨げると考え，これらをストレンジャー（異邦人）という考え方で位置づけた．

●シカゴ学派の都市社会学

ジンメルの提起した，近代大都市が人口の量・密度や構成者の職業の専門分化を介して都市住民に影響を与えるという問題意識を，継続発展させたのはシカゴ学派の都市社会学である．この学派は都市的生活様式（urbanism as a way of life）への関心と，都市を競争的な基礎的な過程とする生物的なコミュニティとして把握しようとする人間生態学（human ecology）の方法を重視し，社会解体論的に都市社会問題を調査研究し，多くの業績を生み出した．その後，都市社会学は，社会解体論的把握から離れ，コミュニティ論や比較都市社会学の方法へと移行した．

●シカゴ学派批判

シカゴ学派の方法を批判する立場は，都市を生態学的決定論で捉えるのでなく，社会構造から捉えるという考え方である．前者を狭義の都市社会学とすると，後者は広義の都市社会学である．その典型がフィッシャーの「社会構成理論」や，カステルなどに代表される新都市社会学である．フィッシャーの「社会構成理論」では，都市の生活様式は，都市を構成する都市の社会的属性（階級・ライフステージ・民族・人種等）によって説明される．新都市社会学は，都市を資本主義の一部と考え，資本や国家の介入によって，都市の空間と社会構造が大きく影響を受けることを重視する．このように，古典的な都市社会学の考え方から広義の都市社会学への立場へと大きく変わりつつある．

［似田貝香門］

3-14 犯罪の起こりやすい町，起こりにくい町

【テーマ】犯罪　　　　　　　　　　　　　　　　　　　　　　　　　　3　都市・景観・法規

「犯罪」とは刑罰法令に触れる行為の総称であるから，その内容はきわめて多様である．犯罪問題を論じるときは，どのような類型の犯罪について語るのかをつねに意識する必要がある．また，最近の犯罪学では，「犯罪の多い地域」を，①犯罪者や非行少年の居住地と，②犯罪被害の発生地，との二つの側面に分けて考えることが通常である．

● 都市の犯罪の地理的分布

犯罪の抑止を効果的・効率的に行うためには，犯罪が集中的に発生している地区を検出し，的を絞った対策をとるべきだといわれている．近年，日本でも，地理情報システム（geographic information systems：GIS）を用いた犯罪の地理的分析が行われるようになってきた．たとえば，科学警察研究所による 1996 年から 2000 年までに東京 23 区内で発生した刑法犯の分布の分析からは，以下の知見が得られている．

・住宅対象の侵入窃盗は，「下町」地区よりも「山の手」地区に多い傾向がある．
・ひったくりの地理的分布は発生時間帯によって大きく異なっており，深夜は盛り場周辺に集中し，午後から夕刻には住宅地区周辺に広く分布する．
・暴行・傷害などの粗暴犯は，鉄道の駅周辺に強く集中する特徴的な分布を示す．

これらの分析結果は，「犯罪」のさまざまな類型ごとに地理的分布が大きく異なっていること，および，発生時間帯によっても分布に大きな差異があることを物語っている．すなわち，犯罪被害の発生パターンやその背景要因の検討にあたっては，犯罪類型×場所×時間帯という三つの側面を考慮することが不可欠だといえる．

● 環境設計による犯罪予防

犯罪被害から身を守りたいという願望は，外敵の侵入を防ぐ城壁のなかに閉じこもるような対応に結びつきがちである．実際，欧米諸国などでは，以前から「ゲイテッドコミュニティ（gated community）」とよばれる，周囲を壁で囲み，門に私設の警備員を常駐させる居住地区が作られてきた．

ゲイテッドコミュニティは，犯罪被害をもっぱら外部からの侵入者によるものと想定して作られている．しかし，現実には，部外者の侵入を完全に排除することは不可能である．また，地区間の格差拡大を助長し，結果的にその地域全体の都市機能を阻害する恐れもある．もちろん，コミュニティ内部の人物による犯行に対しては，この種の対策はまったく無力であろう．

ゲイテッドコミュニティは，本質的に富裕層の人々の自衛策であり，都市の再生などをめざす公共政策にはなじみにくいものである．公営住宅などでの犯罪被害の防止をめざすものとしては，ニューマン（O. Newman）らによる「守りやすい住空間（defensible space）」論や，ジェフェリー（C. Jeffery）らによる「環境設計による犯罪予防（crime prevention through environmental design：CPTED）」論が提唱されている．彼らの議論は，犯罪の対象者や対象物を物理的に周囲から隔離することよりも，むしろ建物や街路の配置の工夫や防犯設備の活用によって「自然な監視性（natural surveillance）」を高め，犯罪者にとってのリスクを高めて犯行を断念させることをめざす点に特徴がある．こうした環境設計による犯罪予防の考え方は，とくにイギリスやオランダなどヨーロッパ諸国の防犯政策に強い影響を及ぼしたといわれている．

● 日本の状況

犯罪情勢の分析や犯罪の起こりにくい都市環境設計によって犯罪被害の未然防止を図ることが重要であるという考え方は，犯罪対策閣僚会議が 2003 年 12 月に定めた「犯罪に強い社会の実現のための行動計画」にも反映されている．ここでは，治安回復のために重要な三つの視点として，「国民が自らの安全を確保するための活動の支援」，「犯罪の生じにくい社会環境の整備」，「水際対策をはじめとした各種犯罪対策」があげられ，多様な関係者の連携と情報の有効活用によって犯罪の抑止を図ることの意義

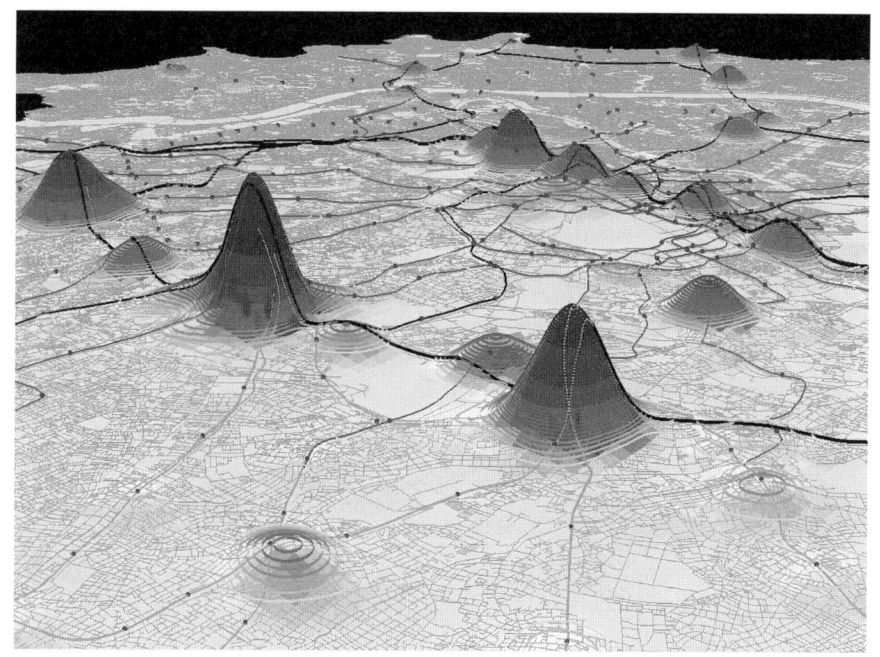

■東京23区内の粗暴犯の分布の3次元表示（筆者作成．セキュリティ産業新聞社編（2003）：コムスタット＆クライム・マッピング，p.41 所収）

が強調されている．

これらの視点に立つ取組のひとつとして，環境設計による犯罪予防論に依拠した国レベルの施策やガイドラインの策定があげられる．すでに2000年には，自治体，地域住民，建築業界等と連携した犯罪防止に配慮した環境設計活動の推進などに努めることを指示した警察庁の「安全・安心まちづくり推進要綱」や「道路，公園，駐車・駐輪場及び公衆便所に係る防犯基準」，翌年には国土交通省が共同住宅の防犯設計指針を，新築の場合と改修の場合それぞれについて詳細に示した「防犯に配慮した共同住宅に係る設計指針」などが相次いで制定されている．2006年には，これらの規定の制定後5年を機とした一部改正が行われている．

また，国民が自らの安全を確保するための活動の支援策の一環として，警察などから一般住民への犯罪情報の積極的な提供が行われるようになったことも特筆に値する．2003年5月には，警視庁のホームページで「犯罪発生マップ」が公開された．これは，「ひったくり」，「住居対象侵入盗（空き巣）」，「事務所等侵入盗（事務所荒らし）」，「車上ねらい」，「粗暴犯」の5種類の犯罪について，それらの分布のパターンを犯罪発生地点の「密度」地図として表現したものである．これをひとつの契機として，各地の警察が犯罪情勢地図を作成し，市民に提供するようになった．今後は，これらの新たな取組が実際どれだけの犯罪抑止効果をもつのかに関する実証的検証が課題になると考えられる．

●科学的根拠に基づく犯罪予防

最近の欧米諸国では，さまざまな犯罪防止プログラムがどれだけの防犯効果をあげたかを厳密に科学的な手法で検証する取組が進められている．たとえばアメリカでは，シャーマンらの編著による『科学的根拠に基づく犯罪予防』(L. Sherman, et al. eds. (2002)：Evidence-Based Crime Prevention, Routledge) が出版されている．また，2001年には，科学的根拠に基づく社会政策形成の支援をめざす国際的組織「キャンベル共同計画（Campbell collaboration）」が発足し，犯罪や非行の予防と再発防止のための介入の効果に関する実証研究の系統的なレビューを行っている．

ただし，これらの研究のほとんどは，欧米諸国で行われたものである．犯罪は本質的に社会現象であるから，法律・制度・文化などの異なる外国での知見が日本にそのままあてはまるという保証はない．これらを参考にしながらも，今後，日本で実施された実証研究を蓄積してゆくことが，ぜひとも必要だと考えられる．

[原田 豊]

3-15 都市は今日も眠らない

【テーマ】深夜都市　　　　　　　　　　　　　　　　　　　　　　　　　　　　　　　　3　都市・景観・法規

●健康寿命世界一の日本

世界一の長寿国日本は，寝たきりなどの期間を除いた健康寿命でも，WHO 191加盟国のなかで1位である．OECDの統計では医療費のGDP対比はアメリカが16％，日本は半分の8％．

半世紀以上も戦争をしていない日本は，やや「平和呆け」の状況もみられるが，物質的生活は豊かである．一方長寿社会で人生の質を左右するのは，日々の健康である．多くの人が治安がよく医療費も安い日本で，余生を健康に送りたいと願っている．

とくに高齢になると，黙っていても有病率が高くなり医療機関への受療率も上がる．病院や診療所の需要も当然高くなる．

全建物着工件数がバブル以後減少するなかで，病院・診療所は1990年頃から増加の傾向にある．社会の需要を反映しているとみることができるが，高齢者人口はいずれ一定になるので，その頃には，供給すべき施設は量的にはほぼ満たされる．

●人生の幕に拍手なし

人間は生まれてくる時には，みんなの祝福を受けて「おめでとう」．舞台でも幕が下りるときには拍手喝采が起るのに，人生の幕を下ろすときには「ありがとう」の一言もない．これが現在の高齢社会の姿である．

健康で長生きしていても，いずれ一緒に暮らす家族がいなくなったり自宅で独居できなくなると，特別養護老人ホームなどの高齢者施設に移ることが多い．そこでの生活・介護環境は，すべてが高い水準を達成している状況ではない．

物質的満足だけでなく精神的満足にも関心が移っている．

●命の重さ

千葉の鴨川に最近病棟を新築した民間病院がある．太平洋を一望できる海岸にはヘリポートがあって，海上保安庁や自衛隊も利用でき，他の病院から患者が移送される．国際的災害救急機能を担う成田空港のそばの大学付属病院からの患者も救急ヘリで運ばれてくる．おもに未熟児・低体重児であるが，この民間病院が千葉県南部地域の出産前後の母子を扱う総合周産期母子医療センターだからである．このように大変高度な医療機能を擁している．設計はハワイの建築家W.ムラオカ，リハビリテーション用の回復棟の設計は安藤忠雄である．

人間や物品の移動の手段が格段に進歩し地球は狭くなった．最高度の先進医療施設を世界の数カ所に集中させる検討が行われている．いまに航空会社のネットワークを用いてマイレージをためると，提携先のグローバルホスピタルにおいて高度の手術を無料で受けられることになるかもしれない．命は地球より重いというのは嘘で，命はマイレージで決まるような現実がある．

●不夜城建築

鴨川の病院では他にみられない新しい試みを多く行っているが，そのひとつに総合相談室がある．医師，看護師，薬剤師など75名ほどのスタッフが24時間365日対応できる体制を組んでいる．病院は入院患者がいるので24時間動いている建物であるが，夜間の機能は病棟中心になる．ところがここは院外の患者の要請にも応じるまさに不夜城建築．

周りを眺めると病院以外にも，これに似た建物がある．各地のコンビニ然り，東京の六本木ヒルズには24時間オープンの会員制の図書館がある．

今後，とくに都市では24時間オープンの不夜城建築が増える可能性がある．

このような建物は運用に費用がかかり，酷使されるので十分な体力（耐力）をもったものでなければならない．また予想される将来の機能的変化にも対応できることが必要である．建築の付帯設備・機器は5〜10年で交換が必要だが，建築構造体はそれ以上もつので，柔軟性の確保が要求される．

使い始めてから業務活動停止が困難なことも多く，飛行機の空中給油のような発想で建物を考えておく必要がある．

■1 19世紀後半，ヨーロッパには鉄骨造が各地に出現した．その象徴的な作品が，1889年パリ万国博覧会のエッフェル塔である（On the pont de l'Europe, 1876-77）

● 超高層とジャンボ航空機

科学と宗教とを対比させた最近のベストセラー小説がある．そのなかで作者はカトリック司祭カメルレンゴに現代科学について，次のように言わしめている．

「子供に火を与えるだけで，それが危険だと注意してやらない神とは，いったい何者ですか」[1]

建築家の林昌二は，産業革命に始まり，「際どさの上の便利さ快適さ」を追求してきた20世紀の科学工学技術を信奉した文明を，正しく9・11事件の主役「超高層とジェット機」とが象徴していると指摘する．そして，このままだと人類は破滅の道をたどるので，20世紀100年かけてめざした方向を，21世紀の100年で是正できるか否かが人類存続の鍵を握ると警告している[2]．

● 100年建築のみ新築許可

前述の不夜城建築を新築するならば，少なくとも100年の寿命を考えるべきである．しっかり建てて長く使う，その間に時代の要請に応じて機能的に改変が可能でなければならない．

これからは高級仕立てのように体型（用途）にぴったり合わせた服（箱），機能建築はもういらないし，造ることもない．

いみじくも，F. ナイチンゲールは病院というものは，文明のある発達段階で出現した建物で，いずれはいらなくなると予想している．これは病院に限らず他の公共建築にも通じるものがある．

古代ローマの建築家ウィトルウィウスは，建築の果たすべき役割を明快に，「用・美・強」であると述べている．「用」に関しては，なんにでも転用できるような空間を考案すればよい．「強」は100年以上もつ構造を考える．これはそう難しいことではない．しかし，本当に体力（耐力）がある建築は，構造の強さではない．どんなに強くても，その建物が飽きられてしまうと壊されてしまうからである．

したがって建物を永くもたせるには，壊すのが惜しいほど「美」しくなければならない．

● 壊したくないほど美しい「健院塔」

1889年の万博博覧会に際して，その時代の新技術を結集して建てたエッフェル塔は，パリの美観を崩すといった論争が当初あったが，100年後の現在までパリのシンボルになっている．

今後新築する100年建築は，次の22世紀には老醜建築になってはいけない．この建築は美しい神殿のような象徴的な意味をもたねばならない．

筆者は，これまでのような建物自体も病んでいる「病院」に代わって，健康を司る健全な「健院」の建設を提唱しているが，24時間酷使されながら100年経過しても健全で美しい不夜城の非老醜建築，「健院塔」を建てて，22世紀における健康と美の象徴にすることを提唱したい．

［長澤　泰］

文献
1) ダン・ブラウン著，越前敏弥訳（2006）：天使と悪魔，下巻，角川文庫．
2) 林　昌二（2004）：林昌二毒本，ニューヨーク・ワールドトレードセンタービルの崩壊をどう受け止めるか，pp. 308-309，新建築社．

3-16　ドイツのBプラン，日本の地区計画

【テーマ】地区計画　　　　　　　　　　　　　　　　　　　　　　　　　3　都市・景観・法規

●地区詳細計画は日本では定着できていない

　1970年代に建築，都市計画，行政法などの学界，建築および都市計画中央審議会が一体となって西ドイツのBプラン制度を学んで，日本に地区計画制度が導入された．

　現行都市計画法（1968）をはじめ，過去の少なからぬ制度改定などに欧米各国の諸制度を学んできたが，肝心なことはあまり取り入れられない．

　地区計画制度に関しても，当時，建築協定，特定街区，一団地の住宅施設などの改定とも合わせて，ドイツ型詳細計画を取り入れようとしたが，この制度にはBプランの詳細計画としての機能は導入されていない．■1は，当時，日独都市計画研究にかかわったハンス・アドリアン氏（当時ハノーバー市都市計画局長）により大阪市大宮地区へ提案されたBプランスケッチ（1974）であるが，ここには用途，容積率，建ぺい率，建築線，建物階数，建築形式，敷地内非建ぺい地の範囲，遊び場，地区交通用地，樹木などが，標準の街区単位の土地利用規制プランとして示されている．こうした技術手法は模倣できても，建築基準法をはじめ，日本の都市計画・建築法制の基本から変えないことには，Bプランのような手法を運営することはできないのである．しかも地区計画制度導入の際の国会での論議は，当時，開発規制上の抜け道になっていたミニ開発の対策手段として地区計画が取り上げられていたのであって，都市計画法制の基本にかかわるような議論にはならなかった．

　詳細計画導入を妨げる最も大きな理由は，都市計画法制での土地利用規制を成立させている，土地利用の自由と公共の福祉の関係が日独両国でまったく異なるためである．ドイツの土地制度には日本のそれと違って建築不自由の原則（日本は建築自由の原則）が受け入れられており，土地の所有，利用，処分の自由（財産権の自由）への公共介入が圧倒的に強く働いている．それがまた，ドイツ国民により支持されている．ドイツだけでなく，ヨーロッパ各国の伝統的都市ストックや景観はそのような原則のもとで，保全，維持されてきているともいえる．

●日本でなぜBプラン型地区計画が普及できなかったか

　現行都市計画法制が定める都市計画システムは，「一体性」，「総合性」のもとで都市空間の管理，運営を図ろうとするものである．地域制（ゾーニング）はそのような仕組みの中核にある基本手段である．もともと19世紀の欧米先進国で用いられていた手法であった．近代日本はそれを学んで取り入れた．

　欧米では戦後大きく方向転換が図られた．ヨーロッパでは，土地制度改革と合わせてゾーニングを原則的に廃して，それに代わる地区，街区レベルの計画規制，詳細計画手法を取り入れている．一方，アメリカではヨーロッパから輸入したゾーニング制を独自に進化させて，1960年代から，個別の公共目的に基づいて土地利用に民間の公共貢献を引き出すインセンティブ・ゾーニング制に変わった．

　日本は，土地利用都市計画の基本OS（オペレーションシステム）として「19世紀型」ともいえる土地利用システムが今日まで維持されてきた．その原因には，敗戦により国土も都市も焦土と化し，戦後の住宅不足や復興，応急対策に事業都市計画が重視されたこと，それに引き続いた高度経済成長期にも，急激な住宅建設や市街地拡張を図らなければならなかった状況が続いて土地利用都市計画は旧来のものが存続したことがあろう．ドイツも戦後の日本と同じような出発点に立ち経済発展をたどったが，戦前からあった旧Bプラン（現在のBプラン制度は1960年連邦建設法による）を用いて焦土となる前の街並みを復活させたが，日本の都市にはそういったモデルが存在しなかったともいえる．そして，経済社会の発展，変貌とともに，都市計画に対する社会のさまざまな需要が次々と生ずるなかで，用途地域制の欠陥を多くの，別の都市計画・建築規制の手段で補完しようとした．地区計画制度もそのひと

つにすぎなかった．

その結果，日本の都市への土地利用規制は，結果的に，「木に竹を接ぐような」複雑な制度になってしまった．こうした制度では1990年代の市民のまちづくりの需要に応えられず，住民の都市計画離れからまちづくり志向に転向していった．

地区計画制度には，とくに1990年代に入って，目的限定（再開発，街並み誘導，住宅地高度利用，容積誘導，容積適正配分など）の多くの容積率制限緩和型制度が生まれた．地区計画は元来，規制の緩い用途地域制の制限に対してむしろ制限強化型制度であったのとは対照的な制度改変であった．これらは容積率を緩和する代わりに形態規制等の制限を具体的にかけるというもので，特定街区（1960），総合設計に似ている．これらは最初のモデルとして学習したドイツのBプランとは異なるもので，むしろアメリカのインセンティブゾーニングに近い手段である．

Bプランは，一般に地区単位に具体的な市街地像が住民参加のもとに描かれ，それに即した具体的空間規制を図面にわかりやすく表示して，市町村がそれに基づいて目標を実現しようとするものである．地域制のような一般的基準や仕様書的指示によるのではなく，図にあるように，最低限，用途，密度，敷地面の建築で蔽える範囲，地区交通用地が指定されたプランによって規制される．土地にどのような空間制御がなされるかが規制図面ではっきり目に見えるのである．また，それを実現するための規制だけでなく，誘導や事業手法が制度として備わっている．たとえば，土地整理という手法がBプランの実現手段として位置づけられているが，これは日本の土地区画整理事業よりはかなり弾力的で使いやすい手法である．

● 地区計画の意義と有効性

こうした点では，日本の地区計画はドイツのそれと大きく異なるが，しかし，1980年の地区計画制度の導入は日本の都市計画やまちづくりに大きな転機となった．25年以上の制度運用の経験と実績は，古い体質の都市計画制度体系のなかで市町村主体の「ミクロの都市計画」としての地歩を着実に歩んできた．

これからの都市計画は広域都市計画と街並み・街区都市計画に二層分離して，相互に連携していくこ

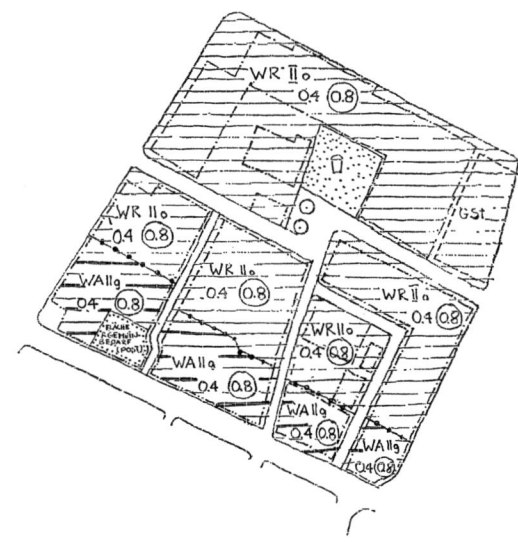

■1 ハンス・アドリアン氏による大阪市大宮地区へのBプラン・スケッチ（日笠 端ほか（1975）：西ドイツの都市計画制度と運用—地区詳細計画を中心として，日本建築センターより）

とになると考えられる．過去の歴史的経験からすると，都市計画制度は地域社会の全体が受け入れるレベルのものでないかぎり成功しない社会システムなので，地方主権のもとで条例などを活用して，自治体の行政力があるところで地区単位の詳細計画のような手段が登場することになるであろう．

20世紀末から，各地で頻発している開発紛争やマンション建設などにともなう景観訴訟（国立事件），東京駅丸の内駅舎の歴史的建造物保全や日本橋の再生などの運動の定着，京都市などでの新しい保全型まちづくり運動，工場跡地などのタワーマンションに対する横浜市，川崎市などの絶対高規制や銀座を保全するための中央区による絶対高規制の導入，景観法の制定など，詳細計画を必要とする動きが相次いでいる．さらに21世紀の成熟社会に入って，国民のニーズは急速に都市の美観，景観や居住環境の質に向けられつつある．長年，電柱の地下化もできなかった日本でも戦後半世紀を経てようやく豊かな都市空間を求める民度が高まってきたのである．地方主権のもとで各地に個性あるまちづくりを競うような社会の支えが生まれてきているので，都市計画制度の改革を行えば，Bプランのような仕組みが日本でも受け入れられるようになろう．

［日端康雄］

3-17 アーバンビレッジーミックストユーストプランニング

【テーマ】ゾーニング　　　　　　　　　　　　　　　　　　　　　　　　3　都市・景観・法規

●伝統空間の評価

「アーバンビレッジ」という言葉を初めて聞いた時には違和感を覚えたが、この「都市のなかの村構想」は、1980年代にアメリカの荒廃した都心再生に方向を与え、1990年代にはイギリスの都市再生においても重要な理念となった。とくに、大都市での根強い住宅需要により市街地が拡散することを防ぐために、環境とコミュニティ、生活の質という面において持続可能な開発方式を意味することもある。徒歩圏内を生活圏と捉えて、人間的で高質な空間の創出と多様な用途や施設の複合を進めるものであり、幅広い社会階層や世代のコミュニティから、車依存からの脱却や安全性等の効果的なエリアマネジメントまでを含めて考える統合的な空間計画である。

アーバンビレッジの発想は、断片化した都市や地域に必要な要素を補い、人間生活の全体像を都市や町に回復しようというもので、空間のモデルは伝統ある小さな農村や歴史都市である。そこには、生活に必要なものがすべてそろい、かつ独自の社会と文化が持続されてきた点を評価する考え方がある。日本でも近代以前の村や都市では、自然との共生や伝統的な産業を中心にした地域循環と、すでに高度な社会的な持続性が生み出されていたわけである。「都市の中の村」構想は一定の成果を上げ、現在ではコンパクトシティ、さらにサステイナブルシティという公共交通重視、高効率的な空間構成を目標とした都市構想へと向かう潮流があるが、その原点ともいえる。

●トランジットビレッジ

アーバンビレッジの考え方の中でも、公共交通への志向を強くもつ複合開発をトランジットビレッジということもある。既存の鉄道の利用促進やLRT（light rail transit：軽量軌道輸送）などの新しい公共交通網の整備に合わせて、駅を中心に高密度で多用途の空間を開発するミックストユーストプランニングである。欧米の諸都市の再生、日本でも富山市の意欲的なプロジェクトも注目される。また、PPP（public and private partnership：公民協働事業）のプロジェクトがベースとなっている点も特徴の一つである。たとえば、ポートランド都市圏においては、広域行政体が土地利用と交通を統合する空間計画を策定し、厳格な成長管理（効果的な開発）と公共交通の整備を行っている。民間開発は空間的にも社会的にも一定の制約を受けるが、一方では資金面ではインセンティブがあり、空間計画に具現化している。

●ミルウォーキー市の触媒空間計画

ミルウォーキーの都心再生は触媒空間計画により進んできた。一つのプロジェクトが他を刺激し、それらが連携連鎖することで全体の再生が行われるという考え方である。

かつて繁栄の中心であった河川港地域は、倉庫や工場、事務所が空き家となり荒廃していた。現在のリバーウォーク地区である。河川両岸の歩行者用デッキや水上交通などの公的事業が刺激となり、老朽化した建物を住宅や商業施設、文化施設へ転用する民間事業が進められてきた。さまざまな用途や活動が混在し、住み働き、学び遊ぶという都市の文化が再生されたのである。アーバンビレッジの成功事例として全米で高く評価されている。

デッキ整備は公債により資金調達されているが、地区内の不動産投資などの民間事業による税収増により公共投資の返済にあてられるTIF（tax increment financing：税増収債）を活用している。無論、長期にわたる空間計画とそれに基づく効果予測と収支計画は厳密につくられているが、「街の将来形を決めるものではなく開発を誘導していく触媒である」（ミルウォーキー市前都市計画局長ピーター・パーク）と説明されている。

アメリカの諸都市で行われているPPPにはいくつかの原則がある。行政は良質な民間事業を誘導することで、公共の目標を達成しなければならず、そのために土地の強制買収といった公的権限を執行す

■1　ミルウォーキー市の都心再生（左）とリバーサイド地区（右）（ミルウォーキー市都市計画局提供）

ることもある．高品質な空間開発に民間企業とともに取り組むことが基本姿勢である．住民の意見を聞き，公共の利益を考え守る義務がある．一方で，行政は目標を共有し一緒に実現してくれる民間事業者を大切な顧客カスタマーとも考えている．行政が民間に高サービスを提供することで，都市に優れた開発が生まれると考えているからである．

150年前，ミルウォーキーが最盛期にあった時代にも河川沿いの再生計画があり，人々が散策し楽しむリバーウォークが描かれていた．このように今日進められている都心再生も長い時間を要する計画であるが，将来への安心感を与え，また将来への期待感が生まれ，民間事業の集積や人々がここに住み集まるための重要な道標となっている．

● セントポール市ロアタウン再開発公社

都心再生は民間の投資がなければ進まない．しかし民間事業を完全に予測することは困難であるし，また規制により完全に自由度を奪うことも好ましくない．したがって，都市の目標と市場原理を考え可能な事業を見いだしていくしかないわけである．これを誰が担うかが次なる課題である．

セントポール市のロアタウン再開発公社前理事長であるウエイミングルー氏は，ダラスやミネアポリスで都市計画局長などを歴任した有能なアーバンプランナーである．

再開発公社は自ら事業を行うことはなく，ビジョンと戦略の立案，地区内のデザインレビューと企業や投資家へのプロモーションが主たる役割である．1980年にはアーバンビレッジ構想を立案し，実現の戦略を提示している．構想計画が行政ではなく中間組織で実施されていることが注目される．地区内の住民や不動産所有者をはじめ，投資家や経営・法律などの専門家とのネットワークと信頼の上に成り立っている組織である．

セントポール市のバックアップはあるが，再生プログラムはあくまでも公社を媒介として公共と民間の投資の連携によって実施される．公社は優れた民間事業には独自の融資ができるが，全体事業費に占める割合は小さく，一種の信用保証的な役割となり銀行等からの資金の調達がしやすくなる．投資を呼び込むために最も重要であるのは，ビジョンの提示と戦略である．

用途の混合によるコミュニティ再生やアートなどの都市文化の創造，歩行者を中心とした魅力的な空間などがビジョンの目標で，10年での住宅供給量や雇用量など数値目標も示されている．20年ほどの間に，歴史的な建築物の再生や広場公園などの整備で地区の魅力を改善し，複合用途のビルや旧駅舎のレストランと展示場などが中核施設となっている．アーティストやデザイン・情報関連の小規模な企業などを集積することに成功している．アーティストだけでも500人以上居住したという実績があり，目標は達成されている． ［北沢　猛］

3-18　都市空間をマネージメントする―アーバンデザインマネージメント

【テーマ】タウンマネージメント　　　　　　　　　　　　　　　　　　　　3　都市・景観・法規

●都市空間を「つくる」から「はぐくむ」へ――アーバンデザインマネージメント

　これまで，日本の都市空間整備は，おもに「計画」あるいは「事業」といった，スタートアップの部分を中心に展開してきた．しかし，経済社会状況，環境負荷，ライフサイクルコストなど，持続的な都市再生を必要とする近年の枠組みの中では，都市空間の計画を構築するだけでなく，持続的かつ戦略的な都市空間のマネージメント（＝アーバンデザインマネージメント）が必要とされる．すなわち，都市空間を「つくる」から「はぐくむ」へと，その考え方も転換が迫られている．

　都市空間マネージメントは，①「戦略」：都市空間をビジョンやイメージに基づき包括的かつ戦略的にマネージメントすることで，都市空間の魅力創出事業における相乗効果を図る，②「地域」：エリア内部の既存都市ストックを包括的かつ継続的に管理運営することで，エリア全体の魅力を持続させる，③「参画」：多様な主体が参画しながら，身の回りのマネージメントをすることで，都市空間のチェックを通して，主体に都市の「使い方」を浸透させる，④「経営」：都市空間を持続的に管理するための「資金」をマネージメントする，といった四つの考え方で整理することができ，いずれについても，近年，さまざまな方法論が展開されてきている．

●自治体による都市空間戦略――（空間）戦略マネージメント

　以前から都市空間の管理者として主導的な役割を担ってきたのは，各自治体であるが，従来の都市行政では，計画策定および事業遂行が中心であり，都市空間を戦略的にマネージメントすることは，あまり行われてこなかった．都市全体の効果的な再生，都市イメージの創出のためにも，都市空間戦略への動きは注目されつつある．

　自治体による戦略マネージメントでは，各都市が潜在的にもつ都市空間の個性（都市内では一つのイメージで包括され，かつ，都市間どうしでは差異性のあるもの）を顕在化させるために，いくつかの整備・施策を戦略的に埋め込む．たとえば，1970年代初頭から「都市デザイン」を掲げる先進自治体である横浜市では，開港以来受け継がれてきたアイデンティティとしての歴史的環境や建築物の保全活用，歩行者空間の整備など，いくつかの都市再生プロジェクトを積み重ねる都市空間戦略によって都市のイメージを創り上げてきた．近年では，「文化芸術創造都市構想――クリエイティブシティ・ヨコハマ」を掲げ，都市の芸術文化を評価のキーワードとしながら，積み上げてきた都市デザインの成果をストックとしてとらえなおす試みが実施されている．銀行建築を中心とした歴史的建造物を用いながら，芸術文化拠点をクリエーターたちの管理で行う実験事業「BankART（バンカート）1929」をはじめとして，都心港湾部に文化創造拠点を再生するナショナルアートパーク構想など，具体的な事業の展開により，さらなる都市空間戦略の積重ねを行っている．このほかにも，金沢市における一連の都市戦略や，海外ではパリ市における詳細なプランによる地区戦略など，高度な都市空間の戦略マネージメントが総合的に展開されている．

●まちの「ヨコツナギ」マネージメント――地域マネージメント

　これまで，都市空間を管理する主体は，個別敷地を担う土地所有者，あるいは全体を包括的にみる行政などに限られていたが，近年，まちをマネージメントするための組織のあり方は，多様化してきている．従来の都市空間は，道路・敷地，あるいは管理者や所有者の違いから，複雑な「見えない線」で区切られており，都市全体の目標，イメージ，あるいは魅力を引き出す相乗効果を発揮することができなかった．そのため，これらの「縦割り」な都市空間をヨコツナギするための横断的な組織形態が必要とされてきた．また，「地域のことは地域で」行うためにも，自分たちの都市空間を横断的にマネージメントする組織形態の必要性が高まってきている．①

■1 横浜市では，「文化芸術創造都市」をめざす都市戦略マネージメントとして，歴史的建築物を活用した実験事業「BankART 1929」が展開されている （左から順に）BankART 1929 Yokohama 外観，同内観，BankART studio NYK 外観，同内観（BankART 1929 提供）

TMO（town management organization）：広くは地域マネージメント組織全般を指すが，狭義には旧中心市街地活性化法（略称，1998年施行）に基づいて市区町村が定めた「活性化基本計画」内の具体的事業を計画・推進する組織を指す．商工会，商工会議所，第三セクターなどが TMO になった．2006年に法改正が行われ，TMO の枠組みは，事業者や地権者など多様な民間主体を含む「中心市街地活性化協議会」へと発展的に改正された．②まちづくり NPO（non-profit organization）：とくに明確な定義はないが，おもに，特定非営利活動促進法（NPO 法）により法人格を与えられた，非営利まちづくり活動団体をさす．③まちづくり会社：まちづくり活動の持続性を獲得するために，まちづくり活動を事業化し，会社の形式で行うもの．事業によって利益を上げ，これを原資に，さらなるまちづくりに発展させてゆく．市街地にある歴史的建物の修復活用から始まり，市街地全体を再生させた長浜市「黒壁」など，まちづくり先導者自身の出資が成功の鍵のひとつでもある．

●身の回りのマネージメント──参画マネージメント

また，それぞれの地域住民が，自分たちの手で自分の身の回りから始めることのできるマネージメントの形態も現れてきている．東京都世田谷区の地域風景資産をはじめとした一連の風景づくりでは，風景そのものではなく，「風景づくり活動」を行う区民団体を支援することで空間をマネージメントするという，参画型のマネージメント手法が展開されている．また，埼玉県戸田市では，「三軒協定」という景観協定制度で，向こう三軒両隣からできる，自分たちによるルールづくりと管理運営が試みられている．

●まちづくりにおける財源のマネージメント──経営マネージメント

都市を持続的にマネージメントしていくためには，このための資金の確保（財源のマネージメント）も重要不可欠な要素のひとつである．従来の「補助金漬け」まちづくりでは，これが打ち切られた瞬間に運営は困難をきわめてきた．近年では，事業的運営，限定的資金調達と利益配分など，新たな展開をみせている．

① BIDs（business improvement districts）：アメリカで注目された仕組みである．このエリアに指定された地域では，自治体により徴収されるエリア限定の上乗せ課税等を原資として，これをエリア内の環境美化・治安維持活動を行う組織（BIDs 組織）に交付する仕組みである．

② TIF（tax increment financing）：再生・開発事業において，事業後の不動産価格上昇分（＝固定資産税増収分）を見込んで前倒しで公債を発行し，これを事業の原資とする仕組み．通常，一般財源に入る固定資産税を特定の事業・エリアの再生費用に用いることができ，事業者のリスクも軽減できる．

③まちづくりファンド：これまで市民活動の原資は，個々の蓄えか，補助金しか選択肢がなかったが，これは，まちづくりという使途を定めることで基金を集める方法である．実際には，民間財団等からの助成によるもの，公益信託という形で運用した金利をまちづくりの原資とするものなどがあり，近年では，非営利バンクというまちづくり活動への貸付を前提とした預金システムも注目されている．

［野原　卓］

3-19　建築計画におけるマスタープランの寿命

【テーマ】マスタープラン　　　　　　　　　　　　　　　　　　　　　　　　　　　3　都市・景観・法規

●さまざまなマスタープラン

　何かを実現しようとする際，何らかの形で計画を立てる．国土計画であれば，国土総合開発法に基づく全国総合開発計画，いわゆる全総や，その後の国土形成計画法による国土形成計画（「21世紀の国土のグランドデザイン」）などであり，都市計画であれば，都市計画法に基づく都市計画区域マスタープラン，いわゆる都市マスあるいは市町村マスである．政策目標や基本施策を具体化するための基本計画がマスタープランといわれているが，類似用語であるグランドデザイン等との差異は明確ではない．個々のマスタープランの寄せ集めがグランドデザインである，という説明もあれば，マスタープランが抽象的なのに対してグランドデザインが具体的，という説明もあり，一方で，名前が変わっただけとする説明もある．要は，マスタープランが「絵に描いた餅」である，という批判に基づくもので，これと差をつけるため，グランドデザインあるいはアクションプランという用語が対比的に用いられている向きもあるから，ここではその批判的評価を内包したまま，基本計画全般をマスタープランと称することにする．

●マスタープランの対象と有効期限

　建築に関わることのない政策分野などの制度的マスタープランや，上記のように国土や都市を対象としたマスタープランもあるが，建築計画の分野においては，大学キャンパスや医療施設などの一群の建築が建つ敷地や団地・地区を対象とすることが多く，また都市計画と建築計画の境界領域でもある街区を対象とすることもある．

　対象とする敷地や団地，あるいは地区や街区といった土地に上物（建築や道路あるいは緑地や空地）を計画する場合，一般には何がしかの資金が投入されるので，そこには必然的に年度計画と完成年度が示されることになる．つまりその期限なりプロセスがマスタープランの有効期限あるいは適用範囲である．しかし，当該地にすでに建物が存在する場合，地権者との交渉や，そもそも予算が下りるかどうか不確定な場合，マスタープランの有効期限が定められず，年月を経るにつれて賞味期限切れとなる場合があるのである．ここにマスタープランが「絵に描いた餅」と非難される所以がある．大学キャンパスや駅前再開発事業などの計画が道半ばで頓挫してしまう事態は，まさにその典型であろう．しかし一方で，賞味期限切れとなったマスタープランを強引に実行に移せば，それはそれで事業規模が大きいだけに，一連の干拓工事や道路の建設のように，末代にまで影響を及ぼす蛮行となることも事実である．

●無限定建築と漸進的成長

　イギリスでは，1960年前後に，ジョン・ウィークスが，つねに「成長と変化」を繰り返す病院建築は，「柔軟性と無限定性（無限定建築）」をもつべきである，と主張した．つまり，病院設計の目的・課題は，建物を完成させることではなく，つねに成長・変化する生命体を計画することにある，と指摘するのである．その計画手法については，800年の歴史をもつアシュモアという村で，唯一変化をしない構築要素が，集落の中心を通る大通りと，その中心にある公共広場であることを見いだし，その二つの要素を「成長と変化」に対応しうる計画の原理として確立し，Northwich Park Hospital の計画において，いわゆるホスピタルストリート（主幹線）とともに，「開放的端部（open end）」と「ゆるやかな集合（loose assembly）」という形で無限定建築を実現した．

　その後アメリカでは，「パタンランゲージ」，「時を超えた建設の道」とともに3部作の一つとして知られる「オレゴン大学の実験」（1975）の中で，C.アレグザンダーが，現在認められているマスタープランでは，全体主義的秩序を生み出しえても，何世紀にも渡って築かれ続けた歴史的街並みのような有機的秩序は生み出しえないこと，あるいは全体の要求との間に完璧なる均衡が存在する個性的な場所を作り出しえない，と指摘している．そして，こうし

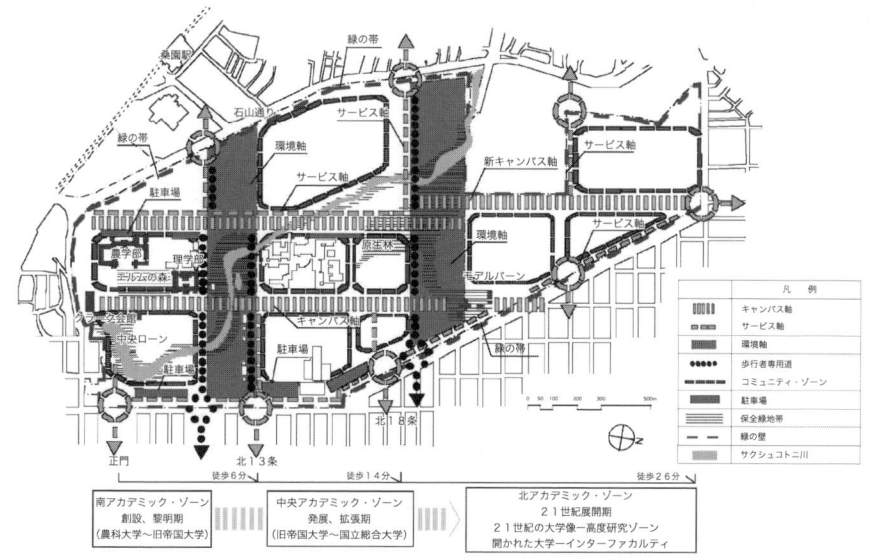

■1 北海道大学キャンパス（小篠隆生氏提供）

■2 E5大学新キャンパスマスタープラン2001
（坂井　猛氏提供）

■3 ノースウィックパーク病院　設計：ジョン・ウィークス（新建築学大系31 病院の設計，彰国社，1987 より）

■4 ホスピタルストリート（筆者撮影）

た有機的秩序を作り出しえるマスタープランとは，利用者の参加と（彼が提示する）パタンによる計画原理などに基づく漸進的成長というプロセスである，と説く．この考えも本質的には，何十年も先のことは誰もわからないから，それをマスタープラン作成時点ですべて決めてしまうことはできない，という認識に立つのである．

●都市計画と建築計画

この両者の，"将来のことはわからん"，という認識の一致は至極当然である．しかしアレグザンダーは，漸進的成長やパタン，あるいは参加という計画手法に目が向き，ウィークスが指摘するような，建築が建つ土地の秩序でもある，街路やいわゆるインフラに目が向いていなかった（あるいは意識的に目を向けていなかった）のではなかろうか．再度マスタープランとは何か，と問われれば，この街路などのインフラの計画であり，敷衍すれば，その上に計画される諸機能を将来にわたって活かすための基盤の計画である，ということができそうである．

[山下哲郎]

3-19　建築計画におけるマスタープランの寿命

3-20 大型店立地と都市計画

【テーマ】規制緩和　　　　　　　　　　　　　　　　　　　　　　　　　3　都市・景観・法規

●規制緩和に翻弄された大型店問題

　2006年の都市計画法改正で，大型店の立地は国土の大半で許され，ごく一部で規制されていたものが，大半で規制され，一部で許されるようになったといわれるように規制強化された．この背景には，悲しいことに「シャッター通り」という言葉が現実を的確に表してしまうような中心商店街の疲弊問題がある．場所によっては，中心部の商店の床面積の合計を上回るような超大規模な大型店が郊外に立地したために，中心商店街は寂れていった．原因は，大型店の郊外立地を許すことになった規制緩和にあると指摘される．たしかに，日本の大型店の郊外立地は，強化，緩和という規制の変化に翻弄されてきたといえるが，複雑なのは，規制方法が異なる法律にまたがってきたことである．つまり，かつて大型店立地を規制してきたのは大店法であったが，現在規制強化の手段になろうとしているのは都市計画法である．手法も目的も異なる法律が絡んでいることが，この問題をいっそう複雑にしている．

●大店法から大店立地法へ

　「大規模小売店舗における小売業の事業活動の調整に関する法律（大店法）」が施行されたのは1974年であった．それまで百貨店法（1956）によって百貨店の営業，店舗の増設が許可制になっていたものが，大店法によって，大型店（店舗面積1500 m²以上の小売店）の新増設は通産大臣への届出制となった．大店法は第1条に「中小小売業の事業活動の機会を適正に確保し，小売業の正常な発達を図り……」とあるように，大型店の店舗面積，閉店時刻，休業日数，開店日（調整4項目）に制限を加えることによって，地域の中小小売業の保護を図ったものであった．その後も各地でのスーパー立地が活発に続いたために，さらに規制強化に向かい，1970年代後半には対象面積の引き下げ，調整のための商業活動調整協議会の設置などの改正が行われた．しかし，その後，国は大型店と中小小売業の共存論に転換し，さらに1980年代後半には日米構造協議で大型店立地規制の緩和が取り上げられたことによって，調整期間の短縮，対象大型店基準面積の引上げなど規制緩和の動きが加速されたのち，ついに2000年に大店法は廃止された．これに代わったのが，大店立地法であった（2000年施行）．その第1条からは中小小売業の事業機会の確保という文言が消え，中小小売業保護政策からの転換を明確にした．つまり大店立地法では大型店の立地そのものの是非は判断せず，立地による周辺生活環境への影響を軽減する措置を求めることが趣旨となった．この過程で，大型店の立地問題は，中小小売業の保護という観点から，土地利用計画上の適切さという都市計画の観点へと，論点を移すことになったのである．

●大型店と都市計画

　しかし，日本の都市計画には，大型店立地が及ぼす都市構造への影響と都市計画からみたその是非の判断の視点が十分に備わっていなかった．

　大店法の廃止に伴って，「まちづくり三法」の名のもとに，大店立地法だけではなく都市計画法の改正や中心市街地活性化法によって，大型店の適正な立地や，大型店の立地自由化に伴って衰退の恐れが強まった中心市街地の活性化を図ることになった．都市計画法では，自治体が特別用途地区を定めて大型店の立地を制限する手段が与えられたが，いわば原則立地自由であるため，無限に広がるともいえる対象地域に規制をかけなければならないこの制度はほとんど活用されなかった．この結果，本来商業立地を想定して指定されているはずの用途（商業地域や近隣商業地域）での大型店立地は減少し，準工業地域，工業地域，非線引き白地地域（都市計画区域ではあるが都市の集積規模が小さいために線引きされていない非都市地域），市街化調整区域，都市計画区域外などで増加するという都市計画における用途規制がまったく機能していない現実が浮かび上がってきたのである．これまでの都市計画規制では，大型店の立地に強い規制がかかっていた用途地域は，低層住居地域，工業専用地域などに限られてお

■1 ウィークデイの昼間シャッターが並ぶ政令市中心商店街の一角（筆者撮影）

■2 大型店（山形県東田川郡三川町・イオン三川ショッピングセンター）

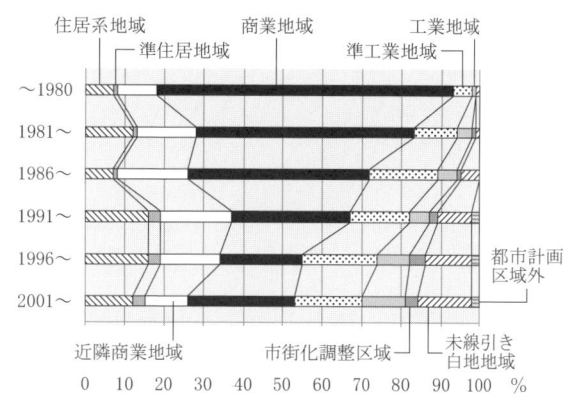

り、それ以外では事実上無規制であったので、大型店側の思うがままに立地が進んできた．

今回の都市計画法改正（2006）はこれまでの流れからみて画期的なものであった．まず都市の外側といえる都市計画区域外では準都市計画区域を定めて、非線引き白地地域と同様に大規模集客施設（1万m²以上の大型店を含む）の立地を原則として不可能にすることができることになった．また市街化調整区域については、これまで大規模開発（20 ha以上）を例外的に開発許可可能としてきた規定を廃止し、大規模集客施設をあえて立地する場合には地区計画の策定などの都市計画手続きを要することになり、病院など公共公益施設についても従来の開発許可不要の特例を廃止した．つまり、このような規制強化によって、1万m²以上の大型店は用途地域が指定されているような市街地内に立地するよう限定されたうえに、用途地域においても商業、近隣商業、準工業地域においてのみ立地可能として、さらに、地方都市では準工業地域に特別用途地区を定めて大型店の立地を抑制するように求めているのである（国の中心市街地活性化基本計画認定の条件）．一方で、大型店開発者を含む地権者などのイニシアティブによる地区計画が策定されれば立地が可能になるなど緩和措置も用意されたが、緩和には広域的な視点での都道府県による調整も盛り込まれた．

このようにみてくると、都市計画よる大型店立地規制は、用途地域が指定されている地域では用途地域に応じて一定の規制が行われてきたものの、広範囲に広がるそれ以外の地域では規制がないか非常に弱い規制下におかれてきた状態から、原則としてきわめて限定された地域での立地のみを可能にする状態へと一気に規制強化されたことがわかる．

■3 1万m²超大型小売店用途地域別立地状況（地方圏）（明石達生「都市計画法等改正の本当の意味」、矢作弘・瀬田史彦編（2006）：中心市街地活性化三法改正とまちづくり、学芸出版社より一部筆者再集計）

● 商業の行方

大型店立地が規制緩和に翻弄されてきたというのは、じつは中小小売業の保護のための規制から、都市計画による規制強化へと移行する過程で、規制のきわめて緩い状態が生じ、その間に少なからぬ地域で大型店の郊外立地が進行して、中心市街地の商業に大きな打撃を与えたことをさす．都市計画による適正な土地利用の誘導という観点に立てば、大型店の立地問題を中小小売業の保護という狭い視点に委ねないで、もっと早くから適切な用途規制を行うべきあったといえよう．しかし、今回の法改正による大型店の立地規制強化で問題が解決したわけではない．いうまでもなく商業立地は消費者の利益のためにあるのだから、こうした都市計画規制によって、安くて、便利で、快適な商業施設が提供されるのかどうかが問われることになる．もし、規制強化が中心市街地の商業者や地主の既得権擁護にだけ結びつき、消費者の利益が保証されないのであれば、都市計画は大きな批判を受けることになろう．

［大西　隆］

3-21 ショッピングモール―差異と反復

【テーマ】ショッピングモール　　　　　　　　　　　　　　　　　　　　　3　都市・景観・法規

● ヴィクター・グルーエン

　郊外型ショッピングモールは，近いにせよ遠いにせよ母都市の構造と緊密に結びついていたかつての市場とは対照的に，地価の安い郊外の不毛の地を何の脈絡もないまま突如として繁華街に変身させる．それは，急速なモータリゼーション，そして宅地のスプロールにともなう郊外への人口移動を背景に，20世紀後半になって登場した，比較的新しいビルディングタイプである．

　大規模なショッピングモール，とりわけ両端に核となる百貨店等を置き，両者を専門店を並べたモールでつなぐ「ダンベル型」（日本では「2核型」）は，オーストリアからアメリカに渡った建築家ヴィクター・グルーエンによってつくられた．1954年のデトロイト郊外のノースランド・センター，そして1956年ミネアポリス郊外にオープンした，空調された屋内モールを持ったサウスデール・センターが嚆矢とされる．

　1960年代から70年代を通じて，グルーエン式のショッピングモールが全米のインターステートハイウェイに沿って続々と建設され繁茂していく時代が続いた．大量生産と大量消費が豊かさの表象だった．治安が悪化するダウンタウンに比して，モールの空間は安全で清潔が保たれていた．それは空間への監視と制御の強化の裏返しではあったが，市民には他に選択肢が与えられることもなかった．

　しだいにモールの核の数は増え，全体の規模も巨大化の一途をたどる．ミネアポリスに1992年当時世界最大との鳴り物入りでオープンしたモール・オブ・アメリカは，ほぼ正方形の平面の四隅に核となる百貨店をもつ4核形式で，中央に大規模な遊園地を囲い込んでいる．総店舗面積は23 haに達し，周囲の駐車場は約3万台．開業後，ミネアポリス都心部からの新しい鉄道が乗り入れたが，とくに新駅が建設されることもなく，既存の立体駐車場の中，他のバス停に並んでホームがつくられた．さらに拡張して6核とし，世界最大の屋内ショッピングモールの座に返り咲く計画だという．

● ジョン・ジャーディ

　しかし，大きいことはいいことだ，というシンプルな時代がずっと続いてきたわけではない．オイルショックとベトナム戦争で傷ついた70年代のアメリカ．人々はグルーエン式の安普請のモールでは満足できなくなっていった．

　そんなモールへの倦怠期のただなか，1977年，サンディエゴにホートン・プラザがオープンする．空調のない屋外のオープンモール．しかしそこはにぎやかな色と形に彩られ，華やかなお祭り気分に満ちていた．ただ機械的に買物をさせられるだけでなく，にぎわいの経験を楽しめる新たなショッピング空間の登場として人々に歓迎された．

　設計者はジョン・ジャーディ．USCを卒業後，設計事務所でいくつかのショッピングセンターの設計経験を経て，独立．ホートン・プラザを成功させた後，ロサンゼルス・オリンピックの施設群（1984），ラスベガスのアーケードの天井全体を映像装置としたフェアモント・ストリート・エクスペリエンス（1995）などで名を馳せた．前述のモール・オブ・アメリカもジャーディの仕事である．日本でも，キャナルシティ博多を皮切りに，マイカル小樽，リバーウォーク北九州，なんばパークス，カレッタ汐留，六本木ヒルズなどを続々と手がけている．彼の事務所のホームページには，世界各地で目を見張る規模の新規プロジェクトが目白押しである．ショッピングモールの建築が建築として建築的に議論される俎上にあがる際の建築家の固有名詞は，現役世代においてはほとんどジャーディただひとりだといってもいい．

● プレイス・メイキングの合理主義

　グルーエンのダンベル型モールが，昔ながらの町のメインストリートをそっくり建築化するというモデルであるのに対し，ジャーディのそれはより非日常的な劇的な空間を指向している．テナントの各店舗よりもむしろ共有空間のほうが「図」とされ，肥

■1　モール・オブ・アメリカ　エスカレーターの奥に遊園地の観覧車が見える（筆者撮影）

大化されたカラフルなシンボルをちりばめて，単なる店舗の集合体ではあじわえない魅力的な経験を提供しようとする．ジャーディが「プレイス・メイキング」とよぶ手法である．

ジャーディはしばしばモールを屋外に置く．それは明るい日差しの下でのイタリア的な広場や街路の楽しさをとりいれようというナイーブな手法であると同時に，延べ床面積に参入されずレンタブル比を下げない共用部分をつくりだす，身もふたもなく合理的な方法でもある．ビビッドな色使いも目につくが，ベージュでもパープルでもペンキの値段には大差ない．圧倒的な華やかさ，にもかかわらず低いコスト，そして集客の実績．これが世界中のディベロッパーを引きつけている．

●にぎわいのグローバリズム

グルーエンのモールがモータリゼーションの申し子であったように，ジャーディのモールはグローバリゼーションの申し子である．徹底的なグローバリゼーションによって，世界中のほとんどの都市のショッピングモールが同じようなテナントばかりになってしまい，テナント・ミックスだけでは差異化が難しくなっている．そこでディベロッパーたちはこぞってスター建築家を起用し，建築空間によって差異化をはかろうとする．

だが，ここには，誰もが等しく他と違おうとし，差異化がエスカレートするがゆえにこそ均質化が進行してしまうという現代社会の陥穽が口を開けている．実績を求め，期待通りの「例のあれみたいな」建物を手に入れたいというディベロッパーの保守的な選択の連鎖によって，各ショップのグローバル化と同時に，モール全体の建築表現のグローバル化が進行している．人通りが消滅したダウンタウンに比すれば，モールの空間は騒々しくにぎやかだ．それがマーケティングと資本集中の強化の裏返しではあるとしても，市民には他の選択肢が与えられてはいないのである．

［本江正茂］

3-22　薄まり閉じるロードサイドの地方都市

【テーマ】郊外・ロードサイド　　　　　　　　　　　　　　　　　　　　3　都市・景観・法規

●人口減少の先進地

　人口減少，少子高齢化，都心部の空洞化，こうした事態は，東北では「来るべき危機」ではなく，すでに「今ここにある危機」である．

　日本全体の人口のピークは2005年であったが，東北7県ではすでに2000年がピークであった．青森，秋田，岩手だけを考えればピークは1980年代にさかのぼる．人口をキープできると予想されているのは宮城県だけだが，それも2010年までの仙台圏だけのことだ．

　2030年ごろには，団塊の世代が後期高齢者となる．東北地方の人口の3割強が高齢者，子どもの3倍．それでも皮肉なことに，高齢化のペースは他地域に比べむしろ緩まる．すでに極まっているからだ．

　東北地方の居住地は，比較的コンパクトにまとまった市街地をもつ都市と，周囲の広大な農村とのセットからなっていた．雪に抗して暮らしていくために集住化傾向が高く，コンパクトで高密度な市街地が形成されてきたのである．山や田園をはさんで，都市は相互に離れて立地している．都市間平均距離は全国平均の1.4倍におよぶ．

　このように歴史的にはコンパクトで高密度であった東北地方の都市だが，高度成長期以降，DID（人口集中地区）の面積は拡大しつつも，その内部人口は減少し続けた．しかも地域の総人口は減っている．総人口を減らしながらDIDが拡散し人口密度が下がっていく．都市は薄まっているのである．

●広がり薄まるクルマ都市

　この都市の希釈化は郊外スプロールによる．地方では鉄道なしで都市外縁部の開発がすすんだ．通勤も買物も公共サービスも，はじめからクルマ前提のクルマ社会である．クルマだと距離や地形には無頓着になる．渋滞や交通規制，車線の選択のほうが重要だ．安くてミニバンOKの駐車場を探さねばならない．景色は目に入らない．飲み会があってもクルマで行くしかないから，帰りは代行だ．置いて帰ると明日困る．

　住宅が郊外化するだけなら市街地のアクティビティは維持できたはずだが，公共施設の郊外移転が都市の希薄化に拍車をかけた．まずは大学や図書館などの文教施設，病院などが機能高度化のための規模拡大を求めて市街地を出て行く．市町村の施設はそれほど動かないが，県庁舎をはじめとする県の施設がそれらに続く．

　これらの公共施設は，周囲では最大規模の事業者であることが多いから，あとを追うようにして飲食店やサービス業者が町中の本店を開店休業状態にしてついていく．大規模小売店舗法の規制にひっかからない500m²ギリギリのロードサイドショップが，農業はやめたいが土地は手放したくない地主の農家からオーダーリースで調達したバイパス沿いの土地に立ち並ぶ．1990年以降の大店法の緩和で規模のタガが外れれば，カテゴリーキラーのビッグボックスや大型ショッピングセンターが田んぼの真ん中に出現する．

　首都圏のような持続的な成長圧力におされるわけでもない地方都市では，スプロールは長くは続かない．中心市街地がシャッター街になるのに少し遅れて，バイパス沿いにも閉店した店が放置されるケースが増えていく．あとにはすっかり薄められ，輪郭が朦朧となった街の広がりだけが残される．

●自己完結するひきこもり都市

　郊外に移転した施設は，広大な無料駐車場に囲まれている．歩いてはどこにも行けないが，銀行や売店ならビルの中にある．ミニバンでショッピングモールに乗りつければ，うるさくいわなければ衣食住一式がなんでも揃う．シネマコンプレックスやスポーツジムもあって娯楽にも事欠かない．空調と警備が完備された賑やかな通路では子供や老人が安心して散歩したり遊んだりできる．外に出る必要はない．雪でも関係ない．

　自宅はネットにブロードバンドでつながっている．テレビも電話も新聞も広告も，ケーブル越しに

■1　マクロな希釈化とミクロな自己完結化とが共存する地方都市のロードサイド（筆者撮影）

「あちら側」からやってくる．居ながらにして待望の新製品を直販サイトから誰よりも早く手に入れ，その出来を気の合う仲間たちとブログであれこれ論評し合う．地方にいてもオタクになれる．外に出る必要はない．退屈はしない．

WiFiやケータイがあるから家を出てもネットは切れることがない．カーナビの指示に沿って走れば，景色を目当てに道を覚える必要もない．具体的な犯罪そのものの多発よりも，犯罪への恐怖という実証不可能な心証に基づいて，セキュリティの名において建築と警察が公共空間を封じ込めていく．誰もそれを止めない．

そこには公共性や共同性といった都市が都市である所以であったはずの要素が完膚なきまでに毀損された，自己充足的な施設がお互いに離れて建っている広がりだけが現れている．

●間の抜ける都市と国土

マクロには境界をあいまいにして薄まっていくと同時に，ミクロには自己完結的にひきこもった領域がいたるところに離散している．それが地方都市の空間のイメージである．ここでいう自己完結的な領域とは，単に公共施設やショッピングセンターをさすばかりのものではない．住宅もクルマも中の人もみなそれぞれに閉領域を成している．ここでは，都心/郊外，中央/周縁といった単純な二元論はほとんど失効している．両者は厳しくせめぎ合う対立項などではなく，互いに間を空けながらぽっかりと共存している．うっすらと濁った空間が茫漠と広がっている薄められた都市には，いわば確率論的に，ひきこもり都市がポツポツと現れては消えるばかりである．

こうした地方都市における空間の「間抜け化」は，スケールを拡大して国土の「間抜け化」として繰り返されている．地方のスケールではそれぞれの拠点都市＝札仙広福への集中があり，日本全体では東京への極端な集中がある．そのあいだの空間はじんわりと希釈されてつづけていく．「上京」が若者に必須の文化的通過儀礼であった時代もとうに過去のこととなり，充ち足りた「地元」の地方都市からは，東京もまた「ちょっと大きなジャスコ」のようなものにしか見えない．今日の東京の華やかさは，地方都市におけるショッピングセンターのにぎわいと同じ形をしているのである．

［本江正茂］

3-23　外食が演出する都市生活

【テーマ】レストラン　　　　　　　　　　　　　　　　　　　　　　　　　3　都市・景観・法規

●身分制度と外食文化

　外食の習慣は広く世界中に見られる．フランス革命前後のパリで，ブルジョワジーが抱えていた専門の料理人による美食の独占を，身分制度の崩壊とともに，振興ブルジョワジーが蓄積した商業資本を基に普及させたのが「レストラン」である．わが国でも同様の構図の中で，18世紀の中頃に「料亭」なる外食の文化が栄えていた．

　商いをその様態から，「店舗」と「市」あるいは「行商」と分類すれば，「レストラン」や「料亭」は，いわゆるハレの場でもある「店舗」での外食となるが，「料亭」の以前にも，市民の間では蕎麦や寿司などの手頃な食事を供する，いわばケの場の延長として食堂が栄えていた．一方，「立ち売り」あるいは「振り売り」，さらに「辻売り」などに端を発する初期の屋台は，いわば「市」や「行商」としての外食サービスの一形態である．道路脇や神社の境内などに見世を出し，移動せずに商いを行う「屋台見世（屋根付きの台に商品を並べる）」や「乾見世（路上にムシロなどを広げ商品を並べる）」といった商いの方法があり，今でもその名残を巷に見ることができる．

　身分制度の下でのブルジョワジーの食文化を，外食という姿で振興ブルジョワジーが都市の中に設立させたハレの場の食文化が「レストラン」や「料亭」であり，これらを一般大衆が自らの文化として築き上げたのがケの場としての「屋台」ともいえよう．庶民がそこの場で種々に交流を深めていたことを考えると，「カフェ」もその一形態と考えてよさそうである．

●家族と外食文化

　料理屋が，そこでの献立のいくつかを配達することを「仕出し」といい，いわば予算に応じた献立の料理を作って配達するケータリングサービスに近い性格をもつのに対し，「出前」は決められた献立の注文に応じるサービスである．これらも外食の一つの形態であろう．都市の中で，一般大衆が家庭の中で催す行事・祭事に際して，来客に対して料理の専門家が作る高級なハレの料理として，「仕出し」を振る舞った．京都の茶屋や大店などで客に対する食文化として定着してきたものだが，広く普及するのは，まだ大家族が一つの家で暮らしていた第2次大戦前後までである．

　大戦後，核家族化と住宅の狭小化が進むにつれて，火急の食事を「出前」で済ますことも多くなるが，同時に家族のハレの食事を外食に頼ることも多くなる．明治時代から昭和にかけての高級ホテルに付属して成立した西洋料理のレストランが，独立した専門料理の店舗を構え始めるとともに，家族のハレの食事の場は，こうしたいわば専門食あるいは洋食レストランに依存することになるのである．家族が揃って出かけるハレの場には，必ずレストランが設けられ，またその旅の途にもレストランが，といった具合であり，長距離列車のビュッフェも記憶に新しい．

　一方，都市のスプロールに伴い，郊外に移住した核家族がハレの場として訪れるレストランは，そのチェーン化とともに新たにファミリーレストランとして現れることになる．勿論，車社会の到来もここに一役買っている．

●都市生活と外食サービス

　家族の中で営まれていた食事という行為が外部化され，都市の機能として組み込まれる中で，これら

■ｌ　屋台全景（筆者撮影）

■2　屋台のメニュー（筆者作成）

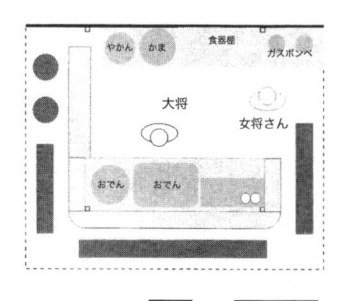

■3　屋台の平面図　20 cm ほどの奥行しかないカウンターに所狭しと料理が並ぶ．イスは長イスで，詰めて座ることで多くの客が座ることができる（筆者作成）

■4　韓国のコンビニ（筆者撮影）

■5　韓国の出前（筆者撮影）

は総合的・複合的サービスとしての位置を明確にする．ケとしての食事（食餌）から，ハレの食事（饗宴）へ，さらにハレの日常化による食事（外食）へと様変わりしていく時，こうした食事の提供は，そのことはそれのみの機能ではなく，むしろ都市生活のハレやケを演出する装置として位置づいている．食事を介した生活場面そのものの演出であり，都市生活者はいまや，各所に設けられたそれぞれの場面を渡り歩くことで，食事行為を日常の生活の中に位置づけてアレンジしているのである．食品の偽装はまさに，食品そのものの評価を消費者ができなくなり，いわば総合的・複合的なサービスとして，その評価を行っている証左であろう．食事に伴う場やプロセスといった全体的評価である．

ところで，ファミリーレストランやファストフードチェーン店はいまや，学生たちの自習の場や営業マンのSOHOと化し，また街中の居酒屋はコンパートメントの空間造りへと向かっている．しかし一方では，こうした仲間内や個に向かう没コミュニケーションの動きとは対極的に，根強く猥雑な交流を求める力学も働いている．立ち飲み屋の興隆，あるいはネオ屋台の登場や屋台村の新設，等々であり，一般大衆のケの社交場として，外食サービスが再評価されているのである．高齢者施設における入居者の調理場面への参加や，ファストフードに対抗するスローフードへの指向も，食事のプロセスに関わろうとする親コミュニケーションの一形態と見ることもできよう．

三世代世帯から核家族，さらに夫婦世帯・単身世帯へと向かう状況下，コンビニやスーパーマーケットでの高齢者に向けた少量の惣菜の提供に，またNPO等による高齢者向けの配食サービスに目が向けられている．これらの外食サービスは，今のところ食事そのものの単一的生活機能の提供にすぎないが，恐らく今後，こうしたサービスは食事場面の演出やプロセスといった，総合的・複合的なサービスへと発展していくのではなかろうか，いやむしろ，その方向に進むことを期待している．　　　［山下哲郎］

3-24 都市らしさとは何だろうか

【テーマ】都市景観　　　　　　　　　　　　　　　　　　　　3　都市・景観・法規

●農村とは異なる都市らしさとは何か

農村にはなくて都市にあるもの，それが都市の本質だとするとそれは何か？

都市の一般的な定義からすると，それは食糧生産に従事していない人口が過半を占めるということである．都市とは農村に依存している社会である．

しかし一方で都市は農業や工業の生産物の交易の場として地域の中心的な位置を占めており，その意味で農村は都市に依存することになる．ヒトとモノとカネと情報が都市に集中することによって，形態的にも都市固有の姿が生まれてくる．建築的にみるとそれは何か？

●都市型住宅，交易の中心，権力の象徴

第一に，食糧自給能力を超えた人口を抱えることが可能であることによって，都市は農村にはない規模の人口密度と人口規模を抱えるための集約的な居住形式が成立している．日本では町家・町屋とよばれ，ショップハウス，中庭をもつ囲み型住棟などとして表現される都市型集住形式である．その特徴は，各ユニットの自立性が高く，方位に依存することなく，前面道路に依存することによって成立している点にある．一方，農家住宅は基本的に方位に依存して配置や間取りが決まることになる．

こうした都市型住宅は，したがって，互いに相似した構成を有しており，それらが連続することによって一定の規則性を有する町並みを形成することになる．すなわち一定の規則性を有する町並みを形成していることが，建築的にみたときの都市の都市らしさの所以である．

第二に，都市にはその本質的な機能としてモノやカネ，情報の交易の場が必要である．それはマーケットスクエアとよばれる中心の広場であったり，目抜きの繁華街であったり，市場の建物であったりする．国や文化によってその表現は異なっているが，その場所がもつ交易の機能は同一である．それが都市の本質的な機能を空間として表現しているのである．都市らしさの根源がここにあるといえる．

第三に，ヒトやモノ，カネ，情報が自由に行き交うためにはそれを保障する権限と制度が必要である．そうした権能は時代や地域性によって，封建領主制，宗教的権威，もしくは近代的共和制など，異なった形式をとっているが，通常，そうした権限を象徴するような空間的建築的な表現が存在している．たとえば，王宮や城郭，寺院や教会，議事堂や市庁舎などである．都市が都市として機能するために必要な権威はほとんどの場合，象徴的な形態をとることによって自らの力と正当性を誇示しようとする．それが都市に固有の姿を与えることになる．

●消費の場，文化発信の場，匿名性とルール

第四に，都市は背後に大きな商圏人口を抱えた消費の場である．そのことによってもたらされる特色がある．都市以外では成立しないような専門店や大規模店舗の存在である．それらが集中することによって繁華街が成立する．

第五に，都市は消費の場であるだけでなく，豊かな富が集中することによって文化の生成・発信の場となる．そのことが都市に質の高い建築文化をもたらしてくれる．それは見応えのある街路や商店街，文化的な各種施設として結実することになる．

第六に，都市社会に目を転じると，その特徴的なあり方として匿名性が高いことがあげられる．都市の空間は，基本的に個々人が原子のように独立して自由に振る舞うことを前提として形作られている．

しかしそのことは都市が無秩序であるということを意味しているわけではない．個々人の自由を尊重しながらも都市が秩序だって機能していくためにさまざまなルールがつくられてきた．自律的なルールを有していることが都市社会の特色であるということができる．

都市の再生を考えるということは，上記のような都市の都市らしさをいかに確保し，伸長していくかという課題を追究することを意味している．

●それぞれの都市の固有の都市らしさとは何か

次に，それぞれの都市において，固有の都市らし

■1 うだつの町並みで知られる岐阜県美濃市　町並みを舞台に映える美濃まつりの花みこしは美濃市らしさの原風景といえる（筆者撮影）

さはどのようなところに見いだすことができるのだろうか．都市一般の特色はどのようにして固有の都市の魅力となりえるのか．

ひとつには，パリのシャンゼリゼ通りやニューヨークのタイムズ・スクエア，ミラノのガレリアのようにその都市固有のモニュメントを創り出すことがある．都市のへそにあたる部分にはなにかしらそのようなものが存在している．ただし，そうしたモニュメントは多くの場合，長い年月とともに都市のイメージを形成するように育ってきたものでもあるので，一朝一夕に創造することは困難である．しかし，シドニーのオペラハウスやビルバオのグッゲンハイム美術館のように一つの新しい建築物がその都市らしさを生み出すということが現代においてもないわけではない．

もうひとつの方策は，その都市の置かれた地形や歴史，生活スタイルといった日常的なものの中に固有性を見いだしていくという姿勢である．そのためには都市の固有性を見抜くための目を養わなければならない．

第一に，それぞれの都市が置かれた地形をみなければならない．都市間の広域的な位置関係や山や川，入江や浜などの自然地形がもたらす要件が都市の基本的な特性を規定しているからである．こうした特色は道路パターンやそのうえに建つ建物がつくる町並みの姿を決定づけることになる．

第二に，それぞれの都市がこれまでに形成されてきた歴史を知らなければならない．城下町や宿場町のような計画都市であれ，在郷町などのように自然発生的に生まれた都市であれ，地区の変遷や街路網の拡張にはそれぞれの原因や理由が存在する．これらを明らかにしていくことによってその都市固有の特質がみえてくることになる．

第三に，その都市固有の生活のスタイルというものの存在を探求する必要がある．それは地域の気候とも関連しているだろう．雪国には雪国の，南国には南国の時の過ごし方がある．また，祝祭や節句ごとの伝統的な儀式とも関連しているかもしれない．ハードな都市空間もこうしたソフトな都市の使い方と密接に関連している．

最後に，当然のことながら，都市はその規模によって異なった特色と固有性をもっているという点に留意しなければならない．

それぞれの都市の再生を考えるということは，こうした手がかりをもとにその都市固有の魅力を最大限に発揮することによって，生活者にとって満足できる住みがいのある都市を取り戻すことにある．これからは，地域経済もこうした魅力のある都市においてこそ活性化していく時代になるだろう．

［西村幸夫］

3-25 歴史的街並みをめぐる潮流

【テーマ】街並み　　　　　　　　　　　　　　　　　　　　　　　　　　　　3　都市・景観・法規

● 都市の顔立ちとしての街並み

　街並み（町並み，家並み）とは建物群が織りなす景観である．建物のみならず，門や塀，看板，街路，樹木，川などさまざまな要素が一体化した都市景観まで拡張して用いられることもあり，「都市の表層」や「まちなみ景観」などともよばれる．街並みは建築と都市，内部空間と外部空間，私的な生活空間と公共的な街路空間との媒介領域であり，建物の顔であるファサードが周辺の環境と出会う文字通りのインターフェイスでもある．そこには，たたずまいや雰囲気，記憶，物語性などが醸成されており，外来者の目を楽しませるだけではなく，生活者の顔も表出している．都市空間はしばしば劇場にたとえられるが，街並みはまさに舞台装置でもある．

● 歴史的街並みへの関心の動向

　日本で街並みが注目されたのは1960年頃以降であり，ちょうど高度経済成長期と重なる．この時期は都市への爆発的な人口集中による過密問題と，地方ではその逆の過疎問題が発生した．身近な居住環境は大きく変容し，均質で没個性的な景観が全国に蔓延していった．古い環境と折り合いをつけないまま新たな開発が進み，豊かな意味をもつ空間や場所が喪失してゆく．このような趨勢に対する疑問と反省，危機感や郷愁が一体となって街並みが注目され始めたのである．つまり関心の的となったのは，生まれくる新しい街並みの姿ではなく，「歴史的・伝統的」な街並みであり，それを「保存・保全・修景」する運動というかたちで立ち現れた．

　1962年に奈良・今井町で，67年には街並み保存に先駆的な役割を果たした木曽妻籠宿で歴史的街並みの調査が実施され，69年に名古屋・有松町で，70年代前半には白川郷，高山，小樽，富田林などで保存する会が結成され，全国的な規模で歴史的街並み保存の機運が盛り上がった．各地で展開された保存運動は，街づくりを地域固有の文化という視点からとらえていこうとするもので，自治体はもとより住民も率先して参加，運動した点が特筆される．

　また，1968年に金沢市で伝統環境保存条例が制定されたのを皮切りに，倉敷，神戸，高山，京都などで相次いで同様の条例が制定された．固有の伝統的環境・美観を継承するという方針が，すでに高度経済成長期に唱えられていたことも注目される．

　1960年代はヨーロッパ諸国においても，イコモス（ICOMOS：国際記念物・遺跡会議）の設立，ベネチア憲章の採択，フランスのマルロー法の制定など，都市開発と生活環境を含めた文化遺産の保存を一体化しようとする動向がみられ，歴史的景観への注目は世界的な潮流であった．

　歴史的街並みへの関心は一般にも広がり始めた．朝日新聞社は1972年の朝刊に「保存・再生の必要な歴史的街並み」として，さらに76年にも「歴史息づく街並み」として全国200カ所あまりの街並みの所在地を掲載した．歴史的街並みは専門書だけではなく，旅行雑誌などでも数多く紹介され，観光の対象となった．おりしも1970年に国鉄（現JR）のキャンペーン「ディスカバー・ジャパン」が展開され，街並みへの関心の背景には日本再発見の社会的機運もあった．人々は身近にある古い街並みが歴史文化的所産であることを認識し，街並みということばが日常用語として浸透していったのである．

● 土着的な建築が群として織りなす街並み

　1970年代に加速した歴史的街並みへの関心は，身近な生活空間を歴史や文化という観点からとらえ直す大きな契機となった．関心が深まった背景には無名の土着的な建築，群としての建築への着目と，それらを調査・解読するという建築界の新たな潮流がみられた．

　無名の土着的な建築がもつ地域性：歴史的街並みに関心が向けられる以前に，すでに注目を浴びていたのが民家である．1957年に今井町（奈良県橿原市）の今西家が重要文化財の指定を受けたころから民家調査が全国的に拡大し，無名の工匠が造営した民家に学術的な価値が認められるようになる．歴史的街並みを構成する住居は，格別に豪奢な建物で

■1 近江八幡の街並み（近江八幡市教育委員会（1977）：近江八幡町並み調査報告書より）

はなく，ごく普通の庶民の住まいがほとんどである．時代を越えて受け継がれた名もなき民家がもつ小さな歴史に，大きな光が当てられたのである．

1960，70年代には，近代建築批判のひとつの現れとして地域の固有性への着目があった．無名の建築への関心を誘った契機のひとつに，B. ルドフスキーの著書『建築家なしの建築』（原書初版1964年，翻訳1976年，渡辺武信訳，鹿島出版会）があげられる．建築家による設計ではなく，そこで紹介された土着的（ヴァナキュラー）な建築がもつ固有の造形美は，近代建築にはみられないものであり，衝撃的で迫力があった．無名の土着的な建築がもつ場所と歴史の固有性への着目は建築界に大きな価値転換を迫ったといえる．

群としての建築の美しさ：街並みという用語はイギリスの景観論におけるタウンスケープ（townscape）という概念に相当するが，日本ではT. シャープ（『タウンスケープ』，長素連訳，鹿島出版会，1972）やG. カレンの著書などによって広まった．G. カレンがその著書『都市の景観』（北原理雄訳，鹿島出版会，1975）において「半ダースの建物が集まると，そこに建築をしのぐ芸術が芽ばえる」といみじくも指摘したように，単体の建築ではなく，建築が群をなして面的な拡がりをもち，周辺環境と一体化した地域景観に存在価値を見いだしたことには非常に大きな意義があった．この意味で，街並みはすぐれて都市計画的課題となったのである．

伝統的な集落・都市空間の調査と解読：伝統的空間に対して多くの研究者や建築家，学生の関心を惹きつけた大きなきっかけとして，1963年，雑誌『建築文化』の特集「日本の都市空間」（彰国社，1972）があげられる．建築史ではなく，建築・都市デザインの立場から，社寺や参道，城下町などの日本固有の空間構成を対象として，その原理をキーワードで読み解くという方法は，建築界に大きな影響を与えた．民家や街並み，集落のもつ造形的な魅力の再発見は，その後建築家や大学の研究室をフィールドワークに駆り立てた．彼らは集落空間の現況を克明に調査し，空間構成の原理や素材，構法などを分析した．これが「デザインサーベイ」とよばれるもので，とりわけ，連続平面図や連続立面図による表現は，土着的な建築群が織りなす集落・街並みに潜む固有の美しさを呈示するに十分であった．

デザインサーベイは必ずしも保存が目的ではなく，デザインボキャブラリーを豊富化する意図があった．国内の集落を対象とするブームは徐々に終息していったが，建築研究の分野では，街路空間のプロポーションや色彩，シークエンスの分析，SD法による心理評価，視覚的な認知構造など，さまざまな分析手法が試みられ，街並みや集落に限らず都市景観をテクストとして調査・解読するという方法論が定着した．

●歴史的街並みと現代の街並み

歴史的街並みは建築様式が安定し，家々の大まかな形態や素材，色彩は類似している．しかし，子細にみると格子や虫籠窓，うだつなど，細かい部分がバリエーションに富む．いわゆる「統一性の中の多様性」が調和を生んでいる．それは工法や材料などの技術的制約や，家作の規制などに起因しているものの，結果として美しい街並みが財産として残された．これに対して現代の街並みは混沌としており，醜悪であるともしばしば評される．個々の建築はそれなりの姿・顔立ちで建っているのに，それらが集合した建築群は美しい街並みを形成していない．そこで，雑然とした街並みを少しでも統一しようと，条例や協定などによって高さや色彩に最低限のルールを定めようとする．つまり，多様性の中の統一性を目指す考え方が主流となっている．

いまや歴史的街並みだけではなく，戦後に建てられた建築も歴史性をもちつつある．1980年代の東京論ブームのさなか，カオスのような現代の街並みも都市活動のダイナミズムの表出として評価された時期があった．そのような単にサブカルチャーとしてではなく，かといって従来からの統一性の希求でもなく，新たな価値観に基づいた街並み形成もそろそろ必要な時期にさしかかっている．　　［及川清昭］

3-26　景観論争とは何であったか

【テーマ】景観論争　　　　　　　　　　　　　　　　　　　　　　3　都市・景観・法規

●エッフェル塔――産業革命の怪物

　1887年2月14日のル・タン紙に，いまではすっかり有名になった一通の抗議文が掲載された．名欄には当代きっての建築家，シャルル・ガルニエ，文人ルコント・ド・リール，画家ドローネーなどの文化人の面々が名をつらねている．モーパッサンの名も……．だが万事休す「首府の中心に馬鹿げた怪物のようなエッフェル塔」を建てる土煙はすでにあがっていた．

　このタワーへ眼を背けた人たちは，産業革命を牽引するブルジョア層であり，その新しい社会経済基盤のなかで生きていた芸術家，知識階級であった．エッフェル塔は，かれらの生活の舞台であったオースマン型回廊都市の，華やかなファサードに突き刺さったトゲであった．完成後のタワーの中に事務所をかまえたエッフェル自身も，私生活においてはブルジョア臭芬々としたアパルトマンに住むしかなかった．エッフェル塔にたいする美的批判は，それが生え上がってきた産業革命という文明基盤の矛盾した性格をよく反映しているのだ．

　しかし，万博が幕をあけてみると，論争の影で沈黙していたかにみえた大衆は，言葉ではなく行動で歓迎しながら，論争に参加してきた．たくさんのタワーグッズが飛ぶように売れた事実をもってしても，かれらの無邪気な興奮ぶりがよみとれる．いまや，この「醜い」タワーは世界中から押し寄せる大衆観光の大波におされて，何と人類の宝として世界遺産にくみこまれてしまった．

　都市の景観論争は美術館のなかの芸術論争ではない．それは雑然として多様な好みを合わせ呑む大衆に使いこまれ，いじりまわされる民芸の美のような側面があるのだろうか．

●文明批評としてのポンピドーセンター――都市は反芸術的幻術をゆるすか

　パリのポンピドーセンターにおける景観論争もはげしいものであった．古い町並みのマレー地区に，悪夢のようにたち現れた石油プラントまがいの構成に人々がとまどったのも無理はない．それは，表層的には町並みというコンテクストからの逸脱への反発であったが，話はこれだけで終わらない．

　建築家の意図はともかく，1980年代から始まった国家的事業としてのパリのグランプロジェの多くは，老朽化し，治安，政治面でも問題の多い地区に回春手術を施すという政治的な意図があった．マレー地区もそのひとつである．さらにまた，ヨーロッパの統合という政治プロセスのなかで文化をもって政治的ヘゲモニーを維持しようとするフランス政府の伝統的な野望はあきらかである．さらにそこには，近代を切り開いてきたと自負するフランス知識人が，ポスト近代においてもその旗手の役割を演じ続けようとするマニフェストでもあった．

　設備や構造がむきだしになった，すこぶる「露悪的」なこの建築意匠の本質は現代文明批評としての仮設構造物であろう．それは永遠なろうとする西欧都市文明の伝統に背をむけるものであった．建築自体がそうした情報を発する媒体と化したことへの反発もみられた．

　もちろん，熟達した建築家は，メディア化した仮設構造物という奇妙な存在をみごとに造形したが，それは反芸術的な素振りをした幻術的インスタレーションである．こうしたきわめて芸術的な毒性のつよいものは美術館に閉じ込めておくべきだ，都市美は芸術美ではなく社交的な作法美でなければならない．こんな批判が渦巻いた．

　だが，またしても大衆はこの建築をうけいれた．ボーブールの広場にいつまでも座り続ける旅行者や若者になんの屈託もない．人間の崇高，憧憬，美，野望，いがわしさ，企み，誘惑，珍奇，分裂……．都市につきまとう人間の情念の沸騰を大衆はそっくり呑み込む．これはエッフェル塔の場合とすこしも変わらない．

　反語的美学をかかげるこの建築は，都心は文化の蓄積場所であるという都市の伝統に案外忠実であったかもしれない．

■1 エッフェル塔（Rüdiger Wölk, Münster）

■2 ポンピドーセンター（GNU Free Documentation License）

■3 現在の日本橋

最近めずらしく日本で景観論争の起きた京都駅もまた，然り．京都の町並みの尺度を抜けた大きさ，そしてかなり饒舌な言葉の影をひく造形もまた，若者向け都市案内書の格好の的である．

景観論争という文化現象の裏には，言葉ではなく行動で参加する大衆がいるのだ．

● 日本橋の問いかけ——都市は何のためにあるのか

明治期に架けられた日本橋を跨ぐ首都高速道路への景観批判が高まってきた．ついに政策担当者もこれを実務的な課題として正面から受け止めようとする状況である．同じように大型のインフラが都市景観の顔を襷がけによぎっている箇所が全国に数多い現実を考えれば，ことは重大であろう．

日本橋の場合，高速道路は東京オリンピックという国家の至上命令にそってつくられた．多くの類例もまた経済成長の基盤としての交通確保がそのねらいであった．だが，そのために，都市の魅力や輝きが失われたとすれば，いったい道路は何のためにあるのか疑問になってくる．

戦後の日本の都市は，交通問題から防災まで次々と噴出する問題への対応にせき立てられてきた．人の命にかかわる重い問題も群れている．

しかし，こうした諸問題の解決は都市の存在する条件を保証するにしても，都市の存在理由（レゾン・デートル）を説明しないのではないか．いかにそれらの問題が焦眉であろうと，存在条件は存在理由にとって代わることは原理上できないのだ．では，都市の存在理由とは何なのか．都市は何のためにあるのか．日本橋の景観問題は，いままでさけてきたこの都市の大義を問いつめるものだ．

あらゆる都市は文化の発信と集積という使命を負っている．便利とか安全とかあれこれの存在条件だけを追う都市は「仏つくって魂入れず」に終わってしまわないだろうか．景観とは都市の魂なのだ．戦後日本の都市計画からずり落ちてしまった価値である．

生滅無常の都市景観のなかで，モダニズムであろうとポストモダンであろうと，文化生成という都市の大義に正眼で立ち向かうものは景観論争の舞台にのる資格があるだろう．だが，国家の象徴である国会議事堂のシルエットを足蹴りにする某外資系企業の高層ビルのようなものは，ほとんど論争のらち外ではないか．

さらに言おう．日本の都市においては，ランドマーク的な「図柄」を描く建築のデザイン論としての景観論争よりも，「地模様」をおりなす町並みの渾沌についての論争のほうが，はるかに重い問題をつきつけている．その裏側には，都市という風土的存在に関する根本的な論争が横たわっているからだ．

［中村良夫］

3-27　環境はいかにして景観になるか

【テーマ】自然景観　　　　　　　　　　　　　　　　　　　　　　　　　3　都市・景観・法規

●表象としての環境

　環境と景観は，ちょうど男女の生物学的性差を表すsexとその社会的表象の差異を表すgenderの関係によく似ている．

　景観を表す英語のランドスケープ（landscape）という言葉は，中世オランダ語のlandscapに由来するという（オックスフォード英語辞典 O.E.D）. -scapという接尾語は現代英語のフレンドシップ（friendship）における-shipと同じで名詞を抽象化するとされ，これによって，友人（friend）は友情（friendship）になるし，リーダー（leader）＝指導者はリーダーシップ（leadership）＝指導力になる．

　では，ランドスケープの場合はどうか．大地を表すランド（land）が抽象化してランドスケープとなれば，大地性すなわちかくあるべき「大地らしさ」を意味すると考えてよいであろう．フレンドシップ（友情）が望ましい友人像あるいは理念としての友人を表すのと同じだ．

　それでは，かくあるべき大地らしさとはいったい何なのか．それは，客観的な環境としての大地と，人間の抱く大地のイメージとの交差である．

　景観という言葉は，植物群落のようすを表す近代地理学の和製学術語であって，本来視覚ゲシュタルトに忠実な客観的形象をさすと思われ，感動や意味を含んだ景観は風景という伝統的な用語法が適当である．ここでは両語の意義をこめて景観とよぶ．

　いずれにしても，景観は客観的な実在としての環境ではなくて，心的な，とくに美的に動機づけられたその表象文化である．

●視覚的動機と身体論的動機

　landscapeという言葉に風景画という意味があるのをみればただちに知れるとおり，表象としての景観はまず視覚的なゲシュタルトを通して発生し，絵画のような視覚表象として結実することが多い．西欧においては，17世紀のオランダの風景画がそのはじめといわれている．

　東洋においてはその歴史は古く，5世紀の陶淵明あるいは謝霊運の漢詩にまでさかのぼると考えられている．表象の発生においては視覚的であってもその表象表現は言語であった．景観表象の発生動機は視覚的であっても，その表現は言語（in lingua），絵画（in visu），庭園（in situ）などの3型式がある．

　また，一方，表象の発生動機もかならずしも視覚によるとはいえない．視覚もふくめた身体論的なあるいは生物学的動機に基づくこともある．

　人間の居住環境の好みに関する，地理学者のJ.アップルトンの学説によれば，環境美は「隠棲・探索（hide-and-seek）原理」によって説明される．環境の中で生き抜いていかねばならぬ生物は，我が身を隠しながら，しかも自分の視程を確保しておくという生態学的戦略を身につけている．その結果として，見はらし（prospect）と隠れ場所（refuge）の両立する視界を好むのである[1]．高く茂る大木の隙間から遠くを見晴す絵画的構図はその典型であろう（■I）．

　この理論の底流には視覚だけでなく居心地のよい場所にこもろうとする身体の歓びがある．

　いずれにしても，大地の文化的な表象としての景観は，先験的に存在するものではなく，人間によって発見され歴史的に育てられる集団表象である．

　したがって，景観には古典が存在し，そしてまた日々，改定されるものであるといえよう[2]．

●創造的動機

　「――富士には，月見草がよく似合う」

　太宰治の『富嶽百景』のなかのこの言葉，富士には松原というような制度化された，集団表象としての景観が，時に個人の視覚によって革新されることを示している．

　こうした，社会的な景観表象の改定のなかで，明治期に現れた志賀重昂の『日本風景論』は近代日本の景観史のなかで最も劇的であった[3]．それは伝統的な花鳥風月，名所歌枕の景観論をしりぞけ，自然地理学の視覚で日本列島を読みなおしたのであっ

■1 「隠れ場所からの眺め」大徳寺方丈（都林泉名勝図絵）

た．志賀はこういう．

「島帝國の文人，詞客，畫師，彫刻家，風懐の高士にして，寂焉として草木と併び朽ちんと欲せば止む，而かも雄大卓落たる技倆を揮灑し，絶代の大作，曠世の傑品を新創せんとするか，須らく日本國土絶特のものに寄託せんことを要す．夭桃白李，嫩緑軟紅，佳は即ち佳，而かも是れ未だ諸君子が滿腔の心血を濺ぐに足らざるもの，諸君子が滿腔の心血を濺ぐに足るは，彼の水蒸氣に在り，活火山，熄火山，火山岩に在り，流水の激烈なる浸蝕に在り．（中略）流水浸蝕力の激烈，是れ我を恢弘し我を豪爽たらしむ，苟も此の水蒸氣を寫し，此の火山を刻み，此の流水を描かんとする者，豈に庸々齷齪の徒の爲し能ふ所ならんや，諸君子にして志墮ち節摧け，唯々として俗と俯仰し，平山凡水の間に満足せんとするか，此の造化の日本に厚賚する所を如何せんとする．」

すこぶる気合いの入った物言いである．

志賀の日本風景論はきわめて力強い漢文脈でつづられている．その男性的な文体はそのまま彼の称揚する日本列島の雄渾な自然景観に対応し，また新興明治国家への愛国の波長で発信されていた．思うに，平安朝以来の花鳥風月や名所歌枕にみられる日本の景観論は，禅思想の影響下にあった中世芸術の流れを汲んだ一部の表象をのぞいては，みな女性的であった．しかるに，登山の気風を尊ぶ志賀の景観論はこのような女性的な臭いや，俗じんにまみれた風流を突き抜けた浩然雄大な景観の発見に大きな特徴があり，それは大正期の国立公園につながるあたらしい視線でもあった．紋切り型のカビくさい景観からの脱皮という点でまさにゼロ度の景観の創造といってよい．

集団表象として成熟した景観はいわば公認された制度として人々の景観認識を支配し，校閲する．しかし，その記号的な文法は個人によってくり返し運用されるたびに揺れ動き，新しい意味を生成しながら，ついにあるとき革命的な変革をとげるにいたる．その原動力は，個人の創造性である．

現代の写真家はしばしば意外な景色にピントをあわす．富士山には新幹線がよく似合う時代がきたのであろうか．

［中村良夫］

文献
1) Appleton, J. (1996)：The Experience of Landscape, Wiley.
2) 中村良夫 (2004)：風景を創る，NHKライブラリー．
3) 志賀重昂 (1937)：日本風景論，岩波文庫．

3-28 景観を工学的に操作する

【テーマ】景観工学　　　　　　　　　　　　　　　　　　　　　　　　　3　都市・景観・法規

●「景観工学への序説」

「景観工学」という言葉が初めて公になったのは，管見によれば，1965年に発行された，シルビア・クロー著（鈴木忠義訳）『道路と景観──景観工学への序説』（鹿島出版会）と思われる．

この本の「訳者あとがき」には，「景観工学の基本概念が，道路を通じて論究されていることから，あえて追補させていただいた」とある．「景観工学への序説」という副題は，訳者である鈴木忠義先生が付けたものである．

イギリスの造園家であるシルビア・クロー女史は1964年に来日し，名神高速道路を視察している．『道路と景観』の日本語版序文を書いているのは，その直後のことである．

「日本の国土の中に，高速道路網を適合させてゆくことのむずかしさが存在することは明らかであります．（中略）地表の大部分を占める山岳は，けわしく，形は美しく，小規模であります．このような国土に対して新しい道路は，森林の斜面をジグザグに登りながら不調和な傷あとを造っていきます．このようなところでは，上下線の分離や造形的注意，野生植物の移植等のドイツの技術が適応されるところでありましょう．あるいは，全く新しい解決策が見いだされるでありましょう．自然尊重という日本の伝統は，日本の工業発展と切り離すことのできない高速道路建設という偉大な土木事業を，新たな規模によって取り扱うように自らを主張することでありましょう」．

この本を「景観工学への序説」としたいという訳者の意図を汲み，新しい学問の誕生を祝福しているかのような文章を彼女は書いている．

●「景観工学」が提唱された時代

1960年代，日本は経済の高度成長時代を迎え，大規模な社会資本整備の時代に突入していた．名神高速道路・東海道新幹線などの高速交通路の建設，大都市での鉄道の複線化・立体化や都市再開発，大都市郊外での住宅団地開発，臨海地域での干拓事業とコンビナート建設が推し進められていた．

この大規模な国土開発を，国土の景観にどう調和させていったらよいかという課題を，開発の先兵となった土木や造園の技術者たちは担うことになった．シルビア・クローの『道路と景観』が翻訳されたのは，このような背景があった．

第2次大戦後のアメリカの国土と都市が，いかに無計画に建設され，混沌とした様相を呈しているかを浮きぼりにし，そのための処方箋を示した本として，アメリカで高く評価されていた『国土と都市の造形』も1966年に翻訳出版（クリストファー・ターナード，ボリス・プシュカレフ著，鈴木忠義訳編，鹿島出版会）されている．同じ課題を日本も抱えていたからである．

また，シルビア・クローが触れていたドイツの高度な高速道路設計技術は，ハンス・ローレンツ著（中村英夫・中村良夫訳編）『道路の線形と環境設計』（鹿島出版会，1976）によくまとめられているが，この技術は，名神高速道路を設計するときに，日本に取り入れられていた（■I）．

このような背景があって，良好な景観を整備し保全する技術を支える学問「景観工学」の必要性が，1960年代に土木工学の分野から唱えられた．

●身近な生活環境への関心

しかし，経済の高度成長に伴う国土の改変は，新時代の景観をつくりだすばかりでなく，従来の良好な景観や環境を破壊していった．

歴史的文化的価値の高い京都・奈良・鎌倉を乱開発から守るために，「古都における歴史的風土の保存に関する特別措置法」が，1966年に制定されている．また，大気汚染，水質汚濁，土壌汚染，騒音，振動などの公害問題が深刻になって，1967年には「公害対策基本法」が制定されている．

1968年には金沢市で「伝統環境保存条例」，1970年には妻籠で「妻籠を守る住民憲章」，1972年には京都市で「市街地景観条例」，1973年には横浜市で「緑の環境をつくり育てる条例」，そして1974年に

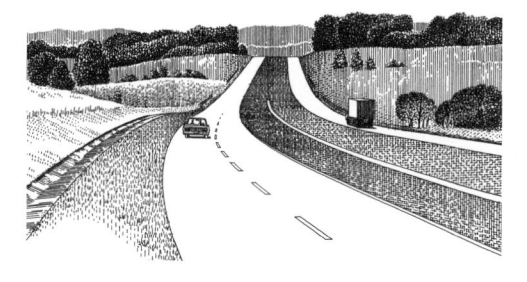

■1 曲線と直線の接合部に緩和曲線を入れることで，ドライバーにとって鋭く折れ曲がって危険に見える道路線形（左）が，緩和されて安全に見える（右）（『国土と都市の造形』より）

は仙台市で「広瀬川の清流を守る条例」が制定されている．1975年には文化財保護法のなかに伝統的建造物群保存地区制度が設けられた．

　公害防止，自然保護，歴史的景観の保存，緑化の推進，親しめる水辺の再生等に，住民が，そして国よりは地方自治体が，積極的に取り組むようになっていったことが，よくわかる．

　大気汚染，水質汚濁，土壌汚染，騒音，振動などの公害問題や，自然環境・歴史的環境・生活環境の破壊は，人々が日常感覚で実感できる生活世界の出来事であった．こうして生活世界に目を向けるようになった人々は，身近な生活環境の景観にも関心をもつようになっていった．

● 「景観」の時代

　景色や風景よりも，「景観」という言葉のほうがよく使われるようになったのは，「景観」が翻訳語であったからと考えられる．

　『日本国語大辞典　第二版』（小学館）によれば，「景観」という言葉は，ドイツ語のLandschaft，英語のlandscapeの訳語として明治時代の末に三好学が考案した近代の日本語であるという．それ以降，Landschaftやlandscapeを辞書で引くと，訳語に「景観」とあるので，「景観」は，日本語として使われてきた「景色」や「風景」と同じ意味の言葉として使われるようになっていく．

　ところで，「景色」や「風景」には，日本語として使われてきた歴史がある．「景色」や「風景」といえば，多くの日本人は「山川草木の景色や風景」を思い浮かべる．それゆえ，「道路景色」あるいは「道路風景」という表現には違和感がある．しかし，「道路景観」という表現には違和感がない．

　「景観」は，都市景観，商業地景観，住宅地景観，工業地景観，街路景観というように，人工的な環境に対して違和感なく使うことができた．もちろん河川景観，森林景観というように，自然的な環境に対してもこの翻訳語は使うことができた．

　経済の高度成長に伴う大規模な物的環境整備の時代にふさわしかったのは，「景色」や「風景」でなく「景観」であった．そして，物的環境整備を担う工学技術の分野から，「景観工学」という学問が提唱されたのは，時代の必然だったといえるだろう．

● 持続可能な景観づくり

　現代の世代のニーズばかりでなく，将来の世代のニーズも損なわないように，多様な資源や多様な可能性を将来に残すような開発をすべきだ，という考え方が国際的に主張されるようになるのは，1990年以降のことである．これは，景観開発，景観づくりにもいえることだろう．多様な景観資産，多様な景観の可能性を将来に残すような開発をしなければならない，ということである．

　問われているのは，多様な景観資産を地域ごとに明確にすることと，多様な景観の可能性を将来に残すような開発の仕方を考えることだろう．

　後者の「開発の仕方」については工学的な技術も有効だろう．しかし，それだけで対応できるとは思えない．前者の「景観資産」は，景観の「物的環境」であるとともに，その物的環境を景観としてみる「見方」，この両者からなるもので，後者の「見方」は，歴史や地域や民族などによって異なる文化的なものである．日本の景観資産については，気色，けしき，景色，風景，景観という歴史的な変遷・展開のなかに位置づけて理解することが必要である．このためには，人文科学や社会科学的なアプローチが不可欠だろう．時代は，文理融合した総合的な景色学あるいは景観学の誕生を要請しているといえるだろう．

［樋口忠彦］

3-29　町並み保存は都市再生の原点―川越で考える

【テーマ】川越　　　　　　　　　　　　　　　　　　　　　　　　　　　3　都市・景観・法規

●はじめに

　都市再生というと超高層が林立した都心の姿を思い浮かべる．しかし超高層の林立が可能・必要な都市や地区はごく一部である．一部の例外を除いて県庁所在都市を含む多くの地方都市には超高層の林立は無用である．むしろ，中低層の建物で構成される美しい町並みとそれによってつくられる快適な公共空間こそ重要である．どのようにしたら美しい町並みが実現し，快適な公共空間がつくれるか？　その答えの多くが，歴史的町並みとその保存活動のなかに見いだされる．それだけでなく，町並み保存は，現代の都市や建築を批判しその改革の拠点となるべきものなのである．蔵づくりの町並みで知られる埼玉県川越市一番街の町並み保存がめざすのも，まさにこの点である．

●町並み保存のトリプルボトムライン

　町並み保存の目的は，古い建物を保存することだけではない．「川越一番街・町づくり規範に関する協定書」第3条は三つの町づくりの目標を掲げる．

　①商業活動の活性化による経済基盤の確立．
　②現代にふさわしい居住環境の形成と豊かな生活文化の創造．
　③地域固有でしかも人類共有の財産としての価値をもつ歴史的町並みの保存と継承．

　これら三つの目標はしばしばお互いに排他的になる．そこで，これらを同時に達成する方途として「町づくり規範」を定め，住民の町並み委員会で運営するというのが，川越式町並み保存である．もちろんこの三つは普遍的な目標である．とくに①と②は現代の町づくりの一般的な目標である．これらが③と矛盾しないということは，歴史的な建物や町並みが，商業施設としても居住環境としても評価できるということでなければならない．ふつうは，歴史的な建物は住みにくいと考えられているから，この両立は困難にみえる．しかしそうではないことを川越について説明しよう．

　川越は蔵づくりで知られるが，全体でみれば蔵づくりは少数派である．1970年の伝統的建造物群保存地区保存対策調査で確認された蔵づくりの店棟は20棟にすぎない．川越の伝統的建物の大半は，木部を露出したふつうの町家である．どちらも，基本的なプランや構造は同じである．

　まず，鰻の寝床型の敷地に表から，店棟，住居棟，後ろ庭，そして離れ・蔵などの付属屋の順に並ぶ．店棟は，約1間の庇を出して，道路に接する．多くは2階建て平入切妻形式で，隣とほとんど間隔をあけない．住居棟は，棟を道路と垂直に突き出す．敷地の北側に寄せ，南側に空間をとる．

　ここから，a．川越の町家は，店棟，住宅棟，庭がそれぞれ道からほぼ4間ずつの奥行をもって並ぶこと，b．この結果，店棟は街路沿いに並び，賑わいのある街路空間と静かな住居空間を隔てる壁となること，c．住居棟は，ちょうど団地の南面平行配置と同じ原理で並び，お互いに南からの採光を可能とすること，d．庭も敷地をこえて連続し，一種のグリーンベルトを形成すること，e．住居棟は，このグリーンベルトを介して，隣の敷地ごしの日光を安定的に受けることができること，などが見いだされる．

　つまり，川越の町家はあるパターンに従うことで，密集した市街地の中でお互いに環境を保障しあい，かつ通りに賑わいをもたらす町並みを形成するのである．このように，歴史的な町家が都市の建築単位として今日なおすぐれた特性を有しているところに，まず「町並み保存は都市再生の原点」であることが見いだされる．

　しかし，せいぜい2階建ての町並みが現代都市のモデルになるのかという反論があるだろう．あるいは，建築と都市の関係のあり方として評価できても，より高度な土地利用が求められる現代都市では参考にならないと考えられるかもしれない．そう考える向きには，パリをモデルにしていただければよい．パリのアパートは屋根裏を含め6～8階建て．中庭を隣家どうしでつなぐことで環境を確保する．

■1 すべて新築の建物　左：Fギャラリー（設計：北山孝二郎），中：お祭り会館，右：金笛醤油（設計：笛木弘治，伝統構法による）（筆者撮影）

新しいパリの建築規制は，このような伝統的なアパートの特性をいっそう保全・強化する内容に改められたことを付記しておこう．

● マネージメントシステム

このような歴史的町並みの特性をどのように守り育てるか．歴史的町並みは，その点でもほかの市街地より一歩先んじた経験を有している．川越の例でいうと，住民たちは1987年に前記協定書を締結し町並み委員会を構成，町家のパターンに従って建築を行うことを合意し，町並みの自主的マネージメントを行ってきた．1999年に重要伝統的建造物群保存地区に選定されるが，住民の町並み委員会はいまも続く．

このプロセスが投げかけたひとつの波紋を紹介しよう．空き地に建てられたFギャラリー．北山孝二郎設計のコンクリート打放しの建物は，黒っぽい建物が多いなか，ひときわ異彩を放っている．住民側は，建築家が見いだす解に期待し，町並み委員会との長い交渉の末にできあがった．期待に応える成果が得られたかどうかは疑問だが，この過程は重要だし，町づくり規範と伝建地区の許可基準には合格している．重要伝統的建造物群保存地区にこのような建物が建ったことに対し，文化庁はショックを受けたようだ．しかし私は増加する似非蔵づくりのほうが問題だと思っている．そのきわめつけが市が建設したお祭り会館である．コンクリート製で蔵づくりの形をしているが，伝統的なスケールを逸脱し，上記の町家システムはハナから無視，町並み委員会や住民の異議を退け建設を強行した．ただ伝建地区の基準は満たしている．これにかぎらず，準防火地区という規制もあって，瓦屋根をのせ，軒裏をモルタルで塗り込め，黒く塗った似非蔵づくりが急増している．じつは，町並み保存は歴史的建物以外をどのように設計するかのほうが難しい．このように試行錯誤はあるが，住民が規範を身につけ，自律的に管理するシステムを組み立てることこそ，都市再生の基本的目標といえよう．

もとよりその管理システムはいまだ不十分である．川越では，かなり以前より空き家（店舗）や空き地がめだち，それらがなかなか利用されていかない．あるいは，通常の不動産市場に委ねていては，町づくりに望ましい方向で土地利用されない．伝統的建物は土地の売却にとっては邪魔物だとして取り壊される．空き地の土地利用といえば，駐車場か高層マンションになってしまう．そのような「常識的」な開発ではなく，町づくりにふさわしい開発を実現するには，一定の町づくりの意志をもち，具体的に事業を実施していく町づくりの主体が必要である．とくに，地権者たる店主が店を閉めると，そのまま空き店になるケースが多い日本では，コミュニティがディベロッパーとなり，みずから「開発」を行うことが必要となる．川越一番街では1986年の「コミュニティ・マート構想」で，「町並み委員会」と「町づくり会社」という2本柱が構想されたのだが，後者は実現していない．川越ではまだ実現していないが，滋賀県長浜には株式会社黒壁という先駆例がある．この点でも町並み保存は都市再生の原点といえよう．

［福川裕一］

3-30 妻籠宿

【テーマ】妻籠 3 都市・景観・法規

●はじめに

妻籠宿はいまでこそ有名になったが，町並み保存が話題にのぼった1967年当時は住民以外は知らないといってよいほど無名の宿場町だった．その妻籠宿が一躍有名になり，こんにちでも訪れる人が多いのは，日本で最初に町ぐるみで町並み保存に取り組んだからである．

妻籠宿は長野県木曽郡の南木曽町，長野県南部の岐阜県に近い山合いに位置する．妻籠宿は，中山道の宿場町で島崎藤村ゆかりの地である．木曽谷の11の宿場は，木曽十一宿とよばれ同じ文化を共有していた．これは，古代・中世以来，木曽が一帯として支配されてきたことが背景にあろう．そして，江戸時代になると木曽は尾張藩に支配を受ける．木曽十一宿とよばれるものの，妻籠宿は厳密には木曽川がつくった谷にある宿場ではなく，木曽川の支流である蘭川がつくった谷間にある．

●妻籠宿の調査

町並み保存を進めるために，町並み調査を行う必要があった．しかし，町並み保存が最初であったと同じように，それまで町並み調査などというものはなかった．町並み調査をどのように行うかは，手探りであった．結局，民家調査と，当時進み始めたデザインサーベイとを組み合わせた調査であった，といってよい．東京大学の太田博太郎先生を責任者として，調査の実行は名古屋大学の小寺武久先生を担当者として進められた．当時の小寺研究室に所属していた院生・学生が調査要員として参加した．

妻籠宿での町並み調査は，平板測量による地図の作成，指標別の分布図作成，伝統的町家の実測調査，文書を収集して読み解く歴史調査などがあった．分布図作成の指標には，時代別，構造別，階数別，用途別などが考えられた．いくつかの指標によって町の様相を把握しようとする作業であった．歴史調査を通して，宿の歴史的進展を把握することが試みられた．妻籠宿にのこる「宿書上帳」の記述内容から1686（貞享3）年の宿場の様相が復原されている．

●妻籠宿の町と町家

妻籠宿は南から寺下・上町・中町・下町の4区画に加えて，北に鯉野という地区がある．全長約800mほどの道が旧中山道で，道の両側に町家が建ち並ぶ．上町と中町の境に「鍵の手」とよぶ旧道が折れ曲がる箇所がある．その鍵の手の山側に光徳寺があり，寺下は文字通り光徳寺の下一帯であるから，その名があった．問屋，本陣・脇本陣などは中町に位置していて，また中町は道幅も広い．中町が宿場の中核の位置を占めている．

妻籠に限らず，木曽谷の町家・農家は板葺で，板を押さえる石を載せる「石置・板葺屋根」が一般的であった．切妻屋根で平入であることも共通する．近年板葺民家は減り，カラフルな鉄板で覆う場合が多い．木曽では板葺材に椹の割板を使う．

平屋もあるが中2階建てが多く，2階を1階より30cmほど前に出す出梁造あるいは出桁造とよばれる形態が一般的である．柱は栗材が多く，明治以降になると，禁令がなくなり上層民家では座敷などに檜を使う場合が現れる．間取りは，片側に土間を表から裏まで通し，土間に沿って部屋を並べる．間口3間から3間半前後だと部屋は1列で3室か4室，間口が5間以上になると2列で5室から8室となる．座敷は入口から遠い奥に位置するのが典型的である．外観はかつては入口が大戸，ほかは蔀戸であったが，外側に格子戸をはめ内側に障子，さらに障子はガラス戸に変わりつつあった．

●妻籠宿の保存運動

妻籠宿が日本に前例がない町並み保存に踏み出した要因はいくつかある．第一は過疎から脱却し，町の活性化を図ることであり，第二は宿を貫く旧中山道を拡幅する道路の是非，第三は脇本陣の家柄である林家の建物存続問題であろう．

妻籠が町並み保存を模索し始めた当時，全国で中核都市から離れた町村では過疎が問題になっていた．妻籠宿でも，このまま放置しておけば小学校が

■1 観光客でにぎわい始めた頃の妻籠宿（筆者撮影）

なくなるといわれ，住民は過疎からの脱却，それは地域の活性化を意味していた．紆余曲折はあるが，住民の結論は残っている古びた建物を逆手にとり，中山道の宿場町を売りに出そう，であった．

車社会が進展し，ここかしこで狭い旧道が拡幅され2車線の道ができあがっていた．妻籠宿を貫通している旧中山道は国道256号線であった．国道の名があるとはいえ，狭い旧道のままで，この道を拡幅して，活性化を図ろうとする意見もあった．宿場の保存を考える人々との軋轢が渦巻いていた．

林家の現存する家屋は本陣・脇本陣制度が終焉したあとの建物であるが，往時の脇本陣を彷彿とさせる堂々とした建物である．妻籠では本陣を失っていて，その跡地は空地になっていたから，林家は妻籠宿のシンボルとしての位置にあった．林家の建物を利用して料理屋にしようという計画を知った住民は，宿の保存に役立つ建物として郷土館として利用することを所有者にはかり，開館へ至ったのである．その後，林家は1972年に長野県の県宝になり，2001年に重要文化財に指定された．

1967年の調査後，翌年には明治100年事業が始まった．明治100年事業は，妻籠宿内では比較的伝統的民家が連続していて，宿場の景観を色濃くのこす寺下地区にある町家のいくつかを対象とする修理から始まった．明治100年事業を始めると，マスコミや旅行会社などが，日本で初めての町並み保存や，そこへ辿りついた住民の活動を紹介し始めた．すると，予想を超えた観光客が妻籠宿を訪れるようになったのである．

妻籠宿は1976年に重要伝統的建造物群保存地区に選定されている．1975年に国は文化財保護法を改正し，日本で町並み・集落の保存制度を設けたのである．その最初の地区選定のひとつが妻籠宿であった．妻籠宿では，保存活動の過程で，「妻籠宿住民憲章」を制定している．住民の討議を重ねての宣言に近い．このなかで述べられている町並み保存の考え方は，各地の町並み保存運動に多大な影響を与えたし，いまでも与えている．

●むすび

町並み保存は，いまでこそ普通に語られ，あちこちで進められている．制度や考えが確立していない時期に，妻籠がいち早く取り組んだ活動は，今後も町並み保存の範として語り継がれるだろう．

［上野邦一］

文献
1) 上野邦一（1972）：集落保存と住民．都市計画，71号．
2) 太田博太郎・小寺武久（1984）：妻籠宿―その保存と再生，彰国社．
3) 小林俊彦（1987）：妻籠宿―小林俊彦の世界．普請研究，21号．
4) 小寺武久（1989）：妻籠宿，中央公論美術出版．

3-31　近代化遺産と都市景観―小樽

【テーマ】小樽　　　　　　　　　　　　　　　　　　　　　　　　　　　　　　　　　　3　都市・景観・法規

●小樽運河問題

　小樽には多くの近代建築とともに，町の経済を支えてきた運河という近代化遺産が存在する．1914年に着工し，1923年完成のこの運河は，長さ1324m，幅40mあった．現在は南側670m部分が半分の約20m幅となって，運河というより水路のような印象を受けるが，水面に姿を映す木骨石造の倉庫群は，記念撮影の絶好のポイントとなっている．

　この遺産を遺すために，10年間に及ぶ息の長い市民運動があった．運河を全面埋め立てる道々臨港線の計画は，1966年に発表された．有幌石造倉庫群が一挙に解体される事態を契機に，1973年12月「小樽運河を守る会」が発足（1975年設立総会）．1978年には札幌で「『小樽運河問題』を考える会」結成．同年，若者たちを中心に「ポートフェスティバル」開催，翌月結成の「小樽・夢の街づくり実行委員会」へと継承された．同年，東京では学者や文化人らが「小樽運河を愛する会」を結成し，全国町並み保存連盟も全面的に支援し，1979年に第3回全国町並みゼミが開催されるなど，全国から注目された市民運動であった．1978年から81年にかけて3期27回にわたって行われた「学びつつ運動，運動しつつ学ぶ運河講座」では，学習を通じて運動を推進する内なる力も蓄えられていった．

　運河周辺の歴史的建造物群は，すでに1970年，日本建築学会明治建築調査委員会（主査：村松貞次郎）が「日本の近代史を象徴する景観地点」として評価し，文化庁も1973年6月に小樽運河と周辺運河倉庫群を予備調査し，1975年には石造倉庫群を伝統的建造物群保存地区の有力候補としている．

　こうした全国的支援や文化人，研究者，識者らの熱い支援にもかかわらず，全面保存はかなわず，1980年に道路計画が変更され，運河水面幅の半分を残すこととし，1982年暮れに着工，翌年に埋立て杭打ち工事が開始され，1986年に工事が終了した．10年間継続した市民運動は，全面保存にはつながらなかったものの，小樽の歴史的資産を見直す大きな契機となり，行政も都市景観に積極的に取り組む大きな転機となった．

●小樽の歴史と自然を生かしたまちづくり景観条例

　小樽市の都市景観への取組は，運河問題に終止符がうたれた1982年に制定の「小樽市歴史的建造物等保全審議会条例」（条例第1号）を皮切りに，1983年12月「小樽市歴史的建造物及び景観地区保全条例」（条例第25号），そして1992年，従来の保全中心の考えから新しい都市景観創出も念頭においた「小樽の歴史と自然を生かしたまちづくり景観条例」（条例第17号，2000年改正条例第44号）と発展した．そこには，「都市景観形成の主役は，わたしたち市民」とし，第1条に「小樽市の良好な都市景観を保全し，育成し，及び創出することにより，歴史と自然にはぐくまれた小樽らしい魅力あるまちづくりを進め，市民文化の向上に資することを目的とする」とうたわれている．

　条例には，登録歴史的建造物，指定歴史的建造物や，特別景観形成地区などを定義づけ，また市民の責務として「自ら都市景観形成の主体であることを認識し，相互に協力して積極的に都市景観の形成に寄与するように努めなければならない」と明示する．

　特別景観形成地区は，歴史的景観地区，景観形成重要建築物等周辺地区，重要眺望景観地区，拠点的景観形成地区，港湾景観形成地区，新都市景観形成地区の6種類とし，地区ごとに建築物や広告物などの規模・形態・色彩などに基準を定めている．

　歴史的景観地区は，歴史的建造物が集まり，そのたたずまいに調和する景観づくりを図っていく地区で，2006年現在，旧小樽倉庫地区，小樽運河周辺地区，日本銀行旧小樽支店地区，色内・堺町本通地区，港町・有幌町地区を指定．

　景観形成重要建築物等周辺地区は，重要な歴史的建造物などに隣接する部分の環境保全を図る地区で，旧手宮鉄道施設地区と旧日本郵船(株)小樽支店地区の2地区を指定している．重要眺望景観地区は，2006年現在，水天宮周辺地区を指定し，水天

■1 小樽出抜小路（筆者撮影）

宮境内から小樽港を望む景観の保存を図るために建物高さの指導などを行い，また拠点的景観形成地区として入船七叉路（メルヘン交差点）地区を指定，この地区の特徴を維持している建物と調和した景観形成整備を図っている．港湾景観形成地区は，現在未指定，新都市景観形成地区は，2006年現在，小樽駅前及び中央通地区，小樽築港地区を指定し，前者は小樽の玄関口にふさわしい品位ある景観の創出を，後者は親水空間として魅力ある街並み創出を図る地区としている．

小樽市が歴史的価値を認めた「登録歴史的建造物」のうち，所有者が市の求める保存に同意すると「指定歴史的建造物」となり，改修費の1/3の助成を受けられる．「指定歴史的建造物」71棟（2006年3月現在）のうち，2棟が解体，1棟は市有形文化財に指定し，実際は68棟となっている．また，登録歴史的建造物も，所有者からの申し出により，抹消登録された事例も多い．

日本銀行旧小樽支店地区は，かつて北のウォール街と称され，銀行建築が集中する地区である．この一角にあった登録歴史的建造物の銀行協会ビル（1925）は，小樽の大正・昭和繁栄期を示す貴重な近代建築のひとつであったが，購入者が登録抹消を申し出て2004年に解体，あらたに「小樽出抜小路」という屋台村が2005年に出現した．うだつや木骨石造商店風の外観は，地区景観の形成基準に準拠するものの，映画のセットに迷い込んだようなスケールアウトの建築群はそぐわない．

憂慮すべき同様の事態は，特別景観形成地区周辺でも起こっている．歴史的景観を損なう高層分譲マンションの建設や計画が急増し，多くの市民が歴史

■2 小樽運河の埋立前（上）と埋立後（下）（筆者撮影）

的景観が阻害されていくことへ危機感を募らせている．2005年12月には「小樽の町並みを考えるシンポジウム」が開催され，行政と市民が一体となって景観の保存・再生に取り組む機運も起きており，今後の景観行政や市民の取組に目が離せない．

●おたる無尽ビル

いったん解体が決まった登録歴史的建造物のなかには，市民の力で解体の危機が救われたものがある．2001年に老朽化で解体が決まった北洋銀行旧小樽支店（1935，RC造3階）で，同建物は北洋銀行の前身である小樽無尽本店として建てられた．市の再三の保存要請にもかかわらず解体届けが提出されたが，地元住民による保存運動の結果，3人の商店主が出資した．購入費は4000万円だが，改装費なども含めた総事業費は1億3000万円．市や道の助成はあるものの，借金返済は膨大であるという．「歴史的建造物は個人の財産であると同時に市民の財産．小樽をいいまちにしようという官民一体の情熱がなければできない」と語るこうした市民の新しい動きは，今後の景観行政の新たな協働力となるのかもしれない．

[角　幸博]

文献
1) 小樽市（1992）：小樽の歴史と自然を生かしたまちづくり景観条例のあらまし．
2) 小樽市（2006）：広報おたる，No. 690．

3-32　宮崎駿の町並み

【テーマ】テーマパーク　　　　　　　　　　　　　　　　　　　　　　　　　　3　都市・景観・法規

● 宮崎アニメと近過去の町並み

　東京は小金井市にある東京都の江戸東京たてもの園の委員をオープン前の建物収集の時からやっている関係で、宮崎駿さんに話を聞いたことがある。宮崎さんは、たてもの園にたいそう関心を寄せられていた。宮崎さんのスタジオジブリが近くにあるせいもあるが、それ以上に深い関心を寄せられていたので、その理由をうかがったのである。

　アニメーション制作のためだという。アニメーションの質を決めるひとつは背景の描写だそうだが、その描写にあたり、たてもの園が参考になるというのだ。理由は、たてもの園が少し前の東京の町並みを再現しているから。

　たしかに、たてもの園は、昭和初期の下町の町並み再現を中心のテーマとしており、銭湯、酒屋、雑貨屋、花屋、文房具屋、化粧品店などを移築保存してきた。収集する時代の範囲は、最初、江戸から戦後の高度成長前まで、と博物館の展示全体をリードしていた小木新造氏により決められていたが、実際に収集をはじめてみると、江戸時代のものなどいまの東京に残っておらず、結果的に、昭和戦前の看板建築の商店や木造の出桁造の伝統系の店や銭湯が中心となった。

　結果的に、昭和初期に作られて近年まで東京の町並みのベースをなしていた下町建築ばかりが集まり、収集を担当した建築史家としては江戸が欠けることへの不満はいなめないのだが、宮崎さんは、そこに引かれたと言うのである。

　歴史としてはごく日の浅い近過去の町並みにどうして引かれたのかうかがうと、建築史家には思いもよらない答えが返ってきた。アニメの背景は少し前の時代の方がいい、という。現代をテーマにストーリーを展開するとき、背景まで現代にするとテーマが浮き上がってこない、というのである。

　具体例としてジブリで作った『平成狸合戦ぽんぽこ』をあげられた。多摩丘陵の集合住宅開発をめぐるタヌキと人の騒動記だが、その背景に登場する集合住宅は、実際の多摩に建っている現代の高層集合住宅ではなく、1960年代に一世を風靡した公団住宅にほかならない。エレベーターはない低層の集合住宅で、均等に並び、給水塔も独特の鼓状のもの。

　『平成狸合戦ぽんぽこ』は高畑勲監督の作だが、宮崎監督の名作『となりのトトロ』でも背景の近過去化は顕著で、戦前に郊外住宅の主流として成立し、高度成長期まで主流であった中廊下式の住宅が使われている。中廊下式というのは、洋風の応接間と和風の主屋からなる住宅である。

● 作品を支えるディテールのリアリティ

　たてもの園と宮崎作品の直接的関係でよく知られるのは『千と千尋の神隠し』で、たてもの園の銭湯小宝湯と看板建築群のイメージが使われている。このことは宮崎アニメファンの間ではよく知られているらしく、たてもの園への入場者は急増したし、ジブリの協力をえてセンチロ（千と千尋の略）がらみの展示企画も成功している。

　ジブリアニメ、宮崎アニメの背景に描かれた建物や町並みが他のアニメとちがっている点は、建物や町並みとしてちゃんとしていることだろう。ふつう絵描きが描く建物や町並みの特徴は、全体の雰囲気は合っているが、窓回りとか軒の納まりとかのディテールに注目するとヘンなのが一般だが、宮崎アニメの場合は、一般の絵描きと正反対で、全体の姿形やイメージは突拍子なくとも（たとえばセンチロの湯屋）、ディテールはヘンではない。空想的な建物を描く場合にも"ディテールはちゃんとわかっている"と感じさせずにはおかないのだ。

　同じことを、安野光雅の絵に感じる。安野光雅はヨーロッパの中世らしい空想の町を描くとき、入口回りとか軒の出とか、ちゃんとディテールがわかって描いているように感じる。

　直接的にはディテールから感じるのだが、ディテールの奥には構造や平面もあるにちがいない。

　このことは宮崎さんから聞いている。センチロの制作段階でジブリを訪れた時、湯屋のファーサード

のデザインはほぼ固まっていたが，湯屋のすべての間取りを決めないとその先の絵は進めようがない，と言っていた．間取りが決まると，この廊下を歩いてこの部屋に入り，あの階段をバタバタ降りるとこの玄関に出る，といったシーンごとの絵を決めることができるのだという．

宮崎アニメの建物や町並みは，ディテールにリアリティがあることだが，そういうディテールのレベルのリアリティを支えているのは見えない平面や構造の存在なのである．

● 産業革命的空想性

宮崎アニメに登場する建物や町並みの肝所は，ディテールのリアリティにある，と気づくと，すぐ次の問いが出てくる．

どうして，全体の姿はあれほどデフォルメされたり，空想的なのかと．

トトロの中廊下式はそうではなかったが，センチロの湯屋は唐破風以外は大きくデフォルメされていたし，宮崎の得意とする少年冒険モノや少年戦記モノに登場する城や砦や基地や乗物は，強い空想性を持つ．

そしてその空想性は，未来的というよりは過去的なのだ．産業革命的といえばいいか．

科学技術は，産業革命以後現在まで，機械の時代→化学の時代→電気・電子の時代，というように進歩してきた．産業革命の機械の時代は，鍛冶屋の息子がスチームエンジンを工房の隅で発明するような時代で，火花と煙にまみれながら人間が自分の手と道具で機械を作り，動かすような時代だった．

次の化学の時代は，試験管の中での化学反応を目で確かめるような時代だった．現在の電気・電子の時代は，手でも目でも直接現象を確かめることはできない．結果が数値で表示され，それで判断する．

宮崎のアニメに登場する空想的な城や乗物や砦は，化学や電子の感覚をまったく感じさせない．鍛冶屋が叩き出したモロモロを組み合わせたようなシロモノなのである．産業革命の時代の先端技術的想像力の発露というしかない．

ストーリーは未来を舞台としているのに，たとえば『未来少年コナン』と銘打っているのに，建物や町並みは，18世紀の産業革命的なのである．

さきに，現在のストーリーを浮き立たせるため背景には近過去を使う，というジブリの秘訣を述べたが，それと同じことだろうか．未来の物語のために200年前の産業革命の機械イメージを登場させたのか．

似たことが，鳥山明の漫画，アニメの『ドラゴンボール』でもあった．未来のストーリーなのだが，いくつも登場する乗物は，宮崎駿と似ていて，化学や電気・電子のにおいを一切欠いた産業革命的機械だった．『ドラゴンボール』の背景に登場する自然も興味深くて，アメリカのグランドキャニオン的といえばいいか，園山俊二のギャートルズ的といえばいいか，人類史でいえば旧石器時代の自然光景のイメージなのである．新石器時代になって人類は農業をスタートさせるが，その前が旧石器時代である．緑したたり水ぬるむ現在の地球イメージではない．

● 閉じた未来と未知の過去

宮崎や鳥山といった日本のアニメの作者が，未来のストーリーを展開するとき，産業革命的乗物にこだわったり，旧石器時代的自然景観を好むのはなぜだろうか．

なぜなのかはわからない．わかるとしたらもっと時代がたってからだろう．

勝手に思い計ることを許されるなら，未来が閉じているからではないか．政治，経済，科学，技術，そういう方面が閉じているかどうかは知らないが，空想する力とか想像の幅がテーマとなるような領分では，未来は着実に閉じている．

その閉じ方は，廊下を歩いて行ったら目の前でシャッターが突如ガシャンと降りるような閉じ方ではなくて，漸近線状の閉じ方といえばいいか，ちょうど下から上がっていった漸近線が，急勾配の上昇曲線からゆるやかな上り曲線に移り，そして進めどもわずかしか上がらないがしかし上がる状態に入る，そういうような未来の閉じ方．

空想したり想像したりするとき，未知の未来の方向をめざすとすると，漸近線状に閉じた道を進むしかない，そう感じたとき，人はどうするか．未知の未来をあきらめ，過去をめざすしかない．それが空想力や想像力の宿命なのではあるまいか．過去をめざすといっても，既知の過去ではない．未知の過去でなくては空想力，想像力は満たされない．未知の過去，ありえたかもしれない過去へ向かって，イメージは羽ばたくのである．

[藤森照信]

3-33 一丁倫敦

【テーマ】一丁倫敦　　　　　　　　　　　　　　　　　　　3　都市・景観・法規

●東京に出現した倫敦

一丁というのは109mをさし，倫敦というのはロンドンのことをいう．一丁ぶんのロンドンの町．

場所は丸の内の馬場先通り，時代は明治の半ば，ここに一丁倫敦はあった．両側には，北側からみると，濠端の角から，三菱2号館（明治生命），三菱3号館（古河鉱業），そして三菱1号館（三菱銀行）と軒を連ね，南側には，濠端から，東京商業会議所，三菱4号館，そして東京府庁と並んでいた．

いずれも明治を代表する赤煉瓦の西洋館で，三菱の1号館から3号館まではコンドル設計，4号館は曾禰達造，商業会議所と府庁は妻木頼黄のデザインになる．妻木は途中からコンドルの流れから離れるが，工部大学でコンドルに学んだ後，渡米してコーネル大に入っているから，コンドル系といってもまちがいではない．

かの花の鹿鳴館の建築家コンドルとその弟子たちにより，ロンドンとみまごうストリートが，明治の半ばの東京に出現したのである．

3，4階建ての赤煉瓦のストリートは，唐突であった．まだ東京の町は平屋の木造の伝統家屋がほとんどであった時に，洋風建物といえば日本の大工棟梁の手がけた見よう見まねの擬洋風の銀行や官庁や商店が大半だった時に，本格的洋館としてはコンドルやドイツ人御雇外国人の手になるものが数棟だけ東京に点在する時に，ちゃんとしたストリートが丸ごと本格的洋館で造られたのである．一丁倫敦ともてはやされたのも無理もない．

一丁倫敦と誰が言い出したのか定かでないが，開発者の三菱ではないかと私はにらんでいる．当時の三菱は，創業者の岩崎弥太郎はすでに亡く，弟の弥之助の時代．

三菱がひとつの伝説として伝えるところによると次のようである．政府は，維新以後，陸軍用に使ってきた丸の内を民間に払い下げる方針を出したが，あまりに高価で引き受ける者がいない．豪胆な弥之助も躊躇していた．ところが，当時，ロンドンに滞在中の荘田平五郎が払下げの方針をロンドンの新聞で見て，すぐ電報を打ち，弥之助に払下げを受けるべくすすめ，弥之助も腹をくくって引き受けた，というのである．この伝えにはあやまりがあって，三菱以外にも引き受け手は何人もいたし，荘田の電報一本で決断するような性格の話ではなかった．

電報を打った時，荘田は，将来，馬場先通りがロンバート街のようになるのを夢見ていたともいうが，これもおかしな話で，ロンバート街に行ってみるとすぐわかるが，シティの中でもチンケな薄暗い小さな通りで，目標とするようなもんではない．シティを知らない者が後でつくった話にちがいない．

●三菱のビジネス街戦略

三菱は，大きな戦略のもと，丸の内を一手に入手し，着実に開発を進め，その第一歩として一丁倫敦を作りあげた．やがて，仲通りの煉瓦街を作り，さらに東京駅前に丸ビルをはじめとする一丁紐育（ニューヨーク）を作り，丸の内を日本のビジネスの中心地に育てあげるだろう．

三菱の大きな戦略とは何だったのか．反三菱の連合に勝つことだった．反三菱の中核をなしていたのは渋沢栄一だった．もっと正確にいうと，渋沢と渋沢の背後にいる三井だった．

日本の資本主義は二つの路線をもつ．一つは，江戸時代より続く三井と旧幕臣の渋沢栄一が組んで進めたもので，民間の企業の自由な連合体として日本の資本主義を育成しようという路線．渋沢のこの理想に三井は時に反発もするが，大枠では従ってゆく．

もう一つは，岩崎弥太郎が進めたもので，三菱一社による独占路線．

結局，二つの路線は，海運を巡って激突し，三菱は辛勝したものの痛手をこうむり，その心労から弥太郎は急病死したともいう．

弥太郎の没後，二つの路線は，表立った衝突は見せないようになるが，経済界の裏では，その後長く，対立，競争を繰り返すことになる．

そうした見えない闘いのひとつとして，土地の争奪戦があった．ビジネス街の争奪戦である．ビジネスを制する者は，かならず，ビジネス街を手に入れようとする．いまも昔も変わらない．

● 渋沢の思い描いた兜町ビジネス街

一丁倫敦には争う相手があった．一丁倫敦が明治の半ばにスタートしたことを思い起こしてほしい．一方，日本の資本主義は，明治維新以後，成長しつづけている．明治28年の三菱1号館を第一号とする一丁倫敦以前に，日本の資本主義は30年近い歴史をもつわけだが，その間，どこかにビジネス街はあったはずである．

兜町方面にあった．兜町を中心とする南茅場町，坂本町の三町にあった．この三カ町に，株式取引所，商工会議所，第一国立銀行，明治生命，東京海上，三菱社，銀行協会，東京経済雑誌社，などなどが集まっていた．兜町の地主は三井で，当初，三井はここで銀行を開業しようとしたが，建物の竣工直前に，渋沢の第一国立銀行に明け渡している．現在，株式取引所と証券会社の町になっているが，明治初期のビジネス街はここにあり，おもだった会社も経済組織も経済ジャーナリズムも，ここを揺りカゴとして生まれ育ったのである．これを「兜町ビジネス街」とよぶ．

なぜこの地に．いまとなればハズレの立地だが，明治の初期には，ここここそが未来のビジネス中心と目されていた．理由は水運である．兜町は日本橋川に面して，江戸・東京の水運の要の位置にあった．日本橋を下れば，隅田川は指呼の間，隅田川の水は，日本全国に直達するだけでなく，幕府の思想家林子平が言ったようにテムズ川に通じている．

渋沢は，国際貿易港を横浜から隅田川河口に移すつもりだった．渋沢だけでなく，三菱も政府もそのことを望み，計画を立て，進めている．治外法権に守られた外国人居留地付の横浜をやめ，国際港を東京の隅田川河口に移すのは，明治の日本の経済人と政府の悲願であった．

で，渋沢は，国際港の移設をにらんで，兜町の三カ町をビジネス街として，三井と組んで，開発した．

● ヴェネチアンゴシック様式のビジネス街に

どんな資本主義の町を渋沢が夢見ていたかは，土地開発の歴史とそこの建物を見ればわかる．土地開発を一手独占しようとする三井を渋沢は手厳しく抑え，できるだけ多くの会社が開発に参加できるようにしている．大地主の三井の独占を封じたのだ．

渋沢の夢は，兜町の中心に建てられた渋沢邸（本邸と事務所を兼ねる）によく表れている．なんと，辰野金吾に命じ，ヴェネチアンゴシックのスタイルで建てさせた．辰野は，留学の帰路，ヴェネチアに寄っているせいもあり，本格的なヴェネチアンゴシックを実現した．日本橋川の水面に映る渋沢邸を見ると，だれだって，ヴェネチアの光景を思う．

渋沢は，兜町ビジネス街を，ヴェネチアのような街にしたかった．町並みをそうしようとしたのは，ヴェネチアのような自由な経済都市を夢見たからだった．政治の力より，経済の力のほうが上をゆくような国を作りたかった．そうした理想は，『東京経済雑誌』を主宰する徹底した自由経済イデオローグの田口卯吉の影響もあって，渋沢の生涯を貫くことになる．一人の独占ではなく，大勢の自由な競争と協力による資本主義を，その街を．

● 一丁倫敦の誕生

渋沢の理想の街が半ばできあがったところで，隅田川河口への国際貿易港計画は不可能であることが明らかになる．横浜の外国貿易商と日本商人が猛烈な反対をして，政府は動きがとれなくなり，横浜での現状維持が決まる．

兜町は地の利を喪ってしまった．地の利を喪った土地に明日はない．政府は，新しいビジネス街をどこにするのか検討し，丸の内を払い下げることに決める．この決定は，政府の委員会で決められ，委員には渋沢も三菱からも三井からも人が入っているから，明治中期以後のビジネス街が丸の内に作られるのは周知の事実だった．で，払下げがなされ，渋沢や三井や大倉を抑えて，三菱が一社で全土地を引き受けたのである．その時のあれこれの話合いの記録を見ると，そうとう激しいやりとりがあったもようである．

そして，丸の内の一丁倫敦が生まれた．

ヴェネチアンゴシック様式の街から，イギリスのヴィクトリアン様式の街へ．当時，世界の経済の中心はイギリスにあった．

［藤森照信］

3-34　水と共生する町―ヴェネツィア

【テーマ】ヴェネツィア　　　　　　　　　　　　　　　　　　　　　　　　　3　都市・景観・法規

　水上の迷宮都市とよばれるヴェネツィア．この都市には，機能性と経済性をとことん追求し均質空間化した近代都市にはない，人々の心を高揚させる不思議な魔力が備わっている．近代が否定してきたものがすべて，ここにある．

　歴史的には都市を育んだ川や海．その水の空間は近代には，工業ゾーンとなって環境を壊した．車の時代，船は使われなくなった．水の都市はこうして否定された．だが，環境の時代の21世紀，水の都市はいま，見直されている．ラグーナの浅い海の上に，地形の微妙な変化を読みながら形成されたヴェネツィアは，複雑に織りなされた迷宮都市をつくり上げた．それは明快さを尊ぶ近代の基準からは失格の烙印を押されるものだった．

　ところが時代が変化し，前近代的で時代遅れだったはずのこの都市が，一周遅れのトップランナーのごとく，いろいろな意味で脚光を浴びることになったのだ．ウォーターフロント開発のモデルとしてこの町を視察に訪ねる人々が絶えないし，都心を歩行者空間化するアイディアも，ヴェネツィアの車のない都市空間のすばらしさを多くの人々が体験したからこそ，実現することができた．

　ヴェネツィアはまた，近代都市が失った祝祭的な性格を濃厚に示してきた．水の上の都市だけに，自然とともに呼吸し，季節と時間によってその表情を豊かに変化させ，人間の五感を発達させた．論理よりも身体，感覚の都市なのだ．色彩，光と影を特徴とする絵画や華麗なる音楽は，この都市の文化の特徴をよく表す．

　この水上の都市には，ヒューマンスケールの空間が成立した．権力者のもとで，その力を誇示するような統一感のある空間を築き上げた都市とは対極にある．どこも変化にとみ，人間の歩く感覚にフィットして組み立てられている．狭い道（カッレ）を突き抜けると，その先に光り輝く広場（カンポ）が待ち構える．運河沿いのアーケードも，光と影の舞台となる．

　戦後，大陸側での工業開発のため，地下水の汲み上げで地盤沈下を起こし，大気も水も汚れた．だが，それを克服する努力が積み上げられ，自然環境はだいぶ回復した．地球温暖化による海面上昇の問題に応えるためにも，アドリア海とラグーナをつなぐ3カ所の出入口（小さな海峡）に可動式の防潮堤を設置する事業の工事が部分的に始まっているが，いぜん自然環境派からの反対も多い．運河沿いの岸辺をかさ上げする工事も行われている．とはいえ，冠水を無理矢理堤防で防ぐのではなく，店の前に進水防止の板を置くなど，それと辛抱強く付き合う柔軟な姿勢が市民の中に定着している．

　その上で，人々は水の都市の豊かさを享受しているのである．かつて，東方からの物資の荷揚げで賑わった河岸は，今は市民のアメニティ空間として活

■1　大運河沿いの水景（筆者撮影）

■2　祭礼「海との結婚」の際の水上パレード（撮影：樋渡 彩）

■3　リアルト橋の夜景（筆者撮影，以下同じ）

■4　迷宮的な都市空間　　■5　水に浸かったサン・マルコ広場　　■6　ホテル前の水上テラス

用できる．水辺の公共空間に快適なカフェテラスが並び，あるいは貴族の館を転用したホテルの前の水上に洒落たテラスを出して朝食を楽しむことなど，歴史的な時代にはありえなかった．

多種多様な船が使われ，各運河に沿っては，自家用の船が簡単な許可で係留でき，商売に，そして楽しみにフルに活用されている．

町の東側に，かつての海軍基地で造船所でもあったアルセナーレが存在し，まだ海軍の管轄下にあるが，ビエンナーレ等の際には，その水面も含め部分的に開放され，展示やイベント空間として人気を集めている．

この水の都市は世界の人々をますます惹きつけている．それだけに，ヴェネツィアの人々は自分の町がテーマパーク化するのを恐れる．市民の生活を維持しながら都市を再生させることがヴェネツィアの最大テーマなのである．

[陣内秀信]

3-34　水と共生する町―ヴェネツィア

3-35 サウンドスケープのある都市生活

【テーマ】サウンドスケープ　　　　　　　　　　　　　　　　　　　　　　　3　都市・景観・法規

●サウンドスケープ：音の風景

　「サウンドスケープ」はもともとの英語にはなく，1960年代にカナダの作曲家 R. マリー・シェーファーによってつくられ提唱された語である（Murray Schafer, R. 著，鳥越けい子ほか訳（1986）：世界の調律，平凡社）．彼はクラシック音楽などの楽音がコンサートホールといった音の聖域の閉鎖空間で演奏される一方で，外界の環境音は雑音として人々が無関心なまま放置され，結果として騒音公害などその無秩序な増大をもたらす，といった「音の二極化」を問題視した．そこで一般の空間にあふれる環境音を楽音と同様に審美的に聴く立場を提案し，そうした立場からとらえた音環境を「ランドスケープ：風景」に対応する造語として「サウンドスケープ：音風景」と名づけた．彼や彼に続く者たちは一貫して「環境音を聴くこと」に強い関心をもっている．サウンドスケープとはこのような，環境音に対する姿勢・観点を内包した概念であり，単に音の風景をさす用語のほか，「サウンドスケープ的な観点」などというようにコンセプトを表す語としても使われる．また，騒音問題を議論するとき，従来の騒音評価の枠組みでは音量など環境音の物理的特性が重視されるのに対して，サウンドスケープ的な観点からは，環境音のもつ個人的・社会的意味に焦点があてられるのが特徴である．

●「サウンドスケープ」の広まり

　シェーファーによる1970年代のWSP（世界サウンドスケーププロジェクト）の活動を通してサウンドスケープの概念は広まってゆき，日本では1993年には日本サウンドスケープ協会が発足している．またその頃から，たとえば音の出る橋や音を聴く公園，都市空間の音の演出といった，デザイナーによる音の仕掛けや空間設計，あるいは環境省（当時環境庁）による「残したい日本の音風景100選」（1996）の選定など，さまざまな形でサウンドスケープという言葉が実社会に現れるようになった．

●「サウンドスケープ」の有用性

　都市は人々のアクティビティが集中するため，もともと道路交通などの環境騒音が問題化しやすい．加えて街路や店舗などでは拡声器を使用した宣伝や音楽放送など人為的に付加された音があふれ，密集した居住環境ではコミュニケーションの希薄化した隣人関係が近隣騒音問題の発生に結びついている．道路交通や航空機などの騒音問題に対しては1960年代から法令が整備され，騒音レベル規制などの対策により問題改善に一定の効果を上げてきた．一方，近隣騒音問題は対人関係など音の背後にある意味的要因が影響するため一律に騒音レベルで議論することが難しい．またアーケードなどの街路ではスピーカーを設置しBGMを流すといった少々画一的な手法が広くみられるが，そうしたものを審美的に評価・計画する観点が存在しなかった．サウンドスケープの概念が建築・都市空間の計画コンセプトとして注目されてきたのは，これら音の意味や審美性を含む多様な評価を議論するうえでの有用性にある．

●音環境への無関心――現代の音の二極化

　都市音環境におけるより根本的な問題として，人々の音環境，あるいはその価値への無関心があると思われる．街ゆく人はヘッドホンステレオ・携帯電話など周囲の音環境から切り離された個人的な音空間をまとい，周囲のさまざまな環境音に無関心でいるようにみえる．一方，改造マフラーなど1台で100台分の騒音を発生する車がごく一般の人々にも一種のファッションとして広まっている．個人的な音空間で自分たちの音を楽しみ，周囲の都市空間には無配慮に音を排出するという，1960年代のシェーファーが問題視したものと同様な音の二極化は現代にも存在する．結果として街路では拡声器音の氾濫が見過ごされ，居住環境では近隣騒音問題が発生しやすい状況がつくり出されることになる．

●サウンドスケープの価値

　乱立する看板や景観を破壊する建築などランドス

■1 音を聴く公園　東京都杉並区・みみのオアシス（筆者撮影）
■2 サウンドスケープ計画の諸様相（筆者作成） 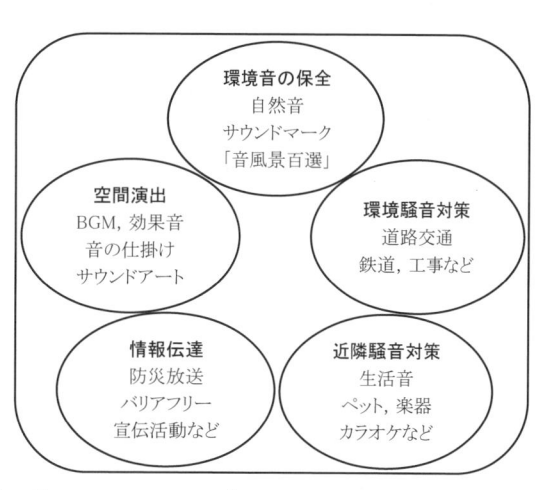

ケープ計画で問題となる事物が存在するのは、それらを設置する側にとっての（おもに経済的な面の）価値があるからである。サウンドスケープについても意図的に音を出す側が都市には存在する。店舗やその商品の宣伝活動、政策や思想の宣伝活動、暴走族のような自己顕示活動などさまざまな形態があるが、いずれにせよ音を出す側にはそれなりの理由がある。そうした音が氾濫する都市空間に問題があるというのならば、それらを調整し好ましいサウンドスケープを設計・保全することの社会的な価値がほしい。このことはしばしば議論されており、おおむね以下の三つにまとめられる。

　①良好な音風景を設計あるいは保全することが、人々の生活の快適性向上につながる。
　②たとえば寺の鐘や祭りの音など、地域の文化・歴史的価値のあるサウンドスケープがある。
　③サウンドスケープの概念が広まることで、人々が音環境に関心をもつことにより、近隣騒音問題や拡声音の濫用の減少、あるいは①②への意識の高まりにつながる。

●好ましいサウンドスケープの実現に向けて

　好ましいサウンドスケープをどのように実現するか。現存する法令は騒音環境の改善に貢献してきたが、サウンドスケープ的な観点からは別のアプローチが必要となる。そのひとつは地域社会としての好ましい音風景のありかたを地域社会が決められることである。この点、ランドスケープについては景観保護条例をもつ地方自治体が増加しており、審美的・社会文化的な規範を設けて地域の景観を誘導することに一定の効果を得ているが、サウンドスケープに関しては立ち遅れている現状がある。もうひとつは「ハイファイ」なサウンドスケープへの考慮である。ハイファイ（high fidelity：高忠実度）とはシェーファーが好ましいサウンドスケープを語るときに多用する、もともとオーディオ関連での用語であり、この場合さまざまな種類の音事象を聞き分けることができる状態をさす。反対語は「ローファイ」である。たとえば車の行き交う道路沿いの都市公園で、車がとぎれた瞬間、それまで交通音にマスクされていた街路樹のさざめきや鳥の声など周囲の音事象が意外なほど聞こえることがある。交通音がもたらすローファイな音環境がハイファイ化するひとときである。このような「小さな音が聞こえる状態を設計する、あるいは保全する」ことが、好ましいサウンドスケープのひとつのキーワードといえる。

●サウンドスケープのある都市生活

　シェーファーの著書の原題"The Tuning of the World"に表現されるように、サウンドスケープの考え方は、環境音を騒音扱いせず、社会文化的な意味づけのもとで取捨選択、調整し、好ましい音の風景の現出をめざすものである。またそれと同時に人々の音環境への関心を高めることで、人々が自然や都市の良好な音風景に価値を見いだし、音を通じてコミュニティとのつながりや地域の文化を自覚するとともに、自らの音の発生にも無配慮ではなくなる、といった、人々のライフスタイルにも影響を及ぼしうる。人々がサウンドスケープの価値を認識したとき、都市生活は音環境だけではなく、コミュニティとしての快適性も向上していくのではないだろうか。

［川井敬二］

3-36　都市と条坊の萌芽－古代中国

【テーマ】古代中国都城　　　　　　　　　　　　　　　　　　　　3　都市・景観・法規

●殷周宮城から前漢長安城まで

「都城」とは，王の居住する都市をさす．一般に「首都」もしくは「副都」がそうよばれるけれども，その原義には「城壁で囲まれた都市」というニュアンスを含んでいる．日本を含む東方アジア地域において都城が最初に誕生したのは，いうまでもなく中国においてであった．ただし，都城の成立をどの時代にみとめるかで議論が分かれており，東洋史学では戦国時代（前403-222），考古学では殷周時代（前1550-771）を萌芽期とみる．戦国時代の諸国の都城は，城（大城）と郭（小城）の二重構造により成立していた．「郭」に支配者層，「城」に商人，職人のほか「負郭の民」とよばれた農民が居住していた．そこには王権の求心性，身分の階層性，職種の多様性，貨幣経済の普及などを確認できる．この段階での「都市性」は否定できない．

城壁そのものは殷代以前から膨大な実例が存在する．その代表は，殷代前期の鄭州城と偃師城である．鄭州城は1辺1.7～1.8 kmの正方形に近い．偃師城は鄭州城の1/2強で，常識的には都城というよりも宮城の規模に相応しく，戦国時代の「城・郭」構造と比較するならば，支配者が居住する「郭」の領域だけが自立しているようにみえる．一方，周代（西周：前1050-771）から春秋時代（東周：前771-403）にかけての城壁遺跡はみつかっていない．ただし，周原地域では西周の「四合院」や「品」字形平面の建物跡が出土している．これらの建物は「廟」か「宮」のいずれかであるとされる．青銅器銘文には「京宮」「康宮」などの「宮」をはじめ，「卿事寮」という役所，「百工」（手工業者），「里君」（村長），「諸尹」（上級役人）などの役職も記されている．さらに注目すべきは，殷の滅亡と同時に周に移住したという記録も含まれており，異なる出自をもつ集団の併存を認めうる．このように，殷周時代においては，君臣関係に象徴される社会的階層性や宮殿・役所・宗廟など諸施設の存在，複数の集団の雑居性などを確認でき，それによって「都市性の萌芽」を推量しうる．しかし，その一方で，下層住民を囲壁内部にとりこんだ証拠が存在しない．

さて，『周礼』考工記「匠人営国」条には「匠人営国．方九里．坊三門．国中九経九緯．経涂九軌．左祖右社．面朝後市．市朝一夫．」と記されている．ところが，殷周時代はもちろんのこと，考工記の執筆年代に近いはずの戦国時代においても，このような理想都市プランをもつ遺跡はまったくみつかっていない．考工記の理想都市は，むしろ漢の長安城に近いものだという意見がある．

漢（前漢：前206-後8）を建国した劉邦（高祖）ははじめ洛陽に都し，雒陽城の南宮に居たが，まもなく長安へ遷都する．高祖5（前202）年，長安城北西にあった秦の興楽宮を修築して長楽宮とし，続いてその西側に未央宮と北宮を建設した．項羽が焼き払った秦都・咸陽は，渭水の北岸に築かれた戦国時代の古城であったが，始皇帝は南岸側に阿房宮を新設し，さらにその周辺にも多くの離宮を設けていた．漢長安城の長楽宮・未央宮・北宮は，いずれもこれら秦の離宮群を新装したものである．築城には長い年月を要した．城壁が都市の全周をめぐり，12の城門が完備されたのは，恵帝5（前190）年のことという．こうして誕生した前漢長安城の平面は，1辺約6 kmの正方形に近いが，渭水支流に沿う北壁は西寄りの部分が斗形に折れまがっており，後代の人はこれを北斗七星にみたてて「斗城」と呼んだ．

漢長安城は宮殿群のための都市であった．城の西北隅に東市と西市，中央南寄りには武庫を配し，北辺に四つの「里」（一般居住区）を設けたとされるが，城内の大半は，未央宮・長楽宮・明光宮・北宮・桂宮の敷地で占められていた．未央宮以外の四宮は后妃と女官の集住する後宮であった．こうしてみると，前漢長安城は殷代宮城の複合体とでもよぶべき特異な構造を示しており，戦国時代の「城・郭」構造とはあきらかな断絶がある．それは中国都

城史のなかでも特異な位置を占めるものであるが，形態的にとらえるならば，平面は正方形に近く，東西南北の城壁に三つの城門を開き，城内の大道は「八街九陌」とよばれていた．市も宮殿区域の後方（北方）にあることから，『周礼』考工記の理想都市とは，前漢長安城の情報をベースにして，周代都城の姿をでっちあげたのだという可能性も指摘されている．

● 後漢洛陽城から隋唐長安城まで

「新」王朝による短期間の断絶を経て，劉秀は漢王朝を復興し，光武帝となる．後漢王朝（25-220）の成立にともない，光武帝は洛陽への遷都を実行した．洛陽は東周の古都で，光武帝は前漢の雒陽城を改修して，後漢の都城としたのである．後漢の洛陽城は，南北9里，東西6里の城郭規模を有することから「九六城」とよばれた．城中の宮殿は光武帝により「南宮」，明帝により「北宮」が築かれ，両宮は閣道（空中廊下）でつながれていた．城門は12門，城内北東隅に太倉と武庫，西城壁中央部に市を配しており，「里」（一般居住区）も含まれていた．

後漢末の動乱を制した曹操は漢王朝の公として魏を管轄し，「鄴」（河北省臨漳県一帯）に都した．曹操の鄴城は，東西約6km，南北約4kmの横長平面で，東寄り中央の北端に宮城を置く．宮城は2列構成になっていて，東のブロックの中心が聴政殿，西のブロックの中心が文昌殿であった．宮城の西側には広大な園池「銅爵園」を配している．宮城および銅爵園の外側には，L字形に「里」が広がっていた．鄴は戦国時代に斉が築城した古都であり，長安城や洛陽城に比べて「里」の比率が格段に大きくなっているが，それは戦国時代の「城・郭」構造に由来する特性かもしれない．

曹操の子，曹丕（文帝）は正式に魏の皇帝となり，洛陽に還都した．続く明帝は宮内の大改修に取り組み，太極殿を建設した．これが「太極殿」という呼称をもつ宮城正殿の出発点である．魏に続く西晋（256-317）も漢魏洛陽城を継承したが，五胡十六国の時代に洛陽は廃都と化した．洛陽が都城として復興されるのは，華北を平定した北魏（420-534）によってである．北魏は初め平城（いまの大同）に都したが，7代孝文帝（471-499）の時，洛陽に遷都した．孝文帝は漢魏洛陽城の南宮を廃し，北宮跡を「皇宮」（宮城）と定めて太極殿などの諸施設を新設した．続く宣武帝は「九六城」を内城として，東西20里，南北15里の広大な外城を築いた．『洛陽伽藍記』は，内城・外城あわせて320の「坊」が存在したとし，当時の戸数を11万戸，寺院数1367と伝える．なにより注目されるのは，北魏洛陽城の段階になって「坊」という概念が出現することである．ここに方形区画による都市計画システム，すなわち条坊制の出現をみとめることができる．

北魏は，西魏（535-556）と東魏（534-550）に分裂し，それぞれ北周（556-581）と北斉（550-577）がとって代わる．東魏は洛陽を捨て鄴に遷都した．東魏・北斉時代の鄴城は，曹操の時代の北城に南城を加えて規模が大きくなっていた．それは北魏洛陽城の内城に相当する領域であり，鄴北城にあった宮城を内城の中央に移し，その周辺に「里坊」を配していた．さらに注目されるのは，40万戸が北魏洛陽城から移転してきたという『北斉書』の記載である．明代の『章徳府志』にも「蓋有四百余坊」の記載がある．『北斉書』にいう40万戸を都城内に住まわせようとするならば，北魏洛陽城をひとまわり大きくした外城が存在したとしても不自然ではない．

魏晋南北朝の大動乱期を制した隋（581-619）は，長安に都した．初代文帝は漢城の西南に「大興城」を造営した．この「大興城」が唐（618-907）の「長安城」として受け継がれる．長安城は，南北8652km，東西9721kmの広大な長方形を呈し，城壁で全域を囲まれた．宮城・皇城（官署域）は中央の北端に配し，皇城正門（朱雀門）と外城正門（明徳門）をつなぐ朱雀大街を中軸線とする．その対称性は，西市と東市の位置に象徴化されている．外城には南北11条，東西14条の大道が通り，城門に通ずる東西・南北各3条がとくに幅の広い大通りだった．これらの街路により，外城は108の「坊」に区画されていた．

唐の長安城は北朝系都城の到達点というべき都市であるが，その前身としての北魏洛陽城が内城を中央北寄りに置くのに対して，隋唐長安城ではそれが北辺に接している．これを近親関係とみるか，独立関係とみるのかは難しいところだが，その判定の基礎資料となりうるのが，東魏・北斉の鄴城であり，その外城の存否および範囲が明確になれば，北魏洛陽城と隋唐長安城の系譜関係をより鮮明に相対化できるであろう．

[浅川滋男]

3-37 都市と宮殿の中華世界—古代日本

【テーマ】古代日本都城　　　　　　　　　　　　　　　　　　　　　3　都市・景観・法規

●都城以前——飛鳥遷宮の実態

　隋の大興城が唐の長安城に脱皮して成熟しつつあった7世紀の前半，日本にいまだ都城は存在していなかった．592年に推古天皇が即位した豊浦宮以降，藤原京遷都までの約100年間，天皇の宮室は遷宮をくりかえしていた．ところが，7世紀中葉以降，天皇一代ごとの「歴代遷宮」ではなく，一定の持続性をもつ「造替」的な遷宮が定着していく．難波遷都，大津遷都などによる中断期間を含むものの，飛鳥とその周辺に複数の天皇の宮室が継続して営まれたのである．とりわけ「飛鳥」を宮殿名に冠する飛鳥岡本宮（舒明朝），飛鳥板蓋宮（皇極・斉明朝），後飛鳥岡本宮（斉明朝），飛鳥浄御原宮（天武・持統朝）の4宮は，同一の敷地で造替された可能性がきわめて高いとされる．

　近年，飛鳥宮内郭での発掘調査が進展し，浄御原宮における内郭の「正殿」とおぼしき建物がみつかった．内郭のほぼ中軸線上にあり，東西8間×南北4間で，面積は300m²近い．柱間は10尺等間で，揚床式の建築とみなされる．なにより注目すべきは，桁行方向の柱間が8間という偶数間を示し，昇殿する階段も中央ではなく，左右対称両端2カ所に設けていることである．偶数間や双階の制は，古代中国の因習に倣うものである．とりわけ漢代には，皇帝（男）の宮殿が奇数間で中央階段，后妃（女）の宮殿が偶数間で双階と定められていた．飛鳥浄御原宮の場合，偶数間で双階の大型建物は「女の宮殿」（後宮正殿），あるいは「内向きの正殿」（内裏正殿）と表現すべき施設のように思われる．

　飛鳥浄御原宮跡の東南郭（エビノコ郭）では，東西9間×南北5間の宮域最大の建物がみつかっている．桁行方向の柱間寸法も11尺とひとまわり大きい．揚床ではなく，土間式の四面庇付建物であり，飛鳥浄御原宮における「外向きの正殿」，すなわち天武紀にみえる「大極殿」とみて間違いなかろう．東南郭では，朝堂も左右対称の位置で確認されており，都城時代の大極殿・朝堂院地区の原型がすでに成立していたことを物語る．

　飛鳥浄御原宮を造営したのは天武天皇である．天武以前，この地は「倭京」ともよばれていた．ここにみえる「京」という語を過大評価し，「都市性の萌芽」を認めようとする意見もある．しかし，狭い盆地に建造物が溢れる「倭京」の実態は，皇室の宮殿と役所および寺院の集合体であり，条坊や方格地割，あるいは宅地班給の遺構はみつかっていない．官人たちは本貫地から「倭京」に通勤していたのであろう．こういう風景は，戦国時代の城・郭構造に脱皮する直前の中国，すなわち殷周時代の宮城をとりまく風景とどこか似ている．

●藤原京から平城京へ

　676年以降，「京」「京師」という用語が『日本書紀』に頻出し，また，「新城」という用語も散見されるようになる．この「新城」こそが後の藤原京であり，天武天皇は早くから藤原京条坊の造営に着手していた．天武の死によって一度は頓挫した藤原京の建設も，持統の即位（690）によって再開された．691年の「新益京」鎮祭，翌年の藤原宮地の鎮祭を経て694年，天皇は藤原宮に遷居した．ここに日本最初の都城が誕生したのである．都城というからには，当然のことながら，中国の制にならうほかないはずだが，当時，日本と唐の国交は断絶していた．斉明朝の時，白村江の戦が勃発した．663年，旧百済軍の援助にまわった日本軍は，海上で唐軍に大敗し敗走したのである．戦後の関係を修復するためしばらく遣唐使は派遣されていたが，まもなく派遣が中断される．天武天皇は早くから中国式の都城を造営しようと企図していたのだが，中国本土の情報が公式に日本に届くことはなくなったのである．

　天武がたよるべき情報は中国からもたらされた典籍に限られたと想像される．藤原京の空間構造には，『周礼』考工記の「匠人営国．方九里．坊三門．国中九経九緯．経涂九軌．左祖右社．面朝後市……」を意識したとしか思えない特徴が少なくない．京域は10条10坊の正方形で，1坊は1500大

尺（約530m）四方．京域内部に縦横9本の大路が通り，中央4坊に宮城（藤原宮）を置く．宮城は整然とした方形対称構造をとり，12門を備え，朱雀門正面の大極殿院には十二朝堂の制が確立していた．また，市は宮城の北側に置かれた可能性が高いという．京域を囲む城壁は存在しなかったが，儒教古典にみえる理想都市を日本流に解釈したものであろう．中国のどの時代にも実現したことのない儒教の理想都市が，国交の途絶えた海東の島国でかりそめに出現したのである．

　天武の孫にあたる文武天皇は701年に大宝律令を制定し，702年に遣唐使の派遣を再開した．およそ30年ぶりのことである．そして704年，粟田真人ら第7次遣唐使は白村江で捕虜となった倭人とともに，唐と長安の最新情報を携えて帰朝する．これが古代の日本社会に大変革をもたらした．大宝律令から養老律令への法制改革，富本銭から和銅開宝への貨幣転換など，現実の唐制に倣う政策が続々と打ち出された．710年の平城京遷都も，その政策転換の一環として理解すべきものである．

　日本第二の都城，すなわち平城京は唐長安城の縮小版であった．外京（東に張り出す条坊区域）をのぞく平城京の面積は長安城の1/4．どういうわけか，京域の縦横比は長安城のそれを反転させている．役所を含む宮城を都城中央の北辺に置き，朱雀大路を中軸線として，左京と右京で条坊ブロックと市を左右対称に配する．もちろん藤原京から引き継ぐ要素もあった．正方形をなす条坊ブロックの規模と形状は，長安城の横長長方形とは異なり，藤原京の伝統を受け継いでいる．もちろん京域を囲む城壁は存在しない．ただし，平城京の場合，羅城門の近辺のみ城壁を設けており，それは南辺全域に広がっていた可能性がある．このように，平城京は唐長安城を模倣しながらも，藤原京の伝統を取り込む二重構造によって成立していた．それは宮域（平城宮）の構造にいびつな形で露呈した．平城宮の内部には2列の大極殿・朝堂院ブロックが並列する．藤原宮の朝集殿・朝堂院・大極殿院・内裏の構造をほぼそのまま継承したのが，壬生門前の東区（第2次）大極殿・朝堂院ブロックであり，宮城正門たる朱雀門の正面には，内裏地区を伴わない広大な西区（第1次）大極殿院・朝堂院ブロックが配された．とりわけ第1次大極殿院においては，平安時代の「龍尾壇」に相当する「磚積擁壁」上の空間構成が，当時の長安で執政の場となっていた大明宮（東内）含元殿の大基壇とよく似ている．平城宮の西区大極殿院は，唐の情報を取り入れた最新の儀礼空間として登場したものであろう．しかし，それは両脇から「磚積擁壁」上にスロープで上がる空間構造にのみ限定された可能性が高い．第1次大極殿本体に関しては，藤原宮大極殿の移築説が有力であり，入母屋造平屋建の講堂に近い形式であったと推定される．伊東忠太設計の平安神宮がそのイメージをよく表現している．

　平城京は740年から5年間，空白期を体験する．都は恭仁，難波，紫香楽を彷徨い遷都を繰り返すのだが，第1次大極殿は山城国分寺に施入される．大極殿は745年の平城還都後，壬生門正面の東区に規模を小さくして新設された．その一方で，西区（第1次）大極殿院の跡地には，称徳天皇が「西宮」の大普請工事を敢行し，巨大な「楼閣宮殿」を建設した．こちらは，長安城大明宮の奥にあって太液池を見下ろした高層宴会施設「麟徳殿」の日本版であろうと推定される．要するに，平城宮西区（第1次）の大極殿院は大明宮の模倣を目的として導入され，奈良時代の前半は含元殿，後半は麟徳殿をモデルとしたことがわかる．なお，平城宮の場合，大極殿・朝堂院地区が2列に並列したため，藤原宮で宮域内にあった諸施設を納めきれなくなった可能性がある．その結果，平城宮には「東院」とよばれる張り出し部分が設けられたのではないか．ここには中国風の優雅な庭園や小ぶりの楼閣宮殿，あるいは造酒司などの役所を配している．

　長岡京（784-）を経て平安京（794-）になると，藤原京からの伝統を受け継ぐ大極殿・朝堂院地区が朱雀門前の定位置を取り戻し，旧西区（第1次）朝堂院は「豊楽院」となって西寄りに位置を移すとともに，その北方に存在すべき大極殿院は空地となった．平安宮全体の平面は縦長長方形を呈し，東院のような張り出し部分もなくなって，平安時代の宮と京は幾何学的な形態を取り戻す．こういう変化の足跡をみるにつけ，平城宮を中核とする平城京の構造は，唐制導入端緒の混乱を映し出した過渡的「都城」という印象を強くうける．　　　　　　［浅川滋男］

3-38 都市の中の城郭

【テーマ】城郭　　　　　　　　　　　　　　　　　　　　　　　3　都市・景観・法規

●歴　史

　一般に城といえば広大な堀と堅固な石垣をもち，天守や櫓が建ち並んだものを想像するが，こうした特徴の城は近世城郭とよばれるものである．城の歴史は古く，弥生時代の環濠集落や，平城京・平安京のような都城，さらには前九年・後三年の役などで登場する東北地方の柵なども広義的な城である．また中世武家社会では，山麓に館を築いた中世山城も無数に存在する．近世城郭は16世紀末期頃築かれ始め，急速な発展をみせたが，早くも徳川政権により1615年に武家諸法度が施行され，新築・修理に厳しい規制がかかった．また一国一城令によって取壊しも行われ，城郭建築はその後衰退した．

●天　守

　基本的には本丸に位置する城内の最も重要な高層建築が天守であり，織田信長の安土城天守（1576）が最初の完成型である．その後豊臣秀吉の大坂城をはじめ，広島，岡山，熊本城といった織豊系の城に初期天守が築かれ，とりわけ関ヶ原の戦いの後からは各大名によって多種多様な天守が建造された．天守の構造形式は最上階以外の入母屋屋根の有無によって望楼型と層塔型に分けられ，また配置形式は付櫓や小天守との接続方法によって独立式，複合式，連結式，連立式に分類される．現存する天守を有する城郭は，姫路，犬山，松本，彦根（以上国宝），松江，備中松山，伊予松山，宇和島，高知，丸亀，丸岡，弘前（以上国重文）の12城である．

●御殿・櫓・城門

　城主やその家族は天守には住まず，郭内の御殿に住んだ．御殿の現存例はきわめて少なく，京都二条城二の丸御殿が代表例である．天下人や将軍家の御殿は対面の場として威厳を示すため，建築の粋を凝らした豪華絢爛な書院造の殿舎である．

　その他城内には数多くの櫓や城門が配置されている．用途や形式，方角によって多様な名称があり，その現存数は比較的多い．

　櫓の種類としては，三重櫓が最大で格式が高く，小天守や天守代用の櫓としての役割も果たす例がある．通常は二重櫓や平櫓を石垣隅に配置し，土塀や多門櫓（多聞櫓とも）で結ぶ．櫓の平常時の役割は武器や食料の貯蔵場所であったが，女中たちの住居としても用いられ（姫路城西の丸など），なかには月見櫓（松本城，岡山城など）や涼櫓（名古屋城，津山城など），富士見櫓（江戸城，川越城など）といった趣を楽しむ櫓もあった．

　門の種類は，構造的には櫓門，高麗門，薬医門，棟門，埋門などに分類され，役割的には大手門，搦手門，不開門，太鼓門などの名称がある．主要な門は枡形形式にするのが一般的である．

●城の美意識

　城のデザインは岡山城や熊本城にみられる下見板張のものと，姫路城に代表される白壁のものに大別される．前者は織豊系，後者は徳川系の城郭にみられる特徴とされている．なかには海鼠壁（新発田城など）とするものや鉄板（銅板）張（福山城など）のものまであり，屋根には赤瓦（萩城など）や石瓦（丸岡城など），銅板瓦（弘前城など）を用いるなど地方色豊かである．

　城郭建築のなかでもいちばんの象徴は天守である．天守の魅力は，日本建築では他に類をみない高層建築であることに加え，何一つ似通った天守がなく，1基ごとに異なった意匠をもつという多様性であろう．豊臣大坂城や岡山城は安土城を，高知城は掛川城を，津山城は小倉城をそれぞれ模したとの伝承があるが似て非なるものである．天守の意匠を決める入母屋破風や千鳥破風，唐破風，切妻破風，さらには出窓や石落しといった装飾が何一つ同じものはなく，それぞれの個性を表している．なかには非実用的な装飾要素のみの破風もあり，天守に対する美意識がうかがえる．

●歴史的史料――絵図，指図，雛形，古写真

　広大な敷地と多くの建築物を有した城郭も廃城や取壊しに遭い，現在では跡形もない城郭さえ存在する．そうした城郭の往時を知るうえでの史料として

■1　姫路城天守群　兵庫県姫路市，国宝．1609（慶長14）年，池田輝政による建築で，3基の小天守を備えた連立式天守である（筆者撮影）

まずあげられるのが絵図である．絵図は城の縄張りや城下の町割を描いたもので，一部建物も描く．また武家諸法度発令後，城郭の修理の際は修理箇所を記した絵図を幕府に提出して許可を得る必要があったため，その控えが数多く存在する．

建物を正確に描いた史料には指図がある．現在の設計図にあたる図面で，建地割図（断面図）や姿図（立面図）がある．

その他雛形とよばれる1/20程度の天守の構造模型や，さらに天守や諸櫓が写された古写真もあり，これらの史料や，規模や作事が記された文字史料を用いて復元考察がなされる．

●戦後復興，近年復元

天守に限っていえば，かつて150を超える天守が史実では存在したが，その多くは明治維新後に取り壊され，先の大戦でも8基焼失した．しかし戦後昭和30年代以降に，基本的には外観復元され，なかには史実に基づかない模擬天守も多く復興された．

近年では文化庁の方針に従い，木造で外観，内部ともに完全復元する傾向がある．また熊本城や伊予松山城のように天守だけでなく本丸ほか全域を復元する動きがみられ，都市景観の一翼を担っている．

●城郭と都市

現在城跡公園は約100存在する．現存天守ほかを一般公開し，復興建物を歴史博物館として利用，郭

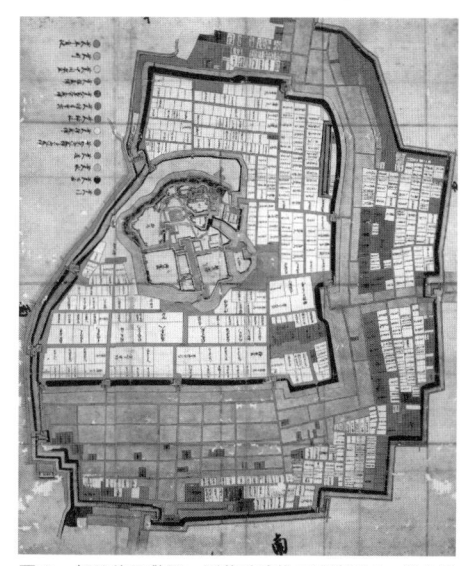

■2　姫路侍屋敷図　酒井氏時代の城絵図で，色分けして城内や侍屋敷地，寺社，街区などを描く（姫路市教育委員会蔵）

内を公園として開放する例が一般的である．明治維新後，広大な敷地は埋め立てられたり，軍用地として接収されたりし，その後県庁や図書館などの公共施設が入れられたケースもある．

いまにみる全国の主要都市のほとんどは城下町から発展しており，街区や地名にその名残がみられる．今後城跡の復元整備とともに周辺の町並みや歴史的建造物も含めた景観保全を行うことにより，歴史の記録と保存を通した都市再生が求められる．

［金澤雄記］

3-39　首都の景観—大名屋敷

【テーマ】大名屋敷　　　　　　　　　　　　　　　　　　　　　　　　　3　都市・景観・法規

●大名屋敷と都市景観

　江戸の市域面積の約7割は武家地であり，その過半を大名屋敷が占めていた．

　なかでも，国持大名をはじめとする大藩の広壮な屋敷が並んでいたのが，江戸城の周囲，丸の内から霞ヶ関にかけてである．いうまでもなく，大名が集住する江戸以外に，大名屋敷が軒を連ねるという都市景観はありえなかった．それは，まさしく近世の首都＝江戸を象徴する景観だったのである．

●建築の変容

　『江戸図屏風』（国立歴史民俗博物館所蔵）に鮮やかに描かれたように，寛永の前半期（1624-32），江戸城周辺の大名屋敷の建築は，金箔や彫刻が施された壮麗なものであった．これは将軍（家光）や大御所（秀忠）が，各屋敷に御成を挙行したことによる．装飾的な建築の多くは，御成に際して建てられた御成門や御成御殿であった．

　しかし，1632年，秀忠が死去すると，家光は「式正御成」を停止し，大名屋敷では御成門や御成御殿の新築も行われなくなる．さらに倹約令が出されたうえ，火災もあいまって，家綱への代替わりの時期（1651）には，『江戸図屏風』にみられた壮麗な建築は大半が失われる．残っていたものも，明暦大火（1657）によって灰燼に帰してしまう．

　外様国持大名の格式を示す表門形式であった櫓門も，17世紀後期にはほぼすべてが失われたとみられる．江戸中後期の表門形式を伝える史料によれば，18家の国持大名には独立形式の表門（「放れ門」）を構えることが許されていたが，それ以外の大名には長屋門が定められ，番所の形態によって家格・石高に応じた数種類の形式が規定されていた．だが実際には，19世紀においては，財政上の理由などにより，国持大名の表門といえども火災後の仮門（冠木門），または長屋門である例のほうが多かった．

　こうして17世紀の半ば以降，大名屋敷の建築は華美な姿を失い，比較的質素なものへと落ち着くことになる．しかし，「倹約を用ひ誤，家格を失ふ事ハ永々恥辱也」（『泰平弁志年中行事』）という武家故実書の言葉が示しているように，支配階級である大名にとって建築の格式表現は不可欠なものであった．

　大名という特権階級のみに許された大規模な表門，長大な表長屋，あるいは御殿の大屋根などの建築的造形，さらにはその立地条件によって，大名屋敷は幕末に至っても，武家の都＝江戸を象徴する建築として威容を誇っていたのである．

●名所としての大名屋敷

　1860年，紀州藩士・酒井伴四郎は同藩の江戸屋敷に到着した翌日（6月1日），さっそく大名小路の見物に出かけた．彼の日記には「諸大名の屋敷を一見致す」とある．大名の登城，下城の光景ばかりでなく，その屋敷の建築自体が見物の対象だったのである．

　大名小路とは現在でいえば，有楽町から丸ビルの前を抜け，大手町へと丸の内のオフィス街を南北に貫く通りに相当する．幕末までこの道の両側には，鳥取藩・岡山藩の両池田邸，土佐藩山内邸，徳島藩蜂須賀邸（いずれも上屋敷，以下も同じ）など錚々たる国持大名の屋敷が並んでいた．現在，東京国立博物館に移築保存されている鳥取藩池田邸の表門（1852築）の威容を，酒井はきっと目にしていたはずである．堂々たる構えの屋敷が建ち並ぶ大名小路は，まぎれもない江戸の観光名所であった．

　大名小路のほかにも，霞ヶ関の福岡藩黒田邸の「黒い門」と広島藩浅野邸の「赤い門」が並んだ風景が，江戸の「名所」であったという．大名屋敷が錦絵に描かれる例が少ないなかで，例外的に多くの錦絵に残されているのも，この両屋敷が並ぶ霞ヶ関の風景にほかならない．古くからの眺望（坂の上からの眺望）の名所であった霞ヶ関に限っては，その場所に仮託するかたちで，屋敷の建築が描かれたのである．

　黒田邸の黒門，浅野邸の赤門の色彩と形式（冠木

■1　歌川広重「江都勝景　虎之門外之図」延岡藩内藤邸（東京都江戸東京博物館（2007）：大江戸図鑑，朝倉書店より）

門と長屋門）の対比は鮮やかであるし，中央の坂の上り口にあたる表長屋の隅の物見は，入母屋造の屋根と出格子窓という特徴的な外観をみせる（歌川広重『東都名所　霞ヶ関全図』など）。ここでは，元来，眺望の名所であったはずの霞ヶ関という場所のイメージが，明らかに建築的な造形によるイメージへと転化しているのである。

江戸の名所案内記としてもっとも有名な『江戸名所図会』には，大名屋敷は登場しない。また，歌川広重による厖大な数の錦絵（風景版画）でも，大名屋敷が描かれたものはごくわずかな割合にとどまる。対して，名所絵として大名屋敷を多く描いているのが泥絵であるが，ようやく近年になって研究上の再評価がはじまった。こうしたことから，江戸の大名屋敷が人々の視線を集める名所であったという事実は，ほとんど忘れ去られていたのである。

●水辺と大名屋敷

広重が大名屋敷を題材とした特異な錦絵のシリーズに「江都勝景」（7枚揃，1835-39）があるが，そのうちの延岡藩内藤邸（「虎之門外之図」），彦根藩井伊邸（「桜田外の図」），磐城平藩安藤邸（「大橋中洲之図」）など5枚の構図が，屋敷に面した堀や川をあわせて描いている。たとえば，虎ノ門の延岡藩内藤邸は，水を湛える外堀のオープンスペースに朱塗りの表門，海鼠壁と白壁の表長屋を向ける（■1）。延岡藩は譜代7万石，決して名だたる大藩の屋敷ではない。広重は風景の美しさから「勝景」（すぐれてよい景色）のひとつにとりあげたのであろう。

大名屋敷を描いたものが多い泥絵をみても，表門・表長屋を堀や川に向けた構図が圧倒的な割合を占める。江戸は武家の都であると同時に水の都でもあり，堀や川に面する屋敷も多数にのぼった。

明治以降，江戸の堀割や川は埋め立てられ，しだいに失われてゆく。現在まで残っていても，日本橋川のように首都高の建設によって風景と環境が損なわれたものが多い。江戸の大名屋敷を描いた絵画は，都市における水辺のオープンスペースの重要性を，はからずも今日に語り伝えてくれている。

［金行信輔］

文献
1) 金行信輔（2000）：描かれた大名屋敷．加賀殿再訪，pp.40-45，東京大学総合研究博物館．
2) 金行信輔（2005）：大名屋敷と江戸の都市景観．シリーズ都市・建築・歴史5　近世都市の成立，pp.241-275，東京大学出版会．

3-40　江戸の遺産―大名庭園

【テーマ】別荘　　　　　　　　　　　　　　　　　　　　　　　3　都市・景観・法規

● 東京の緑地

　東京には，思いのほか多くの大名庭園の遺構が残っている．

　小石川後楽園（水戸藩上屋敷），六義園（大和郡山藩下屋敷），旧芝離宮恩賜庭園（紀州藩下屋敷），東京大学三四郎池（加賀藩上屋敷）などはよく知られているが，旧安田庭園（宮津藩下屋敷），清澄庭園（関宿藩下屋敷），関口の新江戸川公園（熊本藩抱屋敷），千駄木の須藤公園（大聖寺藩下屋敷）なども，かつては大名庭園であった．都心部で広大な面積を占める緑地，赤坂御用地（紀州藩中屋敷），新宿御苑（高遠藩下屋敷），明治神宮御苑（彦根藩下屋敷）も，大名屋敷時代の庭園を中心として近代以降，整備されたものである．また意外なところでは，都立青山病院構内の池（淀藩下屋敷），四谷荒木町の池（高須藩下屋敷）など，失われた大名庭園の「痕跡」も残っている．

　このように，都心の景観と環境に潤いを与えている緑地には，江戸の大名屋敷の庭園であったものが少なくない．

● さまざまな庭園

　しかしながら，現存しているのはもちろん江戸の大名庭園のうちのごく一部にすぎない．幕末の江戸にはおよそ270の藩の1100余りの屋敷（上・中・下・抱屋敷）が存在したが，そのほとんどに庭園が設けられていたと考えられる．

　とくに山の手の都市周縁部に所在する下屋敷には，広大な回遊式の庭園が設けられることが多く，大名家族の保養の場であるとともに，園遊会が開かれるなど，武家社会の社交の場として機能していた．

　江戸最大の庭園といわれる戸山荘（尾張藩下屋敷）の場合，その面積は御殿部分を含め13万坪を超えた．この庭園はまた，「御町屋」という東海道小田原宿を模した虚構の宿場町がつくられていたことでも知られる．なお現在でも跡地の戸山公園には，かつての築山「箱根山」が残っている．

　大名の庭には個性的なものが多かった．園内各所に和歌の名所にちなんだ園景が設定された六義園（現存）は，庭園を築いた柳沢吉保の文芸趣味を反映した庭であった．また大名茶人として名高い松平不昧（治郷）の下屋敷，大崎園には利休好みの独楽庵をはじめ数多くの茶室が設けられていた．

　山の手ばかりではなく，隅田川沿いや江戸湾岸にも，水辺の眺望を求めて数多くの庭園が集まっていた．本所から浜町，深川あたりの隅田川沿い，芝から高輪の湾岸の大部分は，庭園で占められていたといっても過言ではない．豊富な水を利用して，潮入りの池が設けられたのも，こうした水辺の庭園であった．そのうち現存するのが，浜離宮恩賜庭園（将軍家浜御殿），旧芝離宮恩賜庭園，旧安田庭園なのである．

● 庭園の幕末

　江戸においてこのように隆盛を誇った庭園文化であったが，幕末にいたると翳りがみえ始める．1853年のペリー来航の後は沿岸防備のため，海沿いの屋敷には台場＝砲台が設置され，大名庭園は従来の饗宴の庭としての機能を失う．芝金杉の鳥取藩下屋敷の庭園では，ペリー来航直後に園内の茶屋が撤去され，代わりに海岸沿いに台場が築かれた．

　一方，山の手の広大な下屋敷は，対外的危機感の高まりとともに，しだいに藩士たちの調練を行う練兵場として使用されるようになる．そして1862年の妻子帰国許可令，参勤交代緩和令は，江戸の空洞化をもたらし，大名庭園の多くは荒廃していったとみられる．

● 近代へ

　維新後，武家地は上地され，多くは官庁用地，軍用地へと転換していった．戸山荘も一時期，徳川宗家の所有となったが，その後は軍用地となり，園地もすっかり改変されてしまう．また，いわゆる桑茶政策によって，武家地の耕地化（桑・茶の植付け）が進んだ．

　こうして維新期には，多くの大名庭園が破壊され

■1　山内邸（箱崎），旧田安徳川家下屋敷（(財)土佐山内家宝物資料館所蔵）

たと考えられるが，一方で，江戸期から継承ないし再生される庭園の例も少なくなかった．維新後も旧武家屋敷が華族（旧大名・公家）や官員らの邸宅・住宅として再利用されたからである．桑茶政策のもとで開墾されたのは山の手であり，低地（下町）は開墾を免れている．水辺の眺望や豊富な水を生かした庭園が多く存在していたのが，低地に所在した大名屋敷である．さらにいえば，桑茶政策による開墾面積は莫大であったものの，全武家地の面積に比すれば，じつは1割に満たない数字であった．

明治前半期の地図によれば，とくに隅田川に沿った地域には，依然として華族が所有する広大な庭園がいくつも残存していることがわかる．写真（■1）は，そのうちの一つ箱崎の山内邸（旧土佐藩主）の明治初期の景観である．幕末まで御三卿田安徳川家の下屋敷であった同屋敷では，川沿いの眺望に恵まれた広大な庭園が維新を越えて存続した．ほかにも浅草の松浦邸「蓬萊園」，本所の津軽邸，赤坂の黒田邸などで，同家所有の大名庭園に由来する大庭園が明治以降も継承された．

● 江戸の遺産

だが，旧華族の邸宅の庭園も，しだいに経済的に維持が困難となり，明治後半以降，多くが失われた．現存する大名庭園の遺構は，つねに変貌を強いられてきた近代の東京で，都市的な開発を免れてきた貴重な江戸の遺産なのである．

しかし近年になって，都心から大名庭園の遺構の一つが消えた．長州藩毛利家下屋敷の跡地，赤坂の桧町公園である．大名庭園時代の名残である池を中心とした静かな公園だったが，隣接する防衛庁跡地の再開発＝「東京ミッドタウン」の建設にともない，樹木の伐採と大規模な盛り土によって地形が破壊され，その上にまったく新しい庭園が造成された．同じ公園として機能させるならば，なぜ江戸の遺産を引き継ぐかたちで旧来の形態を保存・活用しえなかったのか，開発計画に対しては疑問を感じざるをえない．

［金行信輔］

文献
1) 金行信輔（2005）：武家庭園の近代－江戸から東京へ．講座日本美術史5 〈かざり〉と〈つくり〉の領分，pp.61-91，東京大学出版会．
2) 金行信輔（2006）：水辺の眺望と大名屋敷．東京エコシティ－新たなる水の都市へ，pp.122-123，鹿島出版会．

3-41　形態規制は何をもたらすか

【テーマ】形態規制　　　　　　　　　　　　　　　　　　　　　　　　　　　　3　都市・景観・法規

●形態規制とは何か

　建築物の形態規制とは，都市内における当該敷地または隣接する土地，さらには両者を含む広がりのある一定の地区の居住環境を保障するために，建築物を建築する際に課せられる建蔽率や容積率などの密度に関する規制および建築物の高さや壁面線からの後退距離等に関する規制のことである．

　高さに関する形態規制としては，建築物の最高高さを規制するいわゆる絶対高さ制限のほか，敷地境界線からの距離に応じて建築物の高さを段階的に規制する斜線制限とがある．斜線制限はさらに前面道路からの斜線による制限，隣地からの斜線による制限，北側の敷地からの斜線による制限に分類される．

　壁面線の後退距離に関する形態規制とは，建築物を建築する際に壁面線を一定の距離以上後退することを義務づける規制であるが，そのほか一定の距離以上後退した建築物では斜線制限を除外するという緩和型の形態規制もある．建築物の色彩や和風などの建築様式や意匠を規制することも広義の形態規制に含めることもある．

　一方，形態規制を一定の条件のもとで緩和する制度が存在する．その代表例は総合設計制度である．総合設計制度とは，建築物を建築する際に一般の用に供する公開空地をとるなどした場合，絶対高さ規制および斜線制限の緩和や容積率の割増しが受けられる制度である．総合設計制度とは，形態規制の緩和というインセンティブによって都市内に不足している空地を確保する手段であるということができる．

　形態規制は同質とみなすことができる地域に対して均一に制限を課すことになる．つまりゾーニング（地域制）の一種である．当該土地に建つ建築物の用途を規制するゾーニングすなわち用途地域制と併用されるのが一般的である．

●形態規制はどのようになされるのか

　建築物の形態規制の法的な根拠の大部分は建築基準法にある．建築基準法は，建築物単体の一定の安全性や機能性を保障するための規制としていわゆる単体規制を定めているほか，地域の一定の居住環境を保障するための規制としていわゆる集団規制を定めている．建築物の高さ規制や斜線制限などがこれにあたる．

　このほか，都市内に建つ建築物の密度や用途の規制は主として都市計画として実施されており，それを支えるのが都市計画法である．また，良好な景観の保持と向上を目的として制定された景観法によって，特定の地区における建築物の形態や意匠を詳細に規制することが可能となっている．

　さらに，地方公共団体は独自にもしくは景観法にもとづいて，いわゆる景観条例を制定している場合が少なくない．こうした条例によって地域の固有性に依拠して独自の形態規制を実施することが可能となっている．

　形態規制によって財産権が制約されることになるが，その根拠は規制を順守することによって地区の居住環境が一定の水準に保たれることによってみずからの財産の価値も保障されることにある．規制の効果は一般的抽象的なものにすぎないとして取消し訴訟の対象となる処分ではない．近年，景観法の成立によって居住環境の保全のみならず良好な景観の保持も形態規制の根拠として明示されることになった．

●形態規制の問題点と対策

　現行の形態規制には批判も多い．その論拠は以下のような点にある．

　①そもそも都市は自由な経済活動の場であるべきなので，都市に対する制約条件は少なければ少ないほどよい．②規制が地区ごとに一律に実施されることから対象地ごとの土地の特性が考慮されないこと，その結果建築家の創作の可能性が一面的な規制によって限定され，一律の個性のない町並みを作り出してしまっている．③とりわけ斜線制限にみられるように，規制の根拠が微視的であり，敷地ごとに

■1 形態制限一覧（原則規定）

用途地域	容積率(%)	建ぺい率(%)	斜線制限 道路 適用距離L(m)	斜線制限 道路 勾配	斜線制限 隣地 立上り(m)	斜線制限 隣地 勾配	斜線制限 北側 立上り(m)	斜線制限 北側 勾配	外壁の後退距離(m)	絶対高さ制限(m)	日影規制 適用建築物	日影規制 測定面(m)	日影規制 日影時間(時間) 5〜10m	日影規制 日影時間(時間) 10m超	敷地面積
第1種低層住居専用地域 第2種低層住居専用地域	50 60 80 100 150 200 *1	30 40 50 60 *1	20	制限なし	制限なし		5	1.25/1	1.0 1.5 *1	10 12	地上3階建以上 軒高7orm	1.5	3 4 5	2 2.5 3 *4	場合により制限あり
第1種中高層住居専用地域 第2種中高層住居専用地域	100 150 200 300 *1	60 *1	20 25	1.25/1	20	1.25/1	10 *3	1.25/1				4	3 4 5	2 2.5 3 *4	
第1種住居地域 第2種住居地域 準住居地域	200 300 400 *2	60	20 25 30								10m超	4	4 5	2.5 3 *4	
近隣商業地域	200 300 400 *1	80	20				制限なし	制限なし	制限なし		制限なし				制限なし
商業地域	200 300 400 500 600 700 800 900 1000 *1		20 25 30 35	1.5/1	31	2.5/1									
準工業地域 工業地域	200 300 400	60	20 25 30								10m超	4	4 5	2.5 3 *4	
工業専用地域	200 300 400 *1	30 40 50 60 *1	20 25 30								制限なし				

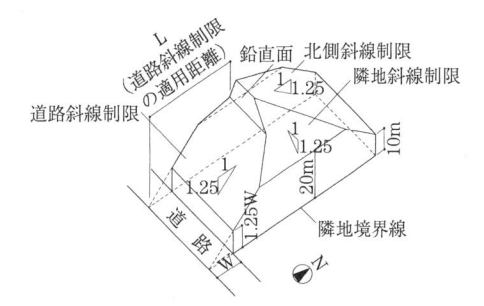

■2 第1種中高層住居専用地域の斜線制限の例
（建築物が敷地境界線等からセットバックしない場合）

実施された斜線制限がもたらした市街地のスカイラインが結果的にちぐはぐなものとなり，地域全体としての調和に欠ける．④意匠や色彩を制限する形態規制の場合，具体的な手続きや根拠が薄弱であり，恣意的であり，客観的な規制が困難である．規制内容の確定プロセスに透明性が欠けているため説明責任を果たすことができない．⑤規制の枠組みが一敷地一建築物という建築基準法の前提によって戸建て風の市街地誘導という性格を有しており，それらが連なって町並みを形成するという意識が欠落している．⑥敷地規模にかかわりなく，同一地域であれば同一の形態規制が課せられるので，絶対高さ制限がなされていない場合には，巨大な敷地であれば巨大な建築物が可能となり，調和のとれた地域環境を保持していくことが結果として困難になっている．⑦同様に，敷地の細分化は地区の形態や景観に甚大な影響を及ぼすことになるが，こうした問題を抱えている敷地の細分化については通常，特段の規制が課されていないという難点がある．

これらの問題点にどう対処したらいいのだろうか．

第一に，容積率や斜線制限といった敷地の形状や規模などとの相対的な関係によって決まる規制だけでなく，絶対高さ規制や壁面線の位置指定などのように建築物群が立ち並ぶことによって形成される町並みが想定できるような形態規制が広く採用されるべきである．

第二に，広範な地域全体のスカイラインや景観の基本的構造を指し示してくれるマスタープランやガイドライン，そして基準により強い法的な根拠をもった景観協定や建築協定，地区計画，景観地区などへ移行していくような今後の整備方針を明らかにして，地域の景観まちづくりの一環として建築物の形態規制がとらえられるようにしていくべきである．

第三に，敷地のこれ以上の狭小化を避けるために，敷地の細分化の際に抑止力が働くような形態規制の仕組みを整えることが望まれる．

第四に，形態規制の基準が緩くしかし堅く運用されるのではなく，数値基準が厳しくしかし柔軟に運用できるような透明で説明責任を果たせる協議システムを構築すること．これは建築物の形態規制のみならず，日本の都市計画制度全体の課題である．

さらにいうと，規制のあり方を事前確定型の数値基準だけでなく，性能規定型の基準の導入も検討されなければならないだろう．

いずれにしても，都市の空間を公共の共有空間としてこれを維持していくために，建築物に対する合理的なある程度の形態規制が課せられることは不可避であり，むしろ都市空間のあり方に対する合意を積み重ねるためにも必要であるといえる．問題はそこへいたる共通認識を透明で民主的な手続きのもとに到達できるか否かという点にある．　　［西村幸夫］

3-42 なぜ日本の街並みスカイラインは混乱しているのか

【テーマ】日影規制　　　　　　　　　　　　　　　　　　　　3　都市・景観・法規

●明治維新以降の都市計画・建築行政の使命——街並みの変容＝道路整備＋土地の高度利用

19世紀後半の明治維新以降，日本の都市計画・建築規制制度の基本使命は，江戸後期から明治初年に完成された「日本型近世の街並み・建築様式」を「欧米型近代の街並み・建築様式」へといかに円滑に変容させるかに置かれていた．モータリゼーションに対応していない道路体系と低層木造の戸建建物によって支配されていた従前の街並みを，欧米を規範とするモータリゼーションに対応した広幅員道路と中高層の大型建物によって構成される街並みへと更新することをめざす「変容志向型」の計画・規制構造が確立された．

変容志向の裏には，当然ながら，都市の土地について利用集約度を向上させたいという高度利用志向がある．都市は国家殖産興業の中心的役割を担う産業装置として構想され，その生産性は高度利用の度合によって計られるようになる．

実際の計画・規制手法として採用されたのは，道路斜線制限プラス絶対高さ制限による高さの制限と建ぺい率規制であった．このうち，絶対高さ制限は20mあるいは31mという形で設定された．これらの数値は，当時の低層木造建物が支配的であった街並みにとっては，まったく次元の異なる土地利用状態への変容を誘導促進するという機能が際立つ，きわめて高度利用色の強いものであった．

この時点でまず，街並みスカイラインは，従前の低層の街並みの中に中高層の建物街区が挿入されるという形の混在の中に置かれることになった．

また，道路斜線による高さの限度については，前面道路の反対側境界線からの距離に一定率を乗じて得られる関数として定められたから，建物の形状を階段状に不整形化する潜在的可能性を有するものであった．しかし，当時の高度利用圧力がまだ低度に止まっていたため，この種の不整形化が広く顕在化することはなかった．

●戦後の高度経済成長と都市化の急進——絶対高さ制限の撤廃と容積制への移行

20世紀後半の高度経済成長下，土地の高度利用に対する要請が強まる．高層，超高層建築技術の開発もあって，都心の商業業務地域では従来の31m絶対高さ制限が土地利用上の実態的制約となるようになった．それを受けて，1970年容積制への移行が実現し，絶対高さ制限が撤廃された．すでに31mで高さのそろっていた都心商業業務エリアの街並みスカイラインについては，再度，不ぞろい状態への移行が許容される2次変容段階に入り，建物の高さは発散することとなった．また，絶対高さという広義の形（型）による制御が失われ，容積率という数値に置き換えられたという意味で，建築規制は完全に街並みスカイライン形態の不ぞろい状態を認知する段階に突入した．代わって得たものは土地の高度利用の実現である．

さらに，高度利用要請の増大・普及によって，道路斜線制限等の諸斜線制限自体が潜在的に内在していた斜線に沿う形での階段状の建物の出現が普遍化し，建物形態の不整形化問題が広く認識されるようになった．

●高度利用に起因する紛争の発生と日影規制——建物形態のいっそうの不整形化の進行

絶対高さ制限の撤廃の後，中高層マンションの普及が進み，低層住宅地における日照阻害を主因とする建築紛争が頻発する事態となった．この紛争解決のため導入されたのが，北側斜線制限および日影規制制度であった．このうち，日影規制は，斜線制限とは異なって，建物の形態を複雑に変形させることによって規制内容をクリアできる規定であり，その結果，建物形態の不整形化問題をさらに深化させることになった．

●建物形態不整形化の解消策としてのセットバック緩和と性能規定化議論の登場

顕在化した建物形態の不整形化は，建築生産上の不合理性や街並み景観のびん乱などの観点から問題

視されるようになり，その対応策として導入されたのが，道路境界線からの壁面のセットバックによって道路斜線制限を緩和する制度および21世紀に入って導入された天空率による道路斜線制限代替措置である．前者の検討に当たっても天空率概念が用いられていたので，これらはともに建築基準法の集団規定の性能規定化議論の範疇に属する制度である．セットバック緩和制度の導入はセットバックの程度による建物高さのばらつきを，天空率制度の導入はよりスリムな塔状とすることによる従来以上の高さの建築物の実現を可能にすることとなった．

● 天空率の副作用——街並みスカイラインの不ぞろい問題のさらなる深化

単体としての建築物の不整形問題を解決しようという意図をもっていた天空率制度は，同時に，街並みスカイラインの不ぞろい問題を深化させる危険性を内包していた．この問題点は，道路境界線からのセットバックによる道路斜線制限の緩和制度の導入結果によって予測されていたものであった．

単体としての建物形態の不整形化の解決に特化して構築された制度が，街並みスカイラインの不ぞろい問題を深化させることとなったのである．

● 街並みスカイラインの安定を求める動き——絶対高さ制限の再導入と景観法

21世紀に入り，日本の社会状況においては，国立市大学通り，名古屋市白壁，世田谷区深沢等における高層マンション建設問題を契機に，住宅地における高層建築物の出現に対する反対の機運が高まった．これは，市街地環境のさらなる変容ではなく，現状維持ないしその延長線上での制御を求める国民意識の反映である．

であるからこそ，従来から存在する高度地区制度を活用して，絶対高さ制限の再導入を図る動きが加速し，さらに，街並みスカイラインのさらなる変容ではなく，現状を基本とするレベルへと街並みスカイラインのみならず建物の形態・意匠までをも「そろえる」ことを本旨とする「景観法」の成立へとつながっていった．

● 今後の課題——建物形態の不整形化と街並みスカイラインの発散の問題への同時対応

絶対高さ制限は，空間に明確な限界線を引く機能を有する．広義にとらえれば建築の形（型）を明示

■1　不ぞろいな街並み（筆者撮影）

するものといえる．これに対して，天空率を嚆矢とする性能規定は，空間に明確な限界線を引くことに代えて，ある計算式を定めその計算結果が特定の目標とされた数値に照らして是か非かを判断する方式である．あらかじめ建築の形（型）を定めるのではなく，計算結果の数値さえ適格であれば一定の形（型）によらず，いわば無定形の建築を許容することを可能とするものである．結果として，建築の形（型）はそろった状態へと収斂するのではなく，不ぞろい状態へと発散することとなる．数式計算の結果として確認された市街地環境上の性能は確保されるが，街並みスカイラインは大きく発散しうる．このことのデメリットが，建物形態の整形化のメリットを打ち消している．

社会が，市街地環境のさらなる変容ではなく，街並みスカイラインの安定を求める方向へと舵を切ったときに，建築基準法集団規定の性能規定化は，技術的な批判観点である単体としての建築形態の不整形を解決することを志向し，街並みスカイラインの不ぞろい問題を射程外に置いてしまった．この点に関して歴史観，時代認識に立った根本的再検討が必要である．

［青木　仁］

3-43 都市の合意形成の手法としてみた日照権問題

【テーマ】日照権　　　　　　　　　　　　　　　　　　　　　　　　　　　3　都市・景観・法規

●私的所有と容積率

　かつて大正年間には「都市の美」という観点から，建物の高さは制限されていた．しかし，昭和30年代後半から40年代にかけて，経済成長や高層建築技術の発達といった要因から，新都市計画法・都市再開発法が制定され，特定市街域については，その特性に応じて容積を定めるという，容積率規制に移行した．これにより都市建築物の容積は飛躍的に増大することとなった．

　容積規制の導入は，「都市空間の余剰生産と徹底商品化」といえよう．なぜなら，

　①容積は，「人間活動を床面積で換算」したものとみなすことができ，そこから都市にどれだけの生産，経済活動が行われているかは，容積つまり床面積に換算して考えることができる．

　②容積率を設定するということは，建築の自由度を上げ，土地の狭さ，不足を空間によって補うということである．先の「人間活動を床面積に換算」するという考えに従えば，土地の不足するエリアでは活動が活発であることを意味する．そして，建築物の数は建築自由空間の数に比例するため，容積率の高いエリア＝都市の高層化に拍車をかけることになった．これは明らかに日本において，空間が生産の対象となったことを意味している．容積率による都市計画とは，「空間の生産（資源の生産）とその配分計画」でもある．

　③容積率が高ければ高いほど，生産可能な空間は増える．そして空間の経済効率が高ければ，その生産を高める動機が強まる．都市の高層化は商品としての「剰余空間の生産」として考えることができる．

　建築物の所有者は，可能な限りの容積率を使い，利潤を追求しようとする．ところが，容積率により都市計画をコントロールするという，本来のねらいは，しだいにいきづまりをみせるようになってきた．その顕著な例が東京である．

　①地価そのものが高い都市において，容積率が低くては経済効率が悪い．それゆえ，容積率を高くしようというのがそもそもの目的であった．しかし，思惑とは逆に容積率の高いエリアほど地価が高騰するという逆転現象が生じている．

　②容積率が高い地域ほど昼間人口が増え，夜間人口が減少する．高層化が進んだ高容積率エリアが法人に占有され，下町の崩壊やスプロール化を引き起こしたためである．

　そして高層建築物は，そのエリアに日照問題，風害，電波障害など，さまざまな影響を及ぼす．それが日照権や景観権，環境権を求める建築紛争等を引き起こすことになる．

　日照権問題は，1970年代の日照をめぐる住民運動によって形成され，地域社会の「同意の意思」として生み出された，社会規範である．やがてこの規範は，「建築基準法」のなかの「日影規制」として確定され，その権利は守られるようになった．

●社会規範の法規範化

　社会規範が法的権利として，どのようにして成立するかについては，多くの社会学者が説明を試みているが，ウェーバー（M. Weber）は以下のように述べている（『法社会学』）．

　「外面的な諸条件が変わっただけで，十分に，また必ず了解の変化がひきおこされるということではない．むしろ決定的なのは，新しい種類の行為がはたらいて，これが現に妥当している法の意味変化や新しい法の創造をもたらすという場合である．

　ところで非常にさまざまな人々がこの行為に関わって，結果的に法を変更することになる．

　第一には，具体的な共同社会行為の個々の利害関係者がそれである．個々の利害関係者は新しい外面的諸条件の下で彼の利益を守るために《中略》行為を変更するのである．

　このことによって内容的に新しい意味内容をともなった新しい了解が，あるいは合理的な利益社会関係までも成立し，ついでそれらはまた自分の側から再び，全く事実的な慣習を成立させる．」

　つまり，高層建築が引き起こす変化，この場合は

日照権が侵害されることを地域社会レベルで，それを守るべき権利として認識することによって社会規範となる．建築基準法に容積率の考え方が創設された後，高層建造物が大都市に多く建築され，それとともに，日照障害をめぐる建築紛争が多く見られた．

問題となるのは，建造物周辺住民の日照権を侵害している建物は，建築基準法の基準に合法的な建造物であることである．しかし地域社会にとって，その建造物が合法的であるという理由では，日照を大切にする地域社会では正当性はもちえないとして，その権利を求めて市民運動を起こすようになる．こうした問題が多発することにより，まずは自治体レベルで条例等や建築指導を行うようになる．こうして行政において日照権を保護すべきものという認識が生まれ，さらに運動が進むと，国レベルで法，つまり建築基準法に委任条例として「日影規制」が設けられることになる．これは市民レベルの運動によって法が改正されたという初めてのケースである．

しかしながら，自治体レベルの条例が自主条例として自治体の裁量が発揮できるのに対して，日影規制を委任条例とすることで国家政策の影響力を維持しようとしている．このように社会規範が法へと上昇する動きがあると同時に，法の側でも社会規範をコントロールしようとする働きが生じるのである．

法と社会規範との違いで最も大きいのは，法には強制力があるのに対して，社会規範は説得という独自のコミュニケーションを経て同意を得るという形で，その理念を実現するしか方法がないということである．そのため，社会規範においては，その正当性を確保するため，常に現場レベルの継続的な検証作業が必要になる．

● 近代法から現代法へ

これまで市民運動が社会規範をつくり，法に変更を促すという流れをみてきたわけだが，これは口でいうほど簡単ではない．これまでは市民運動という集団力学によって，いわば法に対抗してきたわけであるが，その長い闘争の歴史のなかで，個別の問題に対し，その正当性を処理する「現代法」という概念が生まれてきた．現代法の概念を生み出したという点において，市民運動と法との闘争は大きな意味をもっている．

建築基準法に日影規制を設けたねらいとしては，以下の事柄をあげることができる．

■1 法と社会規範（要綱・市民協定）の相違点

	法	社会規範
対象範囲		地域〈反集権的〉
内　　容	〈画一的〉	地域的〈反画一的〉
秩　　序	〈違法/合法の論理〉	内容の正当性に規制の根拠〈正当性の論理〉
強　　制	行為の強制形式〈強制的排除〉確定した要件による確定した対応	説得による修正/間接的説得的効果の増強説得にもとづく〈正当性の秩序〉

・自治体の指導要綱のコントロール
・司法の判断のコントロール
・住民運動のコントロール
・日照問題を都市論のなかで位置づける（住居系と非住居系に分割し，前者の権利としての「日照権」を正面から受けとめる）
・日影規制（日照でなく）として創設．数値基準の採用（被害，同意より画一的）

最も重要なのは，日照という問題を市民の権利として位置づけると同時に，非住居系においては建築物をつくる権利を与えているという両面をもつということである．

日照権の問題でも明らかなように，建築物が建てられるということは，そこに住む住人に大きな変化を与える可能性がある．かつ建築物と市民との間に好ましい関係が築かれるためには，両者の間で，ある種の同意がなされる必要がある．ヨーロッパにおいて「都市は文化である」といわれるのは，まさに建築物と都市との間で，価値観が共有され，社会的な関係性が築かれているからである．

● 法と非法による合意形成

法体系と非法体系による二元的コントロールによる都市空間の秩序を考えてみよう．わが国においては1960年代後半に，社会問題としての都市環境問題が激化した．1970年代，都市は「都市計画法」，「建築基準法」の法体系によって規制されかつ誘導されてきたが，住民運動の高まりのなかで，環境保護等を中心に，法体系ではない地方自治体が制定した指導要綱や市民・住民が自発的に形成した市民協定（任意協定）によっても都市問題をコントロールする方法が形成された．

意思決定のメカニズムから見れば，中央権力と地方自治の共存である．法体系と非法体系が都市環境問題をめぐって，鋭い緊張関係のせめぎあいをしている．

［似田貝香門］

3-44 建築の法律と基本ルール

【テーマ】建築法規　　　　　　　　　　　　　　　　　　　　　　　　3　都市・景観・法規

●建築と法律

　建築と法律は，日本の場合，ずいぶん深く結びついている．少なくとも建築しようと思ったら，法律に適合するかどうかを，行政またはそれに代わる機関に確認する必要がある．それを建築確認という．法律は建築に関しての基本ルールを示すものである．まず第一に浮かぶのが，建築基準法であるが，建築物が適法かどうかを検討するにあたっては，ほかにも民法，都市計画法，消防法などさまざまな関連法規が存在する．そしてまた，日本では，建築業務の遂行にあたっては，建築士資格が国家資格として業務独占を与えられており，資格のない人間がある規模以上の建築の設計や施工管理などをしてはいけないことになっている．

●建築確認制度

　現在の建築関連法体系の中心には，建築基準法と建築士法がある．ともに1950年に制定されたもので，戦後の新しい日本を築くため，健康で文化的な生活を送るために最低限の質の確保を目指してつくられた．基本的な位置づけは，憲法に保証された財産権をなるべく侵害しないということである．土地の価値が，どのような建築が可能かによって大きく左右されることもあり，建築することができる権利は，土地所有者の財産権とみなすことができる．そのとき，安全性の低いものや，衛生上問題のあるものが建てられると，公共の福祉の観点から支障が出るので，支障が出ない程度の最低基準を設け，それを満足することを行政が，建築の前に確認するという制度がつくられたわけである．建築許可といわずに建築確認というところが法律的であり，実質的に確認が下りなければ建てられないのだから，建てる側にとってみれば許可と同じであるが，許可の場合は，行政の担当者に裁量の余地があるのに対して，確認の場合は，法律に適合している限り不許可にすることはないという意味で，裁量の余地がないことになっている．しかし，法律やその施行令・告示の規定が技術的な内容を含む以上，裁量の余地がないということはありえず，建前が法律をわかりにくくしているということも指摘できる．

●単体規定と集団規定

　法適合性を論ずるときに，建築物単体に関する規定と地域における建築物の外形を制限する規定の2種にわけて考えることができる．前者は衛生上や安全に関する規定であり，最低基準とされているが，最低の意味をどのように考えるかについては，生活水準や技術水準などによっても影響される．法律があらゆる性能を記述することは不可能なので，基本的に建築の質を確保することは，設計者の役割と考えられる．しかしながら，たとえば耐震性に関する最低基準は建築基準法の場合は，施行令および告示で具体的な数値として定められているが，地震学や地震工学の進歩を必ずしも反映できているわけではなく，個々に検討すると，余裕が大きいものもあれば，相対的に条件の危険なものもある．しかしながら，それを設計者が詳細に研究成果を調べて設計に反映するわけにもいかず，したがって法令に準拠ということになることが多い．シックハウスで問題となるような内装材の有害成分の基準についても同様で，自然材料をそのまま使用する場合は問題が少ないが，加工されたものでは注意が必要で，最低基準を守ればよいというわけでなく，法の最低基準に対する認識を，より現実に対応する形でもつことが望ましい．

　集団規定に関しては，建築基準法のみでなく都市計画法と合わせて検討することとなるが，建ぺい率と容積率による敷地への規制が中心で，加えて日照や通風のための斜線制限が高さの規制を与えている．しかし，これは，その地域の特性や将来のすがたを踏まえたものであることが望ましく，法規制で画一的に扱うことの限界が指摘されている．都市計画区域の設定の問題というだけではなく，きめ細かなその地域周辺のあり方を，そのつど考慮に入れた規制が，今後のまちづくりには欠かせない．したがって，すべて事前に決めたルールに適合するかどう

かの確認制度のみでの運用には限界があり，とくにその地域の一般的な用途や規模と異なる建築が計画されたときには事前協議制を導入すべきであるという声は大きくなっている．

● 建築士と業務独占

建築士資格は国家資格であり，建築の設計や施工に関しての業務独占権が与えられており，それが建築の質をある程度確保するものになることが期待されている．しかし，制度として1950年に建築基準法とセットでつくられたもので，その時代と社会的な状況が大きく変わっていることもあり，必ずしも適切に機能しているとはいいがたい面がある．技術が進歩して，それを使う側の倫理性がより強く求められるようになったこと．受験資格を与えられる学生数が多く，試験制度でふるいにかけてはいるものの，建設産業の規模に比べて有資格者の数がきわめて多くなってしまったこと．新築の建設需要が低下し，経済的に競争が激化して個人にしわよせがきていること．このような条件の蓄積が，2005年11月に明らかにされた構造計算偽装という事件発生の背景にあることは否めない．構造技術の高度化は，従来の建築士資格では対応しがたいものであり，資格制度の不備を建築確認の厳格化で繕おうとすると規制強化が設計をゆがめるものになりがちである．

● 構造計算書偽装事件

2005年11月，国土交通省は，一人の構造設計者（当時1級建築士）が，複数の建築で構造計算書を偽装し，意図的に地震力を1/2以下にしたものがあることを発表し，社会的にも大きな問題となった．政府は社会資本整備審議会に答申を求め，それにもとづいて，建築確認制度の厳格化，建築士制度の改正などの法律的な対応により，再発防止を図った．従来の建築確認に先立って，構造計算書を適合認定するための機関をつくるとか，構造設計1級建築士や設備設計1級建築士を創設するなどである．しかし，背景として存在する建築業界の下請構図のなかで，構造の質は建築構造の専門家以外になかなか見えないことから，経済的な圧力が強まるなかで，質の問われるような建築構造の生まれる体質には，なかなか変わっていかないというのが現状である．

● 財産権と環境権

日本では土地私有制度をとる以上，土地を所有する者は建築の権利があることになって，憲法上の財産権の保証が法律の前提になっている．規制は公共の福祉の観点から最小限にすることが原則である．しかし，建築はそもそも私的財産というよりは社会的存在であり，社会資産とみなすべきものである．設計や施工にあたっては，建築主の個人の判断が優先されるとはいえ，人間の寿命を上回る建物の寿命を考えても，空間的な広がりが多くの，場合によっては不特定多数の人の利用を想定すると，建築を使用する人の環境権と所有する人の財産権とはバランスをとって社会が成立すると考えるべきであろう．市場経済のなかで法的に財産としてのみの位置づけでは，社会的に不都合が生じ始めているともいえるのではなかろうか．とくに，多くのストックをかかえ，新築以上に維持保全によって建築の価値を維持向上させることに関しては，法的にも後押しする方向を考える時期に来ているようである．

● 建築基本法へ

建築を最低水準で確認する法体系から，望ましい質をもつ方向へ転換させるための基本理念と関係者の責務をうたった建築基本法が提案されている．建築は，基本理念として，安全の確保，健康や環境への配慮がなされ，社会資産として認識されなくてはいけない．国・地方自治体，建築主・所有者・使用者，事業者，専門家はそれぞれの立場で，その基本理念を満足するよう責務を有する．このような基本ルールが実効性をもつように，建築関連法体系の全面的な見直しをすべきという提案である．

一方では，現実に膨大な数の建築士の有資格者のなかには，コスト競争という大義のもとで，法律を満足するなかで見えない質を下げることを目的としている者も少なくない．一方，行政の視点は現行個別法の改正という枠内で十分対応可能という立場であり，建築基本法に前向きな姿勢を示していない．基準法のルールをより詳細にして，見えない質を，行政や審査機関で規制していくべきであるという声も依然としてある．

すでに環境基本法，景観法，住生活基本法など，実際に規制や具体的なルールを決めるための原則を述べた法律が多くつくられるなかで，ストック社会に向けての新しい社会システムの実現のためには，建築関連の法体系が国民の総意として形成されることが必要で，このような議論の高まりに期待するところ大である．

[神田　順]

4

構造・構法・生産

[編集：神田　順・松村秀一]

4-1　老いてなお美しき組積造

【テーマ】組積造　　　　　　　　　　　　　　　　　　　　　　　　　　　　　　　　　　4　構造・構法・生産

●煉瓦の配置は「設計」である

　スコットランドの童話「三匹の子豚」では，草，木，煉瓦の三つの素材で作られた家が登場する．草や木の家は簡単に吹き飛ばされてしまい，煉瓦で作られた家だけが最後まで残り続ける話だ．煉瓦の家は頑丈で，敵（オオカミ）の侵入を防ぐことができる安全，安心な構造であることをわかりやすい形で述べている．

　石や煉瓦を積み重ねる構造を組積造という．外敵の襲撃を防ぐ堅固な壁の要請から発達した構造のため窓は小さく，外部に対しては威圧的，排他的な表情をみせる．ところが，壁で囲まれた内部に入ると一変する．柔らかな光と穏やかな風が流れる中庭が広がり，内と外を明確に分け，あいまいさを許さない厳しさに驚く．

　一方周囲を海に囲まれた島国日本では，敵の襲来を防ぐために市壁や周壁を築く文化は生まれなかった．外壁といっても，その気になれば容易に侵入できる塀や垣根といった程度で，精神的な空間の分節という意味合いが強い．わずかに城の石垣に強固な組積造の片鱗がみられるが，それでも濠と一体となった土塁に近く，壁のイメージは薄い．

●不評だった明治の組積造

　それでも外国の「先進」文化の導入に忙しかった明治には，煉瓦を使った施設や有名な銀座煉瓦街も作られた．しかし，評判は芳しくなく，カビ臭く，病気になるという噂も流布するなど，少なくとも住居としては嫌われたらしい．たしかに梅雨時の湿気や夏の蒸し暑さは日本特有で，風通しのよい，開放的な空間が求められる．柱と梁で構成される軸組造は日本の風土に適した構造で，柱間の襖や障子は，取り外しが可能な「壁」となっている．このように石や煉瓦は，耐火という利点から工場などでは利用されたが，一般の住宅には定着しなかった．

　さらに日本で組積造が発達しなかった致命的な理由は，地震に対する脆弱さであった．1891年に起こった濃尾地震では，欧風の煉瓦造建物が壊滅的な被害を受け，耐震性の付与が強く認識された．その結果，壁自体の厚みを増やす方法やモルタルの改良，さらに鉄を入れて補強する方法が編み出されていった．とくに鉄の補強は，鉄骨造，鉄筋コンクリート造の発展を促した．いまや支持駆体の中心は鉄骨や鉄筋コンクリートに代わり，組積造は柱の間を埋める壁や，化粧として表面に貼り付ける薄い石や煉瓦など，脇役へと追いやられている．

●地震への対応

　地震の少ない地域でも，構造的な配慮や工夫が試みられ，たとえば縦の目地が揃った芋目地を避けて，交互にずらす積み方が採られている．壁の内部においても，煉瓦の向きが一方向に揃うと「切れ目」が生じ脆弱な構造となる．そこで，小口だけをみせる層と長手だけの層を交互に重ねるイギリス積みや，同じ段に小口と長手を交互に並べたフランドル積み（俗称フランス積み）などさまざまな積み方が考案された．

　さらに歴史を遡ると，古代ギリシャでは，大理石の柱ドラムを積み重ねる際，上下の連結にだぼを用い，ずれ防止に大きな効果を上げていた．また南米アンデス地域のインカでは，石材どうしが嚙み合うように多角形に加工し，地震多発地帯にもかかわらず精巧な石積みをいまに伝えている．古代エジプトでは，ナイル川の泥を型枠に入れ，天日で干しただけの日干し煉瓦（泥煉瓦）が広く使われ，数段積み上げるごとに葦で編んだマットを挟み，不同沈下への対策を講じている．

　とはいえ現在，石や煉瓦を積み重ねた，文字通りの組積造は旗色が悪く，構造としての組積造が実感できるのは，空洞コンクリートブロックに鉄筋を入れた補強コンクリートブロックぐらいである．古代の遺跡や教会，城など世界遺産の多くが組積造で占められていることを思い起こすと，隔世の感があり，とくに鉄筋コンクリートは，耐震性や経済性に加え，自由な造形が得やすいこともあって，世界の建築を席巻している．

■1　古代エジプトの日干し煉瓦のピラミッド（筆者撮影）

● 超高層ビルとピラミッド

　だが，次から次へと立ち上がっていく超高層ビルの工事風景を眺めていると，こんなものを作ってよいのだろうかという，漠然とした不安に駆られる．古代のピラミッドも人間のスケールを超えているが，そこには建設への強い意志と自信がみなぎり，永遠に残ることへの迷いはみじんも感じられない．巨大さだけをみれば，現代の摩天楼もひけをとらないはずだが，この差は一体何なのだろうか．

　紀元前2400年のピラミッドと紀元後2000年の高層ビルを単純に比較することはむろん無理だが，将来朽ち果て，無用の長物となったとき，後者は一日も早い撤去が望まれる廃墟となるだろうことを，阪神・淡路大震災で無惨に折れたコンクリートの塊と，ゆがんで突き出た鉄筋の醜さから確信する．その既視感が，取り返しのつかないことをしているのではないかという，ある種の迷いと後ろめたさにつながっているように感じられる．これに対して前者のピラミッドは違う．朽ち果てた後も撤去はおろか威厳ある古代遺跡としてできるかぎり保全・保存せよ，と敬意をもって迎えられる．思うにその違いは，美しく壊れることができるか，逆のいい方をすれば，壊れてもなお美しさを放ち続けられるかの違いであり，それこそが組積造の真骨頂ではないだろうか．

● 組積造の魅力

　ピラミッドの周りに散乱する石材をじっとみつめると，かつて石を持ち上げ，転がした時の重さが腕に蘇り，奥歯をふたたび嚙みしめさせる．一段一段積み上げる単純で愚直な営みは，そのために必要であった時間が「途方もなかった」ことをリアルに想像させる．翻ってコンクリートは，その塊が十分に重いことを頭で理解できても，型枠に流し込まれた物体を持ち上げた経験はない．型枠の中で起きていることを視認できぬまま，そして驚くほど短期間に工程は終了する．重さに時間が伴わないためか，どこか建築の実感に乏しい．

　組積造が，壊れてもなお力をもち続けるのは，重さと時間の関係が明快で，建築が人々の手の中にあったことを実感させてくれるからではないだろうか．近年の世界遺産ブームや，各地で進められる赤煉瓦建物の整備・活用は，建築を取り戻したいという願望の発露，ととらえるのは少々思い入れが強すぎようか．別に石を積み上げろ，と主張したいわけではない．ただ，組積造が醸し出す，美しい老い方や加齢の渋さ，そして積み上げた壁の奥にある手間という物語を想像させてくれる力は，見つめ直してもいいのではないか，と思う．

　1000年後の人々は，21世紀の東京を，美しい都市遺跡と評価してくれるだろうか，それとも醜い廃墟として唾棄するのだろうか．　　　　　［柏木裕之］

4-2 煉瓦―積み方の工夫

【テーマ】煉瓦　　　　　　　　　　　　　　　　　　　　　　　　　　　　　　　　　4　構造・構法・生産

●煉瓦の積み方の名称

　日本では明治時代に，建築術としての煉瓦積みの技術が，ヨーロッパから導入されたものの，いくたびかの大地震を経て，地震国日本には適さない構法であるとされ，ほとんど建設される機会はなくなっている．しかし，鉄筋コンクリート造より長い歴史と耐久性を誇る煉瓦造について，もう一度その構法を学んでみることは意義深いであろう．

　建築の勉強を始めて目にする，建築一般構造や建築構法の分野の教科書には，煉瓦の積み方が図解されている．明治時代にヨーロッパの建築技法を導入した時点では，石材の積み方，煉瓦の積み方は，習得すべき重要な知識であった．しかし，現在では，煉瓦の積み方は，構造分野の必須の習得技術ではなくなっている．代わって，歴史意匠の分野における知識となり，そこでは，表面の目地の現れ方を見て，「この建造物はイギリス積みである」などというようになってしまった．

　イギリス積みなどの煉瓦の積み方は，本来は，1枚半積み，2枚積みといった，30〜40cmほどの，厚い壁体をどのように構成するか，という技術であり，英語では，「ボンド」とよばれている．壁体の中の煉瓦と煉瓦の位置関係が問題なのである．

　代表的な煉瓦の積み方は，イギリス積み（イングリッシュボンド，■1）で，それに対し，表面の現れ方が美しいフランス積み（■2）がある．表面だけを見れば，煉瓦の長手と小口がどのように配列されるかということになる．イギリス積みは，長手だけが並ぶ段（コース）と小口だけが並ぶ段が，交互に繰り返されている．一方，フランス積みは，長手と小口が交互に並ぶ一つの段を，上下でずらして積んだように見える積み方である．

　じつは，このフランス積みは，本来はフレミッシュボンドとよばれるもので，フランダース地方（フランドル・ベルギー西部）の積み方というべきものである．明治時代に誤訳され，「フランス積み」という名称で広がってしまったのである．このことは，明治時代にすでに誤りであると指摘され，建築学会でも論争が交わされているが，結局，フランス積みのままにしようということになった．日本では建築学を英語で講義をするわけではない，というのがそのままにした側の主張であったらしい．

　かなり恥ずかしい話であるが，パリを歩くと，フレミッシュボンドのパターンで煉瓦が現れた建築が多いから，日本で「フランス積み」と名づけたことにすれば，それはそれでよいのかもしれない．

　もうひとつ，オランダ積みという積み方が図解されている本もある．オランダ積みは，あまり紹介されていないが，掲載されているもののほとんどは，実際にオランダの古い建築に見られるものとは，明らかに異なっている．

　昭和初期に，当時の権威ある教科書で，誤って図解されたというのが，筆者の推論である．それが，子引き孫引きされ，ほとんどの教科書・参考書のオランダ積みの図解は，オランダらしい積み方ではないのである．調べると，どうも出隅の納め方の名称が一般部分の名称と混用されてしまったらしい．

　煉瓦積みには，一般部分の積み方と，出隅の納め方とに流儀があって，それぞれに名称があり，イングリッシュボンド（イギリス積み）やフレミッシュボンド（フランス積み）は，前者の名称である．後者は，イングリッシュコーナーとダッチコーナー（■3）が代表的なもので，イングリッシュコーナーは，煉瓦を縦に半分にした羊羹とよばれるものを用いる納め方で，ダッチコーナーは，「七五」とよばれる長さが3/4の煉瓦を使う納め方である．このダッチコーナーが「オランダ積み」と図解されていたのである．

●オランダの煉瓦積み

　そもそも，煉瓦の積み方は，壁体内部で芋目地ができるだけできないようにし，荷重が下方に分散して流れるようにするというのが基本である．フレミッシュボンドは，上下に目地が通ってしまう部分ができるので，力学的に弱いといわれていた．

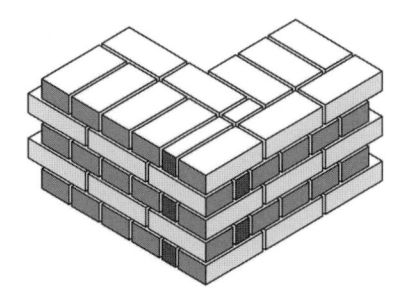

■1　イギリス積み　イングリッシュボンド，イングリッシュコーナー

■2　フランス積み　フレミッシュボンド

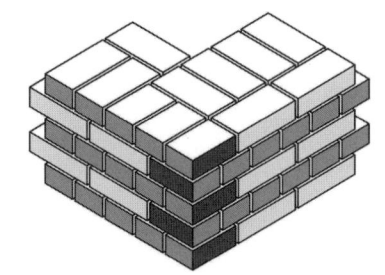

■3　ダッチコーナー

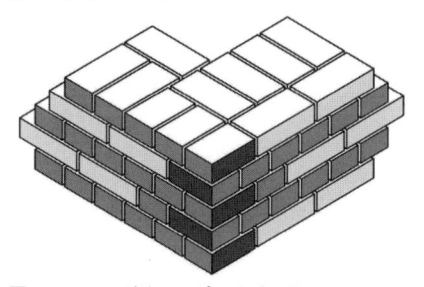

■4　オランダ積み　ダッチボンド，イングリッシュクロスボンド

■5　オランダの煉瓦造（筆者撮影）

それでは，一般部の積み方としてのオランダ積みというものはあるのだろうか．海外の書籍には，ダッチボンドが図解されているものがあり，イングリッシュクロスボンドと同じという記載もある．

さて，東インド会社の活動が華やかだった頃のオランダの都市デルフトでは，イングリッシュクロスボンドの古い建築をたくさん見ることができる．イングリッシュボンドより工夫された積み方といってよい．長手が並ぶ段の目地が，上下で半分ずれているのである（■4）．これこそがオランダ積みといってよいであろう（■5）．しかし，この積み方は，表面の目地が階段状にどこまでも延びていくので，壁体の面内にせん断力が働くと，斜めに亀裂が走るので，現在は，一定の段数を越えて積まないように定められているのだそうである．

オランダには，煉瓦造が発達した理由がある．国土の条件から，石材が採れず，大きな樹木も少ない．そのかわり，煉瓦の材料となる土はふんだんに採れ，焼成するための泥炭も入手できる．そこに，工夫好きのオランダ人気質が加わって，精緻な，仕上げをしないで表面に出しても美しい煉瓦積みが発達したのであろう．ちなみに，世界で初めて桟瓦を発明したのもオランダ人である．

オランダ人に聞くと，■4のような，古い建物に見られる積み方のことを，「オランダ積み」とは呼んではいないそうである．オランダの積み方こそが，そのまま「煉瓦の積み方」なのであろう．ドイツや北欧では，煉瓦の積み方に，オランダの技術の影響がみられる．ドイツの美しい街ポツダムなどでも，オランダの技術による煉瓦造が残っている．

●煉瓦の配置は「設計」である

組積造の国を旅して，煉瓦の積み方を比べてみると，それだけでも興味深い．窓の配列が，煉瓦の積み方とみごとに調和しているものもあれば，いい加減に積んでいるものもある．左官仕上げをすることを前提とした煉瓦の壁体であれば，強度さえあればよいのであるから，ラフな積み方がいけないわけではない．しかし，煉瓦の大きさを単位として，窓の配置などが巧妙に寸法調整されたエレベーションからは，設計への熱意がにじみ出てくるものである．

［深尾精一］

4-3　軸力で荷重を伝達するアーチ構造

【テーマ】アーチ　　　　　　　　　　　　　　　　　　　　　　　　　　　　　　4　構造・構法・生産

●軸力で荷重を伝達するアーチ構造

建物重量や構造体に作用する地震力などの外力は，おもに「軸力」「曲げ」「せん断」の3種類の力によって部材から地盤へと伝達されていく．曲げ応力によって力を伝達する機構（曲げ系）は，部材断面の最外端の応力度が最大になる一方，断面中央部分は必ずしも大きな応力を負担していないのに対し，全断面が均等に働くという点で軸力によって力を伝達する機構（軸力系）のほうが効率がよいといえる．

アーチ構造は，鉛直方向荷重をおもに軸力によって伝達する形態である．「煉瓦」や「石」といった材料は，圧縮に対しては高い耐力をもつが引張に対して非常に弱いという性質がある．こうした材料の特性を活かしながら大スパン空間を形成するには，軸力系，とくに圧縮力により力を伝達する「アーチ構造」はまさにうってつけの構造である．

曲線がパラボリック（＝2次関数曲線）なアーチは，等分布鉛直方向荷重に対して曲げモーメントがまったく生じない架構を作ることができる．一方で，カテナリー（懸垂線：catenary）は，架構単位長さ当たりに等分布荷重が作用するときに部材に曲げモーメントが生じない曲線形状である．すなわち，糸を2点で固定して垂らしたときに自然に形成される形状であり，実際にはライズがある程度大きければ，パラボラアーチに近似できる．

●アーチの歴史

アーチの起源についてはさまざまな説がある．西アジアにおいて，紀元前7000年頃にその萌芽がみられるとか，アーチ橋は紀元前4000年ごろのメソポタミア地方にその原型があるなどの説がある．紀元前800年ごろにはエトルリア人によってイタリアへ伝えられ，ローマ時代で多くの実例が残されたともいわれている．スペインのセゴビアに残るローマ時代の水道橋，俗称「悪魔の橋」や，南フランス・ニームのガール水道橋などの巨大な石造アーチには魔法のような不思議な威力さえ感じられる．

アーチにおいても，さらにその発展形であるドームにおいても，脚部で外側へ開こうとする力，スラストの処理方法が構造上の大きなテーマであり，それはデザインにも影響を与えている．脚部に重い基礎を作りその重量でスラストに対抗する方法，脚部を引張材で結び力を相殺する方法，アーチを並べて隣り合うアーチどうしの横力を消しあう方法などがスラスト処理方法として用いられている．

ゴシックの教会建築ではアーチのスラストを押さえる要素としてバットレスが多用され，その時代の形態の象徴となった．交差リブヴォールトとバットレスの組合せにより屋根面を構成するアーチを点で支持し，柱に荷重を伝達することで壁面の開放が可能になった．アーチの形状は，エジプトなどわずかな例外をのぞいて半円形が支配的であったが，この時代には先のとがった尖頭形が用いられるようになった．平面が長方形でも対角に半円形のリブアーチを架け，四辺の尖頭アーチとの間を薄い屋根材で埋めればいいことになる．高さを増した身廊部アーチの脚部に生じるスラストを処理するために，側廊を越えた高い位置にフライングバットレスが用いられ，それが尖頭アーチとともにゴシック建築の外観を特徴づけている．

●ガウディとアーチ

アーチそのものの形態に合理性を求め，部材に曲げモーメントを生じずスラストも小さくなる形を追求し，ゴシック建築とは一線を画した教会建築を目指したのが，スペインの建築家，アントニ・ガウディである．アーチに曲げモーメントを生じることなく，純粋に圧縮力だけで重量を伝達させるには，その形状が限定されることは前述の通りである．

実際の建物では，どこでも同じ重量ということはない．そこでガウディは鎖のそれぞれの場所に実際の建物重量に見合った比率のおもりをぶら下げて形を確定して，それを写真に撮り，上下を反転してスケッチを作成した．ガウディの行った合理的な形状決定のプロセスは，実際の建物の状況に見合った条

件で，曲げモーメントを生じずスラストの少ないアーチを基本とした形態を生み出すことができる．

いまだに工事が継続されているサグラダ・ファミリア聖堂については，その専任彫刻家である外尾悦郎氏の近著『ガウディの伝言』（光文社，2006）に興味深い記述がある．完成には程遠いと思われていたこの教会も，最近では2020年代の完成を目指すと公言されていて，1980年代からは多くの部分にコンクリートを使用している．170～175 m にも及ぶイエスの塔を，マリア，4人の福音書家，12人の使徒の塔が囲み，合計18本の塔と，その後陣の建物，聖堂本体で構成されるこの教会は，実験による形状決定の考え方を継承することで，特異な装飾とは裏腹に力学的な合理性に裏づけられている形状となっている．コンクリートの使用には違和感をもたないわけではないが，ガウディのイメージした空間が完成し，それを体験できる可能性があるとなると興奮を禁じえない．

● **鉄骨によるアーチの発展とサーリネン**

1770年代のイギリスに端を発し，欧米各国に広がった産業革命は，生産様式と社会生活の変革をもたらした．製鉄業も A. ダービー1世が考案したコークス高炉によって発展し，1779年にはアイアンブリッジが完成した．世界最初の鋳鉄橋といわれるこの橋は，スパン約 100 ft の半円アーチで構成されている．さらに，反射炉，パドル炉などの発明を通じて，錬鉄の量産体制が整い，それにつれて鉄骨造の建築も増え，アーチ，トラスなどを用いた大スパン建築にも応用されていった．この時代のアーチの代表作は1889年のパリ博機械館である．梁せい 3.3 m のトラスアーチによって 115 m が一跨ぎにされ，その高さは最高部で 45 m であった．19世紀半ばには転炉が考案され，改良を重ねて高品質の鋼を生みだし，圧延技術と結びついて大量の圧延型鋼を世に送り出した．強度の高い材料を得てアーチは大きく飛躍し，20世紀にはいると建築のさまざまな要素に応用されていったが，その象徴ともいえる建造物がエーロ・サーリネンによるジェファーソンメモリアルアーチである．

1910年フィンランドに生まれ，アメリカにわたって成功した建築家エーロ・サーリネンの作品は，TWA空港ターミナルの自由な形態をもつシェル構造などにみられるように，単に新しい構造技術を応

■1 ジェファーソンメモリアルアーチ（© Creative Commons）

用するだけでなく，それをデザイン的に消化し，斬新なアイディアを加えて，他に類をみない独自の美しい造形に仕立て上げている点に建築としての価値がある．

ジェファーソンメモリアルアーチもそうした例のひとつである．アーチは三角形断面で，二重の鉄板とその間に打設されたコンクリートで構成されている．外側に 12～19 mm のステンレス板を，内側には鋼板を貼って，両者によりできる厚み 19～90 cm の空間に 91 m の高さまでコンクリートを打設している．自重についてはカテナリーアーチによって無理なく基礎まで伝達できるが，強風，とくにアーチと直交方向の風に対しては，地面からの片持ち梁として抵抗する必要がある．三角形の大きさは脚部で一辺 17.3 m，頂部で 6.18 m．アーチの断面が上にいくにしたがって小さくなっているのは，支えるべきアーチ重量が小さいという力学的理由のほかに，見付け面積を減らし風荷重を小さくしようという意図があると考えられる．さらにデザインに軽快感を与えるうえでも自然な形態であり，アーチを実際以上に高く感じさせるという効果もあるだろう．

アーチは二つの脚部からそれぞれ別々に建てられていった．それぞれがアーチの頂点を目指して斜めに伸びていくが，片側 161 m までは片持ち梁として転倒せずに自重を支持することができるので，この高さまではアーチに対してサポートなしで工事を行うことができる．それ以上の高さについては，2本のアーチ材間に倒れ止めとして突張り材を入れ，さらに施工が続けられた．

［小堀　徹］

4-4 鉄が先かコンクリートが先か

【テーマ】複合構造　　　　　　　　　　　　　　　　　　　　　　　　　　　4　構造・構法・生産

●はじめに

　建物の構造が鉄の建物とコンクリートの建物で，どちらが先に世に出現したかについて問われたとき，なんとなくコンクリートが先と思っている人が多いのではないかと思う．その理由としては，たとえば20世紀初頭に竣工したエンパイアステートビルのような，いかにも剛強そうな建物はたぶんコンクリートでできており，一方，20世紀後半に出現した日本の柔構造の超高層ビルは鉄骨造が主流であることから，そのような見方がされるのではないかと思う．しかし，これはもちろん誤りである．エンパイアステートビルの主体構造は鉄骨であり，それにカーテンウォールとして煉瓦が用いられているだけである．冒頭の問題についていえば，1779年にはイギリスでアイアンブリッジが，あるいは1851年にはクリスタルパレスが竣工しているのに対し，ジョセフ・モニエが鉄筋コンクリート（以下RC）の特許を取得したのが1867年であることから考えても，鉄が先と考えるのが妥当のようである．

●構造形式の系譜

　それでは次に，近代建築の構造形式がどのように進化を遂げたかについて，その系譜を考えてみることにしよう．

　近代以前の建築の構造形式は，木造と煉瓦造に二分される．そして，木造は軸組構造の起源であるのに対し，煉瓦造は壁式構造の起源であるとするのは，おおむね受け入れられるところであろう．それではさらに進めて，鉄骨造は木造から軸組構造を継承したのに対し，RC造は煉瓦造から壁式構造を継承したとするのはどうか．これは，いろいろ書物をひもといてみると，どうも少し違うようである．RC造という新構法が発明された時，当時の技術者の関心は，この技術で長大橋がより経済的に架設できないか，あるいはそのために，RCを用いた梁理論をいかに確立するかに向けられていたようである．鉄骨のラーメン構造を代替するものとして，RC造のラーメン架構法が考案され，その柱と梁をつなぎ耐震性を向上させるものとして耐震壁が出現したとするのが順序のようである．

●常識の嘘の事例

　異形鉄筋と丸鋼：　似たようなことはまだまだある．たとえば，異形鉄筋と丸鋼について，昭和40年代初頭を境として，それ以前は丸鋼であったものが異形鉄筋にとって代わったと思っておられる方が多いのではないか．しかし，じつはこれも間違いである．RC造に用いられる鉄筋は，もともとは異形鉄筋が主流であった（■1）．それが関東大震災を境に，日本のみ丸鋼が主流となった．そして，昭和40年代初頭になり，ふたたび主流が異形鉄筋に戻ったというのが正解である．

　免震構造は先端技術か：　少し話しが飛んで恐縮だが，「Windows」がコンピュータ利用の大衆化に及ぼした貢献は計り知れない．しかしそれでは「Windows」の技術が考案されたのはいつ頃か，ご存じだろうか．「Windows」特有のマウスによるオペレーションの起源は，1968年にアメリカ人ダグラス・エンゲルバートがアメリカの学会で，3000人の聴衆を前に行ったデモが最初といわれている．当時すでに「マウス」も開発されていたのであるが（■2），時期的にずいぶん早いと感じられる方が多いのではないだろうか．

　似たような例はわれわれの分野でもある．「免震構造」は地震防災技術としては，きわめて完成度の高い決定版的技術である．そして，それは20世紀後半に考案されたきわめて新しい先端技術と考えている方が多いのではないか．しかし，実際には免震構造の基本的な考え方はかなり昔から存在したのである．

　たとえば，日本工業倶楽部会館などの設計で知られる横河民輔は，濃尾地震が起こった翌1892年に『地震』という本を執筆している．その中に，「地震に対する構造の種別」として「耐震構造」と「消震構造」の二つがあることを述べている．「耐震構造」は柱と梁を頑丈な壁でつなぐことにより建物が地震

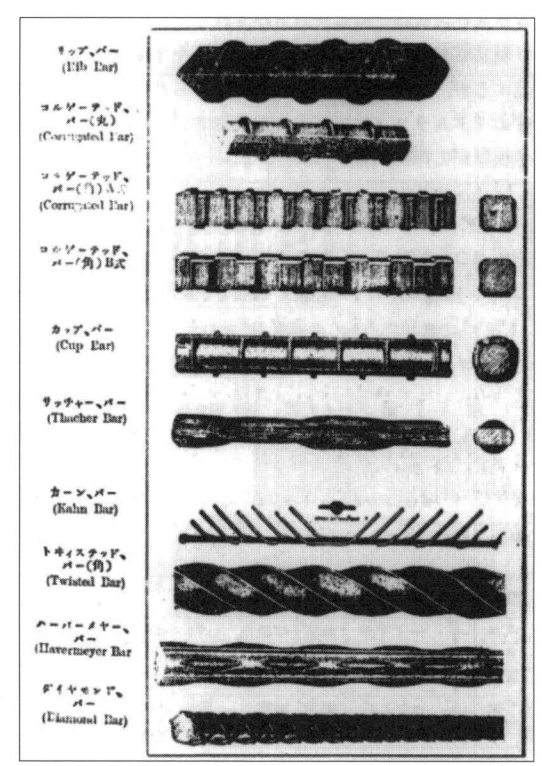

■1 関東大震災前によく用いられたアメリカ製の異形鉄筋の例[4]

■2 1960年代中頃にエンゲルバートがつくったマウス[5]

に耐えるようにする方法である．一方，「消震構造」は建物の基礎と地盤の間に鉄丸などを敷き詰めて，地震の揺れが建物に入らないようにする方法である．「消震構造」は「地震に対する柔軟主義である」と横河は述べているが，これはまさに免震構造の原点といえるのではないかと思われる．

煉瓦造は地震に弱いか：煉瓦造が地震に弱いというのも，関東大震災以降語り継がれてきたことではあるが，これも事実とは異なる．たとえば，三菱1号館，法務省，日銀本店などは，ほぼ同時代に建設された煉瓦造の建物であるが，これらはいずれも関東大震災ではほとんど無傷であった．というのは，これらの建物は，1891年に起きた濃尾地震の経験を踏まえた耐震補強が施されており，たとえば三菱1号館では，地震時にとくに最も弱いとされる最上階の窓上部分に3枚の鉄片が目地中に埋め込まれており，面外への崩落を防ぐための巧みな工夫がなされていたのである．

● 関東大震災が及ぼしたもの

さて，以上のようにみてくると，関東大震災以降の施策がその後の日本の建築のありさまに及ぼした影響はきわめて大きいことに気づく．たとえば，①煉瓦造は耐震性が劣る，②鉄筋は異形より丸鋼のほうが耐震的に優れている，③超高層建物は地震に弱い（高さ31mの規制）などであるが，これらはいずれも，いままで述べてきたことを考慮すると，当時としても科学的根拠の乏しいものであったと思われる．むしろ，地震により荒廃した首都復興を，経済性の観点を優先して効率的に進めるために，多様な技術の可能性を意図的に規制したとも思えるのである．そしてこれらの施策が，その後小さな窓に腰壁といった外見的にいかにも重々しい多くの建物を生みだし，結果として日本の都市の原風景に多大な影響を与えることになったと思えるのである．

● 最後に

以上，構工法の歴史を振り返ったとき，われわれが日常的になんとなく常識と考えていたことが，実際には異なることを述べた．

われわれ技術者はややもすると，科学的合理性に目を奪われがちであり，過去の歴史的経緯に関心をもつことは比較的少ないように思われる．しかし，そのような歴史的経緯を眺め直したとき，常識とは異なる新しい事実に遭遇することも少なくない．「鉄が先かコンクリートが先か」をテーマに，過去に思いを馳せてみるのもまた，興味深いことと思われる．

［稲田達夫］

文献
1) 三菱地所編（1998）：丸ノ内ビルヂング技術調査報告書．
2) 内藤多仲（1965）：日本の耐震建築とともに，雪華社．
3) 横河民輔（1891）：地震，金港堂．
4) 西澤英和（1994）：東洋英和女学院中等部校舎を巡って．建築と技術「施工」，11月号，No.349．
5) ハワード・ラインゴールド（1987）：思考のための道具，パーソナルメディア．
6) 藤本盛久（2001）：構造物の技術史，市ヶ谷出版社．

4-5　鉄骨の座屈とコンクリートの座屈

【テーマ】座屈　　　　　　　　　　　　　　　　　　　　　　　　　　　　　　4　構造・構法・生産

●崩　壊

建築構造物が力を受けるとき変形が生じるが，ある点で突然別の変形が生じ急激に変形が増大することがある．構造物全体や部材に生じるこの現象を座屈とよぶ．座屈には局部的に部材の抵抗力のみが低下する場合と構造物全体の抵抗力が低下する場合がある．後者の場合，構造物の崩壊につながる場合があるので，大変危険である．たとえば雪荷重により鉄骨体育館のトラス屋根に座屈が生じ崩壊する例があげられる．一方，地震力により柱・梁や筋交いに座屈が生じるとき，構造物の不静定次数が高くて鉛直荷重による転倒モーメントが小さく，構造物全体の座屈が生じなければ，不安定となり崩壊することはほとんどない．

●座屈と細長さ

鉄骨部材は重量当たりの強度（比強度）が高いため，鉄筋コンクリート（RC）のようなコンクリートからなる材に比べて，材が細くなり座屈が生じやすい．しかし，コンクリートからなる材でも，鉄骨鉄筋コンクリート構造やコンクリート充塡鋼管構造（CFT）では，材が細長くなる傾向があり座屈が生じやすいため，注意が必要である．

鉄骨部材の座屈には，曲げ座屈，局部座屈，横座屈，曲げねじれ座屈などあり，コンクリートからなる部材でも，鉄骨部分の局部座屈を含めて同様の座屈が存在する．一般に座屈とは，曲げ座屈をさす．

軸力を受ける両端ピンの棒材は，圧縮力の増加とともに，材は軸方向に縮むが，ある荷重に達すると棒は突然横方向にはらみだす．このような現象を曲げ座屈といい，座屈が生じるときの荷重をオイラー荷重とよんでいる．曲げ座屈荷重の大きさは座屈長さの2乗に反比例する．両端ピンの柱の座屈長さは材長であり，材の境界条件に応じて座屈長さは変化する．■1に地震により生じた立体トラスの個材の曲げ座屈，■2に軸力を受ける角形鋼管の局部座屈を示す．局部座屈を生じた角形鋼管の板要素は波うっており，板要素の幅と板厚の比（幅厚比）が小さいほど座屈荷重は大きくなる．

●構造設計

従来日本では剛節骨組が主流であり，しかも地震力が大きいため断面寸法や板厚が大きく，柱や梁の細長比は諸外国に比べて小さい．したがって，常時荷重としての鉛直力に対する曲げ座屈のみで設計が決まることは少ない．1次設計とよばれる許容応力度設計のほかに，2次設計や限界耐力計算では地震力に対して構造物の終局的な耐震安全性を検討するので，座屈を含めた部材の終局耐力や変形能力が検討される．

最近では構造デザインが多様化し，剛節骨組以外のたとえば梁端ピン接合の構造が日本でも使われてきており，純粋な曲げ座屈は生じなくても，地震力に対して鉛直力による付加曲げにより，不安定現象が生じやすくなるので，注意して設計しなければならない．1994年のアメリカのノースリッジ地震では，梁端ピン接合のRC構造の駐車場における外柱が大きく曲がり，崩壊する被害が発生している．

骨組の座屈に対する設計は，通常部材の設計により行われる．一方，立体トラス構造物（■1）のような大空間構造の設計では，構造物全体の座屈が問題になるので，設計において数値解析による座屈の検討が行われる．またアトリウム等におけるように構造物の一部に長柱が使われる場合も，柱の座屈長さを決めるときに構造物全体の座屈が問題になる．建築構造物や工作物において座屈長さは座屈耐力に大きな影響を与える．圧縮材等の座屈長さは一般に設計者が補剛状況をみて判断して決められる．また材端部の境界条件をもとに座屈長さを決めるときも，施工誤差を考慮して安全側に設定されなければならない．過去に座屈長さの取り違えにより大事故が発生しているので，注意が必要である．

●繰返し荷重と座屈

圧縮力と曲げを単調に受ける部材に座屈現象が存在するが，同様に静的繰返し力および動的な力に対しても特有の座屈現象が存在する．通常，設計では

■1　立体トラスの個材の曲げ座屈（筆者撮影）

単調静的な力を構造物にかけて応力計算を行うが，地震時には荷重が繰り返し作用するので，繰返しの効果を考慮する必要がある．静的繰返し加力時のみに現れる座屈に似た不安定現象の例として，軸力と繰返し水平力を受ける片持柱中間部の1方向への水平変形の累積現象[1]や耐力低下を生じるピン接合柱を有する骨組中間層の1方向への水平変形の累積現象[2]があげられる．

●新しい構造設計

構造物に座屈が生じると耐力の低下が大きく，座屈後の変形能力は期待できないことが多い．座屈時の耐力や変形能力は，初期不整や偏心の影響を受けやすく，耐力や変形能力のばらつきが大きい．そこで許容応力度設計では座屈応力に対する安全率は，他の応力の安全率に比べて大きくとられている．

構造物の耐力や外力に対する安全率を確率理論や統計データを用いて，合理的に定める限界状態設計は，耐力や変形能力のばらつきが大きい座屈に対する設計では有効であると考えられる．また性能設計では，目標性能レベルを設定して設計を行い，動的解析等により地震時の応答を求め，躯体や非構造部材・設備等の性能の検証を行う．鉄骨構造では性能レベルを4段階設定しているが[3]，そのなかのレベル3，4では，座屈による被害も想定している．このため，座屈等で決まる梁，圧縮材，柱の耐力と変形能力のデータベースも作成されている．

●補剛材の設計

座屈耐力を上昇させる最も有効な方法は，補剛材を適切に設計して配置することである．座屈を生じる部材に塑性変形能力を期待する場合は，補剛材の強度・剛性を大きくしなければならない．また補剛

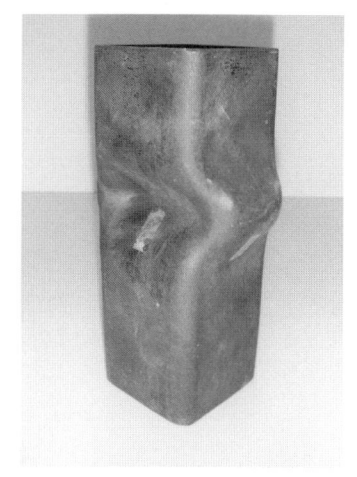

■2　角形鋼管の局部座屈（筆者撮影）

位置や補剛方法は対象となる構造により変化するので，初期不整等を考慮しながら最適な補剛設計を行う必要がある．

●座屈を生じた部材の補修

鉄骨柱・梁に局部座屈が生じた場合，補強プレートをあてたり部分的に厚肉の鋼管に置換したりする[4]．横座屈に対しては変位が小さい場合は横変位を加熱矯正してから横座屈止めを新設するか，横座屈・曲げねじれ座屈が顕著な場合，部材を交換する．筋交い材が座屈した場合は筋交い材を交換する．

●新しい構造と座屈

今後ますます鋼材やコンクリートが高強度化されることが予想されるが，部材量が少なくなって座屈が生じやすくなるので，とくに柱の設計の際には注意が必要である．また，木質構造の大型化や地球温暖化の防止，地域への活性化をめざして，木質材料と鋼，コンクリートとの合成（ハイブリッド）構造が実用化されている．木質材料には集成材が用いられ，ラーメン構造となる場合が多い．木質と鋼，コンクリートのハイブリッド構造は力学的性状は単一材料の性状と比べて複雑であり，座屈性状を含めて今後明らかにされていく必要がある．　　　［内田保博］

文献
1) 上谷宏二・中村恒善（1992）：日本建築学会構造系論文報告集，No.438，105-115．
2) 内田保博ほか（2000）：日本建築学会構造系論文報告集，No.529，151-158．
3) 日本建築学会（2005）：鋼構造性能設計ガイドライン，シンポジウム資料，215p，日本建築学会．
4) 日本建築防災協会構造委員会（1991）：震災建築物等の被災度判定基準および復旧技術指針（鉄骨造編），102p，日本建築防災協会．

4-6 地震に強いコンクリート建物

【テーマ】RC構造　　　　　　　　　　　　　　　　　　　　　　　　　4　構造・構法・生産

●**古い鉄筋コンクリート建物には耐震上危険な建物が多い**

　鉄筋コンクリート建物は，遮音性に優れているので，共同住宅・病院など静寂を必要とする建物に適している．また，耐火性・耐久性に優れているので，持続性ある都市づくりには欠かせない構造形式である．一方，鉄筋コンクリート構造の弱点は，重いことである．地震力は建物の質量に比例するので，地震に対しては慎重な設計が必要になる．

　鉄筋コンクリート構造に関する耐震設計基準は，1971年と1981年の二度にわたって大きく改正された．したがって，1971年以前の建物には耐震上危険な建物が多く，1971年から1981年までの建物にも危険な建物がかなり存在する．都市の再生のためには，こうした建物に耐震補強を施すことが必要である．

●**壁は地震に強い**

　鉄筋コンクリートに限らないが，建物の耐震性能の基本は，「強い」ことである．大きな水平力を加えてもびくともしない建物は，大きな地震に耐えられる．■1(a)のようなプラスチックの柱を考えてみよう．この柱の上下を指でつまんで，■1(b)のように力を加えると柱は曲がってしまう．一方，■1(c)のようなプラスチック製の下敷きに矢印のような力を加えてもほとんど変形しない．建物の中で耐震壁はこの下敷きのように地震に強く抵抗する．5階建て以下の共同住宅では，柱をまったく設けないで，壁だけで床を支える「壁構造」という構造形式がある．1995年の阪神・淡路大震災を含め，壁構造の建物はほとんどの地震でほぼ無被害であった．古い建物の耐震補強でも，壁を増設することが非常に有効である．壁の代わりに■2のようなブレース（斜め材）で補強する場合もある．ブレースは柱と違って地震力に圧縮・引張りで抵抗する（つまり■1(b)のように曲がったりしない）ので，壁と同じく地震時に変形しにくい．つまり建物を強くする働きがある．

●**中高層建物では連層耐震壁が有利**

　1階から最上階までつながった壁を「連層耐震壁」という．低層建物では壁が連層でなくても大きな効果があるが，中高層建物では，連層耐震壁が有利である．連層耐震壁を含む建物が大きな地震力を受けて変形する様子を■3に示す．建物全体にひび割れが入って不気味に思われるかもしれないが，免震建物でもないかぎり，大地震時にある程度の損傷が生じるのはやむをえないのである．むしろ，1階から最上階まで，各階の変形が均等に生じていることに注目されたい．これは，連層耐震壁が心柱のようにがんばっているからである．この建物で1階だけ壁がなかったとすると，地震による変形は■4のように1階に集中し，ぺしゃんこにつぶれてしまう場合もある．1995年の阪神・淡路大震災でもそのような被害例が多く見られた．詳しくは文献（市之

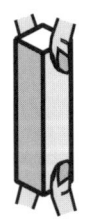

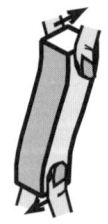

(a)　変形前の柱　(b)　変形後の柱　(c)　耐震壁
■1　柱と壁（筆者作成，以下同じ）

■2　古いコンクリート建物をブレース（斜め材）で補強した例（著者撮影）

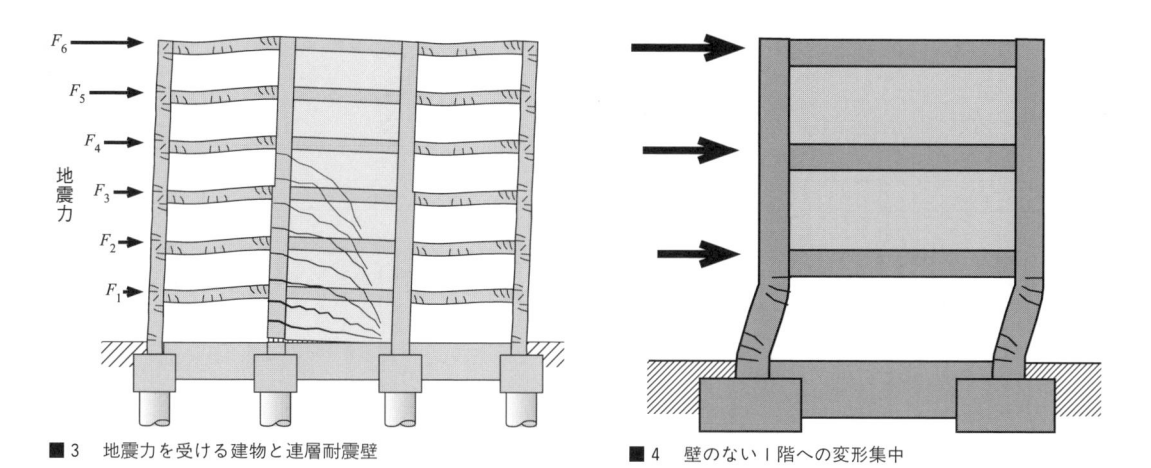

■3 地震力を受ける建物と連層耐震壁

■4 壁のない1階への変形集中

(a) 柱の断面　　(b) せん断ひび割れ　　(c) 上部の落下
■5 柱のせん断破壊

(a) 壁に穴を開ける　(b) 繊維カバーを貼り付ける　(c) 繊維帯を巻く
■6 柱の補強例

瀬敏勝（2000）：鉄筋コンクリート構造，共立出版）を参照されたい．

●柱を補強する方法

鉄筋コンクリートの柱は，通常，■5(a)のような断面をしている．縦方向の鉄筋を主筋，主筋を巻くように配置された鉄筋を帯筋とよぶ．1971年以前の建物では，帯筋が不足している場合が多い．このような柱では，地震力によって■5(b)のように斜めのひび割れが発生し，上の階が■5(c)のようにずれ落ちるケースがある．これは「せん断破壊」とよばれる現象で，人命の喪失にもつながる危険な破壊である．このような破壊を防ぐための方法として，鉄板や炭素繊維，アラミド繊維などを柱に巻きつけるという手法が多く用いられている．柱に壁が取り付いていて，単純な巻きつけ工法が適用できない場合については，■6のような補強方法も提案されている．いずれにしても，引張りに強い材料で柱を巻くことによって，せん断破壊を防ぎ，地震に粘り強く抵抗することが可能になる． [市之瀬敏勝]

4-7　より高くを目指して―エッフェル塔から超高層へ

【テーマ】鋼構造　　　　　　　　　　　　　　　　　　　　　　　　　　　4　構造・構法・生産

●はじめに

中世以前の高層建築は，主として教会の塔やモニュメントなど，空間を作り出すものというよりはむしろシンボルとしての建築であった．近代に入ると，単にシンボルとしての高さではなく，居住空間自体が高さを増してくることになる．高さを獲得してきた背景には，建築構造に関する技術進歩のみならず，機械設備の進歩，経済・社会の変化などさまざまな要因を考えねばならないが，ここでは，建物が高さを獲得してきた道のりを主として建築構造技術の観点からみてみることにする．

●組積造から鉄骨造へ

高さを大きく獲得したひとつの大きな要因は，鉄という新しい材料にあった．鉄が最初に構造材料として用いられたのは，1779年イングランドに建設されたアイアンブリッジであるとされている．この橋の材料となった「鋳鉄」は，大きな引張力に耐えられない材料であったため，建物の高さを大きく向上させる力とはならなかった．しかし，その後1700年代後半から1800年代前半には，引張力にも耐えることのできる「錬鉄」や，さらに強くしなやかな「鋼」の工業的製造法が確立し，これらによって建築物は高さを獲得することになった．

最初に高さの面で秀でたのは塔という構造物としてであった．1889年に錬鉄と鋳鉄を用いて建設されたエッフェル塔（高さ312 m，建設当時，旗部を含む）は，建設当時世界最高の構造物であったワシントン記念塔（1884，組積造，高さ161 m）を大きくしのぐものとなり，1851年のクリスタルパレスとともに鉄の時代の到来を告げることになった．

●摩天楼の出現と発展

高さの面で考えると，すでに1800年代には教会建築の中に100 mを超えるものが多くあったし，商業建築でも組積造によりトリビューンビル（1874，高さ79 m）に代表される高層建築が建設されている．ただし，壁で建物を支える組積造では，下層にいくほど壁が厚くなり，空間も窓も小さくなってしまい，高層にしたとしても商業空間としての魅力には欠けるものとならざるをえなかった．

この制限を打ち破ったのが鉄骨骨組による高層建築である．鉄骨骨組の架構は，壁を建物を支える役割から解放してきわめて薄いものとすることを可能にし，上層から下層まで，広い窓と広い空間を確保できるようになった．最初に鉄骨骨組ですべての荷重を支えた建物はホームインシュアランスビル（1885，高さ42 m）である．この建物は高さの面ではとくに飛躍があったわけではないが，鉄骨骨組による超高層建築の時代を開いたものという意味で，初めての摩天楼（skyscraper）とされている．これ以降，摩天楼の建設はラッシュを迎え，エンパイアステートビル（1931，高さ381 m）によりひとつの頂点を迎えることになる．

●より軽くより高く

初期の摩天楼は，密に配置した柱と壁によって，水平剛性を確保していた．しかし，この構造形式では高層になるほど多くの柱が必要になり，十分な空間が取れなくなる．組積造の高層ビルがかねて直面していたこの問題に，鉄骨構造の超高層も直面することになった．

この問題に対し，ファズラー・カーン（Fazlur Kahn）は，柱を建物の外周に集中して配置し，建物全体を箱形断面のチューブとすることで，より強く，より経済的で，さらに建物内部に広い空間をもつ超高層を実現することに成功した．ジョンハンコックセンター（1969，高さ344 m，■Ⅰ）の設計でチューブ構造の有効性を証明した彼は，さらにチューブを組み合わせた構造によりシアーズタワー（1974，高さ443 m）を設計し，これが以後24年間，高さ世界1位に君臨することになった．

●耐震超高層ビル

日本では関東大地震（1923）の翌年，その被害調査に基づいて耐震基準が定められたが，これは基本的に建物を剛強として耐震性能を確保するという考えに基づくものであった．しかし高層になればなる

ほど，建物は柔らかくなり，剛強にするのは困難になるため，この設計基準のもとでは超高層を設計するのはほぼ不可能であると考えられた．

すでに昭和初期に真島健三郎らが主張していたように，建物を柔らかくしても耐震性を確保できる可能性は認識されていた．これを実現可能にしたのが地震データの蓄積と計算機技術の発達である．これらにより建物の地震時応答が詳細に検討できるようになり，1968年，日本における超高層ビルのさきがけといわれる霞ヶ関ビル（高さ147 m）が建設された．高さ60 mを超える建物という意味では，これ以前にもホテルニューオータニ（1964，高さ72 m）やホテルエンパイア（1965，高さ68 m）があるが，霞ヶ関ビルはこれらを2倍以上上回った．

● 高強度コンクリートの登場

前述のように，鉄骨骨組により高さを向上させてきた摩天楼であったが，鉄筋コンクリートによる初の摩天楼（インガルスビル，1903，高さ65 m）も建設されており，その後も徐々に高さを獲得してきている．鉄骨に比べると強度に劣るなどの理由により，高さの面ではつねに遅れをとってきた鉄筋コンクリートであるが，近年では高強度化が進み，鉄筋コンクリートの超高層，あるいは鉄筋コンクリートと鉄骨の合成構造が多く現れている．

1998年にシアーズタワーから世界一の座を奪い取ったペトロナスタワー（高さ452 m）は，高強度コンクリートを用いた鉄筋コンクリート構造である．また，2007年現在世界最高を誇る台北101（2004，高さ508 m）は鉄骨と鉄筋コンクリートの合成構造（CFT構造）となっている．

鉄筋コンクリート構造は，鉄骨構造に比べ建物の剛性が高いため，揺れが少なく居住性に優れるとされており，とくに住宅を主目的とする超高層は鉄筋コンクリート造とする傾向が強くなってきている．高強度コンクリートの登場によって，鉄筋コンクリートが超高層建築の重要な役割を担うようになった．

● 制振装置による揺れの克服

このように鋼や鉄筋コンクリートという材料の強度向上によって建物は高さを獲得してきた．しかし建物が高層化してくると今度は水平剛性の確保が困難になり，風による振動が問題となってきた．振動を続ける建物の中で生活するのはきわめて不快であ

■1 ジョンハンコックセンター（撮影：E. Kvelland）

り，超高層ビルとしての価値を大きく損なうためである．この問題の解決には，材料剛性の向上が必要であるが，これは現在のところ難しいと考えられている．そこで考えられたのが，建物に新たな装置を付加して，振動を吸収する方法であった．このような装置を一般に制振装置とよぶ．

制振装置には，きわめて多くの種類があるが，とくに超高層の振動を制御する代表的なものの一つは建物上層部に巨大な錘を吊り下げて，その錘から，建物の揺れと反対方向の力を得ることによって振動を抑制しようとするものである．現在日本一の高さの横浜ランドマークタワー（1993，高さ296 m）や，世界一の高さの台北101にはこの装置が設置されており，わが国を含め，とくに台風や地震の影響を大きく受ける地域の超高層ビルを実現するための必須技術となっている．

［伊山 潤］

文献
1) Theodore, V. *et al.* (1995)：Basic Steel Design with LRFD, Pretince-Hall.
2) Salvadori, M. (1980)：Why Buildings Stand Up, W. W. Norton.
3) Tauranac, J. (1996)：The Empire State Building：The Making of a Land Mark, St. Martin's Griffin.
4) Doherty, C. A. and Doherty, K. M. (1995)：The Sears Tower, Blackbirch Press.

4-8　構造工学としての超高層建築

【テーマ】超高層建築　　　　　　　　　　　　　　　　　　　　　　　　　　　　4　構造・構法・生産

●合理的な架構計画

　超高層建物の構造体にとっての最大の役割は，建設工事に伴い柱・梁・床スラブや仕上げ材などを揚重することにより建物に蓄えられた位置エネルギーを安全に保ち続けることにある．それは地上部建物重量を重心位置まで持ち上げるエネルギーである．一方，地震動により建物に入力するエネルギーは，建物を数cmから数十cm持ち上げる程度のエネルギーであり，両者には桁違いの差がある．とくに水平変形が加わった状態で巨大な位置エネルギーを保持することが，構造体に大きな負担を強いることになる．構造体の位置エネルギーは建物が高くなるほど大きく，中低層建物に比べて超高層建物ほど構造設計が難しいのはこのためである．したがって，超高層建物にとって合理的な架構計画は，必須の条件であり，不合理な力の流れを強いる架構計画は，それを補うために部材断面の増加や構造部材の追加が必要となることに加えて，安全性の低下を招く原因となる．

●耐震設計の考え方

　1960年代に入り，日本の復興も本格化するとともに都市の高層化への要望が高まり，1962年には建築基準法の高さ制限（31m以下）が撤廃され，それを契機に日本にも超高層建築時代が始まった．超高層建物の耐震安全性は，建築基準法施行令による確認申請ではなく，日本建築センターにおける学識経験者による事前審査を受けた後，建築基準法38条に規定される大臣認定を取得する方法で検証されてきた．超高層建物は，当初から建物モデルに地震波形を入力する時刻歴応答解析を行い，耐震性能を判定してきている．その設計目標は中地震動（レベル1地震動）に対しては構造体が損傷を受けないように弾性範囲にとどまり，大地震動（レベル2地震動）に対しては地震後も引き続き使用できるように，構造骨組が終局耐力以下にとどまり，層間変形が1/100以下でかつ層の塑性率が2.0以下などである．これらのことから一般建築物に比べて1.3～1.5倍高い耐震性能をもつと考えられている．耐震性の検証には，過去の大地震の観測波形のなかから標準波として定着した地震波を，レベル1で最大速度値 V_{max} が25cm/s以上に，レベル2で50cm/s以上になるように波形振幅を拡幅して用いてきた．2000年の建築基準法の改正により，これらの標準波に加えて，一定の最大応答値が生じるように作成した模擬波が加わった．また，地震学や地震工学の発展を背景に，大地震により建設地で想定される地震動を作成して用いるようになってきた．

●耐震構造から制振構造へ

　超高層建物の構造耐震安全性は，地震波を入力する動的応答解析により検証しており，そのときの解析技術で十分な精度のモデル化が可能なように架構計画がなされていた．したがって，当初はモデル化の精度のよい柱と梁のみで構成される純ラーメン構造やチューブ構造が多かった．その後，解析技術とコンピュータの性能が向上すると，超高層建物にも，中高層建物で用いられてきた鋼板耐震壁や耐震ブレースなどの耐震要素を取り付けた連層耐震壁付ラーメン架構などが採用されるようになってきた．

　超高層建物における耐震設計は，当初から一般建物と比べて高い耐震性能を設定していたが，建物自重を支える柱と梁からなる架構の余力を利用して，地震入力エネルギーを吸収するもので，倒壊にいたらなければ構造体に損傷が蓄積することを許容するものであった．

　1995年の阪神・淡路大震災以降，鋼構造超高層建物のほとんどに制振構造が採用されるようになった．この制振構造は制振部材により地震入力エネルギーを吸収して構造体の損傷を低減し，大地震後も継続使用を目指すものである．制振部材としては，塑性履歴減衰を利用した低降伏点鋼製パネルや座屈拘束型ブレースなど，高分子材料の粘性減衰を利用したオイルダンパーや高粘性流体制震壁などが開発されている．

■1 日本で初めて超高層建築の制振補強工事を実施した静岡県庁東館（右が補強後） 東海・東南海地震に備え，防災拠点としての役割を果たすため，通常の超高層ビルの1.5倍の地震動に対して安全なように制振補強を行った（写真提供：日建設計，撮影：SS名古屋）

● 高強度材料の開発によるRC造超高層住宅の普及

1990年代に入ると高強度のコンクリートと鉄筋を用いたRC造超高層住宅が数多く建設されるようになった．当初は高さ100m以下のスパン5～6mで整形な純ラーメン構造であったが，高さも150mを超え架構形式もチューブ構造や連層耐震壁付架構など多様化してきた．このような高層化，多様化を可能にしたのは，100 N/mm²を超える高強度コンクリートの開発や800 N/mm²級の高強度鉄筋の使用にあり，鋼構造超高層建物と同等の長周期化，高耐力を実現している．しかしながら，RC造超高層住宅では地震入力エネルギーを構造体のエネルギー吸収能力に依存するものが多く，今後は，構造体の損傷の低減を目的に免震構造や制振構造を採用するものが増えてくると思われる．

● 長周期地震動への対策

近い将来の来襲が想定される東海・東南海・南海地震等の巨大地震に襲われると，東京，大阪，名古屋などの大都市は沖積層の厚い堆積平野にあり，数秒から10秒に卓越周期をもつ長周期地震動が発生し，数分から10分近くゆれ続けることが指摘されている．

長周期地震動は，「特定の周期帯」に固有周期が含まれる超高層建物に対して，想定を上回る大きな応答を生じる可能性がある．他の周期帯では，層間変形などの最大値は標準波とほぼ同じになるが，入力エネルギーが2～5倍に大きくなりそうである．やや大きな残留変形が残ることや，設計時の想定を超える層間変位による外装材の破損等が生じる恐れがある．

これまでの超高層建物の設計は，応力や変形などの最大応答値が限界値以下にあることを検証する設計を行ってきた．長周期地震動は，最大値の検証に加えて地震動による建物への入力エネルギーに対する構造体のエネルギー吸収能力の検証が必要である．超高層建物のエネルギー吸収能力を増やすには制振構造が有効である．

● 長寿命化に向けて

1960年から70年代に建設された初期の超高層建物のリニューアル工事が行われている．その当時の耐震設計は，梁降伏型構造が一般的であり，地震時に梁端部が損傷を受けることを許容するものであった．近い将来に想定される東海・東南海・南海地震などの長周期地震動に備えて，長寿命化には構造体の損傷を低減することが必須であり，リニューアル工事の際に，構造体についても制振補強などによる高耐震化が行われるようになるであろう．

［北村春幸］

4-9 溶接欠陥を探す

【テーマ】超音波探傷　　　　　　　　　　　　　　　　　　　　　　　4　構造・構法・生産

●溶接とは

　製品や構造物など何か「もの」を製作するには，いくつかの工程がある．「もの」の大小を問わずその工程は，おおむね材料の切断，成形，接合といった加工の繰返しである．このうち接合工程は，溶接に代表される熱的手段，ボルト接合に代表される機械的手段，接着に代表される化学的手段，などに分類される．溶接は，鋼などの金属材料の加工に一般的に適用され，製作上不可欠の技術として重要な位置を占めている．

　接合は，接合面の原子または分子の間に引力が働く程度の距離まで接合面を接近させることによって実現される．両接合面の原子や分子の接近を最も簡単に実現するには，接合面を溶融することにより容易となる．溶融に必要なエネルギーを得る手段は，電気的，化学的，機械的，超音波，光などがあり，工業化されている．とくに，電気的手段による方法は，アーク現象を応用したアーク溶接として，鋼や金属の接合に広く普及している．通常，溶接という言葉はアーク溶接をさしている．鋼などの金属材料の溶接は，アーク熱で接合材や溶剤（溶融充填のための鋼や接合金属および作業性能や溶接部品質を向上させるための化学成分）を溶融し，接合面を再凝固させることである．溶接は，いわば製鋼所で鋼や金属材料を大量に生産することと同じ作業を，局部的にごく小規模に限られた条件の悪い場所で行うことにほかならない．原則として，溶融および再凝固が可能な接合面は，溶接接合が可能であるが，完全な接合はできないと知るべきである．溶接接合による溶融金属・接合面およびその周辺の熱履歴を受けた部分は，溶接部とよばれる．

●欠陥とは

　工学でいう欠陥とは，使用目的に従った規格や仕様書などで規定された判定基準を超えて不合格となる「きず」のことをいう．したがって，使用目的や仕様書などに規定されていない「きず」の存在がわかっても欠陥とはいわないし，判定基準を超えていない「きず」も欠陥とはいわない．「きず」は，その周辺で材質（冶金）的や形状的に一様性が乱れる異常箇所をいい，寸法的にミクロなものからマクロなものまでを対象とする．また，目視可能な表面に現れているものと，材や部材の内部に存在して目視が不可能なものに分類される．さらに内部に存在する「きず」は，断面に傾斜して存在し，平面的であったり立体的であったりするなどさまざまである．これらのミクロからマクロまでの「きず」の存在をいかなる手段で知るかが問題となる．

●「きず」を探す

　目視で存在のわかる「きず」は，寸法などの計測が可能であればよい．しかし内部の「きず」は目視できないし，破壊して調べれば製作した意味がなくなる．使用目的を損なわずに「きず」を調べる方法を非破壊試験という．この試験法は，電磁波（X線，γ線，紫外線，可視光線，赤外線，マイクロ波），中性子線，機械的振動（振動，音響，超音波），磁気，熱，電気などの物理的エネルギー，および電磁誘導，浸透，漏洩などの物理現象が利用されている．非破壊試験では，対象の材質や目的の「きず」に応じて，一つまたは複数の方法が採られる．一般的に用いられている方法に超音波探傷試験（UT試験：ultrasonic test）と放射線透過試験（RT試験：radiographic test）がある．UT試験は，耳に聞こえない高い周波数（通常1～10MHz）の超音波パルスを探触子（振動発生源）から被検体に入射させ，進路に「きず」があると入射超音波の一部が反射されて探触子に受信される現象を利用し画像化して，「きず」の存在位置および大きさを非破壊的に知る方法である．RT試験は，胸部や胃のレントゲン検査でよく知られているように，放射線の吸収，透過の差異を影絵写真として検出し，被検体内部の異常を調べる方法である．

●鋼構造の溶接

　鋼構造の製作に用いられる溶接は，①構造物に作用する主たる力学的挙動に対処するための溶接，②

構造物を構成する部材を形成するための溶接，③種々の形態を組み立てるための溶接，の3種に分類される．①の溶接は，建築基準法施行令および告示（1464号）で性能や仕様が規定され，力学的要求性能は日本建築学会鋼構造設計規準で規定されている．②，③の溶接に関しては，日本建築学会鉄骨工事技術指針で仕様が規定されている．

鋼構造で使われるおもな溶接法はガスシールドアーク溶接で，ほかに被覆アーク溶接，ノンガスシールドアーク溶接，サブマージアーク溶接，エレクトロスラグ溶接，スタッド溶接などがある．これらは溶接機器（発熱装置）の違いである．また，その接合面の形状から突合せ溶接と隅肉溶接がある．突合せ溶接は，接合材の断面に開先（グルーブ：groove）を設け，溶融金属で埋める方法である．一般には表裏から開先を設けるか裏はつりをして表裏両面から溶接する．鋼構造では被接合面が部材表面の場合が多く，接合材だけに適当な開先と裏当て金を設けるレ形開先として，片面から溶接することが多い．隅肉溶接は，部材どうしが交差する部材表面でできる隅部に溶融金属を盛る方法である．それぞれの溶接方法に従事できる溶接技能者は，日本工業規格（JIS）で規定された資格の所有者に限定されている．鋼構造に特有な溶接に特化させた資格として，AW検定協議会資格があり，普及している．

●**溶接部の非破壊検査**

鋼構造の主要な構造部材の溶接部は，接合材（部材）と同等の力学的性能（耐荷性能，変形性能，切欠き靱性）を要求されている．溶接部は熱履歴を受けるから，部位により最高到達温度が異なり結晶構造が不連続となる．これらの不連続部は，原質部（接合材），熱影響部（HAZ，接合材が750℃以上1500℃程度の熱により変質），溶接金属部の3部位に分類される．とくにHAZは性能が低下するのが一般的である．優秀な技量をもつ資格者が溶接したとしてもミクロの「きず」の存在は不可避である．溶接部は，溶融させた金属を凝固させながら積層を重ね，所定の開先部や隅部を盛り上げてできる．この単一の盛上げをビードという．ビードを重ねるため，そのビードや境界に「きず」が発生しやすい．これらの総称を溶接欠陥という．溶け込み不良，融合不良，ブローホール，割れ（凝固収縮により起こる）などの呼名の欠陥が発生する．

■1 超音波探傷試験

溶接部の欠陥は，外観検査と超音波探傷試験（■1）で調べられる．外観検査ではビード形状，余盛り高さ，のど厚不足，アンダーカット，オーバーラップ，ピット，溶け落ち，割れなどが目視試験や浸透探傷試験により調べられる．溶接内部は，フィルムのセットが不可能なこととX線発生装置の設置スペースがないなどの制約からRT試験はできないので，UT試験で行われている．超音波には縦波，横波，表面波などがあり，これらを波動の物理現象に基づいて駆使し，「きず」を探す．超音波パルスを発生・受信し画像化する装置は，超音波探傷器といい，いまはデジタルに構成されていて扱いやすい．超音波は探触子により入射するが（入射角により垂直法，斜角法などがある），大気中は伝達しないので，接触媒質（水やグリセリン，油など）を介して行う．試験の目的に適した探触子（波動の種類，入射角，振動数などにより異なる）を選択し，幾何学的に「きず」の位置や長さを検出する．欠陥は，炭素鋼については日本建築学会鋼構造建築溶接部の超音波探傷検査規準で，ステンレス鋼についてはステンレス構造建築協会超音波探傷規準で判定する．一般的にはJISで超音波探傷試験に関して規定されている方法による．しかし，欠陥の寸法精度の信頼性は高くはないし，種類を判別するまではできない．また，隅肉溶接の内部を調べる方法はない．今後の技術向上が望まれる．

なお，判定基準で不合格となった欠陥は，再製作や補修により取り除く．一般に補修は予定外の作業で，かつ局部的な作業となるので，本溶接よりも高度の施工能力が要求され，特別な配慮が必要である．

[橋本健一]

4-10 脆性破壊はなぜ怖いか

【テーマ】脆性破壊　　　　　　　　　　　　　　　　　　　　　　　　　　　4　構造・構法・生産

●脆性破壊とは

　脆性破壊（brittle fracture）は延性破壊（ductile fracture）の対義語である．金属材料の引張試験を行うと，降伏した後，塑性ひずみが進行し，やがてくびれ（necking）が発生し成長しながら荷重が低下していく途中で破壊が起こる．これが延性破壊である．これに対して，脆性破壊は，くびれが生じることなく，いわば，外見上，前兆なしに破壊する現象である．

●脆性破壊の発生条件

　ガラスや陶器のようにもともと脆い材料は脆性破壊するが，延性のある金属材料においても，ある条件が整うと脆性破壊することがある．その条件とは，①亀裂の存在，②引張応力の存在，③破壊靱性の不足，の3条件がすべてそろうことである．このなかの一つでも排除すれば，脆性破壊を防止できることになるが，それは必ずしも容易ではない．亀裂というのは，初めからキズや溶接欠陥（割れや融合不良）が存在している場合だけでなく，荷重を受けて溶接止端などのひずみ集中部に生じる延性亀裂あるいは繰返し荷重による疲労亀裂も考えておく必要がある．破壊靱性の不足というのは材料がもともと脆い場合だけでなく，溶接熱影響によるHAZ（heat affected zone）の脆化や塑性加工による材料の脆化，厚い板における塑性拘束，および高速載荷によるひずみ速度の上昇や周辺温度の低下によって材料が脆化することも関係する．大型の溶接構造物は脆性破壊の3条件がそろいやすいので注意が必要である．

●過去の脆性破壊事故

　脆性破壊は前触れもなく起こり，しかも音速を超える速さで亀裂が伝播するので大事故につながることが多い．記録に残っている最も古い脆性破壊事故は1886年に水圧テスト中に全壊したアメリカ・ロングアイランドの給水塔（リベット構造）である．1938年には，ベルギーのアルバート運河に架かるフィーレンデール橋（溶接構造）が冬の早朝にひとりでに突然脆性破壊を起こし三つに分裂して運河に転落した．1944年にはアメリカ・クリーブランドで液化天然ガス貯蔵用の球状タンクが脆性破壊し，死者128人の大惨事となっている．脆性破壊の事故例で最もよく知られ，その後の研究に大きな影響を与えたのは，第2次世界大戦中にアメリカで大量生産されたリバティ型全溶接船の脆性破壊である（1943～46）．4694隻のうち1289隻が破壊事故を起こし，そのうち233隻は損傷がひどく，さらに10隻は静かな海上で突然大音響を発して真っ二つに割れて沈没した．

　建築鉄骨には脆性破壊が起こらないと楽観視されていたが，1994年，アメリカ・ノースリッジ地震で約100棟の柱-梁接合部に脆性破壊が生じ，翌1995年兵庫県南部地震で神戸市を中心に約100棟の鉄骨の柱-梁接合部およびスーパーストラクチャー形式の高層住宅の柱に脆性破壊が生じた（■I）．幸い，これらの脆性破壊は建物の倒壊を引き起こさなかったが，その後，日米双方で脆性破壊を考慮した耐震設計に関する研究が精力的に行われた．

●脆性破壊の見分け方

　脆性破壊を起こした材料の破面は板の表面に垂直で，破面近傍にはくびれが生じていない．また，肉

■I　鉄骨の脆性破壊[1]

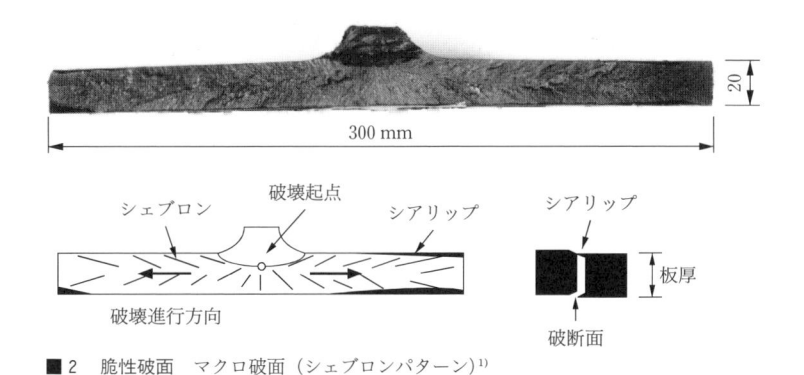

■2 脆性破面 マクロ破面（シェブロンパターン）[1]

眼で観察したマクロ破面には，■2のような方向性をもったはげしい凹凸模様がみられ，これをシェブロンパターン（chevron pattern：山形模様）という．脆性破壊はシェブロンの末広がりの方向へ伝播している．したがって，シェブロンを逆に辿っていくと脆性破壊の起点を見いだすことができ，そこが脆性破壊の引き金となった亀裂の先端である．なお，板表面近くの破面にはシアリップ（shear lip）とよばれる延性破面が生じることがある．これは，表面付近では塑性拘束が弱いため，せん断応力度が最大となる面（表面から45°の傾きをもった面）が延性破壊したものである．

脆性亀裂が伝播した部分すなわちシェブロンパターンの部分を走査型電子顕微鏡で1000倍くらいに拡大して観察したミクロ破面には，■3のようなリバーパターン（river pattern）とよばれる川の流れに似た模様がみられる．これは，結晶粒を次から次へ引き裂きながら破壊が進行してできる痕跡である．このため，脆性破壊は劈開破壊（cleavage fracture）ともよばれる．以上のように，破壊後に残された破面を観察し，破壊形式や破壊原因を調べることをフラクトグラフィ（fractography：破面解析）という．

● 建築鉄骨の脆性破壊

日本の鉄骨造建築物が脆性破壊を起こしたのは1995年の兵庫県南部地震による被害が最初である．このときの脆性破壊は，橋梁や船舶などと異なり，くびれは生じないものの，かなり大きな塑性変形を経た後に破壊が生じている．実験室で行われた脆性

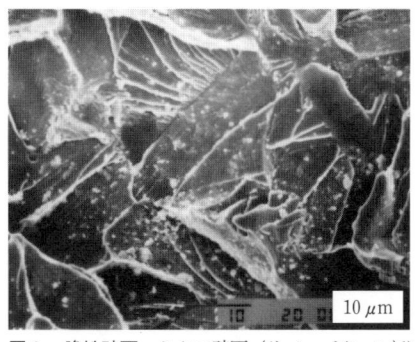

■3 脆性破面 ミクロ破面（リバーパターン）[1]

破壊の再現実験により，塑性変形の途中で起こる鉄骨の脆性破壊には次のような特徴があることが明らかにされている．①溶接割れなどの予亀裂がなくても脆性破壊すること，②載荷途中に鋼材表面のひずみ集中部（たとえば溶接止端やスカラップ底など）に先行発生した延性亀裂が引き金となって脆性破壊が開始すること，③低温でなくても室温でも脆性破壊すること，④衝撃あるいは高速載荷でなくても静的載荷でも脆性破壊すること，⑤繰返し載荷のみならず一方向（単調）載荷でも脆性破壊すること，などである．鉄骨の脆性破壊についてはまだ研究の歴史が浅く，今後の研究成果が期待されている．

［桑村 仁］

文献
1) 桑村 仁（2002）：鋼構造の性能と設計，pp. 267-276，共立出版．
2) 阪神・淡路大震災調査報告編集委員会（編）（1997）：阪神・淡路大震災調査報告，建築編3，pp. 129-161，日本建築学会（丸善）．
3) 北川英夫・小寺沢良一編（1977）：フラクトグラフィ，pp. 61-78，培風館．

4-11 進化するトラス

【テーマ】トラス構造　　　　　　　　　　　　　　　　　　　　　　　　　　　　　4　構造・構法・生産

● トラスの構造原理は人工的なもの

　トラス構造は，力学的に卓越した性能をもっていることは周知の通りだ．スパンが大きければトラス，さらに拡大すればアーチトラス，ラーメン構造に剛性が不足していればブレーストラス，平面的広がりが大きいときは立体的トラス，スペースフレーム，三角形はいつでもどこでも多くの建築に応用されてきた．何か構造的に困った問題とか，構造システムの決定に迷いがあるときに，トラスにするとたいていは問題を解決してくれる．

　しかし，不思議なことに三角形をきちんとつくり上げた自然の造形物は皆無である．トラスの構造原理は，100％人工的なものである．同じものに四角形をベースにした六面体がある．これも自然の造形物には存在しない．もともと自然界の生態的必然性には，直角とか平行，60度という規則性はない．だから，三角形とか四角形を対象に構造の安定性を考えるときは，幾何学や数学，力学に基礎をおかざるをえないのである．町の中にトラスの歩道橋などがあると，何か違和感があるのは，そのためだと思う．建物の外壁面に配置されたX形のブレースも，あまりにも人工的なため異様さを感じるものである．

● ラーメン構造を補剛するトラス

　産業革命以後の近代建築のなかで，三角形と四角形は特別に優遇されてきた．私たちの身近にあるほとんどの建物が四角形，ラーメン構造である．三角形を基本とした構造は力学的な合理性をもち，突出して安定したものであるが，四角形は逆に，力学的にはもっとも不合理な構造である．しかし，直角と平行の六面体は，床，壁，天井を簡単に作りだすことができ，人間の生活に適応しているから，構造的には問題だらけでも何でもラーメン構造ということになってしまった．

　四角形のラーメン構造の欠点を補うために，その構面内にブレースを入れる．その構面に限っていえばトラス構造にしてしまうのだ．RC構造における耐震壁や木造のパネル構造は，トラスの応用例である．トラスの本質的にもつ合理性を，ラーメンというあやふやな構造と合体させたハイブリッドだともいえる．建物全体をトラスで構成したのでは，機能的に使いづらいから，必要最小限にトラスを導入しようという考え方である．

● 正六面体に内蔵される正四面体

　■1の写真Aは，正六面体で12本の部材で正方形を六つ構成して立体的空間を形造る．これが一般的なラーメン構造の原型である．部材の接合部の強度が支配的で，そこが脆弱だと横から押せば，パタンと倒れてしまう．そこで，写真Bのように，六つの構面に斜材を入れると，一挙に安定した構造になったようにみえるし，事実，もとの正六面体よりはるかに安定する．この斜材は，外力の方向によって圧縮か引張のどちらかに限定されるので，圧縮の場合は座屈しないように曲げ剛性の大きな部材が必要だし，引張しか働かなければ，細いワイヤーとかロッドで十分だ．引張材を高強度なものにして断面を小さくすると，外力が生じたとき引張材が伸びる分だけは，フレームは変形するから，先にそのワイヤーを引張っておき（プレストレスト），あらかじめフレームを人為的に逆変形させることもできる．張弦梁構造の原理である．軽快なトラスであれば，このプレストレストの概念は大変役に立つものだ．

　写真Cは，三角形の構面にパネルを入れた場合で，必ずしも斜材は線材ではなく，面材であっても有効だ．RCの壁であっても，パンチングメタルのようなものでもトラス効果を発揮する．必要に応じてパネルの配置は自由だ．

　構面に入れるのではなく，中央に向かってパネルを入れていくと，正六面体はまったく違う幾何学的形態へと変化を始める．写真Dは1枚目，順次，2枚，3枚と増やすごとに正六面体の内部空間は自在に変化する．そして写真Fのように4枚のパネルを入れ終わると，そこには正六面体に内接する正四面体が出現する．

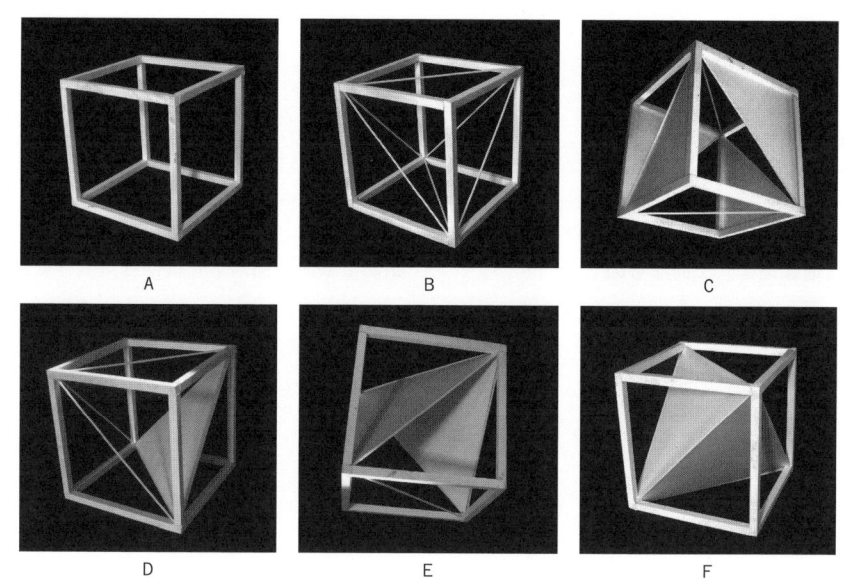

■1 A：正六面体（ラーメン構造の原型），B：正六面体の各構面にブレースを入れる（トラス構造の原型），C：構面に面材を入れてトラス剛性を高める，D：正六面体の構面ではなく，中央に向かって斜めに1枚の膜面をつくる，E：2枚の膜面を入れた場合，F：4枚の膜面を入れると正六面体の中に正四面体が存在していたことがわかる．

● 正四面体は宇宙最小の構造システム

三角形や正四面体について，アメリカが生んだ巨人，バックミンスター・フラー（1895-1983）がいっている．「三角形には，最小の努力，最小のシステム，最小の多角形，最小の多面体，最小の概念，最小の思考がそれぞれ反映されており，その結果自然にしっかりした構造になってしまうのだ．概念の世界に現れたこれらの六つの最小限状態は，大きさや時間とはまったく無関係だ．だから三角形だけからなる正四面体は，宇宙最小のシステムであるばかりか，宇宙最小の構造体である」．

このフラーの有名な分析は，三角形，トラスの本質をみごとにいいあてている．

● ハイブリッドな展開

いま，正六面体に潜んでいた正四面体を露呈させることに成功した．立体幾何学の世界では，一つずつの図形がばらばらに存在しているのではなく，すべてが相互に関連し合い，内接し，外接している．もはや，ラーメンとかトラスとかで仕切ること自体がナンセンスであり，それらが混合し，複合化して新たなる構造体を生み出す時代になった．

ハイブリッドは，構造材料の混合，複合だけではない．構造システムのハイブリッド化は，現在のコンピュータ時代になってはじめて可能になった．純粋ラーメンとか純粋トラス，純粋アーチなどサラブ

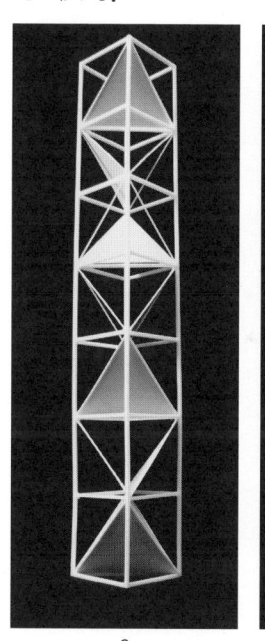

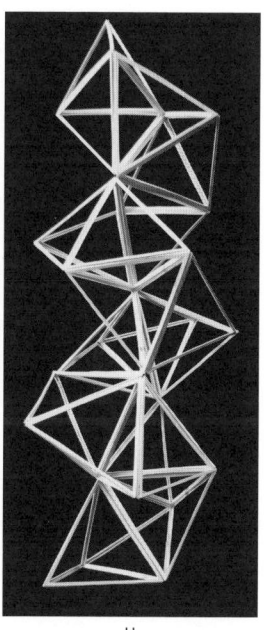

■2 G：C〜Fを組み合わせたトラス，H：正四面体を組み合わせたトラス．G，Hは，写真のようなタワー状でもよいし，水平に置いても，斜めに置いても，構造に応用される．棒状でなく湾曲させることもできる．

レッドの世界ではコンピュータがなくても設計できる．しかし，それらが巧みに複合化されたときはコンピュータがなければ設計は難しい．逆にいえば，コンピュータの出現と普及によって，新たな構造システムの領域は飛躍的に拡大し，当然，古典的トラスの世界も大きく変貌しつつある．　　　　［渡辺邦夫］

4-12 曲面が屋根を作る

【テーマ】シェル構造　　　　　　　　　　　　　　　　　　　　　　　　　　　4　構造・構法・生産

● シェル構造とは

　シェル構造（shell structure）は英語で貝殻構造を意味し，曲面板とよばれる薄い湾曲した面が構造自身を形成しているもので，理論的には板厚が平面方向の寸法に比べて非常に小さい湾曲した板と定義されている．このような薄い湾曲した板が外力に対して大きな抵抗力をもつということは，貝殻や卵の殻が薄いにもかかわらず非常に強くて硬いという日常的な経験からも容易に理解できる．また，平板にわずかなライズ（むくり）をもたせることで飛躍的に大きな平面を覆うことができることも簡単に確認することができる．

　シェル構造の特徴は，幾何学的に曲面形状をしていること，力学的には曲率の存在により面内応力によって抵抗しうる形態抵抗型構造の原理を内在していることにある．とくに曲げ応力のない面内応力だけの状態を膜応力状態といい，応力度はシェルの厚さ方向に一様に分布して全断面が有効に抵抗するので，構造物にとっては無駄のない理想的な応力状態となる．現実には完全な膜応力状態はありえず，一般に境界付近に発生する曲げ応力は境界から離れるにつれて急激に減衰するので，ほぼシェル全面で膜応力状態を実現することができる．以上が薄い板厚にもかかわらずシェル構造が大きな平面を覆うことのできる最大の理由である．

● 曲面形状と構造特性

　曲面の形状はシェルの力学特性に大きな影響をもち，これまでに幾何学（数学）的に定義されるさまざまな曲面の力学特性の研究がなされてきた．大きく分類すれば，円筒面のように一方向のみに曲率をもつ単曲面と，球面や双曲放物面（HP面）のように2方向に曲率をもつ複曲面に大別され，複曲面のうち球面のように曲率が同じ方向に反っているものを正曲面，HP面のように逆の方向に反っているものを負曲面という．理論的には主曲率の積で定義されるガウス曲率がゼロ，正，負に対応している．曲面の形状により力学特性は大きく異なり多岐にわたるので紙面の都合上ここでは割愛する．一般的にいって曲面の抵抗能力は複曲面のほうが単曲面より優れ，また正曲面のほうが負曲面よりも優れている．

　ここに曲面の簡便な作り方としては2通りあり，一つの曲線（母線）をこれと同じ平面内にある1本の回転軸まわりに回転させてできるものを回転曲面，一つの曲線（母線）をこれと直交するもう一つの曲線（導線）上を移動させてできるものを推動曲面という．これらの単純な幾何学的操作により，母線，導線は幾何学的に単純な曲線が採用されるにもかかわらず，円筒面，球面，楕円面，放物面，双曲面，放物双曲面などさまざまなバリエーションの曲面形状が得られる．これらの曲面は，その全体あるいは一部を切り取ることによって，シェル構造として大きな平面を覆う屋根構造に利用することができる．

● 20世紀のシェル構造

　従来のシェル構造が幾何学的に把握しやすい曲面形状を採用したのは，そのほうが構造計算が容易になり力学特性が把握しやすいこと，また，作るうえでも容易になることなどからである．しかし，実際にはそれほど簡単な話ではなく，多くの難題を解決する必要があった．1930年代以降になると，曲面の力学特性の研究や鉄筋コンクリート（RC）が普及するにつれて，いろいろな形状をしたRCシェルの曲面屋根が次々と実現されるようになった．とくに1950～60年代にかけては，コンクリートの可塑性を最大限に利用した造形的に魅力のあるRCシェルが一斉に花開き，構造表現主義の時代として20世紀の建築史において特筆すべきものとして記憶されている．

　代表的な作品には，エドアルド・トロハ設計の「アルヘシラスの市場」（球面シェル，1932），フェリックス・キャンデラ設計の「ソチミルコのレストラン」（HPシェル，1957），丹下健三＋坪井善勝設計の「東京カテドラル聖マリア大聖堂」（HPシェル，1964）などがある．これらのRCシェルはそれ

■1 瞑想の森 市営斎場 自由曲面シェル，2006年（撮影：SSC）

それ最初に実現された近代ドームとしての記念碑的シェル，驚異的な薄さとフリーエッジによる類いまれに優美なシェル，シャープな外観と圧倒的な内部空間をもつシェルとして知られ，優れた建築作品としていまでも高く評価されている．また，これらの構造合理主義によるシェルとは異質な方法で造形的可能性を求めた特異解として，エーロ・サーリネン設計の「TWA空港ターミナル」（厚肉疑似シェル，1962）がある．曲面形状は幾何学的というより自由曲面に近く，彫刻的でダイナミックな造形表現のRC造の曲面屋根である．

この展開をみると，静的で安定した球面（正曲面）から開放的でシャープな印象のHP曲面（負曲面）へ，さらにダイナミックで造形的な自由曲面へと，近～現代人の嗜好にあわせて時代とともに曲面の形態が確実に推移していく様子をみることができ，建築表現と時代の感性との相関関係を示す歴史的な事実として非常に興味深いものがある．いずれにしても，これらのシェル構造による曲面屋根は，四角いビル建築の立ち並ぶ都市空間の中で独特のスカイラインを形成しており，その美しい姿を今日でも私たちは目にすることができる．

● 21世紀のシェル構造

21世紀を迎えた現代において，自由，複雑，不定形，流動的，有機的といった特徴をもつ新しい3次元的な建築構造の創造は，近代の呪縛から建築を解放し，建築という領域を拡張するうえで，いまや国際的にもコンテンポラリーなテーマになりつつある．しかし，それを真に合理的に実現するためには，力学と美学を統合した数理的な形態デザイン手法が必要である．それは生物の進化や自己組織化などの原理を工学的視点からとらえ，コンピュータ内で力学的に合理的な構造形態を創出するもので，新しい3次元的な建築構造の創造への応用が試みられている．その応用例のひとつが感度解析手法による自由曲面シェルの形態デザインである．

このような新しい構造デザイン手法により曲面の形が決定され実現されたRC造の自由曲面シェルのひとつの事例に，伊東豊雄＋佐々木睦朗設計の「瞑想の森 市営斎場」（自由曲面シェル，2006）がある．構造的には40年前に消えたRC連続体シェルを現代的に進化させ復活させることを試みたもので，建築的には都市あるいは都市近郊の風景に溶け込む，より現代的な感性表現の曲面屋根をつくることを試みた建築作品である．現代の著しいコンピュータ発展を背景にした情報技術や解析技術などの高度利用を通して，こうしたインフォーマルな形態をした曲面屋根をいま私たちは実現できる時代を迎えているのである．

[佐々木睦朗]

4-13 システムを診る

【テーマ】システム同定　　　　　　　　　　　　　　　　　　　　　　　　　4　構造・構法・生産

●システムとは何か

　システム同定とは，特性のわからないある物体に対して，なんらかの入力を加え，その結果返ってくる物体からの応答（出力）を観測し，その出力から，あるいはそれら入力と出力との関係から，物体の特性を推定することであるといえる（■1）．そこで「システム」とは，「ある特性をもった対象物」といいかえられる．

　ここで注意しなければいけないのが，対象物はさまざまな特性をもっているということである．建物であれば，一般にシステム同定で推定される固有振動数や減衰定数（あるいは剛性や減衰係数）以外にも，質量，強度，材質，体積，高さ，形状，さらには色など，その建物を特徴づける無数の特性が存在する．これらのうち，どの特性を知りたいのかということを明確にしてはじめてシステム同定を行うことができる．それは，何を知りたいかによって，加える入力，観測する応答，推定の手法などがすべて違ってくるからである．

　すなわち，「システム」という言葉には，われわれはその対象物の何を知りたいのかという意味が含まれている．

●システムのモデル

　システム同定は対象のある特性を推定するものであるから，その特性を表現することができるモデルを選んで解析を進めることが重要である．システムを表現するモデルの種類は以下に示すようなさまざまな観点から分類することができる．

　パラメトリックモデルとノンパラメトリックモデル：パラメトリックモデルとはなんらかの有限なパラメーターで表現されるモデルをさす．たとえば，各次の固有振動数・減衰定数・刺激関数をパラメーターとした周波数応答関数，システム行列の各要素をパラメーターとした状態方程式と観測方程式からなる状態空間モデル，時間遅れ演算子の多項式の係数をパラメーターとしたARモデルやARXモデルなどの多項式モデルなどがこれにあたる．逆に，ノンパラメトリックモデルとは，インパルス応答の時刻歴波形やボード線図などのように，グラフとして表され，それを表現する数学的な式の形が与えられていないものをさす．そして，実験などによってあるシステムのインパルス応答や周波数応答関数を得ることが，それぞれのノンパラメトリックなモデルを推定したことになる．

　時間領域のモデルと周波数領域のモデル：文字通り，たとえば周波数応答関数やボード線図は周波数領域のモデルであり，状態空間モデルやARXモデルなどの多項式モデルは時間領域のモデルである．

　連続時間のモデルと離散時間のモデル：基本的に時間領域のモデルに対して適用される分類である．ARXモデルなどの多項式モデルは離散時間のモデルである．一方，同じ状態空間モデルでも，微分方程式で表されているものは連続時間のモデル，差分方程式で表されているものは離散時間のモデルとなる．実際に（パラメトリックな）システム同定を行う際には，データは離散的なデジタル値として与えられるので，必然的に離散時間のモデルを適用する必要がある．よって，連続時間の状態空間モデルも，実際のパラメーター推定の際にはなんらかの手法で離散時間のモデルに変換する必要がある．

　物理モデルと非物理モデル：パラメーターが構造物の固有振動数や減衰定数，あるいは，質量や剛性といった，物理量を表しているモデルが物理モデルである．たとえば周波数応答関数のモデルは物理モデルである．状態空間モデルも，システム行列が質量・減衰・剛性行列から構成されている場合には物理モデルとなる．一方，ARXモデルなどの多項式モデルや，ニューラルネットワークなどは，モデルのパラメーターが物理量と直接的関係がないため，非物理モデルとなる．非物理モデルの同定は対象構造物の特性値を直接推定するものではないが，予測・制御のためのモデリングや，モデルパラメーターと物理量との対応関係を導出することにより物

理的特性値の推定にも用いることができる．

●システムの推定手法

システムの特性を表現できるモデルが選定されたら，次にはその特性を評価するために，モデルが実際のシステムの挙動をよく再現するようパラメーターを最適化する必要がある．ここで，何をもってよく再現しているとするのかを示すのが評価規範であり，それを式で表したものが評価関数である．

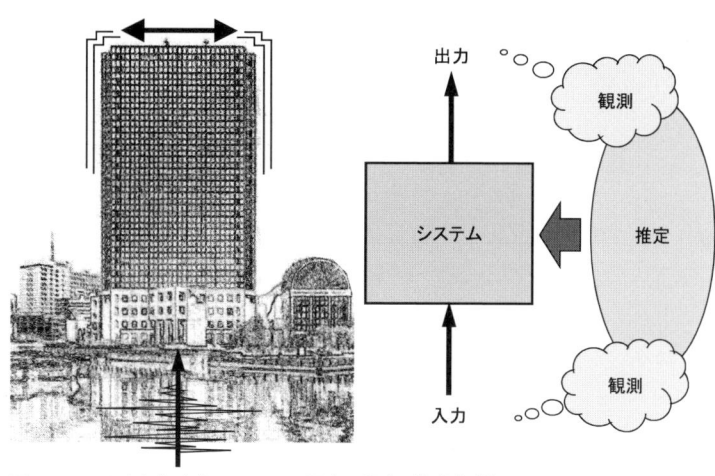

■1 システムと入出力，システム同定の概念（筆者作成）

最もよく使われる評価関数として，モデルによる表現と実際の観測値との誤差の2乗和がある．この評価関数を最小にするという規範によってパラメーターを推定する手法が最小2乗法であり，そうして評価されたパラメーターの推定値を最小2乗推定値という．

とくに観測値とパラメーターが線形の関係で表される場合には，最小2乗推定値は繰返し計算を要することなく観測値の線形結合として表される．一方，観測値とパラメーターとの関係が非線形である場合には，局所的に線形近似をしながら繰返し計算を行う必要がある．

たとえば，ARXモデルはシステム出力の観測値がモデル係数に対して線形に回帰表現されるため，線形の最小2乗法を用いたパラメーター推定が可能である．一方，同じ多項式モデルでもARMAXモデルはそのような線形回帰表現に書き直すことができないため，非線形の最小2乗法により繰返し計算を用いたパラメーター推定が必要となる．また，よく行われる周波数応答関数へのカーブフィットにおいても，未知パラメーターである固有振動数・減衰定数・刺激関数の推定は非線形の最小2乗法を用いて行われる．

●システムの推定誤差

システムの推定に用いる観測値には必ずノイズ等の観測誤差が存在する．また，設定したモデルは実際のシステムをある程度簡略化したものであるため，そこにモデル化誤差も生じている．よって，評価されたシステムの推定値はそれらの誤差に起因する推定誤差を必ず含んでいる．それがどの程度の大きさであるかによって推定値の信頼性がまったく変わってくるので，推定誤差を定量的に評価することは非常に重要である．

最小2乗法でパラメーター推定を行う場合には，推定値と同時にその誤差共分散行列が評価できるので，それを用いて各パラメーターの推定誤差の分散やパラメーター間の相関を評価することができる．またARXモデルによるモーダルパラメーター評価のように，最小2乗法で推定されるモデル係数からある関係式を介してパラメーター推定を行う場合には，誤差伝播則を用いることにより最終的な推定値の誤差共分散行列を評価することができる．

●システム同定はどう使われるか

建築構造物の設計法が性能規定型へ転換したなかで，建物のシステム同定はそのライフサイクルにおけるたとえば以下のようなさまざまな場面で使われている．①設計用減衰データベース，②制振（震）ダンパーの性能検証，③振動制御におけるモデリング，④構造ヘルスモニタリング．

とくに，今後サステイナブルな社会・都市をめざしていくにあたって，建物および都市インフラのヘルスモニタリングは重要な役割を担っているが，システム同定による建物特性の推定とそれに基づく損傷/健全性評価はその頭脳にあたる要の技術となる．

［斎藤知生］

4-14 振動方程式の魅力

【テーマ】振動解析　　　　　　　　　　　　　4　構造・構法・生産

● 1自由度系の振動

質量 m と剛性（バネ定数）k をもつ減衰のない1自由度の弾性1質点系（■Iの(a)で $c=0$ の場合）が外力を受けずに自由運動をする場合の振動方程式は，ニュートンの第2法則から次式で表される．

$$m\ddot{x} + kx = 0$$

この方程式の解は sin 関数および cos 関数で表される調和振動であり，次のようになる．

$$x = a\cos\omega t + b\sin\omega t = A\cos(\omega t - \phi)$$

ここに，ω は固有円振動数であり，$\omega = \sqrt{k/m}$ で表される．固有周期 T は $T = 2\pi/\omega$ で表される．係数 a，b，A，ϕ は，初期条件（初変位と初速度）から定まる値である．

速度に比例する粘性減衰力 $c\dot{x}$ を考えると，自由振動方程式は次式で表される（■Iの(a)は自由振動の例）．

$$m\ddot{x} + c\dot{x} + kx = 0$$

減衰がある場合の自由振動の解は，時間とともに減少する指数関数 $e^{-h\omega t}$ と調和振動の積の形となり，次のように表される（■Iの(b)，$T = 1.0$ s，$h = 0.05$ の場合）．

$$x = e^{-h\omega t}(a'\cos\omega't + b'\sin\omega't)$$
$$= A'e^{-h\omega t}\cos(\omega't - \phi')$$

$h = c/(2m\omega)$ は減衰定数，$\omega' = \omega\sqrt{1-h^2}$ は減衰固有円振動数である．減衰固有周期は $T' = 2\pi/\omega'$ で表される．減衰定数は，建築物の場合，弾性範囲で 0.02 から 0.05 程度の値であり，固有周期は減衰にあまり影響されない．

振動系に外力 $f(t)$ が加わる場合は強制振動とよばれ，振動方程式は次のようになる．

$$m\ddot{x} + c\dot{x} + kx = f(t)$$

外力が定常的な周期的調和外力 $f(t) = F\cos pt$ の場合の解は，定常強制振動の解（特解）$x_s(t) = A_s\cos(pt - \theta)$ と，初期条件を満たすための自由振動解（余関数）$x_c(t)$ の和で表される．

定常振動解の振幅 A_s は次式のように表される．

$$A_s = \frac{1}{\sqrt{\left\{1-\left(\frac{p}{\omega}\right)^2\right\}^2 + 4h^2\left(\frac{p}{\omega}\right)^2}} \cdot \frac{F}{k}$$

定常状態の振幅は，外力 F が静的に加わったときの変形 F/k に，外力円振動数と固有円振動数の比（p/ω）と減衰定数 h により定まる係数（動的倍率）を乗じた形になる．外力と構造物の振動数が一致する $p/\omega = 1$ の点を共振点という．共振点における振幅は $(1/2h)\cdot(F/k)$ であり，共振点の付近では減衰が小さいときわめて大きな応答になる．

また，基礎に地動加速度 $\ddot{x}_0(t)$ が作用する場合の外力は $f(t) = -m\ddot{x}_0(t)$ となり，振動方程式は固有円振動数 ω と減衰定数 h を用いて次のように表せる．

$$\ddot{x} + 2h\omega\dot{x} + \omega^2 x = -\ddot{x}_0(t)$$

不規則な地震動に対する解は，細かい時間刻みごとに解を近似的に定める数値積分法により得られる．地震に対する応答は，固有周期と減衰に依存する．■Iの(d)は，(c)の地震動に対する固有周期 1.0 s，減衰定数 0.05 の場合の変位応答で，固有周期が卓越している．ある地震動に対し，横軸に固有周期，縦軸に応答最大値をとり，減衰定数をパラメーターとして表したものを地震応答スペクトルといい，耐震設計において重要な役割をはたす．

● 多自由度系の振動

多層建物の振動は，一般に各層を質点とする多自由度振動系として扱われる．減衰がない場合の弾性範囲での自由振動の方程式は，次のようになる．

$$[M]\{\ddot{x}\} + [K]\{x\} = \{0\}$$

ここに，$[M]$ は質量マトリクス，$[K]$ は剛性マトリクス，$\{x\}$ は各階の変位ベクトルである．三つの質点とバネからなる3自由度のせん断質点系の場合は，次のようになる（■Iの(e)）．

$$[M] = \begin{bmatrix} m_1 & 0 & 0 \\ 0 & m_2 & 0 \\ 0 & 0 & m_3 \end{bmatrix}$$

$$[K] = \begin{bmatrix} k_1+k_2 & -k_2 & 0 \\ -k_2 & k_2+k_3 & -k_3 \\ 0 & -k_3 & k_3 \end{bmatrix}, \quad \{x\} = \begin{Bmatrix} x_1 \\ x_2 \\ x_3 \end{Bmatrix}$$

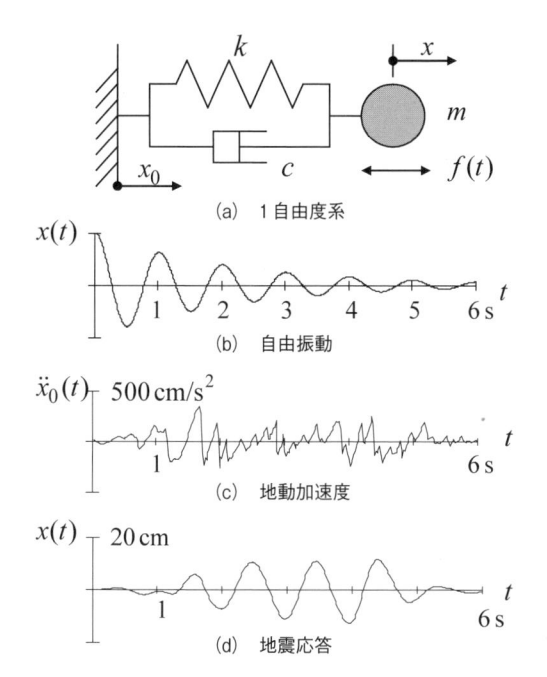

■1 1自由度系と多自由度系の振動（著者作成）

(a) 1自由度系
(b) 自由振動
(c) 地動加速度
(d) 地震応答
(e) 多自由度系
(f) 固有モード・刺激係数

多自由度系が一定の形 $\{_su\}$ を保ちながらある固有円振動数 $_s\omega$ で振動しているとき（$\{_sx\}=\{_su\}\cos{_s\omega t}$），振動方程式から次の関係が得られる．

$$[-_s\omega^2[M]+[K]]\{_su\}=0$$

上式が成り立つような $_s\omega$ と $\{_su\}$ を求めることを一般固有値問題といい，高次方程式

$$|-_s\omega^2[M]+[K]|=0$$

から，自由度数 N だけの固有円振動数 $_1\omega,\ _2\omega,\ \cdots$ が定まり，また対応する固有モード $\{_1u\},\ \{_2u\},\ \cdots$ が定数倍を除いて定まる（■1の(f)）．振動モードには，$[M]$ あるいは $[K]$ マトリクスに関する直交性という重要な性質がある．最も小さい円振動数を1次固有円振動数，最も長い固有周期を1次固有周期，対応する固有モードを1次固有モードという．1次はふつう最も生じやすい振動である．

多自由度系の振動は，各次の円振動数をもつ1自由度系の振動の重ね合わせとして求められる．地動加速度 $\ddot{x}_0(t)$ を受ける場合の振動方程式は，

$$[M]\{\ddot{x}\}+[C]\{\dot{x}\}+[K]\{x\}=-[M]\{1\}\ddot{x}_0(t)$$

この解は，減衰マトリクス $[C]$ が比例減衰とよばれる特別な形（たとえば $[K]$ あるいは $[M]$ に比例，または $[M]$ と $[K]$ の線形和（レイリー減衰）など）の場合には，次のように表される．

$$\{x(t)\}=\sum_{s=1}^{N}{_s\beta}\{_su\}{_sq_0(t)}$$

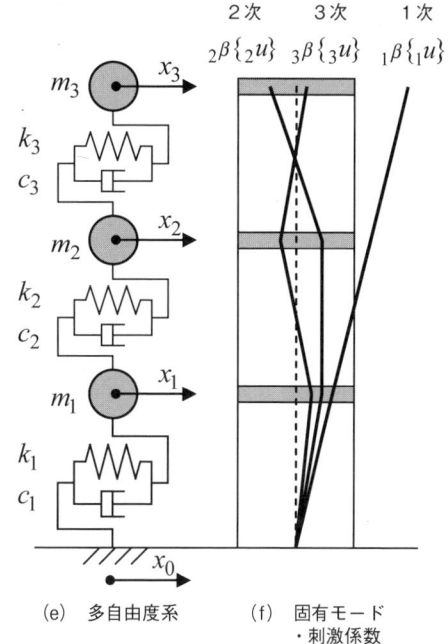

ここに，$\{x(t)\}$ は各階の変位応答，$_sq_0(t)$ は s 次の固有円振動数 $_s\omega$ と減衰定数 $_sh$ をもつ1自由度系の地動 $\ddot{x}_0(t)$ に対する変位応答，$_s\beta$ は刺激係数，$\{_su\}$ は固有モードである．$_s\beta\{_su\}$ は確定値となる（■1の(f)）．

$$_s\beta=\frac{\{_su\}^T[M]\{1\}}{\{_su\}^T[M]\{_su\}}$$

$$_s\ddot{q}_0+2_sh_s\omega_s\dot{q}_0+{_s\omega^2}{_sq_0}=-\ddot{x}_0(t)$$

●振動解析と耐震設計

構造物が弾性（線形）の範囲では上に述べたきれいな体系をもつ弾性振動論で扱えるが，強震をうけて弾塑性（非線形）の範囲に入ると，非線形復元力特性を考慮した弾塑性振動解析により扱う必要がある．高層建築物や重要構造物の耐震設計では，構造物モデルの弾塑性地震応答解析によりその耐震安全性を検討する．

また，弾塑性地震応答の概括的な性質を，弾性地震応答と関係づけて表すことがしばしばある．エネルギー一定則は，弾性地震応答と弾塑性応答の最大エネルギーが等しいとして弾塑性変形を推定するものである．また，等価線形化法は，剛性の低下と減衰の増大を考慮した等価線形応答で弾塑性応答の性質を模擬するものである．これらの性質は日本の耐震設計法のなかで利用されている．

［柴田明徳］

4-15 建築物の減衰性能

【テーマ】減衰評価　　　　　　　　　　　　　　　　　　　　　4　構造・構法・生産

●減衰とは

空気抵抗や支持部の摩擦等の影響で，振動系のもつエネルギーは時間とともに失われ，最終的に熱エネルギーとして消散される．有限境界内で定義された振動系では，必ずしも振動のエネルギーが消散されなくとも，境界外に振動エネルギーが出ていって戻らなければ，系からは事実上エネルギーが失われて振動が弱まる．いずれにせよ，着目している系の振動振幅が徐々に減少していくことを減衰とよぶ．

xを質点の変位とするとき，粘性減衰をもつ線形1自由度系の振動は下式で表される．

$$\ddot{x} + 2\zeta\omega_0\dot{x} + \omega_0^2 x = e(t)$$

第2項目のζは減衰定数とよばれ，$|\zeta|<1$である．ここに$\omega_0 = 2\pi f_0$で，f_0は固有振動数，$e(t)$は単位質量当たりの外力である．減衰定数ζが正の値で大きいほど，加振終了後の振動の減少の仕方が急激であり，かつ地震や風による応答が小さくなる．また，空力不安定振動の発生限界風速が高くなり，空力不安定振動が起きにくくなる．

建築物の減衰定数を理論的に求める方法がないため，実測結果に頼らざるをえない．しかし，結果は大きくばらつき，最も重要なパラメーターであるにもかかわらず，最も不確定な設計パラメーターであるといわざるをえない．

●建築物の減衰の原因は

減衰の主たる原因は以下のとおりである．
① 地盤と建築物の相互作用
② 構造部材，2次部材，仕上げ材など種々の建築要素の接触面での摩擦減衰
③ 構造部材の塑性化に伴う履歴減衰
④ 構造部材の内部摩擦減衰
⑤ 空力減衰
⑥ 制振装置による付加減衰

建築物がほぼ弾性範囲にある場合，最も重要なのは①の地盤との相互作用による減衰と，②の各種建築要素の接触面での摩擦減衰である．構造部材が弾性範囲を超えるような大振幅時は，③の部材の塑性化による履歴減衰の影響が大きくなる．④の構造部材の内部摩擦減衰は，結晶レベルでの滑りに伴うもので，連続体としてみた挙動は弾性であり，エネルギー損失の割合は小さい．⑤の空力減衰は，風の乱れによる風方向振動の場合，一般に小さく正減衰でもあって無視できる．しかし，きわめてスレンダーな構造物や部材の風直交方向振動の場合は，負減衰となり，自励的振動の原因となることがある．建築物になんらかの振動制御装置や制振部材を取り付けた場合は，⑥の制振装置による付加減衰も考慮できる．超高層建築物の場合，風揺れに対する対策もあって，制振装置が取り付けられる場合がかなり多い．

●動特性の非線形性

高さ約100mの鉄骨造建物の固有振動数と減衰定数の振幅による変化を■1に示した．建物頂部加速度が増加するにしたがって，固有振動数f_0が減少し，減衰定数ζが増加している．これは，②の建築要素の接触面での摩擦減衰で説明される．たとえば，ある非構造部材が構造部材と接触しているものとしよう．振幅が小さい範囲では，接触面は付着している．この状態で非構造部材が変形すると，変形に比例する復元力が働いて，非構造部材は剛性として寄与する．振幅があるレベルを超えると，接触面が滑りだして剛性を失う一方で摩擦減衰が発生する．振幅が増加すると，滑り始める接触面の数が増え，減衰定数が増加する．非構造部材の寄与による剛性は失われ，固有振動数は低下する．つまり，図に示された振幅増加による固有振動数低下と減衰定数増加の原因は同一で，「非構造部材の寄与」による．一般に，設計時の固有振動数は建設後に実測される固有振動数よりも約20％程度高いことが知られているが，これも設計時に剛性として算定されない非構造部材の寄与によるものであり，小振幅時にはこの寄与が無視できない．

●建築物の減衰を粘性減衰で表せる理由は

前述の振動方程式では，速度に比例する減衰，い

わゆる粘性減衰を仮定した．一般の建築物の中には粘性体など存在していないのに，粘性減衰で建築物の減衰が表されるのは何故であろうか．これも②の建築要素の接触面での摩擦減衰で説明できる．接触面は無数に存在し，その滑り始める振幅レベルも摩擦減衰力もバラバラである．きわめて多様な摩擦減衰が無数に集合した結果が，粘性減衰的な挙動となって現れていると解釈される．

●きわめて大振幅での減衰定数は

ある一定振幅に達すると，ほとんどすべての接触面が滑り，接触面での総摩擦力は，それ以上振幅が増加してももはや増加しない．摩擦減衰力一定のクーロン減衰の等価粘性減衰を考えればわかるように，振幅のさらなる増加は減衰「定数」の低下をもたらす．■1の例でも，減衰定数はある振幅レベルに達すると頭打ちとなり，以降減少の傾向を示している．最大減衰定数に達する応答振幅は，頂部変形角 x_H/H（x_H：頂部変位，H：建物高さ）で表すと 10^{-5}〜10^{-4}程度と非常に小さい．これ以上の大振幅では，骨組が弾性範囲にあり，新たな減衰源が現れないかぎり，減衰定数は明確に低下する．大振幅で減衰定数が増加するというのは，ある意味で妄想である．

もちろん，きわめて大振幅では仕上げ材等の損傷も発生し始めるので，新たな減衰源になりうる．しかし，これも最大減衰定数を辛うじて維持する程度と考えるべきである．

以上の結果，1次モードの減衰定数 ζ_1 を与える近似式として以下の提案がある[1]．ただし，振幅は $x_H/H < 2 \times 10^{-5}$ で頭打ちとする．

$$\zeta_1 = \frac{0.93}{H} + 470 \frac{x_H}{H} - 0.0018 \quad (\text{RC 建築物})$$

$$\zeta_1 = \frac{0.65}{H} + 400 \frac{x_H}{H} + 0.0029 \quad (\text{S 造建築物})$$

第1項目の高さ H の関数は①の地盤と建築物との相互作用の効果を，第2項目の頂部変形角 x_H/H の関数は②の建築要素の接触面での摩擦減衰の効果を反映するもので，第3項目は調整項である．

●じつは減衰定数評価手法に問題が多い

固有振動数の場合は，不適切な実験データの評価手法でも10％，20％の誤差で済むが，減衰定数の場合は，100％，200％あるいはそれ以上の誤差となりうる．減衰定数の評価における重要なポイント

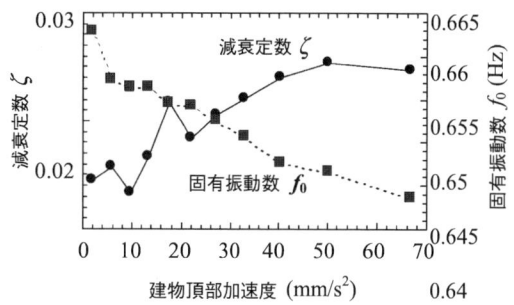

■1 高さ約100mの鉄骨造建物の固有振動数と減衰定数の振幅による変化（筆者作成）

が二，三ある．パワースペクトル密度や伝達関数を用いた周波数領域での減衰評価では，データの定常性の確認と，固有振動数のピーク付近の十分な周波数分解能の確保が必要である．定常性の確認の必要性に関しては，■1に示された動特性の振幅依存性を考えれば理解できよう．周波数分解能の重要性については，ある15階建てオフィスビル（1次固有振動数 0；76 Hz，1次減衰定数 0.6％，振動記録100 Hz サンプリング）の例で紹介する．FFTによってスペクトル密度を求めた場合，通常よくやられる1024個のデータポイント数（周波数分解能 $\Delta f \approx 0.1$ Hz）では減衰定数は4％と見積られ，2048個（$\Delta f \approx 0.05$ Hz）では2％，8192個（$\Delta f \approx 0.01$ Hz）と増加してほぼ正しい0.6％に収束する．1024個ではじつに700％の誤差であり，誤差ではなく間違いというべきであろう．残念ながら，真の値よりも大きめの実測値が報告されているのが現実である．実測は貴重なるがゆえに，間違ったデータであっても尊重される傾向がある．データポイント数の増加による減衰定数値の収束を確認したものでない周波数領域での結果は，捨て去る勇気が必要である．もうひとつは，近接固有値の問題である．従来の減衰評価方法のほとんどは，固有値の明確な分離を前提としている．しかし，建築物の場合は，必ずしもそうではない．このような場合の精度よい減衰評価には，多自由度 random decrement 法（RD法）と frequency domain decomposition 法（FDD法）が有効である[1]．

［田村幸雄］

文献
1) Tamura, Y. (2006)：Amplitude Dependency of Damping in Buildings and Estimation Techniques Proceedings of the 12th AWES Wind Engineering Workshop, Keynote Lecture, February 2-3, 2006, Queenstown, New Zealand.

4-16　応力度で設計する

【テーマ】許容応力度設計　　　　　　　　　　　　　　　　　　　　　　　　4　構造・構法・生産

● 許容応力度設計法

　建物の構造性能を確保する方法のひとつに，設計荷重・外力が作用した構造モデルの弾性解析を行い，構造部材断面に生じる応力度があらかじめ定められた許容応力度を下回ることを確認する許容応力度設計法がある．許容応力度は，材料ごとの基準となる応力度を，材料安全率で除した値として定められており，一般に，材料がおおよそ弾性とみなせる範囲にある．材料安全率は，建築基準法では，鋼材については基準強度（引張強度の 0.7 倍と降伏応力度の小さいほう）を基準として，常時荷重状態である長期荷重に対しては 1.5 以上，非常時荷重状態である短期荷重に対しては 1.0 以上の値が採用されている．また，コンクリートについては圧縮強度を基準として長期荷重に対しては 3.0 以上，短期荷重に対しては 1.5 以上の値が採用されている．

● 使用性の確保

　建物全体が，外力を除荷したときに完全にもとの状態に戻る弾性範囲（■Ⅰの Q_y までの範囲）にとどまっていれば，構造部材に損傷は生じず，設計の際に想定した荷重・外力に対しての使用性（構造物あるいは構造要素が問題なく機能する性能）は確保される．とくに，常時作用している固定荷重や積載荷重，多雪地域における雪荷重の組合せといった長期荷重に対しては，過度のたわみや振動（鋼構造），ひび割れ（RC造）など弾性範囲にあっても起こりうる問題を回避するために，上記のとおり，大きな安全率が設定されている．

● 安全性の確保

　建物全体が弾性範囲を超えると，外力を除荷してももはや完全にもとの状態に戻ることはなく，損傷を受けることとなる．しかし，一般に，建物の一部の部材断面が降伏応力度に達することがそのまま全体の破壊や崩壊を意味するわけではなく，その後も部材が順次降伏しながら■Ⅰの Q_u まで荷重・外力の増加に耐えることができる．許容応力度設計法では，このような「余剰耐力」に期待して，設計の際に考慮した荷重・外力よりも大きな荷重・外力に対する安全性を間接的に確保しようとしている．たとえば，日本の現行の耐震基準（新耐震設計法）では，高さ 31 m 以下かつバランスの良い建物については，供用期間中に一度起こるか起こらないかというきわめてまれな地震動に対して安全性を直接的に検討するのではなく，供用期間中に幾度か経験するであろう震度 5 弱程度の地震動に対して応答を弾性範囲（短期許容応力度以内）にとどめることで，きわめてまれな地震動に対しては構造物に大きな損傷が生じるものの倒壊は免れるとしている．このような耐震設計の考え方は，関東大震災を契機に，1924 年に世界初の耐震規定として改正市街地建築物法の中に取り入れられた震度法に端を発している．震度法はその後，いくつかの修正を受けながらも根本的な考え方に大きな変化はなく現在に至っており，長い過去の経験と実績に裏打ちされているとはいえよう．

● 確保される最大耐力

　ところで，阪神・淡路大震災を契機に，建築基準法は最低限の構造性能水準を規定するもので，その上の水準を確保するのは建築主・使用者の責任・自由であり，目標とする性能水準を定めこれを満たすよう設計する「性能設計」の考えが広まってきている．また，都市再生や環境保全といった観点から，30〜40 年程度と欧米諸国に比べ著しく短い日本の建物の寿命を伸ばすことが提唱されている．長寿命化により，建物の供用期間が長くなると大きな地震や台風に遭遇する可能性は高くなるので，これまでより高い構造性能水準を確保する必要があろう．しかしながら，「余剰耐力」は，材料の降伏後の粘り強さや，構造物の不静定次数などに依存するが，弾性解析に基づく許容応力度設計法では，これらを適切に評価することができず，したがって，実際にどこまでの荷重・外力に耐えることができるかはかなり不明確である．

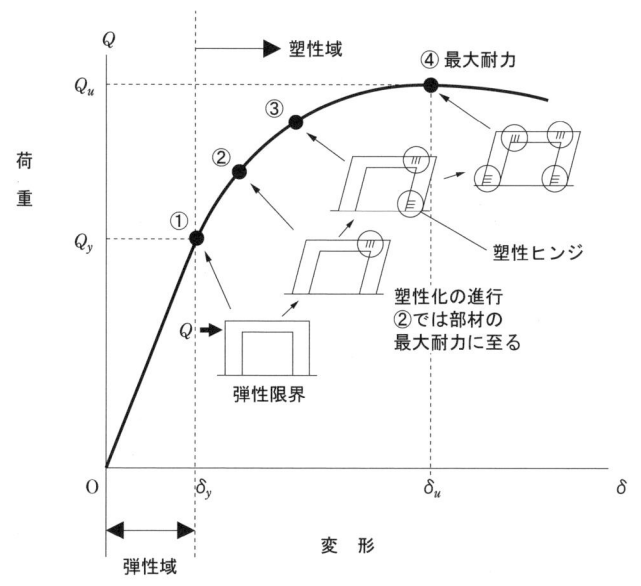

■1 骨組の荷重-変位曲線（梅村 魁ほか（1981）：新しい耐震設計，日本建築センターより加筆）

● 達成される性能水準

　材料の寸法や強度，施工精度，さらには作用荷重には不確実性が存在し，材料安全率はこれらを考慮しながら，工学的判断に基づいて定められている．しかし，建物に作用する荷重・外力の推定の確実度は，それぞれの特性により大きく異なるにもかかわらず，どのような荷重組合せを対象とする場合にも，同一の材料安全率が用いられている．一方，許容応力度の基準となる応力度は，降伏応力度（鋼材）や圧縮強度（コンクリート）の5％下限値（その値を下回る可能性が5％となる値）などといったかなり小さめ（安全側）の値が設定されており，ここに，安全率が一つ隠されているともいえる．また，より高い構造性能水準を確保するためには，2000年に施行された「住宅の品質確保促進法」にも採用されている重要度係数を用いて，設計荷重・外力を1.2倍や1.5倍などと割り増す方法があるが，荷重を1.5倍することによりどの程度性能水準が向上するかが不明確であり，説明性に欠ける．

● これからの許容応力度設計法

　このように，許容応力度設計法の体系の中では，さまざまな「安全率」の考え方が首尾一貫しておらず，あいまいな部分も多く，安全性のみならず使用性についても，達成される性能水準は構造種別や対象とする荷重によって異なり，かつ，不明確である．また，過去の経験や工学的判断によっていることから，経験や実績に乏しい新しい材料や新しい知見には十分対応できないため，性能設計のためのツールとしての役割を担うことは難しい．

　しかしながら，長い歴史と経験・実績の蓄積に加え，弾性応力解析により応力度が求まること，各種荷重・外力の組合せに対しては，重合せの原理を適用して応力度が求まることといった簡便性から，許容応力度設計法は，中層以下の一般的な建物の構造設計において，現在でも多くの国で実務に供されており，今後もこのような状況は続くものと思われる．世の中の大多数の建物は，この範疇にあるのであるから，設計荷重や安全率の根拠を明確にするなど，たとえば，いわゆる「何年に一度の事象」の「何年」に対応する「再現期間」，すなわち可能性の大小に基づいて，設計で対象とする荷重・外力の大きさを設定したり（日本建築学会（2004）：建築物荷重指針・同解説，丸善），様々な不確定要因のばらつきの大きさを定量的に考慮した安全率を設定する（日本建築学会編（2007）：事例に学ぶ建築リスク入門，技報堂出版）など，性能水準を少しでも定量的に評価することが必要であろう．　　［森　保宏］

4-17 限界を意識して設計する

【テーマ】限界状態設計　　　　　　　　　　　　　　　　　　　　　　4　構造・構法・生産

●限界を意識した極限設計

近年，建築主・使用者との合意のもと，目標とする性能水準を定めこれを満たすよう設計する「性能設計」の考え方が広まってきているが，これを実現するためには，まず，建物の好ましい状態と好ましくない状態の境界（限界状態）を適切に定義し，見極めなければならない．この点で，とくに安全性については，構造部材の弾性領域のみを考慮している許容応力度設計法（4-16 項「応力度で設計する」参照）は，終局耐力が不明確であるため不適格である．建物の安全性を，破壊・崩壊といったより直接的な限界を対象に，合理的に評価する方法として，1950年代後半から構造物の最大耐力に着目した極限設計法の研究が行われ，これまで，塑性設計法や終局強度設計法として実際の設計規準に取り入れられている．

●限界状態を超過する可能性

構造設計の目的は，建物の供用期間中において，その機能や使用目的に合致した安全性・使用性を確保することである．材料強度や建物に加わる荷重・外力などが確定的にわかっていれば，建物の安全性・機能性は確実に確保することができる．しかしながら，「未来」は不確定であり，これから建てる建物に用いた材料の強度や供用期間中に作用する荷重・外力は確実にはわからないため，建物が限界状態を超過して好ましくない状態に陥る事象を確定的に論じることはできない．すなわち，限界を意識して設計するためには，供用期間中にこれを超過する「可能性」をも意識する必要がある．考えうる最悪の状態を想定すると，幾重もの安全側の評価により，きわめて高価な建物となる恐れがあるが，一方，安価な設計では，実現される機能や安全性に不安がある．資源，時間，能力，財力は限られており，絶対安全は不可能である．構造設計とは，このような不確定性の下で，構造物に付与すべき性能水準を定める意思決定であるといえる．

●耐震性能マトリックス

カリフォルニア構造技術者協会は，構造物の限界状態として「無被害」，「継続使用可能」，「人命安全」，「崩壊に近い」という4段階の被害の程度を考え，これらが生起する可能性を地震動強さの再現期間（または発生確率）に対応させながら「しばしば」，「ときどき」，「まれ」，「きわめてまれ」の四つの頻度に分けて表し，その組合せで建物の耐震性能水準を示す耐震性能マトリックス（SEAOC（1995）：VISION 2000- Performance Based Seismic Engineering of Buildings，■1参照）を提案している．地震動強さの不確かさを言葉とともに確率で示すことで，わかりやすく，かつ定量的な表現となっている．しかし，構造設計においては，荷重のほかにも材料強度などさまざまな不確定性が存在し，これらを考慮する必要がある．なお，発生頻度で荷重の大きさを表現する場合，「再現期間」と「発生確率」では，同じ現象でも印象（受け取り方）が異なるので，十分な注意が必要である．たとえば，「500年に一度」というと，聞き手は生きているうちには起こりそうもないと感じるかもしれないが，「50年で10％」というと，その可能性はもっと大きいと感じるであろう．

●限界状態設計法

限界状態設計法は，構造設計に存在するさまざまな不確かさを確率・統計論的に取り扱い，建物がその供用期間中に限界状態を超過する確率 P_f を目標値以下とすることにより建物の性能を確保しようとするものである．P_f は，構造物の耐力（R）と供用期間中の荷重の最大値（S）との結合確率密度関数の限界状態を超過する領域（■2の斜線部＋ハッチ部）の体積に相当する．なお，設計荷重を超過確率（p_s）に対応する値とし，また，構造物の耐力を材料強度の $p_r \times 100\%$（たとえば5％）下限値に基づいて設定したとしても，$p_s \times p_r$（■2の斜線部に相当）は P_f とは異なるので注意が必要である．

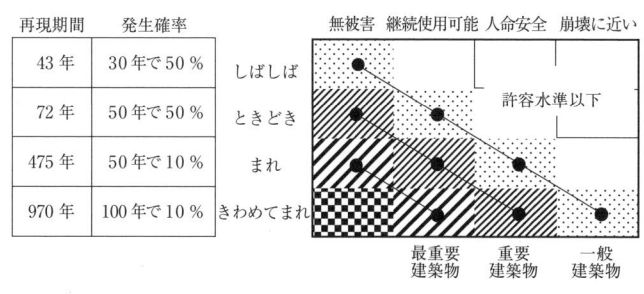

■1 耐震性能マトリクス

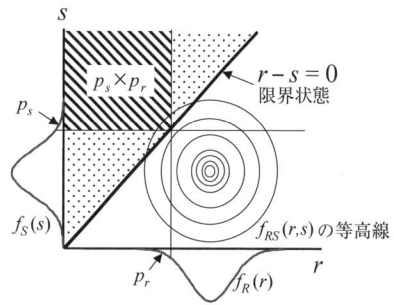

■2 限界状態超過領域と限界状態超過確率

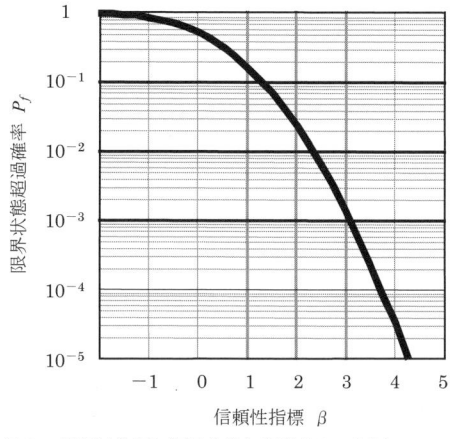

■3 信頼性指標と限界状態超過確率との関係

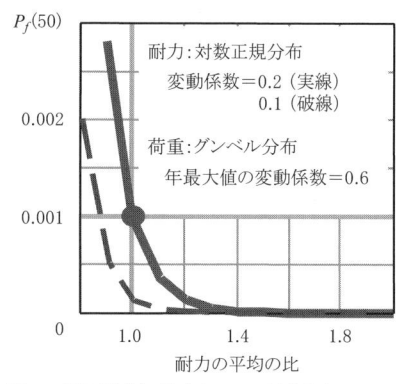

■4 限界状態超過確率による性能評価

性能水準を表す尺度としては，限界状態超過確率 P_f のほか，次式で定義される信頼性指標 β がある．

$$\beta = \Phi^{-1}(1-P_f)$$

ここに，$\Phi^{-1}(x)$ は標準正規確率分布関数の逆関数である．■3 に信頼性指標と限界状態超過確率との関係を示すが，一般的な限界状態超過確率の値である $P_f \fallingdotseq 10^{-1} \sim 10^{-4}$ の範囲では，おおよそ $P_f = 10^{-\beta}$ であり，なじみの薄い確率量を工学的に身近な尺度におきかえたものと解釈することができる．

限界状態超過確率を直接評価するには，確率・統計論に関する知識が要求される．しかし，事前の確率解析により定められた安全率（荷重・耐力係数）を用いることで，従来の確定論的手法と同様の枠組で，目標性能水準を満足する構造設計が可能である（日本建築学会（2002）：建築物の限界状態設計法・同解説，丸善）．

このように P_f あるいは β を性能水準の尺度とすることによって，耐力を割増しすることによる性能のレベルアップ（■4 のグラフ上を右へ移動）や，品質管理による耐力のばらつき（変動係数）の低減（■4 の実線→破線）が P_f に反映され，耐力の割増しや品質管理に要する費用にみあった効果が得られるか否かが明確となる．

近年では，膨大な量の CO_2 および産業廃棄物を排出している建築分野の環境問題に対する解決策の一つとして，「長寿命化」が脚光を浴びている．建物の供用期間が長くなると，きわめてまれに起こる程度の大きな荷重・外力に遭遇する可能性は高くなるので，設計用荷重を割り増すなど，建物の性能水準を従来の水準よりも高くする必要があると考えられる．しかしながら，従来の構造設計では，建物の供用期間を明確には念頭においておらず，建築基準法にも具体的に記述されてはいない．一方，限界状態設計法では，想定された供用期間に応じた荷重の統計量を用いることで，供用期間を明示的に考慮することができる．さらには，実績のない新開発の材料についてもデータと目標性能水準に基づいて安全率を定めることが可能であるなど，柔軟性に富んでおり，今後性能設計を実現していく上において有用な設計法であるといえる．

［森　保宏］

4-18 性能を意識して設計する

【テーマ】性能設計　　　　　　　　　　　　　　　　　　　　　　4　構造・構法・生産

●いろいろな性能

　広辞苑によれば性能とは「①本来的に備わっている精神的・身体的な能力，②機械などの性質と能力」である．

　建築設計とは施主の思いを建築物という形に具体化する建築家の業務である．その施主と建築家の共通言語のひとつが「性能」であり，その目標とする性能にもいろいろある．したがって，よい建築物の完成には施主と建築家の信頼関係が重要な支えとなっている．

　建物の住み方，使い方などは，とくに住居の場合は個人の価値観に大きく左右される．性能のポイントをどこに置くかでその項目も目標値も異なり，同程度の規模の住宅でも，完成したものはコストも含めずいぶんと違うものになる．したがって，建築家（意匠，構造，設備）は建物の将来を見据えたうえでいろいろな提案をしなければならない．

●性能設計法

　1998年公布の改正建築基準法により，建築基準の性能規定化等が2000年施行された．ここでは構造設計に限定し話を進めていく．仕様規定（耐久性等関係規定を除く）の適用を要しない構造安全性の検証法のひとつとして新たに位置づけられたのが「限界耐力計算」である．したがって，性能規定の具体的表現はこの検証法に示されている．基本的な考え方は，架構または部材の荷重・外力による挙動を把握し，それに基づき算定される「応答値」と，要求性能から定まる「限界値」とを比較し，応答値が限界値を超えないことを確かめる，というものである．

　設計手法的な流れでは，①目標・要求性能を設定し，②構造設計（解析等）をし，③目標・要求性能と保有性能の確認をし，④消費者にわかりやすく性能表示をする，ということになる．一般消費者はこの性能表示で判断をするので，ここでは④から①の順に説明を加える．

●性能表示

　性能表示は結果をわかりやすく比較するために行われる．住宅分野では「住宅の品質確保の促進等に関する法律（品確法）」が設けられ，消費者による性能の比較が可能になっている．耐震性に対しては耐震等級に2項目設け，きわめてまれに発生する地震力（数百年に1回は起こりうる，つまり一般的な耐用年数の住宅でも遭遇する可能性は低い）に対し構造躯体の倒壊等防止（損傷は受けても，人命が損なわれるような壊れ方をしない），まれに発生する地震力（数十年に1回は起こりうる，つまり一般的な耐用年数の住宅では遭遇する可能性は高い）に対し構造躯体の損傷防止（大規模な工事が伴う修復を要するほどの著しい損傷が生じない）とし，それぞれ3等級の表示方法になっている．等級1が前述した地震の力の1.0倍，等級2は1.25倍，等級3は1.5倍に対して安全であることを表示している．数十年に1回発生する地震は震度5強，数百年のそれは震度6強から7に相当する．

●性能確認と設計

　前述の性能確認のため解析結果との比較がされ，その時点で試行錯誤が繰り返される．確認作業はえてして細かい数字にとらわれがちであるが，目標性能の本質を見逃すことのないように進めなければならない．

　近年，コンピュータの急速な発展によりすさまじい勢いで解析の高精度化，所要時間の短縮化等が進み，同時にそれらにかかる費用がハード，ソフト両面でますます安価になっている．考えるよりも先にコンピュータを回したほうが早いということで，技術者としての思考が停止してしまうことのないようにしなければならない．

　構造設計・解析の段階はそのすべてを専門家に委ねられている．力学の原理・原則に則っていればその方法は構造設計者の自由である．つまり技術の進歩発展を妨げるものはなくなったわけである．そこが従来の仕様規定と大きく異なっているところであ

■1 意識のなかの性能（筆者作成）

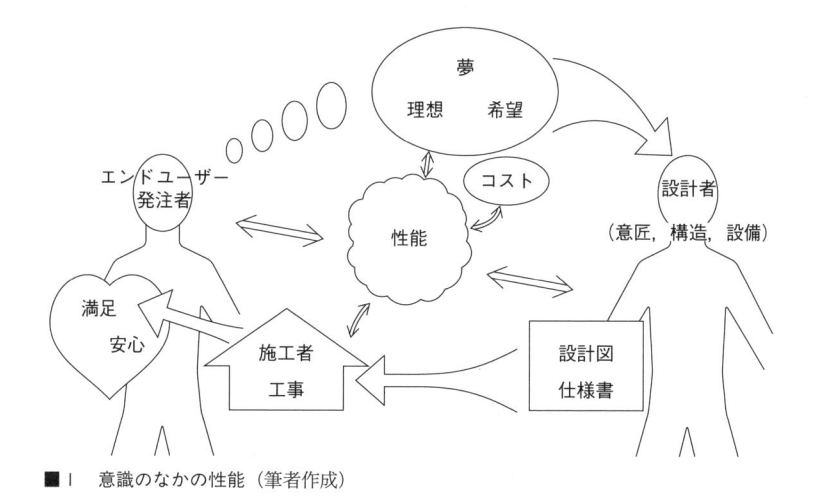

る．また，性能規定化の法改正と同時に，「限界耐力計算法」が検証法として導入された．この方法に対する良否は当初からいろいろいわれているが，むしろその批判よりも「エネルギー法」など別の検証法が数多く一般化することが望まれる．それによりわれわれ専門家が目的にあった解析手法を選択できる幅が広がる，と同時に，設計者の力量が問われることになる．通常「自由度が増す」ということは「責任の重さも増す」ということである．いま，一般社会では「国交省認定の一貫計算ソフト」があたかも唯一の設計（計算）方法のように誤解されている状況にある．安易な方法に流されることなく，構造設計者はその職能を責任をもって行使する必要がある．

●目標・要求性能，責任

設計の流れを逆追いしてきたが，それらを踏まえたうえで，目標・要求性能の設定を施主と建築家（この場合は構造設計者）が合意する必要がある．建築基準法等，法律を遵守することは当然であるが，構造の場合はとくに耐震性に対する性能目標のレベルを決めることが重要である．建築主は構造設計の専門家ではないので，構造の専門用語を多用することなく，地震と建物被害を関連づけた説明をして理解を得る必要がある．と同時に，構造設計者が耐震性能の目標メニューを用意しなければならない．一般には「地震が来ても壊れないようにしてください」の一言である．しかしながら，地震にも規模の大小，あるいは揺れ方の種類は数限りなくある．しかも同じものは一つとしてない．一方で建物の壊れ方（壊れにくさ）も千差万別である．自然現象を相手にするまことにやっかいな問題であり，難しい回答を迫られているが，避けて通ることはできない．欧米ほど極端な契約社会ではないが，責任を明確にすることは必要である．いまの技術力で保証できること，できないことを施主に明確に伝えなければならない．過大評価をされるようなことのないように，と同時に，不安感を与えることも避ける説明を行っていくことが専門家としての責任である．

●変化（進歩）——時代，技術

時代とともにその要求性能は必然的に変化する．同時代でも地域性による違いもある．技術も進歩し，都市もその様相を変えていく．設計に限ったことではないが，将来を見通して正しい判断をし，実行していくことが社会の信頼を得ることになる．

昨今，ともすると市場経済優先のなかで安心，安全がおろそかにされている風潮が見受けられる．分譲マンションのように発注者とエンドユーザーが同一でない場合に，時折聞こえてくる「売れればよい」という一部の人たちの耐震性能軽視．結果として一般市民が被る経済的大被害．

これから少子高齢化社会を迎え，建築物のコンバージョンも含め，ストック活用をしながら都市再生を考えていくときに，「性能」をどのように設定し，どのように活用するかが大変重要なこととなる．使用者，発注者，設計者，ファンド，施工者，維持管理者等，建築生産にかかわるそれぞれのエキスパートが互いに信頼関係をもちながら「性能」を共通言語としてプロジェクトに取り組む必要がある．

[榊原信一]

4-19 構造システムの創造的な構築

【テーマ】構造計画　　　　　　　　　　　　　　　　　　　　　　　　　　4　構造・構法・生産

●「構造計画」と「構造システム」

　「建築の原初の働き」は人の命や営みを守る「シェルター」と，人に活動空間を与える「場所」を造ることである．建築の部位では「シェルター」は屋根と壁であり，「場所」は床である．文明の発達とともに政治・経済・文化・宗教にかかわる働きが建築に大きく占めるようになってきたが，いかなる建築にも原初の働きは備わっている．構造こそは建築の原初的な働きを具現する建造物である．そして構造は部材が組み立てられ接合されて造られる．構造全体と個々の部材は，「形」と「質」と「量」をもつ．はじめに建築が構造に求めるものは「量」の決定である．構造部材の寸法は力学によって決めることができる．「質」と「形」は，「量」とともに建築に大きく影響する．

　一般的に構造計画は時系列的に整然としたものとして記述されることが多い．しかし構造システムを創造的に構築する状況では，記述的な構造計画とは異質のものになる．時系列的な「構造計画」は，構造設計者の構想を客観的に評価するためになされるべきである．「構造システム」は，材質と形状を具有する部材が空間に配置され接合されて構築される．構造システムは，荷重・外力に適応する内部力を表象する．このシステムは，工学・工法・法律によって評価されて，現実のものとして実現可能になる．構造設計者は構造システムの実現のため，必要な情報を読み解いていく．

●構造システムの創造的な構築の方法

　「読み解くこと」によって，構造システムを構想するために必要な情報を獲得することができる．これらの情報は構造の思考を支える．読み解く対象，そしてこの対象から読み解ける内容について説明をする．

　建築家が提示する模型・スケッチ・図面・言葉から：①建築の形状・周囲との3次元的関係，空間の性格，表現したい形態，②建物のスケールと形状・寸法・規模，建物の重量，材料，③コスト，スケジュール，建築の背景，④建築家の意図するもの，などの情報が考えられる．この情報は建築を実現するためのエンジンである．これなくしては建築は生まれない．

　場所から：①環境と建築との表現・空間における関係，②場所の性格の現在と歴史，③気候と風土を含む地震・強風・雪・凍結・地盤などの自然条件，④インフラを含む資材・建設技術などの建設事情，⑤その国あるいは地域の法規．

　国・地域に始まり，人工的な場所として分類される都市・非都市・集落など，自然的な場所として分類される山沿い・山間部・海辺・台地・川沿い・谷筋・山間部・山岳部などがあるが，「場所」からは多くのことを読み解かなくてはならない．

　構造設計者自身から：①素材・工法などに関する蓄積された知識と経験情報，②対象となる建物に適用する解析を含むシステム評価の手法，③類似構造システムに関する経験・実績，④設計者の抱くテーマの実現可能性，⑤構造設計者の現状と熱意．

　構成される構造システムの広がりは，構造設計者自身を読み解くことによって決定される．

　構造システムを具現化するプロセス：構造システムの構成は，読み解くもののスキャンから始まる．建築家が提示する建築のイメージを見たり聞いたりしながら，構造設計者は思いつくことをスキャンする．スキャンは意識されるだけではなく無意識のなかでも行われ，スキャンする速度は速く，その対象は膨大である．スキャンの過程で，読み解かれるものは評価され選択され設計情報となる．情報は組み合わされて，システムを構築する核あるいは評価する事項となる．

　スキャンの瞬間的な過程と同時的に建築の構造的成立の可否が判断され，いくつかの仮想的な構造システムが思考のなかで姿を描き始める．仮想的な構造システムが，思考のプロセスのなかで完全な姿になる時間は一瞬のときもあれば，数日を要することもある．

創造的な構造システムを生み出すもの：構造システムの構築は，通常構造計画として設計行為のひとつの時系列的なプロセスに位置づけられる．「一般的な構造計画論」では構造システムを具現化する際には，条件を設定し，それに適合する代替案を並べ，選択して生まれるとする計画論的な前提がある．しかし，「創造的な構造」はそうした時系列とは自立している．もちろん，一般的な構造計画論的作業がかたわらで行われていたとしても，構造システムは，そうしたプロセスではなく，きわめて短い時間に膨大な知的資源を探索する，思考プロセスによって誕生する．

新しい構造システムを実現する意志，テーマを課す努力，可能にする能力が，思考を推進するエネルギーとなる．

● 具体的な作品における構築の方法

構造システムの創造的な構築方法では，言葉や模型・スケッチを媒体として，媒体自身や課題・条件などが読み解かれる．「場所」・「素材」という言葉が，具体的な作品においてどのように「読み解かれていく」のかをみてみよう．

宮城県塩釜市に建設された菅野美術館は市外を見晴らす高台に位置している．この建物は，クライアントが所有するいくつかの彫刻を展示し人々が集う「場所」であること，かつ美術館自身が彫刻であることを求められた．建築家阿部仁史はこのなかにいくつもの大きな石鹸玉を9mの立方体の箱に押し込むことによって生まれる接触界面を，構造の壁にし，スペースを造ろうとしていた．このときの「場所」は集う，接触界面，展示などを表象している．

建築家が模型とCGそして図面を使って，建物が果たすべき「場所」などを説明している間に，構造設計者はクライアントの要望，建築家の意図を理解し，構造システムの可能性をいくつかイメージし，それらのおのおのの課題を掘り起こし頭脳にインプットしていく．

● 「場所」はどのように読み解かれるか

課題としての「場所」の特性が頭脳の中で一瞬のうちに明確になる．

①敷地の地盤は安定していそうだが，宮城県は地震の多い地域であり，海に向かっている高台は風が強い．この形の構造システムは重力・地震・台風に安定し耐えることが可能であるか．②気候による外的作用（凍結・熱射）は建物の室内環境，建物の伸縮，地盤へ影響を与える．③敷地は高台にあり屈曲する細い路につながり敷地は狭い．資材の搬入と保管，重機による作業は制限される．どのような「素材」と工法が可能か．

● 「素材」はどのように提示されるか

「場所」を考察しながら，構造システムに採用される「素材」がもつべき特徴が絞り込まれていく．①建築家がイメージする場所を生み出す界面の壁の形は構造体として成立するのか，②建築表現とねらいを満たしながら，構造体の変形や応力を制御する「素材」は何か，③現場施工・運搬が求める重量と寸法，④確認申請など法的根拠．このように，短い時間のなかで「場所」と「素材」の課題がクローズアップされて建築家と共有される．しかしこれらを解決する素材は，構造設計者が知る既成品の中にはなかった．

課題の解決に厚い鋼板は一つの方法であるが，重量が重くなる．軽くするためには，サンドイッチパネル構造が考えられる．しかしすでに2枚の薄い平板を外側にしてその間にデッキプレートをはさむパネルを利用した作品がある．新しいサンドイッチパネルを考えなければいけない．平板をプレスして，一定の間隔でエンボスをかたどり，この平板のエンボスを背あわせにして，2枚の板の間隔を開ければよい．こうして薄い鋼板を「素材」とする新しいサンドイッチパネル構造が生まれた．

● 構造設計者の資質

最後に構造システムを創造的に構築するために，構造設計者に求められる資質を述べる．

①技術力は設計者の基本的な力である：建物の安全や性能，そして形態の可能性を構想するために必要とされ，力学・理工学・技術分野の経験と知識から成り立つ．②対話力は表現力と理解力から成り立つ：自らの構想を表現しなくては，他者に伝わらず，他者の構想を理解しなくては，発想の方向を失う．③空間構想力をもつ人は恵まれた人である：3次元的に力学空間を把握する力である．この力は豊かで精緻な構造システムの発想を可能にする．

［新谷眞人］

文献
1) 木村俊彦（1991）：構造設計とは，鹿島出版会．
2) 松井源吾（1969）：建築構造計画入門，彰国社．

4-20 工業化された在来構法の時代

【テーマ】工業化構法と在来構法　　　　　　　　　　　　　　　　　　　　　4　構造・構法・生産

●プレファブリケーションとマスプロダクション

　工業化構法，あるいはその利用を前提とした建築生産の工業化は，自動車産業等がその生産方式の革新によって高品質の製品を安価に供給できるようになった20世紀前半から，多くの建築関係者が目標として掲げるようになった概念である．その目標としての「建築生産の工業化」がどのような状態を指すかに関しては，これまでさまざまに定義されてきたが，「工業化構法」に関していえば，「従来一般に利用されてきた構法（在来構法）に比べて工業的に進んだ生産方式を取り入れた構法」という程度に理解しておけばよいだろう．

　比較対象である在来構法も時代とともに変化し，かつて工業化構法とよばれていたものが在来構法の地位を占めるようになることもありえるから，時代や地域を特定することなしにどのような構法が工業化構法であるかを説明することはできない．しかし，これまでのところ工業化構法とよばれてきたものは，プレファブリケーション，マスプロダクションのいずれかの手法を取り入れた構法であったということができる．

　この両者を混同して理解する向きもあるが，プレファブリケーションの方は，従来建設現場で作っていた物をより作業環境の整った別の場所であらかじめ作ることであり，必ずしも作る物の量を問題にはしないし，マスプロダクションの方も，大量の現場を一時に組織化し生産効率を上げるような方法の場合は必ずしもプレファブリケーションを前提としない．ただ，これまでに工業化構法とよばれた構法のほとんどはプレファブリケーションを採用した構法であり，その一部がマスプロダクションをも適用した構法であった．

　そうした工業化構法の典型例は，まさに20世紀的なビルディング・タイプの建設分野において数多く見ることができる．大衆のための住宅，大量に必要とされた学校のような公共施設，新たな産業形態に対応して登場した高層オフィスビル等である．住宅分野では，日本の戸建プレハブ住宅や世界各国で見られたプレキャスト・コンクリートによる集合住宅建設に代表されるように，壁，床，屋根等の部位を工場でパネルあるいは立体形状のユニット（■1）として製作し，それを現場で組み立てる類の構法が工業化構法とよばれてきたし，学校の分野でもイギリスのCLASPやアメリカのSCSDに代表されるように，ボルト接合が容易な軸組部品やパネル状の部品から建築を構成する工業化構法が世界各地で開発された．また，19世紀末のアメリカに端を発する高層オフィスビル分野では，外壁をパネル化したカーテン・ウォール，床の型枠を大型化したデッキプレート，設備のユニット化等の適用がみられ，他の建築物の構法に大きな影響を及ぼした．

●対比においてのみ定義される「在来構法」とその特長

　一方，「在来構法」という語は，上述のように次々と登場した工業化構法との対比において，ある時代，ある地域で一般的であった建築構法を指し示すために使われるようになった語である．現代日本の住宅を例にとると，戸建住宅分野では，パネル構法やユニット構法等によるプレハブ住宅の出現以来，従来から一般的に用いられてきた木造軸組構法を「在来構法」とよぶようになっているし，集合住宅分野では，プレキャスト・コンクリートによるパネル構法等の実用化以来，現場打ちコンクリートを用いる構法を「在来構法」とよぶことが多くなった．

　工業化が社会全体の目標であった時代には，在来構法は工業化構法に比べて時代遅れの陳腐な構法というふうに捉えられがちであったが，それは必ずしも正当な捉え方とはいえない．在来構法は，社会に広く普及しているということに関連する特長を有している．

　第一に，その構法には「陳腐な」と思えるほど広く普及するに足る合理性が具わっていたはずであるし，第二に，「時代遅れ」と思えるほど長く一般的

に用いられてきたため，それに則した生産体制が社会的な広がりを伴ってできあがっており，そのことがその合理性をさらに強化している場合が多い．

前者に関連して，アメリカの在来構法である枠組壁構法の例を引いておこう．1832年に，それまで用いられていた木造軸組構法とはまったく異なる構法としてシカゴで発明されたといわれる「バルーン・フレーム構法」が，20世紀に入ると各階ごとに床の上で壁を組み立ち上げる「プラットフォーム構法」に姿を変え，さらに1950年代に生産性の高い分業体制の下に作られるようになったのが，今日のアメリカの枠組壁構法である．1920年代から1950年代にかけてアメリカではさまざまな工業化構法が考案され，それによる住宅建設を事業化する企業も少なからず現れたが，すべて普及せずに終わった．その一因に，在来構法としての枠組壁構法の高い合理性があったことは明らかである．

次に後者の例として日本の木造軸組構法をみておこう．広く知られているように，日本の木造軸組構法には，関東間や京間等，長年用いられてきた寸法体系が地域地域に根付いており，それに基づく平面計画が立てられてきた．そのため，各部屋の畳数を手掛かりにして住み手自身が描いた簡単なスケッチ以外に図面らしい図面がなくても，関連する各職が作業を進めることができる．これは一例であるが，在来構法においては，関連する生産関係者どうしの間で正確な情報を共有することが容易であるし，それを実行する際の分業についてもプロジェクトごとの打合せを要しないという特長が現れやすい．

● 工業化された在来構法の時代

さて，21世紀に入った今日の日本では，「工業化構法」と「在来構法」という語を対比的に用いることは少なくなってきている．それは，社会全体が建築に要請する事柄の変化とも関連があるが，何より一般的に用いられている構法が，かつて「工業化構法」とよばれたものと区別し難いほど変化してきていることによる．

たとえば，日本の木造軸組構法の分野では，1970年代後半に入り，大工に代わって柱材や横架材の継

■1 1960年代の工業化構法によるハビタ'67　設計：モシェ・サフディ，1967年竣工，モントリオール（筆者撮影）

手仕口の加工を行うプレカット機械が普及し始め，現在では工場での機械加工による「プレカット構法」が全体の8割以上に達しているともいわれている．また，1990年代には下地材や羽柄材のプレカット化も進み，壁や床をパネル化する例もみられるようになった．一方，鉄筋コンクリート造の集合住宅においても，在来構法の中で，バルコニー，柱，梁，床，階段等，部分的なプレキャスト・コンクリートの利用は一般的になってきており，超高層の場合には，すべての部分を現場打ちで施工する例はほとんど見られない．

このように，現代はいわば「工業化された在来構法の時代」と捉えるのが適切であり，もはや在来構法と工業化構法とを対比的に捉え，区別することには大きな意味がないといえそうである．　［松村秀一］

（注：本稿は『建築生産ハンドブック』（朝倉書店，2007）載録の拙著同名論文に加筆修正を加えたものである）

4-21 多様な構工法をもつ鉄筋コンクリート造

【テーマ】鉄筋コンクリート造の構法 4 構造・構法・生産

●鉄筋コンクリート造とは

棒鋼を組み立てて作った鉄筋の周囲にコンクリートを打設し,一体に働くようにしたものを鉄筋コンクリート (reinforced concrete：RC) といい,RC を構造主体に用いた建物を RC 造という.コンクリートは圧縮材として働くと同時に鋼材を火熱や錆から守り,鋼材は引張材として強度上の補強をするという相互扶助の仕組みが RC 造の構造原理である.RC の原理は 1867 年にパリの造園家 J. モニエにより発見された.20 世紀に,構造理論の発達と施工法の進歩により RC 造は急速に発展・普及した.RC 造は強度,耐久性,耐火性にすぐれるが,重量が大きい,施工が複雑などの難点がある.以下,構造方式と生産施工方式の両面から RC 造の構工法を述べる.

●構造方式に着目した RC 造の構法

構法の種類としては,柱梁体系の純ラーメン式と耐力壁付ラーメン式,柱床体系のフラットスラブ式とフラットプレート式,壁床体系の壁式がある.また,壁式ラーメンという複合化構法もある.ほかにシェル,折板構造など特殊なものもある.

柱梁体系は柱・梁が剛接合され構成される.基本の架構要素は柱,梁,床スラブと耐力壁がある.柱は通常規則的に配置され,断面形状は正方形,長方形と円形が多い.主筋を重心軸に対称に,帯筋を主筋の外周に配置する.上下階を異なるスパンにする場合にトラスファービームを設ける.梁は通常縦長の長方形断面を採用する.階高一定の場合に梁下の高さを確保するために横長の長方形断面を採用することもある.梁に主筋とせん断補強筋とよばれるあばら筋を入れる.柱と梁の主筋は重ね継手またはガス圧接継手,閉鎖型の帯筋とあばら筋はフック,フレアグルーブ溶接または特殊継手を用いる.帯筋はスパイラル筋も用いる.床スラブは通常梁の上に固定されるが,梁の下ばに合わせて,逆スラブにする場合もある.床筋を両方向にそれぞれせいの低い梁のように配す.スラブの厚さは強度,振動,音を総合的に考慮し決められる.耐力壁の壁筋を縦横に格子状に組んで,壁の厚さに応じ一重あるいは二重に配す.

柱床体系の構造は無梁版構造ともよばれる.水平荷重を処理しにくいので日本ではあまり使用されない.フラットスラブ式は柱,支板,柱頭および床スラブで構成される.柱は通常両方向に等スパンに配置され,断面形状は正方形と円形が多い.スラブは支板または柱頭に固定される.フラットプレート式は集合住宅向けに開発された構法で,柱と床スラブで構成される.扁平率 2 以上の壁柱と厚さ 200 mm 以上の床スラブを用いる.

壁床体系は耐力壁と床で構成される.一般的な解析方法はまだ確立されていない.耐力壁は平面的に偏りなく分散して両方向に配置される.壁量,壁厚,配筋を規定に基づき決める.床スラブは壁に固定され,配筋量を RC 設計規準に基づき決める.

壁式ラーメンは日本が集合住宅向けに開発した構法である.張間方向を独立連層耐力壁による構造,桁行き方向を扁平率 2 以上の長方形断面の壁柱と梁からなるラーメン構造とする構法である.耐力壁のスパンは 8〜12 m が多用される.桁梁は縦長の長方形断面を採用し,梁幅は同一構面におけるその下階の壁柱幅と同一寸法とする.

●生産施工方式に着目した RC 造の工法

工法としては,現場打ちコンクリート,プレキャストコンクリート (precast concrete：PCa) とプレストレストコンクリート (prestressed concrete：PC) がある.

現場打ちコンクリート工法は鉄筋工事,型枠工事,コンクリート工事を現場で行う施工法をさす.施工の効率と品質をあげるために工事の簡略化と改良が行われた.以下,特徴のある工法を概括する.①鉄筋の切断・折曲げ,帯筋・あばら筋の加工をあらかじめ工場で行う.②鉄筋をあらかじめ工場または現場の地上で組み立てる鉄筋先組工法.③捨型枠,システム型枠,床や壁用大型型枠工法.④型枠

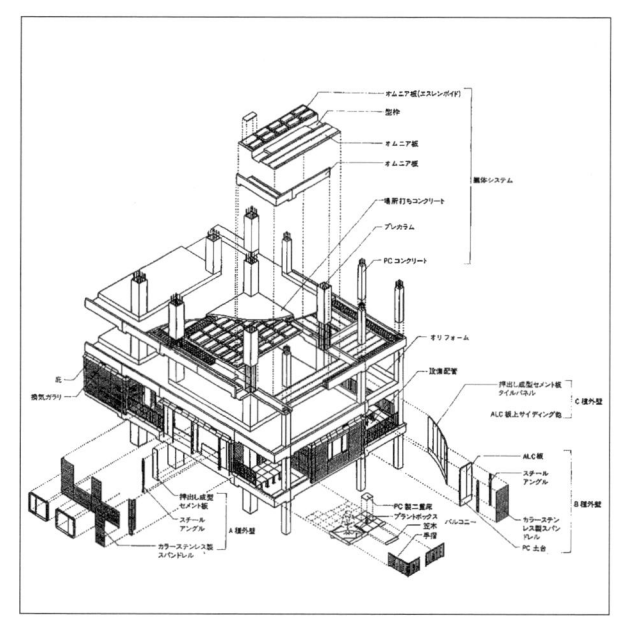

■1 実験集合住宅 NEXT 21 合理化枠組み工法（樫野紀元（2000）：第五世代コンクリートの時代へ．GA 素材空間 01，p.112 より）

■2 公立はこだて未来大学 PC システム図（山本理顕（2000）：RC の基壇から PC のシステムへ．GA 素材空間 01，p.117 より）

をあらかじめ組み立てる型枠先組工法．⑤レディーミクストコンクリートのポンプ打ち工法．

PCa 工法とはあらかじめ工場などで製作した部材を現場で組み立て，建物を造る工法である．部材の品種，重量，接合部の品質に起因する生産・施工上の問題から，建物の全体を PCa 材で組み立てる構法の採用が少ない．一方，PCa 部材は現場打ち RC と比べ強度，耐久性にすぐれ，さらに天候に左右されない生産性，品質の安定性，現場労務量の削減などの利点をもつため，部分的な採用が一般化されつつある．日本では PCa カーテンウォール，ハーフ PCa 床スラブ，ハーフ PCa 梁などがよく採用される．PCa 部材は工場生産とサイト生産とがある．接合方法は鉄筋と鉄筋を接合する湿式工法と，鋼板と鋼板を接合する乾式工法がある．

PC 工法とは PC 鋼材によってプレストレスを導入した RC 部材を構造上主要な部分に用いる工法である．コンクリートの劣化を防げる利点をもっている．現場施工は，工場でプレストレスを導入した PCa 部材を現場で組み立てる方法と，現場でプレストレスを導入する締付け方法とがある．PC 材はコンクリートにあらかじめ圧縮力を与え，曲げ抵抗を増大させるものであるため，高強度のコンクリートと PC 鋼材を使用する．プレストレスを与える時期によりプレテンション方式とポストテンション方式とがある．前者は工場で製作され，PC 鋼材は付着によってコンクリートと一体になる．後者は現場施工も可能で，PC 鋼材はねじ式やくさび式の定着具によってコンクリートと一体になる．

●これからの RC 造の構工法

RC はほかにないすぐれた可塑性，熱容量，遮断性と経済性をもっており，これからも主たる建築材料に違いない．持続可能な都市の構築や環境問題など新たに直面する課題は，RC 造の構工法の選択にこれまでと異なる方向性を示してくれた．構法の面において建物の再生や用途変更に対応しやすい柱梁体系が多く採用されるだろう（■1）．工法の面において，現場打ちコンクリート工法より現場廃材が少なく，耐久性にすぐれ，かつ解体に対応可能な PCa 工法と PC 工法が開発・普及されると考えられる（■2）．　　　　　　　　　　　　　　［王　琚慧］

文献
1) 内田祥哉ほか編（1992）：建築施工，pp.46-73，86-97，市ヶ谷出版社．
2) 王　琚慧（2004）：アジア地域における鉄筋コンクリート構工法に関する国際比較研究（学位論文），pp.182-199，225-230，239-246．
3) 高橋靗一（2000）：コンクリートを甘く見てはいけない．GA 素材空間 01，pp.38-39．
4) 黒沢亮平（2000）：固いコンクリートを打つこと．GA 素材空間 01，pp.118-119．

4-22　タイル外装は煉瓦造の夢を見るか

【テーマ】タイル外装　　　　　　　　　　　　　　　　　　　　　　　　　　　4　構造・構法・生産

●タイルとは

　薄板状の小片の焼物を一般にタイル（tile）とよぶ．その語源は，「覆う」の意味をもつラテン語のテグラ（tegula）であり，広義には，ものの表面を覆う小片を意味し，特定の材質を表すものではない．

　実際，「プラスチックタイル」や「タイルカーペット」など，焼物でないタイルもごく一般的に使われている．「吹付けタイル」は代表的な湿式外壁仕上げのひとつだが，特定の形状すらもたない．といっても元意に由来するのではなく，複層吹付け工法により施釉タイルの光沢に似た肌合いが得られることから名づけられた，日本固有の工法名である．

　その一方，焼物である屋根瓦のことを通常タイルとよばないが，英語ではこちらも tile（正確には roof tile）である．これは，日本でタイルという名称が一般に使われるようになった大正後期よりはるか以前からある瓦を，タイルと呼び直す必要がなかったからだが，逆にいえば，屋根瓦だけでなく，床に用いる敷瓦や，なまこ壁に用いる平瓦など，古くからタイルに大別可能な建材を用いてきたなかで，新参のタイルを「新しい酒は新しい革袋に」入れるため，あえて区別したとも想像される．

●タイルの源流

　タイルの起源は焼成煉瓦である．構造体として用いられた煉瓦は，やがてその表面を装飾すべく，凹凸模様や着色が施され，さらには施釉により耐水性や耐久性を獲得して仕上げ材となる．構造材料から分かれて専用の仕上げ材となったものがタイルであり，紀元前 2600 年頃エジプト・ジェセル王のピラミッドの地下回廊に用いられた，壁面の青い施釉タイルが最古の例とされている．

　古代のタイル技術を中世に引き継ぎ，飛躍的に発展させたのがイスラムである．偶像崇拝を禁じたイスラム教のモスク建築の内外装は，抽象紋様で覆いつくされたが，そこに用いられたのが色釉タイルによるモザイクであり，当時の先進国であったイスラムの高度な技術がいかんなく発揮された．これらは，イスラム世界の拡大とともにイベリア半島に伝えられ，後のマジョリカタイル誕生の礎となる．

　時代は下って産業革命期になると，イギリスにおいてタイル製造技術に二つの大きな変革が起きる．ひとつは絵付けのプリント法の発明であり，もうひとつは乾式成形法の発明である．1873 年にはタイル製造への蒸気機関利用にも成功し，大量生産でありながらも，豊富な絵柄で装飾性に富んだヴィクトリアンタイルが世界を席巻することになる．時はちょうど幕末から明治に至る文明開化の時代．日本に初めてもたらされたタイルも，そのほとんどはヴィクトリアンタイルであったといわれている．

●日本におけるタイルの成立

　日本に入ってきたこれらのタイルは，室内装飾用として洋館などでさかんに用いられ，これらを模倣して国産タイルも製造されるようになる．

　一方，明治から大正期における煉瓦造建築の導入・発展に伴い，構造体の煉瓦の表面を仕上げるための化粧用煉瓦が薄くなり，装飾性に乏しい無地のタイルへ変化するという，日本独自の外装タイル張りの歴史が始まる．それは，いまも残る「二丁掛けタイル」や「小口タイル」の規格が，煉瓦の側面や小口面の寸法に由来することからも明らかである．

　これら外装タイルの成立は，ちょうど煉瓦造から鉄筋コンクリート造への移行と時を同じくするものであった．地震国であることから煉瓦造を諦め，当時の新構法であった鉄筋コンクリート造を導入するにあたり，外観に煉瓦由来のタイルを用いて煉瓦造のイメージを継承したのはごく自然なことだったといえる．ちなみに，日本初の鉄筋コンクリート造事務所建築は 1911 年竣工の三井物産横浜支店だが，その外壁全面には小口煉瓦大の白色タイルが張られている．

　ただし，外壁全面をタイルで仕上げること自体は，イスラム建築はもちろん，近代建築でもこれより少し前にヨーロッパで行われている．オットー・

ワグナーによるウィーンのマジョリカハウス（1899）や，オーギュスト・ペレによるパリのフランクリン街のアパート（1903）などで，それぞれユーゲントシュティール，アール・ヌーボーといったデザイン運動のなか，植物模様で彩られた新しい建築ファサードが色褪せないよう，鮮やかな装飾タイルが実験的に用いられた．ただし，その後のモダニズム運動においてこれらの装飾性が否定されると，外壁にタイルを張ること自体が行われなくなり，結局ヨーロッパで外装タイルが根づくことはなかった．

反対に，日本では耐震・耐火性に優れた鉄筋コンクリート造建築の「顔」として，タイル張り外装は広く普及していくことになる．

●タイル張り工法とコンクリート打放し

外装タイルには当初，裏に大き目のモルタル団子を乗せて壁下地に押しつける「団子張り」という施工法が用いられた．これは，精度の悪かったコンクリート壁面に対して，タイルを張るというよりは，モルタルの塊とともに積み上げていくという感覚に近く，「積上げ張り」ともよばれた．その結果，タイルの裏側には目地詰めの後も空隙が残り，ここに浸入した雨水が白華現象やスチールサッシの腐食などを引き起こすことになった．この状況は，壁下地側に塗った張付けモルタルに，タイルを押しつけて張る「圧着張り」が登場する戦後まで続くことになる．

アントニン・レイモンドは，こういった問題を避け，コンクリート自体を建築表現とするべく，日本初のコンクリート打放しを霊南坂の家（自邸，1924）で試みる．また，パリでコルビュジエに師事した後レイモンド事務所に移った前川國男は，そこでコンクリート打放しの技術を習得し，独立して多くの名建築を手がける．しかし，当時の施工技術の未熟さや高度成長期の大気汚染の影響などで，コンクリート打放し建築は十数年もすれば黒ずみ，表面に亀裂が入って中の鉄筋が顔を出すなどの問題が露呈した．このため，前川は後にタイルをあらかじめ型枠にセットしてコンクリートを打設する「打込みタイル」を用いた建築へと舵を切ることとなった．もっとも，打放し自体はその後も多くの建築家に用いられながら改良を重ね，いまでは「美肌コンクリート」といわれるまでにその技術を向上させている．

■1 マジョリカハウスの外装タイル（筆者撮影）

一方，戦後のタイル張り工法は，剥落や施工性との格闘のなかで，「打込みタイル」以外にも「圧着張り」から「改良圧着張り」，「改良積上げ張り」，「ビブラート張り」，「PCa版打込み」などへと変遷をたどりつつ，公共施設から高層ビルや住宅，はては道路や橋に至るまで，あらゆる種類の建築や景観材料に用いられるようになり，今日に至っている．

●タイルと都市景観

こうしてみると，装飾由来であれ煉瓦由来であれ，タイルには焼物がもつ永遠性で建築や都市を覆いつくしたいという願望がこめられてきたことがわかる．これは化粧により外見の若さを保ちたいという心理に似ているが，それは老朽化という宿命に対する恐れの裏返しでもある．先進諸国のなかで建物寿命が最も短い日本において，外装タイル張りが最も発達し，素材的にはほとんど劣化していないタイルが建物とともに次々と取り壊されてきたのは皮肉であろう．

タイルで覆われない部分，すなわち自然素材などによる「素肌」をもっと露出させ，エイジングをうまく取り入れるのが真のサステイナブルな都市景観の姿であり，そのためには防火やメンテナンスの技術をいっそう高めていくことが必要になろう．それでこそ，化粧たるタイルの魅力も引き立つのである．

［小見康夫］

文献
1) 山本正之監修（1985）：ヴィクトリアンタイル－装飾芸術の華，INAX出版．
2) 山本正之監修（1991）：オリエントのやきもの－タイルの源流を探って，INAX出版．
3) 前川國男（1975）：「人生は正しく，建築家は常に間違える」対談＝人間と建築・その13．新建築，1月号．

4-23 建物評価と建築構法

【テーマ】性能評価　　　　　　　　　　　　　　　　　　　　　　　　　　4　構造・構法・生産

●建物評価の分類

人が業務や生活のなかで建物評価の必要を感じる理由は多岐に亘り，一口に建物評価といってもその内容は様々である．このため，建物評価を議論する際には，いまどのような評価を問題にしているのかを理解しないと誤解のもとになるので注意が必要である．

建物評価の多様性を理解するには，評価の時点や主体による分類が参考になる．

時点による分類：企画時点，設計時点，着工時点，竣工時点及び入居後の特定時点に大別され，各時点で目標とする（又は実現された）性能・品質・事業性等の評価を行う．既存建物の評価としては，FMにおける経営資源としての評価やPOE（利用者満足度評価）がある．この他に，築後歳月を経て時には非য়用となった時点で行う歴史的・学術的価値の評価もある．

主体による分類：発注者（所有者，入居者及び不動産管理会社等の他，発注者の代理人に相当するコンペ，プロポーザルの審査員を含む），受注者（設計・施工者や建材・設備・部品メーカ等の供給者）並びに関係者（建築確認・試験・評定等を行う機関やコンサルタント）に大別される．この他に，近隣住民や学術専門家・評論家等も広義の評価主体に含めることができる．

●建物評価の目的

建物評価の目的は，時点や主体を問わず，良い建物であるか否かの判定である．それはたとえば建物取引においては総合品質の確認であり，供給側は需要側が求める建物総合品質を達成するため，専門分野毎の品質確保とそのための評価を要請する．

なお，建物の評価を価値との関連で論じる場合は，価値の多様性の理解と注意が必要である．建物価値は使用価値と市場価値とに分類され，使用価値はさらに現用価値と転用価値とに分類される．代表例として，FMにおける評価は現用価値，コンバージョンの実施判断は転用価値，不動産鑑定評価やデューディリジェンスの評価は市場価値の評価である．なお，歴史的・学術的価値は有用性以外の尺度も要するため，別の範疇に位置付けられる．

●性能段階説

建物評価にかかわる有名な考え方に性能段階説と呼ばれるものがある．これは1961年にWHO（世界保健機関）の報告書で，次の四つのレベルの形で提唱されたものである．

①幼児の死亡の予防
②疾病と傷害の予防
③居住の効率化
④快適さの提供

これらはわが国では「安全」，「健康」，「効率」，「快適」と解釈され，性能評価の研究者に少なからぬ影響を及ぼした．筆者もFMの観点からこの説を発展させ，評価項目を拡充して階層構成とツリー構造による既存建物の性能評価項目体系を構築した（■Ⅰ）．

ただし，人の習性として，今の自分に直接影響のない評価項目は念頭にないものである．たとえば，自分の居場所に対して，明るさや温度は気になっても，耐震性は普段の意識に上らないし，居場所のことなど考えていない時さえある．また，建物評価では次に述べる価値観の影響も大きい．

●評価と価値観

建物評価の目的で言及した「良い建物」の定義は，明確に定められたものではない．その理由は，「良い」という評価が価値観を反映するためである．建物評価は様々な項目の評価の総合であるが，個々の項目の定量的・客観的な評価が可能であっても，総合の度を増すに従って各項目の貢献度や相互関係が重要となり，評価主体の価値観の介入余地が大きくなる（限定された要素のなかにも，美観の評価のように価値観に直結したものもある）．

しかし，建物が人間の営みに深い関わりをもつ以上，価値観の存在は建物評価の重要性を損なうことにはならない．むしろ，社会的な見地からは価値観

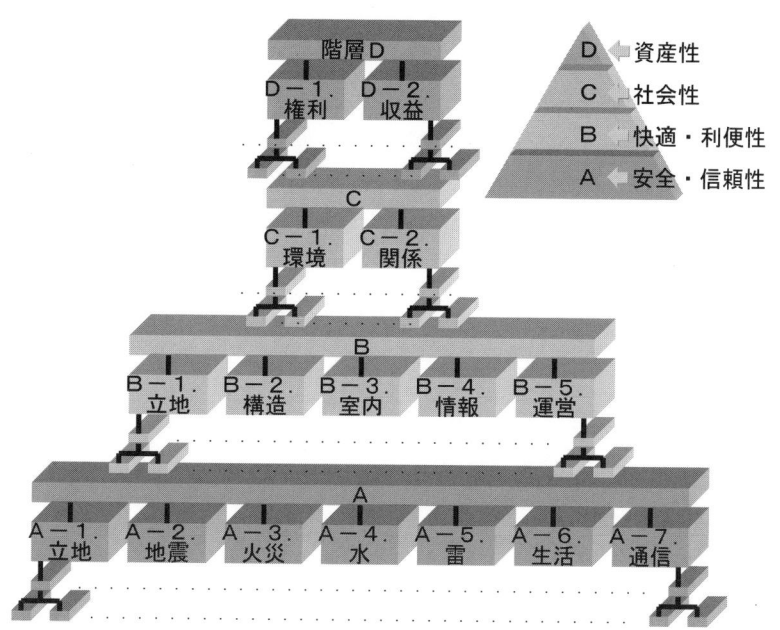

■1 建物性能評価項目の階層構成の概要（筆者作成）

の裏付けのない建物評価は無意味であり，評価主体の価値観共有が必要条件である．評価と価値観とのこのような関係は街造りにおいても同様であり，「良い都市」の価値観共有の重要性を示している．

●**建物評価における建築構法**

建築構法は建物を造る方法であり，建物の立地・地盤・用途・規模・予算・工期等に応じて選定されるが，総合的な評価においては，それ自体が前面に出ることはない．

以下に，筆者が開発した既存建物の性能評価手法における躯体関連の評価項目の概要を示す．④は木質構法では不可能であるが，そのほかは構法の別を問わない．①〜⑤は安全・信頼性，⑥は快適・利便性に関わる項目である．各記述は性能規定的であるが，④の（ ）内は仕様規定化した条項の一部である．以下から想像される通り，構法の性能は建物性能の唯一の決定要素ではなく，その事実は建築行為の付加価値の証明でもある．

①地震・強風・積雪・落雪や凍結・結露に対して安全であること．

②内外の延焼を防止できるとともに，避難の安全を確保できること．

③外皮や仕切りとして浸水や漏水を防止できること．

④雷の接地経路を兼ねる場合，建物内部に影響を及ぼすことなく接地できること（鉄骨・鉄筋の電気的・機械的接続や経路以外との絶縁が完全にされていること）．

⑤日常の使用に際して，転落・転倒・落下物・電磁波や破壊・侵入の危険がないこと．

⑥外部開口（面積，形状）や架構（壁・柱間隔，階高）が使用形態に対応していること．

最後に，建物性能と構法とに関わりのある日本の先駆的研究を参考として紹介する．

いずれの研究も，評価や品質確保の視点で建築構法の特性や最適化方法を追求している．

- 1932年　鉄筋コンクリート構造建築物の伝熱について（谷口吉郎，石塚彌雄）
- 1933年　遮音性能の測定法および試験法の研究（佐藤武夫，川島定雄ほか）
- 1947年　雨仕舞いの理論（松下清夫）
- 1957年　Building Element の評価（田村恭）
- 1961年　Building Element の研究——建築構法の分析と綜合（内田祥哉）

[田村伸夫]

文献
1) 田村伸夫（2001）：経営資源としての建物の最適化を図るための建物総合性能の定量的評価方法の開発とケーススタディ（その1）．日本建築学会技術報告集，No. 14, 347-352.
2) 田村伸夫（2002）：経営資源としての建物の最適化を図るための建物総合性能の定量的評価方法の開発とケーススタディ（その2）．日本建築学会技術報告集，No. 15, 343-348.

4-24　建設時の労働災害

【テーマ】労働安全　　　　　　　　　　　　　　　　　　　　　　　　　4　構造・構法・生産

●建設業における死亡災害の現状

建設業における労働災害の特徴としては，死亡災害が非常に多いということであり，全産業のなかで最も発生件数が多い．1958年から2004年にかけての死亡者数の推移をみると，建設業における死亡災害は全産業の約40％前後で推移している（■1）．死亡者数は，1997年に1000人を大幅に割ってからは減少傾向が続いており，安全管理体制の向上や景気後退により工事量が減少したことなどが，その理由としてあげられている．しかし，近年は熟練労働者の減少による死亡災害の増加も危惧されており，2004年は一転して2003年を1割ほど上回っている．近年の死亡災害の内訳を災害の種類別にみると，墜落災害が最も多く建設業全体の約4割を占め，続いて建設機械等による災害となっている．

●建設業における重大災害の現状

重大災害とは，一時に3人以上が死傷する災害のことであり，規模の大きい災害である．死亡災害と同様に，建設業は全産業のなかでもっとも多く重大災害が発生している．近年の重大災害の内訳は，倒壊災害の発生割合がもっとも高く，続いて墜落災害や土砂崩壊災害の発生割合が高い．以上のような背景から，「倒壊・崩壊」，「墜落・転落」，「建設機械・クレーン等」は建設業三大災害と呼ばれ，重点的に防止対策が推進されている．

●建設時の倒壊災害

重大災害が発生した場合には，非常に規模が大きくなり，社会的影響も大きくなる場合が多い．このため，その発生割合が高い倒壊災害の防止対策は重要である．

倒壊災害は，ビルや家屋など建設対象とする構造物自体よりも，それを施工するために一時的に使用する仮設構造物に多く発生している．仮設構造物の代表的なものとしては，足場およびコンクリート工事用の型枠支保工があげられる．これらの災害の防止対策を講ずるためには，まず災害の発生原因を明らかにする必要がある．

●足場の倒壊原因

足場の倒壊原因について，構造的な面よりおもなものをあげると，以下のようになる．

①壁つなぎの取付け間隔が大きい：単管足場や枠組み足場などの支柱式足場において，壁つなぎの取付け間隔が大きい，あるいは盛替え等により壁つなぎが取り外されたままになっていたことなどにより，支柱の長さが長くなり座屈しやすい構造となっていた．

②風荷重の検討不足：足場の外面には，通常飛来落下物災害防止のためのメッシュシート等が張られているが，この面に強風を受けると大きな風荷重が足場に作用する．このため，壁つなぎあるいは控え材により水平方向の安定性を保っているが，設計時に足場に作用する風荷重を十分に検討していなかったため，壁つなぎや控え材の設置本数が不足していた．

③筋交いの配置数量の不足：筋交いが適切に配置されていない，あるいは作業に差し支えるという理由で筋交いを取り外したため，足場が座屈しやすい構造となっていた．

④補強部材，クランプ等の強度の検討不足：足場の組立図を作成する際，補強部材の必要の有無，クランプに作用する荷重に対するチェック等，足場を構成する部材の強度を検討していなかった．

●型枠支保工の倒壊原因

型枠支保工の倒壊原因について，構造的な面よりおもなものをあげると，以下のようになる．

①水平荷重の検討不足：型枠支保工の設計時において，労働安全衛生規則では，型枠支保工の水平方向の安定性を保つために，鉛直荷重の5％（鋼管枠を使用する場合は2.5％）の水平荷重を考慮することとされている．しかし，実際に作用すると想定されるコンクリートなど鉛直方向の荷重のみを考慮し，実際に作用するかどうかわからない水平方向の荷重を考慮していなかった．

②水平つなぎの数量の検討不足：型枠支保工の

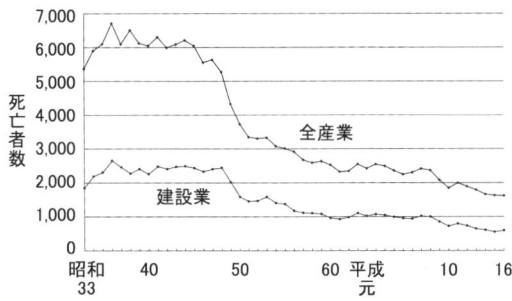

■1 1958（昭和33）年から2004（平成16）年にかけての労働災害による死亡者数の推移（建設業労働災害防止協会編（2005）：平成17年版建設業安全衛生年鑑，p. 78，建設業労働災害防止協会より）

■2 型枠支保工の倒壊による重大災害 死者7名，負傷者14名（筆者撮影）

座屈防止や水平方向の安定性を保つためには，水平つなぎにより支柱どうしを連係する必要があるが，これらの数量が不足していたため，型枠支保工の強度が不足していた．

③筋交いの配置数量の不足：足場と同様，作業に差し支えるという理由で筋交いを取り外したため，型枠支保工が座屈しやすい構造となっていた．

④部材の腐食：H形鋼やパイプサポートなど型枠支保工の部材は，経年品が多いゆえ，腐食などがあると著しく強度が低下する．しかし，管理が十分行われておらず，腐食した部材をそのまま使用して工事を行っていた．

⑤部材接合部の仕様の検討不足：主要部材の断面応力のみ検討され，部材接合部のクランプの種類やボルトの数量等が組立図に指示されておらず，現場の判断に任されていたため，型枠支保工の強度が不足していた．

⑥型枠支保工の基礎の構造，強度が不十分：型枠支保工の基礎のコンクリート強度が不足していた，あるいは，軟弱な地盤であるにもかかわらず，十分な調査が行われていなかった．

●倒壊災害の防止対策

以上のように，倒壊災害が発生した多くの現場では，仮設構造物の強度の検討が十分に行われておらず，組立図すら作成されていないこともある．また，組立図どおりに組み立てられていないなど，安全管理が十分に行われていないケースも多い．

仮設構造物の構造や組立方法については，法規や構造規格，および指針等に定められているものが多く，これらを遵守して組み立てられた仮設構造物の倒壊災害はほとんど発生していない．このため，建設時の倒壊災害を防止するためには，設計・施工時に法規や指針等を遵守することが重要である．

しかし，新たに開発された仮設構造物は，法規などが十分整備されておらず，重大災害も発生している（■2）．これは，新しい製品には構造規格等の範疇に収まらないものが多く，製造業者が指定する独自の仕様により組立・使用されるため，誤用等により十分に安全でないことが多いためである．このため，仮設構造物に必要な性能を具体的に明らかにし，新しい製品にも適用できる法規や規格を整備することが望まれている．

●墜落災害の防止対策

墜落災害は建設業の死亡災害の約4割を占めるため，その防止対策は非常に重要である．しかし，実際の現場では，手すりや安全ネットがないなど安全対策が十分に行われていないのが現状である．厚生労働省では，このような墜落災害を防止するため，「足場先行工法に関するガイドライン」や「手すり先行工法に関するガイドライン」を策定し，つねに手すりなどの墜落防止設備がある状態で，安全に作業を行うことができる工法の普及を推進し，一定の成果をあげている．

●建設機械・クレーン等による災害の防止対策

建設機械・クレーン等による災害は，激突・はさまれ・巻き込まれなどバケット等に接触する，道路の路肩や傾斜地から転落する，および運転中に転倒することなどにより発生することが多い．これらの災害を防止するためには，地形・地質など作業場所の調査，作業計画の作成と労働者への周知を行うとともに，誘導者の配置や危険箇所への立入禁止など，現場での安全管理を適切に行う必要がある．

［大幢勝利］

4-25 ゼネコンの未来を考える

【テーマ】ゼネコン　　　　　　　　　　　　　　　　　　　　　　　　　　　　　　4　構造・構法・生産

●ゼネコンとは——一式請負というビジネスモデル

選択肢が整いつつあるとはいえ，日本における建築工事の典型的な契約方式が，いまなお一式請負であることに議論の余地はないであろう．一式請負とは，受注生産が前提の建設工事において，発注者が設計図書で工事目的物を示し，受注者との間で工事一式の代金や工期などを事前に取り決め，その完成に対して発注者から受注者に報酬が支払われる契約をさす．その受注者の立場にあたるのがゼネコン（general contractor）である．

一式請負は，民法上の雇用と異なり，直接的な労務の提供を契約内容としない．ゼネコンは下請の専門工事業者（サブコン）に工事を分割して発注するのが一般的である．工事費ベースでその7割近くが下請によって施工されている．つまり，ゼネコンのビジネスモデルとなっている利益の源泉の多くは，発注者と取り決めたプライスと工事に要した材料，労務，下請外注等の調達コストとの差にある．ゼネコンの発展は，建設市場の拡大を前提に，本来発注者も分担すべき工事にかかわるさまざまなリスクをゼネコンが一式に引き受けることによって得た利益を，技術開発，生産設備，人員などに積極的に再投資して規模・業域を拡大してきたことによる．

●戦後ゼネコン小史

ゼネコンにとっての転機は，1970年代前半の日本列島改造論，オイルショックを発端とするインフレ，それに対応した政府の総需要抑制による「建設冬の時代」である．建設投資の低迷は，受注産業であるゼネコンにとって越えねばならない壁であった．この時期の大手・中堅ゼネコンの戦略は，自ら発注者となって開発利益を得る，あるいは発注者のファイナンスの肩代わりによる工事の獲得であった．当時，これらは「造注」や「拡建設」とよばれ，民活導入や産業政策もこれを後押ししてバブル経済を牽引する重要な役目を果たした．

しかしながら，1991年に地価は下落局面に入りバブル経済は崩壊する．ゼネコンの発展を支えてきた市場の持続的成長に終止符が打たれ，負担すべきリスクは一転増加した．現在では競争激化によるダンピングも横行し，品質，安全，工期等で発注者に還流するリスクも無視できない状況となっている．

●利益創出の再構築

現状において，ゼネコンの製品やサービスのプライスとコストの差，すなわち利益は相当の低レベルにあるといわざるをえない．利益の増加を積極的に追求しない産業は存続しえない．新たな環境の下，発展の基盤をいかに再構築するかは，ゼネコンにとって重要な課題である．

企業に利益をもたらす源泉としての技術を，大きく「製品技術」と「製造技術」に区分する考え方がある．製品技術とは，製品そのものの価値を決定する技術で，新たな市場を開拓し，開発者にとっては開発費用を伴うものの，成功すればその利益を初期に独占可能で，かつその新規性によって利幅も大きい．建築では，超高層建築やドーム建築などがあげられる．一方，製造技術は製品の製造技術で，生産性の向上を指向したプレファブ化や機械化，マネージメント手法などがこれにあたる．

製品ライフサイクルにおいて，利益の源泉は初期に製品技術にあり，その製品技術の普及とともに製造技術へ比重は移行するが，現状，ゼネコンのビジネスは製造技術に相当にシフトした段階にあるといわざるをえない．

●さらなる生産システムの革新

バブル経済期における建設産業の労働生産性は，製造業よりも高かった．現在は逆転して，建設産業のそれは製造業の50％程度に低迷している．バブル経済期にゼネコン主導で導入された工業化，省力化工法の在来工法に対するコスト競争力は急速に縮小し，ゼネコンの購買政策も在来工法の採用と外注費抑制の組合せへとシフトしている．こうした傾向を市場や受注産業の限界として片付けたのではゼネコンに未来はない．

製造業に目を向ければ，グローバリゼーションに

■1 グローバル建設企業の売上高ランキング20位（Engineering News Record，2006年8月21日号；2007年度建設業ハンドブック，日本建設業団体連合会他より）

売上高ランキング		企業名	国名	売上高（100万ドル）		
2006年度	2005年度			総売上高	海外売上高	海外シェア
1	1	Vinci	フランス	26,810	10,268	38.3％
2	2	Bouygues	フランス	19,760	7,794	39.4％
3	3	Hochtief	ドイツ	17,015	14,733	86.6％
4	11	China Railway Eng'g Corp.	中国	15,360	478	3.1％
5	6	Skanska Ab	スウェーデン	14,984	11,904	79.4％
6	5	Bechtel（米）	アメリカ	14,606	7,662	52.5％
7	15	China Railway Const. Corp.	中国	14,432	397	2.8％
8	4	Grupo Acs	スペイン	14,291	2,487	17.4％
9	8	鹿島建設	日本	13,344	1,882	14.1％
10	7	大成建設	日本	13,138	1,360	10.4％
11	14	Centex（米）	アメリカ	12,982	391	3.0％
12	17	China State Const. Eng'g Corp.	中国	12,525	2,076	16.6％
13	10	大林組	日本	12,152	1,551	12.8％
14	9	清水建設	日本	11,509	1,047	9.1％
15	20	Strabag Se	オーストリア	10,989	8,719	79.3％
16	18	Ferrovial	スペイン	10,787	4,668	43.3％
17	24	Fluor Corp.	アメリカ	10,785	7,125	66.1％
18	13	竹中工務店	日本	10,012	1,212	12.1％
19	16	Eiffage	フランス	9,973	1,690	16.9％
20	―	China Communications Const. Grp.	中国	9,338	840	9.0％

よる競争激化に対応して，さまざまな生産システムが提案されている．その一つに建築同様，製品技術より製造技術に利益源泉がシフトしたパソコン業界を勝ち抜いたビジネスモデル，BTO（build to order）がある．BTOはメーカーが商品を部品の状態である程度ストックしておき，顧客の個別注文に応じて組み立て後，出荷する．部品は完成品より流動性が高いので，メーカーの在庫リスクを抑えるメリットがある．一方，顧客には，無駄な仕様を省き，購入コストを引き下げるメリットがある．当然，それを成立させるためには顧客支援，サプライチェーンの強化，リードタイムの短縮，品質管理の徹底，ブランド力の維持が求められる．こうした製造業の取組みをみれば，建築生産における受注生産，一式請負は決して廃棄すべき旧弊システムではなく，ゼネコンはその存在理由を高めるさらなる革新に挑戦すべきであることがわかる．

●顧客志向の技術開発

発注者やエンドユーザーの成熟や社会・経済の新たな状況によって，建築空間への要求は複雑・高度化している．それに訴求する製品技術の開発は，彼らの生活をより豊かにするとともに，ゼネコンをはじめとする建設業界に市場拡大と高付加価値をもたらす可能性がある．これは建築のストック化が進み，地価上昇によるキャピタルゲインが期待できない現状で，プロジェクトの実現性に直結する発注者のファイナンスにも貢献する．ゼネコンはコストダウンだけでなく，従来の建築生産のしくみを超えた，イノベーションによるプライスアップの戦略ももつべきである．

●求められる国際化

国内の建設市場は今後も構造的な漸減が予測されている．欧米先進国の多くはインフラの充足などによってこうした後退をすでに経験し，その余剰資源を海外市場に投入してきた．■1はアメリカの専門誌"Engineering News Record"のまとめた2006年のグローバル建設企業の売上高ランキング20位までを示したものである．日本の最大手5社がランクインし，この層は世界の建設産業のなかでも重要な位置を占めていることがわかる．ただし，売上高に占める海外工事（自国外での工事）シェアは，海外企業に比べて相当に低く，日本の建設産業の活動の中心は国内市場であることがわかる．国内的にはさまざまな課題を抱えてはいるが，日本のゼネコン，建設産業の国際的な評価は相当に高い．今後，これを生かす人材のシフト，異文化圏における現場運営などソフト領域に取り組む必要がある．

［遠藤和義］

4-26　サブコンの存在理由のゆくえ

【テーマ】サブコン　　　　　　　　　　　　　　　　　　　　　　4　構造・構法・生産

●サブコンとは——請負関係を雇用関係へ

　日本のビルディングチームでは，ゼネコンが品質，工期・工程，安全などの管理を中心に分担し，施工に要する労務供給はその下請となるサブコンが担当する垂直分業が成立している．一般に，下請契約は土工事，仮設工事，鉄筋工事，大工工事など数十に及び，サブコンの担当部分は金額ベースで工事費総額の7割程度に達する．

　このような分業の成立には建築生産の特性がかかわっている．建設業は多種多様，専門的かつ高度の技術・技能を要する組立産業であり，また工程により必要な工種が異なるので，ゼネコンが多種の作業者を自前で抱えて施工しようとすると手待ちの状態が生じやすく，経営的に非効率となりやすい．

　サブコンは労務供給のために作業者を雇用し，個々の工事で所要労務に対応した作業者の賃金や付随する法定費用，サブコン経営に必要な費用をゼネコンに対して請求し，マネージメントする．つまり，サブコンの機能を突き詰めると，対ゼネコンの請負関係を作業者との間で雇用関係に変換するところにある．

●ゼネコンとサブコン間の分業の変化

　1960年代までは，ゼネコンが自社の現場係員と自ら購入した仮設，機械を投入して現場業務全般を行い，サブコンは労務供給のみを行う方式が一般的であった．

　その後，工事量の増大，施工の効率化の追求等の環境変化のなかで，1971年の建設業法改正では業種別の建設業許可制度が導入され，施工の専門化，分業化がさらに進んだ．さらに，ゼネコンは経営効率を高めるため，現場管理業務の重点を各工種に対応した施工管理から統括的管理に移している．そのため，サブコンによる材工一式化や責任施工体制の整備が進んでいる．場合により工種間の調整業務まで任される場合がある．

　こうした高度な機能をサブコンに求め，その質を担保するために，一般的にゼネコンは継続して取引のあるサブコンを組織した協力会を持ち，工事ごとにそのメンバーの中から適当なサブコンを選択することが多い．協力会の中でも型枠，鉄筋，とび・土工のような躯体系工種は，バブル経済崩壊まで協力会が強い結束力をもっていた．近年，ゼネコンはその選択に相見積りを導入したり，アウトサイダーの参入も促すなどの傾向もある．それに対応して，サブコンには特定ゼネコンへの専属性を下げるビヘイビアもみられる．ただし，サブコンにとって協力会に籍を置くことによる受注面での優位さは現在も一定に確保され，それに依存するサブコンは多い．

●重層化をどうみるか，そのメリット，デメリット

　そうしたゼネコンとサブコン間の分業関係の変化によって，サブコンに求められる機能は複雑・高度化し，サブコン自体の垂直分業，すなわち重層化が進んでいる．重層化の背景には，工事の繁閑や量的な施工能力に応じた分業関係がある．建築工事は，現地，屋外，単品の受注生産であり，地域的，季節的にも需要の変動が大きい．これに柔軟に対応するには，常時作業者を保有せず，受注の都度，その地域で労働力を確保して生産活動を行うのが効率的である．

　建築工事は一般に4次程度の重層下請制によって施工される．1次サブコンの多くはマネージメント業務に特化して労務供給を担当せず，それを2～4次のサブコンに依存する場合が多い．これら下位のサブコンも社員として現場作業者を抱えることは少ない．現場作業者の多くはOJT（On the Job Training）等を契機とした緩やかな拘束による数名程度の施工チームを構成するが，それらの多くは建設業許可の対象（1工事500万円以上の請負契約）とならない．下位のサブコンの実体は，そうした施工チームが集合したマイクロ企業である．過去の投資縮小期には，ゼネコンや1次サブコンは，受注減により下位のサブコンに対して十分な仕事の配分が困難となる．そのため，協力会による取引の継続性や企業内企業的性格によって，受注機能を顕在

■1 ラジオ体操（左），服装点検・指差呼称（右）

化させてこなかった施工チームが集合し，より上位のサブコンとなることを目論む．

こうした特徴は，過去の周期的な需要変動において一定に機能してきたが，現在のように需要が構造的に継続して減少する局面では，さまざまな問題も派生させている．たとえば，重層下請制はゼネコンが発注者に提示するプライスの下方硬直性を弱めるメカニズムをもつ．ゼネコンは低いプライスで受注しても自らの必要諸経費を確保したうえで，サブコンに工事を配分すればよい．過去，特定ゼネコンに対して専属的な1次サブコンは，ゼネコンの提示する「指し値」を基本的に受け入れてきた．周期的な景気低迷期には，それが単にゼネコンのためだけではなく，サブコンにとっても仕事の確保につながり，景気回復までをしのぐ糧となってきた．

近年，サブコンは自ら雇用する作業者を減じ，再下請化の傾向を強くもっている．また，法的制約はあるものの，職長ですら2次サブコンに依存する例もある．実際，直用作業者の賃金に法定費用をフルカバーした労務費と一般管理費を「積み上げ」ていったのでは，サブコンの経営は相当に困難なものとなる．直用作業者を抱えた経験のあるサブコンは，作業者の生活を守ることのできる単価水準を知りながら，それを割る単価で再下請せざるをえない実態がある．

● **サブコンの労務供給というコアビジネスをいかに維持，発展させるか**

サブコン経営者には，現在の単価水準では雇用者としての責任は放棄し，労務ブローカーに徹せざるをえないというあきらめもある．しかし，どう巡っても，サブコンの存在理由は，熟練作業者の雇用や再生産を可能とするために「積上げ」の論理を発注者やゼネコンに対して主張するところにしかない．それができなければ，サブコンは自らのコアビジネスを放棄してその存在意義を失うことになる．

バブル経済期の作業者不足では，国の奨励もあって，余力のあったサブコンは事業内訓練校を設立して職長候補や多能工育成等に取り組んだこともあった．しかしながら，現在まで継続している例は少ない．座学の運営等に相当な経費を要することと，定着率の低迷，同業他社への流出等が要因といわれる．経費負担や処遇との不整合は，わが国の制度に起因する問題である．ギルドやユニオンによって労使関係が形成されている国の資格制度は，教育訓練と処遇を一体とするのが一般である．しかし，日本のこうした訓練や技能士資格等は，特定範囲の工事遂行のための要件でしかなく，賃金等の処遇と連動するものではない．近年，基幹技能者のように，資格，能力と処遇を一致させる試みもあるが，現状では決定的な解決策とはなっていない．

サブコンはこうした現状を発注者，行政，社会全体に理解されやすいメッセージにして発する必要がある．特定ゼネコンとの系列取引やあいまいな雇用関係，その配下にある重層下請制を背景に，サブコンの経営の実態はこれまでブラックボックスであったといってよい．各企業には経営のアカウンタビリティを高めるよりいっそうの努力が求められる．

［遠藤和義］

文献
1) 建設経済研究所（2007）：構造変化を踏まえた資材調達の効率化に関する報告書，建設経済研究所．
2) 日本建築学会（2007）：変革期における建築産業の課題と将来像，丸善．

4-27　21世紀のものづくりと職人

【テーマ】技能者　　　　　　　　　　　　　　　　　　　　　　　　　　　4　構造・構法・生産

●はじめに

　19世紀末から20世紀にかけて，日本の産業は，急速な発展を遂げるが，その生産システムは依然として人間依存であった．そこで中心的役割をなすのが職人であるが，建設業，製造業を問わず一企業に定着することなく企業間を自由に移動する「渡り職人」が一般であった．そして「渡り」を可能とする背景には，技能のレベルによって賃金が支払われる職種別の横断的な相場が存在していた．労働力は，農村部から供給されるが，徒弟のなかで，自らが「渡り」による激しい競争を経て技能を習得することにより地位を獲得するのが一般であった．

　大正から昭和にかけて，機械化が進展し，企業規模が拡大するにつれて，産業あるいは企業間に生産性や賃金支払い能力の差が生じるようになった．労働力が農村部から供給されることに変わりはないが，拡大し続ける需要は，つねに人手不足の状況をつくり出した．それにより，「渡り」は工場内の徒弟へ，さらには，雇用というかたちでの社内養成へと変化し，賃金は，職種別賃金から産業別賃金へとシフトしていく．その際，手間と費用を投じて企業内で独自に養成した労働力が外部へ流出するリスクを防ぐための方策として，処遇が徐々に向上する年功システムと終身雇用という日本的な雇用システムが構築された．

　そんななかにあって建設業は，経営の合理化・近代化により逆に中小零細企業の乱立と競争の激化の道をたどる．大手ゼネコンは，明治中期から企業として成立し始めるが，労働力の調達については，需給の変動や固定費増大などのリスクを回避するため，下請依存の方向を選択してきた．戦後，労働の民主化を掲げる占領政策や，高度成長期の慢性的な労働力不足対策として直接雇用が模索されたこともあるが，それらが定着することはなかった．

　とはいっても，職人不足は，戦後の建設産業がつねに抱えてきた懸念である．1980年代後半から90年代にかけては，建設ロボットや「全自動施工システム」により，技能を代替しようという研究開発がさかんに取り組まれ，また，専門工事業による職人の直接雇用や事業所内訓練校による育成が試行されたが，バブル経済の崩壊とともに，いずれも定着せずに終わった．しかし，日本のあらゆる制度の前提である雇用を回避してきたことは，さまざまな問題や矛盾を積み残すこととなった．結果として，下請が何段階も繰り返される重層下請構造が形成され，時代とともに深化してきた．

●技能依存型生産システム

　グローバルな競争下におかれている製造業では，技能，とくに職人技といわれる属人的個性を排除する方向に進んできた．しかし，試作の工程やロケットの部品などの特殊製品の製造，すなわち，個別一品生産により成立する部分においては，いまでも職人とその技能に依存した生産システムが残されている．それらは，多分に請負的でもあり，建築の生産システムに類似している．

　技能とは，それ単独で存在あるいは成立するものではなく，技能を有した人間と一体化したものである．それを説明するのにしばしば用いられるのが，マイケル・ポラニー（ハンガリーの科学者・哲学者）の「暗黙知」の概念である．それによれば，「技能とは，詳細に明示することができない個々の筋肉の諸活動を，われわれが定義することもできない関係に従って結合するもの」であり，「技能を行う能力は，知的に知ると同時に実践的に知ることの両方が必要である．二つの知の側面は，たがいに類似した構造をもち，また，一方がなければ他方は存在することができないもの」である．

　ここでいう技能は，箸でものを摑むことや自転車に乗るといった動作を含む広義の技能についての説明なのであるが，それに従えば，職能としての技能は，一部の人間だけが有する特殊能力というより，人間が一般にもっている能力を，人一倍に研ぎ澄ましたものととらえた方が自然である．よって，神業などといわれる高度熟練技は，むしろ精密機械以上

の精度で，正確無比に同じものをつくる，または，同じ作業を繰り返す能力である．それを気温や湿度などその時々の状況を加味して臨機応変に微調整可能なところに価値がある．ゆえに，技能に依存した生産システムが成立するのである．

● 職人の評価と位置づけ

技能への依存が宿命ともいえる建設産業であるが，日本には，職人であることの証明や技能のレベルを格付けする明確な基準は存在しない．

職業能力開発促進法（昭和44年7月18日法律第64号）に基づく技能検定制度は，特級，1級，2級，3級などの基準を定めて都道府県が試験を実施し，合格者には，厚生労働大臣名（特級，1級，単一等級）または都道府県知事（2級，3級）の合格証書が交付されるが，「名称独占資格」の位置づけでしかないため，業務を規定したり保証するものではない．これに対して，有資格者しか行うことができない業務が法律で規定されている国家資格のことを「業務独占資格」という．医師，弁護士，公認会計士などが該当し，建築士はここに含まれる．

これらの資格は，あくまでもその職能の遂行に必要な最低基準をクリアした証でしかなく，経験とその過程で形成される暗黙知により実用可能な能力を獲得するものである．ゆえに，一人前とされるには，相応の時間を要し，また，その能力は，企業などの内部労働市場ではなく，オープンな市場において個人の単位で評価されるという点において職人に類似している．

かつて，建設職人の世界には，太子講に代表されるギルド的な組織の相互規制や協定により，地位や利益を維持・確保する仕組みがあった．それが，近代化の過程で崩壊する一方で代替する組織や制度を構築することができなかったところに，20世紀の建設産業の大きな問題があったといえる．

● 21世紀の技能と職人

20世紀の日本は広い意味で職人の時代であった．職人気質，職人肌などの言葉があるが，いわゆるホワイトカラーの人々も含め，高いモラール（morale：勤労意欲）に裏打ちされたモラル（moral：倫理）を暗黙裡に期待することが可能であり，それが世界的に高い評価を得た日本のものづくりの前提であった．

ものづくりの現場には，元請，下請の立場を超え

■1 職人技が建築の生産システムを支えてきた（筆者撮影）

て，より良いものをつくり上げようという気風があり，世界の共通語にまで昇華した「カイゼン」は現場の自律的な活動から生まれたものである．「ケイレツ」は，単なる下請取引とは一線を画した関係構築の象徴であるが，建設産業においては，名義人とよばれる制度があった．名義人は，元請から一定以上の能力が認められた証であり，一般の下請に比して手厚く扱われ，長期の関係を築きながら，「カイゼン」を行うシステムであった．

しかし，バブル崩壊後の空白の期間を経て，建設産業は，そういった価値観とシステムを急速に失った．耐震偽装問題をはじめとする21世紀初頭のさまざまな混乱の主要因はそこにあるといっても過言でない．

時代がどのように変化しようが，受注，現場，個別一品生産という建設生産システムの基本は不変である．職人の減少と高齢化がいよいよ切実であるが，技能の位置づけと職人の存在意義を，いま一度，問い直すことが必要である．

［蟹澤宏剛］

文献
1) 佐崎昭二（1992）：ヒトを雇用する企業としての専門工事業．建築の技術 施工，No. 319，彰国社．
2) 藤澤好一（1999）：技能者教育の新たな展望に向けて．建築の技術 施工，No. 399，彰国社．
3) 藤澤好一（2005）：工務店の戦後史（第3回 近代化・合理化と大工職）．住宅保証だより，住宅保証機構．

4-28 現代の職人と大学設計教育

【テーマ】職人と大学教育　　　　　　　　　　　　　　　　　　　　　　　　　　4　構造・構法・生産

●職人の歴史

古代から中世にかけて，「小屋をつくる技能」はだれもが住まいをつくるためにもっていた技能で，物差しもなく，人体寸法で作っていた．これに対し，「堂を建てる技術」は物差しを使って建築した技術で，神社，寺院建立の技術であった．奈良時代の仏教伝来の頃にはすでに多くの職人がいて，渡来技術者の大伽藍建設に協力した．平安時代までは寺院や貴族の住まいが職人技術の対象であったが，武家政権以降に地方の権力者が登場すると，建築の需要が増大し，堂を作る技術が地方にも伝播した．

近世以降の建築職種分類としては，惣大工の下に土方，石工，鳶，大工，左官，建具師，畳屋，瓦屋，庭師などの職人がいた．さらに産業や生活用品などの用途の多様化に対応する専業化が進むと，大工にも家大工，指物大工，車大工，船大工，桶大工などが登場した．

明治時代になると，洋風建築の導入や近代工業の発達により，新しい技術や工法が開発され，その結果，新しい分野の大工，工務店，職方が登場した．

現代は近代工業化による大量生産の結果，ものづくりの有難味が極度にうすれてきた．ものが大切な財産だった時代から，ものそのものが生み出すサービスやソフトに価値が移ってきた．同時に近代工業化は結果として地球環境に影響を与えたり，生物や人間を死に追いやったりする場合も現れてきた．現代はこの地球環境を持続させるためのたくさんの智恵が求められている時代である．

●修業と技術本

職人の組織は親方―職人―徒弟を基本とし，①馴れて身に付け，②教えてもらって覚え，③習って高める，の修業をした．①②は親方や兄弟子たちによって授けられる，技能習得と職人のもつべき常識である．この修業によって職人は社会に出て技能差をもちながらも働くことができた．③は一生の修業であり，各人の人間性が大きく関与し，真の親方になるための修業といわれる．

修業の基本は仕事の型の習得にあり，型とは『匠明』（平内家技術書：■1）によれば，五意に通じ，昼夜怠らず，古人のつくった地割と格好の好悪をみわけ，参考にするべしとある．五意とは「式尺の墨曲」（規矩術を含む設計技術），「算合」（積算），「手仕事」（大工技能），「絵様」「彫物」（飾り絵，彫刻）をいう．これらは建築生産体制の設計，施工，管理の流れを示している．そして職人には技能のみでなく古人の作風をよく調べ，自分の独自性を発揮することが求められていた．その他の江戸時代以降の技術書としては，『武家雛形』，『紙上蜃気』，『家舶心得集』，『愚子見記』などがある．

●現代の若者のものづくり離れの原因

現代の若者にものづくりが敬遠されている原因として，次の5点が考えられる．①ものづくりが身近になく，ものに触れて感動する機会がなくなった．②社会の専業化や分業化が進み，一人一人は生産ラインの一歯車の役割を担い，自己実現がしにくい社会になった．③ロボット化が進み，その結果，職人の必要性がなくなり，誇りも失われてきた．④労働に汗する体験がなく，汗する喜びも体感したことが少ない．⑤従来の徒弟制度的な技能者育成環境から近代的雇用契約による会社・社員の関係に変わってきた，などがあげられる．

●これからの職人像

これからの職人像としては次のような資質と能力を備えていることが理想とされる．

新しい科学が生まれると，その種子から新しい技術が開発され，生活が革新され，社会需要が喚起される．その需要に応えるためにさらに新しい技術が開発され，科学を刺激する．この種子・革新・需要・刺激の円環的関係が世の中を進歩させていくと考えると，新しい職人（テクノロジスト）は豊かな感性をもって，基本技能に習熟し，科学技術への知識を応用して，普遍・汎用的なものを創造することが求められる．時代を切り開いていく新しい発見や発明は知識だけでなく，感性による飛躍力が必要で

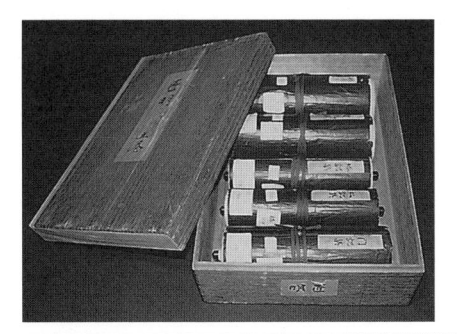

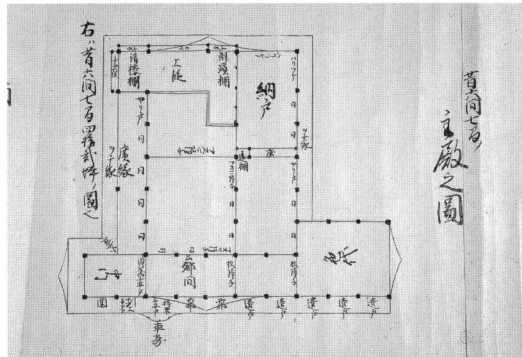

■1 匠明 上：表紙外観写真，下：殿屋集，昔六間七間主殿之図（東京大学大学院工学系研究科建築学専攻蔵）

■2 ものつくり大学，2年自然活用絵コンテづくり

■3 ものつくり大学，3年木造設計

ある．感性の豊かさは環境の変化にも敏感で，地球環境問題を水平思考でみる鋭さをもつ．さらに社会の動きを広い視野で把握し，社会需要を喚起する影響力をもち，社会変化に柔軟に対応できるマネージメント能力をもつことも必要となる．

二つの例をあげる．木製サッシを開発し，製造しているK氏は，新しい分野での設計者との協同作業によって課題を解決していった．コスト削減，ドイツ金物からの脱却，スリムなデザイン，換気性能，地場産木材活用などの課題に，断面形状の簡素化，定型化，引き寄せ金物の開発，雨がかりにガラス・アルミ採用による杉材利用などの知恵と生産ラインの合理化によって低コストを達成した．

木造ラーメンのジョイント金物を建築家と協同で開発したN氏も同様に，木のめり込みによる力の伝達，木と金物の接合，建て方の無足場工法と工期短縮，低廉コストなどの課題に対し，実験を繰り返して確実に課題を解決し，所定の成果を収めた．

●**大学教育における創造教育**

大学の設計教育においても構造，環境を体験的・体感的に感性で感じ，創造へとつなげていく新しい方法が必要である．ものつくり大学では1年次の毎週3日午後，測量から土工，型枠，鉄筋，コンクリート，木工，左官，塗装，仕上げ，調査などのひと

とおりの技能を体験する．環境・自然の講座では■2のように自然要素が人間の生活にどのような快適さを与えているか，映画監督の絵コンテを描く課題を行っている．

また，木造設計では■3のように，市販の4mの材料で8〜12mスパンの空間を設計する課題で，卍固め，支点桁，天秤梁，スリーヒンジなどの基本構造を模型化し，それから応用した空間づくりを行い，不静定次数やσ, δの簡単な計算を体感と併せて体得する創造型の設計課題をこなしている．木造の設計はほとんどの大学で行ってこなかったが，木造を考えることは力の流れを視覚的，原理的に理解することであり，これからの構造を理解した設計教育として意味のあることと確信している．

●**社会的倫理の必要性**

現代の職人は自律的にしっかりとした倫理観をもつことが必要であり，社会と互いに利益を分かち合い，共生する生産体制，価値観をつくり上げる視点とリーダーシップが求められる．これからの職人は人から信頼され，製作したものに新しい価値を生み出し，社会に人間性を回復し，循環型社会を構築し，最終的に持続的な地球環境の創造に寄与することが求められている． ［中村 勉＋ものつくり大学］

4-29 脱「商品化住宅」—21世紀の住宅産業

【テーマ】住宅産業　　　　　　　　　　　　　　　　　　　　　　　　　　　　　　　4　構造・構法・生産

● 建築力 vs 部品力

建築界では「住宅メーカーのつくる『○○ハウス』のようなものが町並みを崩している」という類の会話を耳にすることがある．現在の戸建住宅地の町並みを指しての話だが，どのようなものを「住宅メーカーのつくる『○○ハウス』」とよんでいるのだろうかといつも疑問に思う．長年研究対象にしてきた私ですら，ある住宅を見てそれが所謂住宅メーカーによるものなのか，それともそれ以外のたとえば町場の工務店によるものなのか判別できなくなってきているのだから，町並みの中から大規模な住宅メーカーによるプレハブ住宅等を見分けるのは一般の建築関係者にはほとんど無理だろうと思う．

理由は簡単である．およそ住宅の外観を形成するすべてのものは，一部の例外を除いて，部品メーカーのカタログに載っている工業製品になっているからである．サイディング，アルミサッシ，窯業系屋根材，プラスチック製樋等々．どんな生産者による住宅であれ，それらは本質的に同じである．住宅の中に入ってみても事情は変わらない．システムキッチン，ユニットバス，木製ドア，フローリング，壁紙等々．住宅メーカーのプレハブ住宅であろうと工務店による木造住宅であろうと，どこでも同じなのである．そして，今日では構造躯体部分でもなかなか見分けがつかない．小規模な工務店による木造住宅においてすら，工場加工した集成材の柱梁に，構造用合板で断熱材をサンドイッチしたような大型の壁パネルを取り付けている現場を見かけることが少なくない．もはや立派なプレハブ住宅である．

かつては発注量の多い住宅メーカーがそうした部品のデザインや開発を先導した時代があった．しかし今は違う．部品メーカーが開発力を増し，いかに発注量が多くても，目まぐるしく変わる部品のデザインや機能を住宅生産者自らがフォローしさらにそれを先導することなど無理になっているのだ．

本質的に同種の工業製品だけで構成している以上，住宅をある種のパッケージとして商品化してみたところで，かつてのような市場における訴求力を持たせえるはずもない．住宅における建築側の力と部品側の力の間の勝負に決着がついてしまったのだといいかえることもできる現在，パッケージとしての商品化住宅はほぼ過去の遺物になりつつある．今の問題は建築側がどのように部品力をつけていくかだと考える．

● 箱 vs 場

住宅メーカーなどが平面計画に生活提案を盛り込み，識別性の高いオリジナル部品を搭載し，キャッチーな商品名を付けて住宅を生産販売する方式を商品化住宅の代表格とするならば，それはあくまで余裕のある更地向きのものである．立て込んだ住宅地での建替えでは，前住宅での暮らしの文脈も踏まえる必要があり，なかなかそのようなパッケージは適用しづらくなる．

さらに，今日のように住宅総数の3/4程度が低成長期（昭和50年代以降）に入ってから建てられたものという時代になると，生活上の不便や要求の変化に対応するのにまだまだ耐久性のある住宅を取り壊し，建て替えるのではなく，リフォーム等再生工事を施すケースが増えてくる．住宅総数の1割以上，実数で600万戸以上に達する空家に目をつけ，それを現代的な生活の場に改造して住みこなそうという需要も増えてくるだろう．コンバージョンなどはその端的な例である．それらの場合には，もはや新築向けのパッケージなど問題にならなくなる．

わかりやすくいえば，生活を入れる「箱」に対する需要から生活を展開する「場」に対する需要への大きな変化が起こり始めているのである．そうなると，建築側に求められる思考の範囲や思考の方法も大きく変わることになる．「箱」の性能を云々し飾り立てることよりも，箱の内外を問わず生活の「場」をデザインすること，「場」を支えるサービスを構想することに重心を移す必要が強く感じられる．

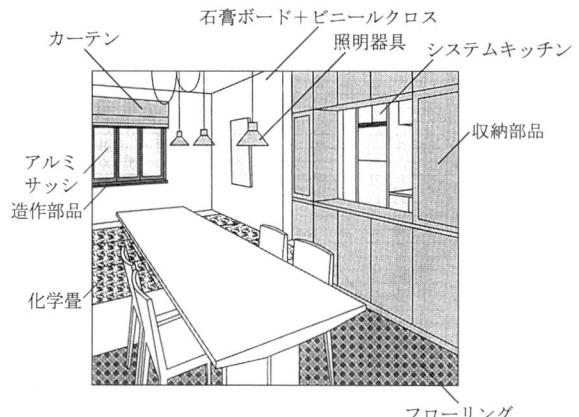

■1 典型的な現代住宅の内装に現れる部品（松村秀一（1998）：「住宅ができる世界」のしくみ，彰国社より）

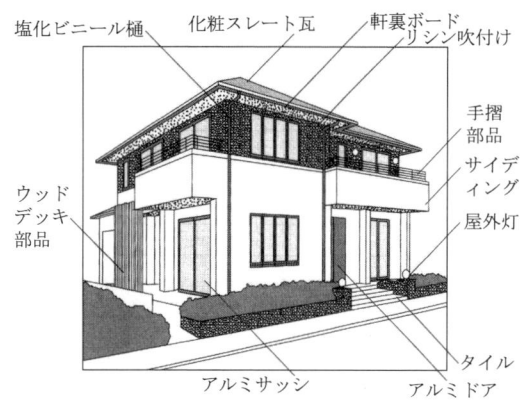

■2 典型的な現代住宅の外装に現れる部品（同前）

● 物 vs 技

　さて，新築にせよ再生にせよ，建築的な行為の中心が物や技術の適切なインテグレーションであることに変わりはない．問題はそれが誰の手によるかということである．ここで問題にしている商品化住宅というパッケージは，インテグレーションをすべて産業側が担当しその結果を市場に供給するという，従来ごくごく一般的だった方式をイメージしてのものである．しかし，これからもこの方式が一般的でありえるだろうか．

　少なくともインテグレーションという行為のうち，物を選択・購入する行為のかなりの部分は住み手自身の守備範囲に移る可能性がある．

　まず，ネットワーク環境を利用した物の選択は漸次拡がりをみせ，その基礎となる情報は，従来産業側が特権的に持ちえた情報を量的に凌駕する可能性がある．そして信販機能の充実は素人による国境を越えた物の購入の可能性を大きく切り開く．

　また，近年ではホームセンター型建材流通の展開にも目を見張るものがある．プロ向けの本格的な建材を展示販売する大型ホームセンターの出店数は，日本国内において年々増加しているし，DIY協会の調べによれば数あるホームセンターの取扱品目の中でも建材関係の売上高は伸張している．DIY（Do-It-Yourself）にせよ，BIY（Buy-It-Yourself）にせよ，この流通方式の決定的な点は，住み手にも建材の価格が明確にわかるという点にある．これは産業側によるパッケージの，不透明に見える価格構成に大きな風穴を開ける可能性がある．

　いずれにせよ，住み手自身が物を選択・購入できる環境は格段に充実してきている．残るのは物を組み立てる技術・技能のインテグレーションである．最近自ら住宅を建てたDIYer（DIYで住宅を建設したり改造したりする人）の話を伺ったことがあるが，地元の大工さんに相当助けてもらったこと，それがなければとても完成しなかったであろうこと，そして大工さんの実技はまさに神技に見えたことを教えて下さった．やはりプロの技とそのインテグレーションは住み手の手には負えないということだろう．

　商品化住宅全盛時代に建築的行為の中心を担った人や組織は，その利益構造からみても半ば物の流通業的性格を帯びていたが，近い将来抜本的な業の見直しを迫られることになると想像する．新たな業の核になるものの一つは，古典的ではあるが，「技」だと確信している．

［松村秀一］

（注：本稿は拙著「パッケージとしての『ハウス』の次に来るもの」（建築雑誌，2007年4月号）に加筆・修正を加えたものである）

4-30　21世紀の部品産業

【テーマ】部品産業　　　　　　　　　　　　　　　　　　　　　　　　4　構造・構法・生産

● オープンシステム理念の誕生

　今日，建築各部のほとんどは部品として工業生産されている．サッシ，外壁材，システムキッチンなど，数え上げると切りがない．こうした建築の部品化に理論的根拠を与え，部品産業の発達を促したのが「オープンシステム」という理念であった．そもそも，この理念を最初に明確化したのは1960年代後半のフランスである．当時のフランスはクローズドシステムで対応可能な市場が飽和状態となり，市販部品による工業化をいち早く模索していた．日本にもこの考え方はすぐさま紹介され，1969年から始まる日仏建築工業化会議を通し，この用語も広く知られていく．しかし，オープンシステムという用語が日本に紹介される直前，この考え方の骨子は剣持昤という人物によって精緻に理論展開されていた．

　この理論は「規格構成材方式」とよばれ，次のように要約される．建築物とは受注一品生産される個別的な生産物である．一方，工業製品は見込大量生産される匿名的な生産物である．そのため，両者の生産方式は基本的に対立する．しかし，建築物を部品として分割すれば見込大量生産が可能になり，それらの組合せによって建築物の個別性も確保される，というのである．つまり，剣持はオープンシステム理念を，工業生産という量産技術を受注一品生産に結びつける戦略として提示し，部品という単位をその紐帯に位置づけたのであった．

● 選択型設計者と支配型設計者

　ところが，この論理の基底には予定調和がある．もしも，適切な部品が見込生産されないとすれば，この論理は成立しない．そこには，部分と全体の調和を保証する論理が，先験的には存在しないのである．そのため，剣持は市場原理によって健全な部品選択環境が形成されると考える一方で，部品市場の非常事態を危惧し，「部品の修正回路」とよぶ論理を外挿する．こうしたオープンシステム理念の構図は■1のように示すことができる．そこでは部品メーカーと設計者は市場を介して対峙し，設計者は市場に供給された部品群から望む物を選択する．ただし，部品市場に問題が生じた場合には，設計者の一部が部品開発に乗り出し，部品の供給回路を修正する必要があるという．剣持は前者を「選択型設計者」，後者を「支配型設計者」とよんだが，オープンシステム理念は，こうした2種類の設計者の導入により，その論理を完成させるのである．

　もっとも，こうした設計者像が広く共有されることはなかった．美術史家ヴァールブルグが「神は細部に宿る」と述べたように，時代の表現形式や作家の製作意図はディテールに映し出されるという．ところが，メーカー供給の部品の組合せしか許されないのであれば，選択型設計者の表現方法は明らかに制約されてしまう．もちろん，建築設計にはブリコラージュ的な性格がある．通常，一般的な建築物は身近な材料によって構成される．また，日本では江戸時代に木材などの規格化が高度に発達したという事実もある．このように建築物が一定の制約下でつくられてきたことは確かであるが，従来の建材には現場加工の余地が残されていた．建築家ルシアン・クロールは「これまで長い間，私たちは，オールサイズ対応の部材を使ってきた．そしてたぶんこれは，守るに値する豊かさを代表している」と指摘したが，これは，未成熟な部品とその束縛に対する正当な異議申立てであろう．

　さらに，支配型設計者についてはその存在自体が危うい．そもそも，設計者の根本的な関心は建築全体に向う．つまり，そこから切り離された市販部品の開発に意欲をもつ者は稀である．支配型設計者は非常時の役割であり，数多くは必要ないのかもしれない．しかし，一介のフリーランサーが部品産業の開発に果たして影響をもちうるのか，その楽観的な設定に対し，素朴な疑問が浮かんでくる．

● 部品の受注生産化

　オープンシステム理念の設計者像が心情的には受け入れられなかったにせよ，建築の部品化は1960

年代後半から急速に進行し，部品産業も確立していく．今日，設計業務として部品カタログをめくることに躊躇はない．それでは，そこに掲載された部品には設計者の価値観が反映されているのであろうか．過剰なまでにドレスアップされたシステムキッチンは，主婦の夢を体現している．大工の意見が集約されたアルミサッシのディテールは，手離れのよい施工手順を保証している．たしかにエンドユーザー付近の価値観は吸い上げられている．ところが，それらは設計者の価値観と矛盾しているとさえいえるのではないか．

オープンシステム理念の出発点を思い起こしてみよう．それは，建築技術という受注生産方式と工業技術という見込生産方式をすりあわせることが目的であった．ところが，1980年代後半から部品の多品種化が急速に進行する．この現象は，設計者の価値観とは無縁であったにせよ，部品生産技術を大きく転換したのである．端的にいえば，今日，完成品として在庫される建築部品は存在しない．工程の途中に現れる半完成品の在庫でさえ最小限に止められ，住宅部品でさえも受注後に製造されている．

● **工業技術によるクラフトマンシップに向けて**

これは部品生産技術が受注生産という土俵に歩み寄ってきたことを意味している．かつての建築技術は工業技術に対してぬぐい去れないコンプレックスを抱き続けた．受注生産から離脱できないものづくりのあり方は，その前近代的性格の象徴であった．しかし，今日の建設現場と部品工場との間には，この点において大きな差異は存在しない．むしろ，建築のものづくりが，一周遅れのトップランナーに立ったとさえいいたくなるほどである．

これまでの市販部品には，建築部位の代替品にすぎないという批判がつきまとってきた．一品生産に宿っていたクラフトマンシップが欠如するというわけである．その最大の原因は，部品に関する価値判断を選択という行為に委ねたことにあったと考えられるのではないか．ところが，建築部品の利用方法を，完成品の選択という不自由な行為に限定する理由はもはや存在しない．それを自明と受け取るのはあまりにも現状に飼い馴らされた思考である．

20世紀のおもな生産手段が工業技術であったことは疑いようがない．そのため，クラフトマンシップという言葉には滅びゆく技術への惜別感が漂う．しかし，こうした感傷を別にすれば，クラフトマンシップとは濃密なものづくりが宿すひとつの品質と考えてよい．受注生産の技術的ポテンシャルをいかに引き出すか，これこそが今日の部品産業に求められていることにほかならない．いいかえれば，設計者と部品メーカーの間に双方的コミュニケーション回路を開き，クラフトマンシップが生じうる部品づくり環境の構築が求められているのである．おそらく，これはオープンシステム理念が期待しつつも実現することのなかった「部品の修正回路」の役割とも深く関係する．工業技術によるクラフトマンシップ．この実現によってこそ，20世紀には現れることのなかったものづくりの地平が，21世紀の部品産業にもたらされるに違いない．

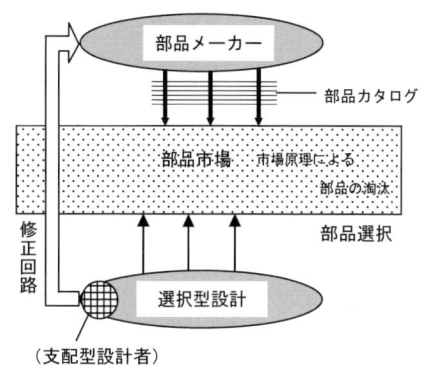

[佐藤考一]

■1 オープンシステム理念の模式図（筆者作成）

4-31 建築生産における透明性とは何か

【テーマ】コスト，コストプランニング　　　　　　　　　　　　　　　　4　構造・構法・生産

●建築における透明性

　たとえば自動車を買うときに，このエンジンの価格はいくらか，ブレーキが高すぎる，などと考える消費者は少ない．それらは採算性の意味で生産者が考えることであり，消費者は完成された自動車として高いか安いかを判断するのが普通である．それではなぜ，建物を建てるときには透明性が必要といわれるのだろうか．自動車を買うように，提示された総額だけで判断できないのだろうか．

　まず建設産業は他の多くの産業と異なり，受注生産である点が大きい．すなわち完成物がない契約段階で，提示された総額だけをみて高いか安いかを正しく判断することは容易ではない．同時に，使われる建材も多岐にわたり，使用量も莫大であるため，その内容を簡単には理解できない．これらに間違いないか，無駄なコストが生じていないかといった不安を解消するためには，コスト内訳の精査や，または競争原理によってコストが絞られたという確信が発注者には必要となる．

●コストの透明化とコスト削減

　国内の建築生産で頻繁に透明性という言葉が用いられるようになった要因のひとつは，バブル経済の崩壊であった．それまでは，イニシャルコスト削減以上に早期竣工でコアビジネスをいち早く展開し利益を得ることが重要であった．しかし不況によって工事費自体を節減せざるをえない時代に転じると，発注者はいままでブラックボックスとなっていた建築コストに懐疑心を抱き，コスト透明化のニーズを誘発した．

　これより明らかなように，コストの透明化とは，その多くがコスト削減という別のニーズから派生した二次的なニーズである．たとえば競争入札はコスト透明化の手法の一つではあるが，実際には透明化の結果としてコスト削減を期待している場合が多い．

　しかし，コスト削減自体は発注者のニーズとして当然尊重されるべきものだが，これを念頭に透明性という言葉が用いられている場合は多少注意が必要である．なぜなら透明化はコスト削減の「可能性」をもつひとつの手法であり，それらを「保証」するものではないからである．

●プロセスの透明化

　一方で，透明化すること自体が真のニーズの場合もある．ここでいう透明性が確保されている状態とは，プロジェクト全体または調達などが，妥当性・公平性のあるプロセスで進捗したことをステークホルダーに開示できる状態を指す．これは，透明性が確保されていること自体が条件または利点となるプロジェクトで発生するニーズである．

　たとえば，医療・教育関連施設等の補助金活用型プロジェクトでは，曖昧な受注者選定プロセスのもと補助金を受給することは不可能である．また近年の不動産投資ビジネスの普及や企業の合併分社化に伴う組織形態の変化は，投資家や株主らステークホルダーへの説明責任という観点を建築生産にもち込んだ．今後初動資金が確保できず開発に着手できない都心部の集合住宅や老朽オフィス群では，プロジェクトファイナンスが都市再生のひとつの手法として活用される可能性は高く，この場合もプロセスの透明化が必要となる．

　一方，プロセスの透明化に対する動きはグローバルスタンダードという側面からも生じている．世界貿易機構WTOの政府調達協定（1996年発効）の対象に建設サービスが含まれることに先駆け，日本政府は1994年に「公共工事の入札・契約手続きの改善に関する行動計画」を作成した．ここでは政府中央機関や地方公共団体等が発注する基準額を超える建設事業に関して，一般競争入札の実施や応札外国企業の適正な評価が謳われた．日本の閉ざされた建設市場を海外に開くことは，国内建築生産のプロセスの透明性を海外の市場レベルに高めることを要求されていたのに等しかった．

●欧米の透明性に対する意識

　それでは，欧米の透明性事情はどうなっているの

■1 近年の透明化に関係する国のおもな取組（筆者作成）

年	発表事象	内容
1993	中建審「公共工事に関する入札・契約制度の改革について」	大型工事における一般競争入札導入，工事完成保証人制度の廃止，入札監視委員会の設置等を提言．俗に「1993年改革」とよばれる
1994	公共事業の入札・契約手続きの改善に関する行動計画	国および一部の政府関係機関の一定額以上の工事では一般競争入札を採用すること，設計・コンサルティング業務では公募型プロポーザル・公募型競争入札を採用すること，また外国企業の適正な評価や入札談合等に対する防止措置をうたう
1996	一般競争入札適用対象基準告示	国および政府関係機関・都道府県・政令指定都市の工事で，一般競争入札を適用する基準額の告示
1997	行政改革委員会「最終意見」	最低価格落札の見直し，一般競争入札と履行保証の適用，予定価格の事前公表，ランク制・経営事項審査の見直し，CM方式の導入等について言及
1998	中建審「基本問題委員会報告書」	CMや総合評価等の新しい入札・契約方式の導入，経営事項審査・予定価格等の公表による透明化，経営事項審査における完工高ウエイトの見直し，経常JVの活用促進等について提言．俗に「1998年改革」とよばれる
2001	入札契約適正化法	公共工事発注者の毎年度の発注見通し・入札・契約情報の公表義務づけ，一括下請の禁止や施工体制台帳の点検強化，また入札手続きを監視する第三者機関の設置などを国が指針として定める
2002	CM方式活用ガイドライン	2000年に設置された国土交通省CM方式研究会が，「CM方式活用ガイドライン」を策定．CM業務，課題，公共工事導入の可能性をまとめる

だろうか．

1960年代アメリカで誕生したCM（construction management）方式では，CMr（construction manager）が発注者の代理人としてリスクを負わない中立の視点から分離発注とQCDに係わるプロジェクト管理を行うため，透明性が確保される．一方，2000年頃からのアメリカの民間工事では，CMアットリスクやデザインビルド等の一括請負色の強い発注方式の採用が増えているが，この場合でも第三者的なコンサルタントを併用するなど，透明性に対する意識は高い．

ドイツやフランスは伝統的に専門工事の分離発注が主流であり，とくにフランスでは概念設計だけ行う建築家とは別に，建築技術者が実施設計図書の作成からPM（project management）的な業務まで行う場合が多い．また両国とも入札時は金額とともに経済的条件や技術的条件等を評価するため，必ずしも最低価格者が落札するわけではない．これらの仕組みは，少なからず建築生産の透明性を高めることに寄与している．

一方，日本と同じく一括請負方式を採用してきたのがイギリスであり，入札制度も日本の指名競争入札とほぼ同じである．しかしイギリスでは，ゼネコンは数量積算士（QS：quantity surveyor）の作成した工事数量書（BQ：bills of quantities）に値入をし，QSがこれの査定と毎月の工事進捗評価を行うことで，コストの透明性を保つ体制がある．

●透明化への理解

文化として透明性の概念が存在してきたこれらの国と比較すると，日本でも着々と透明化への取組みが進められてはいるが（■1），その歩みはまだ始まったばかりであり，意識の改善が必要な点も多い．

まず透明化のためには，その対象がコスト，プロセスのどちらにおいても，ドキュメント作成や確認・承認の手間が発生することを理解しなければならない．手間とは労働力であり，人件費である．さらに，透明化によって提示された内容を発注者は「見て見ぬふり」できないこと，すなわち正当な受注者利益の確保といった責務が発注者に発生することも重要である．これらの理解なくただ無償サービスとして透明化を求める（または提供する）ことは，建築生産の不健全性を高め，ひいては不透明化につながるという矛盾を，発注者，受注・受託者ともに認識する必要がある．

［小菅 健］

文献
1) 髙比良和雅（1992）：欧米の建設契約制度，建設総合サービス．

4-32 建設業法は時代の要請に応えられるか

【テーマ】建設業法　　　　　　　　　　　　　　　　　　　　　　　　　　4　構造・構法・生産

●建設業法とは

　建築（建設）と題したおもな法律には，建設業法，建築基準法，建築士法があるが，簡単にいえば建築基準法が「建築する建物」，建築士法が「建築に携わる人」を規定した法律なのに対し，建設業法は「建設に携わる組織」を規定した法律である．建設業法は1949年に施行され，その第1条に述べられる通り，①適正な施工の確保，②発注者の保護，③建設業の健全な発達の促進を大きな目的としている．そもそも建設業法が制定された終戦直後の復興時は，建設業者の乱立に起因する粗悪工事や請負代金の持ち逃げが頻発し，建設業法はそれら建設業者を取り締まる主旨から始まっている．

　建設業法で規定する内容は，①建設業の許可に関する規定，②請負契約に関する規定，③施工技術確保に関する規定の3点に集約される．すなわち建設業を営む者の基本的事項を定めた建設業法であるが，時代の変化とともにいくつか課題もあげられている．

●経営事項審査は妥当か

　建設業法の第4章の2で述べられる経営事項審査（以下，経審）とは，公共工事を請け負う受注者に受審が義務づけられている国交省が定める経営分析手法である（■1）．建設業者は経審の点数によって受注できる公共工事の規模（金額）が左右されるため，公共工事を受注したい建設業者にとっては重要な審査である．現在全国の許可業者の約1/3にあたる19万社が受審している（2005年調べ）．

　経審の点数は，完成工事高，自己資本・職員数，技術力，経営状況，社会性の5項目の総合点で決定するが，これに対する問題の指摘はかねてよりあった．以前はこの完工高の比重が高かったため，経審の点数アップを狙う建設業者は採算性が悪くても完工高を確保する必要があり，これが過当競争を招いているという指摘である．さらに1994年に一定額以上の公共工事で一般競争入札が義務づけられてからは，それまで指名競争入札の参加者選定の参考値として用いられていた経審の点数が，一般競争入札における不良不適格業者のセーフガードとしても重要視されるようになり，経審絶対主義が過剰に広まった．

　このような状況を危惧し，経審は1998年および99年に改訂されている．簡単にいえば，基本となる点数配分および指標の見直しであり，これにより完工高重視から自己資本比率などの経営・財務内容，技術力の重視へと切り替わった．

　しかし，建設業者の経営を客観的に評価する指標として自己資本比率が妥当なのか，また資産の大きなウェートを占める工事未収金等の決算期や退職給付債務等の処理方法が会社によって異なるのに一律に経営評価できるのかなど，いまだ問題点は多い．さらに，債務免除を受けた建設業者が過剰債務だけ解消されたため経審の点数が上がり，入札に参加してくるという奇妙な事態も生じた．これに関して，2002年の「建設業の再生に向けた基本指針」で安易な企業救済を抑制する達しがあったが，経審の仕組み自体を改正するものではない．一方，自己資本額の水増しなど虚偽申請もいまだ解決されない問題である．1998年に経審の点数が一般にも公開され，民間でも活用の可能性が高まった現在，経審申請の検査体制は十分とはいいがたい．

　なお2008年度から経審はさらに改正される予定である．内容は過去の改正を踏襲したものであり，「企業努力の正当な評価」，「虚偽申請の排除」，「企業形態の多様化への対応」，「入札参加資格審査での適正利用」が主眼となっているが，何にせよ，経審の点数を決める算出式や点数配分は，さじ加減でしかない．評価が社会の価値観に合致しているかは，しばらく運用しないとわからない．

　一方，評点の意図的な操作や虚偽申請については話は別であり，迅速に対応策を確立する必要がある．正当に算出された点数の妥当性の議論と，不正行為に対する脆弱性の議論は分けて考える必要がある．

●一括下請対策は妥当か

また建設業法では一括下請，すなわち請け負った業務をそのまま下請業者に丸投げする行為を禁止している（第22条）．当然，名前貸しだけで利益を得るという行為は容認されるものではなく，また正当な選定経緯を経てない施工者が建設することによって，不良工事の可能性も高まる．

とくに公共工事において一括下請を禁止する措置は厳しい．建設業法第22条第3項には，発注者の承諾があれば一括下請が可能である旨が記載されているが，2001年の「入札契約適正化法」によって，公共工事ではその特例規定は適用できないこととなった．またこれまで現場備え付けでよかった施工体制台帳を発注者へ提出することも義務づけられた．さらに，同年の建設業法施行規則の改正により，この施工体制台帳に2次下請以下の契約金額まで明示した請負契約書の添付が義務づけられ，同時に一括下請の罰則規定も強化された．

これに対し，2次下請以下の契約金額開示が一括下請の抑制という主旨に合致しているか，いいかえれば「行きすぎ」ではないかとの声も多い．というのは，コストの透明化という主旨でプロジェクトによって下請契約金額の開示が行われるのは妥当としても，一律に下請契約金額を開示するということは，元請となる建設業者の自由競争を阻害する要因となるという主張である．また受注した建設業者に十分な施工能力がなく，より大手の建設業者に丸投げするいわゆる上請が発生する昨今，受注者を法律で規制するだけでなく発注者側の発注の仕方についてもあわせて議論していかないと，根本的な解決はなされない．

●建設労働者の派遣に応えられるか

1986年施行の「労働者派遣法」では，現在派遣労働を認めない4種類の業務が明記されているが，そのひとつが建設業である．これは，建設業は重層下請構造であるため，派遣が行われると雇用関係が不明確になり，雇用形態の明確化や雇用管理の近代化など雇用改善の取組を損なうことに通ずるためである．しかし，一方で2005年に「建設労働者雇用改善法」（以下，建雇法）が改正されたことで，状況は変わりつつある．改正建雇法では需給ギャップによって一時的に余る労働者の解雇を防ぐために，派遣ではなく労働者送出事業という名称で技能者の融通が可能とされた．

ここで，建設工事の元請業者は，建設業法によって末端の下請労働者にいたるまでの労働基準法適用や労働安全衛生法適用などの元請責任を負っている（第24条の6）．また下請企業の倒産等によって労働者賃金の不払いが生じた場合には，元請責任によって立替支払いを行ってきた．しかし，改正建雇法によって建設業においても実質的な労働者派遣が認められるようになると，下層の雇用関係が不明確になり，建設業法の元請責任の適用範囲が不明確になる可能性が懸念されている．

●多様化する発注方式に応えられるか

また建設業法は基本的に一括請負方式を前提につくられており，CM（construction management）方式等の分離発注が多く採用されるようになった昨今，元請契約に関して解釈の難しい点も多い．

たとえば建設業法第19条の1では請負契約書に記載すべき事項が記されているが，このなかの着工時期や引渡時期が分離発注された業者の工期なのか全体工期なのか，さらに前工事の進捗に影響される後工事の場合は自工事の工期を定義しにくい．また第21条では前払金を受け取るための保証人について言及されているが，細分化された工種の専門工事業者には同業者協会等の相互保証のシステムがない場合も考えられる．このように，建設業法自体も時代の変化や発注方式の多様化に関連してその解釈が困難になっている部分もあり，今後は関係諸法律との調整も踏まえた解釈の明確化を図っていく必要があるだろう．

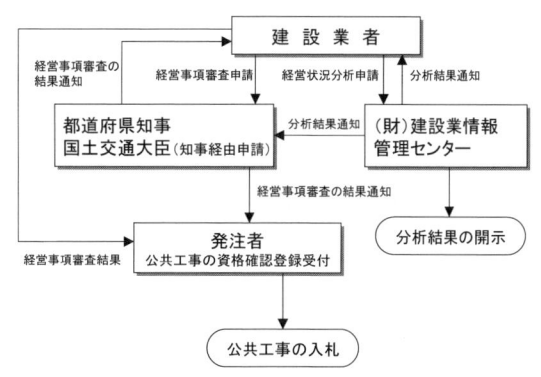

［小菅　健］

■1　経営事項審査制度の仕組み（池田將明（2000）：建設事業とプロジェクトマネジメント，p.52，森北出版より筆者加筆）

4-33　多様化する発注方式

【テーマ】発注方式，契約方式　　　　　　　　　　　　　　　　　　　　　4　構造・構法・生産

●発注方式とは

　一口に発注方式といっても，それが工事の発注形態をさす場合，請負者等の選定方式をさす場合，工事費の精算方式をさす場合とさまざまある．さらに公共事業では，工事だけでなく竣工後の運営まで含めたプロジェクト全体のスキームをさす場合もあり，発注方式という言葉はこれらの総称として使われる．

●発注形態

　発注形態は昨今とくに多様化しているが，日本で一般的に用いられている発注形態は「一括請負方式」である．この一括請負では工事一式を請け負ったゼネコンに責任が一元化されるため，発注者リスクを低減できる利点があるが，ゼネコンの巨大化や建築業界の重層下請構造の要因ともいわれている．

　また，ゼネコンに設計と施工を併せて発注する「設計施工一貫方式」も，民間工事でよく用いられる．内部技術者の不足した発注者においては煩雑な業務から解放される，また設計段階で施工技術のノウハウを活かせるといった利点があるが，請負者の選定基準やコストに関して不透明性も指摘されている．ちなみに欧米で用いられている「デザインビルド方式」は厳密には日本の設計施工一貫と異なり，設計事務所と施工会社の共同チームに対する発注をさしている．その意味では，プラント工事でエンジニアリング会社が実施する「ターンキー方式」のほうが，同一企業体で設計・施工が完結する日本の設計施工一貫に近い．

　一方で，工種別の入札によるコストダウン等を目的とし，専門工事が「分離発注」されるケースも昨今よくみられる．しかし分離業種を細分化しすぎると，発注者業務の増加や専門工事業者では負い切れないリスクが発生するため，日本では建築工事は一式でゼネコンに発注し，設備工事のみ分離発注される場合が多い．

　この専門工事の分離発注とともに，その業者間の調整を含む工事管理等を第三者のCMr（construction manager）に託す方式をCM（construction management）方式といい，CMrがリスクを負わない委任契約である場合を「ピュアCM方式」という．昨今日本でも官民ともに採用事例が増えているが，日本でいうCM方式は本来のピュアCM方式よりも広い解釈がなされている．たとえば，工事管理は従来通りゼネコンで行い，全体の進捗確認や専門工事業者の入札業務を第三者が行う場合も，CM方式とよばれている．

　一方，CMrが工事を請け負い，工期・品質・コスト等のリスクを負担する場合を「CMアットリスク」という．工事費の保証上限金額（GMP：guaranteed maximum price）を設定する場合は一括請負と近くなるが，専門工事業者を入札等で決定し，発注者に選定基準を開示できるようにする点で異なる．大きく括れば「オープンブック方式」，イギリスの「MC（management contract）方式」もこれに類する発注形態である．

●請負者等の選定方式

　次に請負者等の選定方式であるが，競争入札がなく発注者と受注者が契約を結ぶ場合を「随意契約」とよび，発注者間の信頼関係や企業間のつながりが重視されてきた日本では従来多く用いられてきた．しかし景気の悪化とともに発注者のコスト意識が高まり，昨今では随意契約から競争入札に移行するケースが増えている．

　その競争入札には「指名競争入札」や「一般競争入札」があり，前者は資格審査等から参加者を限定して入札を行う方式である．受注者の倒産や技術不足による不良工事のリスクを回避する目的で実施されるが，参加者を限定することで談合が生じやすくなっているとの指摘も絶えない．このような背景から，昨今参加者を限定しない一般競争入札採用の検討が公共工事において進められるようになった（しかし，公共工事は本来会計法で一般競争入札が規定されており，現在指名競争入札が一般化しているのは，その特例規定が拡大解釈された結果である）．

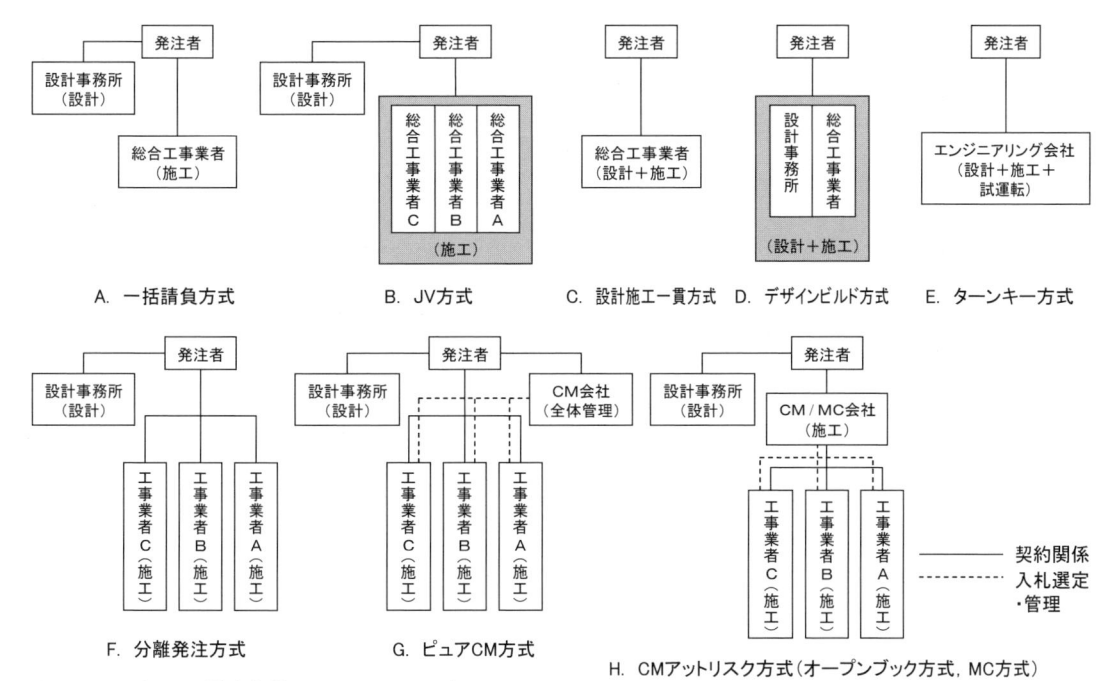

A. 一括請負方式　　B. JV方式　　C. 設計施工一貫方式　　D. デザインビルド方式　　E. ターンキー方式

F. 分離発注方式　　G. ピュアCM方式　　H. CMアットリスク方式（オープンブック方式, MC方式）

――― 契約関係
------- 入札選定・管理

■1 発注形態の例（筆者作成）

● 工事費の精算方式

　通常の請負契約の精算方式は，契約時点で総額を決定する「固定価格型精算方式」である．見積り精度が契約両者の損益に直接結びつくため，根拠となる設計図書等の完成度が重要になる．一方，総額とともに単価も契約する「ユニットプライス方式」は，設計変更時の増減額が算出しやすい等の利点があるが，仕入量の違いから契約時と追加発生時の単価が異なる場合にどう対応するか，発注者側が過去の最低単価を基準に予算を組むことにならないかなどの問題も指摘されている．

　一方で，コストプラスフィーや実費精算ともよばれる「コスト償還型精算方式」は，必要とする経費（フィー）は事前の契約による一定額，工事費（コスト）に関しては要した実費が支払われる方式である．CM方式等で用いられ，コスト償還の根拠は受注・受託者の経理帳簿であるため，日々の正確な経理処理が必要となる．受注・受託者が第三者的見地を保持しやすいなどの利点をもつが，最終的な総額は工事が相当進行するまで確定できない．

● 公共事業のプロジェクト発注方式

　公共事業では竣工後の事業運営まで含めて発注される場合がある．1980年代中頃から相次いだ「第三セクター方式」は，財政的に厳しい，または経営に専門的ノウハウが必要な公共事業について，民間の資金や経営力を活用することを目的とし，半官半民的位置づけの第三セクターを事業主として設立する方式である．しかし，民間資金の活用に重点が置かれすぎ経営の検討が疎かにされた結果，現在は破綻状態の第三セクターが多い．

　それに代わる方式として持ち上がったのが「PFI (private finance initiative) 方式」であり，第三セクターに比べると官からの経営支配が少なく，官が民から公共サービスを購入するという発想に近い．1999年にPFI法が施行され各地で導入が広がるが，公共事業を民間に払い下げるということは，利益を得ることが本質の民間企業が公共サービスを提供するということであり，利用料等の住民負担が増える可能性も指摘されている．

● おわりに

　新築市場からストック市場への転換に代表される都市の建築生産のあり方が変わるいま，発注方式が多様化していくのも必然といえる．企業の施設担当者やそれに代わるマネージャーには，それぞれが利点とともにトレードオフの課題をもつ多様な発注方式から，そのプロジェクトで達成したいニーズに合致した方式の選択が望まれている． ［小菅 健］

文献
1) 池田將明 (2000)：建設事業とプロジェクトマネジメント, 森北出版.

4-34　建築生産では何をマネジメントするか

【テーマ】品質管理，安全管理，原価管理，工程管理　　　　　　　　　　　4　構造・構法・生産

● 建築生産とマネジメント

　「建築生産」という語は，その文脈によってさまざまな意味で用いられる．江口禎は建築生産を，広義には「全産業」，「建築産業」，そして個別の建築工事である「プロジェクト」，狭義には「施工」，そして「工場製作」に区分している．ここでは，まず施工に着目し，その後，建築プロジェクトについて記述する．これらは始まりと終わりのある有期活動であり，それらのあり方を決定づけている要因としては，発注者や設計者，施工者などの関係者だけではなく，むしろ彼らもしくは彼女らが所属する企業の戦略が大きい．したがって企業のマネジメントについてもふれる．

　「都市再生」には都市の原状回復または現状より魅力的なものへ変えること，そして再生が完了すれば終わりというのではなく，持続的な発展を含意しているように思われる．ここでは建築生産のマネジメントについて記述するとともに，それらがどのように都市再生にかかわっているかに注目する．

● 施工のマネジメント

　施工段階でのマネジメントは，一般に施工管理または工事管理とよばれている．日本では品質管理，安全管理，原価管理，工程管理を4大施工管理項目として重要視しており，多くのゼネコンが社員教育でこれら四つの管理項目を教育している．近年では環境管理もあわせるようになってきた．

　品質管理：　日本工業規格（JIS Z 8101）では，品質管理を「買い手の要求にあった品質の品物またはサービスを，経済的に作り出すための手段の体系」と定義している．建築における具体的な品質要素としては，建築部位や部材，機器の寸法精度，材質，強度，美観，耐久性，そして各種性能があり，施工管理者はそれらを管理し，統合し，一つの建築物を完成させる．

　安全管理：　施工管理者は，安全衛生法に基づいて，生産現場における労働者の安全と健康を確保するとともに，快適な作業環境の形成を促進する義務がある．建築工事は屋外での生産行為であり，つねに自然環境のもとにあり，高所作業や重量長大物を扱うことが多く，製造業と比しても安全管理に対する比重は大きい．

　原価管理：　建築コスト（原価）の計上には要素別，工種別，部分別，部位別の4種の区分法がある．要素別では材料費，労務費，外注費，経費に区分される．管理上は型枠や鉄筋などの工種別区分を用いることも多い．建築工事を受注した企業は施工条件や現場環境を勘案し，利潤の目標を立て，施工のための予算計画を立てる．これが実行予算である．実行予算のもと，施工を実施し，出納を調整していくことが原価管理である．建設業の原価管理は作業所での管理から，企業全体での総合原価管理へと移行している．本支店での集中購買による資材調達などである．

　工程管理：　工程管理とは時間を評価尺度とした施工工程の管理を意味しており，進捗度管理といってもよい．工法計画に基づいて施工手順を明確にし，契約工期内に工事を納めることが目標である．建築工事では複数の工事が同時進行することが多く，最も所要日数のかかる工事のつながりをクリティカルパスとよぶ．クリティカルパスの遅れは全体工程の遅れに直結するため重点管理が必要である．

　環境管理：　地域環境と地球環境に区分できる．建築工事の多くは都市で行われ，騒音・振動，悪臭・水質土壌汚染，地盤沈下，日照障害，電波障害，建設副産物や廃棄物処理の対策を講じる必要がある．また近年，地球環境問題として指摘されている温暖化やオゾン層破壊を抑制するため，工事で発生するCO_2やフロンガスの削減に取り組む必要がある．廃棄物の分別，リサイクルの促進である．

　さらに1990年代以降，建築生産においてICT（information and communication technology）の導入が建築生産のあり方を大きく変えた．いまや情報管理も重要な管理項目である．ICTは前述の管理業務の効率化，合理化，そして関係者のコミュニ

■1 建築生産にかかわる企業，プロジェクト，施工におけるマネジメント項目一覧（筆者作成）

ケーションを支援する機能を担っている．

これら管理項目は相互に関連している．各項目を調整し，全体としてのまとまりをつくり上げることもマネジメントの役割である．

● プロジェクトのマネジメント

近年，日本においても採用されるようになってきたPM方式やCM方式の導入に伴い，施工段階だけでなく，企画や設計から竣工や施設運営までのプロジェクト全体のマネジメントが注目かつ重要視されるようになってきた．

PMI（project management institute）は，PMBOK（project management body of knowledge）においてプロジェクトマネジメントの知識エリアとして総合，スコープ，タイム，コスト，品質，人的資源，コミュニケーション，リスク，調達の九つのマネジメントを示している．これらは，施工のマネジメントで示した五つの管理項目と異なるものではない．タイムマネジメントは工程管理と同義と考えてよい．施工のマネジメント項目は建築施工を対象とした特色を反映している．たとえば安全管理が重要な項目として位置づけられているのは，その一例である．PMBOKの知識エリアで特徴的なのは，コミュニケーションとリスクのマネジメントを明示していることであろう．とくに地震国日本の建築生産では，施工段階でも，竣工後の建物の利用段階でも，地震や津波などの災害に対するリスクマネジメントは重要になってきている．

● 企業のマネジメント

企業のマネジメントとは企業経営を意味している．現代の建築生産のマネジメントは，現場所長から企業経営へと拡大しつつある．

では，どのような企業が持続的な発展を実現できるのか？ 企業のあり方はビジネスモデルとして表現される．一般にビジネスモデルとは「ビジネスを行う方法ないし仕組み全般」をいい，比較する場合にはその差異に着目し，「競争優位獲得のための方法ないし仕組み」と定義することが多い．ビジネスモデルの要素としては，事業範囲，ビジネスプロセス，収益モデル，資源配分，そしてコアコンピタンス（core competence）があげられる．たとえば事業範囲に関しては，多くのゼネコンがストック型社会に対応するために，リニューアル工事を拡大している．一方，そのビジネスプロセスや資源配分は多様であり，その違いはプロジェクトや施工のマネジメントに大きく影響する．

さらに持続可能な競争優位を維持する循環型ビジネスモデルがある．このモデルでは標準の確立，経験・知識の獲得，ブランド認知という好循環をつくりだす仕組みが必要となる．また近年の企業経営では，企業の社会的責任であるCSR（corporate social responsibility）が重要になっている．企業は利益を追求するだけでなく，人権への配慮，地球環境や労働環境への貢献，不正防止など社会へ与える影響に責任をもたなければならない．

● おわりに

建築は建築物というハードを生産するプロセス，それら建築物が利用されるというサービスを通して，社会に貢献している．それらハードとソフトの総体が「都市」を形成しているともいえる．健全な企業経営そしてプロジェクト，施工のマネジメントを通して，都市が持続的に発展するともいえよう．

［木本健二］

4-35　建築生産の情報戦略

【テーマ】情報共有　　　　　　　　　　　　　　　　　　　　　　　　　　　4　構造・構法・生産

●建築生産システム内の信頼が不足している

　建築生産は，建築主を含む多様な生産関与者の機能提供によって成立している分業システムである．このシステム内において各関与者は，情報を入力し，処理し，出力するひとつのモジュールとして存在する．出力された情報は，異なる関与者に伝達され，ふたたび情報処理される．このようにとらえると，建築生産システムは情報処理と情報伝達の連続したプロセスによって，より付加価値の高い情報を出力するひとつの情報システムとして説明することができる．

　システムのパフォーマンスを規定する最も希少な能力ないしは非効率な部分をボトルネックとよぶとき，このボトルネックを改善することが，このシステムの最優先課題にほかならない．そして，情報システムとしての建築生産のボトルネックは，モジュール間のコミュニケーション，すなわち送り手から受け手に情報が伝達されて共有されるところにある．じつは，情報技術の飛躍的な発達に伴って，伝達手段そのものはすでに獲得している．問題はその手段が使われずに情報共有が実現しないことにある．

　どうすれば情報共有が実現するのだろうか．

　相手を信頼して情報を提供し，また情報を提供することで信頼を獲得することが決定的に重要になる．なぜなら，建築生産システム内の信頼の不足に情報共有がうまく実現しない根本的な原因があり，市場の非効率性を生み出しているからである．どういうことだろうか．

●情報の非対称性が市場の非効率性を生み出す

　中古車市場では売り手と買い手の間に情報のギャップ（情報の非対称性）が存在する．つまり，売り手には問題のある車だとわかっていても，買い手には故障の有無を簡単には見分けることができない．この情報のギャップは売り手に有利に働き，買い手に不利に働くようにみえて，じつは双方にとって困った問題を生み出している．

　というのは，この情報のギャップに気がついている買い手は，売り手の言葉をそのまま信用するわけにはいかない．買い手が十分な知識をもっていないことにつけ込んで，隠された故障のある中古車（これをアメリカの俗語でレモンとよぶ）を売りつけようとするかもしれないからである．そこで，買い手はレモンを売りつけられる可能性を考慮に入れたうえで値段を交渉することになる．買い手の提示する値段は，中古車が実際にレモンの場合に売り手の利益は大きくなり，逆に故障のない「お買い得」の場合に利益は小さい値段となる．

　このように買い手が売り手を信用しないで，商品の品質を見分けられない状況下で値段を交渉すれば，売り手としては問題のない車を売っていては利益が小さくなるので，見た目にはわからないが実際には問題があって，そのために仕入値も安いレモンを売りつけようということになる．売り手がこのような態度に出ると，市場に出回る中古車の多くがレモンである可能性が高くなり，結果，買い手はレモンをつかまされる可能性をますます重視し，より安い値段でしか買おうとしなくなる．このような過程が続けば，結局は市場にレモンがはびこり，買い手にとってはまともな中古車が購入できなくなり，売り手にとっては正直な商売ができなくなるという双方にとって望ましくない結果になる．

　情報の非対称性が市場の非効率性を生み出しているのだが，これは買い手が売り手を信頼していれば避けられた問題である．

　では，どうすればいいのか．ここで取引主体の一方を情報劣位者，他方を情報優位者として，両者の行動指針を以下に示す．最後に両者のコミュニケーションを調整する中間調整役の課題を考察する．

●相手を信頼する

　情報の非対称性が存在する場合，情報の少ない方（情報劣位者）の不確実性が高くなる．このように，相手の行動しだいで自己利益が損なわれるような状況下でのふるまいには，大きく分けて以下の三つが

ある．①人質（あるいは担保）交換によって状況を改善する，②特定の相手と安定した関係性を築く，③相手を信頼する．

取引にあたって，人質（あるいは担保）が提供されれば，不確実性は低下する．融資の担保や商品の品質保証等がこれに該当する．中古車に対して十分な保証をつければ，売り手は将来修理費を負担しなくてはならないのでレモンの販売を望まなくなり，そのことが買い手に伝われば，買い手は安心して中古車を購入することができ，結局は双方にとって望ましい状況に改善することができる．

適当な人質が見当たらない場合には，特定の相手と安定した関係性を築く方法がとられる．相手との長期的な関係性が成立すると，お互いに協力し合ったほうが得になることが多い．馴染みのない相手との取引にリスクがあるので，普段から付き合いのある工事業者に仕事をお願いするといった固定した関係性である．この方法は，取引主体間での不確実性は低下しているので取引にかかる費用は低下しているものの，じつはその関係性を維持するのに支払われている費用を見逃しがちである．

安定した関係性から脱却し，関係外部の機会に目を向けるのであれば，相手を信頼することが必要となる．相手を信頼して行動すれば，少なくとも主観的には不確実性を低下させることができ，信頼することでしか獲得することができなかった新しい関係性の構築が可能となる．もちろん，これは相手のネガティブな情報を無視して信じ続けることではなく，相手の情報を獲得し，行動を予測する知的な洞察力を必要とする．失敗する可能性もあるが，長期的な視点に立てば，このような能力を逞しく育成し，よりよい機会や関係性の構築を志向することが望ましい（■1の①②）．

●**情報をオープンにして信頼を獲得する**

情報劣位者が相手を信頼して情報を提供することに対して，逆の立場の主体（情報優位者）がとりうる手段が自身の情報を積極的に開示して，相手の信頼を獲得することである．財やサービスの提供者が自身の保有する情報を自発的に開示して，買い手の信頼を獲得する方法である．情報をオープンにすることで信頼を獲得し，より多くの取引機会に身を置き，最終的には取引相手のニーズの実現を通して，自身の利益につなげることが望ましい（■1の③

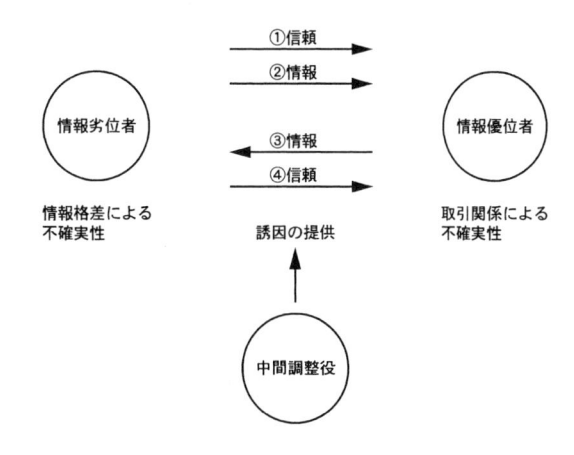

■1 望ましい情報共有の連続したプロセス（筆者作成）

④）．

●**情報をオープンにする誘因を提供する**

とはいえ，受発注といった取引主体間の主従関係の前に，下位の主体は上位の主体に対して情報をクローズドにすることで対抗してきたのが現実である．原価は隠され，本当の納期は教えられない．情報は戦略的に利用および保留され，利害関係のある主体間の情報共有は容易には起こらない．

情報優位者にとっては，情報劣位者に対して自ら進んで自分の情報を開示するための誘因（インセンティブ）が存在しない．逆に，自分の情報を開示しないで秘密にしておくことに対する誘因は存在するのである．この誘因の構造をよく考慮しなければ，この先どんなに情報技術が発達しても情報共有は実現しない．

さて，情報を開示しないことは，主体間の取引を有利に進めるうえでの適応的な行為であって行為自体を批判したところで問題は解決しない．改善すべきは，そのような行為を合理的にしている環境のほうにある．すなわち，環境が行為を適応的にし，行為がその環境を維持するという強固な相関関係を，環境を改善することから変革することである．

そのようなアプローチで「情報を発信したほうがよりメリットの大きな環境」を構築し，多様な主体の自発的な情報発信による情報結合の場を提供できるかどうかが，両者のコミュニケーションを調整する中間調整役の主たる課題となる． ［甲藤正郎］

文献
1) 山岸俊男（1999）：安心社会から信頼社会へ，中公新書．

5

計画・空間・情報

［編集：長澤　泰］

5-1　建築計画学はもう不要か

【テーマ】建築計画学　　　　　　　　　　　　　　　　　　　　5　計画・空間・情報

●創始者の生存しない時代

西山夘三（1933年京都帝国大学卒，1961年京都大学教授，1974年退官）は1994年に，吉武泰水（1939年東京帝国大学卒，1959年東京大学教授，1973年筑波大学副学長，1978年九州芸術工科大学学長，1989年神戸芸術工科大学学長，1998年退職）は2003年に他界し，すでに建築計画学の創始者の生存しない時代に入った．

吉武の絶筆で，主要著書から落ちこぼれているが，気を入れて書いたいくつかの文章を拾いあげた『建築設計計画研究拾遺』の序文のなかで，建築計画学の創設期の状況について語っている．

「建築学会における建築計画の分野は，今日論文の発表数から見てもかなりの比重を占めていますが，私が研究生活に入った60年前にはわずかに西山先生の研究があるだけの極めて寥々たるものでした．それが40年前には独立した一分野として認められ，発展を続けて今日の隆盛を見るに至っているわけです．その20年の間には戦中，戦後の10年に近いブランクがあったことを考えると，西山先生の研究にひと波おくれてスタートした私たちの建築計画の発展への寄与も決して小さくなかったと思います．……現在の『建築計画』という呼称は，この分野が建築学会内で独立し『環境工学』と正式に分離したときに，両者の話し合いの結果決まったもので，わたしも当方の代表としてその場に立ち会いました．それ迄は後者が建築衛生，計画原論あるいは時に建築計画とも呼ばれており，前者が設計計画又は建築計画と呼ばれていました．前歴を知る私には『設計計画』というほうが馴染み深く，実際にも当時は設計，特に試作的あるいは研究的設計をかなり扱っていたのです」[1]．

つまり建築計画の学問が戦後20年間で建築学会内の一分野として独立し現在にいたること，今日の「環境工学」との分離のときに「建築計画」という名称が決定したこと，そして当初から建築計画は建築設計と不可分であったことが強調されている．

「むかし，『西に西山（夘三/京大），東に吉武（泰水/東大）』と言われた一時期があった．戦後間もないころだったから，もう半世紀も前のことになる．実際それほど『計画学派』の台頭は目立ったのである．……それだけに，新制大学が続々と誕生し，整備されていく中で，『意匠』の講座が消滅し，設計教育はすべて『計画』の名のもとに行なわれることに，僕は違和感と危惧とを強く覚えたのである．……」[2]．

●建築計画「学」の確立

この発足の時代から，建築計画は，「建設の目的を明確にし，運営の準備をし，経済的裏づけをするなどの企てをはじめとして，建築物に対する諸要求・諸条件をさぐりながら，具体的な形としてまとめるための指針を，全体的に設定すること」[3]と定義され，企画・設計・施工という流れのなかで，設計の条件把握と基本計画段階で中心的な役割を果たし，有効性が認められた．さらに建築計画の考え方は地域計画という形で都市設計に影響を及ぼし，各方面に多大な貢献をしたのである．

1970年から1980年にかけて一連の建築計画研究をまとめた刊行物『建築計画学』[4]に代表される建築計画は，「学」としての形態を確立するに及んだ．

調査研究成果は，建築計画におけるいわゆる「型」として，モデルプランや標準設計あるいは行政の指針や法令といった形で社会制度のなかに取り込まれた．しかし，この傾向は，建築計画に関与した多くの先達が好んで意図したのではなく，逆に慎重な意見をつねに述べていたが，結果的に，彼らは社会的に大きな役割と責任を担うことになった．

とくに日本が高度成長期を謳歌していた頃には，現実の社会では集合住宅をはじめ，学校・病院・図書館といった繰り返し建てられる公共建築の設計において，建築計画的手法は重要な役割を果たし，建築の質の確保と向上に，きわめて大きな貢献をしたことは疑いのない事実である．

■1（左） 西山夘三（NPO法人西山記念文庫ホームページより）

■2（右） 吉武泰水（吉武泰水先生を偲ぶ会）5)

● 計画学批判

一方でこれらの現象は，設計における自由な発想を阻害し，固定的なプランを普及させ，型どおりの設計過程を踏むことを助長し，その手順が常識化したという批判を生んだ．結果として建築計画自体が批判の対象となった．

日本が安定経済期にいたると，従来のように反省なしに新しい建物を計画・設計・建設することは，唯一の目標ではなくなった．さまざまな建物群で量的な充実が達成されようとしていたからである．

このような状況のなかで，建築計画研究は数理理論の応用や環境行動研究などの新しい方法と視点の導入を模索し始めた．これらの広範な分野は，それぞれ現在も拡大し発展の過程にある．

近年さかんになっている心理学・生理学的認知に関する研究の視点でみると，環境が個々人に与えるダイナミックな「意味」が人間行動に及ぼす影響は大きく，人間の行動や認知はその状況から逃れえないといわれる．建築の分野でも，機能的側面から人間と空間・環境のかかわり方を探求する研究が1970年代から開始された．これまでの伝統的な使われ方研究，あるいはPOE（post occupancy evaluation：使用後評価）研究に加えて，現在この分野では，経路探索，認知地図・イメージマップ，行動場面・行動セッティングなど，さまざまな研究的アプローチが試みられている．

● これからの計画学

社会における建築計画研究の役割は，依然として大きなものがあるが，計画研究の初期におけるような明確で統一的な目標をもちえなくなった現代の計画研究は，混迷状態にあるといわれる．しかし，計画学は現在の環境工学の分野や建築構法の分野をかつては含んでおり，対象や範囲が明確な分野を独立させてきた歴史的経緯がある．つまり，つねに「曖昧でとらえどころのない」対象を追求してきたのであるから，一見すると「混迷状態」にみえても仕方がないのである．

しかし，この「一見混迷状態」の脱却には，計画研究自体の視点のパラダイムシフトが不可欠である．このためには，いままで目前にあった明確な目標への到達を優先して，計画研究者がとりあえず棚上げにしてきた諸々の事柄を，いまこの段階で棚卸しをしてみることが必要ではないかと思われる．

具体的には，これまで建築計画研究分野では不特定多数の利用者の視点を平均化して扱ってきたが，この間にあまり問題にされなかった個々人にとっての環境のもつ意味を，丹念に洗い出すことが現在求められているのである．この作業によって新たな計画研究の目標が得られると考えている．　［長澤　泰］

文献
1) 吉武泰水（2005）：建築設計計画研究拾遺，自費出版．（PDF版がインターネットで全文公開されている）
2) 吉武泰水（1999）：建築計画学の創成，建築家会館．
3) 鈴木成文ほか（1975）：建築計画，実教出版．
4) 吉武泰水ほか（1970-80）：建築計画学，全12巻，丸善．
5) 吉武泰水先生を偲ぶ会編（2004）：吉武泰水先生を偲ぶ．

5-2 建築計画学は自然科学か

【テーマ】建築計画学　　　　　　　　　　　　　　　　　　　　5　計画・空間・情報

●建築計画学の成立

建築計画学の成立の経緯を概観しよう．従来の経験と勘に頼る設計から脱却すべく，利用者の立場から建築を見る視座で科学的な証拠に基づいた設計のために，研究方法の科学化・客観化への活動がかつて開始された．調査研究の手法は「使われ方研究」と総称されるものである．使われ方に関する現象の調査・観察を行い，その整理と総合の後，残る問題点の整理を行う．この一連の作業を他の事例についても検討を繰り返すのである．このように建築計画は自然科学的客観性を探求してきた．

●「科学」か「論」か

建築計画学は「科学」か「論」かという論議はいつの時代にも存在した．元来，非科学的な要素をもつ建築計画研究を科学的にすべきであるという主張に対して，建築は現状をうまく説明できるストーリー，「論」をもつべきであるという主張がある．一般的に数量化など自然科学的手続きを重視しすぎると論が弱くなる[1]．

●社会科学での論議

社会科学の分野でも類似の論議がある．政治学の内山融は，政治学が「サイエンス＝科学」であることに確信をもたない．「科学的方法」とは，それほど当然視してよいものか，政治を理解するうえでどこまで有効なのかと問いかける[2]．そしてまず科学論からの自然科学批判を参照する．

自然科学で一般的な「仮説-検証」型の研究手法は「事実がアプリオリに（認識に先行して）存在しており，厳密な『科学的方法』によって，その事実についての純粋な知識が得られる――つまり事実を正確に認識することができる――そのような事実をありのままに抽象化して記述する理論の構築が可能」という視点の反映だが，これには客観的事実は正確な認識が可能であるという前提が必要である．

●パラダイム変換

これに対して，トマス・クーンは「パラダイム（ある科学者集団にとって模範となる理論体系）が変換すると，新しいパラダイムに基づいて得られた事実についての知識は，それ以前のものとまったく異なる．パラダイムは問題の設定や仮説の構築，データ収集等を方向づける機能を果たすが，事実のベースとなるデータは至極曖昧なものであり，そこからどのような側面を取り出すかはパラダイムに左右される．すなわち，事実とはパラダイムを離れて存在するものではない」と批判する[3]．

またP.K.ファイヤアーベントは「理論が事実から引き出されることはありえないのであり，むしろ理論とはどのような事実が存在するかを決める存在論なのだ．客観的事実の正確な認識が可能であるという前提は神話に過ぎない」[4]と主張する．

このように，社会科学である政治学への自然科学的方法の導入において，建築計画学の場合と類似したことが起きている．

●「自然科学的方法」への懸念

内山は，実証主義的政治研究自体の意義を否定はしていない．むしろ，政治現象について新たな理解を与えてくれる場合も多く，豊穣な成果をもたらす可能性があると考える．その一方で，「科学的方法」を自明のものとして受け入れることには，抵抗があるという．

とくに，実証主義的政治学が方法論的厳密性や検証可能性といった「科学」の要請する規準に拘束されるあまり，その分析方法と対象がそうした規準に適したものに限定されはしまいかと懸念する．

建築計画の場合に置き換えてみると，たとえば論文の形式をとりやすい数量化分析に適した研究対象が，その研究の意義を論ずることなく採用されるといった例であろう．

この段階にいたって内山は，両者の立場を止揚する「解釈学としての政治学」を提唱する．あるパラダイムに基づいて解釈が行われることにより，一定の事実認識がなされる．パラダイム変換が起こると，新たなパラダイムに基づいた再解釈が行われ，新たな事実が認識される．このように事実認識の行

■1 古代ギリシャにおいて科学は哲学の一部であった　アテネの学堂，ラファエロ・サンティ画
(GNU Free Documentation License)

為自体が解釈なのであり，解釈を通じてのみ事実が現出すると主張する．

●仮説推論の考え方

「自然科学」への批判は，「科学的方法」が知識の正当化のための方法のひとつにすぎず，他の方法もあることを示すことに意義があるという門内輝行の主張にも通じるものがある．「驚くべき事実の発見があった場合，説明できる仮説を立てて検証する．この場合，直接観察できないものを仮説することが重要である．たとえば，内陸に魚の化石が発見された場合，その地域が昔は海であったという仮設を立てる．この仮説が，うまくいかなければ別の仮説を立てて検証する」というのである[1]．

従来の「使われ方研究」では，まだ存在しない新しいタイプの建物は，どのように調査して計画上のデータを出すのか？　といった批判がある．内山の「解釈学としての政治学」は，この問いに答える可能性をもつ．

●「科学」と「技術学」

科学は，純粋な知的好奇心，「これはどうなっているのか？」を探求し，技術は実用的手段，「これはどうすればよいのか？」を探求するものである．この異なる二つのことを混同して論議されることが多いと青木義次はいう[1]．

ここで1950年代における計画研究の初期に青木正夫，浦良一らにより提示された次のような科学と技術の論議を紹介しよう．

「この技術学としての計画学・計画技術学に対して科学としての計画学・計画科学が考えられる．計画技術学が実践における法則性の認識であるのに対し，計画科学は対象における即ち諸契機それ自身の法則性の認識である．この計画科学あってはぢめて計画技術学が確立され従って技術の発展があるのであるが，この関係は一般の技術と科学との関係と同じである」[5]．ちなみに，栗原嘉一郎は建築計画学を「半科学」と呼んでいる．

いつの時代も本質的な議論に終了はない．

［長澤　泰］

文献
1) 小林秀樹ほか (2002)：特集＝論争・住まいづくり研究．すまいろん，No.63，住宅総合研究財団．
2) 内山　融 (2003)：ポリティカル「サイエンス」？．UP，No.365，東京大学出版会．
3) トマス・クーン著，中山　茂訳 (1971)：科学革命の構造，みすず書房．
4) P. K. ファイヤアーベント著，村上陽一郎ほか訳 (1981)：方法への挑戦—科学的創造と知のアナーキズム，新曜社．
5) 大坪　昭，青木正夫，佐藤　温，浦　良一 (1949)：建築計画学序説，日本建築学会研究報告，第4号．

5-3　動線で考える

【テーマ】動線計画　　　　　　　　　　　　　　　　　　　　　　　　　5　計画・空間・情報

建築のプランニングのために「動線」という概念は定着してきた．『広辞苑』にも第5版から収録された．

動線は建築の機能的合理性を評価する一指標であると同時に，わかりやすさのような居住性・居心地を評価する指標としても活用される．また，動線は計画を詰めていく段階で使われるが，共同設計者間，さらにはユーザーとの設計内容の確認にあたり共通に理解するための言語として活用される．こうした利用が普及してきたからこそ国語辞書にも収録されたのであろう．

● 「動線」の意味

建築計画学の論文では，おもに調査結果の実態としての「動線」である．しかし，とり上げたいのは，計画・設計時に直接的に検討ツールとして利用される動線である．個別の属性をもった典型動線と動線量を表した集合的動線がある．前者は，クラインや西山夘三の建築組織線などであり，後者の動線は，諸室間の関係を線の太さで表現したいわゆる機能図などが相当する．平面図上に描く前の作業フローを動線と呼称し，平面図に軌跡として描いた動線と区別しないですましていることも多い．

このほかに，廊下や階段，設備スペースを表現する場合もあるが，ここでは対象にしない．

● 平面評価への動線の活用方法

典型動線にしろ，詳細な調査結果にしろ，平面図上に軌跡としての動線を描いて，平面構成（室配置・廊下等の通路部分の構成）の非合理性を発見することを主目的として利用される．より的確に課題をみつけ，改善の手がかりを得るために，評価の視点を整理してみる．

動線の長短：集合的動線の場合は太い（往来回数の多い）動線の長短で全体像を評価することになり，個別（典型）動線の場合には，動線の属性により課題の抽出も異なる．おもに効率性の視点から評価することになる．具体的には，関係諸室が離れている，適切な通路がない（バイパスが必要），所要室の設備・備品が不備で遠方の室に行く，個別の室間の課題ばかりでなく全体が有機的構成でない，などを指摘でき，平面型の不具合も発見できる．

以下は個別（典型）動線による評価である．

動線の交差：清汚の動線，職員と客の動線の交差など，ゾーニング，物品配置・設備配置の不適切さを抽出し，通路幅員の適切性等も確認できる．

動線の通過：作業スペースなどの単位空間を動線が通過することである．おもにゾーニングの不的確性を指摘する．具体的には作業スペースが狭隘，環境のディスターブ，不安定さ，ひいては業務の中断を余儀なくされる可能性を指摘できる．平面的には適切な通路がない，通路が狭い，必要な室（スペース）が確保されていないことなどによる．

動線の複雑さ：わかりにくい，無駄な動きが多くなるなど効率性とともに，空間への帰属感・居心地にも影響する．適切な通路がない，空間構成が明確でないなどを判定できる．way-finding，回遊性など重要なポイントであるが，これには平面以外の設計手法も関係するので注意を要する．

動線の範囲・密度：動線が短くゾーニングがよくても，平面の一部に動線が集中するのは（滞在も含めて）平面全体が利用されていないことになる．機械室等は別にして，動線が全体に分布するのが平面効率がよいと判断される．むろん属性別の動線は集中し，ゾーニングが明確になることが望ましい．

動線分析により発見される平面の矛盾点は，設計内容の改善につながるが，運営方法を変更して改善されること，あるいは平面構成・運営方法の両者を変更して可能なこともある．建築の計画・設計には，システムづくりという側面も含まれ，動線は両者の改善に有効である．

● モデル動線の作成の視点

動線を操作し計画案を評価するには，動線の実態を調べるだけでなく，モデルとしての動線を抽出し，平面上で操作する必要がある．モデル動線を作成する方法を三つに整理してみる．一つは，展示室群を一筆描きでみるような場合で，利用実態と関係

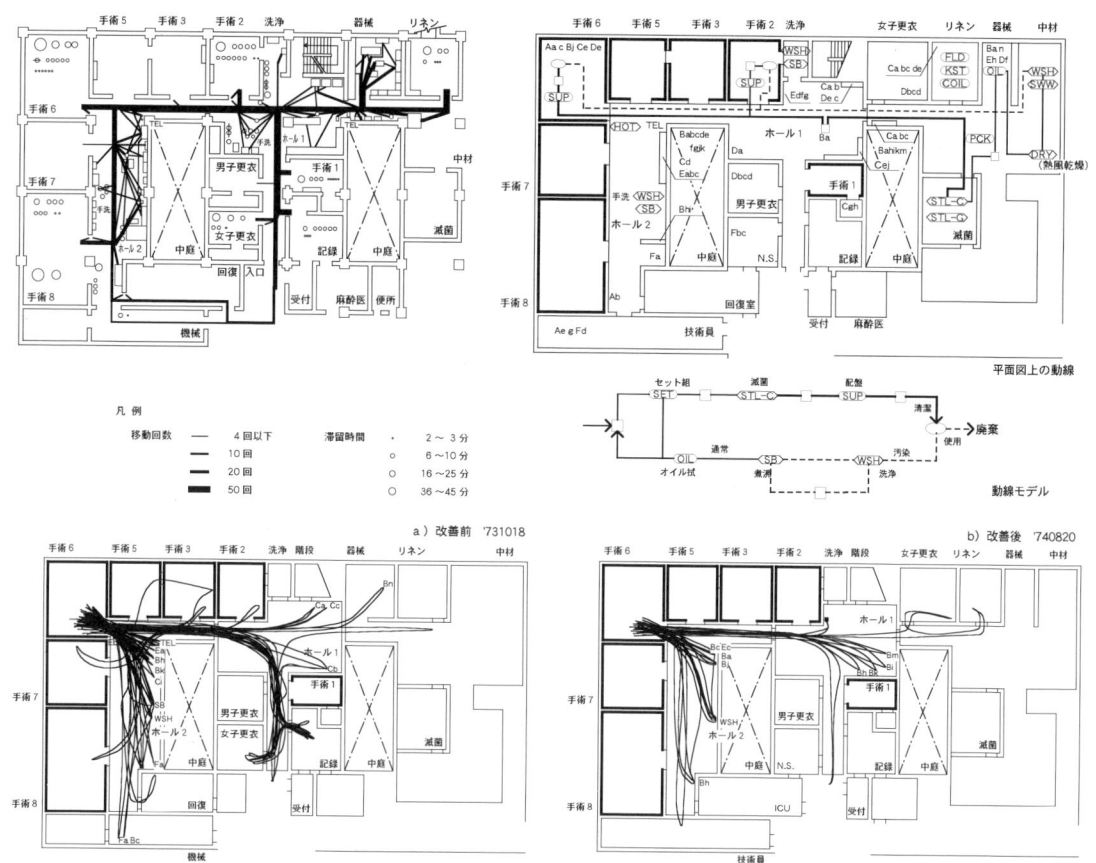

■1 さまざまな形の動線図 上左：(室間の移動量を表す)集合的動線．10：00～11：00の手術部内の看護師の総動線量（と滞在回数・時間）．細い廊下での混雑，手術中の手術室への頻繁な出入りが確認される．上右：モノの典型動線．手術部内の滅菌材料の動線モデルと平面図上の再現．清潔動線と廃棄動線の交差，長距離などがわかる．下：手術中の看護師の動線．運営システム，物品配置などの改善前後の外回り看護師の動線図．距離的にも，交差，通過等で改善されていることがわかる

なく作成するモデルで机上作業でできる．残りの二つは使われ方把握に基づいたモデル動線で，作成方法により二つに分ける．一つは若干の観察とヒアリングから動線のモデルを抽出する方法である．ほかは詳細な人や物の動きの実態調査から，論理的操作を加えて作成する方法である．個人の動線ばかりでなく，グループ作業の動線などもモデル化できる．いろいろな方法があるが，詳しく紹介する余裕がないので参考文献を参照してほしい．

次に，モデルの抽出視点が課題となる．まず動線の目的別に，情報搬送・物品搬送・人移送・業務移動がある．情報（伝票類）搬送が移動業務の大きな割合であったが，情報化により減少している．物品搬送も機械搬送などの手段もあるが，とくに末端では人に頼ることはなくならない．人移送は機械の援助もあるが，動線が残る．業務移動は業務継続上移動が伴う場合と移動しながら行う業務がある．

これらの目的ごとに，動線の人の属性（職種）により評価の基準が異なる．客の動線か，職員の動線か，職員でも医師か，看護師か，などである．

さらに，動線の属性としては，緊急度（緊急・随時・定期）でみる必要がある．全体としては定期（搬送）を増大させ，緊急や随時（搬送）を減らす方が効率的であるが，緊急（搬送）動線こそ短く，単純な動線とすべきである．また，搬送物の属性として清汚・貴重品度・軽重などの観点から動線をモデル化することも必要となる．

以上のように多元的に検討・活用すれば，動線は平面評価・運営方式の評価とコミュニケーションのツールとしてきわめて有効である． ［今井正次］

文献
1) 今井正次（1987）：動線．日本建築学会編，建築・都市計画のための調査・分析方法，井上書院．
2) 今井正次（1981）：動線による建築計画の研究―病院の中央診療部を事例に（学位論文）．

5-4 建物はどこまで大きくできるか

【テーマ】規模計画　　　　　　　　　　　　　　　　　　　5　計画・空間・情報

●大きい建物とは

　常識的なスケールを超えるという意味で大きい建物をとらえると，①広い建物，②高い建物，③長い建物，④深い建物，の四つが思い浮かぶ．③や④の実例は，橋，トンネル，下水施設などの土木構造物との境界があいまいであるが，長い建物とは屋根のある構造物，深い建物は地上階から連続している構造物を考える．建物が大きくなることの限界は，物理的には荷重に対して構造が耐えられなくなることで決まるが，建物としての必要性，移動設備，避難設備，コストなど他の要素で限界が決まることもある．

●広い建物

　広い建物は自重との闘いであり，トラス構造やアーチ，ドーム効果を利用した自重を減らせる構造システムの採用，また軽くて強度の強い鉄骨の使用が有効である．19世紀に鉄骨造が登場してから博覧会場，駅ビルなどに100m級の大スパンの建築が多く作られるようになり，たとえば，パリ万博の機械館はスパン115mの鉄骨スリーヒンジアーチ構造の建物であった．その後1960年代以降，アメリカを中心に屋根付き野球場の建設需要が高まり，鉄骨トラス構造，ケーブル構造，空気膜構造などのドーム建築が作られてきた．日本の事例では札幌ドーム（スパン218m）や名古屋ドーム（スパン187m）などがある．また鉄骨部材を細くしていくと座屈が問題となり，これを避けるため引張力のみを利用するケーブルドームも考案され，アメリカのジョージアドーム（スパン210m）に用いられた．さらに構造体の軽量化という点では空気膜構造は画期的なシステムであり，構造体として用いられている膜材のケーブルは1m²当たりわずか10kg以下の重量であり，内部の空気圧によって建物を支える．この原理によると，膜材やケーブルの引張力の限界値までスパンを大きくすることが可能であり，むしろ，建物が巨大化すると，内部の空気圧を維持することの困難さが問題となる．

どのぐらいの大空間が機能的に必要かも興味あることである．2000年にロンドンで作られたミレニアムドームは直径364mであるが，完全な無柱空間ではなく，内部に12本のマストが立ち，ケーブル構造で作られた．日本では，2001年に完成した大分県スポーツ公園競技場が最も大きく，スパン274mのアーチ構造および3角形格子鉄骨シェル構造で作られた屋根付きサッカー競技場である．

　バックミンスター・フラーは1970年にマンハッタン計画を発表し，直径1.4kmの球状ドームの建設が可能であることを示した．地球上で計画された建物としては最大のものである．

●高い建物

　高い建物は地震と風との闘いである．高層ビルの出現は1880年代のシカゴに始まり，その後シカゴ，ニューヨークで多くの高層ビルが作られた．同じ時期にエレベーターが開発されたことも高層ビル実現に拍車をかけ，1900年代にはニューヨークで200mの高さの高層ビルが実現している．その後，超高層ビルの高さは増大を続け，1931年にはエンパイアステートビル（高さ381m），1974年にはシアーズタワー（高さ443m）ができている．この頃の超高層ビルは鉄骨造が主流である．地震地帯の高層ビルとしては，1955年にメキシコで作られたラティノ・アメリカーナタワー（高さ181m）が最初であり，地震力に対して動的設計が行われた．

　20世紀末から21世紀にかけては東南アジアで超高層ビルの建設ラッシュが始まり，1998年にマレーシアのペトロナスタワー（452m）が世界一の高さとなった．東南アジアの超高層ビルは鉄骨造とRC造の混構造が多いことも特徴である．現在，世界で最も高い建物は，2004年に完成した，台北にあるタイペイ（台北）101で高さ508mの複合ビルである．建設中のものではドバイにある"Burj Dubai"で高さ705mで，2008年に完成予定である．

　地震国の日本では，高層ビルの実現はだいぶ遅れ

■1 バックミンスター・フラーのマンハッタン計画

て1968年の霞ヶ関ビルから始まった.最も高い建物は1993年に作られたランドマークタワー（高さ296 m）であり,この建物では風荷重が地震荷重以上となり,これより高い建物は実質的には風との闘いになる.風荷重に対しても,静的な影響だけでなく振動的な影響が大きいこともわかり,その対応も考慮された.

日本では1990年代に大手建設会社を中心に,超超高層ビルの計画案が作られ,ほとんどが1000 mを超える計画案であった.大成建設の計画したX-SEED 4000は,800階建ての高さ4000 mの複合ビルで,計画されたものとしては世界で最も高い建物である.富士山形の形態をし,高さ100 mごとに巨大なアナトリウムを囲む建築床が配された計画で,想定工期30年とされている.

● 長い建物

長い建物は温度応力との闘いである.鉄骨やRCは温度による伸び縮みが発生するが,それらが拘束されていると,構造体に温度応力が発生し,それによって限界が決まることもある.アトリウムなど,構造体が外気温の影響を受けやすい構造ではとくに影響が大きい.また,建物が長大になると地震入力に位相差が生じ,建物がねじられるような力が生じることもある.これらを避けるため,通常は100 m程度で建物を切り離しながらつないでいく方法が用いられる.しかし,機能的な要求から,上記の問題を検討したうえで,際立って長い建物も作られている.

長い建物の実例としては,幕張メッセ（106 m×516 m）,京都駅ビル（60 m×470 m）,横浜フェリーターミナル（70 m×430 m）などがある.関西国際空港ターミナルビルは長さ1.7 kmに及ぶ長大な建物であるが,エキスパンションジョイントでいくつかに分割された建物である.

● 深い建物

深い建物は土圧,水圧との闘いとなる.水圧,土圧は地中深くなると大きくなり,それらに抵抗するために外壁や耐圧版に大きな強度が必要となるが,関連して浮上がりの問題がある.トンネルのように,地中に潜った構造体は上下から水圧を受け,全体としてはほぼ釣り合うが,地表面から地下深くまでつながっている建物は,水圧は建物の底面より上向きに生じ,それに対しては建物の重量が釣り合うことになる.地上部分が少ない場合は水圧により建物が浮き上がる恐れがあり,対応が必要となる.

国会図書館新館は地上4階地下8階建てで,基礎底は30.13 mの深さである.地下水位が低く建物底面の水圧は140 kN/m²程度で,浮上がり対策は不要であった.表参道ヒルズは地上6階地下6階の建物で,基礎底は約30 mであり,200 kN/m²の水圧が作用する.内部に吹抜けがあり建物重力は容積のわりに軽く,水圧が建物重力よりもはるかに大きく,地盤アンカーにより浮上がり防止措置がとられた.これ以上深い建物は難しそうである.［金箱温春］

5-5 建築の構造計画とは何か

【テーマ】構造計画　　　　　　　　　　　　　　　　　　　　　　5　計画・空間・情報

●建築と構造

建築の目的は，各時代・場所の人間生活の営みに応じて要請されるプログラムに対応した空間をつくることである．建築が対象とする空間には，たとえば「金沢21世紀美術館」（設計：妹島和世＋西沢立衛，2004）の場合，閉じたホワイトキューブの展示室のように使われ方と空間が一対一に対応している場合もあれば，透明で開放的な市民ギャラリーのように使われ方によってさまざまなアクティビティを喚起する空間もある．それらの空間はそれぞれに固有のボリュームと形をもち，空間相互を連結しながら全体が構成される．このように建築をつくるということは，無限定な3次元空間の中から人間生活の営みの場として特定の部分領域を切り取り，限定された領域の空間に建築的な意味を与えることである．その結果，ボリュームの境界面が物理的に立ち現れ，実体として認識することのできる建築形態が生み出される．

私たちの知覚能力は，図と地の関係からいえば，一般に図である具体的な形態を通して地である抽象的な空間を総体として認識できるようになっている．ここに，建築において図である形態を物理的に成立させる主体が構造であるから，構造は本来的に建築自体であると考えられる．その観点からは，構造計画の方法論も上述した建築の目的論の枠組みの内に正当な存在理由が与えられていると考えるべきである．もちろん，このことは構造には工学や技術と直結した固有の方法論が存在することを否定するものではない．構造力学，材料学，構造工学など構造独自の方法論を通して構造の安全性や耐久性，経済合理性を求めることは最も基本的なことである．しかし，建築の目的論からはずれた方法論では建築の創造に多くを望むことはできないのも事実である．これからの時代が要請する建築を創造するためには，建築家と構造家との緊密な協働作業も含めて，その方法論を本来の目的に総合化することが大切である．

●構造計画とは

偉大な構造家，エドアルド・トロハはかつて構造計画について次のように述べている．「それぞれの材料は種類に応じて異なった個性をもっており，それぞれの形態は別個の応力のパターンを生じる．最も適切で自然に生まれてくる問題の解決方法，すなわち，それを創造せしめた根本の要求と調和したものは，非常に感動的に人々に語りかけるものであり，一方では技術家と芸術家の要望を同時に満たしているものである．構造物全体の誕生は，創造的な過程の結論であり，技術と芸術，発想力と研究，空想力と感受性との調和である．それは合理性の範囲を越えて空想の神秘の領域にまで達する．どんな計算を始めるよりも以前に，そしてどんな計算よりも重要なところに着想がある．その着想は材料を抵抗力のある一つの形にかたどり，機能を達成せしめるに足るものでなければならない．……」

このトロハの構造思想こそ，三十数年にわたり筆者自身の構造計画のお手本としてきたものである．時代が変わっても構造の思想や哲学が本質的に変わるわけではなく，現代という時代にあった構造計画の方法論的な軌道修正が必要とされているように思われる．

●続・構造計画とは

現代の構造計画は，建築家との対話を通して建築のコンセプトと共通目標を明確に意識し，お互いに合意することからスタートする．この対話の段階で重要なことは，建築家と価値観を共有すべく努力し，建築や空間のコンセプトを正しく洞察することである．そして，その建築のコンセプトを理解し納得できたならば，それを増幅し相乗効果をもたらすような構造のコンセプトについて構想を巡らせ，有効な構造的アイディアを着想する．そして，これらの着想を確信のもてる案とするために専門的な構造技術の知識のもとに実現への見通しを立てる，という2段階のプロセスを経る．

第一の着想の段階については，力学や材料などの

■1　せんだいメディアテーク（撮影：SSC） 　　　■2　金沢21世紀美術館（撮影：SANAA）

構造的な知識ばかりでなく，自然，歴史，芸術，社会など建築を巡る幅広い教養や知識あるいは知恵などを全人格的に背景とするものであって，ある意味では主観的・経験的問題であり一般論的に述べることは難しい。また，造船，航空機などの建築とは異分野の世界を参照して新しい建築の構造を考案することもあり，たとえば「せんだいメディアテーク」（設計：伊東豊雄，2000）では造船技術を応用した鉄骨フラットスラブを提案している。これらの着想は基本的には設計者の経験・知識にもとづく直観がその動機をなすものであり，単なる演繹的な論理では決して得られないからである。

第二の段階については，おもに構造工学や生産技術の問題であり一般的なアプローチが可能である。構造性能と安全性，経済条件および建設方法の検討がおもな目標である。参考となる既往の事例の情報とデータの収集から始め，前例のない構造を着想した場合には，解析手法，材料の使用法，構・工法などについての特別な調査や研究が必要になる。そして，これらの情報の整理と分析を通して設計と建設の全過程において発生する問題について予測を立てる。具体的な作業としては，ラフな構造のモデル化と解析，コストの概算，ディテールや構・工法などについてラフな可能性のスタディを行うなどである。

以上のようなプロセスを経て，目標とする建築空間の質と量に応じた適切な材料，構造形式，構・工法などを選定して建築家に具体的に提案することになる。そして，建築家とのフィードバック作業を通して，詩的な建築のイメージと理性的な構造システムとの間に緊張を伴った均衡が成立したときに，はじめて両者は合意に到達する。この合意は信頼関係と相互理解に基づく共同作業から生まれるもので，トロハのいう技術家と芸術家の要望を同時に満たす解決方法が見いだせたときであり，計画段階で最も緊張感のある局面でもある。

●情報時代の構造計画

21世紀を迎えた現代では，飛躍的なコンピュータによる解析技術や情報技術の進展により，あらゆる構造物の解析を可能にするほどに解析技術は成熟した段階を迎えている。その結果，これからの構造デザインが多様化と同時にいっそう微細化し複雑な構造の世界へと進化していくことが予測される。しかし，近年の複雑化，多様化，微細化などの構造デザインの実例をみると，建築家の求める恣意的で力学的に不合理な形態をそのまま力業的に解決した類の，本来の構造の大目的を忘れた構造計画不在のものも数多くみられる。手段としてのコンピュータがどれほど発達しようとも，人間だけがなしうる創造的な領域として，構造的なアイディアの着想から実現可能性の予測にいたる，情報時代に即した新たな構造計画の方法論が必要となろう。

たとえばそのひとつに，とくに基本計画の段階で効力を発揮すると思われる構造計画・構造デザイン手法として，所与の設計条件（構造的な諸条件＋建築の機能的・空間的条件）の下に，厳密な力学理論に基づいて合理的で合目的的な構造形態を求めるという，コンピュータテクノロジーの高度利用と構造最適化の技術を応用した理論的構造デザイン（形態デザイン）などが考えられる。　　　［佐々木睦朗］

5-6 建築をコンピュータで設計する

【テーマ】CAD　　　　　　　　　　　　　　　　　　　　　　　　5　計画・空間・情報

● はじめに

　CADとは，computer-aided designのアクロニムである．建築やエンジニアリングの設計や機械設計に際して，コンピュータを利用することや，そのシステムのことをいう．とくに建築設計で使われるものをCADD（computer-aided design and drafting）とかCAAD（computer-aided architectural design）ということも多くあり，基本的には区別をつけないが，多少の相違も認められる．建築設計でCADといわれる場合，意匠設計に使うものをさす場合が多く，構造設計にコンピュータを使う場合も広い意味ではCADに含まれるが，それは一般的ではない．

● CADシステムの誕生

　CADの発達は，20世紀後半のコンピュータの発達に伴い，ひとつの分野として大きく発展してきた．その初期のきっかけとなったのは，1963年にアメリカ・マサチューセッツ工科大学においてサザーランド（Ivan Sutherland）によって開発されたSketchpadというシステムであった．その後，CADは，航空産業，自動車産業，船舶産業などの分野を中心にさかんに使われ，その機能も大きな発達を遂げてきた．もちろん，建築の分野でもいろいろな試みが行われてきた．1980年代に入ってから，CADシステムの普及期が始まったといってよい．それ以前は，市販されているCADシステムはほとんどなく，建設関連の大企業内で研究開発のなかでCADシステムが開発され使用され始めていた．

● ハードウェアの発達が寄与

　1980年代のハードウェア環境は，計算能力的にも，値段的にも，CADシステムの普及には不利であったが，積極的な活動が芽生え始め，CADシステムも市販されるものが出現した．しかし，その当時のメインフレームとよばれた大型計算機は，CADシステムには適さないバッチ処理型のものであったし，会話型の使い勝手のよいミニコンピュータも高価で，計算能力も非力であった．図形を表現するグラフィックディスプレイも，解像度の高いものはカラーではなく，カラーのものは，解像度が低く画像も見劣りするものであった．その後，1980年代の後半になって，コンピュータとグラフィックディスプレイが一体となったエンジニアリングワークステーションが開発され，CADには大変適したハードウェアとなりCADシステムの普及に貢献した．その後のマイクロプロセッサの性能向上，製造コストの低下により，パーソナルコンピュータ（PC）の爆発的な増加・普及につながった．PCは1990年代に一般的に認知され，CADも多くのアプリケーション同様にPC上で使われるようになる．そして，現在は，インターネットに象徴されるように，各種のネットワークを利用したなかでCADシステムも使われてきている．周辺機器装置のなかでCADシステムに多大な影響を与えたのは，プロッターやプリンターの発達であろう．プリンターが大きなサイズでカラーの画像を描画する機能を充実させてくると，プロッターという名称はプリンターにとって代わられてきたようである．また，プロジェクターとよばれる映像を大きく投影する機器も安価になり，プレゼンテーションの道具として欠くことができないものになった．今後は，大型のフラットパネルディスプレイに代わることはまちがいないと思われる．

● CADの機能

　コンピュータが設計作業をどのようにアシストするのであろうか．与えられた設計条件を満たす設計案が，コンピュータによって生成されるということは実現されていない．なぜならば，そのような問題を解決できる論理を構築するまでには至っていないからである．設計作業は，問題解決の統合的な作業により答えを生み出すことと考えられるが，コンピュータシステムは，統合的な作業よりも解析的な作業を得意とするからである．したがって，設計のなかで，CADシステムは，解析的な作業に活躍している．その典型的なものが，CADDといわれるよ

うに，ドラフティングである．コンピュータで図面を描く効用は，現在の普及度をみれば，ここで列挙する必要はないと考える．扱うデータ量の多さとその正確さから，単純な繰返しの多い設計作業はもとより，バラエティに富んだ内容の設計作業に対しても効率的に対処できる．CADシステムで2次元の図面を描くことから，設計物の形状そのものを3次元で扱うようになると，その効用は，まさに次元の異なるものとなってきた．

● 3次元設計のためのCAD

コンピュータの計算速度，データ容量の拡大，そして，新たなソフトウェアの開発により，3次元で形状を設計できるCADシステムが普及しつつある．とくに，自動車や航空機，また，一般家電に代表される機械設計では，CADによる3次元設計は当たり前のようになり，設計にとどまらず生産に結びついたCAM（computer-aided manufacturing）の段階まで一貫した手法が一般的になった．設計データが，デジタルの形式のまま生産にまで利用される理想的な方法である．

建設分野では，生産が現場で行われ，規模も比較的大きく，細部のバリエーションも多岐にわたるため，いわゆるCAMの活躍の場は限られる．それでも，プレファブリケーションや各種部品の生産に活躍の場が広がりつつある．

また，3次元設計のためのCADシステムは，設計対象物そのものに大きな影響を与えている．要するにCADシステムなしでは設計不可能な構築物が，容易に建設されるようになってきた．造形的に複雑な形状が設計され，現実に建設されてきている．要するに，設計の自由度を飛躍的に拡大したのである．これは，CADシステムのモデリングの機能とシミュレーションの機能が充分に発揮されてきたことによると考える．

構造物を3次元でコンピュータでデジタルに扱うことは，そのデータを他の解析に利用しやすくする．構造物にとって大切な構造解析や，各種性能の分析（空調計画，照明・自然光の解析，あるいは音響解析，人の動線計画，避難計画など），建設費用の積算などのあらゆる解析手法は，コンピュータ上で開発されてきている．設計後の建設段階で役立つデータもCADシステム内に納められた3次元モデルから導き出されるようになり，施工などの技術的

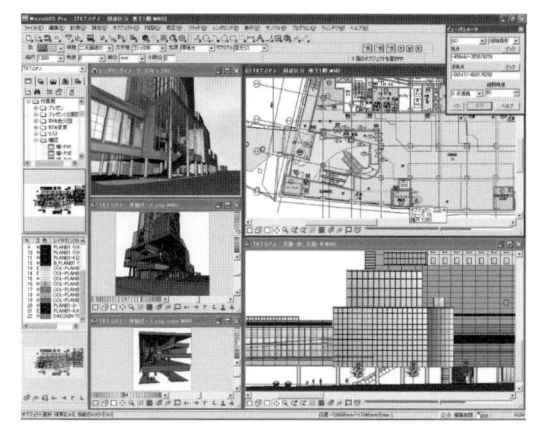

■ 1 CADシステム（画像提供：（株）東急設計コンサルタント）

な過程や，プロジェクトマネージメントで利用されることとなった．しかしながら，建設現場で使用される施工のための指示書としての2次元の図面の役割は，いまだに大きい．その2次元の図面は，CADの3次元モデルの2次元的な投影や，切り出して求められる単純なものでもないのが現実である．したがって，3次元モデルを扱うCADシステムに，現在の施工に役立つ一工夫が要求されている．

● CADのデータ管理機能

CADシステムは，構造物の形が形成される設計および施工の段階の前後にも活躍する場がある．まず，前の段階では，設計条件のデータの整理である．コンピュータ本来の機能を存分に利用できる分野である．この段階での活用によって質の高い設計案の形成が設計の初期の段階で大いに促進される．

また，施工後のCADデータは，建物の寿命の続く限り，その運用管理に大いに役立つのも知られている．一般にファシリティマネージメントといわれ，建物の運用にかかわるデータもコンピュータで効率よく管理されCAFM（computer-aided facility management）といわれる．そのもととなる建物に関するデータは，設計段階でCADシステムの中に構築されたあらゆるデータである．

CADシステムは，構築物のモデリング，その解析，そしてその表現（コンピュータグラフィックス）という機能を提供する．そして，CADシステムは設計の道具の域を出ていないゆえに，設計対象物は設計者の責任において創造されたものであるが，その道具が設計対象物の誕生に多大な影響を与えてきているのも事実である．

［長島雅則］

5-7　膨大な情報を整理する

【テーマ】データベース　　　　　　　　　　　　　　　　　　　　　　　5　計画・空間・情報

●データベースとは何か

　データベースとは単に大量のデータが集積したものではなく，系統的に整理・統合され，効率よく検索・抽出できるようにしたソフトウェアである．パソコンのワープロや表計算ソフトで作成したファイルシステムでも大量のデータを扱うことはできるが，ファイルはプログラムごとに定義・生成されるので，データの独立性が低い．またファイル間でのデータの整合性も低く，管理上の効率も悪い．データベースはこのような問題を解決するもので，データは一元管理され，プログラムから独立することによって複数のプログラムで共有可能であり，多くの人々が共用しながら多様に利用することができる．

　建築の分野においても，文献や雑誌・図書などの書誌データ，建築作品，企業情報，法令，材料，工事原価など各種のデータベースがある．われわれは普段データベースの内部構造や設計方法をほとんど意識せずに利用できているが，データベースの構築と運用には，膨大な知力と労力が費やされている．

●データベースシステムとは何か

　データベースを管理・操作するソフトウェア群をデータベース管理システム（database management system：DBMS）という．DBMSには多くの機能や技術がある．まず，データの整合性をチェックし，物理的データはもちろんデータの型や利用者情報などのメタデータも管理する．また，利用者のトランザクション（意味ある操作の最小単位）を管理し，データの変更を同時実行制御する．高速アクセスの確保，障害時の回復処理，機密保護も担う．さらに利用者からの問合せ処理を行い，データベースの内容を見せるビュー機能の充実もはかる．

　データベースとDBMSを合わせたシステム全体をデータベースシステム（database system：DBS）という．DBSが効率的に動作するためには，DBMSに加えて，データベースの定義・操作・制御を行うデータベース言語とデータモデルが必要である（■1）．

●データをどのような構造で記述するか

　データベースを設計するためには，実世界の情報をコンピュータのデータとして変換する概念と操作する枠組みが必要になり，それをデータモデル（data model）という．概念的なデータモデルとしては，実体関連モデル（entity-relationship data model：ERモデル）が代表的である．これは実世界の情報を実体とその相互の関連としてとらえようとするモデルである．実体には人やモノ，事象などが相当し，それらがもつ性質として属性（attribute）を与える．たとえば大学と学生という実体間には所属の関係があり，学生は氏名や住所などの属性をもつ，というようにモデル化する．

　1960年代以降，論理的・構造的なデータモデルとしては，おもに階層モデル，ネットワークモデル，リレーショナル（関係）モデル，オブジェクト指向モデルという四つのモデルが開発されている．たとえば階層モデルに基づいて構築されたデータベースを階層（型）データベースというようによぶ．

　階層モデルはレコードをツリー（木）構造によって，またネットワークモデルは網状の構造によって記述するもので，組織化された構造に適している．両者は第1世代のデータモデルである．

　リレーショナルモデル（relational data model）は，データの関連を行と列からなる2次元の表（テーブル）として表現したもので，第2世代のデータモデルである．表の行が個々のデータに相当し，属性は列方向のデータ項目で表す（■2）．標準的なデータベース言語としてはSQL（structural query language）がある．リレーショナルデータベースは理解と管理が容易で，処理が明快であるという利点があり，現在のデータベースの主流となっている．

　文字や数値だけではなくて，文書や図面，グラフ，表，画像，動画，音などを対象としたデータベースをマルチメディアデータベースという．構造が複雑なマルチメディアデータを中心に1980年頃か

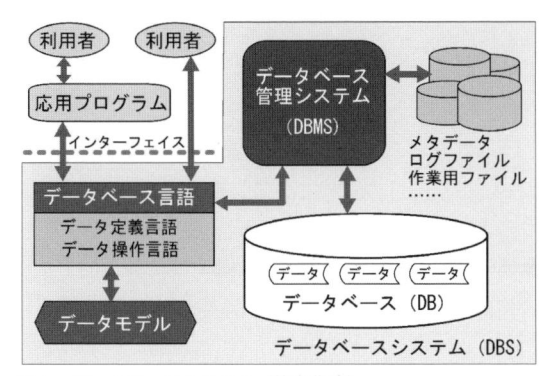

■1　データベースシステム（筆者作成）

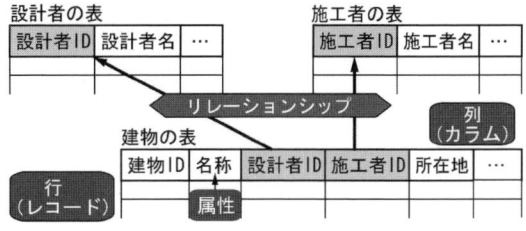

■2　リレーショナルデータベース（筆者作成）

ら旺盛になってきている第3世代のデータベースが，オブジェクト指向データベース（object-oriented database：OODB）である．実世界での実体を，データとそれを操作するプログラム（メソッド）を一体化したオブジェクトとして抽象化し，外部から隠蔽（カプセル化）されているのが特徴である．また，特定のオブジェクトに変更を加えた場合には，継承（上位のクラスのオブジェクトの定義を下位でも利用すること）され，複数のオブジェクトをまとめた複合オブジェクトも生成できる．データベースシステムはオブジェクト指向プログラミング言語（JavaやC++など）によって実装される．

リレーショナルモデルとオブジェクト指向モデルの両者の特色を取り入れたオブジェクトリレーショナルデータベースという中間的な方式も多い．

●データベースをめぐる最近の動向

近年はネットワークの発展によって，データベースは一箇所集中型だけではなく，各地区にその一部を配置する分散型データベースシステムも増えている．また，データベースを集中管理するコンピュータと端末のパソコンを接続するいわゆるクライアント/サーバー型が主流となってきた．とりわけ大きな変化はWWWという世界規模の情報資源の出現に伴うものである．HTMLで作成された文書には画像や他の文書の位置情報（ハイパーリンク）を埋めこむことができるので，Web上でリンクを次々にたどるという検索・閲覧方法も定着した．またXML（extensible markup language）で文書やデータの構造を記述し，Webブラウザで必要なデータだけを抽出したり，データの並び替えや送受信もできるようになった．さらにはデータベースの素材をWWW経由で入手し統合するマルチ結合エンジンやファイリングシステムも登場し，データフォーマットの違いを越えて新たな情報共有を行うことが可能となっている．携帯システムを併用したモバイルデータベースもさかんになり，小型コンピュータとネットワークによる多様なデータベースが分散的に構築されつつある．

一方，過去の更新履歴も含めて時系列でデータを蓄積するデータウェアハウスが出現し，データベースに隠れている貴重な情報を発掘しようというデータマイニング方法もさかんになり，データベースが情報分析や意思決定のために広く利用されるようになってきている．

●データベースの連携・共有・統合の問題

建築・都市の分野におけるデータベースには，図形情報が含まれる場合が多いが，同じ図でも画像化されたデータと，点・線・面・立体の幾何情報を備えたCADデータでは情報処理の面で大きく異なる．GIS（地理情報システム）は独自のデータベース構造を実現しているが，CADやCGなどを含めた多くのデータベースを連携・共有・統合する必要性が叫ばれている．そのためには記憶容量や画像検索の処理などの問題があるが，最も大きいのが標準化の問題である．データ交換のためのフォーマットとしては，CAD関連では従来からのDXFや建設CALS/EC（公共事業支援統合情報システム）で提案されているSXF（SCADEC data exchange format）など，またグラフィクスでは標準規格のCGMやCGIなどが用意されてはいる．しかし，データベースはそれぞれに特化・多様化しており，統合化は困難な場合が多い．また，技術的な問題に加えて，セキュリティ，プライバシー保護，製造物責任，著作権などの社会的問題，データベースを維持更新する主体の問題，情報の共有化による文化の均質化の危険性など，問題は山積している．データベースをめぐっては，分散化と統合化があいまってしばらくは複雑な状況が続くであろう．　［及川清昭］

5-8 建築をコンピュータで3次元に扱う

【テーマ】モデリング　　　　　　　　　　　　　　　　　　　　　　　5　計画・空間・情報

●はじめに

　建築設計のなかでモデルといえば，従来は，いわゆる模型と考えられてきた．そして，コンピュータが普及してきた昨今では，コンピュータ内に設計案を構築することを意味する．たとえば，構造設計でコンピュータを利用するときには，構築物の構造モデルが作られる．その構造モデルは，構造設計手法やコンピュータのソフトウェア技術の開発により多種多様なものが考案されてきている．代表的な例をあげれば，有限要素法でコンピュータ内に構築されるモデルはいわゆるメッシュモデルである．

　そして，設計作業で一般的に使われるCAD（computer-aided design）システムでは，コンピュータ内に物体の3次元形状を構築することを意味することが一般的である．

●モデリングとシミュレーション

　現実の複雑なシステムや事象をコンピュータ内にモデルとして構築し，いろいろなパラメーターを設定して運用し，そのモデルがどのような反応や行動を結果として現すのかを検証するのである．これによって，現実には困難であったり，不可能である，システムや事象のいろいろな反応や現象を予測し実験することが可能となる．

　設計に用いられるCADシステムにおいてもシミュレーションは，その結果の正当性を評価するうえで大切な手法である．優れたCADシステムを駆使しても，満足のいく解答としての設計案が生まれることが保証されない．それは，多くの場合，与えられた設計条件の多様性とその相互の不整合な関係や不明朗さに起因している．ある部分的な設計条件を満足した設計案がモデルとして構築され，それをその他の設計条件のなかで検証するというシミュレーションが行われるのが一般的である．したがって，CADシステムはモデリングとシミュレーションのためのシステムであるといえる．

●2次元のモデリング

　線をコンピュータで描くというCADシステムの誕生は，コンピュータグラフィックスの誕生でもあった．ディスプレイにおいて，線を表現する場合に，ベクターによるかラスターによるかが，初期においては大きな議論の的であった．この議論も，ハードウェア技術の発達により高解像度のディスプレイが作られ，ベクター型のハードウェアは姿を消し，基本的にテレビと同じラスター型となり終止符を打った．その後，ベクターとラスターの議論は，ハードウェアではなく，コンピュータ内に納めるデータの形態についての議論に移り，それぞれの特徴を生かした使い方が試されている．CADシステムは，一般的にベクターで形状を格納しており，ペイントシステムといわれるものは，写真のように点（pixel）の集合のラスターでデータを格納している．双方の利点があるので，CADシステムでもラスターのデータをベクターとともに納めることができるシステムが多く生まれてきている．これも過渡期の現象なのかもしれない．両方の利点を臨機応変に利用できるシステムが一般的になった．

●3次元のモデリング

　3次元のモデルを扱うCADシステムにおいては，モデリングの手法はきわめて重要である．代表的なものは以下である．

　CSG（constructive solid geometry）：3次元形状を生成するいちばん普及している手法である．直方体，角錐，円柱，円錐，球などの単純な立体（プリミティブとよぶ）の組合せを繰り返し行うことにより複雑なオブジェクトを構築する．組合せの手法をブーリアン演算（boolean operation）といい，二つオブジェクト間で行う操作は，加える（union），差し引く（difference），交差する（intersection）という単純なものである．

　CSGによってできあがった形状は，その形状の表面の形状をコンピュータに格納することが多く，その手法をboundary representationとよぶ（B-REPまたはBREPという）．もちろん，3次元形状を，B-REPの代わりにCSGで構築された過程

■1 GeoSim による高精度のシティモデル（アメリカ・フィラデルフィア市）(http://geosim.co.il/)

そのものを格納して記憶することも可能であるが，形状を表現するときには，そのつど CSG のブーリアン演算を行わなければならない．したがって B-REP のほうが普及しているゆえんである．

NURB modeling： NURB とは，non-uniform, rational B-spline のアクロニムでベジェ曲線で構成されている自由な曲面である．自動車の形状や船の船体のカーブを定義するときに普及し，建築構造物では，膜構造の形状などを構成するときに利用される．

subdivision surfaces：コンピュータグラフィックスにおいて，曲面をスムーズにするアルゴリズムとして誕生した．文字通り，面を分割して3次元形状を構成するものである．近年，コンピュータのモデリングの世界では，NURB モデリングよりも好まれて使用されてきている．その理由は，①任意の曲面に適応できる，②数値的に安定している，③実装しやすい，④局部的な連続性を維持しやすい，⑤局部的に微調整が可能，などの利点が認められるという．

● モデリングの表現

コンピュータグラフィックスは，コンピュータ内に納められた3次元モデルをいかに美しく表現するかという問題解決のためにいろいろな技術が開発されてきた．一般にレンダリングといわれ，そのおもなものは，陰線処理，陰面処理，シェイディング（フラットシェイディング，グローシェイディング，フォンシェイディングなど），テクスチャマッピング，バンプマッピング，レイトレーシング，ラディオシティなどである．

これらの技術によって，3次元モデルの表現力は格段に向上し，現実の映像をある意味ではしのぐ域にまで達しているのは周知のとおりである．

● 都市モデル

すでに実在する物体をコンピュータ内にデータとして構築する場合も多々あり，そのテクニックは種々考案されている．とくに建築・都市計画の分野はもとより，社会情報インフラに活用するために，都市モデルの構築が試みられてきている．CAD システムよりも広域を扱う地理情報システム（geographic information system：GIS）の普及や，便利なカーナビゲーションシステムでも，3次元の都市モデルはめずらしくなくなってきた．測量のあらゆる技術がもととなり，航空写真，GPS (global positioning system)，ビデオ画像処理，レーザーレンジスキャナーなどの技術を組み合わせて，約1 cm 程度の精度で都市モデルの構築が可能となってきている．高精度を維持しないとかえって寸法的な矛盾を露呈し，全体のモデル構築が不可能となる．とくに都市モデルでは，地上付近のモデル構築が，その複雑さゆえに困難である．そこを高精度でモデル化しないとその有用性が半減するが，それらを技術的に解決した都市モデルも構築されてきている．

モデリングとシミュレーションは，コンピュータの利用技術の基本であり，今後のますますの発展が期待できる．

［長島雅則］

5-9 建築プログラミングを支援する

【テーマ】ブリーフィング　　　　　　　　　　　　　　　　　　　　　　　　　　　5　計画・空間・情報

● 背　景

　建築のライフサイクル個々の局面において，問題の要点を整理したうえでの戦略的な意思決定を抜きにして成功は期待できない．建築プロジェクトに関係する多様なステークホルダーのうち，発注者により重きをおき，発注者の要求をもれなく設計に反映させるための手法としてブリーフィングおよびプログラミング（以下，プログラミング）が研究されている．プログラミングは，建築家の仕事の一部としてみなす向きもあったが，今日では発注者あるいはその代理人により直接なされるべき仕事であるという認識が一般化している．

　プログラミングを発注者自らが行う場合，検討すべき内容は多岐にわたり建築の専門知識が不可欠な場面も多く，インハウスで建築技術者を抱えるなどの条件が実施の前提条件となる．建築プロジェクトの規模の大小にかかわらず，プログラミングの実施は好ましいものと考えられるので，プログラミングの妨げとなる制限をできるだけ軽減するために，プログラミングのオートメーション化を目指して最新ITの適用が試みられている．

● オートメーション化への準備

　IT適用以前の問題として，建築の設計品質を有限の数値化可能な評価項目で表現する技術の確立が必要である．ライフサイクルコストのように費用を金額ベースで見積る手法だけでなく，柔軟性や美しさ，環境負荷や地域への親和性，保全性などのように，数値化が困難と思われる評価項目を計量する手法に関しても研究されている．また，建築基準法などの関連法規に対する充足確認などは，内容にもよるが，自動化が比較的容易であると考えられ研究されている．

　一方，設計品質の評価手法そのものではなく，プログラミングの実行環境の検討もなされている．分散するステークホルダー間での情報共有や意見交換の活性化にはインターネット関連の諸技術が役に立つだろうが，建築プロジェクトで交換される情報は依然として紙ベースのものも多く，現状では適用可能範囲が狭く十分でない．より多くの情報を共有，交換できる応用が求められている．

　これらの研究はプログラミングでの応用に特化したものではないが，いずれの成果もプログラミングを構成する要素技術として組み込まれていくものと考えられる．

● プログラミングのモデル化

　規模の大小を考慮しなければ，ほぼすべての建築プロジェクトにおいて発注者は建築技術者でない．プログラミングの一般化には，プログラミングを構成する要素技術の進展を待つだけではなく，非専門家を自らの要求の具体化にまで導けるような自動化技術の確立が待たれる．すなわち，プログラミング行為そのものを補助する実用的な支援システムの開発にも注目すべきである．

　契約前に発注者のニーズを最大限に表現する仕様書を準備すると仮定し，その作成を支援するシステムはどのようなものになるか考えてみる．支援システムはユーザーに対し対話的に問いかけ回答を得ることを連続的に繰り返すことで発注仕様を構成していくであろう．システムの内部では，インタラクテ

○　記述の断片
―　記述の断片間の関係
┄　（線種は関係種によるとする）

● ユーザーにより選択された記述の断片
↷　記述の断片間に定義された関係性をトレースすることによる影響の伝播の向き

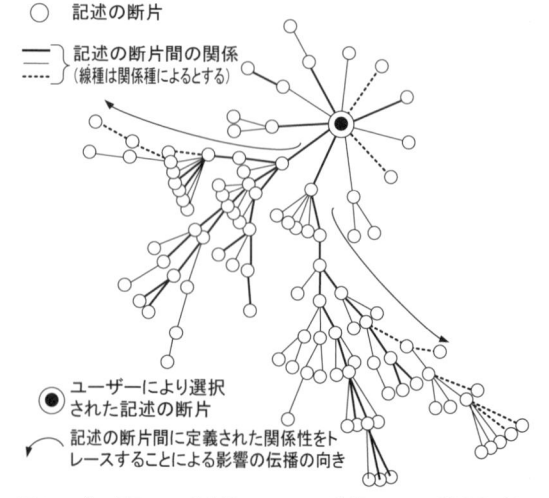

■1　プログラミング支援システムの情報モデル（筆者作成）

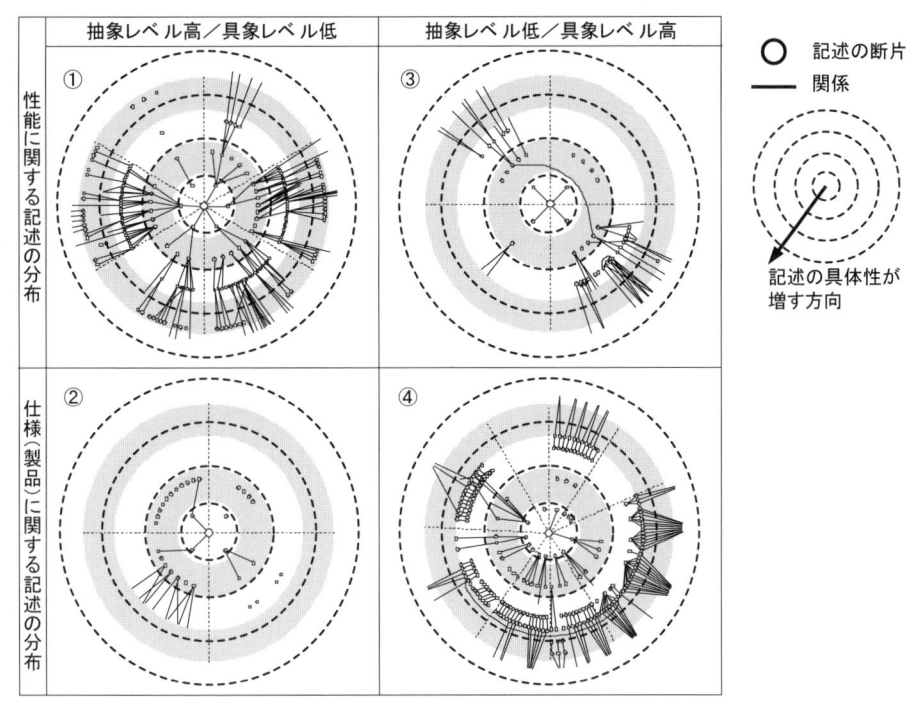

■2 汎用的プログラミングを可能とする包括的な記述の集積　支援システムはデータベースから記述の断片を選択し，組み合わせて発注仕様を生成する．データベースは偏りなく記述の断片が集積される．
例1）抽象度の高い発注仕様では性能に関する記述が多く製品に関する記述は少ない（分布①，②）．
例2）抽象度の低い発注仕様では性能に関する記述が少なく製品に関する記述が多い（分布③，④）
（筆者作成）

ィブなユーザーとの対話（ダイアローグ）の過程で各段階でのユーザーの回答の内容によって次の問いかけを動的に選択し構成するプロセスが実行されているはずである．

このような支援システムの裏側では，要素技術の各研究において十分に検討された記述の断片が集積されており，また，それぞれの記述の断片には相互に関係が定義され論理的に結合されたデータベースが構築されているはずである．支援システムは，ユーザーとの対話を経てデータベース内の記述の断片を選択し組み合わせて発注仕様書を完成させる．データベース内に蓄えられた記述の断片と相互の関係を模式化すれば■1のような構造をみることができるだろう．この図はプログラミングの検討内容のごく一部分について図化したにすぎないが，支援システム全体では数万を超える数の記述の断片が相互に関係しネットワークを構成しているとするモデルが，プログラミング支援システムの核となるはずだ．

●支援システム実現へのブレイクスルー

上述のような自動化技術は，建築生産情報統合化に関してなされてきた一連の研究開発，たとえば標準データフォーマットの策定や相互運用性向上の議論などよりも包括的である．従来の研究が，体系化された技術情報を曖昧さを排除してステークホルダー間で伝達することを目的とするのに対し，プログラミングではこれにとどまらず，時としてあやふやな要求を具体化し伝達することも必要とされ，場合によっては知覚や直感のようなものまで対象となりうる．動的で柔軟かつ多様性に富み，それでいてすべてのステークホルダーが共有し協働できる包括的な環境が必要である．

このような環境は今日のITによっても実現は困難であるが，一部に実用化の兆しのみえる文書管理システムや意思決定（ディジション）支援システム，知識ベースシステム等の要素技術を基盤として段階的に形成されていく可能性があり，これらの研究開発のこれからに期待したい．　　　　［平沢岳人］

5-10　ワークショップは建築の質を上げるか

【テーマ】参加のデザイン　　　　　　　　　　　　　　　　　　　　　　　　　　5　計画・空間・情報

● 既往システムとの整合

　アメリカで公共建築の計画に長年かかわってきたヘンリー・サノフは，公共建築の計画への地域住民の関与は当然の権利としたうえで，その実現手法としてワークショップを称揚している．しかしその一方，日本では，公共建築計画への地域住民の参画は基本的に肯定されながらも，ワークショップとその周辺にはさまざまな問題がまとわりついている．

　一般に否定的対応には二つの系統がある．ひとつは，ワークショップ参加者は必ずしも住民を代表しないとする議会などからよく出される見解であり，もうひとつは，素人判断を入れて良質の建築を作れるのかという建築専門家からの意見である．前者は従来型の意思決定システムとの整合に，後者は専門的職能との整合に課題が残されていることを物語っている．

● パブリックインボルブメント

　既存意思決定との不整合要因として，「パブリックインボルブメント（住民参加）」と「ワークショップ」の二つの概念が混同されていることがあげられる．サノフがいう通り，公共建築の計画に住民の参画が担保されるべきとするならば，議会など既存の仕組みとの整合性の確保は，必須の行政主題であろう．しかし日本の実情をみると，ワークショップ技術論には熱心な一方で，パブリックインボルブメントがしっかりと議論された形跡は意外に少ない．

　欧米では，影響を被る人々が公の決定に直接かかわる手段については，行政上の重要な課題と認識され，その方法の開発が進んでいる．たとえば，米国交通省の "Public Involvement Techniques for Transportation Decision-making" では，基本原則と具体的方法が以下のように整理されている[1]．

　基本原則：①民主主義の基本に基づく，②組織系，非組織系に偏らず継続的な意思決定への関与を確保，③多様な人々を巻き込む多様な手法を活用，④公共の場への活動的アウトリーチ，⑤参加のための参加を防ぐため意思決定への志向の明確化．

　具体的方法：①プログラムのゴールと目的の明確化，②アプローチ対象の明確化，③包括的アプローチ手法の開発や全体戦略の設定，④適切な技術の援用，⑤チーム内での戦略と手法の逐次確認．

　こうした大きな戦略のもとでこそ，はじめてワークショップは生きるのである．

● 創始者ハルプリン

　ワークショップを日本の建築界に初めて持ち込んだとされている，都市計画家のローレンス・ハルプリンは，それを都市デザインの直截的道具としてみていたわけではない．ワークショップが有している集団的な創造性の開発力を，論理化／一般化することで，ダンスや演劇にとどまっていた適応領域をまちづくりや他のデザインに拡張する．いわば，プロセスの論理化に関心が向けられていたのだ[2]．

　彼の著名なワークショップ手法，RSVPサイクルでは，資源（resources）の確認，スコア（scores）の共有と了解，評価と活動の展開（valuaction），グループによるスコアの実行（performance）の四つのフェーズの繰返しが基本となっているが，「場」を共有する「身体」が「スコア」に従うことで共振し，意識の相互浸透が図られることが中心課題である．

　このようにワークショップはプロセス指向の概念であり，意思決定への参加を目的としてゴールが明確なパブリックインボルブメントとは，位相が異なることに注意しておかなければならない．

● 使用者と参加者

　統合戦略（パブリックインボルブメント）と具体的手法（ワークショップ）の分離の次に留意すべき事柄が，対象者である．居住施設でワークショップが効果を上げることが多いのは，直接的利害関係者（居住者や事業者）が参加者であり，軋轢を孕みながらも個別利害という強い引力を期待できるためだ．この分野で優れた仕事を手がけている延藤安弘は，ワークショップの成功は，自分がやらなければという参加者の強い理念とコミュニケーションが開

かれているという二つの条件にあると説く．それらがあって初めて参加者は「意味」，「行動」，「形態」の相互関係を認識し，計画を通じて「価値」をつくり上げる可能性を体感する．よきコーディネーターとの相互浸透を通して「価値」は生活の「意味」へ，さらに「形」へと変遷する．このことはワークショップをうまく運用できれば，利害調整に縛られた妥協的な配置を脱し，共用価値を最大化する多様な空間への道が開けることを示している．

しかしながら，参加者が間接的な利害関係者（使用者や近隣住民）となる一般の公共施設では，状況は大きく異なる．とくに，新しいライフスタイルを支援するような新規の施設型においては，意識の共有も困難となる．ワークショップには，より大きな価値観についての共感を涵養する場としての役割が求められるのだ．

● すぐれた建築とワークショップ

すぐれた建築とワークショップを両立することは難しい．ワークショップの時間は限られており，参加者個々人の理解にも限界がある．ワークショップで出た提案もそのままでは個別的で，技術的・経済的なチェックはもちろん全体との統合で問題を抱える場合が多い．あからさまな決め込みは論外だが，ワークショップの前には議論すべき内容と方法は吟味しておかなければならないし，ワークショップ後の活用についても考えておく必要がある．

すぐれた建築空間をワークショップと両立したとして建築学会賞（2003）を受賞した熊本県・苓北町民ホール（設計：阿部仁史＋小野田泰明＋阿部仁史アトリエ）では，これまでにない施設型であったこともあり，次の世代に何を継承すべきかといった前段の議論を濃密に行った．これにより，ワークショップを通じて地域の人たちが創り出したつながり（新しい公共圏）を維持・発展することが，この建築に期待される機能であることが参加者に共有され，設計それ自身はワークショップで「顧客値」を向上させた設計者が主導する形で行われた．

しかしその一方で，庁舎のように政治的要因が強い場合は注意が必要となる．前衛的な設計者を設計競技で選んだ後，ワークショップによりそのコンセプトの咀嚼を進めてきた群馬県邑楽町役場の計画では，町長の交代で方針が変更され，公開だが専門家の入らない委員会により，従来型の案が選び直され

■1 苓北町におけるワークショップ（筆者撮影）

ている．表面上は両者ともに住民参加が行われているが，そのめざすところは180度異なっている．

一方，東京・立川市では，同じ設計競技で案が選び出されているが，そのプロセスは精緻に練られている．専門家による選定委員会が，「基本構想」に基づき，候補者を複数選定（第1段階）．候補者は，公募市民等から組織された「市民ワークショップサポート会議」とワークショップを実施し，その意見をくみ入れて第2次案を提出（第2段階）．選定委員会が最優秀設計者を選定（第3段階）．最優秀者は「市民ワークショップサポート会議」や市と協議しながら設計を進める（第4段階）．最終案を最も経済的・合理的に実現・運営する事業体を別途発注する（第5段階）．一見複雑にみえるが，パブリックインボルブメントとワークショップが適切に組み合わされている．

経験あるファシリテーターのもと，ポストイットをもって集まればよい建築ができるというのはまったくの幻想であり，ワークショップで出た意見がいくつ実現されたかを数えることにも大した意味はない．パブリックインボルブメントに基づく戦略の精緻な設定とすぐれた設計者の選定が前提にあってはじめて，ワークショップは人々の関心を共用の空間に向け，良質の建築を実現する潜在力を発揮する．

［小野田泰明］

文献
1) U. S. Department of Transportation Federal Highway Administration and Federal Transit Administration (1996)：Public Involvement Techniques for Transportation Decision - making, http://www.fhwa.dot.gov/reports/pittd/contents.htm
2) ローレンス・ハルプリン，ジム・バーンズ著，杉尾伸太郎ほか訳（1989）：集団による創造性の開発—テイキング・パート，牧野出版．

5-11 地域空間の質を持続的に維持する計画技術とは何か

【テーマ】地域計画　　　　　　　　　　　　　　　　　　　　　　　　　5　計画・空間・情報

●単体の建築計画から地域の建築計画へ

　建築計画といえば，住宅や学校，病院といった建築単体の種類別に，そのもつべき機能や特性を考慮して，与えられた土地の上に，予定された資源を有効に活用して，建築空間を計画する技術の体系と考えられてきた．このこと自体はいまでも変わっていないのだが，このような単体の建築計画の枠では不十分であると考えるようになり，地域の観点からの建築計画を研究するようになったのは，1960年代の高度成長期に入って大規模な住宅団地やニュータウンが建設されるようになったからである．私たちの生活は住宅単体の中で完結しているわけではない．日常の購買施設や子どもたちの教育施設，病気になったときには医療施設，住民のための集会施設などが日常生活の延長上で必要であると考えられて，地域施設として計画されるようになった．これが地域施設計画の始まりである．

●住民構成の変化とライフスタイルの変貌

　しかし，これらの計画された住宅団地やニュータウンに今日行ってみると，その住民構成は予想をはるかに超えて変化し，ライフスタイルは変貌している．住宅単体の中でも，もちろん変化はみられる．ちゃぶ台を囲んで一家揃ってテレビを見るというライフスタイルは姿を消し，ダイニングキッチンは孤食の場となり，インターネットが登場し，携帯電話が家族のコミュニケーションの場となった．住宅団地で育った子どもたちは成長して団地を去り，子育ての終わった世代のみが残された．かつて，たくさんの子どもたちの歓声にあふれていた小中学校は，統廃合が進んでいる．毎日，買物かごをもってセンターに集まる主婦たちの姿もまれになった．いわば，想定外の変化が起こったのである．

●想定外の変化と予測可能性

　このような変化は予測可能であっただろうか？人口の性別年齢別予測に用いられたマトリックス法は，そのモデルの特性からだいたい20年経つと収斂して安定する．いいかえれば出生率と転居率が変化しなければ，人口構成は安定に向かうと想定されたのである．しかし，出生率は大幅に減少し，世帯分解による選別的な転居が進み，しかも転居した後に新たに入居する住民もこれから子育てを始めようとする世代ではなくなった．漠然と安定に向かうと考えられていた人口構成は，結果として大きく変貌したのである．こうなると一定の人口構成を想定して計画された地域施設計画にはいろいろの不都合が生まれてきた．一定の技術水準や消費者需要を予測して最適化を目指す計画経済が，変化に適応することができずに破綻を迎えたのと類似した現象が起こったのである．つまり，予測可能性を前提とし，最適化することを目指す地域計画の基本的な弱点が明らかになった．予測可能性を前提としない新しい計画技術が求められる時代が来たのである．

●変わるものと変わらないもの

　では，これまでの蓄積がまったく無用になったかというと決してそうではない．しかし，何が変わるものか，何が変わらないものかを識別することが必要になったのである．たとえば，人口構成の予測にあたっては，世帯が家族の成長とともに一定のパターンで変化していくという現象自体はいまも変わっていない．だが，子どもの成長後の世帯分解と選別的な転居の様相は大きく変化した．また，転出後に新しく入居してくる世帯の構成も大きく変化した．この結果，長期的な予想が大きく外れたのである．必要とされる地域サービスの量が住民の性別年齢別構成によって決定されるという構造はいまも変わっていない．だが，その入手先は近隣の商店街から郊外の大型店へと大きく変化した．コンビニエンスストアや子どもたちが通う学習塾，高齢者の健康維持や介護のためのサービス施設などは，いまでは住宅地に不可欠なものとなった．子どもの遊び場として計画された広場がいまやお年寄りの憩いの場となっている．つまり，基本的な構造を維持しながら，部分的な代替可能性と更新によって，持続的に地域全体としての質を高めていく計画技術が求められてい

■1 筑波研究学園都市　筑波研究学園都市は，中央を南北に走る公的な空間である歩行者専用路（ペデ）を軸として計画されている．バブル崩壊後，ペデ沿いのリザーブ用地が民間に売却された．左側のマンションはフェンスつきの駐車場をペデ沿いに作ることによって，公的な空間との連結を絶ち，町並みの一部となることを拒否している．右側の建物が，ペデ空間をその一部に取り込んでいるのと対比的である（筆者撮影）

る．また，ある場合には，人口増加や経済成長に対応する計画技術に代わって，人口減少や資源エネルギーの枯渇などに対応する計画技術も必要となる局面がやってくるかもしれない．

●優先順位の再確認

　このような変化を別の見方からみると，社会的な優先順位の変化ととらえることができる．しかし，ここでも計画者にとっては変化してもよいものと変化してはいけないものを識別することが求められる．人口構成が想定外の変化をして，計画されていた公共施設に対する需要が発生せず，予定されていた土地が利用されなかったとしよう．空いた土地は，なりふり構わず売却して，何が建設されようが時代の変化であるから許されるというわけではない．住民の求める豊かな公共的な都市空間の優先順位は，決して下がったのではない．たとえば，筑波研究都市のマスタープランは一定の目標人口を定め，中心市街地にはゆったりとした公共用地が住宅公団により確保されていた．しかし，バブル崩壊後の経済状況のなかで民間への売却という方針が採用され，マスタープランのなかで最も優先順位の高かった研究学園都市の中心軸沿いの公共用地は，高層民間マンションへ転用されてしまった．無責任な優先順位の攪乱といわざるをえない．時代が変わったから，予測が外れたから，マスタープランは無視してもよいという発想は，持続的な住環境の高度化を目指す計画技術とは相容れないものである．時代の変化のなかで，変わってもよいものと変わっては困るものを識別する力を計画者はもたなければならない．

●市民参加型の計画技術

　筑波研究学園都市の例にも明らかなように，公的セクターがマスタープランに示された優先順位を守ることができないのであれば，成熟社会において主役とならなければならないのは市民である．地域コミュニティに起こっている変化を肌で感じている住民こそ，いま提供されている教育や福祉，医療保健などのサービスの状況を批判的にとらえることが可能である．大規模住宅団地のような新規開発では，住民の声を聞くことは不可能であり，住民の声を代弁する役割を計画者は担っていたといえよう．しかし，計画者の想定を超える変化が起こったために，想定を超える乱開発が行われているのが現状である．これを打開するものは，責任ある市民セクターの成熟にほかならないと思う．

[谷村秀彦]

5-12 機能主義は死んだか

【テーマ】機能主義　　　　　　　　　　　　　　　　　　　　　　　　　　　5　計画・空間・情報

●機能主義とは何か

　機能主義（functionalism）というのは，モダニズムの建築のスローガンのうち，最もよく流布したもので，近代特有のものという印象も強いが，ウィトルウィウスの名高い「用（utilitas）」の概念を持ち出すまでもなく，考え方そのものは古くからある．たとえば，E. R. デ・ザーコは，1957年の著書"Origins of Functionalist Theory"（山本学治・稲葉武司訳（1972）：機能主義理論の系譜，鹿島出版会）の記述をソクラテス，プラトンから始めて，中世・近世を経て19世紀まで連綿とつなげている．建築が託されてきた象徴性や記号性，装飾がもっていた社会的意味，はたまた風水・家相などの習俗すら機能とするならば，建築はいつの時代も機能的であり，機能主義でなかった時代はないことになる．

　しかし，近代はそうした伝統に根ざした建築の造形の意味が根底から揺るがされた時代であり，新たな造形と意味のパラダイムが求められた時代であった．その最も強力な理念が機能主義だったのであろう．したがって，近代の機能主義は，充たすべき機能の端的な表れとしての建築造形，あるいは機能のみが決定する形，そしてそのように決定された形こそ最善，あるいは美しいとする主張だと一応はいえる．しかし，機能と形とが一義的に結びつくわけでないことはもちろんであり，機能主義を標榜する各スクールの造形も多様であった．つまり，各スクールに機能を形に変換する際のアプリオリな造形的嗜好があったということであり，そのうち主流をなしたのが今日モダニズムとよばれている造形的傾向ということになる．

●機能主義と合理主義

　機能主義と並ぶモダニズムの標語に合理主義（rationalism）があるが，この二つに意味の違いはあるだろうか．合理主義というのは，「理」（理論・理屈）にかなうことであるから，これもまた結局は何を「理」とするかによってさまざまな意味をもつことになり，やはり合理主義でない時代はないことになってしまう．しかし，この「理」をO. ワーグナーが1895年の著書"Moderne Architektur"（樋口清・佐久間博訳（1985）：近代建築，中央公論美術出版）で書いたように，「極度に厳密な目的の把握とその完全な充足，施工材料の有効な選択，単純で経済的な構造，以上のような前提から成立する形式」ととらえれば，これは機能主義と同じことになる．したがって，両者は結局同じ主張をしていることになり，実際にも区別されずに用いられている．ただし，合理主義という名がしきりに用いられていたイタリアでさえ，A. サルトリスが当初は『合理的建築』のタイトルで出す予定だった著書を『機能的建築の諸要素』に変えて1932年に出したように，国際的には機能主義のほうがしだいに優勢になっていったようである．

●近代的な機能主義の始まり

　近代的な機能主義の始まりをどこにおくかは諸説ある．「機能とその建築的表現は同一とみなされる」とか「機能以外のすべては見せかけ（affettazióne）か偽り（falsità）である」とか「機能なき美はありえない」とか，当時としてはかなり過激なことをいったイタリアのカルロ・ロードリ（1690-1761）や，『建築試論』を書いたフランスのマルク＝アントワーヌ・ロージエ（1713-1769）などにみられる18世紀の思潮から始めるものも多い．しかし，最も端的に機能主義の精神を表現し，機能主義のキャッチコピーのような存在になったのが，L. サリヴァンの「形態は機能に従う（form follows function）」という言葉である．これは，1896年に発表された「芸術的に考えられた高層オフィスビル」という論文の中にある．同じアメリカで，半世紀近くも前の1852年に，ホレイショ・グリーノウが「構造と有機体」という論文で，同じようなことをいっている．「形態の機能に対する断固とした適用（unflinching adaptation）の原理」がそれである．また，グリーノウは別の論文で「美は機能の約束（promise）である」ともいっており，あるいは先にあげたO. ワ

ーグナーにもあるように，こうした考えは19世紀の後半にはかなり広く波及していたものと思われる．

そもそも，機能主義という言葉は19世紀の半ばに生理学の分野で用いられ始めたとされているが，そのことからも推察されるように，19世紀における機能的なもののモデルは生物であった．しかし，これがしだいに機械へ移行していく．ル・コルビュジエが『建築をめざして』の中で大量の船や飛行機の写真を掲載し，パルテノンと自動車の写真を並置したのが，その端的な表現である．また，機械は量産されるが，量産されるべき建築（とくに住宅）という考えも，この機械をモデルとした機能主義の大きな特色であった．この量産をいち早く主張したのは，おそらくヘルマン・ムテジウスであろう．彼の主張は，1914年のケルンのヴェルクブント展におけるH. ヴァン・デ・ヴェルデとの名高い論争をひき起こすことになる．論争自体の決着はいまだについたとはいえないが，時代の主流はムテジウスの方へと向かったといえるであろう．

●機能主義という美学

上述したように，機能から一義的にひとつの形が決まるわけではなく，機能主義というのは，結局はひとつの美学の表明に帰結する．その美学の最大の特徴が，A. ロースのあまりにも名高い「装飾と犯罪」という論文に象徴されるように，装飾の否定ということであった．もうひとつの特徴は，壁の消去ということであろう．ルネサンス以降の建築は，すべて壁の建築であり，極端にいえば建築の設計とは壁のデザインだったからである．こうして，壁ではないガラスのごとき薄い膜のようなものに包まれた，装飾をいっさいもたない四角い箱のような建物が指向されたのである．そのモデルとなったのが機械であり，現実の構築物では機械に近い存在の工場や倉庫であった．そして，ル・コルビュジエが「新建築の5要点」の最初に掲げたピロティは，つまり機械を置く台であった．この台は建築を縛りつけていた大地（風土）から建築を切り離し，建築の国際化を図ったのであり，機能主義と国際様式（インターナショナル・スタイル）とがほぼ同義語なのもその故である．

■1 アメリカ・テキサス州カティのガス会社のプラント 冒頭に引用したデ・ザーコの著書中の唯一の図版だが，どういうわけか邦訳本では掲載されていない．1940年代の建設になるものと思われる（Edward Robert de Zurko (1957)：Origins of Functionalist Theory, Columbia University Press, New York より）

●機能主義と今日

機能が用途と同じように限定されていくと，機能主義は一度確立された美学に則ったそれぞれのビルディングタイプの機能の精緻な探求という技術上の問題になってしまう．それによく応えたのが建築計画学であるが，1990年ごろからプログラム論がさかんになり，従来の機能概念に変質が求められた．プログラム論の隆盛というのは日本だけのようであるが，ビルディングタイプを成り立たせている制度そのものが問われたり，単純に技術的な機能ではない社会と建築のより深い関係が問われたりして，機能主義という言葉はほとんど死語になった．それで，モダニズムとほとんど同義語として用いられてきた機能主義も合理主義も消えて，モダニズムだけが20世紀初頭の主要な建築潮流をさす言葉として生き残っている．機能主義という言葉自体は建築の世界では消えかかっているが，その美学はいまも生きており，むしろ多様な方向へ深化しているといえるだろう．

［吉田鋼市］

5-13　均質さを超える不均質さはあるか

【テーマ】ユニバーサルスペース　　　　　　　　　　　　　　　5　計画・空間・情報

　本項ではユニバーサルスペースのこれからの有効性について考えたい．1919年にミース・ファン・デル・ローエが「フリードリヒ街のオフィスビル案」でガラスのカーテンウォールの建築イメージを提出して以来，この概念は20世紀を代表する空間概念となり，1958年にニューヨークに同じ建築家がシーグラムビルを完成させることで，実際の建築として具現化された．水平垂直に永遠に反復可能なグリッドによって空間を規定するというユニバーサルスペース＝均質空間の考え方は，以後世界中のあらゆる建築で反復，深化され，建築世界においていまなお強い影響力を残している．

●オフィスビルにおけるユニバーサルスペース

　ユニバーサルスペースという概念はオフィスビルにおいてこそ深化されてきた．職住分離の近代都市が整備されるようになると，郊外住宅と同時に都心にワークスペースが作られるようになる．20世紀後半の市場主義経済の発展と並行してオフィスビルはその空間上の効率を至上課題とし，容積率とレンタブル比という尺度で置換可能な経済性が建物の価値に直結させられた．足元にエントランスホールという接地部分をもち，「基準階」とよばれる均質なフロアが積層される．エレベーターなどの垂直動線の面積はなるべくコンパクトにしたうえで，内外を仕切る外装が取り付けられる．こうして均質で高効率な「なんでも入る器」としてのオフィスビルが作られるようになった．

　第2次大戦後急速に高層高密度化を進めたオフィスビルは，1970年代には揺り戻しにあって「非人間的すぎる」と批判を受けもする．しかし1980年代以降，アトリウムとよばれる大きな吹抜空間を内包して内部空間に変化をつけたり，頂部に装飾を戴いて歴史的メッセージ性を付与したり，外壁に環境負荷を低減する技術上の工夫をこらしたりと，さまざまなサブテーマを発見していくことでこのビルディングタイプはその存在意義を見いだしてきた．同時にユニバーサルスペースという概念も生き延びてきたわけだが，この間，直交する3次元座標軸で空間を規定するという均質空間の概念は，脅かされるどころか，現代社会に生きるわれわれが空間を把握する手段として確固たる地位を得たとさえいえる．ミースのドローイング以降，われわれはいまにいたるほぼ1世紀の間，建築空間を考えるうえでユニバーサルスペースの呪縛から逃れられないでいる．

●smtにおけるユニバーサルスペース

　これからのユニバーサルスペースを考えるうえで示唆的な建物がある．2001年1月にオープンした伊東豊雄設計による「せんだいメディアテーク」（以下smt）である（■1）．

　これは一見きわめてオフィスビル的な作られ方をした公共文化施設である．外観は透明なガラス建築であり，内部には四つの公共機能（2階の障害者情報支援施設，3-4階の区立図書館，5-6階の市民ギャラリー，7階の映像シアター）が入っていて，文字通りオフィスビルのような「なんでも入る器」になっている．エレベーターやダクトなどの建物を縦に貫通する要素はすべてチューブとよばれる鉄骨組柱内部にまとめられており，オフィスビルにおいて縦の要素がコアに集められているのと類似している．チューブ以外のスペースはほとんど間仕切りのない連続した空間で，天井や床は階ごとに同じ仕上げで統一されている．

　フラットな床が積層して作られているという点で，この建物はたしかにオフィスビルのようであるが，また同時にまったくいままでのオフィスビルとは違う部分もあることに注目すべきである．たとえば1階から7階まで階高が異なっていてそれぞれの印象が大きく違う点，チューブがガラスで覆われて上下階を貫通しているので，光や視線があちこちで抜けている点などである．また内部には廊下と諸室という関係がなく，間仕切りなしで空間が連続している．その連続空間においてはチューブがフロア全体にランダムに貫通しているので，大空間に不均質な孔がいくつもあいている状態が生まれている．つ

■1 せんだいメディアテーク（伊東豊雄建築設計事務所提供）

くりはオフィスビルのように合理的だが，得られた空間はさまざまな様相を内包した複雑なものになっている．内部空間がさまざまに異なる「場所」を獲得しているともいえるだろう．

●均質さを超える不均質さ

smtが建築空間として提出した問題はつまり，均質さを超える不均質さはあるか，均質さを阻害してまで得られた不均質な状態をいかに積極的に評価できるか，ということである．経済性だけを考慮すれば均質さが最優先になるのは間違いがないし，そうして20世紀のオフィスビルは洗練されてきた．しかし伊東のこの建物では柱は傾いており，各階の高さは変えられ，あえて不均質さが内包されている．

いまあらためて私が思うのは，伊東がここで行っているのは，一種の「自然」を建築に内包させる作業だったのではないか，ということである．「自然」を「自分ではコントロール不可能なもの」と置き換えてもよい．この建物の現場で設計を詰めてゆくとき，チューブは切れない樹木のようなものであり，階高の異なるスラブは動かせない大地のようなものだった．もちろん多くの建築設計のプロセスにおいて，構造部材はまず最初にフィックスさせる不動の要素である．しかしこの建物が違うのは，そうした不動の構造要素がイレギュラーに配されているので，チューブがより積極的に空間の中で主張してくることだ．実際大型コンピュータを回して最後にチューブ柱の座標を決定した後は，それは設計者にとって本当に「コントロール不可能なもの」となり，そのことによってわれわれ設計チームは，すべてを均質に納めることを「阻害された」．そしてこのことが，最終的にsmtの内部にさまざまに異なる「場所」を確保させたともいえるだろう．

またこれは利用者にとっても示唆的な建物である．ここではギャラリー階にいて，下の図書館階があちこちで見えたりする．こうした状態を落ち着かない，という人もいる一方で，逆に「自然」の風景のようにそのまま受け入れる利用者もまた大勢いる．「自然」を内包した建築だからこそ，つまりすみずみまできっちり効率で支配されていないからこそ，利用者がリラックスできるということがこの建物では実現されているように見える．

ユニバーサルスペースは，均質さ優先の市場経済のなかで建築が作られる以上，形を変えてこれからも生き延びていくだろう．しかしそこに同時に「自然」を内包させること，つまり不均質さを内包させることができれば，建築には経済性や権威とは別の，利用者サイドに立った力を付与することができるのではないだろうか．私は21世紀にはそういう建築が都市再生の先導になるのではないかと思っている．

［松原弘典］

5-14　デフレ時にも施設の財務評価で儲け

【テーマ】採算計画　　　　　　　　　　　　　　　　　　　　　　5　計画・空間・情報

●インフレ時とデフレ時の建築計画

インフレは物の価値が上がってデフレは下がる．建築もひとつの物である．物の価値が上がれば建物は発注者の儲けにつながるが，下がれば建築のストックが増大して発注者の儲けが減る．そのとき，社会に都市再生論が激化して，それを解消するためにコンバージョンやリサイクルや付加価値の理論などが重要な位置を占める．デフレ時の「儲かる建築」に関する重要な建築論だ．

●インフレ時の建築計画のあり方

インフレは物の価値が上がるから借金の額が下がる．国民所得が上がるから100万円を借りても10年後には50万円を借りたのと同じという原理だ．だから，インフレはどんな建物を計画しても経済がその価値を上げる．建物費が坪100万円でも200万円でも建物収入が建物支出を上回れば必ず儲かる．少々赤字でも価値の上昇分が補えればさほどの問題はない．だから，インフレ時の建築計画に必要なのは「事業収支計画」である．これが合わなければ発注者に何の儲けもない．

●デフレ時の建築計画のあり方

デフレは物の価値が下がるから借金の額が上がる．国民所得が下がるから100万円を借りても10年後には150万円を借りたのと同じという原理だ．だから，デフレはどんな建物を計画しても経済がその価値を下げる．建物費が坪100万円なら10年後に資産価値は50万円になる．ということは，発注者は10年後にデフレ時の借金増と資産価値の目減りで合計100万円の損をすることになる．だから，計画者が「事業収支が合うから大丈夫だ」と力説してもその建物には何の儲けもない．もちろん建物に目減り価値100万円を上回る利益が上がれば別だが，デフレのときにそんなうまい話はない．そこで大切になるのが「財務評価計画」だ．すなわち，デフレ時には発注者の財務内容を見直すことが一番大切な要素になってくるということである．

●財務評価的発想からの建築計画

■1は「財務評価表と事業収支表の相関図」である．財務評価表は貸借対照表をいい，事業収支表は損益計算書をいう．ある人が2000万円の住宅を頭金400万円と1600万円の銀行ローンで買った．貸借対照表は資産の部が2000万円で負債の部が1600万円で資本の部が400万円である．この人は月10万円の返済で給料45万円から生活費を35万円に詰めた．これを無借金で買ったらどうだろうか？　返済金10万円を資産の目減り分に当てれば借金はないから借金の増もない．だからデフレ時の建築計画は「借金と資産の目減りを減らす建築計画」が大前提になる．その結果，国民は政府に「国債のない公共工事と無駄な箱物撤廃」をいう．デフレによる借金増大の危機感と資産目減りの危険性からである．

●日本経済の先行き

経済は生き物で予測は難しいが，人口問題は正直だ．人が減れば客が減って蕎麦屋も寿司屋も減り，マンション購入者も減って事務所スペースも余る．物が余って価値が下がるデフレ現象である．これからの日本は人を輸入しないかぎり人口が減る．だから将来の日本の建築計画もデフレ型であるべきだ．デフレ時に企業が海外に出るという経済手法もあるが，建築は土地に根ざした産業なので難しい．その結果，デフレ時は建築の事業をソフト化して海外に進出可能になるマネジメント論（FMやPMやCMなど）がさかんになる．だから，これからの日本の建築はデフレ時の「都市に無駄な建築物を発生させない無借金の建築計画」が最大のポイントとなる．

●建築計画の財務評価事例

アメリカである自動車会社が工場1棟の建直しをファシリティマネジャー（FMr）に依頼した．FMrは敷地内の全工場の生産ラインを考え直して既存工場の3棟を空けて，その敷地を他人に売って全事業費を捻出した．みごとに財務評価的発想からの建築計画である．そのおかげで工場の生産ライン

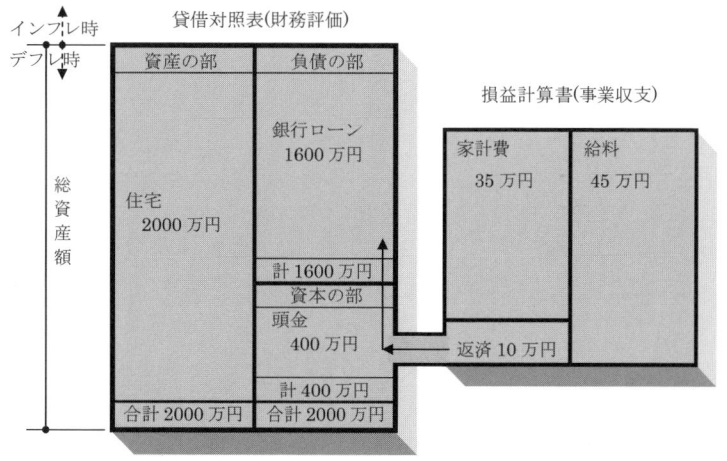

■1 財務評価表と事業収支表の相関図（筆者作成）

が簡略化して企業の利益が上がって（事業収支），自動車会社の借金も減って経営が改善されたと聞く．

筆者がコンストラクションマネジャー（CMr）として手掛けた新赤坂マンション建替え事業もこの手法だ．40年経って老朽化した共同住宅をマンション建替え円滑化法（2002年12月18日施行）で再生する事業だが，総合設計制度を使って余剰面積をデベロッパーに売って新しいマンションを無借金で建て直した．なお，資産の目減り分は築40年の古いマンションを新築にしたことによってクリアーさせた．

名古屋の大学，横浜の再開発，渋谷の共同住宅などもこの手法によった．大学の話は正門前の他人の土地・建物と大学の遠隔地の土地の等価交換だが，大学は正門前の地主に土地を等価交換してくれといい，地主はそれを拒否した．そこで考えたのがまず大学が遠隔地の土地を他人に売って，その金で正門前の地主の土地・建物を改修して，正門前の建物を地主と大学が共同で使うというものである．正門前の地主も改修費がタダで家賃も入るから喜んで，大学もいらない土地の固定資産税などが減って正面玄関の思惑も果たせたので大喜びだ．これらはすべて無借金と財産の目減り分を念頭においた建築計画である．

● 建築計画に財務評価を取り入れる手法

不況になると建築マネジメント（FMやPMやCMなど）が騒がれる．マネジメントは設計や施工のようなハードの産業とは違ってソフトの産業だから，土地に根づいてないので海外進出が可能になるからだ．だが，建築マネジメントはデフレ期にも騒がれる．このような財務評価的な思考はいままでの設計や施工の建築学にはない建築経営学や建築経済学の範疇だから，建築マネジャーにはそれ専門の知識が必要になる．だから，アメリカでは1960年代の不況時に各種の建築マネジメント産業が誕生して，発注者と建築業界の両面から支援されるかたちとなって世界中に普及していった．

では，財務評価は一体どのような建築の契約形態で実践したらよいのだろうか？　できれば建築のマネジメント方式がよいが，つねに設計者もこの発想をもつべきだろう．前例のアメリカではこの実践をFMrが行って，筆者がCMrとして行った．すなわち，発注者が建築マネジャーを雇って建築マネジャーがそれを実践すれば発注者は必ず儲かるという仕組みだ．デフレ時は借金をしないで財産の目減り分の利益を確保して，建物が生み出す利益もともに確保する．この手法は非常に難しい．だからそれ専門のマネジャーが財務評価を行ったほうがより効果が望めるだろう．だが，設計者もこの手法を会得してつねに計画建物でこの手法を実践すべきだ．これからの日本経済は景気の良し悪しは別にしてデフレ傾向になることは否めない．資産より現金をもっている人が勝ちという時代だ．そんな時代には必ず発注者（公共も含む）の全員に「資産の見直し」が必要になってくる．

［小菅　哲］

5-15 都市の協働設計

【テーマ】機能主義　　　　　　　　　　　　　　　　　　　　5　計画・空間・情報

●建築集合体の協働設計

　良好な都市環境を創造するために複数の協働建築家，都市計画家，ランドスケープアーキテクト，行政主体，建築主，各種専門家，市民など多種多様な主体がグループを形成し，「都市の中の都市」とよばれる一つのまとまりのある建築物の集合体のスケールの都市空間（建築集合体）を設計する仕組みがある．この設計の仕組みを広く協働設計方式とよべる．協働設計方式の目的は，建築と都市の設計を設計段階で結びつけ，建築を都市の形成に寄与させ，同時に都市を建築に寄与させることである．大規模な都市開発では，建築設計と都市設計は乖離する傾向があるので，これらの間に生じる溝を埋めてゆくことが建築集合体の協働設計の目的である．そこで，協働設計を実現するためには設計の初期段階からデザインをマネジメントすることが必要である．協働設計方式は住宅団地，市街地の再開発，伝統的な町並みの保存・修復，大学などの建築集合体の設計を対象にしてきた．一般的な市街地のように多数の設計者が個々に設計するだけでは相互に無関係に設計・建設が展開するので，建築集合体の全体的なコンセプトを保つ工夫が必要となる．そこに建築の専門的な知識や技術をもつ職能人が協働設計の過程に深く関与し，設計を調整することが必要となる．

●マスターアーキテクト

　デザインの調整者は協働設計を推進してゆくために中心的な役割を担い，ひろくマスターアーキテクト（MA）とよばれる．建築の専門家のMAは調整者として関与することで質の高い環境を創出し複数の建築家が分担して設計を行うことにより，肌理の細かな設計が可能となり，個々の設計の質を上げることが期待できる．また多元多様社会に対応する個性豊かな建築設計も可能になる．MAには一定の地域の建築物と外部環境の設計内容を景観や環境形成といった視点から，一つの空間的な構想を伴い設計を調整/誘導する役割がある．MAが関与する都市設計は世界各地で実施されており，とくにヨーロッパに多くみられる．近代の都市の拡張，戦後復興事業，高度経済成長期の都市開発，都市再生事業などの大規模都市開発事業に用いられてきた．日本や韓国でもMA方式が採用されている．

●協働設計のデザインプロセス

　都市設計を組織的に行うために「組織」が必要である．組織とは「第一義的に目標を達成させるため多少とも計画的に考案された協働的活動をともなう人間の社会的行為の単位」と定義され，「協働」が必要となる．「協働」とは「一人ではできない仕事を複数の諸個人が協力して達成する過程をさす概念」といわれている．組織はもともと諸個人の協働（collaboration）から発生すると考えられている．この「協働」は近代建築運動のひとつであり，近代建築家たちは協力関係によって都市問題に取り組む姿勢を示した．協働による「組織」には必ず目標がある．協働設計では建築集合体の姿を示すために，全体敷地の建築物とその配置，道路，広場，植栽などにかかわる設計指針を模型や平面図など，マスタープランとして表現し，建築物の配置や形態にかかわる設計内容をブロックプランとよび，設計の調整と誘導の単位とする．MA，協働設計者（ブロックアーキテクト，BA），事業者などの間に存在する設計にかかわる共通認識の内容をデザインコードとして定め，設計に参加する人々がデザインの協議に用いる．MAは参加者のデザインの協議の環境をデザインする役割も担う．共通目標には四つのタイプがあり，①風景的な目標，②感覚的な目標，③目標を定めないという目標，④図式的な目標，である．

　これらの目標を実現するため，設計のプロセスをデザインすることが重要となる．

●協働設計の先進事例

　都市計画の先進国のオランダでは，高い質のデザインを保証するために，多くの都市計画事業で一人の建築家がマスタープランを描き，ほかの建築家たちの作品をスーパーバイズすることが一般化してい

図1　MA方式が用いられた滋賀県立大学の各ブロック（筆者撮影） 
A-ブロック　B-ブロック　C-ブロック　D-ブロック

図2　オランダの協働設計プロジェクト　上：オラニエ・ナッソウ・ガゼルネ（アムステルダム），下：スフィンクスセラミックス地区（マーストリヒト）（筆者撮影）

る．オランダでは20世紀初頭から大量の公共住宅が建設されてきたなかで，協働設計方法が発展してきた．人間が国土を作り上げたといわれるオランダでは，水との戦いを人々は共有し，相互の協力関係のもとに仕事を遂行する社会的な土壌が育った．ポルダーモデル（the polder model）とよばれる協働的な社会である．そこで協働設計手法は地球環境保全型の都市開発へと展開している．エネルギー会社，建設会社，都市開発業者，都市計画が一体となる都市開発が行われている．環境的最大化手法（De Milieu Maximimalisatie Methode）が試みられている．MAや協働建築家たちは環境的な設計課題を複数定め，複数の課題に対して協働建築家たちは分担して最も環境に対して付加の少ない方法を検討する．それぞれの課題で解答が出た時点で，提案を重ね合わせ，MAはつじつまが合うように選択/選定し，案を統合して全体の基本計画とする．これはポルダーモデルを方式化したものといえる．

● デザインによる設計調整

古来より存在する都市や集落をみれば，歴史的時間をかけて形成された全体性がある．現代の都市形成は，きわめて短期間で建設するので，時間により得られる多様と秩序の自然な調和を短期間で実現することは望めない．そこで，協働設計を導入して歴史的時間を再現することで全体性の獲得をめざす．

協働設計方式の実現には，デザインのマネジメントが必要となる．現在は多種多様な専門家の参加と力を結集することが「計画」であり，「マネジメント」とは「計画」を動かすことであると考えられている．とくに環境や経済という現在の都市開発の基本的な項目をアーバンデザインとして実現するために，さまざまな専門家たちの協働は欠かせない．デザインマネジメントにおけるデザインはさまざまな決定を支援するツールであり，このツールをいかに利用するのかということが都市デザインの成果にかかわってくる．これまでの協働設計方式は建築景観形成の課題に対して秩序ある多様性を創り出してきた．今後エネルギーや歴史的環境，自然環境など都市の環境効能を設計の立場から考えてゆくために，調整の役割が重要になっている．ヨーロッパでは都市間競争が熾烈になるなか，都市のもつイメージ力を喚起するために，都市戦略として協働設計方式で都市再生を実現している．グローバル化社会で，経済や環境などの課題に幅広く対応する協働設計方法に民主主義的な都市計画の可能性が見えてくる．こうした都市デザインの方法は「産業民主主義」というひとつの協働的性格をもつ組織運営を，建築において実践するものであるといえよう．　［北尾靖雅］

文献
1) Kitao, Y. (2005)：Collective Urban Design：Shaping the City as a Collaborative Process, Delft University Press, Delft, the Netherlands.

5-16 発注者の期待にこたえる設計事務所とは

【テーマ】設計業　　　　　　　　　　　　　　　　　　　　　　　　　　　5　計画・空間・情報

● 建築設計事務所（建築士事務所）の現状——量的変化

　民間建設投資額がバブル期の1990年の55.6兆円から2006年時点では33.8兆円に縮減している．経済成長率を考慮した今後の民間建設投資の予測も建設経済研究所の推計（2005）によると2020年には20.3～26.9兆円となっており，今後も縮小基調は継続すると推察される．民間建設投資が減少するなかで，2005（平成17）年度末の登録建築士事務所数は，1級建築士事務所9万2028（うち個人事務所3万7180，法人事務所5万4848），2級建築士事務所4万414，木造建築士事務所828，合計13万3270事務所であり，2000（平成12）年の13万5972事務所をピークとして建築士事務所の数は減少している．また，建築士事務所の多くは小規模零細事業所である．したがって，建築物の設計・工事監理業務に携わる建築設計事務所を取り巻く環境は厳しさを増していくと思われる．

● 設計事務所の質的変化——顧客満足度指向への転換

　欧米の建築家，建築設計事務所は，従来，設計施工分離を基本とし，施工を企業活動として行う請負者とは立場を異にしてきた．設計瑕疵責任の追及や景気後退に直面した1990年初頭の欧米の建築家・建築設計事務所は，大規模化・複雑化する建築プロジェクトに対する社会や発注者の期待に反して提供する業務を設計業務に限定する傾向を強めたため，発注者の信頼を失ってきた経緯がある．このことに危機感を抱いたアメリカやイギリスの建築職能団体は大々的な顧客満足度調査を実施することにより，プロフェッションの戦略的再検討を進めてきた．その結論として指摘されたのは，建築の中心的役割を取り戻すこと，建築家の業務サービス能力と調達能力を高めること，建築家が広範囲の業務サービスとマネジメントを行うことであった．具体的な内容は，建築設計事務所が提供する業務サービスの転換で，いわゆるデザインサービス提供から建築プロジェクトの川上，川中，川下に至る全般的な再編であった．このような業務サービスの転換は，小規模事務所ほど大きな転換が必要であると提言された．

　時を同じくして日本建築家協会も建築主からみた顧客満足度調査を実施し，建築プロジェクトの川上におけるプロジェクト編成，川中の企画段階から工事完成後に至るすべてのプロセスにわたったコスト管理，川下の維持管理計画支援の各業務について発注者が建築設計事務所について不満を抱いていることがわかった．

　これをうけて，建築設計事務所が取り組むべき方向として，以下のことが提言された．①住宅など小規模建築では，デザイン，マネジメントの両面で，川上から川下までの全般にわたって満足されるサービスを提供できるようにする，②異なった能力をもつ人・組織とチーム編成して顧客ニーズに的確にこたえる，③施工者，専門工事業者などと統合したデザイン・ビルドによる業務提供を図る，④建築チームの編成，運営に携わるプロジェクトマネージャーあるいはコンストラクションマネージャーとしてプロジェクトを推進する役割を果たす，等である．

　建築設計技術者としての設計・工事監理サービス提供から発注者が期待する業務サービス提供へと転換を図る必要を指摘したものである．多くの建築設計事務所は多様化する発注・調達方式のなかで，新たな業務サービス提供のための組織強化を進めつつある．

● 設計事務所の社会的信頼の確立

　さて，建築生産・建築産業研究や建築産業政策のなかで，施工組織である建設業を対象とした元下関係についての課題の整理やその改善施策は古くから中心的テーマとして取り扱われてきた．一方，建築生産の一翼を担う建築設計業務については，建築施工分野の元下関係に匹敵する意匠事務所，構造事務所，設備事務所間の業務委託，あるいはさらなる再委託など重層的な関係が成立しているものの，契約内容が不透明などの問題を抱えている．今後，設

プロジェクトの流れ

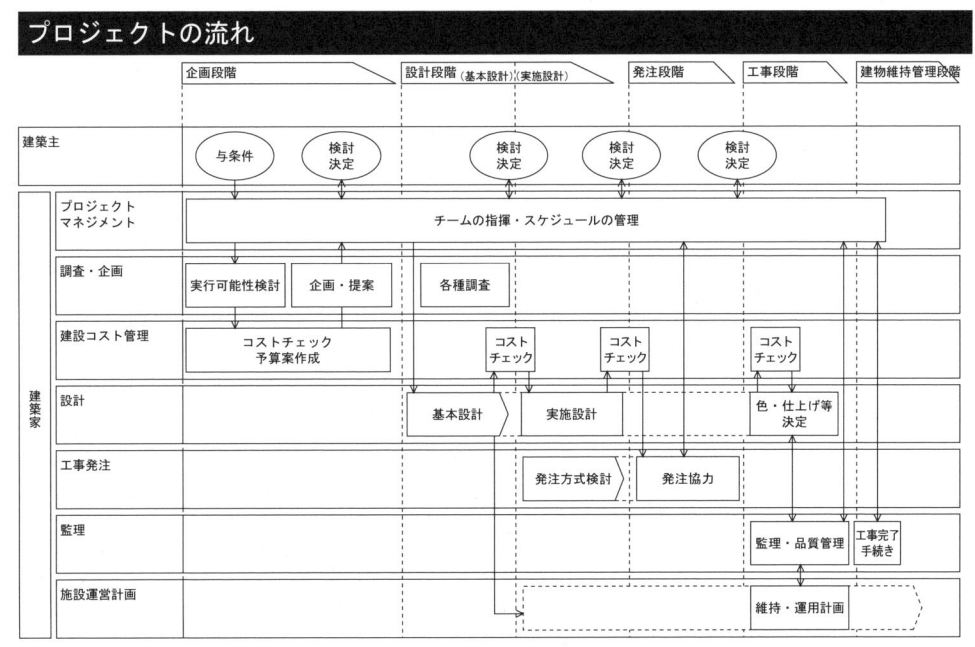

■ 建築家・建築設計事務所の業務サービスの広がりの例（日本建築家協会（2002）：建築家の業務・報酬より）

計・工事監理責任が厳しく問われる環境になるのは必然であり，より明確な責任分担関係を築いておく必要がある．

設計あるいは工事監理業務委託において，契約の前提になる業務委託契約書・契約約款の重要性を再認識するとともに，契約約款については社会や時代のニーズに合わせて改定していく必要がある．あわせて，建築家賠償責任保険など設計・工事監理業務等に関連した保険制度の充実も重要である．

● 設計事務所を支えるスタッフの雇用環境の改善

これまで建築士事務所は組織規模が零細であることから，建築設計事務所スタッフを所員として正式な雇用関係を締結することなく，多くの場合，アルバイトや外注等の社会保険料（健康保険，厚生年金保険，雇用保険，労災保険，有給休暇など）を負担しない形の雇用関係を継続している場合もみうけられる．労働集約型産業の典型ともいえる建築設計事務所は，優秀な設計技術者を育成・雇用していくことが組織経営の基本であり，事務所経営者には建築設計事務所を担うスタッフの雇用環境改善の努力が期待される．

1979年に建築設計監理業務報酬の基準を規定した建設省告示1206号は，建築設計業務サービスを取り巻く建築生産システムや環境条件の変化のなかで見直しが検討されている．あわせて，発注者に対して，建築設計事務所が果たす業務と責任について十分な理解を得て，業務や責任に相応の適切な業務報酬を支払う必要があることを周知していくことが必要である．

● ストック市場における設計事務所

ストック市場を踏まえた建築設計事務所の主要な業務は，独占業務である設計・工事監理にこだわることなく，インテリアデザイン，集合住宅リニューアル工事のコーディネーター，耐震診断，省エネ診断，建物の性能を踏まえたデューデリジェンス（不動産の適正な評価手続きを行うための調査・分析）等の調査・鑑定，景観形成やまちづくりに関連したコンサルティング業務，プロパティマネジメントサービス，ファシリティマネジメントサービスなど幅広い展開が期待される． ［秋山哲一］

文献
1) 日本建築家協会（1999）：顧客満足度と建築家の挑戦―JIA顧客満足度調査レポート．
2) 古阪秀三・秋山哲一ほか（1999）：建築プロジェクトにおける建主の顧客満足度に関する研究．日本建築学会論文報告集．
3) 国土交通省社会資本整備審議会建築分科会基本制度部会（2006.8.31）：建築物の安全性確保のための建築行政のあり方について（答申）．
4) 日本建築学会，日本建築学会健全な設計・生産システム構築のための特別調査委員会（2007）：信頼される建築を目指して．
5) JIA 20年史編集会議編（2007）：建築家って，日刊建設通信新聞社．

5-17 建築士制度の改革—高度化・国際化・情報化への対応

【テーマ】建築士法　　　　　　　　　　　　　　　　　　　　　　　　　　5　計画・空間・情報

● 建築士法の変遷

建築物の設計，工事監理等を行う技術者の資格を定めて，その業務の適正をはかり，もって建築物の質の向上に寄与させることを目的に建築士法が制定されたのは，戦後間もない1950年のことであった．当初は，すべての建築物の設計，工事監理のできる1級建築士と建築物の規模，構造，用途に一定の制限のある2級建築士だけであったが，1983年の法改正でさらに木造建築士が創設された．また，同年の改正で建築設備に関する国土交通大臣の定める資格者（建築設備士）も創設され，大規模の建築物等の建築設備に係る設計または工事監理を行う場合において，設計者が建築設備士に意見を聞いたときには，設計図書等に，その旨を明らかにしなければならなくなった．

2006年度末現在の建築士の登録数は，1級建築士32万6000人，2級建築士70万2000人，木造建築士1万5000人となっているが，この数には死亡者や1級と2級の重複者が入っている．また，建築設備士の登録数は3万3000人である．

建築士が誕生してから半世紀以上経過した現在では，設計，工事監理の業務に携わっている建築士は3割程度といわれており，建築の施工管理や関連調査・検査業務等に携わっている建築士が多く存在しており，日本の建築生産の広い分野の業務の担い手となって，建築物の質の維持・向上に果たしている役割は大きい．

● 構造計算書偽装問題の発覚

2005年11月，建築士の信頼を失墜しかねない構造計算書偽装問題が発覚した．元建築士による構造計算書偽装によるもので，構造耐力が不足しているマンションやホテルが数多く存在していることが明らかになった．

国土交通省はただちに，関連物件の調査と社会資本整備審議会建築分科会の下に基本制度部会（部会長：村上周三慶応大学教授）を設け，再発防止策の策定のため審議を始めた．

緊急を要する課題については，2006年6月に建築基準法，建築士法等の改正が行われた．建築確認・検査の厳格化のため，指定構造計算適合性判定機関を新設して専門家によるピアチェックを実施すること，指定確認検査機関の業務の適正化を図るため，指定要件の強化や特定行政庁による指導監督を強化することとあわせて，建築士による名義貸し等の禁止を法に定め，違反者に対する罰則の強化が図られた．

● 構造と設備の専門建築士の誕生――建築技術の高度化への対応

日本の建築士制度は，アーキテクトとエンジニアを区別する欧米の資格制度とは異なり，両者を包括的にとらえ，建築にかかわる広範な技術者を養成，確保するための制度として創られてきた．しかし，日本の建築設計界には根強く欧米のアーキテクト制度を最良と信じる設計者が少なからずおり，長期にわたる議論が戦わされてきている．2005年ころから建築設計関係団体による検討が行われてきていたが，その最中にたまたま，先の構造計算書偽装問題が発覚した．これを契機に建築設計資格について，建築士法の改正を前提に社会資本整備審議会の場において，本格的な審議が行われ，2006年8月に国土交通大臣に答申が出された．答申のおもな内容は，構造設計と設備設計について高度な知識と技能を有する1級建築士を認定し，これらの構造設計1級建築士と設備設計1級建築士に一定規模以上の建築物について，設計図書の作成または建築基準法に適合していることの証明を行わせることになった．そして，建築士試験の受験資格を厳しくすること，既存の建築士の資質・能力の向上のための講習を義務化すること，管理建築士には一定の実務経験を要件とすること等も実施されることになった．

建築士法の改正によって，建築士事務所に属する建築士に対する定期講習（終了考査を含む）は，1級建築士，2級建築士，木造建築士，構造設計1級建築士，設備設計1級建築士のそれぞれに課される

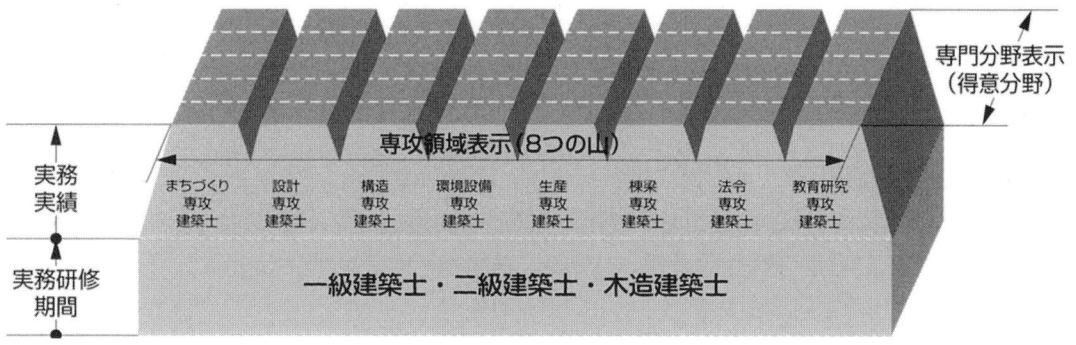

■1 専攻建築士八つの専攻領域（(社)日本建築士連合会パンフレットより）

ことになり，いずれも3年に一度受講することが義務づけられた．監理建築士に対する講習も義務づけられたが，法的には一度だけ受講すればよい．

建築士の定期講習の内容は，法令に関する科目（建築基準法・建築士法等の近年の改正内容等）と，設計および工事監理に関する科目（最近の建築技術，設計・工事監理の実務の動向，建築物の事故事例，処分事例およびこれを踏まえた職業倫理等）になる．講習時間は，講義5時間程度，終了考査1時間程度の1日講習となる．監理建築士の講習内容は，関係法令に関する科目（建築士法のうち建築士事務所業務に関連する事項）と，建築物の品質管理に関する科目（業務の進め方や管理方法，経営管理，紛争防止等）になるようである．

●APECアーキテクトとエンジニア——国際化への対応

世界の著名な建築家はすでに国境を越えて世界的に活躍している．国際化が著しく進展している今日では，一般の建築家をはじめ関連の技術者も海外で定常的に仕事ができるようになることが求められている．

1995年大阪で開催されたAPEC首脳会議において，技術者のAPEC域内での流動化の促進が決議された．これを契機に，参加国でエンジニア相互承認プロジェクト開始のための準備が進められ，2000年11月以降開始されるにいたった．このプロジェクトの目的は，実務経験などについて一定以上あると認められる技術者に対して，APEC域内で共通の称号を与えることによって，これらの技術者の国際的な活躍を支援することである．建築技術関係では，現在，APECアーキテクトとAPECエンジニア（建築構造技術者）が認定されている．前者については2007年現在440名登録されており，オーストラリアとの2国間交渉が開始されている．

●職能資格としての専攻建築士制度——情報化・専門分化への対応

建築士を会員とする建築士会が全国47都道府県にあり，会員総数は約10万人強となっている．この47建築士会を会員として(社)日本建築士会連合会がある．建築士会は2003年度から，専攻建築士制度を実施している．この制度は消費者保護の視点に立って，高度化し，かつ多様化する社会ニーズに応えるため，建築士の専門分化に対応した専攻領域および専門分野を表示することによって，建築士自らの情報を開示し，その責任を明確にすることを目的とした団体の自主的な制度である．国家資格である建築士は，建築設計，工事監理の業務を行うための基礎的な資格であり，専攻建築士制度は職能制度として，建築士の経験と実績を審査していることから，消費者に対しての説明力・説得力がある．建築士は建築生産の幅広い分野で活躍しており，この制度においても現在のところ，まちづくり，設計，構造，環境設備，生産，棟梁，法令，教育研究の8領域に分類されている（■1）．

2007年4月現在，全国で1万2000余名を超える専攻建築士が活躍している．建築士の構造と設備の専門家のあり方が審議会の答申で明らかになったことから，資格制度としての建築士制度と職能制度としての専攻建築士制度があいまって，市民・消費者に受け入れられていくことによって，健全な建築設計界に再生されていくものと確信している．

[鎌田宜夫]

5-18 世界各国の建築家資格の類似性と差異

【テーマ】資格の相互承認　　　　　　　　　　　　　　　　　　　　5　計画・空間・情報

●建築家資格の相互認証の進展

ヨーロッパでは，1985年の「建築家に関するEC指令」以来，建築家資格の相互承認が推進されている．そのため，各大学の卒業資格を認定することにしており，教育期間の短さは，実務訓練の延長で対応．また，実務訓練を要求していないEUの国の建築家が，実務訓練が義務づけられている国の承認を受ける場合，同じ期間だけ実務経験があれば，その国の条件に適うものとしている．さらに，建築家の職能倫理については，設計業務を行う国の規定に従うべきとされている．

●APECアーキテクトの登録

APEC（アジア太平洋経済協力会議）アーキテクト制度は，2005年7月より始められ，2007年12月現在までに411名が登録し，APECにおける建築家資格の相互認証が始まった．

こうした環境の変化から，近い将来，日本の建築士資格制度も変化せざるをえないであろう．

●建築家の役割と責任

世界の各国で，それぞれ固有の建築家資格制度をもっている．共通しているのは，一定規模以上の建物の設計には，何らかの資格が必要ということである．もし，そうしたものがなければ，欠陥建築が作られても，その責任が曖昧となり，国民の利益が守られず，社会的混乱を招くという認識に基づく．

また，建築設計を行う建築家の仕事は職能で，工事を請負う建設会社は商売として，両者を区別している．建築家を請負業者の仕事を監理する立場に置き，このことで，第三者性が発揮され，建築主の利益を保護することができるという考えである．

有資格者が建築家の名称を登録し，登録していない人が建築家と称し建築設計業務を行うことを禁止する．前者を名称独占，後者を業務独占という．無資格者が医者や弁護士と名乗り，診療行為や弁護士の仕事を行うことを禁じるのと同じである．

それだけに建築家の責任は重く，ドイツやスペインなどでは，専門家損害賠償保険の加入が強制的で，いざというときの建築主に対する責任が果たせるようになっている．そのほか，建築家職能の倫理規定違反に対しては，その程度に応じて罰則が定められており，重いものは建築家登録の取消しである．これにより，設計業務ができなくなる．この点は，日本も多くの欧米諸国と同じである．

フランスでは，有資格者で，かつ建築家として登録した人しか設計業務を行うことができない．だが，有資格者でも職域によっては登録できないことが特徴である．これは，建設会社などに所属する建築家は，第三者性が確保できないという理由からである．アメリカでは，弁護士，建築家，医者などを対象とした職能法人制度があり，建築家を含む専門家の独立性が保たれる制度がある．

以上のような考え方が，1948年創設のUIA（国際建築家連合）の基本になっている．日本のJIA（日本建築家協会）は，1955年，UIAに加盟し，日本支部となり，同様な考え方に立っている．

●建築家の名称独占と業務独占

日本の建築士資格制度は，建築士の資格を有する人に対して，名称の独占と建築設計業務の独占を与えている．これと同じ制度を採用しているのは，フランスやアメリカなどである．これだけをみると，日本の制度は，欧米の制度と比較して，形のうえで見劣りのしない制度になっているが，内容的には大きな違いがある．

法律的に建築家の名称独占だけで，業務独占のない国としてイギリスがある．意外と思う人がいるかもしれないが，建築家のみに設計業務の独占権を与えることに強い反対があったためのようだ．実態としては，建築家の設計責任が大きいため，通常の建築については建築家に設計が依頼されている．

イタリアでは，建築家の名称をエンジニアに与えず，設計の業務独占を両者に与えるという現実的解決策をとっている．連邦制を採用しているドイツでは，州によって，技術者にも建築家と同じ業務独占を与えており，混在した制度となっている．

■1　建築家資格と付与される権限（筆者作成）

建築家資格で付与される権限	該当国
業務独占と名称独占（兼業禁止）	フランス，ベルギー，スペイン
業務独占と名称独占	日本，アメリカ（大半の州），ドイツ（大半の州），イタリア，中国など
名称独占のみ	イギリス，ポルトガル，オランダなど
資格制度がなく，国の証明書や建築家協会会員資格が機能	デンマーク，スウェーデン，アイルランドなど

■2　建築家とエンジニア（筆者作成）

建築家とエンジニア		該当国
建築家とエンジニアを区別	フリー建築家建築家のみ	フランスなどアメリカ，イギリスなど
	エンジニアにも建築家と同じ権限を与える	イタリア，ベルギー，ギリシャなど
建築士のなかにエンジニアが混在		日本

■3　大学等における建築教育期間（筆者作成）

建築教育期間	実務訓練あり	実務訓練なし
6年間	—	スペインなど
5年間	UIA/UNESCO宣言，イギリス，ベルギー，オーストラリアなど	フランス，イタリア，ポルトガル，デンマークなど
4〜5年間	ECアーキテクト，ドイツ，アメリカなど	—
4年間	日本など	オランダなど

■4　建築家資格試験の有無（筆者作成）

資格試験の有無	該当国
資格試験あり	日本，イギリス，イタリア，アメリカ，中国など
資格試験なし	フランス，ドイツ，ベルギー，スペイン，ポルトガル，オーストラリアなど

ヨーロッパでも，アイルランドのように，法律的に名称独占も業務独占もない国もある．しかし，これにかわって，アイルランドでは，アイルランド建築家協会（RIAI）の会員制度が機能している．つまり，大学で建築教育を受けた者に入会資格が与えられ，倫理規定が課せられる．実質的に，外部にわかる形で，建築家の名称保障がなされている．

●建築設計事務所と建築家

欧米諸国の建築設計事務所の形態としては，個人事務所やパートナーシップが多い．アメリカの場合は，設計法人組織がある．デザイン＆ビルド制が存在するが，これは，建築家と建築会社のチームであることが多い．

これに対して，日本の建築設計事務所には，専任の管理建築士の設置が義務づけられている．建築設計事務所の形態として，株式会社組織が多い．また，建築会社のなかの設計部やそれらと一体の設計事務所が多いことも，日本の特徴のひとつである．

●建築教育

欧米の建築教育は，建築学部，あるいは芸術学部においてなされ，建築家になるための建築教育が主である．期間は5〜6年間が基本．EUアーキテクトの基本となるEC指令でも5年間の建築教育を推奨している．このほか，建築関連の分野，たとえば建築構造や建築設備の専門家は工学部の別の学科で養成されることが多い．

この点，日本の建築教育は4年間が基本．明治期に始まった近代日本における建築教育は，当初こそ意匠的なものが中心となった建築教育であったが，濃尾地震（1891），関東大震災（1923）などの経験を踏まえ，耐震など技術的なものが重視されるようになり，現在の総合的な建築教育にいたっている．

現在行われているCPD（専門家継続教育）は，日本はもちろん欧米諸国で一般化している．

●日本の建築家資格の現状と建築士法改正

日本の建築士制度（1950）の特徴は，建築設計者の資格と技術者資格が一体になっていることで，このため建築士の登録者数が多いとされる．

日本の建築士の数と欧米諸国の建築家の数を比較すると，イギリス約3万人，アメリカ約8万人に対して，日本の1級建築士の数は32万6000人（2007）を超えており，日本の建築士の数は圧倒的に多い．これは，建築士制度に更新制がない生涯資格であること，建築設計者だけでなく，建築関係の技術者を含んでいることなどのためであるとされている．

2005年の耐震強度偽装事件の結果，2006年に建築士法が改正（2008年施行）され，定期講習の義務化，受験資格要件の見直しなどが実施された．これにより，従来の学科認定が指定科目制（4年ごとに再確認）となった．実務経験要件も設計・工事監理等に資するものに限定された．また，構造設計1級建築士，設備設計1級建築士が設けられ，建築確認審査が厳格化された．

［瀬口哲夫］

5-19 建築家業務は国際市場で通用するのか

【テーマ】国際競争力　　　　　　　　　　　　　　　　　　　　　　　　5　計画・空間・情報

●建築家業務の国際標準を考えてみる

　欧米の建築家は，医師，弁護士とならぶ三大プロフェッションの一つとして，建築作りと街づくりを通して市民の暮らしの安全と健康を守る重要な役割を担っている．それだけに課せられた責務は重く，建築家として強い倫理観，最新の技術力に裏づけられた優れたデザイン（この場合のデザインとは，建築を媒体とした問題解決の最適解である）を社会に提供することが求められている．建築設計を行う専門分野は建築，構造，設備の大きく三つに分けられるが，建築家は，構造・設備分野の技術や関係コンサルタントの技術を統合しながら，平面計画，交通計画，都市景観の保全，環境計画などさまざまな設計要件を建築という総体にまとめあげる仕事を行う．構造や設備技術を集合するだけでは，建築という全体を端正な姿をもって生み出すことはできない．欧米で建築家の地位が高く評価されるのは，建築家がさまざまな技術を適材適所で利用しながら，それらを統合して美しく快適な建築空間，都市空間としてまとめあげる能力と責任をもっていると考えられているからである．

　日本では，技術者としての1級建築士の側面が強く，都市文化創造の担い手としての建築家の意識は薄い．この背景が日本の建築家全体の評価が高まらない原因の一つになっているが，具体的な弱点を列挙し今後の建築家業務の参考にしていただきたい．

●クライアントの利益を優先する

　欧米の建築家倫理では，建築家は優れた建築デザインによって市民の資産をまもる責任をもっていると考えられるが，言い換えればクライアントのもっている金融資産を良質の建築資産へと転換してゆくプロフェッショナルサービスを行っているととらえられている．その際にはクライアントのもつ資産価値，すなわちクライアントの利益を最大限に高めることが重要となる．この場合の利益には，クライアントの求める建築の機能を的確に果たすことと，生み出される建築が公共資産として社会から評価を受けることの二つが含まれている．

　クライアントの利益実現のためには，まず建築家はクライアントと徹底した対話を行い，クライアントのもつ価値観や夢を理解しなくてはならない．そのうえでクライアントの夢を実現するデザイン提案を複数案行い，そのなかから可能性の高い案へとしだいに絞り込んでいってクライアントの夢をかなえる案に到達してゆくことが基本である．このプロセスで重要なのは，主役はクライアントであり，建築家ではないということである．アメリカでは建築家の仕事は専門技術を伴うデザインサービスと定義され，クライアントのもつ消費者の権利（消費者憲章：ケネディ大統領による四つの消費者の権利，■1）を尊重し，クライアントの財産を守ることが第一とされる．クライアントの夢を的確にとらえ，それを魅力あるデザインによって実現する仕事の質によって建築家の能力はクライアントに判定される．クライアントの利益を実現しないデザインは意味をなさない．この職業倫理の強さによって海外，とくにアメリカの建築家は高い評価を受けやすい基盤をもっているということができる．日本の建築家はこの職業倫理が比較的希薄であり，クライアントサービスの視点が欠けていると評価されることも多い．

●チームワークによって最大価値を生み出すインテグレーターとしての建築家

　また，欧米の建築家は，多くのコンサルタントを含むチームによってデザインを進めることに慣れている．日本では建築家が一から十まですべて統括し，設計することが建築デザインの完成度を高めるうえで重要であるとする，個人的な視点が重要視されているが，欧米では付加価値の高い建築は多くの専門家の英知を集めて実現されると考えることが一般的であり，建築家は多くの英知を建築デザインに昇華するインテグレーターとして高い評価を受ける．欧米では大型のプロジェクトでは数十人におよぶ専門家によって設計チームが構成されるが，建築デザインについてもデザインアーキテクト，技術ア

ーキテクトと分化し，PM（プロジェクトマネジメント）やCM（コンストラクションマネジメント）によって統合される．日常的にチームワークによる設計を行い，多くの専門家，場合によってはさまざまな国籍の専門家を束ね，組織化し，優れた建築デザインを生み出す方法論は世界中からノウハウを結集させ，多くの国際的クライアントから支持をうける．日本の建築家は自分の「作品」としての建築にとらわれやすく，視点が自己完結的になりやすく，場合によってはクライアントの利益よりも，「もの」としての建築物の完成度の高さに固執して，クライアントの利益を損なうことも少なくない．しかしながら逆に，「もの」としての建築の完成度の高さが世界の評価を受けることもあるので，強みは強みとして利用し，弱点は補強するといった巧みな戦略も考える必要がある．

● 建築家の資格を国際標準にしてゆく

基本的に1級建築士は技術者の資格であって建築家の資格であるとは考えにくいと海外ではとらえられている．同じ試験によって構造設計者，設備設計者，建築設計者が生み出されることは世界の常識からは大きく外れている．インテグレーターそしてデザイナーとしての建築家の業務と，エンジニアとしての構造設計者，設備設計者の資格は業務遂行に必要とされる技術，能力，教育課程が異なっており，それぞれの業務資格に適切な資格試験を行うことでそれぞれの分野に最もふさわしい人材を生み出すことができるのではないか．これは建築の教育課程全体にも影響することであるが，少しずつ日本側のシステムを国際標準に変えていくことで世界と十二分に対抗できる建築家の職能を維持することができる．中国，韓国を含むアジアの教育標準と資格制度も欧米の制度に準拠する形に構成されつつある．

● 社会の信頼を醸成する盤石の建築家組織の必要性

建築家は，建設技術，構造技術，設備技術，外装技術，建築材料，環境問題，安全とセキュリティ，最新のデザイン潮流などさまざまな新しい知識や考え方を絶えず吸収し，自分のデザイン活動に反映していかなくてはならない．そしてまた，環境政策，都市政策などのさまざまな問題にも取り組み，社会全体の利益もつねに考慮しながら業務を展開する必要がある．そのためにはアメリカのAIA（米国建築家協会）のような強力な建築家組織をつくりあげ

■1 ケネディ大統領による四つの消費者の権利

	権利	内容
1	安全の権利	健康や生命にとって危険な製品の販売から保護される権利
2	知らされる権利	偽りや不正を含んだり，はなはだしい誤解を与えたりする情報，広告，表示などから保護され，かつ選択するために必要な知識を得る権利
3	選ぶ権利	できるかぎり多様な製品やサービスを，競争価格で入手できるよう保障される権利．競争が働かず，政府の規制が行われている業種においては，満足できる品質とサービスが公正な価格で保障される権利
4	聞いてもらう権利	政府の政策立案において，消費者の利益が十分かつ思いやりをもって考慮され，行政手続きにおいては，公正で迅速な扱いを受け入れられるよう保障される権利

経済産業課 田辺智子・横内律子（2004）：諸外国における「消費者の権利」規定．

て，よりよい街づくりのために提言を行い，次世代の建築家への継続教育や市民へのPRを行う．このようなさまざまな建築家支援活動を行うことが建築家の質を高め，国際的なステータスを高めていくうえで非常に重要になっている．AIAは専門職集団として強い政治力をもち，会員に契約や保険，継続教育を含めたさまざまな支援サービスを行っている．場合によっては，ワシントン政府に圧力をかけてブルックス法などのQBS（資質評価方式プロポーザル：qualifications based selection）に関する法を成立させている．世界の建築デザイン市場で日本の建築家が競合して幅広くクライアントの信頼を得てゆくためには，こうした専門集団に対する国を挙げての支援が必要である．日本でも現在細分化している複数の建築団体を統合化することによって強力な建築家組織を生み出すことができれば，国際的なネットワークを確固たるものにし，国際的に活躍できるプラットフォームを作り上げることができる．

日本の建築家の国際競争力を高めるためには，街づくり全体のなかで，建築家という人材に必要とされる役割を明確にすること，そして社会の期待に応える能力を保証する資格制度と人材を育てる教育制度の構築が欠かせない．　　　　　　　［光井　純］

5-20 監理はなぜいるのか

【テーマ】検査制度　　　　　　　　　　　　　　　　　　　　　　　　5　計画・空間・情報

●建築の特殊性

いろいろな製造物のなかで，身近な物のひとつの建築は，他と比べて作るのも改修するのも費用が膨大なこと，長期間にわたって使用すること，個人財産でありながら社会的な影響をもつこと，災害時の被害が大きいこと，そのなかで長時間過ごすことなど，一般の工業製品などとは異なる多くの特殊性がある．

●生産の特殊性

一品生産であり，生産工程には多種多様の職種がかかわり，次々と作り手が変わり作業が進められる．工場での作業のように同じものを，同じ条件で同じパートナーと繰り返し作るのと違い，工事が発注されるたびに任意の作り手が現場に集まり，専門分化された多種多様の作業にとりかかる．ある作業が終わる間もなく次の職種の作業者へ引き継ぐために起こるミスや，無責任な手抜きもないとはいえない．作業環境も野外のことが多く厳しい気候条件で進められる．それぞれの作業が十分注意して進められたとしても，手作りの集積であるため，それぞれの作業成果が正しく整合してはじめて性能が発揮されるという特殊性がある．

●性能の確認が困難

よほど優れた専門家でなければ設計図からは建物の性能は読みとることはできない．安全性や居住性などある程度，計算上で判断できることはコンピュータを使った計算結果をみればいかにも正しそうな気がする．しかし，計算結果は設定条件しだいであり，条件の設定しだいでは結果が異なる．また工事中でも鉄筋が組まれて型枠に囲まれてしまえば，正しく鉄筋が施工されているかはわからなくなる．コンクリートが打れてしまえば，なおさらである．躯体工事に続いて設備工事，仕上げ工事が行われ骨組は覆われてしまう．建物が完成して使ってみてからか，災害にあってはじめてその性能がわかることが多い．試作品を作って確認できる工場製品とは異なる．したがって，できあがってからではなく施工中の各工程のなかで正しく作られているかを確認することで，性能を確保するしかない．このためには工事中の監理という行為が欠かせないのである．

●管理，監理，検査

管理とはマネージメントすなわち段取りをすることで，建築の工事管理とは多種多様の下請専門職の作業が円滑に進めるようにコントロールすることである．監理とは見張るすなわち物事が正しくなされているかを取り締まることで，工事監理とは工事が契約通りに遂行されるように監視し指導することである．検査とは基準に合っているかを調べることで，定められている規定に品質が適合しているか否かを判定することである．

●監理の役目と責任

監理者は契約図書に合致した工事がなされているかを監視，助言，指導する役割と，設計通りの仕様で目的の性能が発揮できないと予測された場合には建築主あるいは設計者にそれを忠告する．また約束した工期で工事が進行しているかを確認し，品質が確保されにくい工程が予測される場合には改善を施工者に求める．このように施工の途中段階でも設計や工事に関して性能・工期・工事費に関する目配りを行う必要性があるのは，設計段階や契約時点で建築主，設計者，施工者が予測できなかったことが生じる要素が建築工事には多いからである．すなわち設計図書にすべてが書かれているわけでなく，建物の目標とする性能を明示し，それが発揮できるようにするためのルールの記述であり，監理者は設計で目標としたものが作られていくことを監視し指導するのである．監理業務は建築主からの委任業務であり，その行為に対して監理者は専門家としての職務を全うするための最大限の行為を果たさなければならない．すなわち法的な善管注意義務を負うのである．

●監理業務の内容

建築プロジェクトは多くの関係者の参加のもとに，複雑多岐にわたる問題を解決しながら進行して

■1 建築監理業務の内容（四会連合協定　建築監理業務委託書より）

項　　　目	小項目
1．監理業務方針の協議	・監理業務方針の協議 ・監理方法の変更
2．設計意図の把握などのための業務	・設計図書の検討 ・質疑書，提案書の検討，報告 ・請負代金内訳書，工程表の承諾
3．設計意図を施工者に正確に伝えるための業務	・施工者との打合せおよび図面等の作成 ・施工者との協議など
4．施工図等を設計図書に照らして検討および承認する業務	・施工図等の検討承認 ・工事材料，建築設備の機器および仕上げ見本等の検討，承認
5．施工計画を検討し助言する業務	・施工計画の検討，助言 ・特殊な工事での施工計画等の特別の検討，助言（特別業務となる）
6．工事の確認および報告	・工事と設計図書，工事請負契約との合致の確認，報告 ・工事の完了検査
7．条件変更による設計変更	・大規模の設計変更など（設計者による設計変更を施工者に指示） ・軽微な設計変更（変更指示書またはスケッチの作成）
8．工事費支払い審査を行う業務	・工事費支払い請求の審査 ・最終支払い請求の審査
9．官公庁の検査の立会い等	・法令に基づく官公庁の検査の立会い等
10．監理業務完了手続き	・工事請負契約の目的物お引渡しの立会い ・工事監理報告書の提出
11．関連工事の調整を行う業務	・工事が複数の施工者に分割されている場合，施工者の協力を得て調整を行う（特別業務となる）
12．その他の特約業務	

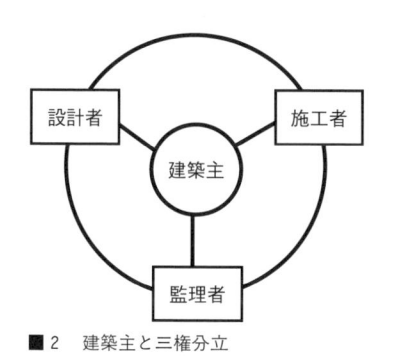

■2　建築主と三権分立

■3　工事の確認

いくが，監理者は建築主に依頼された業務の範囲内で，工事が円滑に進行し完成するように努める．建築工事における監理業務の一般的な内容は■1に示すように，工事が契約書（設計図，仕様書など）に基づいてきちんと施工が行われるために，工事に着手前に建築主と業務の内容を確認し，施工者には監理者の行う業務方針と内容を周知しておくことが必要である．

●関係者の役割

建築主は工事費・品質・工期を決定しその費用を負担し，設計者はそれを具現化する設計に専念し，施工者はそれを実現する工事に専念し，監理者は契約が正しく遂行されていることを監理することに専念し，それぞれが信頼し合ってお互いを尊重しながら自らの任務を果たすことが肝心である．それは，建築主を国民にたとえれば，国民（建築主）が求める要望を成し遂げるために，国民の税金をもとに政策を遂行する役割をそれぞれ独立して担う立法（設計），司法（監理），行政（施工）の三権分立のごとしともいえる．

[水津秀夫]

5-21　生活する人体

【テーマ】人間工学　　　　　　　　　　　　　　　　　　　　5　計画・空間・情報

●建築と人間工学

　人間は身体そのものだけで完結・自給自足しているのではなく，空気・水・食料をはじめ生きるために必要なものや，生活に必要な情報等ほとんどすべてを体の外の環境に依存して生活している．人間は古来より自分の行動できる環境を見いだし，切り開き，うまくそこで生活できるようにしつらえてきた．それがわれわれの生活する環境である．建築も人間の生きる環境の一部を作っている．

　このように建築は人間とのかかわりが切っても切れない．したがって建築空間デザインにおいては，そこで日常生活を行う人間のさまざまな特性を理解しなければならない．

　現代では，人間の生活にとっての科学的合理性や機能，快適性などが追求される．そこに人間工学がある．

　一般的に人間工学とは，人間の特性を解剖学・生理学・心理学などの観点から理解して，人間にとって合理的で使いやすく安全な機器・装置・環境などの設計に資することを目的とした科学・工学をいう．対象としては機器・装置が主であり，建築でもまず椅子や机など人体に接する家具に適用されてきた（■1）．

　しかしさらに建築空間にスケールを拡げ，より日常の社会・文化的人間生活に即した人間性を追求した，建築空間とかかわりをもちながら生きる人間の様態に即した人間工学，いうならば建築人間工学が求められる．

　すなわちさまざまな姿勢で動き，さまざまな感覚を用いる．人間は一人で生きるのではなく社会集団を形成している．人間はまた多種多様である．年齢，性別，さまざまな文化，言語を背負っているし，個性もある．建築における人間工学は，個人の特性から，人間をとりまく環境との対応，集団としての人間の特性にまで及ぶ幅広いものが必要となる．

●空間の人間工学

　建築空間の計画・デザインにおいて最も重要なことは空間の形状・寸法を決めることである．とすると建築における人間工学の基本は人体とその動きがどのように3次元空間を占めるか，すなわち人体寸法・姿勢・動作を理解することである．

　そして建築にとって必要なのは，骨の構造のような見えない部分のことではなくて，目に見える人体の輪郭であり，動きを伴ったものであるところにある．

　人間が一定の場所にいて身体の各部位を動かしたとき，手が届く範囲など，ある領域の空間がつくられる（■2）．

　一つの行為は関連する動作の連続から成り立っている．たとえば，座るという動作も，立った状態から座るまでと，後で立ち上がる動作につながる連続の動作の一部である．一つの動作もそれに関連する動作すべてを含めて考えなければならない（■3，■4）．

　実際に建築空間ではさらに多くの一連の動作の連続が行われる．空間寸法はそれら行われうるさまざまな一連の動作，他の人の動作が同時に並行して行われる可能性も配慮して決められなければならない．

　実際の空間デザインでは，想定されるすべての動作をするうえで必要な空間にゆとりを加え，隣接する空間や構造体との折り合いをつけながら空間の形状と寸法を決める（■3）．その場合でも何が適正な寸法かは，何のための空間か，機能，人間の動き，心理などをどうとらえ，どのような状態を「よい」状態と考えるのか目的を設定しないと決められない．

　また，人間は環境の中で，手の届かない広がりのある空間の中でそれを知覚・認知しながら生活する．建築における人間工学は人間単体だけをとらえるのではなく，環境との関係においてとらえ，人間のまわりの「間」を対象とした人間工学が必要とな

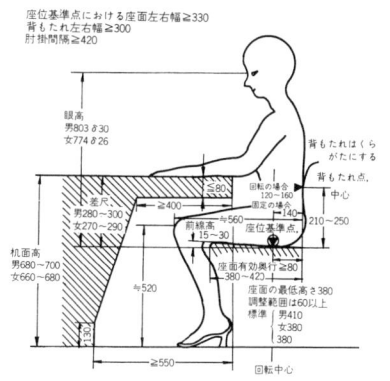

■1　作業用机・椅子の機能寸法[1]

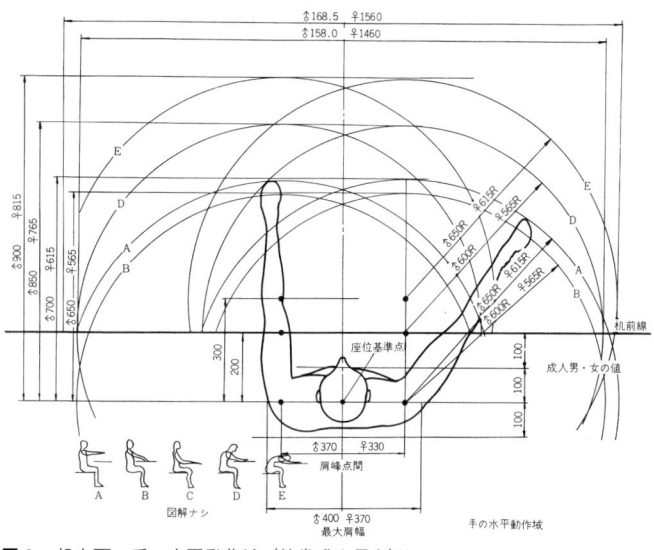

■2　机上面の手の水平動作域（健常成人男女）[2]

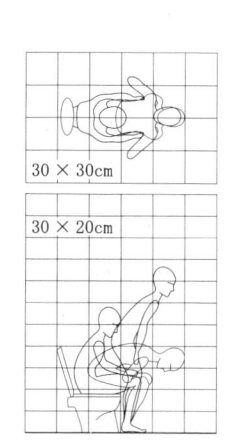

■3　「用便」のための空間[4]

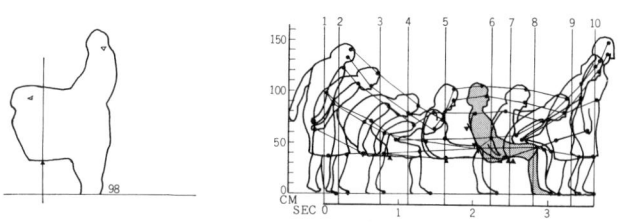

■4　休息椅子から立ち上がるまでの動作[3]

る．それは視覚などの各種感覚の特性によるところが大きい．

さらに，形には現れない建築に関連する人間の要因も多くある．力の入り方などの動作の特性，くせ等は建具や操作器具等のデザインに関連する．人間の出す力，壁などを押す力，ぶつかる力などの衝撃力は床や壁の構法と関連する．また生活行為は体にどのような負担となるのかなど，さまざまな問題がある．

● 人間工学の今後

このように人間工学は，建築の計画・デザインにおいてユーザーとしての人間を配慮するという観点から，設計条件を提示し，寸法や形態の決定時に参照される知見を提供してきた．そのなかには具体的な数字を示すものだけでなく，空間デザインの考え方を導く知見もある．

しかしいままでに解明された知見は，建築における「人間」の空間的にも時間的にもごく一部を表すにすぎない．今後も，周辺分野も含めた学際的アプローチにより解明されなければならない課題は多い．

[西出和彦]

文献
1) 小原二郎編（1973）：インテリアデザイン2，p.58，鹿島出版会．
2) 同，p.60．
3) 同，p.72．
4) 日本建築学会編（2003）：建築設計資料集成 人間，p.44，丸善．

5-22 高齢社会のユニバーサルデザインは若者にこそ恩恵

【テーマ】ユニバーサルデザイン　　　　　　　　　　　　　　　　　　5　計画・空間・情報

●何がユニバーサルデザインか

ユニバーサルデザインという言葉は，一言で表すと「すべての人を考慮したデザイン」を意味する．しかしそれは現実には可能なのだろうか？

すべての人を考慮したデザインなど不可能だ，という指摘は，製品などについてはよくなされるし，それが正しいことも時として事実だ．なぜなら，ユニバーサルデザインとは一つのデザインですべての人をカバーすること，と解釈されがちだが，実際に利用者と製品とが向き合うと，「私にとっていちばんよいもの，使いやすいもの」という要求の答えは，個人ごとに大きく異なるかもしれないからだ．

●対象ごとにやりかたが違う

たとえば力をかけるのに握りやすい太さは手の大きさで決まってしまうし，立っている姿勢で使う場合に操作しやすい位置は身長でほぼ決まってしまい，許容される範囲はごく狭い．こうした条件の下では，全員をカバーする「唯一の」答えは存在しない．それぞれの人にとって使える，使いやすいものがあるかどうかが問題であり，結果として，圧倒的に多数派だとみなされてきた比較的若い健康な世代向けの製品が市場でいちばん売れるから，それが製品の標準だったといえよう．このために多くの潜在的な利用者が排除されてきたのも事実だ．

●構築環境では

しかし基本的にある特定の人だけではなく，不特定多数の利用者が対象とならざるをえない建築物では，話が違ってくる．つくられた結果として私が使えないものが存在するという贅沢が許されるかどうか．少なくとも公が提供する建築物では，代替がきかないことが多い．いくつか提供しておいて，どれか選んでくださいでは済まない．人々の税金でつくられる市役所や市民会館，図書館が使えないとなると，それならば私の払った税金を返せ，という議論になるだろう．これは私企業であっても半ば独占であるような場合に共通で，電気，ガス，さらには公共交通がそうだ．社会の仕組みとして競争相手の参入が規制されている場合がほとんどで，ほかに行ってくれ，と突っぱねることができないから，利用者が要求すればあらゆる手を尽くして対応することが求められる．もちろん現実には不可能なこともあるが，できません，と安易に断ることは許されない．

この点を考えると，公共交通を念頭に置いた旧交通バリアフリー法が，基本的に障害者・高齢者対応を「義務」として導入したのは当たり前と考えるべきだ．それでこそ，ユニバーサルアクセス，ユニバーサルサービスの責任を果たすことができる．その延長として，旧ハートビル法の対象が市場で競争する私企業の建築物にまで及ぶのは，理念的には一歩進んでいると考えることもできる．

これは，緩やかな変化の時代には，改修や建替えのタイミングに少しずつ導入していけるし，放っておいてもあるべき方向に流れるが，現在の日本では急速な高齢化に伴うさまざまな仕組みの対応が，市場に任せていては間に合わずに手遅れになるという本質的な点にかかわる．先に述べたとおり，利用者として比較的若い世代を想定していた，というのは建築物にも当てはまるが，人口の高齢化と社会の仕組みの変化に伴って，歳をとって身体にさまざまな不都合が出ても，自分でやらねばならないのが当たり前になってしまった．世帯規模が小さくなり，以前のように同居の家族が代わりにやってくれることは期待できないのに，外出して済まさなければならない用事が昔に比べて増えている．さすがに近年になって，あちこち飛び回らずに一カ所で済むようになった．これは共働き世帯のためで，高齢者のためではないが，結果としてそうなった．

●高齢化のインパクト

さらに，高齢者の割合が多くなるということは，消費者としての高齢者をこれまで以上に意識しなければならないということでもある．住宅ローンはすでに払い終え，子供の教育負担もなくなった高齢者は，考えようによっては若い世代より可処分所得が多い可能性だってある．そうした高齢者がさまざま

■1 ベビーカーを押す母親　ごく当たり前の光景だが，階段や段差があったらとたんに移動が制約されてしまう（筆者撮影）

■2 小ぶりのスーツケースを引っ張っている子ども　平らだから子どもでもできるので，階段や段差では母親が苦労して持ち上げるしか選択の余地がないだろう（筆者撮影）

な形で社会に出て積極的に活動できる環境を整えておくことは，ある意味で大前提になる．そうなっていてはじめて，高齢者がその希望に応じて活動し，自分の意思で消費を選択する可能性が高まる．さもなければ，高齢者の収入はある意味で死蔵され，いわば経済は縮小再生産に向かうことになろう．

●すべての人が恩恵を受ける

しかも，そうした前提条件はじつはあらゆる世代にとってメリットがある．だれであっても一時的にケガをした状態だと移動などに困難が伴うが，仮に環境が高齢者や障害者が移動しやすいものになっていれば，全部とはいえずともかなりの問題が解決されるし，妊娠中の女性あるいは小さな子どもを連れているときなどは，同じようにメリットを最大限享受できるだろう．少なくともそういった状況のもとで制約を受けることはだれも希望しないからだ．

●バリアフリーからユニバーサルデザインへ

こうした対応のあり方を表す言葉として従来使われてきたのは「バリアフリー」だが，バリアフリーはその出発点のもつ宿命として，どうしても障害をもつことと切り離せず，残念ながら現在に至るまでプラスのイメージでとらえられていない．一方，ユニバーサルデザインはそれに対して，「だれもが財布のヒモをゆるめるものであること」，という要件が示されており，そのゆえに自身が多数派だと思っている人々をも説得するアプローチをとっているし，年齢，性別，能力のいかんにかかわらず，という表現によって，障害者と健常者との二分法に陥るのを避けている．したがって，子どもから若者，壮年，熟年，高齢者に至るすべての年代層に対してアピールすることができるのだ．言い方を変えれば，ユニバーサルデザインは個人の特性によってのみ規定されるのではなく，置かれている状況にも大きく左右される．先に述べたように，ケガや体調，健康状態などによっては，ふだんは問題にならないことが思わぬバリアになってしまう．スキーをしていて骨折やねんざという経験をもっている人も少なくないはずだし，風邪をひいていても仕事を中断できず無理に出勤しようとして苦労したこともあるだろう．さらに，小さな子どもを連れていれば，ベビーカーでの移動に際して階段や段差で困ることは日常茶飯事だ．この階段や段差の問題はじつはさまざまなものの搬入・移動に共通であり，むしろ物の移動を考えなくていい経路のほうが少ないかもしれない（最近の駅では，車輪がついた小ぶりのスーツケースを引っ張っている人が昔に比べて明らかに多くなっている）．つまり，従来のバリアフリー概念で当たり前と思われていた別経路・別手法という解決策は，本質的に誤りである．ユニバーサルデザインは一般解でなければならず，そうでなければ全員をカバーすることなどできない．

［古瀬　敏］

5-23　建築物のバリアフリー化をたどる

【テーマ】バリアフリー，ユニバーサルデザイン，法制度　　　　　　　　　5　計画・空間・情報

●高齢社会と法整備

1994年6月，ハートビル法が制定された．その前年の10月，当時の建設省建築審議会で「高齢社会の到来及び障害者の社会参加の増進に配慮した優良な建築物のあり方」に関する諮問が行われた．1994年1月諮問への中間答申が行われ，次のような重要な内容が提言された．

「（略）建築物の建築に当たっては，建築物が人々の生活の基本的で中心的な場であるという点を再認識し，従来のように経済活動中心，成人中心といった効率優先の考え方から，高齢者から幼児まですべての人が共生する場の創出という考え方への転換が求められている．（略）このための新たな建築施策の体系は，その実効性を確保するために，すべての建築物について統一的・体系的に指導を行うことが可能な現行の建築基準法を中心とした建築基準行政及び建築設計を統括する建築士行政の双方と密接な連携を確保しつつ整備・運用されていく必要がある（略）」．

この答申の第一歩を踏み出したのがハートビル法である．法では，建築主に最低限の努力を求める「基礎的基準（基本的なバリアを除去）」と，社会全体としての目標であり，よりよい利用環境をめざす水準「誘導基準」の二つのバリアフリー整備基準が設定され，これらは，その後制定された全国各地の福祉のまちづくり条例の整備基準に影響を与え，一定の目的を達成した．

●福祉環境整備要綱から福祉のまちづくり条例へ

そもそもハートビル法に至る動きをつくり出したのが地方公共団体による福祉のまちづくり条例の制定である．大阪府（1992）と兵庫県（1992）が全国に先行したが，条例の原点は1974年に制定された町田市の「福祉環境整備要綱」にある．町田市は建築物の新築に当たり，市で規定した福祉的環境整備基準の遵守を求めた．この要綱はその後全国90団体以上の市町村に拡大した．都道府県ではこうした市町村独自の福祉的環境整備要綱の重要性を認めながらも，整備基準の統一や法的な拘束力の必要性に鑑み，また，1990年アメリカで制定された障害者の差別を禁止する法律（ADA）などを背景に一段階上の整備力を有する福祉のまちづくり条例の成立に動いた．

大阪府は条例の前文で次のように述べた．「私たち一人ひとりが自立し，生きがいをもって生活し，それぞれの立場で社会に貢献することができる真に豊かな福祉社会の実現は，私たちすべての願いであり，また，責務でもある．こうした社会を実現するためには，一人ひとりが一個の人間として尊重されることを基本に，社会からのサービスを平等に享受でき，意欲や能力に応じて社会に参加できる機会が，すべての人に均等にもたらされなければならない．このためには，障害者，高齢者等からこれらの機会を奪いがちな物理的，心理的及び情報面の障壁を取り除くことにより，すべての人が自らの意思で自由に移動でき，社会に参加できる福祉のまちづくりを進めることが，とりわけ重要である．（以下略）」．

現在都道府県のすべて，政令市の大半で福祉のまちづくり条例を制定している．しかしながら，この条例は自治法を根拠としているため建築基準法と同等な強制力をもたない．この課題に対応したのが2002年改正ハートビル法である．

●2002年改正ハートビル法

2000年，公共交通機関のバリアフリー化を義務づけた交通バリアフリー法が制定され，ハートビル法も義務化へ転換することになった．改正法では，2000 m^2以上の図書館，百貨店，宿泊施設などの建築物（特別特定建築物）のバリアフリーを義務化し，1994年の法制定時には対象外であった学校，共同住宅，事業所などを法の対象に組み込んだ．こうしてわが国で初めて，建築物のバリアフリー化を目指す法令が建築基準法と同等の確認法令となった．さらに，ハートビル法では地方公共団体が独自にハートビル法の基準を上乗せした委任条例を創設

することができるようになり，地域のバリアフリー化に必要なよりきめ細かく小規模な建築物までを義務化することが可能となった．

ハートビル法の改正から4年後，交通バリアフリー法の5年後の見直しを経て2006年，交通バリアフリー法とハートビル法を一本化したバリアフリー新法が成立した．

● ユニバーサルデザインの考え方に基づくバリアフリー新法

2005年国土交通省は，「どこでも，だれでも，自由に，使いやすくというユニバーサルデザインの考え方を踏まえ，今後，身体的状況，年齢，国籍などを問わず，可能な限り全ての人が，人格と個性を尊重され，自由に社会に参画し，いきいきと安全で豊かに暮らせるよう，生活環境や連続した移動環境をハード・ソフトの両面から継続して整備・改善していくという理念」に基づくユニバーサルデザイン政策推進大綱を策定した．この大綱は，1994年1月の建築審議会中間答申の21世紀版であり，今後取り組むべき国土交通行政の総括的な指針を意味している．

とくに，大綱にある「利用者の目線に立った参加型社会の構築」と「持続的・段階的な取組の推進（スパイラル・アップの導入）」はユニバーサルデザインの考え方による新たな視点といえる．持続的な住民参画により建築物，まちづくり，交通機関を一体的に整備するために，随時整備状況のチェックを行い，その検証成果を，プロジェクトの見直しや次のプロジェクトに生かす考え方である．建築と交通という従来は完全に切り離されていた整備のあり方を反省し，利用者，生活者の一連の生活行動を連続的につなぐためのバリアフリー化が始まった．

そしてこの考え方を土台に作られたのがバリアフリー新法である．公共交通の移動の円滑化と建築物の利用の円滑化を統合し，地域における多様な関係者の協働のもと，公共施設や交通機関の整備，中心市街地の活性化を図る．関連するまちづくり等の事業と連携して，総合的な取組を実現する法体系となった．

バリアフリー新法の特徴は，①駅，建築物から道路，公園まで，まち全体のバリアフリー化の推進，

■1 ユニバーサルデザインの考え方により，建築物の企画，設計，実施設計および運営に至るまで市民，行政等の検討が行われたN市公共施設整備でのワークショップ（2005）（筆者撮影）

②市民の主体的なバリアフリー提案の尊重，③事業者，施設管理者への罰則の強化，④高齢者，障害者を問わず日常生活にバリアのあるすべての市民の移動・利用の円滑化を対象にしたことである．国民のだれもが安心して暮らせる社会環境の実現がバリアフリー新法の目標である．

● まとめと今後の展望

第一に，これからの建築物や都市環境，交通機関の整備においては，新たなバリアを生み出さないという明確な姿勢が何よりも重要である．第二に，建築物に関しては新築時には確実にバリアフリーチェックを行い，改修に当たっては可能なかぎり多様な利用者のニーズを確認し，計画・設計に当たる．第三に，市民，行政，事業者が一体となりバリアフリー化やユニバーサル環境を実現していくしくみを考え，実行する（■1）．第四に，安全・安心への対応も重要課題である．災害時においてもバリアフリーやユニバーサルデザインの環境が機能しなければ意味がない．

建築物を取り巻く地域のバリアフリー化は決して容易なことではないが，確実に進展している．これまでの経験を十分に検証しながら，市民の力量，行政の力量を見極め，地域の伝統，文化，魅力を表現しうる多彩な展開が求められる．

そのためには，バリアフリー新法に定められたバリアフリー基本構想など，中長期的な計画をしっかりと立案する必要がある．　　　　　　　［髙橋儀平］

5-24　空間を感じる―環境心理学/環境行動研究

【テーマ】行動科学・認知科学　　　　　　　　　　　　　　　　　　　　　　　　　　5　計画・空間・情報

●空間，心理，行動

建築を建築たらしめるものは何であろうか．それは「空間」があることであろう．人間がその空間の中に入って体験もしくは体感できること，それが人間にとっての建築の本質的意味であろう．

その建築空間の中で人々は，居て，見て，時には触れて，空間とかかわりをもちながら何気なく生活している．いつも空間を見て美しいと感じたりしているわけではない．生活の背景として，何気なく居て，囲まれ限定された空間の中で動き，見渡して，時には狭いと感じたり，広いと感じたりしながら生活している（■1）．

建築空間は人間をとりまき，人間の生活・行動はそれにより影響を受ける．空間が人間行動のすべてを決定するわけではない．直接行動を規制することもあるし，意識しない程度の影響を与えるにすぎないこともある．

ともあれ実際に壁や床や天井などの建築空間を構成する境界面は，人間の視線を遮り，行動を限定したり，逆に行動の可能性を拓く．

建築空間をデザインするということは，そのような人間に対し影響を与える壁や床や天井などの建築的要素の位置関係や質を決めることといえる．建築空間が人間に与える生活・行動の可能性は，空間デザインによって変わりうる．空間を変えると人間に対する何かが変わる可能性がある．その可能性を開拓し求め人々に提供するのが空間デザインの意義であろう．

建築空間において人間生活に直接かかわり，最も大きい影響を与えるのは平面である．平面は重力と垂直な面であり，地面・床面から離れることができない人間の動ける可能性を限定し，平面の形はそこで行われる行動の可能性を拓くことになる．それゆえ，建築の機能を考えるとき平面計画は基幹となるものである．

しかし人々は建築空間から平面にかかわる機能だけを享受しているわけではない．建築空間は中にいる人間の視点から見えて，五感で感じる3次元の空間として相対しあるいは包み込んで人々に何らかの影響を与える．

そこで与えられるものは人間にとって最低限の生活を可能とする狭義の機能だけではない．用がなせればよいというものではなく，心理的・情緒的な面，あるいは社会・文化的な面にまで踏み込んだものである．

空間の大きさ・形状などがどのように知覚・認知され，またそれが人間にとってどのような意味を与えるのか，具体的にどのように心理・行動に影響を与えるのか，さらにどのような空間がより豊かな可能性を拓くのかなどについて人間の立場から検討する必要がある．

●環境心理学/環境行動研究

このようなことを解き明かすひとつのアプローチとして「環境心理学」あるいは「環境行動研究」（environment-behavior studies：EBS）とよばれる学際的研究領域がある．

環境心理学/環境行動研究は，環境（物理的だけでなく社会的環境も含む）と人間の心理（行動）との相互作用を取り扱う学際的な領域である．

環境心理学/環境行動研究は，なにも新しいことではないともいえる．建築・都市を人間中心にとらえ，人間にとって使いやすく快適な環境を作るための基礎調査として，多くの環境心理学/環境行動研究といってもよい研究が建築学においては実質上行われてきたといえる．

とくに建築学の分野で古くから行われてきた「使われ方研究：建築空間の利用者の潜在的要求を把握するために，利用者の行動や意識の反映・軌跡としての建物の使われ方を調査し，使用されている状況での現状を客観的にとらえ，そこから再現可能な法則のようなものを発見し，それを後の建築計画に適用するもの」は環境心理学/環境行動研究の主要な方法である「POE（post occupancy evaluation）：建築物が完成し使われ始めてから，利用・生活する

■1 建築の「空間」（左・右）

■2 登りたくなる（?）斜面　そのため登れないように柵が設けられている

■3 段差に座る人々　段差そのものを座れると感じるだけでなく，ほかの人が座っているのを見てよりいっそう座ってもよいと感じる

人々の体験に基づいた評価」と通じるものがある．

環境心理学/環境行動研究は，国際的・学際的な研究組織が活発に活動しているのも特徴である．北米を中心としたEDRA（Environmental Design Research Association），ヨーロッパを中心としたIAPS（International Association for People-Environment Studies）といった国際会議が定期的に行われ，日本からも建築学，心理学などの研究者が参加している．日本にも小さい学会ではあるが，MERA（Man-Environment Research Association）という学際的組織があり，建築学，心理学などの研究者が参加している．

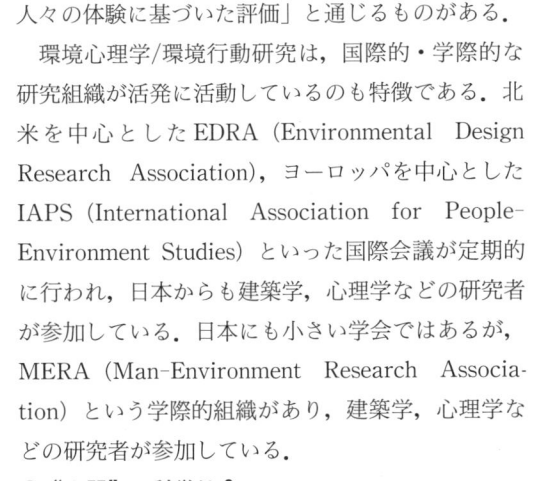

● "人間"の科学は？

環境は人間に相対して，いろいろな情報を与え，それによって人間はその場が自分にとって何ができるかを判断する．斜面が適度な傾斜と大きさ・材質であれば，だれもが登れると感じるし，時には登りたくなると感じる（■2）．段差があれば，状況によっては座りたくなる，あるいは座ってもよいと思う（■3）．平らな床面や地面を見ると歩けると思う．このように，環境はある行動ができることを認識させている．環境は人間にそのような行動のための意味ある価値を提供している．このようなことを解明することも今後の課題となろう．

そもそもそのような環境のなかの人間というものは科学・工学的にとらえられるだろうか？　人間の行動は自然科学の法則にのりにくい，というか自然科学とはそもそも人間以外の，法則にのるものを対象としたものである．また，人間の行動は文化とも強いかかわりをもつ．

基本的には現状のできる範囲で客観性と一般性を求めて自然科学的にアプローチする．しかしそれだけでは人間のすべてはいいつくせない．その点で，人間を，とくに心理・行動を人間らしくとらえる学問はいまだ発展途上の分野である．　　　［西出和彦］

5-25　人間と環境との一体的移行

【テーマ】人間-環境系研究　　　　　　　　　　　　　　　　　　　　5　計画・空間・情報

●相互浸透ということば

「相互浸透」あるいはその理論体系としての「相互浸透論」は，心理学の一領域として形成された環境心理学の分野で1980年代に使われ始めた「トランザクション（transaction）」，「トランザクショナリズム（transactionalism）」に由来する．それらに筆者は1989年頃に「相互浸透」という訳語を与えた．しかし，いまだ定訳になったわけではなく，原語のカタカナ書きも用いられている．このことばの意味・解釈は研究者によって多様である．諸説を要約すれば，相互浸透論とは，人間と環境について両者を独立・独歩した存在と位置づけ，相互が影響を与える関係を扱うのではなく，行動における一体的働きと考える立場であり，その働きは時間とともに移行・変容するものであるとするところにこの論の特徴がある．

人間と環境との相互作用に関する理論は歴史的に多様な考え方が提出されてきた．環境心理学の創始者の一人であるD.カンターは「相互浸透論」に至る理論の系譜をまとめている（■1，■2）．環境心理学はその後，「心理学」の枠を超え，社会学・生態学・構築学など含んだ人間と環境とに関する研究へと変質し，「環境行動研究」という分野が出現した．

●環境ということば

近年，地球の持続的環境に代表されるように，環境ということばが一般化している．たとえばオゾン層の破壊など，ここで用いられている環境は主として自然や廃棄物などの物理的環境を意味することが多い．一方，人間-環境系あるいは環境行動の研究領域では，物理的環境だけでなく，対人的・社会文化的な人間とその行動にかかわる次元を環境の考察対象にするのである．そこで環境心理学では，環境を物理的環境（自然や構築物），対人的環境，社会文化的環境の三つに分類してきた．この心理学的観点に構築・技術的観点を加味した分類として，自然環境，人工物環境（ものだけでなく創作物までを含む），社会文化的環境（対人的環境を含む），さらに近年大きな影響力をもつ情報環境の四つを筆者は提案したい．

●決定論の意味

これまでの歴史的認識からすると「決定論」はいまでは否定されたかのようにみえる．しかし建築環境と人間行動との関係においては，決定論は存在意義をいまだ持ち合せているのである．身近な例ではバリアフリーがあり，段差のある環境では車椅子移動ができないことなど枚挙にいとまがない．建築の古来よりの目標であった用・強・美の「用」の側面では決定論の有効性は途絶えることはないであろう．「弱い決定論」に関しても同様であり，たとえばある部屋の塗装を変えただけで，室の広さ，開放感が一変することがある．物理的には同一の箱であっても，「色」の変化によってその内部が異なった広さとして知覚されるのである．

●相互作用論の意味

決定論と同様に「相互作用論」も環境-行動関係において現在的意味を保有する．■1，■2に示すとおり，ある環境の影響は万人に共通ではなく，各人（その性質・個性など）によって異なるとするものである．先ほどの例でいえば，同一の箱としての室内空間（その塗装を変えた状態も含めて）の印象は，人によって異なり，ある人は他の人よりもより狭く感じている，あるいは広い・狭いという感覚に鈍感な（意に介さない）人もいるという「個体差」を問題とする．さらには，文化差も重要な意味をもつのである．たとえば車両内での混み合い状態への反応を考えれば明らかなように，個人差・文化差が存在するのである．

●相互浸透論の意味

■2に示したD.カンターのことばのとおり，相互浸透論の意味について統一的見解は定まっていないといってよいであろう．筆者の解釈では相互浸透論の特性は三つに要約できる．一つは環境-行動の関係は相互に受動的なものではなく，能動的な働き

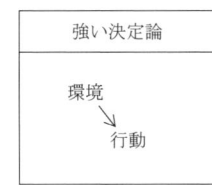

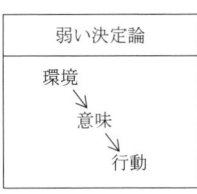

■1　環境行動研究における代表的な理論（日本建築学会編（1997）：人間-環境系のデザイン，p.42，彰国社より）

強い決定論	弱い決定論	相互作用論	弱い相互浸透論	強い相互浸透論
環境→行動	環境→意味→行動	行動=f(人・環境)　環境→行動　人→行動	環境⇔人⇔行為	目的→意味・場所・形態・行為

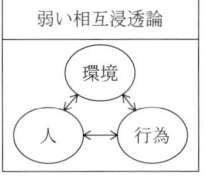

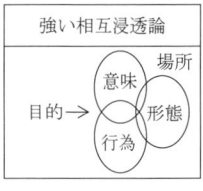

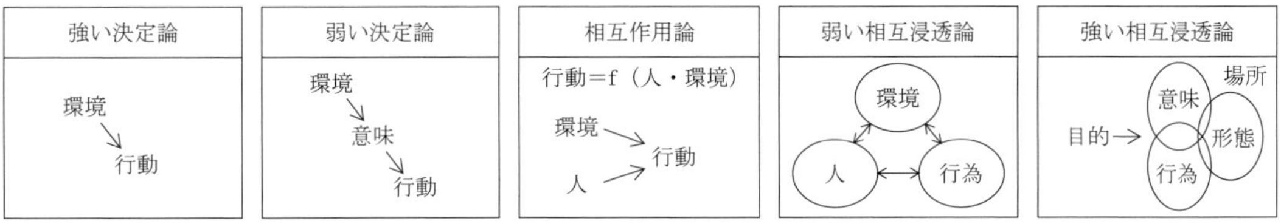

■2　環境行動研究における代表的理論の立場（日本建築学会編（1997）：人間-環境系のデザイン，p.43，彰国社より）

強い決定論	環境が直接的に人々に影響するとみる理論の集合．周囲の環境の比較的単純な側面が，われわれの考え，感じ，行いに特定の結果をもたらすように，人々は構成されている，とみなされる．
弱い決定論	物理的・社会的環境が行動の決定因であるが，人々がそうした環境の手がかりに対して与える意味と解釈を理解することは行動結果のより効果的予測にとって必要である．意味が刺激のインパクトを調整する． このモデルが有効である状況はあるが，メッセージよりもメディアを強調しがちであり，特定の刺激タイプのもつ象徴的な質は示されるが，その刺激の役割は無視される．さらに，環境の特定の側面に連合する意味が，時間・文化・個人によって差異があることも明白であるにもかかわらず言及されない．
相互作用論	人のある種の側面が環境の有する影響の性質を変えるものとして取り入れられる．換言すれば，環境のインパクトを修正するフィルターとして意味を扱うことはもはやできない．物理的刺激は，その意味をわれわれが理解するならば，なんらかの一般的結果をもたらすのではなく，むしろ，その結果の性質というのは，人によって大きく変わるだろう． それぞれの人の性質に適合した環境をという考えは，人々が環境を変えるという問題へと展開される．
弱い相互浸透論	人々がその環境に与える影響はそれら環境の修正といった程度以上のものである．人々は環境の性質とその意味を完全に変えてしまうかもしれない．物理的環境の修正や調整を行い，われわれが交わり反応していく他の人々を変えて社会的環境を変え，場所に与えられる目標や意義の再解釈を通じて，不断にわれわれの物理的環境に働きかけ，変えていく．人は環境に，期待・仮定・環境の性質を変える行為をもち込む．各人が自ら環境の含意のモデルをもち，イメージされている結果や可能性との関係において操作する． もし，人々がモデルを形成し，世界を理解すべく能動的に試み，そしてそれを反応へともち込むという見方をとるならば，そうした能動的なスタンスの目的は何であり，それを構造づけ組織化するプロセスは何か．環境とのトランザクションの動機づけプロセスを考えると強い相互浸透論の領域へと入り込む．
強い相互浸透論	この枠組みはいまなお探求されているところであり，その意味するところも明確とはいえない．困難のひとつは哲学的混乱による．各人の目標・目的をみ，その人がまさにその一部であるところの社会的プロセスによって，それらの目的が構造化され組み立てられていく道筋をみるべきである．

をもつこと．二つはその関係は影響を与え合うにとどまらず，相互を変える働き（別のことばでは創発性）をもっていること．三つはそうした関係，働きは時間とともに移行していく．そして，その変化が次の変化に影響を与えること．つまり，いいかえれば，能動的関係，創発的関係，時間移行の三つを特性としているといえよう．別の見方をすれば，環境-行動の様態・動態は建築における設計・デザインのプロセスになぞらえられよう．

●「環況」ということば

これまで述べてきた環境-行動における，決定論，相互作用論，相互浸透論の三つの位相，相互浸透論における三つの特性を備えた人間-環境系を意味することばとして「環況」という概念を提案したい．これは筆者が数年前に「環境」と「状況」とを合成して提案したことばである．これまで用いられてきた「環境デザイン」は人間の外側を取り巻いている「環境」のデザインを意味するもので，「こと」の半面のみの表現にとどまっており，やや誇張すれば人間の生き方を含めて，現在・将来をどのように構想するかという問題対処を「環況デザイン」とよびたいのである．こうした考え方に立ったとき，これまでの構築環境の計画概念はどう変質するであろうか．決定論を基盤とした「計画」（その対極に「無計画」があるが）に対して「非計画」という状況をいかに認識するかが重要であろう．つまり，決定論的計画の及ばない非計画をデザインの場でどう対処すべきかという難問に対面しているのである．

かかる状況を踏まえると，これまでの建築・都市のデザインプロセスは大きく変わらざるをえないのである．従来は新しい建築の竣工によってデザイン（設計）は完了したのであるが，その建築が使われ始めて，第二のデザインプロセスが誕生することを認識する必要がある．

［高橋鷹志］

5-26 「それぞれの空間」という主題

【テーマ】空間の文化　　　　　　　　　　　　　　　　　　　　　　　　　　　　5　計画・空間・情報

●空間としての建築

　建築を，空間という言葉に依ってとらえる思考は，歴史的にみればそう古いことではない．古くは建築は，空間という言葉の代わりに，たとえば「場所」や「比例」や「製作」といった概念に則してその全体が記述されていた．大きくとらえれば，空間概念自体は，カントによる「経験に先立つ形式としての空間」やデカルトによる「延長（extention）」という了解，あるいはニュートンによる「絶対空間」という形で，近世以降の哲学において徐々に輪郭づけられてきた．しかし，美学と芸術という文脈の延長で，建築が空間に則して記述されるようになったのは，ほぼ20世紀を迎えてからである．19世紀後半に，コンラート・フィードラーやアドルフ・ヒルデブラント，アロイス・リーグルといった，ドイツ圏の美学者を通して建築の再定義が試みられ，1893年にアウグスト・シュマルゾウにより，空間によって建築を記述する思考の形が決定づけられることになった．

　こうした流れを受けつつ，20世紀初頭におけるテクノロジーの進展と交通システムの進歩，相対性理論や非ユークリッド幾何学の展開，さらにはこれらと共振する形で沸き起こった未来派やデ・スティル，シュールレアリスムといった前衛芸術運動とも連動しながら，「空間としての建築」という了解はしだいに一般化し始め，建築をとらえる際の思考の前提として流通するようになった．ジークフリード・ギーディオンによってまとめられた『時間・空間・建築』は，そうした20世紀における建築のとらえ方を精確に描出し，決定づけるメルクマールでもあった．

　この，「空間としての建築」という了解の形は，モダニズムの教義のもとで，やがてインターナショナリズム（internationalism）やユニバーサルスペースというタームを自家薬籠中のものとしながら，それぞれの場所の固有性や伝統，地域性を解体し，だれもが同じように思念しうる普遍的な建築形式，という考えを強力に後押しするようになった．

●空間に抗する概念としての「場所と地域」

　こうした，場所性と地域性の抹消に対する危惧と反動から，主として20世紀後半において，モダニズムに対する異議申立ての思想として生まれたのが，ポストモダニズムという文化潮流だった．ポストモダニズム自体は非常に複雑な様相のもとにあって一概に語れないにせよ，ポストモダンを標榜する建築においてはモダニズムの単一的で均質な志向に対し，歴史性や地域性，共同体や場所性といったものの復権が多く唱えられた．また，そうした志向の延長で，コミュニティの再生や文脈主義（contextualism），折衷主義や歴史からの引用といった手法がさまざまに模索されるようになった．

　こうして，かつての伝統的な概念の連鎖を一挙に切断する「空間」という概念の，またたく間の流通と，その反動としての地域主義（regionalism）という対抗の図式が，20世紀後半においては形を変えて，繰り返し議論されるようになった．さらに，グローバリゼーションが貫徹しつつある21世紀の現在では，そうした対立と齟齬が，より広大かつ先鋭的な形で顕在化しているかにもみえる．「場所と地域の制約から離れた，グローバルで新しい空間」と，「歴史の厚みを帯びた，古き良き伝統的な場所」という対立．この図式はいまもなお，基本的には解消されていない．そしてそれは，あらゆる文化活動のなかでもとくに建築や都市において，つねにきわだった形で現れてもいる．

　解消不能にみえるこうした対抗図式に対して，建築史家のケネス・フランプトンは，これら両者を止揚するかにみえる，批判的地域主義（critical regionalism）という概念の可能性を唱えた．これは，すべてを等しなみに均質化し，文化と地域の固有性を解体していく「空間としての建築」という了解に対し，それらを批判する視座をもった概念である．しかしここでは，単純に伝統的な地域主義の復権を唱えることで均質な空間了解を批判するのではなく，

空間概念に随伴する諸々の技術や思考や方法を継承しながら，地域的・伝統的なものを建築において復権させていこうとする批評的方法である．フランプトンはたとえば，こうした方法を示唆している建築としてアルヴァ・アアルトによる「セイナッツァロの役場」(1952) をあげ，そこで体現されている触覚性や構造形態といったものの重要性を説いている．

● 21世紀において「それぞれの空間」は可能か

フランプトンの提唱する批判的地域主義は，空間と地域との対立を止揚する方法としてきわめて示唆的なものだが，それはややもすれば建築家個人の技芸において局所的かつ個別に実現されるものにとどまってしまう可能性がある．都市が全体化し，グローバリゼーションが貫徹しつつある21世紀の現在においては，こうした技法をより普遍的な方法へと拓いていく試みが必要になるのではないだろうか．いいかえれば，あらゆる差異と地域性を抹消する，抽象的で客観的な空間概念の延長においてではなく，しかし単に伝統と場所性の復権を唱える地域主義でもない，各々の固有性を再定義し，拡張しえるような，「それぞれの空間」とよぶべき概念の創出が望まれているのではないだろうか．つまり，「多様性と固有性のもとにある空間」の可能性について，である．

空間それ自体は，たとえばベルグソンやポアンカレ，リーマンやマッハがすでに20世紀において指摘していたように，便宜的に多様に解釈される余地をもつ．しかし，それがあまねく流通してしまった現在では，空間は差異を抹消し，場所性を消失させる概念装置として了解され，地域や場所を含み込んだ概念として組み直すことはきわめて困難な状況となっている．けれども，都市化が世界を席巻し，その再生が語られ始めた現在においては，そうした「それぞれの空間」を問い直すことが現実的な妥当性をもち始めているともいえる．

だから，それはおそらく，20世紀における都市化を前提とした方法として思考される必要があるだろう．つまり，場所性の抹消を一度経験した都市において，あらためていかなる場所を創生するか，という問題に重ねられることになるだろう．

ここで，そうした可能性を示唆する建築として，レンゾ・ピアノによるメニル・コレクション美術館

■1 天井を構成する「リーフ」を通して巧妙に自然光を取り入れたメニル・コレクション美術館の内部空間（ピーター・ブキャナン著，岡部憲明監訳 (2005)：レンゾ・ピアノ・ビルディング・ワークショップ全作品集 vol. 1, p. 151, pp. 140-163, ファイドンより）

(1986) をあげておきたい (■1)．アメリカのヒューストンに建てられたこの美術館は，既存の都市のシステムと地域の素材を考慮したうえで，その連続性において新しく創り出されている．すなわち，都市のコンテクストに沿いつつ，周辺に建つ建築に合わせた下見板による外観となっている．また，屋根を全面的に覆い，自然光を採り入れつつ制御する「リーフ」とよばれるエレメントは，建築と周辺環境を調和させ，場所の固有性に応答する優れた装置となっている．ピアノはこの建築を計画する際に，地球上における同緯度の建築物を参照したうえで，自然光の制御を検証し，それを「リーフ」に結実させている．つまり，ユニバーサルな観点から，その場所の固有性が見取られているのである．都市というシステムの継承と，気候学的な地域性の抽出による建築の創出．サステイナビリティという観点をも踏まえた，こうした建築の試みは，都市の再生を視野に入れた「それぞれの空間」の可能性を，私たちに向けて，豊かに示唆しているのではないだろうか．

[南　泰裕]

5-27 自然共生思想の原理―間（ま）

【テーマ】間（ま）　　　　　　　　　　　　　　　　　　　　　　　　　　　　5　計画・空間・情報

●時間と空間にかかわる「間」

日本に独特といわれる空間概念のひとつに「間」がある．神代雄一郎は，「『間』は『気』と同様，定義しにくく翻訳しにくい言葉でありながら，しかも古くから現代に至るまで一般に広く用いられ……伝統的美術・工芸・芸能・武道・茶道といった諸生活芸道を通じて，広くその美的表現の基本原理として存在することは，驚くばかりである」と述べている[1]．

「間」の第一の特徴は，時間と空間の両方にかかわることである．その意味を『岩波古語辞典』は「連続して存在する物と物との間に当然存在する間隔」，「物と物との中間の隙間，すきま．後には，柱や屏風などに囲まれている空間の意から部屋を表す」，「時間に用いれば連続して生起する現象に当然存在する休止の時間，間隔」などと解く．『研究社・和英大辞典』第4版では，「間」の訳語を示すにあたって，空隙，部屋，合間，休止，時日，暇，運，調子に分解している．「ひと間」，「居間」，「柱間」，「間が持たない」，「間もなく」，「間ぬけ」，「間を伺う」，「間の悪い思い」などである．

●薄い面

「間」とは何かを考えるにあたって，二つの問題を考えよう．第一の問いは，「間」を生起させる独特な形態が日本建築にあるはずであり，それはどのようなものか，ということである．「間」を形而上学的に考えるのではなく，体験できる空間概念の一種であると考え，空間は具体的な形態の独特な扱いがもたらす効果だと考えるのである．

第二の問いは，「間」は空虚だとよくいわれることにかかわる．パリでの「間」の展覧会を指揮した磯崎新は，日本の「空間は基本的に空白であり……ある瞬間に気＝霊魂＝〈カミ〉がそこに充満する」と述べ[2]，作曲家小倉朗は，「日本音楽独自の『間』の間隔は，その節約により緊張をはりつめた無音の時として具現した一形式である」としている[3]．これらの論者のいう空虚とはどのようなものか，これが第二の問いである．

この二つの問いに答えるために，最初に日本の建築に現れる面の性格について考えてみよう．なぜ，空間を考えるのに面を吟味するのかというと，それは，空間は実体がなく現象であり，その知覚は，空間を囲っている物体（壁や天井や床）の性状，とくに表面によって形成されているからである．

日本の建築，とくに伝統的な建築を構成している面の特徴は「薄い」と私は論じたことがある[4]．この特徴と「間」が密接に関係していると考えている．「薄い」というのは，第一に，物理的に薄いということであり，弱いということでもある．また，軽いので，取り外しも自由にできる．日本人は軽い境界を季節によって，状況によって時には気分によって変えてきた．夏の簾戸，花見や運動会のための幔幕，部屋のなかに部屋をつくる衝立など例は豊富にある．第三の意味は，光を透すということである．障子や格子など，これも例が多い．

このように，日本の建築に使われる面は物理的特性として「薄い」のだが，それだけでなく，面の造形表現でも「薄さ」が強調される．日本の「薄い」面はたいてい平面であり，けっして折れたり，曲がったりしない．そして，何本もの直交する直線を要素としてもっている．斜線や曲線は一般的には好まれなかった．さらに，近世の格子組にみられるように，直交する線分の間には優劣がつけられ，正方形が嫌われる．日本人が平面を好むことは，古代に中国から輸入したての仏教寺院や寝殿造りの建物には開き扉や蔀戸のように軸回転する建具が多くみられたのが，その後まったく発展せず，近世になるとみな，障子や襖など引戸，つまり面内を移動する建具だけになってしまうことに端的に現れている．

●薄い面の重ね合わせ

では，日本の薄い面で，建築に求められる深さや厚さをどうやって作るかというと，日本人は薄い面を重ねてゆく．オーバーのような厚手の服と薄い着物の重ね着の比較でいえば後者である．十二単，御

簾，浮世絵，障壁画などにも観察できる．神社の境内で本殿に向かうと，鳥居に始まり，石段やら門や拝殿の軒先やら，注連縄やらといくつもの結界が張られている．それを一つ一つ抜けるたびに，ありがたさが増す．それは幾層も平行に重ねて並べられた幕を分け入ってゆく感覚である．西欧の教会堂で祭壇に向かう経験が，いくつもの部屋を通り抜けてゆく感覚であるのと好対照である．

こうした違いはどこから出てくるのか．西欧の教会では，柱間が一つの部屋のように中心をもっていて，しっかり作り込まれている．つまり空間は詰まっている．一方神社の面と面の間は，いってみれば放ったらかしである．面一つ一つが自立してしまい，隣の面と一緒になって部屋のような空間を形成しようとしない．本当の部屋に入っても，西欧の内部空間ほど凝集感がない．

この違いは面の表面にも現れる．面自体が曲がったり折れ曲がらないという特徴は，開口の額縁の角の納まりとして留を嫌い，どちらかの材を勝たせる納まりである角柄を好むところに表れている．西欧で好まれる留によって結ばれた額縁は，開口を囲い込み，閉じ，開口に完結性を与えるだけでなく，地図の等高線が地形のでこぼこを表現するように，面に直交する力を暗示する．伝統的な西欧の建築の表面には，このような入れ子構造の図柄が溢れている．一方，角柄による額縁は，隅でまわり込まず，そのまま伸びようとするので，面をピンと張る力を暗示し，面に直交する力は暗示されない．このような「薄い」平面の重ね合わせという方法は，現代の日本の都市や現代日本の建築家に引き継がれている空間感覚である．

● 薄い面のあいだの「間」

面に直交する力は，面の厚みを暗示するだけでなく，面が規定する空間を充実させるのに対して，面内に留まる力は面自体の現実の厚みを消し去るだけでなく，面が規定する空間にかかわろうとしない．私の仮説は，この薄い面と薄い面のあいだの隙間が「間」だというのである．

多くの論者が指摘する「間」の空虚感は，空間を規定している面が空間に関与せず，空間に力を与えないことに起因している．面が空間を充実させないとなると，空間のデザインのポイントは面と面の距離に集中することになる．二つの面は虚空で隔てられながらも，間合を適切にとることによって関係づけられる．小倉の次の記述は示唆的である．「鼓の余韻が遠く消え去っていくように，やがて心から消え去ろうとする．そして，それらが消え去ろうとするまさにその一瞬を狙って，奏者はつぎの音を発して，鮮やかに『間』をきめるのである」[3]．

とりあえず，面と面の間に虚空があると書いたが，現実の空間で襖と襖の間に，塀と塀の間に，つまりそこらじゅうに哲学的な虚空があるというのもありえないことである．現実の建築や都市はもっとわかりやすい概念を下敷きにしている．そうでなければ「間」はこれほど日本人の生活にとけ込まなかったのではないか．

● 「間」は共生の原理

私のみるところでは，面と面の間は人間の秩序に属さず，自然の秩序に属すると考えられているのではないか．日本のまちを歩いていると，いたるところから，草や木が，人工物のあいだから顔をのぞかせている．日本では大地を人工物で覆いつくすことを好まない．現代建築のオフィスビルもたいていは足下に植栽を施し，道と建物のあいだに自然を介在させている．建物も基壇に載らず，柱や束で浮き上がり縁の下は自然のままである．道の舗装もあまり発達しなかった．多数の塔頭が集まる大徳寺や妙心寺の塔頭のあいだの通路は，中央に石が敷かれているが築地塀とのあいだは土のままである．それはまるで尾瀬の木道のようである．日常語ではこうした人工的秩序の間を「すき間」というが，敷石や建物で覆いつくされた西欧や中東の伝統的都市には「すき間」がない．都市とは人工的秩序で覆われた空間である．

「間」とは，人工秩序のあいだにあって，自然原理に支配された空間である．伝統的な発想では，都市を人工的秩序で覆いつくすことを考えていなかったのである．「間」は共生の原理である．

［大野秀敏］

文献
1) 神代雄一郎（1999）：間・日本建築の意匠，鹿島出版会．
2) 磯崎 新（1981）：間―日本の時空間．建築文化，12月号．
3) 小倉 朗（1977）：日本の耳，岩波書店．
4) 大野秀敏（1980）：見えがくれする都市，鹿島出版会．

5-28 空間感覚をとらえる

【テーマ】空間感覚　　　　　　　　　　　　　　　　　　　　　　　　　　　　5 計画・空間・情報

●人は空間をどのように感じているのか

「この部屋は広く感じる」といったように，人は，空間の雰囲気や広さを評価し，知覚することができる．この評価したり，知覚したりする空間感覚は，明確に表現できるわけではなく，潜在的な感覚であることが多いが，なんらかの手法によって，これらの空間感覚をとらえ，空間の物理的要素との関連性を明らかにすることができれば，建築や都市をデザインするための一指標となる．つまり，建築や都市をデザインする際には，人がもつ空間感覚の特性を把握しておくことが重要となってくる．

●SD法からみた空間感覚

空間の印象や評価を計量的に扱う代表的な手法として，オズグッド（C. E. Osgood）が1957年に考案したSD法（semantic differential method）がある．SD法は，元来さまざまなものの心理的意味を測定する手法であり，意味微分法と訳されるが，空間を研究する分野においても，空間の意味や質，雰囲気を検証するための手法として多用されている．方法としては，対象とする空間を表現する形容詞・形容動詞・形容詞句対（反対の意味をもつ形容詞・形容動詞・形容動詞句の組合せ）を選定し，空間の意味や質，雰囲気を検証するために必要な種類と数の対をランダムに並べ，その対のあいだに5段階か7段階の尺度（たとえば，7段階の場合は「非常に-かなり-やや-普通」）を設け，対象とする空間を被験者に評価させる．具体的な街路空間の調査研究（■1）をみてみると，たとえば，ネクサスワールド（1991年に磯崎新をコーディネーターとして国内外6名の建築家が手がけた集合住宅街）は，新しい・立体的な・特徴のある街路と感じられており，吹屋（国の重要伝統的建造物群保存地区）は，古い・静かな・落ち着きのある街路と感じられていることがわかる．

SD法は分析の段階では因子分析と連動することが多く，抽出される因子軸として，オズグッドは評価次元（evaluation），力動性次元（potency），活動性次元（activity）の3次元（EPA）で表現できるとしている．ただ，この3次元は抽象的なレベルでの形容詞対を用いて印象を評価した場合にいえることであり，空間の具体的な特徴を評価させると（たとえば，「家具が多い-少ない」など），不明瞭な因子が多く抽出されることもある．ほかにもSD法には，被験者の個人差や評価の優先順位が把握できないといった問題が指摘されることもあるが，これらの問題点を解決するために，システマティックなインタビューで構成された評価グリッド法が提案されており[2]，現在ではより詳細な特徴のレベルまで記述できる．

●マグニチュード推定法からみた空間感覚

空間の大きさや広さの感覚を計量的に扱う手法として，スティーヴンス（S. S. Stevens）が案出したマグニチュード推定法（magnitude estimation：ME法）がある．ME法は，「人は自分の感覚を量的に把握できる」と仮定し，感覚量を定量的に報告させる手法であり，感覚量に限らず広い範囲で用いられている．方法としては，被験者に標準刺激と比較刺激の2種類が提示され，標準刺激に対する比較刺激の感覚量を両者の比として，標準刺激を100とした場合に比較刺激はいくつと感じたかを，120や95といった数量で直接表現させる．結果の処理については，被験者の報告した数値をそのまま心理量と仮定し，同一比較刺激における対数平均値を求め，変化刺激の物理量との関係を検討する．ここでは具体例として，実物大実験空間を用いた容積の知覚に関する実験的研究（■2）をあげる．実験の方法は，実験空間内に何も設定されていない標準刺激の容積と実験空間内に空間欠損（家具などといった物理的要素）が設置された比較刺激の容積を比較する方法で行い，結果としては，比較刺激が壁一面型の設定（32-B）では，比較刺激の容積はほぼ正確に評価されていたが，比較刺激が突出型の設定（32-D）では，比較刺激の容積は実際の容積よりも15.8％小さく評価されていた．すなわち，同じ体

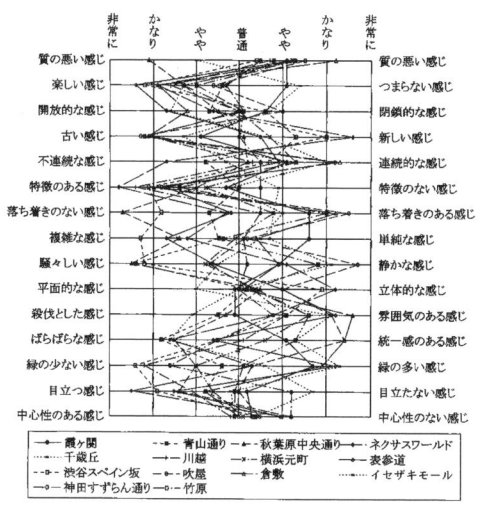

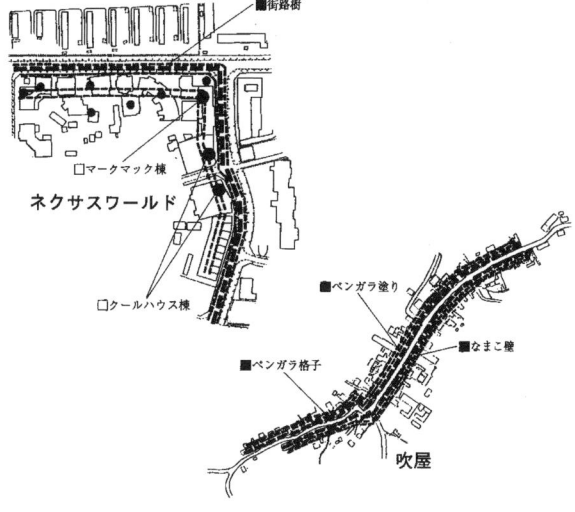

■1 SD法を使った街路空間の調査研究[1]

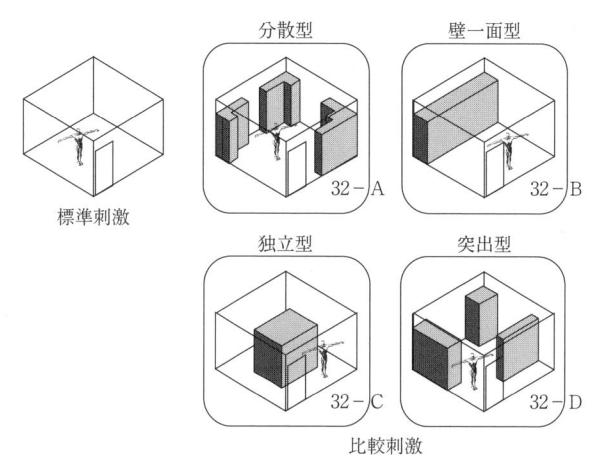

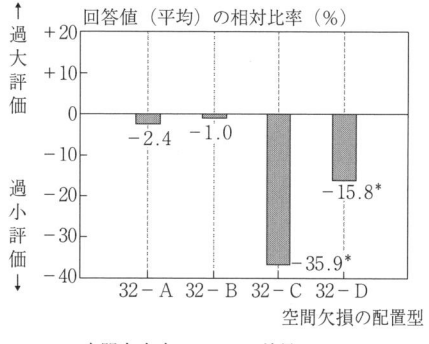

■2 ME法を使った実験的研究[3]

積の家具などを配置する際に、配置の仕方（壁一面型か突出型かなど）によって容積の知覚に違いが生じ、空間欠損の壁面に接している割合が重要な評価要因となっていることがわかる。

ME法では、被験者が評価しているあいだに比較刺激が変化することがないため、刺激提示から反応終了まで同一の刺激を受け続けることができるというメリットがある一方で、0という評価（絶対ゼロ）の意味づけに疑問が残るといったデメリットもあるが、実験の目的意識と標準刺激・比較刺激の設定、実験の方法などを注意深く選定することで、空間感覚をとらえるための手法として有用である。

● 空間感覚をとらえる

空間感覚をとらえる手法としては、的確な研究目的の設置、調査・実験条件の妥当性、調査・実験手法のメリット、デメリットの把握を入念に行い、結果・分析の信頼性を高め、さらに、既往の調査・実験結果との比較検討を行うことにより、人の空間感覚の特性を明確にすることが可能となり、実際のデザインへの適応も期待できる。とくに、人の空間感覚とは、実際にその空間を体験してこそわかることであるため、より実際の場面に近い状態での調査・実験を行うことが重要である。

［橋本雅好］

文献
1) 日本建築学会編（2002）：建築・都市計画のための空間計画学, pp.16-17, 井上書院.
2) 讃井純一郎・乾 正雄（1987）：レパートリー・グリッド発展手法による住環境評価構造の抽出―認知心理学に基づく住環境評価に関する研究(1). 日本建築学会計画系論文報告集, No.367, 15-22.
3) 橋本雅好・西出和彦（2000）：室空間における空間欠損と容積の知覚・印象評価の関係に関する基礎実験. 日本建築学会計画系論文集, No.530, 171-177.

5-29　個人空間の容積単位―包（パオ）の大きさ

【テーマ】パーソナルスペース　　　　　　　　　　　　　　　　　　　　　5　計画・空間・情報

●個人空間とは何か

　個人空間はパーソナルスペースの和訳であり、その意味は「個体をとりまく空間の中で、他個体が入り込まない範囲」[1]とされている。個人空間の研究は、動物が互いに一定の距離を保ちある距離以上近づかないことを観察したことに始まり、これを個体距離とよんだ。

●プロクセミックスへの発展

　個体距離の概念を人間の場合にあてはめた研究者のひとりがホール（E. T. Hall）である。ホールは有名な著書『かくれた次元』[2]の中で人間どうしが保つ距離を密接距離、個人距離、社会距離、公衆距離の四つに分けて、人の行動場面についての観察と理論にかかわる学問としてプロクセミックス（近接学）を提唱した。

●個人空間とテリトリー

　個人空間の大きさやその意味はきわめて複雑で、地域差や文化的差異があるが、個人空間は広義のテリトリーの一種であり、目には見えないが個人の周囲に広がる心理的自我領域としての3次元空間であると考えられる。個人空間は人びとの間で無意識裡にその存在が認知されており、社会生活の中で相互の過剰な接触を防ぐための本能のひとつである。

●指示代名詞の使い分けと個人空間の領域

　個人空間を別の観点から分析したものとして、指示代名詞の使い分けと空間分節の関係を明らかにした研究がある[3]。日本語の指示代名詞「これ、それ、あれ」が話し手にとって「近い、中位、遠い」場所にあるものを指し示す語であることに着目して、指示代名詞の使い分けと指示物の距離を把握することにより、人が自分のまわりの空間の大きさを知覚・分節する様相を明らかにした。

　その結果、「これ」の指示語が使用される領域は（以下「コレ領域」とよぶ）4畳半、天井高2.4 mの室空間にほぼ内接する卵形の空間であり（■1）、両手を広げて前後左右に動かす動作域に相当する領域であることがわかる（■2）。その大きさは、床投影面積3.4 m²（約1坪）、体積は約10 m³である。「コレ領域」は心理的な個人空間とほぼ同じ大きさをもっていると考えられる。

●空間容積単位としての「包（パオ）」

　「起きて半畳寝て一畳」の言回しが1人で占める面積を示すように、日本には個人の占有面積単位として「畳」が用いられてきた。一方で空間を立体としてとらえたときに個人の占有容積の概念はいまだ確立していない。そこで、「コレ領域」の大きさと形をモデルとした個人の物理的・心理的自我領域（10 m³）を外殻する立体を、個人空間の空間容積単位として提案したい。この単位に人間を包むという意味から「包（パオ）」という呼称を与えた。■3は指示代名詞の知覚実験から得られた「包」の実物大モデル[4]である。

　「包」はモンゴル人の移動式円形組立住居を意味し、「ゲル」とよばれている。大家族の住居であり、30～40 m³（3～4包）の容積をもっている。

●小空間の容積――住宅の実例より

　人体寸法に基づいた空間容積単位としてはル・コルビュジエの2.26×2.26×2.26 m（■4）が有名であり、チューリヒのル・コルビュジエセンター（1967）は2.26 m立方をモジュールとして鉄骨の立体格子で実現されている。■5に示すカップ・マルタンの休暇小屋（1952）は同じくル・コルビュジエ設計の最小限住宅であり、3.66×3.66 m（約8畳）で、天井高は2.26 m、空間容積は約3包（30 m³）に相当する。

　日本では夭折した建築家・立原道造が構想した「ヒアシンスハウス」が有名であり（■7）、容積は4包と1人用としては大きい（3×6 m、高さ2.3 m）。さいたま市の別所沼公園に1938年に描かれた当初のスケッチをもとに2004年秋に建設され一般公開されている。

　鴨長明の「方丈の庵」は、個人空間のスケールをもとにした最小限空間であり、■6に示す10尺角の正方形平面（3×3 m）の推定復元図を見ると、

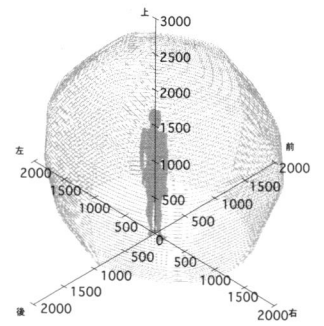

■1 「コレ領域」の形状[3]

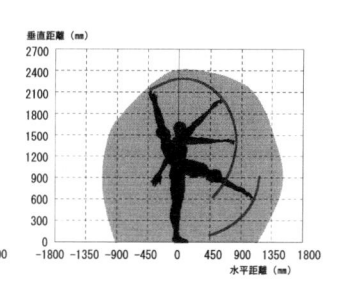

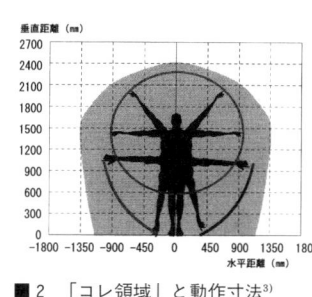

■2 「コレ領域」と動作寸法[3]

■3 包（パオ）の実物大モデル（筆者撮影）

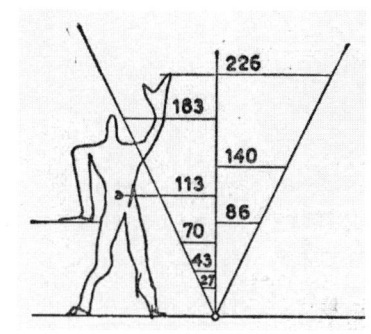

■4 ル・コルビュジエのモデュロールと人体寸法[5]

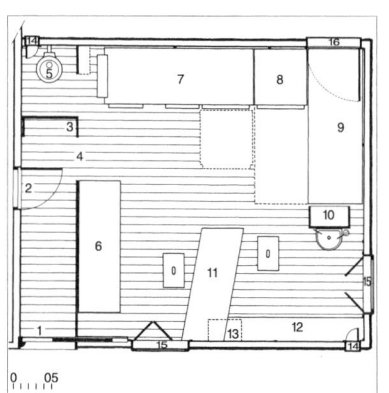

1．入口，2．〈ひとで軒〉へと通じる扉，3．洋服掛け，4．居住空間への入口，5．W.C.，6．物入，7．ベッド，8．サイドテーブル，9．ベッド，10．サニタリー柱，11．テーブル，12．低い棚，13．ブラケットで支えられた上部棚，14．通気口である縦長の窓，15．70×70の窓，16．33×70の窓

■5 カップ・マルタンの休暇小屋の平面図（実測図）[6]

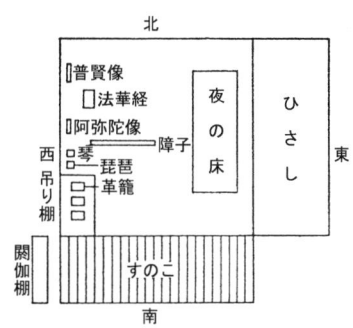

■6 鴨長明の「方丈の庵」の推定復元図[7]

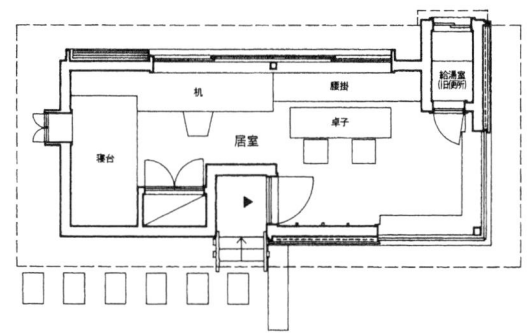

■7 立原道造のスケッチをもとに再現された「ヒアシンスハウス」[8]

ここでも個人の物理的・心理的自我領域に基づいた空間容積単位の原形が感じられる． [橋本都子]

文献
1) 藤永 保編（1981）：新版心理学事典，平凡社．
2) エドワード・ホール著，日高敏隆ほか訳（1970）：かくれた次元，みすず書房．
3) 橋本都子ほか（2002）：指示代名詞の使い分けによる3次元空間の領域分節．日本建築学会計画系論文集，No. 552, pp. 155-159.
4) 関戸洋子ほか（2003）：「包」を単位とした空間容積把握の実験的考察．日本建築学会計画系論文集，No. 568, pp. 47-52.
5) ル・コルビュジエ著，吉阪隆正訳（1953）：モデュロール，美術出版社．
6) ブルノ・カンプレト著，中村好文監修，石川さなえ・青山マミ訳（1997）：ル・コルビュジエ カップ・マルタンの休暇小屋，TOTO出版．
7) 冨倉徳次郎・貴志正造編（1975）：鑑賞 日本古典文学第18巻，方丈記・徒然草，p. 94，角川書店．
8) 住宅建築，360号，〈ヒアシンスハウスをつくる会〉が具現化した立原道造の原設計による幻の自邸（1938）．

5-30 多感覚による都市の把握

【テーマ】環境心理学　　　　　　　　　　　　　　　　　　　　　　　　　　　5　計画・空間・情報

●都市のイメージ

都市の把握といえば，ケヴィン・リンチの『都市のイメージ』に言及しないわけにはいかない．この研究の特徴は，都市の要素とその関係について市民が描いたスケッチマップをもとに，都市の構造をとらえる図式を認知地図として示したことにある．これに続く数多くの研究によって，今日では，市民が自分たちの都市をどのように認知しているのかについて語る基本的ボキャブラリーとして，通路（path），境界線（edge），結節点（node），界隈（district），目印（landmark）の五つの構成要素が定着している．しかしこの認知地図は，都市の構成についての知的な把握を示してはいるが，都市のさまざまな場所に対して抱く連想的あるいは情緒的な心理的結びつきや意味といった側面は含まれていない（おそらく意図的に除かれている）．都市の空間構造の認知的な把握を「図」とすれば，明確に言及されにくい感覚的で情緒的な都市のとらえ方は「地」を成しているともいえる．本項では，この「地」の形成のもとになる都市空間の感覚的体験について考えてみる．

●五感でとらえる都市

私たちの知覚世界は，いわゆる五感のアンサンブルとして成り立っている．しかし，意識的に分離しないかぎり一体の知覚経験として記憶され，その際には視覚的なイメージによってラベル付けされて記憶される場合が多い．したがって，都市環境について語るとき，どうしても視覚的体験に重点が置かれてしまう．また，とりたてて聴覚や嗅覚を通した都市の体験を語るときには，騒音や悪臭といったネガティブな面が強調され，音や匂いなどの刺激ができるだけ少ない均質な都市環境が良しとされてきたのである．

しかし近年，この視覚偏重の反省から，聴覚については「音風景（soundscape）」，嗅覚については「匂いの風景（smellscape）」という概念が提唱され，かつて都市が私たちに提供していた視覚以外の豊かな感覚的体験の復権をめざそうとする動きがある．

こういった情緒的な面だけでなく，機能面においても視覚以外の感覚情報は重要である．実際に視覚障害者にとっては，街に分布する音や匂いがその場所を特徴づける情報として環境認知の助けになる．たとえば，靴や鞄店の皮の匂い，側溝や下水道の流水の音，自動販売機の音など，われわれがあまり意識しない対象がランドマークとなり，経路探索の手がかりを提供している．

正常な視覚をもつ者にとっても，嗅覚が環境の認知に果たす役割は無視できない．それは，場所の匂いがその場所でのできごとの記憶を非常に長く保持する働きをもっているからである．この匂いの長期記憶で興味深いのは，匂いそのもの，つまりどんな匂いかといったことが記憶されるのではなく，まったく忘れていた昔のある状況や体験についての記憶が，場所の匂いが引き金になって鮮明に呼び起こされることである．近年の認知科学の分野では，記憶のすべてが人の脳に貯蔵されているとは考えない．人間を取り巻く環境内の事物が，ちょうど記憶の外部装置のように働いていると考えている．すなわち脳は身体や環境から孤立したシステムではなく，身体や環境との情報のやりとりを通してはじめて機能する認知システムと考えられている．この考えに従えば，都市の匂いを均質な分布ではなく，場所ごとに特徴づけられるようにすることで，都市は過去のできごとについて生き生きと思い出させてくれる記憶装置になりうる．スメルスケープを考えることは，視覚障害者を導くバリアフリーデザインにとどまらず，過去の体験の記憶を保持する環境を作る，だれにとっても有効なユニバーサルデザインにつながる．新しく清潔だが感覚刺激に乏しいニュータウンとは違って，豊かな感覚刺激を有する古くからの環境を守ることは，そこで生活した人々の記憶を守ることになる．とすれば，伝統的な環境を保全することの意義について，従来からいわれていることと

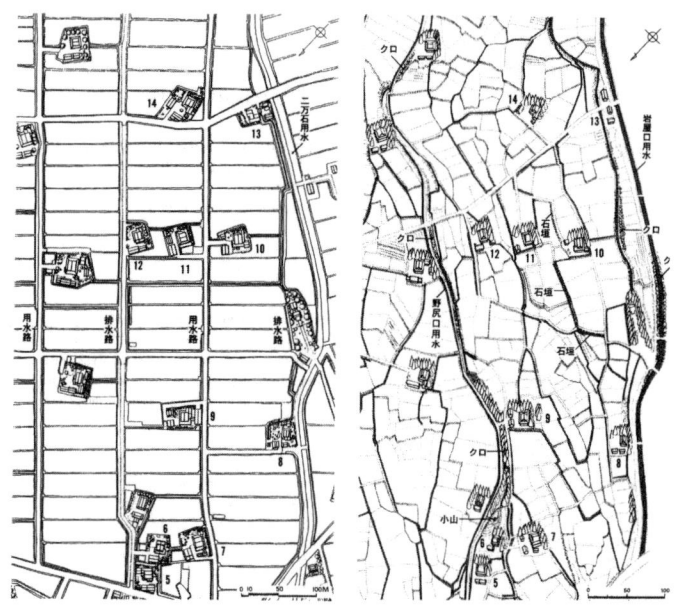

■1 礪波平野庄川町〈天正〉の圃場整備前後の村落空間（黒野弘靖・菊地成朋（1998）：村落と屋敷の対応関係からみた散村の構成原理―礪波散居村における居住特性の分析 その2．日本建築学会計画系論文集，No. 507，151-155 より）

● 身体で憶える都市

　上述の〈脳・身体・環境〉が一体となった認知システムの考え方に従えば，わかりやすく迷いにくい街の条件は，頭の中の地図として記憶されやすい構成であることではなく，その場に行けば記憶を呼び起こす手がかりが多く存在することといえる．たとえば，ある場所に行こうとするとき，そこに至る経路を，事前にすべて憶えていなくても，道を進むうちに目の前に次々に現れる情景を参照することで，正しい経路をそのつど選び目的地に達することができる．このような経路選択の手がかりとしては，視覚的な要素だけではなく，聴覚や嗅覚を通して受け取る刺激や，坂を上がったり角を曲がったりする身体的体験でもよい．これらの手がかりのうち，断片的な情景といった視覚情報よりもむしろ身体的な変化を伴ったシークエンシャルな移動の感覚のほうがより経路の記憶には有効である（大野隆造ほか（2002）：移動時の自己運動感覚による場所の記憶に関する研究．日本建築学会計画系論文集，No. 560，173-178）．このシークエンシャルな身体的移動感覚を手がかりとする場合は，グリッド状街路に比べ，一見複雑に見える不整形の街路パターンのほうが，また地形的に平坦であるより上下の変化があ

るほうがより有効な情報が得られやすい．今日の都市は，交通の利便性や土地利用の効率性の観点から格子状の街路が一般的である．格子状の街路は，その単純な構成から一見わかりやすく思われるが，似たような空間が繰り返されることにより，場所を同定するにはサインや看板といった付加的な視覚情報に注意を払い，それらを逐次確認しなくてはならない．これに対して，自然の地形に従って作られた経路の変化に富む屈曲や起伏は，そこを進むことによって体験される，視覚的な情景のシークエンスの変化および自己運動感覚による移動感が，とくに周囲に注意を払わなくても目的地に導いてくれる．

　都市空間ではないが，■1に示した礪波平野の集落空間は，「整備」の名のもとに非常に大きな変化を遂げている．整備前の自然の水系や道の（したがって人の行動の）ヒエラルキーに従っていた空間構成は，機械的で単調なグリッドパターンにとって代わられてしまった．整備後は，老人が外出先から長年暮らした自分の家を見つけられないことがあると聞いた．これまで何十年もこの地で生活するなかで身体化し，暗黙のうちに行く先へ導いてくれていた潜在的な環境情報が破壊されてしまったためだろう．

［大野隆造］

5-31 イメージを描く

【テーマ】空間認知　　　　　　　　　　　　　　　　　　　5　計画・空間・情報

●イメージマップとは？

イメージマップとは，広義では頭の中にあるイメージを描いたものをさし，①思考を整理するために，あるテーマを中心にそれに対して思いついた言葉を次々とつなげながら書き出し，またお互いに関係すると思う言葉を線で結んだ図，②①をWebデザインに用いたもので，一つの画像を複数の領域に分けて，それぞれの領域に別々のリンク先を設定したもの，③人間が記憶している地図的なイメージ，④③を実際に描き出したもの，などさまざまな意味で用いられている．このうち，③と④は，イメージマップという呼称のほか，メンタルマップ，スケッチマップ，認知地図など，分野や場面などの違いでさまざまな呼称であつかわれている．

●都市や空間のイメージをとらえることの意味

「人々は日々の生活のなかでどのように都市や空間を認知しているか」，「どのような要素に強く印象をもつのか」などを調べることは，都市や空間をデザインする際の重要な手がかりとなる．しかしながら，都市や空間についてのイメージは多様な要素から構成されていると考えられ，しかも人によって異なっているものである．さらに，人の心に内在するイメージをとらえることは難しい．そこで，これまでにいろいろな手法によって都市や空間のイメージをとらえる多くの試みがなされてきた．そのひとつにイメージマップを用いた方法がある．

●イメージマップによる都市のイメージの把握

その代表的なものに，『都市のイメージ』[1]がある．リンチは視覚的に都市の特質をとらえ，わかりやすいことが美しい都市の重要な特性であるとして，「イメージしやすい（imageability）」，「わかりやすい（legibility）」ものとする都市の物理的構造の要素を明らかにした．リンチはそのなかで，都市デザインに有効な法則を見いだすために，ロサンゼルスなど3都市を例としてその都市の住民に都市についてのヒアリングを行い，社会心理学的手法であるメンタルマップ（認知地図）の作成に取り組んでいる．イメージマップと名づけられたその地図では，都市のイメージは，「パス（path）」，「エッジ（edge）」，「ノード（node）」，「ディストリクト（district）」，「ランドマーク（landmark）」の五つの要素で構成されるとし，これら要素を主要なものとそうでないものの10種類に分けて記号化して地図に当てはめ，都市のイメージマップをつくることを提案し，こうした要素による都市のイメージの理解が都市のわかりやすさに貢献するとした（■1）．

●個人にとっての都市空間の認知

人間は日常生活のなかで，現実の物理的な空間を体験し学習し，経験的に把握していく過程で都市空間を認知していく．したがって，都市空間の中でイメージされるさまざまな要素——建物・道路・公園など——は，イメージする者の中でそれぞれ独立して存在しているのではなく，生活のなかで構築されたある位置関係をもって成立している．そのため，それぞれの要素のイメージやその位置関係は，認知する者の個人属性，生活環境などの違いによって差異が生じ，人間の日常生活行動の意志決定に影響を与えている．

●イメージマップと地理的地図の相違

イメージマップはそうしたイメージにもとづいて描かれるものであるため，当然実際の地理的な地図とは異なってくる．イメージマップが実際の物理的環境をそのまま描写したものでないのは，人間が環境を自分にとって理解しやすいように単純化して認知しているためであると考えられる．

イメージマップと実際の地図との相違点のなかで興味深いもののひとつに，ある場所までの距離がどの程度であるかという心理的な距離感覚が，実際の距離とは異なっていることがあげられる．この心理的な距離感覚を認知距離という．認知距離に影響を与える要因は，多岐にわたると考えられる．前述のような個人属性や生活環境にも影響を受けるし，その場所の評価や選好，交通の便，経路の複雑さ，経路のもつ視覚的情報量，そこに向かう必要性などの

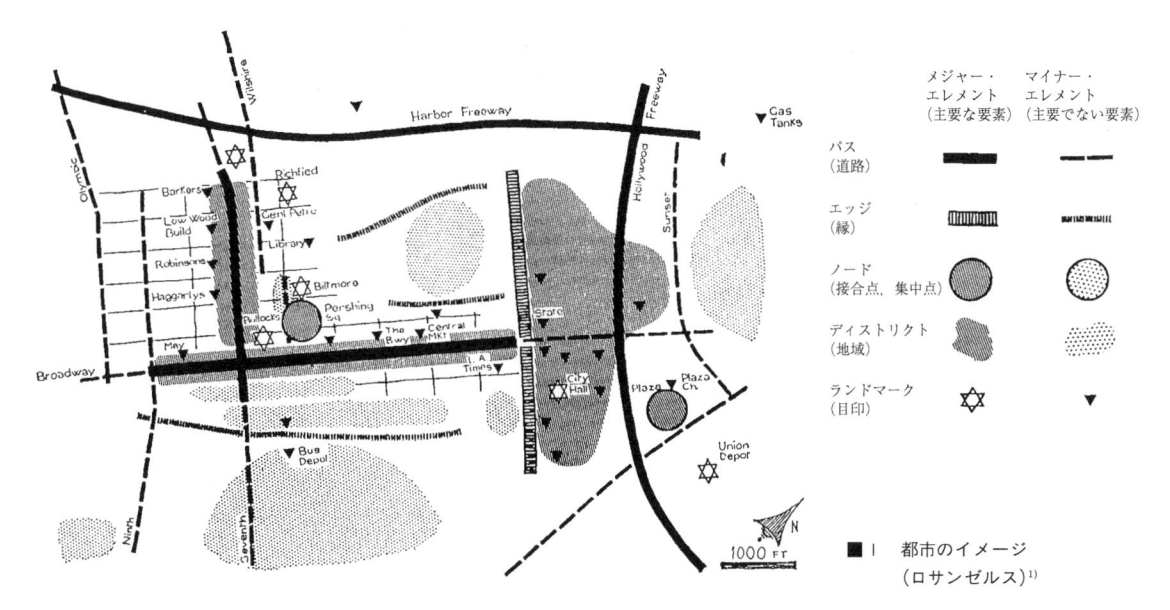

■1 都市のイメージ
（ロサンゼルス）[1]

影響を受ける．その影響については，多くの研究が行われている．たとえば，都市の中心部へ向かうときと外側に向かうときでは，中心部へ向かうほうが近く感じられる[2]，その反対に中心部へ向かうほうが遠く感じられる[3]，目的地が魅力的であるほど，そこへの認知距離は相対的に短くなる[4]，認知距離は保持している情報の量を反映し，情報を多くもつ経路は長く推定される[5]，など諸説がある．

● 身近な街のイメージマップを描く

自宅など自分の生活基点があるところの周辺のイメージマップを描いてみることで，その環境への理解を深めることができる．白紙に自由に描く方法，地図上にさらに知りうる情報を描く方法などがあるが，前者の方法は表現力の影響を強く受けるが，イメージした要素が直接的かつ総合的に現れやすい．描画にあたっては，よく通る道，よく知っている場所や人，それに関連する記憶など，知っている事項はすべて描くようにする．また，推定の距離や方位を付け加えると，実際の地図との違いがより明確になる．描くことができた範囲はどの程度か，イメージしやすい場所とそうでない場所の違いは何か，実際よりも近い（遠い）イメージをもった場所はどこか，実際はどうなっているのかなど，イメージマップには街を理解する多様な手がかりが潜んでいる．

● まちづくりにおけるイメージマップの活用

住民にとってよりよい街の形成のために，個々の事業のデザインを住民参加の方法で進める「住民参加のまちづくり」が全国で行われている．そして，まちづくりの初期段階では，不特定多数の住民参加により，街のイメージや記憶を掘り起こし，まちづくりへの動機づけを形成する作業が行われる．その方法として，街を実際に観察して歩く「オリエンテーリング」あるいは「まちづくり散歩」とよばれる手法や，イメージマップを作成する手法などがある．いずれも，街の資源や問題点を発見・共有し，相互理解を進めることを目的としている．

世田谷区では，まちづくりの第一歩として，まず街に興味をもってもらうことを目的として，「まちづくりコンクール」を実施している．「やさしいまちってなんだろう」など，毎年あるテーマを設定し，そのテーマにふさわしい街の要素を発見する部門や，新たなアイディアを提案する部門などを設けている．参加する住民は子どもから大人まで幅広く，例年多くのイメージマップが寄せられている．

［須田眞史］

文献
1) ケヴィン・リンチ著，丹下健三・富田玲子訳 (1968)〔新装版，2007〕：都市のイメージ，岩波書店．
2) Lee, T. R. (1970)：Perceived distance as a function of direction in the city. *Environment and Behavior*, 2：40-51.
3) Briggs, R. (1973)：Urban cognitive distance, In R. M. Downs & D. Stea (eds.)：Image and Environment, pp. 361-388, London：Edward Arnold.
4) Pocock, D. (1978)：Images of the Urban Environment, New York：Columbia University Press.
5) Milgram, S. (1973)：Introduction. In W. H. Ittelson (ed.)：Environment and Cognition, New York：Seminary.

5-32 場所の記憶―ゲニウス・ロキ

【テーマ】地霊（ゲニウス・ロキ）　　　　　　　　　　　　　　　　　　5　計画・空間・情報

　ゲニウス・ロキ（Genius Loci）とはラテン語で場所（locus）のもつ可能性（genius）を意味し，場所の精神のこと／土地の精霊／場所に宿る可能性などの意味で用いられる．同じような観念は中国にもあり，人傑地霊あるいは天道地霊などの言葉が用いられる．こうした中国の言葉は優れた人物が現れるのは土地の力によるとする考えを表している．

　土地に残された過去の痕跡，場所のもっている特性，つまりは土地の可能性のことをゲニウス・ロキというわけであるが，このゲニウス・ロキを発見する力をわれわれは歴史学の研究を通じて，また計画学の手法を通じて，蓄積してゆく必要があろう．

●周辺概念の検討

　建物と人間はこれまで相互に関係しつづけてきた．ここではまずそれを風土という概念と結び付けながら考えはじめてみたい．常識的に考えて，建築と人間，そして風土は，相互に関連し合うものであろう．風土とは中国の言葉で，季節の循環に対応する土地の生命力を意味し，2世紀には成立していた概念であるという．風土の文字を構成する「風」という文字のなかに虫という字が入っている．「風動いて虫生ず」（後漢書）という言葉があるようで，動きの要素が込められている．「土」のほうは土地を示すから，全体としての風土は土地のありようとその動きということになろう．日本に『風土記』が成立するのは8世紀といわれ，地誌の伝統がはじまる．

　西欧語ではKlima（climate）という言葉が知られている．気候風土の意味で用いられる言葉である．このKlimaは角度を意味する．土地によって太陽の角度が異なるところから，この言葉が風土の意味になったといわれる．ヘルダー（Johan Gottfried von Herder, 1744-1803）はこの概念を敷衍して「精神的風土（Geistes des Klime）」という観念を唱えた．日本では風土の概念が和辻哲郎の著作『風土』（1935）によって人口に膾炙するようになったが，ここにはヘルダーの観念が投影されているとみるべきであろう．しかしながら「風土という言葉は，学問的にはまるで意味をなさない概念」（平凡社百科事典）との説もあるので，注意が必要である．

　ここで建築が置かれる「風景」と「風土」を対置してみたい．それはまた現代の建築を取り巻く大きな要素だからである．風景（景観，landscape）はそれだけでは物理的な視覚的構成要素の連なりにすぎないが，それに対して近年，文化的景観（cultural landscape）という概念が注目されている．ここには文化的・歴史的内容が包含されるので，それこそが建築とかかわる景観ということになるであろう．これが建築と直接かかわる風土といえるのではなかろうか．風土は自然のみならず，都市のなかにも見いだされるものである．

●都市内の場所と地霊

　これからの都市は，高度機能都市から複合文化都市へと変わらなければならないといわれるが，そこに，あたらしい風土の概念（cultural landscape）の導入が必要とされるであろう．それは視覚的・空間的な構成要素の連なりだけではない，歴史性・文化性を備えた場所のことなのである．

　「場所」に着目が集まりつづけているのは，そこに建築の実在としての存在がかかわっていると思うからである．建築とは「雨露」をしのぐものとしてあるだけではなく，「場所」をつくるものとしてこそ，存在するのである．その意味で，近年建築を定義してarchitectureでもなくbuildingでもなく，built environmentという表現を用いることが多いのは，妥当ではないかと考えられる．なぜなら空間構成ではなく，歴史と文化を備えた「場所」をつくることこそenvironmentの形成行為だからである．

　建築のあり方を「場所」の形成と考えるとき，「場所」に関与する思索は，基本的に時代にかかわる．なぜなら「場所」は歴史的に形成されるものだからである．「場所」とは，文化の蓄積する形式と定義してもよいものなのだから．「場所」とは抽象

的な座標によって決まる点ではなく，具体的なものだから，そこには抽象的な時間ではなく歴史的な時の流れが降り積もっているのであるから．

その好例が18世紀イギリス風景式庭園の営みであろう．イギリスの庭園はまず第一に地勢を読むことに重点が置かれた．その土地の可能性を引き出すことが庭園のはじまりであり，終極の目的であると考えられたのである．それを彼らは地霊（ゲニウス・ロキ＝土地の精霊）とよんだのだった．風景式庭園はゲニウス・ロキの宿る場所であった．

「場所とは，文化を蓄積させる形式である」．場所の連なりとして街を経験すること，それは都市を空間として把握し，そこに普遍的構成の原理を見いだそうとする態度の対極かもしれない．けれども場所に対する個別の体験のなかから味わわれる街のすがたこそ，本当の街ではないのか．それは個別的であり，普遍性を欠くかもしれないが，それゆえにこそかけがえのない場所の真実を伝える．

近代は場所に代わって空間という概念を中心に据えた．そこで場所は一度死んだかにみえた．しかし本当にそうか．

●情報と地霊

現代は情報化時代である，IT革命の時代であるといわれる．情報の特徴は「かたちもなければ場所もとらない」という，目で確かめられないところにある．情報化によってわれわれは場所をとらずに膨大なデータが処理でき，引き出せ，活用できることになった．現代のわれわれが扱う情報量はほんの十数年前に比べてどれほど大きいものか，比較するのが難しいほどである．しかも情報はパソコンやインターネットのなかに置いたままにしておいて，必要に応じて取り出せばよい．その意味では，蔵書やメモを増やす努力が圧倒的に軽減されたといってよいだろう．もっとも，情報を取り出し忘れる，情報のありかを忘れるといったことはしょっちゅう起きる．そこで「何が情報化なのだ，よくわからない」という愚痴も生まれる．

情報が氾濫しても，それだけではなんの意味もない．情報とは公表されたり，印刷されたり，ダウンロードされたりして，はじめてそのすがたを現すものだからだ．目に見えるかたちになるまでは，情報は宙をさまよっているように思われる．それを捕まえてはじめて情報は使えるようになる．そうした情報のあり方を示すものとして「サイト（site）」という言葉がある．ウェブサイト，ネットサイトなどだ．これはわたくしの専門領域である建築の歴史の世界では，現場ということになる．工事現場である．発掘現場もサイトである．つまりは場所ということだ．考えてみると，情報にかかわる言葉には建築のアナロジーではないかと思われる例が多い．コンピュータアーキテクチュアという言葉をよく聞くし，情報漏洩や情報への不正アクセス防止のための手だてをファイアーウォールといったりする．防火壁である．どうも情報技術は建築や場所の類推によって理解を得ているらしい．

情報は「場所」を必要としている．われわれが情報に接することができるのはサイトという名の場所を通じてであり，そこからわれわれは別の場所に向かって飛び出してゆけるらしい．それはサイトとしての場所の意味であると同時に，場所本来のちからでもあるらしい．ときどき刑事物のドラマなどで「現場百回」といったせりふが出てくるけれど，現場すなわち場所にはやはり何かのちからがある．足を運ぶことで見えてくるものがあるのは事実であろう．それは情報化時代になっても同じなのではなかろうか．

サイトのおもしろさは何が現れるかわからないところにある．発掘現場としてのサイトはその最たるものだし，工事現場も何が起きるかわからない．そして町なかのあらゆる場所もまた，何が潜んでいて，何が現れるところかわからない．むしろ，何を見つけるかがサイトでの勝負だ．町を歩き回ることは場所に蓄積された情報を探しに行くことだ．場所とは歴史や情報が蓄積する形式のことではなかろうか．ウェブ上をうろうろすることもおなじだ．影もかたちもないように思われる情報も，サイトという名の場所を通して降りてくるのだ．われわれは場所に網を張って情報を待ち受ける．サイトという名の場所にも，ゲニウス・ロキは宿るであろう．

こう考えると情報化時代というのも，町をうろつく楽しみの延長上にあるようで，こころ楽しくなってくる．町歩きの目利きがいるように，情報の目利きもいる．問題はそれが本当にリアルに自分のなかで動き出すかどうかだ．情報をサイトから得て，本物の場所のなかに戻してみるという作業がさらに新しい発見を与えてくれる．　　　　　　［鈴木博之］

5-33 情報通信技術と場所性

【テーマ】場所性　　　　　　　　　　　　　　　　　　　　5　計画・空間・情報

●ローカル/リモート×同期/非同期

　情報通信技術によってコミュニケーションの経路が多様化する様相をうまくとらえ，どのモードでコミュニケーションをとるかによって，得られるコミュニケーションの特性と必要な諸々のコストとの関係を鮮やかに示しているのが，ウィリアム・ミッチェルが，「ローカル/リモート」の軸と「同期/非同期」の軸とでコミュニケーションのモードを整理したマトリクスである（■I）[1]．

　コミュニケーションの相手と，空間的に一致しているのが「ローカル local」，離れているのが「リモート remote」であり，時間的に一致しているのが「同期 synchronous」，ずれているのが「非同期 asynchronous」である．

　原初のコミュニケーションのモードは，直接顔をあわせて会うことである．これはすなわちマトリクスの■Iの左上，「ローカルで同期」の状態である．直接会うためには，少なくともどちらかが移動する必要があるし，事前に待ち合わせの調整をしておく必要がある．濃密で個人的なコミュニケーションが可能であるが，移動や調整，会場の準備に非常なコストがかかる．

　逆に，場所を一致させたまま時間をずらす，つまり「ローカルで非同期」なモードのコミュニケーションの典型は「書き置き」を残すことだ．移動は要するが，日程調整は必要ない分，コストが下がる．

　逆に，空間が離れていても，時間さえあわせることができればコミュニケーションがとれるようになるには，リアルタイムで通信が可能な「電信・電話」の発明を待つ必要があった．「リモートで同期」のコミュニケーション手段ではスケジュール調整は必要だが，出かけなくてよい分，コストは減少する．

　時間も空間も一致しないままコミュニケーションをとる場合には，手紙を使う．ずっと長い間，物理的に紙などのメディアを配送してきたが，デジタルネットワークを介すれば電子メールが使える．移動も調整も必要なく，しかも非常に安いコストで連絡をとりあうことができる．

　このマトリクスにおいて，デジタルネットワークの発展と大規模な展開によって，急速かつ膨大に左上から右下へのシフトが起きているとミッチェルは指摘する．コミュニケーションの価格破壊がおきているのである．

●コミュニケーションの価格破壊

　すべての情報技術の革新は，まず，コミュニケーションのコストを下げようとする．それが達成されてから，低いコストを保ったままで，コミュニケーションの強度を上げようとする．この順序が重要である．コストダウンがあまりに簡単で劇的なので，人々はコミュニケーションの形態を「ローカルで同期」なものから，どんどんと「リモートで非同期」なものへと移し替えてきた．できるものなら出かけたくないし，時間も自由に設定したい．直接会うことで得られていた濃密なコミュニケーションの強度は"少々"失われてもしかたない……と考えたのである．いったん下がったコストを再び増大させてまで，強度を回復することはまずない．

　情報技術でコミュニケーションのコストを削減しようとするときに，いつも引き換えにされるのは，時間と空間の同期による濃密なコミュニケーションという「場所に根づいた企て」の特性である．利益は「場所」からえぐり取られている．削減されたかにみえるコストを支払っているのは「場所」なのである．

　われわれは情報技術で世界をなめらかにする．ローカルで同期的であるしかなかったコミュニケーションのモードを，リモートへ，非同期へと拡張する．情報技術は，存在を場所から切り離し，流動させ，複製し，コストを下げ，リスクとストレスを下げ，柔軟にし，自由にすることを許し，促す．情報技術にはコミュニケーションのコストを下げながら，同時にそれを容易なものとする力がある．だ

が，そのコストの低さと容易さ，すなわち「安っぽさ」が，人々のリアリティの感覚を麻痺させ，場所と身体の切実な関係を希薄なものとしてしまう．コミュニケーションは増大しているようにみえるが，リアリティとの関係においてはインフレを起こしており，コミュニケーションの相場は下がり続けている．情報技術は，われわれの世界へのコミットメントの意味を水平化し，均質化し，リアリティの感覚を麻痺させ，場所の切実な意味を奪う．われわれは情報技術をフルに用いて「没場所性」を瀰漫させてきたのである[2]．

● 情報技術の新しい使い方をデザインする

だとすれば，没場所性の拡大に抗して場所へのコミットメントを促すためには，事態を遡上して，情報技術の使い方を変えることが有効なのではないか．情報技術は没場所性を拡大することに寄与しているが，それは原理的な性質によるのではなく，その使い方によっている．だとすれば，情報技術の使い方を変えることによって，没場所性と情報技術を結ぶ回路を変えることができるはずではないか．

たとえば「電話」は発明当初「音楽会を自宅で聞ける」など放送的な用途を主用途として売り出された．やがて電話の主たる用途は「おしゃべり」に収斂していくが，この使い方は，開発者やサービス供給者ではなく，消費者によって事後的に「再発明」されたものであった[3]．

新しい技術の使い方は，それが現れてから事後的に見いだされ定着していく．出現当初想定されていた使い方と，それが普及し定着して「普通の使い方」が共有された後とでは，技術の使い方は相当に異なるものとなってしまう．とするならば，「普通の使い方」は，その技術のポテンシャルを充分にみつくしているとはいえないであろう．普通の使い方は，たまたま先行した使い手の使い方が社会的にデファクト・スタンダードとして定着したにすぎず，技術の可能性を原理的に追求した果てのものではないからである．

われわれは何を欲望し，技術の使い方をどのように変えるのか．それはアブダクティブかつプラグマティックに試行を繰り返すことによってしかわからない．それは仮説的な漸近過程となるよりない．それを主導するのはデザインの思考である．

［本江正茂］

■1 コミュニケーションのモードとコストの関係をとらえたウィリアム・ミッチェルのマトリクス（筆者訳）

	同期	非同期
ローカル	顔をあわせる 要移動 要日程調整 濃密で個人的 非常に高コスト	書き置きを残す 要移動 日程調整不要 時間をこえる コスト減少
リモート	電話で話す 移動不要 要日程調整 空間をこえる コスト減少	電子メールを送る 移動不要 日程調整不要 時間と空間をこえる コスト激減

文献
1) Mitchell W. J. (1990): E-topia: Urban life, Jim - but not as we know it, MIT Press.
2) エドワード・レルフ著，高野岳彦ほか訳（1990）：場所の現象学，ちくま学芸文庫．
3) クロード・フィッシャー著，吉見俊哉ほか訳（2000）：電話するアメリカ―テレフォンネットワークの社会史，NTT出版．

5-34 人間は何を見ているか

【テーマ】視覚，視環境，視覚芸術　　　　　　　　　　　　　　　　　　　　　5　計画・空間・情報

●環境のわかりやすさ

ケヴィン・リンチは『都市のイメージ』[1]において都市の視覚的イメージについて語りながら，美しい都市のひとつの決定的に重要な特性として，環境のわかりやすさ（legibility）を主張している．これは，都市を，物としてとらえるのではなく，都市に住む人々により感じとられるものとして考える視点を提供している．また，すぐれた環境のイメージは，その所有者に情緒の安定という大切な感覚をもたらし，主体と外界との間に調和のとれた関係を確立することができるとしている．特色があってしかもわかりやすい環境は，安定感をもたらすのみならず，人間の体験が達しうる深さと密度を高め，視覚的にすぐれて組み立てられていれば，それは強力で深い意味をもつこともできるという．

●アイデンティティ，構造，意味とアフォーダンス

リンチはまた，物体に備わる特質で，それによりその物体があらゆる観察者に強烈なイメージを呼び起こさせる可能性が高まるものをイメージアビリティ（imageability）とよび，わかりやすさもその一種であるといった．そして一般的に環境のイメージを構成する成分として，①アイデンティティ（identity），②構造（structure），③意味（meaning）の三つを提示し，これらを分析のために抽出することの有益性を唱えている．

ギブソンは『生態学的視覚論』[2]で，動物の環境の視覚に関する成分として，①環境を包囲する光で構造を有し価値や意味の情報を提供する包囲光（ambient light），②構造である包囲光配列（ambient optical array），③価値や意味であるアフォーダンス（affordance）の三つを抽出している．

これら三者の関係に対し，リンチが指摘する三つの成分の関係はより包括的であるが，よく類似している．すなわち，視覚的イメージとして「人間は何を見ているか？」といえば，①「イメージの対象を他のものから見分けている」のみならず，②「イメージの対象と観察者との，あるいは，他の物体との間の空間的関係あるいはパターンの関係を読み取っている」のであり，さらに，③「イメージの対象が，実際的にしろ，感情的にしろ，観察者にとってなんらかの意味をもっていることを読み取っている」のである．

●建築的情景の認知とその表現

建築的情景のような複雑でまとまりをもった情景について，人間の視覚的認知機能が機械的な合理性をもつかどうかについての実験的検証[3]を試みるとどうなるであろうか．成人の被験者に対し，既知の建築的情景のスライドを，瞬間視から熟視まで，等比級数の時間間隔（0～0.5秒，0.5～2秒，2～8秒，8～32秒）でスクリーンに提示し，間欠的な短期記憶の維持リハーサルによる学習が行われることを前提とし，各回60秒間の無地のカード上へのスケッチをさせると，■1の代表的被験者のような描画が得られた．実験では並行作業として，提示したスライドの画像の4段階の明度によるコンピュータ画像処理によるエッジのトレースを行い，経過時間ごとのスケッチと比較照合している．

その結果，スケッチは，経過時間が長くなるにつれて，建築的情景の量塊（mass）から詳細（detail）へと情報量が増えてゆくことが判明した．これにより，人間の視覚的認知にはある程度の機械的な合理性があり，観察時間の経過とともに階層構造が深まることが観察できた．また，①伝統的建築の情景では，階層の深まりがゆっくりと進んでゆくのに対し，②典型的な近代建築の情景では，比較的早い段階から，カーテンウォールの存在が観察されてしまい，最初から詳細まで見えてしまうことが観察できた．

また，実験後に被験者に記述してもらったコメントから，被験者に提示したスライドに写しこまれた形態のみならず，そこから読み取った言語的情報，すなわち，意味や図式の影響を受けていることが判明した．このように，建築的情景の視覚像においても，一般環境の視覚と同様に，①アイデンティテ

建築	スライド	0～0.5秒	0.5～2秒	2～8秒	8～32秒
キンベル美術館		3-1	3-2	3-3	3-4
シーグラムビル		4-1	4-2	4-3	4-4
パリ・ノートルダム		5-1	5-2	5-3	5-4

■1 建築的情景の視覚的認知実験（代表的被験者のスケッチ）（筆者作成）

ィ，②構造，③意味の三つがイメージを構成する成分としてあげられることがわかる．

●視覚芸術と視覚への新しい技術による相互浸透

17世紀の画家フェルメールは，当時の写真機，カメラ・オブ・スキュラを通した画像を通じ微妙な光を表現した画期的な絵画を生み出したが，同様に新しい技術が，それ以降の時代の広義の視覚芸術に大いなる影響を与えることは，21世紀の動向を探るうえで重要である．15～16世紀のルネサンス時代の深い陰影のある透視図法が活発に利用されたミケランジェロの頃は，アトリエから外部へと駆り立てるチューブ絵具は発明されていないし，画家や彫刻家や建築家が近視眼であったとは考えにくい．19世紀末の印象派の頃にはチューブ絵具が普及し，画家たちはアトリエから外部へ飛び出し，その輝く光の下で創作をし，また，眼鏡の普及により，弱視や近眼視の芸術家も十分な活躍の場を得て，新しい視覚芸術表現を勝ち得るようになった．それは，①創作の対象の変化でもあり，また，②人間の視覚や感性や思考の変化を伴ったものであり，正しく新しい技術による相互浸透（transaction）が勝ち得た成果である．

●コンピュータと21世紀

20世紀末から21世紀にかけ，人類は，コンピュータという新しい発明を手にして，デジタルカメラやCAD-CAMシステムや3D表現技術を駆使し，以前は建築や彫刻や絵画を含めた視覚芸術表現が，自らの手先の器用さの限界から不可能とあきらめていた人々にも機会を与えるユニバーサル技術を生み出し，その結果，新しい空間構成を生み出すことが期待されている．また，現在ではたとえば，立体映像装置の開発が進んでいるが，こうしたハイテク技術は，当初は高価な医学用機器や軍事技術などで実用化に向かい，次の段階では，一般の家庭のお茶の間にも立体映像技術が実現することになると考えられる．こうした技術の進歩により，人々が体験する対象である環境が変わり，また科学や哲学や思想の進化により，人々の世界観が変わることで，人々の外部世界を見る感性やスタンスが変わってくることが予想される．今後も急速に発展する新しい科学技術による相互浸透が，①創作の対象と，②人間の視覚や感性や思考を互いに変化させ，私たちの視覚芸術の集大成としての都市・建築設計においても，その再生の大きな力となることはまちがいない．

［苅谷哲朗］

文献
1) ケヴィン・リンチ著，丹下健三・富田玲子訳（1968）〔新装版，2007〕：都市のイメージ，pp.1-16，岩波書店．
2) J. J. ギブソン著，古崎 敬ほか訳（1985）：生態学的視覚論―ヒトの知覚世界を探る，pp.51-157，サイエンス社．
3) 苅谷哲朗（2002）：建築的情景の認知とその表現．人間・環境学会誌，14：31-40．

5-35 写真な建築

【テーマ】建築写真家　　　　　　　　　　　　　　　　　　　　5　計画・空間・情報

●世界初の写真は建築写真

世界で初めて撮影された写真が残っている．写真史の本に必ず載っているので見た人もいると思うが，これが建築の写真である．

1826年，フランス人，ニエプスが，当時，風景画家たちの下絵のための装置（カメラオブスクラ）を使い，これでとらえた像を金属板に固定することに成功したのである．ニエプスの仕事場の窓から外を写したもので，記録によると真夏の晴れた暑い日に，8時間も露出をして撮影された．長時間露光のため，そこにいたであろう人や動物，風でゆれる木の葉など動くものすべてが消えている．そして太陽もぐるりと回り，建物の影もない不思議な写真である．建築は動くことがないため，たまたま被写体になったにすぎないかもしれないが，写真誕生の最初から建築と写真が結びついたのである．

写真が生まれたときからもっているリアルでクールな面と記録性が，多くの人々に建築を伝達する手段として適しているのか，建物は撮られ続けてきた．建築を写真で美しく，シャープにとらえることが，建築の現実を具体的に伝えるのに都合がいいと考えたからであろう．

写真家は，その建築にそぐわないもの，伝えたくないもの，美しくないものは，建物の本体の部分であっても切り捨ててしまう．そして建築の現実を写真にするには，そこに非現実的な要素が加わることで魅力的になる場合も多い．写真としておもしろくなるのである．

●建築の現実と写真の現実

私たちが建築の現実を体験するときは，単に見るだけではない．その環境や空間に身を置き，歩き，触れたりする．そして人間のもっている五感のすべてで感じるのである．だから，よく建築家は私の作品は建っている場所へ足を運んでもらわないとわからないという．しかし，どれだけの人々に実物を見てもらえるか，となると現実的には大変難しく問題も多い．

写真は存在するものしか写らない．存在するものをどう表現するかである．この虚構化のなかに，はじめて写真のリアリティが現れる．そして，その現実の世界と虚構のハザマに写真家がいる．

建築の実体と写真になった建築は明らかに違う．写真になった建築に要求されるのは，実体である建築から生まれる感動をどこまでとらえ，伝えられるかである．そのうえで建築写真は写真としても感動的でなくてはならない．写真独自の美しさがなければならない．さらにそこにはその建築から新たに構成された写真の空間がなくてはならない．すなわち写真には建築の現実があるのではなく，写真の現実の世界がある．

しかし，写真家の思い入れとは別に写真はその図柄自身が伝えるものを伝える．また，写真では伝えたくても伝えられないものが，あるのも事実である．

●消えてしまった建築

明治期，東京・丸の内に赤レンガのオフィスビルが建ち並ぶ通りがあった．日本初のビジネス街は人呼んで「一丁倫敦」．なかでも異彩を放っていたのが1894年，イギリス人建築家ジョサイア・コンドルの作品である三菱1号館．その堅実で上品な美しさによって，後に「明治の法隆寺」とまでいわれた赤レンガ建築の傑作である．1968年の冬，日本の高度成長期の真っただなかで，この名建築が解体された．そして，四角な床面積の多いビルにそこは建て替えられた．

そして，いま，ふたたびほぼ同じ場所に同じカタチでの復元をめざして工事が進められている．明治の西洋館で移築保存された建築はあるが，一度消えたものがその後時が経って再建された例は，いままで聞いたことがない．どちらにしても名作が甦ることは嬉しいことだが少し複雑な気持ちでもある．なぜかというと40年ほど前，解体直前の三菱1号館を撮影する機会に恵まれ，これが，ぼくの西洋館巡りの出発点となったからである．

この近代建築の父，コンドルの薫陶を受けた日本で最初の建築家の一人で，日本銀行本店や東京駅の設計でも有名な辰野金吾の作品も同様である．彼は東京・日本橋のたもと帝国製麻ビルを1915年に建てた．小さな三角の敷地にドーム付きの赤レンガのビルで横に白い線の走る，いわゆる辰野式で，その可愛らしい姿を川面にゆらゆら映し，古い日本橋とともに風情のある雰囲気をいまに伝えていた．あまりにも狭い敷地なので，これを建て替えても床面積がそう増えるわけでもないから取り壊されることはないだろうと安心していたら，いつの間にか消えて新しいビルになっていた．

　日本のモダニズムの旗手，堀口捨巳の大島測候所も惜しまれる．四角な観測塔の下部に円柱がそっと寄り添うように伸び，外壁は白い角タイル貼りで仕上げられていた．いっさいの装飾を排除し，計算し尽くされた立体の組合せ，みごとな造形で人々を驚嘆させた作品である．三原山の中腹に真っ白な姿でスッと立つシルエットがモダンでよかった．雄大な風景とのコントラストがじつに美しかった．とても50年前の建築とは思えない．三原山の荒地にはモダニズムがよく似合う．この名作が取り壊されて，もう10年以上経つ．日本を代表するモダニズムの傑作が何の話題にもならず，ひっそりと消えていった．じつに残念である．

　やはり文化財としての建物は戦争や地震，災害など自然の力で壊されるように思われてきたが，破壊力は経済のほうがいかに強いかを，ひしひしと感じるのである．

● なぜ建物を保存するのか

　しかし，このところ近代建築に社会の目が少し向き始めたのである．では，どうして残したいのか．なぜ，保存しなければならないのか，となると明確な答えはみつからない．

　いままでは，たとえば，ここで歴史的な事件があったとか，日本古来の数奇屋造や茶室など日本文化の象徴であるとか，高名な建築家が建て，建築的にも美しいとかで，歴史家や学者，文化人などいわゆる学術経験者が文化財を決め保存してきた．しかし，最近では決して名作ではない，そこら辺りの古いビルや銭湯，そして火の見櫓までもが保存の対象物件になってきた．これはこれで，よく見ると，なかなかおもしろいし，なぜか飽きない．ふつうの人

図1　旧帝国製麻ビル　東京都中央区日本橋室町1-2，設計：辰野葛西事務所，1915年竣工，現存せず，1982年取壊し（筆者撮影）

が歴史的でも伝統的でもなく美的でもない，少し古いだけの建築に魅力を感じてきた．この少し古い，近過去が問題である．それは時代的には，古くても曾祖父さんの元気な頃，明治以降で決してそれ以前ではない．だれも国宝の法隆寺や姫路城はすばらしいとは感じるが，これをみて懐かしいという人はいない．いままでは懐かしいというと，かなり年寄りの人の感情だと思われてきたが，現代では少し感覚が違ってきた．若い人が少し前のことをヘンに懐かしがったりする．どうも近ごろは懐かしさの感じ方に変化が現れたのではないかと思う．

　いままでのように文化財を川上でお上が決めるのではなく，普通の人が川下から，これが好きといって上げていく時代に入ったようだ．いまは文化財の選定基準も見直され，築50年を経過したものはその対象とすることになった．近代建築や近代化遺産の保存に関しては一般の人が学者をもう越えているのかもしれない．

　それにしても建築は歴史や記憶を秘めた私たちの文化遺産である．建物は残っていないとダメである．建築の現実を写真の現実のなかでしか体験できないのではあまりにも寂しい．建物が消えるということは人々の記憶からも消えるということである．

[増田彰久]

5-36　建築写真は何を伝えるのか

【テーマ】建築写真　　　　　　　　　　　　　　　　　　　　　　　　　　　5　計画・空間・情報

●建築と写真の出会い

　写真術が発明されてから，はや170年以上が経過している．銀板写真とよばれた当初の写真は，露出時間が長いという技術的側面により，結果として動かない被写体が好まれることとなった．ゆえに，建築は恰好の被写体となるのである．写真は時を止め，再現できない一瞬を永遠に存在させる．さらに，すでに視覚的記録手段の地位を得ていた絵画と比較されることで，写真特有の描写性やリアリティから，写されているものはすべて真実である，実際に存在すると錯覚させる．

　その後の写真技術が飛躍的に進歩することで，短時間での撮影が可能となる．つまり，時からの解放である．一瞬の動作や表情も撮影することが可能となり，いつしか瞬間を刻むようになった．自由となった写真は被写体の枠を広げてゆくなか，建築は人気の被写体であり続ける．なぜならば，ある土地に固定され動かすことの容易でない建築は，その地をそして時代をあらわす象徴として，人々の関心をかき立てるからだ．未知の建築が写された写真は，まさに疑似体験の道具である．このようにして代表的な被写体となった建築であるが，一方で，建築写真とよばれる独特の写真が確立することとなる．

　ここで，建築写真の定義を整理したい．広義でとらえれば「建築が写されている写真」ということができる．しかしこれでは，たんに状況を説明しているにすぎない．建築写真という言葉にはそれ以上の意味が存在しているので，ここではより狭義の「建築を伝達するための写真」ととらえたい．

　この建築写真であるが，おもに掲載されているのは専門家を対象とする建築総合雑誌である．2次元媒体という制約のせいもあり，ここでとられる伝達手段は，図面とテキスト，そして写真となる．本来であれば，いちばんの情報発信源は当然のことながら図面であろう．建築の場合，実寸大の模型を製作することは少なく，建築家は図面を描くことで施工担当者に伝える．図面には建築に必要な情報をすべて記すことができるはずである．しかし，雑誌の限られた紙面に掲載される図面は，必ずしも親切ではなく，経験を重ねなければ読者がイメージすることも容易ではない．そのような場合に，立地条件や空間，素材，色を具体的なイメージとして雄弁に伝えることができる写真が活躍するのである．

●記録としての写真

　当初は，時や場を刻む記録写真としてスタートした建築写真だが，竣工写真という形式を作り上げることで，建築界のなかでの地位を確保する．施主や関係者にとって，この竣工写真は晴れやかな記念写真であり，当時の栄華を刻むものであった．この結果，しだいに竣工時が「本当」の姿であり，時とともに汚れ傷み始めた姿は「本当」の姿ではない，記録する必要はないと考えるようになったのであろう．「文化財」とよばれるような建築に対しては時の経過を認識しつつも，自らの手によって築き上げた建築が老朽化することは想像しない．つまり，進み続ける時を刻む必要性を感じることはなかった．

　しかし，人間や自然界と同様，建築もゆっくりではあるが確実に日々変化をしてゆく．現実に存在するのはそんな建築であるにもかかわらず，建築写真に写された竣工時の姿のみが本当の姿であるかのような錯覚を起こさせるのである．一方で，実際の建築が失われた後には，今度は，かつて建築が実在した証として建築写真が重宝されるようになる．このときには，その写真が竣工時か否かはさほど問題とならない．つまり，建築に対する評価が時代や状況により変化するのと同様に，建築写真に対する評価もつねに一定ではなく，状況により変化することとなる．その結果，時には竣工写真と同質の写真集まで作成されることもある．

●修正された写真

　ル・コルビュジエ（Le Corbusier）は写真に深い関心をもち，そのうえで最大限に活用した建築家として有名である．彼は実際の建築と写真との差異に驚愕しながらも，写真をある種理想像ともいうべき

■1 丸ノ内ビルヂング　1923年2月竣工，1997年解体（東京大学蔵）

設計意図を忠実に表現する手段として利用した．写真を自立した表現媒体と評価し，すでに広告メディアとして構成された写真を再構成することで新たな意味づけを試み，また自身の設計した建築の写真にマスキング操作を積極的に行う．コルビュジエは誤解が生じることを恐れずに，実際には存在しない建築を写真の中で作り上げているのだ．写真に写されているのは真実であるという固定概念をみごとに飛び越え，写真の中でもうひとつのより純粋な建築作品を制作してゆく．

● 視点の固定

写真がすべての情報ではないと知りながらも，現実の私たちはメディアを通して知りえた姿に依存している．近年刊行されたガイドブックには，見慣れた構図が再現できるシャッターポイントが指示されており，その場に立つことを自然に促してくる．

これは一般書に限られたことではない．毎月書店に数多く並ぶ建築総合雑誌の表紙には最新の建築作品が紹介される．設計者の希望か写真家の意図か，偶然の一致にもほぼ同じ構図の写真が表紙に並ぶことすらある．雑誌メディアで紹介される建築は，大半が新築時の竣工写真であるため，読者は実際に目にする前に，これらのメディアによりイメージは決定づけられる．たとえその後実際に建築を目にするとしても，無意識のうちにイメージどおりの構図を探してしまい，そのイメージと比較することで，ようやく実際の建築を認識しようとする．

● 建築写真と建築が写された写真

このような束縛のなかで，建築写真は一種のスタイルを作り上げ地位を確立した．雑誌等で紹介される建築写真は写真界のなかでも特殊な部類であり，建築のなかで地位を確立するにしたがい，ほとんど語られることがなくなる．しかし先に述べたように，建築写真は建築が写された写真のなかでもほんの一部にすぎない．被写体として充分に魅力的である都市や建築は，多くの写真のなかでさまざまな姿を現している．建築写真の特異性に気づいた写真家たちは，建築写真では決して被写体となることのなかった日常を，マンション広告でみられるような俯瞰写真を，均質的な都市の写真を発表し，従来の建築写真とはまったく視点の異なる方法で建築そして都市をとらえてくる．事実そのような写真の出現と前後して，雑誌では建築写真の特集が組まれ，建築と写真の関係が論じ合われてきた．

建築写真は必ずしも真実を伝えない．しかし，建築を映す鏡である．どちらかに変化が起きれば，一方も変化を生じる．図面ほどのルールもなく，言葉よりも多弁であるため，すぐに影響をうけ，与えてしまう．両者は切っても切れない関係なのかもしれない．

［角田真弓］

6

意匠・設計・歴史

［編集：藤井恵介・大野秀敏］

6-1　建築意匠学は何を教えるのか

【テーマ】建築意匠学　　　　　　　　　　　　　　　　　　　　　　　　　6　意匠・設計・歴史

●建築意匠学とは

　建築意匠学は，建築の形態や空間のデザインを考察する研究分野であるが，それが扱う範囲は，目に見えるデザインにとどまらず，デザインの背後にある思考・原理，建築家が文章で著した思想，建築の形態や空間が人間の活動や精神に与える影響，都市的視点で見た場合の建築のあり方を巡る議論，古今東西の建築が風土気候に対応して行ってきた知恵などに至るまできわめて広い．建築設計におけるデザイン的側面に関して，適切な判断を下し，論理的根拠・説得力を与えるための不可欠な知識という役割も果たす．

　建築意匠学は，このようにきわめて広い対象を考察する総合学的な性格をもつため，体系化された学問にはなりにくい側面もある．それ故，日本において，かつては，客観的に教えにくい奥義のようなものとする考え方もあり，教科書のような文献も生み出されにくかった．この点は，欧米の建築学科が，建築設計演習と並行して，建築デザインに関する理論を教えてきたこととは対照的であった．日本では，1980年代後半に，東京大学において，香山壽夫が，長年開講されていなかった「建築意匠」なる講義を再開することによって，現在の建築意匠学の基礎と役割が確立されたということができる．その講義をまとめた著作の中で，建築意匠を端的に表現した以下のような件がある．

　「『意匠』とは『工夫をこらす』という意味の古い言葉で，明治以降，日本で西欧的な建築教育が行われるようになった時，『デザイン』を意味する言葉として，改めて用いられるようになった．心の中にあるイメージ（意）を，形に作り上げる（匠），という美しい言葉だと思う．建築設計の本質を示す，見事な言葉だと言ってもいい．（中略）形と本質を別にして考える時，すべての芸術論の内容は空しくなる．そして，同時に，その論は，人間の行為，現実の創作活動に，何の力も与えないものになる．神ならぬ人間にとって形なくして精神はない．形そのものに，人間の本質の現れを見ようとするのが『建築意匠』なのである」（香山壽夫（1996）：建築意匠講義，pp.249-250，東京大学出版会）．

　いかにして，建築のデザインに焦点をあてながらも，その根底にある人間，文化，社会，環境などとの繋がりや広がりを考察できるか，その方法を問うこと自体が，建築意匠学の根本の問題意識として，存在しているといってよい．この意味でも，建築意匠学は，固定化した学問体系というよりは，建築のデザインにかかわる人間が，自らの設計行為の意味を問い続けるための思考のヒントを提供し続ける開かれた枠組みなのである．

●大学における建築意匠学の教育

　現在では，日本の大学の建築関連の学科の多くにおいて，建築意匠に関する講義がもたれている．それらは，文字通り「建築意匠」という講義名を伴っていることもあるし，「建築デザイン論」「建築設計論」などの講義名でなされる場合もある．そこで教えられている内容の基本は，古今東西の名作建築，とりわけ近現代建築における「作品」を対象として，その形態や空間を理解し，考察するための基本的な概念，原理，言語を学ぶ，ということである．さらに，そうした基礎的な素養の上に，実際の建築作品における設計プロセス，デザイン手法，建築思考を理解することが目指される．また，建築デザインと都市，人間，社会，思想との関連なども教えられる場合がある．担当する教員によって，力点の置き方は異なるものの，デザインを理解するための基礎的知識，その応用の実際，デザインの意味的な広がりの学習が，建築意匠学の教育の根幹である．

　どのような分野でも同様だが，こうした基本的知識なしには，建築の形態や空間は理解できない．換言すれば，それらを理解するための思考の枠組みができない．じつは，この点は，しばしば見落とされている点である．たとえば，楽譜が読めなくては，また，美しいメロディを感じ取れなくては，音楽が学べないということには万人が同意するであろう．

しかし，建築に関しては，建築はあくまで工学技術であり，使い勝手が良ければよいのであり，デザインに関する素養は二の次でよいという意見もある．そうした，もっともらしい意見が，じつは総体として，社会全体の建築の質を悪くし，都市を醜いものにしていくことに通じることを，十分理解しておく必要があろう．

● 建築意匠学と都市

都市は，建築の集積体である以上，建築意匠を学ぶことで養われる知識や素養は，都市の建築をより美しいものにしていくことに貢献し，都市全体をよりよいものにしていくことに役立つ．残念ながら，日本の都市を構成する建築の多くは，「建物」という方がふさわしいような，ごく一般的なものであり，建築意匠で学ぶような，建築の文化・表現にとって価値のある，いわゆる「作品」とよべる建築の割合は，総体としては決して多くない．無論，集落や西欧の都市のように，ある時代に建てられた一般的な建物が独自の美しい都市景観を形成する場合もあるのだが，日本の都市を形成するのは，戦後建てられた一般的な近現代建築である．近代以前の一般建物が，使用可能な構造や材料が限られていたことによって，ある統一されたまちなみを形成したのに対し，近現代建築は，構造の自由度が高く，かつ使用できる材料も多様であったため，結果としてできたまちなみは，さまざまな建物が乱れて建ち並ぶという状況である．

こうした日本の都市に関して，都市再生というキーワードで考えたとき，建築意匠学の役割はどこにあるのだろうか．ひとつは，建築意匠学の素養が今まで以上に社会に浸透することによって，「作品」とよべる建築の割合を増していくことに貢献することである．現在，経済原理，事業性優先に都市建築を作ってきたことのしっぺ返しを受けていることを反省すれば，より良い建築を作るという発想はさらに強化されるべきであろう．とはいえ，すでに建てこんでしまっている既存建物に対しては，どうだろう．「作品」を対象とした建築意匠学が，こうした多様な一般建物群をどう捉え，建築的にどのような再生が可能かを考えるためには，より視野を広げる必要もあろう．建築意匠学は広がりをもちうる分野であるので，視野を広げて，多様な一般建物群から成る都市の再生に取り組むならば，新たな視点を提供できるのではないだろうか．たとえば，近年，主として事業性などの視点から注目されるコンバージョンやリノベーションに対して，建築意匠学の視点から積極的に取り組むことも重要である．一般建物群に対して，美学的な意味での再生，建築としての魅力を増し，使い続けたい建築という価値を高めるための再生に取り組むのは，今後，建築意匠学の重要な一分野となろう．じつは，私自身，そうした認識に立って，世界のコンバージョン建築の意匠を調べている最中である．　　　　　　　　　　［小林克弘］

図1　バーナム・ホテル（旧リライアンス・ビル）シカゴで1895年に竣工した近代的高層建築の名作．鉄骨構造らしい表現を開拓し，白いテラコッタの美しい外壁を誇った．テナントの減少，取壊しの危機に遭遇したが，名作故に，市民からも愛されて生き残り，近年，ホテルにコンバージョンされて，都心の活性化，歴史性と事業性の共存に貢献した．ホテル名は設計者ダニエル・バーナムに由来する（筆者撮影）

文献
1) 小林克弘（2000）：建築構成の手法―比例・幾何学・対称・分節・深層と表層・層構成，彰国社．
2) 平尾和洋・末包伸吾（2006）：テキスト建築意匠，学芸出版社．
3) 小林克弘・三田村哲哉・橘高義典・鳥海基樹（2008）：世界のコンバージョン建築，鹿島出版会．

6-2 神々の住まう館

【テーマ】神殿　　　　　　　　　　　　　　　　　　　　　　　　　　　　6　意匠・設計・歴史

● 神殿の起源

古代のギリシャ人たちが神々のために建築を用意するようになったのは，おそらく紀元前9世紀のことである．最初は木造で，やがて石造へと変化した．形のうえでは当時の有力者たちの邸宅がモデルになって，神のための館が形作られていった．

紀元前7世紀頃になると，ドリス式やイオニア式といった神殿建築の形式が誕生してくる．建築史でおなじみの名称だが，もともとギリシャ語の方言を表す言葉が，建築の形式に使われているのはおもしろい．

● パルテノン

神殿と聞いたときに，誰もが連想するパルテノン，ル・コルビュジエも絶賛したこの古代ギリシャ建築の傑作は，女神アテナに捧げられている．そしてアテナはアテナイの守護神だった．神殿は多くの場合，このように都市とゆかりの深い神を祀るものであった．そして個々の都市国家は同じ神話体系のなかの異なる神々を祀ることで，全体としてはまとまりのあるギリシャ文化圏を形成していた．

現存するパルテノンは紀元前5世紀に建設されたものだが，ペルシャ戦争で破壊された先行建築を置き換えたものである．形式的にはイオニア式とドリス式の両者の特色を併せもつ．この独創的な形態を生み出したのは建築家イクティノスで，彫刻家ペイディアスとの共同作業により，この形が生み出されたといわれている．神殿の内部には，現在は失われてしまった女神の神像，ペイディアスの傑作が安置されていた．基本的にギリシャ神殿の内部空間は神のための空間であり，一般の人々が入るためのものではなかった．通常の儀式は神殿前の祭壇でおこなわれたのである．それゆえ古代ギリシャの建築家の関心は，外部の美しさに向かう．人間の視覚のもつ特性，錯覚を踏まえ，こまやかな視覚補正を施した結果，パルテノンには水平・垂直な直線は一つもない，といわれるにいたったが，これも他のギリシャ神殿に共通の特色である．

視覚という観点からみたときに，パルテノンの美しさを支えている要素のひとつに，アクロポリスという立地がある．アクロポリスはアテナイの中心に位置する小高い丘で，この丘全体が女神アテネに捧げられた神域となっている．このためパルテノンは周囲数キロから見ることのできる，非常に印象深い場所となっている．このように景観上，特別な地点に美しい景色との調和や遠方から見た建築のあり方に配慮しつつ神殿を建設することは，ギリシャ人の得意とすることだった．さらにアクロポリスにおけるパルテノンの配置は多分に独創的なもので，おそらくは絵画的な視覚効果を意識して決定されている．丘を登ってプロピュライア（門）からアクロポリスに入ったものは，バランスよく配されたパルテノンを右手に見ることになる．しかしそれはあくまで神殿の背面であり，正面の祭壇に向かって，来訪者は神殿の周囲をグルリと半周しつつ，外観の美を堪能するのである．

● 生活と神殿

古代の人々にとっては，宗教的なものは生活の隅々にまで広がっており，世俗的な日常の活動と分かちがたく結びついていた．

たとえば，オリンピックの語源になったオリュンピア祭は，4年に一度，オリュンピアでゼウス神へ捧げられた体育祭が始まりだった．またヨーロッパ演劇の礎といわれ，オペラなど後の舞台芸術に大きな影響を及ぼしたギリシャの演劇も，神々への奉納劇として発達した．

古代においてもっとも有名な神殿建築は，おそらく世界の七不思議にも数えられるイオニア地方，つまり小アジア（いまのトルコ）のエーゲ海沿岸地区の中心的都市エフェソスのアルテミス神殿だろう．これは残念ながら現存していないが，イオニア式の巨大神殿であったことが伝えられている．

● 神殿の変容

紀元前4世紀末にアレクサンドロス大王が登場する．彼の大遠征とともに時代はヘレニズムへと移っ

■1　パエストゥムのドリス式神殿（筆者撮影）

ていく．新興のギリシャ文化と古い伝統をもつオリエントの文化とが融合していく時代である．

当然，神殿建築もヘレニズムとオリエンタリズムとの狭間で，大きく変化を遂げた．人工のテラスと大階段を用い，軸線を基本とする全体構成はそれまでにないもので，人工的な空間演出を意識した配置といえよう．内部空間への関心が高まるのも，パルテノンなど古典期に予兆があったとはいえ，この時代の特色といえる．華やかなコリント式が好まれるようになり，アーチなどの手法も導入されたが，それと同時に意匠と構造の乖離も無視できなくなった．

ローマでは神殿はフォルムの周辺，稠密な都市空間の中に建設されることが多く，自然と内部空間に関心が寄せられるようになった．たとえば有名なローマのパンテオンは，2世紀に皇帝ハドリアヌス自らの設計により，被災した先行建築に置き換えられたものである．最大の特徴は，直径40mを超える巨大な円筒と半球体を組み合わせた内部空間である．半球ドームの頂部に穿たれた円形の窓からさし込む日影は，帝国各地から集められた石材で飾られた壁面を動き，一日の時間の流れを可視化する．壁面には7カ所の大きな凹みが設けられており，それぞれに古代ローマの主要な七柱の神々が祀られ，まさにパンテオン（万神殿）にふさわしい構成となっていた．この神々は太陽系の七つの天体にそれぞれ対応しており，宇宙あるいは世界全体の有り様をも表現した建築とみることもできるだろう．ちなみにこのパンテオンのドームの直径はルネサンスまで凌駕されることはなかった．この壮麗な内部空間は，宗教的な機能を果たしたのみならず，皇帝の謁見の間としても使用された．このように古代ローマにおいて神殿建築は内部空間を重視し，また壁体の建築を模した凹みなど，神を祀るための小祠的な演出も発展した．

●神殿の終焉

ローマ帝国がキリスト教を正式に認めたのは313年のことである．そして392年にはそれ以外の宗教は禁止され，キリスト教は帝国の国教となった．この大波をもろに受けたのは，いうまでもなく伝統的な多神教のための神殿建築だった．

いくつかの神殿は閉鎖され採石場となった．事実，初期キリスト教時代の教会建築には，神殿建築からの転用材（スポリア）が数多くみられる．とくに柱頭など，丁寧な仕上げがなされた高価な石材は多用され，たとえば神殿の正面中央部のポルティコの列柱を教会堂内部の身廊と側廊の間の列柱に転用するなど，さまざまな使い方がなされた．これは古来の異教に対するキリスト教の勝利の証，つまり戦利品と解釈されていた．

また他の作品は，教会建築に改装された．先に述べたパンテオンはサンタ・マリア・アド・マルティレス教会に，またパルテノンは聖母テオトコスの教会にそれぞれ改装された．パルテノンはその後，イスラム教のモスクへと改装された後，オスマン・トルコ軍の武器庫となりヴェネツィア海軍の砲撃で残念ながら廃墟となってしまった．しかしながらパンテオンなど，多くの古代の神殿が，教会堂に転用されることで，現代までモニュメントとして継承されてきたことは，数奇な運命ではあるが，しかし幸運に恵まれた例といえるだろう．　　　　［太記祐一］

6-3　建築の五つのオーダー　その多様性と体系性

【テーマ】オーダー　　　　　　　　　　　　　　　　　　　　　　　　　　　　　　　　6　意匠・設計・歴史

　オーダーとは秩序を意味し，建築を支える社会的諸力と，文化的背景とのあいだに整合性を保とうとすることである．それを体現しているのが建築の五つのオーダーである．

　辞書的に定義すれば，建築の五つのオーダーとは古代ギリシャと古代ローマ建築で誕生した柱と梁などの上部構造の一体化した造形システムである．トスカナ式，ドリス式，イオニア式，コリント式，コンポジット式の5種類がある．意味論的には起源となる木造神殿を石におきかえて様式化したものであった．後世には，堅固で男性的なものとされるドリス式は兵舎などに使われ，女性的で柔和なイオニア式は博物館に，より女性的で豪華なコリント式は宮殿や劇場にふさわしいといったように，オーダーはそれぞれ性格をもち，今日ではジェンダーに比喩される．この性格ゆえ，使われるにふさわしい建物の種類を選ぶのであり，ビルディングタイプという近代的な概念にも適合できた．

　この体系は古代において誕生し，一時は忘却されたものの，復活し，体系化され普遍化された．時には根本的に批判され否定されながら，あらたな視点から再解釈されて今日に至っている．体系としての一貫性があるとはいいきれないが，それがあるおかげで西洋建築にひとつの背骨がとおっていることも確かである．

　古代ローマにおいて建築家ウィトルウィウスは『建築十書』を書き，ドリス式のディテールは木造神殿の円柱，梁，小梁，屋根組であること，円柱の比例は，男性，女性などの身体から抽出されたことなどを説明している．オーダーはおもに神殿に適応されるべきであって，ドリス式はジュピターやマルスのための神殿にふさわしいのであった．ただし彼は「オーダー」という言葉ではなく，ゲヌス（種）という言葉を使っており，また5種類でひとつのセットという考え方もなかった．

　ルネサンスにおいてウィトルウィウスの建築書が再発見され，アルベルティが『建築論』においてこの古代の建築書を土台として理論を構築するが，後世の展開からするとむしろ注釈学的なものであった．16世紀に建築オーダーは体系化された．ルネサンス建築を構築したブラマンテやサンガロの弟子にあたるセルリオが，彼らの造形を体系化すべく『建築第四書』を書き，異教の神殿のための建築オーダーは，キリスト教建築にも世俗建築にも使用可能なものとなるために理論を構築した．たとえばキリスト教の男性的な聖人たち，そして屈強な俗人にはドリス式が，女性の聖人たち，文人や遁世者にはイオニア式がふさわしい．そしてコンポジット式が五つ目のそれであるという定式をつくり，建築の「五つのオーダー」という概念を確立した．セルリオは職人から国王までさまざまな階層の住人のための住宅を提示しているように，このオーダーの区分も，社会の構成にフィットさせようとした．すなわち建築を支える社会的諸要素と，文化的背景の一致なのである．

　セルリオ的な定式化ののちは，建築書はよりグラフィックな表現手段となり，オーダーについても視覚的プレゼンテーションの比重が大きくなる．パラディオがローマの古代遺跡の実測調査を踏まえて『建築四書』を書き，ヴィニョーラは『建築の五つのオーダー』を刊行した．後者は，比例そのものが簡略化されて記憶しやすくなっているだけでなく，列柱，柱礎なしアーケード，柱礎ありアーケードという代表的な用例における寸法の割付を記すなど，視覚的な体系であることそのものに意義が込められるようになった．

　17世紀，フランスの王立建築アカデミーでは，古代建築とウィトルウィウスのテキストとの乖離を調停するため，セルリオやパラディオらが講読され，整合的な比例体系が模索された（土居義岳（2005）：アカデミーと建築オーダー）．

　18世紀，こうしたアカデミズムとそれが支えたバロック建築に対して異を唱えたのが新古典主義であった．マルク＝アントワーヌ・ロージエは『建築

試論』(1753) のなかで，原始的な小屋という概念により，構法的な視点から再出発し，本質的な荷重支持すなわち柱と，付随的な装飾や壁とを区別した．これはウィトルウィウスの論法を再活用しつつ，建築の起源を古典古代よりさらに過去に遡及するという革命であった．これは古典主義の純粋化による自己否定といえる現象であった．

19世紀はスタイルの時代であり，建築オーダーへの本質論的な問いかけは傍系であった．むしろ20世紀において建築オーダーの理解は深化したといっていいが，そこには現代建築との平行関係があった．

ウィットコウワーの『ヒューマニズム建築の源流』(1949, 邦訳 1971) は，ルネサンス建築の背後に新プラトン主義，その数の神秘主義，古代のピタゴラス派の音楽理論などの復活があったということとともに，パラディオのヴィラがある抽象的な幾何学図式に従って設計されていることを指摘した．コーリン・ロウはさらに『理想的ヴィラの数学』(1947) のなかで，その図式がル・コルビュジエの住宅にも見いだされることを指摘した．すなわち古代文化の再興である人文主義の伝統は，16世紀のパラディオを経由して20世紀のル・コルビュジエにも息づいている．

サマーソンは『古典主義建築の系譜』(1963, 邦訳 1976) のなかで，建築オーダーとは文芸におけるラテン語に相当するとして，20世紀のオーギュスト・ペレの作品のなかにも古典的な比例が潜んでいることを指摘している．これらは近代建築においても古典的，あるいはルネサンス的な建築観がしっかりと生きていることを示している．

同様に20世紀後期のポストモダンと形容される時期においても建築オーダー研究の顕著な成果がみられる．ツォニスは『古典主義建築——オーダーの詩学』(1986, 邦訳 1997) もやはり建築を人文主義的な観点からみており，とくに修辞学やアリストテレスの詩学に言及する．古典主義とは，日常的なもののなかに特権的なものを構築する，世界のなかにもうひとつの世界をつくる，20世紀のプラハ言語学の概念によれば「異化」作用をもたらす批評的な建築であった．同様にハーシーも『古典建築の失われた意味』(1988, 邦訳 1993) のなかで，古代ギリシャの神話や禁忌に遡及しつつ，そこからオーダー

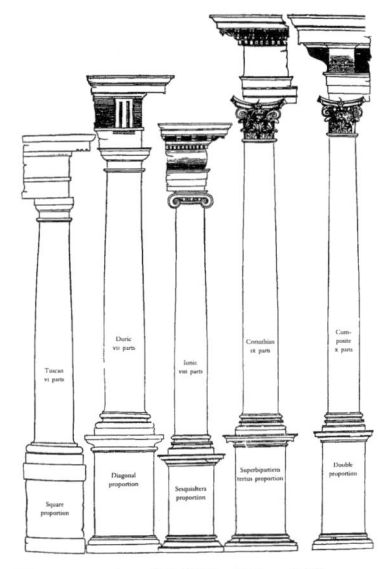

■1　セルリオ『建築第四書』の図版

の細部を正当に再解釈し，ギリシャと戦って破れたペルシア戦士をかたどって柱が作られたことに典型的に示されるように古典主義の柱には生け贄という意味が込められていたことを説明している．

オナイアンズによる浩瀚な『建築オーダーの意味』(1988) もまた，建築オーダーをヨーロッパ建築文化の背骨ととらえて，柱がいかに民族，種族，宗教，社会階層などの意味を担ってきたかを，史実の厚みによって説明している．リクワートによるやはり浩瀚な『ダンシング・コラム』(1996) は，ハイデッガーやアドルノといった20世紀の哲学者の主張を視野に入れつつ，柱は身体のメタファーであるという古いテーゼを能弁であるべき建築を擁護するために復活させることで，現代アメリカのデベロッパーが支配する建築を批判しようとしている．

20世紀以降，オーダーは装飾ボキャブラリーというより，むしろ純粋な理論的支柱のようなものになってきている．同時代の建築運動を擁護するために，あるいはゆきすぎた商業主義を批判するために復活させられる．しかし古代においてウィトルウィウスが，華美なコリント式だけが使われるようになった帝政ローマ時代の建築が出現しつつあったその転換期にあって，ドリス式やイオニア式の起源とその論理性や倫理性を強調したことを考えると，建築オーダーを語ることは，つねに危機意識と背中合わせであったといえる．

[土居義岳]

6-4　様式の氾濫

【テーマ】日本建築の様式　　　　　　　　　　　　　　　　　　　　6　意匠・設計・歴史

●様式の在り方

　様式は，ある特定の時代背景の中で出現した作品群の特徴を総括したものを指す美術・建築史上の用語である．

　ヨーロッパ建築を振り返ってみると，ギリシャ・ローマの古典様式から，ロマネスク・ゴシックの中世様式を経て，近世以降のルネサンス・バロック様式へと至る一連の道筋が見いだせる．

　このようにヨーロッパにおける様式は，本来，特定の時代背景の中で生まれ，次の時代には別のものに移り変わるものだったが，18世紀以降には異なる様相を示し始める．過去の様式を並列的ないしはカタログ的に整理することで，それを随意に選択して使用することが可能なものに置き換えていったのである．

　一方，アジアにおける建築文化の発信地であった中国大陸では，まったく別の状況が確認できる．中国大陸にあっては，建築の形態は，古代の宮殿建築の中で発生した一様のバリエーションですべて処理されたため，様式という概念は存在していない．

　この画一的な中国大陸に対して，日本ではこれとは別のヨーロッパに近い状況が確認できる．それは，用途（住宅・神社・寺院）と緩やかな関係をもつ多様な様式が確かに存在することである．とくに寺院建築における様式概念は顕著で，しかも18世紀以降のヨーロッパと同様に，様式を並列的に捉えて，それを自由に選択して使用することが古くから可能となっていた．中国大陸からの大きな影響を継続的に受けてきた日本で，なぜこのような状況となったのだろうか．

●様式の出現

　建築様式の発生は歴史の重層性によるものである．日本の場合，中国大陸からの影響という外在的要因と，日本列島内部での内在的要因による変化が常に繰り返されてきたことが様式の誕生において重要な意味をもっている．

　6世紀以前の原始社会の中で，日本列島の風土や気候という環境条件をベースとして，建築に対する嗜好性はすでに芽生えていた．その特徴は，周囲に対する開放性，深い軒や天井と高床で囲まれた内部空間，その結果としての横長プロポーションといったものである．

　こうした空間の特徴はその後も維持されていくが，6世紀から9世紀にかけて中国大陸の建築を導入した結果，すでに萌芽していたものとミックスして用途と対応する三つの建築様式が誕生していく．それは，神社・住宅（宮殿と貴族住宅）・寺院の建築様式である．この三つは，ほぼ原始建築を踏襲する神社建築，中国建築の完全なコピーであった寺院建築，その中間的存在の住宅建築というように，基本的には外在的要因の多寡によって捉えることができるものでもある．

　このうち寺院建築は，10世紀以降に内在的要因によって住宅建築に近づき，「和様（日本様）」とよばれるような独自の様式へと進化していく．そしてこの和様をベースにしながら，12世紀末には再度外在的要因を受容して，「大仏様（天竺様）」あるいは「禅宗様（唐様）」とよばれる様式を生み出し，さらにその混合によって「折衷様」・「新和様」と総称されるような多様な建築様式を蓄積していくことになる．

●様式の認識

　このように日本において建築様式を生み出したのは，内在的要因と外在的要因の拮抗する各時代の特性であった．しかし，時代性のみでは，次の時代の様式は前の時代の様式を淘汰して，結果として一時代には一つの様式しか存在しないことになる．また，様式の相違が住宅や寺院といった用途のみに対応するものなら，一種のビルディングタイプでしかない．しかし，日本では，生み出され蓄積された様式はこれとはまったく異なる様相を示していく．

　15世紀に成立した『日本番匠記』は日本最古の建築書で，「日本様」と「唐様」という各部のプロポーションや細部形式が異なる二つの様式を設定し

■1 多種多様な様式を組み合わせて設計された近世建築 大滝神社本殿および拝殿，1843年建立，福井県越前市（筆者撮影）

て寺院建築を論じている点が注目に値する．さらに17世紀初期までには成立していた『孫七覚書』では，和様系の「御堂造」と禅宗様系の「建仁寺様」・「嵯峨様」の三つに分けて寺院建築を論じている．このように中世の段階で，建築様式は時代の前後や用途の区別ではなく，同時に併存し使い分けられるものと認識されていたことになる．

こうした様式の認識方法は，戦国期の動乱を経て再編成された江戸時代の大工の世界でさらに洗練し普及していく．

江戸幕府の御大工を勤めた甲良氏が関与した「江戸建仁寺流」系の建築書では，寺院建築を形態的な点のみに着目して様式として抽出し，その設計手法を精緻に取りまとめている．この系譜の中で，江戸時代末までには寺院建築様式としての，「日本様（和様）」・「唐様」・「大仏様」が様式として完全に認知され，この3様式を組み合わせて実際の設計を行う手法が定着していく．掲載した大滝神社本殿および拝殿（福井県越前市，1843）は，こうした手法が極限まで発揮された事例である（■1）．

こうした様式の認識とそれに基づく設計方法は，同時代のヨーロッパの状況ときわめて近似している．そして，こうした近似性があったために，明治以降の日本建築の近代建築学への組み入れはスムーズに行われたのであり，伊東忠太や大江新太郎といった日本建築の様式を変幻自在に使い分ける建築家を生み出す要因ともなっていった．

●様式の氾濫

外在的要因が作り出した建築を，内在的要因に基づいて様式化し，それを並列的に取り扱いながら組み合わせて用いていくこうした姿勢は，明治以降のヨーロッパ建築の導入以後も継続して行われていくこととなる．

幕末から明治期に導入されたコロニアルスタイルの建築は，やがて「洋館」という名の日本建築の一様式となり，インターナショナルスタイルも日本化して同じ様相を示している．多種多様の様式が氾濫する現代日本の歴史的背景には，これまで述べてきたような状況が指摘できるのである． ［光井 渉］

文献
1) 光井 渉（2006）：和様・唐様・天竺様の語義について．建築史学，No.46．

6-5 日本の宮殿建築の空間と歴史

【テーマ】京都御所　　　　　　　　　　　　　　　　　　　　　　　　　6　意匠・設計・歴史

●京都御所

　現在の京都御所は，江戸時代の末の火災後，1855年に再建されたものである．しかし，建築年代とは別に空間という視点からこれをみるとき，そこにはさまざまな時代の宮殿空間が存在している．すなわち，支配者層の住宅様式が寝殿造から書院造へ変遷したのと並行して，天皇の居所とされる空間もしだいに変化していく．ただし，宮中における伝統的な儀式を継承していくために，儀式に用いる空間，具体的には紫宸殿とその南庭および清涼殿東面とその東庭の二つの空間は平安時代以来の古い形がそのまま保持された．一方，中世以降に成立した宮中儀式は，天皇の居所である常御所などで行われたので，常御所である常御殿には，屋内で完結する別のタイプの儀式空間が継承されている．私たちは京都御所を巡ることによって，さまざまな時代の宮殿空間を実感できる．そしてさらに，日本の住まいがたどった歴史をも知ることができる．

●紫宸殿（■1）

　紫宸殿は，天皇の御所である内裏の正殿として元日宴会や白馬節会など奈良時代以来の儀式が行われた建物である．これらの儀式では，紫宸殿内の高御座に座る天皇に向かって，南庭に整列した臣下が拝礼を行い，酒宴でも皇族・公卿が殿内の座を占めるのに対し，それ以下の人々は紫宸殿前庭の座に着いた．また，節会では南庭に舞台が作られることもあった．つまり，紫宸殿には殿内と南庭とが一体となった儀式の空間が作られていた．紫宸殿は，正面に格子を吊り，これを内側に回転させて吊り下げると，南庭に向かって完全に開放できる空間になっているが，これはこうした儀式の使用法に起因している．

　一方，宮中の節会の大半が紫宸殿で行われるようになるのは9世紀の中頃からのことであり，それ以前は大内裏の中心に建つ大極殿（大安殿）や豊楽殿とその南庭が節会の会場であった．この大極殿や豊楽殿は，大陸の宮殿建築に倣って基壇上に建てられた土間床の建物で，庭に面する南正面には建具も壁もなく南庭に開放された建物であった．紫宸殿は節会のために，これらの建築形式に準拠して造られたもので，清涼殿など京都御所の他の建物に比べてひときわ高い床も，節会の時，天皇が沓を履くことが象徴するように，じつは基壇の代用である．紫宸殿の空間は，奈良時代に唐から導入した宮殿儀式の空間を伝えている．

●清涼殿（■2）

　清涼殿は10世紀後半に天皇の居所に定まった建

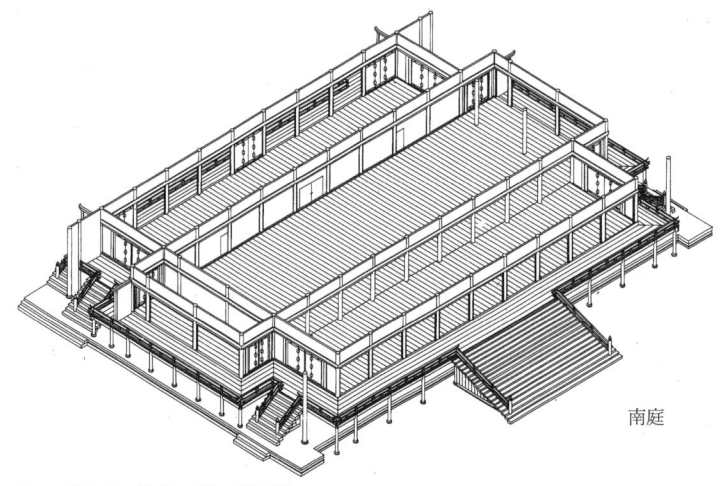

■1　紫宸殿（作図：喜田華奈子）

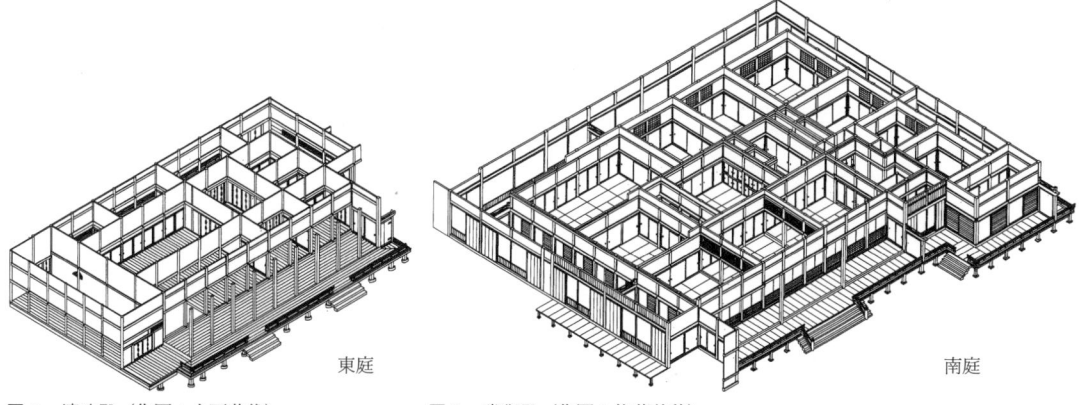

■2 清涼殿（作図：大西恭代）　　■3 常御殿（作図：佐藤美穂）

物である．紫宸殿がほぼ一つの空間であるのに対して，清涼殿は壁，板扉や襖障子の仕切りによって，寝室に相当する夜御殿，居間にあたる昼御座，貴族の控え室である殿上，女房が伺候する台盤所など十余りの空間に分けられている．機能に応じた多くの空間が一つの建物の中に設けられているのは，私たちの目からみると当然のように思えるが，中国の宮殿建築にはこのような建物はない．清涼殿の仕切りに利用されている鳥居障子とよばれる引き違いの建具も，開放的な列柱空間を仕切るために平安時代の日本で発明されたものであるし，紫宸殿に比べて低い板敷の床は沓を脱いで昇殿する．清涼殿は日本化された宮殿建築なのである．ただし，機能に応じて設けられている空間が母屋・庇という建築構造に規制されている点は次に述べる常御殿との大きな違いである．

ところで，平安時代後半に書かれた『江家次第』によると，御斎会などの仏教行事は清涼殿の母屋を利用して行われたが，それ以外の大半の儀式は昼御座のある東庇とその東面で行われた．そして，清涼殿の儀式として後世まで継承されたのはこの東面および東庭で行われた儀式で，その多くは神事であった．清涼殿は，東庇・東弘庇・簀子と庭とが一体になった儀式空間を継承するために，伝えられた建物である．

● 常御殿（■3）

常御殿は，清涼殿の北面に設けられた常御所が中世を通してしだいに整備され，16世紀の末にひとつの殿舎として成立したものである．中世の常御所は，遅くとも15世紀初めの段階では上段・簾台・庇の三つの空間で構成されており，現在の常御殿南面に並ぶ3室がこの伝統を継承している．3室の間に仕切りの建具がなく，床のレベル差と列柱・欄間によって空間を分けているのも伝統的な形式である．また，常御殿における儀式場となったこの3室は庭と平行に並び，紫宸殿や清涼殿の儀式空間が屋内から庭への強い方向性を示しているのと対照的である．これは，常御殿における儀式が庭を利用せず，3室の空間だけで行われたことによる．

一方，常御殿の北面や東面に位置する諸室は，天皇の生活空間として近世に整備された部屋で，常御所を継承した3室にはない床の間なども備えられている．部屋と部屋の境にも襖障子が必ず入っている．常御殿には中世の空間と近世の空間が混在している．

● 小御所・御学問所

このほか，京都御所には小御所（近年再建），御学問所，飛香舎が遺っている．このうち小御所，御学問所が連続する3室を中心に構成されているのは，ここが常御殿の3室を補完する役目をもっていたからで，年始の挨拶などで御所を訪問した貴族・僧侶と対面するとき，身分に応じて常御殿と小御所，御学問所を使い分けた．また，飛香舎は入内の儀式を行う建物で，平安時代末の『山槐記』にある入内の指図をもとに，儀式に用いる空間だけを復原した建物である．

以上の通り，京都御所には奈良時代から江戸時代に至るさまざまな時代の儀式に対応した空間が，儀式の伝統とともに遺されている．京都御所はたんなる宮殿ではなく，日本の宮殿建築の歴史と空間を伝える宮殿なのである．

［川本重雄］

6-6 寺院建築の伝来と展開

【テーマ】寺院建築（古代・中世）　　　　　　　　　　　　6　意匠・設計・歴史

●仏教の伝来と寺院建築

前近代の日本社会において，寺院建築はつねに建築技術の最高峰にあった．ことに古代・中世においては，規矩術をはじめとするさまざまな建築技術の発展は，主として寺院建築を舞台として展開された．したがって，建築文化の歴史を概観するうえで寺院建築の占める位置はきわめて重要である．

本格的な寺院建築の導入は，6世紀後半，仏教をはじめとする大陸の先進的文化の導入に積極的だった蘇我氏らにより，主として大和朝廷と親交の深かった百済を通じて始められた．最初に建立された本格的寺院建築は飛鳥寺伽藍（588-596，奈良県）で，造営にあたり百済から仏舎利とともに僧・寺工・露盤博士・瓦博士・画工などが来日した．この伽藍は中心におかれた塔を三つの金堂がとり囲む形式であり，高句麗の清岩里廃寺に類例がみられる．

朝鮮半島から伝わった建築技術は，現存最古の木造建築として有名な法隆寺西院伽藍（奈良県）の建築にみられる．7世紀後期に再建された西院伽藍には，雲斗雲肘木の使用や天秤式の架構による軒荷重の支持方法など，中国大陸における古式技法が朝鮮半島で伝統技術化した技法が用いられている．

白村江での敗戦（663）以後は，朝廷が唐との外交関係を重視した影響で，唐の建築様式が直接的に伝播した．最古の遺構の薬師寺東塔（730，奈良県）をみると，組物は斗・肘木・尾垂木のみで構成され，尾垂木を梃子にして軒荷重を支持するなど，法隆寺西院伽藍の建築とは系統が異なる．この様式は，寺院建築に限らず広く宮殿や官衙にも用いられ，以後日本の伝統様式（和様）の源流となった．

●密教建築と浄土教建築

9世紀初頭，空海と最澄が真言宗，天台宗を開いたのを契機に，日本にも本格的な密教が伝えられた．密教はその呪術性や神秘性，儀礼の荘厳さ，また現世利益的性格などにより貴族社会に浸透し，新たに灌頂堂，真言堂，大塔，多宝塔，法華堂，常行堂などの建築をもたらした．これらの内部には教義に即して仏が配置され，密教特有の修法・灌頂を行う空間が設けられるという特徴がみられる．

10世紀後半から天台宗内で浄土教が盛行し，加えて末法思想が広がると，貴族社会を中心にさかんに浄土教建築が建設された．藤原頼通が建立した平等院鳳凰堂（1053，京都府）はその代表例で，伽藍西側に東面して建ち，前面には西方浄土の七宝池を象徴した池を設けて極楽浄土の世界を現出させている．一般に浄土教建築の核たる阿弥陀堂には，鳳凰堂のようにコの字形に池を囲む形式のほか，浄瑠璃寺本堂（1107頃，京都府）のように横一列に9体の阿弥陀仏を安置する九体阿弥陀堂や，中尊寺金色堂（1124，岩手県）のように一間四方の身舎に庇をめぐらす一間四面堂などの形式が存在した．

●礼堂の付加と中世仏堂の成立

奈良時代には，礼拝や法会は金堂内ではなく，通常は堂外で行った．しかし平安時代には，法会や礼拝を室内で行うために，礼堂を別棟や孫庇として付加し，内外陣の境に結界を設けた仏堂が登場した．

当麻寺曼荼羅堂（奈良県）では，解体修理時の痕跡調査から礼堂の発達過程が詳細に判明している．この仏堂は奈良時代後期の創建時には7間×4間の単純な平面だったが，平安時代初期頃に広い孫庇と内外陣の結界が設けられ，最終的に1161年に架構を組み直して現状に至った．このように内外陣からなる奥行の深い仏堂形式は，中世の顕密寺院において最も一般的な形式となり，中世仏堂とよばれる．

●南都復興と大仏様の伝来

中世の初頭には，2種の建築技術が中国（宋）から導入された．このうち東大寺大仏殿の再建に用いられたのが大仏様（天竺様）である．

南都焼き討ち後の東大寺では間もなく復興事業が企てられ，宋に渡り建築技術を学んだ俊乗房重源が，宋の建築技術を用いて大仏殿，南大門等の再興を成し遂げた．この技術が大仏様で，柱を屋根の直下まで貫き通して組物を挿肘木で処理し，柱どうしを多くの貫で緊結して地震による水平力に耐えるこ

■1 若狭神宮寺本堂　内・外陣を結界で区切った中世仏堂の一例，越前守護朝倉義景が1553年に再興（筆者撮影）

と，円形断面の虹梁や桟唐戸を用いて大木を節約すること，部材断面を数種類に限定し規格化を図り加工の手間を省くこと，などがおもな特徴としてあげられる．

重源が直接かかわった遺構としては，東大寺南大門（1199，奈良県），浄土寺浄土堂（1192，兵庫県）などが現存するが，両者を比較すると，浄土堂が軒反りをもたず柱間を等間隔とするのに対し南大門はこれらの手法を用いないなど，導入当初から形式に大きなばらつきがあり，様式として未熟な点に気づく．そのためか，重源の死後は急速に衰退し，貫構造や木鼻の意匠以外はあまり用いられなかった．しかしながら構造的な有利さから，柱を屋根の直下まで伸ばし貫と挿肘木を多用する技法は，後世においても東寺金堂（1603，京都府）をはじめ大規模な建築を建てる際に，たびたび応用された．

● 武家政権と禅宗寺院の隆盛

中世の初頭には，大仏様以外にも禅宗様（唐様）とよばれる新たな建築様式が宋から伝来した．

鎌倉・室町時代の武家政権は，既存の寺社勢力を牽制するために新興宗教勢力の禅宗を保護し，五山制度を整備して禅宗寺院の格付けと組織化をすすめた．これに伴い全国に多くの禅宗寺院が建立されたが，このとき伝来した建築様式が禅宗様である．

禅宗様は規格性の強い様式で，強い軒反り，上にいくほど広がりをもつ組物，柱上と同様の中備組物の配置（詰組），窓や入口の上部の花頭曲線など，華やかな外観が特徴である．構造面では，扇垂木を用い，身舎と裳階の間を海老虹梁でつなぎ，虹梁＋大瓶束の架構により身舎前方の柱を省略するなどの特徴がある．また大仏様と同様に，桟唐戸や貫の使用もみられる．代表的な遺構としては，円覚寺舎利殿（室町中期，神奈川県）などがあげられる．

禅宗様は，全国の禅宗寺院においてよく守られたうえ，日本の伝統様式のひとつとして定着し，なかでも木鼻や花頭窓の意匠などは，禅宗以外の建築にも積極的に取り入れられた．

● 地方寺院の興隆

中世は，地方寺院が興隆した時代でもあった．全国的に寺領荘園経営が行き詰まるなか，鎌倉時代後期以降はむしろ地方寺院の建立・復興が活発化した．この理由は，ひとつには禅律僧による組織的勧進活動が広範囲に行われたためで，14世紀初頭に西大寺系律僧の定証により尾道浄土寺が再興されたのはその一例である．しかしそれ以上に，守護大名・戦国大名などの在地武士や，南北朝時代以降に経済力を蓄えた有力な国人層を壇越として獲得したことが主因と考えられる．先の尾道浄土寺の復興では，本堂・鐘楼などの5棟は尾道浦の大檀那光阿弥陀仏が再興したと伝えられるが，彼も地域の富商であった．また伊予の守護大名河野通直は1485年に伊予太山寺の本堂修理などを行っているが，このような在地武士による造営も枚挙にいとまがない．

このように，在地勢力の伸張が多くの地方寺院建築を生み出したが，これに伴って建築形式や細部意匠にも豊かな地域性が生まれた．　　　　[山之内誠]

6-7　神社と神社建築―古代・中世・近世

【テーマ】神社建築（古代・中世・近世）　　　　　　　　　　　　　　　　　　　6　意匠・設計・歴史

●神社

　古く日本列島は東アジア共通の原始信仰圏にあったと考えられる．7世紀にはすでに近隣国家との交流から仏教・道教も流入し，これらの先進的な渡来の「神」に対して日本の在来の神は，天皇の祖先神である伊勢と国家の戦勝神である住吉を除いては，原始信仰の範囲を脱していなかった．7世紀末，天武天皇は中国の皇帝祭祀に範をとり，国土のすべての神々，「天神地祇」を天皇が惣祭する体制を創出しようとした．そのひとつが神の子としての天皇の系譜の作成（古事記・日本書紀）であり，他方が神社の創始・建設であった．天武天皇は在地で祀られていたさまざまな神を，天皇の支配に服する（天皇からの幣帛を受ける）という条件で国家の名簿に登録し，それまでは露天の祭祀であった神に社殿を作り与えた．この「官社」の制度こそ，神社の始まりである．天武とその妻持統，持統の後見した文武の三代はこの神社（官社）の定着に努力するところがあったが，奈良時代の初めの聖武天皇の頃には早くも制度の崩壊の危機に瀕する．全国の神社は穢臭に満ち溢れて雑畜が放し飼いになっているから，国司が神官にかわって清掃し，祭祀を行えというのである．この原因は想像するしかないが，それまでは天上にあった神が地上の小祠にあり，毎年起きる旱魃や大雨，地震などの災いを防いでくれない，ということであろう．以後神は，自ら仏の加護を求めるようになり，急速に仏との習合を進めてゆく．一方朝廷は奈良時代初めの元明天皇以降，神よりも仏教を国家の中心に据え，すべての神を天皇が支配しようとする意欲を失って，神威の著しい神にのみ個別に期待するようになる．ふたたび神社に国家の関心が戻るのは光仁・桓武朝で，桓武天皇は官社制度に手を入れて，遠方の神社は地方長官である国司の管理に委ねることで，神社に対する国家の再掌握を図る（桓武も中国の皇帝祭祀の導入を考えていたことは注意を要する）．この時期，一時的に神祇尊重の気運が再現されるが，嵯峨天皇以降は密教や浄土教などの仏教に貴族は帰依することとなり，神社が歴史の前面に現れることは明治時代に至るまでない．多くの神々もその本地（本体のこと）としての仏が定まり，社僧が神前で経を唱えることが通常となる．中世には神としての独自性は見失われ，仏の力により神がこの世に存在する時代が長く続くことになる．

●神と仏

　神がその独自性を主張した期間は，きわめて短いものであった．それでは，神社は仏寺の中の一施設にすぎないのであろうか．鎌倉幕府の『御成敗式目』第一条には「神社を修理し，祭祀を専らにすべき事」とあり，第二条に「寺社異なるといえども崇敬これ同じ」とある．内実は仏教化していても，神社は仏寺と対比される存在として認識されるものとなっていた．なぜ神は仏に吸収されなかったのだろうか．その理由は以下のように考える．

　仏教は導入されてより国家の厳重な管理化におかれ，国家護持の宗教として発展した．仏教は国家の側に立ち，もっぱら国を守るものであった．官社制は国土にあるすべての神を支配しようと試みたが，毎年のように日照りはおこり，落雷や地震の災いもやってくる．これらの人知の及ばない災害の源は，彼らを守る「仏」ではなく祟りを及ぼす「神」によるとするほかはなかった．いくら神の支配を完全にしてもそれを超える新しい神がつねに出現するという構造が存在した．官社の記録は，記載されることにより国家の認知を受けるという名誉的な性格から，国家への服従を受け入れた，馴化された神のリストへと変質してゆく．いままでの神は，新しい神威の強い神を受け入れるために内容はいかに仏教化しようとも神であり続ける必要があり，またいかに仏教により馴化されようとも，ふたたび祟りを及ぼす潜在的な可能性があるために，神であり続けたと考える．

　中世を生き延びた神は，江戸時代に寺院が寺請制度によりもっぱら死後の世界に役割を限定されたこ

とで，現世の個人的な願いを聞く対象として復活する．

● 神社建築

現在に伝わる神社建築は寺院と比較して格段に残りがよくない（平安後期が2件のみ）．これは，古代には神社建築が耐久性の乏しい小規模の建築であったためと考えられる．

官社制により国家から与えられた一般の社殿は正面5尺奥行3尺5寸高3尺程度の小規模な建物であった．切妻造の平入で基壇の上に置かれた土台をもつ建物と考えられる．賀茂社のように社格の高い神社には同様の比較的大きい建物が建てられたのだろう．これらは平安時代を通じて国司の維持管理下におかれた国家の建築であったので，自由な発展性をもたないものであった．ただ神前で経を唱え祝詞を読むために軽微な庇は前面に付加されたであろう．これらの官社の建物は，中世に国家の管理から離れると多くは消滅し，在地勢力の信仰をつないだものは大規模化し，あるいは新しく仏寺の形式で建て替えられた．これらが現在に伝わる流造や入母屋造の神社本殿である．しかし，古代の神社建築を主導したものは官社の建物ではなく，新しく現れた神の建物であった．奈良時代，宇佐神宮は東大寺の大仏殿を援助する託宣などによって大きな力を得，平安時代初期には京都に勧請されて石清水八幡宮となった．また御霊信仰による八坂神社，天神信仰の北野天満宮も平安時代に成立し，それぞれが特色ある大規模な社殿を成立させた．これらは宮寺とよばれる僧に支配される神社ではあったが，それぞれの神威の著しさのために多くの寄進を得，また神威の高さを誇示するために伝統と隔絶した自由な造形が可能となったと考えられる．また，修験道（神仏習合のひとつ）も険しい行場に特異な建物を建設した（■1）．この神威の区別性による社殿の差異性の追求は，仏寺にみられない平安時代の神社建築の先進性であった．

中世に地域で自立した地方の神社はおもに武士の信仰を得，中央の神社は巨大な荘園領主となって，それぞれに本殿の本建築化や境内の整備をめざすようになる．神社は仏寺と異なり神の姿を奉仕者や参拝者に現さないため，内部の拡大する要因に乏しかった．したがって，多くの地域では庇の付いた切妻造を大規模化する以上の工夫がなく，流造の全国的

■1　三仏寺投入堂　鳥取県，平安時代後期（筆者撮影）

な成立と洗練化以上の展開は中世にはみられない．ただ，建物自体が神の象徴と考えられたふしがあり，複数の祭神をまつる場合にその数を外観に表して小規模の本殿を複合させるなど，仏寺にはみられない意図的な造形上の展開が中世後半に現れる．

中世末に仏より神の勝ることを主張し人間を神にまつることに積極的な吉田神道の成立したことで，近世の神社は新しい道を踏み出すことになる．戦乱のなかで政治権力としての仏寺を破壊し，侵略勢力としてのキリスト教徒と対峙した信長，秀吉，家康たちは，自らが宗教上の最高権威の神となって国土を支配するほかはないと観念し，秀吉は豊国廟を，家康は東照宮を建設させた．各大名は領地に東照宮を勧請することが幕府の支配に服する証とされ，神仏習合ではあるが，神社が再び国家の一元的支配の象徴としての役割を担うようになる．近世の大衆社会の成立により，神社社殿は装飾化の傾向を強める一方で，江戸時代後半より藩によっては仏教色を排除しようとする廃仏や神仏分離が実施され，歴史の古い神社に復古的な社殿の再建も行われるようになる．今日伝わる古代の形式を伝えるとされる住吉大社や宇佐神宮の本殿は，この時期の建築である．

明治以降，国家政策により仏教色の排除が徹底されて，今日の社観が形成された．　　　　［丸山　茂］

6-8　組物のもつ意味

【テーマ】組物　　　　　　　　　　　　　　　　　　　　　　　　　　　　　6　意匠・設計・歴史

●組物とは

組物とは，斗（ます）と肘木（ひじき）とよばれる2種類の材料を組み合わせて複雑な形態を作り出したもので，主に寺社建築の軒先に見られるものである．この組物は単なる建築の一部材という位置づけを越えて，日本人の建築に対する伝統的な美意識を読みとる上で重要な存在であり，さらには寺社建築という建築類型をわかりやすく表現する存在ともなっている．

●組物の発展

組物の原初形はインドで誕生し，中国大陸で完成し，さらに日本に伝来したものである．その形式は非常に多様で，積み上げの層数・柱との関係・配置密度・細部形式などさまざまな観点から類型化が可能である．こうした多様な種類が存在する理由は，長い歴史の中で数度にわたって断続的に類型の輸入が行われたからである．

日本列島において最初に確認できる組物は，4世紀と推定される八尾市美園遺跡出土の家型埴輪の妻部分に描かれたものである．しかし，これは組物導入の前史と位置づけられる存在で，本格的な組物の導入は，6世紀の仏教と寺院建築の移入によって実現される．

法隆寺の建築群に残るこの第1次導入期の組物は，軒を壁面から遠く掛け出すための構造材としての役割を担うもので，斗と肘木が一体化した雲形肘木を用いるなど未完成な存在であった．これを基にして9世紀以降に日本国内で変質し完成した組物は，横長のプロポーションと緩やかな曲線から構成される形状に特徴がある．

この日本化した組物に対して，12世紀末には別系統の組物が新たに導入される．この第2次導入期の組物は2種類存在する．一つは東大寺再建に伴って採用された柱に肘木を挿し込むタイプのもので，もう一つは禅宗寺院の建設に伴って採用された縦長のプロポーションと稠密な配置に特徴があるものである．

鎌倉時代には以上の3タイプが並立する状況となるが，この時代には組物のもつ構造的な役割が大きく変化している．屋根を支持する建築の主体構造を天井裏に隠すことで処理するシステムが普及したため，組物の構造的な意味は弱まり，やがて表面に貼り付けられる意匠材としての性格が強まっていったのである．

●設計手法と美意識

第1次導入期の組物では構造材としての性格が重視され，斗や肘木といった部材の寸法に比例的な相関関係はみられない．また組物とその直上部にある垂木とはまったく関連していない．しかし，第2次導入期以降に組物が意匠材としての役割に特化すると，デザイン的な「納まり」が重視されるようになり，この時期以降の日本の組物には，垂木を含めた組物の部材間に厳密な比例的関係が適応されるようになる．

「六枝掛」（ろくしがけ）とよばれるこの設計システムは，柱上に載る大斗の寸法を基準にして，その他の斗や肘木の寸法を比例的関係に従って決定し，さらには横に並ぶ三つの斗に6本の垂木が対応するようにしたものである（■I）．こうした部材相互間の比例的関係に基づく設計システムは中世から近世にかけて次第に精緻なものとなり，やがて「規矩術」や「木割」とよばれる建築全体の設計手法へと昇華し，その修得は大工にとって最も重要視される事項となっていった．とくに江戸時代には，さまざまな組物の類型が建築書の編纂を通じて整理され，状況に応じて自由に使い分けができるようになる．

こうした設計手法が完成することによって，組物や垂木といった小型多数の部材が稠密に並ぶ軒回りは，数学的な厳密さを伴った整然としたデザインとなった．細部の完璧な納まりを追求するこの傾向は，組物という存在を共有する中国大陸や朝鮮半島ではあまり顕著ではなく，日本建築の美意識を反映するものとなっている．

●社会的な役割

日本列島において組物がこれほどまでの発展を示

■1 整然と並ぶ組物と垂木　中山法華経寺五重塔，1622年建立，千葉県市川市（筆者撮影）

した背景には，美意識や設計手法といった作り手側の問題だけでなく，施主や使用者を巻き込んだ社会的な意味の存在を指摘できる．

組物はきわめて複雑な形状をなすから，それだけで目立つ存在である．また同時に，積み上げの層数を数に置き換えて表現することが可能であることから，一般人に対してもわかりやすさをもっている．そのため，数値化して表現された積み上げの層数は，中世以降に建築や寺院のランクを表現するものとして機能し始め，江戸時代に入ると成文化したルールとなる．

江戸時代を通じて近畿地方の建築行政を所管した中井家に残された1724年の史料をみると，組物の使用を原則禁止としながら，ランクの高い寺院のみ例外的に許可すると定めている．一見しただけでは，この規定は組物を制限したようにみえるが，各寺院は組物の使用許可を求めて奔走し，逆に組物のもつ社会的意味と価値は高まっていったのである．そして，許可を得た寺院ではより豪華にみえる組物を指向し，許可が得られなかった寺院でも，斗と肘木が一体となった「須濱肘木」とよばれる擬似組物を採用して代替した．

このようにして江戸時代までに，組物は寺院建築を象徴して表現する社会的なアイコンとしての役割を確固たるものとしたのである．

●組物とキャピタル

組物は中国大陸で発生し，東アジア文化圏に共通する建築文化である．しかし，基本的な形態は相似していても，建築全体に占める位置や設計手法との関わり，あるいは美意識や社会性の点で，日本の組物はまったく異質な存在である．むしろ日本の組物のあり方は，遠く離れたヨーロッパの古典主義様式におけるオーダーとキャピタル（柱頭飾）に類似しているといえよう．

日本において，木割に基づく組物の体系化と社会による認知が完成したのは17～18世紀のことである．フランスのアカデミーがオーダーとキャピタルの理論を総決算したのもまさしく同じ時期のことである．

本格的な近代社会を迎える直前のこの時期に，遠く離れた場所で同時進行していたこの現象は，建築の近代化を語る上で重要な一側面を示しているのではないだろうか．　　　　　　　　　　　　　　　　［光井　渉］

文献
1) 大森健二（1998）：社寺建築の技術，理工学社．
2) 土居義岳（2003）：アカデミーと建築オーダー，中央公論美術出版．

6-9 天井は宇宙である

【テーマ】天井　　　　　　　　　　　　　　　　　　　　　　　　　　6　意匠・設計・歴史

●なぜ天井か

お前はなぜ屋根や天井にこだわるのか，とあるジャーナリストから詰問されたことがある．世の中で流通している建築ファッションとは逆方向のことばかりしているわたしに苛立ってのことだと思う．彼らにとって，勾配屋根やその下に生み出されるボリュームのある不均質な空間は，旧世代の遺物であり，モダニズムが一貫して打破しようとしてきた対象なのだ，という思い込みがある．

しかし，べつにディレッタントとしてわざわざそんな流行らないことをやっているわけではない．わたしのイメージする空間がそのようであるのだから仕方がない．人には向き不向きがある．時代遅れといわれようが不器用といわれようが，わたしにはどうやっても軽快で物質感のない幻のような空間はできないのだ．

岡倉天心は，天・地・人を，導く原理・従う原理・和の原理と解釈した．これを建築に引き寄せていえば，天は人を導く自然の摂理であり，地は抗うことのできない従うべき大地の摂理であり，そこに繰り広げられるのが和をもってする人の摂理，といえるのではないかと思う．天と地の間を仲介するのが屋根であり，その下で人の営為のために生み出されるのが空間である，とするのは理屈にかなっていると思うのだが，皆さんはどのように考えるだろうか．

●フラットとメジャーコード

この仲介役であるはずの屋根や天井が邪魔だ，というのが昨今の風潮だ．現代の技術は自然や大地の摂理を無視できるほどに進化し，どのような場所であれその条件を組み敷くことができる，という傲慢さが，これらを眼中に置かないデザインの傾向を生み出している．

透明で，軽快で，フラットな屋根．平らな屋根の下，これまた真っ平らな天井が張られ，その下で自由に展開される間仕切．建築雑誌を見ても，また，その影響を受けた学生の課題を見ても，こんなもののバリエーションばかりだ．天井はフラットなのだから，間仕切さえ工夫すればよい．間取りを覚えたばかりの学生には，これほど手軽で便利な手法はない．すこし能力のある若者なら，すぐにそれらしい趣を課題に与えることができる．便利きわまりない建築の在り方だ．おまけに，それが最先端ということになっている．流行らないはずがない．

都市再生の旗印のもと，至るところで超高層が建ちあがりつつある．オフィス，マンション，どれをとっても積層化するフロアーはフラットだ．そしてそこに保証されているのは，価値の均質性だ．こうした際限なく広がっていく空間を均質空間という．均質であるから貨幣価値に換算しやすい．貨幣価値に変わるから資本主義の論理にもグローバリズムの理屈にも乗りやすい．固有の価値をもった空間や不均質な空間は，貨幣価値の尺度には乗らないのだ．現代社会からは扱いにくい価値として挟撃される対象になる．

もうおわかりだろう．実は，いかにもアバンギャルドに見えるフラットこそは，広がりつつある都会のメジャーなコードである均質空間に通底するものなのだ．問題なのは，そして憂慮すべきことは，これこそが現実を打破する先鋭的な建築の姿だと思って若者たちが提案しているものが，じつは現実に目の前に起こっていることをなぞるものにすぎないということだ．これは皮肉としかいいようがない．知らない間に大きな流れの渦に巻き込まれている．彼らはそのことに気づいていない．

●バーチャルな価値・リアルな価値

建築から天井がなくなりつつある．こういう種類の建物の在り方をある評論家はスーパーフラットと名づけている．なかなか巧みなネーミングだ．どこまでも広がっていく自由な空間，それこそが近代建築が獲得した究極の価値だ，ということらしい．グローバリゼーションの大きな流れは遍く世界を席巻しつつあるのだから，その現れのひとつである現代の建物もそうした普遍性を獲得すべきだ，という言

■1　マイレア邸　アルヴァ・アアルト設計（筆者撮影）

説は説得力がある．

本当にそうだろうか．建築こそは，つねに人の生活の身近に在って，最終的に人の尊厳を守るものではないのか．世界の仕組みに組み敷かれているほうが安心できる人は，世界の断片であるフラットな空間に住むほうが心地よいだろう．自分という存在が世界の一部に組み込まれたような感覚．そこには，自分が消えていくような倒錯した不思議な陶酔感がある．それこそがグローバルなのだと呼びたい人は呼べばいい．

しかし，自分なりの考えをもち，自分の立っている場所から自分の目で世界を見ようとする人にとっては，フラットな空間は居心地が悪い．それは打破すべき対象として映る．そうした人のためには，その場所固有の価値をもった空間が必要だ．自分の身体を守り，現実の生活を支えている建物こそが，想像力の源でありたいと思っているはずだ．そこから生み出された固有の時間を獲得したいと願っているはずだ．リアルな現実を見つめようとする人には，戦わねば獲得できない空間がある．そう，あの映画『マトリックス』のバーチャルな空間に対抗するリアルな空間だ．こうした人たちの精神を支える建物には，唯一無二の身体を保証するその場所固有の天井が必要なのだ．

●天井と想像力

もともと天井は想像力の源だった．十数年前に新潟で見た数百年経った古い民家の空間が忘れられない．大きな土間があって，見上げると太い梁が縦横に走っている．高窓から差し込む一筋の光がそれらをシルエットとして浮かび上がらせていた．その天井の片隅を見たのだけれど，昼間なのに暗い漆黒の闇が広がっているだけで，いくら見ても何も見えない．目に何も映らないのだ．長い年月，囲炉裏の煤が染みこんでいるのだろう．吸い込まれるような天井の片隅があった．現代が失ってしまった空間だ．想像力の源泉のような一隅．そういうところに，水木しげるが漫画で描いたような妖怪がたくさん住んでいたのだ．

映画『マトリックス』のストーリーをなぞれば，わずかな自覚や気づきからバーチャル空間は綻びていく．スーパーフラットはその小さな一隅から破れていく．想像力の源である天井をとり戻すべきだ．

［内藤　廣］

6-10　建築家はなぜ塀が嫌いか

【テーマ】塀　　　　　　　　　　　　　　　　　　　　　　　　6　意匠・設計・歴史

●隣の関係，街との関係

　塀は自分の土地と隣の土地を分かつ境界線を視覚化したものだ．つまり，塀は土地所有の制度や形態が視覚的に露になったものと捉えることができる．塀の在り方は隣地や街路とどのような関係をもちたいかを表明する手立てなのだ．

　概して西欧には塀の文化がない．石造りの堅牢な住居そのものに最終的な防御線があり，塀や塀と建物の間に生まれる独特の空間には関心を払わなかった．一方，日本では高温多湿の夏をどのようにすごすかが住居の最大の課題で，住居は風通しを旨としたから，住居そのものの造りはプライバシーなどないに等しい．そこで，通りや街路との隔てが必要になってくる．しかし，あまりに高く堅牢な造りでは，風の流れも疎外してしまう．風が通らなければ植栽も生えないからろくな庭もできない．だから，視線を切る2m程度が一般的になったのだろう．これなら隣とも剣呑にならないし，街との付き合いも疎遠にならない．風も通る．ほどほど，というこの辺りで止めるのが生活の知恵というものだろう．

　塀が頑強で高くないのは，塀が木造だからだろう．これが木造文化の美点だ．石積みならいくらでも厚く，どこまでも高くできるが，木軸ではそうはいかない．たしかに自分の領域を囲い込みはするのだが，弱々しい粗末な塀しか作れない．その内側に，小さな庭を作り，街にそれが滲み出しているのが特徴だ．それが住まいと街との間に中間領域を作り，柔らかな街並みを作りあげてきたのだ．

　町人地のように人口密度が高いと塀は姿を消して町家になる．これらは商売が中心で，通りに対して直接アクティブに働きかける必要があったから仕方がない．武家屋敷のようにある地域に寄り添うように住まうとき，塀が立ちあがる．塀は身分を表し，格を表したのだ．「粋な黒塀，見越しの松」は武家屋敷の風景を唄ったもので，粋というのだから黒塀は当時のハイスタンダードだったはずだ．日本では，歴史的な建造物を見ても頑強な塀をもっているのは城郭ぐらいで，ほとんどの塀は，2mそこそこの粗末な囲い程度だ．かつての権力の中心である京都御所の壁だって，こんなに低くていいの，といいたくなるくらい威圧感がない．戦が商売のはずの武士が住まう武家屋敷の塀ですら，無防備といってよいほどの設えだ．萩や知覧など武家屋敷がそのまま残っている街を歩くと，この無防備さの頃合加減がなかなかいい．この緩さの強弱やメリハリの加減が，かつてその土地に存在したコミュニティの在り方を想像させる．

●塀とナルシスム

　さて，建築雑誌を見れば一目瞭然だが，日本の建築家は塀が嫌いなようだ．最近雑誌に発表される住宅は，概ね塀がない．現代の建築家は，塀があることに罪悪感を抱いているのかもしれない．いやいや，塀という要素を考えもしないのかもしれない．現代人は土地にこだわらないから塀を立てないのだろうか．防御線を塀から住居に託しうるほど住居が堅牢になったからだろうか．おそらくそのどちらでもなかろう．土地の値段は異様なほど高いし，住居も昔よりはましになったろうが，生活を守る最終防御線となりうるほど堅牢になったとはいえない．

　唯一考えられるのは，エアコンが行き届いて，住居が夏場の通風を必要としなくなったことが挙げられる．外に開かなくても生活できるようになったからではないか．また，少しでも土地があれば，現代生活の必需品である車のための駐車スペースをとることになるから，敷地の幅が狭ければ，中途半端な塀を作るより，いっそ街路に対して開いてしまおう，ということになる．また，生活そのものも，地域や近隣と共にあるのではなく孤立しているから，中途半端な塀を作るより，住居そのものでプライバシーを確保しようという傾向が強くなったのではないかと思われる．この傾向は，建築家独特の自立完結型の作品主義とも共振する．つまり，自分だけよければいい，という現代風の個人主義が施主の側にも，それに加担する建築家の側にも蔓延したことを

■1 本間家別邸（筆者撮影）

反映している．塀文化の衰退は，施主も，また，建築家にも，共同体との干渉領域を積極的につくっていこうという意志が失われたことに起因するのだ．

●掃きだめに塀なし

しかし，これではまだ一般的な話で，雑誌を飾るような建築家たちが塀を作らない理由はそれだけではあるまい．思い当たるのは，近代建築の名作には塀がない，ということだ．たとえば，サヴォア邸，ファンズワース邸．敷地が日本とは比較にならないくらい広いから，建物がポツンと建てられているだけで，建物の近くの周囲に塀はない．広々とした敷地に，建物がオブジェのように建っている．それらは，隣近所との関係など考慮に入れる必要はない．だから塀の存在はないに等しい．そのような佇まいが美しく見えたのが間違いのもとだった．建築家たちは，これらの建物を教科書にしてきたのだから，現代建築に塀がないのも当然かもしれない．

近代建築の題目を思い出しても，土地は公に開放することが最終目的のようになっている．土地を囲い込む塀の存在など言語道断，塀こそは打破されるべき悪しき旧世代の慣習だったに違いない．人口密度がそれほど高くない西欧なら，土地に対しても寛容な気持ちになって開放してもいいか，と思うようになるのもわからなくもない．しかし，日本では，使える土地が狭いうえに，もともとが農業国家で，土地に対する執着が異様に強い．狭い土地を倹しく分け合うように暮らす方策を模索せざるをえなかったのだ．そうなってくると，自分の領域を守るために塀を作ることになるのは自然の成りゆきだ．

「掃きだめに鶴」という言葉がある．とるに足らないようなくだらないもののなかに一つだけ孤高で純粋なものがいる，ということをいった言葉だが，建築家はこの言葉が好きだ．街は「掃きだめ」で，自分の設計する建物は「鶴」だといいたいのだろう．だから周りとの関係を作りたくないのだ．この「掃きだめに鶴」という考え方には，承伏しがたいものがある．ずいぶん傲慢で自分勝手な理屈だ．街は建築の集合によってできあがっているからだ．

住まうことと街との関係性を浮かび上がらせるのが塀だ．建築家の設計する作品に塀がないのは，街との接点に中間領域を置くことを拒んでいるから，またそのことに無関心だからだ．むしろ，作品的な建物の在り方は，生活と街との関係を意図的に切断しようという意識が働いているとすら思える．街を愛していない．現代の建築家たちが塀を重視しないのは，街を下等なものと見下し，街との関係を作りたくないからに違いない．

●塀から始めるまちづくり

現代人は，土地には執着するが，住み方は高層化された集合住宅のようにありたいと考えているのではないか．隣の人とは関係をもちたくないという住まい方．玄関ドア一つ隔てれば自分の領土で，不可侵のテリトリーを作りあげる．自己中心的な生活像が，塀のない住宅を生み出す背後にある．建築家はこうした考え方をトレースしているにすぎない．

この辺りを反省し見直す時期に来ているのではないか．塀の文化は日本独特のものであり，これをうまく仕立てることが街のオリジナリティー，とりわけ衰退しつつある住宅地の再生へと向かわせる原動力になっていくのではないかと思う．建物なんか見えなくてもいい．いや，見えない方がいいのだ．

［内藤　廣］

6-11 床構法の変遷と改修

【テーマ】床構法　　　　　　　　　　　　　　　　　　　　　6　意匠・設計・歴史

●床に求められる機能と性能

　床は建築空間の下方の仕切りであり，そこに載る人やその他の物品を支え，その荷重をその下（梁から柱または基礎）へ伝える役割がある．また建築全体から見れば地震等による水平力への重要な抵抗要素となる．

　実際の使用状況を考えると，求められる性能としては歩行の安定性（荷重でたわまないこと，使用用途に応じた固さであること），安全性（滑らないこと，歩行の妨げになるような凹凸などがないこと），耐久性（とくに歩行や台車・自動車等の移動に対する耐磨耗性）が要求される．

　さらに重要な性能として，防音性（下階への歩行音等の伝播の防止）があげられる．この他，防水性・耐水性等も用途に応じた性能となっている必要がある．

●床の主体構造

　①木造在来構法の床の主体構造：1階床は，大引・根太という直行する横架材によって構造が組まれ，そこに床板を架け渡している．2階床は，根太床の場合，床梁・根太に床板が架けられる（本来は，床梁・大引・根太による組床であったが，床厚を押さえる理由から，根太床が採用される場合が多い）．

　②鉄筋コンクリート造の床の主体構造：RC造の床スラブには，普通スラブの他，ボイドスラブ，ワッフルスラブなどの種類がある．柱・梁構造の場合，梁の上面にスラブが位置することが多いが，スラブが梁の下面に位置するものもある．これを逆スラブといい，この場合，梁の上面には木造の床組が架けられる．梁によってできたスラブと床組の間の空間は設備配管のスペース，あるいは収納スペースとして利用することが可能である．

　③鉄骨造の床の主体構造：鉄骨造の床スラブには，デッキプレートなどの鋼板とRCによるもの，通常のRCスラブあるいはALC版によるもの等の種類がある．

●床の仕上げ

　代表的な仕上げには，フローリング，縁甲板，塩ビシート，プラスチック系タイル，石，タイル，畳，カーペット，合成樹脂塗り，玉石洗い出しなどがあげられる．

　日本の住宅の床仕上げは，旧来より畳，縁甲板が用いられており，木造住宅はもとより，たとえば同潤会アパートメントにおいてもその基本に変わりはなかった．カーペットが住宅で広く使われるようになったのは1960年後半からであったが，1980年代に家のダニの問題，1990年代にハウスダストやアレルギーが社会問題となり，これらを契機にカーペットから複合フローリングが主流となった[1]．フローリングの採用に伴って重量衝撃音に加え軽量衝撃音の問題が発生したが，現在では防音構法が数多く開発され，状況は改善されてきた．一方，現在でも畳を好む居住者は多く，マンションに畳敷きの和室があるプランは珍しくないが，使用されている畳は，昔ながらの稲わら畳から，ポリスチレンフォーム板（PS）を畳床の主要構成材とした，いわゆる化学畳に取って代わられている．すでに畳の出荷量の9割以上をこの化学畳が占めているといわれている．

　オフィスビルの床は，日本においては大正時代にリノリウムが普及し，第2次世界大戦後には塩化ビニル樹脂が多用されるようになった．その後，1952年から塩ビタイル（いわゆるPタイル）が発売され，高度経済成長期には短工期，低コスト，色のバリエーションがある等の理由で広く普及したが，1980年代以降はタイルカーペットの登場によって使用されなくなった[2]．また1980年代半ばから一般オフィスのOA化が急速に進み，床下配線の目的でOAフロアが多用されるようになっている[3]．

●改修工事における床

　床に対する要求に起因する改修としては，床の防音性能の向上があげられる．典型例がスラブの増し打ちと小梁の増設である．これに加え防音性に優れ

る置床を採用することや，下階の天井構法も遮音性の高いものに変更することなどの方法もある．

このほか床に関わる大規模な事柄としては，床の撤去（吹抜け等に変更する）と増床があげられる．これらは建物のプランの変更に伴うものであって，床に対する要求に起因するものではない．あるいは，床の撤去が耐震改修の負担軽減に寄与するような場合もあるだろうが，床の撤去に伴う補強等も必要となるため個別の検討が必要である．

また，プランの変更に伴う給排水管の取り回しも問題となる．排水管の場合，床下で必要な水勾配がとれることが必要であり，これがプラン検討時の制約となる場合が多い．天井高等との関係で十分な勾配がとれない場合には，強制排水システムなどを用いることも考えられる．給水管については床との関係で問題になることは少ないだろう．

用途が事務所である場合は各種の配線に対応する必要がある．ある程度古い建物の場合，天井高が低いことが多いと思われるので，給排水の計画と一体的に検討する必要があろう．

● バリアフリー改修における床の考え方

改修工事のなかでも，とくにバリアフリー化を念頭に置いた改修では，床の段差解消が大きなテーマとなる．浴室まわりは通常の設計では段差が多く生じる部分であり，水仕舞や給排水管の配置の理由で段差がある場合が多い．使用者の身体能力にもよるが，最も簡便な方法は手すり設置による補助である．また浴室の洗い場にすのこを敷く方法も有効な場合がある．これらで対応できない場合は浴室・便所まわりを解体し新たな設計をすることが必要となるだろう．

和室と廊下の敷居の微小な段差に対しては，三角形断面のミニスロープ（摺付け板）を設置する方法があるが，これと手すりで不十分な場合は，居住空間全体の床レベルの統一について検討するしか解決方法はないと思われる．

玄関の上がり框の段差も住居によってさまざまである．たとえば車椅子を想定した場合，段差が小さいかスペースに余裕があればスロープを新たに設置することもできるが，そうでない場合は車いす用の段差解消リフトを設ける等の対策が必要である．また介助者がいることを前提とすれば，人だけをブランコのように吊って移動させるリフトでの対応も考えられる．建物内部だけではなく，戸建てなら玄関の外部，集合住宅・ビルであればエントランスまわりのバリアフリー化も重要な検討事項である．

以上はバリアフリー改修での床段差解消方法のごく一部であるが，比較的簡便な方法から，設備を用いた段差解消までさまざまなレベルがあることがわかる．

● まとめ

現在使用されている床構法を知っていることは当然であるが，改修にあたっては過去の構法を知っておくことも重要である．また，過去の構法を知れば，解体される建物あるいは部位から，解体時にどのようなものが排出されるかを予測することができる．これは排出物の分別やその後のリサイクル等，環境負荷低減を考える上でもっとも重要なことの一つである．

さらに目的に応じた改修はストックの有効活用の最たる例であり，そのためには建築の置かれたさまざまな状況，建築の使用者に応じた改修の構法を知ることが不可欠であるといえる．　　　　　　［名取　発］

文献
1) 池田真啓ほか（1998）：我が国における木質系床材・カーペットの変遷―現代の建築部品・構法の変遷史．日本建築学会大会学術講演梗概集．
2) 真鍋恒博・船井雄一郎（1997）：プラスチック系床材の変遷―現代の建築部品・構法の変遷に関する調査研究．日本建築学会大会学術講演梗概集．
3) 池田真啓・真鍋恒博（1999）：我が国におけるフリーアクセスフロアの変遷―現代の建築部品・構法の変遷史．日本建築学会大会学術講演梗概集．
4) 真鍋恒博（1999）：図解建築構法計画講義―「もののしくみ」から建築を考える，彰国社．
5) 松村秀一編（2007）：建築再生の進め方―ストック時代の建築学入門，市ヶ谷出版社．
6) 松村秀一監修（2004）：コンバージョン「計画・設計」マニュアル，エクスナレッジ．

6-12　置く床，盛る床

【テーマ】床　　　　　　　　　　　　　　　　　　　　　　　　　　　　　　6　意匠・設計・歴史

●空間の規定

　建築の床について考えるにあたって，床とは何かを根本に遡って考えてみることにする．まず，建築のシェルター性という観点からみてみよう．シェルター性という見方は，建築を，空間を囲い込み，人の活動の場を守る物的構築とみるのである．同時に，建築は「場所」を意味づけ行動の拠点を形成するという，場所論的な側面も併せもっている．この二つは建築の基本的な働きであるだけでなく密接な関係にある．建築のシェルター性と場所性をまとめて，ここでは空間を規定する力と表現しておこう．一方，床という切り出し方は，壁，天井（屋根），柱などという切り分けが暗黙に想定されている．

　多くの人は，空間を規定するというと，まず壁を思い浮かべるかもしれない．壁は視線を遮り，行動の障害となって場を囲い取る．外敵や野獣から身を守るために，あるいはプライバシーを守るために，壁で囲うことは人の場所をつくるうえで基本的なことであり，壁をめぐらしただけで明確に場が発生する．気候がおだやかで平和な地域であれば壁がなくても暮らせるかもしれないが，屋根がなければ，雨や陽射しを防ぐことができない．屋根も単独で場を規定することができる．野点で赤い傘を建てるが，そこに明確に場が現れる．つまり，傘の内と外では異なる場ができる．公園の東屋，神社の舞殿，バス停や鉄道駅のプラットフォームの屋根なども同じ働きをする．

　1本の柱だけでも場を張ることができる．柱の規定する場には，実用的な意味はほとんどないが，その分，象徴的な意味は強い．ロンドンのトラファルガー広場のネルソン提督の像が載る円柱や，サンマルコ広場の鐘楼など，塔は広場につきものである．1本の柱が作る場は，柱が場の中心になり，そこから離れるにしたがってだんだん性格が弱くなるような場ができあがる．1本の柱が4本になると柱は境界となる．好例は，神籬である．地鎮祭などで臨時に神域を作り出すために，四隅に青竹が立てられるが，これを神籬という．もう少し恒常的な例では，上下の諏訪両大社の神域の四隅に立てられている樅の丸太がある．この丸太を山中から運び出すのが，6年に一度行われる御柱祭である．

　では床はどうだろうか．床による領域規定は，野点で敷く緋毛氈や花見酒のために昼のうちから場所取りのために真菰を敷くことをみれば，床もまた，単独で空間を規定できる．床による空間規定では，視線が通るので屋根のように象徴的な性格が強いが，段差をつければ人の行動に直接影響を与えることもできる．日本や朝鮮半島では部屋の床は地面より高く，室内に入るときに靴を脱ぐ．床の機能的側面は，人が生活をするために乾いた水平な場所を確保することである．人が室外で何かをしようとするときに，床几や縁台，毛氈，クッション，ラグなどさまざまな道具を使うが，いずれも湿気を遮断し，地面の凸凹を吸収し，害虫などから守るためである．それを常設化，大規模化したのが床ということになる．

●置く床

　日本の常識では，下足を脱いでから床に上がる．そして，床は地面から浮かせて作られているが，世界中でそうしているわけではない．下足のまま室内で暮らす地域は広く，そこでは1階の床は土間である．つまり床は，地面の上に直接仕上げを施したものとなる．

　現代日本では，床はたしかに地面から離れているが，外から見ると布基礎が普及したために，建物は地面につながっているように見える．しかし，ちょっと前の家では，屈んで覗き込むと，縁の下の暗がりのなかに何本も柱が立っているのが見えた．縁の下に見えた柱は，束という名の床を支える角材である．束は一本一本束石に載せられている．建築は地面に置かれていた．

　建築が地面に置かれていることを実感するのは，急斜面に林立する柱に支えられた清水寺の舞台を見上げるときではないか．京都の街をパノラミックに

眺めることができる木造の豪壮な構造物は，じつは清水寺本堂の巨大な縁側である．縁側なので板張りで，山の斜面に立つ束で支えられている．こういう建築を高床式とよぶこともある．高床を作る人たちは，地面の形を変えることを考えない．地面はそのままにして束を立て，その上に水平な床を貼る．地面の高低は束の長さで調整できる．土木重機のなかった時代に，地形に手を加えるのは大仕事であった．相手は地面でなくともよい．たとえば干潟の上でも水上でも，柱を立てられさえすれば高床形式はできる．人は地面から浮いた床の上で暮らす．そして建築は地面と，建築面積からすればほんの一部にすぎない束，つまり点だけで接している．

● 盛る床

一方，ヨーロッパやインドなど多くの地域では，石や煉瓦を用いて組積造で建築を作る．こういう地域では，地面を水平に整えて，それを生活面とする．斜面であれば擁壁を築いて平らな面を作り，砂塵が舞えば穴を掘って住む．これらはいずれも，地面を加工する点で共通する方法である．それゆえ，大地を変形することが建築の始まりになる．建物の壁は線で地面に接し，大地とつながっている．清水の舞台に比肩する例といえばジオットの壁画で有名なサン・フランチェスコ教会がある．この教会はイタリアのトスカナ地方の丘の中腹にある小都市アシッジにある．教会の脇に巨大なテラスが平原に向かって突き出ていて，清水の舞台のように，うねりながら続くトスカナの農地のパノラマを楽しめる．チベットの首都ラサにあるポタラ宮やフランスの小島に建つ修道院モンサンミシェルなども同様である．これらの建築群は，地形を変形し，地形と擁壁と建築が一体となって，壮大な景観を作る．盛る床を作る地域の集落は，丘の上を選ぶ傾向にある．盛る床の根本には地面を加工するという自然への働きかけがあるのだから，「盛る」と反対の「掘る」という操作もある．例として，斜面を切り開いて作ったギリシャの野外劇場や，大地に裂け目を作ったようなインドの井戸や，スペインや中国の穴居住宅などがある．

盛る床を作る地域では，自然を人間の都合がよいように加工するという態度を育てるだろう．一方，置く床を作る地域では，自然を利用する際にも，自然を変形せずにただ人工物を置くという態度を育てるだろう．環境に対する建築の対応の仕方は，洗練され，様式化され，やがてその文化圏の世界観を形成するに至る．

● 浮ぶ建築

地面に根を下ろし動かないことは建築の根拠であるが，桎梏でもある．近代建築家たちは建築と地面の関係を断ち，建築を浮かそうとした．浮遊する物として，彼らは船に特別な関心を示した．ル・コルビュジエは著書の中で船を合理精神の賜物として称揚し，救世軍のために難民収容のボートを設計している．アールトは自分でデザインしたヨットを作品集に載せている．現代の建築家でもレンゾ・ピアノはヨットも客船もデザインしている．大地（あるいはその属性としての重力）から建築を解放することを夢見た近代建築家にとって，船は，その理念を象徴するものだったのではないか．船と名のつくものには20世紀的な夢が込められているように思える．飛行機（飛行機には船に由来する用語が多い），宇宙船などいずれも地面からの断絶に特徴がある．

モダニズムの展開の歴史のなかで，土地は地面以上のものを示唆していた．地域性，歴史，民族性など，土地が縛り付けていた諸々の物をふるい落として近代は自己実現しようとしたのである．それは，前近代社会の束縛から自由を獲得するという近代社会の目的に対応したものであり，それが浮遊する物体に託された．しかし，モダニズムの王国も意外に早く終末を迎える．浮遊を夢見た近代主義者たちに引導を渡し，ポストモダニズムへの道を切り開いた建築家の一人オーストリアのハンス・ホラインは，「すべては建築である」という警句とともに，砂漠に座礁した航空母艦を描いて，夢の終わりを宣言しているように見える．21世紀に入口にいる現代建築はふたたび大地との関係を深めたいと思いながらも，座礁した船を脱し，現代社会にきちんと根を下ろす方法を模索している．

［大野秀敏］

6-13 「写し」と「移し」―茶室

【テーマ】茶室・茶屋　　　　　　　　　　　　　　　　　　　　　　　　　　6　意匠・設計・歴史

●茶室の「写し」

京都大徳寺の塔頭孤篷庵に山雲床（きんうんじょう）（重要文化財）という茶室がある（■I下）。四畳半台目の茶室で，18世紀末（1793）の火災のあと，孤篷庵の再建に際して新たにつくられた．

茶の湯とゆかりの深い大徳寺の境内には，ほかにも多くの茶室が設けられているが，そのなかにもうひとつ，山雲床とよく似た茶室がある．塔頭龍光院の密庵席（みったんのせき）（国宝，■I上），小堀遠州の好みと伝えられる17世紀前半の茶室である．

この二つの茶室がよく似ているのは偶然ではない．じつは，年代的に後になる山雲床は密庵席の「写し」としてつくられたのである．

「写し」とは，名のある茶室を模して新たな茶室をつくるという手法のことで，その茶室のことも「写し」とよぶ．また，写された原形のほうを「本歌」という．すなわち「写し」の手法は，和歌の技法「本歌取」（意識的に先人の作の用語・語句などを取り入れて和歌をつくること）にたとえられている．「本歌取」が和歌の伝統的な技法であるのと同じく，「写し」も茶室に特有の建築手法として，古くから用いられてきた．如庵写しの仁和寺遼廓亭，燕庵写しの浄土寺露滴庵など，すでに重要文化財に指定されている江戸期につくられた「写し」もある．

●「写し」の様相

写真を見比べてすでにお気づきかと思うが，密庵席と山雲床には室内意匠にいくつかの相違点がある（小壁の窓，違棚の有無，腰障子の腰の高さなど）．そしてそもそも，密庵席の特徴とされる密庵床（押板状の床，写真の右手）が山雲床では省略されている．つまり山雲床の作者は，密庵席を模倣しつつも，「本歌」を基本に，そこに意図的に変化を加えているのである．

現代的な感覚では，「写し」という言葉から連想されるのは，コピーや模造という言葉であろう．しかし「写し」は，この山雲床の場合のように，意図的な変化をともなうもののほうがむしろ一般的であった．

なお，このときの孤篷庵の再建には，大名茶人・松平不昧（治郷）が深く関与していることから，山雲床の作者も不昧であったとみられている．その不昧は，江戸大崎の下屋敷「大崎園」に多くの茶室を建てたが，そのなかにも「写し」がいくつかあった．待庵写しの閑雲，今日庵写しの幽月軒，松花堂写しの松荷である．そしてこれらも正確なコピーではなく，大なり小なり不昧の作意が加わっていた．

一方で「写し」は，「本歌」にきわめて忠実なこともあった．現在，浅草寺伝法院にある天祐庵は，表千家不審庵の「写し」だが，その室内に関しては相違点がほとんどない．また，藪内家燕庵においては特殊な理由から，正確な「写し」をつくることが求められた．家元の燕庵が火災で焼失したときに，門人がつくった「写し」を，藪内家に移築することが定められていたからだ．実際，現在の燕庵は，幕末の火事で焼失した後，摂津有馬の武田家から移築された「写し」である（先述の浄土寺露滴庵は，この制度が定められる前の「写し」とみられている）．「本歌」の形式を守り，後世に継承する手段として「写し」が用いられているのである．

●「移し」＝移築

茶室においては「写し」と同音の「移し」＝移築も頻繁に行われる．現在，重要文化財に指定されている茶室を一覧しても，半数以上が移築されているか，あるいは移築の伝承をもつ．

このように移築が一般的なのは，茶室が小規模で移築が容易という物理的な理由ばかりでなく，それ以上に，既存の場所での維持が不可能となった場合，移築を行ってオリジナルを継承・保存しようという人々の意識があることが大きい．こうしたオリジナル重視の姿勢と，それにもとづいた移築例も，江戸期から顕著にみられるものである．

松平不昧の下屋敷「大崎園」の独楽庵は，利休が「長柄の橋杭」（古代，難波長柄豊碕宮時代の橋の柱

■1 龍光院密庵席（上）と孤篷庵山雲床（下）（太田博太郎編（1974）：日本建築史基礎資料集成 20 茶室，中央公論美術出版より）

とされる）を床柱として用い，宇治田原に営んだと伝えられる茶室であった．『松平不昧伝』が記すところによれば，独楽庵は宇治から京都，さらに大坂への移築を経たあと不昧が手に入れたものである．不昧は殊の外この利休好みの名席を大切にしており，近火の際には，防火のため茶室全体をなめし皮で覆ったという．独楽庵は移築を経て保存されてきたわけであるが，残念なことに不昧の死後，砂村の下屋敷に移築されたところで，高波にさらわれ消失してしまった．

● 建築の由緒と物語

茶室は，建築家という職能がなかった時代にあって，「…好み」というかたちで作者の名前が語られた例外的な建築である．「写し」の対象も，そうした高名な茶匠の作品とされた茶室にほかならない（遠州好みの密庵席をはじめ，織田有楽好みの如庵，古田織部好みの燕庵など）．それは，オリジナルの模倣によって，形式・意匠ばかりでなく，そこに込められた作者の美意識をも継承する方法なのである．また「移し」＝移築が，茶匠のつくったオリジナルの建物それ自体を保存・継承する方法であることはいうまでもない．

「写し」や「移し」は，茶の湯という特殊な世界における伝統墨守のための手段である，という見方ももちろん可能であろう．しかしそこで，作者名が付与されることをはじめ，建築の由緒や物語が重視されるという茶室に特有の側面を見逃してはならない．そうした過去への意識を背景とした建築の継承・保存の手法が，西洋近代の保存思想や文化財制度とは別に，前近代にすでに用意されていたともいえるのである．茶室の世界にみられる建築のもつ由緒や物語を重視するという考え方は，現代の都市再生をめぐる議論においても，再評価されるべきではないだろうか．

［金行信輔］

文献
1) 金行信輔（1998）：「写し」と「好み」―大徳寺の二つの茶室から．建築 map 京都，pp.156-157，TOTO 出版．
2) 増田弘子（2006）：茶室の写し．復元思想の社会史，pp. 24-35，建築資料研究社．

6-14 信者が集う神の家—教会堂

【テーマ】教会　　　　　　　　　　　　　　　　　　　　　　　　　　　　6　意匠・設計・歴史

●集会所と神殿

　教会堂は聖餐を中心とするキリスト教の礼拝を行うために信者が集まる建築物である．パンとブドウ酒をイエスの肉と血として司祭が執り行う儀式の場に臨むべく信者が一堂に会する場であり，聖体と聖血を拝領する儀式であるミサを中心とするキリスト教の典礼に信者が集まるための建物である．ヨーロッパ言語では，建物としての「教会堂」と，信者の共同体としての「教会」を意味する語は同一で，教会堂建築はキリスト教団をその名前で象徴する．

　キリスト教の母体であるユダヤ教のエルサレムの神殿は，西暦70年の破壊の後再建されず，以後ユダヤ教もキリスト教も，神を奉り犠牲を捧げて祈る場としての神殿建築をもたず，キリスト教では神殿の機能を教会堂が受け継いだ．記念的規模の教会堂建築が地上に最初に姿を現した古代ローマ末期コンスタンティヌス大帝の時代，教会堂は「神の家」とみなされて神殿の役割をもつと考えられた．元来集会施設である教会堂が，神殿に代わって聖なる建築の中心に位置するのは，キリスト教建築の特質である．「神殿」を意味するtempleという語は，キリスト教の教会堂をさし示すときにも用いられる．

●シナゴーグとバシリカ

　ユダヤ教には神殿のほかに，礼拝のために信者が集まるシナゴーグとよばれる「会堂」があった．これは祈祷所兼学校であり，祈りとともに律法の朗読と説教を中心とする「言葉の礼拝」がここで行われた．建物はエルサレムの方角を向き，十戒を納めた「契約の箱」を安置し，説教台や聖座が置かれ，律法を朗読する高壇が設けられた．キリスト教の教会堂の中で繰り広げられる礼拝は，シナゴーグでの「言葉の礼拝」から多くを受け継いでいる．古い教会堂の形式のひとつである初期シリア教会の教会堂は，東を向いて建ち，東端部に祭壇を置き，教会堂の内部に囲われた内陣が形づくられ，中に「契約の箱」・説教台・聖座をもっていた．

　シリアのドゥラ゠エウローポスの例が示すように，シナゴーグも教会堂も当初は中庭の回りに諸室が配される形式の当時の住宅を改造したものだったが，3，4世紀になって両者とも公共の集会施設であるバシリカとよばれる建築形式を採用し始める．「バシリカ」とは，教会堂建築出現以前の共和制の頃のローマ時代から存在する建築形式で，商取引や法廷などに用いられた多廊式で大広間状の大空間をもつ集会のための公共建築である．313年のミラノ勅令でキリスト教の信仰を公認し，自らキリスト教庇護者となってローマやパレスチナに一連の教会堂建設活動を展開したコンスタンティヌス大帝は，記念的教会堂建築のひとつの形式としてバシリカを採用して，当時ローマで行われていた礼拝に適用した．この時以後，とくに西ヨーロッパ世界では，バシリカ形式の教会堂である「バシリカ式教会堂」が主流となる．

●バシリカ式教会堂と集中堂式教会堂

　ミサ典礼を行う場としてのバシリカ式教会堂は，コンスタンティヌス大帝の建てた4世紀のサン・ピエトロ大聖堂などを典型的なモデルとする．前面に四方を列柱廊が囲うアトリウムとよばれる中庭が広がり，教会堂への入口が開く一辺がナルテクス（玄関廊）となり，教会堂内に入ることが許可されなかった洗礼志願者のための場所とされた．教会堂内部は身廊大アーケードとよばれる列柱で長手方向に区画されて，木造小屋組を架けた三つもしくは五つの細長い廊で構成される．堂の長軸端部のアプシスとよばれる半円形平面部分には，壁に沿って司祭席とカテドラ（司教席）あるいは聖座が設けられ，手前に祭壇を置き，アプシス前の囲われた聖歌隊席とともに内陣を形成する．細長い箱形空間中央の最も天井の高い廊が信者の集まる身廊で，その上方には高窓が並んで堂内を照らす．身廊両脇の天井の低い廊が側廊で，通路の役割を担った．アプシスの手前のところに身廊と直交する向きの交差廊をもつバシリカ式教会堂も建てられた．交差廊が加わることで，バシリカ式教会堂の平面全体の形はラテン十字形と

なる．そこに宗教的象徴性が込められた．

　教会堂の向きは敷地の地形に従うか，聖なる場所の方に軸線を向けることが多かったが，8世紀になるとほぼ例外なく教会堂は東向きに建てられるようになる．東端のアプシスには半ドームが架かり，天上世界を象徴する．その下に置かれた聖体の犠牲を捧げる祭壇はまた，「最後の晩餐」の食卓であり，「ゴルゴタの岩」であり，聖遺物を収容する聖櫃でもある．主祭壇が特定の聖人の聖遺物を収納したり特定の聖人に捧げられるようになると，主祭壇を捧げた聖人の名前が教会堂の名前となる．ノートル＝ダム大聖堂とは，主祭壇がノートル＝ダム，つまり聖母マリアに捧げられた司教座教会堂のことである．

　アプシス上部の垂直の壁はアーチ型の門構えを形づくる．このアーチ壁を「教会の勝利」を記念して「勝利門アーチ」とよぶ．壁面や床面は壁画やモザイクで装飾され，キリスト教のメッセージを視覚的に伝える目的に利用された．とくに勝利門アーチやアプシスの半ドーム天井には記念的で総合的な図像が描かれる．教会堂の外観は質素で，内部空間の重要性が際立つ．神の代理人としての司祭の占有空間である端部のアプシスへと向かう軸線に沿って空間が総合されているところに，バシリカ式教会堂の空間の本質が存する．

　長堂式教会堂ともよばれるバシリカ式教会堂の以上のような形式の骨格は，司祭席や祭壇の位置，あるいは内陣の考え方やその範囲などに，典礼の方法や会堂頭部の建築形式の変化に伴う異同はあるものの，中世，近世を通して基本的には保持された．

　死者のための墓廟などには古来，円形や八角形，あるいは正方形の平面の建物が多い．キリスト教も，死者を祀る建築にはそうした中心点の存在する円や正多角形を平面とする建築形式である「集中堂式」を採用した．また，この形式を洗礼堂とともに教会堂にも用いた．集中堂では，円形や正多角形の中央の空間にドームが架かり，ドームの頂点へと向かう求心的上昇感に空間の本質が存する．ドームを頂く集中堂式の教会堂は，4世紀のコンスタンティノポリス遷都以来とりわけビザンティン帝国で多く行われ，「ドーム・バシリカ」を経て「ギリシア十字式教会堂」とよばれる集中堂形式をビザンティン建築にもたらす．対して西ヨーロッパ世界は，シャルルマーニュ帝のアーヘン宮廷礼拝堂や，ミケランジェロのヴァチカンのサン・ピエトロ大聖堂などのように，集中堂式の教会堂に傑作を生み出しつつも，ロマネスクやゴシックに顕著なように，全体としてはバシリカ式教会堂の建設に多くのエネルギーをつぎ込む．しかし，コンスタンティヌス大帝発願のエルサレムの聖墳墓教会堂において，バシリカの頭部に置かれた集中堂である円堂「アナスタシス」がゴルゴタの岩を覆う建築であることの意味は中世を通じて大きく，集中堂という建築は西ヨーロッパにおいてもつねに一定の重要性を保持する．

● **教会堂のシンボリズム**

　教会堂は聖なる建築である．教会堂建築がもつ聖性は，とりわけ中世において，神学者や著述家聖職者によって象徴的に解釈された．12世紀のホノリウス・アウグストドゥネンシスや13世紀のデュランドゥスらは，建築を神の御業とし，聖なる建築が宇宙の似姿であるといい，教会堂建築の意味から始まり，その配置，材料や，窓，柱，床などの各部に至るまで，それらの数をも含んでその霊的な意味を逐一象徴的に解釈し，教会堂建築をそのまま教会そのものの象徴とする．中世においては，人間の各部分が宇宙と対応関係にある（ミクロコスモス＝マクロコスモス論）とみなすプラトニズム思想によって，教会堂も神の似姿としての人体にも比較された．さらに中世の象徴的で寓意的な思考は，宇宙の調和や構造を体現する数や幾何図形を教会堂各部の寸法や建物の骨格を決める基礎図形として用いることを促し，霊性表現としてのプロポーションが教会堂建築に入念に仕組まれた．初期キリスト教のバシリカやロマネスクの教会堂，ゴシックの大聖堂などいずれもこうしたシンボリズムを共有している．

　教会堂建築の以上のようなシンボリズムは，聖なる建築一般の性格のひとつであるといえ，教会堂建築は，エリアーデもいうように，神による宇宙創造の象徴的反復・再現，イマーゴ・ムンディ（世界の模像）である．宇宙創造の再現，世界の模像という観点でみるなら，聖なるシンボリズムが数的プロポーションのなかに仕組まれるという教会堂建築のあり方は，建築の諸部分と全体との関係が数的比例関係としてシュンメトリアのなかに実現されて宇宙の調和としての美を保証するというギリシャ神殿の建築のあり方と同一の地平にあるといってよい．

［西田雅嗣］

6-15　都市の世俗建築

【テーマ】バシリカ，パラッツォ，宮殿，市庁舎　　　　　　　　　　　　　　　6　意匠・設計・歴史

●古代の世俗建築，バシリカとインスラ

　ルネサンス期の全欧で宮殿やパラッツォ，市庁舎として広まった世俗建築の類型は古代ローマに遡る．集会や裁判用の施設バシリカはフォルム（古代広場）に面して建てられた公共建築であり，有力者や皇帝が自費で建設した．帝政初期まではギリシャ様式に倣い矩形平面の四周に円柱を巡らした構造だったが，帝政末期にはアーチとヴォールトを組み合わせた浴場建築式の構造を採用していた．初期キリスト教の教会堂は矩形平面列柱構造のバシリカ形式を継承したものである．一方，インスラは共和制末期に確立された煉瓦とコンクリート造の多層集合住宅であり，単層独立住宅のドムスと並ぶ住居類型であった．増大する下層市民の住居として発達し，しばしば一街区を占め，階段室を併設した中庭を中心に1階に店舗が，上階には住戸が積み上げられた．

●中世の宮殿と庁舎建築

　「12世紀ルネサンス」の遺産の相続者，皇帝フリードリヒ2世による古代ローマ復興の企てのなかで，古代ローマ辺境基地と北欧起源のノルマン朝城塞をもとに新たな宮殿-城塞の類型が南イタリアに生まれた．矩形平面の四隅や要所に塔を配した平面組織は中世末期から初期ルネサンスの城郭の雛形となり，全欧に広まった．一方，宮殿の平面形式はヴァティカーノやアヴィニョン，ヴィテルボなどの教皇庁関連の宮殿や城塞で発達した．庁舎のような大空間は必要とされなかったが，儀典用の大広間から私的謁見用の小間まで大きさの漸減する複数の部屋を並べる機能的な形式が整えられた．

　皇帝領であった北中部イタリアでは，都市の経済発展と自治権の拡大に伴い13世紀以降パラッツォ・コムナーレとかブロレット，アレンガリオなどとよばれる建物が都市の自治と統合を象徴した．中世のパラッツォとはこの種の庁舎施設をさし，為政者の住居が併設されていた．1階の店舗や連続アーチと2階の大広間からなる矩形の建物が広場に面して外階段と塔を従えて建つ類型であり，古代バシリカを象徴と機能で継承した．ヴィチェンツァのパラッツォ・デッラ・ラジョーネは実際，パッラディオによる16世紀の改修後バシリカとよばれている．塔状住居に由来するトスカーナの庁舎建築はやや異なり，1階を壁面で閉ざし垂直方向に空間を積み重ねた類型として発達した．フィレンツェのパラッツォ・ヴェッキオは全面粗面石積みの3層構成で周囲から独立し，規模と表現の両面にローマの古代遺跡や南イタリアの城塞建築からの影響がみられる．

●初期ルネサンスのパラッツォ

　パラッツォ・ヴェッキオの試みは人文主義の高まりのもと15世紀のフィレンツェで推進される．パラッツォ・メディチは外観を仕上げの異なる3層構成の石積みと古代風大コーニスでまとめ，内部は古代風柱頭を備えた中庭を中心に機能的に組織された．パラッツォ・ピッティでブルネッレスキは，ローマの古代遺跡とパラッツォ・ヴェッキオに倣った巨大な粗面石積み仕上げとしながら，教会堂建築で推進した理論をファサードに用いて単純な整数比で合理化し，水平・垂直方向に任意回数反復可能な近代建築につながる表現を達成する．アルベルティはさらに一歩を進め，パラッツォ・ルチェッライのファサードに近代世俗建築で初めて付け柱形式のオーダーを表現した．同じ頃ピウス2世は，ピエンツァのパラッツォ・ピッコローミニでパラッツォ・メディチの平面とパラッツォ・ルチェッライのファサードを独立したブロックに適用させ，小規模ながら古代のドムスとインスラの統合を実現した．

●君主や枢機卿の大パラッツォ

　付け柱形式のファサードは中世の伝統の強いトスカーナには定着せず，ジュリアーノ・ダ・サンガッロによる大宮殿計画を別とすれば，その後パラッツォ形式の実験は進取気質の君主や枢機卿により推進された．ウルビーノでは比類なき人文主義君主フェデリーコ公が自らの宮廷を「宮殿の形をした都市」へと改造し，付け柱形式の石貼りファサードや優美な中庭，昇りやすい階段，大広間からストゥディオ

■1　カンピドリオのパラッツォ・セナトリオ（ローマ）　古代の公文書館跡を利用して建てられた中世以来の市庁舎にミケランジェロが加えたファサード（AA. VV., La facciata del palazzo senatorio in Campidoglio, Pisa, 1995 より）

ーロ（書斎）までを当代一流の建築家や芸術家に装飾させた．ローマでは枢機卿時代の教皇パウルス2世がパラッツォ・ヴェネツィアで半円柱オーダーを積層した中庭や古代風屋上庭園を展開した．一方，ウィトルウィウスの出版を援助したリアリオ枢機卿は自らの司教座聖堂を含む壮大なパラッツォ（デッラ・カンチェッレリーア）を建設した．3層構成の主ファサードには1階の滑面石積みと2，3階のコリント式付け柱がトラバーチンで優美に表現され，黄金矩形平面の中庭は古代広場を形態的，機能的に復興したものと考えられる．

●パラッツォ形式の完成と拡散

　パラッツォの表現と形式はブラマンテ設計の2棟のローマの都市建築で完成される．パラッツォ・カプリーニ（1510頃）は大聖年1500年のための都市美化政策としてボルゴ地区にアレクサンデル6世が開いた近代的な直線路沿いに建てられた．2層5ベイの小建築であるが，1階を荒々しい粗面仕上げ，2階をドーリス式半円柱の対柱形式とすることで立面を面/線，水平/垂直，粗野/洗練という対比構造に還元しており，大きな影響を及ぼした．同じ対比の構造はパラッツォ・デイ・トリブナーリ（1508-）でも採用された．ユリウス2世の命で敷設された直線計画道路ジュリア通り沿いに，宗教と世俗の司法機能を集約させるため前面広場とともに計画された

この大建築は，幅96m，奥行き78mの平面をもち，中央に36m角の中庭があった．四隅と正面中央に塔が，中庭奥に教会堂が置かれ，四つのL字形ゾーンには教皇宮や大枢機卿のパラッツォで定式化された続き部屋や裁判官住居が配された．ファサードは1階が粗面石積み，2～3階には巨大オーダーの付け柱が建ち前面広場を睥睨するはずであった．形態的には古代のインスラや浴場，中世の庁舎や城郭，同時代の君主や枢機卿の大パラッツォを統合し，機能的には政庁舎やインスラに連なるこの巨大施設は，世俗支配をもくろむユリウスのイデオロギーを発散したが，市民勢力の反発と教皇の死によって未完のまま破壊された．

　だがこの計画は普遍的な類型として生き延びる．粗面石積みと巨大オーダーの立面はカンピドリオのパラッツォ・セナトリオに，平面形はパラッツォ・ファルネーゼに引き継がれ，19世紀末に至るまで欧米やその植民地そして日本を含む後発近代国家で，王宮や市庁舎，裁判所，銀行，劇場などさまざまな類型に適用されて再生産された．こうした建物は当初の用途や使命を終えた後も，あるいは空間組織の普遍性ゆえに，あるいは都市の歴史的栄光を伝える象徴や記念碑として，生き続けている．

［稲川直樹］

6-16　古代都市と古典建築

【テーマ】 古代ギリシャ建築，古代ローマ建築　　　　　　　　　　　　　6　意匠・設計・歴史

●古典古代の建築

　古代ギリシャ・ローマ建築は後世のヨーロッパ建築に絶大な影響を残している．古代ローマに魅せられたルネサンスの巨匠たちやパッラーディオといった古典主義の建築家たちはいうに及ばず，歴史的伝統を否定したとみなされた20世紀の建築家たちであっても，古代の建築を無視することはできなかった．つまり西洋建築では古代ギリシャ・ローマ建築は別格の位置にあるといえ，またそれゆえに古典建築と伝統的によび習わされてきたのである．

　ギリシャとローマの二つの時代の西洋建築史における意義を簡単にまとめることは非常に難しい．しかし，いくつかの要点を指摘することはできるだろう．まず，古代ギリシャ建築は神殿建築から始まったといっても過言ではない．神々のために壮麗な館を建設していくなかで，ギリシャ人たちは外観を美しくまとめ上げるためのさまざまな体系を整備していった．これがオーダーである．このオーダーはギリシャにおいて一定の発達を遂げた後，ローマでさらなる発展を遂げ，西洋建築の重要な骨格となった．

　古代ギリシャの神殿建築が，パルテノンに代表されるように，広い神域に独立して立つのに対して，ローマの神殿建築は都心部の広場やその周辺に建設された．このような立地の違いと，ローマ人の内部空間への意識の高さは無関係ではないかもしれない．事実，ローマ建築が革新的であったのは，内部空間の豊かさを追求した点であろう．これを技術的に支えたのがローマ式コンクリートであり，煉瓦の大量生産だった．これらの建築材料を巧みに利用することで，ローマ人はアーチ，ヴォールト，ドームといった曲面を応用した架構方法を発展させた．事実，パンテオンやカラカラ帝の浴場といった大規模な作品は，これらの技術革新抜きには語りえない．

●都市・建築・生活

　ギリシャやローマといったヨーロッパ地中海沿岸の古代文明は，都市が文化をはじめとするさまざまな活動の中心である．これらヨーロッパ古典文明の都市にみられる顕著な特徴は，市民による民主的な自治であり，その舞台となった公共施設の充実である．他の文明においては，王などの専制的な権力の存在が都市を造るうえで重要な働きをしており，都市はそのような権力者がつねにいる場所だった．当然，多くの場合，都市そのものも権力の表象としての性格が濃厚で，日本における古代の都城も含め，宮殿が重要な要素となっていた．これに対してヨーロッパの古代都市は，当然ながら民主主義の舞台となる施設が存在した．広場である．広場は単に都心に空地があるというわけではない．都市の中心としての象徴的な性格が重要視され，たとえば都市の栄光ある歴史を示す記念碑などが整備された．ローマの皇帝たちの記念柱，あるいは記念門，エジプトから運んできたオベリスクなどは有名であるが，ギリシャにおいてもさまざまな彫刻などが建てられた．多くの研究者は住宅と都市の類似性を指摘し，広場とは家族の記念品が並ぶ邸宅の居間のようなものだといっている．

　古代ギリシャの広場はアゴラという．これに面してストアという吹放ちの柱廊が整備され，さまざまな用途に使用された．アゴラは地形に合わせて巧みな配置をみせることも多く，神殿建築とともに発達したオーダーによって，外見が整えられた．ローマではより画一的な方形のフォルム（フォーラム）が整備された．ローマは支配地に数多くの都市を建設したが，その多くに柱廊で囲まれたフォルムをみることができる．また首都ローマでは歴代皇帝が自身の名を冠した巨大なフォルムを次々と建設した．ローマ帝国は公式には市民と元老院が第一人者に権力を委ねるという形をとっていたこともあり，パラティウムの丘の上に皇帝のための宮殿が整備され，同時にふもとの平地にはフォルム群が整備された．

　さて古代の都市では広場以外にもさまざまな公共施設が発達した．そのなかには現代まで影を落とすものも少なくない．自然の斜面を利用した古代ギリ

シャの野外劇場は，そこで演じられたギリシャ演劇とともに，現代の多様なパフォーマンスアートの源泉といわれる．体育施設はむしろ言葉のうえでのつながりが強い．たとえばスタディアムという言葉はスタディオンという距離を表すギリシャ語から来ており，もともとは短距離走用の競技場を意味していた．

　古代ローマの劇場はより現代のものに近く，近世の劇場建築に絶大な影響を及ぼした．世俗の娯楽の追求はローマ人の得意分野だが，スポーツを観ることは最大の楽しみのひとつだった．二輪馬車レースのための競技場はキルクスとよばれ，サーカスという言葉の語源となった．またコロッセウムに代表されるアンフィテアトルムとよばれる楕円形の競技場は，剣闘士たちの死闘をみるためのものだった．

　しかし，古代ローマの市民生活でもっとも重要なものは浴場であろう．テルマエは非常に大規模な総合施設で，運動場や飲食店なども併設し娯楽施設としての性格が濃厚であった．しかし同時にコミュニティセンターとして，図書館や集会施設としての機能も兼ね備えていた．このような施設の発展は，当時の都市文化の爛熟を現代に伝えるものといえる．

　つぎに都市住宅に目を転じてみる．古代ギリシャ都市ではだいたい同じ規模の住宅が並んでいる．中庭とそれに面した歩廊を中心に置き周囲に諸室を配したものが基本形で，規模・形態ともに同一性が高い．これに対しローマでは規模・形態の異なる住宅が混在しており，さまざまなタイプの住民が都市にいたことがわかる．とくに有名なのはポンペイの遺跡などで有名なドムスといわれる邸宅である．これはアトリウムというエントランスホールと中庭を中心とした空間構成が特徴的であるが，規模はまちまちである．さらに帝政期のローマなどの大都市では，インスラという集合住宅もよくみられた．これは通常，4～5階建で吹抜けとそれをとり巻く廊下を中央に置き，周囲に住戸を並べる形が一般的だった．

●都市と宇宙

　古代においては象徴的な体系が何よりも重要視された．象徴的体系を支えるのは宗教である．それゆえ神殿は都市における体系の結節点として重要な意味をもっていた．しかし，神殿のみが宗教的な意味合いをもつものではない．象徴的な体系は都市中のいたる所や，また都市の外，世界全体まで広がるのである．ラテン語で神殿を意味するテンプルムという言葉は，区切られた空間を意味する．それは聖別された領域で明確な境界と入口をもつ．同じ性質はじつは都市にも共通する．都市全体が都市を守護する神格に祝福された聖域とみなされたのである．そのことをはっきりと表しているのが，古代ローマの計画都市である．

　古代ローマ人は前後と左右という二つの軸を基本的な方位とみなしていた．これはやがて南北と東西という絶対方位に定着し，カルドーとデクマーヌスという都市を貫く二つの軸となった．古代ローマの計画都市の多くは，都市の中央を貫通する南北と東西の二つの大通りをもつ．この二つの大通りを基準として都市全体に，碁盤の目状の街路計画がなされると同時に，二つの大通りが直交する中心部分にはフォルムをはじめとする公共施設群が整備された．また都市の周囲は城壁で囲まれており，墓地は城壁の外に用意されるのが習わしだった．

　このような計画都市は各地につくられた．イタリア半島ならば，たとえば現代のフィレンツェやミラノ，トリノ，ボローニャといった町がそうである．ロンドン，パリ，ウィーン，そしてシリアのダマスクスなど，その多くが現代も大都市として繁栄している．

●古代都市の変容

　さて，4世紀にキリスト教が公認されると古代都市も変容を余儀なくされる．キリスト教が都市内に浸透し，市内の住宅地で，信者たちが集会に使用していた世俗建築は，そのまま聖堂へと発展していった．また聖人ゆかりの大がかりな聖堂が，聖人の墓所がある都市の周辺部につぎつぎと建設された．そして都心部にすでに建っていた建築も，多くがキリスト教関連の施設に転用されていった．

　また続く時代，異民族の襲来などにより国土は荒廃し，都市は衰退していった．教会などいくつかの例外的な作品を除けば，都市的な要素はつぎつぎと失われていった．たとえば水道と石畳の道路は古代ローマ人がとくに力を注いだインフラストラクチャーであり，古代都市の繁栄を支えたものだった．しかしながら，こういった要素も多くの都市では失われてしまい，19世紀まで忘れ去られてしまうのである．

［太記祐一］

6-17　ビザンチン建築─過去の継承と創造

【テーマ】ビザンチン建築　　　　　　　　　　　　　　　　　　　　　　　　6　意匠・設計・歴史

　産業革命以前の建築史のなかで，6世紀のコンスタンティヌポリス（現在のトルコ最大の都市イスタンブール，英語ではコンスタンティノープルという）は，類まれな建設の舞台のひとつだった．皇帝ユスティニアヌス1世の下，数多くの傑作が建設された．その多くは現在失われてしまったが，聖ソフィア大聖堂（アヤソフィア博物館）や聖イリニ聖堂，聖セルギオスと聖バッコスの修道院（現在のキュチュック・アヤソフィア・モスク）など，かつての栄華を現代にまで伝える作品も多い．またベネチアの聖マルコ聖堂の原形といわれる聖使徒教会（1462年取り壊し）のように，後世に大きな影響を与えた作品も少なくない．そしてイタリア北部の都市ラヴェンナやシナイ半島の聖エカテリニ修道院，エーゲ海東岸の都市エフェソスなど各地に，首都コンスタンティヌポリスとの密接な関連を示す作品が残されている．

　この時代の作品はいずれも，規模・質ともに古典古代最後の輝きというにふさわしい作品である．とくに重要かつ有名なのはコンスタンティヌポリスの聖ソフィア大聖堂である．この建築は中央に巨大なドームをもち，その直径は31mを超え頂部の高さは50mに達する．皇帝の住まう大宮殿の青銅門前の広場に接し，まさに都の中心に位置しており，クリスマスや復活祭など重要な宗教行事に際しては皇帝の臨席で祭典が執り行われた．これに対して聖使徒教会は市内の丘の上に立ち，最初のキリスト教皇帝であり都の建設者でもあるコンスタンティヌス1世以下，歴代皇帝の墓廟が整備されていた．

● 縮小する都市

　しかし，このような栄光の時代は長くは続かないのが世の常である．ペルシャとの戦争，イスラムの勃興，疫病，地震，そして聖像破壊運動（イコノクラスムス）に代表される国内の内紛，さまざまな問題を乗りきった9世紀の帝国の情況は，古典文化の最後の栄華ともいえる6世紀とはまったく異なるものになっていた．

　とくに指摘できる大きな変化は，都市の衰退である．都市そのものの数も減少し，また生き残った都市の規模も小さくなった．帝都コンスタンティヌポリスを例にとれば少なくとも30万人とされる6世紀（50万人説も繰り返し主張されている）に対して，おそらくは10万人台と，つまり半分以下と考えられている．人口の変化にともない都市域も縮小した．コンスタンティヌポリスの市街地は4世紀にコンスタンティヌス1世が建設した城壁を越えて成長し，6世紀には5世紀初めのテオドシオス2世の三重の城壁──これは1453年，新興のオスマン帝国と滅びゆくビザンツとの最後の激戦の舞台であり，現在でも観光名所として有名である──のさらに外側にまでスプロールしたが，9世紀にはコンスタンティノスの市域の内側，市の東端部から中ほどまでの地域に縮小していたのではないか．当時，市の東端の聖ソフィア大聖堂と大宮殿の間にあるアウグステイオンという広場から城壁まで続くメセとよばれる東西の中央大通りには，東から3分の1ほどの所に青銅四面門があり，南北のポルティコのある大通り（ドムニノスの大通り）との交差点になっていた．9世紀の市街地は，この青銅四面門から聖ソフィア大聖堂にかけての大通りの周辺に限定されていた可能性が高い．

　規模の縮小は当然，質の変化をともなう．多くの都市では，広場を中心とした都市的な文化は変容し，浴場，劇場，競技場などの古代的な娯楽施設は失われた．かわりに都市の機能として重要になったのは，軍事的な防御力であった．事実この時代の都市は，要害の地の城塞都市が増えている．

● 伝統の継承

　9世紀の帝国が，まず何よりも力を注いだのが，古代以来の偉大なモニュメントの維持だった．聖ソフィア大聖堂を筆頭に聖使徒教会など，帝都とその周辺の由緒正しい建物を，歴代皇帝は繰り返し修復し整備した．たとえば9世紀後半にマケドニア朝を開いた皇帝バシレイオス1世の伝記には，皇帝の造

営活動を称える部分があるが，その大半は既存のモニュメントの修復である．真っ先に称えられるのは聖ソフィア大聖堂の改修工事で，続いてその他の市内の聖堂群や宮殿の改修工事が列挙される．教会建築史上，新しい時代の先駆けとして称賛されるネア（新教会）の記述が登場するのは，それらの後である．

このように当時の人々が，新しい作品の創造よりも，古い時代の傑作の継承に力を注いだ理由は，伝統の継承への強い関心による．当時のビザンツ帝国は公式には「ローマ帝国」を名のっており，自分たちのことを「ローマ人」と称していた．当然，偉大な古代帝国の末裔であり後継者であるという強烈な自負があってのことだが，それを実際に支えていたものが，聖ソフィア大聖堂をはじめとする記念碑的建造物であり，そしてそれを舞台にした豪華な儀式の数々だった．当時編纂された『儀典の書』という文書には，折々に応じた皇帝と皇族たち，廷臣たちの儀典のようすが事細かに記されている．そして，たとえば聖ソフィア大聖堂でのクリスマスの礼拝に参加した旅行者たちは，皇帝や総大主教が織りなす，この世のものとは思えない壮麗な宗教絵巻に皆，随喜の涙を流している．

たしかに古代の遺物という点からいえば，コンスタンティヌポリスは後発の都市で，むしろたとえばローマのような他の都市の方が遺構に恵まれている．しかし実際にローマ皇帝の後継者が住み，そして統治する都であるという，ダイナミックな形での伝統の継承は，他の都市にはまねすることのできない力を生み出すものだったといえる．

●持続可能性

9世紀以降に新しく建設されたビザンツ教会建築は6世紀のものとは大きく異なっている．まず最初にあげることができるのは，ドームを中心とした緊密な空間構成である．建築自体の規模は非常に小さくなったかわりに，モザイクやフレスコといった技法を用い，絢爛豪華な壁面装飾が堂内全体に施されるようになり，よりシステマティックな形で天上の世界を地上に写し取ることが可能になった．このような新しい傾向の作品を考えるうえで，非常に重要だと考えられているのが，前述のバシレイオス1世のネアである．これは帝都の大宮殿内か，あるいは隣接した敷地に建設された．大変美しく豪華な建物であったが，残念ながら現存はしていない．

この時代の教会建築は規模的に小さいものが多い．その理由としては，もちろん，大きな国家や共同体の象徴としての記念碑的作品には，古代以来継承してきた傑作があるのだから，新しい作品は不要であるという消極的な理由もある．しかし，より積極的に小規模な作品が好まれた可能性も高い．ひとつには先に述べた，体系的で高密度な宗教空間の創造がある．同時に文化的な背景の変化も重要である．当時のビザンツ貴族が重視したものは，遠い未来におとずれるであろう最後の審判まで，いかに自分や家族の亡骸を残し，祈りの灯を絶やさないようにするか，ということであった．そこで彼らは，自分で小規模な修道院を設立し，設立者として尊敬を受けつつ，自分の修道院に埋葬される，という方法をとるようになる．

古典古代の文化が，共同体としての都市国家に多かれ少なかれ依存しており，その結果として宗教建築も都市のシンボルとしての意味合いをつねにもっていたのに対して，中期から末期にかけてのビザンツ帝国ではむしろ日本における一族郎党にも似た家族が，社会の基本的な単位となり，共同体は細分化していったのである．当然の結果として，修道院の規模は小さくなり，数は逆に多くなる．

このような修道院は経済的な経営基盤として，荘園をはじめとするさまざまな施設の経営権を設立時に移譲されていた．当然ながら，他方でこれら修道院は病院や養老院，学校といった施設をもっている場合が多く，公共的な市民サービスの場としても活動していた．

こういった修道院のいくつかは人里離れた辺境の地に，いいかえれば宗教的な修業に都合のよい場所に建設された．現代でもギリシャ正教の聖地として知られるアトス山など，まさにその好例である．しかし有力者のなかには，自分が住み慣れた都心の邸宅を修道院にかえ，自分も修道僧になって同じ場所に住み続ける例も少なくなかった．このため中期から末期にかけてのコンスタンティヌポリスには，このような修道院とそれに付属する福祉施設，またそれらを支える工房や商店といった宗教複合施設が数多く存在するようになった．これらは現代的な観点からすれば，規模は小さいが自律的で持続可能な共同体とみることもできるだろう．

［太記祐一］

6-18 「神の家」の形—ロマネスク建築

【テーマ】ロマネスク　　　　　　　　　　　　　　　　　　　　　　　　　　　　　　6　意匠・設計・歴史

● 「教会という白い衣」

　「ロマネスク」は，11，12世紀の西ヨーロッパに広く展開した美術の様式名である．またこの様式が行われた時代やその社会をさすこともある．19世紀の初めのフランス人アマチュア考古学者が，書簡の中で，ノルマンディのロマネスク建築を語るときに，古代ローマのラテン語が堕落して生まれた中世の「ロマンス語」になぞらえてこの名称を使ったのが始まりであり，19世紀のヨーロッパが「発見」した様式である．続く「ゴシック」と同様，形式・構造・霊性の各面にわたる一貫した建築の全体像を達成した様式であるが，国や地方によって異なるバリエーションに富む時代様式でもあり，様式としての統一性が緩やかな，地域性に彩られたローカルな表現をもった芸術の集合体がロマネスクである．

　11，12世紀の西ヨーロッパでは，封建領主たちが宗教的信心や世俗的権力欲からカトリック教会の力に結びつこうとして，活発な宗教美術擁護を推進していた．教会の側もカロリング朝以来の世俗権力の介入を清算し，グレゴリウス改革などを実行する．聖歌が集成され，教会堂の中で繰り広げられるミサ・典礼は，音楽を中心とした儀礼として整備される．神学も，古代の哲学思想の枠組みを借り，その後スコラ哲学として大成する学問としての合理的形式を整え始める．教会堂建築を飾る彫刻・絵画，宗教儀礼に用いられる数々の工芸品などの高価な諸芸術作品も，諸公の芸術擁護を得てさかんに制作される．こうした背景のもと，建設活動も活発化する．紀元1000年時の修道士ラウル・グラベールは，「世界は古い衣を脱ぎ捨てようとして身震いをし，そして教会という白い衣に着替えたかのようであった」と記す．ロマネスクの教会堂のほとんどは，壁や天井の石の表面に漆喰の上塗りが施されていたので，その姿は実際「白い衣」として目に映ったはずである．

● 「神の家」の構造

　最も多く建設されたロマネスクの教会堂建築は，古代ローマ末期の初期キリスト教時代（4〜6世紀）に成立したバシリカ式教会堂（長堂式教会堂）を踏襲した形式のものである．教会堂は，中世を通じて「神の家」とみなされ，ロマネスクは「神の家」にふさわしい建築の質を追求した．

　ロマネスク建築は構造の建築である．ロマネスク建築の最も特徴的な点は，教会堂にヴォールトを導入した点にある．初期キリスト教の時代には木造小屋組・木造天井だったものが，ロマネスクの時代になると教会堂全体にヴォールト天井を架けるようになり，建築全体の石造化が達成される．バシリカ式教会堂の身廊にトンネル・ヴォールトを架けようという企ては，身廊の内部空間の質に直接かかわる身廊の立面構成の組織化を同時に促し，また身廊ヴォールトの推力を受ける側廊にいくつかの形式をもたらす．身廊のトンネル・ヴォールトは多くの場合，身廊のピアに対応する横断アーチで補強されるが，横断アーチの導入は，身廊空間を「ベイ（梁間，柱間）」という単位空間の連続・反復により身廊が構成されるという合理的建築構成をもたらした．

　ロマネスク建築はボリュームの建築である．バシリカ式教会堂形式の展開と組織化がロマネスク建築で達成される．外に張り出す祭室や周歩廊を備えた会堂頭部，側廊や祭室を備える交差廊，採光塔が立つ交差部，身廊とその両側に一段低く取り付く側廊，両脇に塔をもつ西正面など，ロマネスクが初期キリスト教のバシリカ式教会堂の形式に加えたこうした工夫はボリュームとして明確に分節され，外観にもその形態の分節は徹底される．外に現れたボリュームはそのまま内部空間の構成であり，ロマネスク建築は堂の内外に共通する一貫した明解なボリューム構成をみせるのが普通である．

　ロマネスク建築は象徴の建築である．キリスト教が考える宇宙の秩序を象徴的に仕組んだ高度に記号的な建築である．ロマネスクの教会堂が山村の鄙びた風景のなかに自然と一体となってあるからといって，素朴で未熟な芸術では決してない．ロマネスク

芸術の中心的な担い手は修道士たちであり，ロマネスクの主要部分は修道士による修道士のための修道院の中の芸術である．当時の一般の人々には近づきえない幾何学・数学・音楽理論を扱い，聖書をラテン語で読むことのできる一握りの知識人である修道士たちが創造したのがロマネスクであり，その建築には知識人にしか解読できないような精妙に仕組まれた象徴性が存在するのである．数とその組合せの科学としての数学が，当時の建築を構想した神学者，聖職者，修道士にとっての最も重要な学問であり，霊的象徴性の中心は数の科学にあった．ロマネスクの宗教建築は，数にかかわるさまざまなシンボリズムに支配された建築である．

●「巡礼」と「巡礼教会堂」

聖遺物信仰の隆盛と司祭の数の増加により，祭壇を置く祭室の数を教会堂内に増やす必要が生じ，会堂東端中央のアプシスから交差廊の両端に向かって階段状に後退していく祭室を備えた新しい形の会堂頭部「ベネディクト会式平面」が生まれた．当時大いに流行した「巡礼」は，多数の祭室の必要性とあいまって，不特定多数の信者を常時収容できる教会堂形式の工夫を促し，半円形周歩廊を備え，その周囲に放射状祭室を配する形の会堂頭部の形式も生んだ．これと，この時代の建造者が腐心したヴォールト架構と側廊の構造，そしてこれに連動する身廊立面の工夫，こうした新しい形式が，いわゆる「巡礼教会堂」とよばれる，スペイン西端のサンティアーゴ・デ・コンポステーラに向かう巡礼路上に点在する五つの教会堂の建築に集約的にみられる．現存するのは，サンティアーゴ・デ・コンポステーラ大聖堂，トゥールーズのサン＝セルナン教会堂，コンクのサント＝フォワ修道院教会堂の三つだけであるが，五つの教会堂はいずれも形式と構造がほとんど同一の大規模教会である．「巡礼教会堂」の平面は信者や巡礼者が教会堂の中を巡り歩くのにふさわしい形式であり，一つの教会堂の中に，修道士や聖職者の専用部分と，巡礼者や一般信者のための部分の二つの区別された場所を並存させる平面形式でもある．

●「天上の楽園」と「理想都市」

ロマネスクの時代の学問・芸術・文化の中心地は修道院である．修道院というビルディング・タイプが形をとり始めるのは6世紀の終わりから7世紀で，9世紀に描かれたザンクト・ガレンの修道院計画図は，回廊と教会堂を中心とする整った空間構成をはっきりとみせている．ロマネスクの修道院建築もこの構成を踏襲する．古代ローマの住宅建築から，中庭を囲む柱廊の周りに諸施設を配置する構成を受け継ぎ，中庭の四周を囲む歩廊の周りに教会堂や修道士の日常生活に必要な諸室が配置される．この時代の大半の修道院は聖ベネディクトゥスの『戒律』に従い，敷地のいちばん高いところに教会堂を置き，その南もしくは北側に，中庭の四辺を歩廊が囲む回廊が設けられ，回廊は，教会堂と，教会堂の交差廊の延長上の聖具室，書庫，集会室，採暖室，これらに対面する歩廊に面する倉庫，そして中庭を挟んで教会堂の反対側の食堂，こうした諸室に囲まれる．この構成は，祈りの場＝教会堂＝回廊の南（あるいは北），研鑽の場＝書庫や集会室のある翼＝回廊の東，そして肉体的必要の充足の場＝食堂のある翼＝回廊の北（南）というように，『戒律』が決める修道士の生活の3区分に対応している．四角い平面の中庭の周りに展開する回廊は，東西南北という世界の四軸，天上の四つの河，四福音書記家などという4という数字の象徴性に満ちた場であり，聖書のなかのソロモンの柱廊，あるいは天上の楽園，天上のエルサレムになぞらえて考えられていた．当時の「理想都市」のビジョンが修道院の回廊に仕組まれたのである．

ロマネスクの時代の二大修道院，クリュニー会修道院とシトー会修道院は，以上のような修道院建築をヨーロッパ中に建設した．910年にフランス，ブルゴーニュに創設されたクリュニー会修道院も，1098年に同じブルゴーニュに創設されたシトー会修道院も，西欧の共住修道制の根本である聖ベネディクトゥスの『戒律』に立ち返る修道院改革運動の旗手であったが，クリュニー修道院は，「クリュニー帝国」とよばれて未曾有の規模を誇る第三修道院（1088年頃着工）を建設する頃になると，オータン大聖堂（フランス，1120-32）などにみるような大規模で豪華な建築を建設した．後発のシトー会修道院は『戒律』の原点回帰を護持し，フォントネ修道院（フランス，1139-47）などにみられるように，無装飾で簡素・厳格な建築を建設した．またシトー会の建築は，交差リブ・ヴォールトをいち早く採用して，ゴシック建築への橋渡しの役も担った．

［西田雅嗣］

6-19 「まことの光」の空間―ゴシック建築

【テーマ】ゴシック　　　　　　　　　　　　　　　　　　　　　　　　　　　6　意匠・設計・歴史

●「オプス・フランキゲヌム」

「ゴシック」は，12世紀中頃から約3世紀間にわたる西ヨーロッパ美術の時代様式名である．「ゴシック」が行われた時代や社会をさすこともある．「ゴシック」は，古代に理想をみる15世紀のイタリアの文人たちが，中世の芸術に対して用いた侮蔑的な表現「マニエラ・ゴティカ（「ゴート人の様式」の意）」に由来するが，ゴシック芸術はゴート族とは関係がない．「ゴシック」はフランスに起源をもつ芸術であり，19世紀に，当時近代学問として確立した「美術史」・「考古学」のなかで，やはり当時生まれつつあった「文化遺産」という考えや古建築物の修復事業と関係しながら，「ロマン主義」や「近代化」の機運のなかで発見された様式である．19世紀に起こったゴシック建築を巡る議論は，修復を通じて形作られたヴィオレ=ル=デュクの構造合理主義的解釈や，ヴィクトル・ユゴーの小説などにみられる文化遺産としての意味・価値に関係する議論，あるいはジョン・ラスキンやウィリアム・モリスの修復・芸術・社会理論のように，20世紀近代の建築思想を直接準備するものだった．

最初のゴシック建築は，パリ近郊のサン=ドニ修道院において，修道院長シュジェールにより1140年頃に姿を現した．この修道院は歴代のフランス王家の墓所であり，カロリング朝時代の付属教会堂の内陣と西正面の改築で最初のゴシックを作り上げたシュジェールは，王の不在時には摂政を務める政治家でもあった．続く12世紀後半，ゴシック建築は北フランスで，つまりフランス王権の周囲で展開し成長する．中世ドイツの記録は，この建築様式を「オプス・フランキゲヌム（フランスの様式）」と記している．

●都市の教会堂「大聖堂」

ゴシック建築が誕生し発展した12，13世紀は，西欧における都市の発展の時期でもあった．この時期に経済的に十分な成長を達成した都市に一般民衆のために建てられた教会堂である「大聖堂（カテドラル）」を主たる舞台として展開したのがゴシックである．「大聖堂」とは「司教座教会堂」，つまり都市に配置された司教の教会堂である．ゴシック建築は本質的に王の建築であり，都市の建築であり，市民の建築である．

大聖堂の入口である西正面の前には「パルヴィ」とよばれる都市広場が整備され，ロマネスクが確立した二基の鐘塔を備えた「調和正面」形式の大聖堂西正面がそびえ立つ．二基の鐘塔は都市生活のリズムを刻む都市のシンボルとなった．大規模な内部空間の大きさは，その都市の全人口を収容することが可能なものであったとされる．半円形を描く周歩廊の周りに放射状に取り付く祭室を多数備えるゴシック大聖堂の内陣も，多人数の信者の同時使用のためにロマネスクが創出した形式を適用したものである．

●「まことの光」

ゴシック建築は「光の神学」に深く結びついていた．ゴシック建築の誕生には，古代末期教父時代の「ディオニュシオス・アレオパギテス」の偽書が示す新プラトン主義思想に根ざす「光の神学」が重要な役割を果たした．サン=ドニ修道院の改築が成ったときの『献堂録』や自身の業績を記した『統治記』，あるいは献堂の銘文などに，シュジェールは，サン=ドニ修道院教会堂の新しい内陣が実現した「まことの光」を誇らしげに描写している．ゴシック建築がその最初から最も重要な関心事として求めたのは建築の光輝性であり，スコラ哲学が大成するゴシックの時代は，時代がますます「光」，「光学」，そして「視覚」へと興味を強めていく時でもあった．

ゴシック建築は光の建築である．物質性と霊性とが結びついた神の永遠の輝きである「まことの光」を惜しみなく堂内に溢れさせて宝石のきらめきで飾るための「ステンド・グラス」が，ロマネスク建築の露な壁面にとって代わった．より多くの光を求めた結果は大聖堂の高さにも現れる．「まことの光」を発する「光る壁」はステンド・グラスをはめた身

廊立面最上層の「高窓（クリアストーリー）」であり，したがって高窓はますます高くなる．ゴシックの高さの限界を記録したボーヴェのサン＝ピエール大聖堂の身廊天井高は約48mあるが，これは45mもの高さの「光る壁」を実現するための高さでもあった．

　ゴシック建築は骨組の建築である．より多くの「光る壁」を求めた結果，ゴシックはロマネスクのような壁の建築ではなく，壁をガラス窓で置き換え，さらに当時の感性や思考習慣に従って線状の意匠を視覚的に徹底し，あたかも「鳥かご」のような線状の骨組建築を実現した．「尖頭アーチ」，「交差リブ・ヴォールト」，「フライング・バットレス（飛び梁）」の三つの構造技術がゴシックの骨組構造にとって最も重要な要素であるが，ゴシックの骨組構造を可能にした技術はすべてロマネスク建築にすでにみられるものである．ゴシックの特質は，ロマネスク建築がすでに達成していた多くの成果のなかからこれら三つの技術を選択的に採用して，「より多くの光」という一つの目的のために組み合わせ，そして一貫した表現上の論理に基づいてこれらを合理的に結合し，一つの構造の体系を生み出したところにある．

　「尖頭アーチ」，「交差リブ・ヴォールト」のいずれも，建物にかかる力を，リブや添え柱，ピア（構造的な大きな柱），あるいは控え壁などの特定の線状の要素に集中的に伝達して，ステンド・グラスをはめられる力のかからない部分をなるべく多く実現するための技術である．しかし現実には，必ずしもリブや添え柱だけに力が流れるようになっているわけではないし，交差リブが天井パネルを支える形になっている場合ばかりでもない．ゴシックの古典的完成期に大きく発展するフライング・バットレスも，必ずしも天井ヴォールトからの推力に外から抵抗するのに最も好都合な位置に正確に設置されているわけでもない．実際のゴシック建築は，ヴィオレ＝ル＝デュクのような19世紀の構造合理主義者たちがいうほどには構造的な整合性と合理性を備えた建築ではない．数々のアーチ，多くのリブ，多数の添え柱などの無数の線状要素が作り出す造形のなかに，視覚的表現として力学が理解されていたのであり，造形上の視覚的整合性を徹底した虚構の構造システムというのがゴシックの「骨組」の正体であるともいえる．

●ゴシックの「形の生命」

　形式を生命体のアナロジーでとらえて，起源・形成・完成・衰退の進化プロセスのなかに様式を説明する20世紀の美術史家アンリ・フォション描くゴシック建築様式は，フランス・ゴシックの合理的性格を時系列のなかによく説明する（『西欧の芸術』，邦訳1976，神沢栄三ほか訳，鹿島出版会）．

　シュジェールが改築したサン＝ドニ修道院内陣に初めて姿をみせた建築のゴシック様式は1140，1150年代に，サンス，ノワイヨン，サンリスなどの大型のトリビューン付き四層構成の大聖堂の建設を通じて，北フランスの王権の周りに形成されていく．この「初期ゴシック建築」は，六分交差リブ・ヴォールトを架けた12世紀後半の二つの対照的な造形的性格をもったノートル＝ダム大聖堂，パリとランのそれで代表される．続く「古典期ゴシック」は，13世紀の始まりとともに，シャルトルとブールジュの大聖堂が開始するが，六分交差リブ・ヴォールトを架け，階段状の断面を五廊式の形式に実現する後者は，構造的な利点をもちながらも後継建築を多くはもたず，シャルトル大聖堂の形式が「古典期ゴシック」の標識的な形式となっていく．四分交差リブ・ヴォールトを採用し，トリビューンを取り払い，丈の高い高窓をもつ三層構成の身廊立面を実現し，フライング・バットレスを大きく進歩させ，40mを超える天井高の大型の教会堂建築へと進化した「古典期ゴシック建築」は，ランス，アミアン，ボーヴェなどの13世紀の中頃の大聖堂で完成し，その後，パリのノートル＝ダム大聖堂の交差廊やサント＝シャペルなどにみられる「レイヨナン様式」とよばれる時代を迎える．光の横溢する空間と構造の線状構成の進行が幸福な一致をみせた14世紀のレイヨナン様式の後，ゴシックは15世紀の末期ゴシック，「フランボワイヤン様式」の時代へと進み，視覚的に了解された構造と建設技術の合理性を追求して進化してきたかに見えたゴシック建築は装飾性を強める方向へと変化する．構造要素として理解されていたリブなどの線状要素は，柱にそのまま埋没したり，まったくの装飾の役割しかもたないリブなどが生まれ，ルワンのサン＝マクルー教会堂の外観がそうであるように，ゴシック建築は石のレース細工と化して様式を終えていく．　　　［西田雅嗣］

6-20 再生・継承・創造

【テーマ】ルネサンス，マニエリスム　　　　　　　　　　　　　　　　　　　6　意匠・設計・歴史

●ルネサンスと人文主義

　よく知られるように「ルネサンス（Renaissance）」という歴史用語は19世紀に歴史家ミシュレが初めて使用したフランス語であり，批評家ラスキンや文化史家ブルクハルトらが用いたことで英語やドイツ語に広まった．それが意味する「再生」は，古典古代の思想や芸術の意識的な復興という15，16世紀のひとつの普遍的傾向をこの時代の呼称としたものである．16世紀の画家・建築家で『芸術家列伝』（1550）の著者ジョルジョ・ヴァザーリも「古代の優れた手法の再生」を繰り返し説いている．だが20世紀後半には，この時代の特質を「ルネサンス」で代表させることに対しさまざまな疑義が提示された．たしかに再生された古代の原理や要素は多いが，新たな創造もあり，それ以上に中世から継承された遺産の豊かさが認識されるようになったのである．

　ヴァザーリは「古代の再生」を近過去である「ゴシックの否定」の裏返しとして強調しており，制作者としての自らの立場の戦略的な正統化や擁護の側面があった．また古代ローマの制度や文化の復興には「カロリング朝ルネサンス」や「12世紀ルネサンス」という先行現象が存在した．ブルクハルトの説く「個人の覚醒」や「近代性」も，早くは神聖ローマ皇帝フリードリヒ2世や詩人・人文学者ペトラルカに見いだされるし，ヴァザーリの描く16世紀で頂点に至る芸術発展が絵画のチマブーエや彫刻のニコラ・ピサーノ，建築家アルノルフォ・ディ・カンビオによって13世紀後半に端緒が開かれたことはまちがいない．

　15，16世紀の時代呼称として「ルネサンス」にかえて「人文主義」が使われることがある．古代ギリシャやラテン諸学芸の修得や研究（人文学）によって人間性は完成に至るとみる立場であり，15世紀初期のフィレンツェやパドヴァで活発になりコンスタンチノープルの陥落（1453）に前後してイタリアに移住した学者や彼らの携えた古写本で隆盛に至った．この過程で再発見（1416）された古代建築家ウィトルウィウスの『建築論』写本に始まるウィトルウィウス研究が古代遺跡の調査とともに15，16世紀の建築理論と実践の本流を形成したという意味で，「人文主義」の呼称は建築史においても意義深い．古くはジョフリー・スコットが敷衍して使用したほか，ウィットカウアーやタフーリが著作の表題に置いている．アルベルティはウィトルウィウスの記述と自ら調査した古代遺跡との齟齬に苦慮し，自ら『建築論』を著した（1452）．15世紀末から16世紀初頭にはスルピツィオやフラ・ジョコンド，チェザリアーノがウィトルウィウスを校訂出版し，世紀後半にはバルバロが続いたが，16世紀には古代遺跡の考古学的調査が組織的に行われるようになり，それをもとにセルリオやカタネオ，ヴィニョーラ，パッラディオらがそれぞれの図版付き『建築論』をイタリア語で出版したことで建築家一般のウィトルウィウス離れが起こる．こうした状況を踏まえ，時代呼称として15世紀に人文主義を16世紀にルネサンスを振り分ける考えがあり，さらにはイタリア美術史で慣用される「クワトロチェント（1400年代）」と「チンクエチェント（1500年代）」という中立的な用語法も見直されている．

●クワトロチェントとチンクエチェント

　じっさい様式のみならず建築の制度や社会背景を含めてみても，クワトロチェントとチンクエチェントとの対立はルネサンスとマニエリスムの差違よりも甚大で重要であるように思われる．いわゆる初期ルネサンスから盛期ルネサンスへの移行であり，これとともに中世の残滓は決定的にふるい落とされた．クワトロチェントにはフィレンツェを中心として中世的伝統の強い宮廷が衛星のような文化的周縁を構成したが，列強による新秩序の胎動への対応を怠ったフィレンツェはチンクエチェントには舞台の中心から去り，かつて中世封建君主制の認証者であった教皇庁のローマが列強と富や権力で競い，芸術擁護や都市再構造化の主役となる．古代は憧憬の対

象から再生のためのイデオロギーとなる．中世以来の徒弟制度や工房組織に対しアルベルティが説いた建築家の職能の自立や分業は，アントニオ・ダ・サンガッロ・イル・ジョーヴィネの工房に至って現実のものとなる．透視図を用いた素描表現にかえて正射影による平・立・断の図面表現が確立される．5種類の建築オーダーは，ローマ時代のブラマンテの作品で考古学的正確さとともに初めて意識的に使い分けられ，壁面上のオーダーは付け柱による絵画的表現から彫塑的な半円柱に移行する．こういった決定的変化はブラマンテの活動と直接・間接に関連するため，1499年秋と推察されるブラマンテのローマ移住が通常，盛期ルネサンス到来の指標とされる．

● 盛期ルネサンスとマニエリスム

ヴァザーリの記述にある「マニエラ（手法）」に由来する「マニエリスム（manierismo）」は18，19世紀には技法偏重で衰退したルネサンス様式の蔑称として使われたが，20世紀初頭に当時の芸術運動との類縁性ゆえに再評価され，ラッファエッロ没年の1520年頃から1600年頃の後期ルネサンスをさす呼称になった．背景には近代化に向かう世界の急激な変動があった．新大陸や喜望峰航路の発見，アルプス以北の宗教改革，ローマ強奪，トレント公会議そしてコペルニクスの地動説等によってキリスト教旧世界の絶対的権威や求心力が震撼し，時代を覆う不安や疑念，危機意識がマニエリスムを生んだとされる．

こういった外的要因以外に建築史においては，ブラマンテや初期ラッファエッロの古典主義的作品の凌駕しがたい完成度ゆえに，それらへの無力感や反発からマニエリスムの屈折が生まれたという様式上の内的要因説があるが，従来これは強調されすぎてきた．ヴァザーリらはブラマンテやラッファエッロの建築とジュリオ・ロマーノやミケランジェロの作品を同列の基準で高く評価しており，建築規則上の「文法違反」もむしろ独創性の発露とみている．ブラマンテは後世のアカデミズムによって古典主義の完成者と位置づけられたが，その建築はじつは柔軟で豊穣な多様性を含んでおり，テンピエットやパラッツォ・カプリーニのような盛期作品にもマニエリスム的意図が確認できる．古典主義が規範として確立するのはパッラディオやヴィニョーラ以後のことであって，規範への反発や逸脱というマニエリスム的特質は，それに従って形成された解釈上の概念なのである．バルダッサーレ・ペルッツィ設計のパラッツォ・マッシーモのファサードも，規範の意図的な反転などではなく都市の物理的，歴史的文脈への慎重な応答とみるべきである．ジュリオやミケーレ・サンミケーリのような建築家はこういった発想を自らの性向の赴くままに展開したのだとすれば，盛期ルネサンスとマニエリスムの詩学は，本来コインの裏表のように一体なものが，状況に応じて異なって作品に発現したとみることができる．

16世紀の後半，対抗宗教改革の結束やイエズス会の支援により新たなイデオロギーを獲得した建築様式は，ヴィニョーラやデッラ・ポルタの建築のなかに覇気と自信を回復し，全カトリック世界のバロックへと拡散していった．

［稲川直樹］

■1 ブラマンテ設計，サン・ピエトロ・イン・モントリオのテンピエット（ローマ） 古代のドーリス式円形神殿をモデルにしながらドラムやランタン，欄干，ドラム部分の装飾なしのフレームなど，新たな要素を加えている（筆者撮影）

6-21 装いこそ真実―バロック建築とロココ装飾

【テーマ】バロック，ロココ　　　　　　　　　　　　　　　　　　　　6　意匠・設計・歴史

●バロックとロココの語源とその様式

　バロック（baroque）という言葉は「ゆがんだ真珠」を意味するポルトガル語バロコ（barroco）に由来するという説が有力である．16世紀末のイタリアに始まり，18世紀前半まで全ヨーロッパで栄え，建築，彫刻，絵画，音楽，演劇などあらゆる芸術を支配した様式である．建築の世界では，楕円やうねるファサードといったダイナミックな造形が特徴だとされており，単純な幾何学形態を用いて均整のとれた静的な造形のルネサンスと鋭い対照をみせるカウンターパートという解釈が一般的で，17世紀ローマの建築家フランチェスコ・ボッロミーニのサン・カルロ・アッレ・クワットロ・フォンターネが代表例といわれる．しかし，以下に説明するとおり，バロックとはそのような表面的な造形的特徴に還元できるような限定的な様式概念ではなく，その奥底に存在する時代を画するような様式である．

　一方，ロココ（rococo）はフランス語のロカイユ（rocaille）に由来する言葉で，フランスではロカイユ様式ともいう．ロカイユはフランス語で岩を意味するロック（roc）の派生語で，貝殻を塗りこめた砂利のようなもののことであり，もともとは庭園の洞窟風装飾＝グロット（grotte）に用いられていた．ロココとはその貝殻状の装飾を施した羽目板を多用した18世紀の室内装飾様式のことである．

　このように，バロックがあらゆる芸術分野を支配した一大思考様式であるのに対し，ロココの用法は室内装飾，ファサード装飾や調度品に限定される．すなわち，両者は異なったレベルの様式概念である．このとらえ方に則るならば，ロココとは18世紀室内装飾における後期バロックの現れである．

●教会バロックと王権バロック

　楕円を好むなどのダイナミックな造形への指向は17世紀のイタリア，あるいはローマのバロックの特徴にすぎない．それは16世紀半ば以来のカトリック教会の反宗教改革に同調した芸術上の動きであり，教会堂に信徒が集まるミサを重要視する教会のためにダイナミックな造形を駆使して恍惚感を誘うような空間を創造したのがジャンロレンツォ・ベルニーニやボッロミーニなどのローマ・バロックの建築家たちだった．造形傾向はグァリーノ・グァリーニらのトリノ・バロックやカトリック勢力が盛り返した南ドイツ，オーストリアのバロックにもみられる．

　一方で17世紀のフランス絶対王政を体現する太陽王ルイ14世によって推進されたフランス・バロックは，ルイ・ル・ヴォーのヴォー＝ル＝ヴィコント城館と付属庭園のように一時はローマ・バロックに接近する姿勢をみせながらも，イタリアとは異なる独自の路線を歩むことになる．その転換点は1660年代後半のルーヴル宮殿東側ファサードの諸案をめぐる議論とその経緯にみることができる．

　すなわち，ローマ・バロックを代表するベルニーニ案がいったんは採用されながら放棄され，ル・ヴォー，シャルル・ル・ブラン，クロード・ペローの均整のとれた厳かなファサード案が採用されたのである．ル・ヴォーのヴェルサイユ宮殿新宮殿もその線上にある．これらは「フランス古典主義」とよばれることもあるが，その奥底にはローマなどの教会バロックと共通する本質がうかがえるのであり，独自のフランス・バロックと解釈してよい．

　そして，これらイタリア・バロックとフランス・バロックの違いはローカルな性質を反映したものではなく，それぞれカトリック教会と絶対王政という異なる背景をもつことに由来する．それゆえ，それぞれ教会バロック，王権バロックと称するのがよいだろう．これはウィーンの建築家ヨーハン・ベルンハルト・フィッシャー＝フォン＝エルラッハが設計した聖俗二つの代表作，すなわち，教会バロックのカールスキルヒェと王権バロックのシェーンブルン宮殿を比較すれば明らかである．

●総合芸術としてのバロック

　これらのバロック建築に通底する本質はおもに二つある．ひとつは，建築だけで完結するのではなく，彫刻，絵画，音楽などの諸芸術と渾然一体とな

■1 ヴォー=ル=ヴィコント城館 1656-61，庭園側ファサード，フランス・ムラン近郊（著者撮影）

り，それらを統合した総合芸術を指向したことである．このような建築は膨大な富と知を動員しなければ実現できない．支えられる力をもっていたのは教会と王権のみ，そして，彼らには表現したいものもあった．当時，勃興しつつあった市民たちにはまだこの二つが欠けていた．17世紀，聖界で最大の存在は教皇権力であり，俗界ではフランス王権だった．ゆえに，聖俗のバロック建築を代表するのは，使徒座（教皇座のことで，聖座ともいう）の存するローマのサン・ピエトロ大聖堂と太陽王の殿堂ヴェルサイユ宮殿である．とくにヴェルサイユでは国王付首席建築家ル・ヴォーとその後継者ジュール・アルドゥアン=マンサールだけでなく，国王付首席画家ル・ブランや「王の造園師，造園師の王」アンドレ・ル・ノートルなどの当代一流の芸術家たちが参加して，1670年代までは太陽神アポロンを中心とした古代神話，1670年代末からはルイ14世自らの神話によって絶対王政の殿堂を造りあげていった．

●五感に訴える束の間のバロック

現在見ることのできる建築と庭園と彫刻と絵画のヴェルサイユがすべてではない．1664年，1668年，1674年には野外祝典が行われ，音楽家や舞踏家，劇作家，俳優，演出家，花火師なども協力し，視覚だけでなく五感に訴えるヴェルサイユのバロックを完成させた．しかし，それはあくまで束の間のものであり，今日，銅版画や案内記でしのぶしかない．

当時，尊重されてきた人文主義的教養体系が，新たな科学の勃興によって崩壊し，天動説的世界が揺らいでいた．この価値感の変換のなかから，五感で直接感じられる事象のみを重視する態度，そして，それすらも現実ではなく仮象のイメージではないかと危惧する態度が生じた．人生は演劇，この世は劇場である．楕円やうねる壁など，目に直接訴えかける形態の使用もここからきていると同時に，それはバロックの劇場性の発露のひとつにすぎない．

五感に直接訴える外観に表現努力を集中するという点こそ，あらゆるバロックに通底する二つめの本質である．それゆえ，楕円や曲線はなくとも，広場と直線道路とファサードを整える当時のローマやパリの都市計画手法，下から見上げた内殻と外から見た外殻が一致しない，アルドゥアン=マンサールの廃兵院サン・ルイ礼拝堂の三重殻クーポラ，ファサードだけを先に建ててしまったルーヴル宮殿東側ファサードもバロックなのである．

バロックを育んだのは反宗教改革と絶対王政という当時固有の内的要因だったが，そこでつねに意識されていたのは外からの視線であり，バロックとは外からどう見られるかということに最大の関心と努力を注いだ様式である．それに基づくバロック建築は機能やプランなど内側の都合が外観を決めるというモダン・ムーヴメントの建築とは対極にある存在だが，建築が単体として屹立するのではなく，都市や自然環境のなかで他者と有機的な関係を取り結びながら存在するものだとすれば，バロック的なものの見方を17，18世紀という時代の枠に閉じこめるべきではないだろう．

［中島智章］

6-22　建築・自然・時間

【テーマ】新古典主義　　　　　　　　　　　　　　　　　　　　　　　　　　6　意匠・設計・歴史

●自然に帰れ

　18世紀半ばに芽生える新古典主義という潮流は，フランス啓蒙主義の影響下に生じた建築の原点回帰現象にほかならない．ルネサンス以来，ローマ建築をベースに形成されてきた建築の伝統を，一度原点に立ち戻って考え直そうという一種の古典主義改革運動であった．その際，ローマ建築に代わって新しく原点として浮上したのが，当時ようやく現地調査が可能になったギリシャ建築であり，南イタリアで新しく発見された古代の建築遺構であった．だが，さらなる原点へのあこがれは，自然のなかに古代建築に先立つ原始的な状態を見いだすようになる．「自然に帰れ」というフレーズで有名な啓蒙思想家ルソーは，まさに自然を原始的で純粋なモデルと想定していたが，まったく同じ論法を新古典主義の建築理論家たちも駆使した．ロージエは理想的な建築の姿を無駄な要素のない原始的な小屋として描いた（■1）．自生する樹木の幹と枝が小屋の円柱と小屋組を形づくり，建築の本質的な要素が自然に体現されているといわんばかりである．啓蒙思想家にせよ，新古典主義の理論家にせよ，彼らが自然に認めたのは人間によって汚される以前の純粋な原点としての価値であった．こうして新古典主義の建築は，無駄な装飾を排した厳格で抑制された表現を追求するようになるのである．

●絵になる自然

　新古典主義の理論家がとらえた自然はきわめて理性的なモデルであったが，同時代に自然に対するまったく別なアプローチがあった．人間の感性に直接訴えかけてくるような，ときには畏怖の念さえ抱かせるような自然の存在である．こうした自然はすでに17世紀より絵画の主題として取り上げられていた．なかでも，クロード・ロラン，ニコラ・プッサン，サルヴァトール・ローザらの風景画は，自然のなかに存在する建築の姿，ときには荒々しい自然の描写によって，造園家や建築家の心をつかみ，18世紀後半になるとヨーロッパ大陸の建築界に広く影響を与えるようになった．こうした自然が喚起する美の感覚は「ピクチャレスク」とよばれ，建築の分野では古典主義的な造形手法とはまったく正反対の方向性，すなわち，非対称性，不規則性，多様性に対する賛美を生み出すようになる．

　ピクチャレスクによる絵画的構成は，なにも目をたのしませる外観の操作に限ったことではない．建築の平面計画においても意識的に左右対称性が崩され，都市計画でも都市軸となるべき目抜き通りがわざわざカーブを描くように計画された．ジョン・ナッシュがロンドンに実践したリージェントストリートは，都市にピクチャレスク効果をもち込んだ典型例である（■2）．また，様式の問題からいえば，ピクチャレスクは古典主義以外のあらゆる表現の可能性をすくい取った．19世紀に復興される中世の様式，エジプトやイスラムの様式，さらに，植民地のエキゾチックな表現，田舎風の表現……いずれもが建築家の脱古典主義的姿勢を後押しした．その意味では，ピクチャレスクの登場によって，19世紀後半の折衷主義への道筋はすでにつけられていたということさえできる．

●滅びの美

　建築家が時間の経過を一種の美として意識するようになったのも，ピクチャレスクの波及効果であろう．たしかに，それまでの建築家たちも過去の建築の遺構を参照したけれども，建築の表現としてはつねに完全な造形をめざしてきた．長い年月を経た古代建築がどんなに朽ち果てていようとも，彼らの目には栄光ある完璧な存在であったにちがいない．だが，ピクチャレスク的造形感覚は建築が朽ち果ててゆく崩壊の様をおもしろがったのであり，そこから廃墟を観賞する趣味や廃墟を新築する発想が生まれる．

　造園家ウィリアム・ギルピンをはじめ，庭園内に廃墟を意図的に演出した作家はイギリスに数多い．こうしたイギリス式庭園は，やがてヨーロッパ大陸の庭園にも影響を及ぼすようになる．ナポリのカゼ

■1 マルク・アントワーヌ・ロージエ『建築試論』(第2版, 1755)の口絵 (Robin Middleton, David Watkin (1987): Neoclassical and 19th Century Architecture/1, Electa より)

■2 ジョン・ナッシュによるリージェントストリート (筆者撮影)

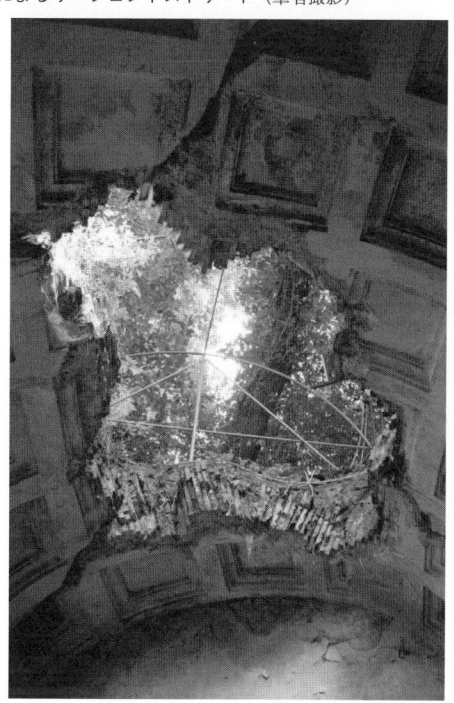

■3 カゼルタ王宮内イギリス式庭園の廃墟 (1782) 回廊天井の見上げ (筆者撮影)

ルタ王宮内には、イギリス人造園家ジョン・グリーファーによって建築の廃墟がつくられている。ここでは、新古典主義の回廊内部の壁に意図的にひびが入れられ、天井が破られた (■3)。こうした廃墟の演出はたしかに庭園内という限られた場所にしか用いられなかったが、建築の存在がけっして永久不変のモニュメントではなく、自然や人間と同様、時とともに移ろい変わってゆく存在であることを意識させた。建築家ジョン・ソーンが完成間近のイングランド銀行を、画家のジョセフ・マイケル・ガンディーにわざわざ廃墟として描かせたのはこの時代の廃墟に対する関心の高さをうかがわせる。

●建築に流れる時間

19世紀になるといよいよ建築家たちは、建築が時間的な存在であるという宿命的課題に取り組まなければならなくなる。いわゆる建築修復の問題である。この問題は、建築に対する文化的・歴史的重要性の認識によって生じるきわめて近代的な課題であると同時に、成熟した社会に訪れる必然的な課題でもあった。時代の推移にしたがって、うち捨てられ使われなくなった建築、未完のまま放置された建築、革命や戦争で半壊した建築が生み出されたが、こうした状況はあらかじめ意図されたものではない。だからこそ、予測不能の偶発性も含めて建築に流れる時間はどのように扱われるべきか、あるいは、現在は過去に対してどのように向き合うべきかという問題に対して多くの議論が重ねられた。過去のある瞬間をそのままに保存しようとするロマン的な態度、過去をかつてあったように復元する方法、過去を現代的な表現で生かす手法、その答えは現在なお一様ではない。時代は21世紀になったけれど、建築が生み出された瞬間に立ち現れる宿命的な課題に変わりはないからである。

[横手義洋]

6-23　異種混合の力

【テーマ】折衷主義　　　　　　　　　　　　　　　　　　　　　　　　　6　意匠・設計・歴史

●様式による理解と折衷主義

　過去のあらゆる建築が様式のヴァリエーションとして理解されるようになったのは19世紀のことだが，この新しい分類法は当時の西洋建築の方向性も大きく決定づけた．産業革命後の社会は人や物の移動が盛んになり，入手できる情報量も圧倒的に増えたため，多種多様な建築を地域および時代別に分類する「様式」という概念は，まさに近代という時代が求めていた待望のツールだった．そして，過去に関する際限のない情報が手際よく分類された後に，様式選択という可能性が浮上したのである．その際，建築家たちは，当時のさまざまな要求に従って自らの選択を正当化する必要に迫られた．だからこそ，様式選択には特定のイデオロギーが込められたのである．たとえば，ゴシック様式はキリスト教文化にもっともふさわしい表現であるとか，ルネサンス様式は理知的で高尚な表現であるとか，バロック様式は祝祭性に富む表現であるとか……．このように様式の復興は，歴史文化的ストックを掘り起こし，装飾とイメージのレベルで時代の要求に合致させる操作であったといえよう．

　こうして，新旧を問わずあらゆる様式の建築が都市を彩った．19世紀後半に都市を整備したウィーンはその代表例で，環状道路沿いに中世様式の市庁舎，バロック様式の劇場，ギリシャ様式の議事堂，ルネサンス様式の美術館が建ち並び，新しい都市の姿を世界に発信した．ある建築の機能や用途にもっともふさわしい様式を選び出す技能こそ，19世紀の建築家に求められた重要な役割であった．様式選択の基準は個々の建築家によって違いはあったが，大きな傾向としては公共建築に古典主義系統の様式，宗教建築に中世様式，庭園内のパビリオンや娯楽施設にはヨーロッパ以外のエキゾチックな様式が好んで使われた．場合によっては，一人の建築家が異なる様式のヴァリエーションを器用に使い分けることもあった．特定の様式にこだわらず，多種多様な様式に中立的に向き合うような態度を，とくに折衷主義とよぶ．

　だが，建築家の創作意欲は建物に応じて様式を使い分けるだけでは飽きたらず，ひとつの建物のうちに異なる様式の細部や装飾を混ぜ合わせる試行へと向かう．そうした建築家は，複数の様式を混ぜ合わせることが他の時代にはない19世紀特有の創造行為と考えた．設計理論としての折衷主義はこうして生まれた．そもそも設計理論としての折衷主義は，既成の学派や独立した体系にこだわらず，あらゆる学派から臨機応変に都合のよい教義を選択する思想・哲学の態度を援用したものだから，近代のきわめて合理的な思考の申し子だったということもできる．また，ヘーゲルの弁証法がこうした折衷主義理論の後ろ盾となった事実も見逃せない．

　だが，これはあくまで折衷主義という態度に合理的思考プロセスがあるということであり，実際の成果物に関してはまた別である．たとえば，各様式を混ぜ合わせた折衷主義は，ゴシックともバロックともつかないような混合様式を想定すればよいのだが，実際には，古典主義的な構成ではあるが細部がゴシック的であったり，ルネサンス的な中央ドームを備えるけれど装飾はアラブ風であったりと，ある特定の様式の細部が微妙にアレンジされているように見えてしまうのがつねで，異なる様式が完全に融け合っている状態はまずありえなかった．こうした状況のゆえに，折衷主義は様式や芸術の純粋性を欠くと批判されたのであった．そして，この種の批判は様式復興における純粋主義者たち，すなわち，ある特定の様式に特別な価値を認めていた厳格なリバイバリストたちによってなされたのである．

●時間と空間のよすが

　様式による理解は過去の建築に対する詳細な研究を促すようになったが，その実践としては様式復興とともに修復行為があった．当時の建築家たちにとっての修復作業は，様式研究の実践という意味では新築の設計行為と同じだった．なかでもヴィオレ＝ル＝デュクのめざした様式の統一は大きな影響力を

図1 チャールズ・ロバート・コッカレルの描いた「教授の夢」(1849) あらゆる様式を手にした19世紀の建築観を如実に示している (© Royal Academy of Arts, London)

もった．それは建築の全体を創建時の様式に従って統一する手法であったため，創建後に付加された装飾や増改築部分は取り除かれ，創建時のデザインが推定復元されたのである．作品に統一美を求めるこうした姿勢こそ，厳格なリバイバリストによる美学上の純粋主義にほかならない．もっとも20世紀に入ると，建築の修復については，創建時のみならずあらゆる時代が刻んだすべての痕跡に敬意が払われるようになり，極端な場合，たとえモニュメントに多くの時代の痕跡がモザイク状に残ったとしても，あえて全体を統一美で再構成しようとはしないという判断もありえた．こうして，あらゆる時代の痕跡に配慮する良識がきわめて折衷主義的な造形を容認することになった．

同様に，美学上の純粋主義が折衷主義をどんなに攻撃しようとも，19世紀に整備された近代都市景観がきわめて折衷的な様相をあきらかにしていた事実も皮肉である．建物単体に貫かれる純粋主義でさえ，ひとたび問題の枠組みを都市全体にまで拡大すれば，つねに異質な要素の混合や対立をはらむことは自明の理だった．そこでの混合と対立とは，新築と増改築，隣接する建物どうしの関係がもたらすのであり，それらは設計行為の際に処理しなければならない時間的な要件でもある．だが，19世紀の厳格なリバイバリストたち，様式の統一をめざした修復家たち，20世紀のモダニストたちのいずれもが，美学上の純粋主義を掲げることで，こうした時間的な要件に重きを置くことはなかった．その一方で，ひとつの作品は統一されたヴィジョンで貫かれなければいけない，という理想が固く保持された．

かくして，折衷主義を批判し，モダニズムにまで継承される純粋主義の希求は，あいかわらず新築されるひとつの建築に様式上の複合や衝突や対立を許さず，都市計画においても統一したビジョンをひたすら更新することに終始した．だが，完全なる理想，破綻のないシステムもいつかは歴史化する．現実に，ある時期に実現した全体計画は，時とともに一気に風化してしまう宿命もはらんでいる．こうしたモダニズムが追い求めてきた全体的ヴィジョンに修正を促したのが，コーリン・ロウとフレッド・コッターが発表した『コラージュ・シティ』(1978)だった．その主眼は，時間および空間が織りなす多様な部分の複合，対立，衝突の容認に向けられている．とりわけ先に述べた時間的要件との関係において持続発展型のヴィジョンが捉えられている点が重要である．そして，まさにこうした新旧の並存，異質な要素の複合こそが建築と都市の両方において，時間と空間の終わりなき操作を可能にすることは言うまでもないだろう．

［横手義洋］

6-24 アール・デコ―目と手の愉悦

【テーマ】アール・デコ　　　　　　　　　　　　　　　　　　　　　　　　　6　意匠・設計・歴史

● 名前の由来

　アール・デコという名前は，1925年のパリで開催された「現代装飾芸術・工業美術国際博覧会」にちなみ，「装飾芸術（art décoratif）」を短く縮めたものである．装飾芸術というのは，つまりは工芸のことで，この博覧会においては，当時の最先端のデザインの工芸品が展示された．いわば，遅れてきたフランス版アーツ・アンド・クラフツ運動の展示場であったわけだが，そこに展示された工芸品や展示館の造形には一種のスタイルがみられた．そのスタイルをアール・デコとよぶ．アール・デコの斬新かつ華やかなデザインは波及力が強く，1920-30年代の世界中でさかんに用いられた．それは近代の技術的所産を採り入れたモダンさを示しながらも，装飾的細部を残したやや退嬰的なのとしてモダニズム一辺倒の時代にはまったく注目されなかったが，1966年にこの博覧会の回顧展がパリで開かれたのを期に再評価されるようになった．同時代には，「ジグザグモダン」「ストリームラインモダン」「ジャズモダン」「シャネル様式」「フォルカ様式」「ポワレ様式」などさまざまな名でよばれていたものが，アール・デコと統一的によばれるようになるのも，この回顧展を契機にしている．つまりポストモダンの時代の始まりと軌を一にしてアール・デコの再評価が始まったわけで，それゆえ，ポストモダンのデザインにもしばしば復活して用いられている．

● 時代背景

　アール・デコが用いられた時代は，二つの世界大戦の間であり，避けがたいとみなされていた新たな大戦の不安に脅かされた時代であった．その不安を束の間まぎらわせる華やかな造形が求められたとされる．この時代はまた，客船と客車と自動車によるスピーディーな大量移動の時代であり，百貨店とファッションと映画とキャバレーとジャズとカクテルの時代であった．アール・デコは，百貨店と映画館と飲食店と，それに客船と客車の内装，自動車のデザイン（とくにカーマスコット）を活躍の主舞台とした．要するに大衆の経済力が増し，享楽的ともいえる大衆文化が世界中に浸透した時代である．アール・デコの商業性と大衆性は，そうした時代の雰囲気を背景にしている．

● 造形的特色

　アール・デコの建築はたいてい鉄筋コンクリート造である．したがって，鉄筋コンクリート造によって可能になった水平連続窓や隅窓をしばしば用いる．しかし，開口部と壁の面は面一にならず，開口部の枠が造形的に強調される．また，ファサードは左右対称形が多く，コンクリートの表面には石や煉瓦タイルが張られることが多い．そして，時にはレリーフも施される．あるいはまた，柱形，柱のフルーティング，コーニス，デンティル（歯形文様），持送りなど，クラシックに由来する伝統的な造形も，幾何学的に簡略化しつつ用いている．さらには，円形・三角形・六角形・八角形も好んで用いる．総じて，その造形的要素は幾何学的であり，定規とコンパスで描ける形を組み合わせたものが多い．つまり，鉱物の結晶体，あるいは折紙細工のような造形が特徴といえる．

● 諸々の近代運動とのかかわり

　新しい造形を求める20世紀初頭のさまざまな動きはアール・ヌーヴォーで始まり，アール・デコで終わる．その間にいくつかの近代運動が存在するのだが，さまざまな近代運動が主義・主張を伴った自覚的な動きであるのに対し，アール・デコとアール・ヌーヴォーは自然の流行のような現象である．アール・デコという名前の定着に，アール・ヌーヴォーとのペア性が作用していることは間違いないであろう．その二つの造形的傾向の違いであるが，アール・ヌーヴォーが曲線的・有機的・非幾何学的・非対称的であるのに対し，アール・デコは直線的・無機的・幾何学的・対称的である．

　アール・デコはいちばん後にやってきたスタイルであるから，先行する近代運動からさまざまな造形的要素を採り入れている．三角形や六角形による斜

■1 パリ・グリル通り2番地のアパート上部　1929年竣工，設計：ジャン・ブーシェ（筆者撮影）

めの線の導入はデ・ステイルやロシア構成主義から，折紙細工のような細部造形はキュビスムから，そして煉瓦やタイルを縦横交互にしたり，凹凸をつけて張る手法をアムステルダム派から学んでいる．また，ゼツェシオン（セセッション）のうち，直線的な造形はアール・デコとよく似ている．その他，アール・デコは古代エジプト，アフリカ，マヤ，インカなどの造形も採り入れている．建築家でいえば，F. L. ライトとJ. ホフマンが先駆的なアール・デコの建築家であり，とくにライトの影響は大きい．

● 世界的な波及

アール・デコは，フランスはもちろん，ヨーロッパ中にみられる．1920-30年代には，国家的威信の表現のためにクラシックの造形要素を簡略化して用いた復古的で記念碑的な大規模建築がたくさん建てられたが，それらもアール・デコの一形態とみなしうる．アメリカは1925年の博覧会自体には参加しなかったが，そこから大きな影響を受けている．この頃，アメリカは摩天楼の時代であったが，戦前の摩天楼にはアール・デコの造形がさかんに用いられている．欧米のみならず，アジア，アフリカ，ラテンアメリカにも多くのアール・デコの実例がみられる．アール・デコはモダンな技術と造形を備えていて斬新なイメージを与えたし，特段の主義・主張を

もたなかったからだれにでも使いやすかったし，細部に各地の伝統的な造形を加味するのを妨げなかったからであろう．たとえばモロッコはアラベスクを，ニュージーランドはマオリの造形を組み込んでいる．日本にもアール・デコ的な造形は，戦前の百貨店や映画館や商店建築などにたくさんみられる．スクラッチタイル（浅い並行溝のあるタイル）を張った建物には，たいていアール・デコ的な造形がみられるし，いわゆる看板建築の造形にもアール・デコ的なものが多い．また，帝冠様式とよばれるものにもアール・デコ的なものが多い．

● 都市景観としてのアール・デコ

まったくの無装飾の建物というのは戦前には少なく，戦前の建築はたいてい装飾的要素を伴っている．それがつまりはアール・デコ要素なのだが，こうした建物は世界各地の都心にたくさん存在し，その保存活用が大きな問題となっている．しかし，それらは鉄筋コンクリート造であり，鉄筋コンクリート造の保存の理念と手法の早急な確立が望まれている．近年，都市の景観がさかんに論じられるようになっているが，都市の歴史的景観の主要部を構成しているのがアール・デコの建築である．今日，それらは点在する記念碑的な建物を相互に結んで，連続的でリアルな歴史的景観を形成する要素として非常に重要な存在となっている．

〔吉田鋼市〕

6-25　19世紀からのメッセージ

【テーマ】ジョン・ラスキン　　　　　　　　　　　　　　　　　　　　　　　6　意匠・設計・歴史

　ジョン・ラスキン（John Ruskin, 1819–1900）と建築あるいは都市の実践のかかわりを考えると，第一番目にはナショナルトラストという運動，第二番目にはSPABと略称される古建築保護協会とよばれる建築保存の団体，そして三番目にユートピア的な田園都市の，大きく三つの側面に分けられる．

●ナショナルトラスト

　ナショナルトラストの最初の旗揚げはロンドンのグロスブナーハウス，その議長を務めたのがウエストミンスター公爵，出席者のなかにはトマス・ハックスレイ，画家のロード・レイトン，ジョージ・フレデリック・ワッツ，ホルマン・ハントがいる．基本的には邸宅を保存するところから出発してゆくナショナルトラストという運動が，どのような人たちが率先して主張したものであったかが窺われて興味深い．

　一番注目したいのはウエストミンスター公爵という人の存在で，彼はあたり一帯の地主である貴族であった．土地をもつ地主が伝統的に強く，しかもきわめて大規模な都市地主が多いというのが，イギリスの都市を形成してきたうえでの大きな特徴なのだ．ナショナルトラストは，そのような伝統のうえに生まれてきている．ナショナルトラストは主として地方におけるカントリーハウスの保存を目指すものであるわけだが，そうした運動のなかには，単に建築物を保存しようという考えを越えた，都市経営というビジョンがあった．ラスキンはそうした階層に大きな影響をもった．

●古建築保護協会

　建築についてのラスキンの二番目の影響としては，古建築保護協会がある．ラスキンがいう建築の保存は，詩的あるいはロマンティックなところがある．つまり彼は無理をして建物をいじるな，というのが本質的な意見だった．19世紀の後半は，イギリスが産業革命以降，急速に成長していく時代で，都市が膨張し，人口の都市集中が起きてくる．そして人口の変化にあわせるための教会の改造が起こる．それを当時は修復，レストレーションとよんでいた．この時代の建築家は教会の修復で過ごしていた．

　ラスキンはそれに対して強い反対をする．中世の建物を修復して整備するということは，本当の中世というものを失わせてしまうことだ，最初から最後までうそ偽りであるとラスキンは述べている．ラスキンは，建物はそのまま時が壁に時代の経過を刻むままにすべきであるという．修復をするのはすべて偽りの事業であると．この考え方によると，保存と修理はダメだということになる．こうした修復に対する反対から，ラスキンの弟子であるウィリアム・モリスが人々に呼びかけて，修復ではなくprotection of ancient buildingsのための協会（古建築保護協会，SPABすなわちsociety for the protection of ancient buildings）をつくり上げる．

　この時期の一番の修復建築家はジョージ・ギルバート・スコットという大変にエネルギッシュな建築家で，その建築家の仕事への批判を直接的なきっかけとしてSPABはつくり上げられる．この時期の協会のメンバーにはラスキンも名を連ねていて，それ以外に，トマス・カーライルやレスリー・スティーブンなどの文学者たちが目につき，むしろ建築家は修復をやっていたのであまり会員にならない．フィリップ・ウェブというモリスの自邸を設計した一番の親友であった建築家が参加しているくらいである．彼はのちのちこのSPABの顧問建築家として仕事をする．

　SPABの方針はラスキンの考え方を受け継いで，修理をされた部分をはっきりわかるように，明らかに補強がわかる形で手を入れる．また主として教会建築を対象にする．大きくいうとナショナルトラストは邸宅を守り，教会に対してはSPABがいろいろ技術的な提言を行い仕事を進めるというかたちである．ナショナルトラストが現在もイギリスにあり続けるように，このSPABも存続している．

　SPABの初期の段階で，ウィリアム・モリスが

自分の時代観を述べている文章がある．彼は世界史を四つほどの時代に分ける．古代が奴隷によって生産されていた時代，これはギリシャ，ローマを意味する．そして二番目の時代が自由なクラフツマンたちによって，作り手から使い手に直接品が売られていた時代，三番目がそうしたクラフツマンたちのギルドが閉鎖的になり，分業化と商品生産が始まるチューダー朝の時代，そして四番目がちょっと飛ぶようだが，イギリスが世界の工場になって，機械生産が人間を支配している18世紀以降，というふうに彼はSPABの年報のなかで述べる．こう並べてみると，当然理想とされるものは第二番目の時期，自由な工人たちによって，作り手から使い手に直接品物が売られる中世というものであることが理解できる．こうした時代区分は一番ラスキンの世界観，歴史観を受け継いでいる部分ではないかと思われる．

したがって，大きな意味での世界観，歴史観をラスキンはモリスを通じて広げていった部分があるように思われる．もちろんラスキン自体にはそれ以外のいろいろな分野における発言とその影響力があったが，建築あるいはデザイン，あるいは都市というものに影響を与えていく歴史観は，このモリスの見方のなかに現れてきている．

●ユートピアの系譜

よく知られるように，19世紀のイギリスはゴシックリバイバルとよばれる，ゴシック様式を使った建築を作った．19世紀のイギリスはすでに産業革命が起きてから100年ぐらいの時期をへている．大都市にはスモッグがあふれ，人口は急増している．機械製品はどんどん生まれていく．未曾有の混乱と都市化が進んでいた時代であった．近代は初めてこの時に歴史上生じていた．それを乗り切るために，19世紀の人々は中世を手本にしたと．さまざまな側面で，おそらくはデザインや都市だけでなく，思考，哲学，思想という面で中世にひとつのモデルを置く考え方がみてとれる．

たとえば，絵画におけるラファエロ前派という運動があるが，これはラファエロ以前つまり中世絵画に理想を見いだそうとするもので，いまから考えれば中世を手掛かりにして，近代を乗り切るのは無謀なこと，原理的に限界がある発想といえるかもしれないが，ひとつのモデルとして中世を考えるのは大いに可能性を開いてくれるものだった．

ラスキンは中世を非常に高く評価していたし，ラファエロ前派を積極的に支持していた．ラスキンにかぎらず，モリスがモリス商会をつくったのも中世における物の作り方，作られ方を手本にしているところがあるように，中世にひとつの理想を見いだす態度が，さまざまな側面でみてとれるからである．

イギリスでの町作りはモリスやラスキンが生きていた時代に，すでにいろいろな形で，近代の社会に対する都市改良・理想都市建設という形で生まれたり，あるいは試みられていた．その根底には，どこの国でもある意味ではそうだが，中世以来の町作りの伝統がある．イギリスの場合には，地主貴族が基本的に地方に自分の土地をもっていて，そこに本拠地としてのカントリーハウスを構えてきた．周囲には当然町が形成されていて，領主が自分で自分たちの領民のために町を作る場合もある．日本でも大名は町作りをするのが大事な仕事だが，そのような町作りの伝統はイギリスのなかにもあり，しかも領主によっては理想的な町作りあるいは村作りをしようという試みをした人が少なからず存在していた．そのような理想主義的集落のことをエステートビレッジと呼んでいる．

19世紀にはインダストリアルビレッジとよばれるものがいくつか作られる．かつての貴族が自分たちの所領の人たちによい住まいとよい町を作ろうと考えたように，企業家たちが自分の従業員たちのためによい町を作ろうという試みである．非常に有名な例としては，ブーンビルというキャドベリィが作った町，ポート・サンライトという町もあり，これはレヴァーという石鹸会社のオーナーが作った．自分たちの従業員のために非常に理想的な町を作ろうということで建築的にも都市計画的にもゆとりのあるたいへん美しい町である．

エベネザー・ハワードは田園都市を構想し，実際にその町を作っていく．そして1903年に第1次田園都市株式会社をつくり，レッチワースというところに土地を手に入れる．レッチワースはロンドンから小一時間くらいのところで，その周辺に，秘密裏に，地価が高騰しないように土地を入手して，約3万人程度の町を作り，同時に当然企業も誘致する．これはインダストリアルビレッジの応用であり，そこにはラスキンの理想とする中世的ユートピアの理念が流れている（3-3, 3-4項参照）． ［鈴木博之］

6-26　力学と装飾

【テーマ】アントニオ・ガウディ　　　　　　　　　　　　　　　　　　　6　意匠・設計・歴史

●力学と装飾

　アントニオ・ガウディ・イ・コルネット（Antoni Gaudí i Cornet, 1852-1926）は，スペイン・カタロニアのバルセロナで19世紀末から20世紀の最初の四半世紀に活躍した建築家である．時代の歴史諸様式に依拠する姿勢から抜けて，自然の諸形象を思わせる有機的なフォルムをもつ「ガウディらしい」といわれる作品を生み出した．サグラダ・ファミリア贖罪聖堂，コロニア・グエル教会（地下聖堂），カサ・ミラ，カサ・バトリョ，グエル公園などが代表作である．近代の建築家で，ガウディほどさまざまな分野から取り上げられる建築家はいない．ガウディ論の系譜からみれば，美術の分野が造形，装飾の面から彼の作品を取り上げ，その後建築界が建築における力学的合理性の解明を通して歴史的な定位を測るという経緯をとる．建築の視点からみれば，力学と装飾の統合の建築となるが，はたしてその理解にとどまるのだろうか．

●自然の諸形象と建築

　ダリ論で著名なR.ドゥシャルネは，ガウディがこれまで人が考えてもみなかったような自然の諸形象を建築に合体させて，周辺環境や風景に溶け込み，建築と風景との調和を与えている，と述べている．20世紀から始まるいかにも「ガウディらしい」と呼称される作品群の印象をいいえている．ドゥシャルネはガウディ理解を，近代建築の合理主義的思考に倣った，ガウディの造形を支える力学的合理性の連関のなかでとらえるのではなく，ガウディの建築作品をそのままに受け入れることのなかに，彼の建築の意味を見透かそうとしている．湖の柔らかく波打つ湖面の螺鈿のような，またファサード頂部にある恐竜の背のようなカサ・バトリョ，海草が絡みつく波に洗われた岩礁の量塊のようなカサ・ミラ，自然と人工が融合する大地が作り出した鋳型のようなグエル公園，カタロニアの人々にとっての信仰の聖地モンセラット山を思わせる量塊建築としてのコロニア・グエル教会，さらにその上に雲や煙や氷塊がたなびくようなサグラダ・ファミリア，それらの表現は建築の近代化過程を推進してきた思考の方法を土台とする作品群とは相違するということを示唆している．

●『日記装飾論』と晩年に残した言葉にみる建築観

　ガウディは建築家として出発する1878年に書いた『日記装飾論』の小論と，晩年に残した会話体の記録を言説という形で残している．これらを資料に，近代の枠組みにおけるガウディの制作を支える思想を剔出したい．

　『日記装飾論』は「装飾について真剣に研究しようと思う」という書き出しで始まる．ガウディは，装飾について一般論的に通覧したのではなく，装飾の意味を求める過程を通して自らに課した志向すべき建築的ヴィジョンを表明している．それでは，ガウディは主題である装飾をどのように把握していたのだろうか，はじめに触れておかねばならない．装飾は一般的には，建築と切り離された恣意的な付加物と理解されるが，彼にとって装飾は建築の必然的形態を決定する範囲内で，建築に性格を与える本質的要素であった．「巨大なマッスはそれ自身高められた装飾の一要素である．たとえば，パルテノンの列柱の鼓状部のように．この偉大さだけを純粋に輝かしいものとすることより優れた装飾とは一体どのようなものであろうか？　さらに，ある部分に微妙だが力強く繊細な輪郭を施すことによって，材料の精緻さと豊かさを示し，偉大さを鮮明にすることができるならば，この偉大さを創造すること以上に的確なものとは一体何であろうか？」（『日記装飾論』原本 pp. 10-11）この巨大なマッスと微妙で精緻な細部の関係の叙述から，建築を高めるという過程それ自身が装飾であり，さらにそれは建築を高める総合の過程の生き生きとした要素として，建築と一体となって包含される．しかし，「全体の中の必須の要素である彫刻やレリーフに代表される表現思想」（pp. 38-39）を剔形と同じ装飾と考えてはならない．つねに，「芸術的概念」を満足させながら，「単

純化された形態」(pp. 59-60) へと向かわなければならない．この「簡潔に表現された形態」，「単純化された形態」への意欲は新しい建築様式の実現における単なる付加的な装飾ではない造形表現思想による「簡潔な様式」の意志へと引き継がれ，それは幾何学的形態と優れた構造への理解へと導かれる．それは「幾何学から派生する形態は非常に鮮明であり，明晰である」(p. 38) という理解であり，また「簡潔な様式とは優れた構造をもつ様式である．美的構造はさまざまな手段と解決された実りある問題によって建築が説明される構造のことである．これは対象物それ自身によって心楽しいものとなるであろう．つまり対象物は実体と，装飾物としての構造をもたない覆いとなる．簡潔であることこそ最良であり，あたかも私たちが最も気高いと語るように」(p. 39) というものである．ここに「装飾とは何かを定義づけ，体得しよう」(p. 63) としたガウディにとって装飾の問題は建築の造形についてのそれであり，幾何学的形態と優れた構造をもつ完全な形態へと高められ，さらに「近代の彫刻美術」の言及をとおして，装飾は「単純化された形態」，すなわち，「生命ある」総合的形態の総合へと導かれるのである．「完全さを求めるために，形態ばかりでなく，色彩も付与されなければならない．たとい，これが果たされたとしても，なお運動が，さらに感受性と生命が欠けていてはならない」(p. 63) ガウディにとって，装飾は建築の総合化を意味する．「ある観念の総合化は装飾的基底を構成する」(p. 64) という幅広い理解から，装飾は建築の付加物ではなく総合化の過程に向けて，その過程の道筋から生み出される生命ある「単純化された形態」，つまり総合的形態でなければならない．この青年時の装飾を介した総合の，また生命の建築理念の萌芽は，作品制作の経験とともに深められ，晩年の言葉に受け継がれていくのである．

「生命ある造形的ヴィジョン——この生命の感覚，これを私たちは作品に与えなければならない．この観点から私たちの在り方を反省しなければならないのである」．このガウディの言葉にみえるように，彼のわずかな言説を貫くものは，建築にいかに生命感を与えるのかという，あるいは自然に依拠した生命ある総合という考え方であった．「賢慮sabiduríaは科学より優れている．その言葉は"saperé"つまり，味わう玩味するという意味に由来する．賢慮は総合であり，科学は分析である．分析による総合は賢慮の総合ではない．それは分析的なものの一つにすぎず，全体ではない．賢慮は総合であり，生命あるものである」．ガウディはここではさらに生命感，生命あるものを直截にとらえることに腐心して，総合と分析，あるいは直観的把握と科学的・分析的把握とを対照的に比較している．ガウディがいかに対象から，自然から生命感を引き出すか，引き出したものを作品に与えるかを自らの主題にしていることが理解できよう．自然のフォルムは法則性に則ったものであることは了解済みであるが，その事実を抽象化において止めるのではなく，生命ある具象のヴィジョンとして作品に表出させることができるのかに力が傾けられているのである．

● 総合ということ

ガウディがバルセロナ建築学校の時代，強く影響を受けた教授に美学者ミラ・イ・フンタナルスがいた．たとえば自然諸形象を，自発的で自然な，捕われのない，想像力の赴くままの理解は包括的な見方に導き，生命あるもの，総合的なもの，具象的なものを求める美を感得する．芸術家は一般人の眼をもって対象を見ることによって，「個別的なもの，具象的なもの，感情，そして感覚的生命ある表現を見失うことはない」．さらに，芸術家は創造の瞬間に彼の精神に刻印された対象の思い出としての美的外観を喚起し，粘り強く，統一性をもって表出する．彼がガウディに説いたことである．そしてガウディはこの教えを受けるように，『日記装飾論』に形態の美しさは「対象の思い出」として私たちの心に仕舞われ，それは「観念の詩」となって持続されると書いた．ガウディが青年期に刻印した「観念の詩」の思想は，あらためて書き直されることなく，晩年の言説における「生命ある造形のヴィジョン」や「賢慮」の思想へと深められながら連関していったに違いない．建築における総合の問題は，生命感の賦与と一体となって，ガウディの作品制作の生涯を駆動させた思想であり，作品群はその顕現としての輝きをもたなければならなかった． [入江正之]

文献
1) 入江正之 (1997)：アントニオ・ガウディ論，早稲田大学出版部．
2) アントニオ・ガウディ著，入江正之編訳 (1991)：ガウディの言葉，彰国社．

6-27　ディテールに息づく寡黙な想い

【テーマ】ディテールのデザイン　　　　　　　　　　　　　　　　　　　　　　　　　　6　意匠・設計・歴史

●ディテールとは何か

　目的もなく街を歩いていると，雑然とした街並みの中に，さりげない表情をしながらもキラリと光り，周辺の雑踏から切り離された静寂な空間を生み出しているファサードをもった建物に出会うことがある．誘われるように足を踏み入れると，そこで展開されている光景には，いたずらに目を見張るような空間構成もなく，驚くような素材や工法も用いられてはいない．しかし，そこには肌に染み入るような静かな緊張感が漂っている．この寡黙な空間を生み出す，正確な技術に裏打ちされた細部．饒舌に語ることなく，素直に素材の声を聞き，飾りを捨てた「部分」が一体となって初めて全体が浮かび上がる．その時，最終的に「部分」を形作る納まりは，われわれの視界から消え去っていく．ディテールを納めるということは，まさにどう空間を創るのか，部分と全体をどのように関係づけるのかという建築家の想いの結晶である．

　対象が街であっても，建築であっても，全体と部分のデザインを同時にとらえることで，初めて見えてくるものがある．ディテールがつくる風景とはそういうものなのである．

●新技術とディテール

　いま，ディテールを語るとき，新しい技術とそれを支えている時代背景を抜きにして話を進めることはできない．加速度的に進化する建築技術や建築以外の分野からの先端情報もあいまって，われわれは，さしたる苦労もなく新しい建築のデザインや工法に接することができる．また，素材についても，古くから親しまれてきた石や木，土などの自然素材に限らず，比較的新しい素材であるコンクリートや鉄，ガラスなどと比べても格段に性能が優れた素材を簡単に手に入れることができるようになった．そのことが，デザインの可能性や自由度を飛躍的に増大させ，新しい表現を次々と生み出してきたことはまちがいない．

　たしかに，超高層ビルや，大スパンを要求される現代の建築を実現する技術は，建築界が近代まで長い時間をかけて継続的，累積的に積み上げてきた技術の延長線のみで解決できるものではない．物理的あるいは力学的な手法でしか解決できなかった力の伝達も，化学的な材料の進歩によって，より簡単かつシンプルな形で実現することが可能になっており，また，外部環境の制御や，室内の空気や熱に対する制御についても，対費用効果を考慮すれば，建築的な解決以前に機械的に処理するほうが合理的であるともいえる．

　しかし，技術的テーマのみを解決することに集中する過程で，建築空間に求められる根源的なテーマ，そして，素材が本来もっている物質性や触覚，材質感を2次的な要素として取り扱ってきたことは否めない．今日，ディテールが建築家の手を離れ始めているといわれる原因の本質は，まさにこの点にあるといえる．

●素材の要求するディテール

　建築のプロセスのなかで，つねに平行して進行すべきテーマである「技術とデザイン」を両立させるキーワードのひとつに，慎重な素材の選択とそれらを結びつける具体的なディテールデザインがあげられる．建築の仕上げ材を選択するときは，素材のもつ物理的性能や耐久性を考慮することは勿論のこと，その安定性や経済性，メンテナンス性などを追求して決定されるべきである．そのうえで，その素材が本来もっている魅力を引き出すところに，ディテールを創る醍醐味がある．

　現代において求められている機能性とデザインを前提とすると，われわれが長い間慣れ親しんだ自然素材もまったく異なった工法や用法が必要になる．たとえば，非常に重い素材である石材は，耐震性や経済性を考慮すればすでに，積む材料ではなく面として貼る材料として扱うべきであろうし，他の素材には替えがたい質感をもつ木材は，天然木のまま構造材に使用するよりも，その力学的弱点を補う他の素材と組み合わせて使用することのほうが正しい利

■1　鉄とコンクリートがつくる風景（撮影：北嶋俊治）

■2　空間のイメージがディテールを生み出す（撮影：北嶋俊治）

用の方向であろう．また，天然資源の枯渇を防ぐため，木とプラスチック系材料を混合させた工業製品としての再生木材の開発など，新しい素材技術も日々進歩している．素材の扱い方や工法が変われば，必要なディテールも過去の慣習にとらわれない新しいものを設計者は追求していくべきであろう．

一方で，古いといわれる生産技術や，消えかけていた工法のなかにも，あらためてその可能性が見直され，現代に生き続けている材料もある．鋳鉄や熱押出形鋼などがその好例といえよう．鉄やアルミ，ステンレスなどの金属素材は，それぞれ捨てがたい質感や特性をもっているが，経済性を抜きにしても，鉄のもつ力強い粗野な質感や加工性の高さは建築家にとってとくに大きな魅力である．鋳鉄はそのもろさを克服する技術の進歩によって，複雑な断面形状を要求される構造部材や部品にも十分対応でき，熱押出形材も小ロットで比較的自由な形状を得ることができる古くからの技術である．

ほかにも，ローテクといわれる素材のなかで，使い方によっては新しいデザインの可能性を秘めているものも多い．一見前近代的な生産技術を，いまの時代に甦らせること──そこにも，まだ見ぬディテールが隠されている．

●もの創りのパートナー

近年，建築現場で繰り広げられている光景は，一昔前とは一変している．ほんの数十年前までは，少し朴訥で泥臭いところはあるにせよ，現場ではさまざまな業者や職人の顔が見えていた．すなわち，小さな木造の現場では大工の棟梁が，ある規模以上の建物では現場を統轄する業者の長が，現場の隅々まで目を光らせていた．もの創りの現場では，建築家はもちろん，多くの人たちの格闘のなかでさまざまな工夫が生まれていたのである．

しかし，いまの生産現場では，多くの職種をまとめるべき建築家のスケッチや図面が，異業種メーカーによるたんなる製作図に代わってしまい，全体を統合すべき立場の人が，モノとモノの関係に目が届かない．残念ながら，有能であったはずの職人たちのこだわりや他業種に対するやさしさも，自らの職能に忠実であるがゆえに，少なくなってしまったといわざるをえない．合理化という名のもとに続けられている生産システムの変化が，長年培われてきた日本の生産現場における貴重なストックを食い潰している．オーソドックスで当たり前のものをつくることができない──このような状況をなんとかしないかぎり，日本の建築文化の底上げは難しい．

われわれ建築家の責任は，図面を通して求める空間を相手に伝えることにある．しかし，図面化できない部分，すなわち理屈でも計算でも伝えられない部分を創り上げるには，立場や職能が異なっていようが，もの創りに携わる人々との真摯なコミュニケーションに基づく協力関係を抜きにして成し遂げることはできない．ともに建築を創り上げるという意思こそが大切であり，そこに生まれるディテールには必ず人の心を打つ緊張感が存在する．［宮崎　浩］

6-28　近代建築運動の出発点

【テーマ】アール・ヌーヴォーなど　　　　　　　　　　　　　　　　　　　　　　　　　　6　意匠・設計・歴史

●西暦1900年の建築の豊かさと広がり

「近代建築」という表現は，意味が一通りではない．社会全般の近代の幕開けに合わせて，18，19世紀の産業革命や市民革命以後の建築をさすこともある．しかしここでは慣例に従って，20世紀のモダニズム建築を「近代建築」の到達点と考えておく．そこへ至る道程のひとつとして，本項の「初期近代建築運動」もある．

「初期」の具体的なイメージをつかむために，おもにヨーロッパの西暦1900年とその前後10年間ほどの期間に作られた建築を見渡してみると，まさに多様であることに気づかされる．従来の歴史的様式の遵守にこだわらず，また地域ごとの固有性も容認されていて，それらにそれぞれの名称が与えられている．これらをひとつにまとめてよぶのにふさわしい名称はない．その事実自体が，初期近代建築の大きな特徴を示しているといえるのだが，ここではとりあえず，もっともポピュラーな用語を援用して「アール・ヌーヴォー期」の建築と括っておこう．

この時期の建築には，人々の記憶に残り，愛され続けている名建築が少なくない．「アール・ヌーヴォー」の発祥の地パリ（フランス）では，建築家ギマールが活躍し，いまではこの都市の華やぎに欠かせない一連の地下鉄駅入口（1899-1900）や，外壁や門扉が美しいカステル・ベランジェ（1897-98）など都市住居群を実現させた．ブリュッセル（ベルギー）では，建築家オルタがタッセル邸（1892-93）や自邸（1898）の内部で，絡まりあった蔓草のような鋳鉄製の手すりを生かしてみごとな階段室を作り上げた．ドイツ語圏諸国では「ユーゲント・シュティル」が盛んとなり，なかでもウィーン（オーストリア）の「ゼツェッション（分離派）」運動は音楽や美術とも連動した総合的文化運動となった．建築家オルブリッヒ設計のゼツェッション館（1897-98）がそのシンボルとなり，中心的な建築家 O. ワーグナーによるウィーン郵便貯金局（1904-06）の二重ガラス天井下の空間は，近代建築への道を直接切り拓いたとも評される．

視野をさらに広げると，ヨーロッパ周辺地域の国々でも，注目される作品がこの頃続々と誕生していた．イギリス・スコットランドでは，「グラスゴー派」に属する建築家マッキントッシュが登場し，ヒル・ハウス（1902-03）やウィロー・ティールーム（1903）で建築家固有の繊細さとスコットランドの地方色がない交ぜになった作品を残した．スペイン・カタロニア地方ではバルセロナを中心に建築家ガウディが活躍し，いまも建設が続くサグラダ・ファミリア教会（1882-）をはじめ，強烈な造形力を示す作品群を残した．彼の周辺では，「モデルニスモ」に属する他の建築家たちも活動していた．さらに，当時はオーストリアとの二重帝国下にあったハンガリーには，とりわけ大きな建築家レヒネルの存在があり，彼のブダペスト郵便貯金局（1901）はウィーンのそれと好対照をなし，土俗的ともいえる特異な生命感にあふれている．彼に続く建築家たちは，「トランシルヴァニア派」とよばれる民族色の濃い建築を志向した．北欧やバルト三国には，「ナショナルロマンティシズム」とよばれる重厚さのなかに民族性や風土性を感じさせる建築が作られた．スウェーデンの建築家エストベリによるストックホルム市庁舎（1906-23），フィンランドの建築家エリエル・サーリネンによるヘルシンキ駅（1904-14）などに代表されるが，バルト海対岸のラトヴィアでも，著名な映画監督の父にあたる建設工匠エイゼンシュテインによって，華やかな装飾にあふれた都市住居群（1901-06頃）がリガの町を飾った．

●都市のストックとして重要な建築群

ストックとしての視点からアール・ヌーヴォー期の建築をとらえてみると，ヨーロッパ中心部に近い国々では，すでに成熟した都市の存在が前提となっており，この時期には比較的外縁部に近い地区に中層住居群が建設されて，都市にさらなる厚みをもたらした．一方の周辺地域の国々の場合は，アール・ヌーヴォー期がちょうど都市拡大やインフラ整備の

時期にぶつかり，さらに列強の圧力に対抗するために自らの民族性を表象するような建築を求める世情も加わって，都市中枢の公共建築が重要テーマとなっていたことがわかる．建築表現の面でも幅があり，アール・ヌーヴォーに代表されるような繊細で流麗な表現がきわだつ軽いタイプの建築の一方で，ナショナルロマンティシズムのように建設材の選択にこだわり，建築の存在感を誇示するような重いタイプの建築もみられる．

この時期の建築が都市のストックとして果たしている役割は，現代都市のあり方を考えるうえでも見過ごせないポイントであろう．その後のモダニズム期の建築が，無装飾のコンクリート打ち放しなどの単一的で強い建築表現をとっている分，現在の都市中心部では古びてみえてしまったり，建替えを迫られていることも多いのに対し，アール・ヌーヴォー期の建築は都市になじみ，その個々の個性が豊かに町を彩っている．現代に確実に役立っている建築ストックであり，同時に今後都市景観の再生を図るときに生かされるべき貴重な財産だともいえよう．

● 近代建築運動のなかで果たした役割

アール・ヌーヴォー期の建築では，構造・生産技術や空間・様式の面での進歩性は必ずしも強調されない．それでもこれらは，近代への歩みを確実に印しているのである．

同じ視点から重要な先例といえるのは，19世紀半ばにイギリスで登場したアーツ・アンド・クラフツ運動であろう．人間の「生活」に基準をおいて，産業革命の進む社会での真実をとらえなおすことをめざした．中世の時代をモデルに，手作りのぬくもりを見直し，生活の全体を統一的にデザインすることで，機械文明の前で失われつつあった人間の主体性を取り戻そうとしたのである．社会改革家でありデザイナーでもあったウィリアム・モリスが，友人の建築家や職人らと共同で作り上げた自邸「赤い家」(1859)は，そのシンボルとなった．ここで追求されたのは，「中世」に発して「近代」にも通用する生活と建築像である．技術や様式面を超えた判断基準が，ここに存在していることがわかる．

20世紀初頭のアール・ヌーヴォー期は，中世色を薄めることで，この考え方がより一般化され，ヨーロッパ社会に広く浸透したのだといえよう．産業革命後の巨大な「社会」の前で，小さな人間の「個

■1 アール・ヌーヴォーのシンボル——カステル・ベランジェの門扉（筆者撮影）

人」のライフスタイルを再構築することが，近代として出発するための必要条件となったのである．加えて，そうした「中央」の動きが延長され，「周辺」の建築にも広がったのがこの時期のヨーロッパであった．「周辺」は「中央」から一定の原理を学びつつも，それを独自の多様な方法で展開してしまう自意識と潜在能力をすでに有していた．列強の圧力に抗して，みずからの国や民族の存在を，それぞれに強く主張したのである．

この「中央」対「周辺」の関係は，先に述べた「社会」対「個人」のそれを少しおきかえたものにすぎない．いいかえれば，建築を通じて自己のアイデンティティを確立することこそが，国・地域性や表現面での違いを超えて共通していたこの時期のテーマであった．ここに，アール・ヌーヴォー期が「初期近代建築運動」として位置づけられる所以がある．近代化をめざすための最初の手続きとして，建築手法の自由化を背景に自己意識を確立し主張することが，まず必要とされたといえよう．

もちろん，アール・ヌーヴォー期の建築は近代への道程の一部にすぎない．次の時期となると，解き放たれていた多くの糸はふたたびひとつにより合わされて，モダニズムという理念に収斂してゆく．この盛期の近代建築運動の中心となったのが，次項（6-29「近代建築運動の到達点」）で扱うバウハウスという組織であった．　　　　　　　　　　　　［伊藤大介］

6-29 近代建築運動の到達点

【テーマ】バウハウス　　　　　　　　　　　　　　　　　　　　　　　　　　　　6　意匠・設計・歴史

●アール・ヌーヴォーからモダニズムへ

各国ごとの多様性が強調されたアール・ヌーヴォー期を経て，近代建築運動は普遍的な理想を追求する段階へと進むことになる．そこで中心的な役割を果たす組織として登場するのがバウハウスである．

初期近代建築運動が展開されたアール・ヌーヴォー期は，「初めに作品ありき」であった．各地に個性的な作品が続々と出現したことが，建築界を刷新し豊かにした．理論や組織は，後からついてきた．ところがその後，近代建築運動がさらに進展してモダニズム期に入ると，様相はだいぶ変わってくる．今度は，「初めに理論や組織ありき」である．出現したさまざまな理論がしだいに統合され，それを実践するひとつの組織へとすべてが収斂してくる．具体的な作品は，理論に後から形を与えたものとの感が強い．

1910年代以降のヨーロッパ建築界では，ドイツ表現主義のような有機性を重視した流れが引き継がれてゆく一方，ロシアに発した構成主義や，オランダを中心とするデ・ステイルなど，それまでより合理性を追求する傾向がしだいに力を増してくる．そして1920年代に入る頃には，モダニズムを掲げる本格的な近代建築運動へと再編されることになる．この背景には，第1次～第2次世界大戦の戦間期の社会主義的な風潮があった．アール・ヌーヴォー期の多様なあり方は，ゆきすぎた個人主義あるいは偏屈な地域主義・民族主義として，戦争を生む要因となったと批判され，より普遍的な理論に基づく大衆のための建築をめざす方向へと全体が向かい始めたのである．

その再編の中心を担ったのが，建築を中心として新しい造形芸術の総合をめざし，またそれを教育するための組織としてドイツに設立されたバウハウスである．名称に「アルキテクトゥール（建築）」を使わず，あえて「バウ（建物）」を使う背景には，審美性を重視した個人の所有物でなく，万人が恩恵を受けられる生活の器としての建築をめざして，「バウエン（建てること）」の意義を問い直す姿勢がある．この考え方が，20世紀を主導する機能主義の建築理念につながっていったのである．

●組織と内容を変えていったバウハウス

そうしたバウハウスも，首尾一貫して不動の存在だったわけでは決してなく，時代の波に洗われて組織と内容に変遷があった．1919年にワイマールに国立の造形学校として設立されたが，強まるナチスの圧力で，1925年にはデッサウに移って市立学校となった．さらに1932年からはベルリンで私立学校として存続をめざしたが，結局翌1933年には閉校に追い込まれる．この間に校長も，初代の建築家グロピウスに始まり，1928年からハンネス・マイヤーへ，さらに1930年にミース・ファン・デル・ローエへと引き継がれた．バウハウスの理念に形を与えた作品として知られるものに，ワイマール期の校長室のインテリア（1923）やデッサウ期の校舎（1926）があり，いずれもグロピウスの設計による．

組織を支える理念については，バウエンの考え方を展開して，生活全体を高めるための総合性を目標とした点では一貫していた．しかし，1919年の設立当初には表現主義の影響が大きく，芸術と手工芸の統合をめざしたのに対し，その後は構成主義やデ・ステイルの流入を背景に，合理主義に基づく機械力による生産システムの構築へと重心が移されてゆく．1922年の展覧会テーマ「芸術と技術――新しい統一」や，1923年のグロピウスの講演テーマ「芸術・技術・経済の統一」などに含まれている「技術」は，すでに旧来の手仕事を意味してはおらず，新しい工業技術をさしている．その結果バウハウスは，19世紀以来のアーツ・アンド・クラフツ運動への共感に発しつつもそこから離陸し，現代まで続くインダストリアルデザインの原型を作り上げることに成功したのである．こうした組織の変遷に合わせて，多くの人材がここを訪れ，制作や教育に携わり，そして対立して去っていった．バウハウスとは，当初から性格の定まった成熟した組織では決

してなく，時代の進展とともにつねに内容が更新されてゆく生命体のような存在であった．

教育方法にも特徴があった．「予備課程」から「工房教育」を経て，最後にすべての中心たる「建築課程」へゆきつくという教育内容の深まりをそのまま視覚的に表した，同心円状のカリキュラム図はよく知られている．まず半年間の予備課程では基礎的な造形理論や色彩学を中心に学び，ついで3年間の工房教育の段階で陶器・織物・金属・家具・壁画・版画・印刷広告・写真・舞台の各工房で，マイスターとよばれる熟練の職人の下で技術を磨いた．最後の建築は当初は変則で，グロピウス個人の民間設計事務所での実習の形が採られた．バウハウス内に正式の建築課程が設置されたのは，1927年になってからだった．

●戦前から戦後へ続いたバウハウスの影響力

組織体としての流動性にもかかわらず，戦前のバウハウスが重要であり続けたのは，ひとつには近代建築運動にとっての核ともいえる役割を担った点が大きいだろう．バウハウスにはさまざまな近代志向の前衛的な理念が国境を越えて流れ込んできて，それらはぶつかり合いながらも，それぞれの分野での制作活動を通した試行錯誤を経て，しだいにひとつに総合されていった．また，近代の実現をめざす多くの人材が世界からここをめざして集まり，指導者としてあるいは学生としてかかわり，身につけた近代のあり方を故国に持ち帰って広めた．モダニズム期を支えたバウハウスは，「これぞ近代」といえるひとつの近代像を実現させるための，まさに運動の核となっていた．これと対照的だったのは初期近代建築運動が浸透したアール・ヌーヴォー期で，各国の建築が「これも近代」といえる多くの近代像の原型を作り出した．初期近代の自由な多様さもスタートには必要であったが，次のステップとして世界共通の近代像を確立するうえで，ひとつに収斂してゆく力を受け止めるバウハウスのような存在が是非とも求められたのであった．

20世紀の建築・デザイン全般に及ぼしたバウハウスの影響力は，限りなく大きい．第2次世界大戦前のドイツでは，ナチスの台頭によって不幸な形で閉校しなければならなかったが，バウハウスが掲げた機能主義に基づくモダニズムの理想は，閉校とともに消え去るどころか，戦後から現代へとつながる

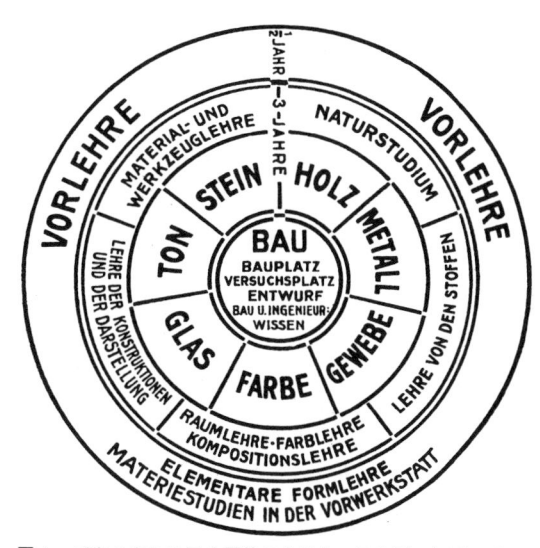

■1 バウハウスの同心円状のカリキュラム図 （バウハウス資料館（編）（1992）：バウハウス 1919-1933，ベネディクト・タッシェン出版より）

社会の進展のなかで大きな推進力となった．

建築の面では，ナチスの弾圧を逃れて，グロピウスやミース・ファン・デル・ローエなど多くのバウハウスの中心的な建築家たちが1937〜38年頃からアメリカへ渡り，イリノイ工科大学やハーヴァード大学に結集した．この新天地で，バウハウスの理念からは社会主義的な匂いが薄らぎ，戦後のアメリカ民主主義の発展とともに，新しい超大国の都市繁栄を象徴する超高層ビルの林立を実現させるための原動力となっていった．またデザイン面でも，現代の日常生活を支えているインダストリアルデザインの製品群は，バウハウスがその原型を作り出したといえることはすでに触れた．

最後に，バウハウスに収斂してゆく大勢に反する動きも，20世紀には皆無ではなかったことに触れておこう．たとえば，地域性や有機性を失うことなく環境と融和する建築をめざした北欧モダニズムのアスプルンドやアールトといった建築家たちは，自然破壊や公害といったモダニズムの弊害を経験した後の現代でこそ，世界からの注目を集めている．あるいは戦間期以後のアメリカでは，クランブルック美術アカデミーを中心としてイームズやエーロ・サーリネンらが活動し，先端技術を生かしながらも機能性の追求一辺倒ではない，いわゆるミッドセンチュリーデザインの椅子などを製品化し，現代の人々にも愛されている．

［伊藤大介］

6-30　日本におけるモダニズムの受容と伝統意識

【テーマ】分離派　　　　　　　　　　　　　　　　　　　　　　　　　　　6　意匠・設計・歴史

●分離派とその時代

ほかの非西洋諸国と同様，日本の近代化とはすなわち西洋化であったから，あやうく植民地化をのがれた日本においても，まずは国力を増強するため近代化，すなわち西洋化を受容する必要があった．建築の分野も例外でなく，まずは，自らの建築的伝統との断絶のうえに，西洋の建築意匠，技術をまるごと引き受ける必要があったのである．

そんな学習の時代が1910年代頃までつづいたのち，西洋における様式建築の崩壊とモダニズム建築の萌芽に歩調をあわせるように，ここ日本でも，過去の様式から分離し，建築を自らの内面の表現とみなすグループが誕生する．分離派である．

分離派は，1920年，東京帝国大学建築学科をその年卒業した堀口捨巳，山田守，森田慶一ら6人がグループを結成したことを始まりとする．同年7月に第1回作品展を開き，各人の作品とテキストをまとめた『分離派建築会作品集1』を出版した．

冒頭の宣言文は次のように始まる．「我々は起つ．過去建築圏より分離し，総ての建築をして，真に意義あらしめる新建築圏を創造せんがために」．

ここにいう「過去建築圏」に属する建築とは，バロック，ゴシックといった過去の建築様式をもってデザインを整える歴史主義的な様式建築をさす．彼らは，そんな様式選択的な制作態度をよしとせず，自己表現に依拠した創造的な制作態度を表明した．様式建築からの「分離」をめざし，ウィーンのセッション（分離の意）にちなんで分離派と名のったのである．

同時に，「建築は芸術である．このことを認めて下さい」（石本喜久治），「建築は芸術でなければならないと思います」（堀口捨巳）といったメンバーのテキストにみられる哀願の調子からは，分離派が批判の対象としたのは，歴史主義的な「過去建築」であると同時に，より直接的には，構造派すなわち工学的な問題を最優先させる当時の建築アカデミズムの体制であったことがわかる．当時のアカデミズムをリードした東京帝国大学教授の佐野利器は「形の良しあしとか色とかは，婦女子のすることであって，男子の口にすべきことでない」と断じるなど，工学に依拠しない建築意匠や創作論をきびしく戒めていた．分離派は，こうしたアカデミー内の体制たる構造派に対し，建築の芸術性を前面におしだすというやりかたで異議申立てをする必要があった．

●日本の表現派

彼らの作品には，当時ドイツで勃興していた表現派からの影響が明瞭にみられる．建築を不定形な量塊や線に還元することで，より個人的な内面を表現に投影する表現派の手法は，自己の表現を求める分離派の心情によく合致したといえそうだ．

その最たるものを，たとえば滝沢真弓の習作，山の家（1921）にみることができる（■1）．不定型な山形をした建物の正面に円弧を描いたアプローチがあり，最も深いところに玄関がある．玄関を覆うように建物正面に勾配の急な階段がたちあがり，建物外壁には放物線状アーチで縁どられた表現派特有の窓がつく．たしかにこの作品は，従来の日本の建築に前例のない，幻想的なかたちを有したものであった．

実作としては，石本喜久治の東京朝日新聞社屋（1927），東京白木屋（1931），山田守の東京中央電信局（1925）などの大作がある（■2）．白木屋は，大きくカーブした壁面と小窓の連続がデザイン上のポイントで，東京中央電信局は，放物線状アーチの連続によってリズミカルに構成される壁面のデザインが目に新鮮である．小品であるが，森田慶一の楽友会館（1925）も独自のたおやかで美しい表現をみせた．

しかし，そんな彼らの作品が世界的な文脈でみて前衛的であったかというと，必ずしもそうはいえまい．前衛とは，自ら未知の表現領域を開拓する運動であって，海外の傾向から学んだり，輸入したりするものではないからである．

むしろ，その後の日本の建築界への影響は，自分

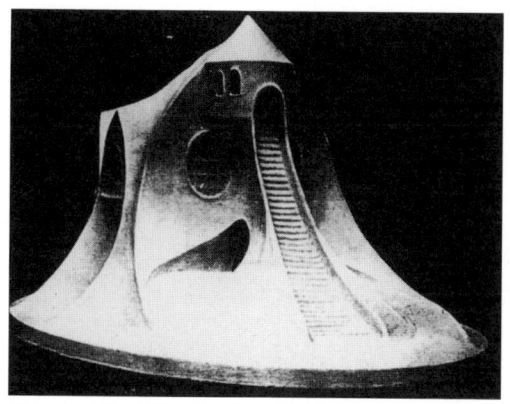

■1 山の家（設計：滝沢真弓，1921）全体は不定型な山形で，表現派特有の幻想的なかたちをもつ（分離派建築会作品第二より）

■2 東京中央電信局（設計：山田守，1925）放物線状アーチの連続によってリズミカルに構成される壁面のデザインが特長（建築学会編（1936）：明治大正建築写真聚覧，建築学会より）

たちの主張する作品や建築論を，展覧会や作品集などのメディアを通じてプレゼンテーションする分離派特有の表現手法に現れた．実際，彼らのあとには続々と建築グループが生まれ，それぞれの主張を展覧会や建築雑誌に展開している．

分離派の誕生が契機となって近代的な自我をもつ建築家の萌芽を促し，一大ムーブメントを生んだ．ここに，分離派がもたらした最大の意義がある．

●アイデンティティのありか——伝統と古典

しかし，そんなメディアを通じた自己表現は，必ずしも都市環境の形成に寄与しなかった．作品としての建築とは，周囲の文脈や歴史性とは切断された場所に独立して構想されるからである．多くの建築家は自らの表現に固執し，その建物が立つ環境に関心をもたなかった．これが逆に，たとえば明治の洋風建築にくらべ，表現派の建築が現実の都市のなかに残されてこなかった一因となっているかもしれない．

その後，分離派同人の何人かは，別の形で過去と現在の架橋をはかった．すなわち西洋古典主義の建築や，日本の伝統建築に遡行することで，日本で建築をつくることの根拠を探ろうとしたのである．

なかでも堀口捨巳は，日本の伝統空間を深く追求したことで知られている．彼の場合，その伝統への回帰は彼の初めてのヨーロッパ旅行体験で訪れた．彼は，1923年のギリシャ旅行で，廃墟に転がる巨大な石のキャピタルをみて，その西洋の造形的感覚が，まったく自己の体質のなかには含まれていないと実感し，日本の伝統へと目を向けることにしたのだという．

同様の行き方は森田慶一にも認められる．彼は逆に，西洋建築の古典であるギリシャ・ローマの建築に焦点をあてる．古典建築研究のためフランス，ギリシャに留学し，ウィトルウィウス研究を通じて，日本で初めて「建築論」という学問領域を創始した．ギリシャという普遍的な文脈に着目するか，伝統を独自性として強調するかの違いはあるが，彼らは，自己の立脚点を見いだすため，西洋の古典や日本の伝統に注目したのである．

近代日本における建築の探求とは，自己を発見し，確立しようという限りない挑戦であった．分離派は，創造行為としての建築を認めさせると同時に，創造する主体はいかに確立されるかを問い，それが不在であるがゆえに，運動という行為を通じてその根拠を探求したのである．

このような，西洋的なモダニズムと，自国の伝統や古典とのアンビバレンツのなかで，いかに折り合いをつけるかを問う作業は，日本ばかりでなく，近代化と国家のアイデンティティに齟齬を抱える西洋周辺諸国において，普通にみられた現象である．

現代日本では，もはや西洋文明を自明のものと錯覚する人がいるかもしれないが，現代の都市環境の混沌をみれば，こうした伝統と西洋の齟齬がかならずしも解消されていないことがうかがえる．

堀口や森田のような建築家の問題意識は，過去からつらなる現代の都市環境と自らの立ち位置を探るうえでも，あらためて参照されるべきだ．分離派がもった葛藤を，現代日本の中に引き受けて考えることで，いまここで造ることの意義がみえてくる．

［田中禎彦］

6-31　形に生命を吹き込む―吉阪隆正

【テーマ】吉阪隆正　　　　　　　　　　　　　　　　　　　　　　　　　　　　　　6　意匠・設計・歴史

●人間の眼差しからの思考

　吉阪隆正はル・コルビュジエに直接学んだ日本人3人の最後の建築家である．坂倉準三，前川國男が，モダニズムが世界を席巻したコルビュジエの前期に薫陶を受けたとすれば，吉阪はロンシャンの礼拝堂やインドのチャンディガール計画を手がけていた後期コルビュジエに師事したといえる．坂倉，前川の経験が主に公共建築を通して社会に反映され，戦後の日本が民主国家としてのアイデンティティを築くためのものであったのに対し，吉阪のそれはたとえ公共的な建築であっても，その思考は国家的見地からではなく，一人の人間としての眼差しから発せられたものだった．

　鉄やコンクリート，ガラスなどモダニズム建築を代表する素材に対しても，吉阪の姿勢はユニークである．とくにコンクリート打ち放しに関しては，素材を限りなくコントロールして施工精度を高め，工業化，規格化へと向かう一般的な姿勢に対し，吉阪はどちらかといえば陶器の窯変を楽しむように，素材を完全には制御不能なものととらえていた．筆者は大学時代に，吉阪が「建築とは素材に形を与え，生命を吹き込むことだ」と述べたのを記憶しているが，そこにはモダニズムを学びながら，同時にそれが生物としての命や自然の摂理とともに成り立つことが示唆されている．

　ほかにも深く印象に残る講義が二つある．一つは学部2年の「住居論」であり，もう一つは大学院時代の「都市計画」であった．前者は講義中に「ノートに正方形をたくさん描いて，それを思いつく限りの方法で2分割しなさい」というもの．学生たちは縦，横，斜めなど，しばらくは思い思いに分割していたが，やがて種は尽きてしまいざわざわとしていた．しかし「まだまだ」といって一向に授業を再開しないどころか，しばらくするとそのまま帰ってしまう．狐につままれたような気がしたが，しかし何年か後に，ああ，まだこんな方法もあったかなどと新しい解に気づかされることがある．じつに長持ちする課題であった．いまになって思い返せば，正方形の2分割とは優れて含蓄のある「住居」論だったのではないだろうか．公と私，開と閉，明と暗，動と静など，住居の空間構成や平面の計画で頻繁に直面するテーマである．

　後者は1978年，吉阪がハーバード大学GSDでの招聘教授生活から帰国した直後であった．生物学博物館で見たという単細胞生物の模型の話で，模型は三つあり，アメーバ状の不定形，もう一つはマリモ状のもの，だが残り一つが難物だという．その姿はまるでラッパを逆さまにして笹舟に載せたような形，およそ単細胞とは思えない形をしていた．これもいまにして思えば，初めの二つのモデルは，「都市計画」として容易に思いつきそうなものだが，自然界には人間の知恵を越えたものがあるようだということになるのだろう．建築や都市を計画するならば，十分に想像力を働かせて，しかもそのうえでも，人知の及ばない造形があることを忘れるなといったように思える．こうした禅問答のような講義の中身を，吉阪は決して自ら解説することがなかった．だからこそ，これらの問題が学生にとって長持ちする結果となったのである．「大学とは教師が教えるところではなく，学ぼうとする学生が学ぶところである」という意識に根差していた．

●「不連続統一体」としての建築

　1917年東京小石川に生まれた生い立ちは，当時の日本人としてはかなり特殊なものである．官僚であった父の海外赴任に同行して，幼い頃からスイスやイギリスなど日欧を行ったり来たりして育つ．いわゆる国際感覚が涵養されたのは想像に難くないが，それ以上にこの往来が吉阪にもたらしたのは，卓抜した観察力と洞察力だったと筆者は考える．異境で生活するうえで，単一民族的な「あうん」の意思疎通は図れない．そこで必要とされるのが，いま現に身の回りに起こっていることを注意深く観察する能力と，他国語で話されている会話からでさえ，そのメッセージの本質を抽出できる洞察力だったの

■1 大学セミナーハウス本館　所在地：東京都八王子市下柚木，設計：吉阪隆正＋U研究室，施工：清水建設，1965年竣工

ではないか．吉阪の，何ものをも受容し，しかし何ものにも翻弄されない人格は，そうして得た豊かな想像力によって形成されたと考える．

1938年に早稲田大学に入学，「生活学」の祖である今和次郎の薫陶を受け，1941年に卒業しそのまま建築学科の教務補助となる．大学では山岳部に属し，年間200日以上を山で過ごした．その後専門部の講師を経て早稲田大学助教授となるが，休職して1950年に渡仏，パリのル・コルビュジエのアトリエで働き，1953年マルセイユのユニテ・ダビタシオンの竣工を機に帰国した．

建築家としての吉阪は，すでに現存しない新宿百人町の自邸をはじめ，パリ時代からの友人である数学者浦太郎の住宅「浦邸」（1956，日本におけるDOCOMOMO 100選），「ヴェネツィア・ビエンナーレ日本館」（1956），「ヴィラ・クゥクゥ」（1957），「日仏会館」（1960），「アテネフランセ」（1962，日本建築学会賞）などを手がけた．吉阪の最も重要な建築観は「不連続統一体」の語で言い表されるが，とくにそれを如実に物語るのが，ライフワークともなった八王子の「大学セミナーハウス」（1965年開館，日本におけるDOCOMOMO 100選）である（■1）．ちなみに大学外にU研究室を設立したのもこの年で，大島元町での大火の報を聞くやただちに大学院生たちと船に乗り込んで大島に向かい，瞬く間に復興計画をまとめて新聞紙上に発表したの

も，ちょうど同じ頃の1965年1月である．

「大学セミナーハウス」は後に館長となる飯田宗一郎の発案のもと，首都圏の13大学が国公私立の垣根を越えて連合し，共同で運営するというきわめて先見的なプログラムであった．これに吉阪が共鳴したのはいわば必然であり，まさに「形に命を吹き込んだ」といってよい．まるで生物のコロニーのような2人用の宿泊ユニット群から，ピラミッドを逆さまにした本館棟最上階にある200人の食堂まで，共同生活において大小さまざまなグループの集う場所が，多摩丘陵の自然に抱かれるように計画されている．吉阪は宿泊ユニットを本当は一人ずつの個人棟にしたかったと述べている．集団生活のなかでこそ，個に立ち返る時間と空間が必要だと考えていた．セミナーハウスは開館後も施設の拡張に伴って，何期にもわたって増築がなされ，吉阪亡き後のU研究室による20周年記念館まで受け継がれた．まさに施設全体が不連続統一体として連綿と増殖が続いてきたといえるが，残念なことに，当初の宿泊ユニット群はわずかに一群を残すのみである．「都市」を静止画として描けない「動的」なものだと考えていた吉阪は，はたして今日の姿をどうとらえるのだろうか．大学の講義以来，吉阪の設問はつねにオープンエンドで，解答が示されたことはなかった．これもまたこの先ずっとわれわれが答えを探し続けねばならない問いの一つである．　［古谷誠章］

6-32 近代建築家の職能倫理と環境問題

【テーマ】職能倫理 　　　　　　　　　　　　　　　　　　　　　　　6　意匠・設計・歴史

近代建築家がいつ成立したかはあまり定かではないが，建築家の集団としてイギリス王立建築家協会が成立した 1837 年をその起源とすることができるかもしれない．それから約 170 年，設計という行為も最近の CAD というツールによって大きく変化してきている．現代の建築技術のみならず，地球環境問題に厳しく直面する現代社会のなかで建築家はどう職能倫理を確立すべきかを考える．

● 近代建築家の倫理的危機

日本の建築家に対して，2005 年 11 月に発覚した耐震計算書偽装事件はきわめて重大な問題をつきつけた．その事件を起こした元建築士は構造設計者であって建築家ではない．しかし日本の建築設計者の資格制度は戦後 1950 年につくられた戦災復興的意味合いの強いきわめてあいまいな資格制度であった．制度ができてから 50 年，資格制度そのものが劣化している．そして何よりも元建築士自ら「弱い自分がいた」と表現したように，そこに現代日本の設計者，技術者としての倫理の弱さが露呈されたとみえる．その背景には業界全体が見かけのよさのみを追求し，本質的な安全性という見えない質をないがしろにして，安さを追求し，建築を生産しているという実態がある．法にふれなければ何をしてもよい，売れればよいという社会的な倫理性の欠如そのものが基盤にある．そのような圧力のなかで構造設計者が法を犯して安い設計を作り上げてしまい，設計を統括する建築家にすぐにそれを見抜く力を期待することはむずかしい．そもそも建築家と構造設計者とは，役割も責任も異なる．建築家は，当面の発注者であるクライアントの要望は満足させるべく努力するが，とくに分譲マンションのように最終利用者が発注者と異なる場合には最終利用者，最終消費者の生活をイメージし，快適で美しく安全な空間形成に努力すべきである．現代建築において建築家が当面のクライアントの利益を守ることのみに寄与するよう行動することは倫理的でないことをこの事件は証明している．

● 多様化する建築家の存在と倫理

建築家という存在の定義について，情報化，国際化，複雑化する社会のなかで，きわめてその境界が難しい時代になっていると認識できる．もともと建築が様式によって語られ，20 世紀になって空間に置き換えられ，1960 年代から環境というよりボーダーレスの領域のなかで語られ，さらに 2000 年代から地球環境という，より広い領域まで広がりつつある．そのなかで建築家の業務は「建物」，「建築」という領域から，「都市計画」，「インテリアデザイン」はもちろん「ビルトエンバイロンメント」という大きな広がりをみせており，デザイナー，プロデューサー，マスターアーキテクト，コーディネーター，教育者，研究者等を包含しつつある．将来，さらに新たな建築的なデザイン分野，業務分野が生まれるかもしれない．環境建築家と自称している建築家，地球環境建築家を目指すと自称している建築家もいる．時代とともに建築家の業務は今後も変わるだろう．

よい住宅を施主に提供するために，設計だけでなく施工という分野に広げている建築家もみられる．材料を確保することから設計がはじまると，材料の手当をし，販売もする著名な建築家もいる．建築家がコンストラクションマネージャーになり，施主にサブコンをはじめ，さまざまな製作・施工会社とばらばらに契約させる建築家もいる．施工会社から依頼され，設計および監理業務を受注している建築家もいるが，そのプロジェクト事業の代表は施工会社だ．事業コンペも PFI（private finance initiative：民間資金主導型手法）もきわめてそれに類した発注形式といえなくない．もちろん建築家がそのプロジェクトの主導権をにぎる場合もあるだろう．しかし経済的な理由によってフィナンシャルマネージャーが主導権をにぎってしまう場合もあるだろう．

一方，デベロッパーアーキテクトとして，デザインだけでなく，自ら建設投資をしている建築家もいる．デザインだけに飽きたらず，投資を集め，行政

にも働きかけ，都市をつくり，地域を再生する建築家もいる．建築の発注様式が多様化している．そして建築家がつねに受け身であるとはかぎらない．建築家がクライアントになることも妨げられない．そのなかでも建築家のよりよい環境をつくるという社会正義は守らねばならない．倫理的にクライアントに対し，生産者に対し，社会に対しよりよい環境をつくるという責務を負っている．建築家にはその倫理的な立場を守るという一点でしかよりどころはない．

● 内部的職能倫理から環境的職能倫理へ

かつて建築家の倫理とはクライアントの利益を最大限に守ることが中心的であった．したがって建築家は，施工者のようなクライアントと利益が相反するような立場に立つことを禁じられた．すなわち施工者になることも，また施工者からの利益供与も禁じられていた．しかしいま，建築家の責任は単にクライアントの利益を守ることだけではない．クライアントの代理人だけであってはならず，対社会的な責任を負っている．都市景観，都市安全性，健康安全性，周辺環境との調和，地球環境に対する貢献などに対する責任を負っている．建築は良好な社会資産となるよう建築家は努力しなければならない．近年話題になっているアスベスト問題，シックハウス問題，環境ホルモン問題など居住者，利用者の健康に対する責任は建築家にある．またヒートアイランドやエネルギーの浪費に対する問題などに対しても建築家は社会的な責任を果たさなければならない．クライアントが反社会的な要望を建築家につきつけるとき，たとえば伝統的な街並みにただめだち，人目をひくデザインを要求する場合や，建物の仕上げにおいても安さから地球環境的な面で安全性の担保されない仕上げや構造を押し付けるなどの場合には，建築家は明確に拒否できねばならない．19世紀的建築家の倫理感は内向きの対クライアントに対するものでしかなかったが，20世紀は社会的倫理観を要求され，21世紀はさらに地球環境的な倫理観が要求されてきたといえよう．

● 倫理性を向上するための社会システムの構築

現在の建築家をとりまく設計発注システムで最も問題なのは，「設計入札」という社会システムである．公共建築設計の発注に対し，設計料の入札をさせ，安い設計料を提示した設計者を選ぶという方式である．いま，全国で件数で85％が設計入札で選ばれているという．設計入札は談合という犯罪か，ダンピングという自己否定に建築家を追い込む社会システムであり，日本の創造性を喚起しない社会システムの代表的なものと考えられる．このような設計発注システムを行っている国は日本ぐらいしかない．プロポーザル，コンペ，QBS（資質による選定方式），面接など，設計者のアイディア，技術力等を評価する方法で多くの国は設計者を選んでいる．設計料というもので設計者を選ばないことは建築家の倫理観を向上させるばかりでなく，建築，都市の美しさと品を向上させる．このことはとても重要なことである．発注者側が恣意的に設計者を選ぶというような社会システムによって，設計者が発注者である官庁に従属的な関係になることは好ましい方向ではない．コンペ，プロポーザル等公募的で第三者の選定による方法をとることによってそのような従属的な関係は失われる．倫理的な行動をとることが建築家の評価をより高め，受注の機会を増やす方向にこそ社会システムが形成されねばならない．

● 倫理教育の重要性

大学においても倫理教育は従来十分行われてこなかった．倫理教育に関する教科書も不十分だったといえる．日本建築学会が倫理教科書を発刊したのは2004年のことである．建築の専門学校，高専，大学，大学院等で倫理教育が十分な時間をかけて行われなければならない．それは具体的，実践的であることが必要だ．故内井昭蔵滋賀県立大学教授は倫理教育こそ職能教育の核だと断言していた．さらに社会人になった建築設計者，技術者に対しても継続的な倫理教育が不可欠である．各職能団体はよりその構成員の倫理教育に努力すべきである．建築は一人ではできない．多くの専門家の協働によって遂行されるが，それぞれが倫理的な責任を果たすべく行動をとるよう，名前を図面，契約等多くの場所で示すことが必要である．そうすることにより高い倫理性をとる動機づけとなりうる．建物がどのような人々の協力で設計，施工されたかを建物の一部に掲げていくことも必要である．一人ひとりの努力を社会的に示すことによって倫理性を保つことができるだろう．

［仙田　満］

6-33 CIAM—近代建築運動の中核

【テーマ】CIAM　　　　　　　　　　　　　　　　　　　　　　　　　　　　　6　意匠・設計・歴史

　CIAM（国際近代建築会議：Congrès Internationaux d'Architecture Moderne）は1928年に創設された．第1回会議はスイスのラサラで開かれ，「ラサラ宣言」を発表している．会議の発足の動機は当時行われたジュネーブの国際連盟本部の設計競技でル・コルビュジエの応募案が受けた不透明な処遇への抗議活動と，シュツットガルトで開かれたワイゼンホフ・ジードルンク展であったといわれるが，20年代を通じて展開されたモダニズム運動に形を与える時期が熟したという証とみることもできる．CIAMの主要な関心事は集合住宅の合理的な生産および都市計画の理念と手法の確立であり，いわゆる機能主義的な方法がその中核にあった．これ以降CIAMは近代建築運動の代名詞となった．その長所も欠点も短絡化されたかたちでCIAM的といわれてきた傾向がある．

● **CIAM内部の対立**

　しかし，通常考えられる一枚岩的なイメージとは異なり，実情はさまざまな潮流が存在していた．機能主義の解釈にあたっても，スイス（ハンネス・マイヤー，ハンス・シュミット，マルト・スタムなどバーゼルグループ）を含むドイツ語圏と，ル・コルビュジエを中心とするラテン語圏とでは必ずしも一致していたわけではなく，さらに公共住宅の建設を巡る行政システムの違いや，それとのかかわりも含んだ政治的なビジョンの相違も反映していた．ドイツやオランダでは早くから土地収用関連の法整備も進み，自治体レベルでの公共住宅の供給も，第1次大戦後にはドイツでいうジードルンクのようなかたちで大々的に開始され，建築家たちがこの政策のなかに取り込まれていく体制が確立されていった．フランクフルトでのマイやベルリンでのタウト，ワグナー，アムステルダムのベルラーヘやエーステレンなどがその例である．

　それに対して伝統的に公共からの干渉を嫌う風潮のあったフランスなどではこの面での体制の確立は遅れており，ル・コルビュジエなどの仕事はいきおい観念的な都市全体の構想にまで到達していた．ただし，ドイツ語圏といってもワルター・グロピウスやジークフリート・ギーディオンはむしろル・コルビュジエ寄り，フランスのマルクス主義者アンドレ・リュルサはその反対と，複雑なマトリックスを形成していた．ラサラ宣言もフランス語版とドイツ語版では内容的な食い違いがみられる．基本的には現実的な住宅の供給を中心とする左派と都市全体のビジョンを推進しようとするコルビュジエ派の相違である．

　第2回フランクフルト（1929/最小限住居），第3回ブリュッセル（1930/合理的敷地割）ではその両者のせめぎ合いがみられた．フランクフルトではすべての図面は住戸平面のみに限られ，しかも同じフォーマットでプレゼンテーションすることが求められるなど案の匿名化が徹底されている．ブリュッセルではドイツグループは団地（ジードルンク）の敷地計画に限ろうとしたのに対して，フランスグループはそれをより大きなスケールに拡大しようとした．しかしバーゼルグループやエルンスト・マイなど左派グループが渡ソすると，バランスはル・コルビュジエとギーディオンの中道グループに傾いた．

● **機能的都市**

　中止となった第4回のモスクワ大会の代わりに開催された1934年のアテネ会議（機能的都市）では，10年ほど後に「アテネ憲章」としてまとめられた内容が議論され，「太陽，緑，サーキュレーション，余暇」という四つの機能が採択されている．議論の中心になったのはル・コルビュジエとギーディオンのほかにCIAMの議長を務めていたオランダのコルネリウス・ファン・エーステレンだが，ここでも両者の議論は完全には一致せず，この憲章は当時の議論の正確な要約というよりも多分にル・コルビュジエ色が強いものとみなすことができ，その前後に彼がまとめた『輝く都市』のビジョンにきわめて近いものとなっている．

　四つの機能は，多くのル・コルビュジエの提言が

そうであったように，多分に詩的な意味を付加されたものだったが，字義通りに解釈されると功利的な規範（日照のための隣棟間隔や緑地率など）に平板化される可能性の大きなものでもあった．詩的な機能主義（ちなみにル・コルビュジエは機能主義ということばを基本的に回避した）とリテラルな機能主義の相違は，近代主義の二重の基底を形成している．とはいえ，マイヤーなど左派の徹底した機能主義路線もまた平板で想像力の欠如したものというより，それを意図的に押し殺したもので多分に観念的な様相を含んでいたと思われる．最初の方に述べた短絡化された機能主義とは，この両方のニュアンスを飛ばしたビューロクラティックな応用だが，それに対する歯どめが用意されていなかったことも否定できない．

● 戦後の展開

戦中期はこの線を細々と維持したにとどまるが，戦後になると戦災復興のための新しいロジックが求められ，芸術の導入や都市における象徴性など機能主義路線にはくくれないテーマが導入されていった．芸術と建築・都市計画の融合を提唱したのはギーディオンである．マルセイユをはじめとした各地に建設されたル・コルビュジエのユニテ・ダビタシオンは，住居でありながら自律的な都市でもあり，かつモニュメンタルな芸術と建築の統合を体現するプロジェクトだった．一方，そのル・コルビュジエは新しい都市像をプレゼンテーションするためにCIAMグリッドという標準的な方法を提唱した．

第8回のホジソン会議（1951）では「都市のコア」が議題となった．これは大戦で破壊された都市部の復興に従来のジードルンク供給の論理（機能的な平面や配置）では対応できないという認識から由来している．この前後にル・コルビュジエのサンディエやチャンディガール，セルトのブラジルの自動車都市，丹下健三の広島平和公園などが都市のコアのヴィジョンを供給していた．これは機能主義の拡張された形であり，かつてはなかった都市の歴史的文脈への対峙という要素を含んでいる．ギーディオンがハーヴァードでの講義をもとに著わした『空間・時間・建築』はそのような状況に対応したプロパガンダの書だった．

■1　CIAM IIのフランクフルト大会の冊子

戦後にもマルセイユのユニテダビタシオンからインドのチャンディガールの都市計画に携わったル・コルビュジエの影響は色濃かったが，この頃になると参加メンバーも若返り，その国籍も北アフリカの旧フランス植民地やラテンアメリカ，アジアなどヨーロッパ以外の国々へと拡大していった．第9回エクザンプロバンス会議（1953）では新しい概念"Habitat"が議論されたが，これはユニテの建設にもかかわったジョルジュ・キャンディリスなどモロッコで活動をしていた建築家たちの概念であり，非西欧的なパラダイムと考えることができる．この傾向はオランダのアルド・ファン・アイクなどによる民俗誌的なアプローチにも引き継がれたが，すでに機能主義という題目ではカバーしきれない状況が成立していた．次の第10回ドゥブロフニク会議の準備会議であるいわゆるチーム10（イギリスのスミッソン夫妻やキャンディリス，ファン・アイクなど）によってCIAMの幕引きが協議され，1959年のオッテルロー大会が最後の会議となった．日本からは吉阪隆正や丹下健三も参加している．

［八束はじめ］

6-34 建築界の国連―UIA とは

【テーマ】UIA　　　　　　　　　　　　　　　　　　　　　　　　　　　　6　意匠・設計・歴史

● UIA とは

　UIA（国際建築家連合：Union Internationale des Architectes）は全世界約120カ国の建築家協会が加盟する建築家職能団体の連合体である．建築家の社会的役割の確立や能力の向上を目指すとともに，建築，都市，環境に関する問題に世界の建築家が協力して取り組んでいる．また建築家を代表する世界唯一の団体として国際連合，ユネスコ，世界貿易機構などにも協力し，全世界約100万人の建築家を結びつけている建築界の国連といってもよいかもしれない．

　第2次世界大戦後の1945年に調印された国際連合の精神を受け継ぎ，1948年に UIA は創設され，オーギュスト・ペレを初代会長にしてパリに本部が置かれた．国連の精神は，世界平和と友好関係の樹立，貧困・飢え・病・文盲の克服，権利と自由の擁護，そのための各国の話し合いの場の提供であり，UIA も全世界の建築家がその精神や CIAM（国際近代建築会議：Congrès Internationaux d'Architecture Moderne）のモダニズム思想を受けてともに協力して活動することを目指した．JIA（日本建築家協会）は戦後の復興が急速に進む1955年に加盟して世界の建築家の仲間入りを果たし，以来積極的に西欧の近代建築や建築家のあり方を職能団体として日本に取り入れてきた．

　このように UIA は世界の建築家サロンとしてさまざまな地域に近代建築を普及・啓蒙していく時代もあったが，近年は建築家資格や建築家教育についての常置委員会が置かれ，建築家職能の確立に向けた UIA 基準づくりが行われてきている．

　さまざまなテーマごとにはワークプログラムが組まれ，環境問題や都市再生等についても各国の協力のもとに積極的な活動が行われている．また，世界の建築家が1万人規模で会する祭典として，3年ごとに各国を巡回して UIA 大会が開催されている．2011年第24回大会の開催都市は東京に決定しており，大都市東京や日本建築界が世界に向けてメッセージを発信する絶好の機会が到来する．

● UIA は時代遅れになってしまうのか

　UIA の役割や社会の期待は時代とともに変化を余儀なくされる．

　IT ブロードバンドの時代に入り情報は世界を駆け巡り，さまざまなテーマごとのネットワークや自由な個人的ネットワークも活発に形成されてきている．従来型の国際会議形式による制度的ネットワークに甘んじていたのでは，UIA は時代に取り残されてしまうだろう．

　しかし建築に関する全世界規模での活動や意思決定において，UIA の果たす役割はいつの時代でも大きいといえる．UIA が何かしてくれるだろうと期待をすれば裏切られることもあるかもしれないが，UIA という建築界唯一の世界ネットワークを建築家として主体的に活用していく気になればその存在の意義がみえてくる．ケネディの言葉に「国に何をしてもらうかより，自分が国にどう貢献できるか考えよ」とある．いかに将来に向けて積極的に活用していくのかを，個々の建築家がその時代やテーマごとに具体的に考えていくことが肝心なのである．

　UIA は政府の制度的な集合ではなく，あくまでも各国の建築家の自由な集合であり，会員の多様な活動を許容し，社会の要請に応じて柔軟に変容を遂げてゆけるはずだ．

● UIA の役割

　建築家資格の国際基準：建築家資格の UIA 基準が策定され，WTO のサービス貿易の自由化の流れを受けて各国間において建築家資格の調整が行われている．日本の1級建築士の資格では UIA 基準に満たないため，日本建築家協会では UIA 基準に準拠した登録建築家制度を開始し制度の定着を目指している．また日本の大学教育カリキュラムも UIA の教育要件に合致するよう大学ごとに見直しが始まっている．

　今後，二国間において建築家資格の相互承認が行

われれば，自国の資格により海外での設計業務を行うことが可能になる．建築家が国境を越えて自由に活躍する基盤づくりをUIAは目指しているわけで，政府に協力して建築家が主体的に資格問題へ取り組む枠組みをUIAが提供している．

建築家の資質の向上と国際化：設立当初より世界の建築家のサロン的な場としても機能してきたが，今日でも積極的な交流が行われ，建築家の資質の向上と国際化のうえで大きな成果を上げている．また優れた建築を生み出すためにUIA基準の国際コンペの普及に努めており，東京国際フォーラムはこの基準に準拠した国際コンペによりアメリカのラファエル・ビニオリの案が選ばれた．

優れた建築家に対するさまざまな顕彰も行われ，なかでも最高のUIAゴールドメダルを日本人では槇文彦氏，安藤忠雄氏が受賞している．UIAは広く才能を発掘し，建築家どうしがお互いに切磋琢磨する全世界的な場となっている．

地球環境問題と未来の建築のあり方：地球温暖化対策や環境負荷軽減が叫ばれる昨今，建築界においてサステイナブルデザインはクローズアップされている．地球環境問題は広く人類にとっての問題ではあるが，世界の建築家がともにこの問題意識を共有し業務にあたることの意義は深い．エネルギー消費やCO_2排出は先進国や途上国間での調整が必要となり，その際に各国の事情でまちまちな建築のあり方を踏まえたうえで，未来に向けた建築の姿を模索してゆく必要がある．

この問題には，UIAのワークプログラム（AOF：architecture of future）が取り組んでいるが，各国参加のもとにさらなる活動の展開が望まれている．

都市居住と都市再生：地球人口や都市人口の増大が深刻化するとともに，過疎化や空洞化が進む地域もある．工業化や資本主義経済の発展に伴い都市は急速に発展してきたが，機能効率を優先してきた都市を環境や快適な居住といった点で再考する必要がある．人間が創り出した都市を再生し快適な都市居住を実現するうえで，建築も重要な役割を果たさなければならないはずだ．

生活の質的向上（QOL：quarity of life）の観点

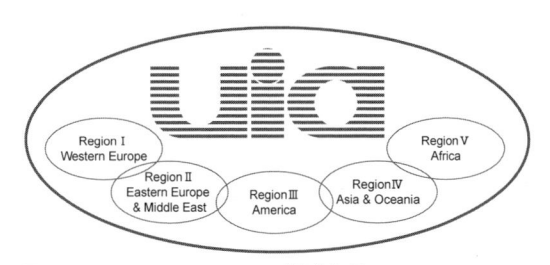

■ 1　UIAと五つのリージョン（筆者作成）

から，建築，都市，社会を総合的にとらえ，各国の建築家の知恵を集約することが今後ますます重要になってくる．

文化継承と建築遺産：ユネスコの世界遺産登録が世界的広がりをみせ，その時代や社会を背景とした建築の保存が世界規模で考えられている．地域固有の文化を継承してゆくことに建築は深くかかわってくる．建築は目に見える存在として人々の記憶の継承に役立つし，社会的な背景やライフスタイルを次世代に伝える力をもっている．

各地域の文化遺産を丁寧に掘り起こし，次の時代に継承していく活動を世界レベルで加速させていく活動をUIAは展開している．

● UIAの考える建築家像——まとめにかえて

西欧で確立した建築家像は医師，弁護士と同じで，神やコミュニティから神託を受けて，社会に役立つ専門的な能力を提供する職業とされている．個人で責任をもって業務にあたり，クライアントの利益と同時に社会やコミュニティの利益をも守ることが義務となる．建築家は建築の設計責任と同時に社会的責任，文化的責任を負うこととなる．

これが，技術者でも芸術家でもないフリープロフェッションとしての建築家像である．業務に対する正当な報酬を受けるのであって，ビジネスとしての利益を追求してはならないとされている．専門家として社会からの信頼を得るために，専門教育，実務訓練，継続教育，倫理の徹底からなる建築家としての資格があるわけである．

UIAは国を代表する建築家ネットワークであるが，ブロードバンド時代に突入する将来は，全世界に活躍するこうした思いを共有する100万人以上の建築家が個々に連合できるネットワークとしても機能してゆくであろう．

［芦原太郎］

6-35　有機的建築はライトのパテントか

【テーマ】有機的建築　　　　　　　　　　　　　　　　　　　　　　　　　　6　意匠・設計・歴史

● F. L. ライト

　有機的建築というのは organic architecture の訳語であるが，この言葉はライトがしばしば用い，1938年に同名の出版物も出しているから，ライトと結びつけられ，彼の多彩な建築の特質を表す概念として受け取られることが多い．実際，ライトは1908年に初めてこの語を使い始めてから，最晩年の1957年の『遺言』に至るまで，半世紀間もこの語を使い続けている．しかし，その意味するところはそれほど明らかではなく，S. ギーディオンは，意味が曖昧だからライト自身もこの語を説明できないのだとまでいっている．1914年のエッセイ『建築のために（In the cause of architecture）』の中で「有機的建築という語によって，私は，外部からかかわってくるものではないそれ自体の存在（being）の諸条件と調和しつつ内から外へと展開する建築をいわんとしている」と彼自身はいっているが，これでは確かによくわからない．外から押しつけられた原理や主義に則るのではない内的・自律的な建築ということであろうが，問題は何が内的な条件かということになり，へたをすると，有機的とはライト的であるということになりかねない．それではライト的とは何かということになるのだが，付加による成長の可能性をはらみ，時に結晶体のような形を示すプランをもち，敷地や施主の条件をよく考慮して地元の材料を用い，大地から生え出したような建築といったようなところになるであろうか．

　一般には，部分相互間および部分と全体が一つの有機体のように密接に関係づけられた建築，あるいは単純に幾何学的でもなく，メカニックでもない複雑な造形性とテクスチュアをもつ建築というふうに理解されているが，これも曖昧でないとはいえない．

●生物・自然のアナロジー

　有機的建築という言葉は，ライトの専売特許ではなく，早くから用いられている．そのひとつの例が，1863年，フランス最初期の建築雑誌『ルヴュ・ジェネラル・ド・ラルシテクチュール』誌上で，セザール・ダリが用いているものである．もっとも，その意味はだいぶ異なる．彼は，鉱物という無機的な存在を基層にして動植物が存在しているように，歴史的な建築や折衷的な建築を基層にして今後立ち上がるべき建築をさしてこの言葉を用いている．あるいは，W. モリスがゴシックを有機的建築と評しているし，また，アメリカ最初期の彫刻家ホレイショ・グリーノウ（1805-52）も，しばしば organic structure を強調している．それから，イタリアのブルーノ・ゼヴィがその名も『有機的建築をめざして』という本を1945年に出している（英訳版は1950年）．これはライトの影響下に生まれた書物であるが，ゼヴィの主張も曖昧で，ファシズムでない民主主義下のあるべき建築が有機的建築ということのようである．

　要するに，organic という言葉は便利なスローガンとして，さまざまな意味を託されてきたわけだが，生物学・博物学・進化論の発展と軌を一にして登場してきており，その根底に生物あるいは自然とのアナロジーで建築を考えようとする姿勢があることは間違いないであろう．しかし，生物の形を機能の現れとみなすと単純な機能主義と同じになってしまうし（実際，「有機的」は「機能的」の比喩的表現にすぎないとする考えもある），生物や自然の複雑な造形を強調すると曲線・曲面を多用した融通無碍の形を指向することになる．このように，有機的建築を広範にとらえると，上述のモリスの発言にもあるように複雑なフラクタル的細部造形をもつ盛期ゴシックや，あるいは盛期バロックの建築も有機的になるし，人体とのアナロジーで建築を考えた古代ギリシャ・ローマやルネサンスの建築論もみなこの系譜に収まるという奇妙なことも起こりうる．

●さまざまな有機的建築

　仮に，生物やその細胞の形に学んだ融通無碍の造形をもつ建築，機械をモデルにしたメカニックなものを忌避するいわゆる反合理主義の建築を有機的建

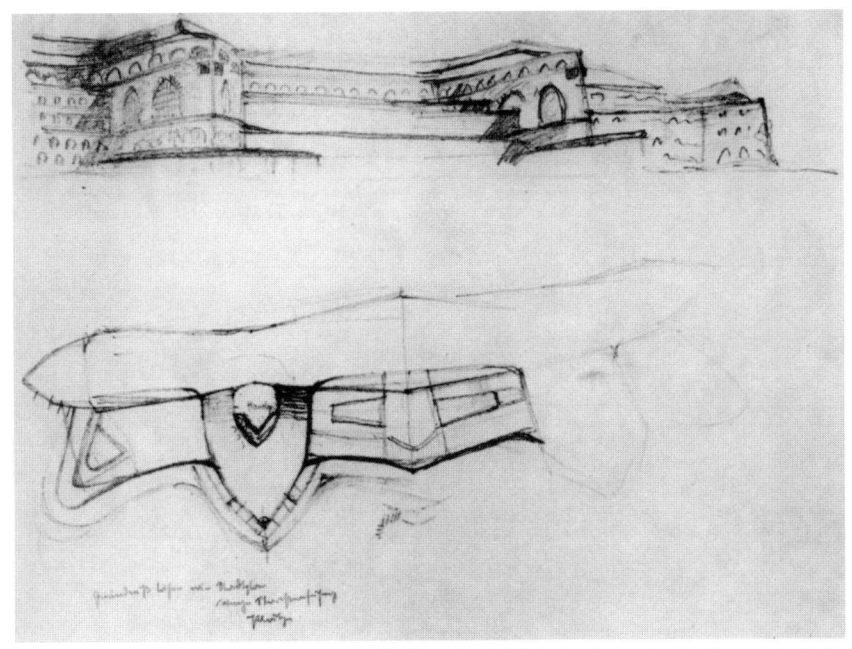

図1 H. ヘーリングによるライプチヒ中央駅計画案，1921年（Heinrich Lauterbach, Jürgen Joedicke (1965)：Hugo Häring, Schriften, Entwürfe, Bauten, Karl Krämer Verlag, Stuttgart より）

築とよぶことにしても，これまたたくさんある．早いところではフランス革命期の建築家 J-J. ルクーがそうであるし，アール・ヌーヴォーの建築家，アムステルダム派の建築家，あるいは表現主義の建築家もみなそうである．表現主義の建築家のなかでも最も複雑にうねる造形を示したのがヘルマン・フィンステルリンであろうが，彼には実作がなく，建築というよりも彫刻に近いかもしれない．あるいは，ハイブリッドな面を保ち続けた巨匠 A. アアルトもこの仲間に入れうるかもしれないし，進んだテクノロジーが生物体のような都市や建築を可能にすると信じたメタボリズムやアーキグラムも理論的にはこの仲間に入るかもしれない．

● H. ヘーリング，H. シャロウン，B. ゴフ

以上のように有機的建築の体現者はたくさんいるけれども，別格としてのライトを別にすれば，フーゴー・ヘーリング（1882-1958）とハンス・シャロウン（1893-1972）とブルース・ゴフ（1904-1982）の3人がこの言葉とともに語られることが比較的多い．ヘーリングとシャロウンの出自は表現主義であり，ゴフの出自はライトであるから，やはり有機的建築はライトと表現主義のものといえるかもしれない．ヘーリングの作品は少ないが，それぞれ独特であり，理論家でもあった彼はル・コルビュジエやグロピウスを「幾何学的」とし，それに対して「有機的」であるべきことをたえず主張している．ついでながら，そのヘーリングが一時期ではあるが，最も「有機的」とは縁遠いミース・ファン・デル・ローエと共同で事務所をもっていたのは興味深い．シャロウンはヘーリングの影響を受けており，複雑なスペースを足し合わせた独特の外観の建物を晩年に残した．ゴフは住宅作家であるが，土地と施主に応じて変わるじつに多彩な形とテクスチュアを示した．

● 有機的建築の現在

ポストモダン以降の時代は，ある意味では有機的建築の時代といえるかもしれない．造形面からいえば，コンピュータを駆使して設計された複雑な曲面をもつ建物はみなそうであるし，建築と自然というコンセプトからすれば，いわゆるエコロジー建築や，ドイツの「バウビオロギー」もそうだろう．しかし，前者はそのテクスチュアと土地とのかかわりの希薄さからいって，真の有機体というよりも有機体ロボットという感じが強いし，後者は統一的な造形物のイメージをもたない．有機的建築という言葉は，画一的なもの，あるいは単純な力や原理による支配に抗するなにかしらよいイメージを与えるスローガンとして長い間用いられてきたが，いまはスローガンではなく，もっと切実な現実の問題となったといえるかもしれない．

［吉田鋼市］

6-36 タウンアーキテクトの可能性

【テーマ】建築家　　　　　　　　　　　　　　　　　　　　　　　　　　　　6　意匠・設計・歴史

●「神」としての「建築家」

　「建築家」は，すべてを統括する神のような存在としてしばしば理念化されてきた．最古の建築書を残したウィトルウィウスのいうように，「建築家」にはあらゆる能力が要求される．この万能な造物主としての「建築家」のイメージはきわめて根強く，ルネサンスの「建築家」たちの万能人，普遍人の理想に引き継がれる．彼らは発明家であり，芸術家であり，哲学者であり，科学者であり，工匠である．

　近代「建築家」を支えたのも，世界を創造する神としての「建築家」像であった．彼らは，神として理想都市を計画することに夢中になるのである．そうしたオールマイティーな「建築家」像は今日も死に絶えたわけではない．

●フリーランスの「建築家」

　もうひとつ広く流布する「建築家」像がある．フリーアーキテクトである．フリーランスの「建築家」という意味である．「建築家」は，あらゆる利害関係から自由な，芸術家としての創造者としての存在である，というのである．神ではないけれど，自由人としての「建築家」のイメージである．

　もう少し現実的には，施主と施工者の間にあって第三者的にその利害を調整する役割をもつのが「建築家」であるという規定がある．施主に雇われ，その代理人としてその命や健康，財産を保護する医者や弁護士と並んで，「建築家」の職能もプロフェッションのひとつと欧米では考えられている．

　こうして，「建築家」の理念はすばらしいのであるが，複雑化する現代社会においては，一人で何でもというわけにはいかない．建築をつくるのは集団的な仕事であり，専門分化は時代の流れである．また，フリーランスの「建築家」といっても，実態をともなわないということがある．

●三つの方向

　21世紀はストックの時代である．日本社会の流れをみると，第一にいえるのは，建てては壊す（スクラップアンドビルド）時代は終わった，ということである．地球環境全体の限界が意識されるなかで，建築も無闇に壊すわけにはいかなくなる．既存の建築資源，建築遺産を有効活用するのが時代の流れである．新たに建てるよりも，再活用し，維持管理することの重要度が増すのは明らかである．

　そうであれば，そうした分野，コンバージョン（用途変更）やリノベーション（再生），リハビリテーション（修景修復）などの分野が創造性に満ちたものとなるのははっきりしている．また，ライフサイクルコストやリサイクル，二酸化炭素排出量といった環境性能を重視した設計が主流となっていくであろう．さらに，維持管理，耐震補強といった既存の建物にかかわる事業が伸びていくことになる．

　新しく建てられる建築が少なくなるということは，「建築家」も多くはいらない，ということである．木造を主体としてきた日本と石造の欧米とは事情を異にするとはいえ，日本がほぼ先進諸国の道を辿っていくのは間違いない．乱暴な議論であるが，日本の建設投資がアメリカ並みになるとすれば，「建築家」の数は半分になってもおかしくない．

　問題は，いま「建築家」として，あるいは「建築家」を志すものとして，どうするかである．第一は，建物の増改築，改修，維持管理を主体としていく方向である．そのための技術開発には広大な未開拓分野がある．第二は，活躍の場を日本以外に求めることである．国際「建築家」への道である．日本で身につけた建築の技術を生かすことのできる，また，それが求められる地域がある．中国，インド，あるいは発展途上地域にはまだまだ建設が必要な国は少なくない．17世紀に黄金時代を迎えたオランダは世界中に都市建設を行うために多くの技術者を育成したが，やがて世界経済のヘゲモニーをイギリスに奪われると，オランダ人技術者は主として北欧の都市計画に参画していった．かつて明治維新の時代には，日本も多くの外国人技師を招いた．

　第三に，建築の分野を可能なかぎり拡大することである．建築の企画から設計，施工，維持管理のサ

イクルにはとてつもない分野，領域が関係している．ひとつは建築の領域でソフトといわれる領域，空間の運営や，それを支える仕組みなどをどんどん取り込んでいくことである．また，さまざまな異業種，異分野の技術を空間の技術としてまとめていくことである．「建築家」が得意なのは，さまざまな要素を一つにまとめていく能力である．PM（プロジェクトマネージメント），CM（コンストラクションマネージメント）など，日本で必要とされる領域はいまだ少なくない．

この第三の道において，「建築家」がまず眼を向けるべきは「まちづくり」の分野である．「建築家」は，ひとつの建築を「作品」として建てればいい，というわけにはいかない．たとえ一個の建築を設計する場合でも，相隣関係があり，都市計画との密接なかかわりがある．どのような建築をつくればいいのか，当初から地域住民とかかわりをもつことを求められ，建てた後もその維持管理に責任をもたねばならない．「建築家」が，これまで十分その役割を果たしてきたかというと疑問であり，その存在根拠を地域との関係に求められつつある．

『裸の建築家──タウンアーキテクト論序説』（布野修司，建築資料研究社，2000．以下『序説』）で提起したが，「タウンアーキテクト」とよびうるような新たな職能が考えられるのではないか．

● タウンアーキテクトとは

「タウンアーキテクト」を直訳すれば「まちの建築家」である．「まちづくり」を担う専門家が「タウンアーキテクト」である．それぞれのまちの「まちづくり」にさまざまにかかわる「建築家」たちを「タウンアーキテクト」とよぶのである．

「まちづくり」は本来自治体の仕事であるが，地域住民の意向を的確にとらえた「まちづくり」を展開する仕組みがないのが決定的である．そこで，自治体と地域住民を媒介する役割を果たすことを期待されるのが「タウンアーキテクト」である．

まったく新たな職能というわけではない．その主要な仕事は，すでにさまざまなコンサルタントやプランナー，「建築家」が行っている仕事である．ただ，「タウンアーキテクト」は，そのまちに密着した存在と考えたい．住民でなくてもいいけれど，まちづくりに継続的にかかわるのが原則である．「コミュニティアーキテクト」といってもいい．

「建築家」は，基本的には施主の代弁者である．しかし，同時に施主と施工者（建設業者）の間にあって，第三者として相互の利害調整を行う役割がある．医者，弁護士などとともにプロフェッションとされるのは，命，財産にかかわる職能だからである．その根拠は西欧世界においては神への告白（プロフェス）である．また，市民社会の論理である．同様に「タウンアーキテクト」は，「コミュニティ（地域社会）」の代弁者であるが，地域べったり（その利益のみを代弁する）ではなく，「コミュニティ」と地方自治体の間の調整を行う役割をもつ．

● タウンアーキテクトの仕事

「タウンアーキテクト」を一般的に規定すれば以下のようになる．

① 「タウンアーキテクト」は，「まちづくり」を推進する仕組みや場の提案者であり，実践者である．「タウンアーキテクト」は，「まちづくり」の仕掛け人（オルガナイザー，組織者）であり，アジテーター（主唱者）であり，コーディネーター（調整者）であり，アドヴォケイター（代弁者）である．

② 「タウンアーキテクト」は，「まちづくり」の全般にかかわる．したがって，「建築家（建築士）」である必要は必ずしもない．本来，自治体の首長こそ「タウンアーキテクト」とよばれるべきである．

③ 具体的に考えるのは「空間計画（都市計画）」の分野だ．とりあえず，フィジカルな「まちのかたち」にかかわるのが「タウンアーキテクト」である．こうした限定にまず問題がある．「まちづくり」のハードとソフトは切り離せない．空間の運営，維持管理の仕組みこそが問題である．しかし，「まちづくり」の質は最終的には「まちのかたち」に表現される．その表現，まちの景観に責任をもつのが「タウンアーキテクト」である．

④ だれもが「建築家」であり，「タウンアーキテクト」でありうる．身近な環境のすべてに「建築家」はかかわっている．どういう住宅を建てるか（選択するか）が「建築家」の仕事であれば，だれでも「建築家」でありうる．また，「建築家」こそ「タウンアーキテクト」としての役割を果たすべきである，ということがある．さまざまな条件をまとめあげ，それを空間的に表現するトレーニングを受け，その能力に優れているのが「建築家」だからである．

［布野修司］

7

教育・文化・医療

［編集：長澤　泰］

7-1 こどもの成育環境

【テーマ】教育全般　　　　　　　　　　　　　　　　　　　　　　　　　　　　　　　　7　教育・文化・医療

●あそび環境が育む四つの能力

こどもたちがあそびを通してどういう能力を開発していくのかということを考えてみると，あそびによって四つの能力を開発すると考えられる．ひとつは身体性である．身体性の開発というのは一言でいえば運動能力とか体力である．あそびというのは自由な行動だから，あそびを通して運動能力，体力という身体性を開発することができるのだ．二番目には社会性である．友だちとあそぶということを通して社会性を開発していく．重要なことは仲良くあそぶということであり，人間はあそびのなかでけんかをしたり，仲たがいをしたりする．しかし仲直りするということは非常に重要なことだ．そういう仲直りの方法は大学や大学院で学ぶことではなくて，幼稚園の砂場であそびながら学ぶ．群れてあそぶことはこどもたちの社会性の能力を開発するのだ．そして三番目に開発する能力は感性である．感性というのは美しさなどを感じる感受性であったり，あるいは悲しさやさまざまな情緒性を含む意味であったりする．感性を育む最大のあそび環境は自然ではないかと考えられる．自然の美しさ，四季の変化，水の冷たさ，土の感触，そういうものすべてを通して，また人間や動物との触れ合い，動物の死や生に立ち会うところから，こどもたちの豊かな感性を育む．すなわち自然というのはこどもたちの感性を育む意味において非常に重要な場である．

そして四番目に創造性だ．創造性についてはイギリスの生物学者，動物学者であるデズモンド・モリスが『人間動物園』という本のなかで「創造性の開発はあそびがもたらすボーナスだ」といっている．

身体性，社会性，感性，創造性という四つの能力はこどもたちがあそびを通して学ぶ能力と考えられるが，逆にあそべない，あそぶ環境を失っているこどもたちにとっては，この四つの能力を開発する機会を失っている状況といえる．文部科学省の調査でもこの10年間，こどもの運動能力は約10％低くなっており，なかでも学習意識は神奈川県藤沢市教育委員会の調査によればこの40年間で40％減少していると警告されている．これは日本のこどもたちのあそび体験の貧困によるものではないかと危惧される．

●あそび環境の4要素

あそび環境には四つの要素があると考えられる．すなわち，あそびを成り立たせているものは，あそび場，あそび時間，あそび集団，あそび方法の四つのエレメントである．あそび場はあそび空間といいかえてもよい．あそび時間は重要である．やはり時間がなければこどもたちはあそべない．それからあそび集団も非常に重要である．これは友だちあるいは大人であってもこどもたちと一緒にあそぶ人が必要であると考える．そしてあそび方法というのはあそび方のことだが，この影響も大きい．あそび環境の変化の調査研究をすると，この40～50年で日本では大きく二つの転換期がある．それは1960年代のテレビと1980年代のテレビゲームというあそび方法の変化の影響だ．

●六つのあそび空間

筆者は六つのあそびの原空間ということを仮説的に考えている．この六つのあそび空間は時代を超えて，いつの時代のこどもたちにとってもなんらかの形で必要である．こどもたちにとってこの六つのすべての空間が必ずなくてはならないとは思えないが，少なくとも四つぐらいはもっている必要があると考える．

自然のスペース：ひとつは自然スペース，自然の空間だ．いま，田舎のこどもたちも自然あそびができなくなっている．田舎のこどもたちは昔と同じように近くに田んぼはあるし，山も，川もある．けれどもそこであそぶあそび方というものを失っている．自然というのはある種危険なのだ．川はプールのように一様の深さではないし，おぼれることもある．落ちる心配もある．山に行けばマムシのような毒蛇がいるかもしれない．さまざまな危険があるわけだ．自然あそびの原点は採取のあそびだ．ものを

採る，それを食べる，これが自然あそびの原点だ．魚を釣る，花を摘む，という農耕狩猟的な系統発生が個体発生というものにつながっている意味でのフィールドとしての自然あそびで，採取というのは非常に重要な行動ではないかと考えている．それにはいつどこへ行けば何が採れるかという，しかも安全にあそぶあそび方というのが伝承されていないといけない．いま農村地域のこどもたちにおいてもそういう伝承が途切れてしまっている．ひとつには少子化という影響が非常に強い．少子化の影響は都市よりも農村に非常にダメージを与えている．そしてテレビゲームのように個人であそぶ，内向きのあそびにとらわれている．調査をしてみると都市のこどもたちよりも農村地域のこどもたちのほうがテレビやテレビゲームをしている時間が長いことがわかっている．いま，都市のこどもたちは身近なところに山や川があるといった自然スペースの体験ができない．また農村のこどもたちは自然でのあそび方が伝えられていないために，ますますそこから疎外されている．やはりこどもにとって自然のスペースであそぶということは，他のスペースに代えられない非常に重要な体験なのだ．

　道のスペース：　六つの原空間のなかでも主幹的なあそびのスペースとして，自然スペース，道スペース，オープンスペースという三つが考えられる．車の往来の激しい幹線道路は別にして，住宅街の細街路では車を制限し，こどものあそびと共存できる方法を考えるべきだ．こどもたちにとって自宅前，とくに近所の道というのは重要なあそび場だ．道のあそびというのは社会性の開発においては大きな役割を果たす．30年間の実態調査によれば，道のスペースというのはこどもたちのあそび空間をつなぐ役割をはたしてきたが，1960年代，その道スペースが車にうばわれてしまった．道ではあそべないと，そのことによって急速にこどものあそび空間は小さくなってしまったことを指摘できる．

　オープンスペース：　これは広がりのある空間であり，運動場のようなものであったり，原っぱ，広っぱとよばれるものだ．こどもたちが思い切って走り回れ，身体性の開発ができる場として大切だ．球技やボールあそびなどを含め，広がりのある空間というのは非常に重要である．

　アジトスペース：　その他の三つのスペースにくらべてネーミングが少し特殊だが，アジトスペースはよく秘密基地と訳される．こどもたちにとっては大人や先生から逃れて自分たちだけの秘密の場所というのがある種必要だ．これは幼稚園であっても，小学校であっても，隠れる場所というのはこどもたちの社会性や自立性という意味において，重要な空間と考えられる．

　アナーキースペース：　アナーキースペースもまた不思議な言葉であるが，混乱している場のことだ．こどもにとっては整理整頓されている空間だけでなくて，ある程度混乱しているところが必要だ．創造性を刺激する所というのは，あるきっかけ，思いつきを刺激する空間だ．それらの空間は往々にして混乱に満ちた空間なのだ．あそびを刺激する場所としてアナーキースペースが必要だと考えている．実際1940年代にデンマークのソーレンセンという造園学教授がアドベンチャープレイグラウンドというあそび場の新しい型を提案した．それは，ガラクタや廃材だけの材料があるものだった．それらを集めてこどもたち自身が小屋，遊具をつくり，ワイルドな公園となった．これはアナーキースペースを公園化したものといえる．それが世界的にも1970年代に広がって東京では大村虔一，璋子夫妻がプレーパークとして日本で実現化し，世田谷の羽根木パークはそれを引きついでいる．

　遊具のスペース：　最後に遊具のスペースだ．これは昔からあったわけでなく，ここ30年ほどのものだ．遊具というのは小さな面積のもので，そこへ行けば必ずだれかがいて，だれかがあそんでいる，あそびのきっかけの場のようなものだ．たとえば道路に一本丸太が転がっている．ほとんどのこどもは丸太にぴょんと飛び乗り，平均台のようにして落ちないように歩く．そして向こう側からこどもが来ると落としっこを始める．このように遊具というのはあそびのきっかけになり，あそびはある意味で飛躍的な行動だ．ある物，ある場をきっかけとして，あそびがつくられる場として遊具という存在がある．

　こどもの成育環境として十分なあそび環境，そして十分なあそび空間がこどもたちに必要である．またそれを用意することが大人の責任である．

〔仙田　満〕

7-2 豊かな保育空間をつくる

【テーマ】幼児園・保育園　　　　　　　　　　　　　　　　　　　　　　　　　　　　7　教育・文化・医療

●子どもと保育

「すべての子どもは，よりよい住環境で育つ権利がある」(子どもの権利条約，1989)ので，子どもの発達を支える保育の空間は，「子どもの固有の空間要求を満たし」，「子どもの目線と子どもの感性でとらえる」必要がある．さらに子どもの発達において，自然とのかかわり，たとえば緑・水・土・太陽・他の生き物などとのふれあいは，人間としての豊かな感性と生命の大切さを学ぶ重要な場である．物的環境が人工化し，情報・消費型社会においては，子どもの育ちを支える豊かな保育空間は多角的な視点から考えていかなければならない．では保育の社会化の中心的施設である保育所や幼稚園の子どもの住環境としての保育空間は，どのように子どもの発達の要求に応えていけばよいのであろうか．

乳児は生後1週間ほどの時期から，色や形や大きさが等しくただ図柄だけが異なるような刺激の微妙な差を識別する認知能力をもっているといわれている．一般的に，子どもとは，社会・文化からの働きかけの受け手であり，そのような働きかけによって社会化されるものである，ととらえられている．しかし子どもは外界からの刺激や働きかけに選択的に対応していく能動的な能力をもつ存在としてとらえていく必要がある．

●空間と子どもの行動特性

A. B. レーマンは子どもの空間認知の能力を発達段階に対応して，①乳児期：空間の配置とその変化に反応，②幼児期：空間の配置に対応した実験遊び，③学齢期・思春期：既存の空間の配置の改善を要求し，試みる，ととらえている[1]．

実際に自由保育を行っている幼稚園で子どもの登園から降園までの1日を観察していると，子どもは自己の興味や体調に合わせて選択的な行動や遊びをしている．昼食時に手を洗う時に，4歳児では水道の蛇口から出てくる水に興味をもち，遊んでしまうので手洗いの順番を待つ列はいつまでも続き，保育者に促されて列は進むが，5歳児ではスムーズに手洗いが行われる．また週末に保護者の方と遊びすぎて疲れている子どもの月曜日の園舎での遊びは静的で，絵本などを静かな場所を選んで一人で遊んでいる場合が多い．

遊びにおいても，子どもの行動は空間の特性と密接にかかわっている．住空間内での観察ではあるが，乳児期には子どもは母親という保護者，つまり安心・信頼のおける大人を拠点としてなじみの空間へ移動したりするが，すぐに拠点に戻る行動を繰り返す．幼児期になると，身体の動きが活発化し空間全体を使った遊びや運動がみられるようになる．幼児期の年齢が低い段階では，母親や自分のものと意識されるものの周囲をぐるぐる回る動きであるが，年齢が上がるにつれて部屋から他の部屋へと進んで元の場所に戻る回遊性のある動きが多くなり，回遊するスペース的な運動となっている．

またこの時期の子どもには，好奇心や探求心が空間遊びに実験的な要素を加えていく動きがみられる．段ボール箱に入って自分の身を隠す遊び，トリデを作って身を守る，知らない場所に足を踏み入れる行動，明るい場所だけでなくピアノカバーの中，押入れ，家具と壁の間などの狭くて暗い場所での遊び，机の上，階段での上り下りなどの段差を好む遊びなど，子どもと空間とのかかわり方は多様である．

このような行動特性は保育所や幼稚園の保育空間でも同じことがいえる．保育空間では，まず，自分のロッカーを拠点として徐々に行動範囲を広げ，なじみの空間を拡大していく．身体が疲れているときは，静かに日の当たらないところで過ごし，仲間が興味深い遊びをしているときは，それを追いかけていく．低年齢の子どもたちが砂場遊びをしていても，ともに遊んでいるのではなく，平行遊びで隣の友だちがおもしろそうな遊具を持っていれば，とり上げて自分のものにしてしまう．そのときに保育者が「おもちゃ，貸してね」という一声で社会性獲得の第一歩となる．

■1 ゆうゆうのもり幼保園（写真提供：環境デザイン研究所）

■2 野中保育園（写真提供：環境デザイン研究所）

● 豊かな保育空間へのまなざし

　乳幼児の心身の豊かな発達を支える環境のひとつとしての保育空間での保育内容は，時代の保育政策とともに変化してきている．1956年刊行の幼稚園教育要領では，健康・社会・自然・言語・絵画制作・音楽リズムと，小学校の教科とだぶるような6領域であったが，1989年に大幅な改訂が行われ，現在（1998年告示）は健康・人間関係・環境・言葉・表現の5領域となっている．保育所保育指針においても2000年改訂時に幼稚園教育要領と同じ5領域を採用するようになっている．

　このような変化は，土方弘子によれば，「教科イメージを払拭し，保育に当たっては5領域で幼児の発達課題や保育のねらいを園全体の生活と自発的・主体的活動である遊びのなかで達成できるように援助・指導しなければならない」という[2]．つまり「保育者の教え込み保育」ではなく「子ども中心の保育」へと流れをつくり，保育方法や形態は多様化してきている．その方法と形態を支える環境としての保育空間は，①子どもの活動意欲を誘発させる，②心身の疲れを休息させ，居心地よく安らげる，という二つの側面が求められる．

　一方，保育者どうし，保護者との環境づくりに協働することを通して，子どもだけが「育つ」のではなく，保育者や保護者も「育つ」ことが求められている．認定こども園設定法（2006）が制定され，幼稚園と保育所が一本化され，保育環境は，①幼保連携型，②幼稚園型，③保育所型，④地方裁量型，と大きく変わろうとしている．

● 園庭空間

　レイチェル・カーソンは子どもたちに生涯消えることのない「センス・オブ・ワンダー（神秘さや不思議さに目を見はる感性）」をもち続けさせることの重要性を問い，「子どもたちがであうひとつひとつが，やがて知識や知恵を生みだす種子だとしたら，さまざまな情緒や豊かな感受性は，この種子をはぐくむ肥沃な土壌です．幼い子ども時代は，この土壌を耕すときです」と指摘している[3]．

　幼児期から草花や小さな生き物に触れるという自然体験は，本来人間がもっている五感を刺激し，好奇心を育み，感動を知り，豊かな感受性の発達をうながす基本的な要素である．ところが近代社会は「土壌を耕す」こと，つまり子どもの感動や時間の流れを感じとる心の働き，生命のつながりのなかで生きていることを「経験」することの大切さを無視し，想像力や創造性の基盤としての豊かな感受性を育むことを捨ててきたのではないだろうか．このように「自然とのつながり」を体感していく学びが北欧で始められた自然学校である．

　日本においても自然とのふれあいを重視した園庭をもつ保育園がある．もと田んぼであった約8000m^2の園庭で太陽とどろんこに象徴される「大地保育」を実施している保育所で，その保育の実施は幾度も保護者と話し合うことから始まったという．

　こうした視点からの園庭空間のデザインも重要であり，狭い土地の場合は斜面を活用する，地域にある他の自然の多い場所や土地を活用するなど保育内容を考えていくことも重要である．さらに園庭での動物飼育も子どもの保育においては大切な体験となっている．

［小澤紀美子］

文献
1) A. B. レーマン著，総合研究開発機構編（1982）：人間定住社会づくりへの子どもの役割．子供と都市，p.259，学陽書房．
2) 土方弘子（2001）：現代保育学入門，第7章 子ども中心の生活をつくる保育，pp.181-206，フレーベル館．
3) レイチェル・カーソン著，上遠恵子訳（1991）：センス・オブ・ワンダー，佑学社．

7-3 地域社会のセンターとしての学校

【テーマ】小学校　　　　　　　　　　　　　　　　　　　　　　　　　　　　　7　教育・文化・医療

● 小学校は知的文化の工房であり住まい空間

　明治初期の学校は，地域社会の人々にとって「憧れの場」でありインテリジェントな存在であった．しかし産業技術等の飛躍的発展によって経済基盤が確立，経済的豊かさが飛躍的に向上した今日，当初もっていた学校の存在感が薄らいではいないか検証する時代に入った．たとえば，その昔地域社会における空間的シンボルだった学校は，無味乾燥な建物で，そこで使用されている教具や設備も地域社会に比べ陳腐化し，時代にとり残されてはいないか．とくに多感な子ども時代を過ごす生活の場としてとらえるならば，文化的・創造的な場・環境となっているかを検証する必要があろう．しかしこれまでこの検証は建物を建て替えながら行われてきた．

● 少子高齢社会をむかえた学校のあり方

　時代は若年層が少なく老年層が多い，逆ピラミッド型人口構造社会となったことを前提に学校のあり方を考えるならば，時代に合った，老年層も活躍できる社会構築が必要となった．豊かな経験とパワーをむざむざ放置する手はない．元気な老年層が生きがいをもちつつ生活できる社会を構築できれば，医療・福祉費などへの節減効果を生むばかりか，社会経済全体の活性化につながることになるだろう．地域社会のセンターとして，住まいの近くの学校が最も利用しやすい場のひとつとなろう．そのための活動できる仕組みを構築することがわれわれに課せられた現代的な課題である．

● 安全・安心な学校づくり

　昨今あらためて学校の安全・安心が見直されているが，子どもたちが安心して学校に通い生活できる環境の維持保全はわれわれ大人の責務である．その昔日本では「空気・水・安全」はタダで享受できた．しかし今日そのいずれもお金をかけなければ得ることが難しくなった．身の回りの安全についてはとくに無警戒だったが，近年不審者による痛ましい事件が頻発すると再考せざるをえない．また，日本は地震国，建物の耐震性がとくに求められるが，その耐震性についても2005年度現在，既存校舎の半数が耐震基準を満たしていないといわれている．災害時には一時避難所として大きな役割を果たす学校施設の耐震化は急がねばならない喫緊の課題である．それにつけても日本の安全対策はその場限りの対策に終始している感が強い．根本的な解決の視点構築が必要である．そもそも建物は時間とともに物理的劣化が進行し，適切な維持管理が必要である．しかしそのほとんどの学校施設は必要最低限の修繕・手入れしか行われてはいない．また，最も基本的な建物の配置や間取りについても「安全面」の視点が欠落している事例が多く散見される．

● 地域社会に開かれた学校

　その意味で学校は地域社会から孤立してはならない．つねに地域の人々のあたたかい眼差しで見守り，子どもたちを育む環境を地域住民みんなでつくり上げる心の醸成とつながりが必要となる．危険だからという理由で固く門扉を閉ざせば，地域の人々にとって学校は入りづらく，近寄りがたい場所となろう．「開かれた学校」とは心を開き，心と心の意思疎通を図るという意味であり，単に門が開いているということではない．物理的な視線においても外から中のようすがほのかに感じられ，中から外のようすがうかがえる関係を醸し出す演出が大切となる．近年，地域社会の希薄化が叫ばれているが，そもそも地域に住む人々のコミュニケーション力が希薄化してしまったことが要因と考える．子どもは親・兄弟・祖父母・隣人・友だちなど多様な人間関係の刺激を受けて成長し，社会のなかで生きていく力を育むといわれる．核家族化，少子化等により社会でたくましく生き抜く経験が薄らいできたことが，登校拒否やニートとよばれる社会現象をひき起こす要因の一つではないだろうか．子どもたちは学校で勉強することが嫌なのではない，また，働くことが嫌なのではない．うまく社会に適合できない状況に陥った患者を社会に送り出しているととらえると解決の糸口がみえてくる．その意味からも事は

■1　いろは遊学館　埼玉県志木市本町，2003年1月小学校開校，4月図書館・公民館の生涯学習施設がオープンした複合教育文化施設．志木小学校は1874（明治7）年創立，1948年に現在の敷地に移転した歴史ある学校（筆者撮影）

深刻でもある．今日，地域社会における心のつながりを再構築する仕掛けが必要なのである．

●子どもたちの学び舎を地域のみんなで育てる視点

前述したが，日本の小・中学校は一部地域を除き少子化で児童・生徒が激減，そのため校舎面積にゆとりが生まれた．そして多くの学校では，面積的なゆとりは生まれたけれど，学習・生活空間として，このゆとりを豊かさに結びつけ，生かす工夫がなされていないのが現状と推察される．また，子どもたちだけの学校で，地域の人の出入りが難しく，また，利用できないかのようになってはいないか．その考えを覆したのが埼玉県志木市の小学校と市民図書館，公民館を学社融合した複合施設（いろは遊学館）の試みである（■1）．従来，これら施設は別々の敷地に建てられるのが通例だったが，相互に利用し補完しあう関係を構築することにより，施設相互が新たな魅力を生み出した好例といえよう．小学校と図書館，公民館がうまく複合したことにより，質の高い地域の生涯学習センターに生まれ変わったのである．地域の人々が日常的にこれら施設を利用することで大人が子どもの学習・生活に直接・間接的に触れ合えるチャンスが増したこと，そして地域教育力がいながらにして手に入る環境を整えたことである．もちろん，ハードな関係は構築できたが，人と人，心と心が響きあう関係はみんなのたゆまぬ努力にかかっている．重要な鍵は「子どもたちを育てる」問題意識と「育てる連帯感」の構築である．この連帯感こそ地域社会のコミュニティを育む大切な要素であり起爆剤となるのである．

●廃校を地域のセンターに

新しく建て替えなければ上記のことが実現しないと思われがちだが，そのようなことは無論ない．既存の建物をリニューアル（改修・改造）することで実現できるし，少子化による廃校を有効活用することも可能であろう．とくに過疎地域での廃校は「村・まち＝地域」の存亡にかかわる一大事である．子どもがいなくなったと同時に村・まちが衰退しかねない．そこで提案だが，廃校をなんとか「地域のデパート」に甦らせる手はないか．さしずめ村のなかに「デパート」を出現させる構想である．デパートは何でも揃っている．この「村のセンター」に行けば，お惣菜屋さん，コンビニ，託児室，診療所，集会所，役場の出張所，図書，美術，デーケアやホームセンターなど小さいけれど，なんでも揃う．子どもから老人まで地域の人々が集える施設化である．村のみんなが昔利用した学校ゆえに思い出や愛着も潜在的に残っている．機能を集約化することで「村・まち」の賑わいを取り戻す構想である．

［吉村　彰］

7-4　複線化する就学コース，フリースクール―都市が校舎になる

【テーマ】フリースクール　　　　　　　　　　　　　　　　　　　　　　　　　7　教育・文化・医療

●子どもの学びは学校以外でも行える――「学校に通うこと」が選択肢となる

　近年，暗黙のうちに常識とされてきた学校に通うことは認識転換を迫られている．そのきっかけの一つに，不登校という社会現象があげられる．不登校生徒とは，1年間で30日以上学校を欠席した生徒をいい，2005年現在で13万人を数える．大幅に増加した1980年代，不登校は「登校拒否」という問題行動ととらえられ，不登校生徒には，学校，両親から子どもへ向けて復学が強く求められた．しかし，不登校生徒数の増加により，文部科学省は1992年に，「不登校はどの子どもにも起こりうる」との認識転換を示した．同時に，不登校生徒が学校に代わる民間施設に通う場合，その生徒の学校長が許可すれば，民間施設に通った日数を，通学日数として換算することが公に認められた．

　不登校の原因は，クラスで受けたいじめ，学校教育への不適応など多種多様で，一般には，ケースバイケースと認識されている．

　そのようななか，民間から，公教育に疑問をもちさまざまな活動を起こす人々が出現した．その活動内容は，大きく以下3種に類型できる．①学校教育にとらわれない子どもの学びの場をつくる，②高校卒業資格，技能資格など子どもの資格取得を支援する，③自然体験，海外留学など，学校とは異なる体験を用意する．たとえば，学校に代わる学びの場としてフリースクール，資格取得の支援ではサポート校，「高卒認定試験（旧大検）」を支援する機関，海外留学を斡旋する団体が出現してきた．さらに，インターネットによって，自宅学習の支援を行うものもある．このように，現在，就学環境が複線化しつつある．

●学校に代わる「学びの場」の台頭

　前述した3種のうち，学校教育に対する問いかけという意味で，フリースクールの存在は意義深い．フリースクールは，通ってくる子どもの年齢が6～20歳程度と幅広く，1日の登校人数は30人程度である．日本では「不登校生徒の居場所」との認識が強いが，海外では私立学校と位置づけられる．フリースクールでは，学校とは異なり，個別学習が中心で，子どもは自分の関心事を自由に学ぶことができる．一斉授業も行われるが，参加するか否かも子ども自身が決めることができる．運営者，管理者は「スタッフ」とよばれ，子どもを教育し教えるというよりは，個別学習のサポートや子どもの精神的支えとなる．

　校舎として利用している環境は，集合住宅の一室，オフィス，廃校，保育園など，改装・改修事例が多く，延べ床面積も400 m^2に満たない．都市部ほど事例数は多く，にぎやかな商店街の一角にあるものや，住宅地内など，そのフリースクールの掲げる理念にあった敷地を選んでいる．

　内部空間は，一軒家を使っている事例では，各部屋をさまざまに性格づけし，静かに自分の活動に没頭できる空間，大勢で活動できる空間，一人でいるが周囲の活動に混ざっているようにみえる空間を意識して設定している．また，大規模なワンルームをもつ事例では，本棚や壁，大人の腰高程度の靴箱を配置し，仕切って死角をうまくつくりながら，大小さまざまな広さのバラエティに富んだ空間を設定し，なんとなくゆるやかに「ひとつながりの雰囲気」をつくっている．また，パソコンやさまざまな工具コーナーがすぐ目にとまる場所にセッティングされ，それらに身近に触れることができる．そして，一人一人の子どもが思いついたときに，すぐ自分の活動を行えるよう，スタッフは子どもの希望に応じて空間の使い方や家具のしつらえ，コーナーの設定を変更する．

●2時間半の越境通学――自分にあった居場所を求めて

　フリースクールに通う場合，その大半の子どもがいわゆる越境通学となり，2時間半かけてくる子どもや，他県から新幹線通学を行う子どももいる．これほどに，子どもが「自分にあった場所」を重視し

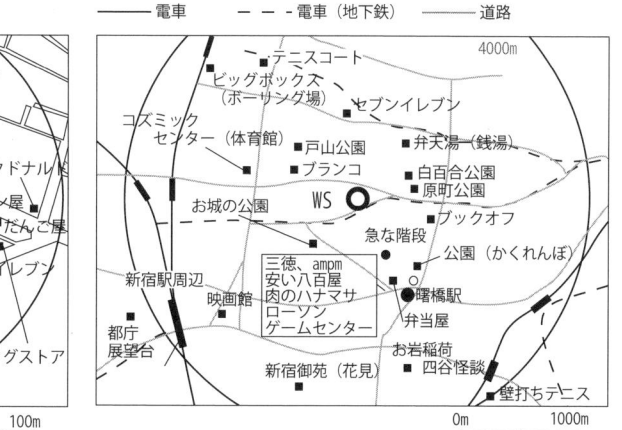

図1 フリースクール「東京シューレ」の子どもが活動で利用する都市環境　左は半径200 m以内，右は半径4000 m以内
（2005年7月，筆者作成）

ている要素には大きく分けて三つある．一つ目は，自分の関心事を深めるための環境，仲間，大人がいることである．子どもは，自分の興味があることをみつけると，何をおいても集中して取り組むものである．二つ目は，自分が「主人公」になれる場所である．そこでは，自分の得意分野を披露でき，活躍する姿を他の子どもや大人（スタッフ）が認めてくれる．三つ目は，無目的でいられることである．その場所にいて，いる目的を問われない．何をしていても自由である．だからといって，自分の存在を無視されることなく，言葉なく仲間とつながっていられる場所である．そして，助けが必要なとき，寄り添って理解してくれる大人がいる．これらの3要素は，子どもが学び成長するうえで非常に重要である．

● 接近する子どもの学びの場と都市

フリースクールでは，サッカーやプール，ダンスなど，運動したい子どもも多いが，大半は，その経済的制約から物理環境を十分に備えることができない．よってこの状況を，都市が内包するさまざまな社会的資源，物理的資源をうまく取り込むことで解決している．たとえば，物理的資源の面では，地域公民館，体育館やプールを利用すれば，比較的低予算ですむ．さらに，このようなさまざまな場所へ，子どもの姿や活動があふれだすことで，都市資源の有効活用に一役買うと同時に，都市に活気を与えている．

社会的資源の面では，さまざまな道の専門家がこ

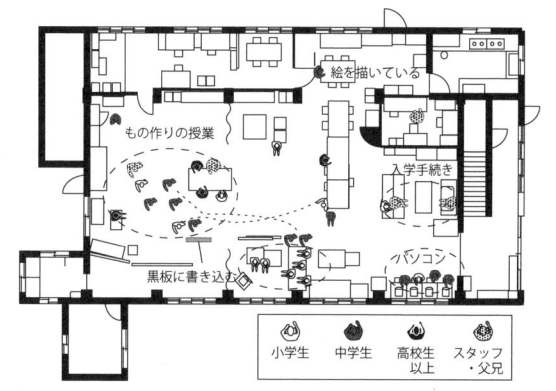

図2 フリースクール「東京シューレ」における活動場面例
（2004年6月，筆者作成）

れにあたる．フリースクールでは，子どもの関心事にあった，その道のプロ講師を依頼する．当然プロであるから，子どもは，第一線の本当の世界を体験することができる．同時に，講師を依頼される側も，子どもの成長に貢献できることにやりがいを感じている．

● これからの就学環境のゆくえ——自分にあった学びの場を求めて

これまで文部科学省は，フリースクールをはじめとする民間教育機関を，学校として認可せず，子どもに卒業資格が与えられなかった．ところが，近年フリースクールが，文部科学省が設定する教育特区枠において「学校」として認可される例が現れた．今後，子どもの学びの場は，ますます教育形態，建築形態が多様化し，自分にあった教育，学校を選択することが可能となってゆくであろう．　［垣野義典］

7-5 広場としての養護学校—ノーマライゼーションの最前線

【テーマ】養護学校　　　　　　　　　　　　　　　　　　　7　教育・文化・医療

●特殊教育の必要性

近年，障害者の地域移行など，脱施設化が叫ばれ，ノーマライゼーションの潮流のなかで大規模なコロニーなどから，地域の小規模住居への住み替えなどが進められている．また軽度の障害をもつ子供たちは，地域の一般の学校での就学を目指すようになってきた．

ノーマライゼーションの立場からのこうした大規模で特殊な施設からの「脱施設化」は，当然の流れであり，すべての障害者が社会復帰して地域に帰ることは望ましい．

しかし，問題は，そう単純ではなさそうである．障害をもつ子供たちのなかには，相当に障害が重度・重複している方々もおられ，特殊教育を支えるハードとしての建築やソフトとしてのプログラムは，そう簡単に削減，合理化できるとは思えない．また，障害者を受け入れる社会構造そのものが成熟していないことも問題である．

●原点としての少人数教育と卓越した能力

養護学校のクラス編成は，一般的に数人の少人数教育が主軸である．教室は学習の場であり，生活の場である．日本の学校では，30～40名ほどのクラス編成が一般的であり，養護学校の教室風景は，家庭との連続性が保てる．少人数クラスがゆえに固い人間関係になる恐れもあるが，逆に，日本の学校教育のなかで一般化してしまった大きな集団の教育環境では得られない，教師と生徒，生徒どうしの緊密な人間関係が得られる可能性もある．障害をもつ子供たちのなかには，身体のある部分はハンディキャップを背負っているが，別の能力が卓越している場合も多い．この一人一人の長所を，いままでの均質な教育プログラムになりがちな地域の学校でどう育むか課題も多い．

●教育と医療・福祉の境界

障害をもつ子供たちのなかには，診療や投薬など，なんらかの医療行為を必要としているケースも多く，急性の発作が懸念される場合もある．

将来的に，重度の障害をもつ子供たちの教育を担う養護学校は，教育と医療・福祉が一体になるネットワークが必要であろう．また，軽度の障害をもつ子供たちを受け入れる地域の学校においては，バリアフリーやユニバーサルデザインの展開はもとより，保健室や相談室の役割も重視され，心のケアやカウンセリングや相談プログラムがいままで以上に充実しなければならない．病院や福祉施設と学校を，制度を越えて計画するマスタープランづくりが必要になる．

●IT時代に人と触れ合う重要性

IT時代においては，自宅でコンピュータを駆使することによって，膨大な量の情報を入手できる．極論すれば，知識教育としての情報は，学校に行かなくても，簡単に享受できるようになる．このようなバーチャルな情報社会があれば，学校は必要かというと，そうではない．養護学校に通学してくる子供たちは，最初は，通学が苦痛に思える場合もあるらしい．しかし，日がたつにつれて，いきいきと先生や生徒たちの交流が始まる．そこでは，生きた人間の声，肌の温もりが感じられ，人と触れ合っている．前述したように，身体は不自由でも，コンピュータ操作に卓越した子供も多い．しかし，バーチャルなインターネットの広場が必ずしも彼らの癒しの場になるとは限らない．IT時代こそ，生身の人間の交流が必要なのだ．

●街の中で育む

障害者の「脱施設化」または「社会復帰＝地域移行」という流れのなかには，これまでの施設のあり方に対して問題提起があることは間違いない．

単一でなく，閉鎖的でない環境として「街」という概念が引用された．「街」とは，小さな価値観の集積であり，複合性を有し，開放性に満ちている．

新しい建物を計画するときに，ヒューマンスケールなものを積み重ね，複合的プログラムを導入した，開放的な空間やデザイン処理が必要になってくる．今日のように，不審者に対する警戒感が高まるなか

■1 福島県立郡山養護学校の「広場」としてのプレイルームと図書室 福島県立郡山養護学校は，隣接する病院と，内部廊下で動線の一体化がはかられている．坂道のようなスロープにトップライトから冬でも自然光が降り注ぐ．プレイルーム，図書室，ランチルーム，訓練室が連続して展開する，「街」としての学校の「広場」のような空間になっている．（撮影：新建築社写真部）

で，開放感を高めるのは大変なことではあるが，ノーマライゼーションを最も必要としている養護学校では，「街」との隔てのない融和は不可欠である．

● 生涯学習の場としての養護学校

障害をもつ子供たちにとって大学進学への道は，いまだに険しいといっても過言ではない．このIT時代が進化すれば，大学進学率は改善されていくと思われるが，大学卒業後の学習の場も限られている．社会が成熟していないために，障害者の就職率は低く，福祉工場や障害者施設，場合によっては，自宅に長時間おられる方も多い．

私たちが養護学校でのワークショップを行い，子供たちにヒアリングした際，「高等部を卒業してもまた養護学校で勉強したい」という意見が多く聞かれた．障害をもつ子供たちの学習の場は，インターネット上では広がる可能性があるが，生身の人間と一緒に学習する場は，いまのところ限られている．軽度の障害の子供たちは，地域の一般校に移行していくのが望ましいし，その結果として生まれる養護学校の空き教室は，社会のストックとして，生涯学習の場として活用されることが望まれる．

● 広場としての養護学校

これからの養護学校は，ハンディキャップの裏側にある，隠れた卓越した潜在能力を十分に活かす，ハードとしての建築が必要である．IT時代の装備の充実はもちろんであるが，医療施設や福祉施設・居住施設との連携が，従来の縦割りではないかたちで実現されなければならない．

今日，盲・聾・知的障害・身体障害・病弱などの区別や年齢による区分も，かつてのように十分に機能しなくなっている．なぜなら，一人一人障害の度合いが違い，いくつもの障害が重複していて，高齢化もあり，単純な類型化があまり機能しないからである．

こうしたなかで養護学校は，複合的で多様な機能が望まれていくだろう．高齢化時代では，皆が心身のハンディキャップをもつことになりかねない．そうしたなかで養護学校は，生涯学習，相談，カウンセリングのセンター的機能がさらに求められるだろう．

新しい養護学校は，計画段階から将来像を見極め，既存の施設はその機能をさまざまにコンバージョンしていく必要がある．一般の学校に移行した子供たちのなかには，志半ばで，また養護学校に戻る子もいるだろう．もうひとつの居場所として機能することによって，養護学校は，高齢化時代，ハンディキャップ社会のなかでの「広場」のようになっていくことを望みたい．

［渡部和生］

7-6　地域と育てあう養護環境をつくる

【テーマ】児童養護施設　　　　　　　　　　　　　　　　　　　　　　　　7　教育・文化・医療

●児童養護施設の転換

　子どもの養育を社会的に支える方法は大きく二つに分けて考えられる．ひとつは里親や養子縁組などをさす家庭的養護であり，もうひとつは児童養護施設や乳児院等の施設で養育を行う施設養護である．里親や養子縁組も制度として進められてはいるが，現在の日本では施設養護が社会的養護の主たる場となっている．

　児童養護施設の入所者数は2005年現在で約3万人．かつては孤児院とよばれ，施設から一歩も出さない養育が行われていた時代もあったが，慈善家の地道な活動に支えられて質の向上が図られ，2000年の児童福祉法の改正に伴って，児童養護施設の変革に向けた動きが活性化している．その方向性を一言でいえば，「施設養護の家庭化」と表現できる．

●入所理由の変化

　児童養護施設の変革が急がれている理由として入所児童の質的変化があげられる．国の実態調査によると，児童養護施設のかつての入所理由は，「父母の行方不明」，「父母の離婚」，「父母の入院」が三大要因であったが，最新の2003年の調査では，「放任，怠情」，「虐待，酷使」，「父母の行方不明」が上位を占めた．虐待が「犯罪」と認められて報告されるケースが増えたことも原因であるが，子どもが心に傷をもった状態で入所するケースが増えたことを意味しており，その割合は入所者の半数を上回るとの報告もある．また，不登校，LD（学習障害），ADHD（注意欠陥多動性障害）など，入所理由の多様化も顕著になっており，一人ひとりの子どもと向き合い，心の傷を癒しつつ処遇が行える環境の必要性が高まってきた．

　従来の児童養護施設は20人以上，多い場合は80人程度の入所者が共同生活を行う「大舎制」が一般的形態であったが，これは子どものニーズに合わせた細やかなケアを行うには適していない．さらにホスピタリズムや愛着（愛情に基づく情緒的な絆）の視点からも大規模集団養育の問題はかねてから指摘されており，グループホームも含めた「小舎制」に向けた制度整備が本格化するようになった．

●家庭的環境づくり

　子どものためのグループホーム制度は，東京都が独自事業として行うグループホーム制度（1985～），退所予定の子どもが自活訓練を行うための「養護施設分園型自活訓練事業」（1992～）などこれまでもあったが，2000年からは国の通知に基づいて新たに「地域小規模児童養護施設」が制度化された．児童養護施設をすでに運営している社会福祉法人が民間住宅などを活用して，本園の敷地の外で行うことが要件となっている．子どもと職員の愛着形成とともに，地域での生活により，ノーマライゼーションが格段に進む．

　一方，既存の大舎施設を活用した家庭的環境づくりとして進められているのが「小規模グループケア」である．ハードのリノベーションも含めて「ユニット化」ともいわれる．大舎の一部を住居ユニットとして区切り，6～10人ほどの子どもと職員が生活できるよう，リビング，キッチン，水廻りを完備する．一軒家の「ホーム」ならぬ「マンション」に改造するわけである．愛着形成の行いやすさというソフト面だけでなく，中廊下型の暗い大舎がセンターリビング型の明るいユニットに変わるなどの，ハード面の優れた効果も得られる．

●自立支援の強化

　家庭的環境づくりとならんで，施設養護で力が入れられているのが子どもの自立支援である．かつては「就労＝自立」と考えて援助が切れていたが，自立の高齢化は社会全般の傾向となっており，社会適応力がついていない卒園児のケアが必要となっている．2000年の児童福祉法改正では児童養護施設における卒園児の相談機能が明確に位置づけられ，遡る1997年には，義務教育を終えた子ども（高齢児）の自立支援を目的とした「自立援助ホーム」が第2種社会福祉事業として法制化されている．

　自立援助ホームは一般にはグループホーム的な施

■1 社会福祉法人青少年福祉センターおうぎ寮　全国でも初めて施設補助（東京都）によってつくられた，高齢児児童養護施設併設の自立援助ホーム．設計：石原設計所（撮影：久野雅晃）

■2 社会福祉法人至誠学園　園の開催行事には地域住民も多数参加する（撮影：社会福祉法人至誠学舎立川）

設であるが，高齢になってからの虐待，家庭裁判所からの紹介，就職に失敗した卒園者の再就職など，それぞれの背景をもった高齢児童が入所する．自立訓練とともに高齢からの愛着形成が必要とされる場合も多く，児童養護施設でカバーしきれない分野を担う貴重な資源として拡充が期待されている．

● 地域化の可能性

「施設養護の家庭化」は入所環境の改善だけでなく，育児を核とした近隣社会づくりに貢献する可能性ももっている．その可能性は東京都立川市の至誠学園にみることができる．

至誠学園は本園を四つのユニットに分け，園外に五つのグループホーム（都型4，地域小規模1）を運営するなど積極的に小規模化を進めているが，特徴的なのは地域住民と相補的な関係を築いている点にある．

小規模化はより多くのケアが必要なことを意味するが，制度によって雇える職員の数には限りがある．そこで子どもをもつ女性や，地元大学生にボランティアとしてグループホームとユニットの運営に密接にかかわってもらっている．ボランティアは労働力としても貴重だが，それにとどまらず子どもの社会化に貢献する施設の外からの空気でもあり，時には学校の父母会で施設の子どもの立場を擁護する理解者となることもある．

一方，施設職員が子育ての悩みをもつボランティアの相談相手となり，専門の相談員を紹介することもある．またボランティア大学生が施設の子どもといっしょに地域の子どもにも勉強を教えるなど，地域の子育て機能の一端を担うことも少なくない．

従来は閉鎖的イメージが強かった児童養護施設がこのように地域に根づいているのは，小施設がサテライトとして街に出ていっていることと，本園とサテライトのネットワークがもたらす信用力の相乗効果によるという．こうした展開には超えなければならないハードルもあるが，児童養護施設を核とした「育児の地域化」の可能性は都市部でも十分にある．

● 小規模施設の課題

子どものグループホーム的施設は，2004年時点で，全児童養護施設の1/3にあたる200カ所程度あるが，入所者数ベースでは全体の5％程度にとどまっているといわれている．今後質の高いグループホームを増やしていくためには，十分な予算措置や職員の配置拡充といった課題とともに，地域化のメリットを引き出すための地域環境づくりにも取り組んでいく必要がある．このように考えると，施設計画においても，家庭的環境としていくことはもちろんのこと，「地域に資する施設環境」としていくことも重要な視点になるといえるだろう． ［石原弘明］

文献
1) 長谷川眞人・堀場純矢編著（2005）：児童養護施設と子どもの生活問題，三学出版．
2) 社会福祉法人至誠学舎立川：児童養護施設の被虐待児処遇プログラム．

7-7 子どもが校舎から学ぶこと―学校建築のかくれたカリキュラム

【テーマ】学校建築　　　　　　　　　　　　　　　　　　　　　　　　　7　教育・文化・医療

● 環境は意味をもつ

　学校建築の利用者は校舎から，その物理的環境が何を可能にし，どのような制約があるかを読み取って行動する．そのときには機能面だけでなく，快適性や心地良さなども関連する．一方，空間を使うにあたっては意味的な制約もあり，意外なほど拘束力をもつ．室名はその部屋の用途を規定して他を排除するラベルとして働くし，たとえば多目的スペースを「共用の場所だから」という意識上の制約から学級単位では使わない教師もいる．個人的なレベルでは，「自分のクラス」，「好きな先生の教室」，「○○する場所」のように空間が意味づけられて心象風景が形成されていく．

　このように，校舎はニュートラルな物理的存在ではなく，「学校」という文脈のなかで意味をもつ．建築は機能を満足する道具というよりは，所与の地形として住まわれ，意味づけられる環境なのである．同様の見かたは他の建物種別に対しても成立する．

● 空間のメッセージ――「かくれたカリキュラム」

　しかし，建築が自然の地形と根本的に異なるのは，ある目的のために造られた人工物である点だ．設計者の思想やその当時の社会・文化に共有された概念は校舎に体現され，そこに込められたメッセージを生徒は学ぶことになる．

　環境が意味を伝達する働きを説明する理論として，教育学の「かくれたカリキュラム」がある．これは，生徒は学校でカリキュラムに示された知識や技能だけでなく，教材，日課，教師や同級生の言動など，学校生活の構成要素全般を通じて規範や価値を学ぶという理論である．そして，校舎や教室のあり方も，学校観・学習観を体現するものとしてかくれたカリキュラムを担うとされる．

　たとえば，質実剛健な片廊下型校舎に対して，住宅的スケールや造形の校舎は，学校が「住まい」であるとの理念を表す．黒板を背にして教師が立ち，生徒が整列して座る伝統的な教室空間は，知識がそれを独占する教師から生徒に授けられるという教育観を体現している．対照的に，最近みられるオフィスのような学習空間は，学校を「学習の場」からさらに発展させて「ワークプレイス」ととらえる発想を示している．

● 空間の論理――「裏返しの建物」

　片廊下型校舎では，出入口付近に職員室や校長室があり，普通教室はそれよりも奥や上階に置かれるのが普通である．スペースシンタックス理論で知られるB. ヒリアーとJ. ハンソンはこのような形式を「裏返しの建物」とよぶ．

　住宅や店舗ではその建物を管理する住民や従業員が奥におり，外来者は入口近くの空間で迎えられる．学校や精神病院，刑務所では逆に管理者が入口に近いところにいて，奥に利用者を閉じ込めることから「裏返し」となる．学校は収容施設ではないが，大勢の生徒を少数の大人が管理するという特徴ゆえに収容施設と同じ性質をもってしまうのだ．

　この性質は図面から読み取られるだけでなく，現実にも経験される．たとえば，校門で教師が登校する生徒をチェックする「校門指導」や，教師が廊下の端からフロア全体を見通して生徒を一喝するのは，このような空間構成ゆえに可能である．こうしたコントロールを可能とする空間が，パノプチコンと同様に管理を生徒に内面化させる作用をもつことは否定できない．

● 空間の規範――行動様式を規定する

　伝統的な教室は一斉授業にとって機能的に造られているとともに，その前提となるコミュニケーションの様式や行動・動作に人を枠組む．教師は生徒全員を一望できるが，生徒は教師だけを見るようになっており，生徒どうしのコミュニケーションは想定されていない．また，教室内を移動する自由は教師にだけ与えられ，教壇に立って権威を強調することも，生徒の机の近くに歩み寄ることもできる．生徒との対人距離や関係を調節できるのは教師だけだ．

　逆に，オープンスクールは生徒が主体的に活動

■1 オフィス的な学習空間　低学年も高学年も個人別の課題と時間割で学ぶ（デンマークの実験的オープンスクール，筆者撮影）

し，居場所も生徒自身が選ぶことを期待している．「オープン」には，壁がないという意味と使い方が柔軟という二重の意味があり，いずれも「自由」というニュアンスをもつ．オープンスペースでの活動がしばしば「のびのび」や「思い思い」といった表現で語られることにもそれは現れている．

しかし，オープンな空間もただ自由なのではなく，そこには別種の秩序がある．閉じた教室では，教師による統制を空間の閉鎖性や机配置が支えている．オープンな空間では，生徒は教師の直接的な監督下にない代わりに，自主的に学習する態度を要求される．つまり，生徒の自己コントロールがあって初めて機能するのである．

ここから，閉じた教室とオープンスペースは「管理」対「自由」という図式ではなく，管理の形式の面から対比されるべきであることがわかる．空間が外的・明示的な規範となる教室にも，児童が暗黙の規範を内面化することで成立するオープンな空間にも，前提となる教育観と行動様式があり，生徒はそれを身体化していくのである．

●空間の文化——使われ方が内包するコード

同じような学習空間でも文化によって使われ方が異なることがある．これは活動内容の差異にもよるが，文化的に規定された空間と人の関わり方，すなわち空間性の違いと解釈することができる．

日本のオープンスクールでは，一見思い思いに学習している場面でも，実際にはドリル学習のような個別的だが反復・暗記型の「クローズドな」学習が行われていることも多い．一方，欧米の学校での観察からは，個別学習でもクローズドな学習では教室にとどまる傾向がみられる．そして広い作業面や個人・グループ別の場所が必要な場面で初めてオープンスペースに出てくるのである．ここから，空間の使い分けが欧米のケースでは実際的な要求に従うのに対して，日本では一斉か個別かという集団編成と対応する図式が浮かび上がる．

地理学者オギュスタン・ベルクによれば，日本の空間性には，たとえば家屋という物質的な器がそのまま家族という社会組織（どちらも「イエ」）を表す対応関係がみられる．これに当てはめれば，個別学習が内容を問わずそう見える空間展開をとるのは，物質的な空間の姿に社会的な集団編成を重ねる空間性の発露であるともいえる．

環境の意味を読むためには，それを読み解くコードが必要である．日本では「教室＝一斉・画一的授業」，「オープンスペース＝多様で個別的な学習」のように空間が意味づけられるが，そのコード自体が文化的なものである．そして，おそらくこうした次元も空間体験を通じて学習されるのである．

［伊藤俊介］

7-8 中学校の計画と運営方式

【テーマ】中学校・高等学校

　学校建築は，多様な教育方法がとれる柔軟な教育空間を目標として変化が始まり，小学校では学年等のまとまりに対して多目的スペースを組み合わせる形が一般化してきた．これに対して教科担任制をとる中学校では対応した計画原理が見つからないでいたが，運営方式として教科教室型を採用し，教科ごとに特色ある学習環境を構成する計画例が注目されるようになっている．

● 学校の運営方式

　学校の教室はそれを主に使う教科と集団により，普通教室（特定のクラス，複数の教科），特別教室・教科教室（複数のクラス，特定の教科），図書・コンピュータ・視聴覚室等の共通学習諸室（複数のクラスと教科）に大別される．その組合せ方によって学校の運営方式が設定でき，生徒や教員の動きや教室の環境構成の自由度に違いがある．

　従来一般的な普通教室（クラスルーム）と特別教室の組合せによる形を特別教室型，これに対して各教科に専用の教室を設ける方式を教科教室型という．特別教室型はクラスルームが確保され，学校での生活は安定するが，国語・社会・数学・英語等のいわゆる一般教科は教室が共用となるため，教科担任制の中学校では教科独自の教材の用意や環境構成ができず，教室は無性格にならざるをえない．これに対して教科教室型は教科ごとの要求に応えた教室計画ができ，教室利用率を高められる長所がある一方，生徒が教室を移動するため，持ち物，居場所等，生活面について検討し，計画的な対応が求められる．

● 教科センター方式

　教科教室型が注目されるもととなったのは福島県三春町の4校の中学校の計画である（1991～95）．そこでの教育実践と成果が注目され，千葉市立打瀬中学校（1995），聖籠町立聖籠中学校（2000），大洗町立南中学校（2001）等が実現し，さらに全国各地に波及しつつある．

　計画の特徴は，教科ごとに必要数の教室をまとめ，教科メディアスペースとなるオープンスペースや教師ステーション・教材スペース等を組み合わせてユニット＝教科センターを構成する点にある．教科メディアスペースには教材・図書・コンピュータ・学習成果物等が掲示・展示され，教科の特色や学習単元の内容に応じた学習環境づくりを進める．それにより，教科の魅力や学習の意義を感じられるようにし，生徒自ら教室に出向くことを通して，学習への能動的な意識や態度を育てることがねらいとされる．また教室まわりに教師ステーション等を設けることにより，教師の協力体制の下，多様な学習展開や必要な教材が随時使用できるようにするとともに，教師と生徒の心理的距離を近くすることが意図される．これを単に教科教室が廊下に並ぶだけの教科教室型の計画と区別するために，教科センター方式という呼び方が提唱され（長澤　悟（1996）：よみがえれ中学校．Eye-span Vol.13，教育環境研究所），普及してきた．

　先進校における教科センター方式の導入理由は，次のようにまとめることができる．

　①設置者として，教育長等の強力なリーダーシップの下，主体的に学ぶ力を伸ばす，学校を魅力的な場にする等，明確な教育理念をもって学校改革に取り組む．

　②荒れた学校で，学習環境・多様な交流を通した学習への動機づけによる立て直しを図る．

　③競争原理の少ない小規模校で，教材や生徒の作品を用意した環境により学習意欲を喚起する．

　④クラス解体や教室移動を伴う選択制や小集団授業等の実施校で，移動等を前提として教育・生活環境を整える．

　⑤小中一貫校や小中併設校で，9年間の学校生活に変化が感じられるようにする．

● 教科センター方式の計画と設計

　教科センター方式の教科指導上の利点については，比較的容易に教師の理解が得られる．懸念されるのが，持ち物の処理，クラスの場所，移動や居場

■1　教科メディアセンター（大洗町立南中学校）

■2　教科教室に隣接したホームベース（大洗町立南中学校）

■3　放課後のホームベース（豊富町立豊富中学校）

所等，生徒の生活面での動きが異なることである．これらについて，先進校の視察等を交えながら議論を重ね，計画的な組み立てと魅力的な空間設計を進める必要がある．

　計画に当たっては，まず学校の教育課程に示された教科ごとの週授業時間数をもとに，時間割が組めるように必要教科教室数を算定する．あわせてクラスの場となるホームルーム教室やホームベースの性格づけを検討し，他の必要諸室を含めて全体の面積構成を行う．

　教科ごとあるいは教科を関連づけて，教科教室，小教室，教科メディアセンター，教師ステーション等を組み合わせ，教科センターを構成する．教科の特色に応じた学習環境構成ができるように，掲示面の確保や家具計画を進めることが大切である（■1）．

　クラスの場，生徒ロッカーの用意の仕方として，教科教室型では学校の中心的な位置にロッカースペースを設け，個人机が配置される教科教室をクラスのホームルーム教室として割り当てるのが一般的だった．これに対して，近年は個人やクラスの学校生活の精神的拠点，居場所の保障としてホームベースが設けられ，そこにロッカーが置かれる．ホームベースには，ホームルーム教室となる教科教室に隣接させる計画（■2）や，ホームルームや食事ができる面積を確保し，独立して配置する計画（■3）などが見られる．

　教室移動については，生徒の動きや落ち着きが一般に心配されるが，むしろ気分転換や能動的な学習姿勢が育つという評価も聞かれる．変化のある移動空間，友達・教師と気軽に話せる場の設定など，発見・交流・コミュニケーションの場として豊かな学校空間，居場所の設計が求められる．

●計画プロセスの重要性

　教科センター方式は，生徒の自律的な生活，主体的な学習態度，教科の特色の伝達，多様なコミュニケーション，チームティーチング等，明確な教育的ねらいをもって採用されるものである．その点で教育観を表すものといえる．形だけ教科センター方式をとっても，その特長を生かした教育的取組は生まれにくい．計画の初めに現状の教育の問題点や課題，要望等について十分に把握し，学校づくりの目標を共有し，先を見通した計画理念を立てる必要がある．採用する意義，必要な施設環境，整えるべき運営体制等について，設置者と学校や保護者が一緒になって十分な議論を重ねる計画プロセスが不可欠である．それがソフト・ハード一体となった学校づくりにつながる．

［長澤　悟］

7-9　21世紀のキャンパス計画

【テーマ】大学，キャンパス計画　　　　　　　　　　　　　　　　　　　　　　　　　　　7　教育・文化・医療

●状況から

　現在，大学のキャンパス計画は様相を変えつつある．キャンパスの姿形を思い描くことより，施設を企画し，効率的な建設・整備のプロセスを考え，効果的に運用することが重視される．キャンパスを資産ないしは経営資源ととらえ，投資や運用の効果を点検・評価し，重点整備を行い，管理に反映させる．物的施設設備にかかわる諸課題を長期的視点，総合的視点から考え，大学の目標や活動計画にそって施設計画や運用を最適化しなければならない．「施設マネージメント」とか「キャンパスマネージメント」，「プロパティマネージメント」とよばれるものである．

　大学は世界的な規模で競争の時代に突入しようとしている．すでにアメリカの大学は国外へ進出し始めている．競争を生き抜くために大学は経営戦略をたて，もてる資源を集約し，その効果的利用をはかってゆかねばならない．キャンパスの立地を生かし，社会が求めるニーズにすばやく対応する．そのために必要な物的環境を整え，維持することは大学のトップマネージメントの一つになりつつある．

　これまで施設を良好に維持し，有効利用するという意識が低すぎた．意味のない無駄を省くことはもとより，大学それぞれの目標にそって物的環境の企画や整備，運用のプロセスをコントロールすることが求められている．

●大学の変わる役割，変わらない役割

　こうした状況でもなお「キャンパスの計画」に意味があるとすれば，改めて「大学とは何か」，「キャンパスとは何か」を問わざるをえない．「大学の役割とキャンパスの姿」を問い直しはじめて，マネージメントでいわれる企画や構想，維持・管理のプロセスが意味をもってくるからである．

　大学には時とともに変わる役割と変わらない役割がある．もとより大学は，その時々の国策に応じ，期待される役割が大きく変わる．地域社会では文化的拠点，人材の養成拠点として期待されている．空間的資産としてもキャンパスが再認識され，社会連携やまちづくりのための協働は珍しくなくなった．なにより大学は経営戦略を意識し，大学の目標自体多様化している．キャンパスはさまざまなニーズに応えてゆかなければならない．

　一方，変わることのない大学の役割とはどんなものだろうか．多様な出自の人間が集まりつくった知的な共同体，一種の組合＝ウニヴェルシテが大学となった．大学ではさまざまな遭遇と衝突，交錯が生まれ，知的創造が行われてきた．社会や世界に関する教えと学びがあった．集い，交わり，学ぶ場としての大学の役割である．

　したがってキャンパスはまず，多くの人間が集える場として世界に開かれていなければならない．そして，集結した人間がまとまりある集団となるには，空間的なまとまりを実感できるようでなければならない．また，世界について学び，人間としての充実をはかる場として，キャンパスは永続性を信じられるような姿でそこにあり続けなければならない．安定した立脚点としての場があってはじめて，変転して止まない世界に対する理解が深められるからである．

　キャンパスが大学のこうした可変的な役割と永続的な役割の両者に応えなければならないとするなら，キャンパスは外に開かれかつ一貫した内的なまとまりを実感できるような環境，必要な変化を受け入れ，それに応えるとともに，永続性を実感できる持続的な環境として現れなければならない．

●オープンスペースが開くキャンパスの未来

　キャンパス計画の歴史は，それぞれの限界と可能性をともに示している．キャンパスを一体的に計画することは20世紀初頭のアメリカで始まった．日本でもほぼ同時期に始まり，たとえば，1920年代の東京大学本郷キャンパスの震災復興計画は，その最も徹底した例となった．

　当時，大学では組織の巨大化が進み，知的共同体としての一体感が弱まり始めていた．キャンパス計

■1 ワシントン大学（シアトル）の風景（筆者撮影）

■2 東京大学工学部2号館（工学部建築計画室，2005） 建物に内包されたオープンスペース「工学部フォーラム」（筆者撮影）

画は一面において，それを補うような形で空間的一体感を回復しようとする運動であった．一貫した空間システムによってキャンパスを編成することによって，統一的なキャンパスが数多く生み出された．

その過程で問題があったとすれば，統一的に計画されたキャンパスが大学の「自治」や学問の「自由」といった価値と一体化し，社会のなかで孤立し君臨するものとしてのキャンパス像を生んだことである．内部に一貫する強い秩序は「外部」を明確にすることにつながった．

キャンパスの計画は他方で，オープンスペースという大学の空間的伝統を自覚させる契機となった．アメリカでは，もともと原っぱを意味するラテン語のキャンパスという言葉が，大学の校地を示す言葉になっていた．アメリカのキャンパスは，連続的に広がる緑地に建物が散在するというのが一般的なその姿であったが，キャンパスの計画も建物配置を考えるというより，オープンスペースを一貫したシステムとして編成することにほかならなかった．

建物は特定用途に対応するためにたえず更新され，それぞれの時代の営為を刻んでゆくのに対し，オープンスペースはそうした変化を貯えながら長期間にわたって安定した姿を保つ．キャンパスのオープンスペースが大学の基本的な役割に応える時空に開かれた持続的な環境をつくり出すことに気づいたのである．

オープンスペースの可能性は21世紀のキャンパス計画においてもますます重要となろう．オープンスペースこそ大学に求められる役割を支え，大学の内外という区別を無意味化し，社会と大学，人と人を関係づけるからである．

アメリカにおけるフレームワークとよばれる計画の枠組みづくりも，特定の場所や活動を関係づける一種のオープンスペースの計画である．大学はいま，都市や地域社会とハード，ソフト両面で協働することによってともに力を貯え，活動性を高めようとしている．キャンパス内外に人と人の多種多様な関係，生成しては離散してゆくようなダイナミックな関係を明滅させるようなオープンスペースの計画こそ，大学キャンパスの未来を開く．

●計画を支える力

「計画」を立てても，キャンパスは一挙にできるわけではない．「計画」されたキャンパスが完成しても長期にわたって良好に維持され，利用されなければ意味がない．よきキャンパスが生成し，維持する「しくみ」を考えなければならない．大学の基本的な役割，そして大学のそれぞれの目標に従ってキャンパスの企画から維持・運用までの一連のプロセスをコントロールできる体制が必要となる．経営的な戦略とマネジメントの発想が，施設の効率的な企画・運用を通し多様な形の空間的ゆとりを生み出すならば，時空に開かれたオープンスペースが成長するプロセスが回転し始めるだろう．21世紀の「キャンパス計画」では，オープンスペースを生きたものとして支えるマネジメントという力もまた必要とされるのである．

［岸田省吾］

7-10　情報拠点としての公共図書館

【テーマ】公共図書館

●公共図書館の定義と変遷

公共図書館とは，①利用者および利用目的を限定せずに資料，施設，人的サービスを提供する，②設置主体が公益性をもつ団体であること，③サービスが無料ないし非営利で提供される，という3条件のすべてを満たす図書館である．

戦後の日本の公共図書館の変遷を概観すると，1960年代半ばまでは，学生が利用者のほとんどを占め，座席だけを利用する「勉強部屋図書館」であった．資料を提供する図書館にすべきとの気運が高まり，利用者が自由に書架の本を手に取れる開架方式を採用し，貸出サービスに特化した東京都日野市立図書館などの成功例が報告され，多くが追随するようになった．貸し出して家で読んでもらうことをサービスの中心とし，館内にはあえて閲覧座席を置かず自習者を排除する図書館である．1980年代半ばまでの「貸出型図書館」の時代に，自治体の図書館設置率は飛躍的に向上し，蔵書冊数，貸出冊数，来館者数が増加し，利用者は主婦と子ども中心に変化した．1980年代半ば以降，自治体財政も豊かになり，所得の向上に伴う生活の質的豊かさを求める社会的要請，図書館利用習慣の定着化によるサービスの高度化要求などに応えるために，図書館は大量の図書と雑誌，ビデオなど視聴覚資料とその視聴スペース，そしてさまざまな形態の閲覧空間などを備えることで，利用者が長時間を館内で過ごせる「滞在型図書館」へと変容し，週末に家族そろって来館する利用者が増加した．大規模化とともに複合施設型図書館が過半数を占めるにいたったのもこの時期の特徴である．

知識や情報が価値を生み出す知識基盤社会が到来している．インターネットに代表される情報通信技術の発展は，社会に急激な変革をもたらしている．また，高齢化時代を迎え労働年齢の高齢化が進行している．こうした社会にあっては，若年時の学校教育と就業中に得た知識・経験だけでは不十分であることが広く認識されてきており，社会人大学院などライフステージの各段階で，必要な知識技術を学び直すことができるリカレント教育の体制整備とともに，キャリアアップや資格取得，職業上の必要，そして自己啓発からも，主体的に学ぶ場と機会が住民の生活圏に用意されていることが求められている．自由な時間を得た高齢者には自己の関心事を深く追求したいとする者も多い．あらゆる年齢層に生涯学習の場と機会を提供する公共図書館の存在は，ますます重要性を増している．こうした変化を受けて1990年代半ば以降，図書館は建築的には滞在型図書館の延長上にありながら，レファレンスサービスなど職員の専門知識と技術による人的サービスを重視した「課題解決型図書館」へとシフトしてきている．この結果，成人男性を中心とする有職者が来館者の大きな比率を占めるにいたっている．

●公共図書館は地域の情報拠点

地方分権の推進や都市再生には，自治体の政策立案能力や地域の課題解決能力を高める必要がある．その基本は，日常的に自治体に関心をもち，地域の課題解決に向けて積極的に活動する住民の参加である．そのためには，正確な情報をもとに公平な評価や判断ができる知識を得た住民すなわち「情報提供を受けた市民（informed citizen）」の実現が欠かせない．公共図書館は，だれもが確実な情報を平等に入手できる社会的機関であり，自らの手で情報を探索，取得，評価できる市民を育てる機関である．また，自治体の首長や議員，行政職員に必要な資料と情報を積極的に提供し，地域の課題解決能力，政策立案能力を高める．さらに，高い集客力をもつ図書館には，既存商店街に人通りを復活させるなど地域活性化の役割が期待されることも多い．

●役割の変化

現在急速かつ広範に進展しつつある情報通信技術の革新により，紙や印刷を用いない情報伝達が，情報の流通の仕組みに影響を及ぼしつつある．このことが従来からの図書館のあり方に本質的な変更を迫ることは不可避である．北欧など図書館先進国で

■1　ハイブリッドライブラリーの典型　ドイツ国立図書館フランクフルト館，1996年開館（筆者撮影）

は，公共図書館を情報ネットワーク社会に生きる国民の情報収集能力向上に資する中核的な機関と位置づけ，図書館法を改訂し条文にそれを明記している．たとえば，2000年改訂のデンマーク図書館法は，インターネット接続パソコンの利用者への提供を，すべての公共図書館に義務づけるなど，各国とも従来の印刷資料だけでなく，自館作成のデジタルコンテンツおよびインターネット上の電子的情報源への自由なアクセスを提供することを求めている．

● 電子図書館，ハイブリッドライブラリー

電子図書館（デジタルライブラリー）とは情報ネットワークを介してデジタルコンテンツを提供する図書館をいい，いわば図書館の未来形である．現存の図書館でもデジタルコンテンツを多数有する図書館がそう自称することもあるし，図書館全体からみれば，なお部分的であるとして当該部分を電子図書館サービスということもある．

ハイブリッドライブラリーとは，伝統的図書館から電子図書館への中間形態である．学術的な図書館では，資料は電子ジャーナルや電子テキストなどにとって代わられ始めており，早晩，電子図書館への移行が実現するであろう．情報ネットワーク上にはすでに大量の電子的情報資源が蓄積され，日々増加しており，公共図書館でもこれらへのアクセス手段を提供することが一般化しつつあり，デジタルコンテンツと印刷メディアとの併用が利用者の一般的な情報取得行動となってきている．しかし，図書館には印刷メディアの膨大な蓄積があり，これらがすべてデジタル化されることはなく，書籍は今後とも愛され続けていくであろう．その意味で，印刷メディアとインターネット上のデジタルコンテンツの両方へのアクセスを提供するハイブリッドライブラリーは，過渡的な形態ではなく，電子図書館への連続体として将来にわたって維持される形態であると考えるのが妥当である．

しかし，デジタルコンテンツへの大規模な移行が進めば，従来のような出版流通が行われ続けるか，図書館という知識情報の提供者と利用者の中間的な組織が社会的に意味をなすかという疑問もある．そのため，電子図書館はこれまでの印刷メディア中心の図書館の延長とは考えにくいとの論もある．

● 既存施設の転用

図書館でも既存他用途施設からの転用事例が出現してきている．茨城県立図書館は2001年に旧県議会議場棟を，2005年には鳥取市立図書館が商業施設を，枚方市立図書館が大学図書館を改修転用した．図書館は質と量両面で成長・変化し続ける組織であるため，つねに施設の拡張・更新を指向する．自治体財政の効率的な運用が求められるなかで，施設需要を良好な建築ストックの転用で満たすことを選択肢とする事例が増加するであろう．［植松貞夫］

7-11 ミュージアム―都市の記憶継承の場として

【テーマ】美術館・博物館　　　　　　　　　　　　　　　　　　　　　　　　　　　7　教育・文化・医療

●ミュージアムの成立

　ミュージアム（美術館・博物館）は，18世紀後半のヨーロッパで成立した近代的な施設である．フランス革命後の1793年にパリのルーヴル宮内に開館した中央美術館（現ルーヴル美術館）に代表されるように，その成立の背景には，それまで特権階級に限られていたコレクションの鑑賞を広く市民に開放しようという意識があった．同時に，歴史学などの諸学問の発達がコレクションの系統的な展示という試みを促進させていく．さらに19世紀におけるナショナリズムの興隆が国威発揚の機関としてのミュージアムの広がりを後押しした．このミュージアムのための建築がひとつのビルディングタイプとして発展していくのは，19世紀に入ってからである．

●19世紀のミュージアム建築

　19世紀前半の草創期のミュージアム建築は，K. F. シンケルによるベルリンのアルテス・ムゼウム（1823-30）に代表されるように，古代ギリシャの建築に範をとったいわゆる新古典主義の造形を主流としていた．それは当時流行していた建築様式を実践するものであり，ミュージアムが内包する古代彫刻のコレクションともイメージ的に結びつくものであった．現在でもミュージアムの建築といった場合，ギリシャ神殿風の造形を思い浮かべる人は多いと思うが，そこにはこういった草創期のイメージが強く影響を及ぼしている．

　実際には19世紀全般でみると，主流となるのはネオルネサンス様式である．たとえばウィーンの美術史・自然史博物館（G. ゼンパーとK. v. ハゼナウアー，1871-91）はその最も壮麗な例だ．こういった宮殿風の建築は，かつてのコレクションの収蔵場所である君主の宮殿を連想させるという点で，ミュージアムの様式として妥当なものであった．

　このように19世紀のミュージアム建築は，歴史的な建築モデルとのイメージ的な結びつきのなかで型を発展させていく．その究極例が，世紀末にミュンヘンに建設されたバイエルン国立博物館（G. v. ザイドル，1894-99）である．南ドイツ・バイエルン地方の芸術・文化遺産を展示するために計画された建築では，過去のさまざまな時代の室内を再現した展示室が集積されると同時に，外観では郷土の複数の時代の建築造形が折衷されていた．

●20世紀のミュージアム建築

　19世紀と20世紀のミュージアム建築の大きな違いは，ひとつはこのような歴史的な建築表現からの脱却という点にある．もうひとつは，より中立的な展示空間の獲得という点があげられるだろう．後者の特徴は近代建築における均質空間の追求とあいまって，以後のミュージアムの内部空間の主流となっていく．その利点は，さまざまなコレクションの展示に対応しうる柔軟さにあった．その点で，20世紀に入りテンポラリーな展覧会形式が一般化していったことも，中立的な展示空間の普及の一因として考えられよう．その代表例が，1939年に竣工したニューヨーク近代美術館（P. グッドウィン，E. D. ストーン）である．

　20世紀の中立的な展示空間追求の試みは，1968年のベルリンのナショナルギャラリー（M. ファン・デル・ローエ）を経て，1977年のパリのポンピドーセンター（R. ピアノ，R. ロジャース）で頂点を迎える．そこでは，48 m×170 mの無柱の大空間という，究極的にフレキシブルな展示空間が提示されていた．ちなみにこの建築は，図書館，映画館，デザインセンターなども収容する文化・芸術の複合施設として計画されており，その点でも多機能化する現代のミュージアムの先駆となっていた．

　その後ミュージアムの建築は，内部・外部ともに多様化していく．たとえば，歴史的なミュージアムの平面形式を参照しつつポストモダンの手法で建築全体をまとめあげたJ. スターリングのシュトゥットガルト美術館（1977-84），中立的な展示空間へのアンチテーゼとしてコレクションと展示場所との一対一対応を求めた磯崎新の奈義町現代美術館（1994），展示建築としての抽象的な表現を追求した

■1　グラーツ（オーストリア）のクンストハウス　設計：P. クック，2003年竣工（筆者撮影）

P. ズントーのブレゲンツ美術館（1990-97）など興味深い例は数多い．さらに近年では，F. O. ゲーリーによるビルバオのグッゲンハイム美術館（1991-97）やD. リベスキントによるベルリンのユダヤ博物館（1989-99）のように，ミュージアムの建築そのものがひとつの彫刻作品であるかのように，独創的な建築造形を実践する例もめだってきた．これらの例は，ミュージアムの建築造形がひとつの極に到達したことを物語っているように思われる．

● ミュージアムと歴史的建造物の転用

20世紀に入り途絶えてしまったかのようにみえるミュージアム建築と歴史との結びつきは，別の形で現代に至るまで維持されてきた．それは歴史的建造物の転用というテーマである．そもそも近代のミュージアムの草分けであったルーヴル美術館が歴史的な建造物の用途変更の例であったことからもわかるように，元来ミュージアムは歴史的建造物と相性のよいビルディングタイプであった．というのも，まずミュージアムは他の建築類型に比べて機能的な制約が少なく，既存の建造物に比較的適応しやすい．さらに，過去の遺産を収集・展示するという基本的性格が，歴史的な建造物を転用する行為と意味的に符合するという点も指摘できるだろう．

このような歴史的建造物転用の事例は，数こそ多いが，なかなか近代建築史の記述のなかには登場してこない．代表例では，C. スカルパが14世紀の城塞を改修したヴェローナのカステルヴェッキオ美術館（1964）や19世紀の駅舎を改築したパリのオルセー美術館（G. アウレンティ，1986）があげられる．もっとも，近年のプロジェクトでは，歴史的建造物の転用というテーマがいままで以上に重要性をもってきているようにみえる．たとえば，ヘルツォーク＆ド・ムーロンの設計で話題になったロンドンのテート・モダン（2000）は，近代産業の象徴であるかつての発電所を改築したものだ．このような例は，建築における単なる用途変更の好例という以上に，都市の記憶を継承する試みとしてもさらに重要性をもつものではないだろうか．

この文脈で興味深いのが，オーストリアのグラーツに2003年に竣工したP. クック設計のクンストハウスである（■1）．この建築は，設計者が1960年代にアーキグラムで構想した前衛的な造形を，40年の歳月を経て初めて実現したものである．その点で，近年のミュージアムにみられる形の追究の一例であった．しかし同時に，この建築の側面のファサードを形成しているのは，19世紀に建てられた建物の一部である．それを新しい建築に取り込むことで，記憶を継承し，新旧の建築表現が融合した新しい都市の場を創り出そうとしている．その点に，過去と現在の結節点としてのミュージアム建築のひとつの可能性が示されているように思われる．

［海老澤模奈人］

7-12 都市美術館の正体を覗く

【テーマ】美術館　　　　　　　　　　　　　　　　　　　　7　教育・文化・医療

　美術館の起源は紀元前3世紀，アレクサンドリアの総合学術機関ムセイオンとされる．ヨーロッパでは，12世紀以来数世紀にわたる王家の権力誇示や戦争略奪による美術宝物などのコレクションが，19世紀の市民革命の時を得て市民公開の美術館が誕生するも，その後も美術館は，政治的利用の道具として列強の首都美術館の存在は際立ち，巨大さや，ものものしい構えで帝国権威の象徴的存在を纏うものとなった．

● 帝国覇権主義と首都美術館

　ローマ帝国をはじめ大英，フランス，オーストリア，ロシアなど，列強の帝国覇権主義がもたらした支配領土からの美術品略奪の歴史は，20世紀の第2次世界大戦におけるヒトラーのドイツ帝国にまで及んだ．そして，その大半が世界大戦による絶大な被害にさらされるも，圧倒的な数と有数のコレクションによる首都美術館として，政治的・社会的な激動の過去の歴史を背負いながら今日を迎えているといっても過言ではない．

● 美術品収集——政治力から資力へ

　アメリカ合衆国の美術館の歴史は，帝国主義の歴史とはちがい，世界大戦の影響も被ることもなく，みごとなまでに民間人による強力な資力に基づくものであった．並外れた資力は19世紀末には驚異的な規模の美術品がアメリカに買い集められ美術館建設を促進させた．巨万の富を資力にした美術品収集合戦は，またたくまに美術品の行方を世界中にかけ巡らせることになった．

● MOMAとホワイトキューブ

　アメリカの首都美術館がワシントンに建設されるとき，ニューヨークは近代美術館（MOMA）を生み出した．MOMAは，近代美術館とはいえ20世紀の前衛芸術の流れをとらえようと，次々に企画展を展開する先進的な美術館としてその名を世界に際立たせた．

　20世紀の中頃から始まった文化改革運動や大衆文化の表現芸術，ポップ・アートなど，新しい価値観の激流はニューヨークという都市を加熱させていった．そのただ中にあって，MOMAは新しい運営コンセプトとともに展示空間をも革新した．

　MOMAは「ホワイトキューブ」といわれる白い箱の展示空間で，鑑賞者の注意を作品に集中させる．ニュートラルで，展示空間の変更に容易に対応するフレキシブルな空間は，企画展示には最適な空間として，世界の美術館に応用された．そして企画展そのものも，歴史的コレクションが世界的に払底してくるとともに，多くの美術館の運営の主軸となっていった．

● 現代美術と美術館

　しかし多様な価値基準が問われる現代では，展示企画の文脈そのものが作品に意味を与えてしまうことへの問題も問われ，現代美術が上品に美術館の力のない壁に飾られることを嫌い，時空間を作品自らが支配するインスタレーションなどが，サイトスペシフィックになるほどに，既成の均質，画一的な「ホワイトキューブ」の展示空間から溢れ出している．美術館の空間は，フレキシブルでダイナミックな変化に富むものへとその対応がせまられている．さらに電脳社会におけるメディアアートも，新しい領域を発展させている．

● コンバージョンと美術館

　欧米の美術館では，歴史的建築空間を巧みに転用活用しているものも多い．本来の建築の記憶を引き継ぎながら，むしろそれを個性として発展させているものである．ルーヴル美術館ももとを正せば宮殿からのコンバージョンであり，オルセー美術館は宮殿を駅に，駅を美術館へとコンバージョンしたものである．

　近年ではロンドンのテート・モダンが，コンバージョンにおける現代美術展示への新しい手がかりを示している．巨大な廃墟とされていた歴史的遺産の旧発電所を現代美術専用の分館として改修した．セントポール大聖堂と河を挟んで向き合いに，大聖堂に呼応したクロス十字を描く新たな都市景観を創出

してみせるとともに，発電所の中央にある分厚い鉄骨が囲む巨大なタービンホールを立体展示ホールとして蘇生させた．工業的な既存建物固有の資質DNAと美術館DNA相互の組替えによる形質発現のごとくに新しい空間の生命を誕生させた．とかく美術館が，設計者DNAのあまりの優性さに批判を受けるなかで，コンバージョンが現代美術館のあり方に一石を投じたといえよう．

オルセー美術館もまたコンバージョン美術館である．1900年，オルセー宮を建て替えた終着駅は，優美なアール・ヌーヴォーのスタイルを纏った豪華な公共建築であったが，1986年，美術館への転身が図られた．20世紀を生き抜いた空間やその記憶の姿を，新しく組み込んだ美術の領域に呼応させようとのデザインコンセプトによって，現代の美術館として蘇生した，みごとな文化都市への再生術である．日本においても歴史的建築の美術館へのコンバージョンは，都市再生への有効な手がかりとなるだろう．

● 都市開発と美術館

都市の開発に美術館は，重要な役割を果たしている．マンハッタンの都市開発計画の文化的開発拠点を演じたメトロポリタン美術館，パリの密集化の進むレ・アール地区再開発に有効なトリガーとなったポンピドーセンター，そして都市の文脈の革新に成果が際立つパリのルーヴル美術館などは代表例である．美術館そのものがもつ公共的かつ文化的象徴性が，都市開発の先導役の対象とされた理由である．また美術館は，来館者にとって自由に開かれた施設で，誰を問わず，また時間や序列などの制約もない自由な振る舞いを許容するビルディングタイプとして広く市民に受け入れられてきた．

● 都市に開く美術館

1997年，ポンピドーセンターは美術展示専用の美術館を脱して，複合文化施設を標榜し，展示空間のニュートラリティをコンセプトに都市の文化拠点として開館した．その新奇な建築構成は，歴史的なパリの飽和的都市景観の緊張を一気に打ち破り，美術館の権威的なイメージを払拭，美術館を都市空間に解き放つ理念の象徴として新しい観客層を獲得した．

● 都市革新の旗頭

20世紀の終わり，パリの都市革新の国家プロジェクトの旗頭は，ルーヴル美術館の大改修であった．12世紀以来の歴史的宮殿建築や展示を保存・継承しながらも，その地下に新たに増設された巨大なスペースで関連機能の合理化を果たすとともに，古代ピラミッドの質量と呼応させたガラスピラミッドは，現代テクノロジーによって獲得されたガラスの透明性が，過去と現代を重層する新しい都市景観を際立てて，文化の都パリを象徴するものとなった．

● 優性な建築的DNA

グッゲンハイム美術館ビルバオは，衰退する産業都市の復興を賭けた都市再生戦略の立役者となった．スペイン北部の都市ビルバオが観光産業に果たす経済効果は絶大だという．巨大さを誇示する美術館の外観は周囲を圧倒し，計り知れぬほどの量感は巨大な展示スペースにまで及び，大型の現代美術といえども呑み込まれて，その命を失うことになりかねないほどに建築的DNAが圧倒的である．思えばもう一つのニューヨークのグッゲンハイム美術館もまた，美術展示よりも建築こそが主役であるとする，20世紀美術館の類型の一つとされている．

● 美術館の二つの極

ここで，都市を離れた地にあり，静かな佇まいで，鑑賞者が至福の時空を満喫できる美術館を思い起こさねばならない．自然がとりもつ人と美術との深い親和性が，ルイジアナ美術館やクレーラー・ミューラー美術館に顕著であり，それらは名建築というべき必要もなく，今もって名美術館に違いない．そしてその対極ともいうべきものに，近年のユダヤ博物館の出現がある．ベルリンという集積された都市の狭間に分け入るように空間化された建築の，そのただただ空虚な空間体験の中にこそユダヤ人の悲惨な記憶を呼び起こそうとするものである．これほど既成の概念を超える建築はない．それは，コレクションのための箱でなく，その存在意味はボイドな建築における空間的体験そのものにあって，それが歴史的記憶を呼び覚ますというものである．都市の記憶は美術館を変貌させ，美術館は都市の歴史に堆積した記憶を呼び起こす．

［柳澤孝彦］

7-13 エコミュージアム―破裂した博物館

【テーマ】博物館　　　　　　　　　　　　　　　　　　　　　　　　　　　　7　教育・文化・医療

●エコミュージアムとは

　エコミュージアムとは，ある地域全体で博物館活動を行っていくことである．すなわち，地域に点在する有形無形の文化財や史跡，自然環境，産業遺産など，地域のさまざまな資産をあるがままに，あるいはよりよい状態に保全し，住民自ら調査研究し，保存しかつ展示，学習していくこととなる．1960年代末から世界各地で試みられ始めた動きに対してフランスで1971年に命名された言葉（仏語でécomusée）で，その英語訳として普及している言葉だが，日本では「地域まるごと博物館」，「生活・環境博物館」などともよばれている．

　博物館という物理的な単体の施設の存在にはこだわらない．地域のあるがままの姿をもとに，地域住民の意志と力により，生きた博物館として地域を運営していく活動といってもよい．そのため，組織実体のない活動を自称するものもあり，定義や概念が混乱しているのが実情でもある．

　エコミュージアムという言葉は，博物館学のなかから生まれた．従来の一般的な博物館とエコミュージアムとを比較した文献[1]によると，博物館活動の三つの要素，つまり活動の行われる場・容器・構造（スケルトン），活動の対象・内容，それにかかわる人間・博物館活動の主体と客体のそれぞれは，以下のように違う．

　　〈場〉＋〈内容・対象〉＋〈人〉

　　従来型の博物館＝〈建物〉＋〈収集品〉
　　　　　　　　　　＋〈専門家＋公衆〉
　　エコミュージアム＝〈領域〉＋〈遺産＋記憶〉
　　　　　　　　　　＋〈住民〉

　すなわち，従来の博物館の建物ではなく，ある一定の地域の領域において，地域に点在する遺産や無形の記憶を対象とし，一般の博物館内部の学芸員と公衆の両者の役目をエコミュージアムでは地域住民が担うというものである．

●ビルディングタイプ概念の捨象

　形態としては，通常ハコモノとしての博物館の内部の展示や資料，さまざまな活動や研究が，一定の領域の地域に飛び散って街中に存在するイメージである．このためフランスのある有名なエコミュゼは「破裂した博物館」と表現された．

　エコミュージアムは地域環境全体を博物館と見立てたものなので，地域「環境」の総体を表現することと同様，定義をひとことでいい表すことはなかなか難しい．地域に応じてさまざまな形態となり，地域の構成要素がバランスよく機能し統合化された全体がエコミュージアムになるといえよう．

　また，エコミュージアムは，エコロジーの博物館（museums of ecology：エコロジーのシステムなどを対象とした博物館，科学館や自然誌博物館などでみられるもの）ではなく，さらにエコロジーな博物館（ecological museums：エコパークなど，それ自体が生態系を表現するものとして保存対象となるもの，自然または文化の保護地域で，外部訪問者のためにある）とも異なるものとして説明される[1]．これらの二者は，エコミュージアムの一部をなすことはあっても，その逆は成り立たない．エコミュージアムは，美術館，自然誌博物館や歴史博物館といった，数ある種類の博物館のひとつのカテゴリーを表すものではない．エコミュージアムの特徴は，地域環境を統合的に対象とすることにより，総合的，学際的であること，それに加えて，地域住民がエコシステムの一員として博物館活動のなかに組み込まれていることにある．つまり，地域で博物館活動を進めることと住民自ら地域の生活文化を豊かにすることと目的をひとつにしようとするものである．

●ミュージアムの中に住むということ

　エコミュージアムがテーマパークや単なる野外博物館と異なる点は，施設の職員がその姿を演じてみせるのではなく，住民が自らミュージアムの一部となって役割を演じるという点にある．担い手は，一般の「市民」というより，具体的にその環境に直面する「住民」であるということが特徴になる．いいかえれば，エコミュージアムにかかわる住民は，そ

■1 ストラハゲン　同じ位置の部屋（居間）における，1898年当時（左上），1963年当時（左下），2002年の実際の居住状況（右上下）における内観（筆者撮影）

のように自ら意識してミュージアムの中にその一部分を担って住んでいるということである．

ひとつの事例としてベリスラーゲン・エコミュージアム（スウェーデン）内のひとつのサイト，ストラハゲンを紹介する（■1）．これは1898年に建設された22棟からなる労働者住宅群だが，1990年に，端にある住宅1棟だけが，当時の生活のようすを再現する資料室として生まれ変わり，その他の住宅にはいまも通常の住宅として住民が住んでいる．資料室住宅の4住戸のうち，1階部分の2住戸分は展示室と保存協会の事務所になっていて，残りの2階部分の2住戸は，それぞれ内部を昔の生活の光景を表すように家具・内装を再現している．

ひとつは1898年の建設当初の頃に住み始めた一般的な住民の家庭を再現しており，もうひとつの住戸の室内は，1963年の状況に再現され，鉱夫たちが高齢者になってどのような生活をしていたかを示している．現在では残り21棟に約120人ほどが住んでいるが，住宅の外観はきわめて良好に保存されており，通りに面した外装も統一されており，増築や改築が外部にはみ出すことがなく，街並みは整然としていて大変美しい．

この街並みが保全されている理由のひとつとして，この地域を学習保全の対象として活動している郷土史の保存協会の活動と展示室の存在が大きい．絶えず住民に自分たちの地域のアイデンティティやそれを誇りとしてもつように，学習活動を繰り返してきたことが，この街並み保全に貢献してきたといえよう．また，この住宅地をひとつのサイトとして位置づけ，学術的・財政的・組織的に支援してきたエコミュージアムの役割も重要である．数十歩の距離に100年前の歴史と触れることができる展示室があることにより，住民は，自分たちの地域の長い歴史のうえに生きているという実感を得つつ，未来に向けて生活することができるのである．　［大原一興］

文献
1) Rivard, R. (1984)：Opening up the museum or toward a new museology：ecomuseums and "open" museums.
2) 大原一興 (1999)：エコミュージアムへの旅，鹿島出版会．
3) Davis, P. (1999)：Ecomuseums‐a sense of place‐, Leicester University Press.
4) de Varine‐Bohan, H. (1991)：L'Initiative communautaire Recherche et expérimentation, Nacon, Ed. W；Savigny‐le‐Temple, MNES.

7-14　万国博覧会—仮設の祝祭都市

【テーマ】博覧会　　　　　　　　　　　　　　　　　　　　　　　　　　7　教育・文化・医療

●産業技術のショーケース/国家と都市のプロパガンダ装置

　万国博覧会は，周知のとおり，19世紀から20世紀にかけて大いに発展した産業技術のショーケースの役割を担ってきた．が，同時にそれは博覧会に参加する数々の国民国家の政治的威信や，博覧会が開催される都市のステータスを喧伝する大がかりなプロパガンダ装置でもあった．

　1851年，ロンドンで史上初の万国博覧会が開催されたが，そのイベントはすでに，ヴィクトリア朝大英帝国の威信を内外に示す企図をもたされていたし，開催都市ロンドンは19世紀の世界の首都の地位をパリと競っていた．そこでは，西欧各国の産業技術の水準を競い合う工業生産品と，他方，東洋ほかの植民地からもたらされた珍品や海外貿易品が展示された．博覧会の出品企業や展示品そのものが，外には覇権を奮い，内には運輸交通網を整備して国力を高めていった西欧の「帝国」をシンボライズする有様がそこにはみられる．

　また，博覧会場としてジョセフ・パクストンの設計でハイドパークに建てられたクリスタルパレスは，ガラスと鉄による規格化された部材の大量生産技術を使ったプレファブリケーション建築である．その祖形は同じパクストンが手がけた植物園のガラスの温室である．異国の地から持ち帰られた珍しい植物を集めた植物園も，19世紀の帝国の植民地政策に深くかかわりあい，政治と学問が交差するところに作られた施設/制度であったことは注意しておいてよい．そしてまた，クリスタルパレスのガラスの空間には，パリそのほかのヨーロッパ都市にこの頃さかんに造られたパッサージュというきわめて19世紀的な建築型/都市装置との類縁性をみないわけにはいかない．パッサージュはガラス屋根で覆われ屋内化された商店街で，勃興する市民階級がショーウィンドウに並べられた品々を眺めつつ散策する商品の小宇宙であった．

　クリスタルパレスと同じく鉄というきわめて19世紀的な材料を大量に使用して，産業技術をディスプレイしつつ，都市そのもののシンボル装置ともなった博覧会の建造物としては，1889年のパリ万国博覧会のために建設されたエッフェル塔が華々しい．もともとは博覧会終了後取り壊されるはずであったのだが，結局そうはならずに「19世紀の首都」パリの最も有名なシンボルとなってしまった．

　一方，国家と都市のプロパガンダ装置という役割のその後の展開として，1937年パリ万国博覧会が注目される．ピカソによる『ゲルニカ』がスペイン館で展示されたことで最も有名なこの博覧会において，セーヌ川沿いの会場敷地内に，軸線道路を挟んで，「ヒトラーの建築家」アルベルト・シュペーア設計のドイツ館と，ボリス・イオファン設計の「社会主義リアリズム」建築，ソビエト連邦のパビリオンが，互いに高さを競い合うように対面して建てられた．博覧会建築が政治体制のプロパガンダの装置となっていたのである．

●交通/コミュニケーションのテクノロジー

　ロンドン万国博の5カ月半の会期中の総入場者数は約600万人といわれるが，これは，当時イギリス国内の鉄道網が整備されたことやそれに伴う旅行業の興隆と深く関係する．さらに，このイベントは当時大きく発展したマスコミュニケーションとも深いかかわりをもっていた．『イラストレイティッド・ロンドン・ニューズ』紙はこのイベントをその紙名の通り，イラスト付きで繰り返し報じ，そのためさらに多くの観客が博覧会へと誘われた．万国博覧会というイベントは，新しい産業技術，交通網やマスコミュニケーションといった近代型の国家・都市の社会・経済にかかわるすべてのインフラストラクチャーと密接に関連していたのだ．

　ほかにも，博覧会は都市と建築にかかわるさまざまな新しいテクノロジーのお披露目の場とされてきた．たとえば，1853年ニューヨークでの博覧会では，アメリカ人発明家イライシャ・オーティスが，落下防止の安全装置がついたエレベーターを出品し

た．オーティス社は，また最初のエスカレーターの製造に成功し，1900年のパリ万国博覧会に出品している．新しいコミュニケーションテクノロジーも万国博覧会での呼び物となった．1876年にフィラデルフィアでのアメリカ建国100周年博覧会でベルの電話が，また1939年のニューヨーク世界博でテレビが，広く人々に紹介された．

そのニューヨーク世界博のゼネラル・モータース館では「フーツラマ」が展示された．これはノーマン・ベル・ゲデスのデザインによる，25年後の未来つまり1960年代の理想都市の巨大なジオラマ模型である．館の中に飲み込まれた観客はスピーカーから流れるガイドの説明を聞きつつ，自動観覧席に乗って展示スペースの中を巡っていく．ちょうど工場の流れ作業ラインで製品が大量生産されるのと同様の，アトラクションの大量消費システムで，1日に2万7000人もの入場者をさばくことが可能になったと喧伝された．

● 祝祭の空間/仮面の都市

一時的に仮設される祝祭の空間という意味で，博覧会は西欧都市におけるもっと古い祭事をも遠い祖先としていたのかもしれない．たとえば，18世紀ローマで行われていたフェスタ・デルラ・キネアは，ナポリ王が教皇へ白馬を献上するという祝祭で，その際，ローマの宮殿の前面に仮設のファサードを仮面のように張り付けて，いわば都市を舞台装置化した．当時，ローマ賞を得て，ローマのフランスアカデミーに留学したフランスの若い画家/建築家たちも，その機会を利用して新古典主義あるいは「革命的」建築のデザインの実験を試みた．既成の環境の中で，一時的であれ非日常的な時間と空間を創出したいという願望は，産業技術のショーケースという博覧会の表向きの顔の下にも潜み続けたであろう．その意味でも，1970年大阪で開催された日本万国博覧会の「お祭り広場」は興味深いと思われる．

その会場敷地の中央を南北に貫く「シンボルゾーン」の大屋根は，規格部材によるスペースフレーム構造やリフトアップ工法といった建設技術の問題も含めて，ロンドン万国博のクリスタルパレスの相当物たらんとしたものだろう．が，そうしたハードウェアの面よりも，それが抱え込む「お祭り広場」という不定形な舞台の上で変幻するパフォーマンスイ

■1　1851年ロンドン万国博覧会会場の「クリスタルパレス」内観（『イラストレイティッド・ロンドン・ニューズ』紙，1851年1月25日号の紙面）

ベントによって，直接的になんらかのメッセージを伝えることを中心に置こうというコンセプトは，それが現実に成功したかどうかはともかくとして，「物」を通して情報伝達し国力や産業技術をプロパガンダすることをもっぱら目的としてきたそれまでの博覧会というものから，ある種の逸脱を始めているようにも思われる．翻って，この70年万博は，映像の博覧会とよべるほど，映像展示が幅を利かせていた博覧会でもあった．これもまたこの万博の「物」ばなれした性格を表しているのかもしれない．

「物」中心の19～20世紀型万国博が，国民国家成立と国威発揚から帝国主義と植民地政策，異文化混交にいたる19～20世紀の歴史の摘要であった都市の有様を映していたのだとすると，21世紀型の都市というものは，21世紀の博覧会の中に映し出されるかもしれない．2005年に開催された「愛・地球博」では，産業技術のショーケースという機能はもはや中心になく，あからさまな国威発揚も異国風の珍品も受け入れられることはない．旧来の万国博覧会の姿からは逸れていっている．だが，この逸脱のなかに，どこか未来につながる道筋が潜んでいないだろうか．

［菊池　誠］

7-15 「祭る・祀る・政つ」の都市空間

【テーマ】祭り　　　　　　　　　　　　　　　　　　　　　　　　　　　　　7　教育・文化・医療

●民主主義社会における公共空間

　21世紀は9・11事件を契機に世界各地に宗教をめぐる争いで始まった．宗教的対立の背後で民主主義社会の本質も問われている．近代は民主主義を具体化する都市空間を実現してきた．しかし国の宗教的空間への関与に関して議論が絶えない．思想信教の自由は公共空間での宗教的空間の位置づけ課題として都市の難問となる．民主主義社会の都市に「まつり」空間はどのように位置づけられるのだろうか．そこで，宗教都市，京都での「まつり」空間を概観し，都市の「まつり」空間の議論を展開する．

●祭る/祀る/政つ

　古代社会においては祭り，祀る，政（まつりごと）は一体であった．広辞苑では「祭」とは，祭ることであり祭礼である．「祀る」とは供物や奏楽などにより神事を慰めることである．また神として崇め一定の場所に鎮め奉ることである．さらに「政つ（まつりご）」は政治を行うことであり，「政」（祭事，まつりごと）は主権者が領土人民を統治することであり，政治なのである．古代は政教一致を空間的に実現していた．京都には平安時代より続く神泉苑がある．ここでは雨乞いの「まつり」が行われていた．平安京に疫病が流行した869（貞観11）年，66本の鉾をたてて，洛中の男児が祇園社の神輿を神泉苑に送る「まつり」が行われた．人々は疫病を「疫神」の仕業や，政争で非業の死を遂げた人々の霊が恨みを晴らすために疫病がはやると考えていた．疫病を鎮めることは朝廷の役割であった．朝廷は疫病を防ぐ儀式を行い，宮中の役人が出席した．「まつり」は政（まつりごと）であった．この「まつり」には「祀る」，「祭礼」，「政」が一体となっている．この行事は祇園祭の原型と考えられており，祇園祭では神話，儒教，道教，仏教，旧約聖書，ホメロスの叙事詩などさまざまな神々をテーマとする鉾が都市を巡行する．現代，祇園祭は市役所の議場で行われる「くじとり」で鉾の巡行の順番が決まり，市長は巡幸の順番を確認する儀式を当日行う．古代の「まつり」は現在もさまざまな意味が渾然一体となる祇園祭に継承されている．

●都市中心部における寺院の「まつり」空間

　神事に関する場所は神泉苑のように京都市内で継承されるが，寺院の「まつり」は大きく変遷する．平安時代の初期に，官の寺院である東寺と西寺，いくつかのお堂を除いて，都の内側での寺の建立は認められなかった．しかし，応仁の乱で京都が焼け野原になるまでの名所旧跡を記録した地図「中古京師内外地図」（1753）には多数の寺院がある．いつの頃からかは定かでないが平安京内に寺院が建設された．多くの寺院境内は度重なる災害や戦乱を経て移転を繰り返した．織田信長が宿所としていた本能寺は蛸薬師通り小川周辺にあり現在地にはなかった．豊臣秀吉の都市改造も寺院の移転の要因であった．豊臣は洛中を「お土居」とよばれる土塁で囲い，寺院を都の東側に集団移転させた．現在の寺町通りはこのとき形成された．寺院群，お土居，鴨川を組み合わせ，都が城塞化した．この次の変化は，明治維新後である．東京に天皇が行幸されて以来（明治天皇は正式に遷都の詔を出していない），産業振興が都市の課題となった．この時代に社寺領上地令が出され京都の多くの寺院境内が没収された．夜桜で有名な円山公園は寺院境内跡地を利用したものである．祇園社の感神院などの寺領が没収され，その広大な敷地は1886年に京都市の所管となり，1913年には小川治兵衛により改修され現在にいたる．

●商業地化する「まつり空間」

　寺町界隈の寺院境内も上地による没収の対象となった．多くの観光客で賑わう新京極通りは寺町の寺院境内跡地を利用して建設された（1872）．京都の歴史的な都市景観を代表する祇園地域は禅宗寺院の境内の一部が払い下げられて花街（かがい）となった．伝統的景観として知られている地域が「まつり」空間を再利用した近代的都市空間という事実は興味深い．高度経済成長期に郊外に移転した寺院も多くある．本国寺は1971年に山科に移転し，跡地にはホテルなどが建設された．妙満寺は1966年に洛北地域に移

■1 祇園祭の山鉾巡行を楽しむ人々（筆者撮影）

転し，跡地は市の施設となった．京阪三条の商業集積地も寺院群の跡地である．都市再生のなかで寺院の「まつり」空間は都市中心部から撤退してきている．寺を都の内側には認めないという平安京の意図に従うかのように，寺院は郊外へ展開している．寺院の「まつり」空間が商業地となるなか，商業を寺院の祖堂の一部で実現した寺がある．京都の由緒のある寺院が居酒屋などの商業施設を寺の下にもつ雑居ビルを建設した．伏見城の遺構と伝えられる「赤門」で親しまれている寺である．商業地化する都市中心部において浮き世と「まつり」空間の混在の可能性をこの寺院は示す．

● 市民社会と「まつり」空間

京都には「まつり」と市民参加の間に複雑な課題もある．町内の構成員の親睦をはかるための町内会費が，その地域の氏神に献納されている．町内の物故者をまつる寺院との関係もある．町内の経費が特定の宗教法人に支払われているということが，思想信条の自由に抵触するという議論で町内会が紛糾する場面もある．民主主義の展開は地域共同体の新しいあり方を促す．ここで，「まつり」空間を民主主義時代に発展したニュータウンにみれば，西欧諸国では教会があるが，日本では基本的にはみられない．公共空間に宗教的空間を位置づけることを民主主義の展開で避けてきたようである．しかし日本のニュータウンに住む人々は新しく伝統的なスタイルの「まつり」を創り出している．

● アーバンデザインとしての「まつり」空間

市民の「まつり」空間は近代都市空間で実現した．丹下健三による広島計画と大阪万国博覧会会場の計画をみれば，原子爆弾で崩壊した都市の中心に平和を祈る場が位置づけられた．万博会場には人々

■2 商業地区の中の寺院，正覚寺（京都市）（筆者撮影）

の出会いを演出するお祭り広場がある．広場のシンボルを創った岡本太郎は「万国博覧会が見本市であったり，また国威宣揚のナショナル・フェアであっては意味がない．『祭り』であるために，そこには神聖な中核が必要なのだ……『太陽の塔』はそのシンボルなのである」[3]と述べ，宗教的中心性を意図した．戦後の都市計画で宗教的な空間は軽視されたが，丹下の計画では現代の「まつり」の意義を空間が位置づけている．広島には主権者の市民が主体となる「まつり」空間が，万博会場では「まつり」の祝賀，宣伝などの集団的な行事の空間が意図されている．神仏を奉るという意味を抽象化した「まつり」空間がある．市民と「まつり」は現代のアーバンデザインの課題といえる．商業が発達する市民社会の都市では祀り／祭り／政を空間的にどのように仕分けるのか，という課題が出てくることに気づく．民主主義と資本主義社会における「都市の再生」問題は「都市の祭政」を考えることでもある．

［北尾靖雅］

文献
1) 京都新聞社編（1984）：写真でみる京都100年，京都新聞．
2) 足利健亮編（1994）：京都歴史アトラス，中央公論社．
3) 岡本太郎ほか編（1970）：世界の仮面と神像，朝日新聞社．
4) 所 功（1996）：京都の三大祭，角川書店．

7-16 神と人をつなぐ空間―能舞台

【テーマ】能舞台　　　　　　　　　　　　　　　　　　　　　　　　　　　7　教育・文化・医療

●今日の演能

今日，能・狂言はおもに能楽堂で演じられる．本来，能は，城内，武家屋敷，宮中，社寺などの屋外の能舞台で演じられた．屋外での雰囲気を再現して町興しの核として，日本各地で薪能が仮設舞台で演じられている．しかしそこにはイベントとしての集客力はあっても，能が起源にもっていた奉納の気配はない．

●能楽の起源と歴史

能舞台が神楽殿から発達したものか，雅楽の舞台から発達したものかということは種々の研究があり，詳細に記すことはできない．記録に現れたもので最も古いものは，1464（寛正5）年京都糺河原で催された勧進能舞台である．一時的な舞台ではあったが，いまの能舞台の構成要素と変わらない．すなわち，正方形の舞台に切妻の屋根を架け，脇座（地謡座）はないが，橋懸は舞台の真後ろについていた．見所（観客席）は正面に将軍が座り，左右に諸大名の席を設け，三面から取り囲んで見るようになっていた．

室町時代の中期以降，将軍家の庇護により能楽は発達し，末期には近畿の大小名は能楽の心得があった．江戸時代になると能楽は幕府の式楽となり，大名諸侯の邸内に舞台が構えられるようになった．明治維新後は一時衰退したが，1878（明治11）年青山御所に能楽堂が建てられ，能楽復興の端緒となった．

●能舞台各部の名称

・舞台：正面三間四方の部分で演能するところ．
・脇座：舞台の右にあり，地謡がいるところで地謡座ともいう．
・後座：舞台後方にあり，奥行きは舞台の半分を張り出す．囃子方や後見が座るので，囃子座，後見座ともいう．屋根は後方に片流れに架け，床板は横に張るのが一般的で横板ともいう．
・橋掛：舞台左奥斜めに後座に取り付く廊下で，演者の通り道である．全長を三等分して，幕口より序所，破所，急所といい，その中間の両側に若松を植え，三の松，二の松，一の松とよぶ．
・鏡の間：橋掛の幕口に続く板敷きの部屋．装束を付けた演者が出演前にその姿を鏡で確かめ，精神統一をする．幕口には緞子幕を垂らし，この幕から外の橋掛と舞台が演能空間である．幕口脇の無双窓を奉行窓とよぶ．鏡の間から舞台のようすを見る窓で物見窓，覗き窓ともいう．
・楽屋：演者の支度部屋．通常は鏡の間に続くが，橋掛や舞台の裏側にとることもある．
・土間廊下：鏡の間と切戸口をつなぐ廊下．
・控の間：切戸口の前室．地謡や後見が控える．
・切戸口：地謡や後見の出入口．忘口，臆病口ともいう．

以上が能舞台の平面構成要素である．

次にもう少し立体的に見ていこう．舞台を取り巻く柱には名前がある．舞台左奥の柱を仕手柱，左前の柱を目付柱，右前の柱を脇柱（大臣柱ともいう），右奥の柱を笛柱という．奥の鏡板には老松の絵，右奥の切戸口鏡板には若竹が描かれる．

舞台と橋掛の前に礫か白砂を敷いて白洲とよぶ．橋掛の前から目付柱の間を脇正面といい，能舞台は正面と脇正面の二面から鑑賞して，脇座の後からは見ない．幕口は見所から見えにくい位置にあるので，いつの間にか始まっていることもある．

●指定文化財能舞台の概略

西本願寺北能舞台は国宝，西本願寺南能舞台，厳島神社能舞台，鞆の浦の沼名前神社能舞台，平泉の白山神社能舞台，篠山の春日神社能舞台の5件は重要文化財である．■1にその概略を記す．

西本願寺北能舞台（国宝）：白書院と対面する北庭にあり，舞台，脇座，後座，橋掛，鏡の間を備え，橋掛の勾欄は中央が高く，反りをもつ．白洲には加茂川の黒石が敷き詰められている．桃山時代の遺構．

西本願寺南能舞台（重文）：北向きの舞台で，対面所の縁からは逆光となり見にくいが，対面所の内

■1　国宝・重文指定能舞台一覧（単位：尺）（筆者作成）

	建設年	舞台	脇座	後座	橋掛	鏡の間	土間廊下	控の間	屋根
西本願寺北（京都）	1581年（天正9）	幅17.32 奥行18.85	4.35 18.38	17.32 10.35	幅6.13 長さ38.93	6.94 19.45	現存せず 礎石のみ	なし	入母屋 檜皮葺
西本願寺南（京都）	1694年（元禄7）	18.75 18.71	4.05 18.71	18.44 9.18	6.38 45.44	10.30 27.57	なし	なし	切妻 檜皮葺
厳島神社（広島）	1680年（延宝8）	19.40 19.40	5.15 19.40	25.65 8.95	6.85 43.90	52.0×39.0 楽屋兼用	なし	なし	切妻 檜皮葺
沼名前神社（広島）	1658〜61年（万治年間）	17.60 18.00	3.55 18.00	21.15 9.00	6.83 34.17	12.78 12.60	なし	なし	切妻 柿葺
白山神社（岩手）	1853年（嘉永6）	19.50 19.50	2.90 19.50	19.50 9.75	8.50 32.40	13.00 29.28	楽屋兼用	楽屋兼用	入母屋 茅葺
春日神社（兵庫）	1861年（文久元）	19.50 19.50	3.00 19.50	19.50 9.33	9.07 32.49	13.00 18.85	幅2.8	9.85 13.00	入母屋 桟瓦葺

■2　春日神社の元旦の翁舞（筆者撮影）

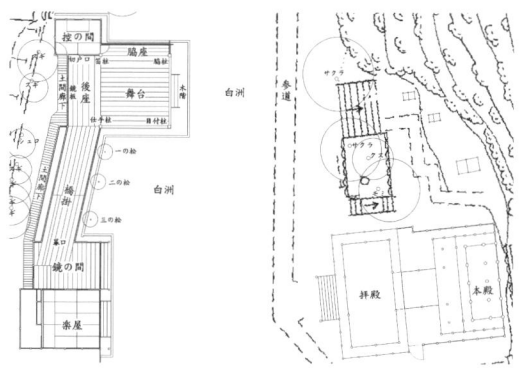

■3　春日神社能舞台の配置（筆者作成）

■4　春日神社能舞台の断面（筆者作成）

部からははっきりと舞台の内部が見える．脇座の西に霧除けという板塀のようなものが建っていたが，いまは基礎の石だけが残る．毎年5月21日には親鸞聖人の降誕能が催される．

厳島神社能舞台（重文）：毛利元就の造営寄進と伝える．床下に甕はなく，海水面が音を響かせるという．見所は海を隔てた回廊である．

沼名前神社能舞台（重文）：秀吉が伏見城内に設けた組立式の舞台と伝える．伏見城取壊しの際，福山城内にある伏見櫓とともに，譲り受けた．西岡常一棟梁作の1/10の模型が，歴史民俗博物館にある．

白山神社能舞台（重文）：白山神社は中尊寺の鎮守の北方に位置する．一覧表にある通り，すべての機能を備えた舞台で，東日本で唯一のものである．茅葺屋根のシルエットが杉木立に映えて美しい．

春日神社能舞台（重文）：参道を挟んで本殿と相対する．山すそを利用した正面見所は自然の観客席になる．元旦の午前0時から氏子総代を引き連れた宮司の祝詞に続き，全国でいちばん早い「翁」が奉納される．初詣の人々で境内は一杯になる．

●能舞台が多く分布する地域

以下の地方の神社には多くの能舞台が偏在する．すなわち新潟県佐渡島32棟，福井県若狭地方35棟，兵庫県播磨地方47棟と高密度である．ほとんどは江戸中期以降，大正期までの建立である．3間四方の広さに足らないものもあるが，雅楽殿，舞殿とも違って橋掛りがある．かつての演能記録もあるが，ほとんどの舞台は放置されている．鎮守の森の舞台として再びの活用が待たれる．　　　［澤　良雄］

7-17　歌舞伎・文楽（人形浄瑠璃）劇場—建築計画のための予備知識

【テーマ】歌舞伎・文楽　　　　　　　　　　　　　　　　　　　　7　教育・文化・医療

●現在の劇場がはたして国劇を伝承できるか

歌舞伎および現在文楽と呼ばれる人形浄瑠璃（以下，文楽と略称する）の濫觴は16世紀の末，近世の初頭である．市民の演劇，日本の国劇とも呼ばれる．しかしその座は江戸時代，幕府から「風俗壊乱の巣窟ともいうべき悪所」と弾劾され続けてきた．ただし役者はなお芝居に懸命し，見者も彼らを鼓舞して，ともにわれらが大芸能と楽しみ，今日に至っている．

明治の時代になって早々に吹き荒れた欧化思想が，従来の芝居とその見方に一大変革をもたらした．一つの空間だった演技の場と見所は，舞台，客席とに完全分離化され，役者と観衆が合一して五感を励起しあうのが楽しみだった芝居は，演出家の求めに役者がひたすら従う演劇になり，小屋は市民の鑑賞教室，劇場と化した．すなわち，かつての皆で歌舞伎に遊ぶという娯楽の場は，演出家・役者・見者の三者の意識の対立，理解の度のせめぎ合いの場に変わったのである．民衆が伝えてきたこの芸能が，それはたして是か非か，国劇としての本質を確実に後世に伝えるために，空間そのものをどうあるべきか，あらためて真剣に考える必要がある．

●歌舞伎の発生と普及

古今東西を通じていずこの国も，長い戦乱の後かならずその社会に空前の文化異変を生じ，新たなレベルの様相を展開して定着する．第1次世界大戦後の大正のデカダンス，第2次世界大戦後全国を風靡したアプレゲールも同罪で，歌舞伎も同じ轍を踏んできたのであった．応仁の乱（1467〜77）と豊臣秀吉の二度にわたる朝鮮侵寇において，凄惨な人間同士の殺し合いを経験し，また未知の異国文化に驚いた若者は，反動して異様な風体で市中を闊歩した．世人は彼らを傾く者・歌舞伎者と蔑称して，歌舞伎なる語が発生したのである．折から出雲大社の巫女，阿国が京は加茂の川原に鉦・太鼓を打ち鳴らして念仏踊りを展開した．この男装の不良少女・女芸人たちに蝟集した観衆はさぞ湧いたに違いない．河原は非課税地だったから，踊り子・役者はそこに住みつき，日毎の糧を稼いで河原者なる賤称までも生んだ．しかしその女歌舞伎は風紀紊乱を理由に幕府から早々に禁止され，少年俳優・歌舞伎子の若衆歌舞伎に変わる．そしてまたも男色の廉で承応元（1652）年禁止令に遭う．やむをえず男性俳優の野郎歌舞伎，いまに続く女形が出現したのであった．

京の都に発生したこの演劇は大坂に，江戸にと瞬く間に波及した．ただし，京の美女，大坂は人情，つまり上方歌舞伎は和事．名優・坂田藤十郎（1647-1719）を祖に，世話物が中心であった．一方，江戸は武士，江戸歌舞伎は荒事．市川団十郎を開祖に豪快，力に溢れる荒々しい演目・演技が喝采をあびた．ともにつねに滅失の危機にさらされてはきたものの，時流にのった現代劇だったのである．

●観衆の楽しみ方と座元の対応・建築計画

江戸時代の芝居小屋は遊郭と同様つねに裏社会の必要悪施設であった．天保の改革に挙げられ（1827），森田座ほか江戸三座は市中目抜きの場所から荒野にも似た浅草辺・猿若町に転座させられて，芝居町が造られた．それが庶民の間に丸一日がかりの芝居見物を定着させたのである．朝，茶屋で飯を喰い，身化粧して芝居を見に行く．幕間に戻って一服，衣装替えしてまた見に出かける．終演後は茶屋に役者を招いて飲食し，当日の余韻を楽しむ．それゆえ観客の多寡は当然芝居茶屋の繁盛，街の殷賑に直接つながることになった．近年欧米にみる，都市の衰退防止と活性化のために近郊を開発し，劇場と宿泊・飲食施設を一連事業として建設する，それを江戸幕府は三都に都市計画の重要環境整備政策としてすでに実行していたのである．

見物衆のこの楽しみ方に呼応して，座元は舞台正面と左右脇に平土間・桟敷を，下手奥1・2階に最下等席，通称羅漢台（1階）・吉野（2階）を設けて客を突っ込んだ．舞台間口は5〜6間程度．幕は狂言の段落のために設ける．舞台と客席を仕切る考え方はない．客と役者が一つの空間の中で対等に，

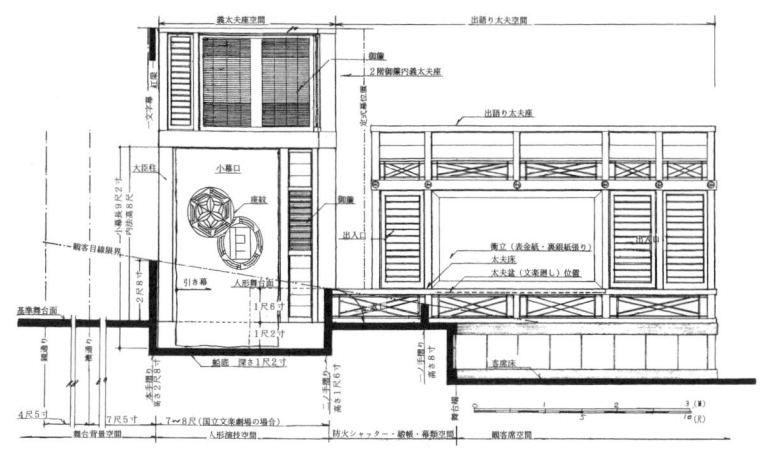

■ 1（上）　文楽舞台断面・出語り太夫床立面図
■ 2（下左）　文楽舞台平面面
■ 3（下右）　金丸座，旧金比羅大芝居（重要文化財，香川県仲多度郡琴平町）　現存するなかでは日本最古の歌舞伎劇場で，年1回春に定期公演，客席は約730席．間口6.5間，客席と舞台の間に隔てはない．1987年頃の復活大興行時の写真．近年，客席にみえる柱は除かれた．

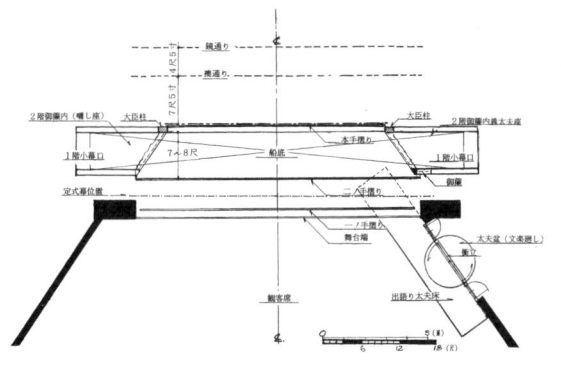

いかに見せ，見せられ，演技せしめるか，が座元の工夫である．客と役者は芝居に夢中になるなかで互いに足を踏んだ，踏まぬがまた最高の愉悦になるのであった．今日，茶屋も含めてこれほどに民衆の娯楽を突き詰めた空間は，相撲の場所に多少の残滓を見るが，稀であろう．明治政府以来の教育が遊びとか娯楽の価値観を否定する側に向けてきたことに原因がありそうである．現代の劇場建築が法の規制を理由に伝来の芝居小屋に難を示すことも，この種の演劇文化を駆逐する結果になっていると思われる．舞台設備の駆動なども，定式幕を除きほとんどが，かつての人力から電力化された．たしかに庶民の芸能は時流に乗らなければ伝承は困難であって，歌舞伎もある程度現代の演劇要素を取り入れることはやむをえまい．1965年，筆者は国立劇場の舞台機構の大半を熟考の末，名優・論客の強硬な反対論を排して電化した．そのことが現今舞台関係者に感謝され，高く評価されてはいる．しかし「本物を演れぬなら，いかに優れた装置であったとしても無駄だ」という老優たちの主張は真に正論であった．本物を護り伝えることは，途方もなく厳しく，重い．とくに伝統芸能を上演する劇場の建築計画にあたっては，この事実を十分に服膺してかかることがきわめて重要である．

●文楽の定式舞台

　文楽（人形浄瑠璃）は浄瑠璃という戯曲を三味線の伴奏で太夫が語り，主遣い，左手遣い，足遣いの3人形遣いが一体の人形を操り，一演劇空間を構成する．歌舞伎で藤十郎，団十郎らが人気を博した頃，竹本義太夫や近松門左衛門らの優れた文芸台本を得て，京都・大坂から各地に広がったのであった．
　舞台は船底・手摺り，出語り太夫床・文楽廻し，上手・下手の御簾内からなる．船底と手摺りの矩計・寸法は厳密で，観客にとって絶妙である．断面図と立面図（■1），平面図（■2）にそれらを示す．他の芸能にない文楽舞台の特徴をここに見ることができよう．人形の背丈は人の70％，顔は50％，背景等の規矩もこれに従う．一体の人形の演技スペースは3尺×4尺．時に3人の人形遣いのほかに黒衣ら25人もの人たちが同時に船底に立つことがある．ちなみに定式幕は上手から開ける．歌舞伎はその逆である．

［半澤重信］

7-18　見る・見られる関係

【テーマ】劇場　　　　　　　　　　　　　　　　　　　　　　　　　　　7　教育・文化・医療

●芸能空間の基本形

　見ること，見られることを制度化した社会空間が劇場である．劇場における視線の扱いを眺めると，見ること，見られることの基本的な成り立ちを理解することができる．

　私たちが現在親しんでいる劇場は西洋近代社会がつくり上げた．それを近代劇場とよんでおきたい．近代劇場を最も象徴する形式は舞台と客席が額縁状のフレーム（プロセニアムアーチ）によって分離される「プロセニアムステージ形式」である．この形式の劇場はすでに17世紀にイタリアで登場している．バルコニーが平土間席を何層にも取り囲む，いわゆるイタリア式劇場（バロック劇場ともよぶ）は19世紀まで劇場設計のスタンダードであった．それを決定的に近代劇場の形式に転換させたのは音楽家リヒャルト・ワーグナーと建築家ゴットフリード・ゼンパーである．彼らはミュンヘンの劇場計画で，すべての客席が舞台を正面とする扇形の客席配列を提案した．ワーグナーにとって，イタリア式劇場のバルコニー席の客は社交にふけり，舞台をまともに鑑賞しない客であったため，そうした席を排除しようとした結果である．重層するバルコニー席がもたらす賑やかで猥雑な劇場が，学校のような神聖な殿堂に変わった瞬間であった．これは18世紀に登場し19世紀に大きな流れになった民主主義への大きな潮流でもあった．人々は皆平等であり，同じように見る，見られる関係が保障されるように劇場の空間が変貌した．

●年中行事絵巻の図版から学ぶ——正面性の変動と横から見ること

　年中行事絵巻には異なる場所での闘鶏のようすが描かれている．ここで2枚の闘鶏のようすを見よう．ひとつは庶民の闘鶏とよばれるもので，広場で庶民が鶏を持ちより闘鶏に興じている（■1）．鶏がまんなかで，二つのグループがそれを取り囲んでいる．このとき二つのグループから鶏を見る軸線は向かい合っている．二つ目は宮殿の前庭での闘鶏の様子である（■2）．ここでは庶民の闘鶏において二つのグループに分かれて勝負に参加し，同時に観戦していた場所には幕が引かれ，見る，見られる関係の軸線は消滅している．それにかわり，宮殿からの貴族の観戦の軸線が加わっている．正面の変動が起こっているのである．このように見る意識や立場によって見る，見られる関係は変化する．

　もうひとつの図版，今宮祭の様子を見よう（■3）．左側に社があり，右に神事を司る神官の席が用意されている．まんなかで巫女が舞を奉納している．おもしろいのは，下側，すなわち，神官の席から左手に小屋がかけられ，そこに神事を眺めている人たちがいることである．さらに，神官の席から右手には木の陰から覗き見している人もいる．このような横から見る席に着目したい．横からの席は，神官-巫女-社（神）というフォーマルな軸線に対して直交する視線をもつが，横から見ることはフォーマルな儀式の関係を妨げず，かつ，きわめてよく見ることができる位置であることに気づく．このように，場合によっては「横から見る」ことが合理的な見る，見られる関係をつくり出すことがある．

●視軸の三角形

　歌舞伎は17世紀初頭に出雲の阿国によって創出され，元禄，文化文政時代をとおして現在の形式に練り上げられた．劇場も当初は能舞台を借用した屋外空間であったが，1730年頃に屋内化され，升席形式の平土間席を左右と後ろから桟敷席が囲む独特の劇場形式に到達した．江戸期には舞台の下手後ろに羅漢台，その上部には吉野と呼ばれる平土間を向く客席が作られていた．ちなみに羅漢台とはちょうど，お寺の羅漢さんが本尊を取り囲んで参拝者側を見ている様に似ていることから，吉野とは花見の櫓のようすによく似ているところからついた名前だそうだ．吉野にせよ，羅漢台にせよ，舞台を後ろから見ることになり，きわめて見にくい席に違いない．しかし，通はあえてそこに座ったという．ここは単に見るだけではなく，自らを見せる場でもあった．

そこからの熱烈な声援により芝居小屋全体が一体化する作用をしていたのではないだろうか．こうした席は「見ることを見る，見られる」ことにより，劇場空間内に見る，見られる関係のトライアングル（視軸の三角形）を幾重にも構築する．東西の桟敷席も同様の効果を果たしていた．歌舞伎には客席を貫く独特の演技空間花道があるが，そこにおける演技も見る，見られる，そして見ることを見られるという重層的な関係を増幅させる働きをした．このような重層的な視線の三角形の構築は劇場空間の活性化にとても有効である．イタリア式劇場の重層する桟敷席も視軸の三角形を生成させる重要な役割を演じていたのではないか．近代劇場は，客席空間の平等性を強く意識するあまり，この重要な役割を長い間省みずにいた．しかし，歴史上の劇場には見る，見られる関係を多様につくり出す不均質性がみられる．近年ではこの重層的で不均質な空間特性の魅力を再度復活させようとする客席配置が多様に試みられるようになっている．

● 異化と同化

劇場の空間のつくり方にはもうひとつ重要な観点がある．それは異化と同化である．『三文オペラ』などで知られる20世紀の偉大な劇作家ベルトルト・ブレヒトは，自らの劇作の手法を異化の手法とよんだ．かわいそうだ，うれしいといった感情を観客が舞台の出来事に移入することで劇を理解するカタルシス理論では，社会的課題の解決に結びつけるような政治的演劇はつくれないと考えたブレヒトが東洋の演劇的手法のなかから学びとったとされる手法であり，演劇の進行をあえて乱し，感情移入を断つことによって，そこで起きている事件について客観的で理性的な判断を獲得するというものである．たとえば，演劇の進行を意識的に妨げるようにあえて筋が通らないようにつくるとか，あるいは突然プラカードのようなものが登場するといった方法が用いられる．異化作用というとブレヒトを思い出すが，ここでは少し意味を拡張してとらえておきたい．

日本には歌舞伎と双子の演劇といわれる人形浄瑠璃（文楽）がある．人形浄瑠璃においては，出語りといって太夫が舞台上手の客席側に張り出して語り，また，出遣いといって，人形遣いが紋付袴をは

■ 1（上），■ 2（中），■ 3（下）（小松茂美編（1994）：コンパクト版日本の絵巻8，年中行事絵巻，中央公論社より）

いて顔を出して人形を操る．いかにも統一感がない散漫な芸能空間のつくり方である．すべての要素は音楽に宿り，芸術的統一を乱すものは一切排除するというワーグナーの楽劇のつくり方からみると，これは正反対のつくり方である．しかし，散漫な芸能空間のよさもある．それは，多様な観劇の方法を許容するという点である．義太夫節が好きな人は太夫の傍に座ればいいし，人形遣いの息遣いを見たければ前に座ればよい．全体を眺めたいのなら反対に後ろに引いて座ればよい．座る位置によって見たいものが多様に選択できる．空間の構造がその多様性を許容する．こうした芸能空間を異化性の強い空間といい，ワーグナーが提案した劇場を同化性の強い空間とよびたい．それは良し悪しではなく，異なる作法である．劇場空間は，そこで演じられるものが同化性の強いものか，異化性の強いものかによってつくり方が変わるのである．

［清水裕之］

7-19 オペラ劇場の舞台裏

【テーマ】オペラハウス　　　　　　　　　　　　　　　　　　　　　7　教育・文化・医療

●総合舞台芸術としてのオペラ

　オペラほど贅沢なものはない．それはルネサンスの知識人が過去を探りながら，結果的に音楽・演劇・舞踊・美術等を総合した舞台芸術として新たに誕生させた前衛だった．音楽を基軸に演劇や舞踊的要素が展開され，舞台美術や衣裳・照明・音響といった空間デザインが絡み合い，しかもそれらを支える舞台技術やマネージメントが一致協力して初めて成立する．そのため，欧米の一流オペラ劇場では1000人前後がそこで働き，年間数十億円を飲み込む大所帯となる．劇場総監督（インテンダント）を頂点に，音楽や芸術上の総監督らと事務局長がそれぞれの領域を分担しながら，ソリスト，オーケストラ，合唱，バレエが日常的に稽古を行い，技術・衣裳・施設管理などの部門がそれを支援する体制を築いている．膨大な経費を消費しながらも時間とともに消えていってしまう記憶と記録だけが頼りの時間芸術である．それゆえ，なんともいえない贅沢感が私たちを虜にもするし，批判の対象ともなる．

●全体構成

　独自性を発揮し優れた芸術的成果を求めて，構想→制作/製作→稽古→公演→保管という全プロセスをその組織内で実行しうる機能をもつ．すなわち，上演と鑑賞のための〈舞台・客席〉を核に，出演者やスタッフなど舞台を進行させる舞台裏ゾーンと観客鑑賞のための表側ゾーンで構成される．

　舞台裏ゾーンは，舞台に隣接する楽屋部門，やや離れた稽古部門，大道具・小道具や衣裳・かつら・装身具等舞台空間を担う製作部門，それらを保管する倉庫部門，オペラ劇場全体を芸術・技術的に管理する制作運営部門から構成される．基本的にコンサートホールや劇場と機能面で大きく変わるものではないが，かかわる芸術スタッフの規模，出演者数，上演システムが大規模・複雑化する分，劇場全体に与える影響も大きくなる．

●運営システム——スタジョーネとレパートリー

　一つの演出作品制作に要する膨大な費用と時間を1回限りのものとせず，繰り返し楽しむ公演サービスを提供しようというのがレパートリー方式である．毎年新たに制作される新演出作品は，およそオペラ5～8作品，バレエ1～3作品で，そうしてつくられた作品を蓄積し，その中から1シーズン当たりオペラ，バレエとも数十作品を毎日日替わり公演する．ただ，ニューヨークのメトロポリタンオペラでは，20～25作品程度を年間上演するというように，所有するレパートリーのなかからどの程度の作品数を提供するかは，公演スケジュールの組立て方や運営の考え方で若干異なってくる．その利点は，公演演目のバラエティさと鑑賞機会の増大であり，観光的な吸引力にもなりうる．逆に時間とともに生気を失ってしまう危険性もある．

　これに対してイタリアの劇場は，1作品を集中的に上演するというスタジョーネ方式を採っている．一定期間一つの作品に集中し練習から公演までを連続的に行うことで，新鮮な公演を提供できる反面，一定期間舞台を占有することから，その準備期間や公演の合間が観客にとっては休館状態になってしまうという不利もある．公演数は1作品について10回前後で，中2日あるいは3日で同一作品の公演を連続的に提供する．

●安全管理と楽屋口

　舞台は危険性に溢れている．天井には多数の道具・照明器具等が吊られ，床は迫りや沈下床，ワゴン，回り舞台など動く仕掛けで充満している．壁には背の高い舞台装置が立てかけられ高電圧のコンセントや操作設備もある．可動性と機敏な操作性を優先して設計された舞台装置や照明・音響機材等重量物が，所狭しと置かれているのが舞台である．新国立劇場のオペラ劇場では，舞台からスノコ（舞台の天井）までの高さが30.5 m，奈落は17.5 mにもなり，ちょっとした不注意が命にかかわる重大事故になりかねない．このため，施設への入口だけでなく，各ゾーンで舞台・楽屋領域への出入りは厳しくチェックされる．

●楽屋領域

　楽屋は出演者（指揮者，ソリスト，合唱，バレエ，オーケストラ，助演者等）が集中とリラックスを繰り返す大切な場所で，居心地のよい室環境および休憩空間が求められる．小部屋から大部屋まで，役の重要度に従って舞台に近い位置から男女別に順に配置される．同じ空間内にいても，厚い衣裳，薄い衣裳，激しく動く役，動きの少ない役等さまざまであり，舞台は人工的な環境であるがゆえに，楽屋は自分で管理できる環境であることが望まれる．このほか，発声練習室とよばれる高い遮音性能を有するピアノ付きの室や，公演衣裳を倉庫から移動し，寸法合わせやアイロン掛けをして各楽屋へ衣裳を運び，公演終了後は洗濯・乾燥を行うための衣裳部屋も欠かせない．かつら室やメーキャップ室も設けられる．

　さらに，劇場で働いているだれもが食事をとり休憩できる場所としてカンティーネ（楽屋食堂）がある．そこは，単なる食堂機能でなく，さまざまな役割をもった人たちが，舞台という緊張を強いられる場所を離れコミュニケーションを図る重要な場所であり，交流空間として快適性が求められる．

●舞台と搬入口

　舞台と搬入レベルを一致させ，天候に左右されず大型トラックが複数台同時に作業できる搬入口・デッキを計画することが基本である．複数の舞台をもつ場合には，同時に搬入作業が行われることを想定した経路を計画し，各々の舞台運営に支障を与えないことが必要となる．搬入口と舞台を同レベルに設けられないときには，上演内容に応じて専用リフト（大型トラックの荷台分程度）を用意する．

　一般的に1500席以上の大きな劇場になると，ポータル間口は幅14～16m，高さ9～10m程度（建築開口はもう少し広くなる），主舞台幅27m，奥行22m程度が基準となり，脇や奥に副舞台としてそれに相当する面積を確保するというのが標準的な目安である．芸術的な成果と舞台の大小とを関連づけることはできないが，大きなバックスペースをもつ舞台のほうが運営面で有利であることは間違いない．

　レパートリー方式の劇場では，朝から昼過ぎまでを使って新しい作品の舞台稽古が行われ，その後に夜の公演準備が行われ公演の後に解体が行われる．つまり，1日が二つのローテーションで動いており，作業員も二つのシフトで働いている．こうした舞台運営上の背景が，広い舞台や舞台ワゴンや迫りといった舞台設備を必要とする要因の一つになっている．このため，組立て/転換/解体に大人数を要する舞台装置は，公演スケジュールに影響を与えるものとして制限される．

●練習室・リハーサル室

　目標をもった活動・施設運営を行っていくために，充実した練習機能は欠かせない．それにより制作から稽古・公演・鑑賞にいたる全プロセスに一貫性が生まれ，施設と組織が絡み合うことになる．その内容として，個人練習からアンサンブル，大人数による各種稽古場まで遮音性能をもった室が揃えられる．大きなリハーサル室としては，立稽古用に主舞台と同等の広さをもった大稽古場をはじめ，オーケストラ，合唱，バレエ用に2層分以上の高さを有する専用のリハーサル室が計画される．それらの動線を工夫することで，日常練習用にとどまらずミニホールとして機能することも可能で，実験的活動や小さな公演の場としても活用できる．

●製作場と倉庫

　製作場は，舞台上に飾られる大道具や小道具を作る舞台装置製作部（金工・木工・塑造・画工・家具・室内装飾）と出演者が身につける衣裳類すべてを担当する衣裳製作部（裁断縫製・靴・かつら・帽子・装飾）という二つの部門で構成されている．製作部門は，毎日の練習やリハーサルが行われる劇場に隣接して設けられることが好ましいが，都市中心部に大きな面積を同時に確保することは難しいという事情がある．同一敷地内に存在するメリットは，構想を練り稽古をしながら，具体的空間を確実に把握でき，衣裳合わせも容易に行えるという点にある．大道具の運搬にかかわる時間と人件費も節約できる．

　ベルリン・ドイツオペラの場合，舞台装置製作場は約3900㎡，大道具倉庫が約4000㎡とはるかに舞台面積をしのいでいる．大道具倉庫には，約45～50作品を格納しているが，それでも年間に上演されるレパートリーの約半分しか劇場内には格納できず，約10km離れたところに大きな別の大道具倉庫を持っている．

［本杉省三］

7-20 シューボックスは一番か

【テーマ】コンサートホール　　　　　　　　　　　　　　　　　　7　教育・文化・医療

● ホールの形

　ウィーン・ムジークフェラインスザール，アムステルダム・コンセルトヘボウ，ボストン・シンフォニーホールなど，コンサートホールの創生期に造られ現在でも評価の高いホールは，いずれも基本形が直方体であり，この形が靴箱に似ていることからシューボックス型とよばれている．これら19世紀後半からの歴史をもつ名ホールがコンサートホールのひとつの典型的な形であり，古典形ともいえる．一方，シューボックス型ホールの対比として代表的なものとしては，1963年に建てられたベルリンフィルハーモニーホールがあげられる．このホールは客席がステージを取り巻く形で配置され，ワイン用のぶどう畑を連想させることからヴィニヤードスタイル（vineyard style）とよばれる．20世紀後半以降はホールの形状も多様化し，平面形状が扇形，楕円形，円形など直方体以外のホールも増えた．

　シューボックス型からヴィニヤード型への展開，室形状の多様化という流れは，ステージに近い座席を極力増やしたい，あるいはホール内の一体感を高めたいという意思の現れといえる．一方，ホールの音響効果を重視する場合には，シューボックス型が採用されるケースが多いようである．この「シューボックス神話」はどの程度の根拠があるのだろうか．

● ホールの形と音

　初期のコンサートホールの建築家は，異なった形状や材料の効果を予測するすべをもたなかった．彼らはホールの形と音の関連についての知識がごくわずかしかないなか，既成の建築を観察したり，時には楽器になぞらえて考えたりしながら，すでに確立された方法や形を使って，あとは運を天にまかせるばかりだった．その結果，19世紀後半に繰り返し模倣された先例が，幅が狭くて天井が高く，平らな床で一方に高い舞台があり，周辺に回廊桟敷を設けた直方体のホール，いわゆるシューボックス型コンサートホールであったわけである．

　ホール音響の予測技術としては，音響模型実験法が1930年代に始まり，デジタル信号処理技術の進歩とともに発展して1990年代にほぼ確立された．近年では，コンピュータシミュレーション手法がさかんに開発され，音響障害の有無など響きのおおまかな時間特性のチェックができるようになってきた．これらの研究の結果，直方体形状，いわゆるシューボックス型では，時間の経過とともにホール内に均一に音が広がり，平行壁面間で生じるフラッターエコーさえ防げば自然な残響減衰が得られるのに対して，扇形や楕円形，円形などの場合には音源から出た音が集中発散を繰り返し，強いフラッターエコーが生じてきわめて不自然な響きとなることが確認されている．

　しかし，ホールの音を決めるのは室形状だけではない．壁面の形状（拡散処置）や吸音処理，反射板の設置なども響きに大きく関与する．■Ⅰは3次元波動音響シミュレーションを実際のホールに適用した例である．前述のとおり，楕円形は二つの焦点の間で音が交互に集中して（■Ⅰの(a)）強いフラッターエコーが生じ，このままではホールとして成り立たない．そこで壁に屏風折れ形拡散体を付け上部を突き出した形にした結果，音が拡散されてフラッターエコーのおそれはみられなくなっている（■Ⅰの(b)）．このように室の基本形状が音響的には危険な形でも，事前に入念な音響設計を行えば音響障害を解消することは可能である．

● ホールの響き

　コンサートホールでは通常電気音響設備を用いることはなく，室内空間が創る響きによる音響効果が音楽の質を決定づけるので，室の響きが重要な設計要件であることはいうまでもない．響きの良し悪しに関しては，「残響2秒」という言葉が一時期一人歩きしたことにもみられるように，残響時間（響きが減衰するまでの時間）がもっともよく知られた評価量であり，残響時間が長いほどよいホールだと誤解されているケースさえある．正しくは，音楽の種

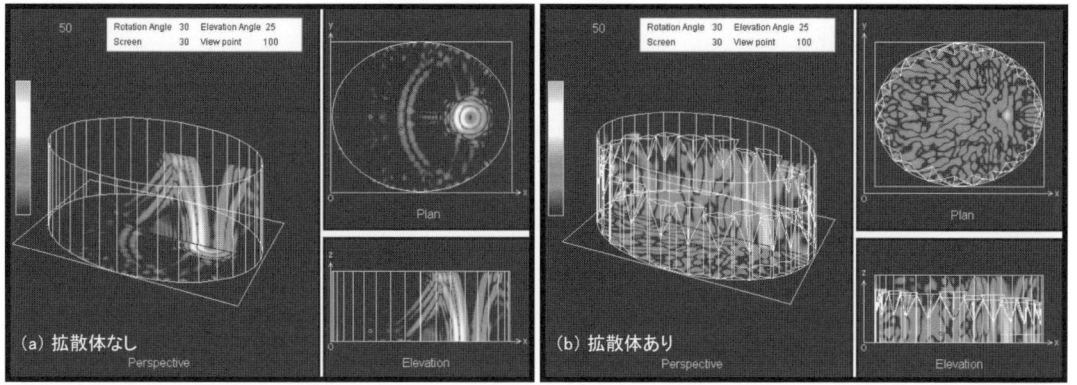

■1 楕円形ホールの3次元波動音響シミュレーション結果　音源放射後80 ms後の音圧分布（東京大学生産技術研究所坂本研究室提供）

類や室容積に応じてふさわしい残響時間というものがあり，また残響時間以外に，エコーなどの音響障害がないこと，低音から高音までのバランスがよいことも重要な条件である．さらには，臨場感を高める空間的に豊かな響きがあり，かすかな音から迫力のある音までのダイナミックレンジに応え，演奏家からより豊かな演奏表現を引き出し，聴衆と音楽家との一体感を醸す……これらは決してホールの響きだけで決まるものではなく，その瞬間に場を共有する音楽家や聴衆の感興とホールの空間とが結びついて初めて生まれる要素ではあるが，ホールの響きが深く関与していることも確かである．

● シューボックスホールの意味

前述のとおり，ホールの響きは残響時間だけでは語れない．さらにいえば，ホールの価値はホールの響きだけでは語れない．オーディオ技術が発展して，自宅の一室にムジークフェラインスザールそのままの音が再現されれば，それがコンサートホールを代替するか．答えはノーであろう．コンサートという非日常に向かうために日常の時間を切り分け，そこで鑑賞する作曲家や音楽家に思いを馳せ，装いを整えてその場所に向かう．一つの空間に集まった千人とともに静寂を創り，過去に生きた音楽家が抱いた音楽的イメージを百人の音楽家の磨かれた技能が再現する，その緊迫した息づかいを感じる．音楽が終わると場を共有した千人とともに感興を表現し，そこから解き放たれた後には居心地のよい日常に戻って余韻に浸る．そういう一連のコンテクストとともにコンサートという営みを考えるとしたら，数々の名ホールと同じ「シューボックス」という類型に属するということが，ホールやそこでのコンサートにある価値を賦与すると考えるのは自然である．

とはいえ，「シューボックス」であることの意味と同種の価値を別の方法で導出することもまた可能であろう．かつて大きな感動を経験したホール，ある時期ある思いで通いつめたホール，隅々まで癖を知り尽くしたホール，そういうホールとヒトとの関係の積み重ねが，ヒトにとって，ひいては都市にとってのホールの価値を高めるものと考える．

● 都市の中のコンサートホール

群れる動物は音を用いて場（空間）を共有する．動物が身体的なレベルで場を共有するのに対して，ヒトの場合はそれに加えて意味的（言語的・音楽的）なレベルでも場を共有する．場の共有を目的とするホール，教会，劇場などの建築空間，あるいは祭りという事象は，時代，文化，民族を問わずヒトの活動に普遍的にみられる．ヒトが集団で場を共有し，他者を感じ，群れの一員であることを確かめることは，おそらくヒトの根源的な欲求であり，ヒトの文化的，社会的な生存を支えるものである．そのような非日常的な体験があるからこそ，われわれは日常を過ごすことができる．

現代の都市では祭りの機能が生活のさまざまな側面にとけ込んでいる一方で，大きな非日常性は失われがちである．都市の中での祭りの場としてのコンサートホールの意味づけを増していくことが，都市に身を置くヒトを支えるのではなかろうか．都市におけるホールの意味とともに，コンテクストとなるホールと都市空間との連続性を育み，この数十年に急激に数を増したコンサートホールを都市に根づかせてゆきたいものである．

［上野佳奈子］

7-21 映画館の将来像

【テーマ】映画館・ビデオシアター　　　　　　　　　　　　　　　　7　教育・文化・医療

●映画館数の変遷

　日本の映画館数は1960年の7457館を頂点として減少に転じた．7000館を超える高原状態を維持した1958～61年は映画館の黄金時代で，1962年からはテレビ受像機普及の影響で減少が顕著になる．日本のテレビ放送は1953年に開始されたが，受像機が高価であったため，駅前などに設置された街頭テレビでプロレス中継を立ち見する人々も多く，テレビのスポーツ放送を売り物にして客を集める喫茶店もあった．しかし1959年，当時の皇太子と正田美智子の結婚パレード中継の人気を一因として契約視聴者が340万世帯と前年の倍増を示し，また1964年の東京オリンピック大会の開催で，その実況中継を見るために視聴者が1670万世帯を超えた．1962年はそのようなテレビの普及過程にあたり，受像機の量産化により価格が低廉化したため受信契約者数が1000万の大台を超えた年であり，またテレビを軽侮していた映画製作会社がその力を無視できなくなり劇映画のテレビ放映権を売るようになった年でもある．1963年の映画館数5696館は前年に比べて15％減であり，この凋落傾向は1993年の1734館，つまり最盛時の約2割まで減るが，同年に底を打ち1994年から漸増が始まる．ちなみに最新のデータである2007年は3221館（これは館数というより1960年代にはなかったシネマコンプレックス，通称「シネコン」のスクリーン数であるが）で黄金時代よりはるかに少ないが，最低時からみれば約85％の増加である．

●入場者数と入場料金

　映画館入場者数も映画館数と相似的な変化をしている．1957～1960年の10億人超，つまり当時の日本の人口を約1億人として1人が年10回映画を見るに等しい数値となる全盛期をへて1960年代から激減を続け，1990年代に1億5000万人，つまり増えた人口を考慮すると1人当たり年1.3回にまでに落ちたが，2000年以降漸増して2007年には1億6300万人となり，黄金年代には及ばないが観客数は増えている．ここにあげた人口は赤ん坊から寝たきり老人までを含んでいるので，映画観客の多数を占める若年層だけを対象にすれば，現在の普通の映画好きは月1回，年12本程度の映画を見ると想定される．もっとも年に200～300本を見る筆者はそれ以上のマニアに属するだろうが，映画に要する時間は月に2回ゴルフや競馬場に行くか，週3回，つまり1日おきに深更まで麻雀や囲碁を楽しむ時間を分散させた程度にすぎない．

　じつは衰退時の映画館の興行収入は，観客数の減少に比して減らなかった．これは，娯楽場の入場料金の税率が下がったにもかかわらず映画館が入場料金の値上げを続けたことによる．しかしこうした対応は斜陽産業に悪循環をもたらした．黄金時代の1960年を例にとると，封切館の入場料は200円であり，コーヒー60円の3倍強，ビール大瓶の価格115円の2倍弱だったので，現在の価格に直すと800～1000円が妥当である．興行界もようやくそのことに気づいて1990年代末から入場料の限定的低額化（毎月1日の映画の日，水曜日の女性割引，60歳以上シニア料金，男女のカップルのどちらかが50歳以上の客を対象とする「夫婦50」，高校生3人以上のグループ「青春トリオ」などが，通常の封切料金1800円が1000円になるシステム）を順次創設し，それも入場者数の回復に貢献している．

　以上を総合的に考察するなら，社会的施設としての映画館は少なくとも当分必要とされるので，消滅することはないといえる．しかしながら社会的施設としての映画館がかつての重要性を喪失したこともまた確かである．

●テレビおよびビデオの影響

　映画館の地位はテレビ自体だけではなく，ビデオ録画機，レンタルビデオ店の出現によって低下した．映画館のスクリーンとテレビ画面の格差は，複製媒体がビデオカセットからLD（レーザーディスク），DVD（digital versatile disc）に移行して画像再現の細密度を増したこと，液晶やプラズマなど

大画面薄型テレビの価格低下と普及，サラウンドシステムによる音質の向上によって縮まっている．複製映画の観賞もWOWWOWや，スカイパーフェクトTVなどが，一般の受像機では見られないスクランブル映像を，会費と引き換えに貸与されるチューナーを経てコマーシャル抜きで放映し始め，ブロードバンドでパソコンモニターに映画を有料送信する方式なども現れ，ますます多様化しつつある．

またDVDはカセットに比べて収録時間の長いことを利用して，スタッフやキャストのインタビュー，映画製作時のドキュメンタリー，公開時にはカットされたシーンなどを「特典映像」として収録することによって，劇場のスクリーンより情報量が豊かになった．この傾向は2008年に規格が統一された次世代メディア，BD（ブルーレイディスク）によってさらに拡大するであろう．さらには著作権年限が切れてPD（パブリックドメイン）となった映画が「ワンコインDVD」として500円で書店で売られるようになったことも名画座の消滅を促進している．アメリカが映画の著作権を製作後50年から70年に延長したが，その法案が成立した2003年までは改訂前の法律が適用される．旧法の50年後にあたる1953年製作の名作『ローマの休日』は原著作権者が訴訟を起こしたが敗訴し，1953年までの映画のパブリックドメイン化は確立した．また各種のビデオプロジェクターによりスクリーンに大画面を投映することも可能になったし，機器の価格も普及と量産化が良循環して低廉化すると思われる．これらの技術的進歩が総合された「ホームシアター」がマニアの個人住宅に設置される傾向も強まった．

●映画館が再生するための鍵・祝祭性

このように技術の進歩に威嚇されている映画館が社会的施設として陳腐化しないためには，庶民の娯楽の殿堂であった頃とは異なる観点から建設またはリフォームされなければならない．設備の整ったホームシアターと映画館の決定的な性格の差は，映画館が多数の観客を収容する集団鑑賞の場であることで，映画を多数の観客とともに見ることは，少人数のマニアどうしがホームシアターで見るのとは心理的な違いがある．映画館における不特定多数の鑑賞には，非日常性，祝祭性が伴う．映画館が生き残るためにはこうした観客の心理の違いに配慮しなければならない．それは観客席の椅子の座り心地，画面への視線の通りやすさ，トイレなどの設備の新鋭化と清潔化，ロビーの充実と社交場的機能の付加，映画関連商品の販売などで，多くの映画館がそうした対策を講じ，かつてのような「場末の薄汚い映画館」はすでに淘汰された．今後も映画館の集客力は外観の豪華さ，内装の贅沢感を含めた祝祭性をいかに演出するかがポイントになり，その面の配慮を怠った館は競争から脱落するであろう．立地条件は依然として重要だが，以前よりウエイトが軽くなった．それは郊外に建設された駐車場付き大型シネコンが都心の老舗館に優る集客力を誇る現象に象徴され，立地条件のよい映画館も，そのことに安住していてはならない．郊外に居住する若い男女は気軽にマイカーを駆って駐車場をもつ大型シネコンでデートをする．シネコンは，同一建物内に喫茶店，レストラン，書店などを含む複合娯楽施設としての利便と，華やかな内外装による祝祭性を兼ね備えている．

しかし2007年に入って，郊外型でない都心型シネコンも建設され始めた．すでに実現した例として「バルト9」があり，東急文化会館跡も同様な開発が進んでいる．前者は新宿3丁目，後者は渋谷駅前と，交通至便な位置にあるので郊外型のような駐車場は必要ない代わりに，同じ建物の中に多くのレストラン，カフェ，バー，ブティックなどをギッシリ詰め込んでいる．「バルト9」は上層部にキャパシティが，70席から433席まで差のある映画館を九つもち，全館にデジタル上映と圧縮されていないデジタルサウンド設備を装備，椅子は映画を見る姿勢の人間工学的配慮から開発されたリラクゼーションシートであり，しかも各館に最低1席から大劇場では4席の車椅子スペースを優先的な位置に配置している．映画館の共通ロビーにはソフトドリンクやスナックを売るラウンジがあり，下層部には6店のレストランおよび書店や百貨店があって，多用な目的のレジャーを提供する祝祭空間になっている．こうした都心型シネコンの増加によって映画館の将来には新たな期待が生まれつつある．

［渡辺武信］

7-22 無機的空間から有機的空間へ

【テーマ】生産施設のデザイン　　　　　　　　　　　　　　　　　　　　　　　7　教育・文化・医療

　生産施設/工場建築を名建築とよべる水準に引き上げるには，以下の三つのステップに沿ってデザインを指向する必要がある．①サステイナビリティ→②コーポレートアイデンティティ→③インサイドアウト．これは生産施設固有の「無機的空間」を可能なかぎり「有機的空間」へと昇華させるプロセスでもある．

●**ステップ1：サステイナビリティの追求**

　工場建築の設計に着手する場合，生産活動の場としてのあり方と，社会的環境としてのあり方という二つの視点をもつことが必要である．

　まずは，環境に配慮したサステイナブルな建築をめざさなければならない．仕上材に関してはLCC（ライフサイクルコスト）的に有利なもの，環境負荷を低減するものを積極的に選定することになる．また，工場建築には増築がつきものであり，将来の成長と戦略の変化にも対応可能なマスタープランの策定も第一に検討すべきポイントといえる．マスタープラン（将来形を見すえた敷地内における建物の配置計画）において，ランドスケープデザインも欠かすことのできないテーマとして浮上する．雨水貯留を兼用した水盤（池）や防風林を兼用する植栽，風力発電システム等もサステイナビリティを高めてくれるアイテムであり，環境調和のシンボルとして積極的にデザインに取り込みたいところである．

　内部のプランニングにおいては，生産の工程やラインの構成を読み解き，可能なかぎりの合理性とフレキシビリティの両面を追求したうえで，ストラクチャーとインフラがインテグレートされた形でシステマチックな空間の骨格を形成する．骨格が美しくなければ，いくら着飾ったところで名建築にはなりえない．たとえば，外観を考える場合，先んじてスタディが必要な部位は，じつは「雨樋」（軒樋・縦樋）の処理方法である．メガスケールの架構体はつねに豪雨の恐怖にさらされており，その処理/デザインこそが勝負の分かれ目となることが多い．

　このように，サステイナビリティの追求こそが名建築への第一歩となることは，工場というビルディングタイプにおいても例外ではない．

●**ステップ2：コーポレートアイデンティティの表出**

　メーカーにとって，生産施設は経営の原点である．経営者はラインの生産性のみを重要視し，残念ながら建築は雨風をしのぐための「箱」としての存在，ただそれだけの期待しかされない場面に直面することも多い．かつて，工場といえば，外装は「折板かスレート」というワンパターンなものを連想してしまうほどに個性を失っていた．

　しかしながら，生産施設にも他社と差異化したアイデンティティを表出しようとする動きが強まってきた感がある．数年前，ある電子精密機器メーカーの仕事に携わったとき，そのオーナーから「工場を訪れる顧客のうちとくに海外からの顧客は，無意識のうちに建築の質でその製品の精度や価値を推し量ろうとする」という話をきかされ，建築のデザインが製品を代弁するものだという認識を深めた思いがある．最近では，CI（コーポレートアイデンティティ）カラーを全面的に扱ったデザインや，企業や製品自体のイメージを形態や空間に置き換えて社会にアピールしていくようなデザインを期待する建築主要求も増えてきているように思える．コーポレートアイデンティティの表出を指向する場合に考慮すべき点は，たんなる具象的表現にとどまらないよう，適切に判断された抽象表現を取り入れることである．たとえば，主力の製品からプロポーションや規則性を引用してファサードをデザインするというような手法もある．その引用や隠喩の深度がデザインコンセプトの価値を決定づけ，コーポレートアイデンティティを際立たせることになる．

●**ステップ3：インサイドアウトのデザイン**

　生産機器それ自体や，それらの複合体が作り出すテクノスケープは，基本的に機能のみ，必要最低限の構造でシンプルかつ明快である．際限のない反復を繰り返すその巨大さや美しさにある種のあこがれ

■1 ギュンター・ヘンによるドレスデンのガラスファクトリー（Henn Architekten (2003)：Die Gläserne Manufaktur, Junius Verlag GmbH より）

と畏敬の念を抱かずにはいられない方も多いだろう．生産施設を覆うシェルターとしての建築をデザインするという行為は，外部環境と内部環境とのさまざまな条件に折り合いをつけながら，「最小公倍数的」なデザイン手法によって解くというプロセスに従っているといえるかもしれない．実態としては，生産ラインのもつある種有機的な形態とは別に，均等グリッドに押し込まれた形で空間が構成されていく．それぞれの生産機器あるいはラインは，本当は有機的なつながりをもっているのにもかかわらず，シェルター（＝建築）の都合（仕上材や構造体）によって合理的かつ経済的なスパンに整理される．そうしてできあがったファサードは実際のところ均質で無機質であり，内部のアクティビティとは少なからず遊離した状態で成立している．

工場というビルディングタイプは，本当の意味で「ブラックボックス」（中で何が行われているかわからない）だったが，このステップ3では，そこからの脱却がテーマとなり「インサイドアウトのデザイン」を指向することになる．言い換えれば，すべてを調和する「最小公倍数的」デザインに対して，内面にある要素やアクティビティのそれぞれがダイレクトに主張してくるようないわば「最大公約数的」デザインの指向である．これが実践されている例をあげるとすれば，ザハ・ハディッドの設計によるBMWライプツィヒ工場（2005）のように，生産ラインの軌道をそのまま外観に反映させたもの（内部空間＝執務空間・管理空間とも有機的に結合している）や，ギュンター・ヘンによるドレスデン・VWガラスファクトリー（2001）のように生産施設全体をガラスで透過させ，生産ラインをファサードの主役としてとらえるという思想である．そしてこれらは，工場建築の新たな価値観が「無機的なもの」から「有機的なもの」へとシフトする予感を与えてくれる．

アップルコンピュータのi-MACが初めて世の中に登場した時に，「内部構造をありのまま見せる半透明の筐体」というただそれだけのアイディアで既存の価値観を根底からくつがえし，パソコンを「無機的なもの」から暖かみや愛着を感じる一種の「有機的なもの」へと昇華させてしまった事実と照らし合わせれば大変興味深い．もちろん，前提として「最良のデザイン」という絶対的条件がクリアされていての話である．

急速に多様な価値観によって細分化されつつある現代において，このステップ：「インサイドアウトのデザイン」こそが「生産施設の名建築」への鍵を握っているかもしれない．　　　　　　［坂口 彰］

7-23 これからの医療に必要なもの―大都市と地方都市における医療施設

【テーマ】包括医療サービス　　　　　　　　　　　　　　　7　教育・文化・医療

●はじめに

　国民皆保険にフリーアクセスという二つの大きな特徴をもった，他国に例をみないすぐれた医療制度を背景としてこれまでの日本の医療システムは構築されてきた．これらのおかげでほとんどの国民は保険によって医療サービスを受け，また日本中のどこの病院においても治療を受けることが保証されてきた．しかしこうした特徴を背骨としてきた医療システムが近年大きな変革に迫られている．それは日本がこれから迎えつつある少子・高齢化による社会構造の変化である．現在ではこのことによって急増しつつある医療費対策や，医療スタッフそのものの需給関係などの再構成が迫られつつある．

　こうしたなかで，まず医療そのものがさまざまな研究の発展とともに大きな変貌を遂げようとしている．先端医療としては，発生・再生医療のほかに遺伝子治療，移植治療などが少しずつ行われ始めている．また陽子線・粒子線などを使った大規模な治療装置によるきわめて先端的な放射線治療も多くの病院で導入が検討されてきている．

　一方で，医療の対象となるものにもいくつかの新たな課題を抱えている．たとえば2002年に中国に起源をもつ重症急性呼吸器症候群（SARS）や1997年に香港で初めて鳥から人への感染が確認された高病原性鳥インフルエンザといったこれまで知られていなかった新興感染症に加えて，すでに公衆衛生上は問題ないところまで患者が減少していながら地球の温暖化などで復活しつつあるマラリア・結核・デング熱といった再興感染症などは新たな医療の課題として対策が検討されている．またこういった細菌などを利用したバイオテロや化学物質を利用したケミカルテロに対する医療施設の対策は災害医療に対する準備とともに重要な検討課題となっている．これらに加えて，医療サービスを提供してゆくなかで発生している医療事故問題も世界中の医療界において課題となっており，建築的には適切な医療の作業環境の整備と患者の安全な療養環境の構築の両立がいま強く求められている．

●大都市部における医療

　東京や大阪といった大都市部には数多くの大きな病院が林立しており，患者が病院を自由に選択する余地があるように思われる．しかし，前述のように各病院において提供されているサービスの内容がきわめて専門分化し始めており，その傾向は大学病院などを抱えている大都市部の病院ほど大きい．そのために，それぞれの病院はかつて「総合病院」といった形でイメージされたすべての医療が提供される医療施設ではなくなってきている．医療内容の専門分化だけでなく，各分野においても急性期医療を提供する病院がある一方で，それに次ぐ亜急性期の役割を担っている病院，そして長期にわたって入院治療が必要な患者を受け入れている病院までその様相はさまざまである．近年急性期医療を提供している病院では欧米での例を追従するように平均在院日数がきわめて短くなってきており，平均およそ2週間程度で退院を迫られていて，この傾向は今後もより強くなるものと思われる．すなわち，大都市部においては医療資源は豊かであるようにみえるが実際にはひとつひとつの病院が専門分化され，それに加えてそれぞれの専門において治療プロセスごとに病院が役割を担っているために，一人の患者は発症から入院して帰宅するまでの間に必要に応じていくつかの病院を転々とすることとなる．

　また，こうした病院の機能分化のなかにおいて大都市部では患者の日常的な健康管理を含めた医療サービスの窓口となる1次医療施設が不足しているし，専門的な医療施設のなかでもリハビリテーション医療やターミナル医療などといった高齢化に対応するための医療機能を担う施設も不足している．

●地方都市における医療

　大都市部における病院の機能分化は地方都市の医療においても同じように起きている．しかし，その要因は大都市部と大きく様相を異にしている．2004年度よりそれまで任意で行われていた医師の臨床研

■1 ランベス・コミュニティケアセンター（ロンドン）　住民が身近で受ける必要のある医療・福祉サービスだけを組み合わせたケアセンターで，1985年創立（筆者撮影）

修が必修となることをきっかけとして，医師の供給システムが大きく崩れ始めた．新しい医師臨床研修制度では診療に従事しようとする医師は2年以上の臨床研修を受けなければならない．またその臨床研修を行う場所もかつては卒業した大学病院が大半を占めていたが，新しい制度では第三者の団体が実施する臨床研修希望者と臨床研修受入れ病院とをマッチングするシステムによって研修場所が決められることとなっている．すなわち，研修段階から医師は自分の意志で働く場所を選び始めたのである．そのため2006年現在では地方都市の病院において極端な医師の供給不足が生じている．産科や小児科などそもそも医師のなり手の少ない診療科においては医師を確保できない病院が数多くみられる．このような変化を背景として地方都市の病院においても各病院が地域中核としてすべての診療科を備えるようないわゆる「総合病院」的なあり方が困難となっており，やはり医師という医療資源を病院間で集約するような機能分化が進みつつある．

●これからの医療と医療施設の形態

このように大都市部の病院においても，また地方都市の病院においてもそれぞれの病院が疾病や治療の段階によって機能分化しつつあり，こうした状況をより整理するためにも，そして患者が適切な場所で適切な治療を受けることができるようにするためにも，現在最も医療施設に求められているのが医療施設間の「ネットワーク」の構築である．

たとえば熊本市では地域連携クリティカルパスを導入することにより連携元の急性期病院の平均在院日数が約46％，連携先の回復期リハビリテーション病棟をもつ病院の平均在院日数が約26％短縮している．また，青森県では入院している患者が退院した後も他の医療施設や福祉施設，自宅などで適切なケアやサービスを継続して受けることができるように，看護師が中心となって保健・医療・福祉サービスをつなぐ「橋渡し看護」の試みがなされている．このようにさまざまな形態によるネットワークの構築がこれからの医療施設に求められているものと考えられる．

このように医療サービスの機能分担や専門分化によって，ひとつひとつの医療施設が都市の中に点在し，患者が必要に応じてそのサービスを利用することになると考えられる．これまで急性期の医療施設はかなり建築的にも規模が大きく，権威を誇示するかのように堂々と存在していたが，ある限られた高度で専門的な医療を提供する医療施設の場合は町の中に溶け込んだ施設として姿を変えている場合も少なくない．いわゆる「いかにも病院」といったものではない医療施設がこれから増えてゆくのであろうか．

［筧　淳夫］

7-24　都市の ER（Emergency Room）

【テーマ】救急病院　　　　　　　　　　　　　　　　　　　　　　　　　　　　　7　教育・文化・医療

●病院に必ず残る機能

　将来の病院には，精神科とER（Emergency Room：救急）しか残らないであろう……．

　7-29項とまったく同じ文章であるが，将来はこの二つが必ず存続する病院機能だと考えられる．存続というのは，現在と同じような建築形式で残るという意味である．他の部門も存在するかもしれないが，現在とは異なった建築形式にとってかわるであろう．あるいはもはや，建築ではなくなっているのかもしれない．病院で数時間横になりっぱなしの人工透析は，腹膜透析法によって自宅で行っている人もいるし，血液や性病の郵送検査もすでに一般的である．手術でさえ遠隔操作が実現化しつつある．すでに病院建築という形式を規定するのは医療機器や空調設備といった「機械」となっており，今後は機械の小型化による住宅への浸透と，大型化による病院建築のスケールを超えた単機能工場化の二極化が進むであろう（たとえば大型加速機を備えた放射線治療室は，核物理学の実験室と見た目はなんら変わりない）．このいずれにもそぐわないのが，精神科とERなのである．

　多くの予定手術や処置は自動化や小型化の恩恵を受けて縮小されるであろうが，交通事故や災害などの突発的なけがに対する緊急手術や処置はマンパワーが不可欠であり，24時間対応のERは今後もつねに必要とされる．そのために，ERは以下のような三極化が進むであろう．

●正面に出る（ERホスピタル）

　病院建築には高い専門性が必要とされ，これまでに蓄積された数多くの研究が設計に反映されている．ERは患者が運び込まれてから（実際には救急車から連絡が来てから）迅速に処置の順番を決めなければならず，手術部や放射線部といった他部門との連携が重視されてきたため，救急車の寄りつける1階外部には面しているが，やや裏側に置かれることが多い．CTのような大型放射線機械のレイアウト上，連結する部門が裏側に置かれることが多いうえ，なによりも病院の顔である表側は，外来の入口と相場が決まっていたためである．しかし一刻を争うERのために，ER専用のX線やCTを置くところが増えてきており，それに伴ってこれらの機器を扱う資格をもった専門スタッフ（放射線技師）も別途必要なので，機器とともに必然的にスタッフも増える．さらに，処置後の患者を集中的に管理するER専用の病室を隣接して設けることもめずらしくなくなりつつあり，面積だけでなく，設備やスタッフも充実した，もはや病院といってもさしつかえない規模のERが生まれている．このようなERをもつ病院では風邪の治療をする余裕はない．歩いて来られる患者など，もはや彼らにとって患者ではないのだ．現在，多くの病院でひっそりと裏口にたたずむER入口が，病院の正面玄関にとってかわりつつある（■1）．

●動く（モバイルER）

　まだ往診が一般的だった頃，病院以外にも医療を行う場所として患者の自宅があった．医師は自転車や車に診療道具を載せて患者のもとまで出向いていた．かつての医療は，病院と自宅という二つの点の上だけで行われていたが，現在のERにそこで患者や医師を待つゆとりはない．真に求められるのは，両者を結ぶ途上を移動しながら治療を行うモバイルERである．この考えは古くからあり，病院船，病院列車，病院飛行機などがこれまでも活躍してきたが，いずれも戦地や発展途上国で用いられるもので，そのスケールや費用はかなり大きく，あたかも病院が丸ごと移動しているのに等しかった．機動性を求められるモバイルERは救急車や二輪車を改良した，小回りのきくものであり，すでに実現している高規格救急車は処置室が，救急二輪車は処置機器が病院から飛び出したものといえよう．

●集結する（オンサイトER）

　病院まで搬送できない患者に対しては，事故現場で治療を施すオンサイトERが機能しつつある．たとえば，阪神・淡路大震災を教訓に設置された兵庫

■1 外来を別棟に分離した後，正面玄関を救急車がとまれるER入口に改装した病院（筆者撮影）

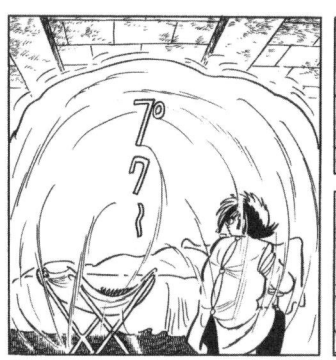

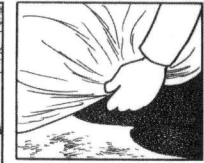

■2 ブラック・ジャックの無菌テント（手塚治虫：ブラック・ジャック，©手塚プロダクション）

■3 羽田空港のAED（筆者撮影）

県災害医療センターは，JR福智山線脱線事故においてDMAT（Disaster Medical Assistance Team：災害時派遣医療チーム）を派遣し，事故現場でCSM（Confined Space Medicine：がれきの下の医療）を実施し，遺憾なく力を発揮した．中央のコントロールセンターが複数のモバイルERに指示を出し，全体としてひとつの大規模なERを現場で構築した上でトリアージ（患者の重症度の選別）と応急処置，搬送を行うシステムである．この分野は今後もますます研究が進み，発展するであろう．

●都市に埋め込まれるER

オンサイトERと聞いて，手塚治虫のブラック・ジャックが持ち歩いている無菌テント（■2）を思い出す人も多いだろう．医師ひとりひとりがあの無菌テントを持ち歩けば，都市のERは飛躍的に向上するのではないか――しかしそう考えるのはいささか早計かもしれない．

現在，日本の医師数は約25万人，人口1000人当たり1.9人といわれている．つまりあなたが500人乗りのジャンボジェット内で急病になり，緊急の治療が必要になったとき，1人は医師が同乗しているという計算である．しかし安心はできない．そのうち，ERを専門とする医師はごくわずかなのである．

それではどうすればそのような場所で命を救えるのか．現在，病院の待合室の壁に医療ガスの配管が埋め込まれているのは当然のこととなっている．災害時には病院内のあらゆる空間で治療を行うことができるようにするためである．また，病院以外の公共施設や空港にAED（Automated External Defibrillator：自動体外式除細動器）と書かれた機器が目立つように配置されるようになった（■3）．心室細動を起こした人にAEDをあてると，除細動（電気ショック）の必要の有無を含め，機械が音声で指示を与えることでだれもが救命処置を施せるものである．もはやERに必要な機器は都市に埋め込まれ，だれもが使用できるようになりつつある．

都市に埋め込まれるERが無菌テントと違う点――それは，われわれが治療者であるという点なのである．

［岡本和彦］

7-25 地理的環境としての病院

【テーマ】療養所　　　　　　　　　　　　　　　　　　　　　　　　　　　7　教育・文化・医療

● 「EBD」病院設計

　だれしも体調を崩して病院を訪れた体験はあることだろう．現代医療は症状の原因（病因）を診察や検査などで診断し，病因が判明すると投薬や手術などの治療を行う．この過程を診療（診断・治療）とよぶが，個々人の診療をまちがいなく遂行するためには，病院のスタッフが各自の専門的な仕事を適切にできる仕組みと空間が存在し，必要な器具・用具と物品が供給され，患者が快適で安全である建築環境を整えておかねばならない．

　1950年代から病院建築の計画研究が開始され，院内の諸活動と空間との関係が解明されてきた．従来の勘や経験だけに頼るのではなく，科学的な根拠に基づいて設計を行うスタンスである．最近医療界ではEBM（evidence based medicine）という言葉が流行しているが，建築界では一貫してEBD（evidence based design）を実践してきた．

● 20世紀の病院

　病院建築は，日進月歩に開発される医療技術や機器へ対応し，病院の効率的な運営に欠かせない動線や物品搬送の適切な処理を行い，高度の設備技術に基づいた室内環境の設定や情報処理・連絡システムの的確な導入をはかり，防災・感染防止などの安全の確保，そして異なる活動時間帯をもつ部門の適切な計画を行うなど建築・設備上の難しい課題に対して確実な解決策を要求される建物である．

　残念ながら，従来，病院はおもに医療者側のニーズに応えて設計されてきたといえよう．われわれがいまみている病院は，近代西洋医学の思想に基づいた前世紀の病院なのである．

● 現在の病院建築像

　いかにEBDでつくっても，患者から見れば依然として病院は病気を治すために仕方なく行く場所である．患者に不評な日本の病院建築像を筆者は皮肉を交えて，八つのニックネームで表現してみた．

　①何でも治そうとする「百貨店」病院，②門前市をなす「朝市」病院，③いろいろな患者が混在する「寄せ鍋」病院，④高額の医療・電子機器の詰まった「ハイテク」病院，⑤メンテナンスをせずに，古く汚くなったら建て直す「使い捨て」病院，⑥狭い面積に人と物を詰め込んだ「満員電車」病院，⑦北から南までどこでも似ている「クローン」病院，⑧混む・汚い・怖い「3K」病院である．

● 病いの館「病院」から健康の館「健院」へ

　建築設計では，機能的な面を解くだけでなく，利用者がそこに「長くいたい」，「もう一度行きたい」と思う空間をめざす．病院の建築設計も根底から発想を見直す必要がある．そこで考えついたのが，病院はそこにいるだけで治るような「癒しの環境」をめざすという発想である．

　緑の見える病室の入院患者は手術後の在院日数が短いという研究がアメリカで発表された．さらに鎮痛剤も少量ですみ，看護師へのクレームも少ない．この例をみても，環境が治癒に影響することは明白である．EBDに心理的な要素を加味すれば，空間のもつポテンシャルを高められることを科学的に実証したいと考えた．

　「皆さん，病いの館『病院』ではなく，健康の館『健院』を建てよう」と提唱し，15年以上がたった．当時は何を夢みたいなことといわれたが，最近では「癒しの環境」への関心が高まり，この発想も奇抜ではなくなった．

● 病院地理学

　「健院」を建てるための研究を，1980年代に病院地理学（hospital geography）と名づけた．街中や野山を楽しく歩き，好きな所にとどまる構築環境を考えるという意味である．

　現在は，もっと患者の健康回復に建築的に関与するため，病室を再現して，患者がどう感じるかといった実験にも力を注いでいる．たとえば，ベッドに寝た状態ではパーソナルスペース（他者がそれ以上近寄ると不快に感じる間隔）はどう変化するかを実験し，立位の常態ではパーソナルスペースは体の周囲で前方に広がった卵形になるが，寝ていると極端

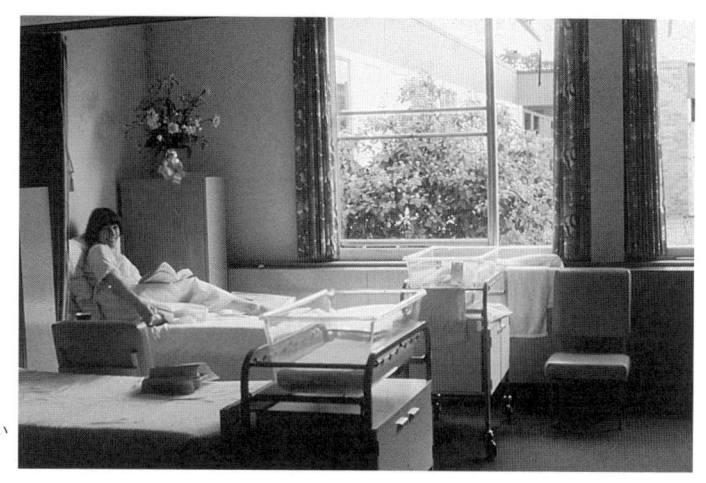

■1 緑が見える病室の患者は回復が早い
（筆者撮影）

に上半身に偏った卵形となることがわかった．

また，ベッド周りの必要な広さを，看護作業や患者心理の面から検証したところ，確保すべきベッド間隔は1.5 m．奇しくも，19世紀にF. ナイチンゲールが主張した寸法と一致した．

● 「装置化」と「住居化」

これまで効率的な管理と医療機能を優先させてきた病院に昨今変化の兆しがある．医療制度上のさまざまな構造改革が行われ，患者から選別される病院へと，建築的環境や運営上の工夫をして，効率性・経済性の側面とのバランスを考えているのである．

また，高齢になると，病気が完治せず，病気と長く付き合って生活する患者も多い．急性期と慢性期では患者に対しての病院医療の方針や治療環境に違いが出てきた．つまり，急性の診療環境は設備主体に「装置化」し，慢性の場合には生活主体に「住居化」する傾向がある．

日帰り外来手術やがん化学療法など診療技術の進歩により，入院から外来への移行もみられる．さらに，通信・搬送技術の発達により，病院に行かなくてもある程度の診療が可能になった．

癒しの環境として病気治療の場を提供する「健院」の役割は，さらに，病院のように入院して治療するのではなく，病気にならないようにすることを考える建築へと進展する．F. ナイチンゲールも主張しているように，入院自体が患者をつくっている面があるからである

● 「シック」ケアから「ヘルス」ケアへ

現在この地球上には約60億の人間が生存しており，2050年には100億近くになると予想されている．また，それぞれの地域は地理的，歴史的に異なる特徴をもち，そこに住む人々はそれぞれ固有の政治，経済，文化あるいは宗教の枠の中で生活をしている．

自然科学を主体とした診断と治療という今日の西洋医学に基づいた病気への対処法が，この地球全体の共通認識と考えられているが，シック（疾病）ケアでなくヘルス（健康）ケアにまで視野を広げれば，そこには自然科学だけでなく，病気を別の視点からとらえる社会科学の視点が必要である．

● GUPHA

半世紀先の2050年における医療環境のあり方を検討するために，筆者らは2000年に世界中の医療施設計画の研究者や実務家とのコミュニケーションネットワークの組織を構築した．名づけてGUPHA（global university programs in healthcare architecture）で，現在会員は世界30カ国，40の大学・研究所の150名である．年に一度は直接顔を合わせる重要性を認識して，各地でGUPHAフォーラムを開催している．

ヘルスケアのあり方は地域固有の背景のもとでさまざまな変化を示す．日本も長い歴史と島国という地理的条件のなかで固有の特性を育み，とくに戦後の50年間に世界有数の平和国家・経済国家として認められるようになった．しかし，今後の地球的な人的交流や情報のネットワークのなかで，いつまでもこの島国の固有性のみに依存していてはならない．

［長澤　泰］

7-26 再生する環境

【テーマ】リハビリテーション施設　　　　　　　　　　　　　　　　　　　　　　　　7　教育・文化・医療

●国際障害分類（ICIDH）から国際生活機能分類（ICF）へ

リハビリテーションの対象は障害である．その障害という概念は，世界保健機関（WHO）によって，1980年に試案（International Classification of Impairments, Disabilities and Handicaps：ICIDH）として示されて以降，1997年の第2版（ICIDH-2）で改良が加えられ，2001年の再度の改訂で，国際生活機能分類（International Classification of Functioning, Disability and Health：ICF）へと進む．試案（ICIDH）が，「病気/変調（disease or disorder）」から「機能障害（impairments）」，「能力障害（disabilities）」そして「社会的不利（handicaps）」へと一方向に進む障害現象として定義したことに対し，「背景因子（A：環境因子，B：個人因子）」や「活動（activity）」「参加（participation）」を加えた相互関係の現象として整理され（ICIDH-2），さらに，促進因子や阻害因子などの概念を加え，否定的側面のみではなく肯定的側面をも加えて定義されるようになる（ICF）．

平たくいえば，障害は現象であり，個人に帰属するものではなく，ある人の健康状態とその背景にある種々の要素との複雑な関係の中で，活動や参加という社会生活が制約や阻害されている状況（もちろんプラス側への働きもある），すなわち社会環境によって作り出される複雑な集合状態として見るべきである，という理解になろうか．

●医学的・社会的・職業的リハビリテーション

この障害現象に対して，とくに，病気と身体機能との相互関係を改善する試みが医学的リハビリテーションであり，環境因子との相互関係を改善する試みが社会的リハビリテーション，とりわけ職業に関わる相互関係を改善する試みを職業的リハビリテーション，ということができる．リハビリテーションの定義そのものは，1941年の全国リハビリテーション評議会（アメリカ）において，「障害者が身体的・心理的・社会的・職業的・経済的有用性を最大限に回復すること」とされていて，WHOにおいても，「障害がある場合に機能的能力が可能なかぎりの最高レベルに達するように固体を訓練あるいは再訓練するための医学的・社会的・教育的・職業的手段を合わせ，かつ調整して用いること」と定義されている．したがって，教育的とか心理的といったリハビリテーションの概念も存在しえることになるが，これらの言葉はあまり耳にしない．

医学的リハビリテーションにおいては，理学療法や作業療法，言語療法などの技術によって，自然の再生過程を早め，後遺症を防止あるいは軽減できるよう働きかけることになるが，とくに形態や機能の障害者（身体障害者）の場合には，代償機能を開発するのに不可欠な生理的過程の促進が中心になる．また精神科領域にあっては，患者が社会に再統合されることが目標とされる．近年では，認知障害も身体障害とともに起こりえることに対応して，環境の肯定的側面に目を向けること，つまり「できない」のは機能的な要因だけでなく認知的要因にも深い関係があるという認識や，精神科領域にあっては，浦河「べてるの家」（北海道浦河町）の実践など，社会生活の中でリハビリを進めるという考えが定着してきている．

●理学療法・作業療法

主として物理的手法によって，身体の障害を回復させようとするのが理学療法である．マッサージや

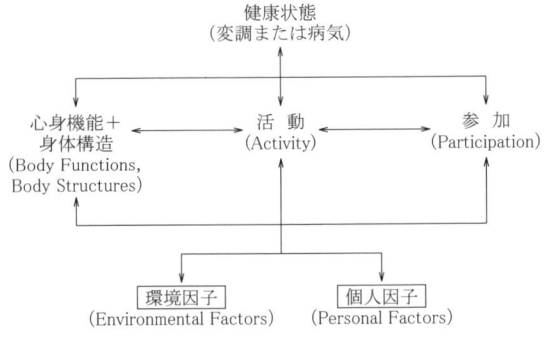

■I　ICFの構成要素間の相互作用（厚生労働省）

■2 ICFの概観（厚生労働省）

	第1部：生活機能と障害		第2部：背景因子	
構成要素	心身機能・身体構造	活動・参加	環境因子	個人因子
領域	心身機能・身体構造	生活・人生領域 （課題, 行為）	生活機能と障害 への外的影響	生活機能と障害 への内的影響
構成概念	心身機能の変化 （生理的） 身体構造の変化 （解剖学的）	能力：標準的環境に おける課題の遂行 実行状況：現在の環境 における課題の遂行	物的環境や社会的環境， 人々の社会的な態度による 環境の特徴がもつ促進的あ るいは阻害的な影響力	個人的な特徴 の影響力
肯定的側面	機能的・構造的統合性	活動・参加	促進因子	非該当
	生活機能			
否定的側面	機能障害 （構造障害を含む）	活動制限 参加制約	阻害因子	非該当
	障害			

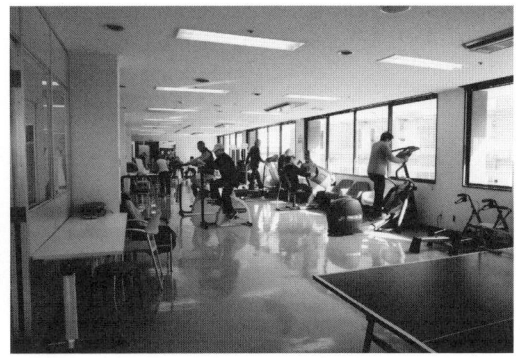

■3 小倉リハビリテーション施設　右は施設内部のようす（筆者撮影）

電気療法，水治療法，運動療法を通して，四肢の可動領域を広げる訓練や代償機能としての義肢などを装着して活動する訓練が行われる．もちろん，車椅子の操作などもここに含まれ，こうした工学的代償機能の開発にあたるのがリハビリテーション工学ということになる．医学の分野では，治療にあたって「安静」にしておくことが重要だが，こうした患者を長いこと病院に入院させることが経営上難しくなってきたこととも関係して，最近では，できるだけ早期にリハビリテーションを始めることが多くなってきた．「早期離床」という考え方であるが，そうした早期のリハビリテーションの開始が，麻痺の程度を軽減することに有効であることも理解され，また実践され始めたことで，脳卒中・脳出血患者が社会復帰して活動を再開している姿を社会生活の中で目にするようになった．このことが，街中のバリアフリー環境整備への意識の高まりにも関係しているのであろう．

作業療法の場合，精神障害や内部障害を対象にすることが多く，その点で運動機能障害を主たる対象とする理学療法と異なる．陶器の製作，竹細工や織物作成などの手仕事，タイプ打ちや園芸等々，幅広い治療が行われているが，こうした具体的な活動を通して，現実的社会への適応の糸口を見いだし，職業復帰に備えるという役割をもつ．こうした行為には，人間と環境の間に介在するインターフェースの役割が大きいことに理解が及ぶにつれ，近年では，このインターフェースに対する認知的側面からの検討や，社会参加することによる効果の検討，インターフェースそのものの開発を含めた検討などに力が向けられている．

早期離床や社会参加によって，リハビリテーションの場や環境は，その範囲を拡大している．医療施設であれば，リハビリテーションはベッドサイドから始まることになり，また地域にあっては，さまざまな障害者が，社会生活を営みながら心身のリハビリテーションを行う姿が常態化してきた．

［山下哲郎］

7-27　健康でいるための環境

【テーマ】予防・保健施設　　　　　　　　　　　　　　　　　　　　　　7　教育・文化・医療

●「健康」とは何か

古代ギリシャや中国では，もともと「健康」とは自己の体内要素のバランスを保つことにあった．しかし19世紀以降の医療技術の進歩によって体の不調が科学的に治せるようになると，「健康」と「病気」が厳密に区分されるようになる．現代の日本社会では，病気になって初めて「健康」という概念を思い出す人も多いだろう．

WHO（世界保健機構）の定義によると「健康とは，完全な肉体的，精神的及び社会的福祉の状態であり，単に疾病又は病弱の存在しないことではない」（1951年官報掲載の訳）となっている．しかし日常的には「健康」という語句は，たんに疾病または病弱の存在しない場合をさして使われることが多く，現実と定義の間にはギャップがある．

近年，健康を強く意識する人々の急増によって，サプリメントの摂取やフィットネス通いなど，積極的な健康ブームが起きている．また肉体的のみでなく精神的・社会的な面での病気を抱える人が増えてきた現代において，そこに「癒し」という要素が付加され始めたことは興味深い．この意味での「健康」は，WHOの定義に比較的近いといえる．

本項では「健康でいるための環境」として予防医療に関するいくつかの環境や概念の事例を紹介する．

●プライマリーケアの見直し

日本では健常の一般成人の場合，各自が「病気」を自覚した時点で初めて，病院でヘルスケアサービスを受けることになる．これに対して日常生活に密着したヘルスケアサービスという意味では，イギリスをはじめとしたさまざまな国でホームドクター制度（地域や家庭ごとに担当医を分散配置する制度）を生かしたプライマリーケアが有名である．ここでは筆者が視察したキューバの例を紹介する．

キューバでは国民の疾病予防に力を入れることによって，医療費の抑制を図っている．地域の診療所の多くは医師の住居でもあり，地域住民がその建設にあたる．その数はキューバの全国平均にして，120家族に1カ所の割合にのぼる．医師は看護師とセットで，24時間地域住民の健康管理に応じ，この充実した体制のおかげで医師と住民の距離は非常に近い．また地域住民にとって診療所は，そこに集うご近所さんと健康談義に花を咲かせる場所としても機能しているようだ．診療所では健康相談や性教育，産科検診などが主となり，医療機器が必要な病気の場合は，患者は2次医療以上を施す「病院」へ移される．よって診療所は健康を取り扱う場所ではあっても病気を取り扱う場所ではなく，彼らは日常から医師をよき相談相手たる隣人として生活を送り，自らの健康管理を行っている．

日本では，病院は国民の生活に定着しているものの，日ごろの健康管理の点で保健所や診療所はまだ十分に国民に活用されているとはいいがたい．しかし近年，日本でも医療費を下げるには病人を減らすのが得策であるとして，政府は病気の予防政策に力を入れ始めた．スパやジムといった健康増進施設，病院に併設された健康プラザや健康センターなどの計画も増えている．病院以外の機能として，具体的には，健康診断，保健指導，栄養指導，健康情報センター，スポーツクラブなどを取り込んだものが多い．大規模施設に通って「積極的に健康管理をする」か，キューバのホームドクター制度のように「日常で健康管理をする」か，方法はさまざまであるが，健康ブームとはいえ各自が積極的に利用し続けねばならない大規模施設では，いつまで集客を保ち続けられるかが今後の課題となるだろう．

●「健院」という考え方

いまから18年ほど前，「健院」という言葉が登場した（7-25項参照）．病院が「病の家」であるのに対して，健院は「健康の家」という意味をもつという．健院は病気の有無にこだわらず，予防も含めた健康に関するあらゆることがらの拠点として，情報をシェアできる環境をさしている．

日本人は病気になると「病院」へ行くが，病気に

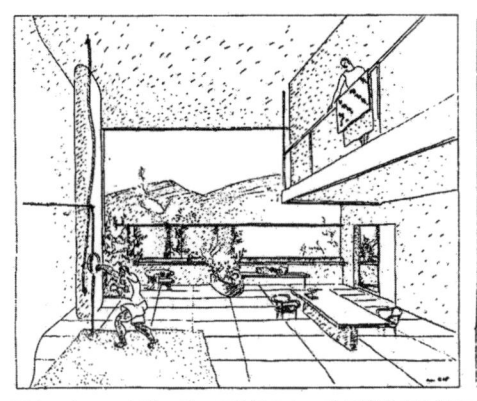

■1 ル・コルビュジエの住居スケッチに登場する運動する人々（Boesiger, W. (1953)：Le Corbusier Oeuvre Complete 1910-1929, p. 185, p. 188, Editions Girsberger Zürich より）

なって初めて健康の大切さに気づくのでは予防医療の出る幕はない．健康と病気を線引きせずに，同じ軸の延長として考える「健院」という発想は，疾病予防政策にとって大きなヒントになるだろう．

● ル・コルビュジエの健康観

健康と生活環境の関係性については，かのル・コルビュジエの著作にもたびたび登場する．

ル・コルビュジエが主導者の一人であったCIAM（近代建築国際会議）のまとめた「アテネ憲章」(1933) では，都市計画の四つの要素とは"Habiter, Travailler, Cultiver le corps et l'esprit, Circuler"とある．日本語では「住む，働く，遊ぶ，移動する」と訳されることが多いが，実際には「遊ぶ」ではなく，文字どおり「身体と精神を鍛える」というほうが適切であろう．

彼は，都市に対して清浄空気などの衛生の必要を強調するとともに，アクティブに健康を追求する方法として，住居にも日光浴とスポーツを日常的に取り込める仕掛けを模索した．彼の著作には，都市計画における建築体のあり方として「……それ自体としても優れた住居は，育児や足下のスポーツ施設，青少年向きの各種アトリエ等の共同サーヴィス施設によって外部に延長し，内部では，補給施設や健康管理施設が当然補完される．（その他，健康療養，医事相談，身体訓練，日光療法，1日24時間の調和ある生活展開のための楽しい活動に充てられる諸施設）」（ル・コルビュジエ著，井田安弘訳 (1978，原著1939)：四つの交通路，SD選書，鹿島出版会）という一節もある．ユニテ・ダビタシオンには彼の構想どおり，集合住宅の屋上に300mトラックや小さなプール，幼稚園，ジムなどのコミュニティスペースが設けられている．彼の発想ではまちがいなく健康とは日常生活の一部として自己管理されるものであったろう．

● 健康の「まち」

個人が日ごろから健康を管理できるような健康施設を考えたとき，それが日常生活からかけ離れている場合には利用の継続が難しい．とくに予防医療の環境は，ホームドクター制度のように地域に散らばり，あるいは建築という形をとらなくても，つねに「身近」で「日常に溶けこんでいる」ことが大事である．

こうした意味で，アメリカ・フロリダの「セレブレーション」の例は興味深い．セレブレーションは1996年にディズニーカンパニーによって開発された「まち」であり，計画の時点で健康維持管理を主要なコンセプトに置いている．教育や情報技術などにも力を入れ，車社会のアメリカにおいて，生活諸施設をすべて徒歩圏におき，密接な人間関係をつくりやすい工夫がなされていることも有名である．セレブレーションヘルスとよばれる中核の施設ではじつに広域なヘルスケアサービスを行っており，高次医療と同じ建物に広大なフィットネスセンター等をもち，病気を健康の延長線上で扱っている点では「健院」の一例といえるだろう．世代の混合を前提としているため，近年増えている「高齢者の健康管理」を目的としたシニアタウンとも一線を画している．セレブレーションはディズニーカンパニーの理想郷の追求であるゆえに，必ずしも自然体で受け入れられやすいとはいえないが，健康でいるための環境が積極的につくられた事例として今後に注目したい．

[小菅瑠香]

7-28 ヘルシーピープル，ヘルシーシティ

【テーマ】健康増進施設　　　　　　　　　　　　　　　　　　　　　　　　7　教育・文化・医療

● 背　景

　日本は現在，世界一の長寿国である．医療費は年々増加傾向にあり，いまや30兆円を超える．2015年には65歳以上が25％になり，国民医療費は60兆円とも80兆円ともいわれる．政府は，「治療」から「予防」に重点を移行し，予防医学の観点から運動療法を推進していく政策を進めている．ここでは予防医学において最も重要な「健康増進」に注目する．

　健康増進を語る前に，そもそも"Health"（＝健康）とは，何であろうか？

　「WHO憲章」（1948）によると「健康とは，完全な肉体的，精神的及び社会的福祉の状態であり，単に疾病又は病弱の存在しないことではない」．ここでは，健康とは，個人の責任のみならず，社会が取り組む問題であることが示唆されている．

　では，健康増進とは何か？

　「オタワ憲章」（1986）によると「健康増進とは，自らの健康を管理し，改善することを可能にするプロセスのことである」．ここでは，健康増進（ヘルスプロモーション）を幸福な人生への「プロセス」のひとつであると位置づけている．

● 日本の健康増進

　日本ではこれまで，「第1次国民健康づくり対策」（1978），「第2次国民健康づくり対策（アクティブ80ヘルスプラン）」（1988）等のさまざまな健康づくり対策が厚生労働省によって行われてきた．現在では，生活習慣に関連する課題（高喫煙率，肥満者の増加，脂肪の多い食生活）等が考慮され，「健康日本21」が2000年から展開されている．

　基本方針としては，早期発見・治療のみではなく，健康増進による疾病の1次予防の重点化，健康づくり支援のため社会全体としての環境整備等である．とくに，大きな課題となっている生活習慣や生活習慣病における9分野（食生活・栄養，身体活動・運動，休養，こころの健康，たばこ，アルコール，歯の健康，糖尿病，循環器病，がん）においては，それぞれ取組の方向性と具体的な数値目標を示している．

　また，「健康日本21」を中核とする国民の健康づくり・疾病予防をさらに積極的に推進するため，医療制度改革の一環として，2002年に「健康増進法」が公布された．健康増進法では，健康増進を「国民の責務」と位置づけ，社会が個人の取組を支援する環境をつくり，健康づくりが総合的に推進されることを基本理念としている．

● メディカルフィットネス

　上記の健康増進計画「健康日本21」と，疾病予防の法的基盤「健康増進法」の公布を受けて，各医療機関が，医師の指導箋のもと，患者に対して運動療法を行い，病気の治療と予防をしていく「メディカルフィットネス」が普及している．これは，政府により「医療法42条」が整備され，医療法人による健康増進施設が普及してきていることも一因となっている（医療法人は，疾病予防のために有酸素運動を行わせる施設で，診療所が付置され，かつ，その職員，設備および運営方法が厚生大臣の定める基準に適合するものを設置することができる）．

　一方，医療施設のみならず，フィットネスクラブにメディカルフィットネス機能をもたせ，楽しさ，快適さといった側面をもち合わせた，快適な運動療法が受けられる施設の充実も図られている．フィットネスクラブ，医療機関付置の施設，健保組合の施設，社会保険センター，社会保険健康センター，公共の施設等のうち，設備や健康運動指導士，運動指導の内容などが一定の基準を満たした施設が，厚生労働省の「健康増進施設認定規定」により，厚生労働大臣認定健康増進施設として認定を受けることができる．そのなかで，医療機関と提携し，疾病の治療のための運動療法を行うに適した施設が指定運動療法施設の指定を受け，医師の指示に基づく運動療法を実施する際に必要となる健康増進施設の利用料金について，所得税の医療費控除が適用されることとなる．生活習慣病の改善や健康維持に関心をもつ

■1　セレブレーションヘルス病院（アメリカ・フロリダ州）病院＋フィットネスの複合施設．右側ウイング（写真右）がフィットネスクラブとなっている（筆者撮影）

人々は，医師を中心とする医療関係者によるメディカルチェック，運動・栄養・休養に関する適切な指導を通して健康増進をより効果的に図ることができる．

アメリカでは，ヘルスプレックスともよばれる複合施設のひとつのあり方として，病院＋フィットネスクラブという形態が一般的で，健康増進の相乗効果が図られている（■1）．

● ヘルシーピープル，ヘルシーシティ

健康増進施設の充実だけが，国民的な健康増進を実現する手段であろうか？　既述の健康の定義「肉体的にも精神的にも社会的にも完全に良好な状態」を実現するためには，社会そのものが健康増進に寄与するものである必要がないだろうか？

アメリカでは，1979年に「ヘルシーピープル1990」，1990年に「ヘルシーピープル2000」，さらに2000年には「ヘルシーピープル2010」が米国厚生省により展開されている．これは個人の生活習慣の改善による健康の実現に重点を置いたものであり，科学的に立証された数値目標を人生の年代別で設定し，国民運動としてその目標を達成する手法をとっている．目標を設定し，健康の改善をめざすという手法は1980年代には世界中に拡がっており，既述の「健康日本21」もこの流れを受けているといえる．しかし，個人が健康になるための指標を設け，達成させるだけでは，肉体的にも精神的にも社会的にも完全な良好な人々を恒久的に創り出すことはできない．

1980年代の後半に，予防は個人のみで実現するものではなく，社会環境の整備が必要であるという考え方をもとに，「ヘルシーシティ」という都市の環境改善運動がヨーロッパを中心に推進された．「ヘルシーシティとは，物的および社会的環境を創り，向上させ，人々が相互に支えあいながら生活する機能を最大限活かすことのできるように，地域の資源をつねに発達させる都市である」（T. ハンコック，L. ダール（1986）：Healthy Cities: Promoting Health in the Urban Context, Oxford University Press）．

「ヘルシーシティ」は，人口の増加，大気汚染，水質低下，住宅の密集，交通渋滞，労働環境などの都市の社会的・経済的・身体的環境が都市に住む人の健康の鍵を握るというコンセプトに基づき，都市に健康と生活の質を促進する物的社会的環境を創り，保護していく機能をもたせようというものである．

すなわち，ヘルシーシティこそ，都市に住む人々の健康を創造・維持するための基盤であり，最大の健康増進施設ともいえるのではなかろうか．

［中山純一］

7-29　精神病院はなぜ必要か

【テーマ】精神病院　　　　　　　　　　　　　　　　　　　　　　　　　　　　7　教育・文化・医療

●精神病院は残る

　結論から述べれば，将来の病院には，精神科とER（救急）しか残らないであろう……．

　医学の発展とともに病気は治すものから予防するものへと変化し，病院は病の館から健康の館へと変貌を遂げつつある．それに加えて，医療機器や情報伝達技術の進歩に伴い，病院を構成する治療や検査の機能は解体され，都市のなかに分散配置されることで，病院本体は縮小されると予想される．そんななかで，将来にわたっても残るであろう機能として，精神病院があげられる．

　なぜ精神病院が残るのか．ひとつは，人種や文化にかかわらず一定の比率で発症することが確認されており，どうやら人類にとって普遍的な疾病であるために，今後も患者の数が減らないことが予想されるからである．もうひとつは，彼らの「病気」は家庭や社会生活を営むうえでのコミュニケーション障害そのものであるため，都市化の進行や家族形態の変化とともに患者数が増えると考えられ，治療のためにはいったん現在の生活から離れて暮らすことが有効であるためである．

●なぜ精神病院は存在するのか

　日本には医療法で「病院」とくくられる施設が9000弱ある（2007年8月現在）．その多くがけがや病気のときにお世話になるいわゆる「病院」（一般病院）で，その数は8000弱である．それでは残りの1000を超える病院は何かというと，ほとんどが精神病院なのである．日本は精神病院が大変多い国として知られているが，1000という数字が問題なのではない．問題はその中にあるベッドの数なのである．一般病院に入院している患者の数（＝ベッドの数）が125万人であるのに対し，精神病院に入院している患者は35万人にものぼる．つまり，日本の入院患者の5人に1人は精神病の患者という計算になる．35万人という絶対数も，5人に1人という比率も，国際的に比較すると非常に大きい．発症の比率が一定といわれながら，これだけのばらつきが生じるのには理由がある．

　ひとくちに精神病院といっても，国によってその様子は大きく異なる．欧米では精神病院を縮小して患者を地域に戻すとともに，触法精神病患者などきわめて重度な患者を治療する専門施設も存在するため，患者の症状に応じた施設が準備されているというイメージがある．一方，東南アジアにはいまだに数千人規模の精神病院が存在し，そこではあらゆる種類の患者が混在している．日本はこれらの間に位置すると考えてよいだろう．

　検査数値のボーダーラインを上下させることで患者数を変動させることができる一般の病気と同様に，精神病も社会や制度によってつくられるといわれ，その器である精神病院も規模や数を増減させることはたやすい．日本の精神病院の数は昭和40年代に急増しているが，これは病院を建てやすくする政策が実行されたためである．そこでの入院患者は精神病でなくてもよかった．認知症老人や身よりのない人など，家で面倒をみきれなかったり帰る家をもたない人を連れてくるだけで，精神病患者がつくれたのである．

●現在の精神病院

　昭和40年代の建物は一斉に建替えの時期を迎え，イメージが一新された精神病院へのハードルは低くなりつつある．関係者は，精神病院のカジュアル化が進行していることを実感している．ネットや本でおもしろおかしく，または深刻に語られる鉄格子の悲惨な病室（■2）は過去のものになりつつあり，美しく改築された精神病院には軽症の若者が気軽に訪れ，早期治療と早期退院が実現されることで，将来の長期入院の芽を事前に摘み取ることに成功している．

　しかし，精神病院の仕事はここで終わってはならない．現実には退院後のアフターケアこそが重要なのである．なぜなら社会的コミュニケーション障害は，患者が帰る環境そのものに問題があることが多く，ふたたび病院に舞い戻る人が多いためである．

■1 特別な施設ではなく，空店舗を改装した物販所と上階に併設された「べてるの家」関連のグループホーム（筆者撮影）

したがって，いつでも病院に戻れる，あるいは病院ほど大げさでない一時避難施設を整備しておく必要があろう．このような環境は患者が自分たちの手で，自分たちの過ごしたいようにつくり上げることも可能である．

●自分たちで環境をつくる

歴史的に，精神病患者が集まって住む町が世界には存在する．ベルギーのゲールやドイツのベーテルが代表的なものであるが，日本では北海道浦河町の「べてるの家」が有名である．「べてる」はベーテルに由来する名称で，ベーテルと同様に日本中から精神病患者が集まり，共同生活をするとともに昆布の販売を主とする株式会社を興し（年商1億円！），自分たちだけで運営している（■1）．浦河の町を歩くと，たしかに患者のような人がそこここにいる．スーパーのベンチで寝ていた彼もきっとメンバー（べてるの家の人は仲間をこうよぶ）なのだろうが，ここではだれも追い出そうとはしない．もし彼の調子が悪くなった場合には，べてるの家あるいは浦河赤十字病院の精神科が面倒をみてくれることは，この町のだれもが知っている．

●将来の精神病院

さまざまな精神状態の狭間を揺れ動く患者にとっては，自分のコミュニケーション能力の状態に応じ

■2 2000年まで使われていた，ある精神病院の病室からの眺め（筆者撮影）

てすぐに居場所を変えることができる環境が用意されていることが望ましい．その意味で，今後の精神病院の役割はその周辺環境も取り込みながら隔離所から避難所，そして安息所の機能を含むものへと変化するだろう．精神病院がつねに必要であることはまちがいないが，精神病院を取り巻く住宅や公共空間までをも含めたまち全体のデザインを決定しないかぎり，精神病院の設計は完成しないことを忘れてはならない．

[岡本和彦]

7-30 みんなで住もう―障害者，高齢者のすみか

【テーマ】精神障害者施設　　　　　　　　　　　　　　　　　　　　　　　　　　　　7　教育・文化・医療

「みんなで住む」という言葉には二つの意味がある．ひとつ屋根の下で一緒に暮らすこと，そして近所に集まって暮らすことである．それぞれについて，現在の潮流を紹介しよう．

●ひとつ屋根の下で暮らす――単一性から多様性へ

障害者や高齢者といった身体的・精神的弱者に対しては，以前より施設という形で住み家が提供されてきた．そこでは，スタッフによる24時間のサービスを提供されながら，弱者は安心して生活することができた．ただし，ここには大きな問題が存在している．それは，弱者はサービスをただ受けるにとどまり，決して与える立場には立てないことである．スタッフは施設ごとに統一されたマニュアルを用いて，画一的ではありながら，全員に平等なサービスを提供してきた．施設において入居者はつねに受け身であり，彼らの日常に変化はない．

これに対し，入居者にも積極的に生活に参加してもらい，彼らの残存能力を引き出して症状の悪化を防ぐための試みが数多くなされ始めている．8～10人程度の小規模な人数で一戸建てに集まり，スタッフの手を借りながら共同生活を営むグループホームは代表的な例であるが，その他にもいくつかのタイプの生活参加方法がある．いずれも入居者像が多様であることが特徴となっている．

しかし残念ながら，さまざまな入居者の入る建物をつなぐだけでは「多様な入居者像」は達成しえない．たとえば，児童と高齢者の交流が期待される小学校の空き教室を利用したデイケア施設で実態調査を行うと，交流はほとんど記録されない．理由はさまざまであろうが，多くは児童と高齢者を，常にサービスを受ける側であるという受身の存在として施設に放り込んでいることに原因があると思われる．

小規模多機能サービスのなかに，高齢者や障害者を子どもの面倒をみる側として活用し，交流を生み出している例がある．そもそもここに集まるのは属性も体調もさまざまな人であり，サービスの与え手と受け手の境界はきわめて曖昧である．このような例では，両者が気づかいなく気軽に訪問できるように，建物は既存の住宅を改造した家族的なスケールのものが多い（■1）．

身体的・精神的な弱者ではなく，社会的な弱者も自ら集まって暮らすことを選択し始めている．身体はまだ弱っていないが，もし倒れたらと不安を抱く一人暮らしの高齢者が集まるグループリビングや，子育てが困難なシングルマザーをはじめとする，多様な属性をもつ家族が暮らすコレクティブハウジングが例である．このような場合の建物は，全員が使う一つの玄関と居間を中心に，家族のユニットが集まるホテルのような形式をとることが多い（■2）．

●近所に集まって暮らす――自分たちのまちをつくる

地方都市では商店街を核とする既存中心部の空洞化が問題となっているが，現在そのような空き店舗を埋めているのは福祉施設であることをご存知であろうか．スーパー，映画館，オフィス，あらゆる空き店舗がデイケア施設などの高齢者福祉施設に転換されてゆく．中心部の店舗だけではない．郊外の住み手のいなくなった住宅やアパートも，上で述べたグループホームやグループリビングに改修され，昔ながらのたたずまいで生き延びている．中身と看板だけが福祉施設に入れ替わっているため，意外と気づかないものである．

なぜそんなに福祉施設が元気なのか．なぜそんなに地域に対する彼らの影響力は大きいのか．じつはこれは至極当たり前のことなのである．なぜなら現在，高齢者を商品として「商売」できるのは彼らだけであり，高齢化が進行する地方都市では，福祉事業は一大産業なのだから．

しかし，一大産業とはいいつつも，じつは彼らの仕事は儲かる商売ではない．介護保険報酬は年々締め付けられているし，そもそもおもな事業体である社会福祉法人やNPO法人は利益を上げても分配することはできない．したがって彼らは最低限のお金で高齢者が暮らすための空間を手に入れる．相続し

■1 向かい合う民家を改修したデイサービス（筆者撮影）

た親の家をわずかな改修でグループホームに転用して自分も一緒に暮らすのはもちろん，競売物件が出ると飛んで行き，安値で落札する．彼らの行動はじつに素早い．空間を手に入れればあとは人手集めだが，これまでの不況下なら，若者を中心に働き手はすぐに集まった．このようにして，福祉施設はあっという間に寂れたまちに染み込んでゆき，ここを中心として人やモノ，カネを移動させることで自分たちの町がデザインされていった．その極端な例が，7-29項でとり上げた「べてるの家」である．

ここではもはや，利用者はサービスを受けるだけの立場ではなく，自らがサービスを提供するために働かなければならない．現在は年商1億円のべてるの家も，初めは昆布加工業者から加工品を買い取り，販売だけを行う計画であった．このままでは，電話で商品を取り寄せ，店に並べて客が来るのを待つだけのあてのない仕事である．この加工業者が倒産してから，彼らの目の色が変わった．自分たちで加工まで行う，株式会社を興すことにしたのである．しかし精神疾患患者は規則正しい生活ができない人が多く，毎朝定時に出勤することから始めなければならない．おもしろいのは，このような社会的生活を営む訓練として，一般の精神病院でも行われているSST（Social Skill Training：社会生活技能訓練）を利用したことである．べてるの家の見学者

■2 デイサービスや喫茶店，児童施設も併設したグループリビング（筆者撮影）

は年間2000人を数えるが，彼らにべてるの家を紹介するのも，昆布の販売店に連れて行くのも，商品の説明をするのも，すべて訓練成果の披露の場なのである．訓練が生活（商売）に直結するのだから，やる気がわくというものであろう．商品を手に取って眺める見学者に，いかに自分たちで加工した商品がお買得であるかを説明する様子は，その辺のアルバイトでは太刀打ちできそうにない．べてるの家はもはや町の一大産業であり，自分たちがまちをつくり，まちを支えているという自負が彼らにはある．

［岡本和彦］

7-31 高齢期の暮らし―施設の「住宅化」＋住宅と地域の「施設化」

【テーマ】高齢社会と建築　　　　　　　　　　　　　　　　　　　　　7　教育・文化・医療

●未知なる高齢化社会への突入

「超高齢社会」。高齢化率は20％に到達し，すでに子供（0〜14歳）の割合を上回っている。しかし本番はこれからである。推計によると高齢化率はさらに上昇し，2050年には35％を超える。介護・年金などにおける抜本的な課題解決の糸口が見いだされないまま，未知なる社会に突入しようとしている。今後も介護問題はきわめて大きな社会的課題であることには変わりない。しかし，介護問題を高齢者の問題ととらえるのか，高齢期の問題としてとらえるのかでその対応は大きく異なってくる。

●「介護＝施設」の時代の終焉

来たる高齢社会の意味するところは，要介護者の割合増加と同時に，私たちが，20〜30年に及ぶ高齢期の時間を手に入れるということでもある。「高齢期をどこで，いかに過ごすか」という問題と，「介護」問題とを切り離して考えることはもはやできない時代なのである。切り離すのであれば，これまでのように「介護」＝「施設」という解決が最も容易な方法である。要介護状態になってからの別の世界（「施設」）を整備すれば済むことである。

しかし，コストのかかる「施設」を支える力は今の日本にはない。また私たち自身も，身近に「施設」が増えればそれで安心か，というとそうではないだろう。たしかにまだ，「施設」の増加にあわせて，待機者も増える状況にある。介護施設はまだ足りないと思わせる。しかし，だからまだつくるということではなんら解決にならない。要介護高齢者が少数派だった時代はそれでよかったが，もはや違う。特別なことではない方法で，介護の問題を解決しなければならない時代なのである。

そのためにはまず，高齢者から高齢期への視点のシフトが必要である。高齢期という長い時間軸の延長線上に，介護問題があるということを認識することである。そして，高齢期の暮らしと介護問題とを切り離さずに解決する方法は，介護を「施設」で考えるのではなく，「住宅」と「地域」で考えていくという方法しかありえないのである。

●施設の「住宅化」

かつての措置制度のもとでの介護施設は，文字通り「介護」を「施す」ために「設けられた」ものである。その結果が収容の場としての姿である。介護保険制度への転換（2000）というなかで，施設の「住宅化」が起こる。「人が生きる場，暮らす場」としての空間と介護の考え方が施設にもたらされた。

しかし，いくら施設が「住宅化」されようと，所詮施設は「施設」である。制度のなかで「施設」として位置づけられているかぎり，住宅的であっても決して「住宅」ではない。施設であることとは，一般の生活社会の向こう側にある，特別なものとして位置づけられているということでもある。では，施設の「住宅化」の先にあるべきものは何なのか。

●住宅と地域の「施設化」

答えは，住宅と地域の「施設化」にある。近年ではとかく否定的な意味で使われがちな「高齢者施設」ではあるが，じつは施設がもっているシステムはすばらしく，また完璧である。施設は完結した社会である。その中にいれば，外に出なくとも不自由なく生活ができ，一生が送れる。最近ではおいしい食事，快適な入浴も得られる。個室も用意されている。もちろん介護も付いているから安心して，安全に暮らせる。ただ，最大かつ唯一の弱点がある。そこが「施設」であるということである。高齢期の生活や地域生活の延長線上にはない，別の世界であるということである。

施設のシステムが地域・都市レベルで展開，構築されたらどうであろうか。単純なことであるが，これにより高齢期における暮らしと介護というものが連続的になる。施設の居室が地域の中での住宅に相当するものとなる。住宅は「施設化」されることで，安全・安心が保証された高齢期の居住を支えるための場所となる。地域が「施設化」されることで，地域全体で，住宅での暮らしをサポートする仕組みが用意される。これが施設におけるケアに相当

■1 施設化された住宅:「ケア付き住宅」(筆者撮影)

■2 施設化された地域:「ケア付き住宅」からの眺め　周辺は一般の集合住宅．写真はいずれもフィンランド(筆者撮影)

するものとなる．施設がもっていた機能や役割が，住宅と地域とで代替できればよいのである．

● 「施設」をやめた北欧

たしかにこれは，「言うは易し，行うは難し」ではある．しかし，それをいち早く実現したのが北欧である．スウェーデンでは1990年代前半より施設の「住宅化」とともに，住宅の「施設化」も行った．「ケア付きの住宅」という考え方である．その結果，「施設」は「特別なニーズがある人のための住宅」として位置づけられ，住宅政策のなかで高齢期の暮らしと介護が考えられるようになった．

デンマークでは1980年代後半に「施設」の建設が中止された．「施設」廃止である．介護は「住宅」で「地域」の力を借りて行うような地域システムが作り上げられる．在宅ケアの充実に加えて，「施設」に代わる「ケア付きの住宅」によって高齢期の暮らしを支え，介護を行う試みである．

いずれにしても，制度上の施設を廃止もしくは大きく見直し，普通の住宅か施設かという2軸の枠組みの中に，高齢期の暮らしと介護に焦点を当てた「ケア付きの住宅」という新たな軸をもってきた．さらに地域の資源や力を活用しながら，できるかぎり住宅・地域での生活を支えるという，高齢期を支える新たな仕組みをつくったのである．

これは，街づくりや都市のあり方にも影響を与える．介護においても住宅が基本になることで，それを取り巻く街や地域が無関係ではいられなくなる．高齢期と住宅を結びつけることで，介護の必要性の有無にかかわらず，すべての高齢者にかかわるものとなる．

● 暮らし続けられる住宅と地域

住宅で介護ができなくなるから施設入所を望むのであって，住宅で暮らし続けるのは理想にすぎない，といってしまえばそれまでである．もちろん，普通の住宅，これまでの地域・都市では難しい．だからこそ，高齢期にふさわしい，暮らし続けられる住宅と地域のあり方が求められるのである．

日本でもシルバーハウジングなど高齢者向け住宅はある．しかし，基本的にはバリアフリーの環境整備や安心設備の設置など，ハード面での安心提供にとどまる．有料老人ホームやケアハウスも近い形かもしれない．しかし，それらは「施設」である．高齢者ということではなく，一人ひとりの人生を時間軸でとらえた高齢期を支えるシステムが，住宅にも地域にも用意されていなかった．

ハードとソフト両面からの安全と安心の付加と住まい方の工夫，これが住み続けられる住宅の基本となる．とくにソフト的な面からの安心・安全の提供，不安に対するサポートは欠かせない．高齢者は不安を抱えながら生活を送っている．長い高齢期を支え，豊かにすることとは，その不安を取り除くこと，将来の居場所をしっかりと保証することでもある．介護サービスの保証も重要になる．必ずしもそれを住宅そのものが備えている必要はない．住宅の外に広がる地域が備えていればよいのである．

このように考えると，高齢期の住宅とは，介護も含めたひとつのシステムを地域・都市の中で構築していくことであり，そこまでをも含めた概念としてとらえられる．これまで施設内で完結させていたシステムを壊しながら，暮らしと介護を連続的に考えられるような住宅づくり，街づくり，地域づくり，都市づくり，国づくりが，これからの社会に課せられた大きな課題であろう．

[石井　敏]

7-32　超高齢社会×都市再生＝民家リバイバル

【テーマ】高齢者施設　　　　　　　　　　　　　　　　　　　　　　　　　7　教育・文化・医療

●最新型施設＝民家!?

　一昔前，老人ホームといえば，山奥に突如現る白亜の建物か，延々と広がる田園の中にぽつりと佇むベージュの中層建物などであった．すなわち，長年の生活の場を離れた所に，非住宅的な場として存在し，入所者の生活は往々にして施設内で完結したものであった．しかし，ここ数年，日本の高齢者施設は日進月歩で進化している．そして，いま注目されているのが民家である．

●施設から住まいへの回帰

　なぜ民家が注目されるのだろうか．これまでの施設は住まいとはまったく逆の様相を呈していた．さらに入所者は集団的に処遇され，個々の主体性を剥奪されていた．このように，これまでは高齢者を，サービスを受ける客体として扱っていたという反省に基づき，2000年施行の介護保険制度では，利用者本位，高齢者の自立支援，利用者の自己決定が基本理念とされた．つまり，高齢者の主体性を重視するということである．そのため，高齢者居住施設では高齢者の住まいとしてのあり方が問われる．そこで生活の場としての民家が注目されている．その特徴は「小規模」，「家庭的」である．これらは，これまでの施設の「大規模（集団的処遇）」，「非日常的（病院的）」環境へのアンチテーゼともとれる．具体的には，特別養護老人ホームの場合，施設全体を10人以下のユニットに細分割して小さな生活単位をつくるユニットケアが実践されている．

●超高齢社会の課題

　一方，社会的にも民家が活用される要因がある．今後の課題は次の2点である．これらに対応するハードとしても既存民家等の活用が期待される．

　認知症高齢者対策：今後，増加する認知症高齢者のケアは在宅では限界がある．認知症高齢者グループホーム（5～9名の認知症高齢者の居住施設）や小規模多機能型居宅介護事業所（通所，短期宿泊，訪問などの複合型施設）が，中心的役割を果たす．

　軽度高齢者の介護予防・社会との接触機会：一方，軽度の要支援者も増加しているため，要介護状態にならないように予防策を充実させる必要がある．また，身体的に健常ながら独居の高齢者も増加する．このように介護予防や，社会的接触・役割の機会を提供する場として，デイサービスセンターや小規模デイサービス（ミニデイ）の意義が増してくる．

●民家活用の効果（■2）

　民家型施設には，既存の民家を転用・改修したものや，民家のスケール感や要素を参照した新築の施設がある．既存民家を活用する利点を以下に示す．

　空き家の有効活用による都市再生：地方都市では中心市街地に多くの空き家がある．これらの有効活用方法として，ミニデイやグループホームが考えられる．中心市街地には高齢者も多いことから，その地域居住サポートも可能となる．

　まちなか立地による高齢者の生活環境の継続性：まちなかに立地する民家の活用によって，たとえ施設に入居することになっても，住み慣れた地域内での引越しで済む．生活の拠点は変わるが，これまでの地域生活環境や人的な環境など，なじみの関係が継続できる．■1は広島県福山市鞆町にあるグループホームである．まちなかにあるために，入居者が施設の外に徘徊して戻れなくなっても，地域住民が手を引いて連れてきてくれるという．

　生活行為と対応した空間のしかけ：私たちの日常生活行為と空間のしかけには対応関係が形成されている．そのため，「空間のしかけや馴染んだ道具が，認知症高齢者が失った生活行為の手続き性を回復していく手がかりになる．とくに日本の伝統的住まいには，空間の作法という文化があり，上り框や床の間，座敷と襖の開閉，縁側や手水，囲炉裏など，独特の生活行為と様式的にきっちり対応した空間のしかけが数多く存在する」（外山義編著（2000）：グループホーム読本, p.66, ミネルヴァ書房）．つまり，高齢者の慣れた空間のしかけがそ

■1 かつての酢の醸造工場兼住宅を改修転用したグループホーム（筆者撮影）

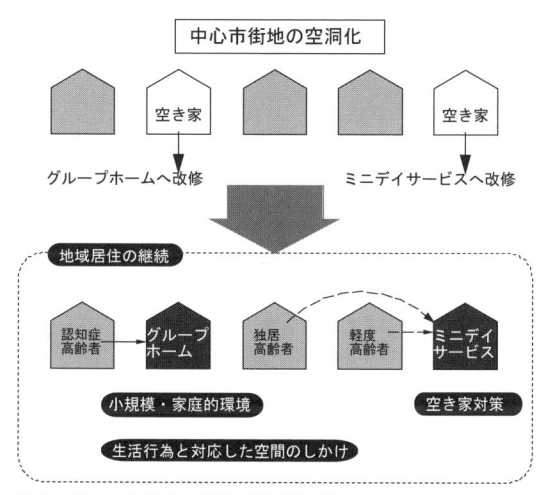

■2 既存民家活用の効果（筆者作成）

■3 民家型ミニデイの玄関でドアチャイムを押す女性　まるで誰かの家を訪問しているかのようだ（筆者撮影）

のままあるのが民家である（たとえば■3）．

小規模・家庭的な環境での人間関係構築：民家を転用した施設は必然的に小さな規模・定員となる．そのような小さな集団，家庭的な雰囲気のなかで，入居者どうしや入居者と介護者の間に，人間関係が熟成され，入居者一人一人のその人らしい生活が営まれることが期待される．

●高齢者施設のあるべき姿

都市に生活する人々が高齢期を迎え介護が必要になったとき，住み慣れた地域に住み続けられないのでは，都市再生はおぼつかない．したがって，都市再生の根本的要件のひとつは，たとえ介護が必要になっても，自宅に住み続けることを安心して選べるための環境（バリアフリー住宅や在宅ケアシステム等）を整備していくことである．それが難しい場合の選択肢として高齢者居住施設がある．本項の主旨は，これからの施設は民家が主流になるというのではない．民家を参照し，生活の場としての質を高めた特別養護老人ホームが，手厚いケアを要する高齢者のための施設としての役割を果たし，加えて民家型施設が新たな課題に対応していき，高齢者からみて多様な選択肢があるのが期待される．　［西野達也］

7-33 「なじみ」を支える環境要素

【テーマ】高齢者施設　　　　　　　　　　　　　　　　　　　　　　　　7　教育・文化・医療

●「なじみ」とは

環境への「なじみ」とは，人と環境を構成している諸要素とが相互に折り合いをつけていくなかで，しだいに安定した生活がつくり上げられていくプロセスである．高齢者が過去の生活環境とは異なる施設など新たな環境へ移行した際には，この「なじみ」が重要となる．

ある認知症高齢者グループホーム（以下，GH）に暮らすMさんの入居直後と3カ月経過時の過ごし方の変化を■1に示す．生活拠点はいずれも居室だが，共用空間での滞在様態に変化がみられた．入居直後は食事前後での滞在がめだち，食事の支度や盛り付けなどを積極的に手伝っていた．食後いったん居室に戻り，他の入居者全員が食事を終えるタイミングを見計らってふたたび食堂に来て，片づけと食器洗いを始めることが入居直後のパターンだった．

入居後約2カ月を経過した頃から，家事の手伝いが徐々に少なくなり，3カ月でほとんどみられなくなった．その一方で，入居直後にみられた不安からくる夕方時の落ち着かない行動や，スタッフへの訴えが減少し，自ら居室に他の入居者を誘い，お茶をもてなすなど，他者との交流が増えた．

後になって，じつはこの方は家事が苦手で，人とお話しすることが大好きだったことを家族から伺った．入居直後の姿は，環境の変化に戸惑い，その落ち着かない気持ちを家事で紛らわし，GHの生活になじもうと懸命に努力していた姿だったのだ．やがて環境になじんでいくことで，Mさんらしい姿が蘇り，このプロセスがなじむということである．

「なじみ」を支える環境づくりにあたっては，過去の生活環境との一貫性が重要視される．この一貫性とは，伝統的な空間構成や住み慣れた空間環境，地域環境の継続である．過去の生活の文脈やその状況の延長線上においては，比較的容易に環境に適応しやすく，適切な行動や行為がその環境に呼応するかのように自然発生的に生まれる．

●「なじみ」を支える生活空間

住宅と大規模施設とを比較したときに，一目でわかる違いは空間のスケールである．たとえば，同じ床座をしている場面でも，住宅スケールのGHでは「いい感じ」に見えたお年寄りが，大規模施設のホールでは奇異に見える（■2）．畳での生活歴が長い彼女にとっては，床に座ることはごく当たり前の行為であっても，その居方を空間が支えていない．日常的生活空間とかけ離れたスケールの空間自体がなじむことを奪っているのである．

空間スケールのほかに，障子や襖など「気配」を伝えるものも，施設におけるなじみを支える要素となる．日本人はもともと，家族の話し声や料理のにおいなど生活におけるさまざまな気配を通して相手の状況を察し，意思疎通をはかるなど，気配がコミュニケーションのひとつとなっている．とくに認知症などを患い，心身の状態が弱い立場にある人が暮らす高齢者施設では，他の入居者やスタッフの気配を感じることで安心感を得るような空間的配慮は非常に重要な要素となる．

たとえば，居室にいても障子を介して外の気配が感じられたり，食事づくりの音や匂いが気配として感じられたりする空間構成・要素が，高齢者の自立を促し，また認知症高齢者の五感を刺激して，施設における「なじみ」を支えていく（■3，■4）．

●「なじみ」を支える人

一見何もしていないように見えるGHにおけるスタッフの姿（■5）．決まったプログラムが何もない日々の生活，入居者と一緒になって昼寝をし，おやつを食べ，ワイドショーの話題で盛り上がる．直接的な介護は何もしていない．しかし寄り添い，ゆっくりと流れる時間を共有することで，何よりもの安心感を与えている．「介護者」としての立場が「なじみ」を支えているのではなく，ともに暮らす「生活者」としての視点・立場が「なじみ」を支える．

●「なじみ」を支える地域とのかかわり

施設生活と在宅生活との最大の違いは地域とのか

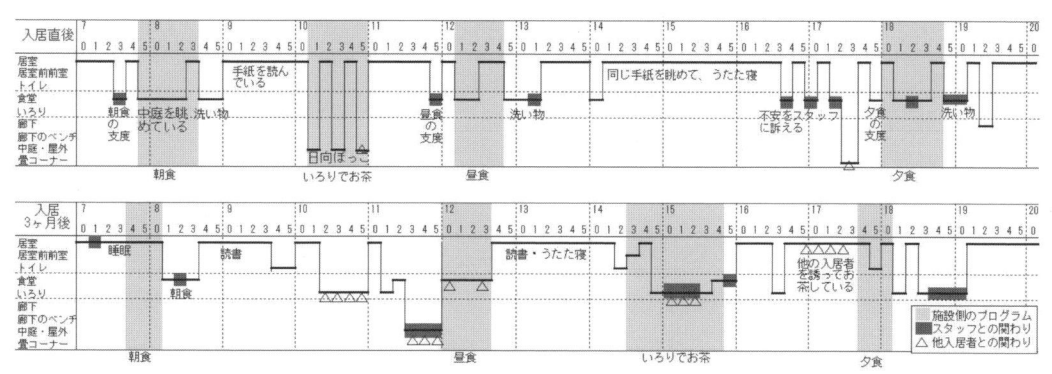

■1 Mさんの一日 上：入居直後の生活，下：環境になじんだ後の生活（筆者作図）

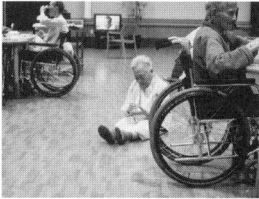

■2 同じ行為でも行われる空間によって与えるイメージは異なる（筆者撮影，以下同じ）
■3 気配を感じてリビングをのぞく
■4 外の気配が感じられるいろり

かわりの有無である．たとえば，施設での生活は基本的に建物の中で完結しており，外出といっても花見などの「○○ホーム」の一員としての行事的・非日常的なものが多く，○○さん個人として地域とかかわっていける日常的な外出は難しい．もちろん身体が弱って，簡単に外出することが困難な場合もあるが，施設に入居することで，たとえ自立度が高くても，外の空気を感じたり，地域を感じたりすることすら難しくなってしまう施設の現状がある．

しかし普通の暮らしでは，何気ない散歩，普段着での近所への買物，ちょっとおめかししての外食，映画鑑賞や観劇など日常的から非日常的まで質の異なる外出行動，地域社会とのかかわりが幾重にも重なることで暮らしがつくりあげられている．

ふらっと近所にお散歩に出かけ，出会った方々と立ち話をしたりして帰ってくるなど，施設から地域に気軽に出られ，地域の方も気軽に施設に立ち寄れる仕掛けや，いながらにして地域社会に暮らしているということが感じられることが必要とされる（■6）．外出できなくても，外の様子を感じることで，自然や四季を楽しむ，外の人や車の動きや地域社会の雰囲気をさまざまな形で感じることで，地域社会とのつながりをもつという形もある．「なじみ」はこのような地域とのさまざまなつながりで支えられている．

■5 生活者としてのスタッフ
■6 日常的な外出

「高齢者施設」という特殊な社会ではなく，普通の地域の中に暮らしているということを実感させることで，その場になじむことができる．

●「なじみ」を支える都市

2050年，日本の人口の1/3は高齢者となる．未来都市の姿は高齢者の姿と重なる．それら高齢者がなじめる都市をいかにしてつくるか，きわめて大きな課題である．これまでのまちづくり，都市づくりのあり方を根本から考え直す必要もある．

近年，空き家をグループホームやデイサービスやショートステイなどの介護サービスを提供する場に変え，暮らし慣れた地域社会の中で種々のサービスを受けながら生活していくための試みがされている．高齢になっても住み慣れたまち・地域で暮らし続けられる仕組みを都市のあり方から探るものとして，高齢期における環境移行を必要としないまちの構築が21世紀の都市を再生させていく手法のひとつとして示唆されているといえよう．　　［厳　爽］

7-34　ホスピス―患者と家族を支えるケア，もうひとつの住まい

【テーマ】ホスピス　　　　　　　　　　　　　　　　　　　　　　　7　教育・文化・医療

●ホスピスとは

ホスピスとは，おもにがん（悪性新生物）の末期患者に対して全人的なケアを行うことを目的としたケアプログラム，およびそれらを提供する場所を意味する．ケアはチームで行われ，患者とその家族が対象となる．現代のホスピスの考え方は，1960年代にイギリスの医師シシリー・ソンダース博士によって確立され，1970年代に入り世界各国に広がりをみせた．ホスピスで提供されるケア（hospice care）は，症状の緩和に主眼が置かれるため，緩和ケア（palliative care）とよばれるようになり，両者は，現在ではほぼ同義で用いられている．

ケアを提供する形態によって分類すると，①独立型ホスピス，②病院の中にある緩和ケア病棟，③在宅ケアチーム，④病院内で活動する症状コントロールチーム，に分けられる．日本では，緩和ケア病棟を中心に普及しており，1990年に医療制度（診療報酬）のなかに位置づけられた．

WHOは1990年に緩和ケアを次のように定義している．「緩和ケアとは，治癒を目的とした治療がもはや有効でなくなった患者に対して行われる積極的なtotal care（全体的ケア）であり，痛みのコントロール，痛み以外の諸症状のコントロール，心理的な苦痛，社会面の問題，spiritual problems（霊的・実存的問題）の解決が最も重要な課題となる．緩和ケアの最終目標は，患者とその家族にとってできるかぎり良好なquality of lifeを実現させることである」．

●医療施設のホスピス

ホスピスの黎明期には「ホスピスは施設ではなく，ケアの理念である」といわれ，施設整備に消極的な主張が多くなされた．しかし，近年，患者と家族をトータルに支えるためには，施設環境も重要な役割を担うと認識されるようになった．■1は，宮城県立がんセンター緩和ケア病棟の中庭で行われた夏祭りの様子である．中庭にはウッドデッキが敷かれ，病室からベッドや車いすのまま直接中庭に出ることができる．患者，家族，医療スタッフ，ボランティアが一体となって盆踊りや花火を楽しんでいる．医療施設の中に，このような日常的な生活空間が持ち込まれることで，病棟空間は医療という枠を越えた患者と家族の全人的な癒しの場となっている．

●住宅のホスピス

海外には既存の住宅をホスピスに改装した事例もみられる．ドイツのケルン北部の都市レクレリングハウゼン市のFranziskus‐Hospice Recklinghausenというホスピスは，がんを患った住宅の持ち主が，自分がホスピスケアを受けることを条件に住宅を提供してつくられた（■3）．既存の住宅の居室が病室として使われ，チャペルや談話室，エレベーター，スタッフルームなどが増築された．既存住宅と増築部の間には吹抜けが設けられており，屋根のトップライトから明るい日差しが降りそそいでいる．吹抜けを貫くシースルーのエレベーターで最上階まで上がると，明るいラウンジが迎えてくれる．吹抜けの周囲には，しつらえの異なるいくつもの談話コーナーが設けられ，訪れる人たちの人数やその日の気分によって選択できるようになっている．

本施設は，市内のエリザベート病院に隣接した敷地にあり，同病院からのサポートを受けることができる恵まれた環境に立地している．加えて，住宅のもつスケール感，住環境の特性を活かしたケアが行われている．建築的にみても，既存の住宅地にとけ込む外観，小規模でコンパクトな内部構成等，既存の建築ストックを活用した好事例といえよう．

●子どものホスピス

ホスピスは，がんを対象とした包括的なケアを提供するプログラムとして始まったが，近年，AIDS（後天性免疫不全症候群）やALS（筋萎縮性側索硬化症）などの難治性の疾患にその対象を広げている．イギリスでは，とくに子どもの難病を対象としたホスピスの数が増加している．

■1 宮城県立がんセンター緩和ケア病棟　2002年開設，中庭型の緩和ケア病棟，25ベッド（筆者撮影）

■2　East Anglia's Children's Hospice Quidenham（イギリス）　1991年開設，小児ホスピス．1700年代に建てられた住宅を改修して使用している．外観（左）とプレイルーム（右）（筆者撮影）

イギリスの小児ホスピスには，病室，家族室，プレイルーム・ラウンジ，療法室，霊安室・聖所，スタッフ諸室が用意されている．病室は原則個室で構成され，直接庭に出ることができるようになっている．また，きょうだいで利用する場合を想定し，個室間の壁に扉が設けてある部屋もある．特殊治療として，音楽療法，プレイセラピー，多感覚応用療法を行っており，それらに対応した諸室が設けられている．施設では，在宅での生活を補完するため，患者と家族のニーズに応じて柔軟なケアサービスが提供されている．■2は，住宅を改修して小児ホスピスとして使用している事例である．　　　　［竹宮健司］

■3　Franziskus-Hospice Recklinghausen（ドイツ）　1987年開設，住宅改修型のホスピス．写真左が既存住宅，右が増築部（筆者撮影）

文献
1)　WHO（1990）：Cancer pain relief and palliative care.

8

住居・家具・インテリア

［編集：長澤　泰］

8-1　20世紀には住宅は「住むための機械」だった

【テーマ】住宅　　　　　　　　　　　　　　　　　　　　　　　　　　　　　8　住居・家具・インテリア

●「住宅は住むための機械」という言明が濫用された理由

　ル・コルビュジエが書いた多くの著書は，社会への啓発の書とも読めるし，詩的なエッセイとも読めるし，一種の政治的な教書（ドクトリン）とも読むことができる．その中でも，「住宅は住むための機械である」というテーゼは，おそらく，ル・コルビュジエ（以下コルブと表記）の言明の中でも，もっとも人口に膾炙したものであり，20世紀を通して，毀誉褒貶され，誤読され，濫用されてきた．この短いテーゼには「住宅」と「機械」という，20世紀にきわめて大きな意味をもった二つのキーワードが含まれている．

　コルブが「住宅は住むための機械」と書いた時代はのちに「機械の時代（machine age）」と呼ばれることになる（Reyner Banham：Theory and Design in the First Machine Age など）．じっさい，この時代に相ついで発明された航空機，自動車などは交通手段を変容させ，人間の生活をめざましく変えた．

　産業革命以来の機械への信仰は科学と合理性への信頼ともリンクしていたし，機械と身体の対比は健康で理想的な身体への願望という20世紀に別の神話をもたらした．ただし，20世紀と機械との連関についてはすでにいくつもの論考があるので，ここでは機械論にたちいることはしない．コルブが「建築をめざして」のなかで航空機，自動車，客船の写真を引用していることは周知のとおりであるし，彼のカメラ好きもよく知られている．いうまでもないことだが，カメラも機械の時代を代表する発明のひとつなのである．

　ここではもうひとつのキーワードである「住宅」に着目することにしよう．「20世紀は住宅の世紀だった」ともいえるからだ．

●コルブの文脈を再検証する

　コルブは『建築をめざして』（1924）の中に，「一つの家屋は一つの住むための機械である．風呂，太陽，湯，冷水，好みどおりの温度，食品の貯蔵，衛生，美と比例．肘掛（椅子）は座るための機械である……」と書いている（吉阪隆正訳（1967）：建築をめざして，もの見ない目 1，SD 選書 21，鹿島出版会．カッコ内は渡辺が補った）．

　「美と比例」にはやや唐突感があるが（ちなみにエッチェルスの英訳では「よいプロポーションという意味での美しさ」となっている），コンセントを用いる家電機器の出現が20世紀前半の第 1 機械時代のひとつのエポックメーキングな事件であったということをレイナー・バンハムも書いている（『第 1 機械時代の理論とデザイン』）．そういった住まいを構成する「部品」が機械であるように，その総体としての住まいもまた機械なのだというロジックは充分に理解できる．

●住宅への強いドライブ――パルテノンと住宅

　コルブは「もの見ない目」の各章に，大型客船，飛行機，自動車という「機械」を割り当て，機械の時代を論証する．そのなかで機械の時代には住宅も機械になることが通奏低音的に述べられ，最後の「もの見ない目 3」では自動車がパルテノンと並置されている．つまり彼の文脈の中では，（住むための機械としての）住宅はパルテノンとも比較されうる存在として意識されているのだ．ここに20世紀に共通する，建築家からの「住宅」への強いドライブを見ることができる．コーリン・ロウが『理想的なヴィラの数学』で，コルブの住宅（スタイン邸）とパッラーディオの住宅（マルコンテンタ）の空間比例の共通性を指摘したことはよく知られているが，パルテノンに「標準」を見た建築家にしてみればそれは確信犯的な行為だったのである．

●実現された住宅機械――ワイセンホッフ・ジードルンク

　ただ，彼の論拠は第 1 次大戦の復興のために「10年間に 50 万戸の健康にして経済的な住宅を建設する目的の法律」（前掲書）を見すえたものであったことも忘れてはならない．住むための機械と「量産

■1 住宅機械はしばしばイデオロギーの攻撃の対象になった　ワイセンホッフがアラブの住まいのようだという風刺画（Karin Kirsch (1989)：The Weissenhofsiedlung, Rizzoli より）

■2 住宅博覧会当時のワイセンホッフ（上）と第2次世界大戦期に屋根が改造された状態（下）（Jürgen Joedicke (1990)：Weissenhof Siedlung Stuttgart, Karl Krämer Verlag より）

家屋」（前掲書）がパラレルに取り上げられているのである．

その点からいうなら，彼の意図が最初に実現されたのは，1927年にドイツ工作連盟によってシュットガルト郊外に実現した「ワイセンホッフ・ジードルンク」ではなかっただろうか．そこに建設された，コルブ，ミースを含んだ14名の建築家の住宅および集合住宅作品は，参加した建築家のそれぞれのテーマは「合理化」，「標準化」，「乾式工法」だったりしたわけだが，実現された「住むための機械」としても読み取ることができるだろう．ワイセンホッフは，やがてナチス・ドイツからの非難の対象となり，地区内のいくつかの住宅には勾配屋根がかけられるが，これも，20世紀において，住宅が（民主主義とファシズムという）イデオロギーの政争の具となったこと，政争の具となる価値のあるものとして認識されていたことの証ということができるだろう．

1932年にニューヨーク近代美術館（MoMA）で行われた「国際様式」展はワイセンホッフのさらなる伝播発展と見ることができる．ただ，今日，入手できるヒッチコックとジョンソンの著書（"International Style"）に掲載されている建築群からは，ワイセンホッフほどの明瞭な形態的な一貫性を読み取りにくいうらみがある．実際，結局のところ，アメリカでは国際様式の住宅はイデオロギー＝民主主義とリンクしたものとして認識されるには至らなかったのである．

● 20世紀は住宅の世紀だった

誰もが自分の住まいを夢見ることが許された時代，それが20世紀だった．

それは20世紀が二度の世界大戦という大量破壊の時代であったこととオーバーラップしている．破壊と建設とは裏腹の行為だからだ．

それは20世紀前半に共産主義を標榜する国家が革命の末に次々と誕生したこととリンクしている．個人住宅という夢こそが資本主義社会が共産主義社会と対抗するための強力なツールと考えられたからである．「革命か建築か」というコルブの言明も彼の社会をどう変えるかという提言のなかでよく知られているものだが，ここでいう建築を「住宅」とおきかえるなら，主旨がより明快になるといえないだろうか．革命か住宅か——．そのためには住まいの大量供給が不可欠であり，土地に限定されない，工業化された機械としての住宅が来るべき社会の適切なアナロジーとして，社会的にも，政治的にも広く受容されたのである．

［渡辺真理］

8-2 憧れから郷愁へ

【テーマ】中廊下型住宅　　　　　　　　　　　　　　　　　　　　　　　8　住居・家具・インテリア

21世紀に入ったいまも、「日本の住まい」として多くの人が「中廊下型住宅」をイメージする。住宅の中央部に、それまでの日本住宅にはなかった廊下をもつことから、木村徳国氏によって「中廊下型」と命名されたこの住宅は、明治の中頃から、新たなサラリーマン階層の成立とともにその住まいとして形成された。夏目漱石が『吾輩は猫である』を書いたときに住んでいた家は、その形成過程にある住宅としてよく知られている（森鷗外も住んだことのあるこの家は明治村に保存されている）。

昭和初期には全国の都市部の住宅の典型となったが、現在は古い住宅地に、取り残されたようにわずかに残るのみとなったこの住宅が、いまも日本人の心の中に生きているのはなぜだろうか。

● 近代性と封建性

この住宅は、各部屋に独立性をもたらした中廊下のほかにも、日本の家族の近代化にかかわるいくつかのものを新たに加えて成立した。家族の食事と団らんの場としての茶の間がそのひとつである。それまでの銘々膳に代わって家族でひとつの食卓を囲むスタイルは、料理の種類を変えるとともに、それまで座敷で食事をしていた家長の権威を少し落とすことにもなったことだろう。

北側の小さな部屋として生まれた茶の間は、やがて南側に移り、6畳や8畳へと広がり、そこに掘りゴタツをつくることも流行した。家族団らんの図ができあがったのである。

しかし、小規模でも多くが女中部屋をもっていた中廊下型住宅は、このような近代性と同時に封建性をあわせもつ住宅でもあった。中廊下の役割はむしろ家族と使用人との明確な分離にあったという見方もできる。この身分による住み分けこそ封建時代の武家住宅の大原則であった。比較的大きな中廊下型住宅では、玄関やトイレも、身分に応じた位置に、ふさわしいしつらえで別々に用意された。

そもそも中廊下型住宅には、オモテとウチというそれまでの日本住宅の基本構成に加えて、武家住宅の書院造の中心部分を凝縮した「続き間座敷」と呼ばれる、床の間つき座敷と次の間から構成される接客の構えが継承されていた。そのうえ、玄関脇に新たな接客の場である洋風応接間が加えられると、よりいっそう家族生活よりも接客が重視された住宅ということになる。

● 和と洋

洋風応接間は、明治初期にはきわめて限られた階層しかもてなかった別棟の洋館が、縮小され、玄関脇に付け足されて、中流階層にも獲得可能になったものである。屋根瓦も、壁の仕上げも、窓の形式も、ドアのデザインも、そこだけが特別な、「和」に付け加えられた「洋」の部分であった。

中廊下型住宅の中のもうひとつの「洋」は、新しく登場した子ども部屋あるいは勉強部屋とよばれる椅子座の部屋である。また、当時の図面には、広縁にミシンが描かれているものが散見される。椅子座で家族の洋服を手作りすることも主婦の新たな仕事となっていたのである。

● 二つの憧れ

このような中廊下型住宅の成立については、住宅近代化のための専門家による活動の成果とする見方もあるが、住み手の意識的選択あるいは憧れがより強く働いていたとみることができる。

1918年に民間で組織された住宅改良会、その2年後に国によって組織された生活改善同盟会が啓蒙活動のおもな担い手であった。結成されたとき、すでに中廊下型住宅はほぼ成立しており、二つの会とも、「家族本位」と「椅子座の導入」を課題として、それらをより強く取り入れた「居間中心型」とよばれる住宅を推奨したのであった。しかしそれは西洋化を強く志向する人々にしか受け入れられず、多くの人々が受け入れ、時代の典型となったのが「中廊下型住宅」だった。

中廊下型住宅における封建性の残存は、当時の家族制度や家族関係の反映であるとともに、住み手の憧れの住まい像が反映したものと思われる。明治期

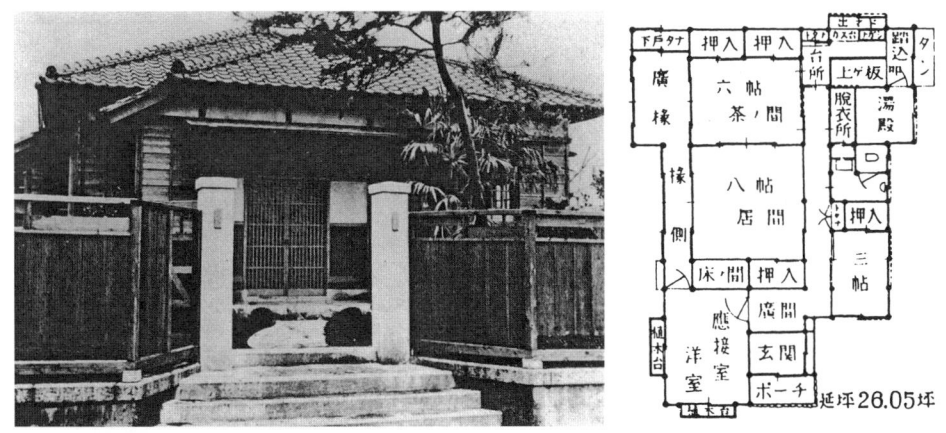

■1　同潤会分譲住宅の例　写真と平面図は対応していない（写真：「住宅」，1934年12月号より．平面図：中村　寛（1933）：高等建築学第25巻　住宅経営より）

になって新たに生まれた役人，軍人，教員などのサラリーマン層には武士階級出身者が多かっただろう．武家屋敷への憧れは，門構え，家を囲む塀，立派な玄関，続き間座敷，そして池をもつ庭のつくりなどにも現れている．

日本の住宅の近代化に大きな役割を果たした同潤会による住宅にもその住まい像は色濃く残っている（■1）．その後，第2次世界大戦中に「国民住宅」をめざした営団住宅が3畳間と6畳間のみの小住宅にも床の間をつくり，門柱と垣根の屋敷構えとしたことにも，当時の日本人の住宅像と屋敷イメージの強い結びつきが示されている．

憧れが住まいの変化に果たす役割は大きい．近代化運動が椅子座導入を課題としたのは，ソトでは椅子座で洋服，ウチでは床座で着物という二重生活の解消のためだったが，住み手には西洋への憧れと結びついていたに違いない．洋風応接間の中で，応接セット，ピアノ，蓄音器などを置いて実現した洋風の生活文化への憧れである．

● 憧れから郷愁へ

中廊下型住宅が多くの都市住民に受け入れられてある時期の典型となったのは，そのさまざまな重層性によるように思われる．さらに，伝統住宅のもつ，季節に応じ，家族の成長変化に応じる住み方への柔軟性や風土に適した開放性も大きな力であっただろう．それらの特質をもつ住宅が，まだ存続していた伝統建築技術の確かさによって造られていたのであった．

さまざまな重層性と建築としての質の高さは，この住宅が小津安二郎の映画や向田邦子のテレビドラマ，『サザエさん』や『ちびまる子ちゃん』といった漫画やアニメーションの舞台となってその魅力を発揮し，昔この住宅に住んだ経験のある世代だけでなく，若い世代にも懐かしさを感じさせる住宅となることにつながった．同時にそれが，古きよき時代の日本の家族像を映し出していることもかかわっているだろう．失われた家族像への郷愁である．しかし，NHKのアナウンサーが今も"茶の間の皆さん"と語りかけることはあっても，茶の間とよばれる部屋は日本の住宅からほとんど姿を消している．

一方，近代化の途上にあった中廊下型住宅は，老人室，子ども室などの室名とともに個人の場が登場し始めた住宅でもあった．それは，その後の典型となった「nLDK型住宅」に，和洋の様式を逆転させながら継承され，強化されていく．

さらに個人化が進み，高齢化の進むなか，住まいが地域に開かれ，地域とつながることは重要な課題である．しかし，庭付き一戸建て持ち家志向とも結びついた中廊下型住宅の住宅像は，塀をめぐらす武家屋敷の流れであれば，地域とのつながりは乏しく，都市に集まって住むことへの視点も乏しいことになる．

ダイニングキッチンそしてソファセットのあるリビングルームを実現したnLDK住宅のあと，人々の憧れはどこに向かうだろうか．もう一度日本の伝統や風土に立ち戻ってみることはエコロジーの視点からも有効である．大きな住宅，立派な住宅をめざすこと自体を問い直し，自然を生かし，地域の人々とかかわりをもって住む．そこに憧れが向かうことに期待したいところである．

［在塚礼子］

8-3 壁の少ない開放的な日本住宅はどのようにして成立したか

【テーマ】壁　　　　　　　　　　　　　　　　　　　　　　　　　　　　　8　住居・家具・インテリア

●伝統的日本住宅の空間

　寝殿造から書院造へと続く日本の支配者階級の住まいには壁や窓がほとんどない．民家の場合は，書院造からの影響の少ない江戸時代初期以前のものでは，部屋は壁で仕切られているが，その後この間仕切壁は引違の建具に置きかわってゆき，壁の少ない民家が主流になっていく．ところで，壁の少ない開放的な日本の住まいは，夏の蒸し暑い風土が作りだしたものと一般にいわれている．しかし，これは正しくない．日本住宅の歴史をたどっていくと，その独自の歴史性が壁の少ない日本固有の住まいを作りだしたことがわかる．

●寝殿造の空間

　日本の住まいにおいて，間仕切壁の代わりに用いられている引違建具は，平安時代の貴族住宅である寝殿造のなかで考案された．この寝殿造は奈良時代に大陸から伝わった儀式専用の宮殿建築にその源をもっており，その古代宮殿では正殿と前庭とを一体にした空間で儀式を行うために，正殿が前面に壁や扉を設けない，庭に向かって開放された建物であった（■1）．そして，寝殿造においても当時の宮殿儀式に準じた儀式をその南庭で開催したので，庭儀の舞台となる寝殿は宮中の儀式専用建築に倣って南庭に開放された列柱空間の建物になったのである．そのため，寝殿造では儀式の場合でも，日常生活の場合でも，この列柱空間を御簾や几帳，屏風，衝立障子などの障屏具で仕切って，儀式空間・生活空間を作った．なお，間仕切に使われる襖障子は，最初押障子とよばれる柱間にはめ込む形式のものを経て，引違の襖障子に発展した．この引違建具は，遅くとも10世紀の後半には成立している．

　■2は，東三条殿移徙（引越し）の時の寝殿の室礼を表したものである．押障子・襖障子，御簾，几帳で仕切られたA・B・C三つの空間に，寝床にする御帳，畳や棚などの家具調度を置いて，寝所と居所が設けられている．障子と障屏具で大空間をいくつかに仕切り，家具調度によって各空間の性格づけが行われている．

●書院造の空間

　寝殿造はもともと儀式用の大空間の建築であったから，これを日常の生活に適したものに改良することが必要であった．15世紀に成立した書院造は，寝殿造の列柱空間を引違建具で仕切る手法をもとに，より住まいにふさわしい建築を求めた結果生まれた住宅様式である．寝殿造の円柱は建具の納まりのよい角柱に代わり，柱間の寸法も短くなった．書院造では，引違建具で囲われた部屋が空間の単位となり，儀式の時には仕切りの建具を外すことで大空間が作られた．寝殿造が大空間を仕切って小空間を作ったのと対照的である．各部屋の機能も表（入口）から奥への序列のなかでおのずと定まったから，空間の性格づけの役割を担っていた家具も柱の間に作りつけになり，違棚・床の間・付書院・帳台構が成立した．書院造に壁のないことが，こうした装置を作りつけにすることを容易にした．

　■3は，徳川将軍が京都に滞在した時の御座所にあてられた二条城二の丸御殿白書院である．白書院の場合，壁は床の間の背面と帳台の間の周囲にあるだけ，窓も一の間付書院の窓だけで，あとはすべて引違の襖障子と舞良戸になっている．寝殿造以来の列柱空間を，寝殿造の段階で発明された建具によって仕切ることで，白書院の空間は作られている．

●民家の空間

　■4は，日本で最も古い民家とされる箱木千年家である．箱木千年家は30年前に行われた解体移築工事の際に主屋と離れ座敷2棟に分かれる形で復原された．右側の主屋は室町時代の創建当初の姿に復原された建物で，外周を厚い土壁で囲い，内部の間仕切にも板壁を多用している．内部の間仕切に引違の建具も見られるが，これは開閉して通路とする箇所に限られている．おもての前面の二間に見られる引違戸は，これらの戸を外して，おもて・縁・庭が一体になった（儀式）空間を作るための配慮であろう．ともあれ，主屋の間仕切の主体は壁と窓であ

■1 平安京大極殿（『年中行事絵巻』より）

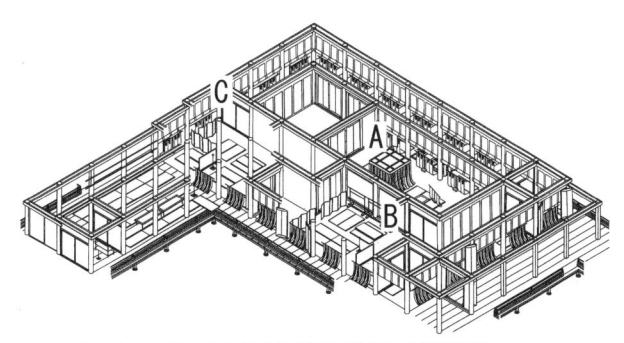

■2 東三条殿移徙の室礼等角投影図（作図：平部裕子）

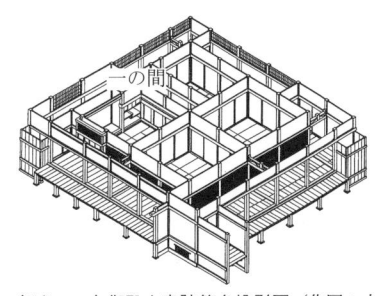

■3 二条城二の丸御殿白書院等角投影図（作図：中村幸治）

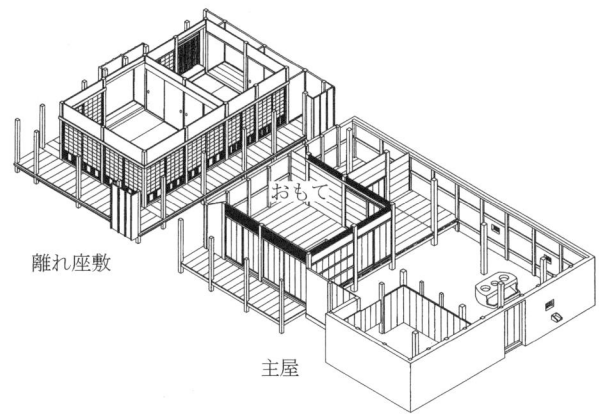

■4 箱木千年家等角投影図（作図：中村幸治）

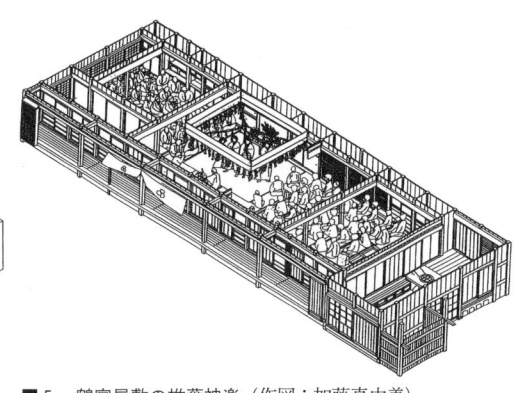

■5 鶴富屋敷の椎葉神楽（作図：加藤真由美）

る．

　一方，主屋の左側に建つ離れ座敷は，江戸時代中期に建て替えられた時の姿で復原されている．6畳と8畳の二つの部屋の回りには付書院の窓と床の間の壁以外に壁と窓はなく，それ以外はすべて引違の襖と障子になっている．当初，壁で囲われ閉鎖的な空間であった民家でも，江戸時代に入ると書院造の手法が取り入れられて建具が多用されていくことがわかる．

　■5は，宮崎県椎葉村に残る鶴富屋敷で椎葉神楽が奉納されたときのようすである．部屋と部屋の境の板戸をすべて外し，家全体を神楽の舞台と客席にして祭りが行われている．民家は生活の場であると同時に，冠婚葬祭の儀式の舞台でもあった．取り外しのできる引違の建具による仕切りは，日常生活で使用される小空間と，儀式の時だけ使用される大空間とを同じ建物の中で併存させることのできる優れた手法であった．つまり，建具をはめたり外したりすることで，民家は日常生活にも儀式にも対応できることになった．

　こうして壁の少ない，建具によって部屋の間仕切を行う建築が，日本の伝統的住宅の主流になった．

[川本重雄]

8-4　変わるものと変わらないこと

【テーマ】住宅建築（古代・中世）　　　　　　　　　　　　　　　　　8　住居・家具・インテリア

●寝殿造まで

前近代の住宅建築は，住む人の階層によって異なる．日本の労働者階級の人々は，古くは竪穴式住居，奈良時代以後は徐々に長方形平面の，ともに掘立柱で土間床の住居に住んできた．一方，そうした人々を支配管理する人々は，家型埴輪を見る限り古墳時代には，床を地上から高く上げ，網代製のベッドを設置した，いまでも東南アジアの少数民族が住んでいるような高床式の住居に住んでいた．

そのような差異がどのようにして生まれたかについては不明であるが，中国大陸でも長江流域の温帯地方では両者が混合することから，そうした状態ははるかな先史時代からアジアを覆っていたと考えられる．

そして古代国家の成立とともに，高床式の支配者層住宅は，母屋を檜皮葺とし，それ以外の付属屋を板葺とする板敷床の貴族住宅になったが，平安時代に入ると公的な宮廷儀式が貴族住宅にも持ち込まれ，それを契機に9世紀頃から寝殿造とよばれる住宅様式へ移行したと考えられる．

●寝殿造の社会的意義

寝殿造は，その成立期からすでに古代律令制の崩壊過程に直面しており，荘園などの家産機構に立脚する「家」，つまり貴族という家格を象徴する住宅様式として発展した．したがって寝殿とその左右に配置される建物や回廊は，それらに囲われた南庭も含めて，家格を維持するための儀式や行事を執行する場であり，家族の居住空間はそれらの北側に配置された．つまり寝殿造は，居住よりも儀式を優先する，真の意味での貴族住宅であった．

そうしたわけで寝殿造の建築構成における左右対称性や，母屋のまわりを庇，縁，その他の施設が取り囲む同心円的な構造は，儀式的な必要性から生まれたものであり，現存する冷泉家住宅のようにディテールは書院造になってしまった公家住宅でも，そうした儀式的な中心性を保持し，公家という社会集団がつくりあげた住文化を示している．

●書院造へ

中世になって出現する書院造は，われわれが一般に用いる概念でいえば「座敷」の建築様式である．故高取正男氏が近世には農家まで普及した座敷の起源について，「畳敷の間で互いに跪座を崩した形の正座でなされる応対は，主客の平準化という点でことの正しい意味での社交の第一歩といえる」と述べているように[1]，血統に依拠した古代の氏姓制度に依らず，武士団という集団の力に依拠した武士が，集団の結束のための相互交流を重視して接客機能を第一として生み出した住宅様式であった．

その形成過程についてはまだ不明な点もあるが，おおよそのところを述べれば，それまでは掘立柱の建物に居住していた地方豪族のなかから，鎌倉幕府の成立にともない都市鎌倉に常住することになった上層武家住宅のなかに，寝殿造の様式に倣いながら礎石建化したものが現れ，それを中心にして鎌倉後期から南北朝期にかけて接客性を重視した書院造が形成されたと推定される．

一方，中世にはまだ掘立柱であった地方の武家住宅は，近世になって上層民家の礎となるが，そうした地方の武家住宅も書院造の一部をなしていたことは，最初にそうした中世住宅を「主殿作り」とよんで新しい住宅様式と認めたのが，中国地方の山間部に伝わる室町時代の田植歌であり，在地領主の住宅に対する名称であったことに示されている．

こうして集団の相互交流のために生まれた書院造は，第一に客のための畳を敷くことを前提条件としており，畳の寸法に合わせた構造体を必要とした．そして構造体から吊るされた天井により覆われた室内空間は，主客の平準化のための均質性を特色とし，障子やふすまなどの可動壁で仕切られることで，直方体の室内空間は四方に展開するシステムとなった．このシステムは，大規模な接客儀礼には続き間で対応し，床の間のような序列化装置や庭を整備することでそのほかのさまざまな接客儀礼にも対応できた．

■1　岡山後楽園の流店（筆者撮影）

ブルーノ・タウトも驚嘆したこの近代建築に似た空間システムの南北朝期前後の形成過程をみると，そうした新様式が発生する際のさまざまな現象について教えてくれる．

●様式変容のシステム

そのひとつは，新たな建築様式はそれまでの文化的中心地ではなく周辺領域から生まれるということである．たとえば主殿とよばれる書院造の最初の建築類型は，上層の公家ではなく，中下層の貴族や上層武家という新興の社会集団から生まれた．また，その公家社会における普及過程は，中下層の公家住宅から導入され，上層公家住宅はそれに追随するというかたちで行われた．

つまり新たな建築様式は，新興の社会集団から生まれ，ついで伝統的な社会集団の建築様式を参照しながら整備された後に，社会全体の様式になるのである．これはちょうどヨーロッパで，古代やロマネスクの文化の中心地であった地中海周辺ではなく，その周辺地域であった北部フランスやイギリスよりゴシック様式が生まれ，やがて全ヨーロッパに普及していった現象と似ている．

また，南北朝と戦国時代という二度の動乱期を経て，より生活に即し経済的な住居様式が，それを必要とする社会の下層から普及していったという点は，近代建築が二度の世界大戦を経て普及していった過程に類似している．

しかし，書院造は高取のいう平準化とともに，封建的な身分秩序を反映するために上座と下座という着座位置を秩序づける軸性も用いていた．この上下軸は，じつは寝殿造の内部空間から継承されたものであり，遡ればはるか上代の心性から受け継がれたものであることが記紀万葉から確認できる．

つまり，現在でも使われている上下という軸性は，寝殿造と書院造をつなぎ，日本の住文化に共通する空間構造であり，様式を超えて存在する空間文化というものが存在することを教えてくれる．そのような歴史を超えてある社会集団に共有される文化的特質は，ダゴベルト・フライが『比較芸術学』で指摘したように[2]，あらゆる芸術の基礎となり，他国の文化と関係し合って，人と建築の基本的関係をつくる．つまり建築は変わっていっても，その文化を保持する限り，希求する空間は不変であり，それはたとえば岡山後楽園の流店（■1）のように，住文化の芸術的な表現である庭園建築で非常に明確な造形へと結実することもある．　　　　[藤田盟児]

文献
1) 高取正男（1982）：民間信仰史の研究，前代の村落，p. 325，法蔵館．
2) ダゴベルト・フライ著，吉岡健二郎訳（1980）：比較芸術学，創文社．

8-5 畳はどこへ行くのか

【テーマ】畳　　　　　　　　　　　　　　　　　　　　　　8　住居・家具・インテリア

●はじめに

戦後，われわれの生活は大きく変化し，それにともない住宅も変化してきた．現代の都市における住宅の一般的なスタイルは，フローリングのリビングルームを中心にキッチンといくつかの部屋があるもので，畳がない住宅もいまや珍しくはない．

日本の住宅史のうえでは，中世に書院造という住宅様式が完成してからというもの，新たな住宅の建築様式は生まれていない．近年までわれわれは畳を敷き詰めた座敷を中心とする書院造という様式の住宅で生活してきたのである．ところが，座敷が住宅の中心ではなくなったことで，600年近く続いてきた書院造は終わりを迎えた．われわれの住宅はまさに大きな転換点に位置しているのである．

これからの都市における住宅のありかたについて考えるためには，過去の住宅について知ることが必要であろう．ここでは，畳敷きの部屋がどのように成立したかを中心に，古代・中世の住宅の特徴についてみてゆき，そこで得られた知見をもとにこれからの住宅について考えてみたい．

●寝殿造における畳

紀元前数百年の頃，南インドが起源の稲作・金属器・機織・古墳などで構成される文明が日本に伝えられたといわれる．タミル語の tatt-u は人が座るためのマットを意味し，畳の原形はそのようなものであったと推測される．

平安時代の畳は，現在の畳よりも大きくて分厚いものであった．人々は床の上に畳を置いて座ったり，木製のベッド（帳）に敷いてその上に寝たりしていた．畳は座る人の身分によって厚さや畳縁の色，模様が決められ，畳の立派さで身分の違いが表現されていた．客を迎えるときは，畳をしまってある部屋から客にふさわしい畳を出してきて敷いたのである（■Ⅰ）．そのような暮らし方にふさわしく作られた貴族の家の形式を寝殿造という．

この時代の人々も住宅では靴を脱いで過ごしており，板敷きの床に座るにはなんらかの座具が必要であった．この座具としておもに用いられたのが畳である．その畳は先に述べたように座る人によって異なっていたから，室内にいる人にあわせて，その都度置きかえる必要がある．室内は簾や几帳，屏風といった自由に動かせるものでゆるやかに区切られ，檜皮という自然素材でつくられた屋根に覆われた室内は，昼間は持ち上げて開放される蔀戸によって，外の庭や空間と密接に結びついていた．骨格となる構造も単純かつ大柄で，室内空間の流動性を確保する助けになっており，ゆるやかに軒先へと低くなる室内空間は，視線を自然に外へといざない，外部とのコミュニケーションを緊密にしていた．住宅は外部と遮断された堅牢なものでなく，外とゆるやかにつながったものであり，室内もつねに変化に対応できるような自由さをもつものであった．

そうした生活から女流文学に代表される平安文化が醸成されたが，同時代の終わりになると，主として女性たちが支配していた生活的な場から畳が敷き詰められてゆき，その後の和室の原形になる部屋が生まれてきた．

●畳敷きの部屋の誕生

中世になって貴族の力が弱まり，武士の権力が大きくなるにつれて，それまでの社会制度が揺らぎ，畳をめぐる空間も混乱していった．貴族たちの座る畳は官位と家柄で決められていたが，武士たちはたびたび仕える主人を変えたし，主従の力関係が逆転することもあり，用意された畳をめぐって喧嘩になることもあった．古代の固定化された身分社会で使われていた畳は，身分が変転する武家社会にはそぐわなかったのである．

そこで，畳を部屋中に敷き詰めてしまい，そこに座るというやり方が登場した．中世住宅の最大の特徴は，この畳を敷き詰めた部屋にある．座敷の本来の意味は，座の敷き様のことである．そこでは武士たちは決められた畳に座るのではなく，その時々の関係に合わせて座る場所を決めていった．身分の違いは決められた畳のように固定化されたものではな

いということを，畳を敷き詰めることで表現したのであろう．この畳を敷き詰めた部屋にふさわしい家の作り方を書院造とよび，様式的特徴として角柱，引違戸，釣り天井，座敷飾などがある．

これらの様式はすべて座敷の成立と深くかかわっている．柱が丸柱から角柱に変わったのは敷き詰めた畳の角の収まりをよくするためである．四周に明り障子やふすまをたてた室内は，上下に精巧な竿縁天井と敷き詰められた畳面を配して完全な立方体をつくるに至った．座る人の身分を固定しないために空間自体も均質なものとされたのである．その際に室内を飾る意匠として床の間や違棚，付書院などが導入されたが，これは座敷が客への応対をおもな用途としていたからである．近世になると農民の家に至るまで，床の間がある書院造の座敷を接客の場としてつくる風潮がひろがっていく．

● **現代住宅における畳**

現代に至るまで書院造の伝統をひいた座敷は接客の場として使われており，冠婚葬祭や酒宴も家で行われることが多かった．ところがさまざまな社会的な変化や生活様式の変化により，いまやこれらを家で行うことはほとんどなくなった．社会的な接客の場を必要としなくなった以上，かつての座敷を中心とした住宅様式は変化せざるをえない．

では今，われわれは畳敷きの部屋をどのように使っているだろうか．現在いちばん多くみられるのは，リビングルームの脇に小さな畳敷きの部屋が設けられたものであろう．しかし，この部屋には床の間はなく，座敷ではなく和室とよばれることが多いようである．和室はおもに洗濯物をたたんだりアイロンをかけるといった家事をするのに使われたり，子どもが小さい間は親子がふとんを並べて眠る場となったり，家族や友人を泊めるときに使われる．休日にごろごろするのはやはり畳がいいという人も多いのではないか．いずれにせよ，和室のもつ多機能性や自由さを生かしつつ，畳を大きなマットとして使っていると考えられる．このような室内の使い方は，寝殿造の住宅において畳敷きの部屋が，あくまで私的な空間として使われていたことを想起させる．

書院造で社会的な接客の場をなし，住宅様式を変化させる要因となった畳は，住宅が接客の場として使われなくなったことにより，より古い時代の姿を現すようになったといってもよいだろう．どれほど

■ 1　宿泊客の部屋に運ばれる畳（『春日権現験記絵』巻12）
（小松茂美編（1991）：日本の絵巻続13, 中央公論社より）

生活が変化し，欧米の家具が室内に並べられようと，住宅内で履物を脱いで過ごすという生活様式が依然として存在する以上，住宅が欧米の建築様式に変わるとは考えにくい．かつて人々は床の上で生活するために畳を選択し，その畳を使うことで寝殿造，書院造という住宅の建築様式をつくりあげてきた．われわれは床の上でどのように座り，どのように生活するかを新たに考えるときを迎えているといわねばならない．われわれが書院造に代わる新たな住宅様式を手中にするとき，その中心には姿を変えた畳があるかもしれない．

ここでは，畳を中心に寝殿造および書院造という住宅様式についてみてきた．来し方を振り返ることで，行く末を考えるという歴史学の視野に立つならば，伝統的な住宅空間にみえるそのほかの特徴も，これからの住まい方を考えるうえで参考になるものがいくつかあると考えられる．たとえば，現代住宅の傑作として有名な吉村順三の軽井沢の山荘は，コンクリートの足の上に木造の小屋をのせた構成になっており，高床の伝統を現代的にアレンジしたものとみることもできる．大きく開けられた窓から木々に囲まれた眺めが得られるリビングルームは，視線を外へいざない水平方向に豊かな広がりをつくる日本住宅の伝統に根ざしている．吉村は若い頃，毎週のように京都を訪れて寺や茶室を実測して歩いたというが，そうして体験された伝統文化が，吉村のなかで創造の契機として働いたのかもしれない．真に新しいものは伝統から創造されるといったのはたしかロラン・バルトだったが，伝統に根ざした革新的な創造が世界に新しい建築様式を発信する日も，いつか来ることだろう．

［藤田盟児］

8-6 世界は中庭型住居で満ちている

【テーマ】中庭建築　　　　　　　　　　　　　　　　　　　　　　　　　　8　住居・家具・インテリア

●はるか昔からあった中庭型住居

周囲を建物や塀などで囲われた中庭をもつ住居を総称して中庭型（式）住居という．その起源は四大文明にまで遡る．シュメール都市ウルやバビロンをはじめ，古代エジプトやモヘンジョダロの都市住居は日干し煉瓦造の中庭型であった．また，古代ギリシャの住居には列柱中庭があり，古代ローマの都市住居ドムスにも，アトリウム（屋根の中央部に天窓をもつ半戸外広間）とペリステュリウム（列柱廊で囲われた中庭）という二つの中庭があった．さらに下って，イタリア中世都市のパラッツォや，15世紀以来のパリの都市住居の原型であるオテルも中庭型である．中庭型はじつに5000年以上も継承されてきた住居形式のひとつなのである．

●いまも世界中に分布する中庭型住居

世界の伝統的住居を対象としてみると，中庭型住居は現在もなお受け継がれ，世界各地に広範に分布している．その範囲は，中東イスラーム世界を中心に，東はインドから西は北アフリカ，イベリア半島にまで至る．また，スペインとその影響を受けた中南米のコロニアル都市においてもパティオとよばれる中庭をもつ住居が数多く見られる．

一方，中国においても，漢族の代表的住居である四合院や三合院は院子とよばれる中庭を中心として構成される．また黄土地帯に分布する下沈式穴居の窰洞（ヤオトン）や，江南地方の天井（テンジン）をもつ住居，そして福建省の環状土楼とよばれる客家人の巨大な集合住居も中庭型である．さらに，韓国の伝統的住居や日本の町家においても中庭をもつ住居が見いだされる．世界には枚挙にいとまがないほど中庭型住居が分布しているのである．

●中庭型住居のさまざまなタイプ

中庭型住居は，中庭の形状や大きさ，囲われ方，閉鎖性，棟の数などによってさまざまなバリエーションがあるが，大きく二つのタイプに分けることができる．ひとつは寝室や台所などの複数の棟で中庭を囲み，周囲に塀や柵を巡らした住居で，いわゆる分棟型で囲み型の配置形式である．この例としては西アフリカやニューギニア島にみられるコンパウンド（複合住居）や，中南米の農村住居にみられる（■1）．中庭の形状は不整形になることが多い．

これに対して，一つの棟の中に中庭を室内のように取り込み，周囲に諸室を配置する形式がある．四周を建物で囲われた中庭型住居は，その平面形状からロの字型とよばれることがある．コートハウス（courtyard house）というときはこの形式をさすことが多い．もちろん，コの字型やL字型も多いが，いずれにしても中庭の形状は矩形に近く，その周囲は塀や隣家の外壁に密着することが多い．この形式は中東イスラーム地域に支配的であり，メディナとよばれる旧市街や，ベルベル人の要塞集落クサールを埋め尽くす住居（■2）がその典型である．パティオ形式の住居もこのタイプに属する．

中庭型住居の本質は内に開いて外に閉じるということにある．西洋の都市住居が街路に対して開かれているのとは対照的で，中庭型住居のファサードは通りに面しては開口部が少なく簡素であるが，逆に中庭側にはさまざまな意匠が凝らされる．

●なぜ中庭型住居が普遍的であるのか

中庭型住居は古今東西にわたって普遍的な住居形式のひとつである．この形式が継承された要因とその空間構成の特徴として，次の5点があげられる．

第一は風土的な要因である．中庭型住居は北緯30度付近に東西にわたって広範に分布している．この一帯には少雨乾燥・酷暑という地域が多いが，中庭型住居はその気候条件に適していたのである．日干し煉瓦や土の外壁は厚いうえに，隣家と接しているので断熱性に富む．寒暖差のある砂漠地帯では，夜間に放熱するという利点も備わっている．外部の開口部が少ないため，日中の強烈な日射や熱風，砂塵を防御できる．中庭は日陰をつくりながら，採光と通風を確保し，厳しい自然条件から保護する．さらに床に大理石やタイルを敷き詰めたり，噴水・池・植栽などによって気温や湿度を調整し，

■1 南米ペルーの農村住居（サカスコ）（写真はすべて東京大学生産技術研究所藤井明研究室提供）

■2 要塞住居クサール（モロッコ）

■3 中庭とイーワーン（ダマスカス）

快適な環境を作り出せる．パラダイス（paradise）の語源は，パイリダエーザ（pairidaêza）という古代ペルシアにおける塀で囲んだ庭園といわれるが，中庭は文字通りのパラダイスなのである．

第二点は他者からの防御に適していたことである．中国からインド，中東を経て北アフリカに至る地域は，古くから農耕民族や騎馬民族，遊牧民などの抗争が激しかった地域である．住居は外敵の襲来に備えて堅固にする必要があった．外壁を分厚く閉鎖的にして内に開く中庭型住居は，この要請にかなっていた．アトラス山脈南部に分布するベルベル人のカスバは要塞住居として特化した例で，四隅に監視塔を設けた3，4階建の中庭型住居である．類似した形態は中央アジア西部にも見られ，中庭型住居は生命と財産を守るのに適した住居形式であった．

第三は家族のプライバシーを確保できた点である．中庭型住居は，外部には必要最小限の開口部しか設けないので，街路や隣家からプライバシーを確保できる．とくにイスラーム社会では，女性を他者の視線から避ける慣習によく適合した．街路の向かい側の住居とは入口が対面することを避け，また，街路から中庭を直接見通せないように，中庭には折れ曲がってアプローチすることが多い．さらに，入口付近に接客用のスペースを設け，視線のみならず，外来者の行動を制御する工夫もなされた．

第四点は機能的なフレキシビリティである．中庭は家族の主要な生活空間であり，住居内動線の要であると同時に，休息や集い，憩いの場であり，食事や就寝にも使用される．イランやイラク，シリアには中庭に向かって開放されたイーワーンという半戸外の広間が設けられ，中庭と一体となって接客や家族の憩いの場となっている（■3）．また，農村では農作業や家事の場，作物の干し場でもあり，家畜の飼育にも利用される．求心的平面をもつ中庭型住居は都市でも農村でも適用可能な形式なのである．

第五点は形態的な要因で，高密度居住に適した点である．城壁に囲まれた都市やオアシスのような場所では，限られた土地にコンパクトに住む必要がある．そのためには，敷地の中央に住居を配置して周囲に余白を残すよりも，空地の面積を中庭に集約し，隣家と外壁を接することで稠密に配置するほうが効率的である．不整形な敷地でも中庭の大きさとプロポーションを調節し，周囲の諸室の形状を変化させることで柔軟に対応可能である．住居を自由な方向に増殖させることができるので，モザイク状に高密度居住地を形成できたのである．

●都市型低層住居の基本形式としての中庭型

中庭型住居は自然・社会環境に適合させながら長い間培われてきたものであり，安全で，密集しながらも快適な環境を提供する巧妙な住居形式である．この叡智はいまも世界中に活きている．

中庭型住居を日本の都市に適用するには，隣地からの距離規制という民法上の問題や，十分な通風と居室の南面性確保，街路空間の閉鎖性などの問題が指摘されるが，これらは周到なデザインによって解決可能であり，コンパクトな都市型住居として再考されてもよいであろう．

[及川清昭]

8-7 田園に住まうという夢

【テーマ】ヴィッラ　　　　　　　　　　　　　　　　　　　　8　住居・家具・インテリア

●はじめに

ヴィッラはもともと，古代ローマの農場経営のための施設だった．古代ローマの富裕層は，自身は都市で活動し，代理人に農場経営をさせたが，そのための拠点となったのがヴィッラだった．このため最初は実用一点張りのもので，規模も大きくはなかった．

やがてヴィッラは富裕層の別荘として使用されるようになり，大きく発展した．これは現代にまで通じる，人々の矛盾した願望の結果，とみることができるかもしれない．つまり都市文明のもたらす快適な生活を損なうことなしに，田園の自然と風景を楽しもうとしたのではないか．なおここでいう自然は，決して人跡未踏の雄大で危険な大自然ではない．むしろ，日本でいえばたとえば里山のように，人間の生活の場として整備された自然である．古来西洋で注目されてきた自然とは本質的に田園であり，人にとって安全な場として農耕や狩猟，採集のために整備され，いいかえれば，飼い馴らされた自然である．このような平和な牧歌的な田園の夢は，古代ギリシャの理想郷アルカディアの野をイメージさせるものだった．

事実，古代ローマにおいてヴィッラはギリシャからの文化的影響下で発展した．美しい野山を背景に，庭園を整備し水を引き彫刻を展示する．列柱をもつ中庭は都市住宅にもみられる古代ローマ建築の重要な要素であり，ヴィッラでもしばしば用いられたが，しかしここでは居室は外の風景に向かって開いていくのである．

このような建築の究極の例としてローマ皇帝の別荘がある．初代皇帝アウグストゥスとその子ティベリウスが営んだヴィッラ・ヨーヴィスは，現代でも景勝地として有名なカプリ島の丘の上に立つ．「ローマの平和」を謳歌し，パンテオンの設計でも有名なハドリアヌス帝はローマ近郊のティヴォリにヴィッラ・アドリアーナを建設した．4世紀初めにシチリア島に建設されたピアッツァ・アルメリーナに至るまで，みな共通した特徴を指摘できる．すなわち機能的には，夏の別荘としての性格を強くもった住居，浴場や図書館，美術品の展示ギャラリー，そして小規模な神祠が複合したものだった．空間的には列柱廊や池をもった美しい庭園を中心に諸施設が整備されたが，古くからの定型に従うというよりは，むしろ前衛的な建築デザインの実験場といった趣があった．

●楽園の再現

楽園と庭園というテーマは，ローマ帝国凋落後も建築上の重要なテーマとして残っていった．ローマ帝国の後継者となったビザンツ帝国では修道院や宮殿の中庭を，エデンの園であり天上の楽園であると考えて美しく整備した．蜜や乳，ワインが流れる天上の理想郷を地上に庭園の形で写し取ろうとする試みは，イスラム圏でもおこなわれた．そのような作例のひとつに南スペイン，アンダルシア地方のアルハンブラ宮殿をあげることができるだろう．このような回廊で囲まれ限定された空間を楽園に見立てて整備した例は，西ヨーロッパではおもに修道院でみられる．多くの修道院において，このような空間に「パラディソ」との呼称が与えられたのは象徴的である．

イタリアでルネサンス文化が花開き都市貴族たちが力をつけると，パラッツォとヴィッラという二つの住宅が重要になってくる．パラッツォとは都心に立つ邸宅であり，商業活動の拠点であり仕事の場である．他方のヴィッラは郊外に立つ別荘で，たとえば狩などの田舎ならではの遊びや，趣味を同じくする知識人たちの優雅な語らいの舞台となる．もちろん文化的には古代ローマのヴィッラを意識したもので，古代以来の田園の理想を追求したものとみることができる．このルネサンス期のヴィッラとともに発展したのが，幾何学的な構成を基本に，地形の特色を生かしたイタリア式庭園だった．これは後にフランスにおいて，広大なフランス式庭園として宮殿建築の重要な構成要素として発展することになる．

● パッラーディオとその影響

このようなヴィッラのあり方に大きな変化をもたらしたのが建築家アンドレア・パッラーディオだった．彼はヴェネツィアの後背地ヴェネト地方ヴィチェンツァで活躍した．当時，ヴェネツィアは商業から農業へ産業構造が大きく変化した時期だった．これに伴いヴィッラも余暇を楽しむための別荘から，農地経営の拠点へと変化していった．パッラーディオのヴィッラのうち少なからざる数の作品が，農場の中心としての性格を前面に出したものである．中央部は地主の館が配され，神殿風のデザインが施されている．農場の建築にこのような古典的な意匠を用いることは，当時は画期的なことだった．左右に延びる翼部は作業や収納・貯蔵のための空間で，実用的であると同時に古典的なバランスのよさをもっている．このようなヴィッラのありさまは，イギリスを経由してアメリカ南部の農場へまでも影響を及ぼしたとされる．

18世紀，イギリスの貴族社会ではパッラーディオのヴィッラに非常な関心が集まっていた．これはパッラーディアニズムとよばれ，バーリントン卿を中心にひとつの大きな流行となった．パッラーディオに対する造詣は，上流階級の紳士にとって基本的な教養と受け止められていた，とさえいわれている．彼の影響を受けた邸宅とピクチャレスクな庭園による複合的な施設が，カントリーハウスとして多数建設されたのであった．

● 郊外に住まうこと

しかし18世紀後半にイギリスから始まった産業革命は，一方では田園の荒廃をもたらすと同時に，他方では多くの人々を都市労働者として劣悪な生活環境に押し込む結果となった．都市という観点からは，たとえばニューヨークのセントラルパークのような都市公園の開発は，田園を彷彿とさせる豊かな緑地を都心に整備させることで，田園と都市という二つの相反するものを両立させようとする試みともいえる．このような都市問題を田園の力を借りて解決しようとする動きは，イギリスにおいて別のアイディアを生み出すことになる．19世紀末，エベネザー・ハワードは著書『明日──真の改革にいたる平和な道』のなかで，土地投機を制限することで都心への集中を抑制し，市内いたるところに緑地を整備する都市のあり方を提案した．いわゆる田園都市である．ハワードの理想はレッチワースで実現したが，長い目でみた場合，都心への集中が制限された以上，他の大都市の田園郊外住宅地へ変化せざるをえなかった．

むしろ田園都市の理想は，自律的な都市のあり方としてではなく大都市の郊外住宅地の理想型に大きな影響を与えたといえるのではないか．19世紀になると交通機関の整備とあいまって，郊外に建つ庭付き戸建住宅への夢が語られるようになってくる．とくにヴィクトリア朝時代のイギリスには先駆的なものをみることができる．

ウィリアム・モリスの自邸「赤い家」やアーツ・アンド・クラフツ運動が生み出した作品は，そのような住宅の先駆的な例といってよいかもしれない．いずれも根底においては，産業革命の負の側面に対する反発から生まれたものとみることができる．それゆえに当然のこととして，手工業が中心だった産業革命以前の生活を想起させる田舎風の，懐古趣味ともいえるデザインを用いていた．このような郊外の邸宅には，やがてヴォイジーの作品のように，歴史的な伝統にはあまりこだわらず，目的への適合を重んじる自由な設計の住宅が登場する．こういった動きの背景には，当時，主流だったアカデミックな建築作品への反発といった建築界の潮流や，社会主義への関心といった社会的な側面もみることができる．このような流れの延長線上に活躍した建築家としてフランク・ロイド・ライトを位置づけることもできるだろう．事実，彼のプレーリー住宅はシカゴの郊外住宅として発展したわけで，土地と建築の一体化は設計上の重要なテーマのひとつだった．

スペインの建築家アントニオ・ガウディの夢みた郊外住宅地，グエル公園も，独創的な造形で有名だが，もともとは劣悪な環境の都心を離れ，自然の豊かな郊外に理想的な住宅地を整備する，という点で時代の傾向を反映したものといえる．

おそらくこのような田園と都市の関連という，古代ローマから連綿と続く系譜からみれば，革新的な住宅作品といわれたル・コルビュジエのサヴォワ邸などはむしろ，田園生活を楽しむための非常に古典的なヴィッラということができるのかもしれない．

［太記祐一］

8-8　第三の住宅タイプ

【テーマ】コレクティブハウジング　　　　　　　　　　　　　　　　　　　　8　住居・家具・インテリア

●コレクティブハウジングとは——定義と価値

　コレクティブハウジングとは，複数の完備した住戸の集合に，住戸の延長として位置づけられた豊かな共用空間が組み込まれた住宅集合形式で，個人や家族の自立したプライバシーのある生活を基本に，家事の一部を共同化したり，共用空間や設備を利用しあうことによって，一人や小さな家族では充足できない便利さと豊かさ，経済性と安心感のある合理性，そして暮らしの中に楽しみや可能性が拡がる住まい方である。集合規模としては，20～30戸，大人が30人から50人程度が適度といわれている。いわゆる家族用の戸建住宅地，一般の集合住宅での住戸集合形態や暮らし方に対して「第三の集住タイプ」ということができる。少子高齢化，核家族化，さらには情報化や商品経済の発達により生活の個人化がますます進み，個人や家族の地域からの孤立化が生むさまざまな社会不安を背景に，隣人と暮らしを重ね合わせることにより家族を超えた日常的なコミュニケーションのある住まいとして関心が高まりつつある。コレクティブハウジングはあくまでも生活者によるライフスタイルの選択であり，主流は多世代居住であるが，熟年層の第二の人生のためのコレクティブハウス，農的生活をテーマにしたコレクティブハウス，あるいは必要に応じて一部サービスを利用するコレクティブハウスなど，また，都心型，郊外型，リゾート型など，立地や居住者がどのような価値を共有するかで，多様な展開が可能である。

　このように居住者主体により形成される住コミュニティは，子育てや高齢者福祉だけでなく防犯や防災，環境問題等，地域が抱える課題にとっても価値があり，居住者やNPOなどの取組に対する住宅・福祉・環境等の総合行政による支援が望まれる。

●コレクティブハウジングの歴史——スウェーデンを中心に

　家事サービス付のクラシック・コレクティブハウスの出現：コレクティブハウジングの歴史は，19世紀の社会主義ユートピア思想をルーツとしつつ，アメリカのフェミニズム運動を背景にしたアパートメントハウスや，ヨーロッパの機能主義建築思想等を背景に20世紀初頭に始まる。スウェーデンでは，前衛的な建築家スヴェン・マルケリウスにより1935年に第一号のコレクティブハウスが誕生した。レストランがあり，セントラルキッチンから食事サービスも受けられ，新しい育児理論による共同保育所を持ち，ランドリーなど家事サービス付の集合住宅で，働きたい，あるいは働かなければならない女性を家事から解放する，とうたわれた。マルケリウスの協力者であり，スウェーデンの高福祉国家建設に貢献した社会学者であり政治家であるアルヴァ・ミュルダールは，「コレクティブハウスは将来，第三の住宅タイプの一つになるだろう」と予言した。1930～50年代には，職業婦人団体や社会事業家により注目すべきいくつかの事例があるが，現在の主流である居住者による自主運営，自主管理のセルフワークモデルに対してサービスモデルとよばれ，コレクティブハウジング研究の第一人者 D. U. ヴェストブロはクラシック・コレクティブハウスと位置づけている。

　居住運動から自主運営の現代的コレクティブハウジングへの転換：現代的なコレクティブハウジングへの転換は1969年に始まる世界的な学生たちによる政治運動から影響を受けた共同体的居住の実践や，1960年代の大規模郊外団地開発や大量生産による画一的な住宅供給に対する反省などが背景にある。小規模なコミュニティ開発や都心居住の再生が見直された。学生や，働く女性，環境問題の運動家たちによる住環境形成に直接参加を求める多様な居住運動は，1970年代終わりには地域の政治家や自治体行政を動かし，コレクティブハウジングが公共セクターでも取り組まれるようになった。とくに，居住者の公的住宅への民主的参加を求め，仕事と子育ての両立や生活文化の継承と創造，それらの居住者による集合的解決を目指すBiG（コミュニティに住む）という女性活動グループは大きな影響力を

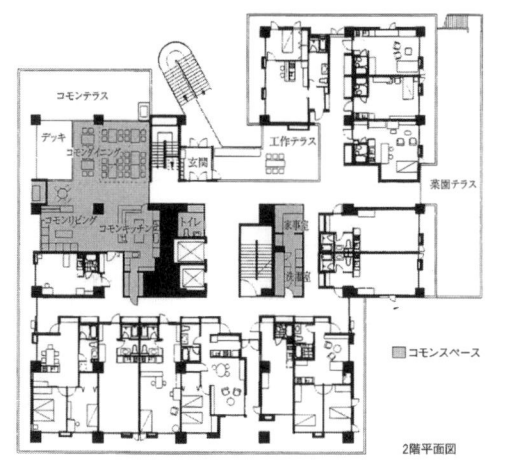

■1　かんかん森　2階平面図（左）と断面図（右）

与えた．BiGモデルとは，20〜50戸の小さな規模で，協働と自主運営による，すべての人に開かれた，いわゆるセルフワークモデルといわれるコレクティブハウジングの提唱と実践である．研究者はその歴史的研究や実態調査をとおして，現代的コレクティブハウジングは，合理主義，フェミニズム，エコロジー等の視点に立つ脱物質主義者のニーズに対応したひとつの回答であることを指摘している（Woodword 1988, Vestbro 1989）．1970年代末から80年代以降のスウェーデン，デンマーク，オランダなど北欧での積極的な取組は，他の国にも影響を与え，英語圏ではコウハウジングとよばれ，とくに1990年代以降のカナダを含む北米での活発な展開は興味深い．

● 日本における導入と現状

日本におけるコレクティブハウジングの導入は，1995年の阪神・淡路大震災後に復興公営住宅として，主に高齢者対応のシルバーハウジングのプログラムにそのコミュニティ価値と空間計画が取り入れられた（通称「ふれあい住宅」）ことに始まる．2000年までに10プロジェクト341戸が供給された．マスコミにも繰り返しとりあげられ，そのインパクトの大きさから，日本ではコレクティブハウジングは「集会室の他に共用のキッチン付き食堂があり，たまには食事を一緒にしたり，趣味活動をしたり，ふれあいと助け合いのある公営の高齢者対応住宅」であるというイメージが一般に先行したきらいがある．実際にいくつかの自治体で主に高齢者対応の住宅として実験的に供給された事例がある．

一方，民間では，2003年に日本では初めてとい

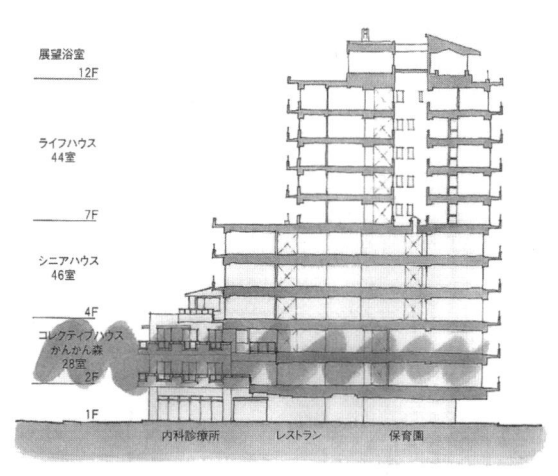

■2　かんかん森のコモンダイニング（筆者撮影）

える本格的セルフワークの多世代型賃貸の「コレクティブハウスかんかん森」が都心の日暮里に完成した．上階に自立型・介護型高齢者住宅（有料老人ホーム），1階にそのレストランや集会室の他，診療所，保育園のある複合施設の2，3階である．28戸（25〜63 m²）のプライバシーが確保された独立した住戸と，キッチン，ダイニングエリア，リビングエリア，図書コーナーのあるコモンルームをはじめ，ランドリーのあるユーティリティー，ゲストルーム，貸し倉庫など，166 m²の内部コモンスペースと，木工テラス，菜園，コモンテラスなど，豊かな内外のコモンスペースをもっている．入居5年目の現在（2007年8月），0歳から80歳までの多世代が，思い思いにコモンスペースを活用し，週3回の共同の食事運営（コモンミール）や15の活動グループによる暮らしの自主的運営によって，生き生きとした住コミュニティの暮らしを享受している．

［小谷部育子］

8-9 住戸の自由と制約から生まれる価値

【テーマ】コーポラティブ住宅　　　　　　　　　　　　　　　　　　　8　住居・家具・インテリア

　単身居住者が増加し，少子高齢化で人口が減少に転じ，また食事や家事，介護などは外部サービスを受ける選択肢があるなど，都市のライフスタイルは家族という枠にとらわれることなくより柔軟になりつつある．誕生から40年ほど，時代背景が大きく変化するなか，日本におけるコーポラティブという住み方にはしばしば都市居住の夢と課題が重ね合わされてきた．

●コーポラティブ住宅の潮流

　協同組合方式による住まいづくりをco-operative housingといい，協同や相互扶助の思想・運動が原点となっている．18世紀後半にイギリスで発祥したとされ，20世紀にドイツや北欧諸国で発展し，その後多くの国々に波及した．とくに欧米では非営利の半公的な住宅供給として，組合が資金調達・土地購入・企画・設計・建設・管理・運営の全般に携わり組合員が居住権を得るのが主流だが，所有形態や行政のサポートなど，各国の制度や政策とも関連しながらさまざまに展開している．

●日本のコーポラティブ住宅

　日本では欧米で主流の半公的な住宅供給と異なり，持ち家の需要者を中心とする住宅建設運動としてはじまった．第一号は1968年に建築家4人が東京に建てた「コーポラティブハウス千駄ヶ谷」とされ，その後は公的なサポートによる供給が多かった時期もあり少しずつ数を積み重ねてきた．しかし入居者にとっては組合活動の負担などにより手軽さに欠け，サポートする業者にとっては収益性が低く，供給はごく一部にとどまり40年ほどの累積で9000戸程度（2005年まで）にすぎない．

　日本のコーポラティブ方式は，建設省によって「自ら居住するものが組合を結成し，共同して事業計画を定め，土地の取得，建物の設計，工事発注その他の業務を行い，住宅を取得し，管理してゆく方式」（1978）と定義された．つまり，業者によって企画・販売されるのではなく，あくまで入居者自身（の組合）が主体者であり，意志決定に参画しリスクも負い，そのため入居前のプロセスに時間と労力を要する．長所としては，市場中心に企画された一般マンションとは一線を画しユーザーの意向を反映することが前提となっている点，建設費の詳細が明示され実費である点，住戸の自由設計が可能である点，入居前に入居者どうしのつながりができる点などがあげられる．また宣伝広告やモデルルームなど，販売業者の経費がないため一般のマンションより安いともいわれるが，多くは戸数が少なくスケールメリットが得にくいうえに，自由設計の非効率を含めるとかえって高くつくことも少なくない．

　一方，法制度や金融が整備されておらず，いくつかの課題を抱えたままである．たとえば，建設組合は法人格が得づらいため手続きは煩雑で，信用力が劣るため民間融資を受けにくい．また建物完成後，通常住戸は組合所有でなく個人の持ち家として区分所有になり，建設組合は解散して管理組合に移行するため，一般の分譲マンションとの違いがなくなる．その結果コーポラティブ方式の意味は，建物が完成するまでのプロセスのみに限定されてしまう．

●自由設計による拡がり

　1990年代後半頃から，自由設計を強調する例が増えた．ライト型とよばれる企業が企画するタイプで，協同組合の考え方をあえて前面に出さず，制約を比較的多くして入居者の時間や労力を最小限にしつつ，デザイン性を強調する．空間にこだわるクールな都市居住者の支持を得てマスメディアにとりあげられる機会も増えた．さらに建築家を起用して洗練された注文住宅となっている例も現れ，かつては賃貸だったデザイナーズマンションが分譲におきかわり高級化した，新たな典型になりつつある．

　「自由設計」とは，新築の集合住宅における住戸設計に際して入居者の要望に個別対応することだが，少量多品種の設計および施工は非効率であるため一般の分譲マンションでは積極的に行われてこなかった．それでも都心回帰や居住人数の減少，住戸の大型化，ライフスタイルの多様化，さらにSI方

■1 コーポラティブハウス ROXI（設計：佐々木聡/SGM環境建築研究所，2003）左：開口部やバルコニーが住戸ごとに個性的につくられ不連続に積み重なっている．右：地階のドライエリアは各メゾネット住戸の庭でありながら柵のない一続きの路地状の空間となり居住者どうしの気配が適度に感じられる（撮影：新建築社写真部）

式（2-18項参照）の浸透やスケルトン竣工を可能にする制度運用などを背景に，自由設計が可能な集合住宅が増えている．とくにSI方式はスケルトン賃貸やスケルトン定借といった権利形態によるバリエーションも生み出し，自由設計や改修に対応しやすく，コーポラティブ方式との相性もよい．

●「制約」がもたらす集まって住むことの恩恵

自由設計ではそれをコントロールする「制約」が欠かせない．企画時の設計であらかじめ設定された空間，ルール，サポート体制，検討時間などの諸条件だが，その設定が不十分だったり不明確だったりすると，個々の要求をコントロールできずに調整が難航し，工事の遅れなどによるトラブルを招く恐れがある．集合住宅による共同化は効率化による負担軽減が前提だが，自由設計における「制約」はそれに加え各入居者の私権（自由）を明確化すると同時に，個性の集合による歪みや無駄を抑えバランスよく調整する役割を果たし，住居が集合するメリットを担保する．その結果，私的な自由による個々の利益と同時に，共有する制約による全体の調和や快適性というより大きな価値を得ることができる．

このような「制約による恩恵」は手間のかかる入居者間の合意形成によって実現する以外に，「企画」を通して手軽に得ることもできる．それには企画において枠組みや制約を十分に練り上げて設定することが必要で，その制約を事前に明示し入居者の理解を得なければならず，それを支えるコーディネイターの役割が欠かせない．

●自己生成する住まい

住人どうしの濃密なつながりを望まない入居者も多いが，「入居前からお互いに知り合っていて会うと挨拶し合うことに安心感がある」という意見はほぼ共通している．入居前の参加のプロセスは居住期間からすればわずかだが，居住について学習し価値を共有する経験がお互いの思いやりへとつながり，入居後のコミュニティや管理を良好に持続させる．このように居住者は，時間経過のなかで緩やかに住まいになじんでいく．

これはいわば，「制約」を通して共有する価値と自律的な変化を受け入れて「自己生成」する形式であり，そこで人々は家族の枠にとどまらず生き生きと暮らし，日々のできごとを通じ愛すべき価値を得る．コーポラティブ住宅はそんな積極的な選択肢である．法制度や金融の整備，入居後の所有形態や管理など，一般化にはなお課題解決や時間を要するが，新しい試みも少しずつ実現し，進化・発展は続いている．

[佐々木誠]

文献
1) 神谷宏治ほか（1988）：コーポラティブ・ハウジング，鹿島出版会．
2) 小林秀樹（2001）：日本における集合住宅の定着過程―安定成長期から20世紀末まで，日本住宅総合センター．
3) 竹井隆人（2005）：集合住宅デモクラシー，世界思想社．

8-10 同潤会アパートは長寿か

【テーマ】同潤会アパート　　　　　　　　　　　　　　　　　　　　　　8　住居・家具・インテリア

●同潤会アパートの誕生

1923年に起きた関東大震災の善後策として、復興住宅の建設を目指して1924年に設立されたのが、財団法人同潤会であった[1]。その基金には、国内外から寄せられた義捐金の一部、1000万円があてられた。日本では初めての国家レベルの住宅供給機関であった。同潤会は、早速1924年から木造2階建ての長屋を主体とした賃貸の団地[2]と、鉄筋コンクリート（以下、RC）造3階建てを主体とした賃貸の集合住宅団地の建設に乗り出したが、最初に手掛けたのは、政府から依頼された「仮住宅事業」であった。

アパーメント事業は、用地取得の困難や建設時期の不適合（当時、コンクリートを冬場に打設できる技術は確立していなかった）などの理由により、翌1925年度に持ち越された。その年度に手掛けられたアパートが、中之郷、青山、柳島、代官山の四つのアパートであった。同潤会ではその後次々にアパートを完成させ、1930年までに15カ所のアパートが建設された。

このなかには、虎ノ門アパートのように下層階を同潤会の事務所とし上層階を男子独身用のアパートとしたもの（アパート部分はのちにオフィスに改装）や、大塚女子アパートのように女子専用独身アパートなどといった、先駆的な住宅供給の試みも行われた。一方で、明治後半から日本の都市問題として大きくクローズアップされていた、不良住宅地区問題にも、同潤会は果敢にチャレンジしている。同潤会が手掛けた猿江裏町不良住宅地区改良事業は、日本で初めてのスラムクリアランスであった。ここで建設された猿江裏町共同住宅も、RC造3階建てであったので、いわゆる同潤会アパートと並び称されることが多い。そして、最後のアパーメント事業が、1934年に竣工した江戸川アパートメントであった。理想的集合住宅を実験的に建設する意図をもって、同潤会創立10周年事業の一環として取り組まれたものであった。こうして誕生した同潤会アパートは、建設当初は東京にアパートメントブームをもたらし、東京における集合住宅普及に大きな役割を果たした。

●戦後の同潤会アパートと建替え

賃貸住宅であった同潤会アパートは、1941年に住宅営団に引き継がれ、営団住宅として経営されていたが、1946年、GHQにより住宅営団の閉鎖が通達され、営団の資産はすべてGHQ管轄下のCILQ（閉鎖機関整理委員会）に引き継がれた。その結果、東京所在の同潤会アパート12カ所は、虎ノ門アパートと大塚女子アパートを除き、1951年から数年間かけて、居住者に払い下げられることになった。虎ノ門アパートは同潤会の事務所がそのまま住宅営団の事務所となり、戦後民間企業の社屋として払い下げられ、大塚女子アパートは居住者が払い下げを拒否したので、都営アパートとして管理されることになった。また、横浜の山下町、平沼町の両アパートの払い下げは、最後まで決着がつかず、1953年に建設省と財務省が出資した建財株式会社が引き受け、そのまま賃貸アパートとして存続することとなった[3]。

そして、2008年現在、人がまだ居住している同潤会アパートは、たった1カ所のみになってしまった。写真（■1）の上野下アパートである。ほかはすべて建て替えられた（三ノ輪アパートは2008年現在、建ってはいるものの再開発のために居住者がすべて転出した状態である）。

同潤会アパートで一番早く建て替えられたのは、三田アパートであった（再開発建物の竣工は1978年）。これは隣接建物の建替えの際に、ついでに全面買収されて建て替えられたものであるが、小規模だったために買収にはそれほど時間はかからなかったようである。その後、横浜の両アパートで建財株式会社による任意建替えが行われた（平沼町は1984年、山下町は1989年）。これも、1社による自社物件の建替えなので、それほど時間はかからなかった。

そして，4番目に建て替えられた同潤会アパートが，中之郷アパートだった．公共の補助金がつく市街地再開発事業により，1990年に再開発建物が竣工した．そして1990年から2000年代にかけて，次々と，主として市街地再開発事業で建て替えられていった結果，現在は上野下アパートを残すのみとなった．この間，民間企業の社屋であった虎ノ門アパートも，都営アパートであった大塚女子アパートも，老朽化を理由に取り壊され，姿を消している．

● 集合住宅の寿命とは

建設されてから再開発建物に生まれ変わるまでを，アパートの寿命とすると，58歳から78歳まで生きていたことになる．ところが，戦後の公団・公営の賃貸アパートも，民間の分譲マンションも大体三十数歳で建て替えられているのが現状である．こうした日本の現状から考えると，同潤会アパートは日本の集合住宅としては長寿であったといってよいだろう．

しかし，この長寿を外国と比較してはならない．同潤会アパートとほぼ同じ時期に，西洋でも同潤会アパートのような社会的住宅供給が流行した．第1次大戦と第2次大戦の間，いわゆる戦間期には，ドイツ・オランダ・フランス・オーストリアなどで，次々と庶民のための大規模集合住宅団地が建設された[4]．デザインも供給意図も同潤会アパートときわめてよく似ている．なかでもオーストリアのウィーンでは，300を超す団地が建設されたのだが，第二次世界大戦のダメージがあったにもかかわらず，1カ所たりとも建て替えられていない．すべて断熱改修，屋上増築などを施し，旧来のデザインを継承している．何度専門家に尋ねても，コンクリートの中性化は問題視されていないという．ほかのヨーロッパ諸国でも，戦間期の集合住宅のほとんどは歴史的建物としてリニューアルされ，住まわれ続けている．アメリカでも戦前，多くのアパートが民間により建設されたが，そのほとんどは現存している．戦前のアパートは「戦前もの（pre-war）」として，むしろ戦後のものより高い値段で取引されているという．だから，欧米の専門家にお宅の集合住宅の寿命はいかほどですか？　と問うても，変な顔をされるだけなのである．こうした国々とは，基本的に集合住宅の造り方が異なる（日本では鉄筋コンクリートだけを構造体として使うが，他の国では多様である）面もあるが，そもそも，200年もった建物だからもう200年はもつだろう，ということで建物が判断される国々である．

同潤会アパートは，日本の文脈でいえば，長生きだったのだろう．だが，世界の文脈でいえばきわめて短命．というより，そもそも西洋には集合住宅を建て替えるという発想そのものが一般的ではないのだ．そんな国々とCO_2減らしを競わなければならないとすると，今後の日本のスクラップアンドビルドな状況は何とかせねばなるまい．このことは単に，建築学だけの問題でなく，不動産流通の問題，法律の問題，住文化の問題，そして政治の問題でもある．そろそろ建築の長寿命化を，建築技術だけの個別の問題として議論するのをやめなければなるまい．

［大月敏雄］

文献

1) 同潤会全般については下記を参照．
   - 内田青蔵・藤谷陽悦（1996）：同潤会基礎資料第1期全9巻，柏書房．
   - 内田青蔵ほか（1998）：同潤会基礎資料第2期全10巻，柏書房．
   - 内田青蔵ほか（2004）：同潤会基礎資料第3期全12巻，柏書房．

   同潤会の各アパートについては下記を参照．
   - 佐藤　滋ほか（1998）：同潤会のアパートメントとその時代，鹿島出版会．
   - 橋本文隆ほか（2003）：消えゆく同潤会アパートメント，河出書房新社．
   - 大月敏雄（2006）：集合住宅の時間，王国社．
2) 佐藤　滋（1989）：公共集合住宅団地の変遷，鹿島出版会．
3) 大月敏雄（2006）：旧同潤会アパートの建替経緯の類型化と居住の持続性の側面から見た従後環境の検証．科学研究費補助金研究成果報告書．
4) 植田　実（2003）：アパートメント―世界の夢の集合住宅，平凡社．

8-11 マンションが崩壊する日は来るか —分譲マンションの未来

【テーマ】マンション　　　　　　　　　　　　　　　　　　　　8　住居・家具・インテリア

●はじめに

この原稿の執筆依頼をいただいた直後に，あのマンション構造設計偽装事件が発生し，世間の耳目を一斉に集めていた．以来，「マンション崩壊」といえば，大地震によって物理的に倒壊・崩壊する，という印象が強くなってしまったようである．しかし，拙稿では「『分譲マンションという住宅形式』が崩壊する日は来るか？」という観点で話を進めたい．

●ストックが崩壊する

ごく原理的に考えれば，「便利なところ＝地価水準の高いところに」，「なるべく安価に」，「持ち家として住みたい」というニーズが存在する以上，地価負担を分散させるために高層高密に住宅を作り，その一つ一つに所有権をもたせる，分譲マンションという形式で住宅供給がなされるのは，経済的合理性から考えて必然である．しかし，その後ストックとなった分譲マンションは，どのような運命をたどるのか？　あるいは，「崩壊」するものも出てくる可能性がある．

●「崩壊してしまった」例

■1は北関東の郊外に建つ5階建20戸のマンションである．築18年しか経っていないが，著しく荒廃が進んでしまっている．屋根の防水が破れ，エレベーターも動かない．共用廊下や玄関周辺はご覧のとおりのゴミの山で，夜になっても廊下には照明もつかない．他の事例では，不審火が頻発したり，棟内のゴミの山から白骨化した変死体が見つかったりしたマンションすらあるという．

これは，物理的・構造的にほとんど問題がなくても，適切な管理がなされなければ荒廃してしまうという，極端な例である．しかし，マンションの管理体制の不備，管理会社とのトラブルなどの報告は多く寄せられており，荒廃の恐れはどのマンションも抱えているといえる．

●これまでのマンション建替え——「恵まれた」事例

マンション管理がうまく機能したとしても，老朽化が進めば，いつかは建て替えなければならない．老朽化した分譲マンションが建て替えられた事例の代表例が，近年「表参道ヒルズ」として再生した同潤会青山アパートなど（■2，この例では建替え後の住宅分譲は行っていない），一連の同潤会アパートであり，現在も残るのは「上野下アパート」，「三ノ輪アパート」の2カ所のみとなった．同潤会アパートは建設当初は賃貸住宅であるが，戦後に入りその多くが払い下げられ，各居住者の所有となった．同潤会アパート以外にも，1950〜60年代に建設されたマンションが建て替えられた例は数十例存在する．

しかし，これらの事例はほぼ例外なく，①都心部などマンション需要が大きく見込める立地である，②余剰容積率がある，つまり建替え前の建物容積率が当該敷地の基準容積率を下回っている，という条件を満たしている．建替えに当たり，基準容積率いっぱいまで（各種の規制緩和によりそれをも上回る場合がある）建設し，建替え前の所有者にはその所有資産に見合う「床」を割り当て，残りを売りさばいて建替えの費用を工面する（「等価交換方式」という）ため，上記の条件を満たすことが不可欠なのである．この方式の最大の利点は，建替え前の所有者には原則として金銭負担がかからない，という点にある．このため，建替えに向けた合意形成が可能であった．逆に，上記の条件を満たしていたからこそ，建替えが実現可能であった，といえる．

だが，これらはごく一部の恵まれたケースにすぎない．建て替えるべき時期が来たとき，その場所がマンション購入需要のある立地とは限らない．また，建設されるマンションが基準容積率ぎりぎりまで計画されるのはもはや常識である．

●建替えに横たわるハードル

上記の条件を満たさない大部分の分譲マンションの場合は，所有者が応分の金銭負担をして，建替え費用を捻出することになる．このための合意形成が非常に困難であることは，想像に難くない．建設後

■1 管理不備により荒廃したマンションの例　共用廊下には，山のようにゴミが積まれている（写真提供：国土交通省国土技術政策総合研究所・長谷川　洋）

■2 建替え前の同潤会青山アパート（左）と，建替え後の表参道ヒルズ（右）（左は写真提供：森ビル株式会社）

の分譲マンションは，各戸の区分所有権が相続のため分散する，非居住所有者が増加する，所有者間の経済力格差が拡大するなど，合意すべき関係者の価値観のばらつきが広がる方向にばかり進むことになる．

●有効な方策は

建替えが無理ならば，とりえる有効な方策として考えられるのは，「なるべく建替えをせずに長持ちさせる」ということになる．現にヨーロッパ都市部の集合住宅には築100年以上のものがごく普通に存在しており，日本でもマンションストックが有効に流通し続ければ，不可能な話ではない．

しかし，中古マンション市場は徐々に活性化しつつあるとはいうものの，その流通量は現在のところ新築マンション供給量の1/10程度にとどまってい

るといわれる．これは日本人の「新しもの好き」の性向も影響しているかもしれない．ある調査によると，寿命100年の住宅であっても，築30年の中古は購入しないという住み手が2/3を占めるという．

このように，分譲マンションが荒廃をまぬがれ，いつまでも良質な住宅としてあり続けるためには，多くの困難が待ち構えている．経済的合理性を第一義に建設されてきた分譲マンションという住宅形式は，その運命も，経済的合理性に委ねられてしまっている，といえるのではないか．　　　［肥田大祐］

文献
1) 日本経済新聞，連載「マンション誰のもの」，第1部～第7部，2005年3月15日～2006年2月25日付.
2) 久木章江 (2002)：建物解体および建物寿命に対する居住者と供給側の意識に関する調査. 日本建築学会関東支部研究報告集（建築経済・住宅問題），pp. 337-340.

8-12　超高層居住の現在・過去・未来

【テーマ】高層住宅　　　　　　　　　　　　　　　　　　　　　　　　8　住居・家具・インテリア

●急増する超高層集合住宅

首都圏ではここのところ超高層集合住宅の建設が急増している（超高層集合住宅の定義は法令等で明確には定められてはいないが，通例20階建て以上とされることが多い）．近年の首都圏における分譲マンション供給戸数は年間6～9万戸だが，超高層は実数も割合も年々増加してきており，1999年に約4400戸（全体の5％），2000年に約7400戸（同8％）だったものが，2006年には約1万4800戸（同21％），2007年には約2万3900戸となり，全体の40％を占めるにまで増えている．今後もこの傾向は続くものと予測されている（(株)不動産経済研究所の2008年4月の調査結果による）．

首都圏ではじめて建設された超高層集合住宅は，1969年の「三田綱町パークマンション」であるとされ，以後3次にわたるブームがあった．現在は1996年からの第3次ブームにあるが，今次は以前に比べ供給戸数がはるかに多く，超高層集合住宅は，まさに都心居住を促進する役割を担っている．その背景には技術面での発展がある．コンピュータの発達に伴い耐震設計が以前に比べ飛躍的に容易になったこと，構造，設備，計画面のいくつもの技術的解決の蓄積がなされたことである．さらには，関連法制度の改正もこのブームを後押ししている．

●世界の超高層居住

高層居住は，19世紀末から20世紀初めにアメリカで現実のものになった．1880年代に住宅用エレベーターが実用化されると，ニューヨークには高層集合住宅が建設され始め，1890～1910年頃には，鉄骨構造やスチーム暖房，電気などの高層建築の基本となる技術が出揃い，高さを競うようになった．ブームは大恐慌まで続き，超高層集合住宅が並ぶマンハッタンの摩天楼の骨格をつくった．

イギリスでは，第2次世界大戦後，住宅不足を補うため高層の公共集合住宅が建設されたが，1968年に起きたガス爆発事故をきっかけに高層集合住宅に対する信頼が失われ，以後，建設に慎重になってしまう．ヨーロッパのほかの都市でも一般的ではない．一方，アジアでは，香港，シンガポールなどで超高層集合住宅がさかんに建設され，高層高密居住が実現されている．

●居住者層の一般化

超高層集合住宅というと，富裕層が住むというイメージが強い．当初はそのような事例が中心であった．現在でも，都心には高額物件が多い．購入者は，郊外の戸建住宅を手放して購入する2次取得者層であり，高齢者が多いという指摘もなされている．

しかし，近年では，1次取得層向けの手頃な価格帯の物件もみられる．東京では臨海部などで大量供給されており，販売競争も激化している．国土交通省は「平成17年版首都圏白書」で超高層集合住宅の居住者について調査したが，家族構成は夫婦や子どものいる世帯が約70％を占め，年齢層は30，40歳代が約50％を占めたという．もはや超高層は特殊な人々のための住居ではない．

また，この調査では，居住者の9割を超える人々が現住宅に満足していると評価し，超高層住宅の人気の高さを裏づけているが，別の調査によると眺望のよさを超高層を選ぶ理由にあげる人が多いこともわかっている．

●共用施設，住戸の自由度

超高層集合住宅は1棟200～300戸，時には1000戸を超えるものもあり，共用の施設・サービスが確保でき，規模の上で大きな利点がある．共用の展望室やゲストルーム，子ども用遊び室などは通例設けられるものである．パーティスペース，書斎，音響室などもある．商業施設や温水プールなどを設けた例もある．これらの共有施設の工夫や，コミュニティの形成に資するサービスは，後に述べる超高層集合住宅の短所を補うものと期待される．さらに，外部空間に設置される公開空地は，周辺環境の向上に寄与するものと考えられる．

居住者の多様なニーズに対応できるよう，住戸の

■1　大川端リバーシティ21　21世紀末の東京では超高層居住が普通になっているかもしれない（筆者撮影）

自由設計も提案されている．SI住宅の考え方が浸透した結果，柱や梁の張り出さない構造方式や，柔軟性の高い設備方式の開発によって可能になった．ただし，このように潜在的に住戸設計の自由度は高まっているものの，大部分の住戸は面積が小さいため自由度を発揮するには至らず，自由度を最大限に生かした設計例は高額物件で少数みられる程度である．

●超高層居住の居住者への影響

一方で，その建築的な特徴を反映して，住戸と地上レベルの乖離や屋外への日常動線の距離拡大などの影響から，居住者間の近隣交流が疎遠になり，相互無関心が加速するなどの負の側面も指摘されている．外出機会の減少による心身のストレスの増大など生理・心理面の影響もあげられる．

母子の健康への悪影響も指摘されている．生育期の子どもが高所に慣れ，高所非恐怖症ともなりかねないという（織田正昭（2006）：高層マンション子育ての危険，メタモル出版）．また，外出機会の減少により正常な発達が阻害される恐れもある．同様の理由で妊産婦への影響も指摘されている．

●維持管理上の問題

マンションの居住者は維持管理上の問題に対し，区分所有法上，管理組合の総会の議決を経て対応する必要があるが，超高層集合住宅は管理組合が大規模なため，重要事項の合意に相当な労力がいると推定される．また，販売政策上，高層階と低層階では所得階層も生活様式も大きく異なる人々が住むことが多く，合意の困難さに拍車をかける恐れがある．

近年の超高層集合住宅は工場生産される部分も多く施工精度は高いものの，十数年で外壁の大規模修繕を余儀なくされた例もある．エレベーターの交換や給排水設備の更新なども予想される．いずれ建替えも問題になろう．種々生じるであろう問題に対し，管理組合を適切にサポートする体制の整備が急がれる．

●超々高層

いくつかの研究機関が，超々高層の可能性を検討している．たとえば日本建築学会の研究（「超々高層のフィージビリティ」（1997））では，高さ1000mの建物の中に，住居，オフィスのほか，学校，病院，劇場などを設け，数万人の人々が暮らし働き，さながら小都市の様相を呈すというものを検討している．将来，こういった超々高層が実際につくられるかは定かではないとはいえ，人間の高さへの欲求は止むことはなく，技術的追求は続いてきた．今後もさらに高い建物に住もうとするであろう．21世紀末の東京は，超々高層居住が普通になっているかもしれない．

［花里俊廣］

8-13　健康住宅で本当に健康になれるか

【テーマ】健康住宅　　　　　　　　　　　　　　　　　　　　　　　　　　　　8　住居・家具・インテリア

●健康住宅とは

「健康住宅」とは定義や基準が明確にあるものではない．日本では，とくに1980年代の後半あたりから住宅の供給側やメディアがこの用語をそれぞれの観点に基づき多用するようになった．したがって，厳密にみれば，この用語はその使用者によってその中身や内容が多少違ったり，使い方にも差があったりする．しかし，大筋でみれば，こうした「健康住宅」の内容は，以下の二つの傾向に集約できよう．

第一の傾向は，住宅の温熱環境が居住者の健康に与える影響を考慮して，住宅全体を断熱・気密化する傾向である．温熱環境が健康に与える影響としては，冬期の低い室温による疾病・発作や，結露によるカビ・ダニの繁殖が原因となるアレルギー性疾患が，代表的なものである．たとえば，東北地方では脳卒中による死亡率が他県に比べるとかなり高いが，これのおもな原因は冬期の低い室温によるヒートショックであるとされている．建物を断熱・気密化すれば，建物の内部が全体的に暖かくなるので，居住者は住宅内で強いヒートショックや温度によるストレスを受けずにすみ，上記のような疾病や発作が減少し，その意味で健康に住むことができるというわけである．

また，一般論としてカビ・ダニが繁殖する住宅は不衛生であるといえるので，逆にカビ・ダニが少なければ，そのような住宅は健康的であるといえよう．建物を断熱・気密化し，適正に換気を行えば，結露は大幅に減少するので，カビの繁殖が抑制され，カビを餌とするダニも減少する．であるから，住宅の断熱・気密化は，漠然としてはいるが，居住者の健康につながるといえよう．もう少し具体例をあげれば，ダニの死骸や糞は気管支喘息などのアレルギー性疾患の原因となることがわかっている．したがって，結露防止は間接的には病気の予防にもつながると考えてよいのかもしれない．

以上のような理由から，十分に断熱・気密化された住宅を「健康住宅」と称しているわけである．加えて，断熱・気密化は暖冷房エネルギーの削減にもつながるので，政府は省エネルギー基準（エネルギーの使用の合理化に関する法律に基づく）を策定して住宅の断熱・気密化を推奨している．

二番目の傾向は，いわゆるシックハウス問題を生じさせないために，自然素材の建材を多用しようというものである．シックハウス問題とは，室内の内装材や家具材などから発せられる化学物質によって，居住者がさまざまな体調不良や症状（シックハウス症候群）をひき起こす問題である．このような化学物質としては，ホルムアルデヒドが代表的であるが，VOC（揮発性有機化合物）と総称されているトルエン，キシレンなど，十数種類の化学物質が該当するとされている．これらの化学物質の多くは，合板などの工業建材の製造過程や建設現場で使用される接着剤・塗料・可塑剤・薬剤などに含まれている．

工業建材であってもこうした化学物質を含まないものであれば，問題は生じないわけであるが，それをよりわかりやすい形で徹底化するために，このような工業建材は完全に止めてしまい，自然素材だけで建てようというのが，この種の「健康住宅」の傾向である．自然素材としては，無垢の木材や漆喰，珪藻土壁などの左官材が代表的なものである．シックハウス問題については，政府はこれに対処するために，建築基準法を改正し，2003年の7月から施行した．

これら二つの傾向は，上述のようにどちらも政府の法令化という後押しを受けて，近年の住宅の大きな潮流になっている．両者を対立する概念（たとえば，人工環境 vs 自然環境）のようにとらえる人もいるが，よくみきわめると，両者は対立するものではない．温熱環境の改善をよりアピールするか，化学物質対策をよりアピールするか，の違いだけの問題である．

●断熱・気密と次世代省エネルギー基準

住宅の断熱・気密については，上述の住宅の省エ

■I　次世代省エネルギー基準の概要（筆者作成）

遵守すべき項目	判断する方法（a，b，…の中から一つを選ぶ）
①暖冷房負荷の削減 （省エネ性能の確保）	a．年間暖冷房負荷の基準値 b．熱損失係数の基準値，および夏期日射取得係数の基準値 c．断熱材熱抵抗の基準値，および開口部の仕様基準
②気密性の確保 （断熱材の効果を保証）	a．相当隙間面積の基準値 b．気密材や気密層に関する仕様基準
③壁体の防露性の確保 （内部結露の防止）	a．大臣特別認定（品確法） b．防湿層や通気層に関する仕様基準
④換気システムの設置 （空気汚染の防止）	建築基準法の規定に従う

⑤その他
a）冬期の日射利用に関する補正が有効
b）室内空気汚染の防止（開放型ストーブの使用を制限）
c）夏期の通風経路の確保
d）基準値に適用する地域区分の制定（市町村単位で区分）

ネルギー基準に達成すべき目標が示されている．この基準は，1980年に初めて制定され，その後1992年と1999年に改正された．1999年の改正後の基準は，通称「次世代省エネルギー基準」と称され，欧米先進国の基準と比較しても遜色ないレベルである．

この基準の概要を■Iに示す．この基準では，建築設計に関連する省エネルギー対策を示すことが目的であるので，建築外皮の断熱・気密化と日射遮蔽化が主たる項目となっている．しかし，現在暖冷房や給湯などの設備機器の効率や自然エネルギー利用の効果も評価される基準が検討されており，今後は外皮と設備が総合的に評価される基準に変更されるものと考えられる．

● 自然素材と建築基準法のシックハウス対策

上述した改正建築基準法では，シックハウス対策として，①化学物質を含む内装材などの使用規制と，②居室における機械換気設備の義務化が定められている．①において対象となった化学物質は，クロルピリホス（防蟻剤として使用されていた）とホルムアルデヒドであり，前者は全面的な使用禁止が，後者はそれを含有する建材の使用を制限することが規定された．VOCなどの化学物質については，今回の改正では規制が見送られたものの，順次，規制対象物質に含めるための検討を行うことが予定されている．また，建物の内装材ばかりでなく，家具などに使用する建材においてもさまざまな化学物質が使用されているわけであるが，これについては規制がなく，②の換気によって対処することになっている．

自然素材を多用する「健康住宅」では，もちろん上記の①に抵触することはまずありえない．しかし，②の換気装置については，このタイプの住宅に取り組んできた人たちが関心をもたなかったテーマであり，若干の戸惑いがみられる．そのため，断熱・気密型の住宅で用いられている洗練された換気システム（なんらかのダクトを使用する）ではなく，とにかく各居室にファンを取り付けて法令に適合させるというような対症療法的な姿もみうけられる．

換気は，シックハウス対策のひとつとして注目されているが，ホルムアルデヒドを排出するためだけに行うと考えたのでは，矮小化されてしまう．換気の本来の目的は，建材のみならず室内で発生するさまざまな汚染質や臭い，水蒸気などを排出し，室内を清潔に保ち，居住者の健康を損なうリスクを低減することにある．それゆえ，換気は自然素材の使用量などとは関係なく，健康住宅には不可欠のものと考えるべきではなかろうか．まして，近年の木造住宅では，石膏ボードや合板などの面材やアルミサッシを使用するので，とくに気密性を意図しなくても，建物は自然と気密性が高くなり，自然換気量はかなり減少していることが知られている．そういう認識に基づくと，機械換気設備の設置を全面的に義務づけた建築基準法は，正鵠を得たものであり，長期的にみて国民の健康によい結果をもたらすものと予想される．　　　　　　　　　　［坂本雄三］

8-14　建築と健康障害

【テーマ】シックハウス　　　　　　　　　　　　　　　　　　　　　8　住居・家具・インテリア

●室内空気汚染による健康障害

　建物内の空気汚染による健康障害については，大量の汚染物質に暴露されて発症するものと，低用量暴露によって発症するものの二つに大別して考える必要がある．

　前者は，「シックビル症候群（Sick Building Syndrome：SBS）」とよばれ，通常は健康であるのに，特定の建物に入ると皮膚や粘膜の刺激症状やアレルギー症状，神経症状などの不調を訴える健康障害をさし，世界保健機構（WHO）により診断基準が定められている（World Health Organization Regional Office for Europe (1982)：Indoor air pollutants：Exposure and Health Effects, Report on a WHO meeting）．シックビル症候群は，問題がある建物を出れば症状がなくなることが特徴であり，明らかに建築に関連する健康影響である．

　後者は，「化学物質過敏症（Chemical Sensitivity：CS あるいは Multiple Chemical Sensitivity：MCS）」をさしており，エール大学のカレン教授は，過去にかなり大量の化学物質に接触した後，または微量な化学物質に長期に接触した後で，非常に微量な化学物質に再接触した場合に出てくる不愉快な症状，と定義している（Cullen, M. R. (1989)：Workers with multiple chemical sensitivities. *State of the art reviews, Ocupational Medicine* 2 (4), Hanley & Belfus）．化学物質過敏症は，アレルギー性疾患が免疫系を中心とした過敏反応であるのに対して，自律神経系を中心とした過敏反応であり，また従来の中毒を中心とする量-反応関係（dose-dependent relationship）では解析できない慢性症例であることが特徴である．化学物質に対する適応能力は一人一人異なるので，同じ化学物質に同じ量だけ暴露されても，すべての人が同じ症状を呈するわけではない．このように化学物質過敏症は，非常に複雑で未解明の部分が多いため，日本では病名として認められておらず，医学関係者の認知度も低い．

　化学物質過敏症の場合，最初の要因である「過去に大量暴露された化学物質」は，喫煙や食品，化粧品などの個人的な嗜好によって自ら摂取されていたり，香料や薬品類を取り扱うなど職場環境によってもたらされる場合があって，発症原因として必ずしも建築が関係するとは限らない．しかしながら，もうひとつの要因である「微量な化学物質に長期暴露」され，発症のきっかけとなる「非常に微量な化学物質に再接触」することについては，建物が関係する可能性が大きいので，建築関係者には正しい理解と落ち着いた対応が求められる．

●「シックハウス」という造語の誕生

　日本では，1990年代に新築住宅の居住者が体調不良を訴え，その症状がシックビル症候群と似ていることから「シックハウス（症候群）」と名づけられ，いまや一般的に知られる独特の造語となった．

　当時，「シックハウス」が社会問題となって，高気密・高断熱住宅と，建材から放散される化学物質が諸悪の根源とされた．しかし本来，気密性能が高い建物であれば，適正な換気システムが設置・稼働することにより，室内空気を清浄に制御することができるはずであり，断熱性能が優れていることが空気汚染の原因につながるとは考えにくい．高気密・高断熱が直接の原因なのではなく，住宅の気密性能が低かった時代とは住まい方が変わったことに加えて，気密性能に相応しい換気量が確保されていなかったために，建材から放散される化学物質を室外へ十分排出できなかったことが原因であったといえよう．

　視点を変えてみると，日本人にとっては，「シックハウス」という社会問題をとおして，おそらく一生で最も高額な買物となる住宅の，外見（外観や平面構成）ではなく中身（性能）をみるきっかけになったとも考えられる．これが一過性のものにならないよう，啓蒙することも必要ではないだろうか．

●いわゆる「シックハウス」対策について

　室内空気に含まれる化学物質は多種多様である

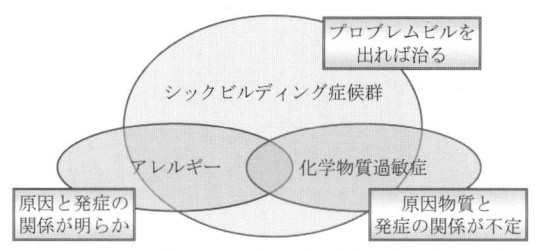

図1 シックビル症候群と化学物質過敏症の違い（石川 哲・宮田幹夫（1999）：化学物質過敏症，かもがわ出版より）

図2 化学物質のおもな発生源（住宅情報提供協議会「住まいの情報発信局」ホームページより）

が，発がん性の明らかなホルムアルデヒドが低減対策の第一ターゲットとなった．1997年，厚生労働省（旧厚生省）がホルムアルデヒドの室内濃度を $0.1\ \mu g/m^3$ 以下に抑えるよう指針値を示すと，建材メーカー各社はすばやく反応し，市場で流通する建材は，ホルムアルデヒドの放散量を抑えた製品に切り替わった．

その後2003年の建築基準法改正により，ホルムアルデヒドを放散する建材の使用に制限が設けられ，常時換気の設置が義務づけられて，ホルムアルデヒドの平衡濃度を厚生労働省の指針値以下に抑制する対策がとられた．これは，「シックハウス」をシックビル症候群と同様の疾患ととらえた場合の，建築技術者が実施できる対策手法を示しているといえる．しかしながら，建材から放散される化学物質はホルムアルデヒドに限らず，ホルムアルデヒドだけが健康影響を与えるわけではないこと，また竣工後に設計時の換気風量が確実に実現できているかどうか，建築技術者は謙虚に受け止めて注意を払っていく必要がある．

ところで，空気中の化学物質を吸着あるいは吸着・分解して除去するという，さまざまな機能性建材が開発，市販されている．これらの製品は玉石混交であり，化学物質を除去するメカニズムが物理・化学的に裏づけられ，その除去性能について十分な学術的検証がなされているものを取捨選択しなければならない．室内空気中の化学物質濃度を低減させるには，足し算ではなく，引き算の対策手法をとることが原則である．

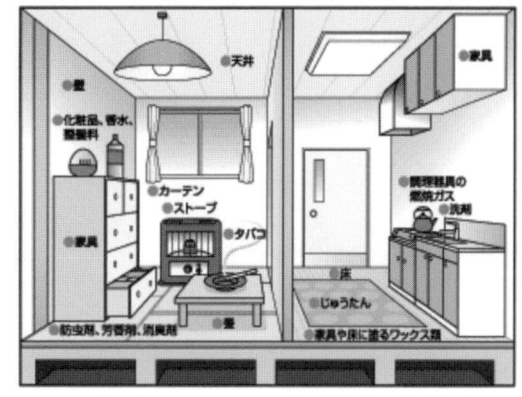

● 「シックハウス」問題は終わったのか？

2004年，厚生労働省は「シックハウス症候群」を定義し，疾患として認めることを決めた．この定義では，化学物質過敏症の症状も含まれるような表現になっており，また，疾患原因として化学物質だけではなくカビやダニといった微生物汚染も含んでいる．

しかしながら，建築技術者が化学物質過敏症を含めた「シックハウス」の対策を講じるのは困難であろう．また，室内の化学物質濃度が低くなると相対的に，あるいは有害化学物質が低減されたためにカビやダニが増えると，微生物汚染が顕在化する可能性は大きい．

一般の建築物において，すべての空気汚染物質をゼロにすることは現実的ではなく，居住者の健康に影響を与えないレベルに抑制し，共存する方法を考えるべきであろう．また，室内空気を健康影響の少ない良好な状態に維持するためには，換気によって導入される外気の質も問われることになる．

人間と汚染物質，室内と屋外，すべてに共有される空気環境．建築というものがたんなる箱ではなく，その周辺の都市環境，さらにそれをも内包する地球環境と大いにかかわっている証拠のひとつである．

［長谷川麻子］

8-15 インフラフリー居住モデル―21世紀の新しい建築モデルとして

【テーマ】インフラフリー　　　　　　　　　　　　　　　　　　　　　8　住居・家具・インテリア

●既存インフラへの危機感

現在，われわれの都市生活は便利になった一方で，化石燃料や水に代表される地球上の資源を消費し，廃棄物や汚水，温室効果ガスを排出するなど，地球環境を破壊し続けることで成立している．産業革命以降，さまざまな技術が発展していくなかで，われわれは進歩の方向性をまちがえてしまったのだろうか．

これまで技術が発達してきた過程と，われわれの生活環境を取り巻く変化の歴史を振り返ると，最も影響が大きいと思われる事象は，おそらく上下水道や廃棄物処理システム，交通網，情報システムなどに代表される，国家レベルでの大規模なインフラ網の整備であろう．こうしたインフラ網の整備は，われわれに急速な経済成長と豊かな生活をもたらした．しかし，その便利な環境も，地震や水害など自然災害，テロなどの災害発生時には，システムの運営阻害から硬直化をもたらし，その弱点を顕わにしてしまう．

●他産業からの技術移転

宇宙ステーションの開発など，宇宙開発分野に端を発し，ひいては南極，海洋，砂漠など過酷な環境の中でも快適に居住するため開発された，最先端の住居開発技術は，次世代建築へのイノベーションとなりうる．地球環境への負荷を減らし，安全でローコストかつ魅力的な建築デザインを考えるとき，これらの最先端住居開発技術は，軽量かつ剛健で，メンテナンスフリー，高度なオートメーション機能，新しいエネルギーシステムの導入といった，未来へ続くコンセプトへのヒントを与えてくれる．また建築分野では一般に使用しない新材料の発見・開発や，新しい住宅システムを運営するためのノウハウが形づくられ，そこから新たな商業開発分野が生まれるのも大きな魅力である．

たとえば航空産業大手のボーイング社では，新型787型旅客機である7E7-ドリームライナーの設計・開発において新技術を導入し，原材料を複合材料50％・アルミニウム20％という使用割合とすることに成功した．これは旧型機である777型が複合材料12％・アルミニウム50％だという事実と比較すると，なんと1500枚のアルミニウム板と5万カ所もの接合部を減らすことに成功したことになる．また，エアバス社のエアバス330-200型と比較しても，18tもの軽量化に成功し，その生産工程の段階において廃棄物とエネルギー消費の大幅削減に成功した．

現段階で，将来の工業を担う革新的な新素材といわれるカーボンファイバーやエポキシ樹脂，チタニウムグラファイトラミネート等は，回す，削る，穴を開けるなど多岐にわたる工程を同時に行い，強固な構造を造り出すことが可能だ．これらの新素材や製造方法は，建築分野にたくさんのヒントと可能性を与えてくれるだろう．

●インフラフリー居住モデルとは

われわれの考える「インフラフリー居住モデル」とは，既存の建築の枠組みを越え，多岐にわたる分野からさまざまな技術を結集し，自然災害などによって破壊されてしまう危険のあるインフラに可能な限り依存しない，循環型の居住施設のことをさす．ユーティリティーや場所のいかんを問わず，インフラから独立することで省スペース型となったこの新しい建築様式の定義は，エネルギー負荷の少ない生活を可能にするだけでなく，災害救助や人口爆発地域への開発援助など，既存インフラの及ばない地域へのライフライン供給も視野に入れている．

たとえば，各国政府は，災害時に都市部で発生する大きな問題として，安全な飲料水の供給と衛生的な排泄場所の確保とその処理をあげており，それらのニーズを満たし，どこへでも移動が可能な仮設建築物を求めている．宇宙開発分野や船舶産業のなかから生まれた，軽量かつ剛健な素材・構造開発は，こうした需要にも応えうるものとなるだろうし，サテライト衛星によるリモートセンシングは，災害時の状況把握を容易にし，今後都市計画を行う場合に

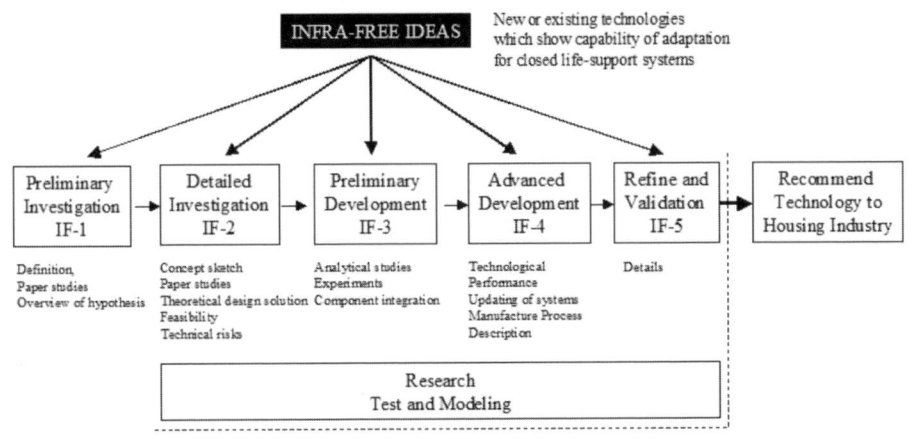

■1 インフラフリーデザインフレームワーク構築（筆者作成）

も欠かせない重要な技術となりうるだろう．

宇宙開発分野に代表される他分野からの技術移転を積極的に検討することで，緊急時の支援だけでなく，最終的には省資源型の「インフラフリーライフ」を提案するのが目標だ．

● どこへ貢献できるのか

エネルギー供給においては，住宅内で使われるエネルギーを循環させ，使用する容量をできるだけ抑えるだけでなく，居住生活のなかで生まれる自然な活動により，エネルギーが生み出されるシステムの構築を想定している．このシステムの構築目的は，貯蓄と運搬が可能なエネルギーを，安価かつ環境に負荷を与えず生産できる方法を発見することであり，なかでも宇宙開発分野はこの問題に対して，効率的で柔軟性のある安価な太陽光発電の技術と，全体のシステムを運営するためのノウハウが提供できる．

水の供給において，宇宙向けに開発された排泄物を再処理する浄水技術は，まだ一般家庭向けではない．しかし，南極では新しい国際環境法に基づいて，すでにこうした技術を採用する方向で検討が進められている．空調分野においては，将来的に積極的な地球環境の空気浄化が必要になると予想されるだけでなく，より「健康的な空気」に対するニーズが都市部を中心に大きくなるだろうとも考えられる．現在も，それらのサービスは実生活に導入されているが，実際にはアレルギーおよび院内感染の予防のため一部の病院で受けられるにすぎない．しかし宇宙開発分野では，これらの技術は日常生活向けに実用化されている．

生活の必須インフラを確保するという問題から視点を変えて，よりよい住環境ということを総合的に考えるならば，一部の先進国が抱える少子高齢化社会の問題についても，糸口となりうる技術がある．独居老人の健康衛生維持にかかわる住宅内部での生活環境や，親類の住む遠隔地との容易なコミュニケーションを図る技術に対しては，早急な改善が求められているが，宇宙飛行士の健康管理やモニタリングを通して培われた宇宙技術は，この問題を改善する点においてもヒントを提供することができる．

また，観光産業においては，今後ますます需要が高まるだろうと考えられる，南極や砂漠など極地帯への旅行に際し，実際に長期滞在が難しいだけでなく，土地の自然環境に負荷をかけるという現実がある．インフラに依存せず環境に優しい新しい建築モデルは，こうした新しい需要に必要不可欠であるといえるだろう．

● 新たな建築の可能性へ

さまざまな検討を重ねた結果，いよいよ私たちは「インフラフリー居住モデル」を実際に構築する段階に入っている．最初に構築予定の第一号モデルは，災害発生時の生活空間確保を想定したものであると同時に，急激な人口増加とインフラ未整備の問題を抱えた地域への住宅供給を見据え，今日の温室効果ガス増加の問題をはじめとするさまざまな環境問題に対しても，一定の解答を示すことができると考えている．

ここに踏み出す最初の一歩は，既存の建築や都市計画に対して，新たな可能性を切り開くための礎となるのではないだろうか． ［アニリール・セルカン］

8-16 集合住宅の音環境

【テーマ】音響工学　　　　　　　　　　　　　　　　　　　8　住居・家具・インテリア

●住宅における音環境問題

日本の住宅，とくに集合住宅では，建物の遮音性能が向上してきているにもかかわらず，音環境に関するトラブルは後を絶たない．それどころか，瑕疵責任を問うトラブルから訴訟事件にまで発展するケースも多く，紛争処理機関を介した調停や仲裁が必要とさえなっている．元来，遮音不良は漏水やひび割れなどと並び，居住者からのクレーム対象の筆頭にあげられてきたが，設計・施工上の技術的問題だけが原因でないのが大きな特徴である．音環境性能は最終的に居住者の心理を通して判断されるうえ，近隣住居における生活行為も騒音源となることから，居住者の状況や感受性，生活様式などの複雑な要因が加わってくる．さらに現代日本では，居住者の音環境に関する要求水準が高まる一方で，日常生活における居住者自身の音への配慮が希薄化していることも，トラブルの背景にある．

●住宅の音環境性能

住まいの音環境には静謐性とプライバシーの確保が求められ，これらの要求に対する住宅の音環境性能としては，室内における騒音の程度や界壁・界床・外壁開口部の遮音性能が対応する．集合住宅の場合，■2のように屋内外から建物部位を経てさまざまな騒音が居室に伝搬するが，室内における騒音レベルの評価はおもに屋外から侵入する環境騒音に対して行われる．一方，建物内で発生する給排水騒音や共用設備騒音は，レベルではなく聞こえるかどうかが性能として問われる場合が多い．建物部位の遮音性能については，壁・床・窓サッシなどを透過する音の遮断性能（空気音遮断性能）と，床衝撃により発生する音の遮断性能（床衝撃音遮断性能）に大別される．さらに床衝撃音遮断性能については，スプーンの落下や人の歩行など上階で発生する衝撃の種類に大きく依存するため，衝撃力特性の異なる2種類の標準衝撃源を用いることにより，軽量床衝撃音と重量床衝撃音を区別して評価が行われる．

●住宅の音環境基準

建築基準法第30条では「長屋または共同住宅の各戸の界壁」について遮音性能の基準値が規定されており，1970年以来集合住宅で生活を営むうえでの最低限度を保証してきている．また，2000年に施行された「住宅の品質確保の促進等に関する法律」に基づく住宅性能表示制度では，選択表示事項ながら音環境項目として，①界床の重量床衝撃音遮断性能，②界床の軽量床衝撃音遮断性能，③界壁の空気音遮断性能，④外壁開口部の空気音遮断性能の4項目が設けられ，それぞれ3～5段階の等級が規定されている（戸建住宅は項目④のみ）．ただし，現時点で本制度の採用実績は十分でなく，性能表示に関するさまざまな技術的課題と同時に，住宅供給者側と購入者側の双方で音環境性能についての理解が普及していない点が問題となっており，社会的な啓発活動が必要とされている．一方，法的基準以外に，日本建築学会は「建築物の遮音性能基準と設計指針」のなかで，■3のとおり集合住宅に関する基準値を適用等級という形で公表しており，音環境設計の実務で広く拠り所とされてきている．

●住宅の新工法・改修と音環境

集合住宅の床衝撃音については，1980年頃まで床スラブ厚150 mm以下が主流であったのが2000年頃には200 mm以上も多くみられるようになり，躯体自体の遮音性能は確実に向上しているものの，いまだに居住者から最も多くの苦情が発生している．居住者側の要因以外では，大型スラブやボイドスラブ，乾式二重床工法の採用が床衝撃音遮断性能の低下を招くことが指摘されており，新たな工法にも問題点が残されている．また，外壁開口部の遮音性能については，眺望の理由から大型サッシの多用化が進み，規定寸法で計測される窓サッシの性能が発揮されずに問題となることがある．一方，建物の長寿命化を目的としたスケルトンインフィル住宅では，完全なフリープランを求めると上階の給排水騒音が問題となりやすく，さらに現時点では内装工事

■1 超高層集合住宅群　東京都中央区（筆者撮影）

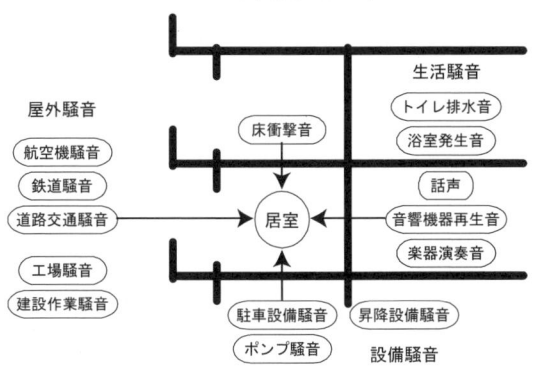

■2 集合住宅内の騒音（筆者作成）

■3 集合住宅居室の遮音性能基準（日本建築学会）

項目	部位	適用等級			
		特級	1級	2級	3級
室間音圧レベル差	隣戸間界壁・界床	D-55	D-50	D-45	D-40
床衝撃音レベル	界床（重量衝撃）	L-45	L-50	L-55	L-60,65*
	界床（軽量衝撃）	L-40	L-45	L-55	L-60
室内騒音		—	N-35	N-40	N-45

*木造，軽量鉄骨造またはこれに類する構造の集合住宅に適用

によって近隣住居に大きな騒音をもたらすことは避けがたい．将来的に集合住宅全般でリニューアル工事の増加が予想されることからも，工事作業の低騒音化や低騒音型の工法の開発が強く望まれている．

●超高層集合住宅と音環境

日本では首都圏を中心に40階を超える超高層集合住宅が数多く建設されるようになったが（■1），こうした建物では軽量化のために乾式壁構造が用いられ，界壁の遮音性能が低下しやすい傾向にある．また，高層階は強風にさらされやすいため，バルコニー手摺やルーバーから大きな風切音や風励振による固体音が頻繁に発生し，問題となる場合が多い．屋外騒音については，都市部では広域にわたって騒音源が面状に分布しているため，地上から離れた高層階であってもほとんど距離減衰は生じない．むしろ，低層階では周辺建物が遠方の騒音源の遮蔽物となるのに対して，高層階では広範囲の騒音源を臨むことになるため，屋外騒音が大きくなることがある．加えて，居住者は高い所ほど静かになるものと期待する傾向があり，実際に生活を始めた時点で，予想以上に大きな騒音に不満を抱きやすい状況にある．

●集合住宅と住環境教育

住宅の音環境性能を現在以上に高めることは技術的に可能であるが，それにかかる大きなコストに対して居住者の満足度が相応するかは疑わしい．それよりも，居住者が集合住宅に住むということの理解を深め，生活上のルールを共有しながら暮らすことで，音環境に関するトラブルの多くは避けられる可能性がある．また，購入者が住宅選定の時点で音環境性能に関する基本的な知識を身に付けていることも，入居後のトラブルを回避することにつながるであろう．現代日本における集合住宅の音環境問題は，住環境教育によるところが多分にある．

[佐久間哲哉]

8-17　住宅のユニバーサルデザイン―ゆりかごから墓場までは可能か

【テーマ】ユニバーサルデザイン　　　　　　　　　　　　　　　　　　　　　8　住居・家具・インテリア

●ユニバーサルデザインはどうすれば可能か

　ユニバーサルデザインはすべての利用者を考慮したデザインだと5-22項で述べた．公共の場でも，一つで全員をカバーできない場面が生じるのは事実だが，基本的に全員が満足されるように努めるのが大原則だ．使えない人が出てしまう「駅」や市役所，市民会館は失格であることには異論がなかろう．

　ところが，個人が中心にいるような場面になると，話が少し変わってくる．例として，対応がいちばん難しい住宅を考えよう．住まい手にとって，いつまでも住み続けられるというのは当然のことのはずだが，現実には歳をとって能力が落ちてくると住めないことが時として発生する．平均寿命が60歳に満たなかった時代にはだれもがそれでいいと信じて疑わなかったデザインが，平均寿命80歳の時代には十分ではない．

●超高齢社会では

　もちろん昔だって高齢者がゼロだったわけではないが，当時はきわめて数が少なく，それゆえに長老として敬われ，その持つ知恵と経験が高く評価されていた．希だったから，離れとか隠居部屋などという，高齢者の能力と役割とを評価した特別な仕組みも用意されていた．ただしそれは基本的に脇から支える家族成員がいる大家族制を前提としていたから，核家族という社会の現状とは相容れない．多くの場合，30歳代から40歳代に住み始めた住宅がそのまま高齢期の住宅にならざるをえないのだ．これを前提とすると，高齢期にどこに住まうかという問いに対する答えの選択肢は多くない．はじめから高齢期になっても無理なく住める住宅をつくっておくことが解決策として王道だ．20年ほど以前には，高齢者専用住宅があたかもすべての問題を解決するような幻想があったが，高齢者が人口全体に占めるであろう割合を考えれば，専用住宅がカバーできる人数など問題にならないほど少ない．

●高齢期の問題の解決法

　ただし，高齢期の問題は30年後，40年後に訪れるので，あらかじめすべての住宅にすべての備えを組み込んでおくわけにはいかない．これは障害者対応住宅と本質的に違うところである．問題がどのように顕在化するか，予測不可能だからだ．したがって，いざとなったら対応できるようにデザインしておく，というのがいい．もちろん予測不可能といっても，これまでの経験からおおよその幅の範囲では見当がつく．たとえば，設備機器などはどんなに寿命が長くても20年だから，その更新時に年齢と能力に応じて適切なものに置き換える，というのが適切で合理的な戦略であろう．もっとも，最初に導入する設備機器があまりにも利用者を考えていないお粗末なデザインだと，とたんに問題に直面することだってありうる．住宅の利用者には，取得資金をおもに出す世帯主だけではなく，子どもも含まれるし，さらに離れて住む世帯主の高齢の親も含まれるべきだ．家族・親戚や友人，知人とお互いに訪問しあえるかどうかが，水準を考える目安になるだろう．ちなみに，アメリカではvisitabilityという概念が提案されており，車いすを使っていても客として住戸を訪問できること（トイレを使えないとある程度の時間滞在することが不可能なので，トイレが車いすで使えるようになっている必要がある）をめざしており，同様にイギリスでも新築住宅の地表階にバス・トイレを用意することが求められるが，こうした議論は，住宅の一般解の水準をどの程度にするかを考えるうえで参考になる．

●住宅バリアフリーの3要件

　そういった点をふまえて継続居住を可能にするための基本が，住宅政策連動として金融公庫融資の高齢対応で求められた要件である．「原則段差なし，手すり設置・準備，通路・ドア幅員確保」という，バリアフリー三点セットと称された条件は，それだけで高齢対応として十分なわけではなく，そこに向けての準備の下地として位置づけられるべきものである．ただ，これらは暗黙のうちに認めてきた住宅構造の基本とぶつかるから，満たさないかたちでつ

■1 超高層，超高額マンションでありながら，歳をとって足腰が弱ったら移動に問題が生じる段差を不用意に設けてしまった例（筆者撮影）

■2 段差解消のデザインが進化した例　以前あったグレーチングがほとんど見えない（筆者撮影）

■3 脱衣室と洗い場との間の段差が解消された浴室ユニット　1997年の代表例（筆者撮影）

くられた住宅を改修して要件を満たすようにしようとすると，とたんに困難に直面する．2000年から導入された介護保険で高齢者が住む住宅の改修がうまくいかなかったのは，当時の大蔵省の担当者をはじめ，福祉関係者にこの点が十分理解されていなかったからである．バリアフリー三点セットが当たり前になったのは割増融資が動き出した1996年以降で，高齢者が住む住宅がごくふつうにその前提要件を満たしているようになるまでには20年近くかかるだろう．

少なくとも団塊の世代が手に入れた住宅のほとんどが三点セットを満たしていないのは確実だ．団塊の世代が住宅を手に入れつつあった1980年代半ばころは，住まいの基本である安全性と機能性はほぼ自動的に満たされ，所有して住むことの喜びを与えてくれる住宅が目標とされた．残念ながら，その目標を設定する際には，自分が高齢者の仲間入りする数十年先のことが意識から抜け落ちていた．

筆者は，当時「億ション」とよばれた高級（超高額）マンションの通路に，無造作に段差が設けられている状態を記録している．阪神・淡路大震災後の復興住宅では浴室も含めて徹底的に住戸内部から段差を取り除く努力がなされたのを思い起こすと，段差があっても住まいとしての基本要件を満たしていると考えていたのはいかに愚かだったかがわかる．

●居住の選択肢の出発点はユニバーサルデザイン

段差だらけの住宅でいかに高齢期を迎えるか．ほとんどは自腹になるが，かなりの額を投入して改修するというのがひとつで，ただしこの場合，幅員に関しては妥協する羽目になる．もはやエンプティネストで必要以上の広さがあるから，よりコンパクトで交通至便な都市中心型の集合住宅に転居する（若い世代と住居を交換する）というのが二つ目で，これは所有している住宅の資産価値が高くないと苦労するが，その資産価値のほとんどはじつは建物ではなく土地の価格だろう．まったく新しい可能性を探るというのが三つ目で，これには海外移住などが含まれるが，よほど決意が固くしかもその能力がある人だけに許される選択肢だろう．これまで人々が漠然と心に思い描いていたような高齢者専用住宅，あるいは高齢者居住施設も，実際にはこの第三の選択肢であり，費用なども考え合わせると，希望が叶えられる可能性は少ない．現実には第一の選択肢，自分が住んでいたところでそのまま老いていくのがいちばんありうる形だ．そしてそれを可能にするためにも，あらゆる局面でユニバーサルデザインが必要とされる．これができてはじめて，それで支えきれない高齢者を特別にサポートすることが可能になる．

[古瀬　敏]

8-18 空襲と都市住宅

【テーマ】歴史資産　　　　　　　　　　　　　　　　　　　　　8　住居・家具・インテリア

●日本全土に及んだ空襲

「空襲」と一言でいうと，第2次世界大戦の時の東京大空襲や広島・長崎の原爆投下をすぐ思い浮かべることだろう．たしかに戦争末期，昭和20年に入ってからの空襲はすべての日本の大都市を焼き払ってしまった．しかし見逃してはいけないのは，全国の地方中核都市までくまなく空襲されていたことである．

学生時代，夏休みに2週間くらいかけて瀬戸内沿岸を旅行したことがある．主たる目的は，少し山に入ったところにある中世の寺院建築──とくに本堂──だったのだが，宿泊したのは幹線沿線の地方中核都市にある安宿である．夜は食事所を求めて街をブラブラするのだが，中心部はアーケード街，建物は戦後の新しいもので，どこも同じような表情だった．骨董屋覗きも楽しみにしていた（高くて買えない）のだが，店構えの古いものがほとんどないのである．戦後の都市整備で建て替えたように見える．古い町並みは，これより小さくてもう少し不便な所に行かないと残っていないと聞かされた．

この体験の不思議さを一気に払拭してくれたのは，奥住喜重氏の『中小都市空襲』（三省堂選書，1988）という本である．書店で偶然出会ってパラパラとめくってみて驚いてしまった．戦争の末期，全国のほとんどの中核都市がアメリカ軍の標的とされて，空襲によって実際にほとんどが焼き払われてしまったのである．

マリアナ諸島（サイパン島，グアム島），硫黄島をめぐる日本軍とアメリカ軍との激戦はよく知られているが，これらは日本本土を爆撃するためにB29爆撃機用の基地を確保できるかどうかの瀬戸際の戦いであった．B29の最大航続距離は約5000kmだから，その半分以内に拠点をもつことは，アメリカ軍にとってきわめて重要な戦略であった．以前，中国成都からの進撃も行われたことがあったが，北九州の八幡製鉄所を爆撃するのが精一杯で，それより東側の主要都市にはとても到達することができなかった．サイパン島が陥落したのは1944年7月であったが，即刻飛行場が整備されて，以後まことに計画的な日本本土の爆撃が実現したのである．

その後の具体的な内容は，同書を参照していただきたいのだが，まず66の都市が目標とされた．大都市では東京，川崎，横浜，名古屋，大阪，尼ヶ崎，神戸があげられ，残りは北から青森，仙台以下，南は熊本，延岡，鹿児島まで中小の59都市である．ほとんどが関東から北九州まで表日本の県庁所在地，工業都市などだが，裏日本では長岡，富山，福井，敦賀も含まれている．空襲はそれ以外にも及び，総計約200カ所にも及んだという．

この結果，8月15日に敗戦を迎えた時，日本の主要都市は文字通り焦土と化していたのである．

●地方都市における近代化の実態

明治維新以来，日本は近代化に邁進した，と語られることが多い．建築の分野でも西欧風の建築が国内に持ち込まれ，その過程の歴史として近代の都市が語られることが常である．たしかに戦争中の爆撃で焼失した建築のなかに多くの西欧風の建築も含まれていたが，大部分が伝統的な形をもった木造建築だった．

日本の近代において，都市の木造建築の発展はめざましい．江戸時代の町家は2階が厳しく制限されていたから，一般にあまり立派な建築ではなかった．もし江戸時代のものが現存している場合は，それがとくに有力な家であったか，もしくは建替えを実施する余力がなかったかのどちらかなのである．多くの町家は明治時代に入ると，経済力の蓄積を背景に，徐々に頑丈な家に建て替えられていった（各地に現存している町家は，おおむね明治初期から昭和前期までのもので，いままで約100年建ち続けてきて，現在適切な修理を加えれば今後100年程度は十分使えるから，いわば200年住宅といえる）．

小京都の情緒をもつ観光地として有名な高山（岐阜県）の町並みは，江戸時代の地割をもとに明治に

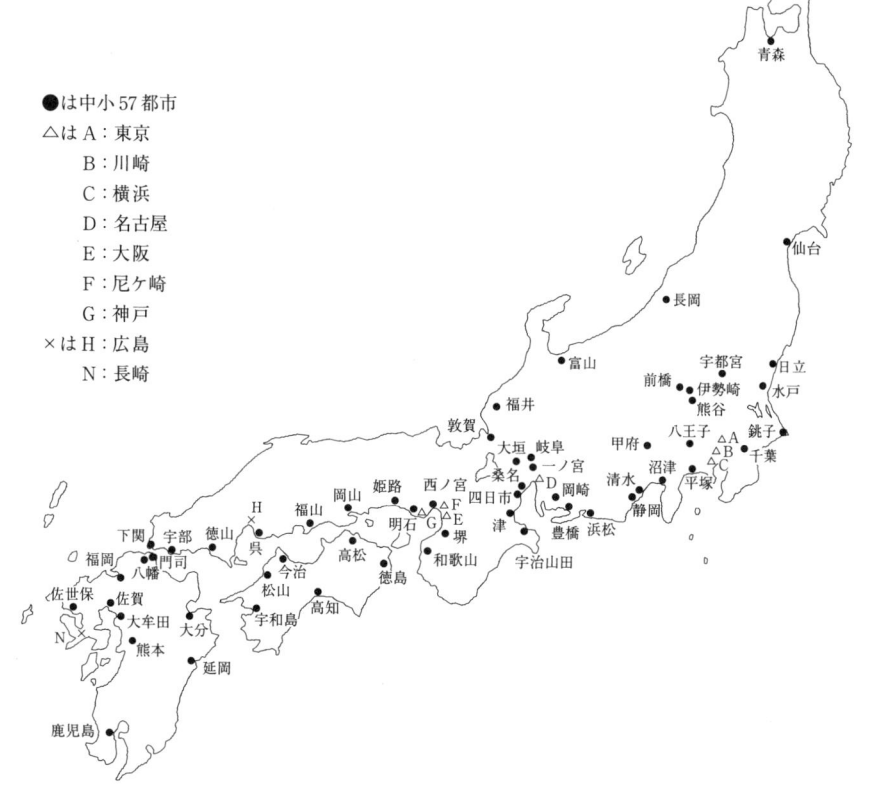

●は中小 57 都市
△は A：東京
　　　B：川崎
　　　C：横浜
　　　D：名古屋
　　　E：大阪
　　　F：尼ケ崎
　　　G：神戸
×は H：広島
　　　N：長崎

■1　アメリカ軍による爆撃地，中小 57 目標都市の図　戦略爆撃調査団が市街地目標として数えた 66 都市しか示していない．もちろんもっと多数の都市が被災している（奥住喜重（1988）：中小都市空襲，三省堂選書より）

なってから作り上げられたものである．その代表的な町家の日下部家住宅（重文）は 1875（明治 8）年の大火以後の新築，また吉島家住宅（重文）も 1907（明治 40）年の建設である．

小江戸として著名な川越の蔵造りの町並みも，建築は近代に入ってからのものが多い．そのなかで最も古い江戸後期建設の大沢家住宅（重文）は，外側の漆喰壁があまり厚ぼったくなく，少し異質な印象をうける．蔵造りの町家は近代に入ってから流行した防火対策の究極の姿なのだが，その一例の高岡の町並みなどは，明治 33 年の大火の後に，行政が蔵造り町家を推奨して新しくできあがった姿なのである．

とすると，戦災で焼失した全国各地の中核都市のほとんどが，多かれ少なかれ高山や川越のような姿であったに違いない．あるいは，もっと経済力のあった都市ばかりだから，さらに充実した姿であった可能性が高い．もし，アメリカ軍による空襲がなかったとすれば，日本中に高山や川越や倉敷（岡山県）のような伝統的な姿をもった町並みが実在しつづけたはずなのである．現在いうところの町並み保存の対象地になるようなものだらけだった．そして，高山で強調されるような，家を大切に維持して次世代にバトンタッチしようとする努力は，全国どこにでも普通に見られることであった．

●戦後の短命建物

しばしば「日本では住宅を世代を超えた資産として丁寧に維持し次の世代に引き継いでいくカルチャーが育たなかった」というような説が流れる．これは，焦土と化した戦後の都市を再建する過程で，資材不足のために寿命の短い建物しか建てられなかったことに起因する風潮に違いない．

第 2 次世界大戦の爆撃について考えていると，それが建築や住宅の文化を大きく転換させただろうということ，またそれがなければ，日本中がイタリアのように文化財建築に溢れていたのかもしれないという妄想が浮かんでは消える．

［藤井恵介］

8-19 集まって住むことの意味—テリトリーと共用サービス

【テーマ】住居集合計画　　　　　　　　　　　　　　　　　　　　8　住居・家具・インテリア

●なぜ集まって住むのか

人は，なぜ集まって住むのだろうか．この問いを通常の住宅設計で意識することはない．おそらく，都市では，人口集中や高地価のために高密度で集合するのが当たり前だから，そんな問いを考える暇があったら，日照や通風，プライバシーなどが悪化しないように建築設計を工夫するという発想を優先させるからだろう．つまり，集合することのマイナスをいかに最小化するかに苦心し，そのメリットを生かそうとする発想は弱い．

そのようななかで，集合のメリットを生かそうとする試みの典型は，集合住宅の共用施設や共用サービスの充実であり，それを推し進めたコレクティブハウスの登場だ．そして，もうひとつのテーマは，その是非はさておき，住宅地を塀や門で囲んで防犯性を高めるゲーティドコミュニティの登場である．以下で，集まって住むことの意味を整理しつつ，これらの意義を考えてみよう．

●外敵からの防御とリソースの獲得

動物学の成果によると，動物は，群れ生活を送る場合と，他個体の領分を侵さずに散在して生活する場合があるという．後者をナワバリ制とよぶ．

この両者を区別するのが，外敵とリソース（餌など動物が生きていくために必要な資源）の分布だ．つまり，群れ生活が適するのは，外敵の危険が大きく，リソースは豊かだが偏在している場合だという．逆にナワバリ制は，外敵の危険が少なく，リソースは貧しいが均等に分布している場合に適する．

このような動物学の知見は，人が集まって住むことのメリットを考えるヒントになる．外敵の危険を「防犯性」，群れによるリソースの獲得を「共用サービス」に置き換えると，前述したさまざまな試みが，集まって住むことのメリットと密接にかかわることが理解できる．

●テリトリーと共有領域の定義

ここで，人間におけるテリトリー（ナワバリ，あるいは領域とよぶ）を定義しておこう（小林秀樹（1992）：集住のなわばり学，彰国社）．

テリトリーとは，ある個人なり集団が，自分あるいは自分たちのものという意識をもち，そこを支配するところの一定の空間をさす．ここで「支配」とは，次の二つの意味をもつ．ひとつは，他者の侵入を監視したり，異変がないか関心を払ったりする「自然監視」を行うことである．もうひとつは，その場所を自分の意のままに飾ったり，維持管理したりする「自発的管理」を行うことである．

また，人間は高度な社会性を反映して，「群れ・集団のテリトリー」が発達している．たとえば，住宅は，家族のテリトリーであり，会社や学校は，その構成員のテリトリーだ．これらのうち，地域社会のテリトリーを，地域住民が共有する領域という意味で「共有領域」とよんでいる．

もちろん，地域の共有領域は，現代都市では衰退している．このため，地域に入り込んだ犯罪者を自然監視する者はおらず，地域の防犯性は低下している．その結果，集まって住むことのメリットのひとつ，すなわち集団のテリトリーの働きによる外敵からの防御の働きが失われつつある．

●行動圏とテリトリーは異なる

また，テリトリーと混同しやすい言葉に，ホームレンジ（行動圏）がある．

行動圏とは，普段よく出かける店や公園とそこへの道筋のことである．テリトリーとの違いは，支配行動の有無にある．私たちは，会社に行く道筋で見知らぬ人に出会っても無関心であり，道にゴミが落ちていても拾うことはまれだろう．つまり，そこは自分のテリトリーとは異なる場所だ．

そして，現代都市では個人の行動圏は多様に展開している．その多様さを享受できることが都市の魅力といってもよい．しかし問題は，テリトリーの構成にある．とりわけ地域の共有領域が失われ，前述したように防犯性の低下が懸念されている．

●防犯性を重視した住宅地計画

これを見直そうと，防犯マンションやゲート付き

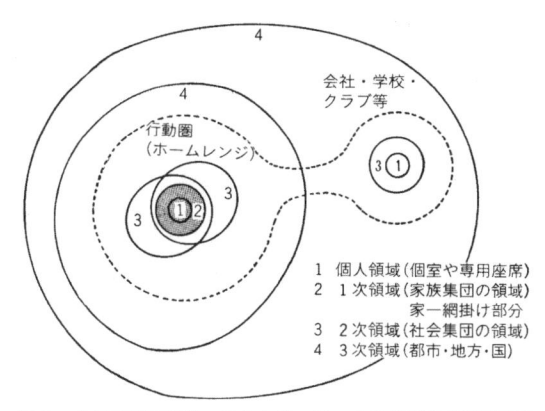

■1 生活空間の構造　テリトリーは，人々が支配する場所であり，個人領域，家族に対応する1次領域，地域や会社等の2次領域，自治体に対応する3次領域へと段階構成をとる．これに対して，ホームレンジは，個人個人の行動範囲を表している（筆者作成）

1 個人領域（個室や専用座席）
2 1次領域（家族集団の領域）家一網掛け部分
3 2次領域（社会集団の領域）
4 3次領域（都市・地方・国）

■2 下町の路地は，共有領域が形成され自然監視が行われている（撮影：菊地成明）

の住宅地が話題をよんでいる．しかし，防犯は，ゲートを設ければ万全というわけではない．

テリトリーにおける不審者への監視は，人々が部外者を何らかの方法で識別することで成立する．通常は，ユニフォームや身分証で区別するが，地域社会では，互いに隣人の顔がわかることが基本になるだろう．

互いに顔がわかれば，仮にゲートを通過した犯罪者がいても，テリトリーの内部でチェックできる．さらに，顔見知り関係が生み出す地域集団としての一体感の醸成は，防犯活動や維持管理水準を高める．そのような地域社会は，そもそもゲートがなくても十分に犯罪抑止力が強い．

してみると，ゲートの設置は，顔がわからない人々の集合を前提とした，やむをえない防波堤であると理解することができる．

住居集合計画の課題のひとつは，家の前の植木鉢などの「表出」や，通路が自然監視できる窓の計画，あるいは，人と人の出会いを生むアプローチ路の計画などを通して，地域における自然な顔見知り関係を醸成することにある．それらに配慮したうえで，それを補う次善の策として，塀とゲートの設置があると考えるのが妥当ではないだろうか．

●共用サービスを再評価する動き

一方，リソースの獲得について，都市住民は，集団でそれを確保することを煩わしいと感じる傾向が強い．そのため，食料や衣服などを買うために不特定多数を対象とした一般店舗を利用する．つまり，市場経済を通して，都市の中にある諸施設から手に入れる．これを，「外部サービス」と総称しよう．

これに対して，共同保育や食事会など，ある集団が手間や費用を分かち合ってリソースを手に入れようとする場合がある．これを「内部サービス」あるいは「共用サービス」とよぶ．その特徴は，集団の意思決定に従うこと，およびボランティアなど市場経済の枠外で担うことが多いことがある．

実際は，カーシェアリングのように，自動車を住民が共有しつつ，管理は業者に委託して利用料を支払うという仕組み，つまり内部と外部をミックスした工夫が進んでいるが，基本形として，この両者を理解しておくとよいだろう．

都市の発展は，地域や家族内の助け合いを外部サービスへとおきかえる歴史であった．それが，今日，「共助の重視」という言葉に代表されるように，再び，共用サービスを評価する動きがみられる．その理由として，外部サービスでは得られにくい特性，たとえば，人と人のつながりを求める意識が，子供や高齢者，共稼ぎの子育て世帯，片親世帯等を中心に強まっていることがあろう．

いずれにしても，都市における犯罪不安感の増大や少子高齢化の進展のなかで，集まって住むことのメリットを再評価することが課題になっている．それを読み解くために，住居集合計画におけるテリトリーと共用サービスに注目することが重要になっている．

［小林秀樹］

8-20　集まって住むこと―その課題

【テーマ】都市生活空間　　　　　　　　　　　　　　　　　　　　　8　住居・家具・インテリア

　人は孤独では生きられない．太古の昔から人は集落を作って暮らしてきた．「過密が快適」といっている人がいたが，たしかに下町の路地空間には，懐かしくもほっとする空間があり，おそらく大半の住民にとって居心地のいい「ケ」の生活空間だったに違いない．一方，祭りの夜店の並ぶ神社の参道などにも過密の快適さがあるだろう．肩が触れ合うような雑踏，祭りのために着飾り「ハレ」を競っている．同じ空間，同じ時間に同じ体験を他人と共有している安堵感のようなものを感じ，孤独でないと感じる．たとえば渋谷の雑踏に若者が集まってくるのもそうしたことがあるに違いないし，ヨーロッパの都市にもそうした空間があり，その界隈性が旅行者を楽しませてくれたりする．

●効率追求がもたらしたもの

　都市に人口が集中した結果，効率のよさを求めて都市機能の純化や土地の有効活用が進んだ．そして機能純化された建築が大型化するにしたがって街は整然と整備されるようになってくる．道，広場や空地といった都市空間が整備されるのは，防災上の見地や日照，通風，都市気候の向上など環境上の見地からの必然であるが，そればかりの都市空間であってはならない．たしかに隣の建物までの間はきれいな緑や広場だったりして，少しリッチになったような気持ちにしてくれるのだが，そこからは生活のにおいや人の息遣いが感じられなくなってくる．

●過密が快適

　都市部への人口集中が続きいまの機能純化された開発が続けば，かつての路地空間に代表されるような「過密が快適」である生活臭い「ケの場」がなくなって，モダンな都市空間ばかりになってしまう．つまり都市は「ハレの場」ばかりになってくるのだが，人は「ハレの場」だけでは生きられない．街から「ケの場」は失われて，エレベーターに乗って辿り着いたマイホームのなかだけの存在になってしまう．たとえそれが成長過程の子供にとって貴重な体験の場であるとしても，他人と共有する「ケの場」がなくなってしまうのである．小うるさいおばさんやおじさん，ワルなお兄ちゃんとは接する必要がなくなって，両親兄弟と同い年の学校友達との世界にしか社会がなくなってしまう．まるで純粋培養でもしているようで，雑菌に弱い．青少年にまつわる事件や犯罪増加の背景にこうした事情もあるのではないだろうか．

●容積率と都市空間

　過密と見える下町の路地空間がその「過密」という言葉とは裏腹に容積率150％程度あるいはそれ以下の町であるのに，モダンな最近の都市空間が400〜600％以上の高容積率の町であったりする．それだけの高容積率で，先の環境条件を考慮すると，建物を高層化し空地を確保しなければならなくなってくる．その結果，空地のスケールは人が肩を触れ合うようなヒューマンスケールからほど遠くなってくるし，接地階にはロビーなどの共用空間が配置されるので，道などの公共の場からはケの生活空間が遠のいてしまう．ますます町から生活のにおいが消えてゆくのである．一見リッチに見える高層マンションなどの都市生活空間が本質的な豊かさからすると，かつての下町生活空間にはかなわないのではないかと思えてくる．

●都市機能分化の終焉

　日本の都市がその効率のよさを追求して，高度経済成長期からバブル期を通じて行ってきた都市機能の分化はいずれ終焉を迎えるであろう．たとえば郊外のニュータウンはそれまで機能していた町の構造が住人の一斉な高齢化によって壊れつつあるし，都市中心部への業務機能の集中は中心部からの人口流出という都市空洞化，夜間人口減少の問題を生んで町の存続を脅かすまでになった．その偏った都市構造は都市インフラの非効率化を生じせしめた．都市交通問題を例にとると通勤ラッシュの負担を都市労働者に強いるし，エネルギー問題では中心部は昼に，郊外は夜間にピークが訪れ，各事業者は過度の設備投資を強いられてきた．交通にしろ，インフラ

■1 親密な月島の路地空間　容積率150％程度の街（東京人，200号，p.70より）

■2 整った景観の品川セントラルガーデン　容積率900％の街（撮影：(株)ミヤガワ）

にしろ，ピーク時破綻しないための設備投資は人や環境への負荷を重くするのである．たとえば都心への朝の通勤ラッシュ時，上り列車はすしづめなのに，郊外へ向かう下り列車はまるで空気を運んでいる風情である．下り列車を走らせるにもエネルギーが必要だし，上り下りの通勤者が平準化されれば皆座って通勤できるかもしれない．

● 住宅の品質向上と多様化

バブル崩壊後の土地価格の下落と住宅建設の緩和政策は都市中心部への住宅建設を促す結果となった．開発業者は競って都市住宅の供給を始め，その結果，中心部での夜間人口は徐々に回復しつつある．人が住んで初めて町が成立し都市は魅力的になる．

人口回復が進む一方で，住宅の品質も確実に向上している．住み続けるための機能更新技術の普及や防災性能の向上，高齢化社会に向けたバリアフリー，良好な温熱環境，音環境の維持に関する技術，清潔さや安全性に関する技術の進化などである．そしていま，住宅は量から質の時代に入った．それは住宅のプランニングにも反映され，規模と部屋数が比例する必然がなくなった．東京を例にとると，区部の所帯当たりの家族数は大半が2人を切ってしまったのである．60 m^{2}の住宅でも100 m^{2}の住宅でも150 m^{2}の住宅でも，そこに住むのは2人程度である．そうなると「n-LDK」という思想だけで住宅は作れなくなってくる．さまざまな価値観，ライフスタイルに合った住宅，多様化の時代の到来である．

● これからの都市型住宅の課題

都市に住むことの形態がかつての下町の長屋から集合住宅つまりマンションとなり，しかも高い容積率の開発が必然となり，高齢化社会を迎え所帯当たりの家族数が減り在宅者が増えたとき，その課題は普段着の「ケの場」をいかに共用空間に再生するかではないだろうか．あるコーポラティブ住宅でバルコニーの戸境の隔て板を取ってみたところ，パジャマ姿で互いの家を訪れる人が出てきたそうだ．バルコニーを路地に見立てているのである．現代都市は過密なのにかつての町がもっていた「過密が快適」な生活空間となっていない．そして新しく開発された町ほど，颯爽としていて「ハレの場」であることを強調しすぎていないだろうか．たとえ開発規模が大きくとも，大半の住民にとって居心地のいい普段着の「ケ」の生活空間を町にあるいは建物に取り戻すアイディアがいま求められている．　　　［藤森正純］

8-21 スラムとは何か

【テーマ】スラム　　　　　　　　　　　　　　　　　　　　　　　　8　住居・家具・インテリア

●スラムの出現

　スラム（slum）とは、「貧民窟」、「貧民街」あるいは「細民街」のことである。といっても、この訳語が今日死語に近いからピンとこないかもしれない。一般的には「不良住宅地」をいう。要するに、低所得（貧困）層が居住する、狭小で粗末な住居が建ち並ぶ物理的にも貧しい街区、住宅地がスラムである。貧しい人々が住む居住地は古来さまざまに存在してきたが、スラムは、近代都市がその内に抱え込んだ「不良住宅地」をさしていう。すなわち、産業革命によって、農村を離脱して都市へ流入してきた大量の賃労働者たちが狭小で劣悪な住宅環境に集中して住んだのがスラムである。

　スラムは、スランバー（slumber）に由来し、1820年代からその用例がみられる。スランバーとは耳慣れないが、動詞として、（すやすや）眠る、うとうとする、まどろむ、（火山などが）活動を休止する、あるいは、眠って（時間・生涯などを）過ごす、無為に過ごす（away, out, through）、眠って（心配事などを）忘れる（away）、名詞となると、眠り、（とくに）うたたね、まどろみ、昏睡、（無気力）状態、沈滞という意味である。

　スラムの出現は、産業革命による都市化の象徴である。産業化に伴う都市化は、大規模な社会変動をひき起こし、都市と農村の分裂を決定的なものとした。その危機の象徴がスラムである。

　いち早く産業革命が進行したイギリスは、マンチェスター、バーミンガム、リヴァプールといった工業都市を産むが、大英帝国の首都ロンドンの人口増加もまた急激であった。1800年に96万人とされるロンドンの人口は、1841年に195万人となり、1887年には420万人に膨れあがる。産業化以前の都市の規模は、基本的には、移動手段を牛馬、駱駝に依拠する規模に限定されていた。火器（大砲）の出現によって築城術は大きく変化するが、新たな築城術に基づくルネサンスの理想都市計画をモデルとして世界中に建設された西欧列強による植民都市にしても、城郭の二重構造を基本とする都市の原型を維持している。産業化による都市の大規模化、大都市の出現は大転換となり、人々の生活様式、居住形態を一変させることになった。

　限られた土地に大量の人口が居住することによって、狭小劣悪で過密な居住環境が生み出されるのは必然であった。すべての流入人口が賃労働者として吸収されないとすれば、失業者や特殊な職業につくものが限られた地区に集中するのも自然である。スランバーは、仕事のない人々が多数無為に過ごす様をいい表したのである。

　日本の場合、1880年代から1890年代にかけて「貧民窟」＝スラムが社会問題となる。有名なのが東京の三大「貧民窟」、下谷万年町、四谷鮫ヶ淵、芝新網町であり、大阪の名護町である。『貧天地飢寒窟探検記』（桜田文吾、1885）、『最暗黒の東京』（松原岩五郎、1888）、『日本之下層社会』（横山源之助、1899）など「貧民窟」を対象とするルポルタージュが数多く書かれている。

●スラムの様相

　スラム問題にどう対処するかは、近代都市計画の起源である。イギリスでは、1848年公衆衛生法（Public Health Act）、1851年労働者階級宿舎法（Labouring Class Lodging Houses Act〔Shaftesbury's Act〕）、1866年衛生法（Sanitary Act）が相次いで制定され、1894年にはロンドン建築法によって、道路の幅員、壁面線、建物周囲の空地、建物の高さの規制が行われる。日本では、市区改正などいくつかの対策が1919年の市街地建築物法、都市計画法の制定に結びついている。

　スラムは、しばしば、家族解体、非行、精神疾患、浮浪者、犯罪、マフィア、売春、麻薬……など、社会病理の温床とされるが（布野修司（1998）：都市と劇場——都市計画という幻想（布野修司建築論集II）、都市の病理学——「スラムをめぐって」、彰国社）、それは必ずしも普遍的ではない。生存のためにぎりぎりである居住条件に対処するた

めに，むしろ，強固な相互扶助組織，共同体が形成されるのが一般的である．同じ村落の出身者ごとの，また，民族ごとの共住がなされ，それぞれに独特の生活慣習，文化が維持される．スラムに共通する，「貧困の文化」（O. ルイス），「貧困の共有」（C. ギアツ）といった概念も提出されてきた．

20世紀に入って，都市化の波は，全世界に及ぶ．蒸気船による世界航路の成立，蒸気機関車による鉄道の普及，そして，モータリゼーションの普及が都市化を加速することになった．しかし，発展途上地域の都市化は先進諸国と同じではない．先進諸国では工業化と都市化の進展には一定の比例関係があるのに対して，発展途上地域では，「過大都市化（over urbanization）」，「工業化なき都市化（urbanization without industrialization）」とよばれる，工業化の度合をはるかに超えた都市化がみられるのである．ある国，ある地域で断トツの規模をもつ巨大都市は，プライメートシティ（首座都市，単一支配型都市）とよばれる．

スラムの様相も，先進諸国のそれとは異なる．第一に，先進諸国のスラムが都市の一定の地域に限定されるのに対して，発展途上国の大都市ではほぼ都市の全域を覆うのである．第二に，スラムが農村的特性を維持し，直接農村とのつながりをもち続ける点もその特徴である．インドネシアのカンポン（kampung）がその典型である．

●カンポン

カンポンというのはムラという意味である．都市でもムラとよばれる．発展途上国の大都市に共通で，アーバンヴィレッジ（都市集落）という用語が一般に用いられる．その特性は以下のようである．

多様性——異質なものの共生原理：複合社会（plural society）は，発展途上国の大都市の「都市村落」共通の特性とされるが，カンポンにもさまざまな階層，さまざまな民族が混住する．多様性を許容するルール，棲み分けの原理がある．また，カンポンそのものも，その立地，歴史などによってきわめて多様である．

完結性——職住近接の原理：カンポンの生活は基本的に一定の範囲で完結しうる．カンポンの中で家内工業によってさまざまなものが生産され，近隣で消費される．

自律性——高度サービスシステム：カンポンには，ひっきりなしに屋台や物売りが訪れる．少なくとも日常用品についてはほとんどすべて居ながらにして手にすることができる．高度なサービスシステムがカンポンの生活を支えている．

共有性——分ち合いの原理：高度なサービスシステムを支えるのは余剰人口であり，限られた仕事を細分化することによって分ち合う原理がある．

共同性——相互扶助の原理：カンポン社会の基本単位となるのは隣組（ルクン・タタンガ：RT）-町内会（ルクン・ワルガ：RW）である．また，ゴトン・ロヨンとよばれる相互扶助活動がその基本となっている．さらに，アリサンとよばれる民間金融の仕組み（頼母子講，無尽）が行われる．

物理的には決して豊かとはいえないけれど，朝から晩まで人々が溢れ，活気に満ちているのがカンポンである．そして，その活気を支えているのがこうした原理である．このカンポンという言葉は，英語のコンパウンド（囲い地）の語源だという（OED）．かつてマラッカやバタヴィアを訪れたヨーロッパ人が，囲われた居住地を意味する言葉として使い出し，インドそしてアフリカに広まった．

●スラムを生み出す原理

「スラム街」という語を和英辞典で引くと興味深い．バリアーダ（barriada：中南米，フィリピン），バスティ（bustee, busti, basti：インド），ファヴェーラ（favela：ブラジル），ポブラシオン（poblacion：チリ）などと，国，地域によって呼び名が異なるのである．ネガティブな意味合いで使われてきたスラムという言葉ではなく，それぞれの地域に固有の居住地の概念として固有の言葉が用いられるようになりつつある．

問題は，究極的に，土地，住宅への権利関係，居住権の問題に帰着する．スクォッター（squatter，不法占拠者）スラムという言葉が用いられるが，クリティカルなのは，貧困のみならず，戦争・内戦などによって生み出される難民，スクォッター，ホームレスの問題である．差異を原動力とし，差別・格差を再生産し続ける資本主義的な生産消費のメカニズムがスラムを生み出す原理である．すなわち，物理的なスラムクリアランスが究極的な意味でのスラムの解消につながるわけではないのは明らかである．その存在は，各国，各地域の政治的・経済的・社会的諸問題の集約的表現である． ［布野修司］

8-22　象徴としての住まい

【テーマ】もやい　　　　　　　　　　　　　　　　　　　　8　住居・家具・インテリア

●家族や世帯の容器としての住まい

　家族という集団については，諸説があっても定説はない．私たちが基本的なものと考える家族でさえも，世界を俯瞰すると，あまりにも多様でつかみきれないということである．

　中国の四川省と雲南省にまたがるロコ湖の周辺には，ナシとよばれる民族集団が居住する．その支族のなかにモソと自称する人たちがいる．モソはこれまで母系の社会を形成してきた．母屋をはじめ経堂，畜舎，門棟などが中庭をとり囲み，女性が就寝する別棟は中庭と離して構成されている．世帯の生活の拠点となる母屋内部には木を校倉のように組んだ井幹式の主室がはめ込まれ，そこに家長（女性）の寝台が象徴的にしつらえられる．別棟は女性の就寝場所であり，夜になると別の家に帰属する夫が妻問いに訪れる．生まれる子どもは，男女を問わず，生涯母の家の成員となり中庭中心の屋敷で生活するしくみである．ナシの家の成員は母系によってつながり，構成員のあいだに夫婦関係が存在しない．

　サラワク州（マレーシア）のロングハウスに住むイバンは，東南アジアの稲作民と同様に，父方，母方の系譜にこだわらない社会を形成するが，男，女の性差を同等に扱う特異な文化をもっている．1949年からフィールドワークを行ったJ. D. フリーマンは，このアパートメントの単位集団（世帯）を，通常の家族概念では説明できないとした．世帯主に占める男と女，結婚後の夫方と妻方への居住，生まれた子どもの父方と母方への帰属が，ほぼ半々で生じている．養取の慣習があり，子どもは男と女，実子と養子の区別なく同格であり，財産を平等に相続する．伴侶との死別や離婚に際しても，世帯にとどまるか，生家に戻るかは場合に応じて選択される．その一方で，ロングハウスの構成要素としてのビリック（世帯）は，出入りが比較的自由に行われ，集団として開かれている．

　住まいは，このように文化的な集団を受け入れる器として存在し，彼らのアイデンティティを表象する役割を担う．

●乾燥した風土がつくる壁と中庭の住まい

　住まいは世界の多様な自然環境や風土を映し出しているといってよい．

　モロッコやチュニジアの乾燥地域の住まいは，敷地いっぱいに家屋を建て，庭を内側に確保して成立する．この中庭型住居は，居室での生活が中庭に向き，中庭での生活を重視せざるをえない構成である．建設の過程で，最初に決めるのは中庭の位置と寸法であり，通常は年月をかけて徐々に部屋を増設し完成させる．アラブの場合は，この形式の住まいを「ダー」と呼称するが，これは日本語の「家」に近い多義語である．中庭については象徴的な意味をこめて「ダーの中心」と表現する．中庭は乾燥地域におけるアラブの住まい方を特徴づけるだけでなく，文化の要として位置づけられている．

　壁には型枠のなかに土を流し込む版築という工法でつくられるものが少なくない．壁がひび割れ，崩落しないように，枝の絡みあった灌木の幹をつなぎ材に活用するなどの工夫が施されている．石材が入手できる場所では，石を二重に積み，あいだに土を挟みこんで強度が出るように工夫を施す．さらに石材が豊富な場所では，石をしっかり積み上げたのちに土を左官材料のように使用する．いずれも土を用いて分厚くつくるが，それは室内気候を炎暑からまもる技術につながっている．夏季の気温が40度を軽く超えるチュニジアでは，日中は室内で静かに過ごし，陽が落ちたあと放射冷却によって快適環境と化した中庭に集まって夜半まで過ごす．

　石を多用した中庭型の住まいはネパール高地の乾燥地帯にもみられるが，ここでは強風と寒冷気候に耐えるためであり，中庭のとらえ方も使い方も異なっている．中庭は強風を避けながら，むしろ陽だまりを確保する場所として，季節を問わず使用される．冬季はベンチやストーブの設けられた部屋に家族が集まり，この一室に身をよせて過ごすが，夏季にはストーブを中庭の庇下に運び，中庭を冬季の室

■1 カムー（ラオス・ポンサリー県）のもやい　写真左側では村の女性たちが大鍋で肉料理を作っている（筆者撮影）

内にかえて生活の拠点とする．中庭は夏の部屋として使用されるのである．

中庭型の住まいは，類似の空間構成をとりながらも地域の固有な文化を反映させている．しかし，そこには制御された中庭を確保するとともに，厚い壁を用いることで，居住空間を厳しい気候からまもるという共通点がある．

●湿潤な風土がつくる開放的な住まい

一方，東南アジアの住まいは開放的である．乾燥地帯のようなしっかりとした分厚い壁体は用いない．高温多湿な気候にあわせるようにして，雨露をしのぎ，地面からの湿気をさけ，室内に涼風を通す軽快なつくり方が工夫されている．この東南アジアに特有の，豊富な木や草を用いて環境に適合させる住まいは，彼らの生業とも深くかかわっている．

タイやラオスの山地で焼畑を行うアカの住まいは，空間が男，女に双分され，それぞれ床上と土間で構成されている．高床でつくる場合の土間は囲炉裏ごともちあげられるが，高床という形式が彼らの住まいの条件ではない．アカは村落の紐帯が強く，集落移転を村ごとで行い，家づくりについても，村の全戸から男性が加わる互恵の共同作業で建てる．数年から20年はもちそうな家屋を手際よく2，3日で完成させる．すべての男性がごく自然にアカの家屋のつくり方を習得するしくみになっている．

一方，建築材料の入手や加工はあらかじめ家族で行わなければならないが，親戚や友人が手伝うことも少なくない．家屋のおもな材料は竹とカヤ（イネ科の雑草）である．これらは森を焼いたあとに地下茎が生き延びて最初に芽を吹きだす厄介な雑草である．これを逆手にとって建築材料に活用しているのである．集落によっては木材も使われるが，耐久性のある木材は何度も再利用され，痛みやすいカヤはあらかじめ加工がなされ，いつでも室内側から差し替えられるようになっている．

家づくりを互恵で行った晩は，連日，施主が普段は口にすることのない地酒とブタやニワトリを料理してふるまわなければならない．施主にとっては大きな負担となるが，村の全戸の男性たちをもてなすことによって，村の一員としての立場をゆるぎなくし，新しい家屋もまた認知されている．

前田成文は，東南アジアの稲作民に共通する思考のしかたを，「対人主義」と位置づけているが，住まいもまた，そのような考え方を反映させ，他者に対して開放的である．家づくりは，物的な空間をつくりだす行為であることはいうまでもないが，同時に村や近隣をまきこみ互恵的に行う作業が，着実に人のネットワークを組み上げているのである．近隣社会に対するこのような担保が他者を受け入れる構造を生み出しているともいえる．　　　［畑　聰一］

8-23　密集市街地 vs ニュータウン—どちらが勝者か

【テーマ】公的ディベロッパー　　　　　　　　　　　　　　　　　　　　　　　　8　住居・家具・インテリア

●都市計画論理の問題点と日本型の街の再評価

　地方公共団体や公団・公社等の公的ディベロッパーが都市計画技術の粋を集めて計画的に開発した「ニュータウン」は，いまから30年ほど前には，過密で劣悪な居住環境等の都市問題を解決するための切札とみなされていた．それが，いまや地域活力の衰退の兆候が現れ始め，その「再生」のために再度の公的介入が必要であるとの議論が活発化している．その一方で，解消すべきものとして措定された都市内の細街路・狭小敷地市街地（いわゆる密集市街地）の多くは，しぶとく生き残って活力を保っている．なぜこのような結果になったのであろうか．

●平成不動産バブル前後の「都心住宅供給議論」から「ニュータウン再生議論」へ

　21世紀に入って，産官学にわたってニュータウンや大規模団地の再生論議が活発化している．総人口減少がすでに現実のものとなったいま，ニュータウンの衰退あるいは団地の陳腐化の兆しが現れているからである．

　しかし，いまから15年前，平成不動産バブルの頂点から崩壊しそしてその後5年ほどの間，都市・住宅政策に関する論議の中心は，地上げと地価高騰によって壊滅的打撃を受けた都心居住エリアと完全に停滞してしまった都心住宅供給をいかに再生，再活性化するかであった．そして住宅用途に限って容積率を割り増しする制度や都心マンションの建設費の一部を公的に補助する仕組みなどが導入された．しかし1990年代も後半に入ると金融機関の破綻が続き，不良債権不動産の処分が始まった．さらに銀行による貸付資金回収のあおりを受けた借り手企業による所有不動産処分が相次ぎ，都心周辺部でも安価な住宅用地が大量供給されるようになる．これと同時に政策課題，学術研究課題としての都心居住，都心住宅供給問題はあっけなく霧消してしまった．

　そして現在は，当時とはまったく逆の都市郊外部におけるニュータウンや大規模団地の再生に関する議論が脚光を浴びている．ニュータウンが抱える病理の中心は，居住人口の減少と高齢化の急進である．人口減少と高齢化は過疎地域と同一の問題である．地域の活力は失われ，それに伴って生活関連サービス水準も低下する．現に，ニュータウン・団地内の商業施設の閉鎖・撤退が続き，「買物難民」という言葉さえ誕生した．また，開発後30年を経て，住宅や関連施設の老朽・陳腐化問題もクローズアップされている．30年前のスタンダードでは，エレベーターのない5階建て住棟が当たり前であったからである．さらに開発地の多くが里山の丘陵地であり，地形のアップダウンの激しさは徒歩や自転車利用による生活に適さない．都心アクセスのための鉄道が整備されたものの，より都心に近い立地を望む若い世代の住宅需要との間のギャップも増大している．以上の理由によって既存住宅に空き家が発生し，また，開発済の宅地の売却処分が進まない．このような苦境を背景に現在，ニュータウン・大規模団地再生議論が急浮上しているのである．

　しかし，ここで大いなる疑問が湧く．ニュータウンや大規模団地は，既成市街地内の居住エリアが抱える，①住宅の密集，②工場等との用途混在，③道路の未整備，④公園等のオープンスペースの不足といった問題に対し，往時の都市計画・住宅計画技術の粋を集めて，①広い敷地と低密度の住宅配置，②住宅用途への純化，③広幅員道路の整備，④大規模な公園・保全緑地の確保，という理想の住宅地のための四つの解決策を打ち出し，それを実現したものではなかったのか．またこれらに加えて，良好なコミュニティ形成のための共用施設や都心アクセスのための鉄道や幹線道路の整備もセットされた究極の居住環境だったのではなかったのか．したがって，開発後30年を経たいま，優れたニュータウンが繁栄を謳歌し，居住環境の劣悪な既成市街地内住宅地は疲弊するはずではなかったのか．

　現実には，開発からたかだか30年後，破綻したのはニュータウンや大規模団地のほうであった．高規格の道路や公園，計画技術の粋を集めたコミュニ

ティや住宅のプラン，用途の純化や交通アクセス整備に注ぎ込まれた英知はどうなってしまったのだろう．ゆったりとした空間や豊かな緑，阻害要因のない住宅に純化された居住環境は，地域の活力や再生能力を生み出すものにはならなかったのである．開発事業に投入された資金の一部は回収できずに，開発に当たった自治体や官民ディベロッパーは相当の債務超過に陥っている．開発整備された宅地に対する需要が減退し，その価格も減価している．

この「計画」の破綻に関する点検と反省なしに，バリアフリー化のためのインフラの2次整備や住棟の建替え等の再生方策を議論しても，さらなる失敗の繰返しになりかねない．すでに一度相当の公的関与と多額の財政資金投入が行われたエリアに対して，もう一度公共出動を繰り返すことに納税者の納得は得られない．

当初計画の問題点を真摯に再検討することなく，再度新たな（目先の変わった）計画を追加することで対応しようとするならばニュータウンに未来はない．ニュータウンを理想の居住環境にしてくれるはずだった，広い道路や公園，広い敷地に住宅だけが続く町を理想とする都市計画論理そのものを再点検し，それを改めることが先決である．

● 日本型都市構造の魅力と活力

日本型の街は，道路は細く，敷地は小さく，個別敷地ごとに小規模な建築活動が行われ，それが集積していくことによって形成されている．これこそが日本型の街づくりの道筋である．密集市街地とよばれ指弾されるエリアはこの日本型の街の好例である．

この日本型の街の構造とニュータウンに代表される都市計画論理がめざす街の構造それぞれの得失とは何かを考えてみたい．

自動車交通との関係をみると，都市計画論理の街は車によるアクセスにとって便利な構造になっている．結果として車中心の歩かない生活が定着する．一方で，日本型の街並みは車によるアクセスが不便であり，歩行者中心，歩いて生活する街になっている．

土地利用に関していえば，都市計画論理の街では道路に面する長さが短く（■1でいえば4L），すべての敷地が道路に面するように分割していっても，敷地の単位規模は比較的大きい．これに対し

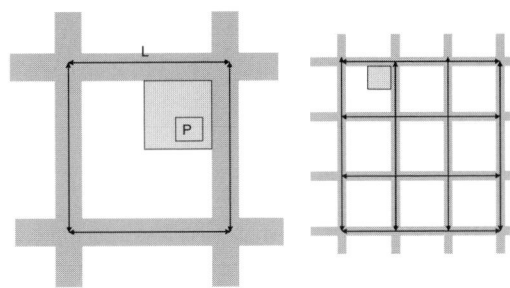

車によるアクセスが便利
＝車中心の歩かない街
道路に面する長さの短い街
敷地単位規模の大きな街
＝肌理の粗い街

車によるアクセスが不便
＝歩行者中心の歩ける街
道路に面する長さの長い街
敷地単位規模の小さな街
＝肌理の細かい街

■1　広い道路によって構成される街（左）と狭い道路によって構成される街（右）

て，日本型の街では道路に面する長さが長く（12L），敷地もより小さな単位に分割可能になる．

一言でいえば，日本型の街並みのほうが肌理の細かい構造をしているといえる．この肌理の細かい歩行者中心の街，いいかえればヒューマンスケールでそぞろ歩きのできる町こそ，江戸以来の日本の街の伝統を受け継ぐものであり日本型の都市生活空間なのである．

敷地の単位規模が小さいということは，土地所有者が個々に独自の土地利用を行うことが可能であることを意味する．個々の建物建設を自らの資金力で行えるということでもある．これが街の不断の改善や円滑な更新につながっている．ニュータウンとの決定的な違いのひとつは，この自発的なファイナンスメカニズムの強さにある．

また，小さな個別の土地利用，建物の集積が街を構成するという構造は，結果として多様な個性の集まった賑わいのある街の生成を可能にしている．この個性の集合という要素もニュータウンが大きく欠いているもののひとつである．

街への再投資が持続されるためには，街の将来性に対する信頼が必要であり，この賑わいこそが将来性に対する信頼を高める要素となっている．

日本型の街がもっている魅力と能力を再評価し，それがニュータウンに欠如していることを発見することが，21世紀の日本の都市全体を持続と安定へと導く鍵なのである．そのときに21世紀の世界が必要とする安定・持続型の街のモデルである日本型の街を，密集市街地の名の下にニュータウン型の街へと改造することはあってはならない．［青木　仁］

8-24 「タウンハウス」という都市住宅の建築型を再評価すべきではないか

【テーマ】タウンハウス　　　　　　　　　　　　　　　　　　　　8　住居・家具・インテリア

●カントリーハウスとタウンハウス

タウンハウスの語源はイギリスにある．貴族階級の領地（エステート）内の住まいであるカントリーハウスに対して，首都ロンドンや他の大都市に置かれた住居がタウンハウスとよばれ，春から夏にかけての社交シーズン（あるいは議会の時期など）に用いられた．タウンハウスは貴族階級の住まいであったが，イタリアのパラッツォのように1軒の住居が街区を占有することはまれで，ほとんどの場合には住まいの両側の境界壁を隣戸と共有する連棟形式の住まいであることが多かった．

●テラスハウス／ローハウス

境界壁を共有する連棟式の住居の形式はテラスハウス（「テラス」と略称されることもある）とよばれる．また住まいが列をなすところからローハウスともいわれる．テラスハウスはイギリスとその旧植民地だったオーストラリア，カナダ，マレーシア，シンガポールなどの国およびアメリカに広く見られる．テラスハウスは水平に長い立面が特徴で，統一されたファサードあるいは住戸ごとに繰り返される連続するファサードにより都市空間に新たな魅力を与えることに成功したが（ジョン・ナッシュによるロンドンのリージェント・パーク，ジョン・ウッズによるバスのロイヤル・クレッセントなど），産業革命期の工場労働者のための住まいの原型としても用いられたので，はからずも，都市の光と闇を演出することとなった．

テラスハウスというビルディングタイプは，街路型であったこと，建築計画上のフレキシビリティをもっていたことなどから，各地で数多く建設された理由と考えられる．3階建ての場合が多いが，5，6階のものも平屋の場合もある．フロンテージは狭い場合が多いが，間口幅に応じて課税するという税金対策からそうなっている場合が多いので，広いフロンテージをもつ事例がないわけではない．住戸が何棟も連続する場合もあるし，それでない場合もある．アメリカでもニューヨーク市内のローハウスは「ブラウンストーン」とよばれて親しまれているし，ボストン，フィラデルフィア，サンフランシスコなどにもローハウスは多い．シンガポールやマレーシアでは都市中心部にある，建物の1階が商業施設で2階以上が住居となった形式のローハウスは「ショップハウス」とよばれている．このほか，タウンハウスは地域により「タウンホーム」「ローホーム」などの名称でもよばれている．

●日本のタウンハウス

わが国でタウンハウスに該当するものは何だろうか？　伝統的建造物の中では京町屋はそれに近いということができるだろう．町屋のもつ街路型の集合形式やうなぎの寝床型の住戸平面はローハウス／タウンハウスの系列によく適合する．近年の事例の中では茨城県営水戸六番地団地（現代計画研究所，1976）が（厳密にいうなら住棟形式は「セミ・デタッチ（二戸一）」だが）公営住宅に，以下に述べるような，タウンハウスの魅力をもたらしたといってよいだろう．

タウンハウスという住まいの形式の特性として，接地性，緩衝性，連続性があげられることが多い．「接地性」はその呼び名のとおり，住まいが地面に接しているということであり，いわゆる「マンション」型の住まいとはこの点が本質的な違いである．次の「緩衝性」は，タウンハウスにおける庭，遊歩道などのコモンスペース（共用空間）が，社会と個の間に適度な距離感を生み出しているということで，これも鉄の扉一枚が個人の領域と外部社会を区分している一般の集合住宅との大きな違いであるし，共用空間の配置によっては周囲の都市環境にもプラスの要因をもたらすことができる．また，住戸が「連続性」をもつことで都市景観が生まれるから，タウンハウスは都市のコンテクスト（地域社会，既存の環境，自然環境など）に対立するのではなく，なめらかに連続しうる居住形式である．とはいうものの，これまで見てきたようなタウンハウスの歴史的・地域的な広がりを考えるなら，タウンハ

ウス＝テラスハウスと狭義に限定することにはさほど意味があるとは思えないし，この3特性が必ずしもタウンハウスの必要条件であると断定しなくてもよいだろう．むしろ語の本来の意味に立ち戻って考えるなら，中低層の都市型集合住宅をタウンハウスとよぶことも可能で，そうなれば，たとえば，代官山の「ヒルサイド・テラス」（槇総合計画事務所）はすべての住戸に接地性があるわけではないが，すぐれたタウンハウスの好例ということができるだろう．

● **タウンハウスは長屋ではない——高層マンションでは都市はできない**

日本ではテラスハウスが公的な集合住宅のひとつの形式として確立された経緯があるが，そのせいかタウンハウス/テラスハウスが「長屋」から派生したものとしてとらえられる傾向がある．それは文頭で述べた語源と相容れないばかりでなく，日本においてタウンハウスにネガティブなイメージを与えてきた．ここではむしろ「テラスハウスが長屋の不燃化，アパートが長屋の立体化だとすれば，……タウンハウスは，町屋の現代化だといえる」（上田篤（1979）：タウンハウス——町屋の再生，鹿島出版会）というように，長屋でなく町屋にその出自を求めるようなスタンスが必要で，そうでないかぎり，タウンハウスが質の高い集合住宅と同義語になることはないだろう．

近年，都心部にタワー型の高層マンションの建設ラッシュが起きている．タワーマンションの多くは，巨大な単体建築であることに終始し，多くの場合，建物の足元回りにおざなりの公開空地があるくらいが関の山で，都市空間を形成しないことに問題がある．いわゆる分譲マンションは土地の容積率消化を前提とした経済原則に則して設計されるため，都市景観をつくりにくいといううらみがある．タウンハウスは土地所有の細分化された日本にも適応しやすい柔軟性をもっているので，今後，都市居住のひとつの形式として大いに可能性をもっているのではないだろうか．

［渡辺真理］

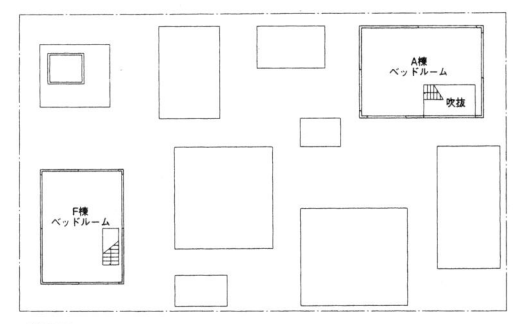

3階平面

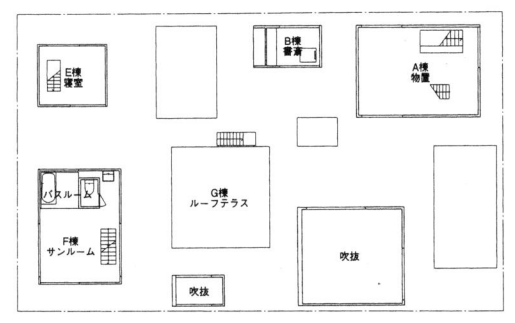

2階平面

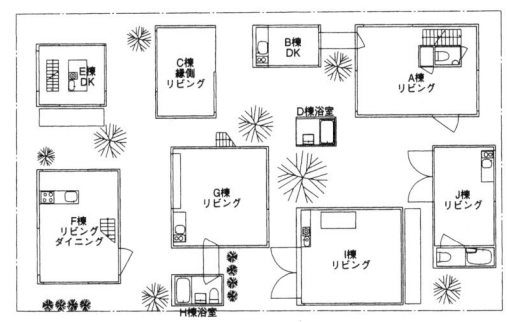

1階平面　縮尺1/300

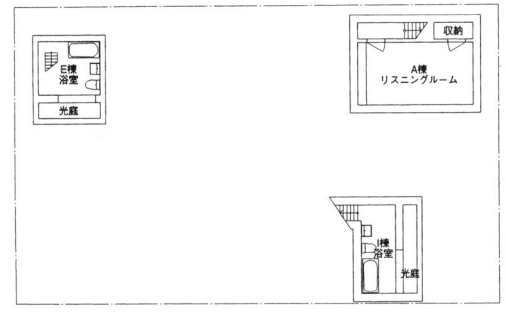

地階平面

■1　タウンハウスの新しいかたち　西沢立衛の「森山邸」（新建築，2006年2月号）

8-25　茅葺き民家は消えてしまうのか

【テーマ】民家　　　　　　　　　　　　　　　　　　　　　　　　　　　　　　　　　　8　住居・家具・インテリア

●消えゆく茅葺き民家

　庶民の生活は江戸時代に大きく向上し，それに伴って，その器である民家も著しい発展を遂げた．「南部の曲り家」や「カブト造り」，「合掌造り」，「大和棟」，「クド造り」などの地域性豊かな民家形式は，多くが江戸時代の中後期になってから成立している．それらの民家形式は明治になっても受け継がれ，発展していった．

　旧来，そのようにして多くの地域で採用されていた茅葺き民家も，戦後とくに高度成長期以降はまったく造られなくなった．現在でもまだ茅葺き民家の残る地域もあるが，それらの多くは半世紀以上前に建設されたものであって，建築行為としてはほぼ終息している．さらに，それら残存民家もそろそろ持続が難しい状況になってきている場合が多い．日本の茅葺き民家はまさに朱鷺状態を迎えつつある．

●文化財としての民家保存

　民家の保存は従来，いわゆる「文化財指定」によって行われてきた．それは建物単体を対象とした指定であった．しかし，民家という建築タイプを考えた場合，むしろ集合体としての意味合いが重要である．そこで，1975年の文化財保護法の改正で，そのような集合体としての保存を考慮した「伝統的建造物群保存地区制度」が新たに創設された．この制度は，集落や町並みといった地域単位で指定し，その地域内の建造物を誘導的に保存していこうというものである．その地区は市町村が独自に定め，そのなかからとくに価値の高いものについて国が「重要伝統的建造物群保存地区」として指定し，その保存事業に対して財政補助を行っている．

　また文化庁では，文化財指定に至らない建造物についての保護措置として「文化財登録制度」を1996年に導入した．これは，重要文化財のような厳選された対象に対して強い規制と手厚い保護とを行うのではなく，届出制と指導・助言といった緩やかな制度によってより広く保護していこうというもので，イギリスのリスティドビルディングに似た制度である．ただし，イギリスではコンサベーションエリア（保存地区）が約1万地区，リスティドビルディング（登録建造物）が約45万に達するのに対し，日本では，「重要伝統的建造物群保存地区」が78地区（2006年7月時点），登録建造物が約5600で，うち住宅が約2600（2006年8月時点）にとどまっている．これは，制度上の違いよりも，建物自体の持続性の違いによるところが大きいと考えられ，とくに日本の民家の場合，文化財として保存していくことには限界がある．

●民家再生

　一方で，民家を文化財としてではなく，現在のライフスタイルにも対応した住まいとして受け継ごうとする活動が1970年代から始められ，1990年代以降，かなり広がりをみせるようになってきている．それらは「民家再生」と総称されている．

　民家再生は，当初は先駆者の降幡廣信氏ら少数の建築家によって取り組まれていた．そこでは，古民家のもつ魅力を再生という手段によって現代に生き返らせようということが動機となっていた．それが最近になって民家再生を行う建築家が全国各地に現れ，さらにこれを支援する団体やネットワークが複

■1　伝統的建造物群保存地区　上平村菅沼（筆者撮影，以下同じ）

■2 民家再生　左：杉光邸外観，右：内部（設計：鈴山弘祐）　　■3 地域に混在するクド造り　肥前鹿島

数設立されている．このように民家再生が社会的に評価され，運動として広く展開されるに至った背景には，1990年代以降の社会的思潮が関係している．いわゆる「エコロジー」思想の普及である．

現在，民家再生に取り組んでいる団体には，それぞれに活動や理念に違いがみられる一方で，「資源循環」や「環境保護」といったエコ思想が共通にキーワードとして掲げられている．これらは大量消費型の現代社会に対する問題意識がベースになっており，その観点から，従来の民家やその生産形態を住宅の理想的なあり方として評価している．また，市民の側でも「田舎暮らし」や「スローライフ」といったエコ系のライフスタイルが注目されるようになり，そこでは民家に単なる「生活の器」以上の評価が与えられている．

ただ，実際の民家再生には，代々受け継いできた民家に住み続けるための改修，民家愛好者が購入・移築する場合，民家の解体で発生した古材を別の場所でデザインのために活用する場合などさまざまなケースがある．そして，民家再生はあくまでもストックとしての民家を建築的に再利用しようというものであり，民家を再生産するものではない．また，その建築行為も民家が生産されていた時代とは大きく異なるものである．現時点での民家再生は，正確には「循環型」の建築行為とはなっていない．

● 民家の地域的成立基盤

従来の茅葺き民家の生産は，限定された地域の中で住み手とつくり手の協働で営まれてきた．さらに，集落所属の「茅場」が存在し，その利用は「茅講」などの持続的システムで運営され，また「結い」などの互酬制の労働力提供の仕組みが地域的に形成されていた．そういったなかで，茅葺き民家は生産・維持されてきたのである．

現在では，そのような仕組みはほとんどの地域で崩壊している．民家が残る地域でも，多くの場合，それらは「残存」しているのであって「持続」とはいえない状態にある．

そういう状況を考えれば，以前のような村落ごとのクローズドシステムに戻すのは，もはや不可能だろう．かといって，全国レベルで民家や古材の流通を促進することは，民家の地域的特性を失うことになりかねない．地域に根ざした民家のあり方は大切にしたい．

茅葺きに関しては，職人の減少と高齢化が大きな問題である．ただし，最近では新しい動きがみられるようになった．まだ数は少ないものの，茅葺き職人を志望する若い世代が出てきているのである．

有明海沿岸部の塩田町とその周辺部には，茅葺き（葦葺き）のクド造り民家がまだかなり残っている．ここでは，7，8人の茅葺き職人の共同作業によって10日ほどの間に一つの屋根を葺き替える．現在は，80代の棟梁を頂点に12名でネットワークをつくり屋根葺きを行っているが，40代の3名が新たに参加を希望し，さらに10代の若者も弟子入りを志願している．彼らは，分散して残るクド造りの民家を見まわりながら，台風被害で崩れかけた茅葺き屋根の補修を居住者に働きかけたりしている．

現在は，茅葺き民家が再評価されるとともにさまざまな活動がみられるが，住み手とつくり手と地域社会との安定的なシステムを再構築するまでには至っていない．それらのなかでは，この茅葺き職人集団のように，地域でネットワーク型の活動を展開することに可能性を感じる．いまの段階ではこれも民家消滅の歯止めにはならないだろうが，少なくとも現在の茅葺き民家に着実で持続的な働きかけとなっているからである．

［菊地成朋］

8-26 対立と循環－陰陽五行をまちづくりに活かすには

【テーマ】陰陽　　　　　　　　　　　　　　　　　　　　　　　　　　8　住居・家具・インテリア

●陰陽五行とは何か

　陰陽および五行は，家相や風水を語る際に欠かせない概念である．陰陽は，陽と陰，夏と冬，昼と夜，男と女，日と月，南と北など，背反する二つの事象，あるいは対概念となる一組を表し，これら二つが合わさることにより完結するという考え方である．

　五行は万物の元となる木，火，土，金，水の5元素を意味するという古代中国伝来の思想であるが，別の解釈もあり，木星，火星，土星，金星，水星の五つの星を意味するともいわれる．農業を生業とする民族は星の運行の観察から暦を生み出し，農耕に益するシステムを構築した．これらの，完結を意味する陰陽と，万物を説明する五行の二つを合わせて陰陽五行とよぶ．

●陰陽は二つの事象のパワーバランス

　陰陽は太極図で表される（■1）．勾玉を二つ組み合わせた形に円を2等分し，2色に塗り分けた図として示される．相反する二つの事象が並置され，それらにより世界が成り立つことを意味している．片方の勾玉には他方の色の円が描かれ，一方のなかに他方の要素をわずかながら含むことを表す，なかなかに意味深い図である．太極図は対立する二つの事象の絶妙なパワーバランスを意味する図と解釈できる．

　古代中国では，太極（宇宙）または混沌から陰陽の二つの「気」が分かれて生じ，そこから万物が生成し，世の中は，陰陽二気の調和とバランスで成り立つと解釈された．

●五行で万象を説明する

　五行思想は，木，火，土，金，水の五つで万象を説明しようとするものである．方位に当てはめると，東西南北の四方と中央を加えた五つの場所となり，色で表現する場合は，青，朱，黄，白，黒の5色に分ける．人の臓器にたとえると，心臓，腎臓，肝臓，脾臓，肺臓，五味といえば甘い，辛い，酸い，苦い，塩辛いの五つに分けられる．また，家族の人数が多かった時代のものの考え方であるため，家族成員を五行に当てはめる例もみられる．

　解釈はこれを用いる観相家により異なるが，物事のさまざまな事象のバランスをとることを意味している．それぞれ異なる五つの事象に分け，それらがバランスよく機能することを良しとするものの考え方である．

　また，五行の相互の関係性は相生・相剋という概念で説明される．すなわち，お互いに相性のよい組合せと，相性の悪い組合せのことであり，相生は，水生木，木生火，火生土，土生金，金生水といい，相剋は，水剋火，火剋金，金剋木，木剋土，土剋水の関係である．水が木を育て，木から火を生じ，火が燃え尽きると土になり，という関係性と，水は火を消し，火は金を溶かし，という関係性を意味している．これにより，五行相互の関係性という「動き」が加味されることになる．

●時間と空間を統べる思想

　先の太極図は，二項対立するものを並置する図像であるとともに，動きを表す図でもある．この場合，動きを時制ととらえると，夏が猛威をふるい，秋が忍び寄り，寒さが訪れ冬となり，やがて春の気配が訪れ，夏へとつながるという季節の盛衰，移ろいを意味する図と解釈できる．

　五行も同様に，時制を加えて解釈することができる．春，夏，秋，冬の四季とそれぞれの季節の変わり目の土用を加えた五つの季節に見立てる．このように，陰陽五行という概念ひとつで，世の中の万象の流転を説明しようとしたため，きわめて単純ではあるが，一つの概念で時間，空間を統べるものの考え方が確立されており，しかも身近なたとえを用いているために，庶民にもわかりやすいものとなっている．

　また，これは方位と時間を兼ね備えたモデルであるため，地図や住まいの配置図，平面図にこれを重ねて考えると，ある方位が何を意味するのか，家族のだれに影響を及ぼすのか，どの色がよいのか，ど

■1 陰陽の循環を示す「太極図」(ラム・カム・チュアン著，竹内智子訳 (1997)：風水―原理を生かす，産調出版より)

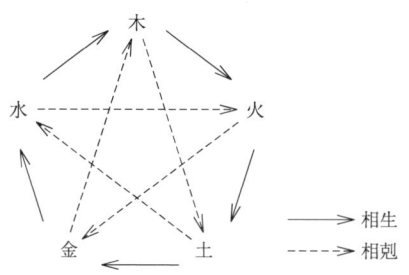

■2　五行の配当表（江戸時代の家相書で一般的にみられる分類から作成）

五行	木	火	土	金	水
色	青	朱	黄	白	黒
方位	東	南	中央	西	北
季節	春	夏	土用	秋	冬
家族成員	長男	次女	―	三女	次男
臓器*	脾臓	肺臓	心臓	肝臓	腎臓
十干	甲乙	丙丁	戊己	庚申	壬癸
十二支	寅卯	巳午	辰未戌亥	申酉	亥子

＊五臓の割当てには諸説ある．ここでは「呂氏春秋」（紀元前241年成立）を参照している．

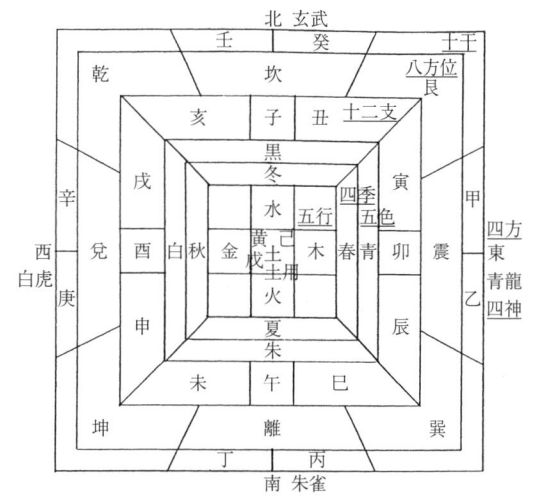

■3　五行の相生・相剋の図（筆者作成）

■4　陰陽五行の模式図（筆者作成）

の臓器に災いするのかなどを示すことができる．家相や風水の占いには，これらの概念を複雑化し，専門職にしか扱えないようにしたものが用いられ，その吉凶判断に使われる．亥年生まれの人は，今月，家の西の方位に黄色いカーテンを吊す，という類の現代のインテリア風水の託宣も，ここにルーツがある．

● バランスをとるということ

陰陽五行の考え方を現代の都市再生に活かすためには何が必要かを論じるという本項の命題に答えるとすれば，それは，「バランスをとること」を再認識する，ということになる．太極図を見直すと，二つの「気」がバランスをとりつつ動き，一つの整った状況を創り出していることがわかる．

バランスをとることとは，概念的に解釈することもできるし，建造物と水や緑の自然とのバランスをとる，商業施設と居住地域とのバランスをとる，高齢者居住とファミリー層居住のバランスをとる，などのさまざまなフェイズにおける解釈が可能である．

これらは，陰陽や太極図を持ち出すまでもなく計画時に検討されるべき事項ではあるが，陰陽のバランスをとる，という視点で再度とらえ直し，都市再生プランを公に説明する際の言葉として用いるならば，多少は有効かもしれない．

最近では，政府が食事バランスガイドを示し健康を維持するためのバランスのとれた食事を推奨する動きがある．斯界においても陰陽五行に倣い，二項対立，5項目程度の要素からなる，だれにでもわかりやすいバランスのとれた景観づくり，まちづくりのためのガイドラインを示してはいかがだろうか．

市民参加のまちづくりという動きもめずらしくない昨今，専門家集団のみならず広く世間に「住みやすい，居心地のよい都市を再生するためのバランスガイド」を提示する努力が問われよう．

[村田あが]

8-27 家相による住まいづくりのアドバイス

【テーマ】家相　　　　　　　　　　　　　　　　　　　　　　　　　　　8　住居・家具・インテリア

●家の相をみる

　家相は，敷地や住まいの地勢や配置，間取りや構造などが居住者の吉凶禍福を左右するという考え方であり，近世以降，現代にも続く習俗である．人相，手相，剣相，墓相，地相等の観相の一種であり，ものの形状による吉凶占いの住まい版である．

　家相の内容は近世以降の家相書から知ることができる．住まいの配置や間取り，構造から吉凶を判断するものではあるが，日照，通風を考慮した間取りや庭の配置など，昔からの日本の気候風土に根ざした住まい方を奨励している場合が多く，経験則による住まいづくりを庶民に教えている．

　近世の家相書では，住まいづくり，住まい方のアドバイスを庶民にわかりやすく伝える手法として，たとえば「住まいの中央に水場を設けると，婦女に祟る」というように，吉凶判断の文言として記載している．住まいの中央は日当たりも風通しも悪く，とくに湿気対策が必要であるため，そこを台所などにしてはならないということを，「婦女に祟る」と脅かすことにより伝えている．これが近世の家相書にみられる典型的な手法である．

●吉凶禍福と住まいづくり

　家相では，どのような住まいが福を招くと判断されるのだろうか．近世の家相書には，前述のように日本の気候風土に見合う，日照・通風を考慮した住まいとすることのほかに，観相の一種ならではの見方や時代性を物語る儒教的判断基準についての記述もある．

　前者は形状による吉凶への言及であり，敷地形状について，道路側が狭く，奥に少し広がる敷地は末広がり型で吉，三角形は不吉な形で凶との判断がある（■1）．また，四角く囲われた敷地の中央に大木があると困の字形となり，凶であるなどの判じ物のような解釈もある．なお，これらの解釈は近世の日本の家相書が典拠とした漢籍の「陽宅風水」の項にみられる表現であり，観相の本場から伝来したものの見方である．

　後者は，近世の家相書に多くみられるものであり，住まいづくりの吉凶判断基準に，「分相応の住まいづくり」を説いている点である．江戸時代後期には，町人の財力が増すにしたがい都市部における町方の贅沢な住まいも現れ，たびたびこれが禁じられたが，儒教思想に基づく記述が多くみられる家相書においては，分不相応な造りの住まいは「主人が病没し，子孫が途絶え，お家が断絶する」という，家相判断では最も厳しい凶相の判断が下される．

●方位と向き，三所三備

　家相の判断では，方位と向きが欠かせない基準となる．住まいの中心（主の部屋を中心とする場合と，平面図上の中心点をとる場合などさまざまである）に方位磁石を置き，そこを中心に細かく方位を割り出し，24方位（十干十二支に方位を当てはめたものから中央を意味する壬，癸の二つを引き，北東（艮＝丑寅＝鬼門），南西（坤＝未申＝裏鬼門），南東，北西の4方位を加え，(10−2)+12+4=24とした方位）を検分し，それらの方位にあって良いもの，悪いものを判断する（■2）．「向き」とは竈の焚き口の向きや神棚，仏壇の向きのことである．前者は突風が吹き込まないための配慮であり，後者は神仏や祖先を敬う志向からの言及である．

　香港や台湾をルーツとする現代の日本の「インテリア風水」の類では，住まいの間取りや整え方，色を気にするが，香港や台湾では，住まいやオフィスの机の配置や向きが問題にされる．どちらを向いてくつろぎ，仕事をするのかを意識することが人の吉凶禍福を左右するというものの考え方は，一考に値する．

　吉凶判断の要所としてあげられるのは，住まいの出入口，窓，竈，井戸，厠，浴室，神棚，仏壇などである．なかでも，「三所三備」とよぶ，「艮，坤，中央の三所と，竈，井戸，厠の三備」はとくに注意の必要な方位と備えである．鬼門である北東（艮）とその反対方向の南西（坤）は，敷地や住まいの外形が張り出すことも，門戸や竈，厠を配置すること

も厳禁とされる．中国大陸の中央部，中原(ちゅうげん)における北東からの寒風や北方異民族の襲来を恐れる風習が日本に伝わったものであるといわれるが，古来日本で忌み嫌われる方位である．

屋内中央は，日照，通風に不便な場所であるため，鬼門，裏鬼門と合わせて注意するべき場所とされる．三備は，竃(火を扱う台所)，井戸(生活用水，とくに飲料水)，厠(便所)である．生活を支える基盤であり，住人の生命にかかわる部分であるため，おろそかにできないことを意味している．

● 江戸時代の家相ブーム

家相は，家相見や易者，陰陽師を媒介として広まり，江戸時代中期以降にはおよそ500種の家相書が刊行され，民間に流布した．家相書の著者である高名な家相見が流派を形成し，関西を中心に関東，東北まで家相は広まった．大きな武家屋敷から2部屋の長屋までさまざまな事例が間取り図付きで記載される家相書も多く，同じ文献が江戸，大坂，京都の三都で発売される例もある．江戸後期の文化・文政期にはとくに流行した．

しかし，同時代の随筆には，家相見に入れあげて財産を潰した人の例などを冷静に記述するものもあり，信じる人と信じない人がいる点は現代の斯道の状況と変わりない．とはいえ，住まいづくりに善し悪しがあり，その概要を庶民にわかりやすい言葉で伝えるということは，昔も今も変わりなく必要なことである．

狭い専門分野のなかでしか通用しない言語で建築を語ることをやめ，広く万人に通用する形で住まいについて語る手段を構築しないかぎり，住宅の設計時に，施主が建築家より家相見の判断を優先するような事態はなくならない．

● 平面図は回る──家相見の訪れる村

地方の旧家に残る文書の中には，家相判断に用い

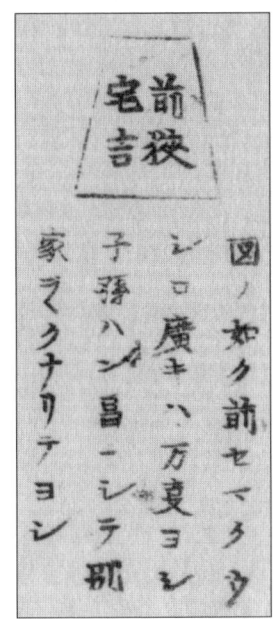

■1 末広がり型の敷地図(西岡玉全(1853)：三才精義，筆者所蔵より)

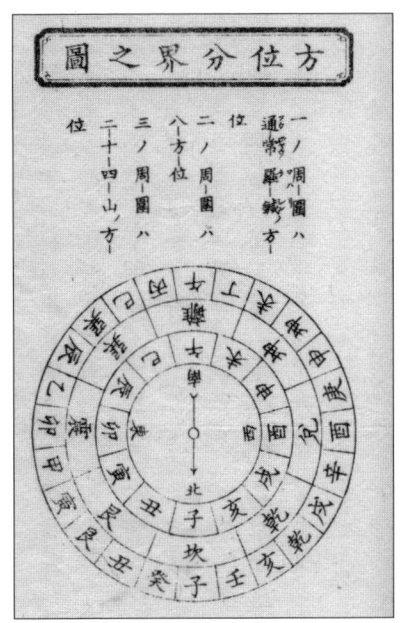

■2 方位の図(尾島碩聞(1888)：方鑑大成，筆者所蔵より)

た家相図が含まれることがある．和紙に墨書された敷地図には，周囲の道路や田畑，河川や山などの状況が描かれ，東西南北をはじめとした詳しい方位が示されている．離れ座敷や厩(うまや)，蔵や祠(ほこら)などの敷地内の別屋や，築山・泉水，井戸などの庭の造作が敷地図に描かれている．屋敷の本屋もともに描かれる場合もあるが，別紙に描かれ切り取られた屋敷の平面図が中央の一点で下の敷地図に糸で止められ，屋敷の平面図のみくるくると回すことができるように仕立てられたものもある．

これは，家相見が微細な角度を勘案して本屋の配置(家の向き)を決定するための仕掛けであり，その家の主人の生年などにより最良の家の配置の角度を判断し，配置の決定に用いる．家相見は自ら村を訪れ，またはだれかの紹介によりこの家や敷地に来訪し，数日滞在して周囲や，改築の場合は屋内を検分し，先に述べたような家相図を完成させる．滞在中に家族間の問題や周囲の景観の中でのその家の配置などをみて取りアドバイスすることから，さながら，家庭訪問する暮らしのコンサルタントのような存在であったことがわかる． ［村田あが］

8-28 建築と人とインターフェースとしての家具

【テーマ】家具　　　　　　　　　　　　　　　　　　　　　　　　　　　　　　　　8　住居・家具・インテリア

●日本の伝統，家具の伝統，しつらえ

　幕末に来日した西洋人の目には，「日本には家具というものがない．ひどく貧しい，質素な国である」と映ったという．日本の伝統的な様式には，建築そのものにさまざまなしつらえが組み込まれて，建築が家具の用をなし，さらに生活に密着したしつらえとしてシステマティックな家具調度の文化をもっていた．この空間様式は，日本の生活様式そのものであり独特の作法を生み，土地の気候風土と折り合って伝統として長く受け継がれてきた「サステイナブルな建築――しつらえのシステム」であった．

●生活スタイルの洋風化とモダンリビング

　近代化のなかで椅子式のスタイルは，官庁やオフィスでは急速に浸透したが，一般にはまだまだで，1920年に「生活改善展覧会」が開かれ，「文化住宅」が登場して洋室家具の模索が始まるが，戦後になって建築家の設計する小住宅に，渡辺力が椅子やテーブルをデザインして初めて日本のモダンデザインの家具が生まれた．また，「心地よい空間とは何か．空間には中心がなければいけない．空間の中心となる"場"をつくるのは，家具でありその大きさや配置が非常に大事である」と，家具を生活の場や心地よい環境をつくるものとしてそのありさまを重視した吉村順三のように，建築家たちの手によって新しい生活のスタイルが形づくられていった．

●定型化したスタイルの変化

　ダイニングキッチンが一般化し，象徴的だった床の間がテレビに，ふとんがベッドにかわったモダンリビングが定着し，さらに個室化が進んで家の中心のかたちが薄らぎ変化してきた．そして，現代生活では，さまざまなモバイル機器によって，生活行為が空間と場所を選ばなくなり，「行為が場をつくる」というのが現実である．空間的にも心理的にもすべての人のバリアをなくすという社会的な要請とともに，空間や場の規定を溶かしはじめたといえる．規定がない分，拠り所や手がかりとなる建築的なしつらえが必要となってきているともいえ，同時に日本の伝統様式であった可変可能なしつらえシステムが，現代の生活環境における新しい家具の姿を示唆しているようにも思える．

●大空間と身体スケール

　建築と家具の関係は，超高層ビルのエントランスエリアや複合ビルのシンボルとして吹抜けやアトリウムとよばれる大空間が「都市の広場」として位置づけられてたくさん出現し変化してきた．この公共空間としてのアトリウムがますます大型化すると，不特定多数の人々の安全のための動線の整理や，人々の行為を支える人間スケールのしつらえがさまざまな場面に必要となるのは当然である．やがてこの身体スケールを超えた大空間にアートを積極的に組み込もうとする動きが起こり，積極的に空間との関係を問うアートの採用が推奨されたが，成功例は多くない．

　そのようななか，筆者は建築家と協働して空間作りにかかわり，建築設計と同時にその空間と深い関係をもち，公共空間に人々の拠り所となるオブジェ性のある大型の家具を発表してきた．これらの家具にアート予算が当てられ，空間と家具とアートの良質な関係をめざす現実的な成果が，使えるアートとして実現している．そして建築と家具の密接な関係は「リアスアーク美術館――60Mのロビー家具」（設計：石山修武）で顕著である．建築設計と家具デザインが同時に進行して，床や壁や手すりといった建築の部分が，人に触れる形，寸法，素材，ディテールをもった家具で形成されて，建築と家具の完全な融合が実現している．

●空間と人をつなぐインターフェース

　生活とは時間と空間の連続した体験のなかで，心動かされたり何かを発見したり感覚に作用する瞬間を生活の実感とするものだが，そのような瞬間を記憶させるような呼応する関係が生まれる周囲のありさまを空間というのではないか．それには，さまざまな活動，行為の多様性に対応するしつらえとしての「場」のあり方が重要な意味をもつと考える．

■1 東京歯科大学水道橋ビルのオブジェベンチ・くじらシリーズ No. 20［TDC］（建築設計：KAJIMA DESIGN, 家具デザイン：藤江和子，撮影：浅川　敏）

人々の活動が多様化し，モバイルな行動が活発になっていくほどに，人々の感覚は動きを伴ったものとしてとらえるのが当然で，身体との関係が密接であればあるほど，視覚にとどまらない五感を総合して感じるものこそが，心地よい空間となりえる．そして，行為を支え空間を体験する手がかりやきっかけとなるのは「身体にもっとも近い建築である家具」であり，周囲の環境や建築と人をつなぐインターフェースとしての重要な役割を担うものでなければならない．

● 透明な建築と内臓器官としての家具

ガラスの透明な建築が増えてきてインテリア空間のあり方を変え始めた．伊東豊雄は，「都市のなかの公共建築に，大きな吹抜けやアトリウムを作るのではなく，都市の広場のように欅並木の林や森の中にいるように，ガラスだけで壁のない透明な建物にして，その中に家具だけで場所をつくった」とせんだいメディアテークにおいて明解に実現した．

建築が骨格と透明なスキンで成立した空間では，場所を形成する内臓器官としての機能は家具化していくのは必然であろう．したがって活発に展開される活動を受容する環境は，決められた不動不変なものでは都合が悪く，いつでもその規模に応じて時間も場所もしつらえも変えられる空間の自由度，柔軟性が要求される．その結果，目的を規定した閉じた部屋が必要なくなり，そこで行われる人々の行為や活動によって，ますます「場」の姿も規模も固定しない流動的なものになっていく．そこでの家具は，単一の使い方を目的とした従来の形式から離れ，新

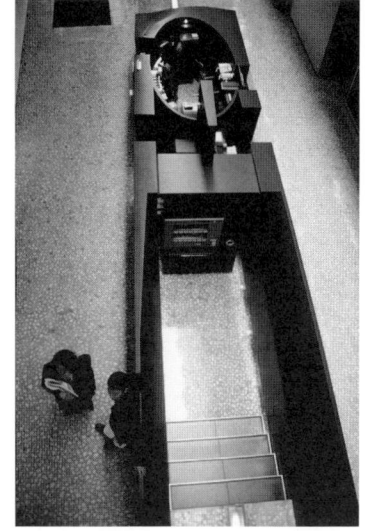

■2 リアスアーク美術館・60Mのロビー家具（建築設計：石山修武，家具デザイン・撮影：藤江和子）

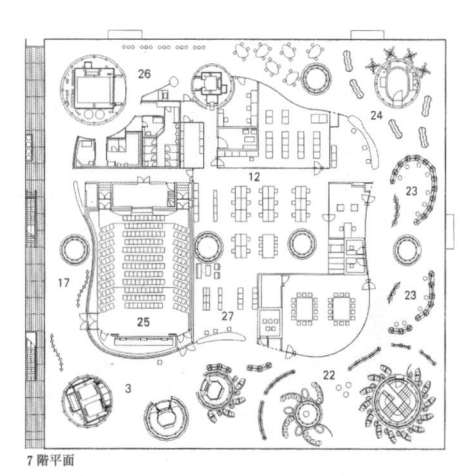

■3 「せんだいメディアテーク」家具だけで場をつくった空間（GA JAPAN 49, 2001年3-4月号, pp.20-21より）

しいありようを持たなければ充分に機能しなくなるだろう．

建築計画と同時に設計された「建築的家具による場」と，人々の行為や活動，状況に応じて構成される「場をつくる家具」がうまく嚙み合い，建築の内臓器官である家具が的確に機能すれば，建築と人のインターフェースとして人々に心地よい作用を及ぼし，いきいきとした人々のいる風景が生まれるのではないだろうか．

［藤江和子］

9

環境・地域・地球

［編集：坂本雄三］

9-1 サステイナブルな未来の建築

【テーマ】サステイナビリティ（持続可能性）　　　　　　　　　　　　　　　　　　9　環境・地域・地球

●環境問題の変質

「建築」は社会とともにある．時代思潮とともにある．わが国の20世紀後半，第2次世界大戦後の歩みを振り返れば，大量生産・大量消費・大量廃棄による経済活動の拡大と，それを可能にした科学技術の発展と産業・流通の近代化，そして時々の天変地異や生活文化の洋風化がもたらした社会の歴史であった．「建築」はその過程で確実に「進化」を遂げ，私たちの個々の生活空間は飛躍的に改善されたばかりでなく，建築デザインや建設技術は世界的に見てもきわめて高いレベルに達したといってよい．そして，社会のあらゆる営みの器として，あるいは象徴として大きな役割を果たしてきた．こうして，私たちは戦後の発展のめざましい成果を享受してきたが，一方その「負」の側面である「環境への負荷」の問題については比較的最近まで無関心であった．

ここで問題にする「環境」が指し示す意味は，文字通り「地球上の生き物を取り囲み，何らかの影響を与えるものすべて」（広辞林）を指す．一人の住み手から見れば，部屋のつくり，照明，暖房，家具・調度品など，生活空間を構成する「環境」がまず思い浮かぶ．互いに物理的，心理的に影響し合う同居人もそこに含まれる．そして，太陽の光や熱，外気，風，雨，木々等，外部の「自然環境」があり，「社会環境」としての向こう三軒両隣から街区，地区，「地域環境」へと波状的に連続していく．そしてグローバルなエネルギー・資源の流通や，情報のやりとりを介して「地球環境」とつながっている．

「生活の質」と「環境への負荷」：一方，私たちは，組織として，国として，経済の規模を拡大し続けることが自らの「生活の質」を向上させる近道だと信じて疑わなかった．そして，その道を走りつづけ，その成果を直接的，あるいは間接的に享受してきた．しかし，いくつかの先見的な知見や近年の交通・流通や情報通信のグローバル化と高速化を通じて，私たちは「環境」の枠組みの中に隠された大前提があることに気づき始めた．

「精妙な循環システムとリズム，そして奇跡的なバランスの上に成り立っている地球や地域の環境が生命の母胎であり，それが私たちの営みを許す限りにおいて」という前提である．環境には負荷を許容できる容量に一定の限界があるという「環境容量」の考え方に他ならない．言い換えれば，「生活の質を高めるために，他者と自らの生活の基盤を脅かす」という，私たち人類の矛盾に満ちた性（さが）に気づくことであった．

人は生きる限り「生活の質」の向上を望む．そして不可避的に「環境への負荷」を生む．このジレンマを克服する手だてをそうした関係性の中から発見し，実行することが，私たちに課せられた最大の課題の一つである．

●サステイナビリティの基本概念

このような思潮のかなたには「持続可能（サステイナブル）な社会の構築」という21世紀を生きる私たちの大きな目標がある．1980年代初頭にL. ブラウンらが早くも気候変動を予測し，これからの社会の向かうべき姿として使い始めた用語である．その後，1980年代後半には時のノルウェー首相G. ブルントランドによって国連の場で正式に取り上げられ，リオの「地球サミット」（1992）以降広く国際的に認知されるようになった．

このように，比較的新しい概念だが，遡れば1960年代初頭にアメリカの海洋生物学者R. カーソンが環境汚染の実態に早くも警鐘を鳴らした『沈黙の春』（1962），60年代後半にR.B. フラーが『宇宙船地球号』（1968）等で示した宇宙・地球的視点からの空間的・哲学的理念，そして70年代初頭にローマ・クラブが地球規模の経済的視野から成長を前提とした未来に警鐘を鳴らした『成長の限界』（1972）等の知見の延長上にある．

これらの先見的な指摘は，イギリスの生物物理学者J. E. ラヴロックが1970年代初頭に説いた地球生命圏に関する仮説『ガイヤの時代』（1988）や，ローマ・クラブのE. ワインゼッカーらによる持続可

能な社会への処方箋『ファクター4』(1995)など を生み，その後の環境問題を巡る思想や運動の流れ に多大な影響を与え続けてきた．

サステイナビリティの定義：以上の経緯とともに，「持続可能な発展」は地球規模の将来のキーワードとして広く使われるようになったが，その定義は必ずしも明確ではなく，"そもそも持続可能な発展などありえない"という批判さえある．以下はこれまでの代表的な定義例である．

①国連ブルントランド委員会の定義(1987)：後世の人々が彼等自身のニーズを満足させる能力をいささかも減じることがない，という前提に立って，すべての人々の基本的なニーズを満たし，かつ人々がよりよき生活を求める機会を増やすこと．

②自然・天然資源保全国際連盟(IUCN)の定義(1991)：基盤となるエコシステムが保有する容量の中で生活するという条件の下で，人間の生活の質を改善させるための発展．

環境倫理学における主張とサステイナビリティ：また，環境倫理学は，地球環境問題に関して以下の三つのテーマを掲げている．

Ⅰ．世代間倫理（現代世代の未来世代に対する責任）
Ⅱ．地球の有限性（宇宙船地球号）
Ⅲ．自然の生存権（人類を含むすべての生物種における生存の権利）

地球環境問題の基本的問題はここに集約されている．ただし，解決のための方法論的・技術的道筋が示されているわけではない．たとえば，地球温暖化問題を突き詰めると，私たちは太陽熱のような自然エネルギーしか使用できないということになりかねない．ここに見える理念と具体的な技術的対策との乖離を乗り越えるのは，理工学分野に課せられた重大な課題である．

● **建築におけるサステイナビリティ**

何を持続させるのか：サステイナビリティの最終目標は，人類を含む生物種が永続的に生存しうる地球環境であり，サステイナブル建築はそれを支える構成要素の一つである．そのとき，シェルターとしての物理的な建物自体がサステイナブルであることは当然としても，それだけで私たちの生活が即持続可能になるわけではない．古代遺産が何千年も保存されることと，現代の生活環境が今後サステイナブルであることは，まったく別の次元の問題である．すなわち，建築を取り巻く自然環境や社会環境，さらに経済環境のサステイナビリティも合わせて達成されなければ，問題の本質的な解決にはならない．

サステイナブル建築の定義：以上のような観点から「サステイナブルな建築」を具体化するための検討が，近年世界各国の関連機関で進められてきた．その前史として，1970年代からとくに活発となったドイツ圏を中心とした「バウビオロギー(Baubiologie：建築生物学)」は大きな役割を果たしてきた．また，1993年6月に国際建築家連合(UIA)とりまとめた「持続可能な未来のための相互依存宣言」はサステイナブル建築が目指すべき方向を理念として指し示した．日本でも，1990年から活動を開始した「環境共生住宅」の理念を宣言として公表したり，日本建築家協会(JIA)もUIAの日本支部として1993年に行動計画を立てたりし，ともに出版やフォーラム，実践を介して活発に活動してきた．これらを受けて，日本建築学会は1990年に創設された「地球環境委員会」の成果として「サステイナブルな建築」を当面以下のように定義している．

「サステイナブル建築とは，地域レベルおよび地球レベルでの生態系の収容力を維持する範囲内で，①建築のライフサイクルを通して省エネルギー，省資源，リサイクル，有害物質の排出抑制を図り，②その地域の気候，伝統，文化および周辺環境と調和しつつ，③将来にわたって人間の生活の質を適度に維持，向上させていくことができる建築物」．

ここでいう「建築」は個別の建物だけを対象としていない．建築には必ず敷地があり，その敷地は固有の自然環境や社会環境からなる立地環境と相互に依存しながら成立しているからだ．また，ハードウエアとしての建築のみを対象としていない．建築環境はそれを成立させ，機能や美しさを発揮させるために，プログラムやルールや仕組みのソフトウエアと，それらを運用し利活用し続ける人間に係わるヒューマンウエアが不可欠であるからだ．そして，これまでのように新築の竣工までを取り扱うだけではない．建築は，生産，建設，運用，改修，解体・廃棄という一連のライフサイクルの各段階で，エネルギーや資源を使用し廃棄することで成り立っているからである．

［岩村和夫］

9-2 サステイナブル建築のデザインプロセス

【テーマ】サステイナブルデザイン　　　　　　　　　　　　　　　　　　　　　　　9　環境・地域・地球

　建築物はそこに係わる人々の立場や，見方に基づいてさまざまな評価がなされる．しかも，評価の基準は企画の段階から，設計，工事監理，運用段階，増改築へと移行するにしたがって徐々に変化する．また，建築物が存在するタイムスパンは，仮設的なものを除いて数十年から100年程度の長期にわたるから，時代背景や社会の動向とともに評価そのものの考え方や方法も変化する．じつは「サステイナブル建築」という概念やその評価そのものが，そうした変化の過程で迎えた地球環境時代の産物であることはすでに「9-1　サステイナブルな未来の建築」で触れたとおりである．

　建築行為の全体像を時間の流れの中で変化するもの，すなわち複合的なプロセスとしてとらえるという態度は，決して新しくはない．しかし，「サステイナブル建築」はそこからさらに資源・エネルギーの流れと環境との関わりの視点を導入し，建物が生まれてから死ぬまでのライフサイクルと対応するデザインのプロセスの流れの中で，関連するあらゆる建築的な行為を総合化することを求めているところに特徴がある．

　しかも，そのプロセスの各段階では，デザインする側の価値観をユーザーや事業者に一方的に押し付けるのではなく，客観的な評価にも耐えうるデザインを展開し，社会化される前提としてその経緯や結果が情報公開されるとともに齟齬や瑕疵の継続的な改善に反映され，その成果が広く認知されることが求められる．そのための考え方の枠組みとそれらを実現できるツールは1990年代以降世界各地で開発され，急速に普及している．

　通常，建築物の一般的な設計業務の大半は設計・発注・工事段階に割かれている．ここでは，とくにその前後の関連作業の重要性に着目し，大きくとらえて，①プレ・デザイン→②デザイン→③ポスト・デザインという3段階に整理した．

● **プレ・デザイン（pre-design）**

　どのような場合であっても，建築のデザインは背景となる事業環境はもちろん，時代性や立地する地域の特性を的確に調査し，分析することからすべては始まる．その時，調査・分析の対象は，建築の物理的な性能やアメニティに直接影響するその土地の気候風土や地理・地勢的ないわゆる「自然環境」に属する側面と，その建築に直接関わる人々や社会文化に関連するいわゆる「社会環境」に属する側面に分けられる．サステイナブル建築はこうした複合的で総合的な与条件と向き合い，読み取り，課題や問題点を発見することによって，その解決に向けて関係者が共有できる方針を計画の全体を貫くコンセプトとしてまとめあげる．それがこの段階の主な目的である．したがって，そこでは自然科学から社会科学に及ぶ幅広い関連領域との協働が要請されるとともに，そこから発見される多角的な知見を一つの明瞭な方針にまとめ上げる総合化の手法が不可欠となる．

● **デザイン（design）**

　次に①の調査分析やコンセプトに基づき，与えられた与条件の中でプログラムを空間化，建築化し，周辺環境を含めて専門・細分化されている建築意匠，構造，設備，造園，ランドスケープを再び実践しうる最適解，すなわちベスト・プラクティスとして統合化する．一般的には基本設計から実施設計に進むにしたがって設計の密度や精度は上がっていくが，同時に法規制や行政指導，あるいは積算などの経済的側面等，技術的・現実的な側面がより重要な要素として検討されることになる．

　ここで，実現しようとする建築物が環境に対してどのような負荷を及ぼし，一方どのような環境性能をもった品質を確保するのか，一定の評価ツールによって，設計者自らが自己評価を繰り返すことの重要性をここでは強調したい．つまり，建物の全ライフサイクルを通じて環境負荷を低減し，環境品質を向上させることによって環境性能効率が上がるとすれば，設計の過程でその度合をあらかじめチェックするのである．そのツールの開発に関しては，1990

1. プレ・デザイン (pre-design)
時代環境(時柄),自然・社会環境(土地柄),人文環境(人柄),そして事業環境など,計画の背景となる前提条件を多角的,立体的に調査・分析しながらデザインを構築する上でのテーマを抽出・発見し,事業に関わる利害関係者がお互いに共有しうるコンセプトや方針を構築する段階

2. デザイン (design)
1.の段階で集約したコンセプトや方針を,生態的,技術的,社会・文化的,美学的,そして経済的に具体化する検討を行い,計画段階における自己評価等のプロセスを経て,ベストプラクティスとしてデザインを統合化し,さらに実施に移して竣工させるまでの段階

3. ポスト・デザイン (post-design)
2.の段階で完成した建築物を,運用開始後のライフサイクルに従い,性能や品質について継続的に事後検証し,その達成度,瑕疵,持続可能性等について評価する段階.検証結果から得られた問題点や知見は,常に実施されたデザインの改善・改修やその後の計画に反映される

フィードバック
フィードバック

■l　持続可能な建築環境デザインの循環フロー

年代に世界の大きなうねりとして研究が進み,わが国でもそれらの成果や知見をベースに,国としての共通したツール(ASBEE:建築物の総合的環境性能評価システム)の開発を産学官協同で終え,政策的な支援もあり急速に普及が進んでいる.

デザインの段階は,工事現場における監理まで含まれ,竣工・引渡しをもって一応の終了を迎える.着工から竣工まで,設計変更を伴わない工事現場などほとんどないといってよい.このデザインの最終段階の記録は,竣工図などの竣工情報として施主やユーザーに開示され,建築の環境情報として整理されねばならない.

●ポスト・デザイン (post-design)

建物が竣工し,ユーザーによる供用や運用が始まった後,その建物が実際に設計通りの環境性能効率を発揮しているのかを検証する.そして,検証の結果から瑕疵が発見された場合,原因の究明と改善や設計のやり直し等のアクションに移ることがこの段階の目的である.重要なのは,この事後検証や対策を場当たり的に行うのではなく,プレ・デザインの段階から意図的にデザイン行為の一環として位置づけることである.設計者がこの段階にも主体的に関わることによって,運用段階の現場の実態に触れ,そこから学んだ知見を常にデザインの質的向上に向けて反映し,担保することができる.

ただし,この事後検証も,建築環境の物理的・性能的な側面から,ユーザーや地域住民の側に立ったライフスタイルやワークスタイルなどの人的な側面までにおよぶことが想定される.したがって,ここでもプレ・デザインと同様に,関連するさまざまな領域からの分析と提案が要請される.

以上のデザインプロセスの過程では,その実効性を確保するために建築物の環境性能効率を高める「環境デザイン」と,建築物の環境経営に関する「環境マネジメント」の取組が不可欠であることを付記しておきたい.

[岩村和夫]

9-3 環境とは自分以外のすべて

【テーマ】環境エンジニアリング　　　　　　　　　　　　　　　　　　　　9　環境・地域・地球

●環境は入れ子を形成している

　自分を包み込むものすべてが環境である．そのため，「環境」というキーワードで連想するものは，その人のバックグラウンドにより異なってくる．

　建築環境工学の分野では，おもに，これまで「室内環境」を取り扱ってきた．しかし，建物が人にとってのシェルターとなり「室内環境」を形成していると同時に，建物は街の構成部品となり「都市環境」を形成し，「地域環境」に影響を与え，最終的には「地球環境」問題の原因ともなるという，広い意味での環境を取り扱う必要が生じてきている．

●人を取り囲む環境を整える

　人にとっての最も身近なシェルターはじつは服装であり，某服地メーカーは「衣服内気候」というコンセプトで快適な服地の開発・研究を行っている．これが，最も内側の環境であろう．

　これを除けば，室内環境が最も身近な環境であり，音・熱・空気・光が重要な構成要素となる．たとえば，室内温熱環境に関しては，通称ビル管法（建築物における衛生的環境の確保に関する法律）では，特定建築物に対して17～28℃の気温，40～70％の相対湿度を保つことが求められている．

●知的生産性を上げる環境

　従来の室内環境制御では，光や熱などに関して均質な環境を提供することや，汚染物質などのマイナスの環境を抑制することに主眼が置かれていた．これに対して，人の暑さ寒さの体感を表すPMV（predicted mean vote）という指標による空調制御や1/fゆらぎをもった送風制御，香り空調などのプラス要素を付け加える試みが行われている．

　また，新たなマイナス要素としてホルムアルデヒドなどの揮発性有機化合物（VOC：volatile organic compounds）に対する対策などが課題となっている．

　最近，これらの室内環境の質を向上させることにより，オフィスの知的生産性を向上させるという研究が着目されている．オフィスワーカーは，その多くの時間を室内で過ごしているわけで，そこでの「生産性」が向上するならば，適切な環境制御に適切に投資することに十分なメリットが期待できる．

　省エネ的にも，28℃で冷房する我慢の省エネではなく，さっさと仕事を片付けて，残業しないで家に帰るのも得策ということか？

　適切な環境制御といっても，複雑な自動制御ではなく，個人の好みに応じた操作を可能とするパーソナル化（たとえば，ホテルの客室にファンコイルの強・弱の切り替えがあるだけでもクレームが減るといった）を採用することにより，不満足感が緩和されるとされている．

●建築を取り巻く環境にやさしく

　建築が与える環境インパクトとしては，典型7公害として，大気汚染・水質汚濁・土壌汚染・騒音・振動・地盤沈下・悪臭がある．これらの環境インパクトは，直接的に認識され，厳しい法規制を受ける．

　しかし，最近では，都市のヒートアイランド現象につながる熱排出や建物からの光の漏れを問題とする光公害，電波障害・電磁波障害などの新しい公害にも配慮する必要がある．

　さらに，ユニバーサルデザインに配慮する，建物周辺の公開空地に居心地のよい空間を提供する，ビオトープをつくり生態系の再生に貢献する，既存樹木を保存する，など，地域と建物の性格に応じたさまざまな取組をお互いに行うことにより，周辺の建物とともに良質な街並みを形成することに配慮していかなければならない．

●地域インフラストラクチャーの負荷を軽減する

　建物の活動を支えるインフラストラクチャーとしては，交通網，電力・ガスなどのエネルギー供給，水の供給，排水設備，ごみの回収などがある．

　欧米のグリーンビルの評価では，公共交通利用の促進や自転車利用の促進を評価の項目に入れている例が多いが，日本の都市部では，あまりピンとこない．しかし，パーク・アンド・ライドという自家用

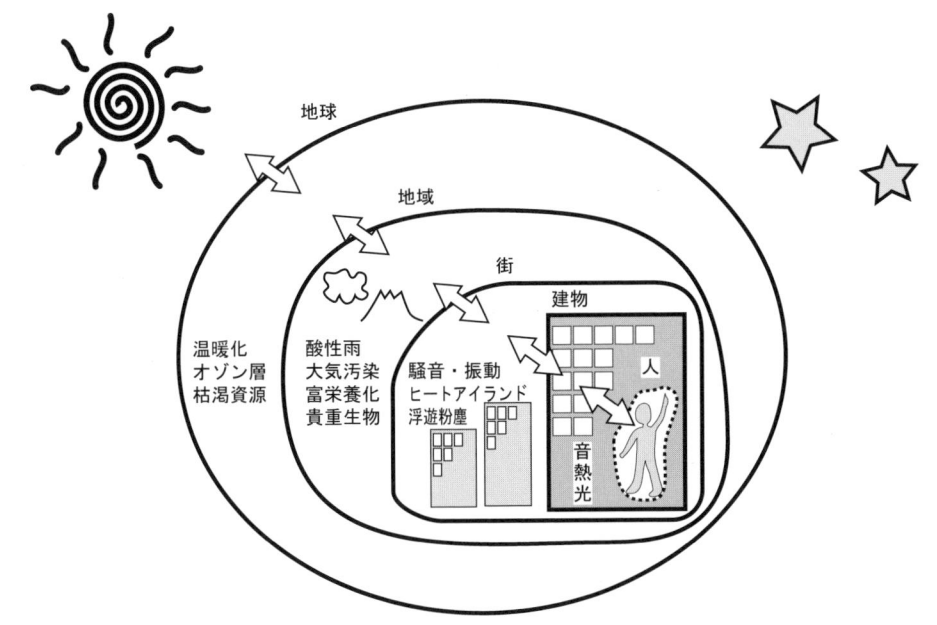

図1　環境の入れ子（筆者作成）

車の都市中心部乗入れ規制，集合住宅におけるカーシェアリングなどの新しい試みが行われている．

また，静脈系の取組としては，雨水利用，生ごみ処理による廃棄物削減などの取組がある．とくに，雨水利用は水資源保護と強雨時の都市洪水防止，震災時の非常用水確保など，複合的効果が期待でき，環境配慮設計の必須メニューとなっている．

● **ライフサイクルにおける環境負荷を軽減する**

地球環境へのインパクト（環境への負荷）として，化石エネルギーを含む資源の枯渇，地球温暖化，オゾン層破壊などがある．これらの環境問題は，地球全体のシンクとソースが有限であることから発生する．

とくに，CO_2排出やフロン放出は，これまで，環境へのインパクトがあるとまったく認識できなかったことであり，実際の建物のオーナーや利用者にとって，現在でも直接的には実感がない．これに対しては，建物の建設から廃棄に至るまでの長期にわたる影響を総合的に評価するLCA（life cycle assessment：ライフサイクルアセスメント）の手法が整備されてきており，これらの評価方法を用いて，建築資材の製造，建物の設計・施工・運用・修繕・更新・解体廃棄の各フェーズにおいて，それぞれ，有効とされる対策を講じていくことが求められている．

● **環境品質・性能の向上と環境負荷の低減を図る**

建築物の総合的な環境性能評価手法として，CASBEE（comprehensive assessment system for building environmental efficiency）が用いられるようになってきている．この評価手法では，敷地境界で区切られる仮想閉空間を考え，その内側の環境への取組を「環境品質・性能の向上」で評価し，その外側への環境影響を「環境負荷の低減」で評価している．

これにより，BEE：建築物の環境性能効率＝(Q：建築物の環境品質・性能)/(L：建築物の環境負荷) を定義している．このBEEは，"Factor 4"などの著書で有名な環境効率のアナロジーで定義しているもので，たとえば，環境性能・品質を2倍にして，環境負荷を1/2にする取組により，効率が4倍になるという考えである．

とくに，建物はそれ自体が「環境」となるものであり，省エネルギーなどの「環境負荷の低減」を心がけるだけではなく，高品質の社会資本となる建物を供給するために，「環境性能・品質を向上」させることも重要な使命である．

［佐藤正章］

9-4 建築が及ぼす環境負荷はどのくらいか

【テーマ】環境負荷　　　　　　　　　　　　　　　　　　　　　　　　　　　　9　環境・地域・地球

●建築活動によって発生する各種の環境負荷

建築活動に伴って発生する環境負荷を考えるときには，時間的経過を追うライフサイクル的な視点と，種々多様な環境負荷が同時に発生する広角的視点が不可欠である．

ライフサイクル的視点からは，建築資材の原料採取過程から始まり，資材製造・加工，建設現場での施工，竣工後の運用と日常的な保守，大規模な改修や更新，そして解体除却して廃棄物の適正処理に至るまでの，それぞれの過程を詳細に把握する必要がある．

つぎに環境負荷の多様性であるが，大気汚染防止法や水質汚濁防止法等，法規制によって許容値が定められている物質の種類ごとに排出量を把握すると同時に，地球温暖化防止のように，法規制が部分的にしか行われていない重要物質に関する量的把握，さらには最近話題となっている微量でも有害性が高い物質として，アスベストや鉛，ヒ素，六価クロムなど，必要に応じて多様な情報を必要とする時代となってきている．また場合によっては，新鮮素材の使用量や，リサイクル材の使用量，廃棄物の最終処分量等のような，代替特性値を用いて環境負荷量を把握する場合もある．

このような，ライフサイクルにわたる多様な環境負荷量を把握する手法としては，LCA（ライフサイクルアセスメント）手法が開発され，ISO 14040シリーズの規格も制定されて，実施例がしだいに増加しつつある．

●環境負荷の定量的把握手法

建築のライフサイクルにわたり発生する環境負荷を具体的に求めるためには，膨大なデータベースを適切に活用する必要があるし，場合によっては既知のデータが不十分で，類似プロセスから推定するなどの経験を要する部分が多く残されている．

しかし，近年の環境意識の高まりのもと，数多くのデータが整備されて公表されつつある．また，建築物のライフサイクル環境負荷分析を行った研究報告も出始めている．これらの既往研究を適切に参照することによって，膨大な作業は大幅に縮小可能となるので，この分野の情報を熟知することが，効率的作業の必要条件となろう．

現在，幅広く使用されているデータベースや評価手法としては，下記のものがあげられる．

・日本建築学会・地球環境委員会から発表されている「建築物のLCAツール」
・建築環境・省エネルギー機構が開発した「CASBEE　建築物総合環境性能評価システム」
・産業環境管理協会作成の「ライフサイクルアセスメント実施支援ソフトウェア JEMAI-LCA Pro」
・国土交通省官庁営繕部の「官庁施設の環境保全性に関する基準（グリーン庁舎基準）」に記載されている，ライフサイクル新鮮素材量や廃棄物最終処分量計算手法

この計算事例として，2005年12月に公表された，日本建築学会の「建築物のLCAツール Ver. 4.0」に示されている計算結果の一例を■Iに示す．

●環境負荷の分野（カテゴリー）別統合評価

建築活動に関してLCAを実施すると，詳細な分析であれば膨大な種類の環境負荷物質を対象とする必要が生じる．しかし，データベースの不備や，過去の研究蓄積などから，かなり限定した範囲の環境負荷物質で，分析を実施する事例がほとんどである．この場合でも，二酸化炭素や特定フロン，硫黄酸化物や窒素酸化物，浮遊状粒子などは重要な負荷物質と考えられる．問題解析の目的によっては，CODやBODのような水質汚濁系環境負荷物質が，あるいはアスベスト，ホルムアルデヒド，ヒ素，六価クロムなどの微量有害化学物質が重要な対象となることもあろう．さらには，土地の開発面積や，資源採取量などを評価対象に組み込む事例もある．

このように，多様な環境負荷ごとに排出量などが求められたとして，総合的な適否や優劣判定はどのように行えばよいのであろうか．この問題について

は，過去に多くの研究がなされ，「分野（カテゴリー）別統合評価」が定着してきた．この手法は，たとえば大気汚染分野では，法律で人体に対する許容濃度の基準が示されており，関連する各種環境負荷物質に許容値の逆数で重みを付けてから単純合計する手法である．ただし本手法では，個々の分野内では一応合算値の妥当性がみられるが，地球温暖化と大気汚染と生物種の減少の間で統合化を図るようなことは不可能であり，多数軸のレーダーチャートや棒グラフ表示を用いたり，論拠がはっきりしない重み付けを採用して一つの数値で表示したりしている事例が多い．

● 環境負荷の単一指標による統合化評価

多様な環境負荷を，単一の統合化指標にまとめて表現する試みは，ここ10年ほどの間に多くの提案がなされ，一部で実用化されている．この手法の主流は，法規制などの目標値と実態との乖離に着目した「目標との距離法」と，科学的文献による環境負荷と人間の健康との関係などの定量的因果関係から統合する「被害算定型」の二者であろう．前者の代表例は，スイスで開発されたEP（エコポイント）97や，日本で開発されたJEPIXがある．一方，後者の代表例は，オランダ開発のEI（エコインジケータ）99，スウェーデン開発のEPS 2000，そして日本開発のLIME（ライム）がある．

いずれの手法でも，各種環境負荷物質について，単位量当たりの有害性を単一の指標で示している．よって，各環境負荷物質の排出量にこの指標値を乗じ，全体の合計値で環境への有害性を一元的・定量的に表現できる．さらに，EPS 2000とLIMEでは，環境有害性を金額換算して表示しており，以下に述べる環境会計になじみやすい統合化手法といえよう．

もちろん，このような統合化手法には種々の問題点があり，異論を唱える人も少なくはない．なかでも，現時点では統合評価時における各種物質の有害性の重み付けに，非常に幅の広い差異がみられる場合もあり，いくつかの異なる統合化手法による評価を並列的に実施することが望ましいとされている．また，人間の生命の損失や生物の多様性減少を金額換算する部分については，根本的に相容れないと主張する人も存在する．しかし，本手法を用いることだけで最終意思決定をするのではなく，思考の一手段として使用することで，より適切な総合判断が可能になると考えれば，現時点でもむげに否定するものではないと考えている．

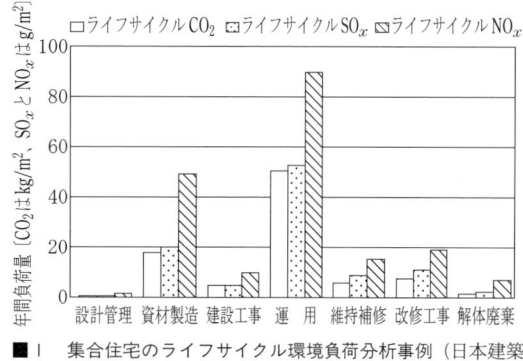

● 建築プロジェクトへの環境会計の適用

建物を計画し設計する際に，その建物のライフサイクルにわたる環境負荷量を求め，それを低減するための投資額と，これによる効果を対比しながら，適切な水準までの環境保全策を導入するのが理想的であろう．いままでは，環境負荷のなかでも一部の二酸化炭素量などは試算されることが増加しているが，二酸化炭素排出量削減にどの程度まで投資するのが適切であるか，判断基準は確立していなかったと考えられる．

このように，ある行為に伴う環境負荷量削減にあたり，投資費用と効果量を対比的に把握する手法は「環境会計」とよばれている．効果量が金額換算されることによって，会計的視点から，わかりやすく最適設計点が探索できるようになってきている．

このような環境会計手法の適用例は，建築分野ではまだ報告例は少ないが，環境保全に熱心な製造業界では，いくつもの試行がなされており，各社の環境報告書などに結果が記載される事例が増加している．製造業では，1年間の企業活動を集計して環境会計を実施しているのが通例である．しかし建設行為は，一般に個々のプロジェクトが一品生産で，費用が巨額で数年間にわたり継続して実施されるのが通例である．よって，建築プロジェクト単位の環境会計が必要と考えられ，今後の導入が待たれるところであろう．

［酒井寛二］

9-5　室内の環境と都市の環境

【テーマ】環境エンジニアリング　　　　　　　　　　　　　　　9　環境・地域・地球

●どんな環境でも不満足を感じる人がいる

　建築環境にかかわる者として，快適な環境を提供することを使命と感じているが，じつは，どんな環境を提供しても，つねにだれかは不満を感じていることを認識しておく必要がある．

　たとえば，人が暑さや寒さを感じる際，空気の温度・湿度，気流速度，周辺からの放射熱，その人の活動状態，服装により影響をうける．これらを考慮した温熱感の指標としてSET*（修正新有効温度）が有名である．

　一般的なオフィスでは，従来の気温の表記と同様に約22〜26℃が快適範囲とされているようである．しかし，じつは，これは不快を感じる人が少ない範囲ということで，同じくらいの活動状態で同じくらいの服装であっても，個体の差により，不満を感じている人が5〜20％程度（予測不満足者率：PPD）いるとされている．まして，服装の差や活動状態の差などがある場合には，その環境に満足した人と不満な人が必ず混在することになる．

●環境を感じさせない工夫

　「空気のように感じる」という言葉は，「大切であるが存在感を忘れている」という意味で用いられる．人にとっての室内環境のよさは，第一に空気のような，環境の存在を感じさせないことである．

　室内における温熱環境の不快としては，窓からの強い放射熱による「ほてり感」，上下温度差があることによる「足元の冷え」や「頭ののぼせ」，ドラフト（過度な冷風や温風）を感じさせることである．

　視環境では，たんなる作業面の照度だけでなく，人に眩しさ（グレア）を感じさせない工夫が必要となる．

　音環境でいうと，オフィスには，人の会話やコピー機，電話の音，空調装置の音が溢れている．重役室などの特別な個室空間以外では，これらの音を元から断つことはできないので，吸音性能の高い天井・床仕上げとすることが快適性の向上につながる．また，オープンオフィスなどで，「意味ある音（会話など）」が執務環境を乱す場合には，「意味のない音（雑音など）」で聞こえにくくするという「サウンドマスキング」などの試みも行われている．

●環境を感じさせる工夫

　どんな環境でも不満足を感じる人が何割かは存在すると述べたが，オフィスに均質な空間を提供することだけが快適なオフィスを創造することではない．

　タスク＆アンビエントという考え方がある．「アンビエント」は最大公約数的な環境を空間全体に対して提供し，「タスク」は個々のスペースで必要とされる環境を付加する仕組みで，空調や照明でこの試みが行われている．

　たとえば，空調の省エネを目的として，全体を28℃で弱冷房するが，各個人の席近傍にパーソナルな空調装置を設け，その人が快適と感じるように制御するという考え方である．この場合には，タスクの空調を個人でコントロールできるようにすることにより，むしろ存在を感じさせ，満足感を高めることも可能となる．

　照明でいえば，オフィスで700 lxの照度を必要と考えた場合，アンビエント照明で350 lxを確保し，残りの350 lxをタスク照明で確保するというようなことが行われる．この際，アンビエントの350 lxというオフィス全体の「暗さ」を打ち消すようなグレア（直接光）を作為的に感じさせる工夫を行う例もある．

●室内にいて外を感じさせる工夫

　日本のテナントオフィスの設計に際して，均質で大きな平面を確保することが求められるケースが多い．これは，テナント内のレイアウトの自由度が高いという，会社組織の柔軟性を重視した考えである．

　しかし，ヨーロッパの環境配慮建築の例をみるといかに窓のあるオフィスを造り，各席から窓までの近さを確保するかが，設計の課題のひとつとなって

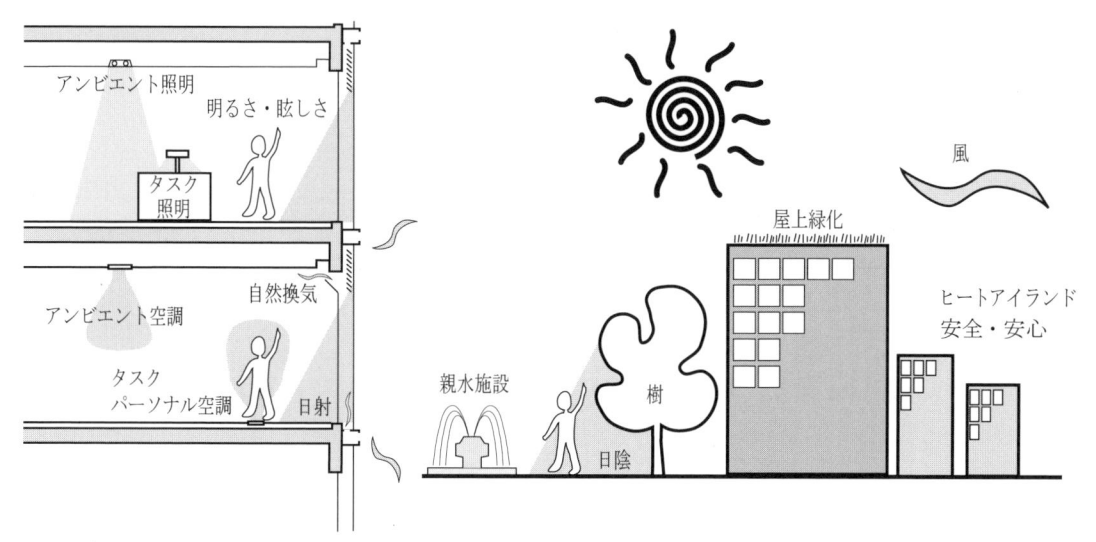

■1 屋内の環境と都市の環境（筆者作成）

いて，環境的にも，窓が開き自然の風を感じ，自然光を感じさせるオフィスでなければ，テナントが入らないという話をきく．

清潔で効率的な養鶏場のブロイラーと庭を歩き回る地鶏とどちらがよいかを，つい考えてしまう．

超高層オフィスビルの例であるが，エレベーターホールに外の天気（雨の有無）が表示され，雨が降っているのに傘を忘れて外出するのを防止する工夫がされている建物がある．建物の内外を結ぶ窓に本来あった機能が失われているということである．

最近の設計例であるが，都心部の超高層ホテルの客室の窓台に自然換気が可能な開口を設けた例がある．開ける頻度・時間は少ないと思われるが，外を感じさせる工夫が，超高層の客室の閉塞感を緩和させる働きがある．

● 街に出て環境を感じる

建物を作る際，居住者に快適で機能的な空間を提供するとともに，他の建物とともに，快適な街を形成することを考えていかなければならない．とくに，総合設計制度を活用した大規模施設に公開空地を設ける場合には，そこに人が集うことができる心地よい場所を提供することがひとつの課題となる．

同じ公開空地でも，人が滞在し賑わいを感じさせる空間と，そうでないたんなる通路的な空間，人の立入りを暗に拒絶するような空間まである．人が集う空間としては，ベンチや木陰や親水施設のあるサンクンガーデンなどの心地よい半屋外空間の例がある．ここでは，人がある程度長い時間滞在したくなる仕掛けがある．

緑化，親水施設は，景観的・心理的な意味もあるが，真夏に日陰を提供したり，蒸散による冷却効果や，周辺の壁や床などの表面温度を低下させることにより，その場の温熱環境を実際に緩和することができる．

また，サンクンガーデンやキャノピーなどによるビル周辺の強風緩和，真冬でも天気のよい日には「陽だまり」を提供する空間，ファーストフードに隣接するベンチのにぎわい，人が適切な距離をおいてつねににぎわう空間，バリアフリーへの配慮，女性・子供への防犯・安全の配慮などが求められている．これを具体化する設計は，時として相反する場合もあり，きめ細かな配慮が必要になるが，これらの配慮をそれぞれの建物で適切に行うことにより，心地よい街が形成される．

ところで，最近，建物内の禁煙・分煙化が進んでおり，このため，建物周辺の憩いの空間が喫煙所に変容し，タバコを吸わない人が近づきたくない雰囲気を形成している例がある．屋外空間の分煙化も今後の課題と考える．

［佐藤正章］

9-6 都市の未来ビジョンはどのような形式で語られてきたか

【テーマ】都市の未来ビジョン　　　　　　　　　　　　　　　　　　　　9　環境・地域・地球

●人類の欲望の拡張装置としての都市ビジョン

都市のビジョンは古来さまざまに描かれてきた．人はなぜ都市のビジョンを描くのだろうか？　現実の都市や文明に対する批評として空想的に描かれる場合もあれば，現実化に向けた青写真として描かれる場合もある．

20世紀には人類史上最多の都市ビジョンが提案されてきた．これは，全世界的に近代化，工業化，人口増加と都市への集中化が進み，大都市の役割がこれまで以上に重要になってきたからにほかならない．人類の文明の象徴として都市があり，都市の発展と文明の発展はパラレルな関係だった．そういう意味で，20世紀の都市ビジョンはすべて未来に向けて自身を拡張してゆくビジョンである．そのなかで拡張の手法，発展の仕方のバリエーションがさまざまに提案されてきた．

●20世紀初頭の二つの都市ビジョン

20世紀初頭に，画期的な二つの都市ビジョンが相次いで発表されている．どちらも，それまでの権力をもつ立場で描く理想都市ではなく，都市で生活する普通の人間のために捧げられた構想である．これら二つが20世紀の都市ビジョンの幕開けといってもいい．工業都市（1904）は，トニー・ガルニエ（Tony Garnier）の構想で，人口3万5000人の中都市の構想である．新しい時代の基盤を工業としてとらえ，余暇や生活部分などと分離した計画になっている．同時代的には無視された形になったが，後にル・コルビュジエを通してCIAM（近代建築国際会議）のアテネ憲章に影響を与えてゆくビジョンである．ゾーニングなどの近代の都市計画の概念が明確にされている．たんに機能的だけでなく，「秩序が支配している．それは実利的な解決と美的な解決との結合から生じている」（ル・コルビュジエ）といわしめたビジュアル的要素も後の都市ビジョンに多大な影響を与えた．

田園都市（1898，1902改訂）は，エベネザー・ハワードの構想で，人口3万2000人の衛星都市の構想．「都市と農村の結婚」にたとえられるこの計画は，大都市の過密を解消するための新しい郊外都市の必要性を説くものである．郊外都市といっても自立した小都市であり，大都市に従属することはない．それが理念であるダイアグラムにも強く現れている．また，ハワードは夢想家にとどまらず，これをロンドン近郊のレッチワースやウェルウィンといった場所で実現させていった実務家でもあった．

●ル・コルビュジエと丹下健三の都市ビジョン

20世紀を代表する建築家の一人，ル・コルビュジエは生涯にわたり精力的に都市のビジョンを提案してきた．代表的なものだけでも，300万人のための現代都市（1922），ヴォアザン計画（1925），輝く都市（1935），アルジェ計画（1930，33，42），線状工業都市案（1939），チャンディガール都市計画（1951）などがあり，とくに最初の三つは執念的なほどまでに構想を練り直しては繰り返し提起している．ル・コルビュジエの場合，建築においては転身を繰り返しつつ傑作を次々と生み出してゆく才能をもってしても，なかなか現実化できない都市計画こそ自らの想像力を最大限かきたてる究極の理論的対象だったのかもしれない．自分の建築理念を最も純粋に表現する手段としての都市のビジョンである．逆説的だが，その理論性，純粋性ゆえに，どこの土地に縛られることもなく世界中に影響を与え，模倣され粗悪品も含みながら伝播していった．

それと対照的に，20世紀の日本を代表する建築家，丹下健三においては都市計画こそ目の前の切実な現実的な対象だった．同じく多くの都市のビジョンを提案してきたが，それらの対象はル・コルビュジエに比べてより具体的，個別的テーマをもっている．

大東亜記念造営計画案（1942），東京計画（1960），築地再開発計画案（1964），スコピエ再建計画（1965），21世紀の日本/東海道メガロポリス（1970），ボローニャ計画（1984）など多くの都市ビジョンを提起してきたが，彼の建築のデビュー作品

■1　丹下健三の東京計画1960（栗田　勇編（1970）：現代日本建築家全集10 丹下健三，p. 97，三一書房より）

ともいえる広島ピースセンターもひとつの建築の範疇を超え，公園と一体となって原爆ドームを永遠に記憶するための巧妙な都市軸を備えた都市のビジョンである．丹下健三においては，それぞれの都市のビジョンには明確な解決すべき問題を備えている．戦前の国家の姿を象徴する富士山を望む都市ビジョン，戦後の高度成長のインフラとしての都市ビジョンなど，きわめて個別に具体的な都市ビジョンである．それは，戦争によって焦土と化した日本の再建にかける責任感ともいえる．東京計画で提案された開かれた都市軸と海上都市は，形と方法は変えても現在の東京湾に都市域が拡張する姿に重なる，きわめてリアリスティックなビジョンでもある．

● 都市ビジョンの形式性

都市ビジョンにおける既往研究のなかでも広汎で優れた網羅的研究として，市村雄作「都市ヴィジョンの形式性に関する研究」（2003）がある．この論文は17世紀から現代に至るまでの都市ビジョンを集めてその形式性について考察している．これによると，さまざまな都市ビジョンに共通する要素の背景に大きく三つの本質的な概念がある．

それは，一本の巨大超高層や同心円状の都市計画などに見られる「集約する」という概念，多数本の超高層やブリッジ状のインフラあるいは単位の繰返しや成長・増殖などを用いた「空を埋める」という概念，そして，描かれる計画地全体の境界を明確にして周囲と断絶し，明確なゾーンや用途を「分離する」という概念の三つであり，20世紀の都市ビジョンのほとんどは，これらの三つの要素の組合せによる意識の構成から分類される．そうしてみると，意外に私たちの都市ビジョンの形式の背景にある意識には拡がりがないことがよくわかる．

● 21世紀の建築家と都市ビジョン

20世紀は拡大の時代であった．そのなかでつねに未来は成長し続けることが信じられてきた．都市のビジョンもその明るい未来を謳歌するものであった．しかし，地球環境問題や人口減少などの新しい課題を抱える21世紀の現代において，ただ無邪気に人類の欲望を増加させるための装置としての都市のビジョンは転換期を迎えている．たとえば，2050年の縮小する社会の都市のあり方を問いかけた「fiber city」（大野秀敏）など，これからの都市ビジョンのあり方自体が問われている．

都市はビジョンをもつべきなのか，あるいはもたなくても存在し続けるのが都市なのかという問いに答えはない．ただ，私たちが都市を考えるとき，都市とは何であるのかという問いかけ自体が都市のビジョンである．

［鵜飼哲矢］

9-7 巨大化するアジアの都市

【テーマ】巨大都市　　　　　　　　　　　　　　　　　　　　　　　　　9　環境・地域・地球

●巨大化するアジアの大都市

アジアの大都市は急激なペースで巨大化している．国連が各国の統計をまとめて発表している"World Urbanization Prospects"（2005）によれば，1970年代までは，東・東南アジアで人口が1000万人を超える都市は，日本の東京（圏）しかなかったが，1985年あたりを境にアジアで「1000万都市」が急激に増え，現在では中国の北京・上海，インドネシアのジャカルタ，フィリピンのマニラなども1000万都市となっている．500万人以上の都市を数えても，1975年には東京や上海のほか，韓国のソウルなど5都市しかなかったが，2005年にはタイのバンコク，ベトナムのホーチミンシティなど15都市に増えている．

また驚くべきは，巨大都市の人口の増え方である（■1）．1985年を1.00としてその後の伸び率をアジアの主要都市で比較すると，すでに安定成長期に入っていた東京では，2005年でもせいぜい1.16程度と人口がそれほど伸びていないのに対し，東南アジア諸国（たとえばジャカルタは2005年で1.95と20年で約2倍のペース）と中国の各都市（たとえば上海は2005年で1.84）は，大きな伸びを示しており，今後も高い伸びが予想されている．

●過小評価されている都市人口

さらに，アジアの巨大都市の人口は中心都市の行政界を超えて進む成長と，人口統計の制約によって，たいていの場合，過小評価されている．

"World Urbanization Prospects"（2005）によれば，東・東南アジア諸国の中では2000年現在，東京が3445万人で，第2位上海の1324万人を大幅に上回って第1位である．しかしこれは東京の人口が京浜葉大都市圏（＝ほぼ1都3県に相当，面積約1万4000 km^2）で計算されているのに対し，上海は上海市（面積約6000 km^2）のみで計算されたために出てきた結果であり，平等な比較になっていない．急激に成長する巨大都市では，中心都市の行政圏を超えて周辺県市でも人口が急増する．こうした周辺県市の人口が算入されていないと，実態としての都市人口は過小評価されることになる．

また，アジア各国では統計に含まれない都市人口が多い．多くの東・東南アジア諸国では，大半の人は移住しても出生地の住民票を動かさないので，移住先である大都市の人口は過小評価される．中国では都市への居住が制限されてきたことから，不法に都市に滞在する「盲流」（現在では出稼ぎを意味する「民工」）とよばれる人々が多く，上海だけでその数が数百万人近くいると予測されている．

●高度経済成長と巨大都市

なぜ，東・東南アジア諸国で巨大都市が形成されたのか．

1985年9月の先進5カ国蔵相・中央銀行総裁会議で，各国が協調して為替レートをドル安に進めることに合意するいわゆる「プラザ合意」が行われ，顕著な円高が進むようになる．それまで輸出大国として鳴らしていた日本に代わり，すでに工業化が始まっていたNIEs 4カ国・地域の輸出と高度経済成長に拍車がかかり，さらにいくつかのASEAN諸国の工業化が本格化する．

こうした経済成長のなかで，製品を加工・輸出しようとする外資や地元の大企業の工場は，安くて良質の労働力を大量に求めて，大都市に立地するようになる．とくにグローバル化が進展し，「かんばん方式」がもてはやされるような現代の生産システムにおいては，原材料の調達から製造，組立，販売，さらには設計やマーケティングを担う各機能が地理的に近い位置にあることが求められる．競争のなかで高付加価値化が求められるようになればなるほど高度な機能や有能な人材が必要とされるようになり，工場も大都市とその近傍に集中する．

こうして巨大都市に立地する工場には，農村の人々がより豊かな生活を求めて集まり，そこで労働集約的な工程を中心とした各機能を担う．若者が一人で出稼ぎに来て，結婚して子供をつくり，家族で大都市に住むようになる．さらに田舎から家族や親

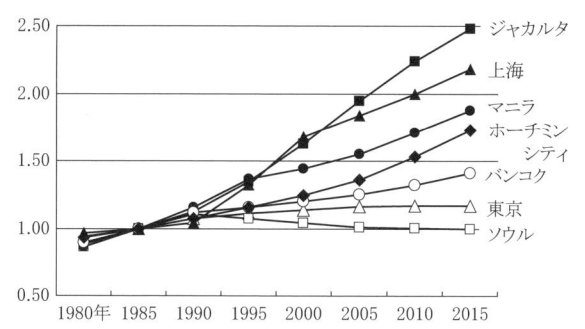

■1 アジア主要都市の人口の伸び（1985年＝1.00）（国連（2005）：World Urbanization Prospects より）

■2 大都市に広がる旧市街地とニュータウン（上海）

戚を呼んで，一緒に住むようになる．また人口増加にしたがって拡大するサービス産業，たとえば屋台営業，飲食店従業員，タクシー運転手などの仕事も同時に増えるようになる．こうしたことから，東・東南アジア諸国にとって巨大都市の形成は，経済成長と密接な関係がある．

● 農村を捨てて巨大都市へ

しかし，経済成長だけが都市化の原因ではない．農村の，もっぱら若く安い労働力が大都市に押し寄せるのは，より豊かな生活を求めて大都市に「引き寄せられる」要因だけではなく，疲弊し貧困にあえぐ農村から「押し出される」要因も強く影響している．統計をみても，多くの東・東南アジア諸国のように発展著しい国々だけではなく，まだ工業化もままならず経済成長率も低いままである後発発展途上国とよばれる国々でも，都市化だけは着実に進行している．

開発途上国の多くの農村では，植民地経済におかれた時点で，すでに自給自足的な農村生活が営めない状態となっていた．そして工業化が始まり，第1次産業の位置づけが相対的に低くなると，産業構造の変化とグローバル化の進展によって，農業による1次産品の価格が著しく下落し，もはや農村での生活が成り立たなくなる．

そうしたなかで，テレビから流される大都市での便利で豊かな生活を眼にするようになり，あるいはたまに出稼ぎから帰ってくる知合いの羽振りが急によくなったりするのを見るにつけ，貧乏で退屈な農村の生活から抜け出したいと思うようになる．そうした人々が，巨大都市の人口増大を担っているのである．

● 巨大都市が生み出したもの

巨大都市が生み出したものとして，東・東南アジ

ア諸国に限ってまずいえるのは，その高度で長期の経済成長を支えたエンジンとしての役割である．グローバル化のもと，生産と消費の両面で大きな人口（労働力と市場）が欠かせない製造業にとって，都市が巨大であることは何よりも大きなアドバンテージとなった．また人々の生活も昔に比べてたしかに豊かになったといえるだろう．東・東南アジア諸国全体で絶対貧困層が急激に減少していること，またNIEs諸国はもとよりタイなど一部のASEAN諸国でも，いわゆる「中間層」にあたる人口が増大していることがそれを物語っている．

しかし多くの東・東南アジア諸国，とりわけ成長段階の初期にあるような国々ではいまだ貧富の格差が大きく，巨大都市に住みながら農村以上に悲惨な生活を強いられる人々も少なくない．なかでも劣悪な居住環境であるスラムの広がりは，巨大都市の負の側面を代表するものである．農村から出稼ぎに来たものの住む場所のない人々は，同郷の親戚や知合いなどを頼ってスラムに住む．スラムは衛生状態や治安も悪く住民自身にとっても大きな問題であるし，都市全体の計画的な整備にとっても大きな障害となる．

大気汚染や水質汚濁をはじめとした公害や交通渋滞などの問題も，東・東南アジア諸国の巨大都市では例外なく深刻化し，時には人命を脅かすほどのものとなっている．中央政府や地方自治体は，経済成長を急ぐあまり公害問題への対応は概して遅れがちになり，被害が拡大するケースが多い．

グローバル化する現代の趨勢として都市化は回避しがたいが，巨大都市の成長は功罪のバランスをみながら計画的に制御していくべきだろう．

［瀬田史彦・大西　隆］

9-8 ハイテックサステイナビリティ

【テーマ】ノーマン・フォスター　　　　　　　　　　　　　　　　　　9　環境・地域・地球

●クリマトロフィスの夢

　ノーマン・フォスターがバックミンスター・フラーの大きな影響のもとにそのキャリアを始めたことは，日本ではあまり知られていない．「クリマトロフィス」(1971)，「サミュエル・ベケット・シアター」(1971)，「インターナショナル・エネルギー・エキスポ」(1978)，そして「フラー自邸」(1982)．フラー自身の死によって中断された自邸まで，じつに四つのプロジェクトがフォスターとフラーの共同設計という形で残されている．いずれのプロジェクトも，フォスターが実施設計を行うという条件で共同設計が進み，未完のままに終わったのだが，30代後半の若きフォスターが進んでフラーに師事しようとした現代建築史の重要なエピソードであることには違いがない．そしてたしかに，フラーの業績の延長線上にフォスターの建築を置いてみると，二人の方法論の共通項が明瞭に見えてくる．ピンジョイントを多用した構造的アプローチ，テンション材の利用による建築のライトネス，そして省エネルギーに対する工学的・美学的な態度．フォスター自身は，フラーからの影響を以下のように述べている．

「晩年のフラーと仕事ができたのは本当に光栄だった．彼はパクストンの様なテクノロジーの真のマイスターであり，モラルの本質を意識し，地球のはかなさを説いてまわり，エコロジーに対する地球的視野を，時代に先駆けて持っていた．彼の精神は今でも私を導いている」[1]．

　四つの共同作業のなかでも注目されるのが，初期のクリマトロフィスである．フラーが「モントリオール・パヴィリオン」(1967)を4年前に実現し，フォスターが実質的なデビュー作である「ウィリス・ファーバー＆デュマス本社」(1975)に着手した時点の共同作業において，二人の間にどのような議論がなされたのであろうか．資料を見ると，テンション材で固定されたオフィス階の積層と，それを大らかに包み込むエンヴェロップであるから，クリマトロフィスは基本的にはモントリオール・パヴィリオンの発展形であることがわかる．しかし問題はそのエンヴェロップで，どうもその機能を巡って，二人の間に方法論の相違があったのではないかと私は考えている．なぜならば，フラーがモントリオール・パヴィリオンで試みていたのは傘状の日射遮蔽装置がついたシングルスキンの建築であり，フォスターが「セインスベリー視聴覚センター」(1978)などで展開していくのは設備階や熱緩衝スペースを統合するダブルスキンの建築であるからである．

　フラーの建築を読み解いていくとわかるのだが，「ウィチタハウス」(1946)やフラードームにおける環境的なコンセプトとは，風圧差を利用して外気を取り入れ，それをエンヴェロップ沿いに下降させ，さらに中心のシャフトで吸い上げる空気循環システムである．つねに流体のイメージが先行するのがフラーの特徴であり，日射など熱に対する防御も弱かったのだが，そこには球というプラトン立体の完全性はシングルスキンによって表現されるべきである，という理想論があったようである．状況証拠ではあるが，フォスター事務所に残されたフラーのスケッチを見ると，描かれているのはエンヴェロップのトラス自体がくるりと反転する4次元的な日射遮蔽装置であり，そこには何が何でも1枚の表皮にすべての機能を統合するのだ，というフラーの執念が現れているように思われるからである．

　いずれにしても，クリマトロフィスは実現されることはなかった．1978年にもほぼ同型の「インターナショナル・エネルギー・エクスポ」が構想されるのだが，これも計画案にとどまった．しかしセインスベリー視聴覚センターの設計時に，フォスターがフラーに3次元曲面のエンヴェロップの実現可能性について意見を求め，フラーが「球体でも難しいから現状では無理」と答え，形状が直方体となったという逸話[2]や，完成したセンターにフォスターがフラーを案内したところ，「この建物の重量はどれくらいか」と質問を残していった[2]という話を聞く限り，二人の知的交流は続いたようである．仮に一

つでも彼らの共同設計が実現したならば，フラーからフォスターへと受け継がれたサステイナブル建築の系譜は，より明示的に歴史に刻まれたであろう．

● 30年後のクリマトロフィス

その後のフォスターの仕事を見渡してみたい．セインスベリー視聴覚センターにおいて技術的アプローチを明確にしてからは，「香港上海銀行」(1985)，「スタンステッド空港」(1991)，そして日本の「センチュリータワー」(1991) など，各国で数えきれないほどの重要な建築を手がけ，それぞれに技術的構想力を発揮してきたことは周知の通りである．環境論的な特徴を一つだけ挙げるとすれば，それは日射・日照のコントロールを建築的表現に結実させたことであり，ニームの「カレ・ダール」(1993) の庇ルーバー，そして香港上海銀行の巨大な日照反射板などが，強い印象をもって思い起こされてくるだろう．太陽に対するフォスターの興味は，トーマス・ヘルツォークがEUのエネルギー政策を反映するかたちで率いた"READ (Renewable Energy in Architecture and Design)"会議への参加や，その実践編として関わった「ソーラーシティ」(2005) に如実に現れているが，とくに1999年の「ドイツ国会議事堂」において示された，可動の日射ルーバーと議会への反射装置による動的な日射・日照コントロールは，サステイナブル建築の一つの技術的到達点として歴史的評価を与えられるべきものだと思われる．なぜならば，それはフランク・ロイド・ライトにおける光天井，ル・コルビュジエにおけるブリーズソレイユ，ルイス・カーンにおける設備階やシャフトのように，建築の一般構成言語として発展する大きな可能性をもっているからである．

日射・日照コントロールの重要性は，今後のサステイナブル建築の需要を考えていくと，より際立ってくる．現在，急激な都市化が進んでいるのはアジア，南米，アフリカであり，たとえばカラチ，ムンバイ，リオ・デ・ジャネイロなど蒸暑地域でのエネルギー消費が切実な問題として浮上する．日本の実績を当てはめると，家庭と業務のエネルギー消費は半々だが，通風と日射遮蔽が比較的導入しやすい住宅と比べると，業務施設，とくにオフィスの省エネルギー手法の歴史はまだ浅く，熱負荷の軽減に対する建築の回答もまだ蓄積は少ない．それに加え，コンピュータ機器による内部発熱も増加しているから，冬期の冷房運転も必要となるケースも増えている．現在，超高層オフィスでの外気導入が各地で試みられているのも，大局的にはそれが地球環境の問題に大きく関与していることが背景にある．

フォスターが2004年に送り出した「スイス・リ本社ビル (30セント・メリー・アクス)」は，その意味でも，大きな喚起力をもつ建築である．日射遮蔽はダブルスキン内のブラインドで行い，スパイラル状に配された6本のエアダクトによって外気の導入を図る．全体が回転するようなジオメトリーをもっているために，エアダクトの下部が風に対して正圧となったときには，上部はその反対側，つまり負圧側に来ることになる．つまり，風がどの方向から吹いてきたとしても，一定の換気効果が見込まれることとなるのだが，この考えは何かに似ていないだろうか．

そう，スイス・リ本社ビルは，ダイマクシオンハウスやウィチタ・ハウスなど，フラーが追い求めたエンヴェロップに対する時を超えた応答なのである．そしてフォスター自身も，この建築について「30年をかけて，クリマトロフィスを実現できた」と述べ，先達への言及を忘れない[3]．セインスベリー視聴覚センターでは設備に占められ，ジオメトリーも単純化せざるをえなかったエンヴェロップが，フォスターの長きにわたる実践の果てに，ようやく空気循環のシステムを内包した透明な表皮へと進化を遂げたのである．それはフラーとフォスターの個人的交流の成果であるとともに，現代のサステイナブル建築を方向づけた，忘れられてはならない思想の継承である．建築はそのように歴史によって成立し，次の建築を用意する．だからこそ，フラーからフォスターへ受け継がれたサステイナブル建築の思想は，私たちの新たな建築を生み出す豊穣として，幾度も参照されていくべきだと私は思う．

注記：本稿は拙稿「GLAの背後にあるもの」(Glass & Architecture『サステイナブル・アーキテクチュアの射程』，2003年3月) をもとに，「スイス・リ本社ビル」のサステイナブル建築史における意義を探ったものである．

[太田浩史]

文献
1) Norman Foster (2000)："Buckminster Fuller". "On Foster... Foster On", Prestel.
2) Norman Foster (1988)：Buildings and Projects Vol. 2 (1971-1978), Watermark.
3) 同上．フォスター事務所のHP (http://www.fosterandpartners.com) 上でもクリマトロフィスへの言及がある．

9-9 環境時代における省エネルギー建築の役割

【テーマ】省エネルギー施策　　　　　　　　　　　　　　　　　　　　　　　9　環境・地域・地球

●環境問題と建築の省エネルギー

環境問題が世界の課題となった．日本も地球温暖化防止条約（いわゆる「京都議定書」）を批准するなど，環境問題を国家的な課題として取り上げ，その解決に取り組んでいる．大げさにいえば，環境問題の本質は，人類の文明的な拡大と有限なる地球環境との対立にあるといえるので，それを解決するには両者をいかにすり合わせるかがポイントとなる．しかし，そこまで大上段に構えなくても，エネルギー効率の高い工業製品を開発したり，安全で無駄のない社会システムを構築したりすることは，近代科学の大きなテーマになることは確かである．

いうまでもなく，人類の発展や居住域の拡大においては，エネルギーの製造と利用が重要な鍵になってきた．都市・建築，あるいは人間の居住との関連でいえば，エネルギーのなかでも「熱エネルギー」の利用と供給が大きなポイントであったといえる．たとえば，火と暖房によって人間は太古の時代に居住域を寒冷地まで拡大したし，近年は冷房設備が大都市の高層ビル群に高密度な第3次産業を誕生させ，それらを発展させてきた．また，暖房や給湯は病気の予防や衛生的な生活のためには欠かせないものであり，人類の長寿命化に大いに貢献している．

現代建築やその集合体である都市においては，暖冷房や照明などをみてもわかるように，建築の機能と居住性を確保する目的で，大量のエネルギーが消費されている．逆に，エネルギーの供給がなければ現代の建築は機能停止に陥る．しかし，冒頭で述べたように，エネルギー資源問題や地球環境問題の観点からエネルギー消費を削減させるという社会的制約も課せられる．それゆえ，そのジレンマを現実的に緩和あるいは解決せねばならず，そのためにエネルギーの供給および使用における「管理」，つまり「省エネルギー」が必要になる．建築では，企画から解体に至る全段階で省エネルギーに対する配慮が求められるが，消費量が圧倒的に多くて重要と考えられる段階が「運用の段階」である．通常，建築の省エネルギーというと運用段階における省エネルギーのことである．省エネルギーというと，「我慢してエネルギーを節約する」という意味にとらえる人がいるかもしれないが，現代の省エネルギーでは，生活や居住の質を低下させたり我慢を強要したりして消費量を減らすことは含まれない．生活の質は低下させずに消費量を削減することが省エネルギーである．すなわち，現代版の省エネルギーとは，エネルギーの合理的な使用と管理のことであり，「エネルギーの消費効率」を最大化させる行為のことである．

●省エネルギー建築の考え方と省エネルギー基準

建築の省エネルギーを語るためには，建築でどれくらいのエネルギーがどのような目的に使われているかということを知らなければならない．建築で消費されるエネルギーは，統計としては民生部門消費として計上されるものであり，日本の2002年の統計では，1次エネルギーで4.28 EJ（エクサジュール＝10^{18}ジュール），比率としては，全消費の約27％である．このうち，業務用と家庭用の比率はほぼ1対1である．業務用においても家庭用においても，全消費量の50～70％は空調（暖冷房）や給湯などの熱としての需要に消費されている．したがって，これらの消費に対する省エネルギーがまず取り組むべきテーマとなる．

建築の省エネルギーにはさまざまな手法や技術が考えられるが，それらは，①建物の負荷を低減する建築設計，②エネルギー効率を高める設備設計，③建物・設備の適正な制御・管理，の3要素に大別できる（■2）．①は断熱や日射遮蔽，平面計画上の工夫など，建物の外皮の性能を高めることによって暖冷房や照明の負荷を小さくすることである（■1，■3）．②は適切なゾーニングや機器容量を設定したり，効率のよい機器を採用したりしてエネルギーを無駄使いしない設備システムを設計することである．③は建物と設備を適正に使用・管理して無駄なエネルギー消費を省くことである．また，太陽

■1　太陽電池を取り付けた日除けルーバーが建物を覆う糸満市庁舎（撮影：日本設計(株)）

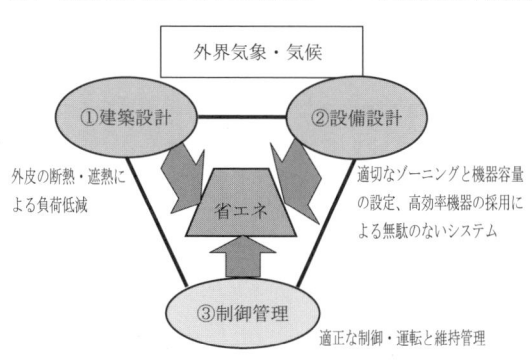

■2　建築の省エネルギーにおける3要素（筆者作成）

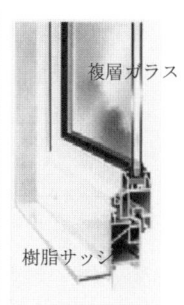

■3　省エネ性能の高い断熱窓　複層ガラスと樹脂サッシ（シャノン(株)ホームページより）

光発電などの自然エネルギー利用設備を採用することもエネルギー削減に寄与する．理想的にはこうした省エネルギー手法を数多く採用することが省エネルギー性を高めることになる．しかし，省エネルギー手法を採用すればするほど初期コストも増大するので，現実には費用対効果のよい手法をセレクトして採用することが肝要になる．

日本では，1979年に公布された「エネルギーの使用の合理化に関する法律」（いわゆる「省エネ法」）に則って，建築物に対しても省エネルギー基準が制定されている．しかし，罰則規定がない法令であるので，この基準には建築基準法のような強制力がない．この基準は，業務建築用と住宅用に分かれているが，どちらも基準の枠組みは■2に示すようなものであり，省エネルギー的な外皮設計と設備設計，そして適切な運用・管理を求めている．

●省エネルギー基準の今後

環境時代においては，省エネルギー建築は当たり前のものとなる．省エネルギー基準も強制とはいかないまでも，省エネルギー措置の届出が義務化されるなど，基準の運用が強化される．最低ラインの省エネルギー性能については，かなり厳しく要求されるであろう．そして，それを補完する形で，より高度な省エネルギー建築については，ラベル表示などによって，一般人にもわかるようにその性能が「可視化」されると考えられる．すでにEU諸国では，こうした建築の省エネルギー性能の表示が実現しており，日本もこうした手法を採用するものと予想される．

［坂本雄三］

9-10 地球環境に優しい建物とは

【テーマ】ライフサイクル評価　　　　　　　　　　　　　　　　　9　環境・地域・地球

●ライフサイクルアセスメント

　建物の地球環境に対する影響を評価するためには，建物の一生における環境負荷を総合して評価することが重要である．建設してから解体するまでの建物の一生はライフサイクルとよばれ，これを通した評価手法が「ライフサイクルアセスメント（life cycle assessment：LCA）」である．地球環境に対する影響の中でも，現在最も重要視されているのが地球温暖化問題であり，その影響を計るためには，地球温暖化ガスのうち代表的なCO_2がどれくらい排出されるかという総量に換算して比べることが一般的である．このCO_2排出の量を建物の一生で足し合わせたものを，建物の「ライフサイクルCO_2（life cycle CO_2：$LCCO_2$）」とよんでいる．

　たとえば，住宅のライフサイクルは，建設，居住，更新，解体・処分などに分けられ，そのさまざまな段階で地球温暖化に影響を与えるので，これらをトータルで評価しなければならない．建設時では，建設現場で使われる建材の製造，現場までの輸送，現場で使う重機などでエネルギーを使う．また，居住時には冷暖房，給湯，調理，照明，家電などでエネルギーを消費し，十数年に一度行う改修工事においても，新たに追加される建材の製造や除去した建材の処分などにエネルギーを使う．そして，最後の解体時にも解体工事と解体材の処分にエネルギーを使う．こうして使ったエネルギーを，地球温暖化の影響を計るためにCO_2排出の量に換算し，これらすべてを足し合わせたものがライフサイクルCO_2である．

　実際に住宅のライフサイクルCO_2を考えると，短時間で最も大きな影響を与えるのが建設時である．建設時のCO_2の排出量のほとんどは，建材などの製造エネルギーである．鉄，コンクリートなどは，膨大なエネルギーを使って製造されており，それらの値は輸送や建設に使われるエネルギーよりはるかに大きい．一方で居住時に排出されるCO_2の多くは，毎日使う電気，ガス，上下水道などに起因しており，1年単位でみると建設時のCO_2とは比較にならないぐらい小さい．ところが，これをライフサイクルでみると建設時よりも居住時のほうがはるかに大きくなる．30年寿命の一般的な住宅であれば，居住時のCO_2排出の総量が7割程度を占めることになる．この割合は住宅の寿命が長くなるほど大きくなる．したがって，住宅のライフサイクルCO_2を削減するためには，居住時のエネルギー使用量を抑えることがまずは最も重要となる．

　ここで，冷暖房エネルギーを削減するために高断熱化をした場合，居住時のCO_2排出の量は減ることになるが，建設時のCO_2排出の量は断熱材の製造・輸送エネルギーの増分に応じて増加する．高断熱化の地球温暖化対策効果をみるためには，このトレードオフの関係を踏まえて評価する必要がある．このことからも，ライフサイクルで評価することが重要となるのである．ただし，このような住宅のライフサイクルCO_2を正確に計るのは難しい．建設時では，住宅に使われる膨大な部品・部材の製造エネルギーや輸送，建設工事におけるエネルギーを調べなければならない．また，居住時のエネルギー消費の計算に必要な，将来の暮らし方や設備機器の使い方を事前に決めることは難しいし，建物寿命に至ってはあくまで想定でしかない．さらに，エネルギーをCO_2排出量に換算するためには「CO_2排出原単位」とよばれる係数を使うことになるが，これにはいくつかの種類が公開されており，計算の目的により，適切に選択する必要がある．また，すべての材料について原単位が揃っているわけではなく，とくにリサイクル材や新エネルギーについては一般的に使える原単位はほとんど公開されていない．このように，正確な値を出すことは難しいが，その住宅が想定される暮らし方で想定される寿命を全うした場合のある値の算出は可能である．

●環境に優しい建物の事例

　地球環境に対する負荷が小さい「環境に優しい建物」とはどんな建物だろうか．木造の住まい，緑に

■1 ロンドンのサステイナブルハウジング BedZED 外観

覆われた大学のキャンパス，ハイテクな省エネルギービルなど，人によってそのイメージはさまざまだと思われる．また，本来建物は，居住する人間が幸せになるために建てるものであるから，環境に対してだけではなく，人間にとっても快適で優しい建物であることが必須なのはいうまでもない．地球温暖化など，地球規模の環境問題が注目されるようになって以来，住宅・建築の分野では「環境に優しい建物」の研究と建築が世界的に行われている．このような「建物」は，当初さまざまなよび名があったが，最近では持続可能な建物，「サステイナブル・ビル（sustainable building）」などと称することが一般的になってきた．

ベディントン・ゼロエミッション・ディベロップメント（BedZED）（■1）は，ビル・ダンスターにより設計されたサステイナブルハウジングの好例である．ロンドン南部近郊の都市型エコビレッジにあり，ヨーロッパで最初のCO_2排出量ゼロの街区として2002年に完成した．住宅が82戸のほか，事務所スペース，職住兼用のワンルーム型マンションから構成されている．断熱・気密性が高く，太陽光発電や再生可能な生物燃料を使って，石油などの化石燃料の利用を抑えた住宅団地である．自然換気，水の再利用などのさまざまな技術が採用されており，そこで生活する居住者のライフスタイルについても提案がなされている．たとえば，車を共同で利用したり，電気自動車を利用したりすることが奨励されており，電気自動車の電源も太陽電池パネルを利用する徹底ぶりである．また，ここでは，職住近接の住まい方により，車への依存度の少ない生活が可能で，居住者は，通常徒歩，自転車または公共交通機関を利用している．そのため，通勤に伴う化石燃料消費を削減することができる．建物屋上に設置された装置は回転するウインドカウル（風を利用した換気塔）である．機械エネルギーを利用せずに，温まった室内空気が排出されるのと同時に，取込み口からの新鮮な空気を暖める熱交換機能を有している．南に面したテラスは住宅への日当たりを確保し，北に面したルーフガーデンには，南向きの郊外の庭で2mのフェンスがある場合と同程度の日射を期待できる．南側立面は，パッシブソーラーゲインを最大限に得ることができるペアガラスのサンルームゾーンと内部の二重構成になっている．太陽熱によるエネルギーは住宅の暖房需要の最大30％にも相当する．太陽電池パネルは，発電装置としてだけでなく，日除け，プライバシースクリーンとしても使われている．また，コージェネレーション（熱電併給）プラントを持ち，隣接する市と協同で実施する林業プロジェクトから出る木材チップをガス化したものによりディーゼルエンジンを稼働させている．水を1カ所に集めリサイクルする設備も備えている．雨水をテラス基礎部のタンクに蓄え，水洗トイレと庭の灌水に用いる．各住戸の家電製品についても，EUで定めた高効率ランクのものが設置利用されている．建物のハードと居住者のライフスタイルというソフトをベストミックスする工夫により，快適でCO_2を排出しないカーボンニュートラルの生活を実現している．

［秋元孝之］

9-11　汚染土壌を自然に還す

【テーマ】環境汚染防止対策技術　　　　　　　　　　　　　　　　　　　　　9　環境・地域・地球

●汚染土壌と建築

　土壌汚染とは，都市空間の基盤である地盤が，人間の生産活動により排出された廃液や廃棄物に含まれる重金属，廃油，有機溶剤，農薬などの有害物質により汚染されることである．地盤が汚染されると，汚染は地表付近の土壌だけでなく，地下深くに浸透し，人間の大切な水資源である地下水までも汚染することになる．また，建設活動に伴い掘削される有害物を含んだ土砂の不適切な処理は，さらなる汚染地盤の増大を招くことになり，工場跡地等の都市再生，都市再開発では，汚染土壌の問題は避けることのできない問題である．

●土壌汚染に関する法規制

　日本における土壌汚染に関する法律は，1970年に成立した「公害対策基本法」のもと，他の公害関係法と足並みをそろえて定められた「農用地の土壌の汚染防止等に関する法律」に端を発する．市街地の建設用地に対して，土壌という用語はふさわしくないが，農用地に対して定められた法律から準用されているため，土壌汚染という用語が，法律上用いられているとともに，広く使用されている所以である．市街地の土壌汚染について一般的に認知されたのは，2002年に制定された「土壌汚染対策法」（2003年施行）である．この法律は，25種類の有害物質の汚染の状況を把握し，人の健康被害の防止措置を定め，土地の所有者または汚染原因者に土壌汚染対策を実施していくことを定めている．しかし，土壌汚染対策法は，人の健康保護を目的としたものであり，都市再開発等で問題になる土地取引の円滑化を目的として作られているものではない．土地取引に際して，宅地建物取引業法では，重要事項説明のひとつとして「土壌汚染」を記述する責任がある．また，土地の市場価格を評価する際に，土壌汚染の影響を評価することが国土交通省「不動産鑑定評価基準」のなかで求められている．土壌汚染の問題が取引に際し生じた場合には，民法上の瑕疵担保責任などの規定も適用される．

●汚染土壌を調べる

　土壌汚染状況を把握し，対策を講じるための調査は，資料等調査・概況調査・詳細調査の流れで行われる．土壌汚染対策法で定められている特定有害物質は，カドミウム，シアン，鉛，六価クロム，砒素，水銀，セレン，ふっ素，ほう素の重金属等が9種類，トリクロロエチレン，テトラクロロエチレン，ベンゼン等の揮発有機化合物が11種類，PCB，有機リン化合物の農薬等が5種類，計25項目である．

　資料等調査は，土地の登記簿，過去から現在にいたる航空写真・住宅地図などを収集し，土地の利用履歴を調査する．調査の結果，工場やガソリンスタンド，クリーニング店のような汚染物質の可能性がある利用が確認された場合には，聞取り調査や現場踏査を行い，対象地の状況や有害物質の使用状況を把握する．

　概況調査では，土壌ガス（揮発性有機化合物），土壌試料（重金属や農薬など）を採取し，土壌汚染の有無，および土壌汚染の平面的な広がり状況を把握する．土壌汚染対策法に準じた概況調査では，汚染のおそれがある区画では100 m²に1カ所，汚染のおそれが少ない区画では900 m²に1カ所で調査を行うことになっている．当該地区に井戸等が存在する場合には，地下水試料も採取し汚染の状況を把握しておくことは重要である．地下水汚染の有無は，都市再生・再開発計画にとって非常に重要である．広い地域にまたがっている場合には，利害関係者の数は飛躍的に増え，「誰が地下水汚染源の原因者か？」は是非とも明らかにしておく必要がある．

　詳細調査は概況調査で土壌汚染の可能性があることが明確になった場合に実施する．ボーリング調査を実施し，一定の深さごとまたは地層の変わり目に留意し，試料を採取する．試料に含まれる有害物質の濃度を把握し，土壌汚染の立体的な広がり状況を把握し，地下水調査も必要に応じて行い，修復対策の方法を検討する．

■1　汚染土壌の掘削除去　汚染土壌の掘削（左）と浄化土の埋戻し（右）（筆者撮影）

● 自然に還す技術

　自然に還す技術は，英語では remediation（レメディエーション）とよばれており，わが国では浄化対策もしくは修復対策とよばれている．対象とする有害物質は，重金属類，揮発性有機化合物，農薬類であるが，重金属類はもともと自然界に存在し，そのバックグラウンド値を超えてきれいにする必要はないことから，修復対策とよばれている．

　土壌汚染対策法に規定される恒久的な浄化対策は，浄化と封じ込めに分けられる．浄化には原位置浄化と掘削除去があり，封じ込めには原位置封じ込めと掘削除去後封じ込めがある．前者は文字通り有害汚染物質もしくは汚染土壌そのものを対象地盤から無くしてしまう方法であり，浄化後の社会経済的なリスクは小さいが，再生に伴う工期は長くコストも高い．後者の原位置封じ込めは，対象地に汚染物質は存在するものの人に対する健康リスクに問題はないが，担保価値や都市再生後の住民感情等の社会経済的なリスクは高い．その分，再生に伴う工期は短くコストも安い．どちらを選択するかは，都市再生にとって重要な課題であるが，現在は土地取引に関する不動産評価が汚染の有無の二者択一的な評価になっているため，汚染浄化とくに掘削除去の方法がとられることが多い．実際には，土地利用の方策や土地そのものの利便性がもつ価値と土壌汚染の将来的なリスク評価により，土壌汚染の対策は決められるべきである．前者の方法をとった場合，実際の地価よりも浄化コストが高い場合も多く，そのような土地は未利用のまま放置されることになり，アメリカではブラウンフィールド問題として社会問題となっている．ブラウンフィールドはグリーンフィールドに対応する用語であり，土壌汚染の存在する土地のことをいう．都市部において未利用の土地がスラム化したり，犯罪の場を提供することになりかねないことから，連邦・州政府の公共の問題として取り扱い解決する方策がとられている．

　原位置浄化は掘削除去に比較すれば安価な方法であるが，掘削せずに汚染物質を抜き取ったり，分解したりする工法の特性上，工期の予測が難しく，掘削除去に比較すると完全に浄化したという証明も難しい．したがって，都市再生・再開発の現場では，敬遠される場合も多い．大規模な都市再生・再開発では，汚染除去のための掘削土量も大量であり，掘削残土搬出先の確保や環境的な側面も考慮すれば，土地利用方策を考慮した上で，原位置浄化法も併用していくことが望ましい．

　原位置浄化法には，原位置分解法と原位置抽出法がある．原位置分解法には，有機化合物や油を対象にしたバイオレメディエーション法（生物浄化法）や化学分解法がある．バイオレメディエーション法は，有害物質を分解する微生物の働きを利用する方法であり，好気分解を活性化させるために酸素や栄養塩を注入する方法や，嫌気分解を活性化するための有機物を注入する方法がある．化学分解法は，フェントン剤等の酸化剤を用いる方法と鉄粉等の還元剤を用いる方法が知られている．原位置抽出法には，地下の土壌中にある有害物質のうち，地下水や土壌ガス中に含まれるものを地下水や土壌ガスとともに地上へ取り出し，有害物質を回収し，汚染土壌を浄化しようとする方法である．いずれも実績もあり，信頼できる方法であるが，都市再生の場では出番が少ない．

〔今村　聡〕

9-12　ブラウンフィールド再生―シナリオ・プランニング

【テーマ】工業地の再整備　　　　　　　　　　　　　　　　　　　　9　環境・地域・地球

●ブラウンフィールドの再生

　ブラウンフィールドは，本来の意味としては「既開発地」全体を指すものである．政策や計画の対象となっているのは，「過去の利用により汚染された土地あるいは汚染の可能性がある土地であり，それがゆえに再生できずに放棄された土地」に限定され，定義も狭いものとなっている．ブラウンフィールドに対置する概念がグリーンフィールドであり，農地を含む緑地や未開発地と自然地の全体を指すものである．環境という視点から，新たな開発という要請に対してはグリーンフィールドを減少させず，極力ブラウンフィールド再生で空間需要に応える方向に先進諸国は向かっている．

　イギリスでは住宅増加の60％をブラウンフィールド再生で賄うとし，土地利用データベースにより放棄地や空き地，空き家を把握して再利用を促していく土地のリサイクルが重要な政策となっている．背景には，ロンドンなどの大都市では依然として空間需要があり，田園地域が消滅の危機に直面していることがある．ロンドンプラン（グレーターロンドンの空間開発戦略）が2004年に作成され，市長の政策の第一に，グリーンベルトの保護や市内の緑地自然地の保存を明確にして，成長の限界を設けること，逆にブラウンフィールド再生への積極的な転換をあげている．

　つまりブラウンフィールドの再生は，コンパクトシティやサステイナブルシティの考え方に沿うものであり，環境にやさしい都市構造への転換を促しているのである．しかし，アーバンルネサンスを目指し再生に熱心なイギリスにおいても，すでに人口減少期に入った日本においても，都市では開発という新たな空間需要は根強くある．ブラウンフィールドの再生を迅速に効果的に進めることが課題である．土壌汚染の解消など再生にはコストがかかり，田園地域や自然地を開発した方が全体の開発コストが安いために，常に田園地帯への膨張の圧力がある．

●土壌汚染対策と再生の課題

　日本では土壌汚染対策法が2002年に制定されている．対象となる土地は，有害物質使用特定施設となる工場や事業所に限定されており，実態の把握やその後の除去対策や跡地利用などのプログラムなどに遅れが見られる．二十数年前から土壌汚染に取り組んできたアメリカでは，ブラウンフィールドが60万サイトある．本格的に取り組み始めてまだ数年の日本では汚染が報告された事例は少ないが，ブラウンフィールドサイトは相当数あると推定されている．この情報管理や土壌汚染解消技術とリスクと対応する効果的な汚染解消，民間事業者のリスク管理と保険制度，さらには適切な再生を進める計画や政策が未整備である．

　アメリカでは2002年に「ブラウンフィールド再活性化法」によって再開発の優遇措置を適用することとなり対象も広がっている．ブラウンフィールド再生は，地域にとって新たな雇用や定住人口を生み出すとともに，周辺の自然地や緑地の保全につながり，コンパクトな市街地の維持や形成という地域空間構造の再編に寄与すると期待されているものであるからこそ，総合的な空間計画が必要とされる．

　工業化が進行した時期や都市の特性により違いがあるが，多くの都市では，都心のフリンジに老朽化した工場地帯や荒廃しつつある住工混在地帯がある．これは，都心の衰退に大きな影響を与えてきたが，現在は都心再生の障害となっている．

　再生計画は，工場地帯の道路などの社会基盤施設や環境の水準と人が住むなどの再生後の水準とはかなりの開きがあり，この投資をどう行うかが，個々の開発以前に大きな課題となっている．自治体が，都市全体の空間計画や空間開発戦略をもち，郊外開発を管理しながら都心とその周辺地域のブラウンフィールドへ投資を呼び込むことが必要とされている．

●京浜臨海工業地帯

　日本の場合は，本格的な工業化の時期が遅く都心や居住地から離れた工場地帯（工場団地）を形成し

■1　京浜臨海部，運河（左）と歴史的建造物（右）（筆者撮影）

ているケースもが多いが，産業構造の変化により空洞化してブラウンフィールドとなっているものが多いことは同じ状況である．ブラウンフィールド再生は東京都心など開発利益の大きな場所において民間主導で限定的に行われている．

ここでは，京浜臨海工業地帯という100年ほどの歴史をもち，4400 haという世界でも有数な集積地を取り上げる．欧米のブラウンフィールドとなっている工業地帯との違いは遊休化や転換が徐々に進んでいる点である．欧米は工場あるいは工業地帯が時代的にも設備的にも古く全体が遊休化するが，日本の場合は比較的新しくまた徐々に更新を繰り返してきたので，施設や設備が陳腐化していない．しかし，時間をかけて産業構造転換は進んでおり，重厚長大型産業の移転が予測される．

京浜臨海工業地帯には，運河や物揚げ場，貨物線など，ある懐かしさを感ずる空間がある．すでに運河に船の姿はないが，風景には魅力がある．多くの工場労働者を運んだ鶴見臨港鉄道も健在である．かつては海水浴場があり，遊園地や社宅など人が暮らす生活環境もあった．これらを物語る産業遺産が残るが，同時に京浜臨海工業地帯は生きた工場地帯である．

大気や水質あるいは土壌についても汚染があり，生産や物流などの経済活動から環境への負荷はまだ大きく解消すべき課題や問題は数多くかつ深刻なものがある．一方で，広大な土地や広大な水面をもつ臨海部の可能性もまた大きなものがある．とくに，その余地や余力と余裕をもった空間，冗長性や柔軟性がある．産業の転換だけではなく，生活環境や都市環境，そして地球環境に対する貢献の可能性がある．100年間，日本の近代を支えた工場用地はブラウンフィールド再生として再度注目されている．

● シナリオ型の空間計画

京浜臨海工業地帯を調べると，製造系から物流系へ機能も変わり，また，企業の研究開発施設や大学の研究施設などが新たに立地し，減少してきた従業員数に歯止めがかかっている．一部では大規模な住宅への転換も起こっている．不適切な用途混在や土地の細分化も見られようになり，神奈川県や川崎市，そして横浜市でも京浜臨海部のマスタープランの見直し行われている．

京浜臨海工業地帯が，環境に貢献する空間としての持続性，新たな活力を生む経済的持続性，周辺市街地との連携による社会的持続性を高めていくことを目標として，シナリオ型プランニングを横浜市と東京大学が検討してきた．シナリオは，それぞれに求められている（求められるであろう）特徴的な活動や環境，空間などを想定して，空間像と戦略を描いていく．それぞれのシナリオは独立して動いていけるだけの意味や範囲をもっている．相互の調整は，計画の段階で可能であり，また実施段階でも調整が可能なシステムが考えられる．①住み働く人の環境，②新産業等の複合，③新しい公共交通空間，④臨海と周辺市街地との共生，⑤資源循環等の環境貢献，⑥臨海文化の創造，⑦安全な臨海都市，という七つのシナリオを例示した．

京浜工業地帯という臨海空間は，立地条件もよく多様なシナリオが描け，かつ実現の可能性もある．限られた公共投資の効果的な執行や公民連携事業，市民組織の参加などの手法を検討する必要がある．

［北沢　猛］

9-13 住まいの換気―自然換気と強制換気

【テーマ】空気環境　　　　　　　　　　　　　　　　　9　環境・地域・地球

● 工法の変化と漏気量の減少

　日本の伝統的な住宅では，合板やコンクリートなど隙間のほとんどない面を作る材料が使われることはまれで，建具の気密性も低かったので，いわゆる漏気によって，ある程度の換気が得られていた．しかし，面材を用いた工法が多用されるにしたがって，隙間量も減ってきている．ある調査によれば，在来木造工法であっても相当隙間面積の平均値は$5.4 cm^2/m^2$となっており，調査対象のほぼ半数は気密住宅の基準値$5 cm^2/m^2$以下となっている（澤地孝男ほか（2004）：関東地域に建設された木造戸建住宅の気密性に関する実態把握及び漏気量推定値．日本建築学会環境系論文集，No. 580, pp. 45-53）．ちなみに，鉄筋コンクリート造の住宅や工業化住宅はさらに気密性の高いことがわかっている．

　建物内外の空気の流出入が生じる駆動力としては，風力，浮力（煙突効果）および送風機による機械力の3種類がある．戸建住宅の場合は，吹き曝しの場所に立つのでなければ浮力が主であり，集合住宅の場合には風力が主である．2階建ての戸建住宅の場合，冬期暖房期間においては$7〜8 cm^2/m^2$の相当隙間面積のときに平均して0.5回/時の換気回数が得られる．気密性の向上によって冬期であっても漏気量は必要換気量を満たしえなくなり，内外温度差の小さい夏期や春秋においては，窓を開けることを考慮しなければ，漏気量のみでは必要換気量の半分にも満たない．

● 窓開け換気の効果について

　漏気で十分でないとしても窓を開ければよいではないか，という考え方もありえよう．

　複数の窓を開けて通風換気を行う場合には，風圧力の大きさ，窓の大きさと配置などにもよるが，通常はきわめて大きな通風量が得られる．隣接建物の影響や間仕切りの通気抵抗によって通風量は変化するものの，窓を複数開放できる場合には，空気質維持の目的のためには十分すぎるほどの換気が得られると考えてよい．1カ所しか窓を開けられない場合にも風の影響によって換気量は増加するのであり，加えて単一の窓の場合においても温度差換気が生じる．したがって，窓をわずかでも開けた状態を維持できるのであれば十分な換気を得ることは可能である．

● 自然換気と強制換気

　想定される条件（床面積，戸内空間の高低差，内外温度差，外部風等）のもとにおいて必要な換気量を得るために，意図的に必要な大きさの通気経路を外壁などに設けることが計画自然換気である．

　そして，自然換気の対極にあるのが強制換気である．強制換気の機能を十分に発揮させるためには，設備技術者のみでなく建築設計者による理解が重要である．具体的事例についてその理由をいくつか述べよう．■1は現在使用されている換気システムとしては典型的なもののひとつであり，第1種換気設備または給排気セントラル換気システムなどとよばれるものである．また，■2は暖冷房機能と換気機能が一体化されたセントラル換気暖冷房方式の例である．

● 建築設計者として必要な確認事項

　必要な換気量を把握する：住宅全体の気積に対して換気回数0.5回/時の換気量が基本となる．

　換気経路を乱さない配慮：局所換気用の換気扇類等のために外壁に設けられた穴が停止時に塞がれていないと強制排気される空気の多くが，そうした穴から流入した空気となってしまう．また，■1のような換気システムの場合，各居室と廊下との間のドアなどにはドアアンダーカットを設けるなど空気が流れやすい工夫が必要である．

　換気部材に必要なスペースを確保する：換気システム本体やダクトなどのために必要なスペースを用意しなければ設置は困難であるし，設置できたとしても，さまざまな問題の原因となる．

　居住者がメンテナンスしやすいように配慮する：フィルターの清掃を長期間怠るとフィルターは目詰まりし，やがて送風機は動いていても換気がほとん

ど得られない状態になる．居住者自身で清掃等がしやすいような工夫が欠かせない．

組立後に換気システムの動作をチェックする：ダクトの接続まちがいや施工不良による不具合を未然に防止できるように内装仕上げ以前に，給気口から空気が出ているか，排気口へは空気が吸い込まれているか，ダクトに不自然な曲がりや接続不良がないか確認が不可欠である

● **さまざまな強制換気の方法**

以下ではいくつかの与条件を想定して，それぞれに適した強制換気の方式をあげてみる．

最も安価に済ませたい場合：一般の住宅には，局所換気設備が設けられる場合が多い．それらを組み合わせ常時運転することによって，排気セントラル換気（第3種換気設備）とする方法がある．

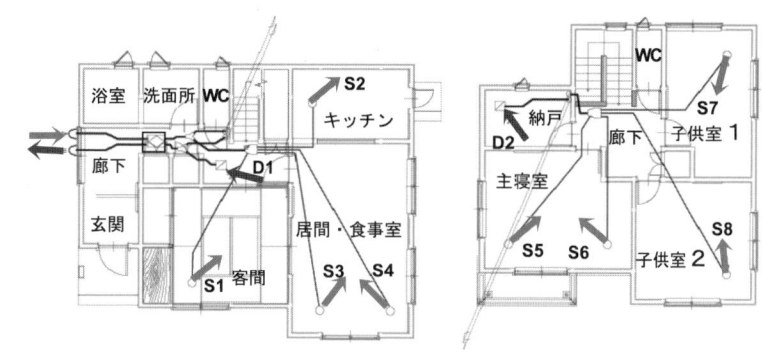

■1 住宅用強制換気システムの例（第1種換気設備：給排気セントラル換気方式）S1～S8が給気，D1およびD2が排気

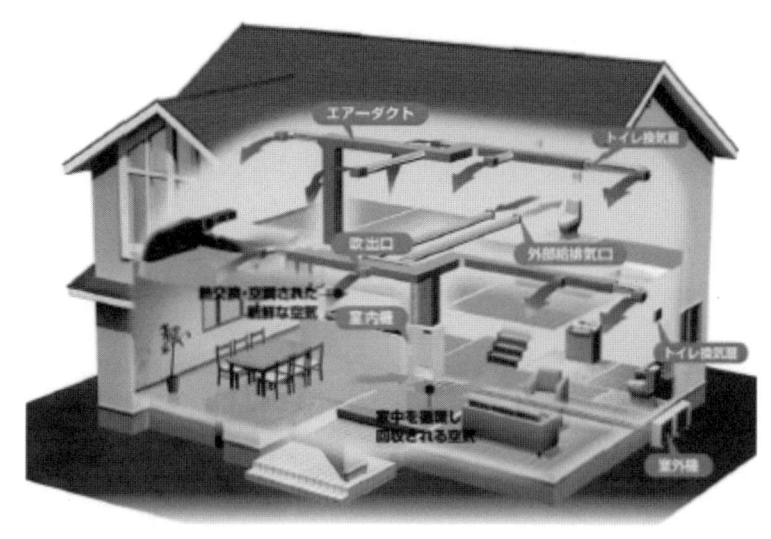

■2 セントラル換気暖冷房システムの例

建物外観の意匠性を重視する場合：換気方式よっては外壁面の貫通箇所が多くなり，外観に影響を与えるような場合も生じる．貫通箇所を少なくするためには，送風機の台数を減らすことであり，■1のような換気方式であれば貫通箇所は2カ所のみですむ．

極力ストレスのない暖冷房を必要とする場合：暖冷房の方法は住まい手の好みによって千差万別であるが，いわゆる■2のような全館連続空調によって適度で一様な温湿度を維持する方式を採用する場合には，一般に換気機能が含まれている．

騒音の防止を図りたい場合：外壁に設けられた換気口等からは，外部騒音が入りやすい．そのためには，ダクトを用いて，外壁端末から室内端末（給気口）までの距離を確保する（場合によっては消音ダクトを途中に入れる）方法がある．

電力消費を抑えたい場合：近年，直流モーターや高効率ファンを使用した送風機が普及し始めており，通常の送風機に比べて格段に省エネが図れ，電気料金も抑えることができる．

● **自然換気を活用するうえでの要件**

計画的な自然換気とは，隙間の量を把握したうえで不足分を換気口によって補い，必要な自然換気量が生じるように計画することである．たとえば，在来木造工法の2階建て住宅であれば，合計で4 cm^2/m^2程度に相当する換気口を居室に設け，ドアアンダーカットを設ければよい．排気塔を用いた計画自然換気手法の場合であっても，意図的に空気の流通経路を設ける点では同じである．このような計画自然換気手法では躯体の相当隙間面積を把握するなど，強制換気方式を採用する場合よりも高い設計者の力量が必要となる．また，暖房期間以外の季節においては，温度差換気駆動力が不十分となるため，強制換気設備の併設が必要である．　［澤地孝男］

9-14 暑さ寒さを適正に制御するには

【テーマ】熱環境　　　　　　　　　　　　　　　　　　　　　　　　　　9　環境・地域・地球

●快適な温熱環境

　人間の体にはその中心温度（core temperature）が約37℃に保たれるように食物の燃焼による産熱量と体表面からの放熱量のバランスをとる機能がある。このバランスが崩れてしまうと体温の調節がうまくいかなくなり，健康を維持することができなくなる。体温の調節のために手足の末梢部分の血管は，環境が寒冷の場合は収縮し，温暖な場合は拡張して体内の血流を制御して放熱量を変化させる。寒いときに体がふるえる現象も対寒反応のひとつであり，ふるえによる産熱によって体が冷却することで体温低下を引き起こすのを防ぐ役割をもつ。また，暑いときの発汗は，その蒸発によって皮膚表面からの放熱を促進させる効果がある。われわれが居住する温熱環境に対して寒い，暑いと感じるのは自身を健康に保つための高度な体温制御機能の反応にほかならない。

　温熱環境を構成する要素には，人体側の要素である代謝量，着衣量と，環境の物理要素である空気温度，放射温度，気流，湿度とがある。それぞれの要素の組み合わせ方によっては，その室内環境が居住者にとって快適なものとなったり，不快なものとなったりする。たとえば，空気温度が低いときでも適度な運動をすることにより代謝量が高くなれば快適であるし，スリーピースのビジネススーツを着た人にとって快適な環境も，Tシャツ，短パン姿の人にとっては寒くてたまらないことがある。温熱環境の各構成要素は，それぞれがある範囲内に収まっていればよいというものではなく，そのバランスが重要になってくる。また，瞬間的には快適と感じる環境であっても，長時間在室する場合にははなはだ適さないという場合もある。夏の炎天下を歩いてきた人が快適と感じるような低温の冷房設定は，長時間の事務作業には向かないものである。

●温熱環境指標

　人体の熱収支のバランスが崩れたときに人間は寒暑を感じる。人間は，温熱環境要素を個々に区別してではなく，それらが複合した影響を感じている。居住空間の熱環境が人間にとってどのくらい快適なのかを簡便に表す方法として数々の温熱環境指標が提案されている。そのうちの予想平均申告（predicted mean vote：PMV）は，1970年にファンガー（P. O. Fanger）により発表されたもので，1984年に，ISO 7730として国際規格化された。温熱環境の6要素を代入し，その環境下で大多数の人が感じる温冷感を数値（＋3暑い，＋2暖かい，＋1やや暖かい，0どちらでもない，−1やや涼しい，−2涼しい，−3寒い）として表現する。このスケールは，ASHRAE（米国暖房冷凍空調学会）の7段階温冷感申告尺度ともよばれる。PMVは人体の熱負荷Lに基づき算出される。ファンガーはPMVと予想不満足者率（predicted percentage of dissatisfied：PPD）の関係も提案している（■Ⅰ）。ISO 7730では，快適域として−0.5＜PMV＜＋0.5，PPD＜10％が推奨されている。

●局所不快の原因

　全身温冷感が中立となる条件であっても身体の局所に温熱的な不快を感じる場合があることに気をつけなければならない。通常の居住空間ではこの問題が頻繁に起こる。これらの局所不快の要因となるものには，不均一放射，ドラフト（不快な気流），上下温度分布，床温度がある。部屋の各表面温度がそれぞれ異なると，放射の不均一を引き起こす。とくに天井が暖かい場合と，壁が冷たい場合に不快感が増す。ASHRAE 55-2004の規準では，暖かい天井に対する放射の不均一の限界は5℃以内，冷たい窓・壁面に対する放射の不均一の限界は10℃以内としている。天井の断熱と窓の日射遮蔽・断熱の工夫が重要なポイントとなる。その昔，エアコンが一般的でなかった時代の夏場には，部屋の中の空気をかき回し，気流を増すことで涼感を得ることができる扇風機は大変便利であった。暑い場合に，高い気流速度が効果的ではある。しかし，空調時における必要以上に強い気流は，局所の不快を引き起こすも

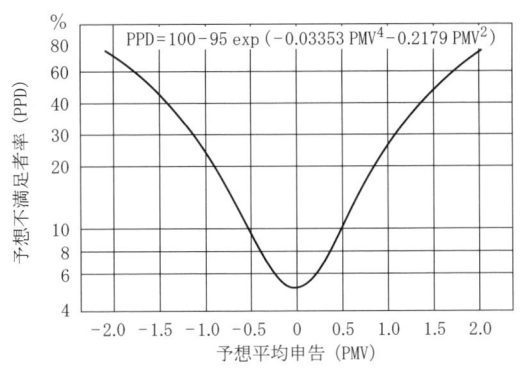

■1 予想平均申告（PMV）と予想不満足者率（PPD）の関係（ASHRAE 55-2004 より）

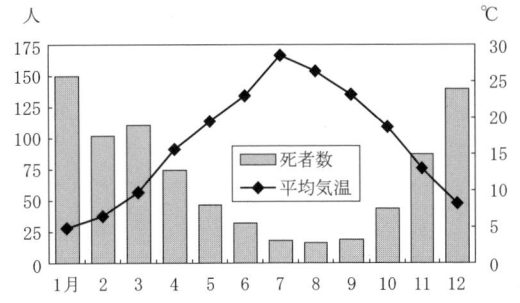

$$PPD = 100 - 95 \exp(-0.03353 \, PMV^4 - 0.2179 \, PMV^2)$$

■2 入浴中急死者数 東京23区，2001年度の数字（東京ガス都市生活研究所データより）

のであり，ドラフトとよばれる．平均風速だけでなく，気流の乱れの強さにも着目しなければならない．乱れの強さとは，平均風速からの変動分と平均風速の比をとったものであり，われわれの周囲にある気流は，そのほとんどが乱れを持っている．乱れの強さが大きければ，低い平均風速でも不快を感じる．室内の上下温度分布について，ASHRAE 55-2004 では在室者のくるぶしの高さと頭の高さの温度差が，3℃以内になることを推奨している．室内上部からの温風による暖房の場合には，上下の温度差が発現することが多いが，断熱・気密性能の高い居室であれば，冬季でもこの上下温度分布の推奨条件を満たすことができる．窓部で冷却された空気が床部に下降してくる現象（コールドドラフト）にも注意が必要である．ASHRAE 55-2004 では，室内の床温度は 19〜26℃の範囲とされている．これらの推奨値は，靴を履き，椅子に座ることを想定したものである．近年，わが国でも床暖房装置の普及が目覚ましいが，床に直接座るような場合には，低温やけどの原因となるような，体温よりも高い温度での使用は好ましくない．

●サステイナブル社会におけるライフスタイル

地球上で人類が暮らし続けるためのキーワードとしてサステイナビリティ（持続可能性）がある．建築のライフサイクルを通しての省エネルギー・省資源・リサイクル・有害物質排出抑制を図ることが大前提であるが，化石燃料をできるだけ使用しない究極の手法としては「我慢」というものがあるだろう．しかし，寒くても我慢，暑くても我慢，室内の空気がじめじめしていても煙っていても我慢をする，というのはナンセンスである．多くの人はもうエアコンのない熱帯夜には耐えられないのである．

現代の快適な生活を経験した人に昔の生活に戻るようにと諭すことは難しい．贅沢という意味のほかにも我慢が好ましくない事由がある．たとえば，とくに高齢者には大きな負担を与えるヒートショックである．ヒートショックとは，急激な温度変化が，身体に与える衝撃のことを指す．これからの高齢化社会を考えると，住宅内の温度差がきっかけとなり血圧が急激に上昇したり，脈拍が速くなったりするヒートショックの影響も無視できない．生死に関わる問題となるともはや「我慢」とはいっていられない．東京23区における入浴中に急死した死亡者数を示す（■2）．冬季の浴室では脱衣所と浴槽との間で極端な温度差があるため，急激な温度変化にさらされることにより血圧が大きく変化し，心臓や血管に対して負担となることの現れである．浴室やトイレを温める設備をうまく利用することも重要だ．毎日を安全で快適に過ごすことも「健やか」の範疇と思えば，そのための最小限のエネルギー消費はやむをえない．最新の技術を組み込んだ省エネルギー型のシステムをうまく使えるかどうかは，居住者のライフスタイルに大きく依存する．

日本では業務オフィス内の冷房の設定温度として28℃が推奨されており，2005年より夏季の軽装としてノーネクタイ，ノー上着ファッションのいわゆるクールビズが政府主導で実施された．夏季にオフィスの空気温度を26℃から28℃にすると約17％の省エネルギーになる．一方で，執務室温度の上昇は同時にオフィスワーカーの知的生産性の低下につながることが指摘されている．オフィスの室内全体を空調するのではなく，居住者の直近の局所環境を効率的に空調するタスクアンビエント空調方式などを採用することで，環境負荷削減と快適性，知的生産性を同時に実現することも考えたい． ［秋元孝之］

9-15 自然光を楽しむ建築

【テーマ】光環境　　　　　　　　　　　　　　　　　　　　　　　　　　　　9　環境・地域・地球

●厄介な直射日光

　天空光，地物反射光，それらの相互反射光といった自然光の源となる直射日光は，太陽からの強烈なエネルギーの流れとして大地に降り注ぐ。そのエネルギーを建築空間に取り入れることは，健康的な光環境の実現や人工照明のエネルギー低減などに有効である。一方で直射日光は，その強さと指向性により，グレア，手暗がり，空調負荷の増大といったさまざまな問題をひき起こし，また時刻や季節による流れの方向の変化，天候による量の変化など不安定であるため，一般に「採光」といえば天空光を活用する北側採光が中心として考えられているほどである。本項では，直射日光を利用して魅力的な光環境を実現している事例を紹介する。

●光と影

　直射日光はエネルギーの流れであるが，通常この流れは，水の流れのように目で見たり，風の流れのように肌で感じたりすることはできない。これは，光の流れの速度がヒューマンスケールではないうえに，空間を流れる光そのものを感覚的にとらえる術を人間はもたないからである。この流れをいちばん簡単に意識させるためには，流れの一部を遮蔽して，影を作り出せばよい。■1は，グラナダのアルハンブラ宮殿の開口部に設けられた幾何学パターン模様である。床面にその模様の投影図が光と影で構成され，そこに確かに直射日光の流れがたどり着いていることを強く意識させる。

　■2は，ジャン・ヌーベルによるアラブ世界研究所の開口部である。ここには，光の強さに応じて絞りが変化するように設計された幾何学的パターン模様が施されている。このケースでは，遮蔽により流れを意識させる効果に加え，流れの強弱の時間変化についても可視化される。

●採光装置による自然光の取得

　■3は，ル・コルビュジエ設計によるラ・トゥーレット大聖堂に設置されたさまざまな採光装置とそれにより実現された内部空間の一例である。ル・コルビュジエの片腕であったヤニス・クセナキスの貢献が大きいともいわれるこれらの採光装置は，光の機関銃・光の大砲などと名づけられ，さまざまな形状・方向に配置され，それぞれが取り付けられている空間の用途に合わせた演出効果を上げるよう工夫

■1　アルハンブラ宮殿の開口部（写真はすべて筆者撮影）
■2　アラブ世界研究所の開口部 
■3　ラ・トゥーレット大聖堂の採光装置　上と下は別の装置

■4 デルフト工科大学中央図書館の外観（左）と内観（右）

■5 浄土寺浄土堂 　　　　　　　　　　■6 キンベル美術館

されている．

● **建築化採光装置による明るさの確保**

■4は，メカノーによるデルフト工科大学中央図書館の外観および内観である．この図書館は，なだらかに盛り上がった小高い丘に埋め込まれ，半ば地下空間のような体をなしている．そして，中央部に設けられた円錐台形のドームと天井部に隙間が設けられ，ドーム外側で反射した光およびさらに天井面で反射した光が図書館周辺部に降り注いでいる．これにより，地下的空間の宿命である暗い閉塞感を感じさせず，また図書館という視覚的にデリケートな空間でありながら，直射日光によるさまざまな問題を解決している．ラ・トゥーレット大聖堂の場合は，建築物に取り付けられた採光装置という感が否めないが，この図書館の場合は採光装置がみごとに建築物と一体化しており，まさに建築化採光装置というべきすぐれた事例と考えられる．

● **建築物そのものを活用した自然光による演出**

■5は，重源上人により鎌倉時代に建立された浄土寺浄土堂および堂内の阿弥陀如来像である．浄土堂は，西側の蔀戸を全面開口して西日を取り入れることにより堂内が明るく照らし出され，また如来像の顔面が発光するように見え，あたかも阿弥陀如来の来迎のような非日常的な空間となることが知られている．この現象については，これまで正反射的な光の流れで説明が行われてきたが，近年になって拡散反射による相互反射等が大きな影響を与えている可能性が指摘された（坂田暁洋ほか（2006）：図形科学的手法による浄土寺浄土堂内の光環境の分析．日本建築学会環境系論文集，No. 603, pp. 17-23）．この現象についてはまだ未解明の部分も残されているが，形状・方位といった建築物そのものによりきわめて非日常的な空間を実現している例であり，建築設計における直射日光利用の可能性を拡げる手掛かりを与えるものである．

また，■6はルイス・カーンにより設計されたキンベル美術館の内観である．この建物は，サイクロイド曲線の断面をもつ曲面により構成される天井面と自然光反射装置により，きわめて均一な強さの光が天井面に導かれることで知られている．美術館であるにもかかわらず自然光が積極的に利用されており，また天井面とそれ以外の部分の明るさのバランスも調和がとれている．それに加え，中庭に面した窓面からは，スクリーンにより適度に減光された直射日光が差し込んでおり，雲の流れに応じて中庭の樹木のシルエットがスクリーン上に現れては消えてゆく．天井面いっぱいに導かれた光は美術館を満たし，一方でスクリーン上ではシルエットが移りゆく．このハーモニーは，自然光を最大限に味わいつくしているといえよう．

［鈴木広隆］

9-16 水・人・建築

【テーマ】衛生工学　　　　　　　　　　　　　　　　　　　　　　9　環境・地域・地球

●生命と水

人は水なしで生きることはできない．体内水は体重の約60％を占め，その30％が失われると危篤の脱水症状となる．条件にもよるが，人は食料なしで2カ月以上生きられるが，水なしでは1週間ももたない．排泄と不感蒸泄により，1日に約2.0～2.5 l の水分が体外に排出される．その分の水を補給しなければならないが，飲料水としては約1.0～1.5 l が摂取される．1日に1.5 l，余裕をみて2.5 l を最少必要水量とみなし，災害対策などの原単位として用いられている．

●水の不思議と機能

本来，分子量が18の軽い水は，−110℃で固体に，−90℃で気体になるはずであるのに，0℃と100℃で相変化する．自然のなかで氷，水，水蒸気が併存しており，人工的にも容易に相変化しうる．これは水素結合の働きであり，その働きは大きな比熱であることにも寄与している．一般に液体の比熱は0.5程度であるのに，水は1.0である．また，蒸発潜熱が大きく，比熱とあいまって，地球の気候を安定させ，体温を保持させている．塩や砂糖は水によく溶ける．大きな双極子能力による水和の働きであり，分子結合も容易に破壊して溶解する．

水には，生命維持機能，大きな溶解能力が良好な洗浄をなす衛生保持機能，浮力の作用による搬送機能，大きな比熱・蒸発潜熱による気候・体温調節機能のほか，感性に及ぼす心理的効果がある．

●降水と水資源と建築

降水には，雨だけでなく，雪，ひょう，あられが含まれる．日本の年間の平均降水量は約1.7 mで，世界平均やイギリス，イタリアの約1 mと比べて多い．しかし人口1人当たりでは，イギリス，イタリアとほぼ同じである．地域では香川県が最少，石川県が最多で，3.5倍ほどの開きがある．年間降水日数は70～190日であり，3日か4日ごとに雨や雪が降っている．降水量の季節変化は，北海道を除いて，梅雨時にひとつのピークがあり，秋雨（台風）のある地域，豪雪地域に別のピークがみられる．

この降水量と降水日数が多いことから，建物外皮の雨仕舞い，敷地の雨水排除に確実さが求められる．地下室が普及しない理由のひとつに，水没の恐れがある．豪雪地域では，豪雪に対応できる建物・設備が要請される．なお，雨水排水の設計には降雨強度（単位時間当たりの降水量）が用いられる．最近では，異常気象の影響による集中豪雨の多発により，設計降雨強度を超えることがしばしばある．

地域の水資源の状況は，水資源賦存量（〔降水量−蒸発散量〕×地域面積）や水資源使用率（水需要量/渇水年の水資源賦存量）で表される．水資源賦存量が小さいか，水資源使用率が大きい地域は，潜在的な渇水地域となる．関東・近畿の臨海，瀬戸内，北九州は水資源使用率が大きい．沖縄は比較的小さいが，平野で有用な貯水池のないことに起因し，渇水がたびたびある．給水制限に備えて，戸建住宅には貯水槽が設けられている．

河川勾配が大きいので，流量は降水量に応じて急変する．河況係数（＝河川のある地点での年間最大流量/最小流量）で示せば3桁となり，1桁，2桁のアメリカ，ヨーロッパに比べて河川からの水利用がしにくい．年間を通して取水を安定させるために，ダムが設けられる．

外国と比べ，降水量は多く，河川は短延長・急勾配なために流速が速いので，一般に河川水の水質汚染は比較的生じにくい．さらに軟水であることから，良質な水であるといえる．一方，湖沼での水質汚濁の改善は遅々としている．

●水と人とのかかわり

豊かで変化に富んだ自然の降水・河川特性のもとに，稲作からはじまる独特の水文化・社会が形成されてきた．信仰・思想・習慣・芸術から生活，都市（集落）・建物，農林漁業・産業，運送まで，水は主要なキーワードとなる．降水に関する語彙数は日本が突出していることからも，水への関心・関与の深さが知れる．水を利用する利水の他方で，洪水対策

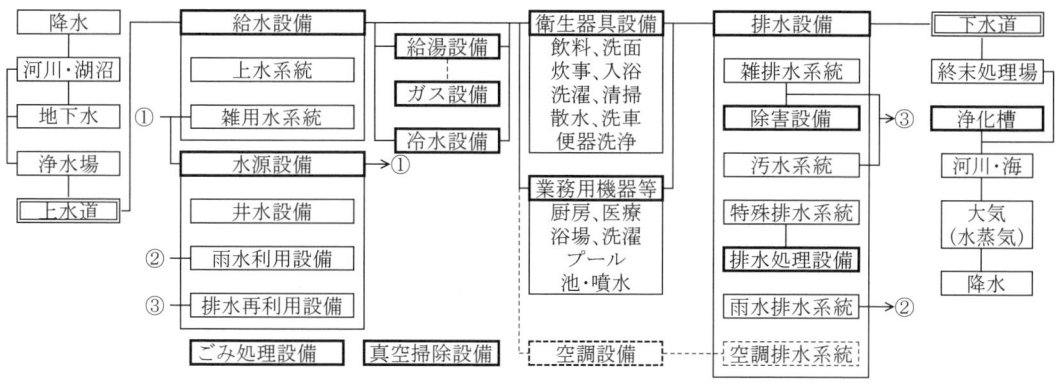

■ 1 水のフローと給排水衛生設備（筆者作成）

としての治水，さらに水に親しむ親水という，人と水とのかかわりがなされてきた．

利水は，昔からの用水のほか，水道に形をかえた．治水は，時の施政者の課題であり，一部は下水道に形を変えた．親水は，自然の河川・湖沼・海辺が身近であった頃とは異なり，人工的な演出が必要となった．これらは，建物ではそれぞれ給水・給湯，排水，水景の設備・施設に置き換えられる．なお，現在の用水は都市用水，農業用水，工業用水，発電用水などに，都市用水は生活用水と工業用水，生活用水は家庭用水と都市活動用水に分けられる．

● 水と生活，水フローのなかの設備

生活用水使用量は約 340 $l/$(人・日)で，近年は微減傾向にある．家庭用水使用量は約 230 $l/$(人・日)で，世帯人員数が多くなるほど減少する．水使用用途別でみると，たとえば住宅では，おおむね洗濯・トイレ・台所・入浴で 4 分される．

建物では，人の水使用が利便・快適・衛生的になされるように，さまざまな器具・ユニット等（衛生器具設備）が設けられる．これらに水を供給するのが給水設備，水を加熱した湯を供給するのが給湯設備，そこで不要となった排水を排除するのが排水設備であり，これらの設備はすべての建物に共通して設けられる．そのほか，水にかかわるいくつかの設備があり，それらを総称して給排水衛生設備（給排水設備，衛生設備）という．その入口をたどれば上水道（水道），河川・湖沼，降水に，出口は下水道，河川・海を経て大気（水蒸気）に戻り，ふたたび降水となる．自然の水の大循環・フローのなかに都市インフラの上下水道，そのなかに給排水衛生設備が存在し，人工の水フローを構成している．人工のものは自然との調和が大切で，とくに水質汚濁につな がる排水等の水質管理が重要となる．

各設備の設計では，まず機器等での水・湯使用に伴う最大の同時負荷を予測し，それに見合う容量・能力を有する配管・機器を選定する．給水設備・衛生器具設備では飲料用給水の汚染防止が重要となる．原水の水道水は水道法により安全性が保証されている．その水質が水栓まで保持されるよう，設計では逆サイホン作用の防止対策（吐水口空間，バキュームブレーカ），維持管理では貯水槽の清掃などが必要となる．給水方式としては，低い水圧で済む戸建住宅等では直結直圧方式，高い水圧を必要とする建物では直結増圧方式，ポンプ直送方式，高置水槽方式などが適用される．また，使用水量の減少のため，節水型器具・装置の採用が大切となる．なお，便器洗浄水には人が触れないので，便器は節水ターゲットになりやすい．しかし，その洗浄水は排水横管における汚雑物の搬送力となるので，配管条件を考慮して採用すべきである．ディスポーザーの給水流量も，これに当てはまる．

給湯設備では，加熱に伴う水膨張，機器・管の伸縮などに対する安全対策が必要となる．また，レジオネラ属菌が繁殖しないように，清掃と湯温管理が大切となる．さらに，給湯の全消費エネルギーに占める比率は，住宅，ホテル，病院のそれぞれが約 35，30，40% となり，省エネ対策も重要となる．

排水設備では，排水横管に汚雑物を停滞させない対策（適切なこう配），排水阻害物を流入させない対策（阻集器等）が重要となる．あわせて，通気管など，排水ガスの室内侵入を阻止するトラップを破封させないことが必須条件となる．なお，下水道の未整備地域には，汚水と雑排水を併せて処理できる合併処理浄化槽が設けられる．

[坂上恭助]

9-17 環境騒音の制御と対策

【テーマ】音響工学 　　　　　　　　　　　　　　　　　　　　9　環境・地域・地球

●建築と環境騒音

建築は外部環境から居住者を守るシェルターとしての役割を担っているが，こと音環境に関していえば，建築物内部の環境は外部環境の状況に大きく左右される．たとえば，閑静な住宅街に建つ住宅と交通量の非常に大きい幹線道路沿道に建つ集合住宅では，さらされる音のレベルは格段に異なり，したがって室内の音環境を静穏に保つために外周壁に付与すべき遮音性能も大きく異なる．建物外壁にもたせることのできる騒音の遮断性能には限界もあるので，とくに外部騒音が大きな地域では，建物に負荷がかかる前段階で騒音をなるべく低減させることが重要である．建物に対する負荷という意味合いだけにとどまらず，都市域外部空間でのさまざまな活動のためにも，外部環境の騒音を低減させることは重要である．

●騒音と騒音の規制

われわれの生活環境を取り巻く音環境のうち，好ましからざる音は騒音とよばれ，規制・制御の対象となる．日本では高度成長期以降，騒音問題は大気・水質汚染と並んで影響が広範かつ甚大な公害として社会問題化し，法制面でも技術面でも数多くの対策がとられてきた．法制面では，公害問題に対してとられるべき施策のあり方を定めた公害対策基本法が制定され（公害対策基本法は 1993 年に環境基本法として改正），翌年には工場事業場騒音および建設作業騒音を規制する騒音規制法が制定された．道路交通，鉄道，航空機による交通騒音は，当時からすでに社会的に大きなインパクトを与えていたが，技術上の課題によって規制の対象からは外された．それにかわって，「生活環境を保全するうえで維持することが好ましい基準」として環境基準が順次定められている．また，開発事業に伴う対策を事業者自らが行うことを規定した法律（環境影響評価法）も制定され，環境に対する配慮と対策が義務づけられている．

●騒音対策技術の進展

一方，技術面に目を転じてみると，産業機械工学，交通工学，社会基盤工学等，音響技術関連のさまざまな分野で技術開発が進められている．そのような騒音対策の例を，私たちの生活に最も身近で影響も大きい道路交通騒音についてみてみることにする．

●発生源対策

騒音対策の最も基本的な考え方として，騒音源にできるかぎり近い位置で対策を施す，という原則がある．道路交通騒音に関していえば，これは自動車自体の音響出力を下げることに相当する．このような目的で，自動車には単体としての発生騒音の限度値が法令によって定められており，これを遵守すべくエンジン・排気系騒音およびタイヤ騒音の低減にかかわるさまざまな取組みが，自動車メーカーおよびタイヤメーカーによってなされている．これらの騒音のうちタイヤ騒音は，「タイヤ・路面騒音」ともよばれるように，自動車側だけでなく道路側（インフラ側）の対策が施されることによってさらに効果的な対策方法となる．路面の騒音対策として，低騒音舗装の敷設があげられる．低騒音舗装とは粒径の大きな骨材を用いて空気孔を設けたアスファルト舗装のことであるが，本来の機能は排水であり，これにより走行安全性を高めることを目的として開発されたものである．この舗装が騒音の低減にも大きく寄与することがわかり，現在では排水性舗装という呼称だけでなく，低騒音舗装あるいは高機能舗装等の呼称も定着してきた．現在では，都市部建物密集地域を通る幹線道路の舗装で，騒音の低減を第一の目的とされることも少なくない．

●伝搬経路対策

騒音の伝搬過程では，距離減衰，回折，伝搬経路におけるエネルギー吸収などによって騒音を低減させる．距離減衰は音源から受音点を離すことによって得られ，配置計画やゾーニングが的確に実行できれば最も有効な騒音対策となるが，建物の機能その

■1 大型の遮音壁（筆者撮影）

■2 遮音壁と半地下道路（筆者撮影）

他の要因によって必ずしも音響的に最善の対処となるとは限らない．そこで，外部騒音に対する伝搬対策としておもに防音塀（遮音壁）が用いられることが多い．防音塀（遮音壁）は最も古典的な騒音対策手法であり，古くから用いられているが，音の吸収を利用した方法や，干渉，共鳴といった音の波動特有の性質を最大限利用した手法など，さまざまな技術開発が重ねられている．

遮音壁は高ければ高いほど騒音の低減効果が大きいが，日照阻害や景観，安全性，維持コストなどさまざまな面で効率的とはいえない．そこで近年，遮音壁の先端に種々の工夫を凝らすことによって騒音低減効果を増加させるデバイスが開発され，急速に普及している．その一例として，都市高速道路では比較的低い遮音壁の先端部分に円筒状のものが設置されているが，これは吸音体であり，塀の向こう側に回折していく音を低減させる働きをもっている．さらに大型の遮音壁になると，先端部分の形状をダイナミックに複雑化した遮音壁が開発されている．■1は交通量の多い高速道路に取り付けられた大型の遮音壁（分岐型遮音壁）である．以上の遮音壁は形状や材質に工夫を凝らしたパッシブ騒音制御デバイスであるが，信号処理技術を利用してアクティブに騒音を制御するデバイスも開発され，最近実用化されるに至っている．アクティブ制御は，音の干渉を利用して騒音を低減させるものであり，考え方自体は1930年頃から存在したものの，複雑な騒音に対してリアルタイムに制御するためには高度なハードウェア技術を必要としたために，最近になってようやく実用に供されるようになったものである．

以上に述べたような技術を詳細にみると，外部騒音の制御のための伝搬対策は，音の波動としての性質（共鳴，干渉）をじつに上手く利用していることがわかる．現在実用化されている技術は一時に得られたものではなく，数十年のさまざまな研究者の研究成果の蓄積に基づいているが，本格的に研究が始まってから30年経つ現在でも，先端技術として各種の遮音壁の開発が行われていることは，環境騒音対策のニーズの大きさを示しているといえるであろう．それと同時に，そのようなニーズに従いこれまで開発されてきた日本の技術水準は世界をリードするレベルにあることも付け加えておきたい．

●都市と騒音

狭い国土に億を超える人口が暮らす日本は，密集・複層化した都市をもたざるをえない．円滑な産業・経済活動が展開される裏の一面として，環境騒音問題のリスクが確実に存在することは，つねに意識される必要がある．密集度の高い都市域で大規模な騒音対策が施された都市の例を■2に示す．幹線道路近くに低層住宅街が密接している地域では，このような大規模な遮音壁が，沿道に沿って長距離にわたり設置され，騒音から町を防御している．もうひとつの例は，騒音源となる道路を半分地下部分に落としこんだ形式である．このような形式は半地下構造とよばれている．これらの事例のように，技術的にはさまざまな対策が可能となっている．

［坂本慎一］

9-18 大都市の中で環境と共生する家

【テーマ】環境共生住宅　　　　　　　　　　　　　　　　　　　　　9　環境・地域・地球

　大都市のなかで，ひとつの住まいはあまりにも小さい．しかし，高密度を要求する都市のなかで，戸建住宅というひとつの単位は土地を不合理に占有しているだけの大きな贅沢にみえる．いったい一軒の小さな戸建住宅が都市とどんなふうに共生するものなのか，拙宅を例にして考えてみたい．

● 大正時代の古住宅を再生

　拙宅は東京都新宿区市谷にある．まさに都会のど真ん中だ．正しくはわからないが，隣人の話では関東大震災前にあったという．その家を相続した私はこれを再生することにした．すでにボロボロで，冬は寒く，地震がくればゆらゆらとゆれた．

　再生工事は1996年初めから始まった．ちょうどその頃に阪神・淡路大震災が起こって，耐震のことも考えての再生となった．大正時代の躯体のまま，構造用面材で耐震化し，壁，屋根は硬質発泡ウレタン外張り，床下は基礎断熱，南面の大きな開口は木製サッシ＋ペアガラスに替えて，全体的に断熱・気密化した．

　内装は旧土壁をそのまま残して蓄熱性を維持し，仕上げは珪藻土．

　南面の大きな開口から日射を取り入れ，それを断熱・気密が逃がさず，さらに温室になったり断熱層になったりしてパッシブソーラー効果を生み，コタツと小さな反射型ストーブだけで寒くない環境をつくっている．

　わが家の暖房は太陽だから，毎朝カーテンを開けて外を見るのが楽しみである．風が強くても晴れていれば「いただき」と思い，曇っていれば身構える．

　大都市のなかで環境と共生する家のキーワードは「開けたり閉めたり」である．高密度で防犯も考慮しなければならない都会では，家は開けてばかりはいられない．時にはしっかり閉める必要がある．伝統的な日本の家は外に開き，内と外の曖昧な空間として縁側の存在があった．この開くデザインに，断熱・気密という閉めるための技術をのせれば日本らしいパッシブな環境共生住宅ができあがる．大きな窓は断熱の弱点部だが，縁側の建具を巧みに操って開けたり閉めたりして調整する．冬は日射を取り込み，夏は風を入れ，そして地域の人までよんでくる．縁側は重要な共生装置である．

● 共生メニュー

　ハナレの事務所は屋根緑化を試みた．庭はビオトープに挑戦し，目標を蛍においた．蛍が育つ池と川をつくり，ポンプで循環する．雨水は池に入るほか，100 l のタンクに貯留することにした．ガレージは透水性の舗装にし，屋根には1kWの太陽光発電をのせ，生ゴミは分解処理した．こうして拙宅は環境共生住宅としてのメニューを70％くらいは実現した．このような表現は適切ではないが，環境共生住宅をデザインするときにはこんなメニュー感覚に陥るものである．

　冬は太陽熱が主暖房になり，夏はエアコン1台で涼しく，夜は冷房なしで眠ることができ，夏になれば蛍が光り，秋は鈴虫，冬は鳥，春には事務所屋根のシバザクラが満開に咲いた．東京のど真ん中で四季を感じることができる住まいとなった．

● 一軒で共生メニューをこなすより……

　しかし，実際の生活でいくつもの不合理がみつかった．100 l 程度の雨水貯留では庭の水やりに使えばすぐになくなってしまい，留めておけば雨が降っても水は新しいものに入れ替わらない．雨水でトイレの水をまかなおうと思えば5～6tのタンクを埋めてポンプで水を上げなければならない．50～60万円の費用が必要で割に合わない．それよりは井戸を掘るほうがずっと合理的だ．1軒では負担が大きすぎるが，4軒くらいで共同使用すれば割が合う．

　こんなことを考えていくと，環境共生住宅というのは1軒だけで頑張ることがベストではないことがわかる．そのほうがむしろムダをよぶことさえある．むしろ環境共生住宅とは「町全体が環境に目覚めることで，個々の家の負担を軽くする」ことに前提がありそうだ．

■1 自宅イラスト

■2 再生前の自宅．ボロボロの状態だった

■3 硬質発砲ウレタン＋構造用面材の複合板を外張りすることで耐震＋断熱化した

とはいえ個々の家で充実させるものもある．パッシブデザインによる快適と省エネルギー，節水，汚染防止などである．生ゴミ処理も雨水貯留もビオトープも，1戸より町の単位のほうが適当だろう．

● 悪戯できる開いた家

母屋の外壁は珪藻土だが，そこに鹿沼土を埋め込んでいる．この小さな粒を子供たちが面白がって取ってしまう．つまり悪戯なのだが，悪戯のできる家があることで町は楽しくなると考えて見過ごした．子供たちだってあんまり穴だらけになればまずいと思うのか，いつのまにか取るのをやめた．

塀は格子にして外から覗けるようにした．このデザインは庭に風を取り込み，明るさをつくることで役に立った．

再生当時，拙宅の周辺は木造2階建ての家ばかりだったが，いまでは東隣の家が3階建てに建設中．西隣の戸建住宅は6軒一緒に等価交換で3～6階建ての賃貸マンションに建て替わった．この建物が西側に壁として立ちはだかったために，拙宅の日射取得は1時間も短縮し，通風まで奪われた．

こうして大都会の戸建環境共生住宅は周辺に共生するどころかどんどん違和感の度合を高めていく．

賃貸マンションの設計者は拙宅に蛍が生息していることも，風がどんなふうに吹くのかも知らずに設計した．もしこの設計者に環境意識があったのなら，拙宅の蛍とマンションの蛍が行き交い，風が走り，緑のスポットができたことだろう．

大都市で戸建住宅が環境と共生することはとても難しいが，意識さえあれば不可能ではない．そして不合理で贅沢のようにみえるその住宅は，町の気持ちよい場所として愛されるものになる．［南　雄三］

9-19　超高層建築の21世紀

【テーマ】超高層建築　　　　　　　　　　　　　　　　　　　　　　　　　9　環境・地域・地球

●技術と進歩の20世紀

　1902年，マンハッタンのブロードウェイと5番街がなす鋭角の交差点に，建築家ダニエル・バーナムの設計による22階建てのビルが建った．後に超高層建築の端緒とよばれる，フラットアイアンビルである．これ以後，超高層建築はアメリカ各都市をはじめ急速にその数を増し，技術と進歩の世紀であった20世紀を象徴する存在となった．

　超高層建築はこの1世紀の間に根本的な変容を遂げている．当初は，敷地の輪郭のままにオフィスを積み重ねたもので，それを支える機能を既成の都市に依存する，いわば「環境寄生型」であった．しかし，現在では，敷地に対して小さな基準階平面をもち，足元を公共的な施設やアメニティ空間に開放した「機能供給型」が，日本はもとより世界の超高層建築のスタンダードとなっている．建築自身が都市機能の一部分を供給するように進化したのである．

　超高層建築は，需要の集中する地域に発生し，そして自身で都市的機能をもち，需要の集中を許容するがゆえに，集中のスパイラルを生む．こうして都市を埋め尽くそうとしている超高層建築が，21世紀，さらに進化する方向とその条件について考察してみたい．

●超高層建築の需要と再生

　超高層建築は，高需要・低密度の土地があってはじめて成立する，いわば低密度を資源として開発されてきたものであるから，一度超高層ビルが建てられたら，その後はどうなるのだろう．陳腐化した巨大建築が都市を埋め尽くして，それで終わりになるのではないか．

　まず事業面に制約があるかどうか，考察してみよう．ある程度の高密度が達成されたことで，これ以上の建替えに投資意欲が起こらなくなるかどうか．2006年に試算したところによれば東京都心部で，容積率700%の高層建築を改築して1000%にできたとすると，投資分を増加した床で回収するには，十数年かかることになる．超高層といえども，ビルの仕様は年を経て陳腐化するから，需要のある場所では，以後に出現するライバルとの競争を考えると，この数字は投資を誘引するだろう．しかし，容積の上積みには都市計画上の限界があるので，更新投資の機運にあわせて適切なインセンティブを与えることが必要である．

　建築的な限界に達する前に，オフィスとしての性能の限界に来てしまった場合は，用途転換も考えられる．日本では超高層のコンバージョン技術はまだ確立されていないが，マンハッタンではめずらしくないと聞く．その先の最終的寿命を決めるのは，低層部のコンクリートであろう．改築か補強か，超高層の更新が日常的になる時代もいずれ訪れるであろう．

●超高層を代替するもの

　オフィスビルにはつねに需要がある，という前提はどうか．都市の衰退という究極の状況ではなくても，超高層オフィスビルが必要とされなくなる可能性はあるか．

　それは，都市活動と集中とが，必然的な一体性を失うときであろう．そもそも，高密度化のための集中を生んだのは，業務上の情報交換に効率的な大規模オフィスの必要からである．この背後には，大量の通勤輸送と，建築の大規模化に伴う有効率の低下，という二つのロスが発生している．このロスの解消が可能で，かつ，情報交換が同等に効率的な代替手段が開発されればよい．IT技術はどうか．すべてがIT技術で代用できるわけではないが，オフィスワークの様態はいずれ相当に多様化するであろうし，それを支える技術も実現するであろう．

　しかし，都市の中心部は，オフィスワーク以外の面でも十分に魅力的であり，需要を誘引する力をもつ．超高層による都心居住は日常的になっているし，観光と教育機関（とくに大学）という例もあげておきたい．

●超高層建築の進化と環境問題

　進化の方向のひとつは環境面である．ここには，

■1 20世紀のマンハッタン(ポストカード,Abbeville Press より)

超高層の功罪両面が端的に現れる．最新の設備をもつ超高層建築は，床面積当たりの消費エネルギーが減る．しかし，旧来のビルよりはるかに床面積の大きい超高層に建て替えれば，環境負荷全体は増加する．だから，それが建つことによって，どこかで無駄が解消されていなくてはいけない．

これは，都市域の縮退と連動する概念である．超高層による都心集中が，スプロールした郊外をかつての姿に還原する誘引となれば，マクロ的には環境負荷の低減に結びつく．もちろん，超高層の集中地域に生じる熱塊のような問題を丹念に解決し続ける必要があるが．

デザイン面でも，環境問題が磁場のように進化の方向を誘導するだろう．環境負荷の大きい外装は選択されにくくなる．がしかし，空間設計上の理想形のひとつは，「明るくて涼しい空間」の実現であり，これは明快な矛盾であるが，矛盾があるということは，挑戦する余地があるということでもある．

また，超高層は解体すると数万 t 規模の産業廃棄物になる．さらに，新築に消費するエネルギーを考えると，解体新築の頻度は小さいほどよい．建物全体を長寿命化する技術は必定である．これらに対する投資を合理的に判断するために，都市の時空間全体の環境収支を考えるツールがほしい．

● 都市の文化と美，そして憧れ

「マンハッタニズム」——建築家レム・コールハースが著書『錯乱のニューヨーク』(邦訳は鈴木圭介訳，筑摩書房，1999) の中で，超高層建築によって培養された過密の文化をさして名づけたものである．都市の速度と情報量，そこに暮らすことの高揚感を背景にした，都市生活の文化である．マンハッタンに代表されるそれは，20世紀の憧憬の対象であった．

この憧憬は超高層建築によって代理表現される．人間の根源的な欲望に直結した価値の表現，それを否定しないことの安心感．成長に対する素直な信仰．単純で，それゆえに強い表徴であるからこそ，成長が価値の最上位に位置づけられている大都市で，超高層が造られ続けているのである．

超高層建築は，遠望の都市像という景観を作り出した．建築は集積し，群造形をなす．繰返しの美学．個々の差異はすべて微差となり，全体の中のゆらぎになる．ゆらぎは可能性の幅を示唆し，安心感を与える．個は群の中に溶解し，それぞれの都市に固有のシルエットを構築する．

人に感銘を与える景観とは，人工と自然とを問わず，それが形成されるに至ったプロセスの偉大さを想像させるものである．超高層建築にはあまたの批判が付きまとうが，それでもなお人間が成した偉大な技術の目に見える成果である．高層化や高密度に伴う負の側面を克服した後，これを素直に憧憬の対象とし，その実現に賞賛をあたえられる社会はおそらく今よりいっそう健全である．

超高層建築は，他のすべての営為と同様に，それが将来の人々にとっても憧憬の対象であり続けるかぎり，進化することができる．そうあり続けることが，21 世紀の超高層建築の最大のテーマである．

[黒木正郎]

9-20　最後のフロンティアー大深度地下

【テーマ】大深度地下　　　　　　　　　　　　　　　　　　　　　　　　　9　環境・地域・地球

●大深度地下ライフライン構想

パリ，ニューヨーク，東京首都圏はほぼ同面積に，それぞれ800万人，1600万人，3200万人の人々が居住している．このような東京首都圏の諸問題を解決するためには，平面的土地利用から立体的土地利用への大胆な転換が必要で，大深度地下利用が考えられた．現に，道路下利用は現状でも一部大深度まで及んでいる．道路や鉄道の場合は輸送力の割に必要空間が大きく，経済的負担も大きいことに加え，換気や災害時の安全確保の問題から大深度化へのハードルが高い．しかし，無人物流施設などによる道路交通の代替は，現実的にも計画しうる．ここで地下空間利用のゾーニングの一例をあげる（■I）．大深度地下の利用を契機に，浅深度，中深度の利用の整備をすると効率的な地下空間の活用が可能になる．

ところが，これらの大深度地下利用は放っておくと個々の事業者ごとにバラバラなものになりかねない．また，鉄道にせよ道路にせよ，線的施設はどこかで互いに交差することは不可避であり，輻輳化すると考えられる．事実，大深度地下利用法案が国会で議題になるや，各省庁はこぞって関連施設の地下利用権を確保しようとした．建設省は道路や地下河川で下水幹線を，運輸省は地下鉄や超高速鉄道を，厚生省は上水道幹線やゴミ輸送車の通路やパイプラインを，郵政省は郵便列車や各種通信網を，通産省は電力やガス，地域冷暖房の幹線などを，それぞれ大深度に設置できるように要請したのである．関係省庁は9とも10ともいわれ，各省庁の利害が一致せず，大深度は本来の立体的利用からズレて，あたかも面的に利用されかねない可能性を生んでしまった．縦割り行政の弊害は地下にも及んだ．諸施設を一つの空間の中に立体的に，計画的に配置するために，内閣府がその調整に当たり，国土庁大都市圏整備局のもとで「大深度地下の公共的使用に関する特別措置法案」が，2001年4月1日から施行されることになった．

この法律は，2007年現在もまだ利用されたことがないものの，道路や鉄道を大深度地下に建設する計画は何カ所かで検討されているが，筆者の構想は，大深度地下に大幹線ライフラインを設けることである．第一は，地下都市計画を推進し，地上の都市計画をも促進させ，最も必要な大災害などの緊急時のライフライン幹線の確保が可能となること．第二は，物流やエネルギー，水のリサイクル化を可能にすること．第三に，国際社会の求める内需拡大と未来に残せる遺産を築くことである．

● U.S.N. 構想

以上を踏まえたうえで，東京における大深度地下ライフライン構想は，都心に延長55 km，直径10 mの地下空間ネットワークを建設する．その深さは地表下50 m以下とする．こうすれば，現時点でも民間の利権にマイナスの影響はまったく出ない．海に面したところから穴を掘り進めば，掘った土砂や岩石は地上を経由せずに海へと運ぶことができる．真ん中の空間を緊急時物流コンテナやゴミ処理のための収集車用スペースとし，下には上・中水道，上には電力，情報通信ケーブル，熱供給のためのパイプラインが通る．東京大都市圏を維持管理するための巨大な地下支持施設として，道路や鉄道時代に次ぐ新しい時代の物流，交通施設を建設する．これを「U.S.N.（アンダーグラウンドスペース・ネットワーク）構想」と名づけている．

大深度地下に各種のライフラインルートを共有化すれば，枝線部分の共同化が促進され，毛細管的なネットワークが太いラインで結ばれる．また幹線部分のガスや上下水道の大深度移設ともあいまって，長期的には浅い道路下の利用錯綜の改善と，新施設の追加整備が可能となる．

U.S.N. の地表に接する部分を「ライフスポット」と称し，地表から地下に張り巡らされたネットワークに接続する縦型のシャフトには各種接合施設が納入される．こうしたライフスポット（立坑）を平均5 km間隔で建設する．地下鉄でいえば駅舎に

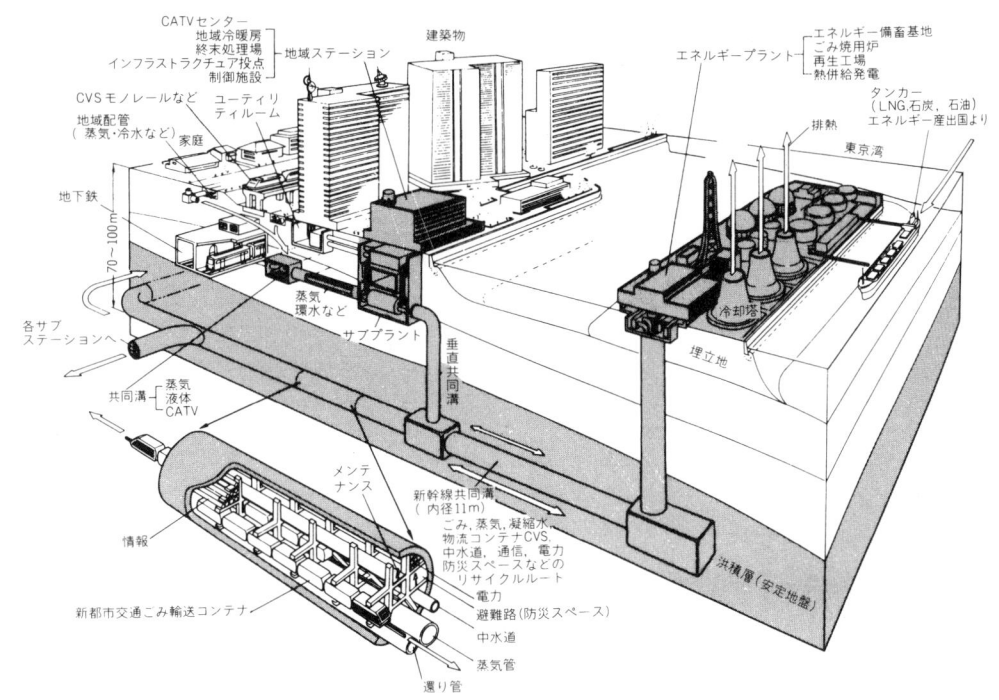

■1 大都市のインフラストラクチャースケッチ（早稲田大学建築学科尾島研究室『アングラ東京構想』より）

相当するところで，ノードとノードをつなぐトンネル部分をリンクとよぶ．このリンク部分は，地表の建物とは無関係に直線的にシールド工法などで建設する．リンク部分では地表との接点がないため，この部分は現在使われている各種のパイプラインや配線網が使われる．

既存の地下利用ネットワークと，新たに設ける大深度地下のネットワークの関係は，ちょうどJRの在来線と新幹線の関係と考えてよい．たとえば，東海道新幹線ができても在来の東海道線がなくなるわけではないし，高速道路網ができても従来の道路がなくならないようなものである．そして，新幹線駅の周辺や高速道路のインターチェンジに相当する部分は，交通や物流の分配拠点となる．

このトンネルの第一の利用者は物流運搬で，第二は熱や水や情報の利用者である．

東京全域に広がっている現在のスプロールにメリハリをつけるこの計画ではノード部分に超高層建築を，リンク部分には自然の緑地や水辺空間を再現する．それによって，広域災害を防ぐための燃え止まりの火除地やヒートアイランドを防ぐためのクールアイランド，つまり水と緑の割れ目をつくることによって都市の分節化が可能になる．これが実現すれば，効果的な都市人工環境インフラと快適な都市自然環境インフラの共存した，100年間は十分に使えるインフラストラクチャーになる．さらには，大都市の安全確保と地球環境時代のリサイクル時代にとっても非常に大きな支えになる．

●第1期ルートとしての具体案

2016年の東京オリンピックを目指して計画中の第1期ルート構想として，有明・豊洲・築地・（丸の内）・霞ヶ関・六本木・新宿間15kmに直径7～10mの東京ライフライン幹線をつくる具体案．

ライフラインのライフの第一は，防災（生命…3日間の計）として

①緊急時の水・エネルギー・物資の輸送

②緊急時の情報幹線

第二に，環境（生活…1年間の計）として

①エネルギーの効率化

②CO_2の削減

③水・資源のリサイクル活用

第三に，景観（人生…100年の計）として

①メリハリのある都市景観

②水と緑に恵まれた風の道の形成，

があげられている．

[尾島俊雄]

9-21 植物から問うランドスケープの近代

【テーマ】ランドスケープデザイン　　　　　　　　　　　　　　　　　　　　　9　環境・地域・地球

●はじめに

「木は木であり，いつまでも木であり続ける．よってランドスケープデザインに近代は決しておとずれない」[1]．

このアイロニカルな言説は，若き近代主義者ジェームズ・ローズが1938年に著わした『庭園の自由』の一節である．この時期の若きランドスケープアーキテクトたちは，ひとつの焦燥感にかられていた．なぜならばランドスケープ学の教授陣が教えていたのは，「樹木は工場でつくられるのではないのだから，近代などといってまどわされる必要はない」という保守的な考え方だったからである[2]．この先入概念を覆すことこそ，彼らのスタートラインであったことを考えると，いまあらためて，素材としての植物に光を当てることで，近代ランドスケープのひとつの投影図がみえてくるだろう．

●植生分布から見直された近代都市計画

時代は30年ほど下るが，植生からその形態言語が劇的に見直されたのはむしろ計画論においてであった．イアン・マクハーグの「デザイン・ウィズ・ネイチャー」である．その手法はじつに科学的，近代的であり，その表象は生態的であった．

生物の生息形態を物差しとして土地利用をとらえようとする科学的思考法を，宇宙衛星観測と電算処理という当時の先端技術をもってひとつの手法にした点で，「デザイン・ウィズ・ネイチャー」は時代を画した．科学的データから浮かび上がる植生分布の有機的形態は，軸と幾何学で組み立てられた都市計画を一気に過去のものとしてしまう説得力をもち，都市計画法を根本的に見直す視点を与えたのである．

じつは植物生態分布にそう都市の再編は，近代ランドスケープの祖，フレデリック・L・オルムステッドにより20世紀初頭にすでに行われている．たとえばボストンの「エメラルドネックレス」である．それは，ボストン郊外を人為的形態ではなく水系にそった植生の連続で規定しようとしたもので，衛生や福祉といった社会問題の解決だけでなく，その有機的形態をパークウェイという交通システムに翻訳するという離れ業でもあった．都市に緑をという一元的発想ではなく，近代の問題を複合的に解く植生提案だったのである．

●近代建築空間の翻訳

広域計画がこのように植生生態域から見直されるという展開を遂げていた一方，空間デザイン領域での植栽は新しい言語たりえたのであろうか．

ダン・カイリーたち先駆者は1940年代頃から積極的に新しい庭園構成を試みるが，そのほとんどが，近代建築が打ち立てたこの空間様式を，列植，ボスクなどの植栽言語を用いて実現することであったといっても過言ではない．その集大成が，1955年のミラー邸庭園である．

しかし建築平面様式の読み替えも，それが植栽特有の光と影のパターンとなって立ち現れたとき，新しい庭のあり方を人々に予感させずにはおかなかった．なぜなら，列植は列柱とは異なり，生け垣は壁体とは異なる．季節に応じて葉量を変える落葉樹はその透明性を変化させ，列植は頭上に樹冠を広げ空間の重合を可能とする．新しい樹木配列は，新しい構成を生み出しただけでなく，新しい光と影の空間言語の可能性を示唆した．まさに「木は木であり，いつまでも木であり続ける」ことにより，建築にはなしえない近代空間表現が生まれたともいえる．

●生きながらえる自然風景様式

広域計画が植生分布から読み替えられ，空間造形言語も新しい構成を獲得し，さて，近代ランドスケープの様式が確立されたかというと，じつはそうではなかった．20世紀を通じて世界中で最も好まれたランドスケープは，いわゆる「自然風景様式」である．

この根強い人気は何ゆえか．最大の理由は，建築からの外的圧力にあったのではなかろうか．正面性や記号性を否定した近代建築にとって，控えめな「地」を演じてくれる自然風植栽が好都合だったの

■1　木材という彫刻素材は，もとは樹木である　製材という工程を自らの制作過程にとり入れたデイビッド・ナッシュは，木材と樹木の間を往き来する。「走るテーブル」，「枝つきの矩形」などその作品の多くは，ミニマルな形態に向かう彫刻家の意志と，樹木という生物の偶発的形態の交差点に位置している
（J. Andrews (1996)：The Sculpture of David Nash, p. 57, The Henry Moore Foundation より）

である．1930年，フレッチャー・スティールは『庭園デザインの新天地』でこう指摘する．「近代建築の重要人物のひとりル・コルビュジエ氏の……庭園となると，それは平凡きわまりない．まるで，庭園のもつ容量や平面が彼の論理に含まれることをまったく意識しなかったかごときである」[3]．

20世紀を通じて，ランドスケープは「木が木であり続けた」ゆえに近代化されえなかったのではなく，「自然風であること」を強要されたゆえに近代を実現できずにいたと結論してもよかろう．

● ミニマリズムと環境アートのなかの植物

長い停滞期の後現れたのが1960〜70年代のミニマリズムアートや環境アートの実験であり，そこに近代ランドスケープ初期が追い求めていた植物の扱い方を見ることができる．

ミニマリズムは「修辞の否定」の上に位置し，この視覚美術の一概念——形態からすべての物語性を排除するかたち——がピーター・ウォーカーによってランドスケープに展開されたとき，それはあらためて植物という生物素材の特質を際立たせることになった．すなわち極限まで純化された配列の中において，植物はその生物としての形態価値——ひとつとして同じ形のものはありえないこと——を顕在化させたのである．一方，ジョージ・ハーグレイブスは環境アートの植物への関心を，埋立地の再生公園や河川敷整備を自生植物の偶発性にゆだねるという手法として展開した．環境アートの多くが，植物の生物としての特質——個体差，偶発性，そして増殖——に発想の多くを得ており，制度への反駁，構造への反問の形態言語をつくり出したことに着目したのである．

ランドスケープの近代は，このようにゆっくりと姿を現しつつある．その要因こそ，ランドスケープが植物という生物相手の造形領域であることと深くかかわっている．第一に植物は成長に時間を要し，第二に植栽は設計よりもその維持管理で形態を決めるからである．まさにランドスケープの歴史は，いつの時代も植物の歴史そのものなのである．

〔三谷　徹〕

文献
1) James C. Rose (1938)：Freedom in the Garden, Pencil Points, October.
2) G. Eckbo (1992)：Pilgrim's Progress, Modern Landscape Architecture：A Critical Review, ed. Marc Treib, The MIT Press.
3) F. Steele (1930)：New Pioneering in Garden Design, Landscape Architecture, October.

9-22 空間デザインから環境デザインへ

【テーマ】環境デザイン（学） 　　　　　　　　　　　　　　　　　　9　環境・地域・地球

● 空間から

　壁が2枚たっている．その間の空間と外の空間とでは，空間の強さが違う．このように，建築空間というのは壁・柱・屋根だとかいうさまざまな空間構成要素によって存在様式が変わる．物理的な空間とは違って建築空間では，空間のふるまいを大きく内部空間と外部空間という分け方をする．

　芦原義信の『外部空間の構成』（彰国社，1962）では，この空間をいくつかのタイプに分けて論じている．Pスペースという突出した形とNスペースという囲われた形に空間により分析している．

　建築という空間を考えるとき，壁，天井（ないしは屋根），柱，床というものがそれぞれ領域を規定すると考えられる．しかし自然的な空間，たとえば樹木，林でも空間は存在する．たとえば1本の木があれば，ここには一つの木の下というおおわれた空間があるというふうに認識される．あるいは柱が1本たっていれば，この周辺にはある領域がある．それも一つの空間とよぶ．

　こどもたちにとって板の間に置かれた2畳の畳のスペースは他のスペースとは異なる場だ．すなわち特別な空間がそこに出現する．小さな水がはられた池があれば，それはまた特別な領域となる．こどものための遊具がデザインされるとき，こどもたちにとって穴は特別なものである．その穴の大きさもこどもたち自身が入れる穴とそうでない穴とでは大きく異なる．建築的にも壁に穴があると扉になり窓になり開口部になる．床に穴があればそこはまた空間になる．中国のヤオトンという住居は大地に穴を掘り，そこが住居となっている．天井（テンチン）というのは中国では中庭のことで，いわゆる中庭から見える空のことをさす．多くの空間論のなかで芦原義信の空間論がわかりやすい．

　環境とは人間と関係するあらゆる存在である．それは外在する場，物，生物，形式など，すべての事象を含むものである．

　しかし環境という漢字の意味においてもわかるように，「環」という字は円をさし，「境」という字は境界を示している．もともと環境とは境界が重要なのだ．その境界をデザインする，あるいは研究するということが環境デザインであり，環境学なのだ．すなわち環境とはそもそも「境界」と「関係」という二つの言語によって構成される領域である．建築空間を外部空間と内部空間とに分割するときに境界が形成され，それがデザインのテーマとしてきわめて重要なのだ．そのような境界と関係という言葉によってつくられる世界が環境といってよい．したがって芦原義信の外部空間の構成とは，まさに環境デザインの構成を示しているといえる．

● 環境へ

　環境という言葉はこの50年間に領域を拡大してきた．公害は環境問題と同意語になっているが，環境汚染の問題である．人間の健康が安全であるべき生活環境が脅かされることが，環境問題と総称されている．ある開発によって生物の生活環境が失われるのも，また生物の多様性が失われるのも，結局生物である人間の生活に影響を与える．これも環境問題である．

　環境工学とは空気，音，光など人間を取り巻く物理的生活の質を研究する工学分野である．フロンガスによるオゾン層の破壊は人間の安全な生活圏の破壊であり，CO_2などによる地球温暖化も人間の生活圏としての地球の温熱環境を含むさまざまな影響が危惧される．こどもの成育環境についてみれば，その建築的・都市的環境もさることながら，家族，そして地域，学校などでの人々の愛情が成育の環境として最も問われている．こどもに対する犯罪，虐待等はこの10年間で10～20倍増加しているといわれている．こどものあそび環境もこの50年間で1/40～1/50に減少している．こどもの成育環境のデザインでは，単なる物理的な空間的な問題だけでなく，心理的な問題も含まれねばならない．

　このように環境という言葉は，いまさまざまな学術領域，デザイン領域で使われている．学術領域も

デザイン領域も専門分化する方向のなかで，境界と関係というキーワードによってインターディスプリナリー（境界融合型）な分野として「環境」という言葉が存在していると考えられる．

環境行動学者のジェームズ・ギブソンは「アフォーダンス」という概念を述べている．そして人間と環境との関係を説明している．こどものための遊具の小さなトンネルは，こどもたちにそこに潜り込みたいという行動欲求をおこさせる．道端の小さな丸太はこどもたちにぴょんとそれに飛び乗りバランスをとりたいという欲求をおこさせる．エベレストを征服した登山家ヒラリーはなぜ登るのかと聞かれたとき，「山がそこにあるからだ」と答えている．山という存在が人間をして登りたいという欲求をおこさせるのだ．それは児童公園の小さな小山をこどもたちが登りたいと思うことと同じだ．その存在のありようは人間にさまざまな行動や意識の働きかけをするのだが，環境をデザインするということはその関係性を明らかにしながら，よりよい関係をつくることだと考えられる．

●環境デザインは関係のデザイン

環境デザインという視点はギブソンのいうように，人と環境との関係が重要なのだ．そういう意味では環境デザインとは関係のデザインだといえる．

その関係には三つの側面があると考えている．それは空間的関係，時間的関係，社会的関係とみることができる．ある住宅をある敷地に建てようとすると，その住宅の日陰が隣家にも影響を及ぼし，あるいは隣家の日当たり，風通し，景観にも影響を与えるに違いない．前面道路を歩く人にとっても，その家のありようは影響を与える．視線，音，においを含めてである．敷地の中に桜の木があったとしよう．その桜の木を切って新しく家をつくるか，その木を保存して家をつくるのかは重大な決断だ．そういう空間的な関係ばかりでなく，その桜の木が地域の人々に愛されている古木であるならば，なおさら保全しなければならない．その地域に開かれた関係を示すのか，地域とは距離をおいた景観を造り上げようとするかという決断をせまられる．時間的関係，社会的関係をどう評価するかによって決定される．

すなわち環境をデザインするということは，すでにある物語を大切にするデザイン行動なのだ．敷地を大きく改変したりするのではなく，その敷地や周辺のもつ環境の文脈を深く読み，できるだけ少ない改変によって新しく再生させる技術こそが環境デザインのデザイン技術であろうと考える．

●環境デザインの座標

環境デザインは従来の空間デザインと直交する座標をもつと考える．空間デザインでは地球，地域，都市，土木，造園，建築，プロダクトデザイン，インダストリアルデザイン，グラフィックデザインなどスケールに対応してそのデザイン領域が決定されている．しかし環境デザインはそれらを通貫するデザイン領域と考える．

1999年に韓国で環境デザインの国際会議が開かれたとき，延世大学のイ・ヨンスク教授は三つのデザインカテゴリーに分類した．ユニバーサルデザイン，グリーンデザイン，カルチャーデザインである．セーフティーデザインという項目を付け加えるべきと考えられる．こどもの成育デザインとは，まさにユニバーサルデザインの領域に入る．こどものあそび環境を考えると，こどもは道でも，公園でも，お寺の境内でも，児童館，小学校，遊園地でもあそぶ．しかし道でこどもがもっとあそびやすくしたいとすれば，あそび道のデザインを考えようということになる．これは土木の領域に入る．公園は造園の領域に入る．児童館や学校や家のデザインは建築の領域である．遊具はプロダクトデザイン，インダストリアルデザインの領域となる．すなわちこどものあそび環境のデザインを考えたとき，都市，土木，造園，建築，IDというような従来の空間デザイン領域を通貫したものでなければならない．

このような空間デザインと直交するデザイン領域が環境デザインといえる．地球環境建築というような，現代的問題としてとりくまれている環境デザイン領域もまた，都市から物までの空間デザイン領域を通貫するデザイン分野といえる．ソウルでの環境デザイン国際会議では地球環境のデザインはグリーンデザインという領域で議論されていた．防災デザイン，景観デザインなども通貫するデザイン領域といえる．すなわち，これからのデザイン領域の座標は従来の座標とは変わるのだ．そういう座標において新しいデザイン領域が開拓されるチャンスは大きいと思われる．

［仙田　満］

9-23　グローバリゼーション時代の風土

【テーマ】風土　　　　　　　　　　　　　　　　　　　　　　　　　9　環境・地域・地球

● 古典風土論

　心界の現象が物象と交差して生ずるところの心物両界連関作用こそ学問の対象と考えた，民俗学・生態学者南方熊楠はこういった．

　「今日に科学，因果は分かるが（もしくはわかるべき見込みあるが）縁（えん）が分からぬ．この縁を研究するがわれわれの任なり．しかして，縁は因果と因果の錯綜して生ずるものなれば，諸因果総体の『層上の因果』を求むるがわれわれの任なり」（鶴見和子（1981）：南方熊楠，講談社学術文庫）．

　南方のいい方を借りれば，風土とは，心物両界連関作用から発する有意義な縁の世界に属する，といえよう．不確定な複雑系をなす風土は，したがって単純な因果律には従わないから，一定の環境がかならずある特定の風土像を結ぶとはいえない．

　このような自然環境と人間精神との不即不離の縁という考えは，和辻哲郎の「風土」を思い起こさせる．和辻風土論がみつめるのは，自然環境ではなく，環境と人間の関係である．しかもその関係とは先験的かつ即自的に存在する環境や人間があり，それらの間の二項対立的な関係ではなく，環境と人間が相互に生成するかたちで存在する．そのとき発生する環境・人間融合態が文化としての環境，すなわち風土にほかならない．したがって，風土は環境との関連において生まれる人間の自己了解（アイデンティティー）の型としての側面ももつ（和辻哲郎（1979）：風土，岩波文庫）．

　料理の仕方や食事の作法なしにわれわれは「メシも食えぬ」と和辻はいう．この風土的作法こそ自然と人間の結縁であり，環境文化であり，そしてまた自己了解である．人と人の間柄としての倫理学を構想する和辻倫理学の考えに従えば，風土とは，社会的共同態による承認を前提とするという点で倫理的なものであり，また，それは人と環境との倫理的間柄であるとさえいえるはずだ．さらにまた，人は風土的型式によって自分のアイデンティティーを了解するという意味で，それは自己言及的である．

● 風土の矛盾と解体

　風土は個人の心理的問題でなく，客観的な形式であると和辻はくどいようにくり返す．個人の内的心理ではなく，風土という客観的な形式のなかに自己の了解があるという事実を「外に出ている」と表現している．これは最近でいう「記号学」の考えに近い．和辻は1930年頃，すでにそれを先取りしていた．

　しかしながら，人間存在の風土的規定に問題がないわけではない．むしろその理論が魅力的なだけに問題も大きい．和辻の麗しい風土の形は，歴史的に生成されるものでありながら，美しい，古典的な，動かないものとして理解されているようだ．「風土」の母胎でもある日本の「共同態」は家父長的，家族主義的な「家」であり，彼はその賛美者にほかならない．

　ところが，日本の近代都市を和辻は「情けない姿」と総括する．それぞれ勝手に塀をもって囲う強固な「家」観念の内向きな排他性のゆえに，公共的に都市が営まれないという．塀の中は隔てなき家族の和みがある，しかし塀の外には公共という都市精神が欠けている，という．それに対して，西欧都市の調和のとれた景観は，目覚めた隔てある個人の社交的融和がつくりだすのである．

　「麦畑の中を猪のような電車が突進している」近代都市の歪みをつく分析は鋭いが，彼が愛してやまなかった「家」の観念こそ，日本の都市の「情けなさ」の要因になるとはどうしたことであろうか．この矛盾は，風土という概念の硬直性に由来するのではないか．

　目をみはるような戦後の経済成長，そして技術の発展にともなう都市や国土の変貌，そうしたなかで暮らす人々のライフスタイルの激変はもはや古典としての風土イメージをしだいに背景へ退けていくしかなかった．かわって，舞台の中央へ躍り出たのは，かさかさと渇いた機能的で合理的な国際様式の，のっぺりと「透明な延長としての空間」，つま

■1 里山の風景（GNU Free Documentation License）

りはデカルト的な理念の過激な蔓延であった．

それは，無国籍的であるばかりか，コミュニティーの崩壊という意味でも，反風土的であった．

● 風土の再生と生成

風土の組換えやあらたな生成ではなく，まったくそれとは別次元のモダニズムの時代とは，一種のファナティックな季節であったろう．自然や人間環境に関する思想は，とどのつまりは，中庸の思想にいきつくしかない．このことを端的に示すのは，たとえば文化景観という考えである．

ユネスコが1992年に世界遺産第16回サンタ・フェ会議で定義した文化景観という概念は，自然と人間文化の交差するところに生まれるすぐれて風土的な遺産をさす．意図的にデザインされた公園はもとより，棚田や林を含む里山，あるいは沖縄のウタキや，修験の伝統を引く名山などもまたそれに該当するであろう．共同態の記憶をもつ自然としての風土は，生態学的な多様性とならぶ文化多様性という新しい価値文脈のなかで国際的に認知されることにより，ローカルな地域からグローバルな舞台へのぼったといえる．

このような新しい世界遺産の考えが勢いづいてきた背景には，自然観や人間観という大きな物語の改定がさし迫ってきたという認識があるからだ．

大自然だけでなく，身近な自然への関心が増してきたことはそのような思想的改定のいちじるしい特徴である．手つかずの純粋の自然だけが尊いのではない．人間と自然とが切り結ぶところに育った里山文化は，大自然におとらぬ奥行きと多様性をもつばかりか，歴史という記憶をもつのではないか．そうした視野が開けてきた．さらにいえば，人間の身体は，記憶をもち，共同態の絆をもつ小さな自然である．このような目でみるなら，惑星地球は風土の極大であり，身体は最小の風土といえるかもしれない．

大地との絆を断つことのかなわぬ身体は，地球人に共通の風土的言語になるだろう．そしてまた，このようにして回復する風土と共同態においては，デザインの生産者と消費者のあいだを截然と隔てていた境界線の見直しが模索されるであろう．ランドスケープという大地の美学のなかで……．　[中村良夫]

文献
1) A. ベルク著, 三宅京子訳 (1994)：風土としての地球, 筑摩書房.

9-24　世界に広がるイスラーム教徒，そしてその建築

【テーマ】イスラーム建築　　　　　　　　　　　　　　　　　　　　　　　　9　環境・地域・地球

●イスラームの膨張

　アラビア半島から西へ東へ，7世紀以来イスラーム教徒たちが増加し，各地で既存の伝統を取り入れ建設活動を行った．建物は動くことはできないが，宗教とともに空間の理想や建築の技法，工人が行き交い，イスラーム建築文化を形づくった．

　膨大な時間と地域に，総体としてのイスラーム建築はあるのだろうか．礼拝の場たるモスクと埋葬の場たる墓建築に注目して特色をたどってみよう．

●統一感のある中庭

　金曜昼の集団礼拝のために，各地に大モスクが造営された．モスクは，7世紀前葉アラビア半島メディナの預言者ムハンマドの家へリンクする．

　大モスクの多くは，ムハンマドの家を踏襲し，広い中庭をもつ．厚い壁で取り囲まれ，町の喧騒を遮り快適な空間が形成される．中庭の周囲には規則的に柱とアーチが反復し統一感をかもしだす．

　中庭は西アジアの乾燥地域の住居に根ざした装置で，モスクだけでなく，宮殿や住宅にも使われた．

●柱の立ち並ぶ空間

　ムハンマドの家では，中庭の周りに棗椰子の柱を立て，暑さを遮る空間が作られた．各地のモスクでは多くの人が集う広大な内部空間が必要となり，数多くの柱が立ち並ぶ礼拝室が作られた．

　地中海周辺では石造古建築の柱を再利用したことからローマ建築風の円柱が好まれる．一方，東のペルシアでは，煉瓦造の太い柱（ピア）が一般的である．インドではヒンドゥー風の柱，中国では斗栱(ときょう)ののる柱などさまざまだ．

　4本の柱で区切られた空間がはてしなく続く室内に入ると，深い森の中に迷い込んだかのような気分になる．いちばん奥の壁には，あたかも信徒を導く灯のように，アーチ形のミフラーブが，礼拝の方向，すなわち遠くメッカを呈示する．

●聖なるアーチ

　地中海からペルシア，インドにかけての一帯では，石や煉瓦を用いた組積造の伝統が根強く，アーチが好んで使われる．小さな部材を寄せ集めてできるアーチは，広いスパンに架け渡すことができる．

　アーチはイスラーム勃興以前のユダヤ教やキリスト教でも聖なる場所や棺に用いられた．その伝統を汲んで，ミフラーブは世界各地でアーチ形で，さし示す方向の先は，信徒の観念の中心ともいえるメッカのカーバ神殿へと集中する．

●包み込むドーム

　アーチの回転体であるドームも，建築の主役となる．イスラーム以前から宮殿の高貴な広間や神殿の神聖な空間を覆うためにドームが用いられた．

　イスラームのドームの端緒はエルサレムの岩のドームだ．預言者ムハンマドの天国出発地とされる聖なる岩を覆うドームが7世紀末に架けられた．ドームは墓建築やモスクの主空間に使われる．

　墓には遺体が葬られる．死後，墓の中で最後の審判のときを待つことから，墓は死後の宮殿を意味し，聖なる故人の崇敬がさかんになり，聖者廟が浸透する．

　頭上を覆うドームはあたかも蒼穹のようで，究極的に対称性に徹した空間は，人知を超えた天国を想起させる．スカイラインに浮かぶドームは美しく装飾され聳えるミナレット（礼拝呼びかけの塔）と呼応してモスクや墓の所在を表す．内部の架構技法はより洗練され複雑になり，聖なる空間を演出する．

●はてしなく続く文様

　唯一神アッラーは，見ることも触れることもできない絶対的な存在だ．偶像の頻出する仏教やキリスト教の建築文化と比べると，人間や動物の図像など具象的な壁画は稀である．

　けれどモスクや墓建築は装飾に満たされる．聖なるコーラン（聖典）の言葉を描いた文字紋，あるいは多角形や星形が反復される幾何学紋，加えて絡みつく蔓草がパターン化された植物紋である．複雑に入り混じり，モスクや墓の内外を覆いつくす．

●神を讃える光

　光は神の属性のひとつである．メッカの方角を示

■1　世界のモスク（所在都市）　1：コルドバ，2：フェス，3：ローマ，4：ケルワン，5：チェサ，6：イスタンブル，7：ダマスカス，8：カイロ，9：ソルハット，10：サマラ，11：メッカ，12：マリンディ，13：トゥルケスタン，14：イスファハーン，15：ラホール，16：トゥルファン，17：ガウル，18：クアラルンプール，19：北京，20：テロクマノック，21：ドゥマック，22：東京，23 マレー（筆者作成）

すみミフラーブはただのアーチ形のくぼみだが，ランプの文様が表されることもある．

ミナレットは，日本語に訳すと光塔である．ミナレットは日に5回の礼拝の呼びかけを行うための塔で，イスラム以前の灯台からこの名がついた．

内部空間への採光の工夫も数多い．乳白色のアラバスターや格子細工の窓を透過した太陽光は，制御された柔らかい光に変わる．モスクランプやシャンデリアによって室内が照らされる．近世のトルコのステンドグラスやイランの鏡細工も光を効果的に演出する装置で，モスクや聖者の墓建築を飾る．

● 水の湧き出す装置

礼拝の前に流れる水で身を清めねばならない．彼らの理想の地である天国は，聖典コーランのなかで，「川が流れ，泉が湧き出し，木々が茂るところ」として描かれる．そして，宗教の中心たるカーバ神殿には，聖なるザムザムの泉が湧き出る．モスクでは，中庭に泉を造り，建物の片隅に水施設を設け，水と緑に囲まれた庭園に建つ墓も多い．

● イスラームの美

ムハンマドの家は，粗末な中庭建築だったかもしれないが，各地に広がった信徒たちは，コーランに描かれた天国をめざし，贅を尽くし，情報を交換しながら，高度な建築文化を創り上げた．対称な中庭や内部空間を見せ場とし，アーチやドームに聖性を求め，幾何学的な装飾性に徹し，光と水の演出効果を考えるという共通の素地が見いだせる．

● イスラーム建築の落とし穴

イスラーム建築は，宮殿や隊商宿などさまざまなものをさす．しかも，7世紀から今日の現代建築まで，広く世界をとりこみ，収拾がつかない．

この原因は，19世紀の西欧の建築史家たちが，オリエントを考えるときイスラーム，インド，中国という見方をし，自分たちにいちばん近い宗教的他者としてのイスラームをひとくくりにしたことが尾を引いている．近代西洋からみたアラビアンナイトの世界の悦楽にひたる幻想的建築があるという考え方が基盤になっている．

● 建築史の可能性

けれども，そんなとりとめのなさとステレオタイプ視は，世界の建築史を再考せねばならない機会を覚醒する．今後の研究の進展には，理想的な空間という側面から，宗教を切り口に書く建築史があってもよいかもしれない．さらにのぞまれるのは，新たなるイスラーム建築の時代区分や地域区分ではなく，世界建築史への位置づけである．［深見奈緒子］

9-25　土の摩天楼

【テーマ】ヴァナキュラー建築　　　　　　　　　　　　　　　　　　9　環境・地域・地球

● 商業都市

　都市の成立にはさまざまな要因があるが，世界中で普遍的にみられるのは，交易の必要性に基づく都市である．経済活動が活性化すると物流が生じるが，物資を交換するための場所が固定化されると市が立つ．当初は不定期に開催されていた市が，やがて定期的になり，ついには常設になる．これに伴い，商いを生業とする商人が発生し，交易に特化した商業都市が成立する．商売を行うには，物流や人流の拠点に立地するのが有利で，幹線路や渡河点，港などの交通の要衝に商業都市が造られる．商業都市に要請されるのは多様な機能の集積で，そのためには運んできた物資とその担い手の安全を確保しなければならない．一方，物や富が集中する場所は，周辺の民族や遊牧民にとっては格好の攻撃目標である．防御の重要性が高まるにつれて堅固な城壁や深い掘割を巡らせた町が出現し，要塞化が進んでゆく．防御の観点からは，町がコンパクトなほうが望ましい．しかし，商業活動のさらなる展開をはかるためには，より広域な活動の場が必要である．新たに境界を築き直し，町を平面的に拡張するのも一案だが，建物を高層化し，町を立体化するという妙案もある．高層化した建物を密に配すると，建物と町とが渾然と一体化した巨大な城塞都市が出現するが，その究極の姿をイエメンの隊商都市シバーム（Shibām）に見ることができる．

● シバーム

　アラビア半島の中央部分は平坦な砂漠地帯であるが，アラビア海に面する南端部は丘陵地で，風化した大地には幾筋もの深い亀裂が走り，その谷底を複雑に分岐したワジ（涸川）が流れている．ワジ・ハドラマート（Wādī Ḥaḍramawt）はこの地域で最大のワジで，幅が12 km，全長が160 kmに及ぶ大峡谷である．この谷は，かつてはインドとヨーロッパを結ぶ主要な隊商路のひとつで，香料やスパイスなどの交易品がラクダの背に揺られて運ばれていた．特筆すべきはこの地域に特産の乳香で，その交易が莫大な富をこの地にもたらした．

　谷を通る隊商路の要衝に位置するのがシバームで，300 mの崖により守られている．この谷の歴史は古く，『創世記』にも記述があるが，町が最初に建設されたのは3世紀頃といわれている．その後，エチオピアやペルシャの侵略を受けたが，壊滅的な打撃となったのが13世紀と16世紀の大洪水である．ワジは普段はまったく水のない干上がった河であるが，ひとたびモンスーン期の豪雨に見舞われると，土石が逆巻く激流と化し，谷底のあらゆるものを流し去る．シバームはワジの支流が合流する地点に立地していた．そのため，洪水に襲われるとひとたまりもなかった．二度の大洪水を体験した人々は，より洪水に強い町造りを試みた．高台への移転は安易で確実な解決策であるが，交易都市としての機能に支障をきたす．そこで考え出したのが，地盤のかさ上げと，建物の高層化による町の稠密化である．

● 高層住居群

　谷底に白く輝く高層住居群は，「世界最古の摩天楼都市」とか，「砂漠のマンハッタン」とか呼ばれ，1982年に世界遺産に登録されている．二重の城門を入ると広場があり，市場になっている．他の公共施設として二つの宮殿と七つのモスク，それに学校や病院がある．域内は7 ha余りと狭いが，そこに約500の高層住居が並び，7000人ほどが住んでいる．人口密度は約1000人/haで，超高密度居住地である．

　現存する住棟は19世紀末から20世紀の初頭に建設されたものが多いが，古いものは300～400年を経ている．平均階数は5階くらいであるが，なかには8階建てで，高さが30 m近いものもある．こうした住棟を建設するために，さまざまな工夫を凝らしている．まず基礎であるが，堅い支持地盤まで掘り下げ，底に動物の糞と岩塩を敷き固める．その上に丸太を並べて，隙間を小石で塞ぐ．さらにその上を，生石灰と木灰で造ったモルタルに石屑を骨材に

■1 シバーム全景（筆者撮影）

して混ぜ合わせたもので塗り固める．これを地表から 50 cm〜1 m の高さになるまで築き，その上に日乾し煉瓦を積み重ねて壁面とする．基礎部分が壁面よりも厚いので，建物の下部が道路側に少し張り出している．壁厚は 1 階部分では 1 m 近くあるが，上層階にゆくにしたがい薄くなり，最上階では 30 cm 弱になる．日干し煉瓦の壁面は，表面を泥土で上塗りし，上層階と足元部分はさらに石灰を塗って雨による浸食を防いでいる．

塔状の住棟への入口は一つしかない．丈の低い厚い木の扉をくぐるようにして内部に入る．上階へは建物の中央に心棒のように立っている狭い回り階段を昇る．こうした構造は敵の来襲に対して内部から反撃するのに好都合である．1，2 階が家畜小屋と倉庫で，3 階に男性の接客の場がある．古い家ではその一隅に炉があり，コーヒーが客に振る舞われる．4 階から上が家族のためのスペースで，女性や子供はここで生活している．厨房もこの部分にある．最上階の 1〜2 層は抜群の眺めの居間で，ルーフテラスが付属している．ルーフテラスのパラペットには，女性が顔を見られることなく街路を見下ろすことのできる覗き穴がある．この穴から来訪者の身元を視認すると，階段室につながる紐を引き，入口の扉の閂をはずすことができる．屋上には隣家につながる緊急用の避難路があり，住棟は空中に張り巡らされた住民だけが知る秘密の通路により結ばれている．

住棟の下層階には窓がなく，しかも，町の外周部に立つ建物は，外部に背面を見せている．そのため，町を囲繞するように土色の壁が屹立し，城塞都市とよぶのにふさわしい堅牢な構えを見せている．

街の外周部と各街区の中央部分に汚物を処理するための特別なスペースがある．各住棟の便所と風呂はこれに面しているが，ユニークなのはその断面形状である．便所と風呂は上層の各階の端部にあり，排泄物や排水用の孔は少しずつ迫り出した位置にある．そのため，汚物や汚水は合流することなく，直下に落下する．それを外部から目撃されるのを防ぐために，竪坑状の目隠しが設けられている．以前は，この竪坑を落下してきた固形物を貯留槽に貯め，灰と混ぜて肥料にしていた．今は壁面を走る汚水管で処理している．しかし，なかには不届き者がいるらしく，竪坑の壁に新たな痕跡が点々と遺っている．

生活用水はかつてはワジに掘られた井戸を用いていたが，いまでは各戸に水道が引かれている．上下水道の完備は住民の生活環境や衛生面の向上に大いに寄与した．しかし，深刻な現象も顕在化している．上水道は住民を水汲みの労から解放することに成功したが，頻発する水漏れが高層住居の基礎を浸食し始めている．すでに倒壊した建物もあり，思わぬ副作用に町は揺れている． ［藤井　明］

文献
1) Ronald Lewcock (1986)：Wādī Ḥaḍramawt and the walled city of Shibām, the United Nations Educational, Scientific and Cultural Organization.

9-26 地球温暖化—人類の喉元に突きつけられた脅威

【テーマ】気候変動　　　　　　　　　　　　　　　　　　　　　9　環境・地域・地球

●地球温暖化は「モラル」の問題？

化石燃料の使用に伴う CO_2 などの温室効果ガスの排出により，地球全体の温暖化がもたらされる（可能性がある）という，地球温暖化問題の存在自体は，今日広く認知されている．しかしながら，その脅威については必ずしも正しく認知されているとはいえず，温暖化を論じることは，新手の「モラル」，「宗教」，「ファッション」，「ブーム」のようにとらえられている感が否めない．

●温暖化の現状と今後

温暖化問題に関する代表的な調査研究である「気候変動に関する政府間パネル（IPCC）」によると，地球の平均気温は19世紀後半以降上がり続け，20世紀の100年において0.6℃上昇している．一方，大気中の CO_2 濃度は1800年の280 ppmから2000年には367 ppmと急激に増加しており，CO_2 が温暖化と関係がある可能性が高いとされる．今後の気象変化について，35のシナリオに基づき行われたシミュレーションでは，気温は1990年から2100年にかけて1.4℃から5.8℃の幅で上昇するとの結果が出されている．これは，地球の歴史において例をみない急速な気温変動である．

温暖化は，地球上すべての空気・水循環システムを根本から変化させるため，その影響は多岐にわたる．以下にあげる現象の多くは，温暖化と直接の因果関係を完全には証明されていないが，その影響を予想させる事態が多発している事実は深刻に受け止めるべきであろう．

●海面水位の上昇

海面上昇は，気温上昇によるグリーンランドや南極の寒冷地の氷河の溶解，温度上昇による海水の熱膨張によって起こる．現在の予測では，2100年までに30 cmから1 m上昇すると危惧されている．世界人口の多くは海沿いに居住していることから，海面上昇に伴う陸地の侵食は深刻な問題である．すでに，南太平洋にあるツバル（海抜が最大5 m）のように，海面上昇により土地が侵食され，集団移住の検討を余儀なくされている島国も多く存在する．

●異常気象

近年，世界各地で大規模な台風やハリケーンがいままでにない頻度で発生している．とくに2005年に大西洋北部において26個ものハリケーンが発生，さらに観測史上10位以内に入る巨大ハリケーンが3個続けてニューオリンズなどの大都市を直撃し，甚大な被害をもたらした．こうした現象の背景には，温暖化による気温や海水の温度上昇に伴って，ハリケーンの成長に不可欠な洋上の蒸気エネルギーが増加している可能性が指摘されている．

●渇　水

すでに黄河やアマゾン川といった世界中の大河川で水が干上がる「断水」が頻繁に起こっており，ウラル海などの湖は年々縮小を続けている．その大きな原因として，温暖化により大気の循環サイクルが変化，世界規模で降雨の異変が起きている事実が指摘されている．現在は熱帯雨林が広がるアマゾンにおいてすら，今後降雨量が急速に減少し砂漠化する危険が指摘されている．現在でも，世界では5人に1人が安全な水を確保できておらず，渇水の深刻化はこの事態をさらに悪化させる危険がある．

●食糧不足

海面上昇・渇水による耕作可能地の減少は，農業生産に壊滅的な影響をもたらす．すでに中国では渇水による砂漠化で農業生産が減少し（1998年3億9200万t→2003年3億3800万t），輸出国から輸入国に転落している．渇水による直接的な影響がない地域でも，温暖化により従来作物の栽培に適さなくなる土地が急速に増加する危険があり，近いうちに世界規模の食糧不足が発生する可能性が十分ある．日本のように食糧のほとんどを輸入に依存している国において，その影響はより深刻である．

●伝染病

気温の上昇は気候の熱帯化をもたらし，日本においてもマラリヤなどの熱帯性伝染病が蔓延する危険がある．とくに暖冬が多くなることは感染を媒介す

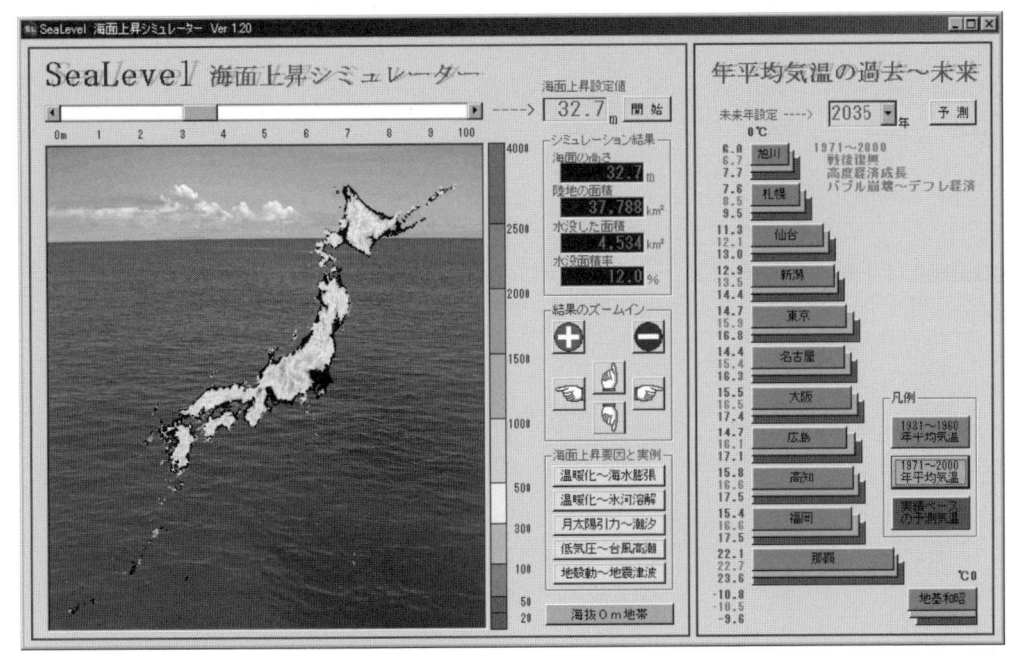

■1　海面上昇により水没する面積を計算するシミュレーションソフト（http://www6.plala.or.jp/anyoung/sealevel.html，あんやん氏作成フリーウエアより）

る蚊が年中繁殖できることを意味し，ヒートアイランド現象にさらされる都市部において深刻な脅威となる．2002年に高雄など台湾南部の大都市において，熱帯性のデング熱が大流行し1万5000人以上が感染する事態となったが，これも暖冬により蚊が大量発生したことが原因とされる．

● 京都議定書

温暖化によってもたらされる問題はきわめて直接的に人類の生存を脅かすものであり，人類の存続そのものへの最大の脅威といっても差し支えない．しかしながら，地球温暖化は成人病のようなもので特効薬となる解決策がないこと，特定の国・地域だけでは対処できず世界各国の協力が必要なことから，その解決は容易ではない．

その世界的な取組として，「気候変動に関する国際連合枠組条約」の第3回大会（COP3）が1997年に開催され，各国の間で「京都議定書」が交わされ，2005年2月に発効した．このなかで，日本は2008〜2012年の評価期間におけるCO_2排出量を，1990年から6％削減することを義務づけられている．しかしながら，最大のCO_2排出国であるアメリカが離脱し，エネルギー需要の伸びが著しい発展途上国は初めから加わっていないため，京都議定書が達成されたとしても，その効果は限られている．IPCCは，現状の地球環境を維持するためにはCO_2排出量を少なくとも半減させなければならないと試算しており，温暖化はすでに不可避との悲観的観測が急速に広がりつつある．

● 温暖化が都市を追い詰める

都市は，本質的に自然環境とは相容れない．これほどまでに高度な人口集中は，産業革命以降の労働集約型産業が必要としたものであり，自然の摂理からは乖離した存在である．従来は土壌や河川といった自然の循環システムが，食糧を供給し汚染物を浄化してきたが，都市のように極度に高密度化された空間でそれは望めない．都市において本来ありえないはずの衛生的で快適な環境をもたらしたのは，上下水道や空調・道路といった高度な都市インフラと，それを動かす大量の化石燃料である．事実，産業化が進む途上ではいずれの都市でもインフラが十分整備されていないスラム地域が発生し，多くの人々が劣悪な環境に暮らすことを余儀なくされる．都市とは自然のシステムから乖離した存在であり，その分，温暖化による影響はより深刻なものになる．

地球温暖化が本当に深刻化したとき，現在の都市を維持することは不可能である．そのとき，水を失って放棄された多くの古代遺跡のように，現代都市は朽ち果てるのであろうか？　　　　　［前　真之］

索　　引

ADA　394
AED　545
A_i 分布　35
AIA　387
AOF　491
APEC アーキテクト　383,384
APEC エンジニア　383
AR モデル　302
ARMAX モデル　303
ARX モデル　302
B プラン　218
B-REP　364
BA　378
BankART 1929　222
BCM　53
BCP　9,53
BEE　631
BIDs　223
BiG モデル　583
BIY　335
BPT 分布　36
BQ　339
BTO　327
CAAD　360
CAD　360,363,364
CADD　360
CAFM　361
CAM　361
CASBEE　631
CFD　61
CFT 構造　291
CI　540
CIAM　488,490,636
CM　339,341,342,387,495
CO_2 排出原単位　644
CO_2 排出量　110
COP 3　677
CSG　364
CSM　545
DAD 解析　76
DID　230
DIY　335
DMAT　545
DVD　539
EBD　546
EBS　396
EDRA　397
EI（エコインジケータ）99　633
EP（エコポイント）97　633
EPA　404
EPEDAT　8
EPS 2000　633
ER　544
ER モデル　362
FDD 法　307
FM　124

GA　180
GEV 分布　77
GIS　214,363,365
GPS　365
GUPHA　547
HAZ　295
IAPS　397
ICF　548
ICOMOS　236
IPCC　676
JEPIX　633
JIA　384,490
LCA　631,632,644
LCC　147,540
$LCCO_2$　644
LIME　633
MA　378
ME 法　404
MERA　397
MOMA　520
NURB　365
OJT　328
OODB　363
PC 鋼材　319
PFI　343,486
PHC 杭　50
PIV システム　63
PM　339,387,495
PMBOK　345
PMI　345
PMV　630,652
POE　351,396
PPD　634
PPP　220
QBS　387,487
QOL　491
QS　339
RC 構造　288
RC 造　318
RC 造超高層住宅　293
RD 法　307
RSVP サイクル　368
RT 試験　294
SD 法　404
SET*　634
SI 建築　118
Sketchpad　360
SPAB　472
SQL　362
SXF　363
TIF　220,223
TMO　222,223
UIA　384,490,627
U.S.N. 構想　664
UT 試験　294
VERN　5

VISMAP　5
VOC　592,630
WTC　7

ア

アアルト，アルヴァ　401,441,447,481,493
アイアンブリッジ　290
アイソレータ　30
愛・地球博　525
アウグステイオン　456
アウトリーチ　368
アカデミー　428
アーキグラム　199,519
アーキズーム　199
アーク溶接　294
アクロポリス　426
アゴラ　454
浅野邸（広島藩）　264
アジトスペース　499
足場の倒壊　324
芦原義信　668
飛鳥寺　86,434
アスクレピオス神殿　146
アスファルト防水　176
アスペリティ　39
あそび環境　498
アーチ構造　282
アーツ・アンド・クラフツ運動　470,479,480
圧着張り　321
アップルトン，J　240
圧密沈下　43,44
アテネ憲章　202,488,636
アドヴォケイター　495
アトリウム　374,578,622
アナーキースペース　499
アーバンデザイン　379
アーバンデザインマネジメント　222
アーバンビレッジ　140,220,609
アフォーダンス　416,669
阿弥陀堂　434
アムステルダム・コンセルトヘボウ　536
アムステルダム派　471
アヤソフィア博物館　456
荒壁　165
荒事　530
アラブ世界研究所　654
アリサン　609
アール・デコ　470
アルテミス神殿　427
アール・ヌーヴォー　470,478,480
アルハンブラ宮殿　654
アルベルティ　428
アルミカーテンウォール　174

索　引 | 679

アレグザンダー，C　224
安政江戸地震　20
安全管理　344
安全計画　6
安全係数　2
安全率　2,309
安藤忠雄　216
安野光雅　250

イ

イオファン，ボリス　524
異化　533
生き物との共生　152
イギリス式庭園　466
イギリス積み　278,280
イクティノス　426
異形鉄筋　284
池田邸(鳥取藩・岡山藩)　264
石置・板葺屋根　246
維持管理　90
石本喜久治　482
石山修武　622
イスラーム建築　672
遺跡復元　94
伊勢神宮　86
磯崎新　402,404
イタリア式劇場　532
移築　93,448
1自由度系　304
市村雄作　637
一括請負方式　342
一括下請　341
厳島神社能舞台　529
一式請負　326
一丁倫敦　252,418
一般化極値分布　55,77
遺伝的アルゴリズム　180
伊東忠太　431
伊東豊雄　301,374,623
イノベーション　147,327
今村明恒　20
イームズ　481
イメージアビリティ　416
イメージマップ　410
癒しの環境　147
伊予太山寺　435
イ・ヨンスク　669
医療施設　542
いろは遊学館　503
岩国建築大学校　143
岩のドーム　672
イーワーン　579
インガルスビル　291
イングリッシュクロスボンド　281
イングリッシュコーナー　280
イングリッシュビレッジ　195
イングリッシュボンド　280
インサイドアウト　540
院子　578
インスペクター制度　103
インスラ　452,455
隠棲・探索原理　240
インセンティブゾーニング　218
インターナショナリズム　400
インターフェース　622
インテグレーション　172
インテリアランドマーク　133
インバース・マニュファクチャリング　157
インフィル　118
インフラストラクチャー　211,630
インフラフリー　596
陰陽五行　618

ウ

ヴァザーリ，ジョルジョ　462
ヴァールブルグ　336
ヴァン・デ・ヴェルデ，H.　373
ヴィオレ・ル・デュク　94,114,468
ウィークス，ジョン　224
ヴィクトリアンタイル　320
ウィットコウワー　429
ヴィラ　580
ウィトルウィウス　217,428,462,494
ヴィニヤードスタイル　536
ヴィニョーラ　428
ウィンドーショッピング　205
ウィーン美術史・自然史博物館　518
ウィーン・ムジークフェラインスザール　536
ヴェニス憲章　115,236
ヴェネチア　253,254
ウェブ，フィリップ　472
ウェルウィン　636
ヴェルサイユ宮殿　465
ウォーカー，ピーター　667
ウォーターフロント開発　254
ヴォー・ル・ヴィコント城館　464
歌川広重　265
打込みタイル　321
宇宙技術　597
写し　448
移し　448
裏返しの建物　510

エ

映画館　538
衛生工学　656
液状化　24,42,44,50
エコスタック　151
エコトーン　150
エコミュージアム　522
エコロジー　617
エコロジカルコリドー　150
エコロジー建築　493
エコロジーな博物館　522
エッジシティ　191
エッフェル塔　217,238,290,524
江戸　266
江戸建仁寺流　431
江戸三座　530
江戸図屏風　264
エネルギー一定則　305
エネルギー保存則　66
海老虹梁　435
恵比寿ガーデンプレイス　201
エメラルドネックレス　666
エレベーター　7,590

円覚寺舎利殿　435
偃師城　258
エンジニアードウッド　166
延焼火災　20
円成寺春日堂・白山堂　86
延性破壊　296
エンパイアステートビル　189,290,356

オ

オイラー座屈　16
扇垂木　435
応力度　308
大江新太郎　96,431
大型店立地　226
大きい建物　356
大沢家住宅　603
大島測候所　419
大滝神社　431
大森房吉　20
岡本太郎　527
岡山後楽園　575
押障子　572
押出法ポリスチレンフォーム　178
オズグッド，C. E.　404
お台場海浜公園　201
小樽　248
小樽運河　248
オータン大聖堂　459
オーティス，イライシャ　524
オテル　578
音環境　256
音風景　256,408
オナイアンズ　429
尾道浄土寺　435
帯筋　289
オフィスビル　374
オブジェクト指向データベース　363
オブジェ性　622
オプス・フランキゲヌム　460
オープンシステム　336
オープンスクール　511
オープンスペース　499,511,514
オープンビルディング　118,169
オペラハウス　235,534
表参道ヒルズ　131,357,588
オランダ積み　280
オルセー美術館　519,521
オルタ　478
オルムステッド，フレデリック・L　666
オレゴン大学の実験　224
音響工学　598,658
オンサイトER　544
温熱環境指標　652

カ

加圧防煙　72
海外工事　327
海溝型地震　19
介護保険　128
解釈学　352
改修　132,444
改修工法　116

外食　232
階層モデル　362
解体　162
解体現場　154
解体工事　158
解体修理　92
解体廃棄物　163
外部サービス　605
開放的な住まい　611
海面水位　676
カイリー，ダン　666
ガウディ・イ・コルネット，アントニオ　114,282,474,478,581
家屋耐震構造論　20
科学的方法　352
化学物質過敏症　594
化学分解法　647
『輝く都市』　488
夏期需要電力　182
学社融合　503
楽屋　535
隠れ場所　240
崖　46
火災安全計画　6
火災と建築構造　70
火災避難　72
カサ・バトリョ　474
カサ・ミラ　474
瑕疵　108
カーシェアリング　631
貸出型図書館　516
荷重・耐力係数形式　3
火傷事故　81
春日神社能舞台　529
春日造社殿　86
ガスケット　174
カステルヴェッキオ美術館　519
ガストフロント　58
カスバ　579
霞ヶ関ビル　203,291,357
風環境評価　60
風環境予測　61
風直交方向振動　306
仮設構造物　238,324
家相　620
カーソン，レイチェル　501,626
課題解決型図書館　516
カタヴォロス，ウィリアム　173
片持ちばり式擁壁　48
型枠先組工法　319
型枠支保工　324
価値創出　154
学校建築　510,512
学校づくり　502
滑雪　74
活断層　19,36
カップ・マルタンの休暇小屋　406
カテゴリーキラー　230
カテナリー　282
ガーデンシティ　192,194
金沢21世紀美術館　358
可能最大降水量　76
カーバ神殿　672
歌舞伎　530

兜町ビジネス街　253
壁　572
壁式　318
壁式ラーメン　318
壁倍率　164
下方硬直性　329
カーボンニュートラル　645
過密　606
神と仏　436
神の家　458
茅葺き民家　616
カーライル，トマス　472
ガラスカーテンウォール　174
唐様　430,435
カリキュラム　510
カルチャーデザイン　669
ガルニエ，トニー　636
ガレリア　235
川越　244,603
換気　650
環況　399
環境　398
環境アート　667
環境エンジニアリング　630,634
環境会計　633
環境型産業　169
環境管理　344
環境基本法　158
環境共生住宅　627,660
環境権　275
環境建築家　486
環境工学　350,668
環境行動研究　351,396,398
環境心理学　396,398,408
環境性能効率　628
環境設計による犯罪予防　214
環境騒音　658
環境的最大化手法　379
環境デザイン　629,668
環境配慮型塗料　116
環境配慮建築　634
環境負荷　632
環境マネジメント　629
環境容量　626
関係のデザイン　669
間隙圧　46
関西国際空港ターミナルビル　357
乾式工法　319
環状土楼　578
感染症　542
観相　620
観測誤差　303
カンター，D.　398
関東大震災　20,36,285
カントリーハウス　472,614
看板建築　471
カーン，ファズラー　290
ガンベル分布　74,77
カンポン　609
監理業務　388
カーン，ルイス　641,655
緩和ケア病棟　564

キ

木　166
気　12,618
祇園祭　526
機械排煙　72
規格構成材方式　336
危機　8
危機管理　8
危機管理支援システム　5
企業経営　345
企業の社会的責任　9
規矩術　438
菊竹清訓　198
記号学　670
基準階　374
きず　294
規制緩和　119,226
既製コンクリート杭　50
貴族住宅　574
木曽十一宿　246
既存建物　107
既存不適格　32,99,112
期待総費用　110
ギーディオン，ジークフリード　400,492
記念写真　420
技能　330
機能主義　372,378,480
揮発性有機化合物　630
ギブソン，ジェームズ　416,669
規模計画　356
ギマール　478
逆スラブ　318
キャンデラ，フェリックス　300
キャンパス計画　514
キャンパスマネジメント　514
キャンベル共同計画　215
宮殿　452
宮殿建築　432
給湯設備　657
給排水衛生設備　657
境界空間　209
境界層　62,67
教会建築　427
教会堂　450
教科センター方式　512
競技場　144
共振点　304
強制換気　650
強制振動　304
行政首都　197
競争入札　340,342
協働　378
協働設計　378
協同組合方式　584
共同態　671
京都駅ビル　357
京都議定書　168,677
京都御所　432
強風　60
強風観測網　53
強風危険度　52
強風災害　52

索　引　681

強風ハザード 53
京町家 169
業務サービス 381
業務独占 331, 384
共有領域 604
共用サービス 604
協力会 328
極限設計 310
局所不快 652
極値統計解析 74
極値分布 54, 77
局部座屈 16, 286
曲面 300
巨大都市 638
清水寺の舞台 446
許容応力度 2, 308
キラーパルス 38
ギリシャ建築 454
ギリシャ十字式教会堂 451
ギリシャ神殿 426
ギルド 473
ギルピン，ウィリアム 466
木割 438
禁煙・分煙化 635
銀座通り 204
近代化遺産 248
近代劇場 532
近代建築運動 478, 480
近代建築家 486
近代建築国際会議 636
近代都市 190
近代都市計画 666
キンベル美術館 655

ク

グァリーニ，グァリーノ 464
杭 50
空間感覚 404
空間資源の循環性 123
空間戦略マネジメント 222
空間としての建築 400
空間認知 410
空気音遮断性能 598
空気環境 650
空襲 602
空洞化 124
隅肉溶接 295
グエル公園 474
区間残存率推計法 85
公家住宅 575
日下部家住宅 603
クサール 602
グッゲンハイム美術館 134, 235, 519, 521
組積造 278
組物 438
クライアント/サーバー型 363
クラシック・コレクティブハウス 582
グラスウール 178
蔵づくり 244
クラフトマンシップ 337
グランドデザイン 224
クランブルック美術アカデミー 481
繰返し荷重 286

クリスタルパレス 290, 524
グリーノウ，ホレイショ 372, 492
グリーファー，ジョン 467
クリマトロフィス 640
クリュニー会修道院 459
グリーン購入法 159
グリーンデザイン 669
グリーンフィールド 648
グリーンベルト 140
クールアイランド 665
グルーエン，ヴィクター 228
クールビズ 653
グループホーム 556
グループリビング 556
クレメンツ，F. E. 153
クレーラー・ミューラー美術館 521
黒衣 531
クロー，シルビア 242
黒田邸(福岡藩) 264
グロット 464
グローバル化 638
グロピウス 480, 493
クロルピリホス 593
クロール，ルシアン 336
クワトロチェント 462
クンストハウス(グラーツの) 519
クーン，トマス 352

ケ

ケア付き住宅 559
経営事項審査 340
経営マネジメント 223
計画科学 353
計画技術学 353
計画原論 350
景観 219, 240, 256
景観学 243
景観行政 249
景観工学 242
景観資産 243
景観条例 248
景観デザイン 669
景観法 137, 271, 275
景観論争 238
形態規制 268
形態抵抗型構造 300
形態デザイン 301, 359
経年劣化 109
京浜臨海工業地帯 649
契約方式 342
劇場 455, 530, 532
景色学 243
決定論 398
ゲーティッドコミュニティ 191, 214, 604
ゲニウス・ロキ 412
気配 562
煙制御 72
原位置浄化法 647
原位置分解法 647
健院 217, 546
限界状態設計 3, 53, 310
限界状態超過確率 311
限界耐力計算 312

原価管理 344
減価償却費 88
健康住宅 592
健康増進施設 550, 552
健康日本21 552
検査制度 388
減衰評価 306
建設業許可制度 328
建設業の災害 324
建設業法 340
建設廃棄物 156, 162
建設廃材 162
建設冬の時代 326
建設リサイクル法 156, 158
建設労働者雇用改善法 341
建築
　　──と構造 358
　　──の五つのオーダー 428
　　──の長寿命化 587
　　──のライフサイクル 93
減築 154
建築意匠学 424
建築家 494
建築確認制度 274
建築火災 72
建築家資格 384
『建築家なしの建築』 237
建築基準法 2, 71, 90, 210, 274
建築基本法 274
建築教育 385
建築空間 396
建築計画 350, 352, 376
建築ゲノム 180
建築構法 322
『建築講話』 114
建築材料 180
建築士 275, 385
建築士会 383
建築士法 274, 382
建築写真 420
建築写真家 418
建築集合体 378
建築生産 344, 346
　　──の工業化 316
建築生物学 627
建築設計 424
建築設計事務所 380
建築設備士 382
建築的情景 416
建築病理学 107
建築物の寿命 86, 111
建築物の絶対高さ制限 6
建築防災計画評定 6
建築マネジメント 377
『建築をめざして』 568
現場打ちコンクリート 318

コ

コアコンピタンス 345
コアビジネス 329
小石川後楽園 266
鋼 170
豪雨記録 76
公開空地 635

郊外住宅地　190
工業化構法　316
公共空間整備　136
公共圏　369
公共建築計画　368
公共施設の郊外移転　230
公共図書館　516
『江家次第』　433
高減衰化　28
鋼構造　290
剛構造　28
鋼構造超高層建物　292
交差リブヴォールト　282, 461
工事管理　344
工事数量書　339
硬質ウレタンフォーム　179
工場建築　540
神代雄一郎　402
降水　656
構成主義　480
洪積層　42
降雪　74
豪雪　74
高層建築　71
高層住宅　590
高層ビル　356
高層マンション　615
構造計画　314, 358
構造計算書偽装　275, 382
構造システム　314
構造設計　2, 310, 312
構造設計一級建築士　382
構造設計者の資質　315
構造耐震指標　33
構造ヘルスモニタリング　303
構造補強　115
交通バリアフリー法　392, 395
工程管理　344
公的ディベロッパー　612
行動科学　396
行動圏　604
高度地区制度　271
コウハウジング　583
公民協働　220
香山壽夫　424
合理主義　372
高齢化対策　125
高齢者施設　216, 560, 562
高齢者専用住宅　600
御学問所　433
顧客満足度　380
国劇　530
国際競争力　386
国際近代建築会議　488, 490
国際建築家連合　384, 490, 627
国際標準　386
国際様式　373
国土形成計画　224
国宝　89, 91
互恵の共同作業　611
古建築保護協会　472
誤差共分散行列　303
コージェネレーション　645
ゴシック建築　460

ゴシックリバイバル　473
古社寺保存法　96
個人空間　406
コスト　338
コスト償還型精算方式　343
コストプランニング　338
国会図書館新館　41, 357
コッター, フレッド　469
固定価格型精算方式　343
固定資産税　89
御殿　262
後藤新平　21
コートハウス　578
子どものホスピス　564
ゴフ, ブルース　493
コーポラティブ住宅　584
コーポレートアイデンティティ　540
木舞土壁　164
コミュニティアーキテクト　495
コミュニティライフ　126
コモンズ　149
固有周期　34
雇用環境改善　381
コールドドラフト　653
コールハース, レム　663
コレオリ力　56
コレクティブハウジング　128, 556, 582
コレ領域　406
コロニア・グエル教会　474
コンクリート打放し　321
コンサートホール　536
コンスタンティヌポリス　456
コンストラクションマネジメント　387, 495
コンストラクションマネジャー　377, 380
ゴンドラ足場　117
コンドル, ジョサイア　252, 418
コンパウンド　578
コンパクトシティ　140, 161, 191, 220
コンバージョン　120, 425, 494, 662
コンペ　487
今和次郎　485

サ

災害医療　542
災害救助　23
災害拠点病院　27
災害復興　23
災害保険　89
サイクロイド曲線　655
再現期間　54
再現期待値　54
採光　654
採算計画　376
財産権　275
再資源化　163
最小2乗法　303
再生　154
　——の時代　130
再生工事　116, 334
さいたまスーパーアリーナ　145
再調達価格　89
最適化設計　180

最適都市規模　138
最適都市構造　138
サイト　413
ザイドル, G. v.　518
財務評価　376
在来構法　316
材料のオーセンティシティ　115
サヴォア邸　443
サウンドスケープ　256
サウンドマスキング　634
酒蔵　142
坂倉準三　484
作業療法　548
座屈　16, 286
サグラダ・ファミリア聖堂　114, 283, 474
サザーランド　360
座敷　576
サステイナビリティ　110, 401, 540, 626
サステイナブル建築　626, 628, 641
サステイナブルシティ　220
サステイナブルビル　645
サッカースタジアム　145
札仙広福　231
札幌ドーム　145, 356
里山　671
佐野利器　20, 482
サノフ, ヘンリー　368
砂漠のマンハッタン　674
サブコン　328
サポート・インフィル　118
サマーソン　429
サリヴァン, L.　372
サーリネン, エリエル　478
サーリネン, エーロ　283, 301, 481
サルトリス, A.　372
3R　122
『山槐記』　433
参画マネジメント　223
サンガロ　428
残響時間　536
3次元設計　361
3次元のモデリング　364
三所三備　620
産地の姿の見える住宅づくり　168
サンドコンパクション工法　45
サン・ドニ修道院　460
サン・ピエトロ大聖堂　450, 465
サン・フランチェスコ教会　447
サン・マクルー教会堂　461
サン・マルコ広場　255

シ

シアーズタワー　290, 356
シアリップ　297
寺院建築　86, 434
ジェファーソンメモリアルアーチ　283
シェブロンパターン　297
シェル構造　300
シェルター　78
ジェンダー　428
汐入のお花畑　211
市街地建築物法　2, 20
市街地再開発　587

視覚芸術　417
シカゴ学派　212
シカゴ大火　68
志賀重昂　240
敷地選定　12
式年造替　86,96
事業継続計画　9
事業内訓練校　329
ジグザグモダン　470
資源循環　156,158
資源循環型社会　156
資源生産性　156
資源有効利用促進法　158
四合院　100,578
視軸の三角形　533
資質評価方式プロポーザル　387
慈照寺東求堂　87
紫宸殿　432
地震　40
　　　――の最新活動時期　36
　　　――の相互作用　40
地震応答スペクトル　304
地震環境　14
地震観測　41
地震ハザード　14
地震災害　10
地震層せん断力　34
地震調査研究推進本部　19
地震動　38
地震動予測地図　14
地震防災対策特別措置法　18
地震予知　18
地震力　34
システム同定　302
史跡　94
次世代省エネルギー基準　593
施設の「住宅化」　558
自然換気　650
自然共生思想　402
自然景観　240
自然光　654
自然素材　592
自然な監視性　214
自然のスペース　498
自然排煙　72
持続可能性　626
持続可能な景観づくり　243
持続可能な都市　140
持続的な住環境の高度化　371
下請契約　341
シックハウス症候群　592,594
シックビル症候群　594
湿式工法　319
実体関連モデル　362
しつらえ　622
指定確認検査機関　382
指定歴史的建造物　249
児童養護施設　508
シトー会修道院　459
シート防水　177
ジードルンク　488
品川セントラルガーデン　607
シナゴーグ　450
シナリオ型プランニング　649

シネコン　539
柴又帝釈天　207
シバーム　674
地盤改良　44
地盤構造物相互作用　40
地盤震動　40
地盤調査　42
指標動物　153
渋沢栄一　252
シミュレーション　361,364
遮音性能　598
遮音壁　659
社会規範　272
社会構成理論　213
社会資本　273
社会システムの安全対策　7
社会資本整備審議会　382
社会的倫理　333
ジャズモダン　470
斜線制限　269
ジャーディ，ジョン　228
シャネル様式　470
斜面の危険度　47
シャルトル大聖堂　461
シャロウン，ハンス　493
シャンゼリゼ通り　235
住環境教育　599
周期的修理　92,97
自由曲面シェル　301
柔構造化　28
集合的動線　354
自由設計　584
重層下請制　328
住宅
　　――と地域の「施設化」　558
　　――の寿命　87,102
　　――の品質確保促進法　309
　　――のホスピス　564
　　――は住むための機械　568
住宅建設費　102
住宅産業　334
住宅性能表示制度　598
住宅バリアフリー　600
住宅メーカー　334
住宅様式　577
集団規定　274
集団表象　241
集中堂式教会堂　450
周波数分解能　307
修復　96,467,468
修復建築家　114
修復対策　647
修復理論　115
住民参加　368
集約型都市構造　141
重要伝統的建造物群保存地区　99,245,247
重要文化財　89,91
主筋　289
縮小再生　135
酒泉館　142
受注生産　326
首都移転　196
シュトゥットガルト美術館　518

シュペーア，アルベルト　524
シューボックス　536
シュマルゾウ，アウグスト　400
シュリンキングシティ　141
循環型居住施設　596
循環型社会形成推進基本計画　156
循環型社会形成推進基本法　122,158
循環利用率　156
純ラーメン式　318
巡礼教会堂　459
書院造　572,574,576
省エネ法　643
省エネルギー　641,642
生涯学習　507
城郭　262
小学校　502
城下町　98
小規模気象擾乱　52
小規模グループケア　508
小御所　433
常御殿　433
使用後評価　351
消震構造　284
状態空間モデル　302
象徴としての住まい　610
浄土教建築　434
浄土寺浄土堂　435,655
小児ホスピス　565
消費者憲章　386
商品化住宅　334
条坊　258,261
情報共有　346
情報の非対称性　346
情報優位者　346
情報劣位者　346
照明　184
『匠明』　332
職業能力開発促進法　331
職人　330,332
職能倫理　486
ジョージアドーム　356
ショッピングモール　228
ショップハウス　100,614
ショートサイクル　140
ジョンハンコックセンター　290
シリコーン系シーリング材　174
自立援助ホーム　508
シーリング材　174
自励的振動　306
シンケル，K. F.　518
震源インバージョン　38
人工地盤　44
人工土地　118
新古典主義　466
震災予防調査会　20
神社建築　86,436
新宿三井ビル55広場　203
親水施設　635
深層混合処理工法　44
新素材　596
新耐震基準　112
新耐震設計法　32,308
神殿　426,450
寝殿造　572,574,576

震度　2, 20, 34, 308
振動エネルギー　306
振動解析　304
振動方程式　304
振動モード　34
震度逆三角形分布　34
人文主義　462
深夜都市　216
信頼性指標　3
森林　168
森林資源　167
新和様　430

ス

随意契約　342
スイス・リ本社ビル　641
推定誤差　303
スウェーデン式サウンディング試験　42
数量積算士　339
数理理論の応用　351
隙間　402
スクオッター　609
スケルトン　118
スケルトン・インフィル　118
スケルトン定借　119
スコット，ジョージ・ギルバート　472
スタジョーネ方式　534
スティーヴンス，S. S.　404
スティール，フレッチャー　667
ステンド・グラス　460
ストア　454
ストック活用　123
ストック市場　381
ストラハゲン　523
ストリームラインモダン　470
スパイラル・アップ　395
スーパースタジオ　199
スーパーフラット　440
須濱肘木　439
スプロール　140
スペースシンタックス　510
スポーツ施設　144
スマートグロース　140
スメルスケープ　408
スラスト　282
スラム　608, 639

セ

成育環境　498
生活学　485
生活・環境博物館　522
生産施設　540
正四面体　298
制振　292
制振装置　291
制振補強　293
精神障害者施設　556
精神病院　554
脆性破壊　296
製造技術　326
税増収債　220
聖ソフィア大聖堂　456
生態回廊　150
生態系保存　152

成長と変化　224
性能設計　54, 287, 308, 312
性能段階説　322
性能的避難計画　73
性能の確認　388
性能評価　322
性能表示　312
製品技術　326
生物指標　153
生物多様性　150
清涼殿　432
聖路加ガーデン　201
正六面体　298
セインスベリー視聴覚センター　640
ゼヴィ，ブルーノ　492
積層ゴム　30
責任施工　328
関野貞　96
施工管理　344
施工不良　109
ゼツェッション　471, 478
設計業　380
設計施工一貫方式　342
設計入札　487
設計法人組織　385
絶対空間　400
絶対高さ制限　270
折衷主義　466, 468
折衷様　430
説明責任　338
ゼネコン　326
セーフティーデザイン　669
セルリオ　428
セルローズファイバー　178
セレブレーション　551
専攻建築士制度　383
全国総合開発計画　196, 224
全国町並み保存連盟　248
禅宗様　430, 435
戦前ものアパート　587
浅層混合処理工法　44
せんだいメディアテーク　359, 374, 623
先端医療　542
せん断破壊　289
せん断崩壊型　16
磚積擁壁　261
全天候型施設　145
尖頭アーチ　461
『千と千尋の神隠し』　250
ゼンパー，ゴットフリード　518, 532
専用住宅　190

ソ

草庵茶室　101
騒音の規制　658
早期被害予測システム　8
総合設計制度　219, 268
総合的設計　202
相互作用論　398
相互浸透論　398
相似則　62
相生・相剋　618
層せん断力係数　35
創造教育　333

創造的再利用　133
蔵風得水　12
測地学審議会　18
租税特別措置法　89
塑性変形能力　170
礎石建　574
ゾーニング　98, 218, 220, 268, 354, 636, 664
損傷防止　312
ソーン，ジョン　467

タ

大学　514
大学設計教育　332
大学セミナーハウス　485
耐火性能　70
大規模開発　227
大規模地震対策特別措置法　18
大規模集客施設　140
大規模修繕　108, 116, 127
太極図　618
大興城　259
大極殿　259, 432
滞在型図書館　516
第三セクター方式　343
第三の集住タイプ　582
耐震改修　32, 69, 112
耐震改修指針　32
耐震改修促進法　113
耐震基準　26
耐震診断　32, 112
耐震診断基準　32
耐震性能　32, 292
耐震性能マトリックス　310
耐震設計　28, 305
耐震等級　2, 312
耐震壁　288
耐震補強　33, 288
対人主義　611
大深度地下　664
大聖堂　460
大店法　226
台風災害　10, 52, 56
耐風設計　52
耐風等級　2
大仏様　430, 434
台北101　291, 356
大瓶束　435
当麻寺曼荼羅堂　434
大名庭園　266
大名火消し　4
大名屋敷　264
タイムズ・スクエア　235
太陽光発電　642
耐力壁付ラーメン式　318
タイル　320
タウンアーキテクト　494
タウンスケープ　237
タウンハウス　100, 614
ダウンバースト　52, 58
高い建物　356
高岡　603
高山　602
高床式　447

滝沢真弓　482
多基準最適化問題　180
竹内六蔵　21
武田五一　96
多項式モデル　302
多重震源　38
多自由度系　304
タスク＆アンビエント　634
タスクアンビエント空調　653
畳　576
脱施設化　506
ダッチコーナー　280
辰野金吾　104, 253, 419
辰野式　105
竜巻　52, 58
建替え動機　107
建物火災　10
建物形態の不整形化問題　270
建物の寿命　84, 120
建物の保存　419
建物評価　322
棚田嘉十郎　149
田辺淳吉　204
ダブルスキン　640
ダブルスキンファサード　53
ダランベールの背理　66
ダリ，セザール　492
垂木　438
タワーマンション　615
ターンキー方式　342
丹下健三　300, 527, 636
団子張り　321
段差　601
弾性反発説　36, 39
断層運動　36
断層モデル　38
弾塑性振動解析　305
単体規定　274
団地再生　128, 155, 612
断熱・気密化　592
断熱材　178
ダンパー　30

チ

地域共同体　527
地域計画　350, 370
地域施設計画　370
地域社会に開かれた学校　502
地域主義　400
地域小規模児童養護施設　508
地域制　218
地域マネジメント　222
地域まるごと博物館　522
地下室　40
地球温暖化　676
地球環境建築家　486
蓄煙　72
地区計画　218
地質年代　42
地表面粗度区分　62
チーム10　489
茶室　448
茶の間　570
茶の湯　448

中学校　512
中古住宅市場　102
中古マンション　589
中心市街地　226
中心市街地活性化　140
『中世建築事典』　114
中世仏堂　434
沖積層　42
中毒事故　80
チューブ構造　290
長安城　259
超音波振動剥離　116
超音波探傷　294
超過確率　76
長期修繕計画　108, 126
超高層建築　6, 203, 290, 292, 662
超高層集合住宅　590, 599
超高密度居住地　674
超高齢化社会　558
超高齢社会　560, 600
長周期地震動　293
長寿命型木造住宅　169
超長期耐用性　106
超超高層ビル　357
直射日光　654
地理情報システム　214
地霊　412
チンクエチェント　462

ツ

墜落災害　325
ツォニス　429
使われ方研究　396
突合せ溶接　295
月島の路地　607
筑波研究学園都市　371
土　164
続き間座敷　570
角柄　403
坪井善勝　300
坪庭　101
妻籠　246
妻籠宿住民憲章　247
積上げ張り　321
詰組　435
鶴富屋敷　573

テ

庭園　266
デイケア施設　556
デイサービスセンター　560
鄭州城　258
定常過程　37
低騒音舗装　658
ディテールのデザイン　476
帝都復興事業　21
定火消し　4
溺水事故　81
デザインサーベイ　237
デザインビルド方式　342
デザインマネジメント　379
デザインレビュー　221
デ・ザーコ，E. R.　372
デジタルライブラリー　517

デ・ステイル　471, 480
手摺り　531
データウェアハウス　363
データベース　362, 367
データベースシステム　362
データマイニング　363
データモデル　362
鉄　170
鉄筋コンクリート　284, 288, 318
鉄鋼循環図　170
鉄骨　286
テート・モダン　519, 520
デュランドゥス　451
テラスハウス　614
テリトリー　604
デルフト工科大学中央図書館　655
テルマエ　455
テレメディスン　146
田園住宅　192
田園都市　473, 581, 636
田園都市思想　195
電気エネルギー　182
天空率　271
典型動線　354
電源構成　182
天竺様　430, 434
電子図書館　517
天守　262
天井　440, 578
天上の楽園　459
伝統的景観　526
伝統的建造物群保存地区　245, 248, 616
伝統と古典　483
天然アスファルト　176
電力化率　182

ト

ドアアンダーカット　650
同意の意思　272
同化　533
倒壊災害　324
倒壊等防止　312
等価交換方式　588
等価線形化法　305
東京駅　105
東京計画1960　637
東京市区改正条例　204
東京ドーム　144
東京防火令　68
東京ミッドタウン　267
東寺金堂　435
同時多発火災　69
ドゥシャルネ，R.　474
同潤会アパート　130, 154, 586, 588
東照宮　437
同心円的構造　574
動線　354
東大寺　434, 438
透明性　338
透明な建築　623
ドゥラ・エウロポス　450
登録有形文化財　89, 91
登録歴史的建造物　249
道路交通騒音　658

道路斜線制限　270
道路整備万能論　137
『道路と景観』　242
通り庭　101
特殊教育　506
特定街区　202, 219
特定建設資材　158
特別特定建築物　394
都市　408
　　──のイメージ　410
　　──の基本単位　100
　　──の景観　100
　　──の再生　234, 527
　　──の静脈産業　160
　　──の大火　68
　　──の大義　239
都市域の縮減　663
都市解析　138
都市型集住形式　234
都市型住宅　234, 607
都市居住　584
都市計画法　226
都市景観　234, 248, 264
都市再生　120, 136, 138, 379, 425
都市再生特別措置法　136
都市社会学　212
都市住宅　614
都市人口　638
都市成長予測　139
都市デザイン　203
『都市の景観』　237
都市美術館　520
都市ビジョン　636
土砂崩れ　46
都城　258, 260
土壌汚染　646
土壌汚染対策法　646, 648
都心住宅供給　612
塗装修理　97
土蔵造　98
トーチ工法　177
土着的な建築　236
土地利用規制　218
土地利用予測　139
ドップラーレーダー　53
『となりのトトロ』　250
塗膜防水材　177
ドーム化　144
ドムス　455, 578
留　403
戸山荘(尾張藩)　266
『ドラゴンボール』　251
トラス構造　298
トラスティーズ・オブ・パブリック・リザベーションズ　148
ドラフト　652
トランザクション　362, 398
トランジットビレッジ　220
鳥居障子　433
トリノ，バロック　464
トレンチ調査　36
トロハ，エドアルド　300, 358
トンネル・ヴォールト　458

ナ

内装制限　71
ナイチンゲール　217
内藤多仲　21
長い建物　357
長岡京　261
中庭　101
中庭型住居　610
中庭建築　578
仲見世　207
中廊下型住宅　250, 570
奈義町現代美術館　518
名古屋ドーム　356
なじみ　562
ナショナルトラスト　148, 472
ナショナルロマンティシズム　478
ナッシュ，ジョン　466
ナッシュ，デイビッド　667
ナビエ-ストークス方程式　64
なまこ壁　320
奈良大極殿址保存会　149

ニ

新潟地震　24
ニエプス　418
匂いの風景　408
2次元のモデリング　364
西本願寺北能舞台　528
西本願寺南能舞台　528
西山夘三　350
二条城　572
日常安全　80
日常災害　80
『日記装飾論』　474
日光東照宮　96
日照権　272
2年目診断　109
200年住宅　106, 602
日本型都市構造　613
日本建築　402
　　──の様式　430
日本建築家協会　384, 490
日本建築士会連合会　383
日本橋　239
日本橋通り　204
日本万国博覧会　525
『日本番匠記』　430
『日本風景論』　240
日本武道館　144
日本様　430
ニューアーバニズム　140
入札・契約制度　339
入札契約適正化法　339, 341
入力エネルギー　293
ニュータウン　612
ニューヨーク近代美術館　518, 520
人形浄瑠璃　530
人間-環境系研究　398
人間工学　390
人間性回復の場　203
人間生態学　213
認知科学　396
認知距離　410

認知地図　408, 410
認定こども園設定法　501

ヌ

ヌーベル，ジャン　654
沼名前神社能舞台　529

ネ

ネクサスワールド　404
熱エネルギー　642
熱環境　652
ネットワーク　543
ネットワークモデル　362
粘性減衰　306
年中行事絵巻　532

ノ

濃尾地震　37
能舞台　528
野口徹　101
ノースウィックパーク　225
ノースリッジ地震　296
ノード　206
ノートル・ダム大聖堂　451, 461
ノンパラメトリックモデル　302

ハ

バイエルン国立博物館　518
バイオマス　167
バイオレメディエーション　647
排気セントラル換気　651
廃棄物処理　158, 160
廃墟　96
背山面水　12
排水設備　657
ハイファイ　257
ハイブリッドライブラリー　517
パイリダエーザ　579
バウハウス　480
バウビオロギー　493, 627
包(パオ)　406
パークアンドライド　140, 630
白山神社能舞台　529
パクストン，ジョセフ　524
爆破・爆発　79
博物館　518, 522
博覧会　524
剥離点　67
ハーグレイブス，ジョージ　667
派遣労働　341
箱木家住宅　87
箱木千年家　572
函館大火　68
ハザード　4, 14, 52
ハザード曲線　14
ハザードマップ　14
ハーシー　429
場所　412
場所打ちコンクリート杭　51
場所性　414
バシリカ　450, 452, 458
パス　206
バスティ　609
パーソナルスペース　406

パタンランゲージ 224
蜂須賀邸(徳島藩) 264
パッサージュ 524
発注形態 342
発注方式 342
バットレス 282
パッラーディアニズム 581
パッラーディオ，アンドレア 581
パティオ 578
ハディッド，ザハ 541
ハートビル法 392,394
バーナム，ダニエル 425,662
バーナム・ホテル 425
羽根木パーク 499
パネル構法 316
パノプチコン 510
パブリックインボルブメント 368
ハムレット計画 192
林昌二 217
パラダイス 579
パラダイム 352
パラッツォ 452,578,580
パラッツォ・ヴェッキオ 452
パラッツォ・カプリーニ 453
パラッツォ・セナトリオ 453
パラッツォ・デイ・トリブナーリ 453
パラッツォ・ファルネーゼ 453
パラッツォ・マッシーモ 463
パラディオ 428
パラメトリックモデル 302
パリ 244
バリアーダ 609
バリアフリー 394,506
バリアフリー改修 445
バリアフリー新法 392,395
パリ万国博覧会 217,524
パルヴィ 460
バルセロナ 134
パルテノン 426,454,568
ハルプリン，ローレンス 368
晴海高層アパート 154
晴海トリトンスクエア 5,201
バルーン・フレーム構法 317
バロコ 464
バロック建築 464
パワースペクトル密度 307
ハワード，エベネザー 192,473,581,636
繁華街 204
万国博覧会 524
犯罪 214
犯罪発生マップ 215
阪神・淡路大震災 →兵庫県南部地震
ハンディキャップ 507
パンテオン 427
バンハム，レイナー 199,568

ヒ

ヒアシンスハウス 406
ピアノ，レンゾ 401,447
非一様すべり破壊モデル 38
ビオトープ 150
被害の相関 57
被害の連鎖 57

日影規制 270
東三条殿移徙 572
光環境 654
光と影 654
光る壁 460
引違建具 572
ピクチャレスク 466
飛香舎 433
非構造部材の寄与 306
庇下空間 207
ビザンチン建築 456
飛散物 52
肘木 438
ビジネスモデル 345
美術館 518,520
非常災害 80
ビーズ法ポリスチレンフォーム 178
陽だまり 635
ビッグボックス 230
非定常性 55
ビデオシアター 538
ビード 295
ヒートアイランド 677
ヒートショック 653
非同期 414
避難安全検証法 72
非破壊試験 294
批判的地域主義 400
非物理モデル 302
日乾し煉瓦 675
姫路城 263
神籬 446
100年建築 217
病院 26,146,544,546
　　——の機能分化 542
病院地理学 546
評価関数 303
表現派 482
兵庫県南部地震 18,22,36,296
標準貫入試験 42
平等院鳳凰堂 434
ピラミッド 279
ビル火災 73
ビル風対策 60,65
ビル管法 630
ビルディングタイプ 373,428
ヒルデブラント，アドルフ 400
ビルバオ 134
比例減衰 305
広い建物 356
広島ピースセンター 637
ピロティ 373
広場 200,202,206,454
品質確保促進法 103
品質管理 344
頻度解析 76
貧民窟 608

フ

ファイヤアーベント，P. K. 352
ファヴェーラ 609
ファシリティマネジメント 124
ファシリティマネジャー 376
ファストフード 233

ファン・エーステレン，コルネリウス 488
ファンズワース邸 443
ファン・デル・ローエ，ミース 374,480,493,518
フィッシャー=フォン=エルラッハ，ヨーハン・ベルンハルト 464
フィドラー，コンラート 400
フィンステルリン，ヘルマン 493
風水 12
風土 670
　　——の概念 412
『風土』 412,670
風洞実験 62
フェアモント・ストリート・エクスペリエンス 228
フェイルセーフ 17
フェスタ・デルラ・キネア 525
フェノールフォーム 179
フェリエーリ，アンナ・カステッリ 172
フォスター，ノーマン 640
フォルカ様式 470
フォントネ修道院 459
深い建物 357
吹付けタイル 320
復元 94,263
複合化構法 318
複合構造 284
福祉施設 556
福祉のまちづくり条例 394
武家住宅 574
武家屋敷 442
フジタスケール 58
藤原京 260
藤原宮大極殿 87
舞台 535
復旧 96
復古 96
物質循環 111
物理モデル 302
部品産業 336
部品生産技術 337
部品の修正回路 336
部品の多品種化 337
部分安全係数 3
不夜城建築 216
フライ，ダゴベルト 575
プライマリーケア 550
プライメートシティ 609
フライングバットレス 282,461
ブラウンストーン 614
ブラウンフィールド 647,648
フラクトグラフィ 297
プラスチック 172
フラッターエコー 536
フラットアイアンビル 662
フラットスラブ式 318
プラットフォーム構法 317
フラットプレート式 318
フラードーム 640
フラー，バックミンスター 199,299,356,626,640
ブラマンテ 428,463

フランス古典主義　464
フランス積み　278,280
ブランド化　134
フランドル積み　278
フランプトン，ケネス　400
フリースクール　504
振袖大火　8
ブリーフィング　366
フリーホールド　192
フリーマン，J. D.　610
ブルーレイディスク　539
プレイス・メイキング　228
プレカット構法　317
プレキャストコンクリート　316,318
ブレゲンツ美術館　519
プレストレストコンクリート　318
プレ・デザイン　628
プレテンション　319
プレート境界地震　37
プレハブ住宅　316,334
ブレヒト，ベルトルト　533
プレファブリケーション　316
フレミッシュボンド　280
フレームワーク　515
不連続統一体　484
プロクセミックス　406
プログラミング　366
プログラミング支援システム　366
プログラム論　373
プロジェクト　345
プロジェクトマネジメント　387,495
プロジェクトマネジャー　380
プロセニアムステージ形式　532
ブロック　208
ブロックアーキテクト　378
プロパティマネジメント　514
プロポーザル　487
文化景観　671
文化財　419
文化財建造物修理　92
文化財登録制度　616
文化財保護法　90,94
文化財保存学　86
文化的景観　412
分散電源　182
分譲マンション　588
ブーンビル　473
文楽　530
文楽廻し　531
分離派　482
分離発注　342

ヘ

塀　442
平安京　261
米国建築家協会　387
平城宮　95
平城宮址保存会　149
平城京　260
『平成狸合戦ぽんぽこ』　250
劈開破壊　297
ペスト　8
別荘　266
べてるの家　555,557

ヘドニック分析　138
ペトロナスタワー　291,356
ペリステュリウム　578
ベリスラーゲン・エコミュージアム　523
ヘーリング，フーゴー　493
ベルク，オギュスタン　511
ヘルシーシティ　552
ヘルシーピープル　552
ヘルツォーク，トーマス　641
ベルニーニ，ジャン・ロレンツォ　464
ベルヌーイの定理　66
ベルリンのナショナルギャラリー　518
ペレ，オーギュスト　114,321,429,490
ヘレニズム　427
ヘン，ギュンター　541
変性シリコーン系シーリング材　175

ホ

保育園　500
保育空間　500
ホイッピング（鞭振り）現象　34
方位　620
防音塀　659
防火令　204
防護構造物　78
防災拠点　145
防災計画　4
放射線透過試験　294
方丈の庵　406
法治的都市計画　191
法定耐用年限　88
豊楽殿　432
法隆寺　86,434,438
北欧モダニズム　481
補剛材　287
ポストデザイン　629
ポストテンション　319
ポストモダン　400,429,470,493
ボストン・シンフォニーホール　536
ホスピス　564
ホスピタル　146
ホスピタルストック　146
保存運動　236
保存活用　132
保存・再生の論理　130
没場所性　415
ボッロミーニ　464
ホテル　146
ポート・サンライト　473
ホートン・プラザ　228
ホノリウス・アウグストドゥネンシス　451
ホフマン，J.　471
ポプラシオン　609
ホームインシュアランスビル　290
ホームシアター　539
ホームセンター　335
ホームドクター制度　550
ホームレンジ　604
ホライン，ハンス　199,447
ポリイソブチレン系シーリング材　175
ポリウレタン系シーリング材　175
堀口捨巳　419,482

ポリサルファイド系シーリング材　174
ポルダーモデル　379
ホルムアルデヒド　592,595
ホワイトキューブ　520
ポワレ様式　470
ボンエルフ広場　209,211
本歌取　448
香港上海銀行　641
ボンド　280
ポンピドーセンター　238,518,521

マ

間（ま）　402
マイクロバースト　58
マイヤー，ハンネス　480,488
マイレア邸　441
前川國男　321,484
マグニチュード推定法　404
マクハーグ，イアン　666
幕張メッセ　357
マクロバースト　58
マクロ破面　297
曲げ座屈　286
曲げ崩壊型　16
『孫七覚書』　430
まことの光　460
間仕切　440
真島健三郎　291
マジョリカハウス　321
斗　438
マスターアーキテクト　378
マスタープラン　224,540
マスプロダクション　316
まちづくり　411,495
まちづくりNPO　223
まちづくり会社　223
まちづくり会社　245
まちづくり規範　244
まちづくりファンド　223
町並み　236,250
町並み委員会　245
町並みスカイライン　270
町並み保存　244,246,603
町家（町屋）　100,234
町家型　125
マッキントッシュ　478
松室重光　96
祭り　526
マテリアルバランス　156
マテリアルフロー　156
摩天楼　290,590,674
窓開け換気　650
学びの場　504
マニエリスム　462
マネジメント　126,344
守りやすい住空間　214
マリー・シェーファー，R　256
丸鋼　284
マルチメディアデータベース　362
丸ノ内ビルヂング　421
マルロー法　236
マンション　108,116,126,588
　　——の管理の適正化　127
　　——の建替えの円滑化　127,377

マンツィーニ，エツィオ 172
マンハッタン 663
マンハッタン計画 356
マンフォード，ルイス 192

ミ

ミクロ破面 297
水合せ 165
御簾内 531
水資源 656
水フロー 657
水辺 265
みせ 101
道 206
──のスペース 499
道庭 208
三井物産横浜ビル 176, 320
密教建築 434
密集市街地 612
ミッチェル，ウィリアム 414
ミティゲーション 4
南方熊楠 670
ミナレット 672
ミニ開発 218
ミニマリズム 667
見はらし 240
ミフラーブ 672
宮崎駿 250
宮寺 437
ミュージアム 518
三好学 243
ミラ・イ・フンタナルス 475
ミレニアムドーム 356
民家 616
民家再生 616
民家リバイバル 560
民間ディベロッパー 136

ム

ムゼウム，アルテス 518
ムテジウス，ヘルマン 373

メ

名義人 331
明治100年事業 247
名所歌枕 240
名称独占 384
明治洋風建築 104
明暦の大火 68
メガストラクチャー 198
メカノー 655
メガホスピタル 146
メセ 456
メタデータ 362
メタボリズム 198
メディナ 578
メトロポリタン美術館 521
メニル・コレクション美術館 401
免震 30, 284
メンテナンス 126
メンテナンスフリー 93

モ

燃えしろ設計 166
燃え止まり部材 167
木質材料 166
木質都市 168
木造家屋の倒壊 22
木造建築産業 168
木造建築士 382
モザイク 320
モスク 672
モダニズム 188, 372, 469, 470, 479, 480, 482, 484
モダンリビング 622
モデュロール 407
モデリング 364
モデル化誤差 303
モデル動線 354
モデルニスモ 478
ものづくり 330
ものづくり離れ 332
モバイルER 544
もやい 610
モリス，ウィリアム 472, 479, 492, 581
モリス，デズモンド 498
森田慶一 482
モール・オブ・アメリカ 228
門 262
モンサンミシェル 447
門前町 206
モントリオール・パヴィリオン 640

ヤ

ヤオトン 100
窰洞 578
野球場 356
薬師寺東塔 434
櫓 262
夜景 185
屋台 232
屋根 300, 440
屋根瓦 320
屋根防水材料 176
山内邸（土佐藩） 264, 267
山田守 482
倭京 260
山の家 482

ユ

有機的建築 492
遊興空間 205
優先順位の変化 371
床 444, 446
床構法 444
床仕上げ 444
床衝撃音遮断性能 598
ユーゲント・シュティル 478
油性コーキング材 174
ユダヤ博物館 519, 521
ユートピア 473
ユニット化 508
ユニットケア 560
ユニット構法 316
ユニットプライス方式 343
ユニバーサル技術 417
ユニバーサルスペース 374
ユニバーサルデザイン 392, 394, 506, 600, 630, 669

ヨ

養護学校 506
養護環境 508
幼児園 500
様式 430, 468
容積制 270
容積制限 6
容積率 606
溶接 294
溶接欠陥 294
洋風応接間 570
洋風建築 104
擁壁 48
浴場 455
横河民輔 284
横浜フェリーターミナル 357
横浜ランドマークタワー 291
吉阪隆正 484
吉島家住宅 603
吉武泰水 350
吉野 530, 532
吉村順三 577, 622
余剰耐力 308
予想平均申告 652
予測可能性 370
予測不満足者率 634
よどみ点 66
予防医療 551
代々木競技場 144

ラ

礼堂 434
ライト，フランク・ロイド 471, 492, 581, 641
ライフサイクル 157, 628
ライフサイクルCO_2 644
ライフサイクルアセスメント 110, 632, 644
ライフサイクルコスト 147, 540
ライフスタイル 582
ライプチヒ 134
ライフライン 24, 26, 664
羅漢台 530, 532
ラクーナ 92
ラグーナ 254
洛陽城 259
雛陽城 258
ラサラ宣言 488
ラスキン，ジョン 472
ラッファエッロ 463
ラティノ・アメリカーナタワー 356
ラ・トゥーレット大聖堂 654
羅盤 12
ラ・マドレーヌ教会堂 114
ラーメン構造 299
ランドスケープ 240, 257, 671
ランドスケープデザイン 150, 666
ランドマークタワー 357
乱流のモデル方程式 64

リ

リアスアーク美術館 622

リアルト橋　255
理学療法　548
六義園　266
リーグル，アロイス　400
リクワート　429
リサイクル　110, 123, 158, 161, 171
リサイクル施設　160
リージェントストリート　466
リスク　8
リスクマネジメント　4
リスティドビルディング　616
リースホールド　192
理想都市　459
立体映像技術　417
リデュース　122
リニアメント　36
リノベーション　147, 425, 494
リバーパターン　297
リハビリテーション　494, 548
リーフ　401
リモート　414
流店園建築　575
リユース　111, 122
料亭　232
緑地　266
緑化　635
リレーショナルモデル　362
理論的構造デザイン　359
臨海部開発　648
リンチ，ケヴィン　206, 408, 410, 416
麟徳殿　261
倫理教育　487

ル

ルイジアナ美術館　521
ルーヴル美術館　518, 521
ルクー，J-J.　493
ル・コルビュジエ　114, 373, 406, 420, 429, 447, 484, 488, 493, 551, 568, 581, 636, 641, 654
ルドフスキー，B.　237
ルネサンス　462, 464

レ

レイモンド，アントニン　321
レイヨナン様式　461
歴史的建造物　88, 90, 149, 519
歴史的街並み　236
歴史保存　132
レストラン　232
レッチワース　192, 194, 473, 636
レパートリー方式　534
レヒネル　478
レーマン，A. B.　500
煉瓦　278, 280
煉瓦造　285
練積み擁壁　48

ロ

ロウ，コーリン　429, 469, 568
労働災害　324
労働生産性　326
ロカイユ　464
ローカル　414
六枝掛　438
陸屋根　176
ロココ装飾　464
路地　208, 210
ロシア構成主義　471
ロージェ，マルク=アントワーヌ　372, 428, 467
ロース，A.　373
ローズ，ジェームズ　666
ロックウール　178
ロードサイドショップ　230
ロードリ，カルロ　372
ローハウス　614
ロフトコンバージョン　133
ローマ建築　454
ローマ皇帝の別荘　580
ロマネスク建築　458
ロマンティシズム　93
ロンドン大火　68
ロンドンプラン　648

ワ

ワイセンホッフ・ジードルンク　568
枠組壁構法　317
ワークショップ　368, 507
ワグナー，オットー　320, 372, 478
和事　530
ワジ・ハドラマート　674
渡辺力　622
渡り職人　330
和辻哲郎　412, 670
和様　430, 434
ワールドトレードセンタービル　7, 8

資　料　編

―掲載会社索引―
（五十音順）

鹿島建設株式会社 …………………………………………………… 1
株式会社構造設計集団＜SDG＞ …………………………………… 2
株式会社錢高組 ……………………………………………………… 3
東光電気工事株式会社 ……………………………………………… 4
株式会社日本設計 …………………………………………………… 4
三井不動産株式会社 ………………………………………………… 5

「ミライ ヲ キリヒラケ。」

NEED
KAJIMA

100年をつくる会社
鹿島
KAJIMA CORPORATION

作画：平田秀一 ©Production I.G

STRUCTURAL DESIGN GROUP <SDG> · STRUCTURAL DESIGN GROUP <SDG> · STRUCTURAL DESIGN GROUP <SDG> · STRUCTURAL DESIGN GROUP <SDG> · STRUCTURAL DESIGN GROUP <SDG>

渡辺邦夫 + 構造設計集団<SDG>

東京都台東区雷門 1-2-5 <111-0034> Tel : +81-3-5806-2552 / Fax : +81-3-5806-2606
E-mail:sdg@muh.biglobe.ne.jp / http://www.sdg.jp

STRUCTURAL DESIGN GROUP <SDG> · STRUCTURAL DESIGN GROUP <SDG> · STRUCTURAL DESIGN GROUP <SDG> · STRUCTURAL DESIGN GROUP <SDG> · STRUCTURAL DESIGN GROUP <SDG>

Zenitaka

それは人が集まる場所。

存在感、魅力あるスペース、独創……
いい建造物には、そんな表現が当てはまります。
でも、人が何故集まってくるのかと言えば、
そこにある優しさや信頼感からではないでしょうか。
我々は人に優しい空間を目指し、
これからも期待に応えて行きます。

◎ 銭高組
URL http://www.zenitaka.co.jp/

幸せや楽しみを演出できる。そんな明かりを考えています。

ほのかな明かりも、確かな技術の積み重ねから…

電気…。人類が手にしたものの中で、これほど文明に役立つものはありません。この便利な電気を、今日の社会の発展に、そして未来への計画に、上手に活用していただくために、電気工事の施工から管理まで、私どもがお役に立てれば…。と願っています。

東光電気工事株式会社 〒101-8350 東京都千代田区西神田1-4-5 TEL.(03)3292-2111
http://www.tokodenko.co.jp/

日本設計
NIHON SEKKEI

代表取締役社長　六鹿　正治

本　社	東京都新宿区西新宿2-1-1 新宿三井ビル 〒163-0430　TEL03(5325)8300（総務本部直通）
札幌支社	札幌市中央区北一条西5-2-9 北一条三井ビル 〒060-0001　TEL011(241)3381
中部支社	名古屋市中区錦1-11-11 名古屋インターシティ 〒460-0003　TEL052(211)3651
関西支社	大阪市中央区高麗橋4-1-1 興銀ビル 〒541-0043　TEL06(6201)0321
九州支社	福岡市中央区天神1-13-2 福岡興銀ビル 〒810-0001　TEL092(712)0883

www.nihonsekkei.co.jp

日本一より、大切なことがあった。

昭和43年。霞が関ビルディングは、日本初の超高層ビルとして誕生した。当時の日本はイザナギ景気の真っ只中。だれもが上を目指し、がむしゃらに生きていた。そんな中で生まれた地上147m、36階建てのビルは、まさに伸びゆく時代の象徴だった。

「日本一の高さ」ばかりが取り沙汰された霞が関ビルではあるが、初めから超高層化を目的に建設されたわけではないことは、あまり知られていない。広大な敷地いっぱいに、ビルを建てることもできた。しかし、都市の過密や交通の混乱を考えたとき、敷地の70％を緑があふれるオープンスペースとして開放し、その分ビルを高層化するという計画にふみきったのであった。それは、「大都市における人間性の回復」という当時の三井不動産の譲れない信念だった。

あれから40年。成長から成熟の時代に移った日本では、人々の都市開発への評価も、人間重視へと変わった。ただ、上を目指すだけではいけない。三井不動産は、くらしを足もとからしっかり見据えて、人や地域と共に歩んでいける街づくりをあの頃から進めてきた。ずっと愛される街であるために。40年前の三井不動産の信念は、今も変わらない。

平成20年4月12日、霞が関ビルディング40周年。

昭和43年当時

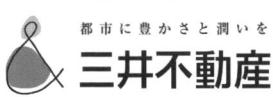

都市に豊かさと潤いを
三井不動産

建築大百科事典

2008年11月30日　初版第1刷
2009年 4月15日　　　第2刷

編者	長　澤　　　泰
	神　田　順
	大　野　秀　敏
	坂　本　雄　三
	松　村　秀　一
	藤　井　恵　介
発行者	朝　倉　邦　造
発行所	株式会社　朝倉書店

東京都新宿区新小川町 6-29
郵便番号　162-8707
電　話　03 (3260) 0141
FAX　03 (3260) 0180
http://www.asakura.co.jp

〈検印省略〉

© 2008 〈無断複写・転載を禁ず〉　　　壮光舎印刷・渡辺製本

ISBN 978-4-254-26633-7　C 3552　　　Printed in Japan

五十嵐定義・脇山廣三・中島茂壽・辻岡静雄著
エース建築工学シリーズ
エース 鉄 骨 構 造 学
26861-4 C3352　　　　　Ａ５判 208頁 本体3400円

鋼構造の技術を，根幹となる構造理論に加え，平易に解説。定番の教科書を時代に即して改訂。大学・短大・高専の学生に最適。〔内容〕荷重ならびに応力の算定／材料／許容応力度／接合法／引張材／圧縮材の座屈強さと許容圧縮応力度／他

前京大 松浦邦男・京大 高橋大弐著
エース建築工学シリーズ
エース 建 築 環 境 工 学 Ⅰ
―日照・光・音―
26862-1 C3352　　　　　Ａ５判 176頁 本体3200円

建築物内部の快適化を求めて体系的に解説。〔内容〕日照(太陽位置，遮蔽設計，他)／日射(直達日射，日照調整計画，他)／採光と照明(照度の計算，人工照明計画，他)／音環境・建築音響(吸音と遮音・音響材料，室内音響計画，他)

京大 鉾井修一・近大 池田哲朗・京工繊大 新田勝通著
エース建築工学シリーズ
エース 建 築 環 境 工 学 Ⅱ
―熱・湿気・換気―
26863-8 C3352　　　　　Ａ５判 248頁 本体3800円

Ⅰ巻を受けて体系的に解説。〔内容〕Ⅰ編：気象／Ⅱ編：熱(熱環境と温熱感，壁体を通しての熱移動と室温，他)／Ⅲ編：湿気(建物の熱・湿気変動，結露と結露対策，他)／Ⅳ編：換気(換気計算法，室内空気室の時間変化と空間変化，他)

前京大 渡辺史夫・近大 窪田敏行著
エース建築工学シリーズ
エース 鉄筋コンクリート構造
26864-5 C3352　　　　　Ａ５判 136頁 本体2800円

教育経験をもとに簡潔コンパクトに述べた教科書。〔内容〕鉄筋コンクリート構造／材料／曲げおよび軸力に対する梁・柱断面の解析／付着とせん断に対する解析／柱・梁の終局変形／柱・梁接合部の解析／壁の解析／床スラブ／例題と解

前阪大 中塚 佶・日大 濱原正行・近大 村上雅英・秋田県大 飯島泰男著
エース建築工学シリーズ
エース 建 築 構 造 材 料 学
26865-2 C3352　　　　　Ａ５判 212頁 本体3200円

設計・施工に不可欠でありながら多種多様であるために理解しにくい建築材料を構造材料に絞り，構造との関連性を含めて簡潔に解説したテキスト〔内容〕Ⅰ編：建築の構造と材料学，Ⅱ編：主要な建築構造材料(コンクリート，鋼材，木質材料)

鹿児島大 松村和雄・九大 河野昭彦・九大 前田潤滋著
新建築学シリーズ1
建 築 構 造 力 学
26881-2 C3352　　　　　Ｂ５判 208頁 本体4800円

現代に即した新テキストシリーズ〔内容〕構造と安全性／力の釣り合い／構造解析／応力と歪／断面力／部材の変形／仮想仕事／歪エネルギー／架構の解析／平面トラスの解析／はりの解析／平面ラーメンの解析／付録：マトリクス算法の基礎

河上嘉人・小山智幸・平居孝之・森永 繁・椎葉大和・重藤和之・藤本一寿・村上 聖他著
新建築学シリーズ4
建 築 材 料 ・ 材 料 設 計
26884-3 C3352　　　　　Ｂ５判 216頁 本体4800円

〔内容〕建築材料通論／建築材料各論(ケイ素・カルシウム系，金属系，有機系，コンクリート)／建築機能材料設計(複合材料，耐久・防火・防水・断熱・防湿・音響材料)／屋根材料(屋根，外壁，内装壁・床，天井)／建築材料試験

横山浩一・西山紀光・西田 勝・赤司泰義・椛嶋裕幸・後藤立夫・小南義彦・谷口比呂海他著
新建築学シリーズ8
建 築 設 備 計 画
26888-1 C3352　　　　　Ｂ５判 184頁 本体4300円

〔内容〕建築環境と設備計画(横山浩一)／建築設備の総合計画(西山紀光・西田勝)／空気調和設備(赤司泰義・椛嶋裕幸)／給排水・衛生設備(後藤立夫・大石剛)／電気設備(小南義彦)／先端技術と計画事例(谷口比呂海・村田泰郎)／各設計課題

萩島 哲・佐藤誠治・菅原辰幸・大貝 彰・外井哲志・出口 敦・三島伸雄・岩尾 纏他著
新建築学シリーズ10
都 市 計 画
26890-4 C3352　　　　　Ｂ５判 192頁 本体4600円

新編成の教科書構成で都市計画を詳述。〔内容〕歴史上の都市計画・デザイン／基本計画／土地利用計画／住環境整備／都市の再開発／交通計画／歩行者空間／環境計画／景観／都市モデル／都市の把握／都市とマルチメディア／将来展望／他

前横国大 末永保美編著
学生のための建築学シリーズ
構 造 計 画
26825-6 C3352　　　　　Ａ５判 320頁 本体5300円

建築物の骨格と性格を創り出すために重要な構造計画について詳細に解説した。〔内容〕概説／荷重／力の流れと応力／構造の種類と特徴／鉛直荷重および土圧・水圧に対する計画／水平荷重に対する計画／新耐震設計法の概要／各種構造の計画

中島康孝・紀谷文樹・仁平幸治著
学生のための建築学シリーズ
建 築 設 備 （三訂版）
26838-6 C3352　　　　　Ａ５判 352頁 本体5000円

好評の旧版を最新の情報に基づき改訂。〔内容〕建築と建築設備／建築設備の基本計画／設備システムの計画／設備原論／冷暖房負荷／給水・給湯設備／排水・通気設備／特殊設備／電気設備／消火設備／輸送設備／地球環境と建築設備／他

前日大 板本守正・千葉工大 市川裕通・芝工大 塘 直樹・前九大 片山忠久・東工芸大 小林信行著
学生のための建築学シリーズ
環 境 工 学 （四訂版）
26856-0 C3352　　　　　Ａ５判 216頁 本体3900円

好評の旧版を，法律の改正や地球環境問題への配慮など，最新の情報に基づいて書き改めたテキスト。多数の図・表・データを用いて，簡潔かつわかりやすく解説。〔内容〕気候／熱環境／伝熱／湿気／換気／音響／日照／採光・照明／色彩

環境都市計画事典

前千葉大 丸田頼一編

18018-3 C3540　　A5判 536頁 本体18000円

様々な都市環境問題が存在する現在においては、都市活動を支える水や物質を循環的に利用し、エネルギーを効率的に利用するためのシステムを導入するとともに、都市の中に自然を保全・創出し生態系に準じたシステムを構築することにより、自立的・安定的な生態系循環を取り戻した都市、すなわち「環境都市」の構築が模索されている。本書は環境都市計画に関連する約250の重要事項について解説。〔項目例〕環境都市構築の意義／市街地整備／道路緑化／老人福祉／環境税／他

建築生産ハンドブック

京大 古阪秀三総編集

26628-3 C3052　　B5判 724頁 本体32000円

建築の企画・設計やマネジメントの領域にまで踏み込んだ新しいハンドブック。設計と生産の相互関係や発注者側からの視点などを重視。コラム付。〔内容〕第1部：総説(建築市場／社会のしくみ／システムとプロセス他)第2部：生産システム(契約・調達方式／参画者の仕事／施設別生産システム他)第3部：プロジェクトマネジメント(PM・CM／業務／技術／契約法務他)第4部：設計(プロセス／設計図書／エンジニアリング他)第5部：施工(計画／管理／各種工事／特殊構工法他)

構法計画ハンドブック

元東大 内田祥哉編

26601-6 C3052　　A5判 944頁 本体38000円

"建物に要求される条件と、それを満足する構法の関係を解明し、実用的な方法とデータを提供する"という構法計画の目標に基づき、現在の多様な構法とさまざまな要求条件の体系化を試み、資料を集約整理した建築関係者必読書。〔内容〕構法計画の基礎／要求条件(人体、安全性、環境、耐用、プランニング、建物の形態、コスト、他)と構法計画／構法(歴史的構法、在来構法、工業化構法、各部の構法、他)と構法計画／構法計画の実例(木造住宅の大量設計、鉄骨系、他)

風工学ハンドブック
――構造・防災・環境・エネルギー――

日本風工学会編

26014-4 C3051　　B5判 440頁 本体19000円

建築物や土木構造物の耐風安全性や強風災害から、日常的な風によるビル風の問題、給排気、換気、汚染物拡散、風力エネルギー、さらにはスポーツにおける風の影響まで、風にまつわる様々な問題について総合的かつ体系的に解説した。強風による災害の資料も掲載。〔内容〕自然風の構造／構造物周りの流れ／構造物に作用する風圧力／風による構造物の挙動／構造物の耐風設計／強風災害／風環境／風力エネルギー／実測／風洞実験／数値解析

地盤環境工学ハンドブック

京大 嘉門雅史・東工大 日下部治・岡山大 西垣 誠編

26152-3 C3051　　B5判 568頁 本体23000円

「安全」「防災」がこれからの時代のキーワードである。本書は前半で基礎的知識を説明したあと、緑地・生態系・景観・耐震・耐振・道路・インフラ・水環境・土壌汚染・液状化・廃棄物など、地盤と環境との関連を体系的に解説。〔内容〕地盤を巡る環境問題／地球環境の保全／地盤の基礎知識／地盤情報の調査／地下空間環境の活用／地盤環境災害／建設工事に伴う地盤環境問題／地盤の汚染と対策／建設発生土と廃棄物／廃棄物の最終処分と埋め立て地盤／水域の地盤環境／付録

測量工学ハンドブック

前東大 村井俊治総編集

26148-6 C3051　　B5判 544頁 本体25000円

測量学は大きな変革を迎えている。現実の土木工事・建設工事でも多用されているのは、レーザ技術・写真測量技術・GPS技術などリアルタイム化の工学的手法である。本書は従来の"静止測量"から"動的測量"への橋渡しとなる総合HBである。〔内容〕測量学から測量工学へ／関連技術の変遷／地上測量／デジタル地上写真測量／海洋測量／GPS／デジタル航空カメラ／レーザスキャナ／高分解能衛星画像／レーダ技術／熱画像システム／主なデータ処理技術／計測データの表現方法

日本建築学会編 **人間環境学** ―よりよい環境デザインへ― 26011-3 C3052　B5判 148頁 本体3900円	建築，住居，デザイン系学生を主対象とした新時代の好指針〔内容〕人間環境学とは／環境デザインにおける人間的要因／環境評価／感覚，記憶／行動が作る空間／子供と高齢者／住まう環境／働く環境／学ぶ環境／癒される環境／都市の景観
日本建築学会編 **都市・建築の 感性デザイン工学** 26635-1 C3052　B5判 208頁 本体4200円	よりよい都市・建築を設計するには人間の感性を取り込むことが必要である。哲学者・脳科学者・作曲家の参加も得て，感性の概念と都市・建築・社会・環境の各分野を横断的にとらえることで多くの有益な設計上のヒントを得ることができる。
東大 西村幸夫編著 **まちづくり学** ―アイディアから実現までのプロセス― 26632-0 C3052　B5判 128頁 本体2900円	単なる概念・事例の紹介ではなく，住民の視点に立ったモデルやプロセスを提示。〔内容〕まちづくりとは何か／枠組みと技法／まちづくり諸活動／まちづくり支援／公平性と透明性／行政・住民・専門家／マネジメント技法／サポートシステム
東大 神田　順・東大 佐藤宏之編 **東京の環境を考える** 26625-2 C3052　A5判 232頁 本体3400円	大都市東京を題材に，社会学，人文学，建築学，都市工学，土木工学の各分野から物理的・文化的環境を考察。新しい「環境学」の構築を試みる。〔内容〕先史時代の生活／都市空間の認知／交通／音環境／地震と台風／東京湾／変化する建築／他
環境デザイン研究会編 **環境をデザインする** 26623-8 C3070　B5判 208頁 本体5000円	より良い環境形成のためのデザイン。〔執筆者〕吉村元男／岩村和夫／竹原あき子／北原理雄／世古一穂／宮崎清／上山良子／杉山和雄／渡辺仁史／清水忠男／吉田紗栄子／村越愛策／面出薫／鳥越けい子／勝浦哲夫／仙田満／柘植喜治／武邑光裕
前東大 高橋鷹志・前東大 長澤　泰・東大 西出和彦編 シリーズ〈人間と建築〉1 **環　境　と　空　間** 26851-5 C3352　A5判 176頁 本体3800円	建築・街・地域という物理的構築環境をより人間的な視点から見直し，建築・住居系学科のみならず環境学部系の学生も対象とした新趣向を提示。〔内容〕人間と環境／人体のまわりのエコロジー（身体と座，空間知覚）／環境の知覚・認知・行動
前東大 高橋鷹志・前東大 長澤　泰・阪大 鈴木　毅編 シリーズ〈人間と建築〉2 **環　境　と　行　動** 26852-2 C3352　A5判 176頁 本体3200円	行動面から住環境を理解する。〔内容〕行動から環境を捉える視点（鈴木毅）／行動から読む住居（王青・古賀紀江・大月敏雄）／行動から読む施設（柳澤要・山下哲郎）／行動から読む地域（狩野徹・橘弘志・渡辺治・市岡綾子）
前東大 高橋鷹志・前東大 長澤　泰・新潟大 西村伸也編 シリーズ〈人間と建築〉3 **環　境　と　デ　ザ　イ　ン** 26853-9 C3352　A5判 192頁 本体3400円	〔内容〕人と環境に広がるデザイン（横山俊祐・岩佐明彦・西村伸也）／環境デザインを支える仕組み（山田哲弥・鞆田茂・西村伸也・田中康裕）／デザイン方法の中の環境行動（横山ゆりか・西村伸也・和田浩一）
服部岑生・佐藤　平・荒木兵一郎・水野一郎・戸部栄一・市原　出・日色真帆・笠嶋　泰著 シリーズ〈建築工学〉1 **建 築 デ ザ イ ン 計 画** 26871-3 C3352　B5判 216頁 本体4200円	建築計画を設計のための素養としてでなく，設計の動機付けとなるように配慮。〔内容〕建築計画の状況／建築計画を始めるために／デザイン計画について考える／デザイン計画を進めるために／身近な建築／現代の建築設計／建築計画の研究／他
西川孝夫・北山和宏・藤田香織・隈澤文俊・荒川利治・山村一繁・小寺正孝著 シリーズ〈建築工学〉2 **建 築 構 造 の 力 学** 26872-0 C3352　B5判 144頁 本体3200円	初めて構造力学を学ぶ学生のために，コンピュータの使用にも配慮し，やさしく，わかりやすく解説した教科書。〔内容〕力とつり合い／基本的な構造部材の応力／応力度とひずみ度／骨組の応力と変形／コンピュータによる構造解析／他
前首都大 西川孝夫・明大 荒川利治・工学院大 久田嘉章・早大 曽田五月也・戸田建設 藤堂正喜著 シリーズ〈建築工学〉3 **建　築　の　振　動** 26873-7 C3352　B5判 120頁 本体3200円	建築構造物の揺れの解析について，具体的に，わかりやすく解説。〔内容〕振動解析の基礎／単純な1自由度系構造物の解析／複雑な構造物（多自由度系）の振動／地震応答解析／耐震設計の基礎／付録：シミュレーション・プログラムと解説
前首都大 西川孝夫・明大 荒川利治・工学院大 久田嘉章・早大 曽田五月也・戸田建設 藤堂正喜著 シリーズ〈建築工学〉4 **建　築　の　振　動** ―応用編― 26874-4 C3352　B5判 164頁 本体3500円	耐震設計に必須の振動理論を，構造分野を学んだ方を対象に，原理がわかるように丁寧に解説。〔内容〕振動測定とその解析／運動方程式の数値計算法／動的耐震計算／地盤と建物の相互作用／環境振動／地震と地震動／巻末にプログラムを掲載

上記価格（税別）は 2009 年 3 月現在